中国改革开放
全纪录
1978—2018

编著 ◎ 中国（海南）改革发展研究院　　主编 ◎ 迟福林

五洲传播出版社

图书在版编目（CIP）数据

中国改革开放全纪录：1978—2018 / 迟福林主编.
-- 北京：五洲传播出版社，2018.11
ISBN 978-7-5085-4058-0

Ⅰ.①中… Ⅱ.①迟… Ⅲ.①改革开放—历史—中国—1978-2018 Ⅳ.①D61

中国版本图书馆CIP数据核字(2018)第267224号

设计总监：闫志杰
制作总监：王春晓
封面设计：玄元武
图表设计：王朔琪

设计制作：正视文化 KINGSIGHT

中国改革开放全纪录：1978—2018

出版发行：	五洲传播出版社
地　　址：	北京市海淀区北三环中路31号生产力大楼B座6层
邮　　编：	100088
电　　话：	010-82005927，010-82007837
网　　址：	http://www.cicc.org.cn http://www.thatsbooks.com
印　　刷：	中煤（北京）印务有限公司
版　　次：	2019年1月第1版 2019年1月第1次印刷
开　　本：	635mm×965mm 1/8
印　　张：	125
字　　数：	2000千字
书　　号：	ISBN 978-7-5085-4058-0
定　　价：	1280.00元

主　　编：迟福林
副 主 编：张　娟　陈　薇

出 版 人：荆孝敏
特约编辑：陈所华
责任编辑：王　峰　苏　谦
助理编辑：王　玮　秦惠敏　高倩倩

前 言

习近平主席在博鳌亚洲论坛2018年年会主旨演讲中指出："1978年，在邓小平先生倡导下，以中共十一届三中全会为标志，中国开启了改革开放历史征程。从农村到城市，从试点到推广，从经济体制改革到全面深化改革，40年众志成城，40年砥砺奋进，40年春风化雨，中国人民用双手书写了国家和民族发展的壮丽史诗。"改革开放40年，我国在走向经济现代化的进程中实现了重要的历史跨越：从工业化初期到工业化后期的历史性跨越；从封闭半封闭到全方位开放的历史性转折；从短缺经济社会到消费新时代的历史性提升。40年来，中国经济社会发展取得历史性成就的重要原因在于确立和不断完善以处理好政府与市场关系为主线的社会主义市场经济体制，探索形成中国特色社会主义的成功之路。改革开放这场中国的第二次革命，不仅深刻改变了中国，也深刻影响了世界！

从党的十八大到党的十九大，在以习近平同志为核心的党中央的领导下，全面深化改革开放的大潮涌起。习近平总书记在庆祝海南建省办经济特区30周年大会上的讲话中指出，"当前，改革又到了一个新的历史关头，推进改革的复杂程度、敏感程度、艰巨程度不亚于40年前。因循守旧没有出路，畏缩不前坐失良机。改革开放的过程就是思想解放的过程。没有思想大解放，就不会有改革大突破。"在这个大背景下，我们庆祝改革开放40周年，目的是"将改革进行到底"。

2012年，中国（海南）改革发展研究院与五洲传播出版社合作出

版了《中国改革开放全纪录：1978-2012》，并以英文版向全世界公开出版发行，受到了国内外读者的广泛好评。在改革开放40周年之际，我们将党的十八大以来我国改革开放的新成就、国家经济社会发展的新面貌予以呈现，重新集结中国改革开放40年的生动纪录，并以此向改革开放40周年献礼。

本书采取编年史的形式，以中国改革开放所走过的宏伟而又艰辛的历程为主要线索，客观记录改革开放以来中国经济社会所发生的重大事件，直观地呈现40年来中国社会各个领域所发生的巨大变化，以使广大读者能够通过本书对中国改革开放历程有比较客观完整的了解。

本书由中国（海南）改革发展研究院团队组织编撰。迟福林任主编，张娟、陈薇任副主编，陈所华、王菲、金立仁、范敏等参与编写、编辑和校对等相关工作。作为本书主编，我对为这本书付出艰辛努力的各位同事、以及五洲传播出版社对本书出版给予的大力支持和辛勤工作表示衷心感谢！

改革开放40的全景纪录涉及的内容方方面面，本书在编写过程中参阅了大量的相关资料，书中未能一一列出，在此一并表示感谢。

迟福林

2018年10月8日

1978

全国科学大会召开 2
按劳分配讨论 2
真理标准问题大讨论 4
恢复高考 5
小岗村农民"包干到户" 6
中共第十一届三中全会召开 7
中共中央工作会议 10
中美建交 11

1979

邓小平访美 24
国内保险业务恢复 24
确立"调整、改革、整顿、提高"的经济工作方针 25
关于"包产到户"的争论 29
深圳、珠海、汕头和厦门试办出口特区 30
五届全国人大二次会议通过七部法律 36
"扩大企业自主权"试点 37

1980

大规模平反冤假错案 52
正式将"出口特区"定名为"经济特区" 53
向阳人民公社"撤社建乡" 55
"三结合"就业方针 55
邓小平论《党和国家领导制度的改革》 56
从"包产到户"的争论到中央75号文件出台 57
打破住房"大锅饭" 60

1981

第一次发行国库券 78
《关于城镇非农业个体经济若干政策性规定》发布 78
十一届六中全会通过《关于建国以来党的若干历史问题的决议》.........78
沙市：中国第一个城市经济体制改革综合试点 79
"计划经济为主，市场调节为辅"的经济体制改革目标模式 80
提出"小康"目标 80

1982

第一个关于农村工作的中央"1 号文件"发布 98
特区讨论 99
"一个国家，两种制度"的提出 101
国家经济体制改革委员会成立 101
个体经济写入宪法 105
1982 年《中华人民共和国宪法》修改 105

1983

第二个中央"1 号文件"发布 122
重庆实行"计划单列" 123
试行劳动合同制，打破"铁饭碗" 124
个人承包企业：国企承包制的初步探索 125
国有企业试行"利改税" 126
建立"中央银行" 127
外贸体制改革："统一管理、联合经营" 127

1984

开放 14 个沿海港口城市 144
乡镇企业"异军突起" 145
加快城市经济体制改革 146
国企首聘"洋厂长" 148
试行企业股份制 149
人民公社解体 150
中青年经济科学工作者学术研讨会在莫干山召开 152

1985

取消农副产品统购派购制度 170
终结企业行政级别工资 171
价格改革起步 172
第一次全国教育工作会议召开 172
"巴山轮会议"召开 173

1986

推动"横向经济联合" 190
实行劳动合同制,打破"铁饭碗" 191
实行厂长负责制 192
第一家股份制商业银行诞生 193
首家破产企业 195

1987

全国范围普遍推行企业承包经营责任制 214
物资流通体制改革 214
中国共产党第十三次全国代表大会召开 214
"三步走"战略目标提出 216
建立"国家调节市场,市场引导企业"的运行机制 217

1988

城镇住房制度改革全面推开 234
积极参与"国际大循环" 234
赋予私营经济合法地位 236
海南建省办经济特区 237
改革开放后第二次国务院机构改革 238
治理整顿,深化改革 240
第一个国家级高新技术产业开发区成立 241

1989

职工医疗保险改革试点 261
戈尔巴乔夫访华 262
中国共产党第十三届四中全会召开 263
邓小平辞去中央军委主席职务 263

1990

《中华人民共和国香港特别行政区基本法》颁布 286
开发开放浦东 286
清理"三角债" 287
上海证券交易所成立 288
计划经济与市场经济的争论 288

1991

姓"社"姓"资"大争论 304
第八个五年计划纲要通过 305
深圳证券交易所开业 306
建立国际新秩序 308
海峡两岸关系协会成立 308

1992

邓小平"南方谈话" 326
国有企业股份制改革试点全面展开 327
市场价格逐步替代计划价格 328
中国共产党第十四次全国代表大会召开 329
中国证监会成立 329
扩大内陆开放 332

1993

社会主义市场经济体制的基本框架确立 348
推进分税制改革 348
第三次国务院机构改革 350
完善社会主义市场经济法律体系 351
《国家公务员暂行条例》颁布 351
《国务院关于金融体制改革的决定》出台 352
粮票退出历史舞台 352

1994

实行汇率并轨 372
深化外贸体制综合配套改革 372
推进土地使用制度改革 373
住房市场化改革 375
打破垄断为目标的电信产业体制改革 376
启动医改"两江试点" 376

1995

推进祖国和平统一进程的八项主张 396
《中国人民银行法》出台 397
实施科教兴国战略 398
中国正式提出加入世贸组织申请 399
《中共中央关于制定国民经济和社会发展"九五"计划和2010年远景目标的建议》通过 399
国有企业"抓大放小" 400

1996

转换企业经营机制，建立现代企业制度改革 420
全面建立劳动合同制度 422
人民币实现经常项下自由兑换 423
深化卫生体制改革 423
国民经济实现"软着陆" 424
控制农村税费 425
依法治国基本方略的提出 426

1997

设立重庆直辖市 442
香港回归祖国 442
应对亚洲金融危机 443
中共十五大召开：社会主义初级阶段的基本纲领 444
国企改革确认三年改革与脱困目标 446
江泽民访美 447

1998

第四次国务院机构改革 464
中共十五届三中全会：《中共中央关于农业和农村工作若干重大问题的决定》 464
推进粮食购销市场化 466
城镇福利分房制度终结 467
中国保监会成立 467
城镇职工基本医疗保险制度改革正式启动 469
中国人民银行实行跨省分行体制 470

1999

"非公经济"入宪 488
"审计风暴" 489
《中共中央关于国有企业改革和发展若干重大问题的决定》出台 490
国有大中型企业"债转股" 491
中美签署《关于中国加入世界贸易组织的双边协议》 492
澳门回归祖国 494

2000

医疗体制"三改并举" 514
农村税费改革试点 514
国企"三年脱困"目标实现 515
完善城镇社会保障体系改革试点 516
西部大开发战略正式启动 517

2001

股市大论战 536
博鳌亚洲论坛成立 537
《关于国民经济和社会发展第十个五年计划纲要的报告》获通过 538
行政审批制度改革全面启动 539
中国加入 WTO 541

2002

中国共产党第十六次全国代表大会召开 558
《电力体制改革方案》出台 560
国有股减持引发股市动荡 561
民航战略重组 562
《中国—东盟全面经济合作框架协议》签署 563

2003

中共十六届三中全会通过《中共中央关于完善社会主义市场经济体制若干问题的决定》 582
确立科学发展观 583
"孙志刚事件"引发收容制度废止 584
抗击"非典" 584
第五次国务院机构改革 585
振兴东北老工业基地上升为国家战略 586

2004

时隔18年，中央"1号文件"再次聚焦农村改革发展	602
推进资本市场发展的"国九条"出台	604
国有商业银行股份制改造	605
保护私有财产、尊重和保障人权入宪	606
《行政许可法》实施	606

2005

"非公36条"颁布	624
《反分裂国家法》颁布	625
股权分置改革试点启动	626
提出建设社会主义新农村的重大历史任务	627
《关于完善企业职工基本养老保险制度的决定》颁布	628

2006

取消农业税	646
中部崛起战略实施	647
天津滨海新区成为全国综合配套改革试验区	648
全国农村综合改革工作会议召开	649
构建社会主义和谐社会	650
"建设服务型政府"首次写入党的文件	651
人民币业务对外资银行全面开放	652

2007

《中华人民共和国物权法》施行	670
成都、重庆设立全国统筹城乡综合配套改革试验区	671
全国建立农村最低生活保障制度	671
《中华人民共和国反垄断法》施行	672
中国共产党第十七次全国代表大会召开	672
武汉城市群、长株潭城市群两型社会综合改革试验	673

2008

《中华人民共和国劳动合同法》正式施行	690
"大部门体制"改革	690
城乡义务教育学杂费全面免除	692
应对国际金融危机	692
纪念中共十一届三中全会召开30周年大会举行	694
中国第一条高铁京津城际铁路开通	695

2009

十大产业振兴规划陆续出台 714
建立覆盖城乡居民的基本医疗卫生制度 715
开启中美战略与经济对话 716
推进省直接管理县财政改革 717
新型农村社会养老保险试点启动 718
哥本哈根"减排"承诺 718
区域规划密集出台 719

2010

建设海南国际旅游岛 736
公立医院改革全面启动 737
城乡居民选举实现"同票同权" 738
沈阳经济区综合配套改革试验区获批 738
非公经济"新36条"出台 739
"十二五"规划建议出台 740
山西省国家资源性经济转型综合配套改革试验区设立 740

2011

个人住房征收房产税改革试点启动 756
《关于分类推进事业单位改革的指导意见》出台 756
十七届六中全会：全面深化文化体制改革 757
地方政府自行发债试点启动 758
《营业税改征增值税试点方案》公布实施 758

2012

中国共产党第十八次全国代表大会召开 778
城镇化成为全面建成小康社会的重要目标 780
新一轮医改开启 782
第六次行政审批制度改革启动 782
温州市金融综合改革实验区设立 783
提出并阐释中国梦 784

2013

中共十八届三中全会：全面深化改革总体部署	798
全面深化改革领导小组成立	799
2013年中央一号文件公布	801
"金融国十条"出台	802
《关于深化收入分配制度改革的若干意见》出台	803
"单独二孩"政策实施	804
趋向大部门制的机构改革	804
中国（上海）自由贸易试验区成立	805
从《八项规定》到"反四风"	808

2014

中共十八届四中全会：全面推进依法治国	824
"新常态"概念首次提出	825
建立健全反腐败体系	825
新一轮财税体制改革的进军号	826
以人为本的新型城镇化	829
建立全国统一的城乡居民基本养老制度	829
以"三证合一"为核心的商事制度改革全面实施	830
亚太经合组织第二十四次领导人非正式会议召开	830

2015

首提供给侧结构性改革内涵	850
坚持党中央集中统一领导，实现巡视全覆盖	852
推进简政放权、放管结合职能转变	854
《中国制造2025》出台	856
破除养老金双轨制	858
打赢脱贫攻坚战	859
"一带一路"倡议正式发布	860

2016

中共十八届六中全会：全面从严治党 888
深化投融资体制改革 888
全面推进"营改增"和资源税改革 889
《国家创新驱动发展战略纲要》发布 890
国家监察体制改革试点 892
《长江经济带发展规划纲要》出台 893
建立统一的城乡居民基本医疗保险制度 893
建立面向全球的高标准自由贸易区网络 894

2017

中国共产党第十九次全国代表大会召开 918
设立雄安新区 918
《民法总则》审议通过 919
第十四个中央"1号文件"发布 920
《"十三五"推进基本公共服务均等化规划》出台 921
自由贸易试验区形成"1+3+7"的新格局 922
"一带一路"国际合作高峰论坛 923
国企混合所有制改革新局面逐步形成 924
首部全国市场监管中长期规划发布 924

2018

中共十九届三中全会召开——深化党和国家机构改革 948
中央全面深化改革委员会成立 950
博鳌亚洲论坛2018年年会召开 951
十三届全国人大一次会议通过新的宪法修正案和监察法 951
海南全岛建设自由贸易试验区、中国特色自由贸易港 952
毫不动摇地支持民营经济发展 954
首届中国国际进口博览会举办 956

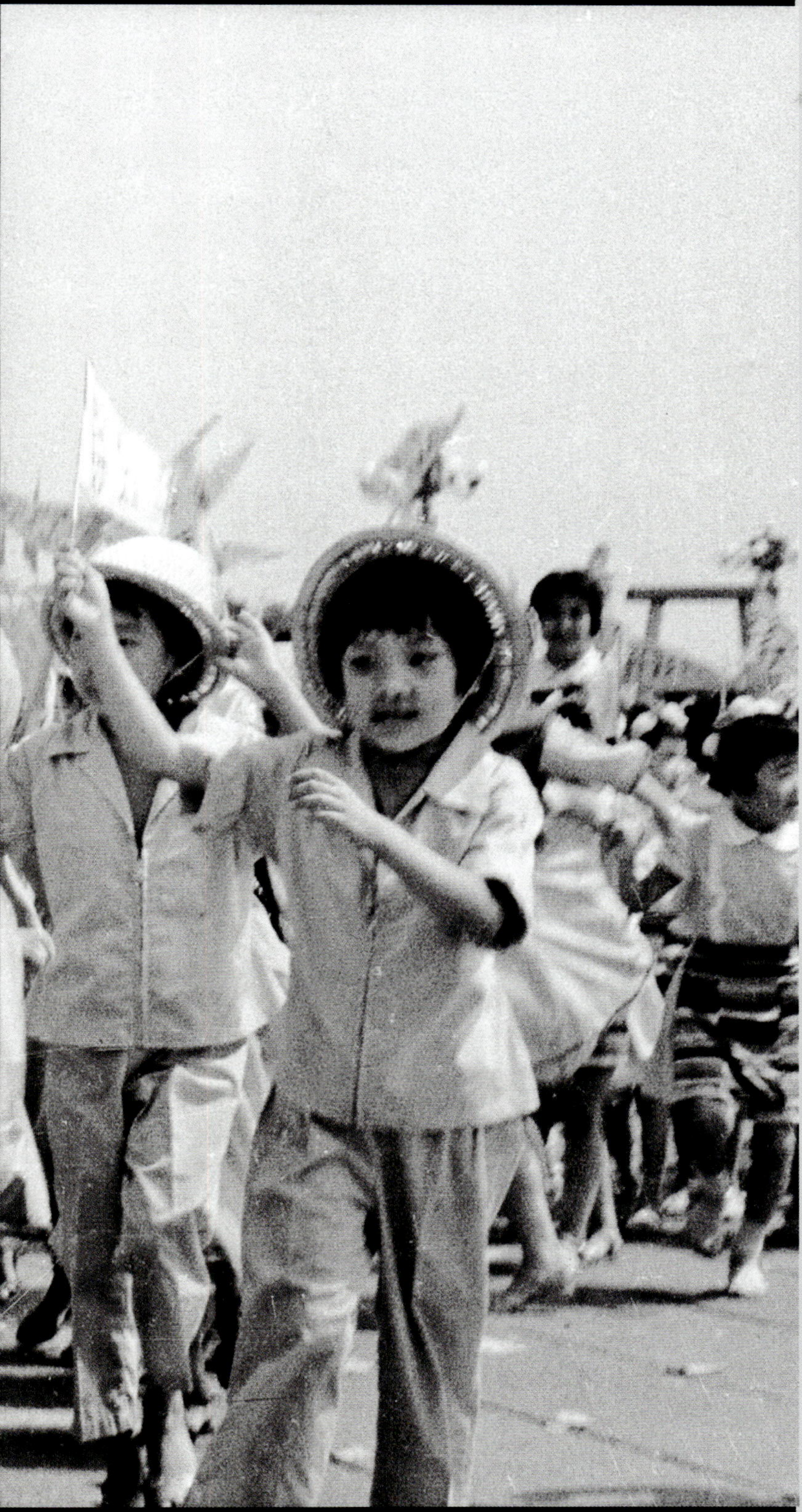

1978

- 全国科学大会召开
- 按劳分配讨论
- 真理标准问题大讨论
- 恢复高考
- 小岗村农民"包干到户"
- 中共第十一届三中全会召开
- 中共中央工作会议
- 中美建交

焦点事件

全国科学大会召开

1978年3月18日至31日，全国科学大会在北京召开。出席大会的5586名代表中，科技人员3478人，占代表总数的62.3%。

3月18日，中共中央副主席、国务院副总理邓小平在大会开幕式上发表重要讲话。邓小平明确指出，"现代化的关键是科学技术现代化"，把"尽快培养出一批具有世界第一流水平的科学技术专家，作为我们科学、教育战线的重要任务"，"知识分子是工人阶级的一部分"，重申了"科学技术是生产力"这一马克思主义基本观点，从而澄清了长期束缚科学技术发展的重大理论是非问题，打开了"文化大革命"以来长期禁锢知识分子的桎梏，迎来了科学的春天。3月

> **语录** "他们的绝大多数已经是工人阶级和劳动人民自己的知识分子，因此也可以说，已经是工人阶级自己的一部分。"
>
> ——邓小平
>
> 背景："文化大革命"期间，知识分子被称为"臭老九"，绝大多数者是被批判的对象。3月18—31日，中共中央、国务院在北京隆重召开了全国科学大会。邓小平在这次大会的讲话中明确指出："知识分子是工人阶级的一部分"，"他们与体力劳动者的区别，只是社会分工的不同"，从而打破了"文化大革命"以来长期禁锢知识分子的桎梏，知识分子迎来了自己的春天。

> **语录** "学好数理化，走遍天下都不怕。"
>
> ——当时的口号
>
> 背景：3月，全国科学大会召开。邓小平作了重要讲话，号召"树雄心，立大志，向科学技术现代化进军"，重申了"科学技术是生产力"这一马克思主义基本观点。随后，科学技术在人们心中的地位极大提升。《哥德巴赫猜想》的发表，使数学家陈景润成为一代人学习的楷模。对科学技术的重视、对知识分子的尊重使"学好数理化，走遍天下都不怕"成为一句响亮的口号。

1978年3月18日至31日，中共中央在北京人民大会堂召开了全国科学大会。图为中国科学院副院长华罗庚（左一）和数学家陈景润（左二）、杨乐（左三）、张广厚（左四）。

24日下午，华国锋发表了题为《提高整个中华民族的科学文化水平》的讲话，指出提高全民族的科学文化水平，是亿万人民的切身事业，号召全国人民向科学技术现代化进军。

大会通过了《1978—1985年全国科学技术发展规划纲要(草案)》。大会闭幕前，宣读了已86岁高龄的中国科学院院长郭沫若的书面讲话《科学的春天》，讲话中说："我们民族历史上最灿烂的科学的春天到来了"，"这是科学的春天！让我们张开双臂，热烈地拥抱这个春天吧！"

这次全国科学大会，题在科技，意在全局。它确立了科学技术工作正确的指导思想，是中国科技发展史上的一个里程碑。它让知识和教育重新赢得了人们的尊重，让整个社会再一次萌生了对科学的崇敬。这次大会之后，中国科技事业开始全面复苏。这次大会是向科学技术现代化进军的总动员令，对中国的社会主义现代化建设起了极大的推动作用，并以其重大的现实意义和深远的历史意义，载入中华人民共和国的辉煌史册。这次大会也被人们亲切地称为"科学的春天"。

按劳分配讨论

按劳分配不仅是一个理论问题，更关系到广大人民群众的切身利益，直接影响着调动人民群众进行社会主义现代化建设的积极性。

1977年至1978年间，中国经济学界一连举行了四次按劳分配讨论会，从理论上对这个问题进行"拨乱反正"。1977年4月，于光远等人联络国家计委宏观经济研究所、中科院经济研究所、国家劳动总局、北京大学、北京师范大学、北京经济学院和北京市委党校等作为发起单位，在京召开第一次全国按劳分配理论讨论会。6月，又举行了第二次讨论会，参加者由第一次的30多个单位、100余人扩大到100余个单位、400多位经济理论工作者和外地代表；到10月份第三次讨论会举行时，参加者更进一步猛增至800余人，他们来自在京的135个单位和23个省、市、自治区，会议发言者达百人之多。这三次讨论会的主要内容是批判"四人帮"及过去几十年"左"的思想和路线，从思想理论上拨乱反正。

在此期间，邓小平对按劳分配理论讨论给予大力支持。他的态度对1977年就按劳分配理论的讨论起到了直接的推动作用。1978年5月，在邓小平指导下，国务院政治研究室的工作人员撰写了《贯彻执行按劳分配的社会主义原则》一文，于5月5日

语录
"让一部分人先富起来。"
——邓小平

背景：对社会主义的错误认识和平均主义的分配政策是改革的一大阻碍。1978年9月20日，邓小平在天津视察时第一次明确地提出"让一部分人先富起来"，目的在于让"有条件"的地区和"诚实劳动、合法经营"的人先富裕起来，带动改革向前发展。此后，邓小平多次在不同场合宣传"先富"理念，而这一理念也最终成为中国经济发展的国策之一。

观点

邓小平：我们一定要坚持按劳分配的社会主义原则。按劳分配就是按劳动的数量和质量进行分配。根据这个原则，评定职工工资级别时，主要是看他的劳动好坏、技术高低、贡献大小。政治态度也要看，但要讲清楚，政治态度好主要应该表现在为社会主义劳动得好，作出的贡献大。处理分配问题如果主要不是看劳动，而是看政治，那就不是按劳分配，而是按政分配了。总之，只能是按劳，不能是按政，也不能是按资格。……

要有奖有罚，奖罚分明。对干得好的、干得差的，经过考核给予不同的报酬。我们实行精神鼓励为主、物质鼓励为辅的方针。颁发奖牌、奖状是精神鼓励，是一种政治上的荣誉。这是必要的。但物质鼓励也不能缺少。在这方面，我们过去行之有效的各种措施都要恢复。奖金制度也要恢复。……

……总的是为了一个目的，就是鼓励大家上进。

资料来源：《坚持按劳分配原则》，《邓小平文选》第二卷，人民出版社，1994年。

于光远：社会主义公有制和按劳分配实际上是一个问题。就中国现实而言，按劳分配不是唯一的分配方式，至少还包括按劳动能力分配、按岗位分配、按劳动成果分配等。

资料来源：于光远，《谈谈社会主义公有制和按劳分配问题》，人民出版社，1978年。

以"特约评论员"名义在《人民日报》发表，使按劳分配的名誉得到了正式的恢复，为党的工作重心转移到经济建设上奠定了坚实的基础。

在邓小平的支持下，国务院于1978年5月7日发出了《关于实行奖励和计件工资制度的通知》，对企业工资制度进行调整，试图通过奖励制度的建立和计件工资的试行，打破分配上的平均主义。《通知》要求当年试点，1979年推广，1980年进行规范。这是"文化大革命"以来针对企业职工分配问题的第一个从一定程度上体现"按劳分配"原则的中央文件。

1978年10月，在思想解放浪潮的鼓荡下，中央工作会议前夕，更大规模的第四次全国按劳分配理论讨论会在京召开。《人民日报》对这场讨论会作了报道，并在《按劳分配理论讨论逐步深入》一文中指出："会议开得生动活泼，一扫'四人帮'造成的理论界万马齐喑的沉闷局面，逐渐消除了广大理论工作者心有余悸的精神状态。"这里说的"心有余悸"，主要还不是因为"四人帮"，而是这场讨论所涉及的问题是长期以来占据统治地位的"左"倾理论，人们担心受到"砍旗"的指责。这说明"四人帮"虽然被打倒，但思想解放运动还需要进一步深入进行。总体来说，这一时期在按劳分配问题上进行拨乱反正取得了重大成果。

人物：于光远

在中国学术界，于光远以独立思考、坚持真理、思想敏锐、勤奋多产而著称。他学识渊博，学贯"自然科学和社会科学"。许多经济建设和改革开放中的重大理论问题都是由他率先或较早提出的，他参与了许多重要的决策。可以说，于光远是中国当代思想解放运动和改革开放的重要参与者和见证人。

早在20世纪50年代，于光远就倡导对社会主义经济的政治经济学研究，并将这一学科定名为政治经济学社会主义部分，有别于苏联提出的"社会主义政治经济学"。经过40余年的研究，他出版了《政治经济学社会主义部分探索》1—7卷。

1977—1978年间，于光远组织学术界针对"四人帮"宣传的"按劳分配产生资产阶级""全面专政""批判'唯生产力论'"等召开了一系列理论讨论。这些讨论打破了长期形成的思想禁锢，推动了思想解放，同时也深化了政治经济学理论的研究。

从1978年起，于光远把研究重点放到社会主义经济体制改革问题上。他是最早主张中国经济体制改革的核心是所有制改革的经济学家之一。他提出，在决心改革之后，首先必须明确的是，应该确立怎样的所有制形式和结构。他还比较早地研究了社会主义初级阶段的经济的理论，著有《社会主义初级阶段的经济》(1988)一书，被经济学家评为"影响新中国经济的十本经济学著作"之一。1981年开始，他通过参与讨论中央文件的机会，多次主张将社会主义初级阶段的概念和基本特征的论述写入中央文件。他的意见，发挥了一定的作用。

于光远的代表作有《政治经济学社会主义部分探索》1—7卷、《论社会主义生产中的经济效果》、《改革、经营、生活、组织建设》、《论地区发展战略》、《中国地区经济社会发展战略选编》等。

资料来源：①邓聿文，《于光远：中国思想界长青树》，人民日报《大地》杂志（2007年7月1日第十三期）；②《中国百名经济学家理论贡献精要》第一卷，第116页。

真理标准问题大讨论

在1976年10月粉碎"四人帮"以后,华国锋提出"两个凡是"(即凡是毛主席做出的决策,我们都坚决维护;凡是毛主席的指示,我们都始终不渝地遵循)的方针。

邓小平最早旗帜鲜明地反对"两个凡是"的方针。1977年7月,他在党的十届三中全会上指出:"要对毛泽东思想有一个完整的准确的认识,要善于学习、掌握和运用毛泽东思想的体系来指导我们各项工作。只有这样,才不致于割裂、歪曲毛泽东思想、损害毛泽东思想。"他着重指出:要把毛泽东倡导的信任群众、实事求是、发扬民主的一整套的作风恢复起来,发扬起来。他的观点受到了叶剑英、陈云等一批老一辈革命家的支持和响应。之后,开始出现了一些在理论上和政策上拨乱反正的文章,促进了思想界、理论界的思想解放。同年底,胡耀邦在中央党校的党委会上提出研究中共党史的两条重要原则:一条是完整地、准确地运用马列主义、毛泽东思想的基本原理;一条是实践标准。

1978年5月10日,中央党校内部刊物《理论动态》发表了由胡耀邦审定的《实践是检验真理的唯一标准》一文,这篇文章的主要撰写者是时任南京大学哲学系教师的胡福明。5月11日,《光明日报》以"特约评论员"名义发表了《实践是检验真理的唯一标准》,当天新华社全文转发;5月12日,《人民日报》和《解放军报》同时予以转载,全国绝大多数省、市、自治区的报纸也相继予以转载。

《实践是检验真理的唯一标准》指出:检验真理的标准只能是社会实践,理论与实践的统一是马克思主义的一个最基本的原则,任何理论

1978年5月,南京大学哲学系教师胡福明发表的《实践是检验真理的唯一标准》一文在全国引起广泛的讨论,哲学系和经济系联合举办座谈会。

🌱 观点

《解放军报》特约评论员:思想自身不能证明自身。理论是实践的指南和实践是检验理论(真理)的标准,这是两个不同的问题(虽然它们有联系),不能互相混淆。理论之所以能够指导实践,正因为、也仅仅因为理论来自实践,并且经实践的检验证明是正确的。理论指导实践的过程,就是实践检验理论的过程。许多理论是正确的或基本正确的,经过实践的检验而得到补充和发展;有些理论的真理性是不完全的,经过实践的检验而纠正了它们的不完全性;有些理论是错误的,经过实践的检验而纠正其错误。

资料来源:《马克思主义的一个最基本原则》,《人民日报》,1978年6月24日第1版。

👤 人物:胡福明

"两个凡是"是1977年2月7日中央两报一刊(即《人民日报》《解放军报》和《红旗》杂志)社论提出的,反映了当时中央主要领导人的观点。在当时,批"两个凡是"要冒很大风险。如何批判"两个凡是"?南京大学政治系教师胡福明思考了两个选择:一是宣传"实践论",二是宣传"实践是检验真理的标准"。经过分析研究、反复比较,1977年7月初,他确定以"实践是检验真理的标准"作基本论点来批判"两个凡是"。

1977年8月,胡福明撰写了《实践是检验真理的标准》一文,10月完成后寄送《光明日报》,后经《光明日报》总编辑杨西光等人多次修改,文章题目改为《实践是检验真理的唯一标准》。此文由胡耀邦亲自审定后,发表于1978年5月10日出版的中共中央党校内刊《理论动态》上,第二天即以"光明日报特约评论员"名义在《光明日报》上发表,继而由《人民日报》《解放军报》转载,新华社向全国发稿。这篇文章阐明,实践不仅是检验真理的标准,而且是"唯一标准";实践不仅是检验真理的"唯一标准",而且是检验党的路线是否正确的"唯一标准"。

这篇文章发表后,在全国引起强烈的反响,由此引发的关于真理标准问题的大讨论成为"中国改革开放历程的思想先导"。

资料来源:《历史见证 时代足音——访〈实践是检验真理的唯一标准〉主要作者之一胡福明》,《光明日报》,2011年6月16日第9版。

回忆

5月11日，《光明日报》发表了《实践是检验真理的唯一标准》的文章，拉开了真理标准问题讨论的序幕。次日，《人民日报》转载了这篇文章。一石激起千层浪，许多追求思想解放的人们为这篇文章连连叫好，认为开展真理标准问题讨论，对打破思想桎梏、冲破"两个凡是"的束缚、恢复党的实事求是优良传统，必将产生重要作用。

——迟浩田，《忆大转折中的几件事》，《解放军报》，2008年12月3日第7版。

都要不断接受实践的检验。这是从根本上对"两个凡是"的否定。这篇文章一经发表，即引起了强烈反响，并引发激烈争论，全国性的真理标准问题的大讨论由此展开。

6月2日，中共中央副主席邓小平在全军政治工作会议上作了重要讲话。邓小平强调，实事求是、一切从实际出发、理论与实践相结合，是毛泽东思想的出发点、根本点，是政治工作必须遵循的原则；他实际上批评了"两个凡是"的错误主张。邓小平的这次讲话对真理标准讨论和实际工作发挥了巨大的促进作用。

关于真理标准的大讨论在很大程度上澄清了"左"的迷雾，对推动各个领域的拨乱反正发挥了思想先导作用，为中共十一届三中全会确定改革开放战略方针奠定了重要基础。

恢复高考

1966年到1971年，中国的高等学校停止招生。1972年到1976年，高等学校采取"自愿报名，群众推荐，领导批准，学校复审"的办法招收工农兵学员。中国高校招生的基本原则遭到破坏，导致了"读书无用论"盛行，教育质量严重滑坡，国家建设所需的各种专门人才青黄不接，国民经济几乎到了崩溃的边缘，给国家造成了极大的危害。

1977年8月4日至9日，邓小平连续五天主持科学和教育座谈会。8月8日，邓小平作了《关于科学和教育工作的几点意见》的重要谈话。8月13日至9月25日，全国高等学校招生工作会议在北京召开。会上传达了邓小平《关于科学和教育工作的几点意见》，其中明确提出："今年就要下决心恢复从高中毕业生中直接招考学生，不要再搞群众推荐"。会议制定

语录　你高考了吗？

背景：1977年，由于"文化大革命"的冲击而中断的高考制度得以恢复，成千上万的人重新拿起书本。1977年冬天，570万考生走进曾被关闭了十余年的高考考场。"你高考了吗？"成了1978年春节期间中国的知青、工人等见到熟人打招呼的第一个问候。

1977年恢复高考后，众多青年认真复习，准备投入高考。

了《关于1977年高等学校招生工作的意见》及《关于高等学校招收研究生的意见》，规定1977年高等学校的招生工作恢复考试，凡是工人、农民、上山下乡和回乡知识青年、复员军人、干部（年龄可放宽到30周岁）和应届毕业生，只要符合条件都可报考。会议还决定，录取学生时，将优先保证重点院校、医学院校、师范院校和农业院校，学生毕业后由国家统一分配。10月21日，中国各大媒介公布了恢复高考的消息，并透露本年度的高考将于一个月后在全国范围内进行。1977年冬，全国570万名考生参加高考，录取了27.3万名学生，录取比例为29：1。1978年夏，618万人报考，录取40.2万人。1977级学生于1978年春天入学，1978级学生于1978年秋天入学，两次招生仅相隔半年。至此，由于"文化大革命"的冲击而中断了十年的中国高考制度得以恢复，中国重新迎来了尊重知识、尊重人才的春天。高考制度的恢复，为中国的发展和腾飞奠定了良好的基础。

1978年春，北京大学迎来恢复高考后录取的第一批新生。

专栏：小岗村"18个红手印"

小岗村位于安徽凤阳县城东南20公里一个海拔50米左右的丘陵岗地。1978年夏，由于安徽大旱，村里20户人家100多口人，大多数需要讨饭才能活下去。中学毕业生严宏昌是当时小岗村少有的有文化的农民，他返回小岗村并当选村干部（副队长）。1978年11月24日，小岗村18位农民在严宏昌的带领下，在一张"包干到户"的字据上按下了充满悲壮意味的18个红手印。他们一致认为，要想叫大家不吵不闹，都有碗饭吃，就不能再维持原来生产队的模式，只有分开一家一户地干才能成功。严宏昌等村干部决定带头，立一纸文书。文书中写道："我们分田到户，每户户主签字盖章，如以后能干，保证完成每户的全年上缴的公粮，不再伸手向国家要钱要粮；如不成，我们干部坐牢杀头也甘心。大家社员也保证，把我们的小孩养活到十八岁。"然后，他把小岗村18户人家的代表悉数写出，大家逐一在自己的名字上按上手印。这一纸带有手印的"契约"，成为了解中国农村改革历史性突破的重要文书。

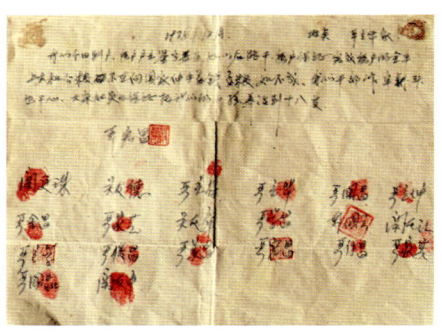

1978年11月24日，安徽省凤阳县小岗生产队18户农民偷偷地按下了18颗鲜红手印，率先实行了农业生产责任制，拉开了中国农村改革的序幕。

安徽省凤阳县小岗生产队农民严俊昌、严立学、严立坤站在自己承包的土地上。

小岗村农民"包干到户"

1978年夏秋之际，安徽发生了百年不遇的特大旱灾，人民生活出现严重困难。安徽省委作出把集体无法耕种的土地借给农民耕种，谁种谁收、不向农民收统购粮的"借地种粮"决策。"借地种粮"的政策唤起了农民的生产积极性，也引发了一些地区包产到组、包干到户的行动。凤阳县小岗生产队成为全国农村率先搞"包干到户"的一个典型。

小岗村位于安徽凤阳县城东南20公里一个海拔50米左右的丘陵岗地。1978年夏，由于大旱，村里20户人家100多口人，大多数需要讨饭才能活下去。中学毕业生严宏昌是

👤 人物：严宏昌等18位小岗村村民

1978年以前，安徽省凤阳县小岗村是全县有名的"吃粮靠返销、用钱靠救济、生产靠贷款"的"三靠村"，每年秋收后几乎家家外出讨饭。1978年夏秋之际，安徽农村又遭遇百年不遇的特大旱灾，农民生活雪上加霜。安徽省委决定：凡是集体无法耕种的土地，"借"给社员种麦种菜，鼓励多开荒，谁种谁收，国家不征购粮，不分配统购任务。这极大地诱发了农民对"包产到户"的积极性。在这个背景下，严宏昌作为当时安徽凤阳小岗生产队的副队长，带领18户农民在一起签下分田到户"生死契约"，搞起了"大包干"。然而，1978年12月22日通过的十一届三中全会公报上写着："人民公社要坚决实行三级所有、队为基础的制度，稳定不变。"小岗村的做法震惊高层。

1980年，邓小平同中央负责工作人员谈话时说："'凤阳花鼓'中唱的那个凤阳县，绝大多数生产队搞了大包干，也是一年翻身，改变面貌……可以肯定，只要生产发展了，农村的社会分工和商品经济发展了，低水平的集体化就会发展到高水平的集体化，集体经济不巩固的也会巩固起来。"同年，《中共中央关于进一步加强和完善农业生产责任制的几个问题》（中共中央第75号文件）指出：在那些边远山区和贫困落后的地区，长期"三靠"的生产队，群众对集体丧失信心，因而要求包产到户，应当支持群众的要求，可以包产到户，也可以包干到户，并在一个较长的时间内保持稳定。就这种地区的具体情况来看，实行包产到户，是联系群众、发展生产、解决温饱问题的一种必要措施。

1982年1月1日，中共中央批转《全国农村工作会议纪要》（中共中央第1号文件）指出：目前，全国农村已有90%以上的生产队建立了不同形式的农业生产责任制，包括小段包工定额计酬，专业承包联产计酬，联产到劳，包产到户、到组，包干到户、到组，等等，都是社会主义集体经济的生产责任制，反映了亿万农民要求按照中国农村的实际状况来发展社会主义农业的强烈愿望。至此，小岗村的"大包干"终获认可。

中国的改革是从农村开始的，小岗村的"大包干"是中国农村改革的一个起点，在带动中国农村改革的进程中发挥了重要作用。

资料来源：①《中国改革开放30年经济百人榜之严宏昌等18位小岗村农民》，《中国经济周刊》，2008年第1期；②苏台仁主编，《邓小平生平全纪录》（下卷），中央文献出版社，2009年。

🔶 观点

薛暮桥：社会主义集体所有制是生产资料的社会主义公有制的低级形式，是不成熟、不完善的社会主义公有制。集体所有制农业的劳动报酬，事实上实行着两种原则：在同一个经济核算单位内部基本上实行多劳多得的原则，在各个经济核算单位之间基本上实行多产多得的原则。社会主义国家对集体所有制经济的产品分配基本上采取等价交换的原则，谁向国家交的农产品多，他所换回的工业品也多。所以国家在各集体经济单位之间的产品分配，不是根据它们提供的劳动的多少，而是根据它们所提供的产品的多少，多产多得。物质生产条件（包括生产资料和自然条件）好的社队，由于劳动生产率高，劳动报酬就多。

资料来源：《论社会主义集体所有制》，《经济研究》，1978年10期。

当时小岗村少有的有文化的农民。他返回小岗村,并当选村干部(副队长)。1978年11月24日,小岗村18位农民在严宏昌的带领下,在一张包干到户的字据上按下了充满悲壮意味的18个红手印。他们一致认为,要想叫大家不吵不闹,都有饱饭吃,就不能再维持原来生产队的模式,只有分开一家一户地干。他们决定立一纸文书,由严宏昌把大家的意思归纳起来,写道:"我们分田到户,每户户主签字盖章,如以后能干,保证完成每户的全年上缴和公粮,不再伸手向国家要钱要粮;如不成,我们干部坐牢杀头也甘心。大家社员也保证,把我们的小孩养活到十八岁。"然后,他把小岗村18户人家的代表悉数写出,大家逐一在自己的名字上捺上手印。这一纸带有手印的"契约",成为中国农村改革的宣言书。

1979年10月,小岗村打谷场上一片金黄。经计量,当年粮食总产量66吨,相当于全村1966年到1970年五年粮食产量的总和。联产承包责任制把生产队的统一经营与家庭的分户经营结合起来,把农民的切身利益同产量密切联系起来,有效地克服了平均主义和干活瞎指挥的弊病。

小岗村农民"包干到户"开启了全国农村家庭联产承包责任制的实践,为打破农村计划经济旧体制坚冰,推动农村改革找到了一个重要突破口。

中共第十一届三中全会召开

在邓小平的直接领导和其他老一辈革命家的支持下,在中央工作会议充分准备的基础上,1978年12月18日至22日,中共第十一届三中全会在北京召开。

全会全面认真纠正了"文化大革命"及其以前的"左"倾错误,坚决批判了"两个凡是"的错误方针,充分肯定了必须完整、准确地掌握毛泽东思想的科学体系,高度评价了关于真理标准问题的讨论,确定了解放思想、开动脑筋、实事求是、团结一致向前看的指导方针,果断停止使用"以阶级斗争为纲"的口号,作出了

述评

1978年12月18日,也就是30年前的今天,党的十一届三中全会隆重召开。这次会议,实现了新中国成立以来我们党历史上具有深远意义的伟大转折,开启了中国改革开放历史新时期。从此,党领导全国各族人民在新的历史条件下开始了新的伟大革命。

资料来源:《胡锦涛在纪念改革开放30周年大会上的讲话》,中国共产党新闻网,2008年12月18日。

1978年12月22日,陈云、邓小平、华国锋、叶剑英、李先念、汪东兴(自左至右)在中共十一届三中全会上。

人物：邓小平——中国社会主义改革开放和现代化建设的总设计师

邓小平同志是全党全军全国各族人民公认的享有崇高威望的卓越领导人，伟大的马克思主义者，伟大的无产阶级革命家、政治家、军事家、外交家，久经考验的共产主义战士，中国社会主义改革开放和现代化建设的总设计师，中国特色社会主义道路的开创者，邓小平理论的主要创立者。

邓小平同志的一生，同中国共产党、中国人民解放军、中华人民共和国创建和发展的历史进程紧紧相连，同中国革命、建设、改革的历史进程紧紧相连，同中华民族抗争、独立、振兴的历史进程紧紧相连，是光辉的一生、战斗的一生、伟大的一生。

"文化大革命"开始后不久，他受到错误批判和斗争，被剥夺一切职务，直到1973年复出。1975年他开始主持党、国家、军队日常工作，为扭转"文化大革命"造成的严重混乱局面，开展大刀阔斧的全面整顿，同"四人帮"进行针锋相对的斗争。不久，他再次被错误撤职、批判。

在改革开放新时期，邓小平同志成为党的第二代中央领导集体的核心，为开创中国特色社会主义作出了历史性贡献。"文化大革命"结束，"中国向何处去"又成为摆在中国人民面前头等重要的问题。邓小平同志以他的远见卓识、丰富政治经验、高超领导艺术，强调实事求是是毛泽东思想的精髓，旗帜鲜明反对"两个凡是"的错误观点，支持和领导开展真理标准问题的讨论，推动进行各方面的拨乱反正。在邓小平同志指导下，1978年12月召开的党的十一届三中全会，重新确立了解放思想、实事求是的思想路线，停止使用"以阶级斗争为纲"的错误提法，确定把全党工作的着重点转移到社会主义现代化建设上来，作出实行改革开放的重大决策，实现了党的历史上具有深远意义的伟大转折。

党的十一届三中全会以后，邓小平同志始终站在时代要求、国家发展、人民期待的高度，同中央领导集体一起，领导我们党作出一系列重大决策，把改革开放和社会主义现代化建设一步一步推向前进。邓小平同志指导我们党系统总结建国以来的历史经验，解决了科学评价毛泽东同志的历史地位和毛泽东思想的科学体系、根据新的实际和发展要求确立中国社会主义现代化建设的正确道路这样两个相互联系的重大历史课题，彻底否定了"文化大革命"的错误实践和理论，坚决顶住否定毛泽东同志和毛泽东思想的错误思潮，为党和国家发展确定了正确方向。邓小平同志紧紧抓住"什么是社会主义、怎样建设社会主义"这个基本问题，响亮提出"走自己的道路，建设有中国特色的社会主义"的伟大号召，领导我们党在新中国成立以来革命和建设实践的基础上，成功走出了一条中国特色社会主义新道路。邓小平同志强调必须坚持以经济建设为中心，坚持四项基本原则，坚持改革开放，领导我们党制定了党在社会主义初级阶段的基本路线。邓小平同志指导我们党正确认识我国所处的发展阶段和根本任务，制定了现代化建设"三步走"发展战略。邓小平同志突出强调"改革是中国的第二次革命"，领导我们党有步骤地展开各方面体制改革，勇敢打开对外开放的大门。邓小平同志反复强调"两手抓、两手都要硬"，必须抓好社会主义精神文明建设和民主法制建设，实现社会全面进步。他创造性提出"一国两制"科学构想，指导我们实现香港、澳门平稳过渡和顺利回归，推动海峡两岸关系打开新局面。邓小平同志明确提出和平与发展是当代世界的两大问题，领导我们党及时调整各方面政策，为改革开放和社会主义现代化建设创造了难得历史机遇和良好外部环境。邓小平同志强调加强党的领导必须改善党的领导，必须聚精会神抓党的建设，使党的建设充满新的生机活力。正是这些重大思想理论和实践，使20世纪的中国又一次发生天翻地覆的变化。

邓小平同志对党和人民的贡献，是历史性的，也是世界性的。正是由于有邓小平同志的卓越领导，正是由于有邓小平同志大力倡导和全力推进的改革开放，中国特色社会主义才能欣欣向荣，中国人民才能过上小康生活，中华民族和中华人民共和国才能以新的姿态屹立于世界东方。

邓小平同志的贡献，不仅改变了中国人民的历史命运，而且改变了世界的历史进程。邓小平同志赢得了中国人民衷心爱戴，也赢得了世界人民广泛尊敬。

像我们党的其他老一辈革命家一样，邓小平同志之所以能够为祖国和人民建立彪炳史册的功勋，就在于他看清了世界和中国的发展大势，深刻了解中国人民和中华民族的深沉愿望，把握住中国发展的历史规律，紧紧依靠党和人民建立了前所未有的历史性伟业。正如江泽民同志、胡锦涛同志指出的那样：如果没有邓小平同志，中国人民就不可能有今天的新生活，中国就不可能有今天改革开放的新局面和社会主义现代化的光明前景。

邓小平同志为中华民族独立、繁荣、振兴和中国人民解放、自由、幸福奋斗的辉煌人生和伟大贡献，将永远书写在祖国辽阔的大地之上。邓小平同志始终在人民中间，也始终在人民心间。

资料来源：《习近平：在纪念邓小平同志诞辰110周年座谈会上的讲话》，新华网，2014年8月20日。

邓小平在中共十一届三中全会上讲话。

把党和国家工作中心转移到经济建设上来、实行改革开放的历史性决策。

全会讨论了"文化大革命"中发生的一些重大事件,审查和解决了党的历史上一批重大冤假错案和一些重要领导人的功过是非问题。全会决定撤销中央发出的有关"反击右倾翻案风"运动和天安门事件的错误文件;审查和纠正了过去对彭德怀、陶铸、薄一波、杨尚昆等所作的错误结论等一系列问题。

全会初步分析了传统经济体制的弊端,提出了经济体制改革的要求,为经济体制改革指导思想的形成和目标的确定奠定了重要的思想基础。

全会原则同意1979年、1980年两年的国民经济计划安排,同意将《中共中央关于加快农业发展若干问题的决定(草案)》和《农村人民公社工作条例(试行草案)》下发讨论和试行。

中共十一届三中全会是中国共产党确立改革开放战略方针的开端,开启了中国改革开放的历史进程,是具有划时代意义的一次重要会议。

述评

1978年邓小平《解放思想,实事求是,团结一致向前看》这篇讲话,是在"文化大革命"结束以后,中国面临向何处去的重大历史关头,冲破"两个凡是"的禁锢,开辟新时期新道路、开创建设有中国特色社会主义新理论的宣言书。

——资料来源:江泽民,《高举邓小平理论伟大旗帜,把建设有中国特色社会主义事业全面推向二十一世纪》,《江泽民文选》,人民出版社,2006年。

中共中央工作会议

在1976年10月粉碎"四人帮"之后,广大干部群众强烈要求纠正"文化大革命"的错误,彻底扭转"文革"十年内乱造成的严重局势,使党和国家从危难中重新奋起。

1978年5月10日,中央党校内部刊物《理论动态》发表经中央党校副校长胡耀邦审定的《实践是检验真理的唯一标准》一文,引发了一场关于真理标准的大讨论,为中共十一届三中全会召开奠定了思想和理论基础。

1978年11月10日至12月15日,中央工作会议在北京京西宾馆召开。各省、市、自治区和各大军区的主要负责人,中央党政军各部门和群众团体的主要负责人共212人参加了会议。这次会议历时36天,是启动伟大的历史性转折的一次极其重要的会议，为中共十一届三中全会的召开作了充分准备。

1978年12月13日，邓小平在中央工作会议闭幕式上发表《解放思想，实事求是，团结一致向前看》的重要讲话。在这篇讲话中，邓小平指出中央已提出把全党工作的重心转移到实现"四个现代化"上来，需要强调解放思想，开动脑筋，实事求是，团结一致向前看。

邓小平突出强调了四个大的问题：

（1）解放思想是当前的一个重大政治问题。解放思想，开动脑筋，实事求是，团结一致向前看，首先是解放思想。只有思想解放了，我们才能正确地以马列主义、毛泽东思想为指导，解决过去遗留的问题，解决新出现的一系列问题，正确地改革同生产力迅速发展不相适应的生产关系和上层建筑，根据我国的实际情况，确定实现四个现代化的具体道路、方针、方法和措施。

（2）民主是解放思想的重要条件。解放思想，开动脑筋，一个十分重要的条件就是要真正实行无产阶级的民主集中制。我们需要集中统一的领导，但是必须有充分的民主，才能做到正确的集中。邓小平突出强调了发扬经济民主的问题，指出现在我国的经济管理体制权力过于集中，应该有计划地大胆下放，否则不利于充分发挥国家、地方、企业和劳动者个人四个方面的积极性，也不利于实行现代化的经济管理和提高劳动生产率；应该让地方和企业、生产队有更多的经营管理的自主权；我国有这么多省、市、自治区，一个中等的省相当于欧洲的一个大国，有必要在统一认识、统一政策、统一计划、统一指挥、统一行动之下，在经济计划和财政、外贸等方面给予更多的自主权。

（3）处理遗留问题为的是向前看。邓小平指出，这次会议，解决了一些过去遗留下来的问题，分清了一些人的功过，纠正了一批重大的冤案、错案、假案。这是解放思想的需要，也是安定团结的需要。目的正是为了向前看，正是为了顺利实现全党工作重心的转变。

（4）研究新情况，解决新问题。要向前看，就要及时地研究新情况和解决新问题，否则我们就不可能顺利前进。各方面的新情况都要研究，各方面的新问题都要解决，尤其要注意研究和解决管理方法、管理制度、经济政策这三方面的问题。

邓小平在中央工作会议上的重要讲话引起了强烈的反响，是新时期解放思想的"宣言书"，为中共十一届三中全会正确处理历史遗留问题、确立改革开放战略方针作了充分的思想动员和思想准备。

中美建交

1978年12月16日，中国和美国两国政府在北京和华盛顿同时发表《关于建立外交关系的联合公报》。

联合公报说：中华人民共和国和美利坚合众国商定自1979年1月1日起互相承认并建立外交关系。公报说：美利坚合众国承认中华人民共和国政府是中国的唯一合法政府。美利坚合众国政府承认中国的立场，即只有一个中国，台湾是中国的一部分。双方认为，中美关系正常化不仅符合中国人民和美国人民的利益，而且有助于亚洲和世界的和平事业。公报说：中华人民共和国和美利坚合众国将于1979年3月1日互派大使并建立大使馆。

1979年1月1日，《中美建交公报》正式生效，中美正式建交。中国和美国建交当日，美国政府宣布，与台湾断交，终止美台"共同防御条约"，从台湾撤出美国军队。中美建交为中国现代化建设和今后的改革开放创造了比较有利的国际环境。

流行志 1978

▶ 谈恋爱

1978年以前的一个时期，在中国，谈恋爱是一种偷偷摸摸的"地下活动"，年轻人公开的约会被视为可耻和堕落，不仅不能让熟悉的人发现，连路边的陌生人看见了，也算一种流氓行为。谈恋爱只能以"谈工作"之类为借口进行，情书一定是以"某某同志"开头，以"革命的敬礼"结尾。到了1978年，爱情开始与"阶级感情"稍稍分开，恋人们开始手拉着手"轧马路"了。

公园里谈恋爱的年轻人

▶ "鸡窝头"

"鸡窝头"，顾名思义，就是把头发烫成蓬松杂乱的鸡窝状。1978年，"改革从头开始"，那时头顶"鸡窝"，是最时髦、最前卫的代表。新时兴的卷发机和电烫发机让理发店成了北京排队最长的地方。曾经被认为是资产阶级和国民党女特务才有的发型，开始在年轻的女性中快速流行起来。

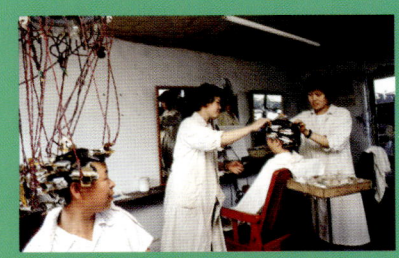

北京的理发店里正在烫头发的顾客

▶ 喇叭裤

随着日本电影《望乡》《追捕》在中国的热映，低腰短裆、紧裹臀部、裤腿上窄下宽，从膝盖向下逐渐张开，形如喇叭状的裤子开始出现在中国街头。喇叭裤颠覆了几十年来中国人对服装的刻板认知。这种把屁股绷得滚圆，裤脚宽得足以当扫街扫帚的"奇装异服"，被一些老年人称作"不男不女，颠倒乾坤"之物。喇叭裤成了年轻人对陈旧审美习惯的挑战，这种挑战悄然地改变着当时人们着装的审美观。

▶ 奖金

建国后长期的"左"的路线和政策，使"按劳分配"没有很好地执行。分配上的"大锅饭"现象成了改革的一大阻碍。当时群众中流行类似这样的说法"干活的不如偷懒的，偷懒的不如捣蛋的"。5月，国务院发出《关于实行奖励和计件工资制度的通知》，50年代初开始建立和发展、1958年和1966年下半年两次被取消的奖金制度开始恢复。"奖金"成为1978年最激动人心的"新名词"。

社会关注

告别"右派"

4月5日,中共中央批准中央统战部和国家公安部关于全部摘掉右派分子帽子的请示报告,决定全部摘掉右派分子的帽子。9月17日,党中央批发《关于全部摘掉右派分子帽子决定的实施方案》并指出,对过去错划了的人,要坚持有错必纠的原则,做好改正工作。到11月,全国各地摘掉右派分子帽子的工作已全部完成。

天安门事件的平反

11月14日,经中共中央批准,中共北京市委宣布:1976年清明节,广大群众到天安门广场悼念周恩来总理,完全是出于对周总理的无限爱戴、无限怀念和深切哀悼的心情;完全是出于对"四人帮"祸国殃民的滔天罪行的深切痛恨,它反映了全国亿万人民的心愿。对于因悼念周总理、反对"四人帮"而受到迫害的人要一律平反,恢复名誉。15日,《北京日报》首先刊登这个消息。16日,《人民日报》刊登题为《天安门事件完全是革命行动》的新华社通稿。

领袖黑体字语录在中国书籍报刊上消失

1978年3月18日,在全国科学大会开幕式休息时,邓小平对时任国务院副总理的方毅说:"在这次会议上的讲话和报告中引用的马克思、恩格斯、列宁和毛主席的语录,在报纸上发表时不要再用黑体字。"在场的新华社记者随即请示方毅,今后所有文章中引用马克思、恩格斯、列宁和毛主席的语录时,是否也一律不要再用黑体字?方毅说:此事由新华社报告中宣部再请示邓副主席后执行。次日,新华社总编室就这一问题给中共中央宣传部写报告。邓小平批示:"我赞成。"1978年7月22日,《人民日报》在发表邓小平1978年3月18日在全国科学大会开幕式上的讲话时,文中所引用的毛主席语录没有使用黑体字。从此,领袖黑体字语录在中国书籍报刊上消失。

伤痕文学

随着1978年改革开放,人们的言论和思想都得到了解放,长期的积郁心情需要得到宣泄,"伤痕文学"由此产生。8月11日,刊登于《文汇报》的短篇小说《伤痕》,代表了一种特定时期的文学现象,在"反映人们思想内伤的严重性"和"呼吁疗治创伤"的意义上,得到当时推动文学新变的人们的首肯。人们即以卢新华的这篇小说题目将这种文学现象称为"伤痕文学"。伤痕文学是改革开放后出现的第一个文学思潮,作品大都以"文化大革命"这一历史时期作为背景。

《伤痕》发表之后,陆续又有王亚平的《神圣的使命》、陆文夫的《献身》、孔捷生的《姻缘》等知青创作,还有以从维熙的《大墙下的红玉兰》为代表的"大墙文学",以及周克芹《许茂和他的女儿们》为代表的农村题材作品。这些作品反映的都是"文革"期间各个领域的人们在生活、身体和灵魂上受到的深深伤害。

1978年首届全国优秀短篇小说评奖,《班主任》《伤痕》《神圣的使命》同时获奖,参加颁奖的作者刘心武(中)、卢新华(左)和王亚平(右)一见如故。

《望乡》在中国上映引发激烈争议

邓小平访日后,为了加强中日两国间的文化交流,促进中日友好,中国于10月举办"日本电影周"活动,放映从日本引进的《追捕》《望乡》《狐狸的故事》等影片。这些影

1978年9月,天安门广场上庆祝国庆的少年儿童。

电影《望乡》海报

片尽管经过了严格的删减，仍给当时的国人带来了无比的震撼，引起了很大的轰动，尤其以《望乡》上映引发的争论最为激烈。

《望乡》根据山崎朋子原作《山打根八号妓院》改编，讲述日本妇女被卖到南洋当妓女的凄惨人生。《望乡》在中国的上映，引起的反响远远超过了日本国内。不少中国人认为它毒害了青年的心灵，更多的人不这样认为。一些人看到一部公然描写妓女的影片上映，勃然大怒，在大街上贴出大幅标语，要禁止和批判这部"黄色电影"。正是在这种讨论中，人们睁大眼睛，看到了越来越丰富的世界。

环球大事 1978

1月1日
东盟5国之间开始对71项产品实行入口特惠关税。

1月12—13日
日美为结束长达5个月的贸易战，在东京举行协商会议，并达成日本开放市场，减少贸易顺差，增加美国工业和农业产品进口等10点协议。

2月16日
世界上第一台电脑BBS启用。

2月20—22日
经济合作与发展组织24个成员国举行巴黎会议，同意从7月1日起以新的官方支持的出口信贷安排，取代旧有的安排。

4月1日
国际货币基金组织达成关于第二次修改条款的决议：实行浮动汇率，黄金不再作为货币平价的共同基础等。

4月3日
欧共体与中国签订一项包含最惠国待遇条款的贸易协定，自6月1日起生效。

6月5—6日
东盟5国在雅加达举行第六届经济部长会议，就建立合资企业、扩大区域内特惠贸易等问题达成协议。

6月17日
石油输出国组织决定年内冻结原油价格。

6月29日
越南正式加入经济互助委员会。

7月
欧洲共同体首脑会议在不来梅举行，建议建立欧洲货币体系。

7月16—17日
西方七国首脑在波恩举行第四次经济会议，讨论刺激经济和避免通货膨胀等问题。

8月18日
联邦德国、日本、英国等西方银行财团向经互会提供5亿美元的贷款。

10月30日
美元汇价暴跌，11月1日美国政府采取支持汇价措施，欧共体与非、加、太地区46个发展中国家签订洛美协定。

11月6日
联合国贸易和发展委员会秘书处宣布：联邦德国、英国、日本等11个发达国家决定取消世界上15个最穷的发展中国家的部分债务。

12月4—5日
欧共体9国首脑在布鲁塞尔举行会议达成在1979年1月1日成立欧洲货币体系的协议。

12月13日
国际货币基金组织理事会通过两项决议：第一，该组织基金总额由390亿特别提款权增加到586亿；第二，1979-1981年间每年1月1日向成员国分配约40亿特别提款权。

12月16—17日
石油输出国组织在阿布扎比举行第52次部长会议，决定1979年分四个阶段提高石油价格，全年涨幅平均为15%。

◼ 重要文献

《中国共产党第十一届中央委员会第三次全体会议公报》
（1978年12月22日）

1978年12月22日，中共十一届三中全会通过了《中国共产党第十一届中央委员会第三次全体会议公报》。

选文：

……现在就应当适应国内外形势的发展，及时地、果断地结束全国范围的大规模的揭批林彪、"四人帮"的群众运动，把全党工作的着重点和全国人民的注意力转移到社会主义现代化建设上来。这对于实现国民经济三年、八年规划和二十三年设想，实现农业、工业、国防和科学技术的现代化，巩固中国的无产阶级专政，具有重大的意义。我们党所提出的新时期的总任务，反映了历史的要求和人民的愿望，代表了人民的根本利益。我们能否实现新时期的总任务，能否加快社会主义现代化建设，并在生产迅速发展的基础上显著地改善人民生活，加强国防，这是全国人民最为关心的大事，对于世界的和平和进步事业也有十分重大的意义。实现四个现代化，要求大幅度地提高生产力，也就必然要求多方面地改变同生产力发展不适应的生产关系和上层建筑，改变一切不适应的管理方式、活动方式和思想方式，因而是一场广泛、深刻的革命。……

——摘自《改革开放三十年重要文献选编》（上）第15、21页，中央文献出版社，2009年。

◼ 重要文献

《解放思想，实事求是，团结一致向前看》
（邓小平，1978年12月13日）

这是邓小平在1978年12月13日中共中央工作会议闭幕会上的讲话，这次中央工作会议为随即召开的十一届三中全会做了充分准备，邓小平同志这个讲话实际上成为十一届三中全会的主题报告。

选文：

解放思想，开动脑筋，实事求是，团结一致向前看，首先是解放思想。只有思想解放了，我们才能正确地以马列主义、毛泽东思想为指导，解决过去遗留的问题，解决新出现的一系列问题，正确地改革同生产力迅速发展不相适应的生产关系和上层建筑，根据中国的实际情况，确定实现四个现代化的具体道路、方针、方法和措施。

目前进行的关于实践是检验真理的唯一标准问题的讨论，实际上也是要不要解放思想的争论。大家认为进行这个争论很有必要，意义很大。从争论的情况来看，越看越重要。一个党，一个国家，一个民族，如果一切从本本出发，思想僵化，迷信盛行，那它就不能前进，它的生机就停止了，就要亡党亡国。这是毛泽东同志在整风运动中反复讲过的。只有解放思想，坚持实事求是，一切从实际出发，理论联系实际，我们的社会主义现代化建设才能顺利进行，我们党的马列主义、毛泽东思想的理论也才能顺利发展。从这个意义上说，关于真理标准问题的争论，的确是个思想路线问题，是个政治问题，是个关系到党和国家的前途和命运的问题。

——摘自《改革开放三十年重要文献选编》（上）第2、3页，中央文献出版社，2009年。

◼ 重要文献

《中华人民共和国政府关于中美建交的声明》

（1978年12月16日）

1978年12月16日，中美双方同时发表建交公报。美国政府在联合公报中接受中国提出的建交三原则：同台湾断交、撤出军队和设施、终止美台"共同防御条约"。两国宣布双方自1979年1月1日起互相承认并正式建立外交关系，这是两国关系中具有历史意义的重大转折，中美关系从此进入了一个新阶段。

选文：

中华人民共和国和美利坚合众国自1979年1月1日起互相承认并建立外交关系，从而结束了两国关系的长期不正常状态。这是中美两国关系中的历史性事件。

众所周知，中华人民共和国政府是中国的唯一合法政府，台湾是中国的一部分。台湾问题曾经是阻碍中美两国实现关系正常化的关键问题。根据上海公报的精神，经过中美双方的共同努力，现在这个问题在中美两国之间得到了解决，从而使中美两国人民热切期望的关系正常化得以实现。至于解决台湾归回祖国、完成国家统一的方式，这完全是中国的内政。

——摘自《改革开放三十年重要文献选编》（上）第11页，中央文献出版社，2009年。

◼ 重要文献

《中华人民共和国和日本国和平友好条约》

（1978年8月12日）

1978年7月，中断了两年多的中日缔约谈判在北京重新举行。经历多轮艰苦谈判后，中国外交部长黄华与日本外相园田直8月12日在北京正式签订《中华人民共和国和日本和平友好条约》。主要内容包括：双方应在和平共处各项原则的基础上，发展两国间持久的和平友好关系；在相互关系中，用和平手段解决一切争端，而不诉诸武力和武力威胁；任何一方都不应在亚洲和太平洋地区或其他任何地区谋求霸权，并反对任何其他国家或国家集团建立这种霸权的努力；本条约不影响缔约各方同第三国关系的立场。

选文：

第一条 缔约双方应在互相尊重主权和领土完整、互不侵犯、互不干涉内政、平等互利、和平共处各项原则的基础上，发展两国间持久的和平友好关系。根据上述各项原则和联合国宪章的原则，缔约双方确认，在相互关系中，用和平手段解决一切争端，而不诉诸武力和武力威胁。

第二条 缔约双方表明：任何一方都不应在亚洲和太平洋地区或其他任何地区谋求霸权，并反对任何其他国家或国家集团建立这种霸权的努力。

第三条 缔约双方将本着睦邻友好的精神，按照平等互利和互不干涉内政的原则，为进一步发展两国之间的经济关系和文化关系，促进两国人民的往来而努力。

第四条 本条约不影响缔约各方同第三国关系的立场。

——摘自姜士林、鲁任、刘政等主编《世界政府辞书》第52页，中国法制出版社，1991年。

大事记

1月1日
《人民日报》、《红旗》杂志、《解放军报》发表元旦社论《光明的中国》指出,在新的一年里,要把揭批"四人帮"这个纲继续抓紧抓好。社论还指出,建设的速度问题,不是一个单纯的经济问题,而是一个尖锐的政治问题。

1月28日、30日
中共中央政治局讨论国家计委修订的《10年规划纲要(1976—1985)草案》。该《纲要》于1975年拟订过,被"四人帮"诬蔑为"右倾翻案风"的风源加以批判。

1月30日
国务院批转国家计委、财政部《关于改进固定资产更新改造资金管理的报告》,决定所有国营企业提取的基本折旧基金,50%留给企业,30%上缴中央财政,20%由地方掌握安排。

2月3日
《人民日报》发表署名文章《一份省委文件的诞生》。文章介绍了中共安徽省委经过3个多月由下而上、自上而下的调查研究、酝酿讨论,产生了《关于当前农村经济政策几个问题的规定》(即"省委六条")。"省委六条"的产生,是中国农村改革的一个重要信号,它奏响了农村改革的序曲,对农村家庭联产承包责任制的兴起,起了启动和开拓的作用。

2月5日
中共中央将国家计委《关于经济计划的汇报要点》和《1978年国民经济计划主要指标》发给各省、市、自治区。

2月17日
财政部发出《关于试行"增收分成,收支挂钩"财政体制的通知》,增收分成是指地方财政收入本年比上年实际增长的部分,按照核定比例,在中央和地方之间分配。

2月18—23日
中共十一届二中全会在北京举行。全会对中共中央政治局提出的各项文件进行讨论,通过了准备提交五届人大一次会议审议的《政府工作报告》、《1976年至1985年发展国民经济10年规划纲要(草案)》、《中华人民共和国宪法修改草案》和《关于修改宪法的报告》。

2月24日—3月8日
第五届政协全国委员会第一次会议在北京举行。会议通过了《中国人民政治协商会议章程》和决议,一致选举邓小平为第五届全国政协主席。

2月25日—3月5日
五届人大一次会议在北京召开。国务院总理华国锋作了题为《团结起来,为建设社会主义的现代化强国而奋斗》的政府工作报告。报告指出,打倒"四人帮"是中国历史上又一个伟大转折,标志着"文化大革命"的结束;在本世纪内把中国建设成为农业、工业、国防和科学技术现代化的伟大的社会主义强国。

3月11日
国务院同意国家计委、建委、经委、上海市、冶金部的报告,决定从日本引进成套设备,在上海宝山新建钢铁厂。建设规模为年产钢、铁各600万吨,整个工程投资为214亿

1978年3月18日,全国科学大会在北京召开,带来了科学的春天。

元,其中,外汇48亿美元,折合人民币144亿元,国内投资70亿元。

3月18—31日

全国科学大会在北京召开。邓小平作重要讲话,阐明了马克思主义关于科学技术在社会发展中的地位、作用的基本原理,指出为社会主义服务的脑力劳动者是劳动人民的一部分,强调在中国造就更宏大的科学技术队伍的必要性。华国锋作了《提高整个中华民族的科学文化水平》的报告。大会制定了《1978年至1985年全国科学技术发展纲要(草案)》。

4月5日

中共中央批准中央统战部和公安部关于全部摘掉右派分子帽子的请示报告,决定全部摘掉右派分子的帽子。9月19日,党中央批发《关于全部摘掉右派分子帽子决定的实施方案》。

4月17日

中共中央政治局再次讨论了《关于加快工业发展若干问题的决定(草案)》(简称"工业30条")。4月20日,以中共中央文件形式发各省、市、自治区,要求在全国各工业管理机关、各工业企业试行。

4月19日

中共中央政治局听取国家计委等5个部委关于《今后8年发展对外贸易、增加外汇收入的规划要点》的汇报。中共中央政治局原则同意。

4月22日—5月16日

全国教育工作会议在北京举行,邓小平在会上作了重要讲话:要求提高教育质量,提高科学文化的教学水平;教育事业必须和国民经济发展的要求相适应;尊重教师的劳动,提高教师的质量。

5月5日

《人民日报》发表题为《贯彻执行按劳分配的社会主义原则》的特约评论员文章。文章明确提出,按劳分配能够促进社会生产力的发展,促进创造出新的劳动生产率。

5月7日

国务院发出《关于实行奖励和计件工资制度的通知》。

5月11日

《光明日报》刊登题为《实践是检验真理的唯一标准》的特约评论员文章。文章论述了马克思主义的实践第一的观点,指出任何理论都要接受实践的检验。此后,在全党和全国范围内,展开了真理标准问题的大讨论。这一讨论,冲破了长期以来"左"倾错误思想的束缚,促进了全国性的马克思主义的思想解放运动,为中共十一届三中全会的召开准备了思想条件。

5月24日

中共中央发出通知,根据《宪法》规定,重新设置人民检察院,与公安机关、人民法院互相配合,又相互制约,同各种违法乱纪行为作斗争。

6月1日、3日

中共中央政治局听取和讨论以林乎加为团长的赴日经济代表团和以段云为组长的赴港澳经济贸易考察组的工作报告。

1978年10月22日至29日,中国国务院副总理邓小平赴日参加《中日和平友好条约》缔约换文仪式,并对日本进行了首次正式访问。

1978年12月,中共十一届三中全会会场。

6月22日

邓小平同余秋里、谷牧、康世恩、方毅谈话。他指出:同国外做生意,搞买卖,搞大一点,不要老是议论,看准了就干。搞它几百个项目,从煤炭、有色、石油、电站、火车,一直到饲料加工厂,不要把宝贵时间耽误掉。

6月24日

《解放军报》发表特约评论员文章《马克思主义的一个最基本的原则》,正面回答了对"真理标准"讨论的责难。《人民日报》《光明日报》当天全文转载。

6月30日

中共中央政治局听取和讨论谷牧访问欧洲5国的情况汇报。汇报建议,利用欧洲的先进技术,为中国四个现代化服务。西欧目前经济萧条,产品、技术、资本都过剩,急于找出路。同西欧开展经济技术合作,正是有利时机。

7月6日—9月9日

国务院务虚会在北京召开。国务院有关部门负责人60多人参加,围绕怎样加快现代化速度这一主题和华国锋出的4个题目(引进新技术、企业管理和工业管理、计划平衡、出口贸易)讨论。9月9日,李先念在务虚会上讲话指出,我们要改革一切不适应生产力的生产关系,改革一切不适应经济基础的上层建筑。

8月12日

《中日和平友好条约》在北京签字。

8月13日

中共中央批转《关于港澳工作会议预备会情况的报告》。中央决定成立中央港澳小组协助中央掌管港澳工作。

9月5日

国务院召开全国计划会议,安排1979、1980年的经济计划。

9月20日

胡耀邦在全国信访工作会议上指出,判断对干部的定性和处理是否正确,根本的依据是事实。凡是不实之词,凡是不正确的结论和处理,不管是什么时候,什么情况下搞的,不管是哪一级组织、什么人定的和批的,都要实事求是地改正过来。

10月6日

《人民日报》发表胡乔木文章《按照经济规律办事,加快实现四个现代化》。

10月10日—11月4日

中共中央组织部分批召开落实知识分子政策座谈会。会后,中共中央组织部发出《关于落实党的知识分子政策的几点意见》。

10月11—21日

中国工会第九次全国代表大会在北京举行。邓小平代表中共中央、国务院致词。

10月22—29日

邓小平访问日本。23日,互换《中日和平友好条约》批准书仪式在东京举行。

10月

安徽省来安县十二里半公社前郢大队农民,在县委书记王业美的支持下,自发地搞起"分田单干"。

11月5—14日

邓小平访问泰国、马来西亚、新加坡。这是中华人民共和国领导人第一次访问这3个国家。

11月10日—12月15日

中共中央工作会议在北京举行。中共中央政治局决定,在讨论原定议题之前,先讨论从明年1月1日起,把全党工作的着重点转移到社会主义现代化建设上来。与会者提出了天安门事件和"文化大革命"中在中央和地方遗留下来的比较重要的若干历史问题。对于这些问题,中央决定予以平反。会议还讨论了"两个凡是"的问题和"实践是检验真理的唯一标准"的问题,对华国锋进行了批评,同时对中共中央政治局中几位犯错误的同志进行了

1978年12月24日《光明日报》发表的中共十一届三中全会公报

批评。这些同志作了自我批评。在会议闭幕会上,邓小平作了题为《解放思想,实事求是,团结一致向前看》的讲话。

11月25日

国务院批转财政部《关于国营企业试行企业基金的规定》,决定从1978年起,国营企业试行企业基金制度,把企业经营成果同企业和职工切身利益联系起来。

12月16日

中美两国政府分别在北京和华盛顿同时发表《联合公报》,决定自1979年1月1日起建立外交关系。

12月18—22日

中共十一届三中全会在北京举行。全会决定,全党工作的着重点应该从1979年起转移到社会主义现代化上来。全会讨论了1979、1980两年国民经济计划的安排,并原则上同意。全会讨论了农业问题,同意将《中共中央关于加快农业发展若干问题的决定(草案)》和《农村人民公社工作条例(试行草案)》发到各省、市、自治区讨论和试行。

12月26日

国务院批转国家科委、外交部《关于加强引进人才工作的请示报告》。

12月28日

国务院发布修订后的《中华人民共和国发明奖励条例》。

12月31日

国务院批转国家计委、财政部《关于改进固定资产更新改造资金管理的报告》,规定国营企业提取的折旧基金,50%企业留用,50%上交国家。

数说发展

人口

总人口 96259 万人

 出生率 18.25‰
 死亡率 6.25‰
 自然增长率 12.00‰

财政收支 （单位：亿元）

 1132.26
占国内生产总值的比重 31.1%

 1122.09

收支差额 10.17

国内生产总值 （单位：亿元）

国内生产总值 3645.2

第二产业 1745.2
第一产业 1027.5
第三产业 872.5

黄金和外汇储备

1280 万盎司　　1.67 亿美元

黄金　　　　　外汇

人民生活

城乡居民人均收入情况

343.4 元　　133.6 元
城镇居民　　农村居民

全国职工总数 9499 万人
其中
全民所有制单位 7451 万人
城镇集体所有制单位 2048 万人

全国职工工资总额 569 亿元
其中
全民所有制单位 469 亿元
城镇集体所有制单位 100 亿元

全民所有制单位平均工资 644 元

工业

工业总产值 4231 亿元
比上年增长 13.5%
其中
重工业 56.9%
轻工业 43.1%

农林牧渔业

农林牧渔业总产值 1458.8 亿元

粮食 30475 万吨
比上年增长 7.8%

油料 521.8 万吨
比上年增长 30%

棉花 216.7 万吨
比上年增长 5.8%

进出口贸易

进出口贸易总额 355.0 亿元

比上年增长 30.3%

进口大于出口 19.8 亿元

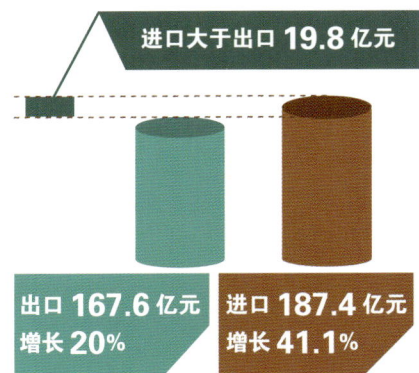

出口 167.6 亿元　　进口 187.4 亿元
增长 20%　　　　　增长 41.1%

国内商业

社会消费品零售总额 1527.5 亿元
比上年增长 8.3%

商业部门收购商品总额 1740 亿元
比上年增长 11.1%

农副产品 460 亿元　　工业品 1280 亿元
比上年增长 11.3%　　比上年增长 11%

科学科技

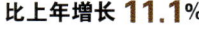 自然科学技术人员 511 万人

县以上独立科学研究机构 6200 所
拥有科研人员 26.8 万人

重大科学技术研究成果 600 多项

全国杂交水稻种植面积 430 多万公顷
平均每公顷增产 700 多公斤

交通运输

运输线路长度

公路 89.02 万公里
内河通航里程 13.6 万公里
民用航空航线 14.89 万公里
铁路 5.17 万公里
管道输油 0.83 万公里

货物周转量

铁路 5300 多亿吨公里
公路 274 亿吨公里
水运 3779 亿吨公里
空运 9700 万吨公里

邮电业务总量 11.7 亿元
比上年增加量 5000 万元

卫 生

 全国医院病床 185 万张
比上年增长 4.5%。

全国专业卫生技术人员 246 万人
比上年增长 5.3%
其中
中医 25 万人
西医师 35 万人
西医士 42 万人

全国农村 80% 左右的生产大队实行了合作医疗，赤脚医生 160 多万人

基本建设

基本建设投资 479 亿元
其中
国家投资 395 亿元
自筹投资 84 亿元

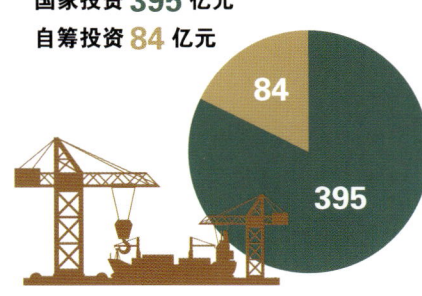

建成投产大中型项目 99 个
大中型项目的单项工程 297 个

主要工业部门都有一批大中型项目建成投产

国家投资和自筹投资建成交付使用的住宅面积 3700 多万平方米
比上年增长 33%

教 育

高等学校 598 所
高等学校毕业生 16.5 万人

在校学生数

高等学校 85 万人
（其中，当年招收学生 40 万人）
比上年增加 23 万人

中等专业学校 88 万人
比上年增加 20 万人

中学 6548 万人

小学 1.4624 亿人

幼儿园 787 万人

厂办大学和业余大学 55 万人

业余中等、初等学校 6800 多万人

文 化

生产艺术影片 46 部，约比上年增加 1 倍

发行艺术新片 76 部
恢复放映艺术片 375 部
各类放映单位 11 万多个

艺术表演团体 3100 多个
上演剧目 600 多个

文化馆 2700 多个
图书馆 1256 个

广播电台 100 座
发射台和转播台 487 座

农村装置有线广播喇叭的农户已占到总农户的 66%

电视中心台 32 座
电视发射台和转播台 237 座

全年发行报纸 109.4 亿份
比上年增长 3.8%

出版各类杂志 7.6 亿册
比上年增长 36.3%

出版图书 42.6 亿册
比上年增长 28.9%

体 育

打破世界纪录 5 项

打破国家纪录 166 项

全年举办县以上各级运动会 19000 多次

1978

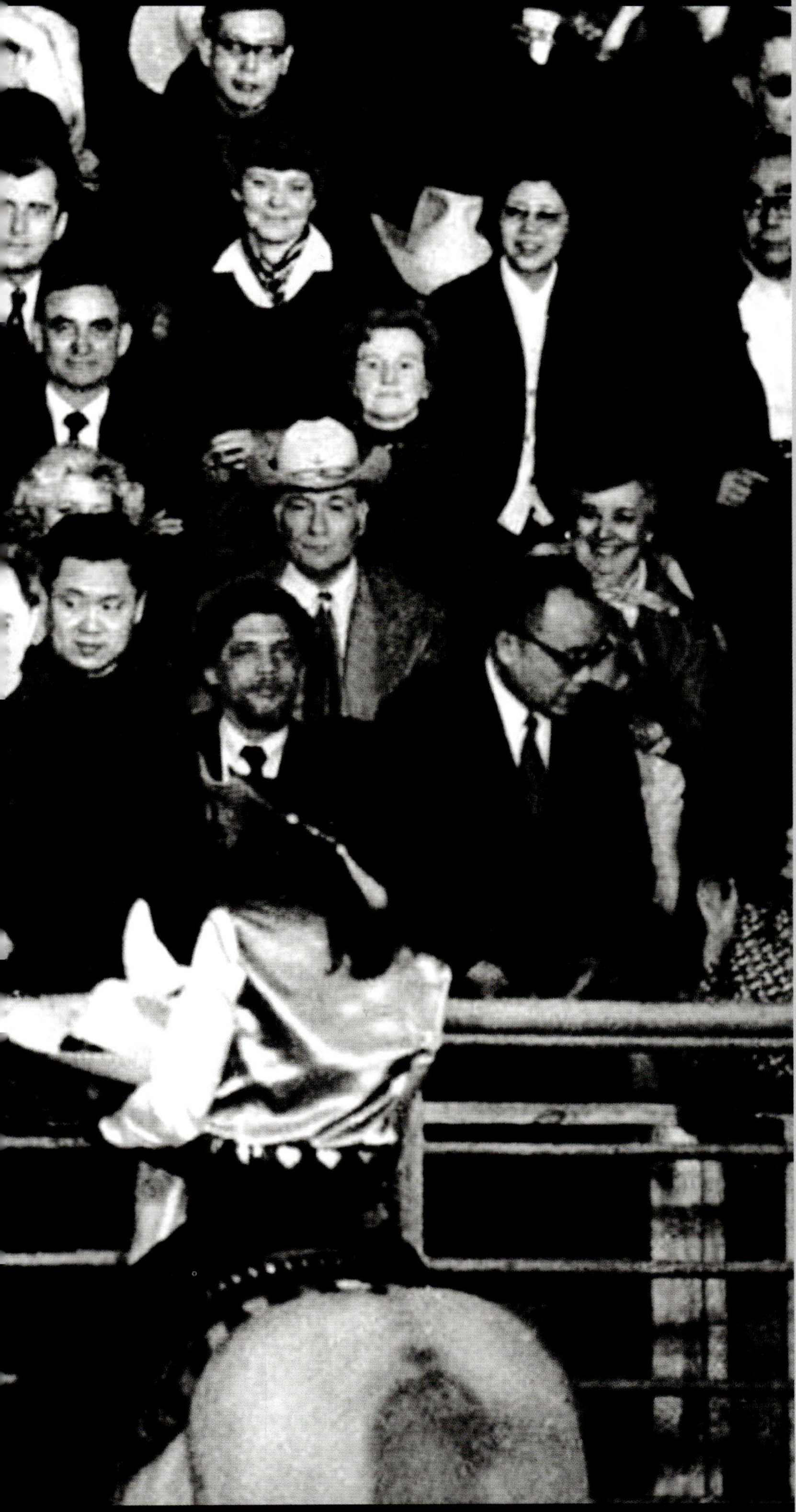

1979

- 邓小平访美
- 国内保险业务恢复
- 确立"调整、改革、整顿、提高"的经济工作方针
- 关于"包产到户"的争论
- 深圳、珠海、汕头和厦门试办出口特区
- 五届全国人大二次会议通过七部法律
- "扩大企业自主权"试点

焦点事件

应美国总统吉米·卡特邀请，邓小平于1979年1月29日至2月4日对美国进行了正式访问。

回忆

卡特："我的生日和中国的国庆是同一天，所以邓小平和其他中国领导人总是说，我成为中国的朋友是命中注定的。我当选总统之后，认识到（自新中国诞生）30年来美中之间还没建立外交关系，我认为这种不好的局面非常需要改变。于是我开始与中国领导人联系，特别是邓小平，我们从白宫直接和他开始了远距离的秘密谈判。1978年12月15日（北京时间16日），北京和华盛顿同时宣布了建交的公报。"

"这一决定对美国人来说非常出乎意料，因为我们对这件事一直保密。这个举动当时并不受欢迎，因为那时美国人和多数国会议员都是倾向台湾的。三天后，我想是12月18日，邓小平在（中国共产党十一届）三中全会上历史性地宣布将对中国的经济和社会制度进行改革。我邀请他访问美国，当时估计他大概在第二年6月份会来。可是，他说1月份就到，而且他说来就来了。我们非常高兴接待了他和夫人，还有一个庞大的随行团队。会见期间，我们达成了几十个内容广泛的协议，涉及到两国的方方面面。"

资料来源：《美前总统卡特：命中注定当中国的朋友》，《文汇报》，2009年8月31日。

邓小平访美

1979年1月28日，邓小平率团出发前往美国访问。此行被誉为中美关系的"破冰之旅"。邓小平说，这是向世界上最发达的国家学习。29日上午，美国白宫南草坪上第一次升起了五星红旗，第一次响起了中国国歌，礼炮鸣19响。在隔绝和敌对了几十年之后，来自社会主义中国的副总理受到了美国总统的隆重欢迎。

邓小平访美，是新中国成立以来中国领导人首次访问美国。在8天的访问中，邓小平与美国总统卡特进行了深入、坦率、诚恳、富有建设性的会谈。在与卡特会面时，他说"我们愿意和美国发展政治、经济、文化、贸易关系"，"我们不害怕你们的思想意识，你们也不必害怕我们的"。邓小平可亲、真诚、坦率的人格魅力给美国公众和政府官员留下了深刻的印象。

2月5日，邓小平圆满结束了对美国的访问，离开西雅图经东京回国。在8天时间里，邓小平出席了近80场会谈和会见，参加了约20场宴请或招待会，发表了2次正式讲话，并8次会见记者或出席记者招待会。美国人第一次近距离领略了新中国领导人的风采，并为之"深深着迷"。

邓小平访美展示了中国改革开放的新气象。美国媒体说，邓小平在美国掀起了"邓热潮"、"中国热"，他的访问是"中国的愿望、尊严和外交灵活性的象征"。卡特总统对邓小平此次访问的评价是："影响深远，坦诚，亲切，和谐，极其有益并富于建设性。"后来的事态发展证明邓小平此行的确是意义重大、影响深远。若干年后，美国著名中国问题专家戴维·兰普顿仍念念不忘邓小平访美之行，称之为"外交政治的成功范例"。

邓小平访问美国，加深了美国政党与中国共产党之间的了解，促进了中美两国人民之间的互相理解，迅速提升了刚刚正常化不久的中美关系，为开拓国际市场、营造良好的改革开放的国际环境奠定了坚实基础。

国内保险业务恢复

新中国成立后，国家在迅速接管各地的官僚资本保险公司、整顿改造私营保险企业的基础上，于1949年10月20日成立了中国人民保险公司。但是1958年底，中国人民保险公司停办国内保险业务。

1979年2月5日至28日，中国人民银行在北京召开全国分行行长会议，贯彻中共十一届三中全会精神，在上报国务院的会议纪要中正式提出了开展保险业务，为国家积累资金，为国家和集体财产提供经济补偿。

4月，国务院批准《中国人民银行分行行长会议纪要》，作出"逐步恢复国内保险业务"的重大决策。中国人民银行立即颁布《关

北京保险公司纷纷派出公关小姐在街旁设咨询站，为保险业作宣传。

于恢复国内保险业务和加强保险机构的通知》，对恢复国内保险业务和设置保险机构作出了具体部署。5月至6月，先后推出企业财产保险、货物运输保险和家庭财产保险三个险种。7月至8月，先后派出几批干部赴广东、福建、浙江、上海、江苏、江西等地，着手恢复保险业务和筹建保险机构。9月至11月，已有部分地区，如上海、重庆和江西率先开始经营国内保险业务。

11月，中国人民银行在京召开全国保险工作会议。根据"为生产服务、为群众服务和自愿的原则，通过试点，逐步恢复"国内保险业务的方针，会议确定，1980年京、津、沪三市可以在全市逐步展开；省和自治区原则上可以各选择3到5个大、中城市试办，省和自治区首府所在地和个别工商业比较集中的大城市可先走一步。这次会议还总结了办理国外保险业务的经验。根据对外贸易和对外经济交往中出现的新情况，要求要进一步提高服务质量，改善服务态度，及时、合理地处理赔款，把国外保险业务做得更好更活。会后，国内保险业务的恢复工作迅速在全国铺开。

确立"调整、改革、整顿、提高"的经济工作方针

1976年粉碎"四人帮"之后，经过广大干部和群众的努力，国民经济停滞、倒退的局面迅速扭转，工农业生产得到了比较快的恢复。但是，在1977和1978两年，由于在经济工作指导思想上"左"的错误还没有得到全面清理，因此经济建设中仍然存在着急于求成的倾向，追求不切实际的高指标和盲目扩大建设规模，使长期造成的经济比例失调的状况更加严重了。同时，经济管理体制存在着许多缺陷，妨碍各方面积极性的发挥。相当多的企业管理落后，生产秩序不正常，在生产、建设、流通、分配等领域中都存在着不少混乱现象，严重影响经济效益的提高。针对这些情况，中共中央于1979年4月正式确定对国民经济实行"调整、改革、整顿、提高"的方针。

3月8日，中共中央副主席陈云在《计划与市场问题》这篇文章中，从理论上探讨了经济体制改革的目标模式问题，提出整个社会主义时期经济必须有计划经济和市场调节两个部分。第一部分是基本的、主要的，第二部分是从属的、次要的，但又是必

观点

马洪：中央最近确定了要在三年以内贯彻执行"调整、整顿、改革、提高"的八字方针。"调整"是八个字里边的关键。我们的调整就是调整比例关系，加强短线。但是这个比例关系究竟是以什么为标准的呢？你有你的比例，他有他的比例。现在我们要缩短基本建设战线，缩短长线，各个部门说他自己是短线，而没有一个部门说自己是长线。于是大家都争着向计委要投资，这个部也要，那个部也要。这是和我们这个经济结构分不开的。有什么样的经济结构就有什么样的比例。不合理的经济结构有不合理的比例，合理的经济结构有合理的比例。我们应该采取一种合理的经济结构，来确定我们的比例和实现这种比例的必须的政策。我们的国民经济计划，就是这样一种结构比例和相应的政策的反映。
资料来源：《中国式的社会主义现代化和经济结构的调整》，《经济问题》，1979年第1期。

....

董辅礽：要进行经济体制改革，就要完成"两个分离"，即在工业领域，改革国家所有制，实现政企分离；在农业生产领域，改革人民公社所有制，实现政社分离。
资料来源：《关于中国社会主义所有制形式问题》，《经济研究》，1979年第1期。

需的。

3月14日，中共中央副主席李先念、陈云在就财经工作写给中央的一封信中提出了若干重要意见：前进的步子要稳，不要再折腾；从长期来看，国民经济做到按比例发展就是最快的速度；现在比例失调的情况是相当严重的；要有两三年的调整时期，才能把各方面的比例失调情况大体上调整过来；钢的指标必须可靠；借外债必须充分考虑还本付息能力，考虑国内投资能力。

3月21至23日，中共中央政治局讨论国民经济调整问题。陈云、邓小

平在会上作了重要讲话。陈云提出,要充分利用外资和外国技术。他还说,现在比例失调的情况相当严重,最好有三年的调整时间。邓小平指出,现在的中心任务是调整;过去提以粮为纲,以钢为纲,是到该总结的时候了;一个国家的工业水平,不光决定于钢,要把钢的指标减下来,搞一些别的。谈农业,只讲粮食不行,要农林牧副渔并举。

3月27日 中共中央决定在国务院下面设立财政经济委员会,作为研究制定财经方针政策和决定财经工作中的大事的决策机构。陈云任主任、李先念任副主任、姚依林为秘书长。

4月5日至28日,中共中央召开工作会议。针对当时国民经济比例严重失调、体制不合理、管理不善、效益低下等问题,会议确立了"调整、改革、整顿、提高"的八字方针。李先念代表党中央、国务院作《关于国民经济调整问题》的讲话,说明了调整的必要性,阐述了调整的方针、任务和所要采取的主要措施。李先念指出,今后一段经济工作的方针是:以调整为中心,在调整中改革,在调整中整顿,在调整中提高。

这次中央工作会议较准确地分析了当时国民经济的状况特别是比例失调的情况,并突出在调整中改革,依靠改革实现调整,标志着经济建设指导思想的重要转变。

回忆

吴敬琏:1979年,经济学界发生了一场激烈的论战,这是改革开放之后的第一场经济政策大争论,论战在两个"战场"展开,一个是在改革派与计划派之间,另一个是在改革派内部。争论的焦点是同一个:如何看待以及防止经济失控。

进入1979年之后,随着改革鼓点的敲响,中央出台了一系列的新政策,包括职工提薪、奖金发放、安置就业、政策退赔、农产品提价以及扩大企业和地方财权等,这使财政支出大幅增加。与此同时,经济的复苏带动基础建设的复兴,各地的基建规模不断扩大,渐渐到了预算无法控制的地步。对此,一些计划派人士开始攻击改革,认为物价上涨是因为政府提高了农副产品的收购价格所导致,所以必须重回统购统销的管控路线,一旦放弃计划,势必天下大乱。

在这个问题上,改革派是有共识的。孙冶方抱病写出三万多字的《为什么调整——调整中应该注意的一个重要问题》,解释政府的开放政策是正确的,造成物价上涨的原因不在于调整农产品价格,而是因为基本建设战线过长。与孙冶方持相似观点,并在第一线与计划派交战的是在国家计委经济研究所任顾问的薛暮桥。薛回忆说,当时自己和一些同志议论时还曾说,这不又在搞"大跃进"吗?

薛暮桥的观点得到了陈云等人的认可。1979年3月,中央政府成立了国务院财政经济委员会,陈云出任主任,李先念为副主任,统管全国宏观经济,他们对薛暮桥的观点表达了支持。1980年4月,中财委秘书长姚依林被派往国家计委接任主任,制止对薛暮桥的批判,至此平息了计委的内部争论。

按理说,改革派在这场大论战中取得了胜利,不过在改革派内部却出现了另外一种思路,它的代表人物是于光远。于的观点是,中国经济结构扭曲的原因是体制,所以光是调整是没有成效的,应该先改革体制。1979年前后,于光远发表了若干篇文章论述他的观点,提出"中国正处在一个需要进行经济体制改革的历史时期,这种寻找合适生产力的生产关系的科学研究,尤为重要"。那么,到底应该建立怎样的新体制?于没有给出明确的答案,不过却指出了方向,那就是"惟生产力论"。

综合薛暮桥和于光远的观点,可以看出,他们都反对僵化的计划经济,反对优先发展重工业的一贯战略。其分歧在于,薛暮桥认为应该"先调整,再改革",只有首先调整了国民经济才能为建立商品经济的改革创造比较好的条件,于光远的观点则是"先改革,再调整"。对于于光远的观点,薛暮桥明确表示反对,他在回忆录中解释说,"当时理论界有的同志认为应当把改革而不是调整放到首位,我认为这不是好主意。改革应当为经济发展服务,它的每一个重大步骤都应当取得促进经济正常发展的良好效果,否则改革容易遇到挫折。经济稳定协调的发展,是改革顺利推进的重要条件。"

资料来源:摘编自《1979年:"调整"与"改革"之争》,《经济观察报》,2010年1月20日。

观点

孙尚清、陈吉元、张耳:对经济管理体制进行改革的实质,就在于有条不紊地把中国社会主义经济的计划性和市场性结合起来,而要做到这一点,关键是承认和尊重价值规律对社会主义经济的调节作用。在我们看来,那种只看到社会主义经济是计划经济,否认计划性要与市场性相结合,否认价值规律的调节作用的看法和作法是不对的;那种离开计划性来谈社会主义经济,甚至要求取消计划性,让商品经济自由发展,片面强调市场调节的意见,也是不对的。

资料来源:《论社会主义经济中计划性与市场性相结合的几个理论问题》,《经济研究》,1979年第5期。

刘国光、赵人伟:社会主义经济中计划与市场关系是带有根本性、全局性的问题,指出社会主义经济中计划和市场的关系,既不是相互排斥,也不是由外在的原因所产生的一种形式上的凑合,而是由社会主义经济的本质所决定的一种内在有机的结合。同时,为了确保国民经济各部门、各地区协调发展,维护整个社会的共同利益以及正确处理各方面的物质利益关系,必须在利用市场机制的同时,加强国家计划的调节作用。

资料来源:《社会主义经济中计划与市场的关系》,《经济研究》,1979年第5期。

👤 人物：叶剑英

叶剑英同志是久经考验的共产主义忠诚战士，坚定的马克思主义者，伟大的无产阶级革命家、政治家、军事家，中国人民解放军的缔造者之一，中华人民共和国的开国元勋，长期担任党、国家和军队重要领导职务的卓越领导人。在60多年的革命生涯中，他为中国革命、建设、改革事业殚精竭虑、不懈奋斗，建立了丰功伟绩。

1976年，周恩来、朱德、毛泽东同志相继逝世，江青反革命集团加紧进行篡夺党和国家最高领导权的阴谋活动。叶剑英同志和华国锋、李先念等同志一道，根据中央政治局多数同志的意见，代表党和人民的意志，采取果断措施，一举粉碎"四人帮"，从危难中挽救了党、挽救了中国社会主义事业。在这场严峻复杂的斗争中，叶剑英同志起了决定性的作用。

"文化大革命"结束后，"两个凡是"严重束缚着人们的思想，阻碍着各个领域的拨乱反正。叶剑英同志高瞻远瞩、排除阻力，力主请邓小平、陈云同志等老一辈革命家立即出来担任党和国家领导工作，尽快平反一切冤假错案。经过叶剑英同志等老一辈革命家不懈努力，1977年7月党的十届三中全会通过《关于恢复邓小平同志职务的决议》，邓小平同志重新参加中央领导工作。与此同时，一大批老同志、老干部也陆续恢复工作，大量冤假错案得到平反，为实现伟大历史转折准备了骨干力量，奠定了组织基础。

1977年10月，叶剑英同志在中央党校开学典礼上发表讲话，强调坚持和发扬理论联系实际的学风，"一定要完整地、准确地掌握马克思主义基本原理"，学习马克思主义理论"一定要提倡融会贯通，联系实际，实事求是，有的放矢"。1978年5月《实践是检验真理的唯一标准》一文发表后，叶剑英同志坚决支持关于真理标准问题的大讨论。这次讨论为全党同志冲破长期以来"左"倾错误思想的束缚，恢复党的实事求是的思想路线，探索中国特色社会主义道路，奠定了重要思想基础。

1978年12月，在党的十一届三中全会上，叶剑英同志和邓小平等同志一起，为全会重新确立马克思主义的思想路线、政治路线和组织路线，作出把党和国家工作重点转移到社会主义现代化建设上来、实行改革开放的历史性决策，实现新中国成立以来党的历史上具有深远意义的伟大转折，作出了重要贡献。

叶剑英同志具有宽广博大的为民情怀和治国安邦的卓越才能。党的十一届三中全会后，作为以邓小平同志为核心的党的第二代中央领导集体的重要成员，已经80多岁高龄的叶剑英同志担任中央副主席、中央政治局常委、全国人大常委会委员长、中央军委副主席等重要领导职务。他以"团结同志齐建国，欢呼大地又回春"的豪迈激情和卓越的政治远见，在推动新时期改革开放、民主法制建设、祖国统一、国防和军队建设等方面做了大量工作，为开创中国特色社会主义伟大事业建立了新的历史功勋。

1979年9月，叶剑英同志在庆祝中华人民共和国成立30周年大会上讲话指出，现代化建设是当前最大的政治，必须坚定不移地把工作重点放到经济建设上来，要从中国实际出发，努力走出一条适合我国情况和特点的实现现代化的道路。此后，他协助邓小平等中央领导同志积极推进经济体制改革，支持引进先进技术和经济特区建设，推动中国改革开放和现代化建设事业不断发展。

叶剑英同志认为，只有大力抓好社会主义民主法制建设，才能保证国家各项事业健康发展。他主持修改颁布1982年宪法，标志着我国社会主义民主法制建设进入新阶段。在他担任第五届全国人大常委会委员长期间，全国人大及其常委会通过66部法律和有关法律问题的决定，有力推动了社会主义民主法制建设。

1979年初，叶剑英同志主持全国人大常委会通过并发表《告台湾同胞书》，指出实现中国统一是人心所向，大势所趋。1981年9月，他发表谈话，进一步提出台湾回归祖国、实现和平统一的九条方针。邓小平同志曾明确指出，九条方针实际上就是"一个国家，两种制度"。此后，这一构想日臻完善，形成了"和平统一、一国两制"的基本方针。叶剑英同志为推动祖国统一大业的进程起了重要作用。

叶剑英同志以身作则地推动党和国家领导干部的新老交替与合作。由于年龄和健康的原因，1985年，他辞去党、国家和军队的领导职务。

"人生贵有胸中竹，经得艰难考验时"。叶剑英同志为党和人民事业奉献了毕生精力，建立了不朽功勋。他党性坚强、信念坚定，对社会主义、共产主义事业矢志不渝，对党、对国家、对人民无比忠诚。他追求真理、服从真理、坚持真理，始终随历史潮流不断前进。"疾风知劲草，板荡识诚臣"。在重大和紧要的历史关头，他总是挺身而出、力挽狂澜、化险扶危。他的诗句"矢志共产宏图业，为花欣作落泥红"，正是他不懈奋斗的光辉一生的真实写照。

资料来源：中共中央党史研究室：《为共产主义事业执着奋斗的光辉一生——纪念叶剑英同志诞辰120周年》，《人民日报》，2017年4月28日第6版。

人物：陈云

陈云同志1925年加入中国共产党，从此就把毕生精力献给了党领导的伟大事业。1995年4月10日在北京逝世，终年90岁。陈云同志的一生，经历了我国革命、建设、改革各个历史时期，是伟大、光荣的一生。

新民主主义革命时期，陈云同志为民族独立和人民解放顽强奋斗，是中华人民共和国的开国元勋。他在大革命的洪流中投身工人运动，在实际斗争中成长为工人运动领导人。他参加了艰苦卓绝的红军长征。在遵义会议上，他坚定支持毛泽东同志的正确主张，支持会议确立以毛泽东同志为代表的正确领导。抗日战争期间，陈云同志担任了7年中共中央组织部部长，领导制定了"了解人、气量大、用得好、爱护人"的十二字干部政策，提出选拔任用干部要坚持德才兼备的原则。解放战争期间，陈云同志参加领导东北解放。辽沈战役胜利后，他领导接收沈阳，创造了接管大城市的经验，并领导东北根据地率先开始恢复经济，支援了全国解放战争，为我们党提供了由战争转向和平建设的宝贵经验。

在社会主义革命和建设时期，陈云同志为确立社会主义基本经济制度、建立独立的比较完整的工业体系和国民经济体系做了大量卓有成效的工作，为探索我国社会主义建设道路作出了杰出贡献。新中国成立初期，陈云同志受命主持领导全国财政经济工作，只用不到一年时间，就迅速实现了全国财政经济的统一，稳定了金融物价。他主持了第一个五年计划编制和执行，既注意学习苏联经验，又坚持从我国国情出发科学布局，为我国社会主义工业化积累了经验。在大规模经济建设时期，陈云同志积极探索社会主义经济规律，创造性地提出建设规模要同国力相适应、在社会主义经济中要有市场调节为补充等重要思想。他较早发现"大跃进"带来的问题，积极建言，尽量减轻损失。上世纪60年代初期，在毛泽东同志支持下，他参与部署和领导调整国民经济，恢复农业生产，为国民经济和人民生活走出困境发挥了重要作用。

在改革开放和社会主义现代化建设新时期，陈云同志为我们党开创中国特色社会主义道路作出了卓越贡献。1978年底，在党的十一届三中全会之前的中央工作会议上，陈云同志以马克思主义的勇气和胆识提出，要把党和国家工作重点转移到社会主义建设上来，必须解决好历史遗留的若干重大问题。他的发言受到与会同志积极响应，为突破"两个凡是"的思想禁锢、实现伟大的历史转折起到了重要作用。

党的十一届三中全会后，陈云同志积极支持邓小平同志倡导的改革开放，支持和推动农村和城市改革，支持从沿海到内地不断扩大对外开放。他提出，在社会主义经济中要有意识地发挥和扩大市场调节作用，支持探索符合实际、充满活力的社会主义经济新体制。他提出改革要不断总结经验，脚踏实地向前推进。他高度重视改革开放条件下党的思想建设、制度建设和社会主义精神文明建设，主持制定了《关于党内政治生活的若干准则》，提出"执政党的党风问题是有关党的生死存亡的问题"的著名论断。他倡导干部队伍新老合作和交替，提出要按照革命化、年轻化、知识化、专业化的标准，培养德才兼备的青年干部队伍。他支持邓小平同志关于科学确立毛泽东同志的历史地位、坚持和发展毛泽东思想的主张。在中国特色社会主义发展进程的每一个重大历史关头，陈云同志坚定维护邓小平同志在中央领导集体中的核心地位，维护党中央权威，同党和人民同心同德。

资料来源：《习近平：在纪念陈云同志诞辰110周年座谈会上的讲话》，新华网，2015年6月12日。

山东潍坊农村在农村改革大潮中，也学习安徽凤阳的生产形式——包产到户，大大调动了农民的生产积极性。

观点

邓小平：农村政策放宽以后，一些适宜搞包产到户的地方搞了包产到户，效果很好，变化很快。安徽肥西县绝大多数生产队搞了包产到户，增产幅度很大。"凤阳花鼓"中唱的那个凤阳县，绝大多数搞了大包干，也是一年翻身，改变面貌，有的同志担心，这样搞会不会影响集体经济。我看这种担心是不必要的。我们总的方向是发展集体经济。实行包产到户的地方，经济的主体现在也还是生产队。

资料来源：邓小平：《关于农村政策问题》（一九八〇年五月三十一日），《邓小平文选》（1975—1982），第275页。

关于"包产到户"的争论

中共十一届三中全后会不久，中共中央发出了《关于加快农业发展若干问题的决定（草案）》和《农村人民公社工作条例（试行草案）》，其中虽然说"不许包产到户""不许分田单干"，但肯定了包工到组、联产计酬的管理方式，比过去实行的那种"集中劳动"、"平均分配"等管理方式前进了一步。从实际情况看，两个文件下发后的几个月内，全国有1/3的社队实行了包产到组。《人民日报》对这些情况及时给予了连续报道，在全国产生了重大影响。

1979年3月12日至24日，中央农委邀请广东、湖南、四川、江苏、安徽、河北、吉林七省农村工作部门和安徽全椒、广东博罗、四川广汉三县的负责人召开座谈会，讨论建立健全农业生产责任制问题。会上围绕"联产计酬""包产到户"展开了激烈争论。反对"包产到户"的仍占主流。最后形成的意见是：目前多数地方，还是实行包产到组、定额计酬，不许包产到户；深山、偏僻地区的孤门独户，可以包产到户。现在春耕已到，不论采用什么形式的责任制，都要很快定下来，以便全力投入春耕。

包产到户在实践中促进农业生产发展的效果已经显现出来，获得越来越多的认可和支持。5月20日，《人民日报》发表了题为《调动农民积极性的一项有力措施》的文章，对包产到组的生产形式作了肯定。这可以说是联产承包责任制的初步发展时期。

安徽省委第一书记万里到安徽省凤阳县农村调查时，肯定了小岗村实行的"包干到户"的生产责任制。在1979年6月18日召开五届人大二次会议开幕式会议休息时，万里到大会主席团对陈云说，安徽一些农村已经搞起了包产到户，怎么办？陈云答复："我双手赞成。"8月8日，《安徽日报》发表《凤阳县在农村实行"大包干"》一文，向全省介绍"大包干"的做法。

1979年9月25日至28日，中共十一届四中全会正式通过了《中共中央关于加快农业发展若干问题的决定》。《决定》指出："可以按定额记工分，可以按时记工分加评议，也可以在生产队统一核算和分配的前提下，包工到作业组，联系产量计算劳动报酬，实行超产奖励。不许分田单干。除某些副业生产的特殊需要和边

人物：万里

万里同志是中国共产党的优秀党员，久经考验的忠诚的共产主义战士，杰出的无产阶级革命家、政治家，党和国家的卓越领导人，曾担任中国共产党第十一届、十二届中央书记处书记，第十二届、十三届中央政治局委员，国务院副总理，第七届全国人民代表大会常务委员会委员长。

改革开放新的历史时期，万里同志勇当改革先锋和闯将，为探索中国特色社会主义道路作出重大贡献。在安徽工作期间，万里同志深入基层，走村串户，体察民情，采取果断措施拨乱反正。他重视农业生产，关心农民疾苦，提出农村工作以生产为中心，勇敢探索发展农业生产、改善农民生活、转变农村面貌的新路子。他大力支持和推广肥西县"包产到户"和凤阳县小岗村"包干到户"的做法，推动全省农业管理体制变革。万里同志领导的安徽农村改革，是对社会主义经济制度的一次艰辛和成功的探索。

在担任中央书记处书记、国务院副总理等职务期间，万里同志解放思想、实事求是，提出改革农村生产经营体制，领导起草了5个中央1号文件，经党中央研究批准后下发，推动了农村改革不断深入。他参与领导经济体制改革，积极推动政治、科技、教育、文化等其他各方面改革。他坚持把转变机制、调动广大劳动者积极性作为改革的指导思想，强调尊重价值规律、发展商品经济，提出贯彻各尽所能、按劳分配的社会主义分配原则。他积极探索以增强企业活力为中心环节的经济体制改革，支持企业实行经济责任制。他大力倡导社会主义民主法制建设，强调发展民主与健全法制是我们国家的一件根本大事。

在担任全国人大常委会委员长职务期间，万里同志强调要贯彻党在社会主义初级阶段的基本路线，履行宪法法律赋予的职责，提出要把"保证和促进改革"作为人大的首要职责，把加强社会主义民主法制建设作为人大的中心任务。他高度重视社会主义民主政治建设，强调发扬社会主义民主是政治体制改革的重要方面，主张通过改革一步一步使我国社会主义民主政治走向制度化、法律化。他高度重视立法工作，强调要适应社会主义现代化建设和改革开放的需要加强立法工作，保障社会主义市场经济发展。他高度重视人大监督工作，提出要把对法律执行情况的监督检查同制定法律放在同等重要的地位，明确执法检查是人大履行监督职责的重要形式，对促进法律实施起到了积极作用。从领导岗位上退下来以后，他仍然关心党和国家事业发展，坚决拥护支持党中央领导，积极关注中国特色社会主义伟大事业。

资料来源：《习近平：在纪念万里同志诞辰100周年座谈会上的讲话》，《人民日报》，2016年12月6日第2版。

> **语录**
>
> "要有奖有罚，奖罚分明。对干得好的、干得差的，经过考核给予不同的报酬。我们实行精神鼓励为主、物质鼓励为辅的方针。颁发奖牌、奖状是精神鼓励，是一种政治上的荣誉。这是必要的。但物质鼓励也不能缺少。在这方面，我们过去行之有效的各种措施都要恢复。奖金制度也要恢复。对发明创造者要给奖金，对有特殊贡献的也要给奖金。搞科学研究出了重大成果的人，除了对他的发明创造给予奖励外，还可以提高他的工资级别。如果他干了几年，干不出成绩来，就应该让他改行。"
>
> ——邓小平

资料来源：《坚持按劳分配原则》，《邓小平文选》第二卷，人民出版社，1994年。

远山区、交通不便的单家独户外，也不要包产到户。"这些规定已经出现了变化。

1979年底，在中国农业经济学会发起的学术讨论会上，安徽代表介绍了肥西县实行包产到户、凤阳县实行大包干的经验，引起了广大干部、农民以及理论工作者的注意。特别是凤阳县"交够国家的，留足集体的，剩下都是自己的"大包干的经验，得到了人们的关注。

此后，包产到户这种形式的生产责任制开始发展，并在全国农村普及，极大地改变了农村面貌。

深圳、珠海、汕头和厦门试办出口特区

1978年底，中央在北京召开历时36天的中央工作会议。会议期间，广东省委书记习仲勋在发言中提出，希望中央能给广东更大的支持，多给地方处理问题的机动余地，允许广东吸收港澳华侨资金以及开展"三来一补"等，得到与会者的赞同和支持，这无疑增强了他对外开放的信心和决

人物：谷牧

谷牧同志是中国共产党的优秀党员，久经考验的忠诚的共产主义战士，无产阶级革命家，我国经济建设战线的杰出领导人，中国共产党第十一届、十二届中央书记处书记，国务院原副总理，原国务委员，中国人民政治协商会议第七届全国委员会副主席。

粉碎"四人帮"后，谷牧同志分管对外经济贸易工作，全身心地投入到改革开放的伟大事业。他兼任了国家进出口管理委员会主任、国家外国投资管理委员会主任、国务院旅游协调小组组长、国务院打击走私领导小组组长等职务，负责进出口、引进外资、经济特区建设和旅游、民航等工作。他立足国情、放眼世界，勇于开拓、敢闯禁区，主张吸收外国投资，引进国外贷款，争取世界银行对我国资金与人才培养等方面的支持，推动外贸体制改革，对新时期对外开放的起步和发展发挥了重要作用。谷牧同志还兼任国家计委副主任、党组副书记，中国人民解放军基建工程兵政治委员、党委第一书记，支持并领导了基本建设管理体制改革试点工作，扩大国营施工企业的经营自主权，较早提出了住宅逐步商品化的设想，并支持在西安、南宁、柳州、桂林等城市进行建房出售给职工的试点，得到中央的肯定，为后来的城镇住房制度改革积累了宝贵经验，为探索符合我国国情的基本建设和城市发展道路，进行了不懈努力，作出了重要贡献。他积极推动旅游和民航体制改革，促进了旅游产业和民航事业的蓬勃发展。

1979年，为落实邓小平同志关于建立经济特区的指示，谷牧同志会同广东、福建两省领导同志研究实施方案。他带领工作组经过深入调查研究，推动建立了深圳、珠海、厦门、汕头4个经济特区。他为我国特区经济的稳定发展呕心沥血，积极推进特区各项政策措施的制订、落实和完善。1980年2月至1985年9月，谷牧同志任中央书记处书记，1982年5月至1988年4月任国务委员。1984年，邓小平同志视察广东、福建后，谷牧同志按照中央指示，积极推动进一步开放大连、秦皇岛等14个沿海港口城市，使我国对外开放呈现出崭新局面。在组织经济特区发展外向型经济的同时，他还努力推动建立健全引进外商直接投资的法律法规，改善投资环境，并坚决打击改革开放中出现的走私等违法行为。1987年，他负责筹备海南建省办经济特区，努力推动海南的经济发展，为海南经济特区的建立奠定了坚实基础。他为推动我国对外开放新格局的形成做出了重要贡献。

谷牧同志在抓好经济工作的同时，高度重视社会主义精神文明建设。他注意学习借鉴国内外的文明成果，积极引进西方先进管理经验，努力发掘中华民族传统文化的优秀遗产。1984年，他担任中国孔子基金会会长，倡导、推动对孔子学说的研究、传承和发扬，为发展爱国统一战线和增进国际交往倾注了大量心血。他还主持了北京恭王府旧址的保护、抢救工作，指导、支持了琉璃厂文化街改建和北京图书馆建设，为保护国家重要历史文化遗产、发展社会主义文化事业做了大量工作。

1988年，谷牧同志担任政协第七届全国委员会副主席，兼任全国政协经济委员会主任。围绕改革开放和社会主义现代化建设、加强农业和农村工作等问题，他深入实际，调查研究，为中央决策提供了重要参考和依据。他坚决贯彻中央关于统一战线和人民政协的方针政策，积极促进同各民主党派、无党派人士的合作共事，参与推进祖国和平统一和海外联谊工作，努力推动人民政协的制度建设，为坚持和完善中国共产党领导的多党合作和政治协商制度、巩固和发展爱国统一战线、开创人民政协事业新局面，付出了大量心血，作出了积极贡献。

资料来源：《马凯：在纪念谷牧同志诞辰100周年座谈会上的讲话》，《人民日报》，2014年9月30日。

国务院副总理谷牧实地考察广东汕头特区基础设施的建设规划。

心。随后召开的中共十一届三中全会作出了中国要改革开放的重大决策。

习仲勋回到广东,向省委常委传达了会议精神,并研究贯彻落实的措施。1979年1月8日至25日,省委在广州召开四届二次常委扩大会议,这次会议明确提出,要利用广东毗邻港澳的有利条件,利用外资,引进先进技术设备,搞补偿贸易,搞加工装配,搞合作经营。会后,省委领导人分头到下面调查研究。调研的结论是:一定要根据广东的特点,充分发挥优势,要求中央给广东放权,让广东在改革开放中先行一步。

4月5日至28日,中共中央在北京召开工作会议,主要讨论经济调整问题。习仲勋和王全国代表广东参加了这次会议。习仲勋在会上提出:"希望中央给点权,让广东先走一步,放手干。"在会议期间,习仲勋向邓小平提出希望中央下放若干权力,让广东在对外经济活动中有较多的自主权和机动余地;允许在毗邻港澳的深圳、珠海以及属于重要侨乡的汕头,各划出一块地方,单独进行管理,作为华侨港澳同胞和外商的投资场所,按照国际市场的需要组织生产,初步定名为"贸易合作区"。邓小平非常赞同广东富有新意的设想。他敏锐地看到了这种做法是一种新思路,是中国实施开放政策、促进经济发展的一个重要突破口。听说贸易合作区的名称定不下来,大家意见不一致时,邓小平说:"还是叫特区好,可以划出一块地方,叫做特区。陕甘宁开始就叫特区嘛!"当谈到配套资

1979年,深圳建设现场的爆破工人。

语录 "杀出一条血路来。"
——邓小平

背景:1979年4月中央工作会议期间,当广东省委第一书记习仲勋等向邓小平提出拟在广东沿海地区设立出口加工区,利用靠近港澳的优势,实行一些比较特殊的优惠政策,加快经济发展的设想时,邓小平表态说:"还是办特区好,过去陕甘宁就是特区。中央没有钱,你们自己去搞,杀出一条血路来。"30多年来,深圳以"杀出一条血路来"的勇气与魄力,从一个边陲小镇发展为今天的现代化大都市,奏响了改革开放的最强音。

资料来源:中共中央党史研究室:《中国共产党的九十年(改革开放和社会主义现代化建设新时期)》第702页,中共党史出版社、党建读物出版社,2016年。

人物：习仲勋

习仲勋同志是中国共产党的优秀党员，伟大的共产主义战士，杰出的无产阶级革命家，我党、我军卓越的政治工作领导人，陕甘边革命根据地的主要创建者和领导者之一，国务院原副总理，中国共产党第十一届中央委员会书记处书记，第十二届中央政治局委员、书记处书记，第五届、第七届全国人民代表大会常务委员会副委员长。

习仲勋同志主政广东，为贯彻党的十一届三中全会路线、推动广东在全国率先改革开放勇当先锋和闯将。1978年4月后，习仲勋同志历任中共广东省委第二书记、第一书记，广东省省长，广州军区第一政委、党委第一书记，在党的十一届三中全会上被增选为中央委员。他坚决支持实践是检验真理的唯一标准的大讨论，拥护党中央关于解放思想、实事求是的思想路线，大刀阔斧地拨乱反正，全力平反冤假错案，妥善解决历史遗留问题，落实各项政策，增强了团结，稳定了局势。他团结省委一班人，坚决贯彻执行党的十一届三中全会作出的关于把全党工作重点转移到社会主义现代化建设上来和实行改革开放的重大决策，率先向党中央提出充分利用国内外的有利形势，发挥广东的特点和人文地缘优势，让广东在改革开放中先走一步的请求，得到了邓小平同志的赞同。1979年7月，党中央、国务院正式批准广东在改革开放中实行特殊政策、灵活措施和创办经济特区，为广东的改革开放奠定了基础，使广东成为中国改革开放的窗口、综合改革的试验区和排头兵，为国家实行对外开放政策提供了宝贵经验。在这个历史进程中，习仲勋同志表现出了无产阶级革命家的远见卓识和解放思想、实事求是、开拓创新的革命胆略，为广东的改革开放事业和经济特区建设作出了重大贡献。他始终心系广东的发展。1989年12月，习仲勋同志到广东视察调研时强调，不管遇到什么困难，都要坚持改革的方向，改革不能踏步不前，更不能走回头路，希望广东充分发挥改革开放综合试验区先走一步的作用，争取各项工作走在全国的前列。

习仲勋同志主持中央书记处日常工作，为拨乱反正、加强新时期党的建设、开创统一战线工作新局面作出了卓越贡献。1981年3月，习仲勋同志参加中共中央书记处工作。同年6月，在党的十一届六中全会上，他被增选为中央书记处书记。1982年9月，在党的十二届一中全会上当选为中央政治局委员、书记处书记，负责中央书记处的日常工作。他参与了一系列重大决策的研究、制定，处理了许多重大和复杂疑难问题。习仲勋同志直接参与领导党和国家领导体制和干部制度改革，在拨乱反正，推动组织、干部、人事制度改革，实现干部的新老交替、精简机构、加强领导班子建设等方面，倾注了大量心血。他认真负责参与领导整党工作，为统一思想、整顿作风、加强纪律、纯洁组织，努力把党建设成为社会主义现代化事业的坚强领导核心作出了积极贡献。

习仲勋同志是我们党统一战线的卓越领导者和楷模，长期致力于统一战线和民族宗教工作的探索和实践，为坚持和完善中国共产党领导的多党合作和政治协商制度，巩固和扩大爱国统一战线，正确、全面贯彻党的民族、宗教政策以及加强工、青、妇群众组织的建设，作出了卓越贡献。他为加强新时期统一战线做了大量艰苦细致的工作，推动召开全国统一战线工作会议和全国统一战线理论工作会议，并发表讲话，以理论上的深入思考和新的创见，丰富和发展了党关于统一战线的实践和理论，为实现党的统一战线工作新转变发挥了重要指导作用。他重视调查研究，密切联系群众，认真批办和接待人民群众来信来访。他还在实现祖国统一、反对分裂祖国图谋，加强港、澳、台、侨工作等方面，投入了许多精力，进一步巩固和扩大了海外爱国统一战线。

习仲勋同志在全国人大工作期间，为坚持和完善人民代表大会制度、加强社会主义民主法制建设作出极大努力。习仲勋同志是第一、二届全国人大代表，并作为宪法起草委员会委员参与起草制定新中国第一部宪法。1980年9月，在五届全国人大三次会议上，习仲勋同志被补选为全国人大常委会副委员长，同时担任宪法修改委员会委员，1981年6月兼任全国人大常委会法制委员会主任。他以高度的政治责任感积极参与宪法修改工作，发表了许多真知灼见。他主持法制委员会审议全国人大组织法、国务院组织法草案以及地方各级人民代表大会和地方各级人民政府组织法、全国人民代表大会和地方各级人民代表大会选举法修改草案，并提请五届全国人大五次会议审议通过，落实宪法相关规定，完善了人民代表大会制度这一根本政治制度，健全了国家的领导体制和政治体制。他高度重视经济领域立法，组织领导了民事诉讼法（试行）、经济合同法、外国企业所得税法等一批重要法律的制定工作，为改革开放和社会主义现代化建设提供了有力的法制保障。

1988年4月，习仲勋同志当选为第七届全国人大常委会副委员长，担任内务司法委员会首任主任委员。他亲自主持多部法律、条例的审议，领导内务司法委员会审议了妇女权益保障法、未成年人保护法、残疾人保障法等一批法律草案，落实宪法规定的公民基本权利。他高度重视对宪法和法律实施的监督，着力推动对司法工作的监督，带领内务司法委员会深入开展执法检查，进一步完善了人大监督形式，增强了人大监督实效。他强调，一定要注意抓好社会主义民主法制建设，既要充分发扬民主，广泛听取各方面的意见，做到决策科学化、民主化、法制化，又要严格按照法制程序行事，全面、坚决贯彻实施宪法，坚持在法律面前人人平等的原则，在国家的政治生活、经济生活和社会生活各个方面，都要有法可依、有法必依、执法必严、违法必究。

1993年3月，习仲勋同志从领导岗位上退下来后，仍一直关心我国改革开放和社会主义现代化事业，关心社会主义市场经济体制的建立，坚决支持以江泽民同志为核心的党中央的工作，拥护"三个代表"重要思想。支持胡锦涛同志工作并寄予厚望。

资料来源：《李建国在纪念习仲勋同志诞辰100周年座谈会上的讲话》，《人民日报》，2013年10月16日第5版。

金时，邓小平说："中央没有钱，可以给些政策，你们自己去搞，杀出一条血路来"。

经过中央工作会议讨论，8月13日国务院颁发了《关于大力发展对外贸易增加外汇收入若干问题的规定》。其中有"试办出口特区"一节，决定在深圳、珠海、汕头、厦门试办特区，还确定，在对外经济活动中授权广东和福建两省实行特殊政策、灵活措施。

深圳、珠海、汕头和厦门试办出口特区是中国对外开放政策的重要开端和重要突破，为下一步兴办经济特区推动改革奠定了重要基础，积累了重要经验。

 "只要能把生产搞上去的，就干，不要先去反他什么主义。他们是资本主义，但有些好的方法我们要学习。"

——习仲勋

背景：深圳经济特区的创建，首先来自以习仲勋为首的广东省委的主动酝酿。为了贯彻中央对广东工作的要求，习仲勋进行了深入调研。1978年7月上旬，习仲勋到达广东后第一次外出到地市县考察，首站即为深圳。本次视察，对他触动最大的是中英街两边截然不同的景象。习仲勋针对当时的情况，坚定支持和鼓励宝安县的同志，他说"说办就办，不要等"；"只要能把生产搞上去的，就干，不要先去反他什么主义。他们是资本主义，但有些好的方法我们要学习"。他对当时深圳提出搞小额贸易、过境耕作的请示当场拍板。大胆学习资本主义先进的做法和经验，把经济建设快速搞上去，这为后来深圳经济特区的创立，一定程度上扫除了发展障碍。

资料来源：《习仲勋画册》，第389页，学习出版社，2013年，第389页。

中建三局建设工程股份有限公司在承建深圳国际贸易中心大厦时，创下了三天盖一层楼的"深圳速度"。

人物：袁庚

1978年6月，袁庚受交通部长叶飞委派，赴香港调查，起草了一份《关于充分利用香港招商局问题的请示》报告。他在报告中提出要"面向海外、冲破束缚、来料加工、跨国经营、适应国际市场特点、走出门去做买卖"。三天后，这份请示获中央批准。10月，袁庚被任命为交通部所属的香港招商局常务副董事长，主持招商局全面工作。同年，他向中央建议设立蛇口工业区。1979年1月31日，中共中央副主席李先念、国务院副总理谷牧接见交通部长彭德清与袁庚，听取关于招商局在广东宝安建立蛇口工业区的汇报。李先念批示："拟同意。请谷牧召集有关同志议一下，就照此办理。"7月20日，蛇口工业区正式运作。1980年3月，蛇口工业区建设指挥部改组，袁庚任总指挥。

袁庚主政蛇口的十几年里，突破了僵化的计划经济体制，打破了"大锅饭"，引入了市场经济，迅速催生招商局、平安、中集等一批优秀企业。作为"一根注入外来经济因素对传统经济体制进行改革的试管"，蛇口尝试了许多第一次：在工程建设中首次尝试"工程招标"；率先改革用人制度，实行"择优招雇聘请制"，通过公开考试招聘人才；引入竞争机制，实行聘任制，并进行公开的民主选举和信任投票等。蛇口迅速崛起，成为中国经济特区中最闪光的亮点，由"蛇口模式"产生的新观念、新办法、新作风层出不穷。

与此同时，香港招商局除了开发蛇口工业区，还创办了几个股份企业，成为国有企业股份制的成功模式：率先创办了中国第一家股份制中外合资企业——中国南山开发股份有限公司；创办了中国内地第一家股份制商业银行——招商银行；倡导成立了中国内地第一家由企业与专业金融机构合办的保险公司——中国平安保险公司，同时还收购了伦敦和香港的两家保险公司，成为第一家进入国际保险市场的中国企业。

资料来源：涂俏，《袁庚传：改革现场1978—1984》，作家出版社，2008年。

回忆

（1978年率团赴西欧考察访问）回京后，我除向党中央、国务院写了书面报告外，还面报了几位中央领导同志。我向小平同志汇报时，谈到准备划出办特区的四块地方，应当如何命名等。我说，国外有的叫"出口加工区"，有的叫"自由贸易区"，有的叫"投资促进区"等等，我们究竟叫什么合适？小平同志很赞成办这类区，并且明确地说：还是叫特区好，陕甘宁开始时就叫特区嘛！

——**谷牧**，《谷牧回忆录》，中央文献出版社，2009年。

"广东邻近港澳，华侨众多，应充分利用这个有利条件，积极开展对外经济技术交流。希望中央给点权，让广东先走一步，放手干。"

——**习仲勋**，《习仲勋画册》第389页，学习出版社，2013年。

从办特区的那一天起，小平同志就时刻关注广东，支持广东。改革开放后，他到过最多的地方就是广东，小平同志最伟大、最光辉、最有意义的思想就是在广东发表的。这绝不是偶然的。没有小平同志的大力支持，没有邓小平理论的正确指导，没有中央的正确领导，就没有改革开放，广东就没有今天。

——**卢荻**，《伟人的胆识和胸怀——记任仲夷回忆邓小平》，《百年潮》，2008年第10期。

山东省青岛市兰山路礼堂召开的传达十一届三中全会精神的大会上，几十台刚面市的盒式录音机摆放在主席台前。

五届全国人大二次会议通过七部法律

1979年6月18日至7月1日，五届全国人民代表大会第二次会议在北京召开，会议审议并通过了《地方各级人民代表大会和地方各级人民政府组织法》《全国人民代表大会和地方各级人民代表大会选举法》《人民法院组织法》《人民检察院组织法》《中华人民共和国刑法》《中华人民共和国刑事诉讼法》《中华人民共和国中外合资经营企业法》等七个重要法律。在一次全国人大会议上通过这样多的法律，是前所未有的，在中国立法史上堪称奇迹。

其中，《中外合资经营企业法》是中国对外开放方面的第一部法律。当时，与外国合作办企业还没有经验，法制不健全，外方担心他们的权益得不到保障，在税收、期限、销售市场等方面顾虑重重。《中外合资经营企业法》总结了历史经验和国内、国际的经验，用法律的形式把改革开放作为基本国策固定下来，表明中国对外开放、大力吸引外资和先进技术的决心，给外国投资者吃了一个"定心丸"。

邓小平对这些法律的制定，特别是刑法和刑事诉讼法的制定，给予了很高的评价："在建国以来的29年中，我们连一个刑法都没有，过去反反复复搞了多少次，三十几稿，但是毕竟没有拿出来。现在刑法和刑事诉讼法都通过和公布了，开始实行了。全国人民都看到了严格实行社会主义法制的希望。"

> **语录** "人民法院审判案件只服从法律。"
> ——江华

背景：1979年7月1日，第五届全国人民代表大会第二次会议通过了《中华人民共和国刑法》《中华人民共和国刑事诉讼法》等七个重要法律。1979年9月9日，中共中央发出《关于坚决保证刑法、刑事诉讼法切实执行的指示》（中发[1979]64号文件）。《指示》严肃批评了过去长期存在的轻视法制，有了政策就不要法律、以言代法、以权压法等现象，对党委如何领导司法工作提出了明确要求。1980年1月9日，最高人民法院院长江华在广播讲话中指出，人民法院审判案件只服从法律。提出法院独立办案，这还是"文化大革命"后第一次。

流行志

▶ 译制片

《卖花姑娘》电影海报

1979年，虽然国内生产的影片只有50多部，但中国大陆电影的观影数量达到了279亿人次，平均每天有7000万人次的观众在看电影，这也创造了中国电影至今为止前无古人的纪录。播出的电影中，有相当一部分是从国外引进，再经由翻译重新配音的作品，人们称之为"译制片"。对刚打开国门的国人来说，这些译制片有着特殊的吸引力。由于文化背景、审美情趣的不同，这些译制片也有着各自独特的表述方式。当时人们总结出四句打油诗一样的评语，并广为流传——"朝鲜电影哭哭笑笑，越南电影飞机大炮，阿尔巴尼亚电影没头没脑，罗马尼亚电影搂搂抱抱"。

▶ 交谊舞潮

1979年2月，在人民大会堂举办的舞会。

交谊舞是起源于西方的国际性社交舞蹈，早在上世纪20年代，便传入中国的几大城市和通商口岸。到了解放初期，交谊舞在中国还是很流行，毛泽东、周恩来等中央领导人都喜欢跳交谊舞。文化大革命期间交谊舞中止。1979年除夕夜，消失多年的交谊舞第一次出现在人民大会堂的联欢会上。这是由国务院管理局组织的舞会，参加者是一些领导干部和文艺团体的青年。此后，全国各大城市均出现男女青年自发聚集在公园、广场等公共场所跳交际舞的现象，围观群众有时多达万人。

▶ 裸女画

1979年10月，由张仃、袁运甫、袁运生等艺术家创作的大型壁画群，在首都机场创作完成。其中，袁运生的作品《泼水节——生命的赞歌》中出现了三位裸体沐浴的傣族少女，尤为令人关注。支持者把它看成政治风向转变的象征，反对者恨不能把画家袁运生当作高级流氓送进秦城监狱。后来有句话叫做"谁都得佩服北京人的精神，那么远的机场，能走得动的一半儿都去看了"。

"扩大企业自主权"试点

国营企业改革是经济体制改革的中心环节。国企改革始于扩权让利的改革试点，主要是为了实行政企分开，所有权与经营权相分离，使企业真正成为相对独立的经济实体，并建立多种形式的经济责任制。

1. 放权让利：扩大企业自主权

（1）四川率先试点扩大企业自主权。

1978年10月，经国务院批准，中共四川省委、四川省人民政府选择了不同行业具有代表性的重庆钢铁公司、成都无缝钢管厂、宁江机床厂、四川化工厂、新都县氮肥厂和南充丝绸厂6家地方国营工业企业率先进行扩大企业自主权试点。改革的主要内容，是逐户核定企业的利润指标，规定当年的增产增收目标，允许在年终完成计划以后提留少量利润作为企业的基金，并允许给职工发放少量奖金。虽然只是微不足道的小小权利，却在当年第四季度计划的超额完成中收到了预想不到的效果，并显示出巨大的潜力。

1979年1月31日，中共四川省委印发《关于地方工业扩大企业权力，加快生产建设步伐的试点意见》，把试点的工业企业由6家扩大到100家，同时在40家国营商业企业中也进行了扩大经营管理自主权的试点。四川省的扩大企业自主权试点，成为国营企业改革乃至城市经济体制改革起步的标志。

（2）国企扩权：从试点到全面铺开。

四川扩权试点后，云南、北京等地也在国营企业中开始扩大自主权的改革试点工作。

1979年，李先念要求国家经济贸易委员会认真研究扩大企业自主权问题，经委研究室就此提出"扩权十条"。4月，中共中央工作会议认可了"扩权十条"。5月，国家纪委、财政部等6部委联合发出通知，确定在首钢、上海柴油机厂、天津自行车厂等8家企业进行扩权试点。

1979年7月13日，国务院发布了5个有关企业扩权试点的文件，分别是：《关于扩大国营企业经营管理自主权的若干规定》《关于国营企业实行利润留成的规定》《关于开征国营工业企业固定资产税的暂行规定》《关于提高国营工业企业固定资产折旧率和改进折旧费使用办法的暂行规定》《关于国营工业企业实行流动资金全额信贷的暂行规定》。

1979年底，试点企业扩大到4200个，1980年又发展到6000个，约占全国预算内工业企业数的16%。

1980年9月2日，国务院批转国家经委《关于扩大企业自主权试点工作情况和今后意见的报告》，批准从1981年起，将扩权工作在国营工业企业中全面铺开。

口述改革

国营企业怎么办？当时从上到下有一个观念，社会主义特征只有两条：一条是所有制，一条是按劳分配。除了这两条不能动以外，其他什么都可以动。计划经济不在这个所有制特征里头。当时一开始四川就要把计划经济打破，不算在这个社会主义特征里头。所以你只要符合所有制和按劳分配这两条以后，什么措施有利于生产力的发展，你就可以采取什么措施。四川扩大企业自主权率先试点就是因为这个。

——林凌

资料来源：中国（海南）改革发展研究院"口述改革历史"访谈。

流行志

邓丽君

邓丽君

1979年以前，人们所看到的女性形象，是样板戏中的江水英、李铁梅；人们听到的是激情昂扬的革命戏曲。当邓丽君以清纯甜美的形象、温柔婉转的歌声出现时，无数人为之倾倒。邓丽君的出现可以用久旱逢甘霖来形容。尽管当年听邓丽君的歌还不是光明正大的事情，但邓丽君的"靡靡之音"却风靡大街小巷。

奶油小生

1979年，电影《小花》横空出世，从内容到形式无不让人耳目一新。同时，《小花》也贡献了一个新词：奶油小生。刘晓庆、陈冲、唐国强是片中主演。拍片期间唐国强过生日，陈冲问他想要什么生日礼物，唐国强说最想吃到奶油蛋糕。于是，陈冲费了九牛二虎之力为唐国强找到一块当时还很稀缺的小蛋糕。后来看样片时，唐国强有一个近景特写，陈冲一看就乐了，说："你看这个皮肤，比我都嫩。他是吃奶油吃的，干脆叫奶油小生吧！"随着影片的热映，"奶油小生"的称呼也不胫而走。后来，"奶油小生"成了年轻俊美男士的代名词。

环球大事

2月28日
东盟与欧共体工业合作会议在雅加达闭幕。

3月18日
欧共体9国首脑在巴黎举行第13次欧洲理事会，决定欧洲货币体系即日生效，欧洲货币单位开始使用。

3月26—27日
第五十三次石油输出国组织部长级会议在日内瓦举行，决定从4月1日起提高油价。

3月30日
英镑区正式宣告瓦解。

4月4日
欧洲共同体同希腊间部长级会议结束，希腊将正式加入欧洲共同体。

4月12日
参加关税及贸易总协定东京回合谈判的99个国家在日内瓦草签协议，1980—1988年间平均削减工业品关税20%—30%，1979年12月17日正式签署。

5月7日—6月3日
第五届联合国贸易和发展会议在马尼拉举行，讨论贸易、债务、资金调拨和建立新的国际经济秩序问题。

社会关注

1979年11月26日，国际奥委会副主席穆罕默德·姆扎里（右一）宣布恢复中国奥委会席位的决定。

中国恢复在国际奥委会合法席位

10月25日，国际奥委会执委会在日本名古屋会议上以62票赞成、17票反对、1张废票、1张弃权的压倒性优势通过决议，恢复中国奥委会的合法席位。同年11月，国内外体育界在北京人民大会堂举行了盛大的庆祝会，邓小平、邓颖超等中央领导人出席。邓颖超发表了热情洋溢的讲话，激动地宣称："从此中华人民共和国全面登上了世界体育舞台。"

知青返城

从50年代到70年代末，知青运动风起云涌，中国知识青年走出校门，打起背包到农村接受贫下中农的再教育。1979年1月23日，国务院颁布了关于知青问题的"六条"精神，随后，大量知青通过各种途径返城。这些被称作"知青"的人群，在经过整整十年上山下乡运动的洗礼后，终于回到城市。

广告悄然兴起

1979年1月4日，《天津日报》刊登的一则"天津牙膏主要产品介绍"的广告，成为中国改革开放之后第一条消费品报纸广告。这则广告带动了电视广告、户外广告等的兴起。1月23日，《文汇报》刊登首条外商广告。1月28日下午3点05分，上海电视台宣布"即日起受理广告业务"，并播出了"参桂补酒"广告，这是中国大陆第一条电视广告，是用16毫米彩色影片摄制的，播放长度为1分30秒。中央电视台的第一条广告"幸福可乐"也在同年3月播出。

3月10日，上海市美术公司承接了近百家客户的广告业务。上海市区的四个高层建筑的霓虹灯广告被客户定完，上海市还批准了65块路牌广告，商店橱窗广告、杂志广告、柜台上的立牌广告、船舱里的广告、电影院的银幕广告、实物广告，都在积极恢复。几十个国家和地区的100多家报纸、杂志和上海广告公司建立了业务联系，国内也有20多家公司委托上海广告公司向海外刊登商品广告。

3月12日，《人民日报》刊登了《上海恢复商品广告业务》一文。3月15日，瑞士雷达表在上海电视台做了一则电视广告，用英文解说配上中文字幕，这是第一则外商在华做的电视广告。3月15日，雷达表在当天的《文汇报》上的通栏广告是用手绘的插画。由于广告的效应，在3天内到上海黄浦区商场询问这个品牌手表的

1979年，北京沙滩大街十字路口，最早出现的一幅大幅广告，该广告当年视觉的冲击力极大。

消费者就超过了700人。3月15日，中央电视台第一次在全国范围内播出外商电视广告——西铁城手表。6月25日，《人民日报》刊登了恢复广告以后的第一条广告——宁江机床厂广告。这距离1941年美国播出全世界第一则电视广告，时间已过去了整整38年。

在改革开放以前，人们提起广告，往往容易把它和"摆噱头""吹牛皮"联系到一起。当时很多人认为广告就是资本主义的生意经，在相当长的一段时期里，所有的广告业务都被明令禁止。改革开放为中国广告业打开了一扇重现生机的大门，当时，《大公报》一名记者写道："广告的出现犹如一声长笛，标志着中国经济的巨轮开始启航。"

可口可乐重回中国

1979年，中国改革开放的一个引人注目的变化是，被认为代表"西方资本主义生活方式"的可口可乐重新进入了中国。

12月13日，中粮油进出口总公司与可口可乐公司达成协议，采用补偿贸易方式或其他支付方法，向中国

第一批到达中国的可口可乐

主要城市和游览区提供可口可乐制罐及装罐、装瓶设备，在中国设专厂灌装并销售。12月18日，中美正式建交的第二天，可口可乐公司宣布重返中国市场。在可口可乐装瓶厂未建立之前，从1979年起用寄售的方式由中粮总公司安排销售。可口可乐撤离大陆30年后重返中国市场，成为港澳之外第一家进入大陆的外企。

根据中粮总公司的安排，在香港五丰行的协助下，首批3000箱瓶装可口可乐于1979年年底由香港发往北京。当时，可口可乐的销售对象是有严格限制的，主要面向来华工作、旅游的外国人，销售地点主要是在旅游宾馆和计划经济年代被视作奢侈品象征的友谊商店，在那里买东西要用"外汇券"。

🌐 环球大事

▶ 5月17日
在曼谷举行为期十天的亚太地区电信会议闭幕，宣告正式成立亚太地区电信组织。欧洲经济共同体能源部长理事会讨论石油供应短缺问题。

▶ 5月28日
希腊加入欧洲共同体签字仪式在雅典举行，1981年1月1日起希腊正式成为共同体成员国。

▶ 6月9日
日本和印尼发表新闻公报，支持建立东南亚和平自由中立区的设想。

▶ 6月12日
欧洲议会选举结果初步揭晓，由社会党、社民党、工党等组成的社会民主联盟成为欧洲议会中最重要党团。

▶ 7月
西方世界发生严重经济危机。同月，苏共中央和苏联部长会议通过了《关于改进计划工作和加强经济机制 提高生产效率和工作质量的作用》的决议。

▶ 7月2日
联合国印度洋沿岸国和内陆国会议开幕，第三世界国家揭露超级大国争夺印度洋。

▶ 7月27日
英国宣布将逐步取消国有化政策，鼓励企业自由竞争。

▶ 8月28日—9月1日
国际人口和发展会议在科伦坡举行，会议呼吁制止人口增长。

▶ 9月9—14日
第十次石油大会九日至今在布伽勒斯特举行，通过决议接纳中国为大会组织部的常任理事国。

▶ 9月24日—10月6日
天然橡胶生产国和消费国33个月的谈判，在日内瓦签订《天然橡胶园协定》，这是列入第四届联合国贸会议的《商品综合方案》中的18种商品中的第一个国际商品协定。

▶ 10月31日
非、加、太地区国家与欧共体签署洛美协定，1980年4月1日生效，期限5年。

▶ 11月
联合国粮农组织大会决定1981年10月16日为首次世界粮食日纪念日。

▶ 12月5日
联合国大会通过《关于指导各国在月球和其他天体上活动的协定》，规定《月球及其资源是全人类的共同财富》。

▶ 12月17日
联合国大会通过决议规定一九八五年为"国际青年年"。

▶ 12月17—22日
七十七国集团召开部长级会议，一致通过使发展中国家实现工业化的战略。

▶ 12月18日
欧共体与东盟5国原则上达成给予后者作惠国待遇的协定。

> 重要文献

《坚持四项基本原则》
（邓小平，1979年3月30日）

邓小平1979年3月30日在党的理论工作务虚会上的讲话。明确提出，我们当前以及今后相当长一个历史时期的主要任务就是搞现代化建设，要适合中国情况，走出一条中国式的现代化道路。讲话指出：要在中国实现四个现代化，必须在思想政治上坚持四项基本原则，即必须坚持社会主义道路，必须坚持无产阶级专政，必须坚持共产党的领导，必须坚持马列主义、毛泽东思想。这是维护安定团结、实现四个现代化的根本前提。如果动摇了这四项基本原则中的任何一项，那就动摇了整个社会主义事业，整个现代化建设事业。

节选：

要使中国实现四个现代化，至少有两个重要特点是必须看到的：

一个是底子薄。帝国主义、封建主义、官僚资本主义长时期的破坏，使中国成了贫穷落后的国家。建国后我们的经济建设是有伟大成绩的，建立了比较完整的工业体系，培养了一批技术人才。中国工农业从解放以来直到去年的每年平均增长速度，在世界上是比较高的。但是由于底子太薄，现在中国仍然是世界上很贫穷的国家之一。中国的科学技术力量很不足，科学技术水平从总体上看要比世界先进国家落后二三十年。过去三十年中，我们的经济经过两起两落，特别是林彪、"四人帮"在一九六六年到一九七六年这十年对国民经济的大破坏，后果极其严重。现在我们要调整，也就是为了进一步消除这个严重的后果。

第二条是人口多，耕地少。现在全国人口有九亿多，其中百分之八十是农民。人多有好的一面，也有不利的一面。在生产还不够发展的条件下，吃饭、教育和就业就都成为严重的问题。我们要大力加强计划生育工作，但是即使若干年后人口不再增加，人口多的问题在一段时间内也仍然存在。我们地大物博，这是我们的优越条件。但有很多资源还没有勘察清楚，没有开采和使用，所以还不是现实的生产资料。土地面积广大，但是耕地很少。耕地少，人口多特别是农民多，这种情况不是很容易改变的。这就成为中国现代化建设必须考虑的特点。

中央认为，我们要在中国实现四个现代化，必须在思想政治上坚持四项基本原则。这是实现四个现代化的根本前提。这四项是：第一，必须坚持社会主义道路；第二，必须坚持无产阶级专政；第三，必须坚持共产党的领导；第四，必须坚持马列主义、毛泽东思想。

每个共产党员，更不必说每个党的思想理论工作者，决不允许在这个根本立场上有丝毫动摇。如果动摇了这四项基本原则中的任何一项，那就动摇了整个社会主义事业，整个现代化建设事业。

——摘自《改革开放三十年重要文献选编》（上）第32—33、37—39页，中央文献出版社，2009年。

> 重要文献

《社会主义也可以搞市场经济》
（邓小平，1979年11月26日）

这是邓小平在会见美国不列颠百科全书出版公司编委会副主席吉布尼和加拿大麦吉尔大学东亚研究所主任林达光等谈话的一部分。邓小平指出：说市场经济只存在于资本主义社会，只有资本主义的市场经济，这肯定是不正确的。社会主义为什么不可以搞市场经济，这个不能说是资本主义。我们是计划经济为主，也结合市场经济，但这是社会主义的市场经济。虽然方法上基本上和资本主义社会的相似，但也有不同，是全民所有制之间的关系，当然也有同集体所有制之间的关系，也有同外国资本主义的关系，但是归根到底是社会主义的，是社会主义社会的。市场经济不能说只是资本主义的。市场经济，在封建社会时期就有了萌芽。社会主义也可以搞市场经济。

节选：

当然我们不要资本主义，但是我们也不要贫穷的社会主义，我们要发达的、生产力发展的、使国家富强的社会主义。我们相信社会主义比资本主义的制度优越。它的优越性应该表现在比资本主义有更好的条件发展社会生产力。

现在人们怀疑，中国能不能实现现代化目标，问我们提出这个目标有什么根据。我们的根据可以讲四条。

第一条，我们有丰富的资源。……

第二条，三十年来，不管我们做了多少蠢事，我们毕竟在工农业和科学技术方面打下了一个初步的基础，……总之，我们还是建立了实现四个现代化的物质基础。

第三条，我们相信中国人不笨。……现在，我们提倡解放思想，重申毛泽东主席提出的"百花齐放、百家争鸣"的方针，目的就是创造条件调动全民的积极性，使中国人的聪明智慧充分地发挥出来。我们现在加强民主、发展民主也是为了这个目的。……我们还要注意一点，就是培养人才的问题。多年来我们放松了科学研究和教育，这方面损失是很大的。我们要加强科学教育事业，要发现人才，很好地使用人才。归根到底，就是要发挥积极性，只要把人们的聪明才智调动起来，我们还是有希望的。

第四条，实现四个现代化必须有一个正确的开放的对外政策。我们实现四个现代化主要依靠自己的努力，自己的资源，自己的基础，但是，离开了国际的合作是不可能的。应该充分利用世界的先进的成果，包括利用世界上可能提供的资金，来加速四个现代化的建设。这个条件过去没有，后来有了，但一段时期没有利用，现在应该利用起来。

……市场经济不能说只是资本主义的。市场经济，在封建社会时期就有了萌芽。社会主义也可以搞市场经济。同样地，学习资本主义国家的某些好东西，包括经营管理方法，也不等于实行资本主义。这是社会主义利用这种方法来发展社会生产力。把这当作方法，不会影响整个社会主义，不会重新回到资本主义。

——摘自《改革开放三十年重要文献选编》（上）第95—98页，中央文献出版社，2009年。

■ 重要文献

《在庆祝中华人民共和国成立三十周年大会上的讲话》
（叶剑英，1979年9月29日）

1979年9月29日，在庆祝中华人民共和国成立30周年大会上叶剑英作重要讲话，论述建国三十年来的成就和失误，总结"文化大革命"的教训，批判"两个凡是"的错误，明确提出建设高度的社会主义物质文明和社会主义精神文明，发展高度的社会主义民主和完备的社会主义法制，号召全国人民团结一致，向着四个现代化的宏伟目标奋勇前进。

节选：

中华人民共和国的三十年是光荣伟大的三十年，是中国人民同国内外敌对势力进行复杂斗争的三十年，是经历了曲折道路而取得社会主义革命和社会主义建设巨大胜利的三十年。在这三十年中，我们的祖国发生了翻天覆地的革命变化，并且巩固了革命变化的胜利成果。

三十年来我们取得的成就是伟大的，看不到这个伟大成就是完全错误的。当然，大家知道，我们走过的道路并不平坦，既有过比较顺利的发展，也有过严重的挫折。……总起来看，在过去三十年的大部分时间里，我们的路线是正确的。我们坚持了社会主义道路，坚持了无产阶级专政，坚持了共产党的领导，坚持了马列主义、毛泽东思想，从而取得了伟大的成就。同样，依靠这四项基本原则的力量，我们战胜了国内外敌对势力的破坏，纠正了自己工作中的错误，终于经受住了严峻的考验，重新走上顺利发展的康庄大道。

——摘自《改革开放三十年重要文献选编》（上）第57—59页，中央文献出版社，2009年。

■ 重要文献

《中华人民共和国全国人民代表大会常务委员会告台湾同胞书》
（1979年1月1日）

1979年元旦，全国人大常委会发表《中华人民共和国全国人民代表大会常务委员会告台湾同胞书》，指出：实现中国的统一，是人心所向，大势所趋。提出一定要考虑现实情况，在解决统一问题时尊重台湾现状和台湾各界人士的意见，采取合情合理的政策和办法，促进祖国统一大业。建议双方结束军事对峙状态；尽快实现通航通邮；发展贸易，进行经济交流。

节选：

近三十年来，中国在世界上的地位已发生根本变化。中国国际地位越来越高，国际作用越来越重要。各国人民和政府为了反对霸权主义、维护亚洲和世界的和平稳定，几乎莫不对我们寄予极大期望。每一个中国人都为祖国的日见强盛而感到自豪。我们如果尽快结束目前的分裂局面，把力量合到一起，则所能贡献于人类前途者，自更不可限量。早日实现祖国统一，不仅是全中国人民包括台湾同胞的共同心愿，也是全世界一切爱好和平的人民和国家的共同希望。

今天，实现中国的统一，是人心所向，大势所趋。世界上普遍承认只有一个中国，承认中华人民共和国政府是中国唯一合法的政府。最近中日和平友好条约的签订，和中美两国关系正常化的实现，更可见潮流所致，实非任何人所得而阻止。目前祖国安定团结，形势比以往任何时候都要好。在大陆上的各族人民，正在为实现四个现代化的伟大目标而同心协力。我们殷切希望台湾早日回归祖国，共同发展祖国大业。我们的国家领导人已经表示决心，一定要考虑现实情况，完成祖国统一的大业，在解决统一问题时尊重台湾现状和台湾各界人士的意见，采取合情合理的政策和办法，不使台湾人民蒙受损失。……

我们寄希望于1700万台湾人民，寄希望于台湾当局。台湾当局一贯坚持一个中国的立场，反对台湾独立。这就是我们共同的立场，合作的基础。我们一贯主张爱国一家。统一祖国，人人有责。希望台湾当局以民族利益为重，对实现祖国统一的事业做出宝贵的贡献。

——摘自《改革开放三十年重要文献选编》（上）第22—23页，中央文献出版社，2009年。

■ 重要文献

《中华人民共和国中外合资经营企业法》
（1979年7月1日）

1979年7月1日第五届全国人民代表大会第二次会议通过，1979年7月8日全国人民代表大会常务委员会委员长令第七号公布，自公布之日起施行。这是中国改革开放后出台的第一部涉外经济贸易法律，也是中国历史上第一部外商投资法。

节选：

第一条 中华人民共和国为了扩大国际经济合作和技术交流，允许外国公司、企业和其它经济组织或个人（以下简称外国合营者），按照平等互利的原则，经中国政府批准，在中华人民共和国境内，同中国的公司、企业或其他经济组织（以下简称中国合营者）共同举办合营企业。

第二条 中国政府依法保护外国合营者按照经中国政府批准的协议、合同、章程在合营企业的投资、应分得的利润和其他合法权益。

第四条 合营企业的形式为有限责任公司。

在合营企业的注册资本中，外国合营者的投资比例一般不低于百分之二十五。

第十条 外国合营者在履行法律和协议、合同规定的义务后分得的净利润，在合营企业期满或者中止时所得的资金以及其它资金，可按合营企业合同规定的货币，按外汇管理条例汇往国外。

——摘自《中华人民共和国法规汇编》（1979年1月—12月）第125—126页，国务院办公厅法制局编，1986年3月。

■ 重要文献

《计划与市场问题》

（陈云，1979年3月8日）

1982年7月15日，陈云在中共中央文献研究室编的内部刊物《文献和研究》上首次发表本文。这是新的历史时期关于计划与市场问题讨论的最初的重要文献，剖析了原有经济体制的弊端，提出了经济体制改革的思路。

节选：

现在的计划太死，包括的东西太多，结果必然出现缺少市场自动调节的部分。

计划又时常脱节，计划机构忙于日常调度。

因为市场调节受到限制，而计划又只能对大路货、主要品种作出计划数字，因此生产不能丰富多彩，人民所需日用品十分单调。

（三）整个社会主义时期经济必须有两个部分：

（1）计划经济部分（有计划按比例的部分）；

（2）市场调节部分（即不作计划，让它根据市场供求的变化进行生产，即带有"盲目"调节的部分）。

既掌握了政权，又有了第一部分经济，就能够建设社会主义。第二部分只能是有益的补充（基本上是无害的）。

问题的关键是，直到现在我们还不是有意识地认识到这两部分经济同时并存的必然性和必要性，还没有弄清这两部分经济在不同部门应占有不同的比例。

——摘自《改革开放三十年重要文献选编》（上）第25—26页，中央文献出版社，2009年。

■ 重要文献

《中共中央、国务院批转广东省委、福建省委关于对外经济活动实行特殊政策和灵活措施的两个报告》

（1979年7月15日）

1979年7月15日，中共中央、国务院批转广东省委和福建省委关于对外经济活动实行特殊政策和灵活措施的两个报告。中央和国务院原则同意试行在中央统一领导下大包干的经济管理办法，两省在计划、物资供应、物价政策等方面也实行新的经济体制和灵活政策。并决定，先在深圳、珠海两市划出部分地区试办出口特区，取得经验后，再考虑在汕头、厦门设置。这两个报告是根据当年4月邓小平在同习仲勋、梁灵光等人的一次谈话中提出的利用沿海有利条件，创办特区的意见起草的。中央认为，这是一个重要的决策，对加速中国的四个现代化建设有重要意义。

节选：

广东、福建两省靠近港澳，华侨多，资源比较丰富，具有加快经济发展的许多有利条件。中央确定，对两省对外经济活动实行特殊政策和灵活措施，给地方以更多的主动权，使之发挥优越条件，抓紧当前有利的国际形势，先走一步，把经济尽快搞上去。这是一个重要的决策，对加速中国的四个现代化建设，有重要的意义。

关于出口特区，可先在深圳、珠海两市试办，待取得经验后，再考虑在汕头、厦门设置的问题。

对两省采取对外经济活动的特殊政策和灵活措施，是一项新的工作，各方面都缺乏经验，特别是对外经济活动方面，我们很多东西还不懂。省委和各级党委要加强领导，加强调查研究，善于学习，在思想和工作作风上都要有很大的转变。

——摘自国家体改委办公厅编《十一届三中全会以来经济体制改革重要文件汇编》第3页，改革出版社，1990年。

大事记

1月1日

《人民日报》发表社论《把主要精力集中到生产建设上来》。社论强调,把全党的工作重点转移到社会主义现代化建设上来,这是一个伟大的战略转变。

1月1日

全国人大常委会发表《告台湾同胞书》,指出:实现中国的统一,是人心所向,大势所趋。

1月1日

中美两国正式建交。建交当日,美国政府宣布,与台湾断交,终止美台"共同防御条约",从台湾撤出美国军队。

1月1日、8日、14日、20日、21日

《人民日报》先后报道四川省广汉县、贵州省开阳县、云南省元谋县、安徽省和广东省普遍实行农业生产责任制的情况,指出这种做法有效地调动了农民的生产积极性。

1月3日

胡耀邦与中宣部全体工作人员见面。在谈到近期宣传工作要解决的一些具体问题时他说:宣传部门要作为百花齐放、百家争鸣的促进派。

1月4—22日

中共中央纪律检查委员会第一次全体会议在北京举行。会议讨论并拟定了《关于党内政治生活的若干准则(草稿)》,制定并通过了《中共中央纪律检查委员会关于工作任务、职权范围、机构设置的规定》。

1月11日

中共中央将经过十一届三中全会原则通过的《中共中央关于加快农业发展若干问题的决定(草案)》和《农村人民公社工作条例(试行草案)》印发各省、市、自治区讨论和试行。《决定》以调动广大农民群众的积极性为首要出发点,制定了包括建立生产责任制在内的发展农业的25条政策措施。

1月11日

中共中央作出《关于地主、富农分子摘帽问题和地、富子女成分问题的决定》,宣布:除极少数坚持反动立场的以外,凡是多年来遵守政府法令,老实劳动,不做坏事的地主、富农分子以及反革命分子、坏分子,一律摘掉帽子,给予农村人民公社社员待遇。

1月17日

邓小平同胡厥文、胡子昂、荣毅仁等工商界领导人谈话,听取他们对搞好经济建设的意见和建议。邓小平说:我们现在搞建设,门路要多一点,可以利用外国的资金和技术,华侨、华裔也可以回来办工厂。

1月18日—2月15日

中共中央宣传部和中国社会科学院在北京召开理论工作务虚会第一阶段的会议。会议对"两个凡是"的错误主张和思想僵化现象进行了尖锐批评,对多年来被歪曲了的一些重大理论问题,如关于社会主义时期阶级斗争的一些提法、关于无产阶级专政下继续革命的口号等进行了深入的讨论。

1月29日—2月5日

邓小平应邀对美国进行正式访问。这是建国以来中国领导人第一次访问美国。1月30日,邓小平在华盛顿发表讲话说,用什么方式解决台湾归回祖国的问题,那是中国的内政。我们不再用"解放台湾"这个提法了,只要台湾归回祖国,我们将尊重那里的现实和现行制度。

1月31日

中共中央、国务院决定,在广东蛇口举办工业区,由香港招商局集资并组织实施。

2月12日

中共四川省委在总结宁江机床厂、重庆钢铁公司等6家企业扩大企业自主权试点经验的基础上,制定《关于扩大企业权利,加快生产建设步伐的试点意见》(简称"14条")。

2月19日

国务院发出《关于制止滥发奖金和津贴的紧急通知》。

2月19日

《人民日报》发表社论《必须扩大企业的权力》。

2月23日

国务院决定恢复中国农业银行。中国农业银行作为国务院的一个直属机构,由中国人民银行代管。主要任务是:统一管理支农资金,集中办理农村信贷,领导农村信用合作社,发展农村金融事业。

3月1日

根据中共十一届三中全会提出的建议,国务院决定从3月份起,提高粮、棉、油、猪等18种主要农副产品的收购价格。

3月9日

新华社报道:赵紫阳同成都地区部分理论工作者座谈,就当前经济领域内的一些理论问题进行探讨。与会者在讨论中提出,计划经济和市场经济这两个概念不是绝对对立的,是可以结合的;在计划经济指导下,有一定范围的市场经济作补充,很有必要。

邓小平与美国总统卡特

3月12—24日

国家农委邀请广东、湖南、四川、江苏、安徽、河北、吉林7省农村工作部门和安徽全椒、广东博罗、四川广汉3县的负责人召开座谈会，讨论建立健全农业生产责任制问题。

3月13日

国务院批转中国人民银行《关于改革中国银行体制的请示报告》，决定扩大中国银行的权限；设立国家外汇管理总局授权管理国家外汇；将中国银行从中国人民银行分设出来，直属国务院领导，由中国人民银行代管。

3月20日

国务院正式批准广东省宝安县与珠海县改为深圳市与珠海市。

3月21日

邓小平会见马尔科姆·麦克唐纳为团长的英中文化协会执行委员会代表团，他指出：我们定的目标是在本世纪末实现四个现代化。另一方面，我们也要加强法制，做广泛的教育工作。任何一个国家没有法制是不行的。

3月21—23日

中共中央政治局听取和讨论国家计委关于修改1979年计划的汇报。会议原则同意国家计委对1979年国民经济计划进行的修改和调整，决定用3年时间调整国民经济。

3月23日—4月3日

理论工作务虚会第二阶段的会议由中共中央主持召开。3月30日，邓小平讲话指出：中央认为，要在中国实现四个现代化，必须在思想政治上坚持四项基本原则。这是实现四个现代化的根本前提。

3月

四川省广汉县向阳公社率先进行政社分设的改革试点。

4月5—28日

中共中央在京召开工作会议。李先念在谈到改革问题时指出：在我们的整个国民经济中，可以实行计划调节和市场调节相结合的原则。会议期间，邓小平对习仲勋、杨尚昆提出的在邻近香港、澳门的深圳、珠海以及汕头兴办出口加工区的意见，表示赞同。

4月13日

中共中央、国务院批转国家建委党组《关于改进当前基本建设工作的若干意见》，指出：当前一项迫切的任务，就是要对那些不急需和不具备条件的建设项目，实行停、缓、并、转、缩，以便腾出人力、物力、财力，加强薄弱环节和直接关系人民生活设施的建设，使国民经济的发展逐步协调起来。

5月14日

国务院下达国家计划委员会《关于1979年国民经济计划的安排》。文件提出：着手经济体制的改革，继续进行现有企业的整顿，并且以极大的努力，提高我们的经济管理水平和科学技术水平。

5月25日

国家经委、财政部等6个部门发出通知，确定在京、津、沪3市的8个企业（首钢、上汽等）进行企业管理改革的试点。

6月18日

五届全国人大二次会议在京召开，提出用3年时间，认真搞好国民经济的调整、改革、整顿、提高。

6月27日

国务院财经委组织大规模的经济体制改革的调查研究，姚依林作动员讲话。这次会议决定，根据调查工作的题目，分别成立经济体制、经济结构、进出口和理论方法4个小组。

6月28日

国务院批转邮电部《关于调整邮电管理体制问题的请示报告》。邮电管理体制调整，自国务院文件下达之日起实行，邮电各项计划体制的调整，自1980年度实行。

7月1日

五届全国人大二次会议通过了《中华人民共和国中外合资经营企业法》，于7月8日公布施行。

7月2日

国务院财经委经济体制改革研究小组成立。

7月3日

国务院颁发《关于发展社队企业若干问题的规定（试行草案）》。

7月8日

新华社报道，国务院批准成立中国国际信托投资公司。这是全国第一家部级公司。

7月13日

国务院发出关于按照5个改革管理体制文件组织扩大国营企业经营管理自主权试点的通知。这5个文件是《关于扩大国营工业企业经营管理自主权的若干规定》《关于国营企业实行利润留成的规定》《关于开征国营工业企业固定资产税的暂行规定》《关于提高国营工业企业固定资产折旧率和改进折旧费使用办法的暂行规定》和《关于国营工业企业实行流动资金全额信贷的暂行规定》。

7月13日

国务院发出《关于试行"收支挂钩、全额分成、比例包干，3年不变"财政管理办法的若干规定》的通知。

7月14日

国家科委召开专利工作座谈会，讨论国家科委提交的《关于中国建立专利制度的请示报告》。《报告》提出建立中国专利制度，建议起草专利法，成立专利局。

7月15日

中共中央、国务院批转中共广东省委《关于发挥广东优越条件，扩大对外贸易，加快经济发展的报告》；中共福建省委、福建省革委会《关于利用侨资、外资，发展对外贸易，加速福建社会主义建设的请示报告》，决定对两省的对外经济活动实行"特殊政策和灵活措施"。

7月23日

国务院转发《关于尽快把国营农场办成农工商联合企业的座谈纪要》，要求先选择一些国营农场进行试点。

7月26日—8月9日

国务院召开全国物价、工资会议。会议确定：提高猪肉等8种副食品和以这些副食品为主要原料的消费品的销售价格；以1978年为基期，全国平均提价幅度32%—33%；副食品销价的调整，于今年11月1日开始实行。同时，给职工每人每月5元价格补贴；决定给40%的职工提升工资级别。

7月30日

五届全国人大常委会第10次会议通过决议，设立国家外国投资管理委员会和进出口管理委员会。试办特区工作，由该委员会归口管理。

8月13日

国务院颁布《关于大力发展对外贸易增加外汇收入若干问题的规定》，规定扩大地方、企业外贸权限，实行外汇留成，对以出养进的商品实行优惠税利。

8月17日

财政部、国家经委、人民银行提出《关于贯彻国务院改革企业管理体制文件试点中几个具体问题的意见》。

8月28日

国务院转发国家计委、国家建委、财政

1979年，黑龙江省黑河市居民家有了电视机。

部《关于基本建设投资试行贷款办法的报告》及《基本建设贷款试行条例》。

9月2—25日

国务院财经委连续召开会议，听取和讨论国家计委《关于1980、1981年计划安排的汇报》。《汇报》提出，经济体制改革，固然要扩大地方的权力，但根本问题是扩大企业的自主权。

9月28日

中共十一届四中全会通过《中共中央关于加快农业发展若干问题的决定》，指出：为了迅速改变目前中国农业的落后状况，我们必须着重在最近两三年内采取一系列的政策措施，加快农业发展，减轻农民负担，增加农民收入，并且在这个基础上逐步实现农业的现代化。

9月29日

叶剑英在建国30周年庆祝大会上讲话，初步总结了建国30年来的重要经验教训，提出要从中国的实际出发，努力走出一条适合中国情况和特点的实现现代化的道路。

10月4—11日

中央召开省、市、区第一书记座谈会，重点谈经济工作和1980年计划。4日，邓小平讲话：经济工作是当前最大的政治，经济问题是压倒一切的政治问题。今后长期的工作重点都要放在经济工作上面。

10月17日

财政部发出《关于改进国营企业提取企业基金办法的通知》，指出：国营工业企业提取的企业基金，原来规定按8项计划指标和供货合同考核，现在改为按产量、质量、利润和供货合同四项计划指标考核。

11月12日

中共中央批转中央统战部等6部门提出的《关于把原工商业者中的劳动者区别出来问题的请示报告》，小商、小贩、小手工业者被从原工商业者中区别出来，恢复了劳动者身份。

11月19日

国务院发出《关于严禁年终突击花钱制止滥发奖金的通知》。

11月21日—12月22日

国务院召开全国计划会议，讨论了财政体制问题，各省、市、区同意自1980年起，实行"划分收支、分级包干"的办法，不再试行"收支挂钩、全额分成、比例包干、3年不变"的办法。

11月26日

中共广东省委决定，将深圳、珠海改为地区级的市，直属省领导。

12月3日

国务院财委经济体制改革小组将《关于经济管理体制改革总体设想的初步意见》印发全国计划会议，这是中国第一个经济体制改革总体规划。

12月6日

邓小平会见日本首相大平正芳时指出：我们要实现的四个现代化，是中国式的四个现代化。我们的四个现代化的概念，不是像日本欧美那样的现代化的概念，而是"小康之家"。

12月31日

财政部《关于颁发文教科学卫生事业单位、行政机关"预算包干"试行办法的通知》指出：从1980年起，对文教科学卫生事业和行政机关试行"预算包干"办法。

📊 数说发展

人口

总人口：**97092** 万人

 出生率：**17.9‰**

 死亡率：**6.2‰**

 自然增长率：**11.7‰**

工业总产值

工业总产值：**4591** 亿元

比上年增长 **8.5%**

- 轻工业：1980 亿元 比上年增长 9.6%
- 重工业：2611 亿元 比上年增长 7.7%

进出口贸易

进出口贸易总额：**455** 亿元

比上年增长 **28%**

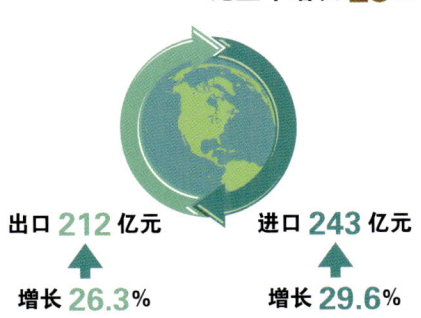

出口 212 亿元 增长 26.3%
进口 243 亿元 增长 29.6%

进口大于出口 **31** 亿元

国内生产总值

国内生产总值：**4062.6** 亿元

- 第一产业 1270.2 亿元
- 第二产业 1913.5 亿元
- 第三产业 878.9 亿元

财政收支

占国内生产总值的比重：**28.2%** （单位：亿元）

- 收入 1146.38
- 支出 1281.79
- 收支差额 −135.41

黄金外汇储备

- 黄金 **1280** 万盎司
- 外汇 **8.4** 亿美元

农林牧渔业

农林牧渔业总产值：**1584** 亿元

产量（单位：万吨）

- 水产品 430.5
- 糖料 2461.4
- 油料 643.5
- 棉花 220.7
- 粮食 33211.5

比上年增长：9%
比上年增长：1.8%
比上年增长：23.3%
比上年增长：16.9%
比上年减少：7.5%

国内商业

商业部门收购商品总额：**1992.4** 亿元

比上年增长 **14.5%**

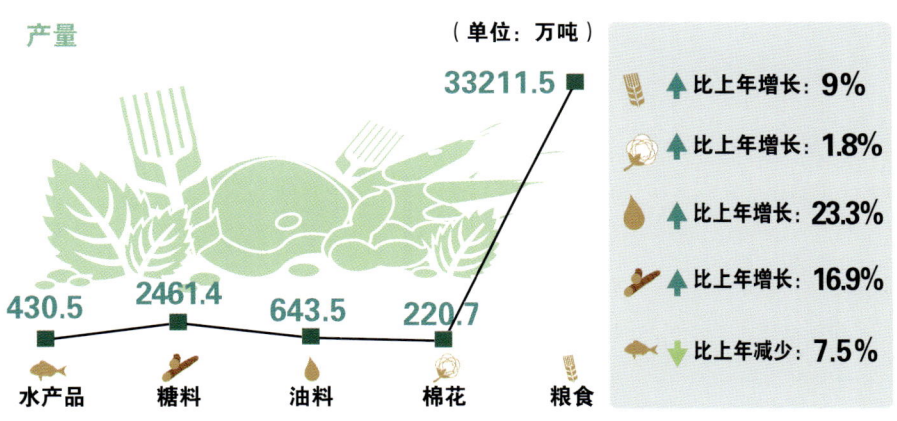

- 工业品 1405.6 亿元，增长 9.8%
- 农副产品 586.8 亿元，增长 27.6%

 社会商品零售总额：1752.5 亿元，比上年增长 **14.7%**。

1979

旅游

旅游、参观、探亲、访友以及进行各种业务交往的外国人、华侨和港澳同胞：**420** 万人，

比上年增长 **1.2** 倍

旅游收入外汇折合人民币：**6.96** 亿元，

比上年增长 **54**%。

对外开放的旅游点：**117** 个。

基本建设

基本建设投资总额：**500** 亿元
其中：国家投资：**395** 亿元
自筹投资：**105** 亿元

建成投产的大中型项目：**128** 个
建成投产大中型项目的单项工程：**340** 个

新增加的生产能力

 煤炭开采 **1393** 万吨

 原油开采 **800** 万吨

 天然气开采 **18.3** 亿立方米

 发电机组容量 **465** 万千瓦

 铁矿石开采 **462** 万吨

 棉纺锭 **54** 万锭

 炼钢 **210** 万吨

 化肥 **82** 万吨

 化学纤维 **8.3** 万吨

 水泥 **274** 万吨

糖 **22.5** 万吨

人民生活

全国职工总数：**9967** 万人

其中，全民所有制单位：**7693** 万人
城镇集体所有制单位：**2274** 万人
全民所有制职工平均工资：**705** 元

旅客周转量 （单位：亿人公里）

 铁路：1214

公路：603

水运：114

空运：35

 沿海主要港口货物吞吐量：**21257** 万吨

邮电业务总量：**12.55** 亿元
比上年增长 **7.7**%

交通运输

运输线路长度 （单位：万公里）

5.30	铁路
87.58	公路
16.00	民用航线
10.78	内河航道
0.91	管道输油

货物周转量 （单位：亿吨公里）

铁路	5588
公路	268
空运	1.2
水运	4564
管道	476

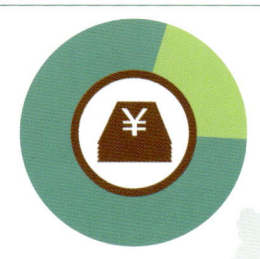

科学技术

全民所有制单位自然科学技术人员
470.5 万人

重大科学技术研究成果：**2790** 项
经国家批准的创造发明：**42** 项

卫 生

医院病床：**193.2** 万张
比上年增长 **4.1**%

专业卫生技术人员
264.2 万人，比上年增长 **7.2**%

中医：**25.8** 万人
西医师：**39.5** 万人
西医士：**43.5** 万人
护士：**42.1** 万人
农村赤脚医生：**157.5** 万人

体 育

打破世界纪录：**12** 项
举重世界青年纪录：**3** 项
全国纪录：**159** 项
全国青少年纪录：**66** 项

教 育

高等学校：**633** 所

在校学生人数（单位：万人）

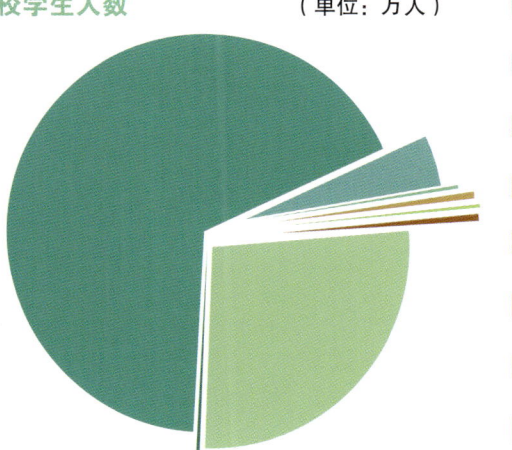

- 小学：**14663**
- 幼儿园：**879**
- 高等学校：**102**
- 广播电视大学：**28**
- 厂办大学和业余大学：**58**
- 中等专业学校：**119.9**
- 普通中学：**5905**
- 技工学校：**64**

其中当年招收新生 **27.5** 万人（包括地方扩大招生数）

共派出留学生 **1762** 人

文 化

生产故事片：**65** 部
各种新片（长片）：**139** 部
庆祝建国30献礼而来京演出的节目：**137** 台

广播电台：**99** 座
发射台和转播台：**502** 座
电视中心台：**38** 座
一千瓦以上的电视发射和转播台：**238** 座

出版报纸：**130.8** 亿份
杂志：**11.8** 亿册（份）
图书：**40.7** 亿册（张）

各类放映单位 **12.2** 万个
艺术表演团体 **3482** 个

文化馆 **2892** 个
公共图书馆 **1651** 个

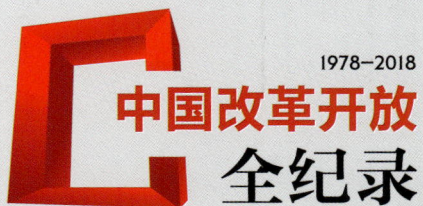

1978—2018

中国改革开放全纪录

1980

- 大规模平反冤假错案
- 正式将"出口特区"定名为"经济特区"
- 向阳人民公社"撤社建乡"
- "三结合"就业方针
- 邓小平论《党和国家领导制度的改革》
- 从"包产到户"的争论到中央75号文件出台
- 打破住房"大锅饭"

焦点事件

大规模平反冤假错案

1976年10月"四人帮"被粉碎，党内外广大干部群众强烈要求纠正"文化大革命"的错误，平反冤假错案。中共十一届三中全会以后，党和国家积极进行拨乱反正工作，而拨乱反正最大的任务就是平反冤假错案。

1980年1月10日，中共中央发出《关于为谭震林同志平反的通知》。2月，中共十一届五中全会通过决议，为刘少奇平反，撤销八届十二中全会强加给刘少奇的叛徒、内奸、工贼的罪名和把他"永远开除出党，撤销党内外一切职务"的错误决议，撤销原审查报告，恢复刘少奇作为伟大的马克思主义者和无产阶级革命家、党和国家主要领导人的名誉。因刘少奇案受株连错判为反革命的28000多人也得到平反。这一建国以来最大历史冤案的平反，大大加快了整个平反冤假错案工作的步伐。

谭震林、罗瑞卿、习仲勋、贾拓夫、刘景范、黄克诚、李德生、杨尚昆、李达、杨献珍等党和国家及军队各部门领导人、各界人士在这一年得到平反。瞿秋白、张闻天等蒙冤多年的党的早期领导人也先后得到平反昭雪，恢复名誉。1955年在思想文化领域影响巨大的错案——"胡风反革命集团"案也得到了平反。中共中央发出通知，对"文革"中在中央、地方以及军队的报刊、文电上被错误点名批判的同志，宣布一律平反，强加给他们的诬蔑不实之词统统予以推倒。

在大规模平反冤假错案的同时，党和国家还着手对历史遗留问题进行妥善解决，对各方面的社会政治关系进行调整。党中央决定对55万名右派分子进行甄别平反。到1980年6月，共改正错划右派54万多人，占原划右派分子总数的98%以上。对经过审批的多年来遵守政府法令、老实劳动、不做坏事的地主、富农分子以及反革命分子、坏分子，一律摘掉帽子，给予农村人民公社社员待遇。同时，党和政府明确宣布，属于资本家的原工商业者也称为"社会主义社会中的劳动者"，在政治上和工作安排等方面，均与其他劳动者一视同仁。对原国民党起义、投诚人员也进行妥善安置。凡因历史问题被戴上历史反革命帽子或其他帽子的，一律摘掉。另外，还调整、落实了民族政策、侨务政策和台胞台属政策。这些工作大都是从1979年开始，在1980

1980年5月，刘少奇追悼会在北京举行，中国共产党历史上最大的冤案终于得到彻底平反。图为王光美（右）在河南郑州亲迎刘少奇骨灰盒。

1980年4月4日，人民英雄纪念碑下，群众自发悼念"文革"中蒙冤而死的张志新。

年全面推开的。

大规模平反冤假错案，全面调整社会政治关系，促进了安定团结局面的形成，调动了社会各方面的积极性，为实现党和国家的工作重点向经济建设转移创造了良好的政治环境。

正式将"出口特区"定名为"经济特区"

1979年，中共中央、国务院批准在广东省的深圳、珠海、汕头三市和福建省的厦门市试办出口特区。

1980年5月16日，中共中央、国务院批转《广东、福建两省会议纪要》，决定在广东的深圳、珠海、汕头和福建的厦门各划出一块区域，试办"经济特区"，正式将"出口特区"定名为具有更丰富内涵的"经济特区"。同年8月，五届全国人大常委会第15次会议正式批准国务院提出的建议，同时批准《广东省经济特区条例》，完成了设立经济特区的立法程序。

中共中央、国务院41号文件在批转《广东、福建两省工作会议纪要》中指出，一年来的实践证明，中央决定广东、福建两省在对外经济活动中，实行特殊政策和灵活措施，是正确的。两省工作有很大进展，成绩是显著的。根据两省的有利条件，中央和国务院批示：经济特区的管理，在坚持四项基本原则和不损害主权的条件下，可以采取与内地不同的体制和政策。广

📝 回忆

吴南生： 引进了市场经济，使中国经济进入了世界经济大循环。我认为这是特区对中国最大的贡献，也是特区之所以成功的根本原因。当时别人明白不明白我不知道，但我心里很明白，办特区，就是要改掉那种苏联模式、自以为是的计划经济，走市场经济的新路。我们在1980年底，即《特区条例》经全国人大批准公布后，就明确提出：特区要以引进外资为主，以实行市场经济为主。面对各种非议，面对当时重重阻力和压力，我和我的同事们有过"约法三章"：只做不说，多做少说，做了再说。总之就是一句话，要趁那些反对办特区的人糊里糊涂弄不清楚看不明白的时候把经济搞上去再说。

资料来源：《经济特区是怎样"杀出一条血路来"的——吴南生同志访谈录》（下），《南方日报》，2008年4月7日第4版。

👤 人物：任仲夷

任仲夷（1914年9月—2005年11月），原名任兰甲，河北省威县西小庄人。1936年5月加入中国共产党。1977—1980年任中共辽宁省委第二书记兼省革委会第一副主任，中共辽宁省委第一书记兼省军区第一政委。1980—1985年任中共广东省委第一书记兼省军区第一政委。1985年后退出领导工作岗位，任中共中央顾问委员会委员。中共第八、十、十一、十二、十三、十四、十五、十六次全国代表大会代表，中共第十一、十二届中央委员，中共第十二、十三届中央顾问委员会委员，第一、二、四、五、六、七届全国人大代表。

任仲夷自1977年2月受中央委派，从黑龙江省调至辽宁省任职期间，大力拨乱反正，政绩斐然。1978年，《实践是检验真理的唯一标准》发表的第三天，他作为地方领导人，在全国第一个公开发表文章《理论上根本的拨乱反正》，旗帜鲜明地支持和参与"实践是检验真理的唯一标准"的讨论，带了一个好头。他冲破重重阻力，把被"四人帮"迫害致死的女英雄张志新这个冤案翻了过来，在海内外引起强烈反响。他首先提出要给被高度集中的计划体制捆绑得死死的国营企业"松绑"，大胆提出农村要敢于"抓富"，并恢复了过去被认为是"资本主义尾巴"的农贸市场。

1980年，任仲夷出任广东省委第一书记，他主政期间，对传统的计划经济体制堡垒发起了一次次攻关。他积极支持开展扩大企业自主权和实行利改税等方面的经济管理体制的改革；支持对韶关钢铁厂、广州钢铁厂实行承包经营责任制，率先在全国进行价格体制的改革；支持和探索外贸体制的改革，突破独家经营体制，探索"自主经营、自负盈亏、自我约束、自我发展"的崭新模式。此外，他积极支持广东省政府从1981年起在全省(广州、深圳、珠海、海南等除外)实行"划分收支，分级包干，权责结合"的财政管理体制。这些举措扩大了各级政府的自主权，有效促进了生产力的发展。1979年，广东省的经济总量在全国排名23位，远低于国内平均水平。5年后，这个曾经的贫穷边防省份，经济总量居全国第一，并一跃成为改革开放的排头兵，在很大程度上推动中国的经济改革之路。

从最初响应真理标准大讨论，到带领广东改革开放，再到退休后为政治体制改革大声疾呼，任仲夷凭借智慧与胆识，积极推动中国改革开放。

资料来源：①《改革开放先行者任仲夷：执掌广东 敢为天下先》，人民网改革开放30年专题；②中共广东省委党史研究室编著，《广东改革开放决策者访谈录》，广东人民出版社，2008年。

深圳蛇口，写有"时间就是金钱，效率就是生命"的标语牌。

人物：项南

项南（1918年11月—1997年11月），原名项德崇，福建省朋口文地人。他是20世纪80年代主政福建省的改革派元勋，力倡"要允许改革犯错误，但不允许不改革"，坚决反击"经济特区就是旧租界"的论调，在福建冲破重重阻力，锐意改革。

1981年1月14日，项南到福建走马上任，担任中共福建省委常务书记，主持福建工作。1月20日，项南在福建省党代会上发表了《谈解放思想》的重要讲话。他要求坚定不移地贯彻落实党的十一届三中全会的路线，尤其是把端正党的思想路线和组织路线作为首要任务，从思想上、组织上保证改革开放政策在福建的贯彻落实。

项南把推动和落实农村家庭联产承包责任制作为福建农村改革的突破口。当时，因思想认识存在分歧，福建在落实这项政策上，远远落后于全国其他地区。针对这种情况，项南号召全省干部群众积极参与"实践是检验真理的唯一标准"的大讨论，通过大学习、大讨论，把思想统一到中央精神上来。接着，福建省委发出了《关于抓紧落实生产责任制的通知》，《福建日报》发表了《落实农业生产责任制刻不容缓》的社论，省委、省政府还召开专题电话会，推动和落实生产责任制。就这样，联产承包责任制在福建全省农村迅速推开，一度受到束缚的农业生产力得以迅速发展。

在推进农村改革的同时，项南还积极探索福建的城市改革之路。1984年3月23日，在福州参加福建省厂长经理研究会成立大会的55位厂长经理联名给省领导写了一封信，呼吁要"给企业松绑放权"。项南对此积极支持。同时，他把"松绑放权"的呼吁书批给《福建日报》在一版头条发表。

随后，在项南的指导策划下，《福建日报》对"松绑"问题做了连续宣传报道。《人民日报》全文转载了"松绑"信，并在编者按中指出："这封呼吁书提出了体制改革的一个重要问题"，旧体制"到了非改不可的时候了"。《人民日报》、新华社还及时、连续地做了追踪报道，国家体改委和国家经委也邀请55位厂长经理的代表赴京座谈体制改革问题，在全国引起很大反响。

项南十分重视对外开放工作，要求福建在对外经济工作中先行一步。他认为，作为经济特区，若要对外开放，就一定要飞出去，与海外建立联系。他提出向外国低息贷款搞建设，修建厦门国际机场，得到邓小平的赞同。厦门国际机场建设后，福建省政府和中国民航总局于1984年3月批准，厦门航空有限公司宣告成立。这是新中国第一家地方航空公司，可谓迈开民航管理体制改革的第一步。

项南为福建的发展建设作出了巨大贡献，福建人民感激地称呼他为"项公"。他被誉为福建改革开放事业的开拓者和先锋。

资料来源：①《福建改革开放的开拓者项南：人称"项大胆"》，人民网改革开放30年专题；②《改革八贤之项南：不怕丢官的改革派》，《南方周末》，2008年12月18日；③何立波，《项南：福建改革开放的先锋》，《党史纵览》，2007年第2期。

1980年，叶剑英视察深圳蛇口工业区码头。

东、福建两省试行新体制的过程中，出现一些问题，是难免的。这是前进中的矛盾。我们的任务就是要认真地及时地总结经验，研究新情况，解决新的问题。中央认为，这次会议总结的经验和提出的措施是可行的，要认真贯彻落实。广东、福建两省进行经济体制改革，不但有利于加快两省经济发展，而且有利于全国的经济体制改革。文件指出，必须采取既积极又稳妥的方针，抓好特区建设。经济特区的建设以吸收利用外资为主，以市场调节为主。

办特区需要一个法律性文件，于是，国务院委托广东起草一个法规性文件。

起草中国第一部特区涉外经济法的过程，涉及诸多的实际问题，例如，要不要赋予特区充分的自主权；对海外投资者的优惠待遇如何才能适度；"地租"这些措辞能不能用；劳动合同能不能实行等。

经过一年的时间，前后草拟了13稿，征求了海内外人士的意见，再经过人大审议、国务院讨论修改、全国人大常委会批准，经过掂字酌句的仅2000多字的《广东省经济特区条例》终于公布。随后，全国人大常委会又批准了《福建厦门经济特区条例》。

创办四个经济特区，对经济特区实行特殊的经济政策和经济管理体制，是中国实行对外开放基本国策的突破口。邓小平指出："特区是窗口，是技术的窗口、管理的窗口、知识的窗口，也是对外政策的窗口。"

向阳人民公社"撤社建乡"

随着农村联产承包责任制的普遍推行，农村人民公社中的公社、生产大队、生产队之间的关系和"政社合一"的体制弊端越来越凸显。从1979年前后，一些县开始进行人民公社体制改革的试点并取得经验。从1979年9月开始，四川省的广汉、邛崃、新都等县，吉林省的榆树、怀德、农安等县，甘肃省的古浪、文县，河北省的栾城县，以及浙江、广东、辽宁、安徽省的若干公社，都进行了人民公社制度的改革试点。

1979年9月，四川省广汉县委选择在向阳人民公社进行"政社分工"的改革试点，把向阳公社的干部分成行政、农副业、社队企业3个班子，各司其职，各负其责，分别制定了"定、包、奖"的考核制度。

1980年1月，时任中共四川省温江地委书记的王德功到向阳公社检查工作，他说："中央政策很明确，不戴帽子，不打棍子，不抓辫子，不装袋子（档案）。要搞（改革）就名正言顺地搞。"中共广汉县委书记常光南和两位副书记当年3月去成都开会，就广汉县改革问题进行座谈。在座谈会上，常光南问"换下人民公社的牌子，建立乡人民政府，大队也改为村"这一措施是否可行时，四川省委主要领导说："要允许和支持广汉进行这个改革，先在一个公社试搞，如果不成功，改过来就行了。"随后，4月15日，常光南在向阳研究了恢复乡级建制的具体事宜，确定了党委管党务、政府管行政、农工商联合公司管经济的管理体制。

中共广汉县委在中共四川省委的支持下，于1980年5月下旬恢复建立向阳乡党委、向阳乡人民政府，撤销向阳人民公社，正式在向阳公社进行人民公社体制改革试点。随后，向阳乡于6月18日召开全乡人民代表大会，葛民勋当选为乡长，周继模、

1980年6月18日，四川广汉县向阳公社大门前，挂了22年的牌匾"广汉县向阳人民公社管理委员会"被"广汉县向阳乡人民政府"的牌匾取代。

俞素清当选为副乡长。6月18日中午，"广汉县向阳人民公社管理委员会"的牌子被摘下，取而代之的是"广汉县向阳乡人民政府"牌子。至此，向阳正式取消了政社合一的人民公社体制，成为全国第一个改制的人民公社。

由于这项重大改革涉及1975年《中华人民共和国宪法》中关于"农村人民公社是政社合一的组织"的规定，引起了全国人大常委会的重视。1981年夏天，国家民政部部长程子华受全国人大常委会副委员长彭真的委托，到广汉县进行撤社建乡的调查。随后，这项重大的改革引起极大关注。

1982年4月12日，中共中央、国务院发出《关于〈宪法修改草案〉中规定农村人民公社政社分开问题的通知》。通知指出：《宪法修改草案》按照改变现行的政社合一的人民公社体制的原则，规定设立乡人民政府，人民公社为集体经济组织，不再兼负政权职能。当前以及将来《宪法》正式通过以后的一两年内，各地一般都应维持现有体制，继续按照中央批转的《全国农村工作会议纪要》的规定，完善各种生产责任制和整顿各种基层组织。

1982年12月全国五届人大五次会议通过的《中华人民共和国宪法》，规定"乡、民族乡、镇设立人民代表大会和人民政府"。1983年1月，依据新宪法，中共中央发出1983年1号文件《当前农村经济政策的若干问题》。文件指出："人民公社的体制，要从两方面进行改革，这就是，实行生产责任制，特别是联产承包制；实行政社分设。"1983年10月，中共中央、国务院发出《关于实行政社分开建立乡政府的通知》，《通知》指出："当前的首要任务是把政社分开，建立乡政府。同时按乡建立乡党委，并根据生产的需要和群众的意愿逐步建立经济组织。要尽快改变党不管党、政不管政和政企不分的状况。"

自此，人民公社逐步退出历史舞台。

"三结合"就业方针

1980年8月，中共中央在北京召开全国劳动就业工作会议，提出了"三结合"的就业方针，即在全国统筹规划和指导下，实行劳动部门介绍就业、自愿组织起来就业和自谋职业相结合的方针。

在计划经济时代，中国曾建立了"统包统配"的就业管理体制。这一体制的基本特征是所有新增劳动力的就业由国家统一调配和安置。随着情况的变化，这种就业管理体制的弊端不断显露出来，突出表现在：一是不管生产和工作是否需要，一律接收，造成许多单位人浮于事；二是劳动者不能根据自己的专长选择合适的工作，单位也不能根据工作的需要选择适当的人员，造成人才浪费；三是养成了劳动者就业靠国家的就业观念。

由于就业体制的僵化，再加上"文革"造成的经济停滞影响，中国城镇就业问题日益突出，到20世

纪70年代末已达到了比较严重的程度，特别是"文革"期间下乡的知识青年大量集中返城，给城镇就业带来了极大压力。据统计，仅1978年和1979年这两年中，返城的知识青年就达到了650万人以上。1979年，城镇累计待业人员达到了1500万人，仅在劳动部门登记的城镇失业人员就有568万人，城镇登记失业率达到了5.4%。

"三结合"就业方针的实施，是中国就业理论和就业政策的重大突破，是中国就业管理体制改革的开端，对于解决中国城镇就业问题起到了积极的作用。据统计，1979至1981这三年，全国共新增城镇就业人员2600多万人，平均每月有70多万人实现就业。到1982年，全国多数地区基本解决了1980年以前积累下来的包括返城知识青年在内的城镇失业问题。①

①《系列报告之六：多方式就业格局初步形成规模显著扩大》，国家统计局网站，2009年9月14日。

邓小平论《党和国家领导制度的改革》

1980年8月18日，中共中央政治局扩大会议在北京召开，邓小平在会上发表了题为《党和国家领导制度的改革》的讲话。他在讲话中第一次提出了要对党和国家政治体制进行改革的重要思想，对改革开放初期实施政治体制改革提出了明确的要求。

在这篇讲话中，邓小平总结了国内外社会主义国家政权建设的历史经验，特别是中国十年"文革"的深刻教训，尖锐地揭露和分析了现行政治体制存在的种种弊端及其产生的原因，系统精辟地论述了政治体制改革的目的、意义、主要内容和必须遵循的原则，形成了较为完整的政治体制改革的基本思想。

邓小平的讲话主要包括五个方面的内容：

第一，国务院领导成员变动，中央的考虑是权力不宜过分集中，兼职、副职不宜过多，着手解决党政不分、以党代政的问题，从长远考虑，解决好交接班问题。

1980年，山西省长治市有关部门重视安置知识青年劳动就业问题，为他们开辟多种就业渠道。图为长治市城区青年缝纫组在大街小巷为群众裁剪、缝制衣服。

 "我提倡废除终身制，而且提倡建立退休制度。"

——邓小平

背景：1986年9月，邓小平接受美国著名记者华莱士采访。华莱士以思维敏捷、尖锐犀利著称，在采访快结束时，他问道："您是中国的第一号领导人物，您准备在主要领导人和主要顾问的位子上再留多长时间？"，邓小平答道："我提倡废除终身制，而且提倡建立退休制度……就我个人来说，我是希望早退休。但这个问题比较困难，在党内和人民当中很难说服。我相信，在我有生之年退休，对现行政策能继续下去比较有利，也符合我个人向来的信念。"

第二，阐明中国党和国家领导制度改革的目的是为了发挥社会主义制度的优越性，加速现代化建设事业的发展。

第三，揭示中国现行政治体制存在的主要弊端，主要有：官僚主义现象、权力过分集中现象、家长制现象、干部领导职务终身制现象和形形色色的特权现象等，强调要着重从制度方面来解决问题，"领导制度、组织制度问题更带有根本性、全局性、稳定性和长期性"。

第四，提出肃清封建主义和资产阶级思想影响的任务，指出，肃清封建主义残余影响，重点是切实改革并完善党和国家的制度，从制度上保证党和国家政治生活的民主化、经济管理的民主化、整个社会生活的民主化。

第五，指明改革应采取的根本性措施是，实行民主集中制、党政分工制、中央统一领导下的地方分权的管理制度，健全保障人民民主权利的各项制度，实现干部的革命化、年轻化、知识化、专业化等，正确方法是坚持和加强党的领导。

邓小平在讲话中强调，民主政治建设，关键在于制度；制度建设重在消除权力过分集中的弊端；以政治民主化为价值取向，积极推进政治体制改革。

邓小平、李先念、胡启立、姚依林、田纪云、宋任穷、谷牧等，在中南海庭院研究经济改革问题。

邓小平这一重要讲话是在党的十一届三中全会后，党的思想路线、政治路线、组织路线已经端正，经济体制改革初步启动，政治体制改革经过一段时间的酝酿和准备而迫切需要实施的情况下发表的，于8月31日经政治局会议讨论通过后，成为党和国家政治体制改革的蓝图，成为党和国家领导制度改革的纲领性文件。

从"包产到户"的争论到中央75号文件出台

1980年5月，邓小平对"包产到户"和"包干到户"明确表态。他说："农村政策放宽以后，一些适宜搞包产到户的地方搞了包产到户，效果很好，变化很快。安徽肥西县绝大多数生产队搞了包产到户，增产幅度很大。'凤阳花鼓'中唱的那个凤阳县，绝大多数生产队搞了大包干，也是一年翻身，改变面貌。有的同志担心，这样搞会不会影响集体经济。我看这种担心是不必要的。"

1980年9月14日至22日，刚刚调整了的中央领导班子召开各省市自治区第一书记座谈会，讨论加强和完善农业责任制的问题。会议对包产到户问题进行了专题座谈。很多人对包产到户的提法不明确支持，甚至还发生了激烈的争执，会议一时间无法继续。贵州省委第一书记池必卿讲到贵州准备全面推行包产到户、包干到户责任制时，黑龙江省委第一书记杨易辰表态说："我们不搞那个东西。"池必卿接着说："你走你的阳关道，我走我的独木桥。我们贫困地区就是独木桥也得过。"《人民日报》发表的一篇题为《阳关道和独木桥》的文

🌱 口述改革

万里很风趣、很幽默地讲道"包产到户"。他说："孩子已经生下来了，孩子长得不错，邻居去看了以后都非常高兴。但是回来以后又凉了半截子，为什么呢？说要批判啊，这就是单干啊，单干就是资本主义啊。王郁昭可怜巴巴地提出来要给'大包干'报个'户口'。我的态度是，对群众同意的事情，要尊重群众的意见。实际上，'包产到户'不等于单干，单干也不等于资本主义。群众认可的，群众支持的，不能否定。所以我给他报个'户口'，承认它也是生产责任制的一种形式。"

——王郁昭

资料来源：中国（海南）改革发展研究院"口述改革历史"访谈。

人物：杜润生

追溯中国农村改革和发展的历程，人们将始终铭记这位极大地推动了中国农业进程的老人——杜润生。他所主持起草的"75号文件"和五个"1号文件"，为饱受争议的包产到户打破政策坚冰，使中国农村迸发出前所未有的活力。

杜润生1913年出生于山西太谷，1936年加入中国共产党。中华人民共和国成立后，历任中共中央中南局秘书长、中南局军政委员会土改委员会副主任，领导中南地区土地改革。1953年初调任中共中央农村工作部秘书长、国务院农村办公室副主任，参与组织农业合作化。1956年后，历任国务院科学规划委员会办公厅副主任，中国科学院秘书长、中共中科院党组副书记，1961年主持起草《关于自然科学研究的14条意见》。改革开放以来，历任国家农业委员会副主任，中共中央农村政策研究室主任，国务院农村发展问题研究中心主任，中共中央顾问委员会委员，中央财经领导小组成员。

1979年，杜润生被任命为新成立的国家农业委员会副主任。他大力支持安徽包产到户的改革试验。在那个"大锅饭"的年代，包产到户仍然是一个敏感词，中央高层间的争论十分激烈。1980年，在中央长期规划会议上，他试探性地提出，先在贫困地区试行包产到户。他说："贫困地区要调那么多粮食救济，交通又不便利，靠农民长途背运，路上就吃了一多半，国家耗费很大，农民所得不多。建议在贫困地区搞包产到户，让农民自己包生产、包肚子，这样两头有利。"这个建言得到时任副总理姚依林的支持，随后邓小平也表示赞同。但在1980年中央召开的省市区党委书记会议上，仍有很多人对包产到户的提法心存忧虑，不愿意明确支持，甚至还发生了严重的争执，意见严重地不统一。杜润生巧妙地斟酌措词改写文件，最终形成后来著名的1980年"75号"文件，即《中共中央关于进一步加强和完善农业生产责任制的几个问题的通知》。

1981年，根据邓小平关于改革要不断了解新情况、解决新问题、总结新经验的指示精神，中共中央责成杜润生和国家农委组织大批干部赴各地进行调研，起草文件。这就是中共中央在1982年元旦发布的1号文件，即《全国农村工作会议纪要》，后来也称为农村改革的第一个"1号文件"。这份文件正式肯定了土地的家庭承包经营制度，结束了对包产到户长达20多年的争论，以中央的名义确立其合法性，奠定了中国农村土地包产到户的基础。

此后不久，胡耀邦在一次会议上说："在农村工作方面，中央每年都要搞一个战略性文件，下次还要排'1号'。"从1982年到1986年，杜润生连续五年主持起草了著名的五个"中央1号文件"。安徽省省长王郁昭评价说，"五个'1号文件'，是中国农村改革的纲领性文件，是中国农村改革发展的路线图。"

杜润生作为资深的农村问题专家之一，农村改革重大决策参与者和亲历者，被誉为"中国农村改革的总参谋长"，对推动中国农村改革功不可没。

资料来源：①《杜润生：中国农村改革的推动者》，《中国合作经济》，2008年第9期；②《杜润生：农村改革的"总参谋长"》，《炎黄春秋》，2012年第7期。

章,描述了当时的争议。

此时,万里认为,世界上许多农业发达国家都是搞家庭农场,规模都不是很大。安徽的实践也证明,包产到户、大包干,不仅解决了农民的温饱问题,而且能抗灾,能致富,也能实现现代化生产。现在一些社会主义国家,也大都搞了各种形式的"包产到户"。万里请农委副主任杜润生主持起草会议文件。

杜润生巧妙地斟酌措词改写文件,最终形成著名的1980年75号文件,即《中共中央关于进一步加强和完善农业生产责任制的几个问题的通知》。文件指出:集体经济是中国农业向现代化前进的不可动摇的基础,但过去人民公社脱离人民的做法必须改革。在现在条件下,群众对集体经济感到满意的,就不要搞包产到户。群众对集体丧失信心,因而要求包产到户的,应支持群众的要求,可以包产到户,也可以包干到户,并在一个较长的时间内保持稳定。

75号文件指出,对贫困地区来说,包产到户是一种必要措施。这个文件打破了多年来形成的包产到户等

人物:薛暮桥

薛暮桥(1904年10月—2005年7月),江苏无锡人,当代中国杰出经济学家,中国经济学界泰斗,首届中国经济学奖获得者,被誉为"市场经济拓荒者",是新中国第一代社会主义经济学家和高级经济官员之一。1955年当选为中国科学院哲学社会科学学部委员。著有《中国农村经济常识》《中国社会主义经济问题研究》《中国物价和货币问题研究》《按照客观经济规律管理经济》《当前中国经济若干问题》等。

薛暮桥探索经济体制改革,提出了财税、金融、价格、外贸以及国有企业等体制改革的方案。1979年所著《中国社会主义经济问题研究》一书,印数近1000万册,被中宣部指定为干部必读图书,此书系统总结了过去20多年经济工作的经验教训,批评违背社会主义客观经济规律的"左"倾错误,强调按客观经济规律把社会主义建设引上正确轨道,并对经济体制的改革进行初步的探索,对按照经济规律办事、加快实现四个现代化起了重要的促进作用。

1980年,他在为国务院体改办起草的《关于经济体制改革的初步意见》中提出:中国社会主义经济的性质是生产资料公有制占优势、多种经济成分并存的商品经济。这个《初步意见》是中国市场取向改革的一个纲领性方案。此后,他对中国社会主义建设的特殊条件和发展阶段,对价值规律、所有制问题、分配与流通制度、商品与市场、货币与价格政策、宏观管理体制、区域经济发展等问题进行了深入的调查研究,并创建了第一个由经济专家组成的决策咨询机构——国务院经济研究中心,从此,中国经济学家开始参与经济政策决策过程。

1990年,在耄耋之年,面对改革的新动向,薛暮桥撰写了《社会主义经济理论的若干问题》和《致中共中央常委的信》,在历史重要关头把市场取向改革的认识提升到一个新的高度。中国最重要的两个经济体制建设阶段,薛暮桥都曾亲身参与设计。由于他在改革开放以后对经济学理论和改革实践的杰出贡献,2005年3月,获第一届中国经济学杰出贡献奖。

资料来源:①《薛暮桥:第一代经济学家的旗帜》,中国网"新中国经济60年60人"专栏;②《中国百名经济学家理论贡献精要》(第一卷),中国时代经济出版社,2010年。

流行志

《庐山恋》

《庐山恋》电影海报

1980年,"文革"后国内首部表现爱情主题的电影《庐山恋》热映。片中出现了当时罕见的吻戏,女主角在82分钟的影片里换了43套服装,影片的前卫、大胆让看惯了样板戏的观众耳目一新。当年的新人张瑜也凭这部《庐山恋》成为上世纪80年代观众心中的"梦中情人",并被评为第一届金鸡奖和同年百花奖的"双料影后"。《庐山恋》还大大提高了庐山知名度,为此,庐山风景区专门兴建了一座小型影院,每天从早到晚放映这部影片。"游庐山,看《庐山恋》",成为庐山多年来一个固定的旅游项目。

倒爷

河北省霸州街边的女倒爷

"倒爷"是计划经济价格"双轨制"的产物,指20世纪70至80年代从事商品倒买倒卖的人。在商品经济极不发达的时代,由于同时存在国家统配价和市场价,就给那些嗅觉灵敏或者拥有关系的人带来了利用价差牟利的机会。在60年代,"投机倒把分子"要被绳之以法;在70年代,"二道贩子"也是不光彩的称号;到1980年,就有了"倒爷"这一毁誉参半的称呼,人们开始认识到他们的积极作用。

麦克·哈里斯

美国科幻连续剧《大西洋底来的人》是中国引进的第一部外国连续剧。万人空巷看《大西洋底来的人》使主人公麦克·哈里斯成为年度最火的人。麦克·哈里斯的造型对当时流行时尚的影响可谓深远,他的"麦克镜"(也叫蛤蟆镜)、牛仔裤成了一些"后进青年"的典型装束;游泳池里多了一种泳姿——麦克式;飞盘运动也因为这部电视剧而风靡全国。

正在建设中的北京劲松住宅小区

流行志

▶ 合资企业

1980年4月,京港合资经营的北京航空食品有限公司获准成立。

中外合资经营企业是由中国投资者和外国(地区)投资者共同出资、共同经营、共负盈亏、共担风险的企业。1979年,中国第一部《中外合资经营企业法》出台。1980年4月,香港企业家伍淑清女士与北京首都机场合资兴办了改革开放后第一家中外合资企业——北京航空食品有限公司。京港合资经营的北京航空食品有限公司取得了中国外国人投资管理委员会发放的中外合资企业第"001号"证书,它的成立带动了中国引进外资和兴办"三资"企业的热潮。

▶ 万元户

万元户,顾名思义是指存款或者收入在10000元以上的家庭,特指20世纪70年代末、80年代初"先富起来"的一批中国人。1980年4月18日,新华社播发一篇通讯《雁滩的春天》,报道了1979年末兰州市雁滩公社滩尖子大队一队社员李德祥家里有六个壮劳力,当年从队里分了一万元钱,社员们把他家叫"万元户"。同年11月17日,新华社又报道了山东省临清县八岔路公社赵塔头村一队社员赵汝兰,当年一家种棉花纯收入10239元,这则摄影报道先后被国内外51家新闻媒体采用,"万元户"的叫法在全国范围内流行起来,成为20世纪80年代最受关注的词汇之一。

> **语录** "迎接大有作为的年代。"
> ——《人民日报》社论

背景:1980年,经济调整的第二年。这一年工作的好坏,对改革开放影响深远。1月1日,《人民日报》发表题为《迎接大有作为的年代》的社论,《社论》说,80年代,是我们向四个现代化乘风破浪前进的年代,是大有作为的年代,"我们必须从今年一开始,就振奋精神、鼓足干劲,去争取新的胜利"。"迎接大有作为的年代"激励着从"文化大革命"中走出来的人们奋力拼搏,开创改革开放的新局面。

于资本主义复辟的僵化观念,在支持和保护全国各地出现的农村家庭联产承包责任制上发挥了积极作用,为"包产到户"上了"户口"。

到年底,全国实行包产到户和包干到户的生产队从年初的1.1%上升到了15%。①

---

①《小岗村——农村土地包产到户的先行者》,新华社,2008年9月29日。

打破住房"大锅饭"

1978年9月14日,邓小平第三次视察大庆油田。面对工人艰苦的住房条件,他指示说:"大庆房子要盖得好一些,要盖楼房……要把大庆油田建成美丽的大油田!"

1978年9月,城市住宅建设会议在北京召开,会议传达了邓小平的一次谈话。邓小平说,"解决住房问题能不能路子宽些,譬如允许私人建房或者私建公助,分期付款,把私人手中的钱动员出来,国家解决材料,这方面潜力不小。"此时,距十一届三中全会的召开还有3个月时间。1978年底,十一届三中全会召开,提出了城市经济体制改革的任务以及改革的方向,其中住房制度改革是应有之义。

时隔两年之后,邓小平于1980年4月2日再次针对住房问题发表讲话,他指出:"城镇居民个人可以购买房屋,也可以自己盖。不但新房可以出售,老房子也可以出售。可以一次付款,也可以分期付款,10年、15年付清。住宅出售后,房租恐怕要调整。要联系房价调整房租,使人们考虑到买房合算。因此要研究逐步提高房租。房租太低,人们就不买房子了。繁华的市中心和偏僻地方的房子,交通方便地区和不方便地区的房子,城区和郊区的房子,租金应该有所不同。将来房租提高了,对低工资的职工要给予补贴。这些政策要联系起来考虑。建房还可以鼓励公私合营或民建公助,也可以私人自己想办法"。

住房制度改革在各地逐步展开。中共中央、国务院于1980年6月正式允许实行住房商品化政策,自此中国城镇住房制度改革的序幕正式拉开。

西昌发射中心技术厂房内的长征3号运载火箭

社会关注

中国第一枚运载火箭发射成功

1980年5月18日，中国从新疆罗布泊湖核武器基地向太平洋中部吉尔伯特群岛以南海域发射了一枚CSSX—4型火箭，又名长征3号火箭。这是中国发射的第一枚运载火箭，发射获得了圆满成功。此次运载火箭的发射成功，是中国继进行原子弹、氢弹、导弹核武器研究和发射人造卫星成功后，在尖端科学技术领域里取得的又一项重要成就。

中国运载火箭发射成功后，逐步实现了系列化、通用化和商业化，还开始为国外用户提供服务。

开征个人所得税

1980年9月10日，第五届全国人民代表大会第三次会议通过《中华人民共和国个人所得税法》，即日公布施行。

该法共15条，其中规定："个人所得税的纳税人为在中国境内居住满1年，从中国境内、境外取得所得的个人和不在中国境内居住或者在中国境内居住不满1年，从中国境内取得所得的个人。"从纳税义务人的规定可以看出，当时开征个人所得税主要是针对来华工作、收入较高的外国人。由此也就很容易理解，为什么将个税的"起征点"（费用减除）定在800元，这在当时是一笔不小的收入。根据该法，个人所得税的征税对象为纳税人的所得，包括工资、薪金

1980年11月28日至1981年1月25日,审判林彪、江青反革命集团现场。

 语录
"坚持四项基本原则的核心是坚持党的领导。"
——邓小平

背景:在中国这样一个幅员辽阔、民族众多、发展又很不平衡的国家里搞现代化建设,需要有一个安定、团结、稳定的社会政治环境,需要共产党的坚强领导。1980年1月,邓小平在《目前的形势和任务》中指出:"我们坚持四项基本原则,就是坚持社会主义,坚持无产阶级专政,坚持马列主义、毛泽东思想,坚持党的领导,这四个坚持的核心,是坚持党的领导。"这是中国领导人首次提出"坚持四项基本原则的核心是坚持党的领导"。邓小平多次讲过,在中国这样一个大国,没有共产党的领导,必然四分五裂,一事无成。

所得,劳务报酬所得,特许权使用费所得,利息、股息和红利所得,财产租赁所得和经中国财政部确定征税的其他所得6类。

农业学大寨运动终结

从1964年毛泽东提出"农业学大寨"这一号召开始,到1978年党的十一届三中全会为止,农业学大寨运动前后经历了近15年。"农业学大寨"是毛泽东晚年对全国农村发出的号召,是建国以来中国农村历时最长的一次运动。

1980年11月23日,中共中央转发山西省委《关于农业学大寨运动中经验教训的检查报告》。中央在批语中指出:"文化大革命"以来,大寨和昔阳县推行"左"倾路线,主要应由陈永贵负责。在全国范围内推行大寨经验的错误,主要责任在当时的党中央。大寨和昔阳县"左"的错误的主要内容及其危害是:人为制造阶级斗争,使相当多的干部群众遭到迫害;搞"穷过渡",阻碍和破坏生产力的发展;不断地"割资本主义的尾巴",扼杀了集体经济的必要补充部分,阻碍了社会主义经济的全面发展;不断地鼓吹平均主义,破坏按劳分配。

最高人民法院特别法庭审判林彪、江青反革命集团

1980年9月26日至29日,第五届全国人大常委会第16次会议在北京举行。根据最高人民检察院和最高人民法院的建议,全国人大常委会决定成

审判席上的江青。

立最高人民检察院特别检察厅和最高人民法院特别法庭，对林彪、江青两个反革命集团案公开进行审判，准备审判10名主犯江青、张春桥、姚文元、王洪文、陈伯达、黄永胜、吴法宪、李作鹏、邱会作、江腾蛟。特别法庭的判决是终审判决。

1980年11月20日，最高人民法院特别法庭开庭，审判林彪、江青反革命集团案主犯。此前，最高人民检察院特别检察厅的起诉书全文公布。

中国GDP世界排名第七

1980年世界各国（地区）GDP总值排名（除苏联外，按当时汇率）

1. 美国——27956亿美元
2. 日本——10279亿美元
3. 西德——8261亿美元
4. 法国——6824亿美元
5. 英国——5367亿美元
6. 意大利——4546亿美元
7. 中国——3015亿美元
8. 加拿大——2689亿美元
9. 西班牙——2218亿美元
10. 阿根廷——2090亿美元

环球大事

1月1日
欧共体开始给予中国普遍优惠待遇，除纺织品外，工业品可以免税进入共同体市场。

1月21日
联合国工业发展组织第三次大会开幕，呼吁建立新的国际经济秩序。

1月
美国国会通过了向中国提供贸易最惠国待遇的决议案。

2月9日
联合国工业发展组织第三次大会闭幕，通过了《新德里宣言和行动计划》。

2月13日
第十三届冬季奥运会开幕。国际奥委会12日宣布，夏季奥运会仍在苏联举行，同日，美声明决定抵制莫斯科奥运会。

3月6—7日
东盟与欧共体14国外长于吉隆坡签订双边经济合作协定，相互给予最惠国待遇。

3月11—14日
发展中国家"七十七集团"召开部长会议，17日公报指出加强团结合作，促进建立国际经济新秩序。

3月26日
东南亚地区安全发展和稳定的国际会议开幕，新加坡外长指出鉴于苏联扩张，东南亚应重新审查外交政策。

4月28—29日
非洲统一组织经济首脑会议举行，决定建立非洲共同市场。

5月15日
世界银行决定：在该行及其两个附属机构国际金融公司和国际开发协会中，由中华人民共和国代表中国。

5月28日
西非国家经济共同体在洛美举行会议，决定成立一个自由贸易区。

6月28日
参加联合国贸易和发展会议的101个国家代表同意设立一笔金额为7.5亿美元的共同基金，用以稳定世界商品价格。

8月29日
第三次联合国海洋法会议第九期第二阶段会议结束，会议制订出海洋法公约草案。

9月1—4日
联合国人口活动基金会在罗马召开人口与城市未来国际会议，讨论了世界人口城市化趋势和研究大城市所面临的主要问题及解决途径。

12月1日
欧洲共同体首脑会议在卢森堡举行。

12月5日
联合国第35届大会宣布80年代为联合国发展战略的第三个发展十年。

> 重要文献

《党和国家领导制度的改革》

（邓小平，1980年8月18日）

1980年8月18日，邓小平在中共中央政治局扩大会议上作题为《党和国家领导制度的改革》的讲话。8月31日政治局讨论通过了邓小平的讲话，这个讲话实际上成为我国政治体制改革的纲领。邓小平在讲话指出，国务院领导成员的变动，是五届人大三次会议的主要议题之一。中央的正式建议将提交人大会议和政协会议讨论、决定。关于国务院负责人人选的调整，中央做这样的考虑：一是权力不宜过分集中。二是兼职副职不宜过多。三是着手解决党政不分、以党代政的问题。四是从长远着想，解决好交接的问题。邓小平还分析了党和国家领导制度、干部制度方面存在的主要弊端，即官僚主义、权力过分集中、家长制、干部领导职务终身制和形形色色的特权现象。邓小平说，现在正在考虑逐步的还有如下党和国家领导制度的重大改革：第一，中央将向五届人大三次会议提出修改宪法的建议。第二，中央已经设立了纪律检查委员会，正在考虑再设一个顾问委员会，连同中央委员会，都由党的全国代表大会选举产生，并明确规定各自的任务和权限。第三，真正建立从国务院到地方各级政府从上到下的强有力的工作系统。第四，有准备有步骤地改变党委领导下的厂长负责制、经理负责制，经过试点，逐步推广，分别实行工厂管理委员会、公司董事会、经济联合体的联合领导和监督下的厂长负责制、经理负责制。第五，各企业事业单位普遍成立职工代表大会或职工代表会议。第六，各级党委要真正实行集体领导和个人分工负责相结合的制度。

> 重要文献

《社会主义首先要发展生产力》

（邓小平，1980年4-5月）

这是邓小平4—5月四次谈话的节录。谈话强调，发展生产力方面的革命也是革命，中华人民共和国建国30年来，一个根本的问题是耽误了时间，生产力发展太慢，所以，应当把工作的重点转到建设上，要把这条路线一直贯彻下去，绝不动摇。

节选：

生产力方面的革命也是革命，而且是很重要的革命，从历史的发展来讲是最根本的革命。

要充分研究如何搞社会主义建设的问题。现在我们正在总结建国三十年的经验。总起来说，第一，不要离开现实和超越阶段采取一些"左"的办法，这样是搞不成社会主义的。我们过去就是吃"左"的亏。第二，不管你搞什么，一定要有利于发展生产力。发展生产力要讲究经济效果。只有在发展生产力的基础上才能随之逐步增加人民的收入。我们在这一方面吃的亏太大了，特别是文化大革命这十年。……

根据我们自己的经验，讲社会主义，首先就要使生产力发展，这是主要的。只有这样，才能表明社会主义的优越性。社会主义经济政策对不对，归根到底要看生产力是否发展，人民收入是否增加。这是压倒一切的标准。空讲社会主义不行，人民不相信。

——摘自《改革开放三十年重要文献选编》（上）第137—139页，中央文献出版社，2009年。

■ 重要文献

《关于进一步加强和完善农业生产责任制的几个问题》

（1980年9月27日）

　　1980年9月27日，中共中央发出75号文件，即《关于进一步加强和完善农业生产责任制的几个问题》，肯定了党的十一届三中全会以来各地建立的各种形式的农业生产责任制，同时指出：集体经济是我国农业向现代化前进的不可动摇的基础；加强和完善农业生产责任制，在不同的地方、不同的社队，要根据实际情况，采取各种不同形式，不可拘泥于一种模式，搞一刀切；在边远山区和贫困落后地区，实行包产到户，是联系群众，发展生产，解决温饱问题的一种必要的措施。

节选：
　　一、党的十一届三中全会以来，全国各地清除极左路线的影响，落实中央两个农业文件，从价格、税收、信贷和农副产品收购方面调整了农业政策，适当地放宽了对自留地、家庭副业和集市贸易的限制。特别是尊重是生产队的自主权，因地制宜地发展多种经营，普遍建立各种形式的生产责任制，改进劳动计酬办法，初步纠正了生产指导上的主观主义和分配中的平均主义。这些措施，有效地调动了农民的积极性，使农业生产得到比较迅速的恢复和发展，绝大多数农民的收入有所增加，农村的形势越来越好。
　　四、中国地区辽阔，经济落后，发展又很不平衡，加上农业生产不同于工业生产，一般是手工操作为主，劳动分散，生产周期较长，多方面受着自然条件的制约。这就要求生产关系必须适应不同地区的生产力水平，要求农业生产的管理有更大的适应性和更多的灵活性。……因此，凡有利于鼓励生产者最大限度地关心集体生产，有利于增加生产，增加收入，增加商品的责任制形式，都是好的和可行的，都应加以支持，而不可拘泥于一种模式，搞一刀切。
　　五、专业承包联产计酬责任制，就是在生产队统一经营的条件下，分工协作，擅长农业的劳动力，按能力大小分包耕地；擅长林、牧、副、渔、工、商各业的劳动力，按能力大小分包各业；各业的包产，根据方便生产、有利经营的原则，分别到组、到劳力、到户；生产过程的各项作业，生产队宜统则统，宜分则分；包产部分统一分配，超产或减产分别奖罚；以合同形式确定下来当年或几年不变。……
　　六、当前，在一部分省区，在干部和群众中，对于可否实行包产到户（包括包干到户）的问题，引起了广泛的争论。为了有利于工作，有利于生产，从政策上做出相应的规定是必要的。
　　……
　　对于包产到户的社队，应当经过工作，通过群众讨论，做到以下几点：（1）要保护集体财产，不可拆毁平分，迅速确定林权，禁止乱砍林木；（2）重申不准买卖土地，不准雇工，不准放高利贷；（3）对军烈属、五保户和其他困难户，要有妥善的照顾办法；（4）原有为群众欢迎，经济效果好的某些集体经营的生产项目要尽可能保留；（5）生产队和社员要严格履行各自承担的各项义务，债务债权应清理安排；（6）必须保持生产队的组织，加强基层党组织的核心作用。
——摘自国家经济体制改革委员会办公室编《经济体制改革文件汇编（一九七八—一九八三）》第123—126页，中国财政经济出版社，1984年。

> 重要文献

《目前的形势和任务》

(邓小平，1980年1月16日)

  1月16日，邓小平在中共中央召集的干部会议上作《目前的形势和任务》的讲话，指出八十年代我们要做的三件大事：第一，在国际事务中反对霸权主义，维护世界和平；第二，台湾归回祖国，实现祖国统一；第三，加紧经济建设，就是加紧四个现代化建设。三件事的核心是现代化建设。这是我们解决国际问题、国内问题的最主要的条件。实现四个现代化所必须解决的四个前提是：第一，要有一条坚定不移的、贯彻始终的政治路线；第二，要有一个安定团结的政治局面；第三，要有一股艰苦奋斗的创业精神；第四，要有一支坚持走社会主义道路的、具有专业知识和能力的干部队伍。

——摘自《改革开放三十年重要文献选编》（上）第100—102、106、117、121页，中央文献出版社，2009年。

> 重要文献

《经济形势与经验教训》

(陈云，1980年12月16日)

  12月16—25日 中共中央在北京召开工作会议，陈云在会上作了题为《经济形势与经验教训》的讲话。讲话认为，今后在自力更生为主的条件下，引进有利的技术，也是必要的。讲话中强调：我们要改革，但步子要稳；好事要做，又要量力而行；对实现四个现代化，决不要再作不切实际的预言；开国以来经济建设方面的主要错误是"左"的错误；目前的调整意味着某些方面的后退，而且要退够，不要害怕这个清醒的健康的调整。干部队伍的革命化、年轻化、知识化、专业化、制度化，仍然是我们在干部政策上的大方针。

节选：

  ……"资金不够，可以借外债"。这是打破闭关自守以后的新形势。

  愿意借外债给我们的国家纷纷到来。打破闭关自守的政策是正确的。今后在自力更生为主的条件下，还可以借些不吃亏的外债。引进有利的技术，也是必要的。

  我们要改革，但是步子要稳。因为我们的改革问题复杂，不能要求过急。改革固然要靠一定的理论研究、经济统计和经济预测，更重要的还是要从试点着手，随时总结经验，也就是要"摸着石头过河"。开始时步子要小，缓缓而行。

  这绝对不是不要改革，而是要使改革有利于调整，也有利于改革本身的成功。

——摘自《改革开放三十年重要文献选编》（上）第157、159页，中央文献出版社，2009年。

重要文献

《关于党内政治生活的若干准则》
（1980年2月29日）

2月23—29日，中共十一届五中全会在北京举行。会议的主要议题是加强和改善党的领导。29日，全会讨论并通过了《关于党内政治生活的若干准则》。《准则》既总结了几十年党内政治生活正反两方面的经验教训，又提出了当前体现时代特征的党的建设的任务和要求，对于解决党的建设中各项重要问题具有重要理论意义和实践意义，这是一部比较全面系统的党规党法，在中共的历史上是一个创举。

节选：

党的十一届三中全会决定将全党工作的着重点转移到社会主义现代化建设上来。在新的历史时期，必须认真维护党规党法，切实搞好党风，加强和改善党的领导，在全党和全国范围内造成一个既有民主又有集中，既有自由又有纪律，既有个人心情舒畅、生动活泼又有统一意志、安定团结的政治局面。只有这样，才能充分发挥广大党员的革命热情和工作积极性，团结全党和全国各族人民胜利实现社会主义四个现代化的伟大任务。

一、坚持党的政治路线和思想路线

坚持党的政治路线和思想路线，是党内政治生活准则中最根本的一条。党中央所提出的政治路线，其基本内容是，团结全国各族人民，调动一切积极因素，同心同德，鼓足干劲，力争上游，多快好省地建设现代化的社会主义强国。这是一条反映全国人民最高利益的马克思列宁主义的路线，全党同志必须坚决贯彻执行。

坚持正确的政治路线和思想路线，必须反对两种错误的思想倾向。

一是要反对思想僵化，反对一切从本本出发。……

二是要反对和批判否定社会主义道路，否定无产阶级专政，否定党的领导，否定马列主义、毛泽东思想的错误观点和修正主义思潮。……

二、坚持集体领导，反对个人专断

集体领导是党的领导的最高原则之一。从中央到基层的各级党的委员会，都要按照这一原则实行集体领导和个人分工负责相结合的制度。凡是涉及党的路线、方针、政策的大事，重大工作任务的部署，干部的重要任免、调动和处理，群众利益方面的重要问题，以及上级领导机关规定应由党委集体决定的问题，应该根据情况分别提交党的委员会、常委会或书记处、党组集体讨论决定，而不得由个人专断。

三、维护党的集中统一，严格遵守党的纪律

民主集中制是党的根本组织原则。……必须严肃地重申"个人服从组织，少数服从多数，下级服从上级，全党服从中央"的原则。每个党员要把维护党的集中统一，严格遵守党的纪律，作为自己言论和行动的准则。

四、坚持党性，根绝派性

党是无产阶级的先进分子所组成的统一的战斗的集体，必须坚持党在马列主义、毛泽东思想原则基础上的团结，反对破坏党的团结统一的任何形式的派性和派别活动。

十一、接受党和群众的监督，不准搞特权

各级领导干部都是人民的公仆，只有勤勤恳恳为人民服务的义务，没有在政治上、生活上搞特殊化的权利。……

在我们的国家中，人们只有分工的不同，没有尊卑贵贱的分别。……共产党员和干部应该把谋求特权和私利看成是极大的耻辱。

——摘自《改革开放三十年重要文献选编（上）》第123—127、133页，中央文献出版社，2009年。

大事记

1月4—23日
全国物价会议在北京举行。会议确定，1980年物价工作的方针和中心任务是：从安定团结的大局出发，保持物价的基本稳定，人民生活必需品的价格一般不作变动，少数极不合理的价格作必要的调整。同时抓紧开展对物价改革的调整研究和试点工作。

1月7—25日
中共中央纪律检查委员会第二次全体会议在北京举行，胡耀邦主持会议。会议修改和充实了即将提交党中央通过的《关于党内政治生活的若干准则》（草案）和《关于刘少奇、瞿秋白同志的复查平反报告》等文件。

1月11日—2月2日
国家农委在北京召开全国农村人民公社经营管理会议。安徽省代表以《联系产量责任制的强大生命力》为题介绍了安徽农村实行包产到户的情况和好处，但多数与会代表表示还是要按现行的中央文件规定办，即"不许分田单干"，"也不要包产到户"。

1月14日
国务院批转国家科委《关于中国建立专利制度的请示报告》，提出要做好建立专利制度的几项工作：起草专利法；成立中华人民共和国专利局；建立专利代理机构等。

1月16日
邓小平在中共中央召集的干部会议上作题为《目前的形势和任务》的讲话。

1月22日
国务院将国家经委、财政部修订的《国营工业企业利润留成试行办法》发给各地区、各部门，在试点企业中试行。该办法对1979年7月国务院颁发的《关于国营企业实行利润留成的规定》作了修改，把原定全额利润留成办法改为基数利润留成加增长利润留成办法。

1月24日
中共中央发出《关于成立中央政法委员会的通知》。中央政法委员会在中央领导下，研究处理全国政法工作中的重大问题。

2月1日
国务院下达《实行"划分收支，分级包干"财政管理体制的暂行规定》，除少数省（市、区）另实行其他办法外，实行"划分收支、分级包干"的办法。

2月5—12日
第五届全国人大常委会第13次会议在北京召开。会议根据《中华人民共和国全国人民代表大会和地方各级人民代表大会选举法》的有关规定，通过了《关于县级直接选举工作问题的决定》。这次会议还通过了《中华人民共和国学位条例》。建立学位制度，是中国发展教育、科学事业的一项重要立法。同年12月，国务院设立学位委员会，负责领导全国的学位授予工作。

2月7日
《人民日报》发表评论《重视市场调节的作用》。文章强调：社队企业一年来的变化从何而来？有许多因素，其中有一条重要经验，就是根据社队企业的特点，在生产和经营上实行计划调节与市场调节相结合，充分重视市场调节的作用。这是中国首次公开肯定市场调节的作用。

2月9日
国务院发出《关于改革海关管理体制的决定》，提出改革现行海关管理体制，成立中华人民共和国海关总署，作为国务院直属机构，统一管理全国海关机构和人员编制及其业务。

2月10日
中共中央召集在京党、政、军干部会议。李先念在会上作《关于当前经济问题》的报告，指出：当前的经济形势是，我们终于开始实现工作重点转到社会主义现代化建设上来的伟大战略转移，并及时提出了调整、改革、整顿、提高的指导国民经济的正确方针，明确了战略转移之后第一个战役的目标和任务。

2月13日
国务院发出《关于拟订长期计划的通知》，决定从现在起，着手进行1981年至1990年发展国民经济10年规划的制订工作。

2月23—29日
中共十一届五中全会在北京举行。全会的主要议题是加强和改善党的领导。全会讨论和通过了《关于党内政治生活的若干准则》；讨论了《中国共产党章程》修改草案；通过了《关于召开党的第十二次全国代表大会的决议》。全会增选胡耀邦、赵紫阳为中共中央政治局常委。全会决定恢复设立中共中央书记处，作为中共中央政治局和它的常务委员会领导下的经常工作机构，并且选举胡耀邦为中央委员会总书记。会议通过《关于为刘少奇同志平反的决议》，5月17日，刘少奇追悼大会在北京隆重举行。

2月29日
国务院发出《关于改革进出口商品检验管理体制的通知》，指出，为了加强对全国进出口商品检验管理工作的领导，以适应对外贸易发展的需要，国务院决定改革现行的进出口商品检验管理体制。将对外贸易部所属的商品检验管理局改为中华人民共和国进出口商品检验总局（简称国家商检总局），为国务院直属局，由对外贸易部代管。

3月14日
国务院批转国务院财贸小组《关于成立丝绸公司的意见》，同意成立丝绸总公司，实行产供销一体化。

3月14—15日
中共中央书记处召开西藏工作座谈会，讨论西藏建设的方针、任务和若干政策问题。4月7日，中共中央发出《关于转发〈西藏工作座谈会纪要〉的通知》。中央指出：在新的历史条件下，西藏自治区的中心任务和奋斗目标是，以藏族干部和藏族人民为主，加强各族干部和各族人民的团结，调动一切积极因素，从西藏的实际情况出发，千方百计地医治林彪、"四人帮"的破坏所造成的创伤，发展国民经济，提高各族人民的物质生活水平和文化科学水平，建设边疆，巩固边防，有计划有步骤地使西藏兴旺发达、繁荣富裕起来。

3月15日
中共中央公布《关于党内政治生活的若干准则》。

3月17日
中共中央政治局常务委员会决定，成立中央财政经济领导小组，赵紫阳任组长，负责经济方面的工作。

3月19日
邓小平同胡耀邦、胡乔木、邓力群谈话。邓小平说，今年抓好两件大事，一件是写好若干历史问题的决议，一件是搞好长期规划。邓小平对决议稿的起草问题提出了3条指导思想：第一，确立毛泽东的历史地位，这是最核心的一条。第二，对建国30年来历史上的大事，要作公正的评价。第三，通过这个决议对过去的事情作个基本的总结。

3月24—30日

谷牧副总理在广州主持召开广东、福建两省座谈会，同意将原拟"出口特区"更名为"经济特区"。

4月1日

经国务院批准，中国银行开始发行外汇兑换券，规定自外汇兑换券发行之日起，国内禁止外币的使用和流通。外汇兑换券于1994年1月1日起停止发行，1995年1月1日起停止流通。

4月1日

国家计委、经委、劳动总局将《国营企业计件工资暂行办法（草案）》发给各地区、各部门试行，决定有条件地推行计件工资制。

4月2日

邓小平找胡耀邦、万里、姚依林、邓力群继续谈长期规划问题，他说：本世纪末能不能达到平均每人1000美元？如果能达到，前10年应该快一点，速度要高一点，因为后10年基数大了，可能慢一点。工作要抓紧。

4月8日

中共中央、国务院发出《关于加强物价管理、坚决制止乱涨价和变相涨价的通知》，指出稳定物价、活跃市场是当前经济生活中的大事。

4月12日

邓小平在会见赞比亚总统卡翁达时说，我们坚持毛主席有关三个世界划分的理论。中国永远属于第三世界，永不称霸，坚持无产阶级国际主义，坚决反对霸权主义。

4月15日

邓小平会见世界银行行长麦克纳马拉。

4月17日

国际货币基金组织恢复了中华人民共和国在该组织的合法席位。

4月19日

邓小平会见美国参议院外委会访华团。

4月23日

中共中央政治局通过中共中央《关于丧失工作能力的老同志不当十二大代表和中央委员候选人的决定》。

4月25日

财政部发布《关于对安置待业知青的城镇集体企业进一步减免税的通知》，指出：为安置待业知青新办的集体企业，由原规定从投产经营的月份起，对其实现的利润可以免征工商所得税1年，1年以后仍有困难的，还可以酌情给予照顾，改为从投产经营的月份起，免征工商所得税2年至3年。

4月25日

中共广东省委决定成立广东省经济特区管理委员会。

5月4日

国家建委、计委等5个部门作出《关于扩大国营施工企业经营管理自主权有关问题的暂行规定》。

5月5日

邓小平会见几内亚总统杜尔时说：根据我们自己的经验，讲社会主义，首先就要使生产力发展，这是主要的。只有这样，才能表明社会主义的优越性。社会主义经济政策对不对，归根到底要看生产力是否发展，人民收入是否增加。这是压倒一切的标准。空讲社会主义不行，人民不相信。

5月8日

国务院决定成立国务院体制改革办公室，负责制订改革的总体规划，协调各方面的改革。杜星垣任办公室主任。

5月8日、22日

中共中央书记处听取并讨论教育部党组关于《教育工作汇报提纲》和教育部部长蒋南翔的说明。胡耀邦在讨论中指出：教育制度的改革，要跟劳动制度、干部制度的改革紧密结合起来。要进一步落实知识分子政策，改善教师待遇，改革教育的领导管理体制。

5月15日

世界银行集团执行董事会通过决议，恢复中华人民共和国政府在国际复兴开发银行、国际开发协会和国际金融公司3个组织中的代表权。

5月16日

中共中央和国务院批准《广东、福建两省会议纪要》，决定在广东省的深圳市、珠海市、汕头市和福建省的厦门市各划出一定范围的区域，试办经济特区。8月26日，第五届全国人大常委会第15次会议决定：批准国务院提出的在广东省深圳、珠海、汕头和福建省厦门设置经济特区，并批准《广东省经济特区条例》。

5月17日

国务院、中央军委作出《关于民航管理体制若干问题的决定》，决定民航总局从1980年3月15日起不再由空军代管。民航总局是国家管理民航事业的行政机构，统一管理全国民航的机构、人员和业务，逐步实现企业化的管理。

5月20日

邓小平同胡乔木、姚依林、邓力群谈编制长期规划问题。在姚依林谈到根本上改变物资管理办法时，邓小平指出：这是一个彻底的革命，势在必行。方向是彻底改革，工作要分步走。

5月27日—6月1日

华国锋对日本进行正式访问。这是中国政府总理第一次访问日本。

5月31日

邓小平同胡乔木、邓力群谈农村政策问题，肯定了安徽省肥西县和凤阳县的包产到户做法。

5月下旬

在中共四川省委的支持下，中共广汉县委在向阳公社进行人民公社体制改革试点，撤销向阳人民公社，恢复建立向阳乡党委、向阳乡人民政府。

6月11日

中共中央批转中央统战部《关于爱国人士中的右派复查问题的请示报告》。中央在《通知》中指出：粉碎"四人帮"后，中央决定给尚未摘掉帽子的右派分子全部摘掉帽子，并按照实事求是、有错必纠的原则，对被划为右派的人进行复查，把错划的改正过来，这是严肃处理历史遗留问题的一项重大政治措施。

6月19日

赵紫阳关于当前农村政策问题致信万里并转胡耀邦。他指出：当前对生产责任制的各种形式，应当稳定下来为好，使大家把精力集中到生产上，不要变来变去，错过农时。

6月21日

国务院批转国家经委等部门《关于加强现有工业交通企业挖潜、革新、改造工作的暂行办法》，指出：坚持"先生产后基建，先挖潜后新建"的方针，搞好现有工业交通企业的挖潜、革新、改造，这是一个关系全局的大问题，对于打好新长征的第一个战役，对于加快四个现代化的前进步伐，具有特殊重要的意义。

6月22日

中共中央、国务院批转国家建委党组《全国基本建设工作会议汇报提纲》。《提纲》指出：基本建设战线过长，浪费大，效果不好，已经成为国民经济中的一个突出问题。在这个问题上，全党必须认识一致，如果犹豫不决，拖延时日，势必妨碍国民经济的发展。

7月8日

国务院颁发《关于推动经济联合的暂行规

定》，指出：走联合之路，组织各种形式的经济联合体，是调整好国民经济和进一步改革经济体制的需要。组织联合要坚持自愿互利的原则，逐步发展，不受行业、地区和所有制、隶属关系的限制，但不能随意改变联合各方的所有制、隶属关系和财务关系；要推进原料产地与加工地区的联合；各种经济联合体都必须保证国家税收和利润上交任务的完成。

7月11—13日

中央财经领导小组听取和讨论国家计委《关于制订长远规划的一些设想》。赵紫阳指出：长远规划综合起来，关键的问题是两个，一个是财政，一个是外资。

7月12日

中国电子行业中由部属企业和地方企业联合组成的第一个公司——中国南京无线电公司成立。

7月15日

中共贵州省委发出《关于放宽农业政策的指示》，允许在全省农村普遍推行以包干到户为主的家庭联产承包责任制。

7月17—20日

胡耀邦、赵紫阳、姚依林到武汉，向邓小平汇报制订长远规划的一些基本设想。邓小平说：承认和利用不平衡，要坚持这一条，否则没有希望。搞平均主义没有希望。一部分地区先富起来，国家才有余力帮助落后地区。

7月24日

国务院批转《海南岛问题座谈会纪要》，指出：鉴于海南岛的特殊地位，中央决定要对海南岛的经济建设给以大力支持。

7月24日

国务院批转国家进出口委等部委《关于贸易外汇内部结算价格试行办法的报告》。试行办法是：各进出口公司自批准试行之日起的出口收汇暂不结汇，在当地中国银行开立美元存款账户，银行按规定付给利息。如需用人民币，则以美元存款作抵押，向中国银行借款，银行按1美元折合2.8元人民币贷给，并按国营商业贷款收取利息。此项人民币资金，由中国银行外汇兑换资金中解决。明年实行贸易汇价后，上述各单位应该把上交国家的一部分外汇，按贸易汇价卖给中国银行。本《办法》自1981年1月1日起实行。

7月26日

国务院颁发《中外合资经营企业登记管理办法》《中外合资经营企业劳动管理规定》和《关于中外合营企业建设用地的暂行规定》。《管理办法》规定：经中华人民共和国外国投资管理委员会批准的中外合资经营企业，应在批准后的1个月内，向中华人民共和国工商行政管理总局登记。

7月30日

中共中央发出《关于坚持"少宣传个人"的几个问题的指示》。

8月2—7日

中共中央在北京召开全国劳动就业工作会议。会议提出：必须逐步做到允许城镇劳动力在一定范围内流动；在解决劳动就业问题上，打破由国家全包的老框框，实行在国家统筹规划和指导下，劳动部门介绍就业、自愿组织起来就业和自谋职业相结合的方针。大力扶持兴办各种类型的自筹资金、自负盈亏的合作社；鼓励和扶持个体经济适当发展，一切守法的个体劳动者应当受到社会的尊重。

8月16日

中共中央作出《关于禁止在对外活动中送礼、受礼的决定》，指出，除党和国家领导同志在与外国领导人(国宾)的交往中，按照国际通例，代表党和国家互相赠送礼品外，任何单位和个人，都不得在对外活动中，以任何借口向外国人、华侨或港澳商人赠送礼品和接受对方赠送的礼品。只有外事单位和外贸机构的工作人员，可以按照工作需要，同对方互赠对等的礼品。

8月18—23日

中共中央政治局扩大会议在北京召开。18日，邓小平在中共中央政治局扩大会议上作题为《党和国家领导制度的改革》的讲话。

8月21日、23日

邓小平两次会见意大利记者法拉奇，回答她的提问。

8月22日

邓小平会见美国共和党副总统候选人布什时说：中美关系是全球战略的一个重要组成部分，这是一个关键性的问题，其他问题不能代替。

8月26日

五届全国人大常委会第15次会议决定，同意在广东省深圳、珠海、汕头和福建省厦门设置经济特区，批准了《中华人民共和国广东省经济特区条例》，还决定设立国家能源委员会和通过了《中华人民共和国律师暂行条例》。

8月30日—9月10日

五届全国人大三次会议在北京举行。姚依林作《关于1980、1981年国民经济计划安排的报告》。大会讨论了制定发展国民经济长远规划和继续推进经济体制改革等问题；大会通过了《中外合资经营企业所得税法》和《个人所得税法》。根据中共中央建议，决定华国锋不再兼任国务院总理，由赵紫阳接任；同意邓小平、李先念、陈云、徐向前、王震、王任重不再兼任国务院副总理；接受陈永贵辞去国务院副总理职务的请求。

9月2日

国务院批转国家经委《关于扩大企业自主权试点工作情况和今后意见的报告》，批准从下年起把扩大企业自主权的工作，在国营工业企业中全面推开。

9月8日

国务院体制改革办公室拟订出《经济体制改革的初步意见》明确提出：中国现阶段的社会主义经济是生产资料公有制占优势、多种经济成分并存的商品经济，必须建立与之相适应的经济体制。要按照社会化大生产的要求，打破部门之间、地区之间的界限，组织专业公司和联合公司，主要采取经济手段来管理经济，实行计划调节与市场调节相结合，在国家计划指导下扩大企业的自主权。

9月10日

五届全国人大三次会议通过《中华人民共和国中外合资经营企业所得税法》和《中华人民共和国个人所得税法》。《外合资经营企业所得税法》规定：在中华人民共和国境内的中外合资经营企业(以下简称合营企业)，从事生产、经营所得和其他所得，都按照本法的规定缴纳所得税。合营企业在中国境内和境外的分支机构，从事生产、经营所得和其他所得，由总机构汇总缴纳所得税。该法自公布之日起施行。

9月22日

中共中央批转最高人民法院党组《关于复查纠正"文化大革命"期间错判死刑案件的几点意见的请示报告》，指出："文化大革命"期间判处的死刑案件应全部复查，对其中冤杀、错杀的案件，要按照全错全平，部分错部分平的原则，实事求是地予以改判纠正。

9月23—24日

中共中央书记处听取中共广东省委负责人关于广东工作的汇报。9月28日，形成《中共中央书记处会议纪要》（第50号），指出：中央在广东、福建两省实行特殊政策和灵活措施，目的是要充分发挥广东、福建两省的优势，使广东、福建先行一步富裕起来，成为全国"四化"建设的先驱和排头兵，为全国社会主义经济建设和体制改革探索道路。

9月26—29日

第五届全国人大常委会第16次会议在北京举行。根据最高人民检察院和最高人民法院的建议，全国人大常委会决定成立最高人民检察院特别检察厅和最高人民法院特别法庭，对林彪、江青两个反革命集团案公开进行审判。

9月27日

根据9月14日至22日省、市、自治区党委第一书记座谈会讨论加强和完善农业生产责任制问题的情况，中共中央印发《关于进一步加强和完善农业生产责任制的几个问题》。

10月1日

中国首次参加在华盛顿举行的国际货币基金组织和世界银行的联合年会，中国财政部长、世界银行的中国理事王丙乾在会上发言。

10月7日

国务院批准在厦门市湖里划出2.5平方公里为经济特区，实行对外开放、对内搞活经济的特殊政策。

10月7日

国务院批转教育部、国家劳动总局《关于中等教育结构改革的报告》，提出改变中等教育结构单一化的状况。

10月11日

赵紫阳在国务院全体会议上谈到改革问题时指出："一年多的实践证明，我们经济体制改革的方向是正确的，是有效的。扩大企业自主权，承认企业相对独立性，是我们整个经济体制改革的基础。经济体制改革是从这点开始的。1981年扩大企业自主权的工作，在广度和深度上都要前进一步，要在全国全面铺开，并且进行'以税代利、独立核算、自负盈亏'的试点。"

10月17日

国务院通过《关于开展和保护社会主义竞争的暂行规定》，指出：应当逐步改革现行的经济管理体制，积极地开展竞争，保护竞争的顺利进行。《暂行规定》于10月29日公布。

10月30日

国务院颁发《关于管理外国企业常驻代表机构的暂行规定》，指出：外国企业确有需要在中国设立常驻代表机构的，必须提出申请，经过批准，办理登记手续。未经批准、登记的，不得开展常驻业务活动。

10月—12月

世界银行代表团对中国进行了第一次大规模的经济考察，写出了题为《中国：社会主义经济的发展》的考察报告，作为对中国提供长期贷款包括优惠贷款的依据。

11月10日—12月5日

中共中央政治局扩大会议讨论了华国锋在粉碎"四人帮"以来的重要错误。这次会议还决定，对《关于建国以来党的若干历史问题的决议（讨论稿）》，参照讨论中提出的意见进行改写，最后提请六中全会讨论通过。

11月12日

国家经委、财政部、建设银行联合发出关于印发《工业交通企业挖潜、革新、改造资金试行贷款的暂行规定》的通知，决定从1981年起，将国家经委、财政部安排的部分挖潜、革新、改造资金由国家拨款改为试行银行贷款。

11月18日

国务院批转国家计委、国家建委、财政部、中国人民建设银行《关于实行基本建设拨款改贷款的报告》，基本建设投资试行建设银行贷款，变无偿使用为有偿使用，是用经济办法管理经济的一项重要措施。从1981年起，凡是实行独立核算、有还款能力的企业，都应该实行基建拨款改贷款的制度。

11月20日—翌年1月25日

最高人民法院特别法庭开庭公审林彪、江青两个反革命集团的10名主犯。

11月23日

中共中央转发山西省委《关于农业学大寨运动中经验教训的检查报告》。

11月24日

邓小平会见西班牙共产党总书记卡里略。

12月6日

厦门经济特区管理委员会成立。

12月7日

国务院发出《关于严格控制物价、整顿议价的通知》，制止迄至当时的一段时期市场上比较严重的随意提价、变相涨价、哄抬议价的现象，以稳定经济，安定人民生活，保证社会主义建设的顺利进行。

12月9日

国务院批转《全国城市规划工作会议纪要》，并在批示中指出：全国城市规划工作会议提出的"控制大城市规模，合理发展中等城市，积极发展小城市"的方针，是好的，各地区、各有关部门应该认真执行。

12月10日

国务院批准《中华人民共和国中外合资经营企业所得税法施行细则》和《中华人民共和国个人所得税法施行细则》；12月14日由财政部公布施行。

12月16—25日

中共中央工作会议在北京召开，主要讨论经济形势和经济调整问题。25日，邓小平讲话：这次对经济作进一步调整，是为了站稳脚跟，稳步前进，更有把握地实现四个现代化，更有利于达到四个现代化的目标。至于走什么样子的路子，采取什么样的步骤来实现现代化，这要继续摆脱一切老的和新的框框的束缚，真正摸准、摸清我们的国情和经济活动中各种因素的相互关系，据以正确决定我们的长远规划的原则，然后着手编制切实可行的第六个五年计划。

12月18日

国务院发布12月5日通过的《中华人民共和国外汇管理暂行条例》指出：中华人民共和国管理外汇的机关为国家外汇管理总局及其分局。中华人民共和国经营外汇业务的专业银行为中国银行。非经国家外汇管理总局批准，其他任何金融机构都不得经营外汇业务。该《条例》自1981年3月1日起施行。

12月30日

国务院批转财政部《关于进出口商品征免工商税的规定》，对进出口商品、接受来料加工、来件装配的企业和某些有贷款建设项目征免工商税作出了具体规定。

1980年，邓小平、陈云、李先念等出席人代会，参加选举。

📊 数说发展

人口

总人口 **98705** 万人

 出生率：**18.21‰**

 死亡率：**6.34‰**

 自然增长率：**11.87‰**

国民收入 （单位：亿元）

国民收入 **4545.6**

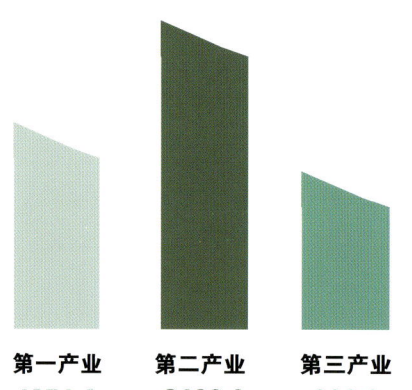

- 第一产业 1371.6
- 第二产业 2192.0
- 第三产业 982.0

财政收支 （单位：亿元）

占国内生产总值的比重：**25.5%**

收入 **1159.93**

支出 **1228.83**

收支差额 **−68.9**

人民生活

全国职工总数 **10444** 万人
- 全民所有制单位 **8019** 万人
- 城镇集体所有制单位 **2425** 万人

全国工资总额 **773** 亿元
- 城镇集体所有制单位 **145** 亿元
- 全民所有制单位 **628** 亿元

全国职工平均工资 **762** 元
- 全民所有制职工平均工资 **803** 元
- 城镇集体所有制职工平均工资 **624** 元

黄金和外汇储备

黄金 **1280** 万盎司

外汇 **−12.96** 亿美元

城乡人民储蓄存款 **399** 亿元
⬆ 比上年增长 **41.9%**

全民所有制单位基本建设竣工住宅面积 **8230** 万平方米
⬆ 比上年增长 **31.6%**

工业

工业总产值：**4992** 亿元
⬆ 比上年增长 **8.7%**

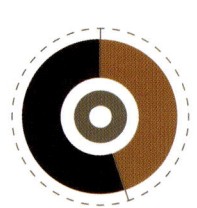

- ● 重工业：2648 亿元
- ● 轻工业：2344 亿元

农林牧渔业

农林牧渔业总产值 **1627** 亿元

产量 （单位：万吨）

产量	数值	比上年增长
粮食	31822	−4.2%
棉花	270.7	22.7%
油料	769.1	19.5%
水产品	449.7	4.5%

国内商业

全民所有制商业收购商品
总额 **2263** 亿元
比上年增长 **13.6%**

工业品收购总额

1567.6 亿元

农副产品收购总额

677 亿元

社会商品零售总额 **2140** 亿元
比上年增长 **18.9%**
扣除零售物价上升的因素实际增长 **12.2%**

科学技术

全民所有制单位有自然科学技术人员 **529.6** 万人

重大科学技术研究成果 **2600** 多项

经国家批准的创造发明 **107** 项

进出口贸易

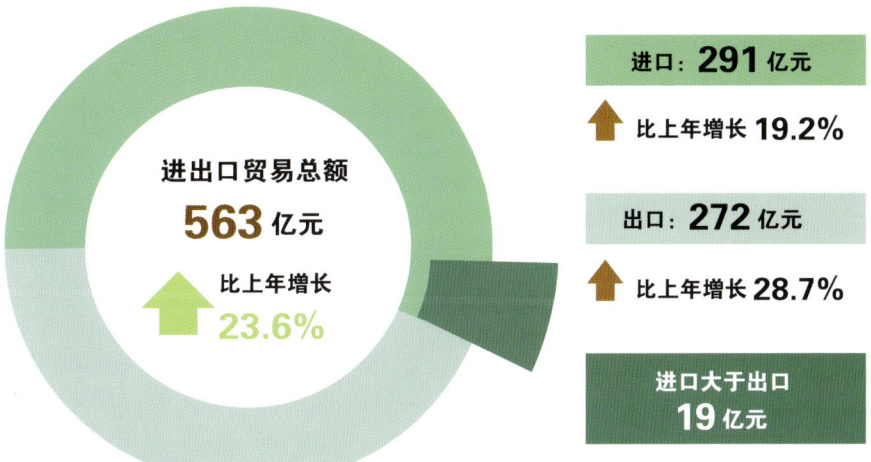

进出口贸易总额 **563** 亿元
比上年增长 **23.6%**

进口：**291** 亿元
比上年增长 **19.2%**

出口：**272** 亿元
比上年增长 **28.7%**

进口大于出口 **19** 亿元

基本建设

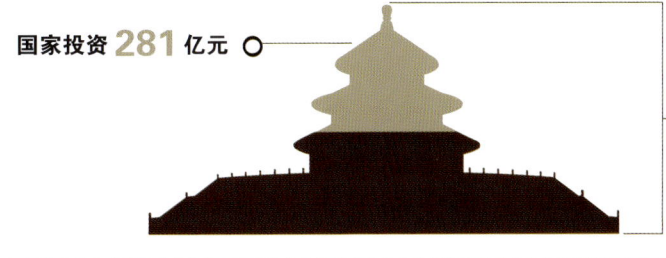

国家投资 **281** 亿元

基本建设投资总额 **539** 亿元

全民所有制单位基本建设新增固定资产 **427** 亿元
比上年增长 **2.2%**

建成投产的大中型项目 **82** 个
建成投产大中型项目的单项工程 **216** 个

新增加的生产能力

 煤炭开采 **829** 万吨
 原油开采 **575** 万吨
 天然气开采 **8.8** 亿立方米
 发电机组容量 **287** 万千瓦
 铁矿石开采 **274** 万吨

 炼钢 **71** 万吨
 化学肥料 **27.9** 万吨
 化学纤维 **6** 万吨
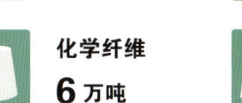 新建铁路交付运营里程 **1008** 公里
 新建和扩建港口吞吐能力 **813** 万吨

 水泥 **288** 万吨
 糖 **11.3** 万吨

棉纺锭 **76.1** 万锭

教育

高等院校：675 所

在校学生人数　　　　　　　　　　　　（单位：万人）

高等学校	114.4
中等专业学校	124.3
普通中学	5508.1
农业中学和职业中学	45.4
技工学校	68
小学	14627

教育部门全年共派出留学生：2124 人

文化

生产故事片 82 部
发行各种新片（长片）116 部
上演现代题材、新编历史题材和优秀传统剧目 1000 多台

各类杂志 11.2 亿册
图书 45.9 亿册（张）
出版全国性和省一级报纸 140.4 亿份

各类电影放映单位 12.5 万个
艺术表演团体 3533 个

广播电台 106 座
发射台和转播台 484 座

文化馆 2912 个
公共图书馆 1732 个
博物馆 365 个

电视中心台 38 座
一千瓦以上的电视发射台和转播台 246 座

卫生

医院病床 198.2 万张

专业卫生技术人员 279.8 万人
（单位：万人）

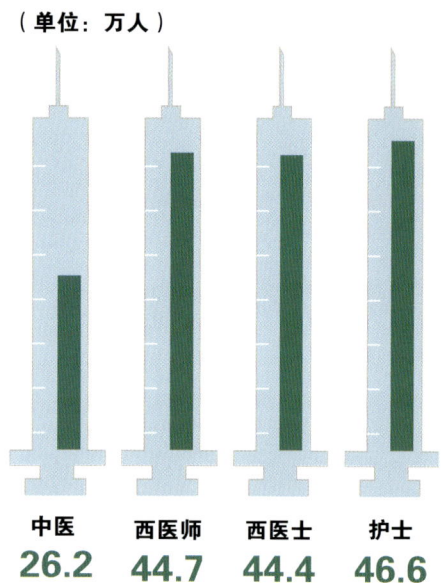

中医	西医师	西医士	护士
26.2	44.7	44.4	46.6

旅游

旅游、探亲或从事贸易、体育、科学文化交流活动的外国人、华侨和港澳同胞

570 万人

比上年增加 149.9 万人

增长 35.6%

其中，来自 164 个国家和地区的旅游者 52.9 万人

比上年增长 46%

交通运输和邮电通信业

运输线路长度

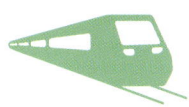
铁路 5.29 万公里

公路 88.83 万公里

民用航线 19.53 万公里

内河航道 10.85 万公里

管道输油 0.87 万公里

货物周转量 （单位：亿吨公里）

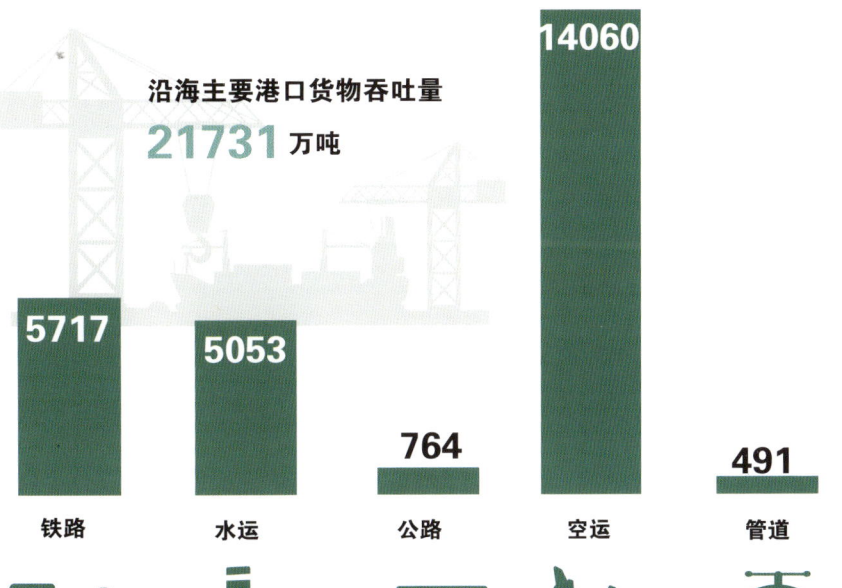

沿海主要港口货物吞吐量 21731 万吨

铁路 5717 ｜ 水运 5053 ｜ 公路 764 ｜ 空运 14060 ｜ 管道 491

邮电业务总量：13.34 亿元

信件比上年增长 7.6%

报刊发行比上年增长 29.6%

电报比上年增长 8.7%

长途电话比上年增长 4%

旅客周转量：2281 亿人公里 （单位：亿人公里）

铁路 1383 ｜ 水运 129 ｜ 公路 729 ｜ 空运 40

体育

打破世界纪录：7 项
平世界纪录：3 项

举办县以上运动竞赛会：2.3 万次

1980

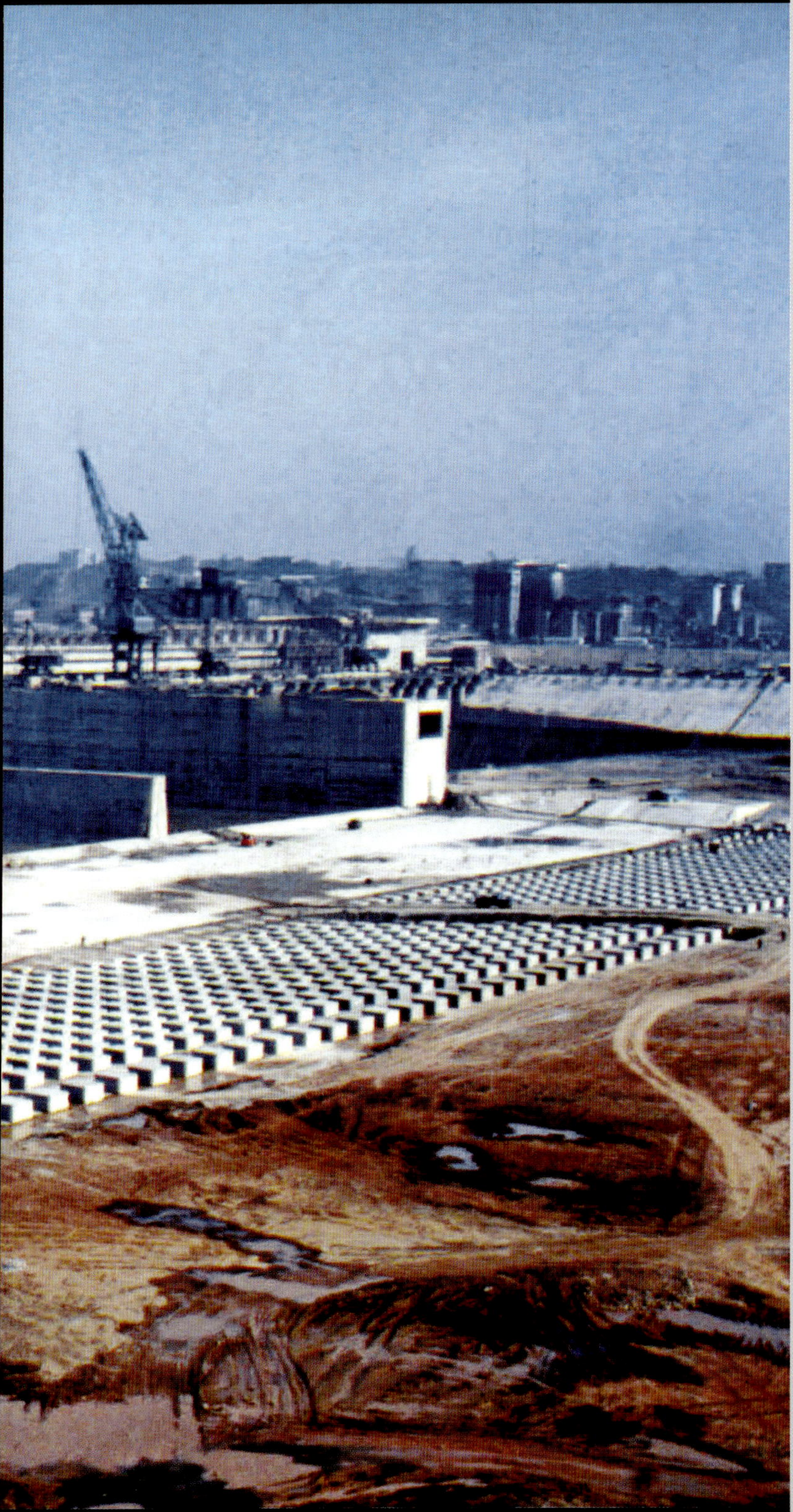

1981

- 第一次发行国库券
- 《关于城镇非农业个体经济若干政策性规定》发布
- 十一届六中全会通过《关于建国以来党的若干历史问题的决议》
- 沙市：中国第一个城市经济体制改革综合试点
- "计划经济为主，市场调节为辅"的经济体制改革目标模式
- 提出"小康"目标

焦点事件

第一次发行国库券

1981年发行的面值1000元的国库券

国库券是世界各国政府在国内通过发行债券筹集资金,用以弥补本国入不敷出的一种手段,一般是由国库直接发行的一种债券,是公债的一种形式。在计划经济时代,中国没有利用国库券这种手段搞建设。

1979年、1980年,国家连续两年出现巨额财政赤字,合计高达298.1亿元,是建国以来的最高纪录。同时,在当时分配关系调整的情况下,人民群众个人收入迅速增加,储蓄存款持续高速增长,城乡人民储蓄存款于1980年达到399亿元,1981年达到524亿元。在这样的情况下,中央政府开始筹划发行国库券,向老百姓"借钱搞建设",把人民储蓄的钱也用到国民经济建设中来。

1981年1月16日,《中华人民共和国国库券条例》获国务院通过。该条例确定,从1981年开始发行中华人民共和国国库券,以弥补财政赤字。该条例同时规定,国库券还本期限为5年,不得当作货币流通,不得自由买卖。随后,国家于当年第一次发行了总金额为40亿元的中华人民共和国国库券,其中城乡人民群众购买20亿元,全民所有制单位和集体所有制单位购买20亿元。这40亿元国库券实际认购交款46.65亿元,超额完成了任务。

通过国库券的发行,中国1981年的财政状况明显改善,对改革开放初期的经济建设起到了巨大的促进作用。从此,国债成为中国经济生活中的一个重要因素,并且发挥着越来越重要的作用。

《关于城镇非农业个体经济若干政策性规定》发布

1981年7月7日,国务院发布《关于城镇非农业个体经济的若干政策规定》,指出:个体经济"一是个人经营,或家庭经营;必要时,经过工商行政管理部门批准,可以请一至两个帮手……最多不超过五个学徒"。个体户从此正式得到官方认可。《规定》还指出:个体经济是国营经济和集体经济的必要补充,对个体经济进行任何歧视、乱加干涉或者采取消极态度,都是不利于社会主义经济发展的,都是错误的。

中共十一届三中全会前,"左"倾理论将自留地、集市贸易说成是"资本主义的复辟地",把农民从事的家庭副业、早期个体经济说成是"资本主义尾巴",必须统统砍掉,致使非公有制经济几乎绝迹。1979年2月,国家工商行政管理总局向国务院呈递报告,提出"各地可以根据当地市场需要,在取得有关业务主管部门同意后,批准一些有正式户口的闲散劳动力从事修理、服务和手工业等个体劳动,但不准雇工"。同年4月9日,国务院在批转工商行政管理总局关于全国工商行政管理局长会议的报告中,首次提出了恢复和发展个体经济。报告同意对从事修理、服务和手工业的个体劳动者发放营业执照。

《关于城镇非农业个体经济若

1982年,个体经营初兴,做时装生意的姑娘难免羞怯。

干政策性规定》的出台,大大促进了中国个体经济发展,开拓了多元化的就业渠道,为更多的人提供了择业机会。同年10月,中共中央、国务院《关于广开门路,搞活经济,解决城镇就业问题的若干决定》发布,明确承认"个体劳动者,是中国社会主义劳动者"。到1981年底,全国已有83万户共101万人成为个体经营者。他们以自己的劳动为中国经济的发展和社会的稳定作出了重要贡献。

十一届六中全会通过《关于建国以来党的若干历史问题的决议》

1981年6月27日至29日,中共十一届六中全会在北京召开。全会审议和通过了《关于建国以来党的若干历史问题的决议》。

在1979年9月召开的中共十一届四中全会上,中央政治局常委会对于此后的主要工作作了研究,提出要为次年的中共十一届五中全会、六中全会和第三年的十二大作些准备工作,包括修改党章,修改宪法,起草《决议》,制订两年计划和十年长远规划。对于《决议》的起草工作，中央政治局常委会确定在中央政治局领导下，由邓小平、胡耀邦主持进行；邓小平和胡耀邦在一起研究后决定，起草小组由胡乔木负责。而邓小平、胡耀邦在一年多的时间里，自始至终主持了起草工作，直到《决议》最后在中共十一届六中全会上通过、发表。

《决议》对中华人民共和国成立以来党的若干重大历史事件，特别是"文化大革命"作出了客观的总结，对毛泽东同志的功过是非及毛泽东同志在中国革命史上的地位进行了科学的、实事求是的评价。决议指出，毛泽东是伟大的马克思主义者，是伟大的无产阶级革命家、战略家和理论家。就他的一生来看，他对中国革命的功绩远远大于他的过失。他的功绩是第一的，错误是第二位的。毛泽东思想是被实践证明了的关于中国革命的正确的理论原则和经验总结，是中国共产党集体智慧的结晶。毛泽东思想是中国共产党宝贵的精神财富，中共必须坚持毛泽东思想，并以符合实际的新原理和新结论丰富和发展毛泽东思想。

《关于建国以来党的若干历史问题的决议》的通过，标志着中共在指导思想上的拨乱反正任务的胜利完成。它使全党全国深刻地总结了经验教训，解决了历史遗留问题，全身心地去开拓改革开放的新时代，为党和国家的发展奠定了重要的政治基础。

沙市：中国第一个城市经济体制改革综合试点

早在1978年，邓小平就提出要借鉴新加坡的发展经验。但是，鉴于中国地广人多，不好管理，邓小平提出可以有试点城市先进行改革，以便借鉴经验。

1981年7月31日，国务院决

> **语录** "毛主席的功绩是第一位的，他的错误是第二位的，我们要实事求是地讲毛主席后期的错误，我们还要继续坚持毛泽东思想。"
>
> ——邓小平

背景："文化大革命"后，对毛泽东的评价问题，是一个重要的政治问题。1980年的8月21日，邓小平在北京会见了意大利著名记者奥琳埃娜·法拉奇。当法拉奇尖锐地问到天安门上的毛主席像是否要永远保留下去时，邓小平十分坚定地回答：永远要保留下去。邓小平解释说，尽管毛主席过去有段时间也犯了错误，但他终究是中国共产党、中华人民共和国的主要缔造者，拿他的功和过来说，错误毕竟是第二位的，他为中国人民做的事情是不能抹煞的。邓小平将毛泽东的功绩与后期的错误区别开来、实事求是的评价，显示出极大的政治智慧。

定在湖北省沙市进行城市经济体制综合改革试点，拉开了中国以大中城市为中心的经济管理体制改革的序幕。

沙市（现为荆州市沙市区）位于长江中游荆江河段北岸，面积128平方公里，人口24.3万人，是湖北省的一座新兴轻纺工业城市。经国务院批准，沙市从1981年10月开始成为中国第一个城市经济体制综合改革试点城市。

作为第一个试点城市，沙市在计划体制、价格体制、劳动用工体制、企业领导体制等方面进行了以简政放权、推进企业改组联合、开放市场、建立科技发展基金等为主要内容的卓有成效的改革尝试。在计划体制方面，沙市扩大了指导性计划和市场调节的范围，如在213种主要工业品中，实现指导性计划的达152种，实行市场调节的有60种，实行指令性计划的只有1种，这就逐步打破了原来的单一指令性计划的格局。在价格体制方面，实施市场调节，将农副产品和工业小商品的价格逐步放开，从而充分发挥了价值规律在市场流通方面的作用。在劳动用工体制方面，实行了长期工、轮换工、季节工等多种形式，建立了劳动合同制，并对劳动合同制职工实行了统一的商业、社会保险。在企业领导体制方面，大

1981年6月，中共十一届六中全会一致通过了《关于建国以来党的若干历史问题的决议》，标志着党在指导思想上拨乱反正的胜利完成。

述评

从1981年开始，国家允许企业在完成计划的前提下自销部分产品，其价格由市场决定，从而产生了国家指令性计划的产品按国家规定价格统一调拨、企业自行销售的产品的价格根据市场决定的双轨制。价格双轨制开启了生产资料价格改革和流通方式改革，推动了市场化价格形成机制的进展，把市场机制逐步引入到生产资料的流通中，促进了主要工业生产资料生产的迅速发展。随着改革的不断深入、市场经济的建立和不断完善，价格双轨制逐渐缩小，直至消失。

资料来源：《流通体制改革的回顾与展望》，载魏礼群主编《中国经济体制改革30年回顾与展望》，人民出版社，2008年。

力推行厂长、经理负责制，使企业有了干部任免的自主权，从而提高了工作效率，使企业更加适应激烈的市场竞争。沙市通过在企业中推行"联合改组"，搞活了一大批企业，促进了一大批企业和产品的发展，企业效益大幅提高。沙市还积极改革科技管理体制，组织科研、生产、经济联合体，改革财税、银行、城建体制等。

城市经济体制综合改革试点，是20世纪80年代中国改革开放的重要组成部分。改革试点从其提出到推开，与整个经济体制改革的发展和宏观经济形势的变化紧密联系在一起，并成为推动整个经济体制变革的重要探索形式。沙市的经济体制改革综合试点，为中国的城市经济体制改革积累了重要经验。

"计划经济为主，市场调节为辅"的经济体制改革目标模式

1981年6月27日，中共十一届六中全会通过的《关于建国以来党的若干历史问题的决议》提出："社会主义生产关系的变革和完善必须适应生产力的状况，有利于生产的发展。国营经济和集体经济是中国基本的经济形式，一定范围的劳动者个体经济是公有制经济的必要补充。必须实行适合于各种经济成分的具体管理制度和分配制度。必须在公有制基础上实行计划经济，同时发挥市场调节的辅助作用。要大力发展社会主义的商品生产和商品交换。"

11月30日，在五届全国人大四次会议上，国务院总理赵紫阳在《政府工作报告》中具体阐述了如何正确处理计划经济和市场调节关系的问题。报告明确指出，中国经济体制改革的基本方向应该是：在坚持实行社会主义计划经济的前提下，发挥市场调节的辅助作用，国家在制定计划时也要充分考虑和运用价值规律，对于带全面性的、关系到国计民生的经济活动，要加强国家的集中统一领导，对于不同企业的经济活动要给予不同程度的决策权，同时扩大职工管理企业的民主权利；改变单纯依靠行政手段管理经济的做法，把计划经济与行政手段结合起来，注意运用经济杠杆、经济法规来管理经济。这标志着"计划经济为主，市场经济为辅"成为这一阶段经济体制改革的目标模式。

提出"小康"目标

1981年11月，五届全国人大四次会议的政府工作报告明确提出："力争用20年的时间使工农业总产值翻两番，使人民的消费达到小康水平。""小康"由此逐步成为家喻户晓的中国现代化目标。

"小康"目标是邓小平提出的一个概念。1979年12月，日本首相大平正芳来华访问，他在一次谈话中询问邓小平："中国根据自己独立的立场提出了宏伟的现代化规划，要把中国建设成为伟大的社会

湖北沙市把四家生产电表、仪表的工厂联合起来，组成沙市仪器仪表公司，收到较好的经济效果。1980年，电表产量由过去的3万只上升到20万只。图为工人在测试即将出厂的电表。

观点

陈锦华： 我们国家人口多，经济落后，发展又极不平衡。在这样的情况下，整个社会的经济活动，都要通过计划来一一安排，用一个渠道，一个办法，实际是不可能搞好的。长期以来，由于极左路线的影响，干部和群众都认为计划经济是完美无缺的；对市场作用谈虎色变，认为搞市场调节就是搞资本主义，搞修正主义。1979年在三中全会精神的指引下，经济战线的同志积极参加真理标准问题的讨论，联系实际，解放思想，从多年形成的条条框框束缚下摆脱出来，研究新情况，探索解决新问题，把计划经济和市场调节结合起来，使市场调节成为计划经济的重要补充，把生产经营活动调整到更适应社会需要的基础上。

资料来源：《把调整搞好 把经济搞活》，《经济管理》，1980年第4期。

薛暮桥： 多少年来，由于我们过分相信计划的调节作用，不重视价格（价值规律）的调节作用，以致价格背离价值，国民经济比例失调。我们改革物价管理体制，应当摆脱自然经济思想的束缚，老老实实承认我们目前的经济还是社会主义商品经济，必须善于利用市场调节作用来保持国民经济的平衡。在这种思想的指导下，来逐步完成物价管理体制的彻底的改革。

资料来源：《关于调整物价和物价管理体制的改革》，《价格理论与实践》，1981年第1期。

孙尚清： 社会主义商品经济运动规律对宏观经济体制和企业体制的改革都有决定作用，然而这种决定作用，不能简单地理解为不问企业的具体情况，搞一刀切。企业体制的改革也必须经过试点，取得经验，随着各种条件的成熟，再逐步全面推开。

资料来源：《企业体制改革探讨》，《财贸经济》，1981年第1期。

何建章、张卓元： 中国过去的经济管理体制，包括计划体制，很大的一个缺点，就是排斥市场机制，而原因则在于不承认社会主义经济特别是全民所有制经济仍然要保留商品货币关系，仍然是一种商品经济，从而否认和拒绝利用价值规律的调节作用。实践证明，只有承认各个生产者和生产者集体（企业）有其独立的经济利益，不但劳动者的收入要同他的劳动贡献紧密联系起来，而且劳动者集体的利益也要同他们的经营成果直接挂钩，实行等价交换的原则，才能使劳动者和劳动者集体具有发展生产、提高经济活动效果的内在动力，才能搞活社会主义经济。

资料来源：《社会主义经济模式的选择与价格体制的改革》，《财贸经济》，1981年第6期。

1981年，李先念、邓小平和胡耀邦出席五届全国人大四次会议。

主义国家。中国将来是什么样？整个现代化的蓝图是如何构思的？"邓小平思索后说道："我们要实现的四个现代化，是中国式的四个现代化。我们的四个现代化的概念，不是像你们那样的现代化的概念，而是'小康之家'。到本世纪末，中国的四个现代化即使达到了某种目标，我们的国民生产总值人均水平也还是很低的。要达到第三世界中比较富裕一点的国家的水平，比如国民生产总值人均一千美元，也还得付出很大的努力。就算达到那样的水平，同西方来比，也还是落后的。所以，我只能说，中国到那时也还是一个小康的状态。"这是邓小平第一次提出"小康"的概念。这个概念既是他对全党全国人民几十年来建设社会主义实践的思考和经验总结，也是他对未来中国经济发展的重大谋划。

此后，1980年12月25日，邓小平在中央工作会议上的讲话中进一步提出："经过20年的时间，使中国现代化经济建设的发展达到小康水平，然后继续前进，逐步达到更高程度的现代化。"

邓小平关于20世纪末实现小康生活水平、将现代化延长的思想，为决策部门科学地确立现代化建设的总体规划及实施步骤提供了原则性的指导，并逐渐为党的全国性会议所接受。1981年党的十一届六中全会正式提出，中国应该从国情出发，量力而行，有步骤、分阶段地实现现代化。1982年，党的十二大进一步明确了20世纪末"翻两番"的目标，提出要使全国工农业总产值从1980年的7100亿元增加到2000年的28000亿元，中国国民收入总额和主要工农业产品的产量将居于世界前列，国民经济的现代化过程取得重大进展，人民的物质文化生活达到小康水平。

语录 "我是中国人民的儿子,我深情地爱着我的祖国和人民。"

——邓小平

背景:70年代末,英国培格曼出版公司总经理、《镜报》集团董事长罗伯特·马克斯韦尔开始策划出版一套世界领袖丛书,他把邓小平的文集列入了计划之内。同中国有关方面联系后,不久就得到了同意出版的答复。更令他惊喜万分的是,邓小平还允诺要亲自为文集写个序言。1981年2月14日,邓小平欣然提笔,以"我是中国人民的儿子"为题,为《邓小平文集》写了约900字的序言。邓小平满含深情地写道:"我荣幸地以中华民族一员的资格,而成为世界公民。我是中国人民的儿子,我深情地爱着我的祖国和人民。"

 观点

孙冶方: 翻两番最直接的技术经济保证,在于我们已经找到迅速发展农业和工业的正确道路。发展工业同发展农业一样,最根本的,还是一靠政策,二靠科学技术。当前最重要最现实的,就是要有重点有步骤地进行技术改造,充分发挥现有企业的作用。"基数大,速度低"的说法根本不符合人类社会生产发展的历史。若干年来,中国经济发展速度减慢的重要原因之一是经济财政体制不合理,把原有企业的技术革新和改造卡死了,使绝大多数老企业技术发展缓慢。如果我们系统地改革经济体制,扩大再生产主要靠现有企业的技术改造,就一定能够加快国民经济的发展速度。

二十年翻两番既有政治保证,也有技术经济保证。诚如胡耀邦同志在十二大的报告中所指出的那样,这个宏伟目标是党实事求是地确定了的中国经济建设的战略目标。我认为,在我们全党和全国上下一心共同努力之下,不仅有充分把握按期实现这个宏伟目标,而且一定能像胡耀邦同志在报告中指出的那样,"在不断提高经济效益的前提下"实现这个目标。

资料来源:孙冶方:《二十年翻两番不仅有政治保证而且有技术经济保证——兼论"基数大,速度低"不是规律》,《人民日报》,1982年11月19日。

1981年,北京街头的标语宣传牌和行人。

"小康"的提出,不仅是邓小平对中国现代化发展目标作出的实事求是的调整,也成为了激励全国各族人民积极投身于现代化建设的动力。

1980年的一天,北京东城区翠花胡同里突然排起了长队,中国的第一家个体饭馆——"悦宾"开业了。

语录

"团结起来，振兴中华。"
——北大学子

背景：1981年3月20日深夜，广播里传出了好消息：中国男排在世界杯亚洲区预选赛上顽强拼搏，在先输两局的情况下，奋起直追，扳回3局，终以3比2战胜韩国队，取得参加世界杯的资格。守候在收音机旁的北大学子欢呼雀跃，无比激动地喊出了"团结起来，振兴中华"的口号。这个振奋人心的口号很快传遍校内外，响彻神州大地。这一声呐喊体现了北大学子以天下为己任、与国家民族共命运的光荣传统，也表达了当代中国青年热爱祖国、报效国家的一片赤诚，迅即成为深入人心的时代强音。

故宫前供游人拍照的红旗轿车

 社会关注

改革开放后首家个体饭馆诞生

改革开放后中国首家个体饭馆、仅拥有四张桌子的悦宾饭店于1980年9月30日在北京东城区翠花胡同开业，饭店的经营者是刘桂仙、郭培基夫妇，这在当时引起了强烈的社会反响。70多个国家的记者争相来悦宾饭店采访报道，美国合众社记者龙布乐在采访郭培基时说："三天之内让整个地球都知道你开饭馆。"龙布乐在报道中写道："在共产党中国的心脏，美味的食品和私人工商业正在狭窄的小胡同里恢复元气。"试营业一周后，10月7日，《北京晚报》头版刊出消息《本市第一家个体经营的悦宾饭馆今天开业》。

1981年大年初一上午，国务院副总理陈慕华和姚依林在北京市委一位副书记的陪同下来到悦宾饭店，专程看望刘桂仙、郭培基夫妇。这在当时被传为佳话。

红旗轿车停产

红旗牌轿车在中国可谓是家喻户晓，"红旗"二字也远远超出了一个轿车品牌的含义。

1959年10月1日，10辆红旗轿车在建国10周年庆典上亮相，引得国外媒体争相对中国产红旗轿车进行报道。1960年，红旗轿车编入《世界汽车年鉴》。

1980年1月，国家有关部门要求红旗轿车CA770在1985年前必须逐步更新。1981年5月14日，《人民日报》刊发红旗轿车停产令："红旗高级小轿车因油耗较高，从今年6月起停止生产。"红旗轿车的此次停产，一部分原因在于其成本居高不下。统计资料显示，从1958年到1981年，一共生产各型号红旗轿车1510辆，售价40万元/辆，平均成本70万元/辆，红旗轿车就是在这样的亏本状态下进行生产的。从此，红旗轿车暂别历史舞台。

城镇居民个人建造和购买住宅

1981年4月10日，国务院办公厅转发国家城市建设总局等单位提出的《关于组织城镇职工、居民建造住宅和国家向私人出售住宅经验交流会情况的报告》，并发出通知，指出：城镇居民住宅问题，是当前迫切需要解决的社会问题之一。解决这个问题，除发挥国家、地方、企业积极性外，还必须调动个人建造和购买住宅的积

流行志

▶ "五讲四美"

20世纪80年代初期，因为"文革"十年内乱，国民道德水平下降，社会风气倒退。1981年2月25日，中华全国总工会、共青团中央等九个单位联合发出《关于开展文明礼貌活动的倡议》，开展以讲文明、讲礼貌、讲卫生、讲秩序、讲道德和心灵美、语言美、行为美、环境美为内容的"五讲""四美"文明礼貌活动。当时，中宣部、教育部、文化部等都发出通知支持开展这一活动。"五讲四美"活动迅速成为一场全民运动。"五讲四美"成为社会主义精神文明建设的重要内容，对提高全国人民的政治素质和文明程度有积极意义。

▶ 油画《父亲》感动整个中国

1981年初，罗中立的油画《父亲》打动了无数的中国人。画面是一张人头像，一个缠着白头巾的老农民端着粗瓷碗，他布满皱纹的脸刻印着一生的劳苦沧桑，那善良得近于懦弱的眼神让人为之心酸。每一个观看者看到这张忍辱负重的苍老面孔时，都能感受到油然而生的震撼。在当年的全国青年美术展上，《父亲》获得金奖，观众给《父亲》投了800多票，比第二名作品高出了700多票。由《父亲》开始，中国的美术作品内容不再专注于对领袖的个人关注，而是转而关注民生，关注老百姓的生活本身。无论是在题材内容上，还是刻画手法上，《父亲》都开创了中国美术史的新时代。

▶ 女排精神

第3届世界杯排球赛于1981年11月在日本举行，中国女排7战7捷夺得冠军。

1981年11月，在第三届女排世界杯上，中国女排以7战全胜的绝对优势，力压东道主、卫冕冠军日本队，夺得了中国在三大球运动中的首个世界冠军。当晚，首都北京万人空巷，激动的人们聚集在天安门广场，尽情释放心中的激情和自豪。一个崭新的词汇——"女排精神"诞生。"女排精神"是对中国女排在训练和比赛中表现出来的"遇强不惧、百折不挠、团结一致、顽强拼搏"精神的高度浓缩。"女排精神"从一开始就超出体育竞技范畴，对各行各业的劳动者均起到了激励和感召作用。《人民日报》开辟了"学女排，见行动"专栏，"某工厂女工看了女排的事迹之后，每天早来晚走，精心操作，班产量天天超额完成计划"，"某煤矿工人看完女排比赛之后，自觉加义务班，日日超产"等事例举不胜举。

环球大事

2月26日
法国TGV列车以380.4公里/小时的速度，打破世界纪录，成为当时世界上速度最快的轮轨客运列车。

3月30日
"欧洲经济共同体—中国贸易周"在布鲁塞尔开幕。

4月9日
援助非洲难民国际会议在日内瓦召开，中国政府在会上宣布将援助非洲难民100万美元。

4月16日
为期6周的第三次联合国海洋法会议第十期会议结束，没有就解决妨碍通过海洋法公约的问题达成任何最后协议。

4月24日

1981年8月12日，IBM公司推出了他们的第一款PC——IBM5150。

IBM推出首部个人电脑。

5月13日
七十七国集团经济合作会议在委内瑞拉开幕，讨论发展中国家在贸易、技术、能源、财政等方面合作的可能性，以及这些国家在联合国进行全球性谈判的战略。会议制定了一项保障经济合作全面发展的全球计划。

5月25日
海湾合作委员会第一次首脑会议开幕，正式宣告海湾第一个区域性组织诞生。

6月18日
第一架预生产型F-117隐形攻击机首飞，人类进入隐形飞机时代。

6月
美国疾病控制中心首次向全世界通报了5个十分罕见的危及生命的病例，并把此症命名为"获得性免疫缺陷综合征"，也就是如今人们所说的艾滋病。

8月3—28日
联合国海洋法会议第十期第二阶段会议在日内瓦举行，决定将公约草案非正式文本改为"海洋法公约的正式草案"。

8月11—21日
联合国新能源会议在内罗毕举行，通过关于开发和利用新能源和可再生能源的行动计划等决议。

8月28日
为期6天的国际太阳能讨论会在英国布莱顿闭幕，中国被接纳为国际太阳能协会会员。

11月7日—16日
联合国粮农组织第21届大会在罗马举行，强调世界粮食保障问题必须作为全球谈判重要议题。

12月17日
中非国家经济共同体成立。

极因素。望各地区加强领导，因地制宜地推广组织城镇私人建造、购买住宅的经验。

选拔培养中青年干部

1981年5月8日，陈云在《提拔培养中青年干部是当务之急》一文中提出：从现在起，就成千上万地提拔培养中青年干部，让德才兼备的中青年干部在各级工作岗位上锻炼，老干部对他们实行传帮带，使大量的中青年干部成为中国各级党政工作强大的后备力量，做到随时可以从中挑选领导干部。

7月2日至4日，中共中央召开省、市、自治区党委书记座谈会。陈云在讲话中再次强调，必须成千上万地提拔中青年干部。邓小平在讲话中指出，选拔培养中青年干部是个战略问题，是决定中国命运的问题。他要求把这个问题当作第一位的任务来解决。

中国第一次托福考试

TOEFL是Test of English as a Foreign Language（外语的英语考试）的缩写，中国音译"托福"。托福考试由美国教育考试服务处（ETS）提供，专门以此测验不以英语为母语的外国留学生的英语水平。1981年1月14日，国务院颁布了《关于自费出国留学的暂行规定》，标志着出国留学之路已经打通，托福考试也随之升温。1981年12月11日，中国的第一次托福考试在北京举办。当一批自费留学生通过托福迈进国外大学校门，众多的中国学生从此挤上了一条狂热的考托福之路。

"欧共体—中国贸易周"

欧洲经济共同体是欧盟的前身，是国际社会一支重要的经济和政治力量，也是世界上最大的贸易集团。为推动与中国的经济贸易合作，欧洲经济共同体于1981年3月30日至4月10日在比利时首都布鲁塞尔举办了"欧洲经济共同体—中国贸易周"活动。以国务院副总理谷牧为首的中国多个经济部门的高官和专家前往布鲁塞尔参加了"欧共体—中国贸易周"活动，探讨了进一步促进和加强双方经济贸易合作的途径和方法。

"小人书摊"——一代人的时代记忆

天津街头看小人书的孩子

一块旧布、几张椅凳，只要在人流多的地方，就可以摆个小人书摊。20世纪80年代，儿童读物少得可怜，小人书摊便风靡全国，盛极一时。校门口、电影院前、树荫下，小人书摊随处可见。花花绿绿的小人书，是孩子们的最爱。精忠报国的岳飞，血染金沙的杨家将，飞天遁地的孙猴子，这些耳熟能详的人物、故事，凝聚着中国老百姓朴素的审美趣味，也让孩子们完成了最初的知识启蒙。小人书摊是一代人的时代记忆，他们的童年时光因小人书而生动多姿。

北京大学学生在外教的辅导下准备托福考试。

■ 重要文献

《中国共产党中央委员会关于建国以来党的若干历史问题的决议》
（1981年6月27日）

1981年6月27日至29日，中共十一届六中全会在北京举行，6月27日全会审议和通过了《关于建国以来党的若干历史问题的决议》。《决议》对建国32年来党的重大历史事件，特别是"文化大革命"作出了正确的总结，科学地分析了在这些事件中党的指导思想的正确和错误，分析了产生错误的主观因素和社会原因；实事求是地评价了毛泽东在中国革命中的历史地位，指出他对中国革命的功绩远远大于他的过失，他的功绩是第一位的，错误是第二位的；并且科学地概括了毛泽东思想的基本内容，充分论述了毛泽东思想作为我们党的指导思想的伟大意义。《决议》进一步指明了社会主义事业和党的工作继续前进的方向。

目录：

第一部分　建国以前二十八年历史的回顾
第二部分　建国三十二年历史的基本估计
第三部分　基本完成社会主义改造的七年
第四部分　开始全面建设社会主义的十年
第五部分　"文化大革命"的十年
第六部分　历史的伟大转折
第七部分　毛泽东同志的历史地位和毛泽东思想
第八部分　团结起来，为建设社会主义现代化强国而奋斗

📖 重要文献

《国务院关于城镇非农业个体经济若干政策性规定》

(1981年7月7日)

7月7日，国务院发布《关于城镇非农业个体经济若干政策性规定》，明确制定了城镇非农业个体经济的经营项目、范围，国家鼓励支持的各种政策，经营者依法经营须遵守的各项政策及享有的权利等共12条内容。《规定》指出，个体经济是国营经济和集体经济的必要补充，对个体经济进行任何歧视，乱加干涉或者采取消极态度，都是不利于社会主义经济发展的，都是错误的。

节选：

在我国社会主义条件下，遵守国家的政策和法律、为社会主义建设服务、不剥削他人劳动的个体经济，是国营经济和集体经济的必要补充。从事个体经营的公民，是自食其力的独立劳动者。中国生产力发展水平不高，商品经济不发达，在相当长的历史时期内，多种经济成分和多种经营方式同时并存，是必然的。经验证明，在国营经济和集体经济占绝对优势的前提下，恢复和发展城镇非农业个体经济，对于发展生产，活跃市场，满足人民生活需要，扩大就业，都有着重要的意义。各地政府和财政、商业、轻工、物资、银行、工商管理等有关部门，应当认真扶持城镇非农业个体经济的发展，在资金、货源、场地、税收、市场管理等问题上给予支持和方便。对个体经济的任何歧视、乱加干涉或者采取消极态度，都是不利于社会主义经济发展的，都是错误的。……

（一）城镇非农业的个体经济，是指城镇非农业人口个人经营的各种小型的手工业、零售商业、饮食业、服务业、修理业、非机动工具的运输业、房屋修缮业等。

（二）国家鼓励和支持待业青年经营那些群众需要而国营和集体未经营或经营不足的行业，以发挥其拾遗补缺的作用。

（四）凡有城镇正式户口的待业青壮年，都可以申请从事个体经营。……

（五）个体经营户，一般是一人经营或家庭经营；必要时，经过工商行政管理部门批准，可以请一至两个帮手；技术性较强或者有特殊技艺的，可以带两三个最多不超过五个学徒。……

（十二）国家保护个体经营户的正当经营、合法收益和资产。……

——摘自国家经济体制改革委员会办公室编《经济体制改革文件汇编（一九七八——一九八三）》第629—630页，中国财政经济出版社，1984年。

■ 重要文献

《关于广开门路，搞活经济，解决城镇就业问题的若干决定》

（1981年10月17日）

10月17日，中共中央、国务院作出《关于广开门路，搞活经济，解决城镇就业问题的若干决定》。《决定》提出，在社会主义公有制经济占优势的根本前提下，实行多种经济形式和多种经营方式长期并存，是中共的一项战略决策。《决定》指出，今后要着重开辟在集体经济和个体经济中的就业渠道，并增加自谋职业的渠道。

节选：

二、广开就业门路，应该结合调整产业结构和所有制结构。长期以来，由于左的错误，加之经验不足，在产业结构方面，过分偏重于发展工业，特别是重工业，致使增加的新职工中，百分之五十以上集中在工业部门，在工业部门中，百分之七十又集中于重工业。许多企业人浮于事，劳动生产率很低；而与人民生活息息相关的许多服务性行业和一部分消费品生产行业，却又人员不足，甚至没有人干。在所有制方面，限制集体，打击、取缔个体，城镇集体企业急于向单一的全民所有制过渡，既阻碍了经济建设的发展，又堵塞了劳动就业的多种渠道。三中全会以来，这种情况有了初步的改善，但还远远不够，必须加快前进的步伐。

从历史经验、目前需要和今后趋势看，结合各地的具体条件，发展与人民生活关系密切的商业、服务性行业和消费品生产行业的前景是广阔的，解决城镇劳动就业的潜力是很大的。……

今后在调整产业结构的同时，必须着重开辟在集体经济和个体经济中的就业渠道。……在社会主义公有制经济占优势的根本前提下，实行各种经济形式和各种经营方式长期并存，是我党的一项战略决策，决不是一种权宜之计。只有这样，才能搞活整个经济，较快较好地发展各项建设事业，扩大城镇劳动就业。……

四、按照国民经济的需要适当发展城镇劳动者个体经济，增加自谋职业的渠道。……

对个体工商户，应当允许经营者请两个以内的帮手；有特殊技艺的可以带五个以内的学徒。对于个体劳动者的税收，要规定合理的税率。只要不从事违法活动，就不要从收入水平上卡他们。个体劳动者可以在所在城镇成立个体劳动者协会或联合会，接受工商行政管理部门或当地人民政府指定的部门指导。

个体劳动者，是中国社会主义的劳动者。他们的劳动，同国营、集体企业职工一样，都是建设社会主义所必需的，都是光荣的。对于他们的社会和政治地位，应与国营、集体企业职工一视同仁。其中的先进分子，符合党员、团员条件的，同样可以按照党章、团章规定，吸收入党入团。

——摘自《改革开放三十年重要文献选编》（上）第223—225页，中央文献出版社，2009年。

> **重要文献**

国务院批转国家经济委员会、国务院体制改革办公室 《关于实行工业生产经济责任制若干问题的意见》的通知
（1981年10月29日）

10月29日，国务院转发《国家经济委员会、国务院体制改革办公室关于实行工业生产经济责任制若干问题的意见》，要求企业认真贯彻各尽所能、按劳分配的原则，建立健全企业的生产、技术、经营管理各项专责制和岗位责任制，进一步扩大企业经营管理自主权，使企业逐步成为相对独立的经济实体。

节选：

经济责任制是在国家计划指导下，以提高社会经济效益为目的，实行责、权、利紧密结合的生产经营管理制度。它要求企业的主管部门、企业、车间、班组和职工，都必须层层明确在经济上对国家应负的责任，建立健全企业的生产、技术、经营管理各项专责制和岗位责任制，为国家提供优质适销的产品和更多积累；它要求正确处理国家、企业和职工个人三者利益，把企业、职工的经济责任、经济效果同经济利益联系起来，认真贯彻各尽所能、按劳分配的原则，多劳多得，有奖有罚，克服"吃大锅饭"和平均主义；它要求必须进一步扩大企业经营管理自主权，使企业逐步成为相对独立的经济实体。

实行经济责任制一定要遵循以下几个原则：一是必须全面完成国家计划，按社会需要组织生产，不能利大大干、利小小干，造成产需脱节，特别要保证市场紧缺的微利产品和小商品的生产；二是必须保证产品质量，不能粗制滥造，向消费者转嫁负担；三是成本只能降低，不能提高；四是要保证国家财政收入逐年有所增长；五是职工收入的总水平，只能在生产发展的基础上稳定增长，个人收入不能一下子冒得过高，要瞻前顾后，照顾左邻右舍；六是必须奖惩分明，有奖有罚；七是必须加强领导，加强国家监督，要有强有力的政治思想工作作保证。

实行经济责任制要抓好两个环节。一个环节是国家对企业实行的经济责任制，处理好国家和企业之间的关系，解决企业经营好坏一个样的问题；另一个环节是建立企业内部的经济责任制，处理好企业内部的关系，解决好职工干好干坏一个样的问题。

国家对企业实行的经济责任制，目前在分配方面可以基本归纳为三种类型：一是利润留成，二是盈亏包干，三是以税代利、自负盈亏。……

……随着经济责任制的深入发展，会遇到许多新的问题和矛盾。……必须加强领导和监督，引导经济责任制健康地向前发展。

（五）要继续抓好扩大企业自主权的试点工作。

六千多个扩大自主权试点的企业，大都是重点骨干企业，对于国民经济的发展具有举足轻重的作用。在实行经济责任制中，必须首先抓紧抓好这批扩权企业，进一步扩大试点内容，完善试点办法，发挥它们更大的作用。

——摘自国家经济体制改革委员会办公室编《经济体制改革文件汇编（一九七八——一九八三）》第271—271、274页，中国财政经济出版社，1984年。

大事记

1月1日

为贯彻中央工作会议精神,《人民日报》发表《在安定团结的基础上,实现国民经济调整的巨大任务》社论。随后,1月17日,发表《政治安定是经济调整的保证》社论;1月19日,发表《坚定不移地继续执行三中全会的方针政策》社论,进一步论述了实现经济调整任务所必需的政治条件。

1月4日

邓小平会见美国参议院共和党副领袖史蒂文斯和美国总统出口委员会副主席陈香梅。

1月7日

国务院发出《关于加强市场管理打击投机倒把和走私活动》的指示。

1月16日

国务院发出《关于正确实行奖励制度、坚决制止滥发奖金的几项规定》:省和部门所属企业,以主管局为单位,全年发放的奖金总额,控制在实行奖励制度的职工1个月至2个月标准工资总额之内。

1月16日

国务院发布《中华人民共和国国库券条例》,确定从1981年起在国内发行国库券。

1月21日

国务院颁发《技术引进和设备进口工作暂行条例》,指出:二三年内一般不搞成套设备的进口,把重点转移到真正的引进技术上来。

1月26日

国务院作出《关于平衡财政收支、严格财政管理的决定》。

1月29日

国务院作出《关于切实加强信贷管理、严格控制货币发行的决定》,指出:国家批准的信贷计划和货币发行计划,必须严格执行,不得突破。

1月30日

国务院作出《关于调整农村社队企业工商税收负担的若干规定》,指出:为了扶植社队企业生产的正常发展,符合4类情况,经省、市、自治区人民政府批准,可以继续减税、免税。

2月24日

国务院作出《关于在国民经济调整时期加强环境保护工作的决定》,指出:中国环境的污染和自然资源、生态平衡的破坏已相当严重,影响人民生活,妨碍生产建设,成为国民经济发展中的一个突出问题。必须充分认识到,保护环境是全国人民的根本利益所在,要认真贯彻执行《中华人民共和国环境保护法(试行)》,以积极的态度,千方百计把这项工作抓紧抓好。

2月26日—3月12日

经国务院批准,国家经委和国务院体制改革办公室联合召开工业管理体制改革座谈会。会议着重讨论了在调整时期继续搞好工业企业改组和联合,扩大企业自主权试点的巩固提高工作,整顿和加强企业管理,以及县(市)工业管理体制改革等问题。4月1日,国务院批转《工业管理体制改革座谈会汇报提纲》,并发出通知。

3月3日

国务院发出《关于加强基本建设计划管理、控制基本建设规模的若干规定》,指出:全国和地方的基本建设规模,都要进行严格的控制。

3月4日

国务院批转国家机械工业委员会《关于机械工业调整几个问题的汇报提纲》。机械工业调整的基本内容,包括服务方向的调整、生产结构的改变、落后技术的改造和管理体制的改革;在技术改造中,要特别注意加强研究和发展工作,有计划有步骤地搞好产品的"更新换代"。

3月6日

国家经济委员会发出《工矿产品合同试行条例》,规定产品合同具有法律效力。

3月10日

财政部发出《关于国营工业企业试行以税代利的几项规定》。

3月30日

中共中央、国务院转发国家农委《关于积极发展农村多种经营的报告》并发出通知。

4月1日

国务院批转国家经济委员会、国务院体制改革办公室《关于工业管理体制改革座谈会汇报提纲》及3个附件。《提纲》提出,巩固扩大企业自主权的试点工作,试点面暂不再扩大;大力推进工交企业改组和联合,城市要首先把热处理、电镀、铸锻等工艺性厂、点组织起来。

4月10日

国务院办公厅转发国家城市建设总局等单位提出的《关于组织城镇职工、居民建造住宅和国家向私人出售住宅经验交流会情况的报告》。

4月10—11日

赵紫阳主持召开中央财经领导小组扩大会议,讨论中提出了一些意见:要按照中央工作会议确定的方针,实现今年财政收支平衡;回笼货币要抓紧;加强企业整顿;采取科学的、实事求是的态度纠"左";奖金发放要体现按劳分配的原则;物价问题要持慎重态度;沿海城市以进养出问题,要专门研究,等等。

上海黄浦区一批出售小百货和修理日用品的个体户定期集中流动为居民服务。

4月14日

赵紫阳在国务院全体会议上讲话。他指出：过去走的这条路子投资大，消耗高，增加社会财富少，不符合中国的国情，今后不能再走，也走不下去了。出路何在？国务院讨论多次，认为出路就在于提高经济效果。通过调整和改革，在稳定经济的基础上，逐步实现国民经济结构合理化，经济体制合理化，企业组织合理化，走出一条发展中国经济的新路子来，使国民经济能够协调发展，稳定增长，实现良性循环。

4月15—25日

国务院在上海召开全国工业交通工作会议。会议提出：组织1981年工业交通生产的指导思想，是要根据中央工作会议精神，在调整和改革中，走出一条发展中国经济的新路子，使中国工业逐步由重型结构转到轻型结构；由"小而全""大而全"转向专业化协作和经济合理的社会化大生产；从消耗高、质量低、效果差转向产品适销对路、讲求经济效益。工交企业也要像农村搞联产责任制那样实行经济责任制。

4月16日

中共中央、国务院转发国家科委党组《关于中国科学技术发展方针的汇报提纲》的通知。

4月18日

邓小平同朝鲜劳动党中央委员会总书记、国家主席金日成会谈。

5月4日

国务院作出《关于社队企业贯彻国民经济调整方针的若干规定》，要求对社队企业进行认真的调整和整顿。并指出：社队企业已成为农村经济的重要组成部分，符合农村经济综合发展的方向。

5月11—20日

中国科学院第四次学部委员大会在北京举行。学部委员大会由这次起改为中国科学院的最高决策机构，由大会选举产生科学院主席团，在主席团成员中推选院长、副院长。主席团成员、院长、副院长都有一定的任期。这是中国科学院领导体制的重大改革。

5月18日

国务院批转轻工业部《关于实行烟草专营的报告》，并发出通知指出：决定对烟草行业实行国家专营，成立中国烟草总公司，并授予一定的行政管理权力。

5月19日

邓小平在中共中央政治局扩大会议上讲话，对《关于建国以来党的若干历史问题的决议》的起草情况作说明。

5月20日

国家经济委员会、国务院体制改革办公室等10个部门联合印发《贯彻落实国务院有关扩权文件，巩固提高扩权工作的具体实施暂行办法》，并发出通知。

6月3日

国务院批转国家进出口管理委员会《关于当前对外经济贸易如何为国民经济调整服务的报告》，并发出通知指出，现行的对外经济贸易管理体制很不适应对外经济贸易的发展，必须有步骤地进行改革。中国现行的价格、税收、信贷办法，凡不利于奖出限入的，要逐步加以改革。

6月12日

国务院体制改革办公室提出《关于调整时期经济体制改革的意见》，强调：当前，要解决国民经济比例严重失调问题，一是靠调整，二是靠改革，近期内主要靠调整，经济工作要以调整为中心。

6月22日

在中共十一届六中全会预备会期间，邓小平再次论述了经过多次修改的《关于建国以来党的若干历史问题的决议》稿。

6月27—29日

中共十一届六中全会在北京举行，全会审议和通过《关于建国以来党的若干历史问题的决议》。

7月1日

庆祝中国共产党成立60周年大会在北京隆重举行，胡耀邦发表重要讲话。他指出：60年的经验，集中到一点，就是要有一条马克思主义的革命路线，要有一个能够确立和坚持这条路线的无产阶级政党。

7月2—4日

中共中央召开省、市、自治区党委书记座谈会。陈云在讲话中再次强调，必须成千上万地提拔中青年干部。邓小平在讲话中指出，选拔培养中青年干部是个战略问题，是决定我们命运的问题。他要求把这个问题当作第一位的任务来解决。

7月3日

邓小平会见阿曼德·哈默率领的美国西方石油公司代表团，重申在经济调整期间，中国对外开放的政策不变。

7月7日

国务院发布《关于城镇非农业个体经济若干政策性规定》。

7月13日

中共中央、国务院转发中华全国总工会、国家经委、中共中央组织部制定的《国营工业企业职工代表大会暂行条例》，并发出通知。《条例》规定，职工代表大会（或职工大会）是企业实行民主管理的一种基本形式，是职工群众参加决策和管理、监督干部的权力机构。

7月15日

国务院发出《关于制止商品流通中不正之风的通知》，指出：当前在商品流通领域存在着给所谓中间人以及业务人员、采购人员、推销人员的名目繁多的"回扣"的不正之风，这实际上是一种行贿受贿、损公肥私的行为，必须采取措施，坚决制止。

7月19日

中共中央、国务院批转《广东、福建两省和经济特区工作会议纪要》，同意会议提出的办好经济特区的10条政策、措施。

7月20日

中共中央纪律检查委员会发出通告，要求各级纪委严格执行党的纪律，杜绝"关系户"不正之风。

7月22日

国务院批复同意成立中国包装总公司。

7月31日

国务院批准国家体改办《关于湖北省沙市经济体制改革综合试点报告》。沙市是全国第一个经济体制改革综合试点城市。

7月下旬

国家经委召开企业整顿座谈会，提出"有一个坚持'四项基本原则'，党风端正，团结战斗，精干有力，年富力强的领导班子"等整顿企业的6条标准，并指出当前企业整顿要以推行经济责任制作为突破口，打破企业与企业之间和企业内部的两个平均主义。10月28日，国务院批转国家经委《关于加强领导抓好企业整顿工作的意见》，批准了整顿企业的6条标准。

8月3日

中共中央、国务院批转国务院召开的东南沿海3省打击走私工作会议纪要。

8月8日

国务院转发国家计委、国家经委、工商行政管理总局、国家物资总局制订的《关于工业生产资料市场管理暂行规定》，提出允许进入市场自由购销的工业品生产资料。

8月22日—9月1日

国务院在北京召开全国工业交通工作座谈会。

8月26日

邓小平会见台湾、香港知名人士傅朝枢，进一步阐述了中央政府对台湾的政策。

9月5日

国务院批转财政部《关于改革工商税制的设想》，《设想》提出：把现行的工商税按性质拟分为产品税、增值税、营业税和盐税4个税种，开征资源税和利润调节税，对国营企业征收所得税。

9月9日

国务院批转经济法规研究中心《关于加强经济立法工作的几点建议》指出，加强经济立法的全面规划、协调平衡和组织指导工作。

9月15日

国务院批转国家统计局《关于加强和改革统计工作的报告》，并发出通知指出：把它作为改进经济管理的一项重要的基础工作来抓，列入议事日程，定期讨论检查。

9月29日

赵紫阳主持召集中央财经领导小组扩大会议，讨论财政部提出的关于改进财政体制的意见和有关财政、银行筹集和分配资金方面的一些问题。会议议定：对于部分地区要求把目前实行的"划分收支、分级包干"办法，改为实行"总额分成、比例包干"办法，可以同意。愿意实行原来办法的，也可以不改。不搞一刀切。

9月30日

叶剑英向新华社记者发表谈话，就关于台湾回归祖国，实现和平统一问题提出9条方针政策。

10月4—21日

中央召开农村工作会议，讨论起草放宽农业政策的文件。12日，胡耀邦指出：农村改革，包产到户，并未动摇农村集体经济。中国农业坚持土地公有制是长期不变的，建立生产责任制也是长期不变的。

10月8日、10日、12日、13日

中共中央政治局召开扩大会议，讨论第六个五年计划控制数字。姚依林代表国家计委党组作汇报。

10月15日

厦门经济特区在湖里正式动工兴建。

10月17日

中共中央、国务院作出《关于广开门路，搞活经济，解决城镇就业问题的若干规定》。

10月22日

赵紫阳在墨西哥坎昆举行的关于合作与发展的国际会议上发言，提出关于国际合作的5项原则。

10月29日

国务院转发国家经济委员会、国务院体制改革办公室《关于实行工业生产经济责任制若干问题的意见》。

11月6日

国务院同意建立的国内第一个跨行业大型企业联合体——上海高桥石油化工公司成立。

11月11日

国务院批转国家经委、国务院体改办、国家计委、财政部、劳动总局、中国人民银行和中华全国总工会联合制定的《关于实行工业生产经济责任制若干问题的暂行规定》，并发出通知，肯定工业生产推行经济责任制的方向是正确的，效果是好的。

11月26日

五届全国人大常委会第21次会议通过决议，授权广东省福建省人大及其常委会制定所属经济特区的各项单行经济法规，并报全国人大和国务院备案。

11月30日—12月13日

五届全国人大四次会议在北京举行。赵紫阳在会上作政府工作报告《当前的经济形势和今后经济建设的方针》。报告指出，要彻底改变长期以来在"左"的思想指导下的一套老的做法，真正从中国实际情况出发，走出一条速度比较实在、经济效益比较好、人民可以得到更多实惠的新路子。

11月14日

汕头经济特区管理委员会成立。

11月17日

广东省五届人大常委会第13次全体会议通过广东省经济特区4个管理暂行规定（入境出境人员、企业登记、企业劳动工资、土地）。这些规定于12月24日公布，自1982年1月1日起施行。

12月13日

五届全国人大四次会议通过《中华人民共和国经济合同法》和《中华人民共和国外国企业所得税法》，分别自1982年7月1日和1月1日起施行。

12月15日

国家建委、财政部、劳动总局、建设银行颁发《关于施工企业推行经济责任制的若干规定》，指出：必须按照国务院国发[1981]166号《国务院批转关于实行工业生产经济责任制若干问题的暂行规定的通知》的精神，结合施工企业自身的特点，进一步完善经济责任制。

12月16日

珠海经济特区管理委员会成立。

12月28日

国务院批转国家进出口委、国家计划委员会制定的《关于部分物资计划外出口实行许可证办法的请示报告》，拟划出石油、煤炭、钢材、生铁、有色金属、木材、粮食等11类紧缺物资，对计划外出口实行许可证办法。

12月31日

国务院批复同意成立中国汽车工业公司。

📊 数说发展

人口

总人口：**100072** 万人

 出生率：**20.91‰**

 死亡率：**6.36‰**

 自然增长率：**14.55‰**

财政收支

（单位：亿元）

收支差额：**37.38**

收入 **1175.79** ｜ 支出 **1138.41**

占国内生产总值的比重：**24.0%**

农林牧渔业

农林牧渔业总产值 **2321** 亿元

- 农业（作物栽培）：**1489** 亿元 ↑ 比上年增长 **5.3%**
- 林业：**95** 亿元 ↑ 比上年增长 **4%**
- 牧业和渔业：**397** 亿元 ↑ 比上年增长 **6%**
- 副业：**331** 亿元（其中生产大队和生产队所办工业的总产值为 **278** 亿元） ↑ 比上年增长 **6.8%**

产量 （单位：万吨）

- 粮食 **32502** ↑ 比上年增长 **1.4%**
- 棉花 **296.8** ↑ 比上年增长 **9.6%**
- 油料 **1020.5** ↑ 比上年增长 **32.7%**
- 水产品 **460.5** ↑ 比上年增长 **2.4%**

国内生产总值

国内生产总值 **4891.6** 亿元

- 第一产业 **1559.5** 亿元
- 第二产业 **2255.5** 亿元
- 第三产业 **1076.6** 亿元

进出口贸易

进出口贸易总额 **735.3** 亿元

出口 **367.6** 亿元 ｜ 进口 **367.7** 亿元

进口大于出口 **0.1** 亿元

工业

工业总产值 **5178** 亿元

- 重工业 **2515** 亿元
- 轻工业 **2663** 亿元

全员劳动生产率：**11863** 元

国内商业

全民所有制商业收购商品总额 **2469** 亿元

社会商品零售总额 **2350** 亿元

比上年增长 **9.8%**

扣除零售物价上升因素，实际增长 **7.2%**

农副产品收购总额 **764.7** 亿元

工业品收购总额 **1685.1** 亿元

黄金和外汇储备

 黄金 **1267** 万盎司

 外汇 **27.08** 亿美元

人民生活

全国职工总数 10940（单位：万人）

- 城镇集体所有制单位 2568
- 全民所有制单位 8372
- 年末城镇个体劳动者 113

全民所有制单位基本建设竣工住宅面积 9700 万平方米

城乡人民储蓄存款 524 亿元

全国职工工资总额：820 亿元
- 全民所有制单位 660 亿元
- 城镇集体所有制单位 160 亿元

全国职工平均工资：772 元
- 城镇集体所有制单位 642 元
- 全民所有制单位 812 元

旅游

其中外国旅游者 67.5 万人

接待外国人、华侨和港澳同胞 7767 万人

全年收入外汇折合人民币 13.8 亿元

基本建设

全民所有制单位完成基本建设投资总额 428 亿元

其中，国家预算内投资 208 亿元

全民所有制单位基本建设交付使用的固定资产 371 亿元

- 在建的大中型项目 663 个
- 建成投产的单项工程 181 个
- 停建、缓建大中型项目 151 个
- 建成投产的大中型项目 79 个

新增加的生产能力

- 煤炭开采 1373 万吨
- 原油开采 519 万吨
- 天然气开采 6.2 亿立方米
- 发电机组容量 264 万千瓦
- 化学纤维 6.7 万吨
- 棉纺锭 51 万锭
- 糖 17.4 万吨
- 原盐 32.4 万吨
- 机制纸及纸板 4.4 万吨
- 铁矿石开采 475 万吨
- 化学肥料 32.3 万吨
- 水泥 154 万吨
- 原木采运 29.7 万立方米
- 新建和扩建港口吞吐能力 236 万吨

1981

交通运输

运输线路长度

公路 **89.7** 万公里

民用航空航线里程 **34.8** 万公里
（包括航线之间的重复线段）

内河通航里程 **10.9** 万公里

铁路 **5** 万公里

旅客周转量 2500 （单位：亿人公里）

 铁路 **1473**

 公路 **839**

 水运 **138**

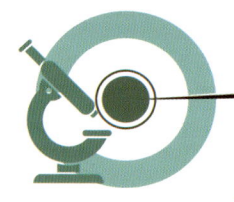 空运 **50**

货物周转量 12143 （单位：亿吨公里）

 铁路 **5712**

 公路 **780**

 水运 **5150**

 空运 **1.7**

 输油、输气管道 **499**

 沿海主要港口货物吞吐量 **21931** 万吨

邮电业务总量 **19.52** 亿元

科学技术

重大科学技术研究成果：**3100** 项

其中经国家批准的创造发明：**120** 项

全民所有制单位的自然科学技术人员：**5714** 万人

比上年增加 **41.8** 万人

卫 生

 医院病床：**201.7** 万张

专业卫生技术人员：**301.1** 万人

医生 **124.4** 万人　护师、护士 **52.5** 万人

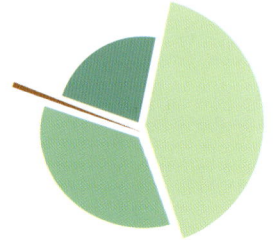
西医士 **43.6** 万人
西医师 **51.6** 万人
中西医结合高级医师 **0.2** 万人
中医 **29** 万人

体 育

获得世界冠军：**25** 个

打破和超过世界纪录：**8** 项

 举办县以上运动竞赛会：**2.3** 万次

教 育

在校学生人数 （单位：万人）

类别	人数（万人）
高等学校	128
中等专业学校	106.9
普通中学	4859.6
农业中学 职业中学	48.1
技工学校	67
小学	14333
幼儿园	1056.2

● 工农中等教育　820.7 万人
（包括职工、农民中等技术学校和业余普通中学等）

● 工农高等教育　134.6 万人
（包括电视大学、厂办大学、业余大学、函授大学等）

文 化

电影故事片：**105** 部
比上年增加：**23** 部

发行新片（长片）：**143** 部
比上年增加：**27** 部

文化馆：
2893 个

公共图书馆：
1787 个

博物馆：
383 个

广播电台：**114** 座
发射台和转播台：**482** 座
电视中心台：**42** 座
一千瓦以上的电视发射转播台：**265** 座

全国性和省一级报纸
140.7 亿份

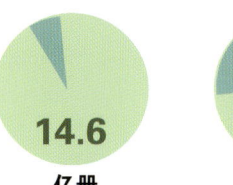
出版各类杂志
14.6 亿册

图书
55.8 亿册（张）

各类电影放映单位：
13 万个

艺术表演团体：
3483 个

1981

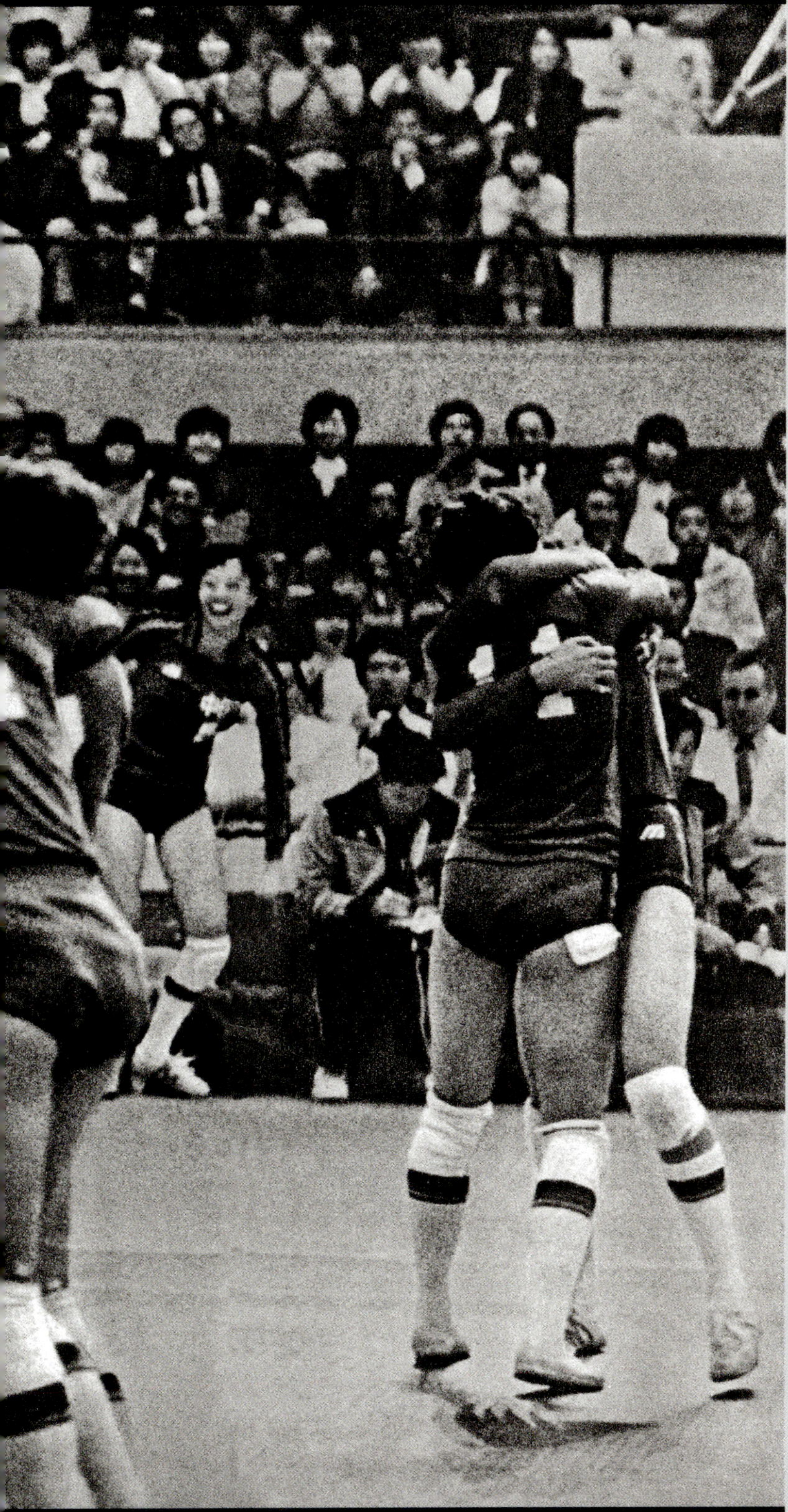

1982

- 第一个关于农村工作的中央"1号文件"发布
- 特区讨论
- "一个国家,两种制度"的提出
- 国家经济体制改革委员会成立
- 个体经济写入宪法
- 1982年《中华人民共和国宪法》修改

焦点事件

第一个关于农村工作的中央"1号文件"发布

1980发布的中共中央75号文件，提出"在那些边远山区和贫困落后地区，可以包产到户，也可以包干到户"，正式确认了"包产到户"与"包干到户"（简称"双包制"）的"合法地位"。这一年底，全国实行"双包制"的生产队已占14.9%；到1981年6月，快速上升至86.7%。"双包"已经成为一股强大的潮流，在全国铺开。

1981年7月18日，国务院副总理兼国家农委主任万里在听取了国家农委副主任杜润生汇报的情况后，提出"1980年中央75号文件已被群众实践突破，要考虑制定新的文件"。7月31日，主持中央工作的胡耀邦将刊有近期农村情况和农民反映的一期新华社《国内动态》清样批转给万里："我考虑今年九、十月要产生个农业问题请示，题目可以叫做关于搞好明年农业生产的几个问题。请考虑是否叫农口的同志先酝酿一下，如杜（润生）再下去考察前，也可以找他谈一次。"杜润生和国家农委随后组织大批干部赴各地进行调查研究，起草文件。

1981年10月4日至21日，由万里主持，全国农村工作会议在北京召开，会议主题是共同讨论新文件草稿。胡耀邦在讨论中针对"包产到户"究竟"姓"什么的争论指出：现在有一个问题，文件需要讲清楚，这就是农村改革、包产到户，并未动摇农村集体经济。把改革说成是"分田单干"，这是不正确的。责任制有了"包"字，就说明不是"单干"。土地是最基本的生产资料，坚持土地公有，只是"包"给农民，不是"分田"。

杜润生在会上讲到：认识是逐步提高的，比如"包产到户"，三中全会是"不准"，四中全会是"不要"，31号文件是"深山区孤门独户可以搞"，75号文件是"三靠地区可以搞"，这正说明中央是按照唯物主义思想路线办事的，时间证明这样做是对的。这次会议逐渐取得了共识。

到1981年底，《全国农村工作会议纪要》定稿。中共中央决定，

回忆

万里：农村改革任务还很艰巨，包产到户的实现，只是开了个头；也可以说，只是把高度集中统一的计划经济体制打开了一个缺口，创造了活力很强的市场经济的细胞。

资料来源：《农村改革是怎么搞起来的》，《百年潮》，1998年第3期。

吴象：（1982年）年末党中央再次召开全国农村工作会议，形成《当前农村经济政策若干问题》的决定，作为1983年中央1号文件发出。这个文件对家庭联产承包制作了高度的评价，把这个"在党的领导下中国农民的伟大创造"，称作"是马克思主义农业合作化理论在中国实践中的新发展"。这在党中央的文献中，恐怕是难以找到先例的。

资料来源：《农村第一步改革的曲折历程》，《百年潮》，1998年第3期。

1982年，河南省向国家交售公粮85亿斤；到了1983年，仅夏收小麦，全省农民就向国家交售70亿斤。遍布各县的国家粮食收购站，挤满了交售公粮的农民。

河北临西县农民实行家庭联产承包后，种田有了责任。

将《纪要》作为1982年中央1号文件发布，这是中国共产党历史上第一份关于农村工作的1号文件。文件明确指出："目前农村实行的各种责任制，包括小段包工定额计酬，专业承包联产计酬，联产到劳，包产到户、到组，包干到户、到组，等等，都是社会主义集体经济的生产责任制，反映了亿万农民要求按照中国农村的实际状况来发展社会主义农业的强烈愿望。不论采取什么形式，只要群众不要求改变，就不要变动。"这个文件的公布，彻底解除了对"包产到户""包干到户"的最后一道紧箍咒，突破了人民公社"三级所有，队为基础"的体制框框，肯定了"包产到户"的社会主义性质，肯定了农村改革的方向，在实质上确立了家庭联产承包责任制。包产到户由此在全国形成了不可阻挡的燎原之势。

1982年可以称为中国农村"包干到户年"，1号文件正式肯定了这项改革由民间要求上升为党和政府的政策。这年底，全国506万个生产队中，实行包干到户的达到495万多个，占97.8%。这一年农业实现了丰收，全国粮食、棉花、油菜籽总产量大幅增长。实践证明了以包干到户为主要形式的农业生产责任制的成功。

特区讨论

对实行对外开放和建立经济特区，从一开始就有许多不同意见。特区建立之初，没有现成的经验可套用，一切都要靠"摸着石头过河"，各方面的政策法规刚着手制定，出现了一定程度的混乱。

1981年第四季度，广东、福建、浙江三省沿海出现了走私贩私泛滥的严重情况。广东、福建的几个沿海渔港、渔镇成了走私贩私的大据点，私货蜂拥而进，贩私络绎于途，以致发生了"工人不做工，农民不种田，渔民不下海，学生不上课，一窝蜂似地走私贩私去了"的现象。消息传到中央，领导人都感到不采取果断措施不行。

1981年12月15日至23日，中央召开各省、自治区、直辖市党委第一书记座谈会。会议结束后不久，又把广东、福建两省的主要领导人找回来，专门座谈讨论开展打击经济领域里包括走私贩私在内的违法犯罪活动问题。

1982年年初，中共中央决定组建国务院打击走私领导小组，分管特区工作的国务院副总理谷牧任组长。经过采取有效措施，加强海上堵截和陆上检查，严格实行渔政管理，整顿走私严重地区的基层党政组织，从多方面进行综合治理，还依法惩办了几个罪大恶极分子，把这股邪风压了下去。

由于这次走私贩私的泛滥主要是在开放地区发生的，非议特区的意见就比较公开地从许多方面反映出来了。有人把经济特区说成了给外国资本家搞的"飞地"，说是除了五星红旗以外，全都变了。

谷牧力排众议。他指出，"实行对外开放已经列为实现社会主义现代化战略部署的重要组成部分，写入了党的历史性决议；大家都知道举办经济特区是小平同志倡议、中央决定、全国人大常委会立法、国务院组织实施的一桩大事。所有这些，都没有更改。中央领导同志中，没有谁说不实行对外开放，也没有谁公开在会议上讲特区办错了。街头巷尾那些是是非非的议论随它去。我个人不算什么，别人怎么议论都行，但我必须坚持执行中央委托的任务，把特区工作推向前进。"①

1982年，深圳东门市场。

海关海上缉私行动执法人员从走私船底舱里查获隐匿的录像机。

在谷牧的支持下,广东省委书记吴南生组织召开特区理论研讨会;谷牧又几度到几个特区调查,在北京邀请有关干部和专家座谈。在此基础上,形成了《关于举办特区工作的汇报提纲》。《汇报提纲》就人们关注的特区的进展与不足、经济特区的性质、国家对特区的管理三个问题向中央提出了建议。

1982年10月30日,陈云对这份《汇报提纲》作了指示:"特区要办,必须不断总结经验,力求使特区办好。"11月15日上午,中央书记处批准了《汇报提纲》,同时组织国务院有关部门和广东、福建两省负责人就特区建设中出现的问题作了系统研究,形成了《当前试办经济特区工作中若干问题的纪要》。这份纪要是有关特区工作的第四个中央文件,中央在批语中指出:"举办经济特区,是中国在新的历史时期贯彻实行对外开放政策的重要措施。"

国务院成立了特区领导小组和特区办公室,谷牧任组长。特区办的成立,加强了对特区工作的指导。

①《谷牧回忆录》,中央文献出版社,2009年。

语录

"排污不排外。"
——任仲夷

背景:20世纪80年代初,改革开放前沿的广东受到来自西方国家的各种思潮的冲击。是否应当关上"南风窗",成为当时社会的热点话题。1982年5月,任仲夷在接受《世界经济导报》记者采访时,针对此问题,提出了"排污不排外"观点。任仲夷说:"不可否认,实行改革开放,在长期封闭的墙上打开窗口,随着新鲜空气进来的,也难免有少许污浊的气息和蚊子、苍蝇。但盲目排外是错误的、愚蠢的;自觉排污是必要的、明智的。"任仲夷认为,要实行改革开放,就必须解决长期以来闭关锁国、故步自封的封建落后的保守思想,不要把凡是来自资本主义社会的东西都看成是有害的。否则就会使我们和外部世界完全隔绝开来,就不能学人之长、补己之短,永远使自己处于落后挨打的地位。因此,他提出"要自觉地排污,不要盲目地排外",后来简称为"排污不排外"。

回忆

谷牧：1982年初，国务院实行机构改革，国家进出口委和其他几个委撤了，我负责的办特区这件事总得有几个帮手。经报请国务院主要领导同意，从已撤销的进出口委机关的干部中，选了何椿霖等8个人，组织一个小班子，在我领导下办理有关事务。组织好这个班子，我很花了些功夫。原来想命名为特区办公室，后确定叫特区工作组，隶属国务院办公厅编制序列。叫"组"也罢，叫"办"也好，反正办这桩事就是了！这个小班子建立后，我第一次召集他们8个人开会时，除了布置工作以外，还特意讲了一番交心的话。我说，对办特区的认识并不是那么统一，议论很多，很敏感，我是准备让人家"火烧赵家楼"的。
资料来源：《谷牧回忆录》，中央文献出版社，2009年。

任仲夷：1982年初，小平同志来广东，本来说好不听汇报，不谈工作。我独自看望他时又向他汇报了工作。他只是听我讲，很少说话，我记得最清楚的是，他说了这么一句话："这说明中央确定的政策是正确的，如果你们认为好，就坚持搞下去。"他不说"上面认为好"，而是说"你们认为好，就坚持搞下去"，这是对我们省委最大的信任和支持。汇报完后，我们省委同志对搞特殊政策、灵活措施更坚定了。
资料来源：《广东有今天 多亏了邓小平》，《南方日报》，2004年8月16日。

吴南生：引进了市场经济，使中国经济进入了世界经济大循环。我认为这是特区对中国最大的贡献，也是特区之所以成功的根本原因。要知道，当时全中国都还把市场经济等同于资本主义，搞市场经济就等于搞资本主义复辟，罪大恶极啊！可谁能想到，20年后，我们中国却要求人家要承认我们是市场经济国家。这种变化实在是太大了！
资料来源：《"经济特区"是怎样"杀出一条血路来"的》，《南方日报》，2008年4月7日。

1982年5月，叶剑英在北京会见原国民党将领、广东省主席李汉魂和吴菊芳夫妇。

 语录　"时间就是金钱，效率就是生命。"
——袁庚

背景：1981年底，一块写着"时间就是金钱，效率就是生命"的巨型标语牌第一次矗立在深圳蛇口工业区最显眼的地方。蛇口工业区创始人袁庚最先提出的这句口号，如春雷般滚过中国大地，振聋发聩，透露了一个国家谋求经济发展的迫切心态，成为"特区速度"的有力佐证。标语出现之初，引发了很大争议。1984年，这个口号得到邓小平的肯定后，开始传遍中华大地。

"一个国家，两种制度"的提出

1982年1月11日，邓小平会见美国华人协会主席李耀滋，首次正式提出"一个国家，两种制度"的概念，即"在实现国家统一的前提下，国家的主体实行社会主义制度，台湾实行资本主义制度"。

邓小平指出："对台湾九条方针是以叶剑英副主席的名义提出来的，实际上就是一个国家两种制度。两种制度是可以允许的。他们不要破坏大陆的制度，我们也不破坏他们那个制度。国家的统一是我们整个中华民族的愿望。这不仅有利于子孙后代，在中国五千年的历史上也是一件大事。"

"一国两制"概念的提出，为中国解决台、港、澳问题，确立国家统一的基本方针提供了创造性的思路。中共十三大的政治报告指出：历史将证明，按"一国两制"实现国家统一的构想和实践，是中华民族政治智慧的伟大创造，具有强大生命力。

1983年，邓小平在会见美国新泽西州西北大学教授杨力宇时提出六条和平统一的主张，使"一国两制"的构想更加完备、充实，更加具体化、系统化。

国家经济体制改革委员会成立

随着改革的大潮波及全国，中国迫切需要一个不仅是专门规划、设计经济体制改革计划，而且还能够超脱地方、部门利益和局限，指导和协调全国的经济体制改革工作的权威机构。当时的国家体改办作为国务院的一个办事机构，很难承担起这个重任。

1982年3月8日，第五届全国人大常委会通过《关于国务院机构改革问题的决议》，《决议》提出：设立国家经济体制改革委员会，由国务院总理兼主任。国务院经济体制改革办公室随即撤销。

3月30日，国务院总理赵紫阳召集薄一波、杜星垣、薛暮桥、马洪、安志文、周太和等人研究体改委成立工作；赵紫阳同意机构设置、人员编制和主要负责人的建议名单，并同意当前应抓好的几项主要工作。31日，两个报告（"机构设置和人员编制的意见"和"主要负责人建议名单"）上报。

4月24日，中共中央发出关于

1984年12月19日,邓小平会见英国首相玛格丽特·撒切尔夫人,阐述"一国两制"的构想。

> **语录** "在实现国家统一的前提下,国家的主体实行社会主义制度,台湾实行资本主义制度。"
>
> ——邓小平
>
> 背景:中共十一届三中全会后,中国政府出于对整个国家民族利益与前途的考虑,本着尊重历史、尊重现实、实事求是、照顾各方利益的原则处理台湾问题。邓小平多次指出,在解决台湾问题时,我们会尊重台湾的现实。1982年1月10日,邓小平在接见来华访问的美国华人协会主席李耀滋时说了上述这句话,第一次正式提出了"一个国家,两种制度"的概念。

国家经济体制改革委员会领导干部任职的通知:主任赵紫阳(兼),第一副主任薄一波,副主任杜星垣(兼)、周太和、安志文、童大林,顾问薛暮桥、马洪(兼),秘书长周太和(兼),副秘书长廖季立、董峰。同日,国务院体制改革办公室《关于国家经济体制改革委员会的机构设置与人员编制方案的请示》上报国务院。5月4日,国家经济体制改革委员会正式成立,其任务主要是负责制订改革的总体规划,加强对全国经济体制改革的指导和协调工作。

国家经济体制改革委员会的成立,意味着经济体制改革工作上升到了一个新的高度,表明改革在决策层的认识上已经被放到了关乎国家发展全局的地位。国家经济体制改革委员会自1982至1997年,除研究、制定中长期改革规划,参与制定十二届三中全会以来中共中央历次关于经济体制改革的重要文件的起草工作外,每年还发布一个年度改革要点,对各地改革的实践经验进行总结,按照中央的精神指导各地的改革探索,在推动中国经济体制改革中发挥了历史性作用。

"莫干山会议"召开

1982年7月11日至16日,国家经济体制改革委员会以中国物价学会的名义,在浙江省德清县莫干山召开了苏联、东欧经济体制改革座谈会。此次会议也被称为"莫干山会议"。这是国家体改委成立后第一次组织的关于中外经济体制改革问题的学术研讨会。会议由国务院经济研究中心总干事薛暮桥、国家物价总局局长刘卓甫、国家经济体制改革委员会委员廖季立主持。

此次会议的海外来宾是一行七人的考察团,他们分别是:英国牛津大学教授,曾任波兰政府经济(咨询)委员会副主任的布鲁斯;西德

> **述评**
>
> 中国共产党在新的历史时期的总任务是:团结全国各族人民,自力更生,艰苦奋斗,逐步实现工业、农业、国防和科学技术现代化,把中国建设成为高度文明、高度民主的社会主义国家。从这次代表大会到下次代表大会的五年间,我们要根据上述总任务的要求,从当前实际出发,大力推进社会主义物质文明和精神文明的建设,继续健全社会主义民主和法制,认真整顿党的作风和组织,争取实现国家财政经济状况的根本好转,实现社会风气的根本好转,实现党风的根本好转。
>
> ——摘自胡耀邦在中共十二大上代表第十一届中央委员会所作的《全面开创社会主义现代化建设的新局面》报告。

《东方经济报告》编辑,曾任波兰国家物价委员会主任(1953—1968年)的斯特鲁明斯基;西德法兰克福大学教授,曾协助前捷克副总理奥塔·锡克(1962—1968年)进行经济改革的考斯塔;美国威斯康星大学教授格兰尼克;法国巴黎社会科学高等教育学院教授、曾在匈牙利外贸部工作的肯德,以及世界银行东亚及太平洋局经济专家林重庚及伍德。

七人考察团与以薛暮桥、廖季立和刘卓甫为首的中方经济学家就当时中国经济体制改革问题进行了广泛而深刻的讨论。由于专家们讨论的都是当时在中国经济体制改革中相当敏感的问题,双方约定讨论内容不见报、不公开发表。

第一个问题是关于所有制和经营方式。苏东各国当时体制改革取得重大进展。例如,匈牙利把某些小规模的国家所有的资产交由私人经营,允许国营大企业把小部分任务交由小企业经营;波兰已经允许私人经营在农业经济中长期存在发展;苏联放宽了集体企业的管理等。

第二个问题是关于"计划与市场"。对于高度集权的指令性计划,学者们一致持否定态度。他们认为,新的计划体制的特点,在于由直接的管理为主转为间接的管理为主。必须在中央计划中运用市场机制。学者们感到在中国存在计划与市场截然分开,市场只对超计划生产的产品起作用,对计划生产的产品不起作用。

第三个问题是关于"价格"问题的讨论。学者们一致认为,既不能搞闪电式的改革,企图在短时间内大幅度调整价格和工资,也不能因循保守、无所作为。在价格不能作全面改革的情况下,对于非主要商品不必实行统一定价,对投资项目采用"影子价格"进行评估,对一些明显不合理的价格作有升有降

人物:胡耀邦

胡耀邦同志是久经考验的忠诚的共产主义战士,伟大的无产阶级革命家、政治家,我军杰出的政治工作者,长期担任党的重要领导职务的卓越领导人。

1975年,在担任中国科学院党组织负责人时,他贯彻邓小平同志提出的全面整顿方针,实事求是反映科技战线的实际情况,努力消除"文化大革命"给科技工作造成的不良影响。

"文化大革命"结束后,胡耀邦同志开拓进取、勤奋工作、顶风破浪、披荆斩棘,在党和国家历史上留下了浓墨重彩的一页。在1981年6月至1987年1月担任中共中央主席、中央委员会总书记职务期间,他积极参与制定和贯彻以邓小平同志为核心的党的第二代中央领导集体的重大决策和战略部署,为坚持党的十一届三中全会以来的路线方针政策、为推动改革开放和社会主义现代化建设、为推进中国特色社会主义事业作出了多方面重大贡献。

胡耀邦同志坚持党的解放思想、实事求是的思想路线,组织和推动了关于真理标准问题的讨论。在邓小平同志等老一辈革命家领导和支持下开展的这场思想解放运动,成为拨乱反正和改革开放的思想先导,为党的十一届三中全会作了重要理论准备。他坚持实事求是、有错必纠,推动党的组织路线拨乱反正,组织和领导了平反冤假错案、落实干部政策的大量工作,使大批受到迫害的老同志重新走上领导岗位,使大批蒙受冤屈和迫害的干部、知识分子和普通群众得到平反昭雪。

胡耀邦同志认真贯彻邓小平同志全面改革的思想,强调要充分认识改革的艰巨性和复杂性,把改革贯穿现代化建设的整个过程,为推进改革倾注了大量心血。他坚决拥护党和国家工作重点转移,积极推进改革开放和社会主义现代化建设,关心欠发达地区建设事业,指导经济特区改革试验,强调要利用国内资源和国外资源、打开国内市场和国际市场。他坚持尊重知识、尊重人才,推动科技、教育、文艺、新闻工作出现了蓬勃发展的局面。他高度重视统一战线工作,为加强中国共产党同各民主党派和无党派人士的团结合作做了大量工作。他坚持党的外交方针政策,明确提出处理党际关系的四项原则,为新时期我国对外政策的制定和实施、为推动我国对外工作开创新局面发挥了积极作用。

胡耀邦同志为加强和改善党的领导做了大量工作,强调要规范党内政治生活,维护党的民主集中制,严明党的纪律,发展党内民主,整顿党的作风。他坚持干部队伍"四化"方针,推进各级领导班子建设和干部人事制度改革,满腔热情关怀和培养优秀年轻干部,坚定不移同不正之风和腐败现象作斗争。

资料来源:《习近平:在纪念胡耀邦同志诞辰100周年座谈会上的讲话》,《人民日报》,2015年11月21日第2版。

流行志

▶ 自行车

自行车真正进入普通中国百姓家庭还是在改革开放以后。20世纪80年代初期，自行车成为近途出行的主要代步工具。那时候生产的自行车绝大多数外观是清一色的黑，没有五彩缤纷的颜色，更谈不上五花八门的样式。在农村，流行载重自行车，可载物百余公斤，城镇则多有比较轻便的女式自行车。当时中国被称作"自行车的王国"，自行车是街上一道不可或缺的风景。中国人对自行车的感情是无法用语言形容的，"永久"、"凤凰"是至今不能忘却的牌子。

▶《血疑》

1982年，一部以家庭伦理和血缘关系为题材的日本电视连续剧《血疑》风靡全中国，女主角幸子的病情牵动着千万观众的心。主演山口百惠迅速成为人们心目中的超级偶像。《血疑》播出后，满街流行"幸子头"、"光夫衫"和"大岛茂包"，中国观众第一次明白什么叫"名人效应"。

▶《少林寺》

电影《少林寺》剧照

1982年，影片《少林寺》上映，迅即火遍神州大地，据统计，国内的观影人数高达5亿人次。与其他武打影片使用替身与特技不同，该片从头至尾全是真打，以致在中国乃至世界影坛掀起一股新风格的武术电影热潮，更让全世界的人都知道了少林寺这个"中国功夫"的发源地，一座荒山上的冷庙成为全世界著名的旅游景点。《少林寺》引发了一股强烈的"少林旋风"和"功夫热潮"，"到少林寺去"成为那个时代不少年轻人的梦想。

的调整。

第四个是关于"劳动、工资和奖金"问题。学者们认为，中国城乡劳动力过剩，对就业是一个沉重的压力，建议逐步缩短工作时间和建立休假制度。学者们还指出，根据中国的传统，今后的工资等级差距可以比苏联小一些。但从按劳付酬的原则出发，必须保持一定的差距[①]。

与会人员对中国是选择激进改革还是渐进改革进行了争论，在经过实地考察后，七人考察团普遍认识到了中国的区域差距，对中国的国情有了更深刻的理解。最后，与会人员达成了共识：中国只能进行审慎而渐进式的改革，中国的改革要分步进行。

随后，薛暮桥、刘卓甫、廖季立于8月10日把《关于布鲁斯为首的经济体制考察团来访情况的报告》上报薄一波、杜星垣并赵紫阳。8月15日、25日，薄一波、万里先后在报送的报告上作了批示。薄一波批示："季立同志：我看了一遍，觉得整理得非常好，问题提得突出，反映了中国实际情况，充分介绍了苏联、东欧国家体改经验，可资对照研究。问题就在于更进一步总结中国体制改革的经验，并能提出较

🔵 观点

刘卓甫：正确的价格政策和合理的商品价格，不但能对国民经济的协调发展起积极的促进作用，而且是巩固安定团结政治局面的重要条件。物价的变动趋势，是国民经济发展情况的综合反映，价格是国家领导和管理经济的重要杠杆。研究经济管理体制改革中物价上出现的新情况、新问题，进行价格体制改革，是新形势下做好物价工作，为现代化建设服务的重要课题。过去，往往把价格的自动调节看作是资本主义的自发倾向，看作是对社会主义计划经济起破坏作用的异己力量。实际上这种看法是不对的。经济管理体制的每一个重大改革步骤，都要求对价格构成或价格管理体制进行相应的改革，价格体制不改革，整个经济管理体制的改革都要受到很大的阻碍。为了适应新的市场形势，中国长期实行的国家统一定价的办法，必须改革。实行多种价格形式，并且给企业一些定价权已经势在必行。

资料来源：《价格在国民经济中的地位和作用》，《价格理论与实践》，1981年第1期。

薛暮桥：社会主义经济是计划经济。坚持计划经济为主、市场调节为辅，这是发展国民经济的一个重要原则。计划管理既要采取行政手段，又要采取经济手段。市场调节主要依靠客观经济规律自发调节，但也不能没有必要的行政管理。

孙冶方：在社会主义社会，要以计划经济（或计划调节）为主，以市场调节为辅。因为如果我们是完全根据市场供求和物价的摆动来安排生产指标，那么我们的经济和资本主义经济就没有什么两样了。我们的社会主义计划经济之所以还需要以市场调节为辅助因素，那是因为：第一，还存在不同的所有制，特别是保留有个体经济成分；第二，我们的计划方法还不够完善；第三，我们的商品储备还不够充足。

马洪：整个国民经济都应当坚持计划经济为主、市场调节为辅的方针。不仅工业如此，农业如此，其他国民经济部门也是如此。我们当然"要大力发展社会主义的商品生产和商品交换"，而这种社会主义的商品生产和商品交换是属于社会主义计划经济制度之内的，不是在计划经济之外另搞一套。

资料来源：摘自《坚持计划经济为主，市场调节为辅》，《财贸经济》，1982年第6期。

佳方案。此件我还想再看看。阅后退我。"万里批示:"请转告廖季立同志,此件我看了很有参考价值,请发政治局、书记处和国务院常务会议各同志,并发劳动人事部参阅。"

①彭森、陈立等著,《中国经济体制改革重大事件(上)》,中国人民大学出版社,2008年。

个体经济写入宪法

1982年9月1日召开的党的十二大,是经济体制改革处于探索阶段召开的一次重要会议。20世纪70年代末诞生的城乡个体经济,第一次在党的全国代表大会上得到了肯定。报告指出:"社会主义国营经济在整个国民经济中居于主导地位。"但是同时指出,"由于我国生产力发展水平总的来说还比较低,又很不平衡,因此在很长时期内需要多种经济形式的同时并存"。"在农村和城市,都要鼓励劳动者个体经济在国家规定的范围内和工商行政管理下适当发展,作为公有制经济的必要的、有益的补充"①。这里确定了三种基本的经济形式:国营经济、集体经济、个体经济。从此,"必要的、有益的补充"成为相当一段时期内官方对个体经济的理论定位,也成为社会公认的准则。

中共十二大结束不久,1982年12月4日,在第五届全国人民代表大会第五次会议上,通过了新的《中华人民共和国宪法》。宪法"总纲"第十一条规定:在法律规定范围内的城乡劳动者个体经济,是社会主义公有制经济的补充。国家保护个体经济的合法的权利和利益。国家通过行政管理,指导、帮助和监督个体经济。这里提出了指导、帮助、监督个体经济的方针。个体经济政策写入了宪法,使得非公有制经济的发展开始获得稳定的法律支持。

1982年《中华人民共和国宪法》修改

我国现行宪法是1982年根据党的十一届三中全会以来的路线、方针、政策,适应新时期政治、经济、文化、社会发展的需要制定的。1982年4月22日,五届全国人大常委会第23次会议后公布了宪法修改草案,交付全国人民讨论了4个月。4个月的全民讨论,8次中共中央政治局和书记处的专门讨论,5次修宪委员会会议,几十部修改的稿本,近百处的补充修改,2年3个月的历程……讨论规模之大、参与人数之多、影响之广,都是中国立法史上的盛举。

1980年8月18日,邓小平在中央政治局扩大会议上讲话,全面、系统地阐述了党和国家领导制度改革的问题。他提出,中央正在考虑进行的重大改革,第一项就是将向全国人大提出修改宪法的建议。他说:"要使我们的宪法更加完备、周密、准确,能够切实保证人民真正享有管理国家各

> **语录** "我们要有两手,一手就是坚持对外开放和对内搞活经济的政策,一手就是坚决打击经济犯罪活动。"
> ——邓小平

背景:1981年,对外开放不久,部分沿海地区出现走私贩私的浪潮,贪污、受贿等腐败问题日益增多。面对变化的形势,社会上出现了两种不同的声音,一种是只要搞好经济就行,其他问题可以放一放;一种是必须先搞好政治思想道德建设,经济建设可以慢一点。1982年4月13日,中共中央、国务院公布《关于打击经济领域中严重犯罪活动的决定》,这是改革开放后中国党和政府首次集中开展反腐败专项斗争。邓小平在部署这一特殊战役时强调,发展经济与打击经济犯罪活动要两手抓,两手都要硬。

流行志

> 《武松》

第一部武侠电视剧《武松》引起的轰动丝毫不逊于第一部武侠电影《少林寺》。《武松》是山东电视台推出的一部八集电视连续剧。该片启用专业武术演员精心设计武打,讲究视觉效果,在叙事结构、视听语言运用上均达到了高度的成熟。剧中情节大都正义凛然又惊心动魄,让观众看得又过瘾又解气。祝延平饰演的武松也被认为是最经典的武松形象。

> 《跟我学》

英语角

上世纪80年代,国门初开,年轻人逐渐认识到,英语是走出国门、认识外面世界不可缺少的工具,"英语热"持续升温。1982年,中国第一部原版引进的情景会话英语教学节目《跟我学》在中央电视台播出。《跟我学》以一种在日常生活中学习英语的方式,颠覆了中国人以往的"语法英语"和"口号英语",节目一经播出便红遍全国。由于节目太火,又来不及出教材,栏目组开始在《电视周报》上刊登《跟我学》教材,每次半个版,《电视周报》因此增加了约50万订户。改革开放初期,很多中国人对英语以及这一语言背后的西方文化的初步认识,就是从这里起步的。在节目反复播放的数年里,与之配套的同名教材也成为家喻户晓的畅销书。

> 琼瑶小说

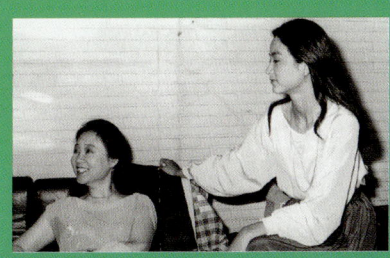
作家琼瑶(左)与女演员林青霞(右)

1982年,《海峡》杂志刊出了琼瑶的小说《我是一片云》,据说这是琼瑶小说在大陆最早的现身。男的风流倜傥、深情款款,女的纤弱温柔、我见犹怜,家庭地位悬殊的男女青年为了爱情,冲破一切世俗成见,有情人终成眷属——琼瑶的爱情故事征服了一代代痴心男女。之后几年里,多家出版社先后出版了琼瑶小说,琼瑶爱情小说红遍九州。

级组织和各项企业事业的权力，享有充分的公民权利，要使各少数民族聚居的地方真正实行民族区域自治，要改善人民代表大会制度，等等。关于不允许权力过分集中的原则，也将在宪法上表现出来。"邓小平的这个讲话，实际上为起草1982年宪法确定了重要的指导思想。

①1982年9月1日，胡耀邦在中共十二大上的题为《全面开创社会主义现代化建设的新局面》报告；中共中央文献研究室：《十二大以来重要文献选编》（上）第17页，中央文献出版社，2011年。

回忆

1979年，我们家所在的区域属于温州工商局鼓楼工商分所管理。当时温州市解放北路很繁华，工商局的领导过来跟我们说，你们每个做生意的都可以申请营业执照，你们就放心去领吧，国家有新的政策了。我当时听了以后就回家告诉了父亲，父亲说，你去领吧。我当时也没有概念，只知道可以做生意了。

1979年以后，我们就在自己家门口摆摊，后来把窗户全部拆掉，做成一个柜台，然后就开始卖小百货，比如针啊、线啊、纽扣啊什么的。后来，我就去上海城隍庙进货，那里的东西很好看。就这样，我的生意越做越大了。

——章华妹

资料来源： 中国（海南）改革发展研究院"口述改革历史"访谈。

社会关注

婚姻介绍所出现

1982年11月18日出版的《羊城晚报》在第一版刊出报道："未婚青年盼望已久的广州市青年婚姻介绍所，今天上午在青年文化宫举行开业典礼，当即有一批男女青年报名。"这个婚姻介绍所是由中共广州市委筹划创办的一所为未婚青年介绍恋爱对象的常设性服务机构，由市委、市政府拨专款并配备工作人员，带有机关性质。一般认为，这是中华人民共和国成立以来的第一家婚姻介绍所，它通过设立卡片自由查阅、按对举荐恋爱对象、组织交友结谊觅知音晚会以及郊游等方式为未婚青年牵线搭桥。

婚姻介绍所的适时出现，为当时大龄青年的"搞对象"、"谈恋爱"等婚恋问题提供了新的解决思路和方式，使人们从此不再避讳"婚恋"这个话题，恋人们也开始手拉手出现在人们的视野中。至1984年6月，广州市青年婚姻介绍所先后共撮合了1400多对有情人，成功率达14.4%，高居全国婚姻介绍所之首。同年6月20日，全国第一次婚姻介绍所工作经验交流会在全国总工会举行。不过，这也是最后一次婚姻介绍所工作经验交流会。

20世纪80年代,广东湛江地区廉江县9对农村青年在大队婚姻介绍所参加集体婚礼。

1983年,广州首届大龄青年集体婚礼上的一对夫妇。政府为关心大批回城的下乡知青结婚难的问题,成立了婚姻介绍所,并举办了多次"大龄青年集体婚礼"。

环球大事

1月19日—1月22日
联合国农业发展基金组织理事会在罗马召开,就资金分摊问题达成协议,决定继续执行给发展中国家农业贷款的计划。

2月22—24日
发展中国家举行"新德里磋商"(南南会议),来自40多个国家的代表参加了会议。中国作为特邀代表出席了会议。会议讨论了有关进一步加强发展中国家间的合作的步骤,研究推动全球谈判的措施,并通过了有关文件。

3月2日
世界粮食计划署举行会议,向各国政府征集1983年至1984年两年度的资金。会议主席要求国际社会制订世界粮食的安全计划。

3月8日
欧洲共同体批准提供9636万欧洲货币单位的贷款和补贴,用于非洲、加勒比和太平洋地区各国的各种发展计划。

3月8—24日
第二十四届联合国贸易与发展理事会在日内瓦召开,决定反对贸易保护主义。

4月26日—5月7日
联合国人类居住问题委员会在肯尼亚举行第五次会议,要求各国采取措施制止居住条件持续恶化。

4月30日
联合国海洋法会议通过《海洋法公约》。

5月13日
美国最大的航空公司——布兰尼夫国际航空公司宣告破产。

7月9日
美国总统里根宣布拒绝签署第三届联合国海洋法会议通过的《海洋法公约》草案。

8月21—27日
第二次世界旅游大会在墨西哥举行,通过"阿卡普尔科文件",中国首次与会。

9月6—9日
国际货币基金组织和世界银行第37届年会在多伦多举行,统一向低收入国家提供优惠贷款。

10月18日
联合国举行特别仪式,纪念"世界粮食日",秘书长德奎利亚尔重申,要在本世纪末从地球上消灭饥饿现象。

10月19—28日
联合国贸发理事会在日内瓦举行,通过决议要求促进发展中国家间的经济合作。

10月28日
联合国大会通过《世界自然宪章》,呼吁为保护生态平衡而加强合作。

11月24—29日
关税及贸易总协定部长级会议通过反对贸易保护主义和重申自由贸易的原则宣言。

▇ 重要文献

《全面开创社会主义现代化建设的新局面——在中国共产党第十二次全国代表大会上的报告》

（胡耀邦，1982年9月1日）

1982年9月1日，中共十二大召开，胡耀邦代表第十一届中央委员会向大会作了《全面开创社会主义现代化建设新局面》的报告。报告系统地总结了党的历史经验和新取得的经验，提出了党在新时期的总任务。报告从经济建设、思想建设、政治建设和党的建设等方面，完整系统地提出了全面建设社会主义的纲领和各项方针政策。

目录：

一、历史性的转变和新的伟大任务
二、促进社会主义经济的全面高涨
三、努力建设高度的社会主义精神文明
四、努力建设高度的社会主义民主
五、坚持独立自主的对外政策
六、把党建设成为领导社会主义现代化事业的坚强核心

📖 重要文献

《全国农村工作会议纪要》
（1982年1月1日）

1982年1月1日，中共中央批转发出《全国农村工作会议纪要》。《纪要》系统总结了十一届三中全会以来中国农村经济调整和改革的实践经验，充分肯定了三中全会以来的党的农村政策的正确性，重点提出要完善和稳定农业生产责任制；多方设法疏通和开辟流通渠道；在不放松粮食生产基础上，积极开展多种经营；推进农业科学技术进步。

节选：

……目前，中国农村的主体经济形式，是组织规模不等、经营方式不同的集体经济。与它并存的，还有国营农场和作为辅助的家庭经济。这样一种多样化的社会主义农业经济结构，有利于促进社会生产力的更快发展和社会主义制度优越性的充分发挥。它必将给农村经济建设和社会发展带来广阔的前景。实践证明，党在三中全会以来所制定和实行的农村政策是完全正确的，各地各级党组织在这方面所做的工作是卓有成效的、具有深远意义的。

必须多方设法疏通和开辟流通渠道。国营商业和供销合作社要充分利用现有经营机构，打破地区封锁，按照经济规律组织商品流通，大力开展产品推销工作。同时，要有计划地试办和发展社队集体商业，如贸易货栈、联合供销经理部和农工商联合企业等等，逐步实现多成分、多渠道、少环节。……农村各种商业组织和个人运销活动，都要严格遵守政府的政策、法令，服从工商管理。

按农、林、牧、副、渔全面发展的要求建立合理的生产结构，可以获得综合经济效益，并增加农业经济的内部积累。合理的生产结构必须避免过去生产单一化的错误，与此同时，又必须注意使个别地区因地制宜的发展计划和全国的合理布局协调起来。各地在调整生产结构中，必须执行中共中央、国务院转发国家农委《关于积极发展农村多种经营的报告》的通知中提出的"决不放松粮食生产，积极开展多种经营"的方针。……

——摘自《改革开放三十年重要文献选编》（上）第231—232、235—238页，中央文献出版社，2009年。

📖 重要文献

《关于国务院机构改革问题的报告》
（赵紫阳，1982年3月8日）

这是赵紫阳在第五届全国人大常委会第十二次会议上的报告。1982年3月8日，五届全国人大常委会第二十二次会议通过《关于国务院机构改革问题的报告》。《报告》提议减少副总理，设国务委员，成立国务院常务会议，重新组建国家经济委员会并扩大其职权和业务范围。

节选：

国务院机构的改革，首先必须改进国务院本身的领导体制和领导方法，以加强集中统一领导，提高工作效率。因此，我们建议，减少副总理，设国务委员，由国务院总理、副总理、国务委员和秘书长组成国务院常务会议。国务院现有副总理十三人，减为二人。国务委员的职位相当于副总理级。一部分兼任部长或委员会主任，一部分为专职委员。他们受总理或国务院常务会议委托负责某些方面的工作和重要的专项任务，在对外事务中经总理委托可代表总理进行重要活动。国务院常务会议是国务院的日常领导工作机构，在总理主持下，负责对国务院职权范围内的各项重要工作进行领导和决策。

国务院各部、委和国务院直属机构、办公机构的设置，必须做到分工合理，职责分明，机构精干，提高工作效率。根据重叠的机构撤销、业务相近的机构合并的原则，拟将现有的九十八个部、委、直属机构和办公机构，裁减、合并为五十二个左右。其中，部、委由五十二个裁并为三十九个，直属机构由四十一个裁并为十个，办公机构由五个裁并为三个。此外，国务院现在还有临时性的领导小组、办公室、委员会等各种非常设机构四十五个，这些机构绝大部分都要撤销，其工作由各有关部、委承担。国务院和各部、委的机构精简之后，工作人员编制约为三万二千人，比现在的四万九千人减少三分之一左右。

全国工作的重心转移到社会主义现代化建设上来之后，国务院第一位的任务是领导经济建设。为了搞好社会主义的计划经济，特别是搞好战略性的长期规划，国家计划委员会的工作必须进一步加强。国家日常经济活动的指挥必须集中统一，目前领导多头、管理分散的状况必须改变，为此决定重新组建国家经济委员会并扩大其职权和业务范围。……

提请原则批准国务院机构改革的初步方案；批准设立国务委员；批准将电力工业部和水利部合并组建水利电力部，将商业部、全国供销合作总社和粮食部合并组建商业部，将国家进出口管理委员会、对外贸易部、对外经济联络部和国家外国投资管理委员会合并组建对外经济贸易部。

提请批准设立国家经济体制改革委员会，由总理兼主任。

——摘自国家体改委办公厅编《十一届三中全会以来经济体制改革重要文件汇编》（下）第204—206页，改革出版社，1990年。

▣ 重要文献

《中共中央、国务院关于打击经济领域中严重犯罪活动的决定》
（1982年4月13日）

1982年4月13日，中共中央、国务院联合作出《关于打击经济领域中严重犯罪活动的决定》。《决定》指出：打击经济领域的严重犯罪活动，进行反对腐化变质的斗争，关系到我国社会主义现代化建设的成败，关系到我们党和国家的盛衰兴亡。

节选：

打击经济领域中的严重犯罪活动，是中国社会主义社会在新的历史条件下阶级斗争在经济领域内的重要表现。在共产党员和国家工作人员中进行这场坚持共产主义纯洁性、反对腐化变质的斗争，关系到中国社会主义现代化建设的成败，关系到我们党和国家的盛衰兴亡。由于特定的历史条件，这场斗争必然是长期的、持久的。全党必须对此有清醒的认识和高度的警惕，统一思想，统一步调，决不能等闲视之，或者各行其是。

坚持党的对外实行开放和对内搞活经济的政策，同坚决打击经济领域中的严重犯罪活动是并行不悖的。……

我们一定要继续坚定不移地实行对内搞活经济的政策。……要保护城镇集体经济、个体劳动者和小商小贩的正常经营和正常业务活动。打击投机盗窃诈骗的犯罪，要严格按照《刑法》第一百一十八条规定的，"以走私、投机倒把为常业的，走私、投机倒把数额巨大或者走私、投机倒把集团的首要分子"；第一百五十二条规定的，"惯窃、惯骗或者盗窃、诈骗、抢夺公私财物数额巨大的"人员为惩处对象。对于虽不是严重破坏经济的罪犯，但确实扰乱城乡市场管理、妨害国家物资购销和损害城乡人员利益的人，也要依法查处。但除情节特别严重已经触犯上述刑律者外，一般要在以后制订相应的工商管理法规、改进物资购销办法和健全市场管理制度中逐步加以解决。……

——摘自《三中全会以来重要文献选编》（下）第1165—1176页，人民出版社，1982年。

▣ 重要文献

《我们对香港问题的基本立场》
（邓小平，1982年9月24日）

这是邓小平会见英国首相撒切尔夫人时的谈话，阐述了中国解决香港问题的基本立场，指出：第一，主权问题不是一个可以讨论的问题。第二，1997年中国收回香港后，继续保持香港繁荣。香港仍将实行资本主义。第三，中国和英国两国政府要妥善商谈如何使香港从现在到1997年的十五年中不出现大的波动。

节选：

我们对香港问题的基本立场是明确的，这里主要有三个问题。一个是主权问题；再一个问题，是一九九七年后中国采取什么方式来管理香港，继续保持香港繁荣；第三个问题，是中国和英国两国政府要妥善商谈如何使香港从现在到一九九七年的十五年中不出现大的波动。

关于主权问题，中国在这个问题上没有回旋余地。坦率地讲，主权问题不是一个可以讨论的问题。现在时机已经成熟了，应该明确肯定：一九九七年中国将收回香港。就是说，中国要收回的不仅是新界，而且包括香港岛、九龙。中国和英国就是在这个前提下来进行谈判，商讨解决香港问题的方式和办法。如果中国在一九九七年，也就是中华人民共和国成立四十八年后还不把香港收回，任何一个中国领导人和政府都不能向中国人民交代，甚至也不能向世界人民交代。……

保持香港的繁荣，我们希望取得英国的合作，但这不是说，香港继续保持繁荣必须在英国的管辖之下才能实现。香港继续保持繁荣，根本上取决于中国收回香港后，在中国的管辖之下，实行适合于香港的政策。香港现行的政治、经济制度，甚至大部分法律都可以保留，当然，有些要加以改革。香港仍将实行资本主义，现行的许多适合的制度要保持。……

——摘自《改革开放三十年重要文献选编》（上）第295—297页，中央文献出版社，2009年。

重要文献

《当前试办经济特区工作中若干问题的纪要》

（1982年11月15日）

1982年12月，中共中央、国务院批转《当前试办经济特区工作中若干问题的纪要》，提出：试办经济特区，是中国在新的历史时期贯彻执行对外开放政策的一项重要措施。广东、福建两省和国务院有关部门都要加强对特区工作的指导，不断总结经验，加强协作配合，提高工作效率，及时解决前进中出现的新问题，力求使特区办好。

节选：

（1）特区要有更多的自主权。……
（2）各特区的总体发展规划，由国务院审批。……
（3）各特区建设所需物资（特别是国家投资项目、国内贷款项目、基础设施建设、外资项目的配套工程），人民生活必需的商品，国家尽量给以支持。……
（4）各特区本身的进出口贸易，在国家统一政策指导下自主经营。
（5）各特区建设发展的资金来源，主要靠吸收利用港澳资金、侨资和外资。……
（6）特区的各种税收应当实行优惠待遇。……
（7）珠海、汕头、厦门旧市区老企业利用外资进行技术改造，可享受特区的某些优惠待遇。……
——摘自钟坚等著《中国经济特区文献资料》（第1辑）第89—96页，社会科学文献出版社，2010年。

重要文献

《中华人民共和国宪法》

（1982年12月4日）

1982年12月4日，第五届全国人民代表大会第五次会议通过《中华人民共和国宪法》，1982年12月4日全国人民代表大会公告公布。《中华人民共和国宪法》共四章一百三十八条，第一章总则；第二章公民的基本权利和义务；第三章国家机构；第四章国旗、国徽、首都。

节选：

第一条 中华人民共和国是工人阶级领导的、以工农联盟为基础的人民民主专政的社会主义国家。
社会主义制度是中华人民共和国的根本制度。禁止任何组织或者个人破坏社会主义制度。
第三条 中华人民共和国的国家机构实行民主集中制的原则。
全国人民代表大会和地方各级人民代表大会都由民主选举产生，对人民负责，受人民监督。
国家行政机关、审判机关、检察机关都由人民代表大会产生，对它负责，受它监督。
中央和地方的国家机构职权的划分，遵循在中央的统一领导下，充分发挥地方的主动性、积极性的原则。
第五条 国家维护社会主义法制的统一和尊严。
一切法律、行政法规和地方性法规都不得同宪法相抵触。
一切国家机关和武装力量、各政党和各社会团体、各企业事业组织都必须遵守宪法和法律。一切违反宪法和法律的行为，必须予以追究。
任何组织或者个人都不得有超越宪法和法律的特权。
第六条 中华人民共和国的社会主义经济制度的基础是生产资料的社会主义公有制，即全民所有制和劳动群众集体所有制。
社会主义公有制消灭人剥削人的制度，实行各尽所能，按劳分配的原则。
第七条 国营经济是社会主义全民所有制经济，是国民经济中的主导力量。国家保障国营经济的巩固和发展。
第八条 农村人民公社、农业生产合作社和其他生产、供销、信用、消费等各种形式的合作经济，是社会主义劳动群众集体所有制经济。……
第十条 城市的土地属于国家所有。
第十一条 在法律规定范围内的城乡劳动者个体经济，是社会主义公有制经济的补充。……
第十五条 国家在社会主义公有制基础上实行计划经济。国家通过经济计划的综合平衡和市场调节的辅助作用，保证国民经济按比例地协调发展。
第二十五条 国家推行计划生育，使人口的增长同经济和社会发展计划相适应。
——摘自《中华人民共和国法规汇编》（1982年1月—12月）第5—9、12页，国务院办公厅法制局编，1986年。

大事记

1月1日

中共中央发布1982年第1号文件,批转了《全国农村工作会议纪要》。

1月2日

中共中央、国务院作出《关于国营工业企业进行全面整顿的决定》,要求从1982年起,用两三年时间,分期分批地对所有国营工业企业进行全面的整顿工作,逐步地建设起一种又有民主、又有集中的领导体制,一支又红又专的职工队伍和一套科学的管理制度。

1月2日

中共中央、国务院颁发《国营工厂厂长工作暂行条例》。

1月11—13日

中共中央政治局召开会议,讨论中央机构精简问题。

1月13日

国务院发出《关于实行粮食征购、销售、调拨包干一定3年》的通知,指出:从1982年粮食年度开始,对各省、市、自治区实行粮食征购、销售、调拨包干一定3年的办法。

1月14日

胡耀邦在中共中央书记处会议上作《关于对外经济关系问题》的发言,就对外经济关系问题发表意见:中国的社会主义现代化建设,要利用两种资源——国内资源和国外资源;要打开两个市场——国内市场和国外市场;要学会两套本领——组织国内建设的本领和发展对外经济关系的本领。

1月15日

中共中央、国务院批转《沿海9省、市、自治区对外经济贸易工作座谈会纪要》,并发出通知。中央在通知中指出:正确处理沿海和内地的关系,是中国社会主义经济建设中的一个战略性问题。

1月29日

赵紫阳主持召开国务院常务会议,研究今年上半年国务院的工作安排问题。会上,赵紫阳就国务院上半年的4项主要工作讲了话:一是切实抓好国务院的机构改革工作;二是要严肃处理经济上的重大犯罪案件;三是搞好生产;四是编制好"六五"计划。

1月30日

国务院发布《中华人民共和国对外合作开采海洋石油资源条例》,指出:中国政府依法保护参与合作开采海洋石油资源的外国企业的投资、应得利润和其他合法权益,依法保护外国企业的合作开采活动。

2月11—13日

中共中央书记处在北京召开广东、福建两省座谈会,讨论如何更坚决、更有效地贯彻执行中央《紧急通知》,进一步开展打击经济领域中违法犯罪活动的斗争,同时认真总结经验,端正对外经济活动的指导思想,促进对外经济活动健康发展,继续试办好经济特区。3月1日,中共中央转发了这次会议的纪要。

2月13日

国务院发布《村镇建房用地管理条例》,并发出通知指出:望各省、市、自治区人民政府抓紧时间研究制定实施办法,结合本地区实际情况,对村镇建房用地限额和省、地、县三级具体审批权限等问题作出规定,并督促所属县级人民政府及时订出具体宅基地面积标准,抓紧进行村镇规划,迅速建立起村镇建房审批制度,做到有章可循、有人管理,坚决刹住乱占滥用耕地之风。

2月17日

国务院批准《中华人民共和国外国企业所得税法施行细则》;2月21日财政部公布施行。《施行细则》规定:外国企业同中国企业合作生产、合作经营,除另有规定者外,合作双方应当分别缴纳所得税。

2月20日

中共中央作出《关于建立老干部退休制度的决定》。4月6日,国务院发布《关于老干部离职休养制度的几项规定》。

2月20日—3月4日

国务院在天津召开全国工业交通工作会议,主要讨论提高经济效益的问题。

2月22日—3月8日

五届全国人大常委会第二十二次会议在北京举行,会议通过了《关于国务院机构改革问题的决议》。会议还通过了《关于严惩严重破坏经济的罪犯的决定》、《中华人民共和国民事诉讼法(试行)》(3月8日公布,自1982年10月1日起施行)。

2月25日

国务院体制改革办公室制定《经济体制改革的总体规划》,提出改革的目标是:建立一个社会主义公有制占绝对优势、多种经济成分并存、适应商品生产发展的计划经济体制。新的经济体制,是以公有制经济为主体、其他经济成分为补充;大权集中,小权分散;计划经济为主,市场调节为辅;能进能出,按劳分配;党政企科学分工,经济、行政手段紧密配合的社会主义经济体制。

3月2日

国务院向人大常委会作关于国务院机构改革问题的报告,提出成立国家经济体制改革委员会,负责体制改革的总体设计;国家经委负责当年经济体制改革工作的组织实施。

3月5日

国务院批转国家进出口委、国家计委、外贸部、国家外汇管理总局《关于修订〈出口商品外汇留成试行办法〉的报告》和修订后的《出口商品外汇留成试行办法》。

3月8日

第五届全国人大常委会第二十二次会议通过《关于国务院机构改革问题的决议》,原则批准国务院机构改革初步方案。

3月8日

第五届全国人大常委会第二十二次会议通过《关于严惩严重破坏经济的罪犯的决定》,对《中华人民共和国刑法》的一些相关条款作了相应的补充和修改。

3月16日

国务院发布《关于全国性专业公司管理体制的暂行规定》,提出:所有全国性专业公司不列入国务院行政机构,分别由有关部门领导;公司在经营管理上有自主权,成为经济实体。

3月26日

中国和瓦努阿图共和国建立外交关系。

3月30日

赵紫阳召集薄一波、杜星垣、薛暮桥、马洪、安志文、周太和开会,研究成立国家经济体制改革委员会的问题。

4月6日
邓小平会见英国前首相希思。

4月10日
邓小平在中共中央政治局讨论中共中央、国务院《关于打击经济领域中严重犯罪活动的决定》的会议上讲话指出：有四个方面的工作和斗争，要伴随着整个社会主义现代化建设的进程走。这四个方面的工作，或者叫坚持社会主义道路的四项必要保证，即：第一，体制改革；第二，建设社会主义精神文明；第三，打击经济犯罪活动；第四，整顿党的作风和党的组织，包括坚持党的领导，改善党的领导。在实现四个现代化过程中，我们要有两手，一手就是坚持对外开放和对内搞活经济的政策，一手就是坚决打击经济犯罪活动。4月13日，中共中央、国务院公布《关于打击经济领域中严重犯罪活动的决定》。

4月13日、20日
中央财经领导小组听取和讨论国家计委《关于拟订"六五"计划中几个问题的请示汇报》，提议"六五"后三年财政收入占国民收入的比重以保持28%为宜。

4月17日
国务院批转国家建委、国家城建总局《关于城市出售住宅试点工作座谈会的情况报告》，要求搞好"城市住宅试行出售给职工"的试点。明确在常州、郑州、沙市、四平4个城市进行试点。

4月22日—5月4日
第五届全国人大常委会举行第二十三次会议。彭真受叶剑英委托在会上作《关于中华人民共和国宪法修改草案的说明》。会议决定公布《中华人民共和国宪法修改草案》，交付全国各族人民讨论。会议还通过《关于国务院部委机构改革实施方案的决议》，决定将原有的52个部委再缩减为41个；万里、姚依林继续任国务院副总理；任命余秋里等10人为国务委员；还任命了国务院各部委的负责人。

4月24日
中共中央发出关于国家经济体制改革委员会领导干部任职的通知。同日，国务院体制改革办公室《关于国家经济体制改革委员会的机构设置与人员编制方案的请示》上报国务院。

4月29日
全国第一所集体所有制民办大学——中华社会大学在京成立。

4月30日
国务院原则批准《常州市经济体制综合改革初步规划》。

4月
四川省广汉县在全国率先进行了县级机构改革的试点，建立了新的县、乡两级管理机构。把公社改为乡，建立乡党委、乡政府、乡农工商联合公司；改生产大队为村，建立村民委员会；改生产队为农业生产合作社，实行独立核算，自负盈亏。

5月4日
五届全国人大常委会第二十三次会议同意国务院部委机构改革实施方案，新设立劳动人事部等部委。并原则批准《国家建设征用土地条例》，5月14日由国务院发布实施。

5月4日
国务院任命薄一波（兼）、杜星垣（兼）、安志文、周太和、童大林为国家经济体制改革委员会副主任。

5月6日、7日
打破部门和地区界限，按行业实行联合和改组的专业公司——中国船舶工业总公司和中国汽车工业公司相继成立。薄一波在成立大会上讲话指出，这是中国进行经济管理体制改革，用经济组织替代行政机构进行经营管理的一个重大突破。

5月10日
中共中央任命国家经济体制改革委员会党组组成人员，党组书记薄一波，党组副书记安志文、周太和，党组成员童大林、薛暮桥、廖季立、陶力。

5月21—22日
中央财经领导小组听取国家计委关于"六五"计划的汇报，基本同意汇报内容，提出"六五"计划搞好后，就要着手搞10年规划。

5月31日
万里在中纪委召开的中央党政军机关负责干部会议上讲话，要求各单位把打击经济领域中严重犯罪活动的斗争认真开展起来。

6月17日
国务院作出《关于疏通城乡商品流通渠道，扩大工业品下乡的决定》，指出：改变过去工业品流通按城乡分工的体制为商品分工、城乡通开的新体制。

7月3日
国家计委就工业企业联合改组问题向赵紫阳作了汇报。赵紫阳讲了以下意见：我们要发挥计划经济的优越性，同时克服其弊病。主要一点是讲经济规律，学会运用价值规律。

7月4日
邓小平在军委座谈会上讲体制改革问题时强调：重要的是选拔人才，要使好的比较年轻的干部早点上来，好接班。这件事要放在我们经常的日程中间。不解决选拔人才的问题，我们交不了班。

7月10—24日
中共中央召开全国政法工作会议。会议强调，新时期政法工作的主要任务是健全社会主义民主和法制，加强人民民主专政，保卫和促进以经济建设为中心的社会主义现代化建设。

7月11—16日
国家体改委以中国物价学会的名义，在杭州莫干山召开了苏联东欧经济体制改革座谈会（简称"莫干山会议"）。

7月13日
胡耀邦、薄一波对国家体改委第5号简报《江苏省部分小商品试行协商定价取得良好效果》一文作了批示。以后不久，放开了第一批小商品价格。

7月14日
国务院批转中国人民银行《关于人民银行的中央银行职能及其与专业银行的关系问题的请示》，提出中国人民银行是中国的中央银行，是国务院领导下统一管理全国金融的国家机关。

7月26日
邓小平同姚依林、宋平谈"六五"计划和长期规划时指出：社会主义同资本主义比较，它的优越性就在于能做到全国一盘棋，集中力量，保证重点。缺点在于市场运用得不好，经济搞得不活。

7月30日
邓小平在中共中央政治局扩大会议上提出：设顾问委员会是废除领导职务终身制的过渡办法，是干部领导职务从终身制走向退休制的一种过渡。陈云也在会上作《干部队伍的交接班问题是党的一件大事》重要讲话。

8月6日
中共十一届七中全会在北京举行。全会审议并通过中央委员会向党的第十二次全国代表大会的报告和《中国共产党章程（修改草案）》。

8月6日
国务院发布《物价管理暂行条例》，规

定：国家的物价方针和政策、物价法规和物价计划，由国务院制定和批准。

8月9日

国务院发布《工商企业登记管理条例》，规定：工商企业登记主管机关，在中央是国家工商行政管理局，在地方是省、自治区、直辖市和市、县工商行政管理局。

8月17日

中美两国政府发表《中华人民共和国和美利坚合众国联合公报》。《公报》重申了中美上海公报和建交公报关于互相尊重主权和领土完整、互不干涉内政的原则。

8月21日

邓小平在会见联合国秘书长德奎利亚尔时谈到：中国的对外政策是一贯的，第一是反对霸权主义，第二是维护世界和平，第三是加强同第三世界的团结和合作。我们摆在第一位的任务是在本世纪末实现现代化的一个初步目标，这就是达到小康的水平。

8月23日

五届全国人大常委会第二十四次会议通过《中华人民共和国商标法》，自1983年3月1日起施行；并批准了《国务院直属机构改革实施方案》。

9月1—11日

中国共产党第十二次全国代表大会在北京举行。邓小平在开幕词中提出要"建设有中国特色的社会主义"，并强调经济体制改革是进行四个现代化建设的一项重要保证。胡耀邦在政治报告中重申"中国的社会主义社会现在还处在初级发展阶段"，提出了经济体制改革的一些基本原则和实行对外开放的方针。

9月12—13日

中共十二届一中全会在北京举行。全会选举胡耀邦、叶剑英、邓小平、赵紫阳、李先念、陈云为中央政治局常委；胡耀邦为中央委员会总书记。全会决定，邓小平为中央军事委员会主席；叶剑英、徐向前、聂荣臻、杨尚昆为中央军事委员会副主席。

9月13日

中央顾问委员会举行第一次全体会议。

9月16日

国务院发出批转国家物价局等部门《关于逐步放开小商品价格实行市场调节的报告》的通知：有计划地逐步放开小商品价格，是促进小商品生产，搞活小商品流通，满足市场需要的一项重要措施。

9月16—25日

朝鲜劳动党总书记、国家主席金日成访问中国。

9月18日

赵紫阳主持召开国务院常务会议，讨论经济问题。赵紫阳的谈话要点是：1. 现在消费品也出现了买方市场。国务院决定改变过去工业品流通按城乡分工的体制为商品分工、城乡通开的新体制。2. 技术进步问题。3. 要认真抓一批大企业，大的抓住，小的放开。对国家经济有重大影响的大城市，也要一个一个抓。4. 对外经济技术交流中必须适当扩大沿海城市的自主权，利用外国资源，在国际市场上竞争。5. 对原材料工业特别是"三材"的供需状况要预先研究对策，不要过两三年又发生"无米之炊"。6. 组织石化总公司，用好1亿吨油。

9月22—26日

英国首相撒切尔夫人访问中国。24日，邓小平会见了撒切尔夫人一行，阐述了中国解决香港问题的基本立场。

10月5—13日

国家体改委召开的常州、沙市经济体制综合改革试点工作座谈会在京举行。会议同意常州市实行递增3%利润包干和会议纪要提出的其他事项。经国务院领导批准，11月3日，国家体改委印发了会议纪要。

10月16日

国家工商行政管理局在武汉召开全国小商品市场现场会，推广武汉市汉正街小商品市场的经验。

10月20日—11月10日

全国商业工作会议在北京召开。会议根据党的十二大精神，决定进一步清除"左"的影响，改变国营商业独家经营的做法，放宽政策，改革商业体制，打开商业工作的新局面。

10月22日

邓小平在会见戈帕尔斯瓦米·帕塔萨拉蒂率领的印度社会科学理事会代表团时指出：中印双方只要采取合情合理的方式，边界问题是不难解决的。即使一时解决不了，可以先放一放，在贸易、经济、文化等各个领域还可以做很多事情，双方合作仍然有广阔的前景。

10月24日—11月23日

中共中央召开全国农村思想政治工作会议和全国各省、市、自治区农业书记会议，明确肯定了家庭联产承包责任制的社会主义性质，并认为"这是中国农民的伟大创造"。

10月25日—11月12日

国务院召开全国计划会议，讨论和落实1983年计划，集中讨论了提高经济效益以及控制固定资产投资规模问题。

10月27日—11月5日

全国农村思想政治工作会议在北京召开，会议提出，根据十二大精神，农村工作要一手抓物质文明，一手抓精神文明。

10月27日

国务院颁布《关于解决企业社会负担过重问题的若干规定》，指出：当前，许多单位加给企业的社会负担名目繁多，使企业负担过重，严重地影响了企业的经济核算和正常生产，侵占了企业应当上交各级财政的利润，许多地区和企业迫切要求采取有力措施加以解决。今后随着经济管理体制的改革，在安排年度和长远计划中，对城市、矿区、林区各项建设事业要进行综合平衡，统筹解决。

10月29日

国家体改委拟定《关于"六五"期间和1983年经济体制改革的汇报提纲》，并于11月2日向中央财经领导小组作了汇报。

10月

国务院成立特区领导小组和特区办公室，谷牧任组长。

11月8日

国务院批转国家体改委、国家经委、财政部《关于当前完善工业经济责任制的几个问题的报告》。

11月10日

国家体改委邀请财政部、税务总局、国家计委、国家经委和国务院经济研究中心的人士座谈和讨论了如何加快国营企业利改税问题。田纪云讲了利改税的意义、作用和实施步骤。14日，赵紫阳对国家体改委12日上报的利改税座谈会提出的建议作了批示：原则同意。要快制定方案。薄一波也批示：赞成这个方案。

11月12—19日

五届全国人大常委会第二十五次会议在北京举行。会议审议通过了《中华人民共和国文物保护法》《中华人民共和国卫生法（试行）》。同时批准关于长江南通港、张家港港对外国籍船舶开放等项决定。

11月16日

赵紫阳在同安志文、廖季立的谈话中明确指示，"除首钢、二汽两个已经批准实行上交利润递增包干的企业……以外，其他大中型

1982年12月4日，第五届全国人民代表大会第五次会议通过新宪法。

企业，应一律征收所得税。"

11月26日—12月10日

五届全国人大五次会议在北京举行。赵紫阳在会上作《关于第六个五年计划的报告》，第三部分第四个问题专门讲了"积极稳妥地加快经济体制改革的进程"，提出"加快以税代利的步伐"。12月4日，会议通过第四部《中华人民共和国宪法》，同日公布。会议批准了《中华人民共和国国民经济和社会发展第六个五年计划》和《1983年国民经济和社会发展计划》，通过了《中华人民共和国代表大会组织法》《中华人民共和国国务院组织法》。会议还通过了关于本届全国人大常委会职权的决议和关于恢复《义勇军进行曲》为中华人民共和国国歌的决议。

11月30日

赵紫阳主持召开国务院常务会议，讨论关于国营企业上交利润改为征收所得税的问题。

12月1日

中共中央、国务院发出《关于征集国家能源交通重点建设基金》的通知。

12月3日

中共中央、国务院批转《当前试办经济特区工作中若干问题的纪要》。

12月4日

五届全国人大五次会议通过《中华人民共和国宪法》。

12月4日

国务院发出《关于改进"划分收支，分级包干"财政管理体制》的通知。

12月7日

中共中央发出《关于地方党政机关机构改革若干问题》的通知，提出：改革地区体制，在经济发达地区实行地市合并，市管县、管企业，省一般不直接管理工业企业，发挥中心城市的作用。

12月9日

国务院批准成立东北内蒙古煤炭工业联合公司。这是全国第一个跨省区煤炭联合企业。

12月9日

中国代表团团长、外交部副部长韩叙在第三次联合国海洋法会议最后会议上宣布，中国政府决定正式签署《联合国海洋法公约》。

12月11日

胡耀邦在省、市、自治区党委书记座谈会上发表《1983年的工作》讲话。

12月20日—1983年1月17日

赵紫阳应邀先后对埃及、阿尔及利亚、摩洛哥、几内亚、加蓬、扎伊尔、刚果、赞比亚、津巴布韦、坦桑尼亚、肯尼亚进行正式访问。这是继60年代周恩来访问非洲后中国总理第二次访问非洲。

12月24日

国务院发出《关于严格控制固定资产投资规模的补充规定》，规定自筹投资突破国家计划的，加收30%的能源交通重点建设基金。

12月31日

中共中央政治局会议讨论和通过了《当前农村政策的若干问题》。杜润生在会上作了说明。他说：3年来农民收入在增加，根本原因是搞了以家庭为单位的联产承包责任制。现在到了解决流通环节的时候。

数说发展

人口

总人口 101654 万人

- 出生率：**22.28‰**
- 死亡率：**6.60‰**
- 自然增长率：**15.68‰**

国内生产总值

（单位：亿元）

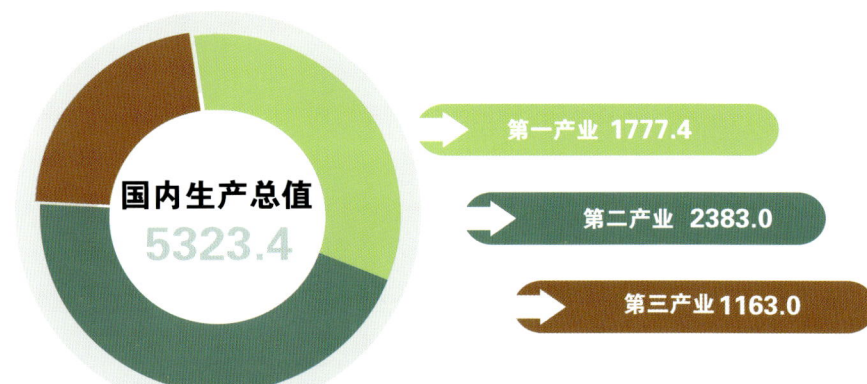

国内生产总值 5323.4

- 第一产业 1777.4
- 第二产业 2383.0
- 第三产业 1163.0

农林牧渔业

- 农业（作物栽培）1747 亿元
- 渔业 51 亿元
- 农林牧渔业总产值 **2785** 亿元
- 林业 110 亿元
- 牧业 456 亿元
- 副业 421 亿元

产量

类别	产量
粮食	35343 万吨
棉花	359.8 万吨
油料	1181.7 万吨
糖料	4359.4 万吨
水产品	515.5 万吨

黄金和外汇储备

- 黄金 **1267** 万盎司
- 外汇 **69.86** 亿美元

财政收支

- 支出 **1229.98** 亿元
- 收入 **1212.33** 亿元
- 收支差额 **−17.65** 亿元
- 收入占国内生产总值的比重 **22.8%**

对外经济

（单位：亿元）

进出口贸易总额 **772** 亿元

- 出口 414.3 亿元
- 进口 357.7 亿元
- 出口大于进口 56.6 亿元

工业

工业总产值 **5506** 亿元

- 轻工业 2766 亿元
- 重工业 2740 亿元

基本建设

- 全民所有制单位固定资产投资 **845** 亿元
- 城乡集体所有制单位投资 **1.74** 亿元
- 城乡个人建房投资 **181** 亿元

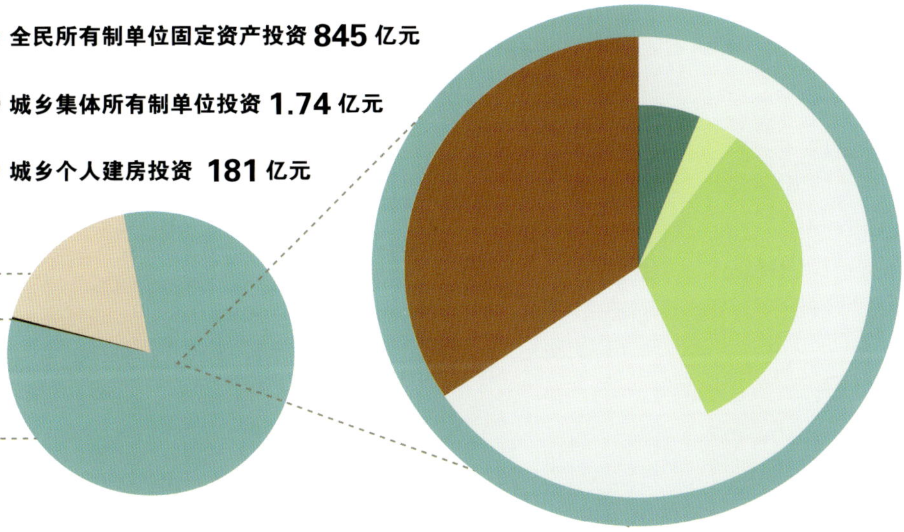

- 基本建设投资 **555** 亿元
- 自筹超过 **52** 亿元
- 国内贷款超过 **37** 亿元
- 国家预算内投资 **277** 亿元
- 更新改造及其他措施投资 **290** 亿元

建成投产的大中型建设项目 **116** 个

建成投产大中型建设项目的单项工程 **145** 个

交通运输和邮电通信业

邮电业务总量 **20.4** 亿元

新建运输里程

公路 **751** 公里

港口吞吐能力 **2182** 万吨

沿海主要港口货物吞吐量 **23764** 万吨

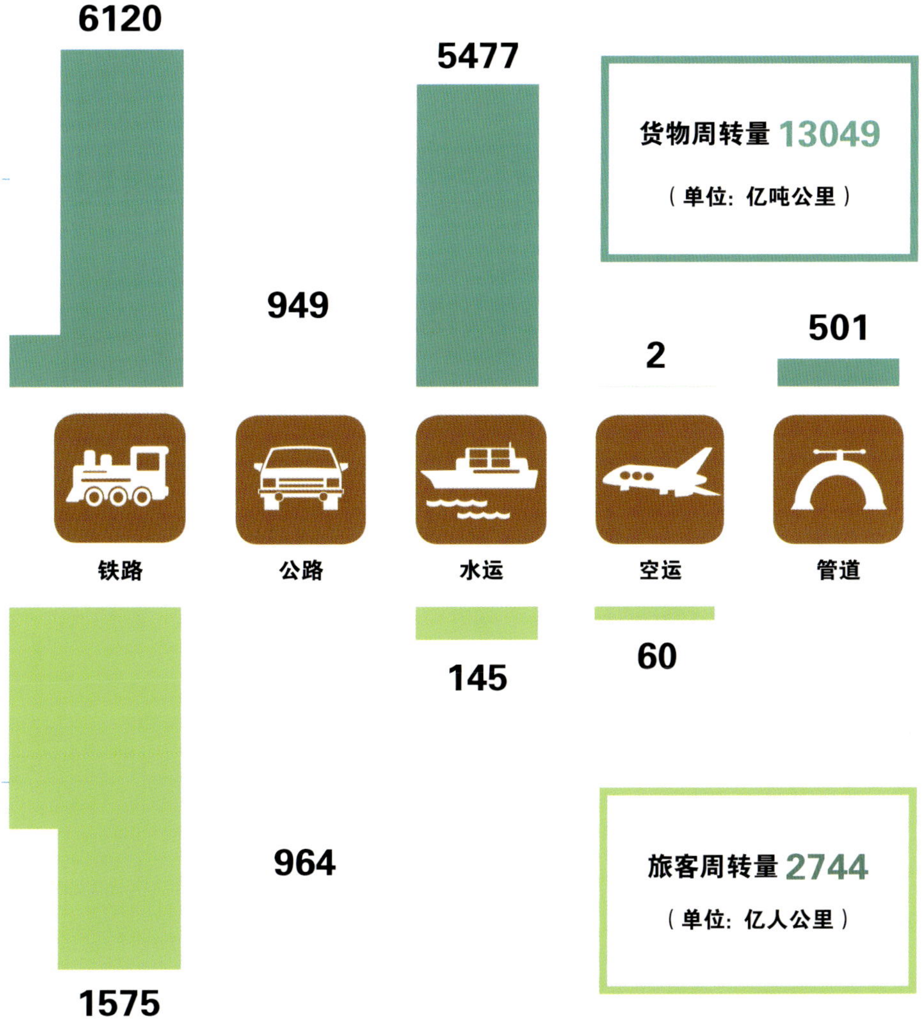

货物周转量 **13049** （单位：亿吨公里）

旅客周转量 **2744** （单位：亿人公里）

	铁路	公路	水运	空运	管道
货物	6120	949	5477	2	501
旅客	1575	964	145	60	

1982

国内商业

全民所有制商业收购商品总额
2622.5 亿元

- 农副产品 **855.6** 亿元
- 工业品 **1746.2** 亿元

主要消费品零售量增长幅度

商品	增长幅度
粮食	10.2%
食用植物油	28.4%
猪肉	6%
鲜蛋	9.9%
水产品	13.1%
食糖	8.9%
针织内衣裤	8.3%
呢绒	5.9%
照相机	17.5%
收音机	17.9%
电视机	18.3%
缝纫机	23%
手表	23.7%
电风扇	23.9%
自行车	39.9%
录音机	65.8%

社会商品零售总额
2570 亿元

- 全民所有制单位 **1968.6** 亿元
- 集体所有制单位 **414.4** 亿元
- 个体商业 **74.6** 亿元
- 农民直接对非农业居民 **110.8** 亿元

人民生活

城乡居民人均收入（单位：元）
- 农民 270
- 城镇职工 500

全国职工平均工资 798 元
- 全民所有制单位 836 元
- 城镇集体所有制单位 671 元

全民所有制单位基本建设竣工住宅面积
11790 万平方米

城乡人民储蓄存款
675.4 亿元

全国职工总数
11281 万人

增加 83 万人
增加 258 万人

- 全民所有制单位 8630 万人
- 城镇集体所有制单位 2651 万人

城镇个体劳动者 **147** 万人

科学技术

全民所有制单位自然科学技术人员 **626.4** 万人

重大科学技术研究成果 **4100** 项

其中，经国家批准的发明创造 **149** 项

教 育

（单位：万人）

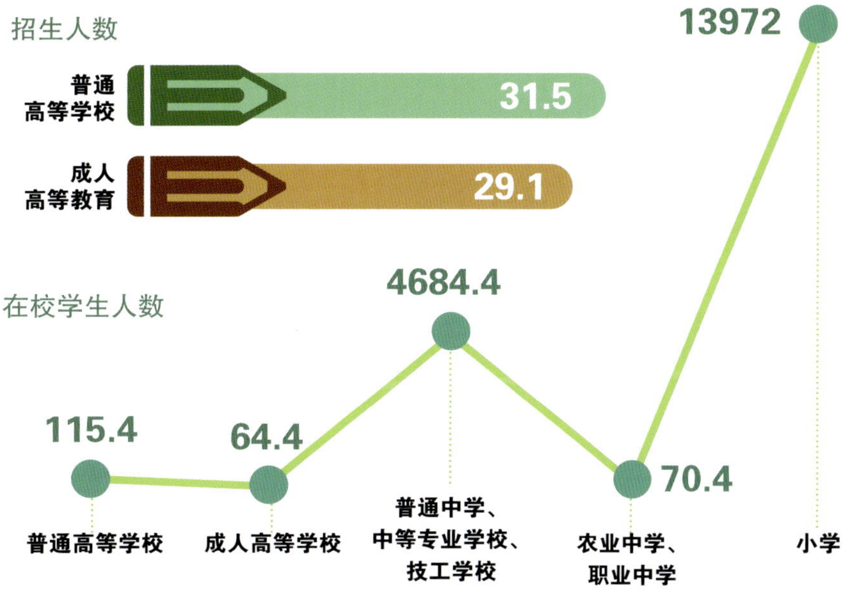

招生人数
- 普通高等学校 **31.5**
- 成人高等教育 **29.1**

在校学生人数
- 普通高等学校 115.4
- 成人高等学校 64.4
- 普通中学、中等专业学校、技工学校 4684.4
- 农业中学、职业中学 70.4
- 小学 13972

旅游

接待人数 **792.4** 万人
- 外国人 **76.4** 万人
- 华侨、港澳同胞 **716** 万人

全年收入外汇折合人民币 **15.7** 亿元

体育

获得世界冠军 **13** 个

打破和超过世界纪录 **11** 项

举办县以上运动竞赛会 **2.6** 万次

卫 生

医院病床 **205.4** 万张

专业卫生技术人员 **314.3** 万人

其中：医生 **130.7** 万人
护师、护士 **56.4** 万人

文 化

生产电影故事片 112 部
发行各种新片（长片）155 部
各类电影放映单位 14 万个
艺术表演团体 3460 个

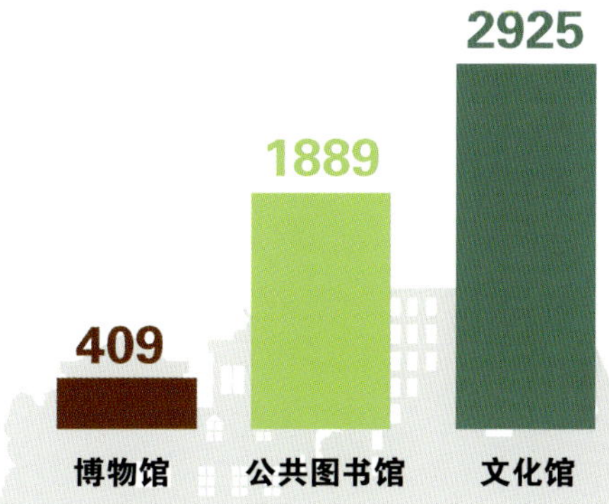

出版

全国性和省一级报纸 **140** 亿份
各类杂志 **15.1** 亿册
图书 **58.8** 亿册（张）

广播电台 **118** 座
广播发射台和转播台 **506** 座

电视中心台 **47** 座
一千瓦以上的电视发射台和转播台 **328** 座

- 博物馆 409
- 公共图书馆 1889
- 文化馆 2925

1978 1979 1980 1981 **1982** 1983 1984 1985 1986 1987 1988 1989 1990 1991 1992 1993 1994 1995 1996 1997 1998 1999 2000 2001 2002 2003 2004 2005 2006 2007 2008 2009 2010 2011 2012 2013 2014 2015 2016 2017 2018

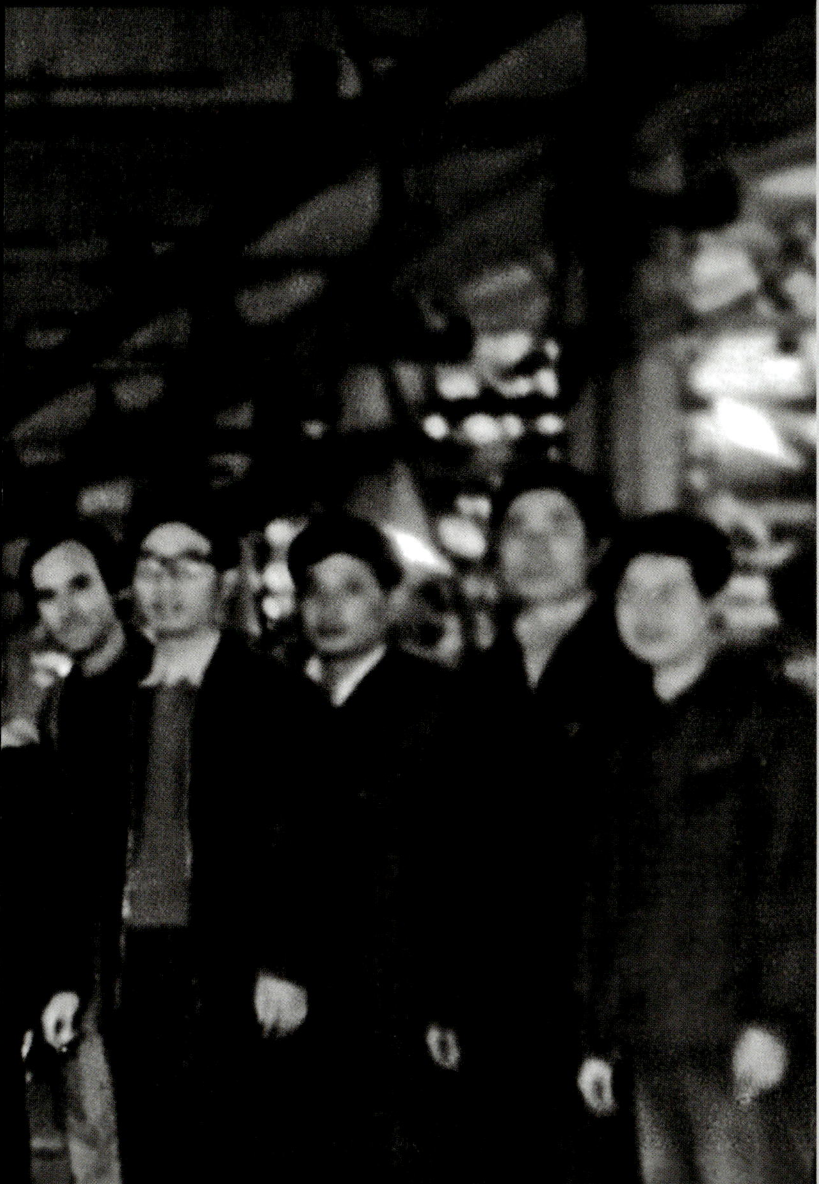

1983

- 第二个中央"1号文件"发布
- 重庆实行"计划单列"
- 试行劳动合同制,打破"铁饭碗"
- 个人承包企业:国企承包制的初步探索
- 国有企业试行"利改税"
- 建立"中央银行"
- 外贸体制改革:"统一管理,联合经营"

焦点事件

第二个中央"1号文件"发布

1982年11月，中央召集各省、自治区主管农业的书记和宣传部长在北京再次召开全国农村工作会议，主题是研究1983年农村工作的指导方针和加强农村思想政治工作问题。万里在会上提出："农村实行联产承包制，解决了生产和分配的大问题，但还是没有解决流通的问题。流通不畅已经阻碍生产的发展，到了非改不可的时候了。"会议形成的《当前农村经济政策的若干问题》文件中提出要促进两个转化，即"促进农业从自给半自给经济向大规模的商品生产转化，从传统农业向现代农业转化"。

1982年12月31日，经中央政治局讨论通过，《当前农村经济政策的若干问题》作为第二个中央1号文件，于1983年1月2日正式颁布。这个1号文件一方面从理论上肯定家庭联产承包责任制"是在党的领导下中国农民的伟大创造，是马克思主义农业合作化理论在中国实践中的新发展"；另一方面对整个农村改革的趋势作了科学的判断："商品生产的蓬勃发展，是农村经济新局面的一个基本特征，它标志着中国农村从自给自足、半自给性生产转向专业化、社会化生产的具有历史意义的开端。"

1983年1月12日，邓小平同国家计委、国家经委和农业部门负责人谈话。邓小平称赞说：1号文件很好，政策问题解决了。他指出：农村、城市都要允许一部分人先富裕起来，勤劳致富是正当的。一部分人先富裕起来，一部分地区先富裕起来，是大家都拥护的新办法，新办法比老办法好。总之，各项工作都要有助于建设

四川省广汉县松彬乡个体户易容和她的丈夫叶前海受到政府的嘉奖。这对夫妻在镇上开办饮食店，坚持薄利多销，为过往行人提供方便。

回忆

万里： 我国没有经过资本主义充分发展阶段，商品经济不发达。当前的中心问题是，在共产党的领导下如何发展商品经济。商品经济不发展是搞不好社会主义的。

资料来源：《现阶段的中心问题是如何发展商品经济》（万里于1982年11月10日同人民日报负责人和新华社记者谈话的内容），《万里文选》，人民出版社，1995年。

杜润生： 1983年这一年，农村改革的步伐加快，引起的经济生活变化也很显著。一是家庭承包普及到几乎每个村庄。二是农村劳动力从闲置状态下解放出来，发展多种门路的商品生产。农业商品率由上年的51.5%提高到59.9%，产值达2753亿元，比1978年增加了1299亿元，增幅近90%。

资料来源：《杜润生自述：中国农村体制变革重大决策纪实》，人民出版社，2005年。

山西应县种粮大户王福祯，独自承包土地620亩。他通过辛勤耕耘，1983年打粮13万斤，卖给国家10万斤，一年收入几万元，彻底摆脱了贫困。

重庆朝天门码头

有中国特色的社会主义,都要以是否有助于人民的富裕幸福,是否有助于国家的兴旺发达,作为衡量做得对或不对的标准。

1号文件虽然没有直接提倡商品经济,但已经涉及商品经济"禁区"的边缘。这个政策的公布,给农民"松了绑",大大放活了农村经济,为农村发展商品生产营造了环境,开辟了渠道。

1号文件公布后,农村专业户蓬勃兴起。各种新的经济联合体不断涌现。作为联接城市和农村的纽带,一批小城镇兴起,成为农村发展商品经济的中心。乡镇企业异军突起,成为中国农民继家庭联产承包责任制后又一个伟大的创造。家庭联产承包责任制的绩效释放出来,打开了农村商品经济的大门。

重庆实行"计划单列"

1980年,四川的国营企业"扩权"改革初见成效,但改革不配套问题日益凸显。工业、财政、金融、流通等诸多方面的同步改革亟须一个突破口。但是,重庆是一个大城市,经济联系比中等城市复杂,地位和影响也重要得多,要在这里进行改革必须有更充分的准备。因此,全国第一个城市综合经济体制改革试点被选择在了湖北沙市。

1982年,中国社科院工业经济研究所和四川省社科院向中央提出了在重庆进行综合改革试点的建议。

1983年年初,重庆市向中央和四川省提交了《关于在重庆进行经济体制综合改革试点意见的报告》。2月8日,中共中央和国务院联合发文,批准重庆市进行经济体制综合改革,计划单列,赋予其省一级经济管理权限。

此前,重庆曾经历过两次国家计划单列。1954年至1957年,重庆市第一次实行国家计划单列体制。1964年至1967年,重庆市第二次实行国家计划单列体制。这两次计划单列,都是在不改变城市隶属关系和经济权限的前提下,把城市的工业生产、基建投资、物资调拨、主要商品分配等指标单列户头,参与全国性综合平衡。

1983年8月12日,国家计委发文对重庆市计划单列问题作了明确规定。这是中华人民共和国成立后第三

✏ 回忆

张劲夫:1983年,我提出,由我和蒋一苇带着社科院工业经济研究所热心于搞股份制的同志,去重庆搞(股份制)试点。当时的国务院领导比我还积极,他说:此事由体改委牵头,北京、上海、深圳等地都要试点。这就把我原来设想的由学术机构力量去试点,变成由政府层次牵头去试点了。这样做影响很大,各地也有在此前后进行股份制改造试点的,一度形成了"股份制试点热"。

资料来源:《新中国股份制和证券市场的由来》,载张劲夫编《嘤鸣·友声》,中国财政经济出版社,2004年。

"嘉陵"是中国发展摩托车产业的奠基者和引导者,1980年首创"摩托车经济联合体"。

次对大城市实行计划单列管理的开端。较之前两次，从重庆开始的第三次计划单列有几个明显的特点：一是重庆市实行国家计划全面单列；二是重庆市作为相当于省级计划单位在国家计划中单独列户头；三是重庆市享有了相当于省一级的经济管理权限；四是四川省属在渝企事业单位下放到重庆市管理；五是重庆市行政上的四川省省辖市建制不变。

在重庆这样一个工业门类齐全、有雄厚的工业基础、"文化大革命"破坏惨重的大城市进行经济体制综合改革试点，是党和国家的一项重大决策。这个改革试点，对于进一步搞活和开发中国西南的经济，探索军工生产和民用生产相结合的新路子，以及推进以大城市为中心的经济体制改革，都具有重要意义。

试行劳动合同制，打破"铁饭碗"

1983年2月22日，劳动人事部发布了《关于积极试行劳动合同制的通知》。通知指出，中国现行的以固定工为主体的用工制度，事实上已成为一种无条件的"终身制"，它同分配上的平均主义结合一体，形成了"铁饭碗""大锅饭"的严重弊病。通知还指出，这种制度在客观上起了打击先进、保护落后的作用，严重地束缚了生产力的发展，极不利于实现中共十二大提出的战略目标。因此，用工制度上"铁饭碗""大锅饭"的积弊，势在必改。在这样的情况下，《关于积极试行劳动合同制的通知》的发出，就彻底打破了建国后实行的以固定工为主体的"终身制"用工制度，为改掉"终身制""铁饭碗""大锅饭"严重弊病提供了重要措施。劳动合同制就成为用工制度方面破旧创新的一项重要改革。

劳动合同制的实行，打破了"铁饭碗""大锅饭"，有利于企业

浙江海盐衬衫总厂厂长、改革家步鑫生在沪和上海的青年企业家座谈改革。

👤 人物：步鑫生

步鑫生于1980年出任浙江省海盐县衬衫总厂厂长，此时，企业濒临破产。他一是学习农村的联产承包责任制，在车间实行了"联产计酬制"；二是抓质量，做坏一件衬衫要赔两件。"你砸我的牌子，我砸你的饭碗"，此话由步鑫生说出后曾风靡一时；三是规定请假不发工资，若真生病要由他来决定是否补贴。当时，"泡病假单"在企业中很流行，步鑫生解释这是为了治一治这种"流行病"；四是每年要开订货会；五是打响衬衫的牌子；六是要讲工作效率和速度。

在步鑫生带领下，工厂打破"大锅饭"，经过全面改革，企业获得了飞速发展，一年后成为全省行业领头羊。

1983年4月26日，《浙江日报》在第2版以一个整版的篇幅发表了介绍步鑫生改革事迹的长篇通讯《企业家的歌》。这篇报道在全国产生了巨大影响，掀起了一股学习步鑫生改革精神的热潮。

同年11月，新华社上报了一期介绍步鑫生尝试企业改革的内参。时任中共中央总书记的胡耀邦对内参作了批示：海盐衬衫总厂厂长步鑫生解放思想、大胆改革、努力创新的精神值得提倡。对于那些工作松松垮垮，长期安于当外行，做一天和尚撞一天钟的企业领导干部来讲，步鑫生的经验应当是一帖治病的良药，使他们从中受到教育。

11月16日，《人民日报》头版刊登《一个有独创精神的厂长——步鑫生》，并将胡耀邦批示以编者按语的形式配发。

然而，这篇新闻报道也引起了一系列争论。随后，《工人日报》浙江分社以内参形式发文《我们需要什么样的独创精神》，指责步鑫生独断专行。1984年，浙江省委联合调查组进驻海盐调查，结论是：步鑫生本人虽有不足，但是改革并没有错。随后，中央指示全国推广步鑫生的精神。由中央下命令在全国推广一个人，之前只有雷锋和焦裕禄。

2月26日，新华社播发了浙江省委支持步鑫生改革创新精神的报道，并配发中共中央整党工作指导委员会办公室的长篇按语，肯定步鑫生的改革创新精神。

第二天，《人民日报》在头版刊登文章，标题是"浙江省委充分肯定步鑫生的改革创新精神 中央整党工作指导委员会指出要积极支持敢于改革创新的干部"。

步鑫生的名字，挟裹着一股旋风，由此走向全国。

改善经营管理，进而提高经济效益。同时，也极大地调动了员工的生产积极性，工人们在"铁饭碗"逐渐被打破之后有了危机意识，生产效率也得以提高，企业和员工实现了"双赢"，社会经济发展也逐渐走向了多元化的道路。

个人承包企业：国企承包制的初步探索

工业企业承包制的提出，很大程度上是源于农村家庭联产承包责任制的巨大成功。根据农村家庭承包责任制的成功经验，有人主张在国有企业改革中引入承包制。作为一种探索，国家于1981年进行扩大企业自主权试点，选择首都钢铁公司等企业作为承包经营试点。到1983年，作为一种重要的改革方式，以利润包干为主要内容的承包经营责任制在全国很快发展。

1983年2月26日，《人民日报》刊登了这样一则消息："在国家经委和江西省委支持下卢火根冲破阻力承包办厂"。卢火根个人承包企业，开创了国企承包制中的"另类"，在当地引起了不小的轰动。

卢火根的老家在离南昌不远的高安市农村。80年代初，那里普遍实行了家庭联产承包责任制，家乡面貌发生了很大变化。原先社员出工懒洋洋，承包后各家各户的事不用人催，就安排得井井有条。这事给卢火根留下很深的印象。

丰城硫酸磷肥厂是家国有企业，有500多职工。1980年到1982年亏了80多万元，国家补了66万元。1982年是该厂生产最好的年份，生产了3.2万吨肥料，实现产值380万元，但还是亏了21万元，国家补贴了18万元。当时，卢火根任一个车间的党支部书记，对厂里的情况比较清楚，认为厂里同样存在"大锅饭"问题，从厂长到职工都有必要实行利益与责任的再确定。于是，他站出来要求承包这个厂。

他提出，考核一个企业不能仅仅以产量、产值作指标，因为它们不能反映实质，而应该以利润作为考核的重要指标。但是，这一方案没人敢认同。多次碰壁之后，他连续给国家经委主任袁宝华写了9封信，最后得到批准。袁宝华的批复转到江西省委，也得到了省委主要领导的支持。

但是，领导的支持并没减少个人承包国有企业的阻力。一个专家小组来到丰城，对卢火根的方案进行论证。论证会从下午一直争论到晚上，争论的焦点集中在两点：第一，个人承包国有企业，国有企业不就是个人的了吗？国家利益在哪儿？个人不又成资本家了吗？第二，以追求利润为目标，从政治经济学角度看，这是资本主义惯用的办法，国有企业能用吗？如果用了，国有企业会变质吗？但是，江西省几套班子态度坚决，认为还是应该鼓励大胆尝试，卢火根的方案得到认可。卢火根与有关部门签订了合同，这一合同将责、权、利相结合。权利，是省里给的，允许他

人物：马胜利

1984年3月，上级给石家庄造纸厂下达了一个17万元的利润指标，要求工厂扭亏为盈。时任石家庄造纸厂业务科长的马胜利，写了一份《向领导班子表决心》的"大字报"：我请求承包造纸厂……年底上缴利润70万元，工人工资翻番，达不到目标甘愿受法律制裁。他把它张贴在厂门口。

马胜利写下这一纸承包决心书的时候，恰逢中共十二届三中全会通过《中共中央关于经济体制改革的决定》这一指导中国经济体制改革的纲领性文件，全国迅速加快了以城市为重点的整个经济体制改革的步伐。从1978年的土地承包到1984年的国企承包，"马承包"生逢其时，一夜之间创造了一个国企改革的"神话"。

马胜利承包造纸厂后，推行"层层承包，责任到人"的管理方法，使长年处于计划经济体制下的国有造纸企业很快扭转了亏损局面。头一个月，造纸厂就实现利润21万多，比原先整年的指标17万还多，结果震惊全厂，也震惊全市。第一年承包期满，马胜利完成利润140万元，比他提出的承包指标70万元翻了一番；第二年又盈利180万元。马胜利提出的"三十六计"和"七十二变"承包思路成为国营企业摆脱困境的"灵丹妙药"。1986年年底，马胜利获得"时刻想着国家和人民利益的好厂长马胜利"和"勇于开拓的改革者"称号。

"马承包"闻名全国，"一包就灵"的改革神话也在各地广泛传播，许多处在困境中的国有造纸厂纷纷找上门来，要求马胜利承包。1987年，为了发展企业，马胜利开始"放眼全国"，吸收了全国20个省市的100多家亏损造纸企业，组建了"中国马胜利造纸企业集团"。他一人担任100家分厂的法人代表。这一年，马胜利被评为"国家有突出贡献的科学技术专家"。1988年，马胜利和鲁冠球、汪海等20人荣获全国首届企业家金球奖。1986年和1988年，马胜利两次获得五一劳动奖章。

马胜利为改革初期企业扭亏为盈提供了行之有效的经营方式，他的历史贡献至今仍被人们铭记。

按照设想的方案管理这一国有企业，期限5年；利益，暂时不提；责任，每年实现利润70万元，上交58万元。由卢火根立下军令状，达不到指标，负法律责任。

卢火根按照自己的设想，将各类指标层层分解，干得好奖励，干得不好处罚，使每个员工都有了责任与利益的压力和激励。当年，该厂就扭亏为盈，实现合同规定的各类指标。

此后，各地大量的中小国营企业都实行了个人承包制。河北的马胜利从1984年承包石家庄造纸厂后，到1987年，竟跨越数省，承包了各地100多家造纸厂，被称为"国企承包第一人"。

国有企业试行"利改税"

中国的国营企业受传统的计划经济理论影响，一直采用"利润上缴"的方法，即企业把全部的收入上缴国家，而企业所需要的资金，则另由国家预算层层下拨。国营企业都必须按照国家计划组织生产，自己决定不了生产什么和生产多少；利润

1980年，财政部在柳州市进行"利改税"试点。图为进行改革的柳州第二工程机械厂。

都得交给国家，利润多者多缴，少者少缴，没有利润者不缴。当企业发生亏损时，国家还要拿财政的钱来补贴；职工的安排和工资、福利也由国家统一决定。在这样的体制下，国营企业不用承担相应的经济责任，与此相对应的是企业没有经营自主权。国家对企业统得太死，以至于企业成了政府机构的附属物，而不是真正的商品生产者和经营者，从而使企业和职工失去了发展生产、改善经营管理的积极性。

1983年初，国务院决定在全国国有企业试行利改税。2月28日，国务院批转《财政部关于国营企业利改税试行办法（草案）的报告》。3月17日至29日，财政部召开全国利改税工作会议，国务院总理赵紫阳和国务院常务会议听取了该会议情况的汇报。3月21日，国务院在北京召开全国工业交通会议，强调当前主要是对国营企业推行以税代利的改革，促进企业的整顿和调整。

4月24日，国务院发出通知，同意财政部报送的《财政部关于全国利改税工作会议的报告》和《关于国营企业利改税试行办法》，并将其转发各省、自治区、直辖市人民政府和国务院各部门执行。4月29日，财政部发布《关于对国营企业征收所得税的暂行规定》。自当年6月1日起，国营企业开始普遍推行"利改税"制度。国有企业利改税由此开始，这也是中国税收走向市场化的起点，是改变改革开放整个进程的关键一步。

"利改税"的核心是把国营企业向国家上交的"利润"改为缴纳"税金"，将所得税引入国营企业利润分配领域，税后利润全部留归企业，以使国营企业逐步走上自主经营、自负盈亏的道路。不过，由于当时中国的价格体系还没有完全理顺，利改税只能采取渐进式的方法，分两步走。第一步，对国营大中型企业实行税利并存，也就是在

观点

蒋一苇：经济体制改革有微观问题，也有宏观问题。微观的改革就是要把企业搞活，这是整个改革的根本出发点和立足点。企业作为一个经济实体，对整个国民经济来讲就像人的肌体上的一个细胞。企业能不能健康、活跃地发展，对整个国民经济的发展有决定性作用。但是细胞不是孤零零地存在和发生作用的，细胞之间必须有紧密联系，通过联系才能组成肌体。因此，光是搞活企业还不行，还必须按照经济的内在联系，把企业组织起来，形成一个强有力的国民经济体系。这是宏观经济管理问题，必须在搞活企业的基础上认真加以解决。如果说扩大企业自主权标志着经济体制改革的第一阶段，那么发挥中心城市的作用就标志着第二阶段的开始。
资料来源：《发挥中心城市作用与经济体制改革》，《经济体制改革》，1983年第1期。

林凌、高宏德：提高企业素质的主要目标应当是：在大力提高构成企业素质诸要素——劳动者素质、生产资料素质、企业组织管理素质（或者说：职工队伍的素质、工艺技术装备的素质、经营管理的素质）的内在质量的基础上，努力使诸要素达到最佳的组合，使企业具有强大的不断满足人民群众日益增长的物质文化生活需要的能力，增加企业盈利和扩大社会积累的能力，依靠技术进步不断采用新技术、新装备、开发新产品的能力，依靠自身力量不断扩大再生产的能力，在国内市场竞争中保持优势的能力。
资料来源：《提高企业素质与经济体制改革》，《经济体制改革》，1983年第3期。

企业的利润中先征收一定比例的所得税，对税后的利润采取多种形式在国家和企业之间进行合理分配；第二步，则是在价格体系基本趋于合理的基础上，将国营企业应当上交国家财政的收入"分税种"向国家缴税，由之前的"税利并存"逐步过渡到"以税代利"。

这次税制改革从根本上改变了中国税制的面貌，中国初步建立了适应有计划的社会主义商品经济的税收制度，对于保证财政收入、加强宏观调控、促进改革开放、推动经济与社会发展起到了重要的作用，也为后来深化税制改革奠定了基础。

建立"中央银行"

从中华人民共和国成立到中共十一届三中全会，中国实行的一直是"大一统"的金融体制，中国人民银行集中央银行和商业银行的作用于一身，既负责货币发行和金融管理，又具体从事各种业务经营。计划经济体制条件下这种单一狭窄、管理体制高度集中的金融模式，在国民经济中自然难以发挥作用。再加上金融主体的变化和金融市场的发育，中国的金融体制亟须改革。

1982年7月，国务院副总理姚依林、田纪云和国务委员张劲夫向中央财经领导小组递交了《关于设置中央银行的几点意见》，提出："建立一个权威的中央银行，以加强信贷资金的集中管理，确保财政信贷的综合平衡，已成为当务之急。"1983年3月，国务院经济研究中心向国务院提出了设立"银行的银行"即中央银行，以此机构来管理各专业银行的建议。1983年5月，国务院经济研究中心多次邀请四大银行座谈。经过争论和协商、研讨，最后达成一个共识：建立中央银行是当务之急，中央银行的主要任务是对经济进行宏观调节，确保财政信贷收支的综合平衡。

1983年9月17日，国务院发布了《关于中国人民银行专门行使中央银行职能的决定》，规定中国人民银行专门行使中央银行职能，不再办理工商信贷和储蓄业务；中国人民银行作为发行的银行、政府的银行、银行的银行，是领导和管理全国金融事业的国家机关，应主要用经济办法对各金融机构进行管理。同时，另设中国工商银行办理中国人民银行原来所办理的全部工商信贷业务和城镇储蓄业务。这一决定让中国人民银行完全摆脱了具体的信贷储蓄业务，专门行使中央银行职能，明确了中国人民银行是领导和管理全国金融事业的国家机关。至此，人民银行的商业性业务基本剥离，这代表着中国中央银行体制进入单一制阶段。

中央银行体制的建立，使得中国人民银行在货币政策的制定和贯彻执行上拥有了更大的自主权，这对于集中资金进行重点建设、加强宏观调控、进一步搞活经济和稳定货币流通、健全和完善社会主义金融体系等具有多方面的重要意义，为中国金融体制向市场化方向转变创造了必要前提。

外贸体制改革："统一管理、联合经营"

中华人民共和国成立以后，国家实行了高度集中的对外贸易统制政策。改革开放后，国内经济迅速发展，国家经济交往逐步增多，外贸统制政策不利于竞争、不讲求经济效益，特别是造成国内国际两个市场脱节等弊端日渐突出，外贸体制改革势在必行。从1979年开始，国家逐步下放了外贸经营权，批准各地方可以成立地区的外贸专业进出口公司。到1983年，国务院先后批准成立的经济部门和省、市、区地方的外贸公司达到400余家。

高度集中的统制政策被打破，但又出现了过于分散经营的弊端。获得了外贸经营权的公司，在国内到处争资源，哄抬价格，对外则争抢外商客户，靠降价互相挤对，展开恶性竞争，使国家蒙受了巨大的经济损失。据财政部统计，仅1983年上半年，全国外贸亏损额就达

20世纪80年代在美国举办的中国商品展览，吸引了不少美国人前来参观。

流行志

▶《排球女将》

《排球女将》是一部描写女排运动员刻苦训练、顽强拼争的日本电视剧，1983年在中国播出。片中以小鹿纯子为代表的女排姑娘们的精湛球技和充满人性关怀的友情故事，深深打动了无数中国观众的心。小鹿纯子"晴空霹雳""流星赶月"等带有魔幻色彩的打球技巧，使排球这项体育运动风靡一时。一脸灿烂笑容的小鹿纯子成为"清纯""甜美"的代名词，把额角两侧的头发扎成小辫的"纯子头"成了最流行的发型。

▶《霍元甲》

1983年，由香港亚洲电视台制作的《霍元甲》引入内地播放，这是第一部在中国内地播放的香港电视连续剧。《霍元甲》引发收视热潮，由黄元申和梁小龙分别饰演的霍元甲和陈真，成为那个时代的经典人物。其主题曲《万里长城永不倒》传唱神州大地，荡气回肠的旋律让亿万国人热血沸腾。内地电视台每一次播放该剧都会掀起收视热潮，也引来一阵爱国热潮。黄元申和梁小龙的那种前面有刘海，后面长及脖子的发型流行于年轻人中。

▶沙发

改革开放以前，由于沙发价格昂贵，普通百姓是买不起沙发的。改革开放以后，随着中国人民生活水平的提高，沙发开始进入寻常百姓家。在20世纪80年代，沙发便开始成为中国家庭客厅的主角，是客厅的视觉焦点，也是体现客厅风格的重要选择。那时候，沙发款式还比较单调，如果客厅里能放上一张转角沙发，整个客厅顿时就气派起来。

▶"燕舞！燕舞！一曲歌来一片情！"

20世纪80年代初，中国的广告还不多，好的广告更少，且形式单一，内容规矩。1983年，江苏省盐城燕舞电器厂为"燕舞"牌收录机做的商业广告脱颖而出。广告画面上，一个英俊潇洒的青年怀抱吉他边弹边跳，唱着："燕舞！燕舞！一曲歌来一片情！"这是载歌载舞的广告形式第一次在电视上出现，在当时引起轰动，朗朗上口的广告词老少皆知，背景音乐比许多歌曲还要深入人心。

 语录 "是颗流星，就要把光留给人间，把一切奉献给人民。"

——张海迪

背景：身残志坚、自强不息的残疾姑娘张海迪，是20世纪80年代青年的榜样。张海迪的事迹通过工会、妇联、共青团等渠道层层上报，经过了一年多的升温过程，终于在1983年达到最高潮。1983年3月1日，《中国青年报》头版刊发长篇通讯《生命的支柱——张海迪之歌》，以及张海迪的自述《是颗流星，就要把光留给人间》。在自述的开篇张海迪写道："既然是颗流星，就要把光留给人间，把一切奉献给人民。"

人物：孙冶方

孙冶方（1908年9月—1983年2月），原名薛萼果，江苏无锡人。中国著名的马克思主义经济学家。

从20世纪50年代中期起，孙冶方写了大量的内部研究报告和论文，对在国内外社会主义建设中有着广泛影响的唯意志论和自然经济论进行了有力的批判，深入探讨了社会主义经济理论，发表了一整套关于改革经济管理体制的真知灼见，比如以提高经济效益为中心的价值论、流通论、企业论、利润论，等等。他在社会主义经济理论方面提出了一些具有重大影响的观点，也因此受到来自"左"倾思潮的不公正批判。"文化大革命"期间，孙冶方身陷囹圄，被完全剥夺了自由。在逆境中，他仍以敏锐的思维探索着社会主义革命和建设的理论指导。人们从教训中逐渐理解了他的一些观点，他的某些改革主张也被党和政府采纳。1978年，他被任命为中国社会科学院顾问，并当选为全国第五届政协委员。1982年9月，他抱病出席了党的十二大并当选为中共中央顾问委员会委员。孙冶方为发展马克思主义经济科学不懈地奋斗了一生。1983年2月22日，孙冶方因肝癌病故，终年75岁。

经济学界公认，孙冶方是中国经济学界对自然经济论的最早批判者；是中国经济学界对传统经济体制实行改革的最早倡导者；是中国经济学界创建社会主义经济学新体系的积极探索者；是中国学术思想界坚持理论联系实际，为真理而勇于献身的光辉典范。他60个春秋的理论活动在历史背景下极具开拓性，对中国经济学发展作出了杰出贡献。

为了纪念孙冶方对马克思主义经济学的重大贡献，由薄一波、姚依林、谷牧、张劲夫、薛暮桥、马洪、于光远、徐雪寒、李人俊、刘国光、孙尚清等55人发起，于1983年成立了孙冶方经济科学基金会。这个奖项是迄今为止中国经济学界的最高奖。

资料来源： ①《中国百名经济学家理论贡献精要》（第一卷），中国时代经济出版社；②《孙冶方生平》，孙冶方基金会官方网站。

42.53亿元，进、出口产品全部亏损。

1983年，外贸部向国务院提出了外贸体制改革方案。国务院否定了外贸部的方案，要求国务院经济研究中心协调各方意见，帮助外贸部制定新的改革方案。经济研究中心常务干事徐雪寒受主任薛暮桥之托，召集有关各方，反复协调、研究，提出了"统一管理、联合经营"的方针，最后形成了一个带有折中色彩的外贸体制改革方案，以国务院的名义提出。这个方案提出：外贸部要统一管理对外贸易，特别要管国外外贸机构的设置，对重要的进出口商品发放许可证，决定各外贸专业公司经营进出口业务的方针政策，协调它们之间的出口配额和价格等。进出口贸易公司的经营权应当交给各专业公司。外贸部的专业公司与地方、部门的外贸专业公司以及生产出口商品的大工厂和专业基地，联合经营，各计盈亏。外贸部的各级专业公司，也应有必要的经营自主权，各计盈亏，不吃"大锅饭"。国务院发出的《关于当前外贸工作的通知》指出：对外贸易的行政管理权必须集中到对外经济贸易部，实行统一领导和归口管理，改变"政出多门"的现象。

到1983年底，作为最早的外贸体制改革试点单位，青岛纺织品联合进出口公司月均创汇335美元，出口创汇增长率为全国纺织品行业平均值的11倍多。以"统一管理，联合经营"为核心的外贸体制改革取得了显著成效。

语录 "教育要面向现代化，面向世界，面向未来。"

——邓小平

背景：景山学校是1960年中共中央宣传部创办的一所专门进行教学改革试验的中小学一贯的实验学校，一直受到邓小平的特别关怀。1983年，景山学校进入全面改革中小学教育的新阶段，在中小学的整体改革应该怎么改，应该按什么方向来设计的问题上，学校领导想到请邓小平题词，或者说几句话，指明新时期教育改革的方向。

1983年9月7日，学校以全校师生的名义给小平同志写了一封信。9月9日邓小平就为学校题了词："教育要面向现代化，面向世界，面向未来。"随后，1985年的《中共中央关于教育体制改革的决定》将这句话确定为教育战线的战略方针和教育发展方向。

🌐 环球大事

1983年1月3日的《时代周刊》封面，是由乔治·高尔于1982年设计的作品，两具雕塑坐在家用电脑前，预示着互联网时代的生活。

▶ **1月1日**
TCP/IP协议取代了旧的网络，成为今天的因特网的基石。

▶ **1月5日**
苏联核动力人造卫星"宇宙1402号"失去控制，引起各国的关注。

▶ **2月5日**
世界社会未来研究协会在加拉加斯举行第二次代表大会，通过宣言，呼吁在社会正义的基础上建立新的国际秩序。

▶ **2月26日**
联合国贸发会议第六次会议拉美地区部长级预备会议在哥伦比亚举行，发表联合声明，强调发展中国家经济合作是重组国际经济关系的关键手段。

▶ **3月8日**
石油输出国组织部长在伦敦举行紧急会议，为避免"油价战"造成油价大幅度下跌而努力。

▶ **3月16日**
欧洲第一个防止大气污染公约生效。

▶ **4月19日**
联合国亚太经济社会委员会第39届年会在曼谷开幕，研讨解决本地区面临的经济和社会问题。

▶ **6月1日**
欧洲核子研究中心宣布发现"Z0"亚原子粒子。

▶ **6月24日**
萨利·赖德乘坐"挑战者"号航天飞机上天，成为第一个进入太空的美国妇女。

▶ **7月3日**
第六届联合国贸发会议闭幕，会议通过关于世界经济形势的《贝尔格莱德宣言》和关于国际经济问题的若干决议。

▶ **8月29日—9月2日**
第11届世界石油大会在伦敦举行，中国第一次参加会议。

▶ **8月30日**
第14届南太平洋论坛年会在堪培拉举行，决定加强各国经济关系。

▶ **9月18日**
世界能源会议接纳中国国家委员会为会员，原台委员会改称中国台湾成员委员会。

▶ **9月24日**
国际货币基金组织中代表发展中国家的24国集团举行部长级会议，协调在该组织和世界银行年会中的立场。

▶ **10月11—14日**
联合国国际原子能机构第27届大会举行，接纳中国为会员国。

▶ **10月28日**
联合国粮农组织通过援助14个国家的经济和社会发展计划。

👁 社会关注

央视春节联欢晚会首次现场直播

中国中央电视台春节联欢晚会，通常简称为央视春晚，或直接称为"春晚"，是在每年农历除夕晚上为庆祝农历新年举办的综艺性文艺晚会。1983年2月12日，中央电视台举办了第一次现场电视直播的春节联欢晚会。

1983年"春晚"条件较为简陋，现场观众不足200人，演播厅面积不足600平方米。由于晚会经费缺乏，没有演员、主持人的服装采购费，并因刻录磁头太贵、没有钱做录像而选择了直播。中国电视史上的第一次"春晚"直播就这样诞生了。这台晚会虽然略显稚嫩，但却是中国电视节目跨出一大步的标志，也让中国的电视艺术形式日趋完善，让中国的大众传播理念逐渐现出雏形。此后，中央电视台每年都直播春节联欢晚会。

1983年12月，中国"七五"重点工程科研项目之一——"银河"Ⅰ巨型计算机系统诞生。

中国第一台每秒亿次计算机研制成功

1983年12月22日，中国第一台每秒钟运算达1亿次以上的计算机——"银河"在长沙研制成功，中国成为继美、日等国之后，世界上第三个能够独立设计和制造巨型计算机的国家。

"银河"巨型计算机系统是中国当时运算速度最快、存贮容量最大、功能最强的电子计算机，对加快现代化建设有很重要的作用，是石油、地质勘探、中长期数值预报、卫星图像处理、计算大型科研题目和国防建设的重要手段。

■ 重要文献

《当前农村经济政策的若干问题》
（1983年1月2日）

1983年1月2日，中共中央印发《当前农村经济政策的若干问题》（简称1983年中央"1号文件"，1982年12月31日经政治局讨论通过）。文件指出：党的十一届三中全会以来，我国农村发生了许多重大变化，其中，影响最深远的是普遍实行了多种形式的农业生产责任制，而联产承包制又越来越成为主要形式。联产承包制是在党的领导下我国农民的伟大创造，是马克思主义农业合作化理论在我国实践中的新发展。文件还阐述了关于要按照我国国情，逐步实现农业的经济结构改革、体制改革和技术改革，走出一条具有中国特色的社会主义的农业发展道路等14个问题。

节选：

（三）稳定和完善农业生产责任制，仍然是当前农村工作的主要任务。

联产承包责任制迅速发展，绝不是偶然的。……这种分散经营和统一经营相结合的经营方式具有广泛的适应性，既可适应当前手工劳动为主的状况和农业生产的特点，又能适应农业现代化进程中生产力发展的需要。……凡是群众要求实行这种办法的地方，都应当积极支持。当然，群众不要求实行这种办法的，也不可勉强，应当始终允许多种责任制形式同时并存。

（四）适应商品生产的需要，发展多种多样的合作经济。

经济联合是商品生产发展的必然要求，也是建设社会主义现代化农业的必由之路。当前，各项生产的产前产后的社会化服务，诸如供销、加工、贮藏、运输、技术、信息、信贷等各方面的服务，已逐渐成为广大农业生产者的迫切需要。适应这种客观需要，合作经济也将向这些领域伸展，并不断丰富自己的形式和内容。

根据我国农村情况，在不同地区、不同生产类别、不同的经济条件下，合作经济的生产资料公有化程度，按劳分配方式以及合作的内容和形式，可以有所不同，保持各自的特点。……这样，根据经济发展的需要，自然而然地毫不勉强地通过多种形式、多种层次的经济联合，可以把众多的分散的生产者联结起来，使之成为整个社会主义经济的有机组成部分。

（五）人民公社的体制，要从两方面进行改革。这就是，实行生产责任制，特别是联产承包制；实行政社分设。

……在政社分设后，基层政权组织，依照宪法建立。

——摘自国家经济体制改革委员会办公室编《经济体制改革文件汇编（一九七八——九八三）》第159—162页，中国财政经济出版社，1984年。

■ 重要文献

《政府工作报告》

(赵紫阳，1983年6月6日)

1983年6月6日，在第六届全国人民代表大会第一次会议上，国务院总理赵紫阳代表国务院作政府工作报告。指出，过去的五年，是我国从政治上经济上克服困难走上健康发展的五年。在这期间，我国取得了很大成就，各个领域都发生了巨大变化。今后五年政府的主要任务是：动员全国各族人民全面和超额完成第六个五年计划，制定和执行第七个五年计划，把以经济建设为中心的各项建设事业继续推向前进，实现党的十二大提出的争取国家财政经济状况和社会风气的根本好转，在全面开创社会主义现代化建设新局面的斗争中取得重大胜利。

节选：

今后五年政府的主要任务应该是：动员全国各族人民全面完成和超额完成第六个五年计划，制定和执行第七个五年计划，把以经济建设为中心的各项建设事业继续推向前进，实现中国共产党第十二次全国代表大会提出的争取国家财政经济状况和社会风气的根本好转，在全面开创社会主义现代化建设新局面的斗争中取得重大胜利。

(一) 关于经济建设

党的十二大确定，到本世纪末实现工农业年总产值翻两番的战略目标必须分两步走。从一九八一年到一九九〇年的前十年，主要是打好基础；从一九九一年到二〇〇〇年的后十年，争取进入一个新的经济振兴时期。这是从客观实际出发作出的正确决策。今后五年是打基础的关键性五年。我们一定要在这五年中搞好国民经济的调整，加快改革的步伐，抓紧重点建设和技术改造，保证经济的稳定增长，并为以后的发展积蓄力量，创造条件。

……国务院认为，必须从以下三个方面认真解决好这个问题。

第一、大力提高经济效益，积极扩大财源。……

第二、合理分配国民收入，提高财政收入在国民收入中的比重。

(二) 关于经济体制改革

适应经济建设发展的要求，必须加快经济体制改革的步伐。

我国整个经济体制的改革，正在加紧研究，通盘规划，争取尽早制订出方案，进行试点和局部实行，以便在"七五"期间有步骤地全面展开。全面改革经济体制，要着重解决以下问题。

第一、改革计划体制，加强国家对国民经济的有效管理和指导。计划体制的改革，是经济体制改革的重要环节。要根据计划经济为主、市场调节为辅的原则，按照企业、产品和任务的不同，分别采取指令性计划、指导性计划和市场调节三种管理办法。……

第二、按照社会化大生产的要求组织生产和流通，发展统一的社会主义市场。……

第三、改革财政体制和工资制度、劳动制度。……

我们正在和将要进行的各项改革，目的是要克服妨碍社会生产力发展的原有体制中的弊端和缺陷，逐步形成适合中国国情的新的经济体制，建设具有中国特色的社会主义。这种改革也是一场革命，但它当然不是社会制度的根本改变，不是要动摇、背离社会主义制度，而是在社会主义自身基础上的自我改进、自我完善。……

——摘自《中华人民共和国国务院公报》1983年第14期，第620—627页，中华人民共和国国务院办公厅编辑出版。

▌重要文献

《四化建设和改革问题》

（胡耀邦，1983年1月20日）

1983年1月7—20日，建国后首次全国职工思想工作会议在北京召开。20日，胡耀邦出席会议并作了《四化建设和改革问题》的重要讲话，提出搞四个现代化建设必须进行一系列的改革，改革要贯穿四个现代化建设的整个过程，这应该成为中共领导"四化"建设的一个极为重要的指导思想。

节选：

全面而系统地改，就是一切战线，一切地区，一切部门，一切单位，都有改革的任务，都要破除陈旧的、妨碍我们前进的老框框、老套套、老作风，都要钻研新情况，解决新问题，总结新经验，创立新章法。坚决而有秩序地改，就是全党都要按中央确定的步骤，坚决而有秩序地进行。总之，要以是否有利于建设有中国特色的社会主义，是否有利于国家的兴旺发达，是否有利于人民的富裕幸福，作为衡量我们各项改革对或不对的标志。我们必须认识改革的极端重要性和紧迫性。……

……"无产阶级专政条件下继续革命"的论断是错误的，有害的；社会主义社会还要在各方面进行改革的论断则是正确的，必要的。

……我们有理由更深入地问：社会主义社会建立了生产资料公有制，克服了资本主义生产的社会性和生产资料的私人占有之间的矛盾，为什么不能充分发挥应有的活力呢？……问题主要还是在于落后的经营管理方式。几十年正反两个方面的经验证明，先进的公有制，还必须靠先进的方式去经营。恰恰在这个带根本性质的问题上，我们不敢改革，不敢创新。

改革势必触动上层经济领导部门特别是中央各经济部门和省市，进行领导方法的改革。……现在，我们面对着的不仅是一个十亿人口的大国，而且经济规模和事业规模也比过去大多了，生产资料公有制已占绝对优势。在这种情况下，上级经济部门做好工作的关键，应该是要多做：全局性的规划工作；思想和政策的指导工作；经济立法工作；……

——摘自盛平主编《胡耀邦思想年谱（1975—1989）》，香港泰德时代出版有限公司出版。

▌重要文献

《关于在重庆进行经济体制综合改革试点的意见》

（1983年1月10日）

1983年2月8日，中共中央、国务院批准四川省委、省人民政府《关于在重庆进行经济体制综合改革试点意见的报告》，决定在重庆市进行城市经济体制综合改革试点。改革的任务有三项：进一步搞活和开发中国西南的经济；探索军工生产和民用生产相结合的新路子；如何组织好以大城市为中心的经济区。

节选：

……这次改革的任务，就是要按照国务院领导同志提出的方针，充分发挥重庆的经济和地理优势，打破现行的行政区划，打通重庆对海外的直接经济联系，加强重庆作为长江上游经济中心的地位和作用，提高社会经济效益，加快经济发展速度，逐步形成以重庆为依托的，工业、农业、交通运输业、内外贸易、科学技术、金融事业等综合发展的开放型的经济区。……

为了充分发挥重庆经济中心的作用，在重庆进行经济体制综合改革试点的基本方向是：

1. 根据国务院领导同志《关于第六个五年计划的报告》的精神，改革城乡分割、条块分割、领导多头的管理体制，实行以大中城市为中心的、城乡结合、条块结合的经济管理体制。
2. 在不改变省辖市的行政关系的条件下，给市以相当于省的经济管理权力，由市直接承担完成国家的计划和上缴财政任务的责任。
3. 在全国统一计划下，国家对市实行计划单列，由市负责计划的综合平衡，按照计划经济为主、市场调节为辅的原则，积极发挥各种经济杠杆的作用。
4. 坚持以社会主义公有制经济为主体，统筹安排全民、集体、合营和个体经济，发展多种经济形式和多种经营方式。
5. 按照专业化协作的原则和经济合理的要求，发展多种形式的经济联合，形成合理的产业结构、产品结构和企业组织结构。
6. 打破地区、部门、城乡的分割状态，在重庆建立商业、物资中心，按经济合理流向组织商品流通，做到货畅其流。
7. 全面实行利改税的体制，改善国家与企业的关系，进一步健全经济责任制，改革工资奖励制度，克服统收统支"吃大锅饭"、平均主义的弊病。
8. 按照党政企合理分工的原则和以大中城市为中心管理经济的要求，改革行政管理机构。

——摘自国家经济体制改革委员会办公室编《经济体制改革文件汇编》第673—685页，中国财政经济出版社，1984年。

📖 重要文献

《关于实行政社分开，建立乡政府的通知》

（1983年10月12日）

1983年10月12日，中共中央、国务院发出《关于实行政社分开，建立乡政府的通知》。《通知》指出：当前农村改变政社合一体制的首要任务是把政社分开，建立乡政府；同时按乡建立乡党委，并根据生产的需要和群众的意愿逐步建立经济组织。《通知》规定乡的规模一般以原有公社的管辖范围为基础，要求各地有领导、有步骤地搞好农村政社分开的改革，争取在1984年底以前大体上完成建立乡政府的工作，改变党不管党、政不管政和政企不分的状况。

📖 重要文献

《关于积极试行劳动合同制的通知》

（1983年2月22日）

1983年2月22日，劳动人事部发布《关于积极试行劳动合同制的通知》。《通知》要求国营企业进行劳动合同制度的改革和试点工作，并将劳动合同制与经济责任制紧密结合，改掉"终身制""铁饭碗""大锅饭"的严重弊病。

节选：

一、中国现行的以固定工为主体的用工制度，事实上已成为一种无条件的"终身制"，它同分配上的平均主义结合一体，形成了"铁饭碗""大锅饭"的严重弊病。……这种制度在客观上起了打击先进、保护落后的作用，严重地束缚了生产力的发展，极不利于实现党的十二大提出的战略目标。因此，用工制度上"铁饭碗""大锅饭"的积弊，势在必改。

二、试行劳动合同制的根本目的，就是为了打破"铁饭碗""大锅饭"，真正实行"各尽所能、按劳分配"的社会主义原则，充分调动人们的社会主义积极性，解放生产力。劳动合同制的基本特征是，用签订劳动合同的形式，规定劳动者和用人单位的义务与权利，实行责、权、利相结合。把劳动合同制与经济责任制紧密结合起来，……

三、劳动合同制的适用范围，既包括全民所有制单位，也包括区、县以上集体所有制单位；既包括普通工种，也包括技术工种。……

六、试行劳动合同制，需要工资、福利、保险制度以及其他方面改革的配套。合同制工人的工资、福利和保险待遇，不应沿用固定工吃"大锅饭"的办法。……

——摘自国家体改委办公厅编：《十一届三中全会以来经济体制改革重要文件汇编》（中）第681—682页，改革出版社，1990年。

> 重要文献

《关于国营企业利改税试行办法》

（1983年4月24日）

1983年4月24日，国务院批转财政部《关于国营企业利改税试行办法》，提出对国营企业实行利改税，是经过充分酝酿和几年试点确定的一项重大改革。《办法》要求凡有盈利的国营企业，应根据实现的利润，按照一定税率或比例缴纳企业所得税。

节选：

一、凡有盈利的国营大中型企业（包括金融保险组织），均根据实现的利润，按百分之五十五的税率交纳所得税。企业交纳所得税后的利润，一部分上交国家，一部分按照国家核定的留利水平留给企业。上交国家的部分，可根据企业不同情况，分别采取下列办法处理：

（一）递增包干上交的办法。

（二）固定比例上交的办法。

（三）交纳调节税的办法。……

（四）定额包干上交的办法。只限于矿山企业实行，其他企业不实行这个办法。

二、凡有盈利的国营小型企业，应当根据实现的利润，按八级超额累进税率交纳所得税。……

十七、各地区在实行本办法以前，对一些企业已实行自定的包干办法、留成办法和承包制的，应分别不同情况处理……

——摘自国家体改委办公厅编《十一届三中全会以来经济体制改革重要文件汇编》（中）第346—347页，改革出版社，1990年。

大事记

1月2日

中共中央印发《当前农村经济政策的若干问题》，简称1983年中央1号文件，作为草案给各地试行。

1月7—22日

中共中央书记处委托中宣部、中组部、中共中央书记处研究室、国家经委、中华全国总工会、共青团中央和全国妇联7个单位在北京联合召开全国职工思想政治工作会议。18日，中国职工思想政治工作研究会成立。20日，胡耀邦在会上作了《四化建设和改革问题》的讲话。7月1日，中共中央正式批转《国营企业职工思想政治工作纲要（试行）》。

1月18日

国家体改委提出《关于国营大中型企业不再扩大上交利润递增包干的意见》。

1月21日

国务院发出《关于严格贯彻执行〈国家建设征用土地条例〉的通知》。

2月3日

国务院批准试行国家计委《关于对商品粮基地建设进行改革试点的报告》，计划在"六五"后三年先在安徽、江西、湖南、湖北、江苏、河南、黑龙江、吉林8省，选择50个县进行试点，联合建设50个商品粮基地。

2月5日

薄一波在国家体改委2月3日报送的《关于建议成立中国经济体制改革研究会的请示报告》上批示：我同意，请紫阳同志核。同日，赵紫阳批示：同意。至此，中国经济体制改革研究会正式成立。

2月5日

国务院发布《城乡集市贸易管理办法》。

2月8日

中共中央、国务院批准四川省委、省人民政府《关于在重庆市进行经济体制综合改革试点意见的报告》。4月4日，国务院办公厅转发国务院原则同意四川省政府转报的《关于贯彻落实中央指示搞好重庆市综合改革试点的报告》，明确重庆市在国家计划中实行单列，赋予相当于省级经济管理权限。

2月9日，3月5日、12日

谷牧召集国务院有关部门的负责人对海南岛的开发建设问题进行讨论、研究。在这次讨论会上，形成了"加快海南的开发建设，是全国的四化建设，加强民族团结，巩固祖国南海国防，促进台湾回归，完成祖国统一大业，都具有重大意义"建议。中共中央、国务院批转了这次讨论会的纪要，并形成中发【1983】11号文件。

2月11日

赵紫阳主持召开国务院常务会议，讨论国营企业实行利改税问题。

2月11日

国务院批转国家体改委、商业部《关于改革农村商业流通体制若干问题的试行规定》，并发出通知指出：面对农村商品生产迅速发展和商品交换规模日益扩大的新形势，农村商品流通体制的改革，已经势在必行。

2月15日

中共中央、国务院发出《关于地市州党政机关机构改革若干问题的通知》。

2月17日

国务院批转农牧渔业部《关于发展农垦农工商联合企业若干问题的规定》，并发出通知指出，各级人民政府和国务院各有关部门要积极支持农垦系统的改革，帮助研究新情况，解决新问题，使国营农场在农业现代化进程中更好地发挥示范作用。

2月19日

中共中央、国务院批准成立中国石油化工总公司。

2月22日—3月2日

第二次全国党校工作会议在北京举行。会议研究了党校的改革问题，使党校尽快由短期轮训干部为主转向正规化培训干部为主，逐步实现正规化，为培养革命化、年轻化、知识化、专业化的党政干部作出新贡献。

2月28日

国务院批转财政部《关于国营企业利改税试行办法（草案）的报告》。

2月28日—3月5日

第五届全国人大常委会第二十六次会议在北京举行。会上宣读了叶剑英致本次会议的信，建议不再提名选举他为第六届全国人大代表，不再将他列为全国人大常委会委员长候选人。会议同意叶剑英的请求并复信致敬。会议还通过了县级以下人民代表大会代表直接选举的若干规定和一些决定。

3月2日

国家计委、国家经委、劳动人事部、建设银行印发《基本建设项目包干经济责任制试行办法》，指出：实行建设项目包干经济责任制，是基本建设管理上的一项重大改革，是改变多年来存在的敞口花钱、吃"大锅饭"弊端的有效途径。

3月5日

中共中央、国务院发出《关于发展城乡零售商业、服务业的指示》。

3月8日

国务院物价小组成立，张劲夫任组长。

3月12日

中共中央、国务院批准成立中国国际经济技术交流中心。

3月13日

中共中央在北京举行万人大会，隆重纪念马克思逝世100周年。胡耀邦在会上作《马克思主义伟大真理的光芒照耀我们前进》的讲话。

3月16日

国务院批转国家经委、经贸部《关于进一步办好中外合资经营企业的报告》，指出要进一步放宽政策，把这件事情办得更好。

3月17—29日

财政部在北京召开全国利改税工作会议。会议决定自1983年6月1日起，国营企业全面试行利改税。4月27日，国务院批准财政部制订的《关于国营企业利改税试行办法》。《办法》于5月2日公布。征税工作从6月1日起开始办理。

3月18日

国务院决定成立中国光大实业公司。

3月21日—4月1日

国务院在北京召开全国工业交通会议,强调当前主要是对国营企业推行以税代利的改革,坚持以提高经济效益为中心,实现速度和效益的统一;继续贯彻执行调整、改革、整顿、提高的八字方针,加快改革步伐,促进企业的整顿和调整。4月27日,经国务院批准,由财政部制订的《关于国营企业利改税试行办法》下发各地。

3月25日

万里主持召开国务院常务会议,听取王丙乾关于利改税问题的汇报。会议原则同意财政部《关于利改税问题的汇报提纲》中请示的几个问题的意见。

3月25日

国务院原则同意交通部《关于长江航运体制改革方案》,要求积极进行试点,逐步推开,争取在1984年内完成改革任务。

3月25日

国家体改委、国家经委、商业部、纺织部发出《关于对纺织品(包括针棉织品)实行产销结合试点的通知》,确定先在北京、天津、江苏3省市试行。

3月

江苏省结合行政机构改革,率先实行撤销地区,由市领导县的新体制。

4月1日

中共中央、国务院批转《关于加快海南岛开发建设问题讨论纪要》,并发出通知指出:中央决定加快海南的开发建设,在政策上放宽,给予较多的自主权。中央各有关部门要从人、财、物上积极给予必要的直接支持。

4月1日

国务院颁布《国营工业企业暂行条例》。《条例》规定:国营工业企业是社会主义全民所有制的经济组织,企业实行党委领导下的厂长(经理)负责制和党委领导下的职工代表大会制。

4月1日

国务院批准成立中国有色金属工业总公司。

4月2日

国务院制定关于台湾同胞到经济特区投资的特别优惠办法。

4月12日

国务院发布《国营企业利改税试行办法》。

4月13日

国务院发布《关于城镇劳动者合作经营的若干规定》和《〈关于城镇非农业个体经济若干政策性规定〉的补充规定》。次日,国务院又发布《关于城镇集体所有制经济若干政策问题的暂行规定》。

4月15日

国务院批转国家经委、劳动人事部、财政部《关于当前推行经营责任制工作中有关工资奖金问题的报告》。

4月24日

国务院批转财政部报送的《关于全国利改税工作会议的报告》和《关于国营企业利改税试行办法》,同意自1983年1月1日起实施利改税试行办法。

4月28日

国务院批转教育部、国家计委《关于加速发展高等教育的报告》。5月3日,国务院批准成立全国高等教育自学考试指导委员会,并同意在全国各省、市、自治区逐步推行高等教育自学考试制度。

4月29日

国务院常务会议讨论银行问题。

4月29日

财政部发出《关于对国营企业征收所得税的暂行规定》,规定自1983年6月1日起施行,征税时间从1983年1月1日起计算。同日,财政部对国营工交、商业企业实行利改税财务处理问题作了规定。

5月6日

中共中央、国务院发出《关于加强和改革农村学校教育若干问题的通知》。

5月9日

教育部、劳动人事部、财政部、国家计委联合发出《关于改革城市中等教育结构、发展职业技术教育的意见》。

5月12日

新华社报道,国务院最近批准,从1983年起全国铁路部门实行税后上交利润递增包干。

5月20日

国务院发出《关于加强市场和物价管理的通知》,指出:当前,在市场、物价管理方面,也存在着不少问题。有些集体、个体商贩从国营商店套购紧缺商品,转手高价倒卖;有些国营、集体、个体商业人员出售商品短斤少两,以次充好,掺杂使假,或者擅自提价。为了加强市场和物价管理,以促进生产,扩大流通,稳定物价,保护群众利益,要求各省、市、自治区应按照本通知的精神,结合本地的实际情况,制定具体的管理办法和措施,认真组织实施。

5月23—25日

中美商业贸易联合委员会首届会议在京举行。中美商业贸易联合委员会是中美两国之间最高层次的双边经贸磋商机制,工作重点是推动双边经贸合作的开展,同时讨论具体的经贸问题。

1983年,全国首家生产美国百事可乐饮料的中美合作企业——"深圳饮乐汽水厂"投产。

5月26日

邓小平会见世界银行行长奥尔登·温希普·克劳森及随行人员。

5月27日

国务院学位委员会和北京市人民政府联合召开博士和硕士学位授予大会。王震、方毅等出席大会；赵紫阳等接见中国自己培养的第一批博士及其导师以及硕士学位获得者的代表。

6月4—22日

中国人民政治协商会议第六届全国委员会第一次会议在北京举行。会议选举邓颖超为全国政协主席。

6月6—21日

第六届全国人民代表大会第一次会议在北京举行。

6月14日

广东省经济特区办公室成立。

6月15日

国务院发布《中华人民共和国金银管理条例》，规定：国家对金银实行统一管理、统购统配的政策。

6月20日

国家计委、国家经委、统计局发布《关于更新改造措施与基本建设划分的暂行规定》。

6月23日

国家体改委和国务院经济研究中心《关于当前利改税工作中几个值得注意的问题的报告》上报薄一波并报赵紫阳、万里，建议尽快设计第二步利改税的方案。

6月25日

邓小平会见出席第六届全国人大一次会议和政协第六届全国委员会一次会议的港澳地区人大代表和政协委员并发表讲话。

6月25日

国务院批转中国人民银行《关于国营企业流动资金改由人民银行统一管理的报告》。从7月1日起，国营企业的流动资金改由银行贷款，国家财政不再增拨。

6月28日

中共中央办公厅、国务院办公厅转发国家科委党组《关于当前农村科技工作和体制改革的若干意见》和中国科协党组《关于农村科普工作座谈会的报告》。

6月29日

国务院批准珠海经济特区扩大为15.16平方公里，同意将原划定的东片和中片连成一体。

7月3日

国务院、中央纪律检查委员会向各地发出《关于坚决制止乱涨生产资料价格和向建设单位乱摊派费用的紧急通知》。

7月8日

深圳市宝安县联合投资公司成立，在深圳首次公开发行股份证。这是全国第一家股份制集资企业。

7月9—15日

教育部、国家计委、劳动人事部在北京联合召开全国专门人才规划工作会议。

7月12日

国务院决定成立外贸体制改革小组。

7月13日

国务院颁发《关于科技人员合理流动的若干规定》。

7月18日

中国政府加入《关于成立海关合作理事会公约》，中国成为海关合作理事会的成员国。

7月19日

国务院批准《对侨资企业、外资企业、中外合资经营企业外汇管理施行细则》。本《施行细则》由国家外汇管理局于8月1日发布施行。

7月23日

赵紫阳主持召开会议，听取廖季立关于中国社科院经济学家代表团赴匈牙利考察经济体制改革情况的汇报，并作了指示。赵紫阳指出，要运用经济调节手段管理经济，要组织一个强有力的管理调节手段的组织，放在体改委。

7月25—26日

第六届全国人大常委会举行委员座谈会，座谈严惩严重破坏经济的犯罪问题。中央纪律检查委员会向会议提交了《关于打击经济领域中严重犯罪活动工作的报告》。

7月26日

国务院颁发《关于制止乱涨生产资料价格的若干规定》，要求全民所有制企业生产、经营的国家定价的生产资料价格，都应该检查、整顿。当前首先是整顿钢材、生铁、水泥、木材、煤炭五类价格，以及地方认为问题突出、影响很大的品种。集体所有制企业生产和经营的国家定价的生产资料价格，也要检查整顿。

8月10日

国务院发出《关于整顿和加强统配物资管理的通知》，指出：当前物资管理分散，纪律松弛的情况十分严重。为了适当集中物力保证国家重点建设，纠正经济领域的不良风气，必须切实整顿和加强统配物资的管理。

8月11—17日

国家体改委在丹东市召开5省10市座谈会，会议主要讨论了市管县后如何发挥中心城市作用问题，同时讨论了进一步完善利改税制度问题。30日，国家体改委将《关于5省10市座谈会情况报告》上报。

8月22日

国务院发布《中华人民共和国经济合同仲裁条例》。

8月24日

中共中央、国务院作出《关于引进国外智力以利四化建设的决定》。9月7日，中共中央决定，成立中央引进国外智力以利"四化"建设工作领导小组，由姚依林任组长。

8月25日—9月2日

第六届全国人大常委会第二次会议在北京举行。刘复之在会上汇报了社会治安情况。会议通过了关于严惩严重危害社会治安的犯罪分子和关于迅速审判严重危害社会治安的犯罪分子的程序等九个决定。9月2日，彭真就严厉打击刑事犯罪问题和几个有关的法律草案作了重要讲话。同日，中共中央发出《关于严厉打击刑事犯罪活动的决定》。

9月1日

国务院批准进一步放开小商品价格，第二批再放开350种（类）。

9月1日

国务院发布《中华人民共和国财产保险合同条例》。

9月2日

六届全国人大常委会第二次会议通过关于修改《中华人民共和国中外合资经营企业所得税法》的决定。

9月3日

中共中央、国务院发出《关于加强利用外资工作的指示》。

9月15日

中华人民共和国审计署在北京成立。审计署的主要职责在于依据《中华人民共和国审计法》的规定，对中央财政预算执行情况和其他财政收支，中央各部门、事业单位及下属单位的财务收支，省级人民政府预算的执行情况和决算，中央银行的财务收支和中央金融机构的资产、负债和损益状况，国务院各部门管理的和受国务院委托由社会团体管理的社会保障基金、环境保护资金、社会捐赠资金及其他有关基金、资金的财务收支，国际组织和外国政府援助、贷款项目的财务收支，其他法律法规规定应由审计署进行的审计项目等进行监督审计。

9月17日

国务院作出《关于中国人民银行专门行使中央银行职能的决定》。国务院还决定成立中国工商银行，承担原来由人民银行办理的工商信贷和储蓄业务。1984年1月1日，中国工商银行在北京成立。

9月20日

国务院发布《中华人民共和国中外合资经营企业法实施条例》，对外国投资者和合资企业内各个方面普遍关心的一些政策作了具体而明确的规定。

9月23日

国务院发布《烟草专卖条例》，规定：设立国家烟草专卖局，对烟草专卖进行全面的行政管理。设立中国烟草总公司，统一领导、全面经营管理烟草行业的产供销、人财物、内外贸业务。本条例自1983年11月1日起施行。

9月29日

赵紫阳主持召开中央财经领导小组会议，讨论国家计委根据财经小组办公会议讨论情况起草的《关于保持经济稳定增长的几个问题》的文件。经过讨论，会议提出以下意见：1. 适当紧缩银根，控制货币投放； 2. 加快城市改革的步伐，要重点抓好进一步完善利改税的工作。

10月4日

国务院批转国家物价局、国家经委《关于进一步贯彻工业品按质论价政策的报告》。

10月11日

国际原子能机构第27届大会一致通过决议，接受中华人民共和国为该机构成员国。12月30日，中国把接受国际原子能机构规约的接受书送交保存国——美国政府，从而自1984年1月1日起，正式取得在该机构的成员国资格。

10月11—12日

中共十二届二中全会在北京举行。全会之前，举行了预备会议。全会经过讨论，一致通过《中共中央关于整党的决定》，确定从1983年冬季开始全面整党，用三年时间分期分批地对党的作风和党的组织进行一次全面整顿。

10月12日

中共中央、国务院发出《关于实行政社分开建立乡政府的通知》。

10月16—17日

中央召开经济问题座谈会，各省、市、自治区负责人参加，由姚依林作报告，提出要狠抓扭亏增盈工作。

11月19日

国务院发出《关于制止买卖土地、租赁土地的通知》，指出：中国人口多、耕地少，必须十分珍惜每寸土地，切实保护现有耕地。对买卖、租赁土地的行为，必须坚决制止。

11月23—30日

胡耀邦应日本政府的邀请，对日本进行友好访问。访问期间，双方一致同意把中日关系三原则扩大为四原则，即：和平友好，平等互利，相互信赖，长期稳定。双方还决定建立"中日友好21世纪委员会"。

11月28日—12月15日

中共中央在北京召开全国农村工作会议。参加会议的有各省、市、自治区主管农村工作和财贸工作的负责人，中央各有关部门的负责人和有关方面的代表400多人。会议的任务是，分析今年年初中央发布的《当前农村经济政策的若干问题》贯彻执行以来农村出现的形势，拟订关于1984年农村工作方针，向中央提出建议，以便进一步适应、保持和发展农村已经开创的新局面。

12月1日

中共中央、国务院发出《关于县级党政机关机构改革的通知》，指出：县委、县政府工作部门的设置，要根据党政合理分工的精神和精简的原则，大力简化和紧缩，重叠的机构一律撤销，业务相近的机构坚决合并，工作量不大、能够合署办公的就合署办公，分工不清、互相扯皮的加以调整，条件确已具备改为经济组织和事业单位的就不再作为国家行政机关。政企要分开，不搞行政性公司，不搞政、企、事不分的一个单位两块牌子的机构。

12月8日

六届全国人大常委会第三次会议通过《中华人民共和国统计法》，自1984年1月1日起施行。

12月29日

国务院颁发《中华人民共和国海洋石油勘探开发环境保护管理条例》。

12月29日

国务院发出《关于建立民族乡问题的通知》，《通知》指出：建立民族乡是一件重要的工作，是关系到加强民族团结、保障少数民族实现民族平等权利的大事，各省、市、自治区应当予以重视。

数说发展

人口

总人口：**103008** 万人

 出生率　20.19‰

 死亡率　6.9‰

 自然增长率　13.29‰

国内生产总值

国内生产总值：**5962.7** 亿元

第一产业 1978.4 亿元

第二产业 2646.2 亿元

第三产业 1338.1 亿元

社会生产总值 11052 亿元

财政收支　（单位：亿元）

占国内生产总值的比重 22.9%

收入 1366.95

收支差额 −42.57

支出 1409.52

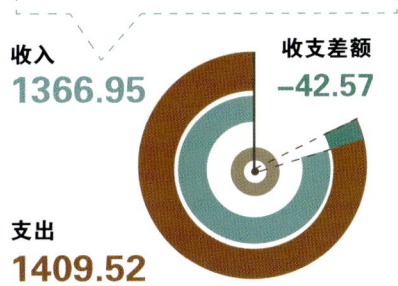

进出口贸易

进出口贸易总额：**860.1** 亿元

出口 438.3

进口 421.8

出口大于进口 16.5 亿元

农林牧渔业

农林牧渔业总产值：**3121** 亿元

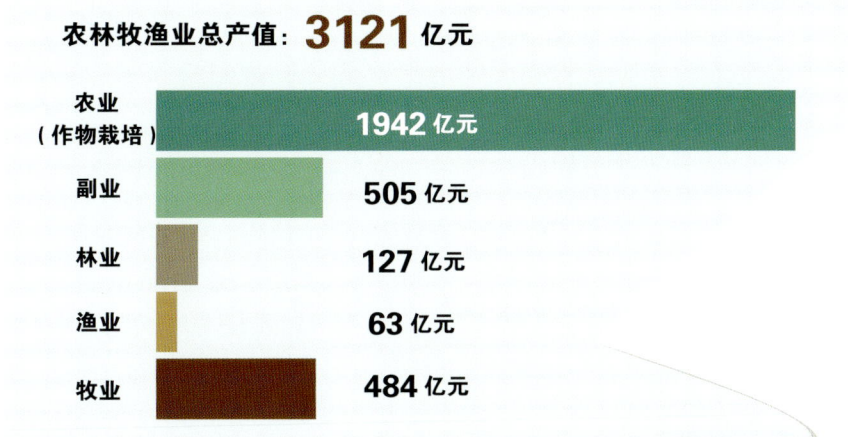

农业（作物栽培） 1942 亿元

副业 505 亿元

林业 127 亿元

渔业 63 亿元

牧业 484 亿元

产量

 棉花 463.7 万吨　比上年增长 28.9%

 粮食 38728 万吨　比上年增长 9.2%

 油料 1055 万吨　比上年增长 −10.7%

人民生活

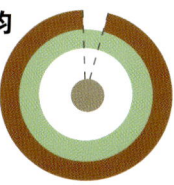 职工家庭按人口平均的生活费收入：526 元　比上年增长 6.4%

 农民按人口平均的纯收入：309.8 元　比上年增长 14.7%

全国职工总数：**11515** 万人

城镇个体劳动者 231 万人

城镇集体所有制单位 2744 万人

全民所有制单位 8771 万人

 全国职工工资总额 934.6 亿元

全国职工平均工资 826 元

黄金和外汇储备

黄金 1267 万盎司

外汇 89.01 亿美元

 城乡人民储蓄存款 892.5 亿元

 全民所有制单位基本建设竣工住宅面积 11569 万平方米

1983

教育

1981年至1983年授予学位情况

博士学位 **29** 人
硕士学位 **18143** 人
高校、科研机构攻读博士、硕士学位的研究生 **37100** 人

普通高等学校招生人数 **39.1** 万人

在校学生人数 （单位：万人）

- 普通高等学校 **120.7**
- 成人高等学校 **92.6**
- 各类中等学校 **4687.3**
- 小学 **13578**

文化

生产电影故事片 **127** 部
发行各种新片（长片） **170** 部

 各类电影放映单位 **16.2** 万个

 艺术表演团体 **3444** 个

 广播电台 **122** 座
广播发射台和转播台 **516** 座
电视中心台 **52** 座
一千瓦以上的电视发射台和转播台 **385** 座

出版

全国性和省级报纸 **155.1** 亿份
各类杂志 **17.7** 亿册
图书 **58** 亿册（张）

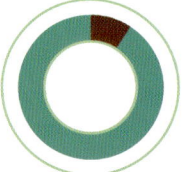

- 文化馆 **2946** 个
- 公共图书馆 **2038** 个
- 档案馆 **2830** 个
- 博物馆 **467** 个

旅游

接待人数：**947.7** 万人次

外国人 **87.3** 万人次
华侨和港澳同胞 **860.4** 万人次

全年收入外汇折合人民币 **18.6** 亿元

卫生

医院病床 **211** 万张
专业卫生技术人员 **325.3** 万人
医生 **135.3** 万人 增长 **3.5%**
护师、护士 **59.6** 万人 增长 **5.7%**

国内商业

商业收购商品总额：**2876** 亿元
社会商品零售总额：**2849** 亿元

粮食收购量 **9673.5** 万吨
棉花收购量 **458.4** 万吨

集体所有制经济 **473.9** 亿元
个体经济 **184.5** 亿元

主要消费品零售量增长幅度

各种布匹增长 **4.6%**
 棉花化纤混纺布增长 **27.6%**
 化纤布增长 **42.9%**
 纯棉布下降 **9%**

| 粮食增长 **5.4%** | 食用植物油增长 **17.4%** | 猪肉增长 **6%** |

| 鲜蛋增长 **13.6%** | 食糖增长 **3.2%** | 呢绒增长 **13%** | 绸缎增长 **15.2%** | 电视机增长 **12.3%** | 录音机增长 **78%** |

| 电冰箱增长 **1.5倍** | 洗衣机增长 **53%** | 电风扇增长 **21.8%** | 手表增长 **9%** | 自行车增长 **18.4%** | 照相机增长 **16%** |

工业

工业总产值：**6088** 亿元
增长 **10.5%**

轻工业 **2954** 亿元
重工业 **3134** 亿元

交通运输

新建运输线路里程

- 411 公里 铁路复线
- 544 公里 铁路电气化
- 601 公里 铁路

港口吞吐能力 **1833** 万吨　　公路 **1462** 公里

货物周转量：**14044** 亿吨公里　　（单位：亿吨公里）

 铁路 6646
 公路 1084
 水运 5788
 空运 2.29
 管道 524

 沿海主要港口货物吞吐量：24952 万吨

邮电业务总量 **22.3** 亿元

 旅客周转量 **3095**（单位：亿人公里）

 公路 1106
 水运 154
 铁路 1776
 空运 59

科学技术

重大科学技术研究成果 **5400** 项

经国家批准的发明创造 **214** 项

科技攻关新成就

"银河"巨型亿次电子计算机通过了考核鉴定；

1800 路模拟微波系统研制成功；

光缆通信开始建立了实用系统。

自然科学技术人员 **685** 万人

体 育

获得世界冠军 **39** 个

打破和超过世界纪录 **12** 项
打破全国纪录 **127** 项

举办县以上运动竞赛会 **2.5** 万次

基本建设

全民所有制单位固定资产投资 **952** 亿元

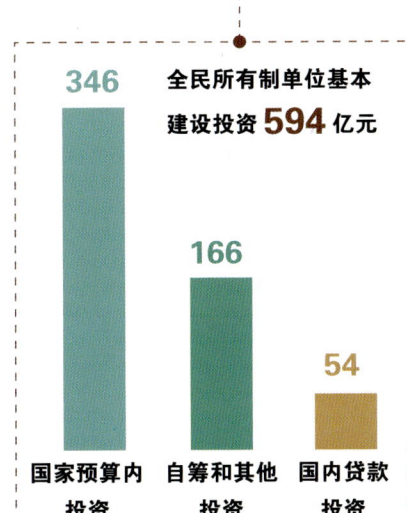

- 346 国家预算内投资
- 166 自筹和其他投资
- 54 国内贷款投资

全民所有制单位基本建设投资 594 亿元

城乡集体所有制单位投资 156 亿元

城乡个人建房投资 261 亿元

建成投产的大中型建设项目 91 个

建成投产大中型建设项目的单项工程 152 个

新增加的生产能力

 煤炭开采 1852 万吨
 机制糖 33.1 万吨
 发电机组容量 447 万千瓦
 木材采运 44.7 万立方米
 棉纺锭 31.2 万锭
 乙烯 11.5 万吨
 化学纤维 11 万吨
 水泥 346 万吨
 石油开采 138 万吨（加上用油田更新改造和其他投资增加的能力共为 811 万吨）

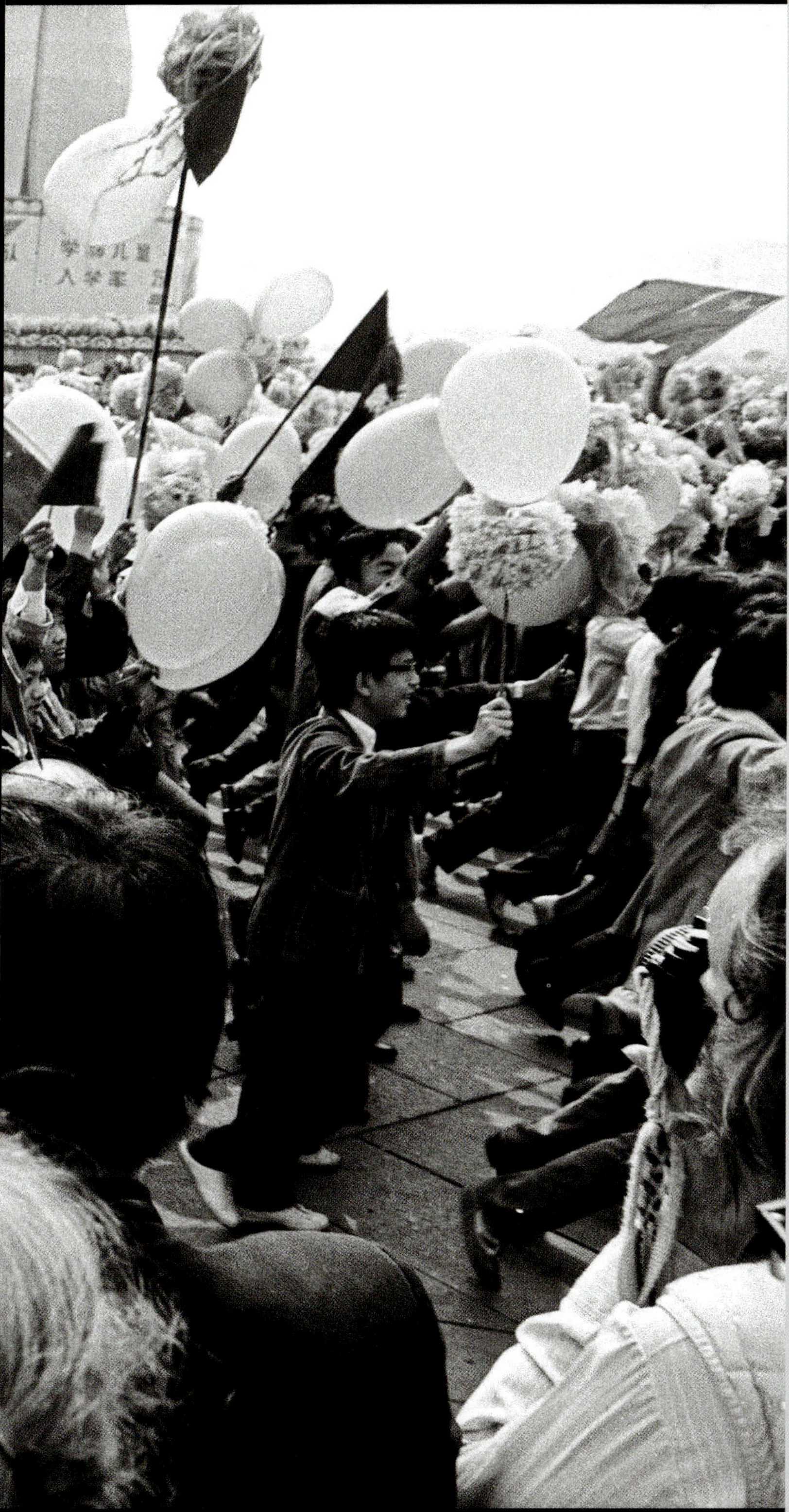

1984

- 开放14个沿海港口城市
- 乡镇企业"异军突起"
- 加快城市经济体制改革
- 国企首聘"洋厂长"
- 试行企业股份制
- 人民公社解体
- 中青年经济科学工作者学术研讨会在莫干山召开

焦点事件

开放14个沿海港口城市

1984年1月24日至2月10日,邓小平视察了深圳、珠海、厦门三个特区,分别为这三个特区题词:"深圳的发展和经验证明,我们建立经济特区的政策是正确的""珠海经济特区好""把经济特区办得更快些更好些"。这相当于对围绕特区的争论作了权威性的回答。

回到北京后,2月24日,邓小平同几位中央领导人商讨了进一步解放思想、抓住机遇、扩大开放的问题。邓小平明确指出:"我们建立经济特区,实行开放政策,有个指导思想要明确,就是不是收,而是放。"他说,"特区是个窗口,是技术的窗口、管理的窗口、知识的窗口,也是对外政策的窗口"。他认为厦门特区地方太小,要把整个厦门岛搞成特区。由此而萌生出一种新的设想:"除现在的特区之外,可以考虑再开放几个港口城市,如大连、青岛。这些地方不叫特区,但可以实行特区的某些政策。"

回忆

谷牧: 1984年1月22日到2月16日,邓小平同志视察了广州、深圳、珠海、厦门和上海。

小平同志于2月17日回到北京,24日找几位中央领导同志谈话。他说:"最近,我专门到广东、福建,跑了三个经济特区,还到上海,看了看宝钢,有了点感性认识。今天找你们来谈谈办好经济特区和增加对外开放城市的问题,请大家讨论一下。"他明确指出:"我们建立经济特区,实行开放政策,有个指导思想要明确,就是不是收,而是放。"他这篇内容广泛的重要谈话大部分是关于特区和对外开放方面的。小平同志的这篇重要谈话,中央传达下去后,全党、全国精神为之大振。

资料来源:《谷牧回忆录》,中央文献出版社,2009年。

这是一种新的开放形式,是一种构建多层次、立体化开放格局,将开放和改革有机结合在一起的大胆设想。

按照邓小平的意见,中共中央、国务院于3月26日在北京召开了沿海部

语录 "深圳的发展和经验证明,我们建立经济特区的政策是正确的。"
——邓小平

背景:1984年1月24日,邓小平乘坐专列来到深圳。此时的深圳正陷入特区姓社还是姓资、特区是不是新租界等非议中,迫切需要邓小平对它三年来的改革开放打个分,但一路上邓小平只看不说。29日,邓小平在珠海写下了"珠海经济特区好"的题词,更是让深圳感到了压力。一直到2月1日,已经在广州的邓小平才为深圳作了上述题词,落款日期是邓小平离开深圳的日子1月26日。

语录 "开发区大有希望。"
——邓小平

背景:1984年春天,邓小平在视察了深圳之后,提出要进一步开放沿海港口城市。开发区在中国应运而生,天津经济技术开发区就是其中之一。1986年8月21日,82岁高龄的邓小平亲临天津开发区视察,当时开发区的土地开发和招商引资工作才刚刚开始,邓小平听完天津开发区负责人的汇报后,坚定地指出:"对外开放还是要放,不放就不活,不存在收的问题。"之后,邓小平挥毫题写了"开发区大有希望"7个大字。

分城市座谈会,到会的有天津、上海、大连、深圳、珠海等市和海南行政区的负责人共90余人。与会者在一种振奋、活跃的气氛中展开了热烈的讨论。

5月4日,中共中央和国务院转发了这次沿海部分城市座谈会的《纪要》,作出决定:开放天津、上海、大连、秦皇岛、烟台、青岛、连云港、南通、宁波、温州、福州、广州、湛江、北海等14个沿海港口城市,建立经济技术开发区,以此带动整个沿海地带的开放和发展。对14个开放城市,中央"主要是给政策",一是给前来投资和提供先进技术的外商以优惠待遇;二是扩大经济管理自主权。鼓励沿海开放城市的领导者和管理者大胆解放思想,发挥各自的创造性,为下一步更加广泛的开放积累更多的经验。由此,对外开放由经济特区的4个"点"连成14个沿海港口城市一条"线"。

中共十二届三中全会结束不久,国务院领导人就率领有关部门人

烟台港腹地经济发达,尤其是外向型经济发展迅速,公路、铁路、海运便利。烟台至大连是国内沿海最繁忙的海运航线之一。

天津开发区内的银行

员去沿海一带考察，研究进一步扩大对外开放的措施和办法，最后写成了《关于沿海地区经济发展的几个问题》的报告。报告形象地提出经济特区和沿海开放城市应当在对外开放中发挥"两个扇面、一个枢纽"的作用，即形成对内和对外辐射的两个扇面，经济特区和开放城市居中起枢纽作用。报告还进一步提出，应该把珠江三角洲和长江三角洲的一些市县开辟为沿海经济开放区，比照实行沿海开放城市的政策，以扩大出口贸易为导向，发展工农业生产，繁荣经济。从这两个三角洲取得经验后，可在适当时机扩大到北方的辽东半岛和胶东半岛，北起大连，南至北海，构成一个沿海对外开放的经济地带。

乡镇企业"异军突起"

"乡镇企业"这个名词，最早见于中国官方文件是1984年。乡镇企业的前身是农村社队企业，社队企业诞生于农业合作化高潮中。由于人民公社"一大二公"的体制限制和"一平二调"政策的干扰，以及"三就"（就地取材、就地加工、就地销售）方针的限制，社队企业几经起落，一直未得到正常发展。

1981年5月，国务院发布《关于社队企业贯彻国民经济调整方针的若干规定》，对社队企业进行了进一步调整、整顿。那时，许多社队企业被村里的能人承包。1984年中央1号文件在雇工问题上为社队企业承包提供政策空间，催生了更多承包经营和多种经济联合形式。2月，农牧渔业部和部党组向中央作了《关于开创社队企业新局面的报告》，报告建议为了适应农村人民公社体制变革后政社分开、乡（镇）政府已成为农村基层政权组织这一变化，将社队企业改称乡镇企业。

1984年3月1日，中共中央、国务院以1984年4号文件的形式发出通知，转发农牧渔业部的《报告》，批准农村社队企业更名为乡镇企业，并赋予乡镇企业以不同于社队企业的新的性

1986年7月，无锡华庄镇太湖钢厂的铝合金挤压车间。华庄镇共有镇办工厂40家，村办工厂190家，1985年全镇工农业产值一亿六千多万元，其中工业产值占88.9%。

质和内容：将其范围由原来公社、大队两级办的企业扩大为乡、村举办的企业，部分农民联营的合作企业和农民家庭举办的个体企业。《通知》还分析了乡镇企业优势：独立核算、自负盈亏，"不吃大锅饭"，"不碰铁饭碗"，因而竞争性强；投资少、费用低，自主权比较大，容易应用科研成果；"船小好调头"，容易适应市场需要，很快转产。《通知》号召"各级党委和政府对乡镇企业要在发展方向上给予积极引导，按照国家有关政策进行管理，使其健康发展"。

在这个文件推动下，乡镇企业以前所未有的速度发展起来。1984年，全国乡镇企业达到606.52万个，在1983年基础上整整翻了两番还多，其中户办、联户办企业占69.3%。乡镇企业总收入为1537.08亿元，比1983年增长65.5%。

在外国友人面前谈起中国的乡镇企业时，邓小平用"完全没有预料到的最大的收获"、"异军突起"这样的词语来评价这个农村改革的重要成果。

温州钱库项桥村村办企业红红火火，它是社会主义新农村的先进典型。

🔺 观点

马洪：社会主义经济的一个特征是计划经济，这是必须肯定的。但是，肯定这一点并不一定就要否定社会主义经济同时也具有商品经济的属性。商品经济的对立物不是计划经济，而是自然经济。这几年我国经济体制改革的实践，已经证明上述认识是不切实际的。经济体制改革的重要内容之一，就是要求我们在坚持计划经济原则的同时，按照商品经济的要求来组织整个社会的经济活动，力求把大的方面管住，小的方面放开，在保证宏观经济协调发展的前提下，活跃城乡各方面的经济生活。这就要求我们在理论上承认计划经济的属性和商品经济在社会主义经济中是可以统一起来的，在实践中是能够找到它们之间的结合形式和结合点的，而不是回到过去二者择一、非此即彼的老路上去。

资料来源：《关于社会主义制度下我国商品经济的再探索》，《经济研究》，1984年第12期。

👤 人物：马洪

马洪一直是中国市场化取向改革的积极倡导者和推动者之一，也是较早提出和支持"社会主义商品经济"和"社会主义市场经济"论点的学者之一。

1984年党的十二届三中全会召开的前夕，马洪牵头完成《关于社会主义商品经济的再思考》，建议把"社会主义经济是有计划的商品经济"这一提法写进全会的决议中，认为"如果不承认这一点，我们经济体制改革的基本方针和现行的一系列重要的经济政策都难以从理论上说清楚"。这份意见书为商品经济"翻案"成功，给十二届三中全会确定商品经济的改革目标铺平了道路。同年11月，他在中共中央宣传部组织的报告会上作的报告《关于社会主义制度下的商品经济》，阐述了社会主义商品经济的特点，提出并具体分析了"承认社会主义经济是有计划的商品经济，是进行经济体制改革，实施对内搞活、对外开放方针的理论依据"。1988年3月他在《加强社会主义制度下市场经济的研究》一文中提出："我国经济体制改革，是要以市场机制为基础的资源配置方式取代传统的、以行政命令为主的资源配置方式。我们要通过改革建立的社会主义有计划的商品经济，在这个意义上也可以叫做社会主义的市场经济。"1993年10月，马洪出版《什么是社会主义市场经济》一书，该书"从理论和实践两个方面对十余年来的改革实践作一些比较系统的回顾、总结和升华"，具有前瞻性地提出了未来展望及深化改革的策略。

马洪在经济管理、经济改革、经济结构、经济发展战略以及工业经济、企业管理等多种学科领域进行了开创性的研究。在老一辈经济学家中，他是为数不多的进行跨学科研究并取得全面成就的学者。他被公认为中国经济学理论研究的带头人，中国改革开放进程中经济决策咨询工作的一位卓越的开拓者和组织领导者，为中国改革开放、经济发展以及经济理论与决策咨询研究作出了卓越贡献。

资料来源：①《中国百名经济学家理论贡献精要》（第三卷），中国时代经济出版社，2010年；②《授予马洪中国经济学杰出贡献奖颁奖辞》，新浪网。

加快城市经济体制改革

1984年4月16日至25日，国家经济体制改革委员会在常州召开经济体制改革试点工作座谈会。会议认为，沙市、常州、重庆等城市的实践表明，搞好城市综合改革试点，对于推动整个经济体制改革具有重要意义。根据改革形势的需要，会议提出加快城市经济体制改革试点的步伐，简政放权、搞活企业，开放市场、搞活流通。探索城市新的计划管理体制，完善市领导县的新体制，增加一批改革试点城市等项措施和建议。

5月21日，中共中央办公厅、国务院办公厅批复同意在武汉市进行经济体制综合改革试点，实行计划单列。批复指出，"武汉市是长江中游地区重要经济中心，计划单列和搞好经济体制改革综合试点，具有重要意义"。要求尽快制定出具体改革方案上报中央、国务院审批。

7月11日、13日，国务院办公厅分别发出批文，同意在沈阳和南京、大连市进行经济体制综合改革试点，并赋予沈阳、大连市省级经济管理权限，实行计划单列。

10月5日，国务院批转国家计委、国家体改委的报告，同意哈尔滨、广州、西安市恢复计划单列，并赋予相当于省一级经济管理权限。

1984年10月20日，中国共产党第十二届三中全会在北京召开，会议通过了《中共中央关于经济体制改革的决定》。《决定》明确提出："必须按照把马克思主义基本原理同中国实际结合起来，建设有中国特色的社会主义的总要求，进一步贯彻执行对内搞活经济、对外实行开放的方针，加快以城市为重点的整个经济体制改革的步伐，以利于更好地开创社会主义现代化建设的新局面。"《决定》阐明了加快以城市为重点的整个经济体制改革的必要性、紧迫性，提出了改革的方向、性质、任务和各项基本方针政策。

观点

邓小平：比如《关于经济体制改革的决定》，前天中央委员会通过这个决定的时候我讲了几句话，我说我的印象是写出了一个政治经济学的初稿，是马克思主义基本原理和中国社会主义实践相结合的政治经济学，我是这么个评价。这两天国内外对这个决定反应很强烈，都说是有历史意义的。这个文件，我没有写一个字，没有改一个字，但确实很好。

这次经济体制改革的文件好，就是解释了什么是社会主义，有些是我们老祖宗没有说过的话，有些新话。我看讲清楚了。过去我们不可能写出这样的文件，没有前几年的实践不可能写出这样的文件。写出来，也很不容易通过，会被看作'异端'。我们用自己的实践回答了新情况下出现的一些新问题。

资料来源：《邓小平文选》第三卷，第83页、第91页。

陈云：这次全会审议的关于经济体制改革的决定中，对计划体制改革的基本点所作的四点概括，完全符合我国目前的实际情况。现在，我国的经济规模比五十年代大得多，也复杂得多。五十年代适用的一些做法，很多现在已不再适用。如果现在再照搬五十年代的做法，是不行的。即使那时，我们的经济工作也是按照中国的实际情况办事的，没有完全套用苏联的做法。

——资料来源：《陈云文选》第三卷，第33页。

厉以宁：为什么把国有企业改革作为城市改革的重点？因为这时期非国有部门活力提高，有了长足发展，但是作为国民经济支柱的国有企业改革却远远落在后面。因为国有经济在很大程度上仍然保留着计划经济下形成的企业制度，效率没有多少提高，生产增长仍然主要依靠大量能源投入，特别是投资支撑。而仅仅"扩大企业自主权"不能建立有效的产权约束和市场竞争约束，企业财务预算约束反而更趋软化，作为国民经济支柱部门的国有经济大量"失血"。

——资料来源：《股份制是过去三十年中最成功的改革之一（上）》，《读书》，2008年第5期。

吴敬琏：十二届三中全会《中共中央关于经济体制改革的决定》虽然有不够完善的地方，但它毕竟实现了社会主义理论的重大突破，为中国的改革规定了正确的方向。……从实践上看，1984年《决定》对于解放干部的思想，促使各级领导人开拓进取，作用也十分显著。由于有了《决定》作依据，各地的市场极大地活跃了起来，从而促进了经济的快速发展，人民生活水平也因此而有了明显的提高。

资料来源：《关于计划经济与市场经济的论争》，《百年潮》，1998年第2期。

语录 "拿手术刀不如拿剃头刀，搞导弹不如卖茶叶蛋。"

——当时社会流行的顺口溜

背景：1984年，改革开放已经六年，经过六年的酝酿和鼓动，"全民经商热"终于降临。人们经商致富的消息不断传来，北京前门的一位老大娘靠卖烤红薯，一年收入过万元；广州一位初中毕业的女青年，摆个服装摊，几年下来已腰缠万贯，而知识在这个历史阶段却无法迅速转化为货币。从事脑力劳动的知识分子的收入，远远低于体力劳动者。当时的顺口溜：拿手术刀不如拿剃头刀，搞导弹不如卖茶叶蛋，说的就是这种"脑体倒挂"的现象。

武汉港是国家一类开放口岸,位于长江中游,是华中地区的交通枢纽。武汉港口集团公司是一家改制后的大型企业集团。

《中共中央关于经济体制改革的决定》在许多问题上,特别是在商品经济、价值规律这些重大问题上,冲破"左"的思想束缚,澄清了在许多人中间存在的模糊认识。《决定》突破了把计划经济同商品经济对立起来的传统观念,提出:"改革计划体制,首先要突破把计划经济同商品经济对立起来的传统观念,明确认识社会主义计划经济必须自觉依据和运用价值规律,是在公有制基础上的有计划的商品经济。商品经济的充分发展,是社会经济发展的不可逾越的阶段,是实现我国经济现代化的必要条件。只有充分发展商品经济,才能把经济真正搞活,促使各个企业提高效率、灵活经营,灵敏地适应复杂多变的社会需求,而这是单纯依靠行政手段和指令性计划所不能做到的。"

中国共产党第十二届三中全会,对开展以城市为重点的经济体制全面改革进行了全面的研究和部署,此后,改革逐步从农村到城市,从政治、经济到各项事业。

国企首聘"洋厂长"

1983年7月8日,邓小平发表了《利用国外智力和扩大对外开放》的重要谈话,明确提出把引进国外智力作为一项重要的战略方针,作为对外开放的重要组成部分。同年8月,中央成立引进国外智力领导小组。65岁的德国退休专家威尔纳·格里希就是在这样的背景下第一次来到中国,成为中国国营企业的首位"洋厂长"。

1984年8月,威尔纳·格里希作为联邦德国退休专家组织(SES)成员被派往武汉的柴油机厂,并担任该厂的技术顾问。格里希到武柴后不久,就被眼见的懒散、马虎现象搅得寝食难安。很快便写出了10万字的咨询材料,提出了100多条合理化建议,并毛遂自荐担任厂长。

格里希的主动请缨引起了武汉决策者的高度重视。经过认真研究,11月,中共武汉市委、市政府作出了一项在当时称得上是"石破天惊"的决定:聘请格里希先生担任武汉柴油机厂厂长。此决定一出,世界瞩目。海外舆论称之为中国对外开放和改革进程中"一件令人吃惊的新闻和成功的典范"。格里希就此成为中国国营企业的第一位"洋厂长"。

武柴是新中国第一台小型手扶拖拉机的诞生地,产品就像"皇帝的女儿不愁嫁"。但在那个年代,武柴制造的柴油机噪声远播几里,油迹溅洒数米外,德国人生产的柴油机却可以放在办公室红地毯上工作,不影响隔壁房间人办公。

为了抓好产品质量,新官上任的"洋厂长"格里希每次进工厂都会带着他的"三件武器"——游标卡尺、吸铁石、白手套。游标卡尺,用来检测零件的精度;吸铁石,用于吸查机器里有没有掉铁渣;白手套,则是随时用来摸拭机器,检查有没有被脏物污染。

他在工作中一丝不苟,一旦发现产品质量问题便会立即下令停工检查并要求返工。他常挂在嘴边的一句话是:"决不能欺骗用户!我的目标

人物：王珏

自从事经济研究和教学工作以来，王珏共有十大理论观点引起了经济学界和中央高层的关注。这十大观点分别是：1. 宏观经济的发展，必须充分尊重价值规律，按价值规律办事（1978年）；2. 社会主义经济应该是有计划的商品经济和市场调节的经济（1980年）；3. 社会主义公有制的性质和它的具体形式应区别开来（1984年）；4. 社会主义应使无产者变为有产者、投资者（1986年）；5. 股份制的现代企业制度应是国有企业改革的目标模式（1987年）；6. 社会主义应建立财产劳动者个人所有与社会占有相统一的社会公有制（1994年）；7. 国有企业改革要依靠工人阶级，培养利益主体（1997年）；8. 社会主义市场经济应以民有经济为基础，国有经济为主导（1998）；9. 国有企业改革应"抓大放小""国退民进"（1994年）；10. 公有制为主体的基本经济形式的发展过程可能是国有、民有、劳动者个人所有（1999年）。

资料来源：①《中国百名经济学家理论贡献精要》（第一卷）中国时代经济出版社，2010年；② 程冠军，《王珏——一个著名经济学家的非凡人生》，《共和国思想者》，中国文史出版社，2009年。

威尔纳·格里希被授予"武汉市荣誉市民"称号，以表彰他担任武汉柴油机厂厂长期间所作出的贡献。

是国际市场！"他曾大胆免除总工程师和检验科长的职务，并将一批能干的技术人员调到质检部门，赋予质检部门与厂长同等的质量否决权。他还提出结构工资制，用"多劳多得"取代"大锅饭"。

改革给武柴带来了新气象：武柴的废品率从30%下降到10%，产品使用寿命由3000小时增加到8000小时，居国内领先水平。国内的企业纷纷派人来取经，"武柴经验"传诵一时。

自格里希成为中国的第一位"洋厂长"后，各地引进"洋厂长""洋顾问"的工作陆续开展，仅武汉市通过德国退休专家组织引入武汉工作的德国专家就有100多位，形成了"格里希效应"；北京钢琴厂以日薪400美元的待遇聘请了世界十大钢琴监测人之一、来自德国的劳切尔担任厂长，企业很快就扭亏为盈。到20世纪末，"洋厂长""洋顾问""洋教练"已经遍布中国各行各业。

试行企业股份制

1984年10月20日，中国共产党第十二届中央委员会第三次全体会议通过《中共中央关于经济体制改革的决定》，提出"所有权与经营权是可以适当分开的"，这为企业试行股份制提供了政策空间。

早在1980年四五月间的由中央书记处研究室与国家劳动总局联合召开的劳动工资座谈会上，经济学家厉以宁就提出采用股份制方式扩大老厂规模、筹建新厂，还提出可以允许知识青年"带股进厂"，以增加就业。

在同年8月国务院召开的劳动就业会议上，当厉以宁再次提出对企业实行股份制改革的意见时，得到了于光远、童大林、冯兰瑞、董辅礽、王珏、赵履宽、鲍恩荣、胡志仁等经济学家的赞同和支持。

1984年11月，《人民日报》刊登了一封读者来信，来信认为，一方面"企业必定会有多余的资金无处投放"，另一方面"许多商品的生产，由于缺少资金，不能满足市场需要"，因此提出了"集股投资"的建议。1984年，深圳出现了一个"万丰模式"：万丰村的党支部书记潘强恩，提出了一个大胆的设想，发动村民参股兴建工业村。在那个"股"与"私"同"姓"的年代，"万丰模式"以股份制形式向传统公有制发起了冲击，在社会上产生了不小的震动。

这一时期，曾担任财政部长和国家经委主任的张劲夫也在积极地

武汉柴油机厂

探索股份制改革这条路子的可行性。1983年,他和中国社科院工业经济研究所所长蒋一苇商量搞一个试点。他们把试点选择在重庆市,因为重庆是国务院批准的第一个实行"计划单列"的经济体制综合改革城市。这个想法得到赵紫阳的支持,后来试点企业之一的重庆嘉陵摩托集团,在实行股份制后,发展成为"中国摩托之王"。

1984年,世界银行驻中国办事处主任、菲律宾籍华人林重庚建议中国政府可以考虑按照股份制的运作办法,来解决国有企业政企不分、缺乏活力的问题。对此,国务院领导人很重视,要求国家经济体制改革委员会进行认真研究。1984年4月,国家经济体制改革委员会在江苏省常州市召开了城市经济体制改革试点工作座谈会。会后下发的座谈会纪要指出,对城市集体企业和国有小企业要进一步放开,"允许职工投资入股,年终分红"。

1984年7月,上海颁布了一个地方性法规《关于发行股票的暂行规定》,表明政府已经做好了发行股票的前期工作。11月,上海飞乐音响股份公司向社会公开发行股票,由于它具备了股票的标准特征,因此被认为是新中国的第一张比较规范的股票。

面对各地股份制经济的试点,中共中央和国务院给予了积极支持。1986年12月,国务院在《关于深化企业改革增强企业活力的若干规定》中明确指出:"各地可以选择少数有条件的全民所有制大中型企业,进行股份制试点。"

此后,全国掀起了一股"股份制试点热",股份制经济得到了较快发展。

👁 观点

王珏:股份制还是好形式,最符合我们国家情况,因为它能够使财产关系明晰化,从而推动社会主义大生产的发展。我们的国有制不能说是社会主义公有制,因为资本主义制度也有国有制,法国、英国、美国都有。

资料来源:《中国百名经济学家理论贡献精要》,中国时代经济出版社,2010年。

✎ 回忆

厉以宁:1984年我在安徽马鞍山市所作《关于城市经济学的几个问题》的报告中,直接论述了中国所有制改革问题,包括企业发行股票、职工入股、组建公司集团、居民成为投资者和创业者等设想。从那时起,我一直坚持认为所有制改革是中国经济体制改革的关键。

大概在1984年前后,世界银行的中国经济考察团也向中国政府递交了一份多卷本的调研报告,对中国存在的经济问题和可选方案提出系统的意见。报告提出,国有企业改革需要解决的根本问题在于建立国家和企业间的恰当关系。为了做到这一点,可以将国有企业的财产划分为股份,分散给若干不同的公有机构,如政府、银行、养老金基金、保险公司、其他企业等持有,以此将国有企业改造成为公司制企业。股份制为企业改革提供了一个新思路。

资料来源:《厉以宁:被耽搁的股份制》,《经济观察报》,2008年5月2日。

👤 人物:厉以宁

厉以宁从中国经济改革之初就提出用股份制改造中国经济的构想,包括用股份制改造国有企业、集体企业、乡镇企业以及其它所有权不明晰的企业。这种办法在中国经济改革与实践中证明是行之有效的,因此理论界与政策制定者广泛接受。

上世纪80年代初,厉以宁就在不同场合积极呼吁进行所有制改革,倡导推行股份制。1980年4-5月,为了解决知青回城的就业问题,劳动就业座谈会召开。厉以宁在会上提出了股份制设想,认为可以号召大家集资,兴办一些企业,企业也可以通过发行股票扩大经营,以此来解决就业问题。但是,这个提议没有得到响应。当时,很多人认为股份制是资本主义的东西。

3个月后,在中共中央专门召开的,由国务院副总理、中共中央书记处书记万里主持的"全国劳动就业工作会议"上,厉以宁再一次提出进行股份制试点,尝试找出打破经济体制弊端、提高企业活力、吸引社会投资、扩大就业的新途径,得到了与会的于光远等学者的赞同。

在厉以宁等经济学家的支持下,股份制改革从上世纪80年代中后期开始试点,部分企业由承包制向股份制转变。

资料来源:①《厉以宁:经世济国不老心》,《文汇报》,2006年2月20日;②《厉以宁:股份制改造第一人》,腾讯财经专题。

人民公社解体

在农村推行家庭联产承包责任制后不久,人民公社体制的改革问题就被提出来了。在所有制上,人民公社实行的是组织规模大、生产资料公有化程度高的"一大二公"模式。其

人物：周叔莲

在中国经济学界，周叔莲较早地从理论上论证了国有企业有必要也有可能实行自负盈亏，最早提出了中国应优先发展轻工业的发展战略，对中国工业发展战略的一系列重要问题提出了建议。1984年，中国社科院工经所所长周叔莲和财贸所所长张卓元等共同撰写了《关于社会主义有计划商品经济的再思考》，这篇文章为中央十二届三中全会确立社会主义商品经济的改革目标提供了重要参考。

周叔莲1977年发表的《科学·技术·生产力》（《光明日报》）曾获1984年度孙冶方经济科学论文奖。1979年与人合写的《再论价值规律和社会主义企业的自动调节》，对价值规律发挥调节作用的机制以及国有企业实行自负盈亏的宏观条件提出了系统的设想，获1984年度中国社会科学院优秀理论文章奖和1987年度中国企业改革与发展优秀论文"金三角奖"；主编的《中国工业发展战略问题研究》获1986年度孙冶方经济科学著作奖和1990年度孙冶方经济科学奖。

资料来源：①《八十年代：中国经济学人的光荣与梦想》，广西师范大学出版社，2010年；②《周叔莲简介》，中国社科院网。

回忆

杜润生：如果说，前两个"一号文件"着力解决的是农业和农村工商业微观经营主体的问题，那么，1984年的"一号文件"要解决的就是发育市场机制宏观问题。……经过对农村经济微观经营主体和宏观市场环境的同时改革，1984年我国农业生产达到了一个阶段内的峰顶。

资料来源：《杜润生自述：中国农村体制变革重大决策纪实》，人民出版社，2005年。

特点是党、政、企不分，实行各种权力集中于少数干部手中的"一元化"领导。

1978年中共十一届三中全会后，四川省广汉、邛崃、新都三县率先进行了"改社为乡"的试点。到1984年年底，四川省8559个人民公社体制改革结束，实行党政分设，建立乡人民政府8433个，镇人民政府430个，同时把75923个生产大队改为村，建立村民委员会75479个。

从全国来看，1982年以后，"双包"责任制由原来的不允许到允许但不提倡，进一步走向全面推广，并不断完善，"政社合一"的人民公社也随之名存实亡。中央第二个1号文件正式提出了政社分设。1984年10月12日，中共中央、国务院发出《关于实行政社分开建立乡政府的通知》，要求各地将人民公社中部分职权分离出去，建立乡政府作为农村基层政权；乡政府对各级经济组织实行行政领导；乡以下设立村民委员会，行使原来大队的行政职能，取消大队的经济职能。《通知》发出的当年，全国就有12702个人民公社摘掉了牌子。到1984年底，这一工作基本完成。全国共建立9.1万个乡、镇人民政府，92.6万个村民委员会，保留了2.8万余个人民公社作为经济组织。至此，全国基本完成了对人民公社的体制改革。政社合一的人民公社制度退出历史舞台。

人民公社同总路线、"大跃进"一起被称之为"三面红旗"。人民公社体制改革意味着"砍旗"。在那个年代，这一改革是令人震惊的。邓小平在1992年视察南方时曾说，搞改革开放，一开始就有不同意见，不只是经济特区有不同意见，更大问题是农村改革搞家庭联产承包，废除人民公社制度。

人民公社从法律条文中最后消失是在1993年。这年3月，第八届全国人大第一次会议修改《宪法》，正式将现行《宪法》中关于人民公社的提法删除，改为家庭联产承包责任制作为农村的基本经营管理体制长期不变，家庭承包责任制被正式写入国家根本大法。

1984年，广东省宝安县沙井镇万丰村率先实行股份制，先后办起五金、制衣、电器、电脑等60多家企业。图为万丰村颇具规模的王氏电子厂总装车间。

1984年6月，吉林省永吉县群众在古老的乌拉街上庆祝满族自治乡的设立。

中青年经济科学工作者学术研讨会在莫干山召开

1984年9月3日至10日，在浙江省德清县莫干山召开了"中青年经济科学工作者学术讨论会"。这是建国以来第一次全国性的中青年经济科学工作者讨论会。

参加这次会议的正式代表124人，他们是由会议筹备组根据来自全国29个省、市、自治区的1300余篇应征论文挑选出来的。

这次会议的中心议题是城市经济体制改革问题。会议的组织形式没有采取各自宣读论文、交资料、泛泛议论等老办法，而是围绕城市经济体制改革分为若干专题，把探讨理论问题和现实问题结合起来，拿出解决问题的办法和建议。

此次会议对城市经济体制改革提出了一系列具体的改革方案和思路，并于9月15日向中央上报了七份专题报告：《价格改革的两种思路》《与价格改革相关的若干问题》《企业实行自负盈亏应从国营小企业和集体企业起步》《沿海十四个城市对外开放的若干问题的建议》《金融体制改革的若干意见》《发展和管理股份经济的几个问题》《粮食购销体制的改革和农村产业结构的变动》。

语录 "小平您好！"
——北京大学学子

背景：1984年10月，在新中国成立35周年的盛大庆典上，一队队盛装的游行队伍出现在天安门城楼前。在北京大学的队伍中，北大学子突然打出了一条意外的横幅——"小平您好"！极其朴素的四个字，却道出了北大学子，乃至全国人民发自内心地对邓小平所开创的改革开放的伟大事业的认同，对改革开放总设计师邓小平的无比热爱和崇敬。这个画面瞬间传遍全世界，引起亿万中国人民的共鸣，也成为记录中国改革开放历史的经典画面。

流行志

"我的中国心"

《我的中国心》演唱者张明敏

"河山只在我梦里，祖国已多年未亲近，可是不管怎样也改变不了，我的中国心；洋装虽然穿在身，我心依然是中国心，我的祖先早已把我的一切，烙上中国印。"在1984年的春节联欢晚会上，香港歌手张明敏一首《我的中国心》，打动了无数炎黄子孙的心，引起了中华同胞的强烈共鸣。《我的中国心》传遍大江南北，激荡五湖四海。世界上凡是有华人生活的地方，都广为传唱着这首撞击心灵的歌曲。

录像厅

20世纪80年代是中国文化娱乐的重新开始阶段，歌厅、舞厅、音乐茶座等娱乐场所次第复兴，1984年开始了录像厅时代。那时候国产电影题材单一、产量太低，而香港电影正处于黄金时代。香港电影多以录像带的方式传入内地。一时之间，经营面积普遍偏小，设备普遍比较简陋的录像厅遍地开花。那时的录像厅就像今天的网吧，鱼龙混杂、混乱不堪，所以录像厅成了家长眼中的是非之地，遭受很多非议。后来，全国统一取缔了镭射放映，各城镇的镭射厅先后被关闭，录像厅渐渐退出历史舞台。

健美操

广州市健身院里练健美操的妇女。

如果说，这一年流行的录像厅的招徕对象是以男性为主的话，跳健美操的就是以女性为主了。健美操是一项融体操、舞蹈、音乐为一体的有氧运动，1984年在日本举行的"首届远东区健美操大赛"促进了健美操在中国的兴起。健美操最初是在北京、广州、上海等大中型城市流行，随着人们的思想观念更加开放，健美操很快进入中国大多数城市甚至中小城镇。专业的健美操带有竞技性质，而那时流行的健美操更多的只是健身美体和陶冶情操，是一种大众健身方式。

流行志

《星球大战》

1984年中国举办了首次"美国电影周"，一共放映了五部美国影片，其中的《星球大战》立刻掀起中国观众尤其是年轻人争相观看的热潮，从那时起就催生出许多中国的"星战迷"。《星球大战》被誉为科幻电影史上最为经典的作品之一，出神入化的特技、曲折离奇的情节让无数年轻人为之着迷。影片对于青少年喜爱并迷恋科技也起到了不可忽略的作用，很多年轻的学子从此立下雄心探索宇宙奥秘。作为童年最早看到的、最神奇的电影之一，很多人至今仍深深为之着迷。

西服

新中国成立后，占服饰主导地位的一直是中山装。改革开放以后，随着思想的解放，以西装为代表的西方服饰以不可阻挡的国际化趋势又一次涌进中国。80年代初，西服还只是放在照相馆的橱窗里用于出租，以迎合人们对国外服饰的新鲜感。随着对外交流的增多，一股"西装热"席卷中华大地，中国人对西装表现出比西方人更高的热情，机关里的干部，工地上的工人，市场上卖菜的……满大街都流行穿西服。1984年，当时的中共中央总书记胡耀邦身着西装在国内电视中亮相，震惊中国观众。

1984年10月，北京街头，一位老人和他穿西服的孙子。

> **语录** "中国社会是不是安定，中国经济能不能发展，首先要看农村能不能发展，农民生活是不是好起来。"
> ——邓小平

背景：中国是农业大国，农业问题是决定中国经济的关键问题，改革开放最早也是从农村起步的，邓小平一直非常重视农村问题。1984年10月6日，邓小平在会见参加中外经济合作问题讨论会的全体中外代表时，在谈话中指出"对内经济搞活，首先从农村着手。中国有百分之八十的人口在农村。中国社会是不是安定，中国经济能不能发展，首先要看农村能不能发展，农民生活是不是好起来。翻两番，很重要的是这百分之八十的人口能不能达到。"

社会关注

"下海经商"浪潮席卷全国

1984年10月20日，中共十二届三中全会讨论通过《中共中央关于经济体制改革的决定》，阐明了加快以城市为重点的整个经济体制改革的必要性、紧迫性，强调了增强企业活力，发展社会主义商品经济，政企分开等重大问题。

当时，人们普遍的思想观念是"捧铁饭碗、拿死工资"。然而，一部分有着强烈经商意识的人却不安于现状，开始把"铁饭碗"扔到了一边，一头扎入"商海"，一批民营企业在各地几乎同时涌现出来。在下海经商热潮的带动下，1984年成为中国现代企业和企业家诞生最为集中的一年。这些人中包括如今已赫赫有名的企业家王石、柳传志、张瑞敏等，还有无数名气虽不那么响亮，但至今仍在商海遨游的人。从1984年起，"下海"这个词迅速在中国大地上热了起来，出现了"下海经商"浪潮。正因为如此，有人将1984年称为中国的"公司元年"，下海、停薪留职也成为当时的一个流行词，"你下海了吗"，人们见面时常会发出这样的问候。

东方红2号试验通信卫星发射成功

1984年4月8日，中国用自行研制的"长征三号"运载火箭将"东方红2号"试验通信卫星成功发射进入赤道上空的静止轨道。西安卫星测控中心使卫星于4月16日18时27分57秒准确定点在三万六千公里的东经125度赤道上空，这也打破了国外最短23天定点的纪录。

"东方红2号"试验通信卫星，大约可以覆盖地球表面的40%，是一颗静止轨道通信卫星，覆盖区内的任何地面、海上、空中通信站可以同时相互通信。"东方红2号"的主体为圆柱形，高为3.6米，直径为2.1米，重441公斤。

"东方红2号"的成功发射，有助于完善中国改革开放初期的基础通信设施，使国家的通信能力大大增强，促进中国现代化建设和经济的发展，为以后的航天经济产业打下良好的基础。

正在西昌发射中心检修的东方红2号试验通信卫星

中国开始实行居民身份证制度

1984年4月6日，国务院发布《中华人民共和国居民身份证试行条例》，并决定从1984年开始，在北京、上海、天津等大城市开始试行身份证制度。

《中华人民共和国居民身份证试行条例》规定：凡居住在中华人民共和国境内的中国公民，除未满16岁者和现役军人、武装警察，以及正在服刑的犯人和被劳动教养的人员，均应申领居民身份证；居民身份证具有证明公民身份的法律效力；居民身份证登记项目包括姓名、性别、民族、出生日期、住址和有效期；居民身份证的有效期分为10年、20年、长期三种。

1984年8月30日，生活在北京的中国女高音歌唱家单秀荣有幸成为10亿国人中第一个领到身份证的居民，她被人们形象地称为共和国的"一号公民"。

1984年，出席洛杉矶奥运会开幕式的中国代表团。

中国重返奥运大家庭

在新中国成立之前，中华民国政府派出的中国奥运代表队参加了1932年7月30日在美国洛杉矶举行的第10届奥林匹克运动会，这是中国人第一次参加奥运会。

1984年7月28日，第23届奥运会在美国洛杉矶开幕。中国顶住各方面的压力，果断地决定参加洛杉矶奥运会，共派出225名男女运动员参加了16个大项的比赛。这是中国重返奥运大家庭后参加的第一届奥运会，也是改革开放后中国参加的第一届奥运会。在此次奥运会上，中国体育健儿共获得15枚金牌、8枚银牌和9枚铜牌，位列金牌榜第四位。男子射击选手许海峰获得手枪60发慢射项目冠军，他成为本届奥运会的第一枚金牌获得者，也是中国在奥运会历史上的第一枚金牌的获得者；体操运动员李宁共获得了6枚奖牌，包括3金2银1铜，成为中国此次奥运会上获得金牌最多的运动员；吴小璇获女子小口径标准步枪3×20比赛冠军，成为中国运动员中第一位女子项目奥运会金牌获得者；中国女排在这次运动会上夺冠，成为世界女子排球运动史上第三个连续夺得世界杯、世界锦标赛和奥运会冠军的球队。

青年歌手电视大奖赛

1984年5月，第一届CCTV青年歌手电视大奖赛举办。两年一度的赛事，挖掘、培养了一大批著名的歌手，现已被公认为是国内声乐界的一大权威赛事，在全国观众心中已建立较高知名度。到2010年，青歌赛已举办了十四届，而在1984年首届大赛中脱颖而出的关牧村、殷秀梅等歌手早已在音乐界中占据了重要的位置，第二届的彭丽媛、阎维文、董文华、韦唯和毛阿敏，第三届的杭天琪、胡月、屠洪刚、付笛声，第四届的朱哲琴、解晓东、蔡国庆，第五届

1984年7月29日，美国洛杉矶奥运会上，许海峰为中国夺得第一枚奥运金牌，中国实现奥运金牌"零"的突破。

环球大事

1月24日
苹果公司推出了划时代的Macintosh计算机。

2月3日
美国航天飞机"挑战者"宇航员太空行走。

2月20日
亚洲议员人口和发展论坛首届大会在新德里闭幕，大会通过了《亚洲论坛宣言》。

4月27日
印度、孟加拉国、不丹、马尔代夫、尼泊尔、巴基斯坦和斯里兰卡等7国成立"南亚贸易和工业合作委员会"。

5月21日
世界上第一台光纤录像电话在法国开始试用。

5月23日
西欧11国联合制造的"阿丽亚娜"火箭发射通信卫星成功。

7月6日
联合国环境规划署宣布，将禁止和严格限制危险化学制品出口。同日，非洲大陆第一座核电站在南非建成投入使用。

7月28日
第二十三届奥林匹克运动会在美国洛杉矶开幕。

8月30日
美国航天飞机"发现"号发射成功，将运载的三颗通信卫星释放入轨，9月5日返回地面。

9月24日
国际货币基金组织和世界银行第三十九届年会开幕。

12月4日
欧洲经济共同体首脑会议在都柏林结束，会议就西班牙和葡萄牙加入共同体的条件问题达成协议。

12月15日
苏联向哈雷彗星发射第一个"韦加"行星际站。

12月19日
美国宣布正式退出联合国教科文组织。

1984年，温州市区的木勺巷是当时温州地区最早开放的自由市场。

的林萍、毛宁、孙悦，第六届的林依轮，第七届的满文军，第八届的李琼，第九届的谭晶……每一届赛事都会为歌坛注入新生力量，都会产生一批新的歌星。

"八大王"事件：夹缝中的私营经济

1982年，中央连续发文要求坚决打击经济领域内各种犯罪活动。

4月13日，《中共中央、国务院关于打击经济领域中严重犯罪活动的决定》发布，以"投机倒把罪"抓了一批走在市场经济"风头浪尖"上的人。在个体私营经济发源地温州，"五金大王"胡金林、"矿灯大王"程步青、"螺丝大王"刘大源、"合同大王"李方平、"旧货大王"王迈仟、"目录大王"叶建华、"线圈大王"郑祥青以及"电器大王"郑元忠等几人被列为重点打击对象，由此被称为"八大王"事件。

1984年，中央发布一号文件，提倡农村发展商品生产、搞活流通。当时的温州市委领导们认为，要贯彻、落实好一号文件，首先必须解决"八大王"问题。时任温州市委书记的袁芳烈深感，"八大王案不翻，温州经济搞活无望"。"用唯实的眼光看，这八个人是市场经济中先富起来的个体私营经济的代表人物，是农村的希望，是农民的榜样。这个案子，非平反不可。"袁芳烈回忆说。于是，在袁芳烈授意下组成的联合调查组对"八大王"案进行复查，得出结论是，"除了一些轻微的偷漏税外，八大王的所作所为符合中央精神。"

1984年4月，"八大王"被平反。当年的"电器大王"郑元忠是"八大王"里继续从事商业的少数者，后来，他创办了庄吉集团，成为温州乃至全国的商界风云人物。

从被打击对象到高调平反，"八大王"的命运沉浮与中国改革开放大潮紧密相连。

1984年，浙江省苍南金乡人的"第一桶金"是从印饭菜票开始的。图为苍南金乡塑片作坊。

▇ 重要文献

《关于批转〈沿海部分城市座谈会纪要〉的通知》
（1984年5月4日）

1984年5月4日，中共中央和国务院批转《沿海部分城市座谈会纪要》。《通知》指出，沿海开放城市的建设，一是给前来投资和提供先进技术的外商以优惠待遇；二是扩大沿海港口城市的自主权，让这些城市有充分的活力去开展对外经济活动。

节选：

党的十一届三中全会确定对外实行开放，对内搞活经济，是我国在新的历史时期发展经济的重大战略决策。当代世界范围内的贸易往来、资金融通和技术转移的规模日益扩大，新的技术革命正在世界范围内兴起。绝大多数国家（地区）都把自身经济的发展同对外经济技术交往活动的扩展密切联系起来。我国的社会主义现代化建设也必须在坚持独立自主、自力更生的基础上，按照平等互利的原则，积极开展对外经济合作和技术交流。要利用两种资源（国内资源和国外资源），打开两个市场（国内市场和国际市场），学会两套本领（组织国内建设和发展对外经济关系）。……

会议建议：进一步开放天津、上海、大连、秦皇岛、烟台、青岛、连云港、南通、宁波、温州、福州、广州、湛江和北海十四个沿海港口城市，在扩大城市权限和给予外商投资者若干优惠方面。实行以下政策和措施：

（一）放宽利用外资建设项目的审批权限。

（二）增加外汇使用额度和外汇贷款。

外汇使用额度，在今后几年内天津定为每年二亿美元，上海为三亿美元；大连增至一亿美元，其他几个市也要增加一定额度；有的还要适当增加些中国银行外汇贷款。……

（三）积极支持利用外资、引进先进技术改造老企业。

（四）对中外合资、合作经营企业及外商独资企业，给以若干优惠待遇。

（五）逐步兴办经济技术开发区。

（六）大力发展进料加工出口。

（七）调整几个城市的开放类别。

（十）在改革方面应当走在前头。

这十四个港口城市的进一步开放，应当同内部的改革相结合，在经济管理体制改革方面走在前头。可以参照特区的某些成功经验，逐步推行基建工程招标和承包责任制、劳动用工合同制、干部招聘制、浮动工资制、各种管理责任制等。……

——摘自《改革开放三十年重要文献选编》（上）第320—327页，中央文献出版社，2009年。

▇ 重要文献

《办好经济特区，增加对外开放城市》
（邓小平，1984年2月24日）

这是邓小平在视察广东、福建、上海等地回京后同几位中央负责人谈话的一部分。谈话强调建立经济特区，实行开放政策，有个指导思想要明确，就是不是收，而是放。特区是个窗口，是技术的窗口，管理的窗口，知识的窗口，也是对外政策的窗口。除现在的特区之外，可以考虑再开放几个港口城市，如大连、青岛。我们还要开发海南岛。要让一部分地方先富裕起来，搞平均主义不行。

节选：

我们建立经济特区，实行开放政策，有个指导思想要明确，就是不是收，而是放。

这次我到深圳一看，给我的印象是一片兴旺发达。深圳的建设速度相当快，盖房子几天就是一层，一幢大楼没有多少天就盖起来了。那里的施工队伍还是内地去的，效率高的一个原因是搞了承包制，赏罚分明。深圳的蛇口工业区更快，原因是给了他们一点权力，五百万美元以下的开支可以自己作主。他们的口号是"时间就是金钱，效率就是生命"。

特区是个窗口，是技术的窗口，管理的窗口，知识的窗口，也是对外政策的窗口。从特区可以引进技术，获得知识，学到管理，管理也是知识。特区成为开放的基地，不仅在经济方面、培养人才方面使我们得到好处，而且会扩大我国的对外影响。……

厦门特区地方划得太小，要把整个厦门岛搞成特区。这样就能吸收大批华侨资金、港台资金，许多外国人也会来投资，而且可以把周围地区带动起来，使整个福建省的经济活跃起来。厦门特区不叫自由港，但可以实行自由港的某些政策，这在国际上是有先例的。只要资金可以自由出入，外商就会来投资。我看这不会失败，肯定益处很大。

除现在的特区之外，可以考虑再开放几个港口城市，如大连、青岛。这些地方不叫特区，但可以实行特区的某些政策。我们还要开发海南岛，如果能把海南岛的经济迅速发展起来，那就是很大的胜利。

——摘自《邓小平文选》（第三卷）第51—52页，人民出版社，1993年。

▋ 重要文献

《中共中央关于经济体制改革的决定》
（1984年10月20日通过）

1984年10月20日，党的十二届三中全会通过《中共中央关于经济体制改革的决定》，《决定》根据马克思主义基本原理同中国实际相结合的原则，明确提出：进一步贯彻执行对内搞活经济、对外实行开放的方针，加快以城市为重点的整个经济体制改革的步伐，是当前我国形势发展的迫切需要。改革的基本任务是建立起具有中国特色的、充满生机和活力的社会主义经济体制，促进社会生产力的发展。《决定》认为：改革计划体制，首先要突破把计划经济同商品经济对立起来的传统观念，明确认识社会主义计划经济必须自觉依据和运用价值规律，是在公有制基础上的有计划的商品经济。商品经济的充分发展，是社会经济发展不可逾越的阶段，是实现我国经济现代化的必要条件。《决定》明确了改革的基本目标和各项要求，是指导中国经济体制改革的纲领性文件。

目录：

一、改革是当前我国形势发展的迫切需要
二、改革是为了建立充满生机的社会主义经济体制
三、增强企业活力是经济体制改革的中心环节
四、建立自觉运用价值规律的计划体制，发展社会主义商品经济
五、建立合理的价格体系，充分重视经济杠杆的作用
六、实行政企职责分开，正确发挥政府机构管理经济的职能
七、建立多种形式的经济责任制，认真贯彻按劳分配原则
八、积极发展多种经济形式，进一步扩大对外的和国内的经济技术交流
九、起用一代新人，造就一支社会主义经济管理干部的宏大队伍
十、加强党的领导，保证改革的顺利进行

■ 重要文献

《建设有中国特色的社会主义》

(邓小平，1984年6月30日)

　　这是邓小平会见第二次中日民间人士会议日方委员会代表团时谈话的一部分，系统阐述了建设有中国特色社会主义道路的构想。邓小平指出：中国搞资本主义不行，必须搞社会主义。如果不搞社会主义，而走资本主义道路，中国的混乱状态就不能结束，贫困落后的状态就不能改变。社会主义必须是切合中国实际的有中国特色的社会主义。社会主义阶段的最根本任务就是发展生产力，社会主义的优越性归根到底要体现在它的生产力比资本主义发展得更快一些、更高一些，并且在发展生产力的基础上不断改善人民的物质文化生活。我们提出四个现代化的最低目标，是到本世纪末达到小康水平。我们提出要发展得快一点，这就要求对内把经济搞活，对外实行开放政策。

节选：

　　我们在粉碎"四人帮"以后，从党的十一届三中全会开始，制定了正确的思想路线、政治路线、组织路线和一系列的方针、政策。思想路线是什么？就是坚持马克思主义，坚持把马克思主义同中国实际相结合，也就是坚持毛泽东同志说的实事求是，坚持毛泽东同志的基本思想。坚持马克思主义对中国十分重要，坚持社会主义对中国也十分重要。……

　　……我们多次重申，要坚持马克思主义，坚持走社会主义道路。但是，马克思主义必须是同中国实际相结合的马克思主义，社会主义必须是切合中国实际的有中国特色的社会主义。

　　什么叫社会主义，什么叫马克思主义？我们过去对这个问题的认识不是完全清醒的。马克思主义最注重发展生产力。我们讲社会主义是共产主义的初级阶段，共产主义的高级阶段要实行各尽所能、按需分配，这就要求社会生产力高度发展，社会物质财富极大丰富。所以社会主义阶段的最根本任务就是发展生产力，社会主义的优越性归根到底要体现在它的生产力比资本主义发展得更快一些、更高一些，并且在发展生产力的基础上不断改善人民的物质文化生活。如果说我们建国以后有缺点，那就是对发展生产力有某种忽略。社会主义要消灭贫穷。贫穷不是社会主义，更不是共产主义。

　　……三十几年的经验教训告诉我们，关起门来搞建设是不行的，发展不起来。关起门有两种，一种是对国外；还有一种是对国内，就是一个地区对另外一个地区，一个部门对另外一个部门。两种关门都不行。我们提出要发展得快一点，太快不切合实际，要尽可能快一点，这就要求对内把经济搞活，对外实行开放政策。

　　我们的政治路线，是把四个现代化建设作为重点，坚持发展生产力，始终扭住这个根本环节不放松，除非打起世界战争。即使打世界战争，打完了还搞建设。我们提出四个现代化的最低目标，是到本世纪末达到小康水平。……

　　如果说构想，这就是我们的构想。我们还要积累新经验，还会遇到新问题，然后提出新办法。总的来说，这条道路叫做建设有中国特色的社会主义的道路。我们相信，这条道路是可行的，是走对了。走了五年半，发展得不错，速度超过了预期。这样发展下去，到本世纪末翻两番的目标一定能够实现。……

——摘自《邓小平文选》（第三卷）第62—65页，人民出版社，1993年。

大事记

1月1日
中共中央发出《关于1984年农村工作的通知》，简称1984年中央1号文件。

1月6日
国务院作出《关于加强统计工作的决定》。

1月6日
国务院批复同意将轻工业部烟草专卖局改为国家烟草专卖局，与中国烟草总公司一套机构、两个牌子。

1月10日
国务院发布《中华人民共和国进口货物许可证制度暂行条例》。《条例》规定：凡属本条例规定凭证进口的货物，除国家另有规定外，都必须事先申请领取进口货物许可证，经由国家批准经营该项进口业务的公司办理进口订货。海关凭进口货物许可证和其他有关单证查验放行。

1月10—23日
赵紫阳对美国和加拿大进行正式访问。赵紫阳在各种场合的讲话中强调，中国方面希望中美关系能够稳定而持久地发展下去；能否稳定持久发展，关键是台湾问题，两国关系不稳定的根本障碍就是美国国会制定的《与台湾关系法》；美国政府应在中美三个公报中双方共同确认的原则基础上，严格按照"一个中国"的政策行事。他表示，中国政府准备以最宽厚的态度来实现大陆和台湾的和平统一，并详细说明了祖国统一后，台湾作为一个特别行政区将享有的充分自主权，欢迎台湾当局和台湾各界代表人士担任全国性政治机构的领导职务，共商国是。

1月21日
国务院发出《关于进一步加强口岸工作领导的通知》。《通知》指出，为了进一步加强对口岸工作的领导，以适应国民经济的发展，特别是外贸运输的需要，特作如下通知：将国务院港口口岸工作领导小组改名为国务院口岸领导小组。

1月23日
国务院发布《工矿产品购销合同条例》和《农副产品购销合同条例》。制定两个《条例》，旨在保护购销合同当事人双方的合法权益，有计划地发展工矿业、农副业商品生产，安排好市场供应，协调产、供、销之间的关系，改善经营管理，提高经济效益，明确经济责任，保证国家计划的执行。

2月10—23日
国务院在北京召开全国经济工作会议。会议的主要议题是提高经济效益。会议提出：提高经济效益的工作要从提高企业素质、加强行业管理和搞好宏观经济管理三个层面来抓。

2月11—16日
邓小平视察上海。在听取中共上海市委负责人的工作汇报时，他指出：现在看，开放政策不是收的问题，而是开放得还不够。在谈到财政问题时，他说：现在一个大问题是中央财政收入少，大项目上不去。要恢复到中央掌握70%，地方30%。方针已经定了，说是三年做到，可不可以两年就搞成。

2月21日
赵紫阳主持召开国务院常务会议，赵紫阳讲：在价格改革不能在短期内解决的情况下，先搞第二步利改税，通过税收的办法，创造一些条件，使企业能够早一点搞自负盈亏。否则，解决企业自主权是不可能的。

2月22日
邓小平会见兹比格涅夫·布热津斯基、阿穆斯·乔丹率领的美国战略和国际问题研究中心代表团。他指出：我们提出的大陆与台湾统一的方式是合情合理的。统一后，台湾仍搞它的资本主义，大陆搞社会主义，但是一个统一的中国。一个中国，两种制度。……世界上的许多争端用类似这样的办法解决，我认为是可取的。如果不要战争，只能采取我上面讲的这类的方式。……我还设想，有些国际上的领土争端，可以先不谈主权，先进行共同开发。这样的问题，要从尊重现实出发，找条新的路子来解决。

2月27日
国务院发出《关于农村个体工商业的若干规定》，允许和保护农村居民从事适合个体经营的工业、手工业、商业、饮食业、服务业、修理业、运输业、房屋修缮业，以及国家允许个体经营的其他行业。

2月28日
国家计委向中央财经领导小组汇报《关于制订"七五"计划的指导方针》。汇报的主要内容是：当前生产形势很好，但财政困难，由于连年积累加消费的货币分配额超过国民收入的实际生产额，国民经济正面临一个逐步扩大的通货膨胀的威胁。"七五"计划安排的最大难点，是如何处理好解决财政困难、加强重点建设和推进体制改革三者之间的关系。比较妥善的办法是三者兼顾，量力而行，千万不能发生失控。

2月29日—3月12日
第六届全国人大常委会第4次会议在北京举行。会议通过《中华人民共和国全国人民代表大会代表参加各国议会联盟代表团章程》和《中华人民共和国专利法》，原则同意《中华人民共和国兵役法（修改草案）》的修改建议。

2—3月、4—5月
世界银行派出考察团分两次来中国进行第二次经济考察。考察团以林重庚为团长，艾德林·伍德为副团长，分为综合经济、能源、工业技术、农业及农村发展、工业布局及贸易5个组进行活动。

3月5日—23日
国家主席李先念访问巴基斯坦、约旦、土耳其和尼泊尔。这是他作为中华人民共和国主席的首次出访。

3月17日
中共中央、国务院转发农牧渔业部和部党组《关于开创社队企业新局面的报告》并发出通知，同意《报告》提出的将社队企业名称改为乡镇企业的建议。

3月19日
中共中央书记处召开会议讨论侨务工作。胡耀邦在会上要求：全党都重视侨务工作，主要抓好对现行侨务政策的落实和历史遗留问题的解决两个方面；华侨回国投资，应给予优待，要放宽政策，加快工作步伐；侨务干部中要增加归侨干部的比重，侨务干部要年轻化。

3月26日—4月6日
根据中共中央书记处和国务院的决定，沿海部分城市座谈会在北京召开。根据邓小平的建议，会议确定：进一步开放由北至南14个沿海港口城市即大连、秦皇岛、天津、烟台、青岛、连云港、南通、上海、宁波、温州、福州、广州、湛江和北海，作为中国实行对外开放的一个新的重要步骤。

3月27日
赵紫阳在国务院常务会议上指出，围绕利改税和解决企业内部分配问题，相应地扩大企业的自主权。各级主管部门具体事务揽得太多，要层层下放一部分权力。围绕电的发展通盘考虑能源交通建设。在价格体系不能大动的情况下，采取一些过渡办法、改良办法。

上海港集装箱码头

3月28日—4月7日

第一次全国经济审判工作会议在北京举行，会议要求抓紧建立健全经济审判庭，努力开创经济审判工作的新局面。

4月3日

赵紫阳在国务院常务会议上指出：小的企业要放开，集中力量把大的管好；除了少数企业搞企业联合以外，特大型企业在国家计委、国家经委单列户头，部不管直属企业；计委、经委的权必须让出一部分给部、给省市，权放一格，这是当务之急；要给企业分配权、人事权、采购权、销售权。搞个小配套。

4月6日

国务院发布《中华人民共和国居民身份证试行条例》。《条例》规定，居民身份证具有证明公民身份的法律效力。

4月10日

国家科委、国家体改委发出贯彻《关于开发研究单位由事业费开支改为有偿合同制的改革试点意见》的通知，强调：开发研究单位由事业费开支改为有偿合同制是一项重要的改革。搞好这方面的改革，对整个科技体制改革将会起到一定的推动作用。

4月10—22日

各省、自治区、直辖市侨办主任会议在北京召开。胡耀邦在会议上论述了3000万华侨、海外华人的伟大力量和做好侨务工作的重要意义，指出侨务工作总的政策，一是要重视，二是要慎重；要采取措施加快吸收华侨、海外华人的投资，积极引进人才，办好华侨农场、工厂等。

4月11—16日

第三次全国归国华侨代表大会在北京召开。

4月16日

国务院发出《关于国营企业发放奖金有关问题的通知》。规定发放奖金两个半月标准工资以内的免征奖金税，超过的要征税。

4月16—25日

国家体改委在常州市召开城市经济体制改革座谈会。根据改革形势的需要，会议提出加快城市经济体制改革试点的步伐，简政放权、搞活企业，开放市场、搞活流通。探索城市新的计划管理体制，完善市领导县的新体制，增加一批改革试点城市等措施和建议。

4月18日

邓小平会见英国外交大臣杰弗里·豪。邓小平说，我们已经多次宣布，1997年恢复对香港行使主权后，香港的现行制度50年不变。

4月25日

国务院发出关于修改《中华人民共和国发明奖励条例》第六条和《中华人民共和国自然科学奖励条例》第三条有关奖金规定的通知。

4月26日

中共中央发出《关于任免国家机关领导人必须严格依照法律程序办理的通知》。

4月26日—5月1日

美国总统里根访问中国。4月28日，邓小平同里根举行会谈。邓小平说，中美关系的关键问题是台湾问题，希望美国领导人和美国政府认真考虑中国人民的民族情感。中国政府为解决台湾问题作了最大努力，就是不放弃主权原则的前提下允许在一个国家内部存在两种制度。

4月30日

海关总署、财政部、对外经济贸易部公布《关于中外合资经营企业进出口货物的监督和征免税规定》。为了鼓励外国公司、企业和其他经济组织或个人在中国境内同中国的公司、企业或其他经济组织共同举办合资经营企业，根据《中华人民共和国暂行海关法》、《中华人民共和国中外合资经营企业法》及其实施条例和其他有关法令，制定了有关进出口货物的监督和征免税规定。

5月4日

中共中央、国务院转发《沿海部分城市座谈会纪要》。

5月4日

赵紫阳在中央财经领导小组会议上指出：扩大企业自主权的文件，要简单明了，赶快出台；要给企业一点实惠的、能够拿到手的权力，属于国家调拨物资完成计划后的超产部分企业可以自销，价格可以浮动，搞两种价格；权放一格，就是层层把权力下放一格；计划是必须坚持的，在这个基础上放一些，出不了什么毛病，老是怕这怕那是不行的。

5月7日

中共中央，国务院批复同意天津港作为港口管理体制改革的试点，实行"双重领导，地方为主"的管理体制。

5月8日

国务院作出《关于环境保护工作的决定》。《决定》指出：保护和改善生活环境和生态环境，防治污染和自然环境破坏，是中国社会主义现代化建设的一项基本国策。由李鹏任主任的国务院环境保护委员会成立。

5月10日

国务院颁布《关于进一步扩大国营工业企业自主权的暂行规定》，以进一步调动企业的积极性，把经济搞活，提高企业素质，提高经济效益。

5月10日

国家体改委印发《城市经济体制改革试点工作座谈会纪要》，提出，除国务院批准的综合改革试点城市外，有条件的省、自治区可以选定一二个城市进行试点。

5月15—31日

六届全国人大二次会议在北京举行。赵紫阳在会上作政府工作报告，提出今后一个时期的经济工作要着重抓好体制改革和对外开放两件大事。会议讨论决定设立海南行政区，并设立海南行政区人民代表大会和人民政府。海南行政区人民政府归广东省人民政府领导。

5月16日

国务院批转农牧渔业部、国家计委等部门《关于进一步开展土地资源调查工作的报告》。《报告》指出，准确的人口和土地数据资料，是编制国民经济计划、制订有关政策的重要依据。目前中国土地的家底还不完全清楚。为此，国务院决定进一步开展土地资源调查工作。

5月18日

中共中央办公厅、国务院办公厅印发《关于认真搞好国营工业企业领导体制改革试点工作的通知》及附件《国营工业企业法（草稿）》。确定在大连市和常州市的全部国营工业企业及京、津、沪、沈（阳）4市的部分国营企业中进行这项试点。

5月21日

中共中央办公厅、国务院办公厅批复同意在武汉市进行经济体制综合改革试点，实行计划单列。

5月25日

邓小平在会见港澳出席六届全国人大二次会议的代表和出席全国政协六届二次会议的委员时强调：在恢复对香港的主权之后，中国政府有权在港驻军，这是维护中华人民共和国领土的象征，也是香港稳定和繁荣的保证。

6月19日

胡耀邦总书记同瑞士劳动党总书记马尼安举行会谈。双方宣布正式恢复中瑞两党关系。马尼安总书记于6月7日至22日访问了中国。

6月22日、23日

邓小平分别会见香港工商界访京团和香港知名人士钟士元等人。邓小平说：中国政府为解决香港问题所采取的立场、方针、政策是坚定不移的。中国政府在1997年恢复行使对香港的主权后，香港现行的社会、经济制度不变，法律基本不变，生活方式不变，香港自由港的地位和国际贸易、金融中心的地位也不变，香港可以继续同其他国家和地区保持和发展经济关系。北京除了派军队以外，不向香港特区政府派出干部。我们派军队是为了维护国家的安全，而不是去干预香港的内部事务。我们对香港的政策50年不变，我们说这个话是算数的。我们的政策是实行"一个国家，两种制度"。

6月30日

邓小平会见前来参加第二次中日民间人士会议的日本委员会代表伊东正义、冈田春夫、向坊隆等。

7月4日

中国人民银行总行负责人宣布，从1985年起，基本建设投资一律实行贷款制。

7月14日

国务院批转商业部《关于当前城市商业体制改革若干问题的报告》，提出了城市商业体制改革6个方面的意见：1.实行政企分开，扩大企业权力，加强行政管理；2.改革日用工业品一、二、三级批发层次，批发站与市批发公司合并；3.建立城市贸易中心，逐步形成开放式、多渠道、少环节的批发体制；4.小型国营零售商业、饮食服务业转为集体经营或租赁给经营者个人经营；5.国营零售商业和饮食服务业有计划有步骤地实行经营承包责任制；6.正确执行价格政策，严禁转嫁负担。

7月17—21日

全国科技干部管理工作改革座谈会在北京举行。会议确定五条措施：1.试行科技人员聘用制，把计划调整和聘用制结合起来；2.成立全国科技人才开发交流中心；3.建立博士流动站；4.改进回国的大学毕业生和进修生分配制度；5.调整使用不当的科技人员。

7月19日

国务院批转国家体改委、商业部、农牧渔业部《关于进一步做好农村商品流通工作的报告》，并发出通知，要求各级政府必须切实加强领导，一手抓生产，一手抓流通。《报告》提出要解决好7个方面的问题：1.发展多渠道流通；2.调整农副产品购销政策；3.改进价格管理办法；4.改革农副产品批发体制；5.加快供销合作社体制改革；6.积极发展农副产品加工业；7.大力发展交通运输业和商业经营设施。

7月24日

国务院常务会议听取和讨论了国家计委关于计划工作改革的汇报及《关于计划工作改革的若干规定》（草稿）。赵紫阳发表意见：计划体制改革，归根结底是两个问题：一是增加市场调节比重，缩小计划调节比重，即扩大市场调节，缩小指令性计划。二是指令性计划缩小以后，使企业的活动不与宏观的需要发生矛盾。为此，必须采用经济调节手段。

7月25日

北京市天桥百货股份有限公司成立。这是全国第一家商业股份公司，也是北京市体改委试点单位。天桥百货股份有限公司实行董事会领导下的总经理责任制。

7月27—31日

英国外交大臣杰弗里·豪访问中国。邓小平在会见中指出：我们在香港问题上，首先提出要保证其现行的资本主义制度和生活方式，在1997年后50年不变。我们非常关注13年过渡时期，只要过渡时期安排好了，我们并不担心1997年后的事情。外交部长吴学谦同杰弗里·豪就香港问题的主要方面举行会谈。会谈取得重大进展，双方就成立中英联合联络小组的问题达成协议。

8月1日

深圳经济特区管理线开始试行管理。

8月3日

国务院批转国家经委、商业部、财政部《关于大力发展商办工业的报告》。商办工业要在保持自身特点的同时，按工业的办法进行管理。在生产计划、物资供应、劳动工资、劳保福利等方面，实行工业的管理制度。长远规划的年度计划，要分别纳入国家和各省、自治区、直辖市计划。对轻工业"六个优先"的原则，也适用于商办工业。商办工业目前还没有与商业企业划开核算的，要积极创造条件，实行单独核算。

8月6日

国务院批转中国农业银行《关于改革信用合作社管理体制的报告》。报告提出：通过改革，恢复信用合作社金融的性质；加强信用社经营上的灵活性，充分发挥民间借贷作用；信用社实行浮动利率；试行独立经营、独立核算、自负盈亏，充分发挥民间借贷的作用。

8月19—22日

中华全国供销合作总社全国委员会第五次扩大会议在北京举行。会议作出决议，申请参加国际合作社联盟。

8月20—27日

全国第二次经济法制工作会议在杭州举行。会议宣布成立中国经济法研究会。

9月12日

国务院发布《中华人民共和国科学技术进步奖励条例》。

9月15日

国务院批转对外经济贸易部《关于外贸体制改革意见的报告》。报告的主要内容是：政企分开；简政放权；实行进出口代理制，改进外贸经营管理；改革外贸计划体制；改革外贸财务体制，加强经济调节手段。

9月18日

国务院作出《关于改革建筑业和基本建

设管理体制若干问题的暂行规定》。

9月18日

国务院批转财政部《关于在国营企业推行利改税第二步改革的报告》。《报告》指出：利改税第二步改革，是城市经济体制改革的一个重要组成部分。同日，《国营企业第二步利改税试行办法》经国务院批准颁发，从10月1日起试行。

9月20日

六届全国人大常委会第7次会议通过《中华人民共和国森林法》和《中华人民共和国药品管理法》，分别自1985年1月1日和7月1日起施行。

9月20日

国务院批转国家经委、国家计委、财政部《关于调整煤炭工业若干政策问题的请示》，同意煤炭部对统配煤矿实行总承包，调整部分骨干统配煤矿管理体制。

9月23日

中共中央书记处、国务院批准湖北省委、省政府转报的《关于武汉市经济体制综合改革试点实施方案的报告》，赋予该市省一级的经济管理权限。

9月25日

国务院批转《关于大连市进一步对外开放和能源、交通建设等问题的会议纪要》，明确兴办大连经济技术开发区，近期面积为3平方公里。

9月26日

中英两国政府关于香港问题的联合声明在北京举行草签仪式。联合声明宣布：中国政府决定在1997年7月1日对香港恢复使主权，英国将在同日把香港交还给中国。中国政府还在联合声明中宣布了对香港的基本方针政策：中国决定在对香港恢复使主权时设立直辖于中央人民政府的香港特别行政区，除外交和国防事务属于中央管理外，香港特别行政区享有高度的自治权，包括行政管理权、立法权、独立的司法和终审权，现行法律基本不变；保持香港自由港、独立关税地区和国际金融中心的地位等。这些方针政策将由全国人大以香港特别行政区基本法加以规定，并在50年内不变。

9月26日

国务院办公厅转发《关于秦皇岛市进一步对外开放问题的会议纪要》。

9月29日

中共中央、国务院发出《关于帮助贫困地区尽快改变面貌的通知》。《通知》提出六个方面措施和要求：1.明确指导思想，改变贫困地区面貌的根本途径是依靠当地人民自己的力量，因地制宜，发展商品生产，增强本地区经济的内部活力，要纠正单纯救济的观点；2.进一步放宽政策，实行比一般地区更灵活、更开放的政策；3.减轻负担，给予优惠；4.搞活商品流通，加速商品周转；5.增加智力投资；6.加强领导，督促各项措施的落实。

10月1日

首都举行阅兵式和群众游行，庆祝中华人民共和国成立35周年。

10月2日

海南行政区人民政府在海口正式成立。

10月4日

国务院批转国家计委《关于改进计划体制的若干暂行规定》，并发出通知指出：为了适应对内搞活经济、对外实行开放的需要，中国现行计划体制必须进行改革。《规定》自1985年起开始试行。

10月5日

国务院批转国家计委、国家体改委的报告，同意哈尔滨、广州、西安市恢复计划单列，并赋予相当于省一级经济管理权限。

10月6日

邓小平会见参加中外经济合作问题讨论会的全体中外代表。邓小平在会见时说，我们确定了一个政治目标：发展经济，到本世纪末翻两番，国民生产总值按人口平均达到800美元，人民生活达到小康水平。更为重要的是，在这个基础上，再发展30年到50年，力争接近世界发达国家的水平。……对内经济搞活，首先从农村着手。这几年进行的农村改革，是一种带革命意义的改革。与此同时，我们开始了城市改革的试验。……这意味着中国将出现全面改革的局面。对内经济搞活，对外经济开放，这不是短期的政策，是个长期的政策，最少50年到70年不会变。

10月11日

国务院批转城乡建设环境保护部《关于扩大城市公有住宅补贴出售试点报告》，《报告》指出：城市公有住宅补贴出售给个人，是逐步推行住宅商品化、全面改革中国现行住房制度的重要步骤。

10月13日

国务院发出《关于农民进入集镇落户问题的通知》，要求各级人民政府积极支持有经营能力和有技术专长的农民进入集镇经营工商业，公安部门应准予其落常住户口，统计为非农业人口。

10月13—20日

中共十二届三中全会在北京举行，全会一致通过《中共中央关于经济体制改革的决定》。《决定》明确提出，进一步贯彻执行对内搞活经济、对外实行开放的方针，加快以城市为重点的整个经济体制改革的步伐，是当前我国形势发展的迫切需要。《决定》认为：改革计划体制，首先要突破把计划经济同商品经济对立起来的传统观念，明确认识社会主义计划经济必须自觉依据和运用价值规律，是在公有制基础上的有计划的商品经济。商品经济的充分发展，是社会经济发展的不可逾越的阶段，是实现我国经济现代化的必要条件。全会还决定，1985年9月召开党的全国代表会议。

10月18日

国务院批复宁波市进一步对外开放规划，同意兴办经济技术开发区，面积为3.9平方公里。

10月19日

国务院批转中国石化总公司《关于进一步推行改革，提高经济效益的方案》，同意实行投入产出包干。

10月20日

国务院批复青岛、烟台进一步开放兴办经济技术区规划方案，同意规划面积青岛为15平方公里，烟台为10平方公里。

10月25—29日

中共中央纪律检查委员会第四次全体会议在北京举行。会议审议通过了中纪委常委会提交的《加强纪律检查工作，保证经济体制改革顺利进行》的报告，讨论了《关于加强纪检机关建设的意见》。

11月1日

中国与阿拉伯联合酋长国建立外交关系。

11月2日

赵紫阳主持召开中央财经领导小组会议，讨论国家计委、国家经委《关于利用国家结存外汇，促进经济发展意见的报告》。

11月3日

国务院批转中国人民保险公司《关于加快发展我国保险事业的报告》。

11月6日

第六届全国人大常委会第八次会议在北京举行。会议通过关于国务院提请审议《中华人民共和国政府和大不列颠及北爱尔兰联合王国政府关于香港问题的联合声明》的议案的决议，《关于在沿海港口城市设立海事法院的决定》和关于中国加入《保护工业产权巴黎公约》的决定。会议还初步审议了《中华人民共和国草原法（草案）》。

11月7日

中国著名国际法学家倪征燠在联大会议期间举行的国家法院法官竞选中当选，成为国际法院中首位中华人民共和国国籍的法官。

11月9日

赵紫阳主持召开国务院常务会议，听取和讨论财政部关于改革财政管理体制问题的汇报。会议认为，改革财政管理体制，涉及中央与地方、地方与地方的利益，问题复杂，矛盾很多，要慎重处理。既要考虑中央集中财力的需要，又要适当照顾地方的利益，调动地方积极性。目前宜基本维持地方财政的既得利益，只作一些小的调整。会议基本同意财政部提出的方案，并对请示的几个问题进行了讨论。

11月13日

国务院发出《关于严格控制财政支出和大力组织货币回笼的紧急通知》。

11月13日

国务院办公厅印发《关于山东省威海港、龙口港对外开放的会议纪要》，明确威海港、龙口港对外开放，允许外轮进出。

11月15日

国务院发布《关于经济特区和沿海14个港口城市减征、免征企业所得税和工商统一税的暂行规定》。

11月17日

中共中央、国务院发出《关于严格控制成立全国性组织的通知》。《通知》强调，严格控制成立跨行业、跨部门、跨地区的全国性组织，应否成立这类组织要由中央、国务院统筹考虑，任何部门和个人无权决定。成立部门所属的专业性学术组织，要由中央、国务院主管部门审查，并报国家体改委审定。

11月18日

上海飞乐音响公司成立并向社会发行股票。这是建国以来工业领域第一家比较规范的股份公司，上海飞乐音响公司后改名为上海飞乐音响股份有限公司。

11月20日

国务院批转轻工业部、全国手工业合作总社《关于轻工业集体企业若干问题的暂行规定》。

11月22日—12月1日

国务院召开全国计划会议，讨论1985年计划。

12月1日

中国消费者协会在北京成立。

12月3日

中共中央、国务院发出《关于严禁党政机关和党政干部经商、办企业的决定》。《决定》指出：各级党政领导机关特别是经济部门及其领导干部要正确发挥领导和组织经济建设的职能，坚持政企职责分开、官商分离的原则，决不允许运用手中的权力，违反党和国家的规定去经营商业，兴办企业，谋取私利，与民相争。

12月5日

中共中央纪律检查委员会发出《关于坚决纠正新形势下出现的不正之风的通知》。

12月5日

国务院批复《广州市对外开放工作报告》，同意兴办经济技术开发区，总面积为9.6平方公里。

12月6日

国务院批复《天津市进一步实行对外开放报告》，同意兴办经济技术开发区，总面积为33平方公里。

12月6—22日

中共中央在北京召开全国农村工作会议。会议的议题是：确定1985年和今后一个时期农村工作的任务和指导思想，继续进行经济体制改革，在国家计划指导下扩大市场调节，促进农村产业结构合理化，进一步把农村经济搞活。

12月7日

新华社报道：经国务院批准，中国设立国家环境保护局。

12月8日

国务院发出《关于国营企业厂长（经理）实行任期制度的通知》。

12月10日

李鹏在第一次全国专利工作会议上发表讲话认为，《专利法》在中国还是第一个。实施专利法可以保护技术发明创造者的合法权益，推动技术进一步繁荣兴旺，调动广大科技人员的积极性，是符合经济体制改革精神的。

12月14日

国家计委、财政部、中国人民建设银行发布《关于国家预算内基本建设投资全部由拨款改为贷款的暂行规定》。

12月18—20日

英国首相撒切尔夫人来中国签署中英关于香港问题的联合声明并对中国进行正式访问。19日，中英关于香港问题的联合声明由赵紫阳和撒切尔夫人在北京正式签字，邓小平和李先念出席了签字仪式。同日，邓小平、李先念和胡耀邦分别会见撒切尔夫人；赵紫阳同撒切尔夫人举行了会谈。

12月24日

中共中央书记处听取国务院物价小组《关于1985年物价改革方案的汇报》。赵紫阳指出：经济体制改革的关键就是价格改革。价格不改革，计划体制改革、企业搞活等都不容易落实。价格改革存在两种可能性，一种可能是搞好了，另一种可能是不谨慎，搞出了乱子。因此，在战术上必须认真对待。

数说发展

人口

总人口 **104357** 万人

 出生率 **19.90‰**

 死亡率 **6.82‰**

 自然增长率 **13.08‰**

黄金外汇储备

 黄金 **1267** 万盎司

 外汇 **82.20** 亿美元

国内生产总值

第一产业 2316.1 亿元

第二产业 3105.7 亿元

第三产业 1786.3 亿元

GDP（国内生产总值）**7208.1** 亿元

财政收支 （单位：亿元）

收入 **1642.86**

支出 **1701.02**

占国内生产总值的比重 **22.8%**

收支差额 **−58.16**

农林牧渔业

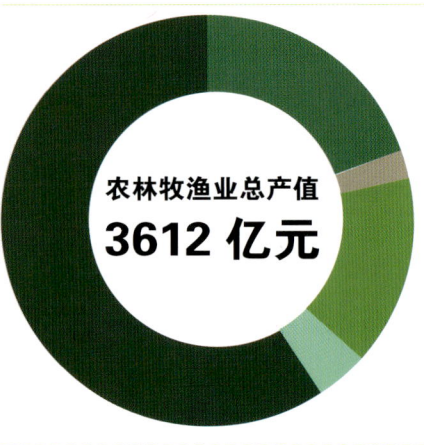

农林牧渔业总产值 **3612** 亿元

- 种植业 2141 亿元
- 林 业 151 亿元
- 牧 业 543 亿元
- 渔 业 77 亿元
- 副 业 700 亿元

工业 （单位：亿元）

工业总产值 **7015**

- 轻工业 3374
- 重工业 3641

旅游

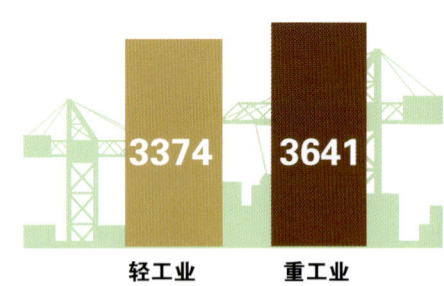

接待人数 **1285** 万人次

外国人 **113** 万人次

华侨和港澳同胞 **1172** 万人次

全年收入外汇折合人民币 **11.3** 亿元

产量 （单位：万吨）

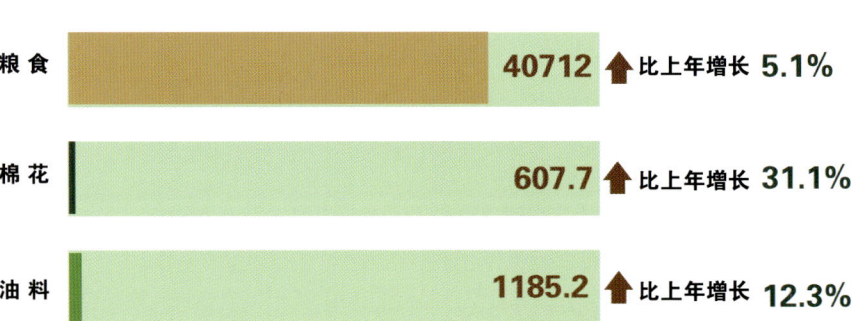

- 粮食 40712 ↑比上年增长 5.1%
- 棉花 607.7 ↑比上年增长 31.1%
- 油料 1185.2 ↑比上年增长 12.3%

对外经济

进口 620.6 亿元　出口 580.6 亿元

进口贸易总额 **1201.2** 亿元

■ 进口大于出口 **40** 亿元

使用外资 **26.6** 亿美元

各种贷款 **13.2** 亿美元　国外直接投资 **13.4** 亿美元

用于海上石油合作勘探开发 **5.2** 亿美元

对外新签承包工程和劳务合作合同 **585** 项

合同金额 **16.8** 亿美元
完成营业额 **5.5** 亿美元

交通运输

新建交付营业里程

 铁路 **1247** 公里
 铁路复线 **584** 公里
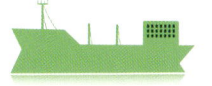 铁路电气化 **695** 公里
港口吞吐能力 **918** 万吨

货物周转量 **14510** （单位：亿吨公里）

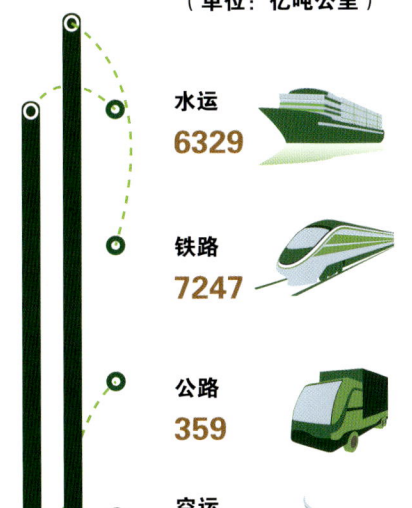

水运 6329
铁路 7247
公路 359
空运 3.1
管道 572

旅客周转量 **3576** 亿人公里

 铁路 2046 亿人公里
 公路 1294 亿人公里
 水运 152 亿人公里
 空运 84 亿人公里

人民生活

城镇居民家庭平均每人可用于生活费的收入 **608** 元
扣除物价上涨因素比上年增长 **12.5%**

农民人均纯收入 **355.3** 元
比上年增长 **14.7%**

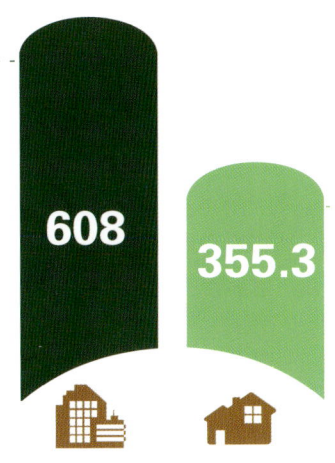

全国职工总数 **11824** 万人
城镇个体劳动者 **296** 万人

全国职工工资总额 **1112.3** 亿元
其中奖金和计件超额工资 **179.2** 亿元
全国职工平均工资 **961** 元

 城乡人民储蓄存款 **1214.7** 亿元

沿海主要港口货物吞吐量 **27550** 万吨

邮电业务总量 **24.9** 亿元

国内商业

社会商品零售总额 **3357** 亿元

比上年增长 **17.8%**

城市贸易中心 **2248** 个

主要消费品零售量增长幅度

粮食增长	19.5%	毛线增长	29.6%
食用植物油增长	18.1%	手表增长	24.6%
猪肉增长	3%	自行车增长	9.9%
鲜蛋增长	16.1%	照相机增长	17.7%
食糖增长	9.7%	电风扇增长	54%
呢绒增长	23.8%	电视机增长	53.3%
绸缎增长	19%	录音机增长	59.7%
纯棉布下降	3.3%	洗衣机增长	83.7%
化纤布增长	13.3%	电冰箱增长	1.3 倍
棉花化纤混纺布增长	4.9%	针织内衣裤增长	5.8%

- 工业品贸易中心 **1254** 个
- 农副产品贸易中心 **753** 个
- 综合贸易中心 **241** 个

城乡集市贸易点 **5.6** 万个

固定资产投资

全民所有制单位固定资产投资 **1160** 亿元

基本建设投资 **735** 亿元
能源工业投资 **158** 亿元
交通邮电投资 **105** 亿元

其中，国家预算直接安排的投资 **316** 亿元

建成投产的大中型建设项目 **102** 个

建成投产大中型建设项目的单项工程 **132** 个

新增加的生产能力

煤炭开采 **1813** 万吨
原油开采 **1310** 万吨
（包括用油田更新改造和其他资金增加的能力）
发电机组容量 **350** 万千瓦
化学纤维 **2.5** 万吨
机制糖 **38.5** 万吨
木材采运 **53** 万立方米
水泥 **470** 万吨

教 育

（单位：万人）

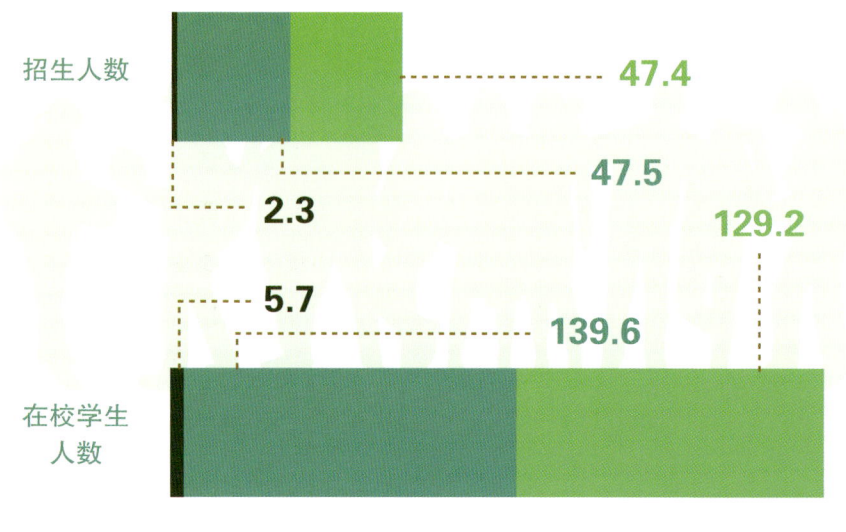

招生人数：2.3 / 47.5 / 47.4
在校学生人数：5.7 / 139.6 / 129.2

- 研究生
- 普通高等学校本专科学生
- 成人高等学校本专科学生

文化

- 文化馆 3016 个
- 公共图书馆 2217 个
- 博物馆 618 个
- 档案馆 2924 个

生产电影故事片 114 部
发行各种新片（长片）181 部

艺术表演团体 3397 个
电影放映单位 17.8 万个

广播电台 161 座
广播发射台和转播台 595 座

电视台 104 座
一千瓦以上的电视发射台和转播台 466 座

出版

全国性和省级报纸 180.6 亿份
杂志 21.8 亿册
图书 62.7 亿册（张）

体育

第二十三届奥运会上获得

- 金牌 15 枚
- 银牌 8 枚
- 铜牌 9 枚

金牌总数名列第四位

获得世界冠军 37 个
打破和超过世界纪录 12 项
打破全国纪录 102 项

举办县以上运动会 3 万次

达到《国家体育锻炼标准》3300 多万人

新建各类体育场地 1534 个

卫 生

医院病床 216.8 万张

专业卫生技术人员 334.1 万人

- 医生 137.7 万人
- （含中、西医师 71.5 万人）
- 护师、护士 61.6 万人

科学技术

全民所有制单位自然科学技术人员 735 万人

经国家批准的发明 264 项
其中，获得国家发明一等奖 7 项

1985

- 取消农副产品统购派购制度
- 终结企业行政级别工资
- 价格改革起步
- 第一次全国教育工作会议召开
- "巴山轮会议"召开

焦点事件

取消农副产品统购派购制度

家庭联产承包责任制在全国普遍推行后，1978至1984年的6年时间，中国粮食总产量增长了1000亿公斤，走完了此前用20年才走过的增产之路。然而，"谷贱伤农"，农村出现了新的问题。

一些地方的粮库爆满，由于购销价格倒挂，财政补贴大幅增加，难以为继。丰收的粮食涌上集市，农村集市上的粮价大跌，已低于国家收购价的15%左右。棉花生产1984年产量创下625.85万吨纪录，而收购量仅为96.45万吨。市场饱和，国家储备棉花大幅度增加，财力难以承受。粮棉"卖难""存难""运难"的情况相继出现并日渐突出，农民的生产积极性受到很大影响。

1984年11月，中央书记处会议在讨论为即将召开的全国农村工作会议准备的一号文件时，研究认为，建立联产承包责任制后，农村流通体制改革滞后，导致农业生产发生了种种不协调的现象，特别是农产品统购派购制度，在粮食长期短缺的过去虽然起到了保证供给的作用，但现在已不适应农村新的情况，成了束缚农业生产力发展的新因素。

1984年12月，全国农村工作会议在北京召开，万里在会上发表了题为"把农村改革引向深入"的重要讲话。万里提出，根据发展有计划的商品经济的要求，逐步改革农产品统购派购制度，建立并完善农产品市场体系，是农村第二步改革的中心任务。长期实行的农产品统派购制度业已形成一个完整的体系，它不只是承担着产品分配职能，同时也承担着利益分配职能。因此，对不同的农产品分别采取不同的改革方式和步骤，会更有利于改革的顺利发展。他强调，要支持农民组织起来进入流通领域。目前农村已出现了一批农民联合购销组织，其中，有乡、村合作组织兴办的农工商公司或多种经营服务公司，有同行业的专业合作社或协会，也有个体商贩、专业运销户自愿组成的联合商社等。必须看到，农民组织起来进入流通领域，完善自我服务，开展同各方面的对话，反映了农村商品经济发展的客观要求和必然趋势，今后还会更多地涌现出来，各有关部门均应给予热情支持和帮助。

1985年1月，中共中央、国务院发出第四个中央1号文件：《关于进一步活跃农村经济的十项政策》。文件提出，改革农村流通体制，取消已经实行了30年的农副产品统购派购制度，还原农民土地经营者的身份。邓小平称这个文件在改革上"迈出了相当勇敢的一步"。

回忆

杜润生： 农产品统派购制度行之已久，派生出分配问题和利益调整问题，惯性很强，改变甚难。好在正值党的十二届三中全会出台经济改革决议，城乡关系改善完全符合改革方向。因此，1984年的农村工作会议，众望所归，就把改革统派购制度、调整产业结构作为1985年农村改革的中心课题。

资料来源：《杜润生自述：中国农村体制变革重大决策纪实》，人民出版社，2005年。

1985年，河南省三门峡市某集市上的棉花交易。

江苏苏州地区农民利用当地优势,开展家庭副业生产。

同年,国务院制定的《国民经济和社会发展计划(草案)》中规定,在原已大幅度调减的农副产品计划收购项目中,继续从29种减到10种。4月12日,全国物价会议决定放开生猪收购价格同时也放开销售价格;5月17日,农业税改过去收实物为折征代金;6月1日,大中城市放开蔬菜供应价格。

文件陆续出台以后,农村改革开始从相对封闭的"内线作战"转为向"外线"进军,一个城乡改革互相配合、互相促进的局面开始出现。

终结企业行政级别工资

自1978年以来,国家已多次改革工资制度,调整收入分配水平。1978年5月,国务院出台《关于实行奖励和计件工资制度的通知》,在有条件的企业试行奖励和计件工资改革。1979年,中共中央、国务院批准《全国物价工资会议纪要》,决定给一部分机关、企事业单位职工调整工资。1981年10月,国务院发布《关于1981年调整部分职工工资的通知》,这次调整工资的对象是中小学、医疗卫生和体育系统工作人员,调整的内容是级别和级差。1983年,国务院批转劳动人事部《关于一九八三年企业调整工资和改革工资制度问题的报告的通知》,规定企业工资制度与政府机关工资制度脱钩。

前几次改革和调整工资的共同特点:一是对象有限,二是"微调",其实带有对多年未调整工资的"还债"性质。从1983年开始,企业的工资分配逐步离开过去与机关事业单位互相比照的轨道,开始"走自己的路"。1985年的大调资,区别于前几年的调资,是一种"普调",并伴以较大的改革措施。

1985年1月5日,国务院发出《关于国营企业工资改革问题的通知》,规定国营企业实行职工工资总额同企业经济效益按比例浮动,职工的收入与职工个人的贡献和企业的经营效益挂钩。扩大了企业在工资、奖金分配上的自主权。与此相配套,1月24日,国家物价局、物资局联合发出《关于放开工业生产资料超产自销产品价格的通知》,无疑为提高企业经济效益打开了一条重要渠道。7月,劳动人事部、财政部联合颁布了《国营企业工资试行办法》,以使工资改革规范化。

6月4日,中共中央、国务院发出《关于国家机关和事业单位工作人员工资制度改革问题的通知》,提出逐步消除现行工资制度中的平均主义和其他不合理因素,初步建立能够较好地体现按劳分配原则、便于管理和调节的新工资制度。

这次工资改革的主要内容是:把工资分为基础工资、职务工资和年功工资三个部分,其中以职务工资为主导;基础工资是维持劳动者生存的需要,不论职务高低均实行同一标准;年功工资是对职工劳动贡献积累的补偿,随职工的工龄递增,因此又被称为"工龄工资"。这一改革措施,彻底结束了实行了几十年的行政级别工资模式。

在这些政策的执行中,国家机关和企事业单位比较单纯,容易操作,而企业的情况就复杂得多。由于宏观环境的改革尚不能为企业进入市场平等竞争提供条件,一个企业的经营效果不能真实地反映企业的经营能力和努力程度,因此改革中只能采取渐进的办法。大多数企业在当年实行了奖励基金随同企业经济效益浮动的办法;在约1800万职工中进行了工

> **语录** "改革是中国的第二次革命。"
> ——邓小平

背景：改革开放以后，中国在经济生活、社会生活、精神状态等方面发生了一系列深刻变化，社会制度在一定的范围内也发生了某种程度的革命性变革。改革对中国来说，无异于又一次革命。1985年3月28日，邓小平在会见日本自由民主党副总裁二阶堂进时提出："现在我们正在做的改革这件事是够大胆的。但是，如果我们不这样做，前进就困难了。改革是中国的第二次革命。这是一件很重要的必须做的事，尽管是有风险的事。"

资总额随同企业生产成果或经济效益浮动的试验；而试行工资同上缴利税一起浮动的大中型企业约占其总数的15%；更多的企业采用的是承包工资、分解工资、计件工资、记分奖励等多种形式的分配办法。

价格改革起步

商品经济的发展离不开价格改革。1984年下半年国务院进行了多次讨论，同年12月24日中央书记处又作了专门研究，同意《国务院物价小组关于1985年价格改革方案的汇报提纲》，并指出："中国的现行价格体系，由于过去长期忽视价值规律的作用和其他历史原因，存在相当紊乱的现象，不少商品的价格既不反映价值，也不反映供求关系。改革这种不合理的价格体系，是整个经济体制改革成败的关键。"

1985年初，中国社科院研究生院的郭树清、刘吉瑞、邱树芳上书国务院，提出《全面改革亟需总体规划》的建议。他们提出，"一种产品实行两种价格，造成计划内产品纷纷流到计划外，而计划外部分又层层转手。大量国家财富落入私人和小集团的腰包。这就是一种'冲突型'过渡体制。它的长期持续，必然引起经济生活的混乱和改革的夭折。"他们关于整体规划、配套改革的观点引起了国务院领导的关注，被认为是"有益无害，鼓励尝试"。

1985年4月12日，中央电视台播放了国家物价局局长成致平的长篇讲话录像。讲话的主要内容是关于1985年价格改革方案的说明。他说，1985年是价格体系作重大改革的头一年。迈好这一步，对以后改革的顺利进行，关系重大，尤需慎重。因此，1985年价格改革的基本方针是：放调结合，小步前进。就是放活价格与调整价格相结合，走小步子，稳步前进。改革的重点主要是放开生猪收购价格和猪肉销售价格。还有调整农村粮食购销价格，适当提高铁路短途运价。

1985年8月，郭树清、楼继伟等人在国家体改委有关人士的帮助下，草拟了综合配套改革方案，指出双轨制的八大弊端，建议以价格为中心，财政、税收、工资等配套联动，一举实行体制突破。因为具有整体规划、配套改革等更有说服力的理论色彩，当时国务院领导批示为"有点道理，没有把握"，支持探索推进。

1985年11月28日，薛暮桥在六届人大常委会第十三次会议上以"中国六年来物价和人民生活的变化"为题发言，为这次价格改革"摇旗呐喊"。他通过列举6年来实实在在的数据，论证了其"一方面，物价是显著地上升了，另一方面，人民生活也是显著地改善了"的观点。经济学家用最通俗的老百姓语言来"摆事实，讲道理"，在会上引起了很好的反响。

生猪等副食品价格在1985年上半年各地陆续放开以后，购销价格有所上升，生产量和供应量显著增加。对于肉价和副食品价格上涨而使城镇居民增加的支出，各地根据不同情况发给了一定的补贴。这种积极而又稳妥的做法，同1979年的那次调价一样，没有引发社会震荡。

这次价格改革的顺利推进，带来了一种乐观的预测，为三年后的"价格闯关"埋下了伏笔。

第一次全国教育工作会议召开

中共十一届三中全会结束了"文革"十年动乱的历史，全国工作重心开始转移到经济建设上来。新形势下教育事业如何发展，逐步提到党

广州市内有30多处农贸市场，其中清平农贸市场规模最大，粮、蔬菜、禽蛋等农副产品一应俱全，每天的成交量非常大。

和国家的议事日程上来。

1985年5月15日至20日,中共中央、国务院在北京召开了第一次全国教育工作会议。参加这次会议的有各省、自治区、直辖市主管教育工作的领导同志,宣传(科教、文卫)部长、高教和教育厅(局)长、中央、国务院各部委的有关负责人,部分市、地、县和厂矿企业、事业单位的代表,各级各类学校的代表,各民主党派、人民团体的代表,以及知名教育家和专家学者共600多人。

会议学习了党中央、国务院领导人有关教育体制改革的重要讲话,重点讨论了《中共中央关于教育体制改革的决定(草案)》,并研究了实行教育体制改革的步骤和措施。会上,万里代表党中央、国务院作重要讲话,教育部长何东昌就《中共中央关于教育体制改革的决定(草案)》的起草经过和文件的指导思想作了说明。邓小平出席了会议闭幕式,并在闭幕式上作了题为《把教育工作认真抓起来》的重要讲话。邓小平讲到:"我们不是已经实现了全党全国工作重点的转移吗?这个重点,本来就应当包括教育。一个地区,一个部门,如果只抓经济,不抓教育,那里的工作重点就是没有转移好,或者说转移得不完全。忽视教育的领导者,是缺乏远见的、不成熟的领导者,就领导不了现代化建设。各级领导要像抓好经济工作那样抓好教育工作。"他特别指出:"教育体制改革的决定草案,我看是个好文件。现在,纲领有了,蓝图有了,关键是要真正重视,扎扎实实地抓,组织好施工。"①

1985年5月27日,中共中央正式颁布《关于教育体制改革的决定》。《决定》指出,教育体制改革的根本目的,是提高民族素质,多出人才、出好人才。《决定》指出了中国教育体制在教育事业管理权限的划分、教育结构、教育思想、教育内容、教育

1985年,北京市劲松一小的学生们在课间做哑铃操。

方法等方面存在的弊端,并提出改革的主要内容是:

改革教育管理体制,在加强宏观管理的同时,坚决实行简政放权,扩大学校的办学自主权;调整教育结构,相应地改革劳动人事制度;改革同社会主义现代化不相适应的教育思想、教育内容、教育方法。

经过改革,要达到:使基础教育得到切实的加强,职业技术教育得到广泛的发展,高等学校的潜力和活力得到充分的发挥,学校教育和学校外、学校后的教育并举,各级各类教育能够主动适应经济和社会发展的多方面需要。

增加教育投资,把发展基础教育的责任交给地方,有步骤地实行九年义务教育,调整中等教育结构,大力发展职业技术教育,改革高等学校的招生计划和毕业分配制度,扩大高等学校办学自主权,加强领导,调动各方面积极因素,保证教育体制改革的顺利进行。

1985年6月,六届全国人大常委会第十一次会议,决定成立国家教育委员会,地方省、市、区教育厅(局)也相应改为教育委员会。在学校内部,逐步推行校长负责制,在教师专业职务聘任上也实行了相应的改革。

这次教育体制改革以邓小平提出的"教育要面向现代化,面向世界,面向未来"为指针,确立了"教育必须为社会主义建设服务,社会主义建设必须依靠教育"的根本指导思想,对于促进教育努力适应社会主义建设以及经济、科技体制改革的迫切需求起到了极大推动作用。

---

① 邓小平:《把教育工作认真抓起来》,《邓小平文选第三卷》,人民出版社,1993年。

"巴山轮会议"召开

1984年底爆发了"经济过热"。银行信贷失控,投资猛增,消费基金增长过快,物价上涨幅度达到10%。如何看待宏观经济形势?应采取什么样的对策?给经济体制转型提出了紧迫的课题。

在这样的背景下,1985年9月2日至7日经国务院批准,由中国经济体制改革研究会、中国社会科学院和世界银行共同在交通部所属的一条从重庆到武汉的"巴山号"长江游轮上召开"宏观经济管理国际讨论会",又

流行志

寻呼机

寻呼机，也叫BP机。1983年，上海开通了国内第一家寻呼台，寻呼机开始进入中国。早期的BP机全是进口产品，品牌包括摩托罗拉、松下等。后来，国内企业浪潮与摩托罗拉合作，开发出汉字寻呼机，寻呼机的普及率逐渐提高。到1985年寻呼台如雨后春笋般遍地开花，寻呼市场的繁荣，使各地呼台之间的竞争也日益白热化。那时候，"有事您呼我"成了最时尚的告别语。

20世纪80年代，在成都太升路贩卖BP机的商贩。

《超人》

1985年，美国电影《超人》在广州放映，《超人》是从美国好莱坞进口的第一部大片。

1985年，耗资5500万美元制作的好莱坞电影《超人》在美国上映7年后引进中国，该片不仅在美国具有划时代的意义，对中国人的影响也是相当巨大。《超人》在上海放映时，"100天时间里场场爆满"。记者克拉克迅速换装后成为超人，在天上飞来飞去，行侠仗义的故事引人入胜，高超的特技给人以新的感官体验。观众在这个过程中体验到的紧张刺激的感觉，足以让麻木的神经热血沸腾。

称"巴山轮会议"。

世界银行为这次会议请来了一批世界著名经济学家和经济工作者，如美国耶鲁大学经济学教授、1981年度诺贝尔经济学奖获得者詹姆斯·托宾，英国剑桥大学教授、格拉斯哥大学名誉校长阿莱克·凯恩克劳斯爵士，联邦德国证券抵押银行理事长、原德国联邦银行行长奥特玛·埃明格尔等。

中国方面参会的经济学家和经济工作者有：国家体改委党组书记安志文、国务院经济研究中心主任薛暮桥、国务院技术研究中心主任马洪、中国社会科学院副院长刘国光等数十人。

会议主要围绕宏观经济管理的国际经验、计划与市场问题、可供中国参考和借鉴的国际经验三大议题展开讨论。

在会上，外国经济学家在分析了世界银行提供的中国宏观经济数据以后，几乎一致认为，当时中国经济表现出过度需求的特征，投资热，工资膨胀，处在工资推进与需求拉动膨胀之中。他们认为，根据西欧和东欧的经验，一旦出现这样的膨胀，很难压得下去，必须改革。

诺贝尔经济学奖得主托宾尖锐地指出：中国面临发生严重通货膨胀的危险，治理之道是应当采取财政、货币和收入"三紧"的政策，即紧的财政政策、货币政策和收入政策，而不是西方国家在面临较温和的通货膨胀时通常使用的"松紧搭配政策"来避免危机。

专家们认为，中国的经济管理体制现在还处在从直接行政控制向间接行政控制的过渡阶段，要达到宏观控制下的市场协调模式，还需要一个长期的过程。实行宏观经济间接控制的主要手段为：金融货币、财政、税收、收入分配和国际收支等，其中金融货币具有关键性的作用。而实行间接控制还必须满足一个重要的条件：有比较完善的市场体系，特别是要建立健全商品市场和资金市场。

"巴山轮会议"，是一次从计划经济向市场经济转型的思想启蒙，这个会议对搞宏观调控的人来讲，是一个里程碑式的会议，澄清了在经济界中一度存在的认识混乱现象，经济学家们对形势的判断和认识逐渐统一，把焦点集中在了"政府—市场—企业"三者的关系上。学者们的观点反映到高层，坚定了中国高层决策者对于经济采取稳定政策的决心，为1987年十三大提出"国家调节市场，市场引导企业"的方针作了理论准备。

观点

周叔莲：巴山轮会议，重点讨论研究经济体制改革的理论和实践问题。第一，中国经济体制改革的目标模式；第二，匈牙利模式和南斯拉夫模式能不能作为经济体制改革的目标？第三，间接的行政协调模式能不能作为经济体制改革的目标？第四，所有制结构改革的目标模式；第五，决策结构改革的目标模式；第六，调节结构改革的目标模式。同时，会议还讨论了中国改革的基本特点，即改革是一个渐进的长过程。第一，改革是一个渐进的过程；第二，新旧体制长期并存的必然性；第三，正确处理宏观控制和微观搞活的关系；第四，经济体制改革的阶段；第五，经济体制改革的环境。

资料来源：《从巴山轮会议看中国经济体制改革》，《当代世界社会主义问题》，1986年第1期。

社会关注

1985年9月10日,为庆祝首个教师节,上海市召开了"园丁与桃李"座谈会。

教师节设立

1985年1月11日,国务院根据全国人大代表、全国政协委员和各界人士,特别是各地教师的多次提议,以及各地开展尊师活动的经验,向全国人民代表大会常务委员会提出关于确定每年9月10日为教师节的议案。1985年1月16日上午,国务院总理赵紫阳提出的关于确立教师节的议案被列入第六届全国人大常委会第九次会议全体会议的议程。1985年1月21日,第六届全国人大常委会第九次会议作出决议,将每年的9月10日定为教师节。

1985年9月10日,新中国第一个教师节的庆祝活动在人民大会堂隆重举行。国家主席李先念发出《致全国教师的信》,勉励教师为祖国的社会主义教育事业做出更大的贡献。

中国博士后制度建立

1985年底,中国开始实行博士后制度,共有131个高等学校和科研机构报送了444份申请设立博士后流动站的材料,经全国博士后管委会6个学科专家组评审和全国博士后管委会批准,首批确定在73个高等学校和科研机构中设立博士后流动站102个(由于后来学科调整,实应为104个)。中国第一批博士后流动站在北京大学、清华大学、复旦大学和中国科学院建立。从瑞士学成归国的洪志良博士进入复旦大学电子学与通信专业博士后科研流动站工作,成为中国第一个博士后人员。全国博士后管理委员会同时成立,负责制定有关全国

1983年5月27日,国务院学位委员会和北京市人民政府在北京人民大会堂联合召开了博士和硕士学位授予大会。

流行志

《上海滩》

《上海滩》剧照

伴随着改革开放的脚步不断前进,香港与内地的文化交流也越来越顺畅。1985年,《上海滩》出现在内地千家万户的电视荧屏上。许文强从一个学生到黑道枭雄的演变突破了内地作品的题材禁忌,剧情跌宕起伏扣人心弦,男女主角的爱情令人唏嘘不已。许文强头戴礼帽、西装革履,白围巾轻拭鼻尖的派头倾倒无数少女。《上海滩》的主题曲和插曲迅速传遍了大街小巷。剧中人物的各种扮相都成为时尚潮流。

"威猛"乐队演唱会

1985年4月10日,作为中国改革开放后第一个到中国演出的西方流行乐队,英国青春偶像组合"威猛"(wham)乐队在北京工人体育馆举办了一场令当时的中国青年热血沸腾、大开眼界的流行音乐会。朴素的北京工人体育馆在闪烁不停的强光中和着电吉他的节拍跳动,近万名中国人在这里见识了世界一流摇滚乐队的风采,感受了摇滚乐的强大魅力。演出结束后,"威猛"乐队在中国妇孺皆知。即使今天,仍经常能听到那首著名的《Careless Whisper》(无心快语),"威猛"在乐迷心中的印记,并未因时间的流逝而抹去。

> **语录** "现在世界上真正大的问题,带全球性的战略问题,一个是和平问题,一个是经济问题或者说发展问题。"
> ——邓小平

背景:20世纪70年代末,美苏两个超级大国在世界范围内展开激烈争夺,整个世界处在紧张的状态中。进入80年代后,美苏由对抗转为对话,东西方关系逐渐缓和,战争危险减弱。与此同时,发展问题日益凸显出来,成为世界核心问题。面对国际形势的新变化,邓小平以敏锐的洞察力深刻地提出了关于"和平与发展"两大时代主题的伟大论断。1985年3月4日,邓小平会见日本商工会议所访华团时在谈话中指出:"现在世界上真正大的问题,带全球性的战略问题,一个是和平问题,一个是经济问题或者说发展问题。和平问题是东西问题,发展问题是南北问题。概括起来,就是东西南北四个字。南北问题是核心问题。"

环球大事

> **3月11日**
> 戈尔巴乔夫当选为苏共中央局书记，不久又兼任国防会议主席；接着当选为最高苏维埃主席团委员。

> **4月17日**
> 密特朗倡议建立"欧洲研究协调机构"，即"尤里卡"计划，号召西欧国家在诸如光电子学、大型电子计算机、高速微电子学、高功率激光和粒子学、新材料和人工智能等尖端领域进行合作，建立一个"欧洲工艺技术共同体"。

> **5月20日**
> 世界大城市首脑会议在东京举行。

> **6月25日—26日**
> 《联合国宪章》签订40周年纪念大会和纪念仪式在旧金山举行，期间讨论了第三世界经济发展问题。

> **7月17日**
> 在巴黎召开了第一次"尤里卡"部长级会议。参加会议的有欧洲共同体成员国和奥地利、瑞士、挪威、瑞典、芬兰共17国的外长和科研部长，以及欧洲共同体执委会代表，并在当日发表的公报中宣布"尤里卡"计划正式诞生。

> **9月15日**
> 世界空间无线电行政大会第一次会议结束，达成原则性协议，强调各国有权享有卫星轨道及相应频段。

> **9月19日**
> 首次"发展中国家小经济"国际会议在贝尔格莱德闭幕。

> **10月2日**
> 首届日本、欧洲经济共同体经济讨论会在东京举行。这届讨论会由日本经团联、欧洲经济共同体委员会、欧洲经济共同体产业联盟共同发起。

> **10月14日—24日**
> 联合国大会举行纪念联大成立40周年、主题为"联合国追求一个更美好的世界"的特别会议。150多个国家的领导人、特使或代表出席当天的纪念仪式，并一致通过《国际和平宣言》，宣布1986年为"国际和平年"。

> **10月16日**
> 联合国大会举行特别会议，纪念"给予殖民地国家和人民独立宣言"25周年。同日，联合国粮农组织在罗马举行成立40周年庆祝活动。

> **11月5日—6日**
> 在德国汉诺威召开了"尤里卡"第二次部长会议（增加了土耳其），通过了"尤里卡宪章"，宣布了尤里卡计划的头10个项目，并决定成立一个独立于欧共体执委会的秘书处。这标志着"尤里卡"计划开始正式实施。

> **11月11日**
> 第40届联大全体会议通过《世界和平纲领》和《各国人民和平权利》两项决议。

随着春节的临近，前来选购电视机的顾客挤满了武汉市中心百货大楼。

博士后的宏观政策、协调等工作，并拨款解决进站博士后的科研和生活费用，建造博士后公寓。

博士后流动站的设立，标志着中国实行博士后制度进入实质阶段。其目的是吸引、培养和使用高层次优秀人才，为改革开放提供强大的智力支持，作为为改革开放的中国培养高层次人才的重要途径。实践证明，中国博士后制度在选拔、培养优秀的高水平年轻科技人才，加强国内外学术交流，促进人才流动和创造出高水平的科研成果以及吸引优秀留学博士回国工作等诸多方面发挥了重要的作用。

彩色电视机进入普通家庭

1980年10月22日，中国第一条彩色电视机生产线在天津无线电厂建成，短短几年时间，彩电业迅速发展。1984年，北京的14寸彩电节日供应量比上年增加42倍，彩电开始进入普通家庭，成为了当时的"新三大件"之一。

1985年，中国电视机产量已达1663万台，超过了美国，仅次于日本，成为世界第二大电视机生产国。期间国产品牌无论是技术还是规模都有不小的进步。这时候，一些条件好的家庭开始购置彩电，稍大屏幕的彩电也因此成了"富裕"的象征。

改革开放以来，随着电视机陆续走进千家万户，电视节目也悄悄地改变着人们的生活。电视直播、转播的节目弥补了人们不能亲临现场观看一些大型演出的遗憾；热播的连续剧也成为人们茶余饭后必不可少的话题之一；电视节目中，时尚人士、男女影星的穿衣风格、时尚造型也影响着荧屏下的男女老少们，带动人们的审美观的发展。可见，电视机的普及一点一滴地改变了人们的生活，改变了人们的休闲方式以及思想观念。

重要文献

《中共中央关于制定国民经济和社会发展第七个五年计划的建议》
（1985年9月23日）

1985年9月23日，中国共产党全国代表会议通过《中共中央关于制定国民经济和社会发展第七个五年计划的建议》，《建议》分析了中国经济形势和社会状况，概述了"七五"期间中国经济工作的指导思想和奋斗目标，国民经济和社会发展的战略方针和主要政策措施，经济体制改革的设想和实施步骤。

目录：
- 第一部分　基本指导原则和主要奋斗目标
- 第二部分　经济建设的战略布局和主要方针
- 第三部分　科学、教育和文化事业
- 第四部分　对外经济贸易和技术交流
- 第五部分　经济体制和调节手段
- 第六部分　人民生活和社会保障
- 第七部分　团结起来，为胜利推进社会主义现代化建设而奋斗

重要文献

《关于进一步活跃农村经济的十项政策》
（1985年1月1日）

1985年1月1日，中共中央、国务院颁布《关于进一步活跃农村经济的十项政策》，文件指出，农村的工作重点是，进一步改革农业管理体制，改革农产品统购派购制度，在国家计划指导下，扩大市场调节，使农业生产适应市场需要，促进农村产业结构的合理化，进一步搞活农村经济。

节选：

十二届三中全会以后，以城市为重点的经济体制改革即将全面展开，城乡之间互相促进、协调发展的新局面将会出现。广大农村正面临着加速发展商品生产的极其有利的时机。

（一）改革农产品统购派购制度

从今年起，除个别品种外，国家不再向农民下达农产品统购派购任务，按照不同情况，分别实行合同定购和市场收购。

粮食、棉花取消统购，改为合同定购。……

生猪、水产品和大中城市、工矿区的蔬菜，也要逐步取消派购，自由上市，自由交易，随行就市，按质论价。……

其他统派购产品，也要分品种、分地区逐步放开。

取消统购派购以后，农产品不再受原来经营分工的限制，实行多渠道直线流通。……

（二）大力帮助农村调整产业结构

今年，国家将以一定的财力物力支持粮棉集中产区发展农产品加工业，调整产业结构。还决定拿出一批粮食，按原统购价（费用按财政体制分担）销售给农村养殖户、国营养殖场、饲料加工厂、食品加工厂等单位，支持发展畜牧业、水产养殖业、林业等产业。困难的地方可以赊销。

（六）鼓励技术转移和人才流动

城市的各类科学技术人员经所在单位同意，可以停薪留职，应聘到农村工作。除党政机关的在职干部以外，具备条件的科学技术人员，在不影响本职工作的前提下，可以利用业余时间为农村提供服务，按合同取得报酬。……

提倡"东西互助"。沿海各地向西部转移技术，联合开发西部资源，分享利益。

鼓励集体或个人办好中小学校，特别是中等职业技术学校和专科学校。……

（七）放活农村金融政策，提高资金的融通效益

适当发展民间信用。积极兴办农村保险事业。

农业银行要实行企业化经营，提高资金营运效率。

（九）进一步扩大城乡经济交往，加强对小城镇建设的指导

……规划区内的建设用地，可设土地开发公司实行商品化经营；也允许农村地区性合作经济组织按规划建成店房及服务设施自主经营或出租。小城镇的建设一定要根据财力和物力的可能，通过试点，逐步开展……

——摘自《中华人民共和国国务院公报》1985年第9期，第195—200页，中华人民共和国国务院办公厅编辑出版。

▣ 重要文献

《关于国营企业工资改革问题的通知》
(1985年1月5日)

1985年1月5日,国务院发布《关于国营企业工资改革问题的通知》,决定从1985年开始,在国营大中型企业中,实行职工工资总额同企业经济效益按比例浮动的办法;国家对企业的工资,实行分级管理的体制。

节选:

一、企业工资总额同经济效益挂钩。从一九八五年开始,在国营大中型企业中,实行职工工资总额同企业经济效益按比例浮动的办法。

二、国家对企业的工资,实行分级管理的体制。国家负责核定省、自治区、直辖市(包括计划单列城市,下同)和国务院有关部门所属企业的全部工资总额,及其随同经济效益浮动的比例。每个企业的工资总额和浮动比例,由省、自治区、直辖市和国务院有关部门在国家核定给本地区、本部门所属企业的工资总额和浮动比例的范围内逐级核定。

五、企业工资总额同经济效益挂钩浮动的比例,国家对省、自治区、直辖市和国务院有关部门,以人均上缴税利为主,同时考虑国家投资比例、百元工资税利率、劳动生产率的高低等情况分别确定。……

六、企业与国家机关、事业单位的工资改革和工资调整脱钩。企业实行工资总额随同本企业经济效益浮动办法以后,企业职工工资的增长应依靠本企业经济效益的提高,国家不再统一安排企业职工的工资改革和工资调整,企业之间因经济效益不同,工资水平也可以不同。允许具有相同学历、资历的人,随所在企业经济效益的不同,和本人贡献大小,工资收入出现差距。

八、各专业银行系统和保险公司系统的工资改革,由专业银行总行和保险总公司拟订方案,经劳动人事部会同有关部门审查后报国务院批准。

九、建立企业工资增长基金。……

十、企业实行工资总额随同经济效益浮动办法以后,国家对省、自治区、直辖市和国务院有关部门,除新建、扩建项目和国家政策规定必须安排的复员退伍军人、转业干部和大中专毕业生所需增加的工资总额外,原则上实行增人不增工资总额,减人不减工资总额。……

——摘自国家体改委办公厅编,《十一届三中全会以来经济体制改革重要文件汇编》第694—695页, 改革出版社,1990年。

▣ 重要文献

《关于科学技术体制改革的决定》
(1985年3月13日)

1985年3月13日,中共中央发布《关于科学技术体制改革的决定》。《决定》提出,现代科学技术是新的社会生产力中最活跃的和决定性的因素。应当依照经济建设必须依靠科学技术、科学技术工作必须面向经济建设的战略方针,尊重科学技术发展规律,从中国的实际出发,对科学技术体制进行坚决的有步骤的改革。

目录:

一、中国人民正在进行社会主义现代化建设的伟大事业
二、改革对研究机构的拨款制度,按照不同类型科学技术活动的特点,实行经费的分类管理
三、促进技术成果的商品化,开拓技术市场,以适应社会主义商品经济的发展
四、调整科学技术系统的组织结构,鼓励研究、教育、设计机构与生产单位的联合,强化企业的技术吸收和开发能力
五、改革农业科学技术体制,使之有利于农村经济结构的调整,推动农村经济向专业化、商品化、现代化转变
六、合理部署科学研究的纵深配置,以确保经济和科学技术发展的后劲
七、扩大研究机构的自主权,改善政府机构对科学技术工作的宏观管理
八、对外开放,走向世界,是我国发展科学技术的一项长期的基本政策
九、改革科学技术人员管理制度,造成人才辈出、人尽其才的良好环境

■ 重要文献

《中共中央关于教育体制改革的决定》
（1985年5月27日）

1985年5月27日，《中共中央关于教育体制改革的决定》公布。《决定》指出，教育体制改革的根本目的，是提高民族素质，多出人才、出好人才。要把发展基础教育的责任交给地方，有步骤地实行九年制义务教育；调整中等教育结构，大力发展职业技术教育；改革高等学校的招生计划和毕业生分配制度，扩大高等学校办学自主权；调动各方面积极因素，保证教育体制改革的顺利进行。

节选：

中央认为，要从根本上改变这种状况，必须从教育体制入手，有系统地进行改革。改革管理体制，在加强宏观管理的同时，坚决实行简政放权，扩大学校的办学自主权；调整教育结构，相应地改革劳动人事制度。还要改革同社会主义现代化不相适应的教育思想、教育内容、教育方法。经过改革，要开创教育工作的新局面，使基础教育得到切实的加强，职业技术教育得到广泛的发展，高等学校的潜力和活力得到充分的发挥，学校教育和学校外、学校后的教育并举，各级各类教育能够主动适应经济和社会发展的多方面需要。

实行九年制义务教育，实行基础教育由地方负责、分级管理的原则，是发展中国教育事业、改革中国教育体制的基础一环。……现在，我们完全有必要也有可能把实行九年制义务教育当作关系民族素质提高和国家兴旺发达的一件大事，突出地提出来，动员全党、全社会和全国各族人民，用最大的努力，积极地、有步骤地予以实施。为此，需要制订义务教育法，经全国人民代表大会审议通过后颁行。

根据大力发展职业技术教育的要求，中国广大青少年一般应从中学阶段开始分流：初中毕业生一部分升入普通高中，一部分接受高中阶段的职业技术教育；高中毕业生一部分升入普通大学，一部分接受高等职业技术教育。在小学毕业后接受过初中阶段的职业技术教育的，可以就业，也可以升学。凡是没有升入普通高中、普通大学和职业技术学校的学生，可以经过短期职业技术培训，然后就业。要充分发掘现有中等专业学校和技工学校的潜力，扩大招生，并且有计划地将一批普通高中改为职业高中，或者增设职业班，加上新办的这类学校，力争在5年左右，使大多数地区的各类高中阶段的职业技术学校招生数相当于普通高中的招生数，扭转目前中等教育结构不合理的状况。

……当前高等教育体制改革的关键，就是改变政府对高等学校统得过多的管理体制。在国家统一的教育方针和计划的指导下，扩大高等学校的办学自主权，加强高等学校同生产、科研和社会其他各方面的联系，使高等学校具有主动适应经济和社会发展需要的积极性和能力。

在整个教育体制改革的过程中，必须牢牢记住改革的根本目的是提高民族素质，多出人才、出好人才。衡量任何学校工作的根本标准不是经济收益的多少，而是培养人才的数量和质量。紧紧掌握这一条，改革就不会迷失方向。

——摘自《改革开放三十年重要文献选编》（上）第382—385、386—387、389页，中央文献出版社，2009年。

大事记

1月1日
中共中央、国务院发布《关于进一步活跃农村经济的十项政策》的文件,简称1985年中央1号文件。

1月4—5日
赵紫阳主持召开国务院常务会议,讨论当前经济形势。赵紫阳指出:今天主要说经济形势,集中的是去年票子发得这么多,主要有3个方面原因:一是农副产品收购量增加,多投放了100亿;二是农村信贷过猛;三是城市消费基金迅速增加。问题不出在基本建设,主要出在消费基金。现在靠行政办法不行了。靠计委控制不住,关键是银行。

1月5日
国务院发出《关于国营企业工资改革问题的通知》。

1月5日
中国第一家民间空中运输企业——厦门航空有限公司正式投入运营。

1月7日
中共中央办公厅、国务院办公厅发出《关于限期报告发放奖金等情况的紧急通知》指出:尽管中央、国务院三令五申,制止滥发奖金和实物,但此种不正之风仍在继续发展。消费基金猛增,有失控之势。

1月7日
国务院批转中国民用航空局《关于民航系统管理体制改革的报告》,并发出通知。《报告》提出:现行的政企不分的民航管理体制必须进行改革。改革的原则是政企分开,简政放权。

1月10日
国务院发出《关于技术转让的暂行规定》,《规定》提出,在社会主义商品经济条件下,技术也是商品,单位、个人都可以不受地区、部门、经济形式的限制转让技术。国家决定广泛开放技术市场,繁荣技术贸易以促进生产发展。

1月10—21日
第六届全国人大常委会第九次会议在北京举行。会议通过关于召开六届全国人大三次会议的决定;通过《中华人民共和国会计法》;通过关于授权国务院在经济体制改革和对外开放方面可以制定暂行的规定或条例的决定草案。

1月15日—3月8日
国家计委、财政部、中国人民银行向中央财经领导小组汇报了《"七五"计划的总体设想》。赵紫阳在听取汇报谈到实行住房商品化的问题时指出:要改革现行的房租办法。现在居民迫切需要解决住房问题。由于我们的住房政策不对头,促使居民的消费过早地转向家用电器,出现消费早熟。如果住房政策正确,在城市可以吸收大量购买力。要下决心早点解决这个问题。关键是房租,这个问题可以想法解决,不外乎提高房租,把暗贴变明贴,实行按定量补贴包干。

1月19日
邓小平会见罗兰士·嘉道理勋爵为首的香港核电投资有限公司代表团。邓小平指出:中国的对外开放、吸引外资的政策,是一项长期持久的政策。本世纪内不能变,下个世纪的前50年也不能变。

1月20日
国家体改委在石家庄市召开山东、山西、河南、河北、内蒙古、北京、天津等7省、市、自治区城市经济体制改革座谈会,主要介绍石家庄市以搞活企业为中心,进行"撞击反射式"综合改革的经验。

1月24日
国家物价局、国家物资局发出《关于放开工业生产资料超产自销产品价格的通知》。《通知》指出:工业生产资料属于企业自销和完成国家计划后的超产部分的出厂价格,取消原定的不高于国家定价20%的规定,可按稍低于当地的市场价格出售,参与市场调节,起平抑价格作用。企业不得在价格之外加收费用。

1月25—31日
国务院在北京召开长江、珠江三角洲和闽南厦(门)漳(州)泉(州)三角地区座谈会,建议将这3个地区开辟为沿海经济开放区。31日,赵紫阳在座谈会结束时指出:中国的改革大体有这样一些特点:第一,我们的改革不是盲目的。我们总的设想有了,总的构思有了,总的蓝图有了。第二,我们的改革既不是盲目的,也不是像有些国家那样,由专家们先行设计一整套方案。既要有勇气做出关于中国的改革方向、改革的蓝图的大胆的决定,又要在步骤上走一步看一步,避免大的失误,大的曲折。这个思想用三句话表达,叫做"坚定不移,谨慎从事,务求必胜"。开放要由沿

上海市民在药店选购进补药品

海到内地、由点到面逐步推进。从全国看，开放地带是由沿海到内地，由东部地区到西部地区的开放，也应该是由小到大，由点到面。

1月31日

国务院批转国家旅游局《关于当前旅游体制改革几个问题的报告》。

2月1日

中共中央办公厅、国务院办公厅发出《关于严格控制发放奖金、补贴的紧急通知》。《通知》指出，为了防止继续发生乱发奖金、补贴等错误做法，各级银行部门要加强现金管理，严格把关。各级财政、审计、劳动人事部门要加强监督检查，发现问题，及时报告，严肃处理。

2月2日

商业部发出通知：改变过去长期实行的棉花统购为按合同定购。当年全国的定购数量为8500万担。棉农完成定购任务后，剩余的棉花可自由销售。

2月5—14日

全国经济工作会议在天津举行。会议讨论制订了《关于进一步增强大中型国营工业企业活力若干问题的暂行规定》，讨论了《中华人民共和国国营工业企业法（草案）》以及有关国营小企业的改革等问题。会议提出，1985年要紧紧围绕增强企业活力，特别是增强国营大中型企业活力这个中心环节，搞好城市改革和其他各项工作，进一步提高经济效益。要树立起有计划的商品经济的观念，用发展商品生产的办法来管理经济，采取加快推行厂长负责制，发展多种形式的经济联合体，实行工资总额随同经济效益浮动等政策措施，促进企业由单纯生产型向经营开拓型转变。

2月6日

深圳市人民政府颁布《行政事业单位干部职工住宅商品化试行办法》，改革干部职工的住房制度，逐步以经济手段取代行政分配，加快住宅建设资金的回收与周转，促进住宅业的发展。

2月8日

国务院批转国家经委、财政部、人民银行《关于推进国营企业技术进步若干政策的暂行规定》。《规定》指出，各级行政机关要充分尊重和支持企业的技术进步自主权，善于运用经济办法对企业进行适当的引导；银行根据国家计划和市场情况，有权在审查技术进步项目的水平、效益和企业的偿还能力的基础上，决定信贷业务，加强资金管理。

2月8日

国务院发布《中华人民共和国城市维护建设税暂行条例》。为了加强城市的维护建设，扩大和稳定城市维护建设资金的来源，凡缴纳产品税、增值税、营业税的单位和个人，都是城市维护建设税的纳税义务人（以下简称纳税人），都应当依照条例的规定缴纳城市维护建设税。

2月8日

国务院批转上海市人民政府、国务院改造振兴上海调研组《关于上海经济发展战略的汇报提纲》并发出通知指出：改造、振兴上海是关系中国"四化"建设的大事。在新的历史条件下，上海的发展要走改造、振兴的新路子，充分发挥中心城市多功能的作用，力争到本世纪末把上海建成开放型、多功能、产业结构合理、科学技术先进、具有高度文明的社会主义现代化城市。

2月9—14日

全国省长、自治区主席、直辖市市长会议在北京召开，赵紫阳主持会议。会议期间，胡耀邦、姚依林、胡启立、田纪云在会上分别就经济形势、工资改革、价格改革等问题作报告。中央各部委和有关方面负责人也参加了会议。

2月14日

公安部出入境管理局负责人宣布：为了适应对外开放的新形势，中国政府决定从1985年2月15日起增加67个开放市、县。外国人去这些地方，不需办旅行证，不需事先通知即可自由前往。从3月1日起，再开放2个市县。至此，中国开放市、县已达100个。

2月18日

中共中央、国务院批转《长江、珠江三角洲和闽南厦漳泉三角地区座谈会纪要》，并发出通知指出：在长江三角洲、珠江三角洲和闽南厦漳泉三角地区开辟沿海经济开放区，是中国实施对内搞活经济、对外实行开放的又一重要步骤，是社会主义经济建设中具有重要战略意义的布局。

2月26日

国务院发布《中华人民共和国进出口关税条例》和《中华人民共和国海关进出口税则》，于3月7日公布施行。

2月28日

国务院发布《借款合同条例》。为了加强信贷资金的管理，提高资金的使用效益，保护借款合同当事人的合法权益，保证国家信贷计划的执行，根据《中华人民共和国经济合同法》的有关规定，特制定该《条例》。

2月28日

经广东省口岸办公室批准，沙头角口岸正式对外开放。

3月2—7日

全国科学技术工作会议在北京召开。会议对科技体制的改革问题进行了讨论。7日，邓小平在闭幕会上指出：现在要进一步解决科技和经济结合的问题。所谓进一步，就是说，在方针问题、认识问题解决之后，还要解决体制问题。……经济体制，科技体制，这两方面的改革都是为了解放生产力。

3月4日

邓小平会见五岛升为团长的日本商工会议所百人访华团。会见中，邓小平指出：现在世界上真正大的问题、带全球性的战略问题，一个是和平问题，一个是经济问题或者说发展问题。和平问题是东西问题，发展问题是南北问题。概括起来，就是东西南北四个字。南北问题是核心问题。他认为，虽然战争的危险还存在，但是制约战争的力量有了可喜的发展。第三世界的力量，特别是第三世界国家中人口最多的中国的力量，是世界和平力量发展的重要因素。

3月6—13日

全国城市经济体制改革试点工作座谈会在武汉市召开。会议认为，1985年试点城市的主要任务是：进一步搞活企业，尤其是搞活大中型企业，进一步对外对内开放，发展横向经济联系；综合运用经济杠杆，加强宏观的调节与管理。

3月8日

国务院作出《关于上海市进一步对外开放有关问题的批复》。

3月11日

中共中央、国务院发出《关于放宽政策，加速发展水产业的指示》。

3月13日

中共中央作出《关于科学技术体制改革的决定》。同日，国务院发出《关于加强物价管理和监督检查的通知》《关于坚决制止就地转手倒卖活动的通知》和《关于加强外汇管理的决定》。

3月14日

国务院批转财政部《关于对国营企业出口商品征收利润调节税的报告》和《国营企业出口商品利润调节税征收办法》。同日，国务院作出《关于温州市进一步对外开放有关问题的批复》，要求近期工作的重点是打好基础。

3月21日

六届全国人大常委会第10次会议通过《中华人民共和国涉外经济合同法》。该法从7月1日起施行。

3月21日
国务院发出《关于实行"划分税种、核定收支、分级包干"财政管理体制》。

3月27日—4月10日
六届全国人大三次会议在北京举行。赵紫阳在会上作题为《当前的经济形势和经济体制改革》的政府工作报告。

3月28日
邓小平会见日本自由民主党副总裁二阶堂进时说：改革是中国的第二次革命。我们的方针是，胆子要大，步子要稳，走一步，看一步。走一段就要总结经验。哪一步走得不妥当，就赶快改。对于开放可能带来的消极影响，我们的头脑是清醒的，不是盲目的。

3月28日
国务院批转《关于广东、福建两省继续实行特殊政策、灵活措施的会议纪要》并发出通知指出：在新的形势下，让广东、福建两省继续实行特殊政策、灵活措施，使两省的经济建设搞得更快些、更好些，在改革经济体制和扩大对外经济交流等方面继续探索和总结经验，不但对两省和全国的经济发展有重要意义，而且对稳定香港、对完成祖国统一大业也有积极意义。

4月2日
国务院发布《中华人民共和国经济特区外资银行、中外合资银行管理条例》。外资银行、中外合资银行必须遵守中华人民共和国的法律、法规，其正当业务活动和合法权益受中华人民共和国法律保护。

4月2日
国务院发布《关于华侨投资优惠的暂行规定》。《规定》指出，根据国家经济、文化建设的需要，华侨投资者可以选择独资经营，同国营企业合资、合作经营，同集体企业合资、合作经营等方式进行投资。

4月2—6日
第三次全国经理、厂（矿）长统考工作会议在北京召开。会议提出，企业经理、厂长统考要作为一项国家统考制度坚持下去。会议要求，1986年以前基本考完5837个大中型企业的经理、厂（矿）长。

4月4日
国务院批转中国人民银行《关于控制1985年贷款规模的若干规定》。

4月8日
国务院发出《关于控制固定资产投资规模的通知》。《通知》指出：1985年各部门、各地区固定资产投资规模必须严格控制，首先保证国务院批准的1985年计划的完成，未经国务院批准，不得自行扩大。

4月10日
为了保障经济体制改革和对外开放工作的顺利进行，第六届全国人民代表大会第三次会议决定：授权国务院对于有关经济体制改革和对外开放方面的问题，必要时可以根据宪法，在同有关法律和全国人民代表大会及其常务委员会的有关决定的基本原则不相抵触的前提下，制定暂行的规定或者条例，颁布实施，并报全国人民代表大会常务委员会备案。经过实践检验，条件成熟时由全国人民代表大会或者全国人民代表大会常务委员会制定法律。

4月11日
国务院发布《中华人民共和国集体企业所得税暂行条例》，《条例》规定：凡从事工业、商业、服务业、建筑安装业、交通运输业以及其他行业的独立核算的集体企业，都是集体企业所得税的纳税义务人，都应依照该《条例》的规定缴纳所得税。

4月11日
国务院批准财政部《对外国企业常驻代表机构征收工商统一税、企业所得税的暂行规定》。5月15日，《暂行规定》由财政部发布。

4月15日
邓小平会见坦桑尼亚副总统阿里·哈桑·姆维尼时指出：我们建立的社会主义制度是个好制度，必须坚持。现在我们搞经济改革，仍然要坚持社会主义道路，坚持共产主义的远大理想，年轻一代尤其要懂得这一点。但问题是什么是社会主义，如何建设社会主义。我们的经验教训有许多条，最重要的一条，就是要搞清楚这个问题。马克思主义的基本原则就是要发展生产力。社会主义的首要任务是发展生产力，逐步提高人民的物质和文化生活水平。20年的历史教训告诉我们一条最重要的原则：搞社会主义一定要遵循马克思主义的辩证唯物主义和历史唯物主义，也就是毛泽东同志概括的实事求是，或者说一切从实际出发。

4月26日
国务院发布《国营企业固定资产折旧试行条例》。《条例》指出，国营企业固定资产折旧是对固定资产磨损和损耗价值的补偿。

5月8日
国务院办公厅转发水利电力部《关于改革水利工程管理体制和开展综合经营问题的报告》。

5月15—20日
中共中央、国务院在北京召开全国教育工作会议。会议讨论了中共中央《关于教育体制改革的决定（草案）》。研究了实行教育体制改革的步骤和措施。19日，邓小平到会讲话指出：我们国家，国力的强弱，经济发展后劲的大小，越来越取决于劳动者的素质，取决于知识分子的数量和质量。一个地区，一个部门，如果只抓经济，不抓教育，那里的工作重点就是没有转移好，或者说转移得不完全。忽视教育的领导者，是缺乏远见的、不成熟的领导者，就领导不了现代化建设。

5月20日
中央财经领导小组向中共中央政治局常委和书记处提交《关于货币和外汇问题的报告》。《报告》指出，一是要继续加强宏观控制和管理。对信贷资金、消费基金和外汇的控制，当前还是要从严，不能松。二是工作要力求做细，切忌一刀切。不控制不行，刹车过猛也不行。要求把过高的经济增长速度，逐步地降到一个正常的速度。目前存在的许多问题和困难，也只有通过改革才能解决。

5月23日
中共中央、国务院发出《关于禁止领导干部的子女、配偶经商的决定》。《决定》指出，凡是团级以上领导干部的子女、配偶，除在国营、集体、中外合资企业，以及在为解决职工子女就业而兴办的劳动服务性行业工作者外，一律不准经商。所有干部子女特别是在经济部门工作的干部子女，都不得凭借家庭关系和影响，参与或受人指派，利用牌价议价差别，拉扯关系，非法倒买倒卖，牟取暴利。各级领导干部要以身作则，模范地执行本决定。

5月23日
国务院批转国家经委、国家计委、水利电力部、国家物价局《关于鼓励集资办电和实行多种电价的暂行规定》。《规定》指出，为了加速电力建设，搞活电力工业，用经济办法管理发电供电工作，遵照国务院领导同志指示，决定把国家统一建设电力和统一电价的办法，改为鼓励地方、部门和企业投资建设电厂，并对部分电力实行多种电价的办法，以适应国民经济发展的需要。

5月24日
国务院发布《中华人民共和国技术引进合同管理条例》。为了进一步扩大对外经济技术合作，提高中国科学技术水平，促进国民经济发展，特制定该《条例》。

5月24—25日
国家经委、国家体改委等7部门联合召开

国营小企业转让试点工作座谈会。会议决定在邯郸、丹东、大连等10个城市中选择部分国营工业小企业进行试点。

5月27日

中共中央颁布《关于教育体制改革的决定》。

6月1日

国务院批转国家物价局《关于价格改革出台情况及稳定物价措施的报告》。《报告》指出，1985年价格改革方案已陆续出台。本年在价格改革方面，先后放开了生猪收购和销售价格；调整了农村粮食购销和棉花收购价格；适当提高了铁路短途运价，蔬菜等副食品价格也在大中城市全部或部分放开，为进一步改革积累了经验。

6月3日

财政部、国家经委发出《关于认真核定国营企业税后留利中5项基金比例和加强管理的通知》，要求要管好用好5项基金。所有国营企业都必须按照上级核定的生产发展基金、新产品试制基金、后备基金、职工福利基金和职工奖励基金的比例，分别管理、分别使用。

6月4日

中共中央、国务院发出《关于国家机关和事业单位工作人员工资制度改革问题的通知》指出：这次国家机关、事业单位工作人员工资制度的改革，是为了逐步消除现行工资制度中的平均主义和其他不合理因素，初步建立起能够较好地体现按劳分配原则，便于管理和调节的新工资制度，为今后进一步理顺工资关系打下基础。

6月10—15日

首次全国法制宣传教育工作会议在北京举行。会议通过了《关于向全体公民基本普及法律常识的五年规划》。中央宣传部和司法部决定，从1985年起，争取用5年左右时间，在全体公民中基本普及法律常识。

6月18日

六届人大常委会第一次会议作出决定，撤销教育部，设立国家教育委员会。

6月26日

国务院发出《关于对若干商品开征进口调节税的通知》。决定对小轿车、旅行车、摩托车、录像机、复印机、彩色投影电视机、电视显像管、电子计算机、微型计算机及其外围设备等，征收关税和进口环节产品税（或增值税）的同时开征进口调节税。

6月29日

邓小平会见阿尔及利亚民族解放阵线党代表团。邓小平在会见时指出：搞社会主义，中心任务是发展社会生产力。一切有利于发展社会生产力的方法，包括利用外资和引进先进技术，我们都采用。这是个很大的试验，是书本上没有的。

6月29日

国务院批复福建省人民政府《关于报审厦门经济特区实施方案的报告》。批准厦门经济特区的范围扩大到厦门全岛和鼓浪屿全岛，面积为131平方公里。还批准逐步实行自由港的某些政策。

7月1—5日

香港特别行政区基本法起草委员会第一次全体会议在北京举行。会议决定：1990年提请人大审议并颁布香港特别行政区基本法，同时决定在香港成立一个民间性的、有广泛性的基本法咨询委员会。

7月3日

国务院发布《国营企业工资调节税暂行规定》。凡按照国务院关于国营企业工资制度改革的规定，实行工资总额随经济效益挂钩浮动的国营企业，都应依照本规定缴纳国营企业工资调节税。

7月9日

中共中央办公厅、国务院办公厅发出《关于党政机关干部不兼任经济实体职务的补充通知》。

7月15日

中央财经领导小组向中共中央政治局常委和书记处提交《关于保持经济稳定发展问题的报告》。《报告》指出，从宏观上看，国民收入超额分配，社会总需求超过社会总供给的问题，还没有根本解决。为了消除潜伏着的不稳定因素，防患于未然，巩固和发展大好经济形势，当前最根本的是要严格控制货币供应量，适当抽紧银根。为此，必须对固定资产投资规模和生产结构的某些方面作一些必要的调整。

7月27日

国务院发布《中华人民共和国国家金库条例》，《条例》规定：国家金库负责办理国家预算资金的收入和支出。

8月1日

邓小平会见竹入义胜率领的日本公明党第十三次访华团时指出：现在我要肯定两句话：第一句话是，建立经济特区的政策是正确的；第二句话是，经济特区还是一个试验。这两句话不矛盾。我们的整个开放政策也是一个试验，从世界的角度来讲，也是一个大试验。总之，中国的对外开放政策是坚定不移的，但在开放过程中要小心谨慎。

8月13—22日

全国财政工作会议在北京召开。会议决定：为消除本年的财政赤字，从现在起，中央和地方都不再追加支出；基本建设投资规模一定要控制在国家下达的指标之内；行政经费和社会集团购买力支出一定要按国务院的要求进行压缩。

8月14日

国务院批准《公司登记管理暂行规定》，8月25日由国家工商管理局公布施行。

8月16日

国务院批转商业部、农牧渔业部、国家物价局《关于做好城市蔬菜产销工作的报告》，并发出通知指出，一定要防止价格猛涨。除了主管部门全力以赴、有关部门密切协作外，各个城市的主要领导同志要亲自过问蔬菜工作，列入议事日程，经常督促检查，把蔬菜产销改革抓细抓好。

8月19日

国务院批转财政部《关于开展税收、财务大检查的报告》，同意在全国范围内认真进行一次税收、财务大检查。这是全国第一次财税物价大检查。

8月20日

国务院发出《关于进一步清理和整顿公司的通知》。《通知》强调，必须贯彻政企分开的原则。党政机关和党政机关干部办的公司，要实行政企分开，并使公司在经济上与党政机关脱钩；党政机关干部担任公司职务的，要辞去一头。

8月24日

国务院发布《集体企业奖金税暂行规定》。为了促进集体企业加强经济责任制，逐步提高职工收入水平，控制消费基金过快增长，从1985年度起，对集体企业开征奖金税。

8月28日

邓小平会见津巴布韦非洲民族联盟主席、政府总理罗伯特·穆加贝时指出：社会主义是什么，马克思主义是什么，过去我们并没有完全搞清楚。马克思主义的另一个名词就是共产主义。我们多年奋斗就是为了共产主义。共产主义的理想是我们的精神支柱。要实现共产主义，一定要完成社会主义阶段的任务。社会主义的任务很多，但根本一条就是发展生产力。要发展生产力，经济体制改革是必由之路。

8月29日

邓小平在会见由中央执行委员会书记长田边诚率领的日本社会党第二次访华代表团时说：中国政策的连续性不是靠哪一个人来保证的，而是首先靠政策本身的正确，让更多的人来保证我们的政策的继承。有人担心我们的改革会导致资本主义，这是肯定不会的。

8月29日

国务院发布《关于审计工作的暂行规定》。《规定》指出，审计机关遵照国家法律和行政法规的规定，依据财政经济规章制度，进行审计活动审计机关依法独立行使审计监督权，不受其他行政机关、社会团体和个人的干涉。

9月2—7日

由国家体改委和中国社会科学院主办，以中国经济体制改革研究会、中国社会科学院、世界银行3家名义联合举行的"宏观经济管理国际研讨会"，在重庆开往武汉的"巴山号"旅游船上召开。当时简称"巴山轮会议"。会议着重讨论了宏观经济管理的理论与国际经验、计划与市场的关系、经济调控手段的运用等问题。

9月7—12日

国家体改委和国家计委在沈阳召开工作会议，专项讨论了计划单列工作的有关问题。会议向国务院提出的《关于继续落实和完善七城市计划单列工作的报告》，经国务院办公厅转发到有关省、计划单列市和国家有关部门。七城市包括：重庆、武汉、沈阳、大连、广州、哈尔滨、西安。

9月11日

国务院批转国家经委、国家体改委《关于增强大中型国营工业企业活力若干问题的暂行规定》，并发出通知指出：各地区、各部门要按照政企职责分开、简政放权的原则，为增强大中型国营企业的活力积极创造条件。

9月16日

中共十二届四中全会在北京举行。全会决定，9月18日召开党的全国代表会议；讨论并原则通过了中共中央关于《制定国民经济和社会发展第七个五年计划的建议（草案）》，决定提请党的全国代表会议审议；讨论并确定了进一步实现中央领导机构成员新老交替的原则。

9月18—23日

中国共产党全国代表会议在北京举行。胡耀邦致《团结奋斗，再展宏图》的开幕词。赵紫阳就中央《关于"七五"计划的建议（草案）》作说明；邓小平、陈云发表重要讲话；李先念致闭幕词。邓小平说：十一届三中全会以来的近7年，是建国以来最好的关键性的时期之一。我们主要做了两件事，一是拨乱反正，二是全面改革。改革是社会主义制度的自我完善，在一定的范围内也发生了某种程度的革命性变革。这是一件大事，表明我们已经开始找到了一条建设有中国特色的社会主义的路子。他指出："七五"期间，一定要首先抓好管理和质量，讲求经济效益和总的社会效益，这样的速度才过得硬。他强调，端正党风是端正社会风气的关键。不加强精神文明的建设，物质文明的建设也要受破坏，走弯路。

9月18日

国务院发布《关于口岸开放的若干规定》。《规定》指出，口岸的开放和关闭，由国务院或省级人民政府审批后公布执行。凡开放口岸，应根据需要设立边防检查、海关、港务监督、卫生检疫、动植物检疫、商品检验等检查检验机构，以及国家规定的其他口岸机构。

9月24日

国务院发布《工资基金暂行管理办法》，《办法》规定：凡发给职工个人的劳动报酬和按国家规定发放的津贴、补贴等，不论其资金来源如何，属于国家统计局规定的工资总额组成范围的，均应纳入工资基金管理范围之内。

9月30日

国务院发布《关于中外合资建设港口码头优惠待遇的暂行规定》。《规定》指出，外国公司、企业或个人，在中华人民共和国境内，同中国的公司、企业共同投资兴办合营企业建设港口码头，除适用有关合营企业的法律、法规、规章外，根据其投资大、建设周期长和资金利润率低的实际情况，按照本规定给予优惠待遇。

10月24日

国务院批转国家经委《关于组织好小商品生产和经营问题的报告》。《报告》指出，为了组织好小商品的生产和经营，经与有关部门研究，提出以下意见。1. 切实解决原材料问题。2. 合理调节经济利益。3. 加强对小商品产销工作的领导。

10月31日

中共中央、国务院发出《关于制止向农民乱派款、乱收费的通知》。

11月1日

深圳经济特区证券公司成立。

11月28日

厦门国际银行开业，正式开办外汇投资银行和商业银行的对外业务。这是全国首家中外合资银行。

12月5—21日

中共中央、国务院在北京召开农村工作会议。万里在会上作《总结经验，坚持改革》的讲话；田纪云作《发展改革成果，繁荣商品经济》的报告。

12月10日、13日、14日

赵紫阳主持召开中央财经领导小组会议。会议认为，为了保证次年经济的稳步增长，为进一步改革创造条件，今年的改革步子相当大，次年要稳定一下，在改革上不出台大的措施，总的原则是，巩固、消化、补充，存利去弊，解决改革中出现的突出问题。

数说发展

人口

总人口 **105851** 万人

 出生率 **21.04‰**

 死亡率 **6.78‰**

 自然增长率 **14.26‰**

对外经济

进出口贸易总额 **696.2** 亿美元

- 出口 **273.6** 亿美元
- 进口 **422.6** 亿美元
- 进口大于出口 **149** 亿美元

非贸易外汇收支

收入 **51** 亿美元
收大于支 **34.9** 亿美元
支出 **16.1** 亿美元

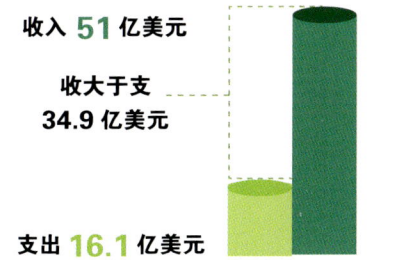

使用外资 **43** 亿美元
- 使用各种贷款 **24.3** 亿美元
- 吸收国外直接投资和商品信贷 **18.7** 亿美元

对外经济合作

新签合同 **794** 项
金额 **11.9** 亿美元

 完成营业额 **8.9** 亿美元

国内生产总值

GDP（国内生产总值）**9016** 亿元

 第一产业 **2564.4** 亿元

 第二产业 **3866.6** 亿元

 第三产业 **2585** 亿元

国内商业

社会商品零售总额 **4305** 亿元

主要消费品零售量增长幅度

品类	增幅	品类	增幅
粮食增长	5.1%	毛线增长	26%
食用植物油增长	13.9%	手表增长	28.8%
猪肉增长	7.6%	自行车增长	8.1%
鲜蛋增长	20%	电风扇增长	1倍
食糖增长	15%	电视机增长	59.9%
纯棉布增长	11.8%	录音机增长	58.4%
化纤布增长	5.3%	照相机增长	55.6%
针织内衣裤增长	9%	洗衣机增长	69.9%
呢绒增长	16.2%	电冰箱增长	1.5倍
绸缎增长	19.1%		

生产资料贸易中心 **644** 个

全年经营额 **105** 亿元

农林牧渔业

农林牧渔业总产值 **8759** 亿元

产量（单位：万吨）

项目	产量	比上年增长
粮食	37898	−7.0%
棉花	415	−33.7%
油料	1578	32.5%
水产品	697	12.5%

工业

总产值 **8759** 亿元

轻工业 **4089** 亿元
重工业 **4670** 亿元

财政收支

支出 **2004.25** 亿元
收入 **2004.82** 亿元
收支差额 **0.57** 亿元

收入占国内生产总值的比重：**22.2%**

1985

交通运输和邮电通信业

新建线路交付营运里程
- 铁路 **359** 公里
- 铁路复线 **231** 公里
- 电气化铁路 **1103** 公里

港口万吨级码头吞吐能力 **5362** 万吨

邮电业务总量 **29.4** 亿元

沿海主要港口货物吞吐量 **3.11** 亿吨

货物周转量 **16668**（单位：亿吨公里）

- A 铁路 8125
- B 公路 355
- C 水运 7572
- D 空运 4.15
- E 管道 612

人民生活

城乡居民人均收入
- 城市 **752** 元
- 农村 **397** 元

新建住宅面积（单位：亿平方米）
- 城镇 1.3
- 农村 7

全国职工总数 **12296** 万人
城镇个体劳动者 **452** 万人
全国职工工资总额 **1370** 亿元
全国职工平均工资 **1142** 亿元
城乡人民储蓄存款 **1623.4** 亿元

社会福利事业单位 **2.8** 万个
收养 **38** 万人
集体供养的社会散居孤老、残、幼 **225** 万人

旅客周转量 **4248**（单位：亿人公里）
- A 2416
- B 1543
- C 172
- D 117

固定资产

固定资产投资 **2475** 亿元
- 全民所有制单位固定资产投资 **1652** 亿元
- 其中，基本建设投资 **1061** 亿元
- 能源工业投资 **201** 亿元
- 交通邮电投资 **176** 亿元
- 城乡集体所有制单位投资 **327** 亿元
- 城乡个人投资 **496** 亿元

建成投产的大中型建设项目 **97** 个
建成投产大中型建设项目的单项工程 **134** 个

新增加的生产能力
- 发电机组容量 **566** 万千瓦
- 煤炭开采 **1513** 万吨
- 原油开采 **1737** 万吨（包括油田更新改造和其他投资增加的能力）
- 机制糖 **28** 万吨
- 原木采运 **44** 万立方米
- 水泥 **134** 万吨

黄金和外汇储备

- 黄金 **1267** 万盎司
- 外汇 **26.44** 亿美元

文化

生产电影故事片 **127** 部
发行各种新片（长片）**179** 部

各类电影放映单位 **18.2** 万个

艺术表演团体 **3319** 个

广播电台 **215** 座
广播发射台和转播台 **575** 座
电视台 **204** 座
一千瓦以上电视发射台和转播台 **507** 座

出版

全国性和省级报纸 **186.9** 亿份
各类杂志 **25** 亿册
图书 **66.5** 亿册（张）

体育

获得世界冠军 **46** 个
打破和超过世界纪录 **5** 项
全国纪录 **118** 项

卫生

医院病床 **223.3** 万张

专业卫生技术人员 **341.3** 万人

医生 **140.9** 万人
（含中、西医师 **72.5** 万人）
护师、护士 **63.5** 万人

科学技术

全民所有制单位自然科学技术人员 **810** 万人
社会科学人员 **420** 万人

国家重点科技攻关项目已取得成果或阶段成果 **3896** 项
其中 **3165** 项已在国民经济中发挥了作用

获得国务院有关部门和省、自治区、直辖市人民政府奖励的科技成果 **10414** 项
经国家批准的发明 **185** 项

旅游

接待人数 **1783** 万人次
旅游外汇收入 **12.5** 亿美元

教育

（单位：万人）

招生人数

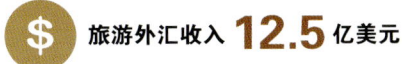

研究生 **4.7**
普通高校本专科生 **61.9**
成人高校本专科生 **78.8**

在校学生人数

研究生	8.7
普通高校本专科生	170.3
成人高校本专科生	172.5
中等学校	5168.3
高中阶段的职业技术教育	416.5
成人中专	134.8
成人中学	412.3
小学	13370

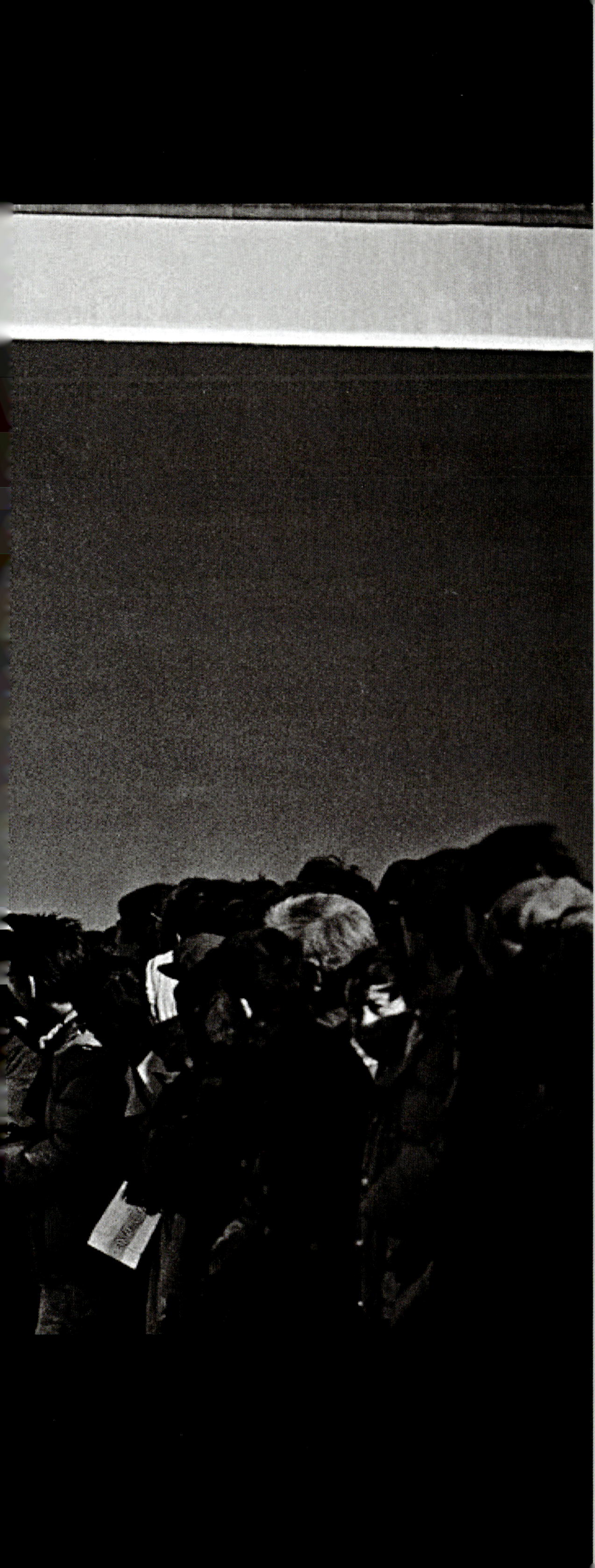

1986

- 推动"横向经济联合"
- 实行劳动合同制,打破"铁饭碗"
- 实行厂长负责制
- 第一家股份制商业银行诞生
- 首家破产企业

焦点事件

推动"横向经济联合"

党的十一届三中全会以来，随着对内搞活经济，对外实行开放方针的贯彻执行，全国各地在企业扩权的基础上，开始形成和发展了不同层次、不同内容和多种形式的横向经济联合，发展横向经济联合成为城市改革的突破口。

1986年3月10日至16日，国务院在北京召开了第一次全国城市经济体制改革工作会议，部署1986年城市改革的任务。这次会议的主题是"横向经济联系"。万里主持会议，田纪云在会上作主报告。

关于1986年的城市改革，田纪云特别强调了发展横向经济联系问题。他指出：发展横向经济联系，是经济体制改革中出现的新事物，对于进一步推进经济体制改革，发展社会生产力，具有重要意义，必须在政策上予以鼓励，在法律上给予保护。进一步发展横向联系，应当掌握以下几项原则：把进一步搞活企业特别是搞活大中型企业，作为推动联合的基础；坚持自愿互利、共同发展的原则；加强引导，使之尽可能符合国家宏观经济发展的需要，防止盲目扩大

浙江三门湾是浙江省三门县境内的一个港湾，这里海域滩涂辽阔，海产资源丰富。通过与国内21个省市、100多个大专院校和科研单位建立横向经济联系，共同开发和发展水产养殖业等，这里的经济出现空前活跃的景象。

"白兰牌"洗衣机是北京洗衣机厂的名牌产品，其98%的零部件是乡镇企业生产的。城乡联合，发挥城乡各自优势，城乡之间互相促进、协调发展的"白兰道路"，曾多次受到万里副总理的赞扬。

观点

1986年《人民日报》连续发表四篇阐述横向经济联系的社论：

当前正在进行的城市经济体制改革，要求冲破传统的"条块割据"的旧体制，尽快形成统一的社会主义市场，建立具有中国特色的社会主义有计划的商品经济。发展横向经济联系顺应了新旧体制交替的历史要求。
——《抓横向经济联系，促经济体制改革》，1986年3月31日。

我们还要进一步加强配套改革工作，在计划体制、流通体制、物资供应体制、金融体制、外贸体制方面，为开展横向经济联系，打破条块分割创造良好的外部环境。
——《冲破条块分割才能发展生产力——二论发展横向经济联系的重要意义》，1986年4月18日。

据一些企业反映，现在企业发展横向经济联合的阻力主要是来自各级企业行政主管部门。这几年，我们强调了"简政放权"，这对于改变条块分割的状况起到一定的作用，但是"政企不分"的问题并没有得到根本解决。例如，有的用行政命令的方法组成的行政性公司，把企业的权利"统"进公司，在某些地区或部门中，甚至比改革之前还要集权；有些中心城市借口发挥"中心"的作用，把企业束缚在自己的行政管辖范围之内，又形成了新的"块块"。这些情况表明，围绕企业自主权问题，矛盾还是很尖锐的。要发展企业之间的横向经济联合，必须在排除这些阻力方面有所作为。
——《重要的是维护企业自主权——三论发展横向经济联系的重要意义》，1986年5月2日。

1978年提出工业改组以来，全国各地自上而下组建了一大批行政性公司，其中大多是缺乏生命力的。实践证明，无视企业的自主权，直接由政府和主管部门依靠行政命令组织企业联合，弊病甚多，不符合发展社会主义有计划的商品经济的客观要求。政府主管部门和全国性、地方性的行政性公司，应该认真贯彻国务院颁发的关于推动横向经济联合的《三十条》，以及《扩权十条》和《增强大中型企业活力十四条》等文件的规定，真正赋予企业必要的自主权，特别要确保企业组织联合的自主权。
——《充分发挥大中型企业的骨干作用——四论发展横向经济联系的重要意义》，1986年5月19日。

基本建设投资规模和重复建设；要形式多样，不搞一种模式；防止不必要的行政干预。

3月23日，国务院发布了《关于进一步推动横向经济联合若干问题的规定》。指出，党的十一届三中全会以来，随着"对内搞活经济，对外实行开放"方针的贯彻执行，地区、部门之间开始打破封锁，在生产、流通、科技领域多层次、多形式的横向经济联系有了很大的发展，势头很好。在扩大企业自主权的基础上，企业之间出现了不同内容、不同形式的横向经济联合，这是中国经济生活中的一个新事物，已经显示出了很大的优越性和强大的生命力。横向经济联合，是经济体制改革的重要内容，是发展社会生产力的要求。它促进了资源开发和资金的合理使用，促进了商品流通和社会主义统一市场的形成，促进了技术进步和人才的合理交流，促进了经济结构和地区布局的合理化。横向经济联合，是发展社会主义商品经济的客观要求，是社会主义大生产的必然趋势，是对条块分割、地区封锁的有力冲击，对于加快整个经济体制改革和社会主义现代化建设，具有深远的意义。

这份文件，对横向经济联合的原则、目标，维护企业横向联合的自主权，改进计划管理和经济方法，促进物资的横向流通，加强生产与科技的结合，发展资金的横向融通，调整征税办法，保障经济联合组织的合法权益等等，都作出了详细规定。

此后，中国的企业兼并和企业集团的创建工作在国家的宏观指导下逐步展开。

实行劳动合同制，打破"铁饭碗"

从建国到1986年，中国一直保持着一次分配定终身的用工制度，然而这种劳动制度存在的"终身制""铁饭碗""大锅饭"弊端逐渐让企业失去了活力。国家对企业管得太多，统得太死。在这种情况下，职工干多干少一个样，干好干坏一个样，甚至干与不干一个样，严重挫伤了工人的生产积极性。改革劳动制度已经迫在眉睫。

1986年，国务院陆续颁布了《国营企业实行劳动合同制暂行规定》《国营企业辞退职工暂行规定》《国营企业职工待业保险暂行规定》和《国营企业招用工人暂行规定》。1986年4月18日，中共中央、国务院发出《关于认真执行改革劳动制度几个规定的通知》。这几项暂行规定的实施，将有助于消除当时劳动制度中包得过多、统得过死、能进不能出的弊端，逐步建立起一套能够适应社会主义商品经济发展要求的新型劳动制度，以利于激励广大职工的主人翁责任感和生产积极性，进一步改进企业管理，加强劳动纪律，提高职工素质，增强企业活力，推动生产的发展。

与劳动用工制度改革同时进行的还有分配制度改革。1985年1月，国务院发布了《关于国营企业工资改革问题的规定》，通过落实企业内部的经济责任制，实行了多种形式的工资、奖金分配制度的改革试验。其中包括企业工资总额同上缴利税挂钩，按比例浮动；国家对企业工资进行分级管理；对工资、奖金突破限额的企业，开征工资调节税和奖金税等等。这些改革措施的实施，对于克服"职工吃企业的大锅饭""企业吃国家的大锅饭"的弊端，起到了积极作用。

从1986年10月起，全民所有制工业企业招收新工人全部实行合同制。劳动制度改革迈出了重要一步。

1986年12月，国务院发出《关于深化企业改革增强企业活力的若干规定》。《规定》指出：在国家规定的工资总额（包括增资指标）和政策范围内，对于企业内部职工工资、奖金分配的具体形式和办法，以及调资升级的时间、对象等，由企业自主决定，国家一般不再作统一规定。

"铁饭碗""大锅饭""铁交椅"被称为"三铁"，是束缚企业活力的三项制度。随着"铁饭碗"被打破，其他的两个方面也逐渐被打破，

1986年11月，国务院副总理田纪云视察浙江，考察当地商业系统改革状况。

语录	"打破铁饭碗。"
	——民间流行语

背景：1986年，国务院颁布实施改革劳动制度的四项规定，即《国营企业实行劳动合同制暂行规定》《国营企业招用工人暂行规定》《国营企业辞退违纪职工暂行规定》和《国营企业职工待业保险暂行规定》，这四个暂行规定涉及国企招工、待业保险、劳动合同制及辞退等方面。实行达30年之久的旧劳资关系开始瓦解，新进企业的人员再也没有终身制待遇，一律实行劳动合同制，时称"打破铁饭碗"。

企业自主权越来越大，企业的活力得到了释放。

政治体制改革总体设想

20世纪80年代中期，随着我国经济体制改革的全面铺开和整体推进，滞后的政治体制与其不相适应的矛盾日渐凸现。[1]

在此情况下，从1986年开始，邓小平多次强调要加快政治体制改革，使之同经济体制改革相适应。邓小平提出："不改革政治体制，就不能保障经济体制改革的成果，不能使经济体制改革继续前进，就会阻碍生产力的发展，阻碍四个现代化的实现。"[2]

1987年6月12日，邓小平在会见南斯拉夫共产主义联盟中央主席团委员科罗舍茨时谈到"我们提出了新的问题，就是把政治体制改革提到日程上来"。他指出改革的"总的目的是要有利于巩固社会主义制度，有利于巩固党的领导，有利于在党的领导和社会主义制度下发展生产力。对中国来说，就是要有利于贯彻执行党的十一届三中全会以来所制定的一系列路线、方针、政策。"[3]他认为要实现这个目标，改革"有三条：第一，党和行政机构以及整个国家体制要增强活力，就是说不要僵化，要用新脑子来对待新事物；第二，要真正提高效率；第三，要充分调动人民和各行各业基层的积极性。"[4]"增强活力，现在最大的问题是各级领导班子的年轻化"[5]，"提高效率，克服官僚主义，包括精简机构，还包括其他许多内容"，"调动积极性，权力下放是最主要的内容"。[6]

1986年10月，根据邓小平的建议，中共中央成立了政治体制改革研讨小组，研讨小组最后形成了题为《政治体制改革总体设想》的研讨报告。报告经过多次讨论修改，1987年9月20日，中共十二届七中全会"原则同意《政治体制改革总体设想》，决定将这个文件的主要内容写入中央委员会向党的第十三次全国代表大会的报告"[7]

①王钦双：《邓小平政治体制改革若干重要思想述论》，《北京党史》。②《邓小平文选》第三卷，第176页。③《邓小平文选》第三卷，第241页。④《邓小平文选》第三卷，第241页。⑤《邓小平文选》第三卷，第241页。⑥《邓小平文选》第三卷，第242页。⑦《中国共产党第十二届中央委员会第七次全体会议公报》（1987年9月20日通过），《十二大以来重要文献选编》（上），中央文献出版社，2011年，第17页。

实行厂长负责制

1986年9月，中共中央、国务院颁发了有关全民所有制工业企业的三个条例，即《全民所有制工业企业厂长工作条例》《中国共产党全民所有制工业企业基层组织工作条例》《全民所有制工业企业职工代表大会条例》。在颁发三个条例的通知中明确指出，实行厂长负责制，必须保证厂长在企业生产经营重大问题上的决策权，突出厂长在行政指挥中的作用。但是，绝不应把实行厂长负责制同加强和改善党对企业的领导、巩固和发扬民主管理对立起来。而是要使企业行政、党组织和工会等群众组织的工作，都紧紧围绕生产经营这个中心，按照分工，加强各自职责范围内的工作，调动各个方面的积极性。实现这一要求，就企业党组织来说，必须来一个大转变，要从繁忙的日常行政事务中解脱出来，把工作重心放到积极

1986年，安徽省合肥市东市区红光街道第十三选区人民代表大会代表选举投票站。

支持厂长实现任期责任目标和统一指挥生产经营活动上来，放到保证监督党和国家各项方针政策的贯彻执行上来，放到搞好企业党的建设和思想政治工作上来，保证企业生产、经营工作任务的顺利完成。这三个条例拉开了深化全民所有制企业改革的大幕。

1986年12月5日，国务院出台《关于深化企业改革增强企业活力的若干规定》，明确提出了未来一个时期深化全民所有制改革的办法和方向。《规定》指出：1987年要在深化企业改革，增强企业特别是大中型企业的活力方面迈出较大的步子。全民所有制小型企业可积极试行租赁、承包经营；要推行多种形式的经营承包责任制，给经营者以充分的经营自主权；各地可以选择少数有条件的全民所有制大中型企业，进行股份制试点。《规定》还强调：要加快企业领导体制的改革，全面推行厂长（经理）负责制；继续缩减对企业下达的指令性计划。《规定》的出台是推动城市经济体制改革的重大步骤，对于进一步简政放权，改善企业外部条件，扩大企业经营自主权，促进企业内部机制改革，具有重要意义。

1978年到1984年间，全民所有制改革主要围绕扩大企业自主权进行试点，属于经营层面的改革。这一阶段，在计划制定、产品销售、利润留存等方面，政府给企业下放了一些权力，特别是实行了企业留利制度，使国有企业在发展生产、改善职工集体

1986年,全国大中型企业开始推行厂长负责制。青岛电冰箱厂在厂长张瑞敏的带领下,一步步走出困境,逐步发展成为中国最大的家电企业。图为张瑞敏(中)在亲自抽查产品。

福利和奖励职工等方面有了一定的财力;从1984年10月到1986年底,企业改革的重点逐步转变到以承包制为主体的多种经营方式上来。

第一家股份制商业银行诞生

随着改革开放的不断深入与经济的迅速发展,中国金融体制改革逐步成为一个引人瞩目的难点,把国家专业银行逐步转变为国有商业银行成为金融改革的重要目标。为进一步推进金融体制改革,为四大专业银行向商业银行转轨营造适当竞争的外部环境,国家决定采取体制外引导的战略。在此背景下,股份制商业银行应运而生。

1986年9月,国务院批准重新组建交通银行,标志着中国股份制商业银行的诞生。中国交通银行始建于1908年(光绪三十四年),是中国早期四大银行之一,也是中国早期的发钞行之一。1958年,除香港分行仍继续营业外,交通银行国内业务分别并入当地中国人民银行和在交通银行基础上组建起来的中国人民建设银行。为适应中国经济体制改革和发展的要求,1986年7月24日,作为金融改革的试点,国务院批准重新组建交通银行。1987年4月1日,重新组建后的交通银行正式对外营业,成为中华人民共和国第一家全国性的国有股份制商业银行,总行设在上海。作为中国首家全国性股份制商业银行,自重新组建以来,交通银行就身肩双重历史使命,它既是百年民族金融品牌的继承者,又是中国金融体制改革的先行者。

经济界认为,重新组建的交通银行与以往相比有三个突破。第一,首次组建股份制大型银行。在此之前,中国大型银行都是国有银行。第二,首次打破了中国银行业专业分工的限制。在交通银行重建之前,中国的大型银行的业务范围都有严格的划分。随着生产社会化程度的提高,在

流行志

▶ 摇滚

1986年5月9日，在北京工人体育馆举行的百名歌星演唱会上，一个穿着黄军装，挽着裤腿，其貌不扬的年轻人以一曲《一无所有》一鸣惊人。一声"一无所有"的怒吼，唤起了一代人的激情，中国摇滚破壳而出。摇滚代表着当时青年人的冲动与彷徨，体现了他们对人生意义的探索与追寻，更带着年轻人特有的离经叛道以及对于未来的狂想。由此，摇滚成为中国风靡一时的音乐文化。崔健的招牌式打扮也为众多青年效仿，军装复苏，街头重现穿着旧军装和布鞋、挎军用包的年轻人。

崔健

▶ "五连冠"

1986年，中国女子排球队在极为困难的情形下出征，克服重重困难，最终以8战8胜的出色战绩，获得世界女子排球锦标赛冠军。在本届锦标赛上，张蓉芳获得"最佳教练员奖"，杨锡兰获得"最佳运动员奖"和"最佳二传手奖"，杨晓君获得"最佳一传奖"。至此，中国女子排球队从1981年至1986年，在世界杯、世界锦标赛和奥运会上5次蝉联世界冠军，成为世界排球史上第一支获得"五连冠"的队伍。

中国女排

🔍 观点

万里：决策民主化和科学化是政治体制改革的一个重要课题。改变旧的不适应现代化要求的决策方法是中国政治体制改革的重要环节。社会主义的政治体制，作为社会主义的上层建筑，应该是为社会主义的经济基础服务的。随着中国经济体制改革向广度和深度发展，越来越显示出政治体制改革的重要性和迫切性。中国政治体制上的一个重要弊病，就是领导权力过分集中，决策制度不健全。因此，政治体制改革的一个极为重要的方面，就是要充分发挥社会主义民主，真正实行决策的民主化和科学化。

资料来源：《1986年7月31日万里在全国软科学研究工作座谈会上的讲话》，《中国软科学》，1986年第2期。

《人民日报》社论：四项基本原则必须坚持，党纪、国法必须遵守，安定团结的政治局面必须维护，这些都是毫无疑义的。允许广大人民群众议政，不但不与这些相矛盾，而且恰恰是遵循这些原则所要求的。实现高度民主，是我们社会主义政治建设的目标。按照这个目标的要求，仅仅允许群众议政还是很不够的，还应当积极鼓励他们对政治问题发表自己的意见，为他们发表意见提供机会、创造条件。这是我们建设高度社会主义民主必须确立的一种新观念。

资料来源：《政治问题可以讨论》，《人民日报》，1986年8月30日。

河南省郑州市的交通银行分行

生产、流通领域的市场调节比重大幅度增加，出现多种经济成分并存和竞争的局面。这种经济变化与银行业按城乡、行业分工、以纵向为主调配资金的格局产生了较大矛盾。在沿海、沿江中心城市建立股份制的交通银行，打破了传统专业分工限制，能为社会提供新的全方位的服务。第三，首次把银行的总行设在北京以外的城市。过去，在高度集中的银行管理体制下，各大专业银行的总行均设在北京，甚至全国性的非银行金融机构也设在北京。重建的交通银行设总行在上海，有利于银行业的多元化竞争格局的形成。

改革开放大潮中诞生的股份制商业银行，是经济体制改革的产物，打破了计划经济体制下国家专业银行的垄断局面，为形成多种金融机构分工合作、功能互补、平等竞争的金融服务体系创造了必要前提。

首家破产企业

中国企业破产的改革实际上起始于1984年，当时沈阳是全国综合体制改革试点城市，作为重工业基地，全市共有国有企业大约1万家，集体企业接近1万家。1985年2月9日，沈阳市政府以沈政发(1985)24号文件出台了《沈阳市关于城镇集体工业企业破产倒闭处理试行规定》。《规定》指出：连续亏损两年，亏损额超过资产总额80%，达到破产警戒线的企业先给予黄牌警告，经过一年整改后，仍无起色的，宣布破产。1985年7月，沈阳市从11家资不抵债、长期亏损、难以扭转局面的企业中，最终确定了沈阳市防爆器械厂、沈阳市农机三厂、沈阳市五金铸造厂3家企业作为试点。1985年8月3日，沈阳市政府召开新闻发布会，对这3家企业发布破产倒闭限期整改通告。限期为一年。

观点

厉以宁：中国的经济体制改革的中心环节是增强企业活力。要使企业真正具有活力，必须解决利益、责任、刺激、动力问题。如果不进行所有制改革，利益、责任、刺激、动力问题是解决不了的。因此，所有制改革是经济体制改革的关键。

所有制改革是指突破传统的全民所有制形式，把传统的公有制改变为新型的公有制。所有制改革以后，在中国，完全国营的企业的数目不会很多，但它们掌握着国民经济的命脉。大量存在的是股份企业和合作企业。前者是大中型企业，后者以小型企业为主。股份企业按股份的多少，即股权的大小而分配利益。合作企业是合作社性质的，本企业职工作为社员，按合作社方式经营。某些合作企业也可以兼有股份企业的性质，即可以在本企业职工作为社员的基础上，吸收非社员的入股投资。此外，经济中还存在一定数量的个体企业，它们成为社会主义公有经济的有益补充。

资料来源：《中国所有制改革的设想》，《人民日报》，1986年9月26日；《所有制改革和股份制企业管理》，《中国经济体制改革》，1986年第12期。

吴敬琏、周小川、楼继伟和李剑阁：在改革过程中所产生的突出矛盾，或者说因其改革上的不协调、不配套而出现的某些消极后果，与改革不系统、不配套有关。救治之策在于推进配套改革，在搞活企业、建立和完善社会主义统一市场、实现宏观经济管理模式转换等方面相互协调，从而使新经济体制的主要支柱较快地建立起来。

过去一年的经验证明，要做到这一点，光靠改进金融、财政等宏观调控机构本身是不够的。为了使宏观调控措施能正确传导到企业，并得到企业的敏感响应，就必须改善市场环境和加强企业的独立性与经济责任。因此，虽然我们不能要求改革在一个早上解决所有的问题，而必须抓住重点和分步骤进行，但在每一步骤上，三个基本环节的同步改革还是必要的。

资料来源：《以改善宏观控制为目标，进行三个基本环节的配套改革》，《经济发展与体制改革》特刊（经济形势与改革对策专辑），1986年2月。

杨启先：中国经济体制改革的目标模式，必须选择宏观计划控制下的市场机制协调模式，把计划经济与商品经济，计划与市场很好地结合起来。既保持利用社会主义计划经济的固有特点和长处，又吸收运用发达国家在市场经济组织管理中一切可以为我所用的、有利于生产力发展的方式和方法。这不是任何集团和个人的主观愿望，而是根据中国现阶段经济的性质和特征决定的。要认真抓好三个层次的改革。第一个层次就是要增强企业的活力。第二个层次是要建立完善市场体系，改变经济运行的方法。第三个层次就是要改变国家管理经济的办法，即由直接管理改为间接管理。这三个层次的改革，是互相联系缺一不可的。

资料来源：《关于中国经济体制改革目标模式研究》，《中国经济体制改革》，1986年第11期。

刘诗白：国有企业产权制度改革要以股份多元化为主要形式。股份多元化，能利用社会资金，充实企业资本，发展资金社会化；使公有资本和非公有资本相结合，发展混合所有制；吸纳职工入股，加强职工与企业之间共同利益关系，增强社会主义公有制的直接性。因而，发展多元化的股份制，拓宽了公有制，使它有更大的容量，增大了它的适应性。

资料来源：《试论社会主义股份制》，《经济研究》，1986年第1期。

流行志

诗歌

诗人顾城与作家谢烨夫妇

1986年，中国诗坛进入了一个社团林立、群雄纷争、流派纷呈、变革迭起的时代。据统计，当时全国有2000多家诗社，非正式打印诗集达905种，不定期的打印诗刊70种，非正式发行的铅印诗刊和诗报22种。同时各种诗人评选活动如火如荼展开，如《星星》诗刊发起"我最喜爱的10位当代中青年诗人"活动，"全国中学生十大校园诗人"活动。 1986年，《诗歌报》《深圳都市报》联合主办了"中国诗坛1986现代诗群体大展"。10月21日和24日，两报先后刊出了总计7个版、64个流派、100多位诗人、13万余字的诗歌作品。

军大衣

1986年，北京动物园穿着军大衣跳舞的时髦青年。

20世纪80年代中期，中国民众又开始在冬季来临时，不分阶层、不分男女、不分老少地每人穿着一件绿色军用棉大衣。那时的时髦青年进入舞厅等娱乐场所后，需要衣着单薄。而室内服装无法抵抗室外的严寒，裘皮大衣价格昂贵，刚刚兴起的防寒棉衣又衣身太短，物美价廉、轻巧便利的军绿色棉大衣就成了人们的首选。军大衣成了新潮时装。这股军大衣风一直刮到了90年代。

1986年8月25日，沈阳市防爆器械厂正式宣布破产。

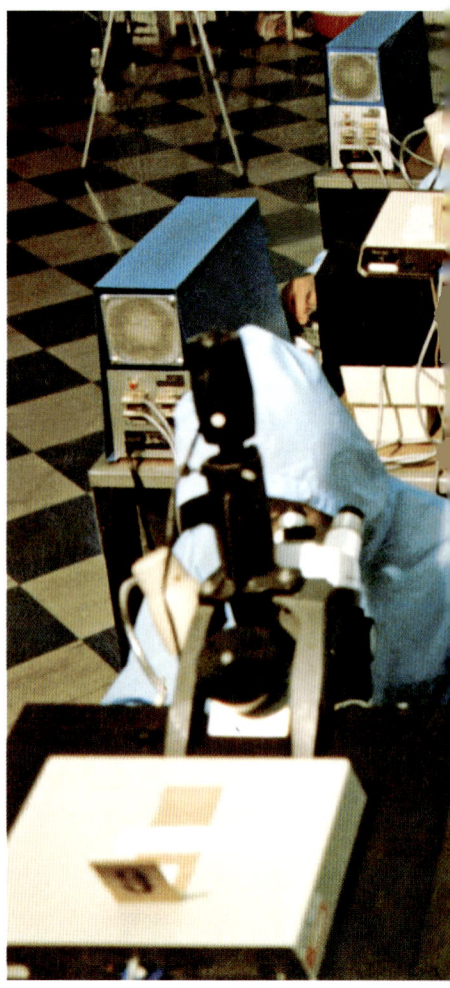

1986年8月3日，五金铸造厂和农机三厂成功摘掉"黄牌"帽子。当天，沈阳市工商行政管理局发布《沈阳市工商行政管理局企业破产通告》（第1号），"经研究决定沈阳市防爆器械厂从即日起破产倒闭，收缴营业执照，取消银行账号"。至此，连续多年亏损并已欠债达48万元的沈阳市防爆器械厂正式宣布破产。1986年9月25日，宣告破产的沈阳市防爆器械厂被整体拍卖。沈阳市煤气供应公司出价20万元，买下这家破产企业的全部厂房、设备等资产。此次拍卖所得按比例偿还给债权人。

沈阳市的大胆尝试，为后来在全国更大范围内建立企业的优胜劣汰机制，为中国企业破产法的出台，进行了有益的实践。当年的12月31日，全国开始试行《中华人民共和国企业破产法（试行）》，其蓝本和基础就是沈阳防爆器械厂破产案。

社会关注

"863"计划实施

1986年3月3日，王大珩、王淦昌、杨家墀、陈芳允等四位德高望重的中国科学院院士（当时称学部委员）联名上书中共中央，提出了"关于跟踪研究外国战略性高技术发展的建议"。邓小平作出批示，"这个建议十分重要，找些专家与有关负责同志讨论，提出意见，以凭决策。此事宜速作决断，不可拖延"。

根据邓小平的批示，中共中央有关部门立即邀请部分科学家进行座谈。1986年11月18日，党中央、国务院正式批转了《高技术研究发展计划(863计划)纲要》。

《高技术研究发展计划(863计划)纲要》坚持"有限目标，突出重点"的方针，选择了生物技术、航天技术、信息技术、激光技术、自动化技术、能源技术和新材料等7个高技术领域（1996年增加了海洋技术领域）中的15个主题项目作为中国高技术研究发展的重点，以追踪世界先进水平。其总体目标是：集中少部分精干力量，在所选的高技术领域，瞄准

集成电路是现代信息产业，尤其是计算机工业最基础、最关键的部件。中国科学院采用新技术和新工艺，使集成电路的大生产试验获得成功。

流行志

▶ 比基尼

1986年11月28日，在深圳举行的全国第四届"力士杯"健美邀请赛上，中国姑娘首次按国际要求，着"比基尼"装登台参赛。

1986年11月，第四届全国"力士杯"男女健美比赛在深圳举行，中国女子健美运动员第一次穿比基尼比赛服亮相。着比基尼在舞台上竞技，遭到一通口诛笔伐。有人打电话到公安局，说健美比赛是黄色表演。过分暴露的比基尼服装冲击着人们的传统思想观念，震撼了中国这块古老而又保守的土地。尽管如此，当时的健美比赛还是场场爆满，前来采访的中外记者达上千人。女子健美也开始在全国流行起来。

▶ 台球

台球，也叫桌球。20世纪80年代，台球这项曾经被视为"资产阶级腐朽生活代表"的运动悄然在中国兴起，并以惊人的速度在神州大地蔓延开来，连路边小吃店或小修车厂都放置桌球供顾客娱乐。无论沿海还是内地，无论城市还是乡村，人们常常可以看到这样的情景——两条板凳支起一个台子便成了台球桌，一群男女围在周围玩兴正浓。甚至有不少孩子逃学去玩桌球。1986年，中国台球协会应运而生。此后，各地方台协也相继成立。

▶ 新三大件

1986年，福州市民在商场选购电视机、电冰箱、洗衣机等"新三大件"。

"三大件"特指居家用品，随着时代不断更换内容。"三大件"是经济飞速发展的侧影，它承载着中国老百姓的特别记忆。随着改革开放的深入，20世纪70年代的"三大件"——手表、自行车、缝纫机已经不稀奇了。80年代中后期，彩电、冰箱、洗衣机这新三大件快步向人们走来。

环球大事

1月1日
西班牙和葡萄牙成为欧洲经济共同体正式成员。

2月13日
美苏达成恢复两国之间直达通航的协议。

2月17日
亚洲开发银行理事会通过决议,接纳中国为会员国。欧共体9国签署欧洲一体化文件,丹麦、意大利、希腊三国于28日签署该文件。

3月10日
亚洲发展银行宣布中华人民共和国为亚行成员。

3月16—21日
中苏经济贸易科技合作委员会第一次会议在北京举行。

4月23日
香港成为关税及贸易总协定缔约方。

5月4—6日
西方七国首脑第12次会议在东京举行。

5月22—23日
77国集团关于全球贸易优惠制谈判委员会部长级会议在巴西利亚举行,发表了《巴西利亚声明》。

6月30日

1986年6月27日,参加中葡澳门问题谈判的葡萄牙代表团抵达北京。

中国和葡萄牙举行首轮关于澳门问题的会谈,同日,参加尤里卡计划的欧洲18国在伦敦举行会议。

10月15日
国际和平年世界大会在哥本哈根举行。

10月23日
里根总统签署1986年税制改革法案。这是战后最大规模的一次减税行动。

11月25日
苏联领导人戈尔巴乔夫访问印度,提出用"星球和平"对抗"星球大战"。

12月1日
东京离岸金融中心正式开张。同日,法国十九世纪艺术博物馆建成。

12月31日
联合国秘书长佩雷斯·德奎利亚尔发表文告宣布1987年为"安置无家可归者国际年"。

世界前沿,缩小与发达国家的差距,带动相关领域科学技术进步,造就一批新一代高水平技术人才,为未来形成高技术产业创造条件。这个计划因为是在1986年3月提出申请的,故简称为"863计划",全称为"中国高技术研究与开发计划"。

出国留学潮

1986年5月4日,中共中央、国务院发出《关于改进和加强出国留学人员工作若干问题的通知》。12月13日,国务院以国发[1986]107号文批转了国家教育委员会《关于出国留学人员工作的若干暂行规定》。《规定》明确了出国留学工作的指导原则、出国留学工作的组织管理,还对公派出国留学人员的选派、从事国外的"博士后"研究或实习、公派出国留学人员回国休假及其配偶出国探亲、自费出国留学等几个方面做了具体的部署。

1986年，北京中山公园内的消夏音乐会。

随后，从国家到地方，从高等院校到科研院所，一套与社会经济发展相适应的出国留学管理和运行机制逐步形成。在一系列关于留学的政策法规出台之后，中国外出留学的人数大幅攀升，出现了一次留学潮。这是改革开放的硕果之一，为中国人走向世界和进行现代化建设提供了人才和思想的保证，在一定程度上推动了中国教育、科技、文化、政治、经济、法律、金融、通讯、交通、社会等众多领域的发展。

实行夏时制

1986年4月，中共中央办公厅和国务院办公厅发出《在全国范围内实行夏时制的通知》，通知动员全国人民为节约能源而早睡早起，并要求全国各部门做好宣传和安排工作。具体作法是：每年从4月中旬第一个星期日的凌晨2时整（北京时间），将时钟拨快一小时，即将表针由2时拨至3时，夏令时开始；到9月中旬第一个星期日的凌晨2时整（北京夏令时间），再将时钟拨回一小时，即将表针由2时拨至1时，夏令时结束。在夏令时开始和结束前几天，新闻媒体均刊登有关部门的通告。值得注意的是，夏令时实施期间出生的人，生时须减去1小时。

1986年至1991年，中华人民共和国在全国范围实行了六年夏时制。1992年4月5日后不再实行。

> 重要文献

《关于进一步推动横向经济联合若干问题的规定》

(1986年3月23日)

1986年3月23日,国务院发布《关于进一步推动横向经济联合若干问题的规定》。

节选:

一、企业之间的联合,是横向经济联合的基本形式,是发展的重点。企业之间的横向经济联合,要在自愿的基础上,坚持"扬长避短、形式多样、互利互惠、共同发展"的原则,不受地区、部门、行业界限的限制,不受所有制的限制。……

二、企业之间的经济联合,提倡以大中型企业为骨干,以优质名牌产品为龙头进行组织。联合可以是紧密型的、半紧密型的,也可以是松散型的。可以采取合资经营、合作生产、来料加工等多种方式。各种经济联合,都要以合同、协议关系确定下来。

三、发展经济联合,应当围绕以下目标和要求进行:(1)有利于充分挖掘现有企业潜力,做到投入少、产出多,产品质量好,技术进步快,经济效益高;(2)有利于促进企业组织结构、产业结构和地区布局的合理化;(3)有利于形成和发展商品市场、资金市场和技术市场;(4)有利于打破条块分割,实现政企职责分开、简政放权和所有权与经营权适当分开。

十七、经济联合组织要加强技术开发能力,可以通过联合吸收科研单位作为自己的开发机构,为联合组织的技术开发工作服务,也允许它们为其它企业和单位服务。参加联合的科研单位,可继续享受独立的科研单位原来的纳税优惠,其事业费的增减不受影响。

二十一、在国家控制的固定资产投资规模和贷款额度内,允许各专业银行跨地区、跨专业向经济联合组织发放固定资产投资贷款,也可以跨地区、跨专业组织银团贷款。要保障银行在这方面的自主权不受侵犯……

二十四、对经济联合组织不要重复征税。凡实行统一核算的经济联合组织,内部各单位之间相互提供的协作产品,不缴纳产品税;对外销售的产品缴纳产品税,税率要按联合前各单位缴纳的税额占对外销售额的比例换算确定。不实行统一核算的经济联合组织的产品,除烟、酒、化妆品等高税率产品外,可以实行增值税。增值税征收办法,暂由省、自治区、直辖市及计划单列城市税务局商有关部门制定,报财政部税务总局备案。没有条件实行增值税的协作产品,按税务总局制定的减免税的规定执行。

——摘自《改革开放三十年重要文献选编》(上)第415—416、418—420页,中央文献出版社,2009年。

> 重要文献

《关于鼓励外商投资的规定》

(1986年10月11日)

1986年10月11日,国务院颁布《关于鼓励外商投资的规定》,以便更好地吸引外商投资,引进先进技术,提高产品质量,扩大出口创汇,发展国民经济。

节选:

第二条 国家鼓励外国的公司、企业和其他经济组织或者个人(以下简称外国投资者),在中国境内举办中外合资经营企业、中外合作经营企业和外资企业(以下简称外商投资企业)。国家对下列外商投资企业给予特别优惠:

一、产品主要用于出口,年度外汇总收入额减除年度生产经营外汇支出额和外国投资者汇出分得利润所需外汇额以后,外汇有结余的生产型企业(以下简称产品出口企业);

二、外国投资者提供先进技术,从事新产品开发,实现产品升级代换,以增加出口创汇或者替代进口的生产型企业(以下简称先进技术企业)。

第十五条 各级人民政府和有关主管部门应当保障外商投资企业的自主权,支持外商投资企业按照国际上先进的科学方法管理企业。

外商投资企业有权在批准的合同范围内,自行制定生产经营计划,筹措、运用资金,采购生产资料,销售产品;自行确定工资标准、工资形式和奖励、津贴制度。

外商投资企业可以根据生产经营需要,自行确定其机构设置和人员编制,聘用或者辞退高级经营管理人员,增加或者辞退职工;可以在当地招聘和招收技术人员、管理人员和工人,被录用人员所在单位应当给予支持,允许流动;对违反规章制度,造成一定后果的职工,可以根据情节轻重,给予不同处分,直至开除。外商投资企业招聘、招收、辞退或者开除职工,应当向当地劳动人事部门备案。

——摘自《改革开放三十年重要文献选编》(上)第441—443页,中央文献出版社,2009年。

重要文献

《关于第七个五年计划的报告》
（赵紫阳，1986年3月25日）

1986年3月25日，国务院总理赵紫阳在第六届全国人民代表大会第四次会议上作政府工作报告。

节选：

……根据经济和社会发展的现实情况以及到本世纪末的奋斗目标，第七个五年计划草案提出的基本任务是：

（一）进一步为经济体制改革创造良好的经济环境和社会环境，努力保持社会总需求和总供给的基本平衡，使改革更加顺利地展开，力争在五年或者更长一些的时间内，基本上奠定有中国特色的新型社会主义经济体制的基础。

（二）保持经济的持续稳定增长，在控制固定资产投资总规模的前提下大力加强重点建设、技术改造和智力开发，在物质技术和人才方面为九十年代经济和社会的继续发展准备必要的后续能力。

（三）在发展生产和提高经济效益的基础上，继续改善城乡人民生活。

"七五"期间的经济体制改革，概括起来说，主要的内容有以下三个方面。

（一）进一步增强企业特别是全民所有制大中型企业的活力，使它们真正成为相对独立的经济实体，成为自主经营、自负盈亏的社会主义商品生产者和经营者。要在坚持公有制为主体的前提下，继续发展多种所有制形式和多种经营方式。……适当缩小指令性计划，减免调节税，提高折旧率，完善厂长（经理）负责制，实行各种不同形式的经济责任制，改革企业的工资奖励制度和劳动制度等……到"七五"期末，除极少数企业外，绝大多数都要实行自负盈亏。……特别要按照自愿互利、共同发展的原则大力促进企业间的横向经济联合，逐步形成不同形式、不同层次的企业群体或企业集团，以促进企业结构的合理化，推动资源合理开发、资金技术合理使用和生产力的合理配置。……

（二）进一步发展社会主义的商品市场，逐步完善市场体系。要继续减少国家统一分配调拨产品的种类和数量，完善农副产品合同定购制度，积极发展跨地区、跨部门的商品流通……建立和完善社会主义的市场体系，关键在于进一步改革价格体系和价格管理体制。"七五"期间，价格改革的重点是有计划、有步骤地解决能源、原材料等生产资料计划价格偏低的问题，使计划价格和市场价格这两种价格的水平逐步趋于接近。……经过改革，逐步建立起对极少数重要商品和劳务由国家定价，其他大量商品和劳务分别实行国家指导价格和市场调节价格的制度……在改革价格的过程中，必须继续坚持稳步前进、放调结合的原则，充分考虑国家、企业和人民群众的承受能力，保持物价总水平的基本稳定。

（三）国家对企业的管理逐步由直接控制为主转向间接控制为主，建立新的社会主义宏观经济管理制度。"七五"期间，要逐步完善各种经济手段和法律手段，辅之以必要的行政手段，来控制和调节经济的运行。……要进一步改革计划体制，适当缩小指令性计划的比重，扩大指导性计划和市场调节的范围……要特别加强银行在宏观经济管理中的重要职能，通过金融体制改革逐步建立起既强有力又灵活自如的金融控制和调节体系……进一步完善财政税收制度，按照税种划分中央、地方的财政收入，明确中央、地方的财政支出范围。逐步实行宏观经济控制的分层次管理，提高地方特别是中等以上城市对搞好宏观管理的积极性和责任心。……

——摘自《十二大以来重要文献选编》（中）第371—374、387—389页，中央文献出版社，2011年。

重要文献

《关于深化企业改革增强企业活力的若干规定》

(1986年12月5日)

1986年12月5日,国务院发布《关于深化企业改革增强企业活力的若干规定》。《规定》提出全民所有制小型企业可积极试行租赁、承包经营。全民所有制大中型企业要实行多种形式的经营责任制。各地可以选择少数有条件的全民所有制大中型企业进行股份制试点。《规定》是推动城市经济体制改革的重大步骤,进一步简政放权,改善企业外部条件,扩大企业经营自主权,促进企业内部机制改革。

目录:

一、认真落实搞活企业的有关政策规定
二、推行多种形式的经营承包责任制,给经营者以充分的经营自主权
三、加快企业领导体制的改革
四、进一步增强企业自我改造、自我发展的能力
五、改进企业的工资、奖金分配制度
六、继续缩减对企业下达的指令性计划
七、限期清理、撤销行政性公司
八、鼓励发展企业集团

重要文献

《中华人民共和国企业破产法(试行)》

(1986年12月2日)

1986年12月2日,第六届全国人民代表大会常务委员会第十八次会议通过《中华人民共和国企业破产法(试行)》。共六章四十三条:第一章总则;第二章破产申请的提出和受理;第三章债权人会议;第四章和解和整顿;第五章破产宣告和破产清算;第六章附则。

节选:

第一条 为了适应社会主义有计划的商品经济发展和经济体制改革的需要,促进全民所有制企业自主经营,加强经济责任制和民主管理,改善经营状况,提高经济效益,保护债权人、债务人的合法权益,特制定本法。
第二条 本法适用于全民所有制企业。
第三条 企业因经营管理不善造成严重亏损,不能清偿到期债务的,依照本法规定宣告破产。
企业由债权人申请破产,有下列情形之一的,不予宣告破产:
(一)公用企业和与国计民生有重大关系的企业,政府有关部门给予资助或者采取其他措施帮助清偿债务的;
(二)取得担保,自破产申请之日起六个月内清偿债务的。
企业由债权人申请破产,上级主管部门申请整顿并且经企业与债权人会议达成和解协议的,中止破产程序。

——摘自《中华人民共和国法规汇编(1986年1月—12月)》第58—59页,国务院办公厅法制局编,1987年。

大事记

1月1日

中共中央、国务院发出《关于1986年农村工作的部署》，简称1986年中央1号文件。

1月5日

全国经济特区工作会议在深圳结束。会议提出：经济特区在"七五"计划期间要更上一层楼，朝着建立外向型经济的目标奋力前进，确实成为"技术的窗口、管理的窗口、知识的窗口、对外政策的窗口"，进一步发挥向国内外两个扇面辐射的枢纽作用；更好地为全国社会主义现代化建设服务，增强出口创汇能力，探索进行经济体制改革，在运用经济办法和现代化信息手段管理经济方面，总结出具有中国特色的经验。

1月6日

国务院住房制度改革领导小组和领导小组办公室成立。

1月6—10日

国家体改委和中国人民银行联合在广州召开5城市金融体制改革试点座谈会，确定在广州、重庆、武汉、沈阳、常州等城市进行试点。

1月7日

国务院发布《中华人民共和国银行管理暂行条例》和《中华人民共和国城乡个体工商业户所得税暂行条例》。规定中央银行、专业银行和其他金融机构，都应当认真贯彻执行国家的金融方针政策；其金融业务活动，都应当以发展经济、稳定货币、提高经济效益为目标；禁止非金融机构经营金融业务。

1月7日

全国第一家自主经营的地方国营航空公司——上海航空公司正式成立。

1月11—20日

全国经济工作会议在北京召开。会议总结了四年来对企业进行全面整顿的经验，确定了"七五"期间进一步加强企业管理，推进管理现代化的奋斗目标，即：以提高经济效益为中心，把提高产品质量、降低物质消耗作为主攻方向，增强企业自我改造、自我发展的能力。

1月15日

国务院发布《关于中外合资经营企业外汇收支平衡问题的规定》。《规定》指出，经国家主管机关批准兴办的中外合资经营企业，由国家主管机关负责在全国范围内的中外合资经营企业的外汇收入中调剂解决，也可由国家主管机关同地方人民政府按商定的比例调剂解决。经由国务院授权的或国家主管机关委托的地方人民政府或国务院有关部门批准兴办的中外合资经营企业，由各该地方人民政府或部门负责在所批准兴办的中外合资经营企业的外汇收入中调剂解决。

1月17日

邓小平出席中共中央政治局常委会议，听取关于1985年经济工作情况和1986年经济工作安排的报告，以及关于精神文明建设布局问题的汇报提纲。邓小平指出，抓精神文明建设，抓党风、社会风气好转，必须狠狠地抓，一天不放松地抓，从具体事件抓起。搞四个现代化一定要有两手，只有一手是不行的。所谓两手，即一手抓建设，一手抓法制。

1月17日

财政部发布《关于国家批准的政策性价格补贴支出预算管理问题的规定》。

1月20日

六届全国人大常委会第14次会议决定，批准将长江南京港对外国籍船舶开放。今后南京港至长江口沿岸的港口需开放时，授权国务院审批。

1月24日

中共中央、国务院转发中央职称改革领导小组《关于改革职称评定，实行专业技术职务聘任制度的报告》，并发出通知指出：改革的中心是实行专业技术职务聘任制度，并相应地实行以职务工资为主要内容的结构工资制度。2月18日，国务院发布《关于实行专业技术职务聘任制度的规定》。

1月30日

公安部负责人宣布：中国政府决定调整对外国人开放的地区，由1985年的107个增加到244个。从1986年2月1日《中华人民共和国外国人入境、出境管理法》实行之日起，外国人只要持有效签证或者居留证件即可前往。

2月4日

中共中央、国务院发出《关于进一步制止党政机关和党政干部经商、办企业的规定》。

2月7日

国务院批转《经济特区工作会议纪要》，并发出通知指出，5年多来，经济特区的建设已经取得很大进展，打下较好的基础。今后的任务是，建成以工业为主、工贸结合的外向型经济，把更多的先进技术引进来，使更多的产品进入国际市场，更好地发挥"四个窗口"的作用。为此，要进一步做好外引内联工作。广东、福建两省人民政府要进一步加强对经济特区的领导和管理。

2月17日

亚洲开发银行理事会通过决议，接纳中国为亚行成员国。3月10日，亚洲开发银行发表的一项新闻公报宣布：中华人民共和国从1986年3月10日起正式成为亚洲开发银行的成员。

3月1日

香港特别行政区基本法咨询委员会在香港举行全体委员会第一次会议。会议决定成立8个专责小组，为起草香港特别行政区基本法作准备。

3月3日

中国第一家中外合资银行——厦门国际银行正式成立。

3月8日

国务院批转电子工业部《关于推进电子工业管理体制改革的报告》，并发出通知指出：工业经济管理体制的改革一定要坚持政企职责分开、简政放权的原则，紧紧围绕增强企业活力这一中心环节进行。电子工业部是统筹规划和管理全国电子行业的职能部门，国务院赋予其报告中提出的必要的权限和调节手段。

3月10—16日

国务院在北京召开第一次全国城市经济体制改革工作会议。会议要求：本年度的城市经济体制改革要贯彻"巩固、消化、补充、改善"的方针，继续搞活和开拓市场，加强和完善市场管理，加强和改善宏观控制，把发展横向经济联合作为一项重要工作。对已经出现的企业群体或企业集团这一新事物，要因势利导，解决中国企业组织结构不合理的问题。

3月15日

经国务院批准，民政部修订的新《婚姻登记办法》发布施行。

3月15日

赵紫阳主持国务院常务会议，听取城市经济体制改革工作会议汇报，部署制定1987年价格、税收、财政配套改革方案。赵紫阳说，今年主要是巩固、消化、补充、完善已有的改革措施，明年改革要迈大步。价格、税收、财政的改革，加上外贸、基本建设体制的改革，就是五大项。它们是互为作用、互相联

系的,关键是价格体系的改革,其他的改革围绕价格改革来进行。

3月23日

国务院发布《关于进一步推动横向经济联合若干问题的规定》。

3月25日

国务院发出《关于成立国务院经济体制改革方案研究领导小组的通知》,其任务是研究制订1987、1988两年的改革方案和主要措施。

3月25日—4月12日

六届全国人大四次会议在北京举行。会议通过了《中华人民共和国民法通则》《中华人民共和国义务教育法》《中华人民共和国外资企业法》。4月12日,六届全国人大四次会议通过《中华人民共和国外资企业法》,当日公布施行;原则批准《中华人民共和国国民经济和社会发展第七个五年计划(1986-1990)》。

3月28日

邓小平会见新西兰总理朗伊时指出:我们的政策是让一部分人、一部分地区先富起来,以带动和帮助落后的地区,先进地区帮助落后地区是一个义务。我们坚持走社会主义道路,根本目标是实现共同富裕,然而平均发展是不可能的。我们现在搞两个文明建设,一是物质文明,一是精神文明。实行开放政策必然会带来一些坏的东西,影响我们的人民。要说有风险,这是最大的风险。我们用法律和教育这两个手段来解决这个问题。

3月28日

中共中央、国务院批转农牧渔业部《关于农垦经济体制改革问题的报告》。《报告》指出,当前的改革,要围绕增强企业活力这一中心环节,着重解决好国家和企业、企业和职工的经济关系问题。各级政府主管部门要按照国家规定,把应该下放的权力下放给农垦企业,使其真正成为独立核算、自负盈亏、自主经营的经济实体,不吃国家的"大锅饭"。至于农垦企业的隶属关系,一般不要变动。

3月31日

国务院批转国家计委等5个部门《关于铁道部实行经济承包责任制的方案》。

4月7日

国务院办公厅转发商业部等4个部门《关于进一步做好城市蔬菜产销工作的报告》,今后改革任务仍然很重,在蔬菜这样一个非常敏感、与群众利益息息相关的领域搞改革,难度很大。各级领导要高度重视蔬菜工作,坚定不移地把产销体制改革深入进行下去,切实把城市蔬菜生产、供应工作抓细抓好,努力保持价格基本稳定,为巩固、发展大好形势作出新贡献。

4月13日

国务院发出《关于加强预算外资金管理的通知》。各种预算外资金的收费标准、提留比例、开支范围和标准,都必须按照国务院及财政部规定的制度执行。国家有规定用途的专项资金,要保证按规定使用,不得挪作他用。除国务院或财政部另有规定者外,各地区、各部门、各单位有权按照国家有关规定,自行安排使用预算外资金,任何地区、部门都不得平调。

4月18日

中共中央、国务院发出《关于认真执行改革劳动制度几个规定的通知》。

4月18—22日

香港基本法起草委员会第二次全体会议在北京举行。会议通过《香港特别行政区基本法结构(草案)》《香港特别行政区基本法起草委员会工作规则》和《关于设立香港特别行政区基本法起草委员会专题小组的决定》。

4月19日

国务院批转民政部《关于调整设市标准和市领导县条件的报告》。《报告》指出,现行的设市标准和市领导县条件,已不适应城乡变化了的新情况。为了适应城乡经济发展的需要,贯彻"控制大城市规模,合理发展中等城市,积极发展小城市"的方针,建议对1983年提出、内部掌握执行的设市标准和市领导县条件作调整。

4月19日

国务院发布《关于扩大科学技术研究机构自主权的暂行规定》。《规定》指出,研究所实行所长负责制。研究所应当健全管理制度,加强民主管理。

4月21日

国务院发布《中华人民共和国税收征收管理暂行条例》,从7月1日起施行。

4月23日

国务院发出《关于坚决制止向企业乱摊派的通知》。《通知》指出,有不少地区和部门对中央、国务院的三令五申置若罔闻,有令不行,有禁不止。致使向企业乱摊派的问题至

从1986年5月1日起,天安门城楼开始有组织地接待参观者。

今未得到解决。对这种严重情况，必须采取果断措施，坚决予以制止。

4月28日

国务院发布《征收教育费附加的暂行规定》，从7月1日起施行。征收教育费附加是为了贯彻落实《中共中央关于教育体制改革的决定》，加快发展地方教育事业，扩大地方教育经费的资金来源。

5月3—4日

中国国际贸易促进委员会第一届会员代表大会在北京举行。

5月15—20日

国家体改委、劳动人事部在广东省江门市召开中等城市机构改革试点工作座谈会。会议指出：中等城市机构改革试点将为全国机构改革探索道路。改革的指导原则是：紧密结合经济体制和其他管理体制的改革，以调整经济管理部门为重点，相应地调整科技、教育、文化、卫生等行政管理部门。要转变政府机构的管理职能和管理方式，理顺部门之间的关系，合理确定党政分工。

5月24日

国务院办公厅发出《关于发布12个领域技术政策要点的通知》。这是国内颁布的第一批科技政策蓝皮书。

5月26—29日

14个环渤海市（地区）市长联席会议在天津举行，确定建立环渤海经济区，开展多方面、多层次、多种形式的经济联合，促进经济发展和繁荣。

5月30日

国务院批转国家体改委、商业部等单位《关于1986年商业体制改革几个问题的报告》。《报告》指出，目前正处在新旧体制交替时期，市场机制不完整，宏观调节措施不配套，商业流通不适应商品经济发展的新要求，商业体制必须进一步改革。

5月31日

国家经委、国家教委和中国科学院发出《关于推进大中型企业与中国科学院、高等院校合作的通知》。《通知》指出，根据经济建设必须依靠科学技术，科学技术工作必须面向经济建设的战略方针，各地经委（计经委）、高教局、中国科学院各分院应把推进大中型企业同中国科学院所属研究所、高等院校的横向合作纳入议事日程。首先要摸清现状，制订具体措施，帮助、引导大中型企业更进一步地依靠科学技术；促使产业部门以外的科技队伍有更多机会面向经济建设。

6月5日

国务院办公厅发出《关于严禁在社会经济活动中牟取非法利益的通知》。《通知》指出，当前，在社会经济活动中，以"回扣""佣金""红包""提成费""好处费"等名目非法收受"酬金"，违反财经纪律，牟取非法利益的现象相当严重。这些行为不仅危害社会主义经济秩序，干扰经济体制改革，而且腐蚀干部、职工思想，败坏社会风气，必须严加禁止。

6月10日

邓小平听取中央负责人汇报经济情况：一是农业，主要是粮食问题。二是外汇问题。三是政治体制改革问题。邓小平指出，改革，应该包括政治体制的改革，而且应该把它作为改革向前推进的一个标志。1980年就提出政治体制改革，但没有具体化，现在应该提到日程上来。不然的话，机构庞大，人浮于事，官僚主义，拖拖拉拉，互相扯皮，你这边往下放权他那边往上收权，必然会阻碍经济体制改革，拖经济发展的后腿。

6月10日

国务院作出《关于冶金工业部实行钢铁工业投入产出包干方案的批复》。方案规定，冶金部对国家实行"五包"，承包期6年；国家通过计划渠道，对钢铁工业实行"三保"。

6月20日

国务院批转轻工业部、全国手工业合作总社《关于纠正平调二轻集体企事业资产问题的报告》。《报告》指出，近几年来，党中央、国务院曾三令五申，要求保护集体经济的合法权益，禁止任何组织或个人用任何手段侵占或破坏集体资产。但是，有一些地方和部门不按党和国家的政策办事，仍然平调二轻集体企事业的资产，影响了集体经济的发展。各地区、各部门要对本地区所发生的平调二轻集体企事业资产的问题，进行一次认真检查，并采取坚决措施加以纠正。

6月25日

六届全国人大常委会第16次会议通过《中华人民共和国土地管理法》，规定中华人民共和国实行土地的社会主义公有制，即全民所有制和劳动群众集体所有制。任何单位和个人不得侵占、买卖、出租或者以其他形式非法转让土地。国家为了公共利益的需要，可以依法对集体所有的土地实行征用。该法自1987年1月1日起施行。

6月28日

邓小平在中共中央政治局常委会上指出，政治体制改革同经济体制改革应该相互依赖，相互配合。只搞经济体制改革，不搞政治体制改革，经济体制改革也搞不通。从这个角度来讲，我们所有的改革最终能不能成功，还是决定于政治体制的改革。

6月30日—7月1日

中葡关于解决澳门问题的首轮会谈在北京举行。

7月3日

国务院发布《中华人民共和国注册会计师条例》。《条例》规定，注册会计师是经国家批准执行会计查账验证业务和会计咨询业务的人员。注册会计师依法独立执行业务，受国家法律保护。注册会计师的工作机构为会计师事务所，注册会计师必须加入会计师事务所，才能接受委托，办理法律、行政法规规定由注册会计师执行的业务。注册会计师和会计师事务所的管理机关，在全国为财政部，在各地区为省、自治区、直辖市财政厅（局）。该《条例》自10月1日起施行。

7月4日

国务院发出《关于加强工业企业管理若干问题的决定》指出："七五"期间，要把提高产品质量、降低物资消耗和增加经济效益，作为考核工业企业管理水平的主要指标。

7月4日

国务院企业工资改革研究小组、劳动人事部、财政部印发《关于部分国营大中型企业试行工资总额同上缴税利挂钩办法中若干问题的处理意见》，并发出通知指出：1986年企业工资总额同上缴税利挂钩试点方案的调整核定，要同建立健全企业的经济责任制结合起来，要有利于提高企业的经营管理水平和综合经济效益。各地区、各部门要在认真总结1985年挂钩试点工作的基础上，把今年继续挂钩试点的工作切实做好。

7月4日

国务院批转国家教委、财政部《关于改革现行普通高等学校人民助学金制度的报告》。《报告》提出，将人民助学金改为奖学金和学生贷款制度。

7月9日

国务院发布《关于控制固定资产投资规模的若干规定》。《规定》指出，控制固定资产投资规模，调整投资结构，是保证经济体制改革顺利进行，促进国民经济健康发展的重要保证。全社会固定资产投资，包括全民所有制单位投资、集体所有制单位投资、个体投资以及中外合资企业中的中方投资和其他经济形式投资，均须纳入全国和分部门、分地区的固定资产投资计划，根据不同情况，分别实行指令性计划和指导性计划。全民所有制单位固定资产投资中，基本建设投资要严格控制，更新改造投资要加强引导和管理。对城乡集体所有制

单位和个体投资要加强调查、分析、预测，采用适当的方式进行指导和管理。

7月9日

国务院发布《关于促进科技人员合理流动的通知》，要求各地领导机关为人才合理流动创造条件。

7月11日

中国政府向世界关税及贸易总协定总干事提交《关于恢复中国在关贸总协定缔约国地位的申请》，并准备就此问题同关贸总协定缔约各方进行谈判。

7月11日

国务院发出《关于进一步改善外商投资企业生产经营条件的通知》。《通知》指出，国务院要求各地区、各部门认真总结利用外资工作的经验，发挥我们的优势，改进工作。特别要在改进管理、简化手续、提高效率等方面下功夫，进一步改善企业生产经营条件，切实办好外商投资企业，维护中国对外信誉，增强外商前来投资的信心，以吸引更多的外资和先进技术，促进中国的经济发展和技术进步。

7月24日

国务院发出《关于重新组建交通银行的通知》。《通知》指出，交通银行是和其他专业银行平行的全国性综合银行，在中国人民银行领导下，执行国家统一的金融方针、政策、法规和中国人民银行制定的基本规章制度。交通银行的任务，是按照国家的金融方针、政策，筹集和融通国内外资金，经营人民币和外币的各项金融业务。其业务范围不受专业分工限制。

7月25日

由中国内地、香港和日、美5家金融机构共同组建的中国第一家中外合资跨国性非银行金融企业——中国国际财务有限公司在深圳成立。

7月31日

万里在全国软科学研究工作座谈会上发表讲话，提出决策民主化和科学化是政治体制改革的一个重要课题，改变旧的不适应现代化要求的决策方法是中国政治体制改革的重要环节。

8月1日

《人民日报》报道，上海市开始有计划地撤销工业行政性公司，以减少管理层次，进一步扩大企业自主权。这是上海今年经济体制改革中所采取的重要步骤。

8月3日

沈阳市人民政府举行新闻发布会，宣布沈阳市防爆器械厂破产处理办法。这是新中国成立后第一家正式宣告倒闭的国营企业。

8月5日

国务院发出《关于上海市扩大利用外资规模的通知》。同意上海扩大利用外资规模，以加强城市基础设施建设，加快工业技术改造。

8月21日

国家计划委员会发出关于海南行政区实行计划单列的通知，"同意海南行政区在国家计划中单列户头，赋予海南行政区以相当省一级的经济管理权限"。

8月27日

新华社报道，经批准，上海第一家民间金融企业——上海爱建金融信托投资公司正式开业。

8月27日—9月5日

第六届全国人大常委会第17次会议在北京举行。会议审议通过《中华人民共和国治安管理处罚条例》《中华人民共和国外交特权与豁免条例》等几项法规。对于提交审议的《中华人民共和国国营企业破产法（试行）》（草案），鉴于委员们还有重要的不同意见，委员长会议建议，为慎重起见，本次会议暂不作决定，由全国人大法律委员会同有关部门进一步调查研究修改。

9月2日

邓小平在接受美国哥伦比亚广播公司"六十分钟"节目记者华莱士的电视采访时指出："中国观察国家关系问题不是看社会制度。中美关系也有个障碍，就是台湾问题，就是中国的海峡两岸统一的问题。凡是中华民族子孙，都希望中国能统一，分裂状况是违背民族意志的"。"我们采取'一国两制'的方式解决统一问题。大陆搞社会主义，台湾搞它的资本主义。这对台湾的社会制度和生活方式不会改变，台湾人民没有损失。社会主义原则，第一是发展生产，第二是共同致富。我们的政策是不使社会导致两极分化。坦率地说，我们不会容许产生新的资产阶级。"

9月5日

中共中央、国务院转发国家科委《关于当前科技工作形势和今后工作若干意见的报告》。《报告》提出，在"七五"期间以至今后一个时期内，中国科学技术工作的主要任务是：充分发挥科学技术的作用，推动国民经济的技术改造和技术进步，把发展高技术作为国家战略的重要组成部分，坚定而又稳步地推进改革，加强科技界的知识分子工作，发挥科学技术在精神文明建设中的作用。

9月5—11日

首届北京国际图书博览会在北京展览馆举行。共有35个国家和地区及国际组织参加，代表1055家出版社。美国的出版社最多，有318家。

9月15日

中共中央、国务院颁发《全民所有制工业企业厂长工作条例》《中国共产党全民所有制工业企业基层组织工作条例》和《全民所有制工业企业职工代表大会条例》，并发出通知指出，改革企业的领导体制是城市经济体制改革的一个重要组成部分。

9月15日

国务院发布《中华人民共和国房产税暂行条例》和《中华人民共和国车船使用税暂行条例》，自10月1日起施行。

9月16日

国家体改委、中国人民银行发出《关于转发国务院领导同志对金融体制改革试点工作的批示的通知》。

9月16日、10月3日

赵紫阳主持召开国务院常务会议，讨论1987年国民经济计划安排问题。国家计委柳随年、财政部田一农分别就1987年计划安排和1987年财政收支盘子的问题作了汇报和说明。

9月22日

中国和平统一促进会在北京成立。

9月26日

中共中央、国务院发出《关于加强农村基层政权建设工作的通知》。《通知》指出，全国农村人民公社政社分开、建立乡政府的工作已经全部结束。各地要进一步理顺农村党组织、政府、企业之间的关系。政社分开以后，乡党委要按照党章的规定和实行党政分工的要求，集中精力抓好党的路线、方针、政策的贯彻执行，保证乡政府依照宪法和法律的规定独立行使职权，支持乡长大胆开展工作。乡政府要运用经济的、法律的、行政的手段，为发展商品生产服务，要支持乡经济组织行使其自主权。

9月28日

中共十二届六中全会在北京举行。全会通过了《中共中央关于社会主义精神文明建设指导方针的决议》和《关于召开党的第十三次全国代表大会的决议》。《决议》指出，社会主义精神文明建设的基本方针是：它必须是推动社会主义现代化建设的精神文明建设，必须是促进全面改革和实行对外开放的精神文明建设，必须是坚持四项基本原则的精神文明建设。社会主义精神文明建设的根本任务，是适应社会主义现代化建设的需要，培养有理想、有道德、有文化、有纪律的社会主义公民，提高整个中华民族的思想道德素质和科学文化素质。

9月28—30日

波兰统一工人党中央第一书记、国务委员会主席雅鲁泽尔斯基访问中国，这是20多年来，波兰最高领导人第一次访问中国。

9月30日

国家环保局发布1985年环境统计公报，这是国家环保局首次发布环境统计数据。

10月3—6日

国家主席李先念访问朝鲜。

10月7日

国务院发出《关于改革道路交通管理体制的通知》。《通知》指出，交通管理分别由公安、交通、农业（农机）部门负责，机构重叠，政出多门，互相扯皮。这种多头管理的体制，在城乡机动车辆大幅度增长的情况下，已愈来愈不适应中国对外实行开放、对内搞活经济的需要，亟待加以改革。为此，国务院决定，全国城乡道路交通由公安机关负责统一管理。

10月11日

国务院发布《关于鼓励外商投资的规定》。

10月12—18日

英国女王伊丽莎白二世访问中国。

10月15日

国务院决定对青岛市在国家计划中实行单列，赋予省级经济管理权限，并进行经济体制综合改革试点。

10月20日

国务院经济体制改革方案研究领导小组办公室拟定《一九八七年经济体制改革实施方案》，按照中共中央关于经济体制改革的决定和"七五"计划的要求，1987年的改革应当沿着适应和促进社会主义商品经济的发展这一基本方向，从企业自主经营、自负盈亏，建立市场体系，转向间接控制为主这互相联系的3个方面，逐步配套地向前推进，向着奠定新体制的基础、让新体制在经济运行中尽快发挥主导作用的目标，走出重要的一步，从而更好地保证和推动国民经济的持续稳定发展。

10月21—24日

根据国务院住房制度改革领导小组的决定，五城市住房制度改革试点工作会议在烟台举行。这次会议是根据国务院原则同意的烟台市住房制度改革方案，部署烟台、唐山、蚌埠、常州、江门五城市的试点工作。

10月29日—11月4日

全国哲学社会科学"七五"规划会议在北京举行。中国社会科学院院长胡绳在会上作了报告。中国决定从今年起设立"国家社会科学基金"。

10月31日

国务院作出《关于开拓国外技术市场，加强技术出口管理问题的批复》。鉴于中国技术出口工作目前尚处初创阶段，缺乏经验，必须加强统一领导和管理，有组织、有计划、积极稳妥地进行。为此，责成对外经济贸易部、国家科委统一归口管理技术出口工作，分别负责技术出口项目的贸易审查和技术审查；必要时，由国家经委进行协调。国防军工技术出口项目，由国防科工委负责审批。技术出口项目合同（包括国防军工技术出口项目合同），由对外经济贸易部负责审批。

11月1日

赵紫阳主持中央财经领导小组会议，听取和讨论国家物价局关于1987年价格改革3种方案的汇报。

11月8日—9日

日本首相中曾根康弘访问中国。

11月8—12日

中共中央、国务院在北京召开中央农村工作会议。会议认为：从各方面看，农村经济的发展已经显现出若干新的特征，主要是：改革由突破转向纵深发展，经济由超常规增长转入常规性增长。整个农村经济改革的根本出发点和目标是发展有计划的商品经济，建设具有中国特色的社会主义新农村。

11月10日

劳动人事部颁发《关于外商投资企业用人自主权和职工工资、保险福利费用的规定》。

11月11日

中共中央、国务院发出《关于认真贯彻执行全民所有制工业企业3个条例的补充通知》。

11月14日

赵紫阳主持召开国务院常务会议，讨论《国务院关于深化企业改革、增强企业活力的若干规定（草稿）》和《1987年价格改革方案》，再次降低奖金税率、工资调节税率。

11月15日—12月2日

第六届全国人大常委会第18次会议在北京举行。12月2日，会议再次对《中华人民共和国国营企业破产法（修改草案）》进行审议，听取《关于全民所有制工业企业法》（草案）的说明，通过了《中华人民共和国企业破产法（试行）》，决定自《全民所有制工业企业法》实施满3个月之日起试行。会议还决定：设立中华人民共和国监察部和国家机械工业委员会，撤销机械工业部和兵器工业部。

11月27日

经国务院决定，原属轻工业部的中国服装工业总公司划归纺织工业部领导，实行面料、服装生产一条龙的管理体制。

11月29日

国务院办公厅转发《关于烟台、唐山、蚌埠、常州、江门5城市住房制度改革试点工作会议纪要》，《纪要》指出，5城市即将开始进行的改革试点，是中国住房制度改革在整个经济体制改革的推动下迈出的重要一步，确实令人鼓舞。从推行住宅商品化的要求来说，尤其需要我们综观住宅再生产的全过程，一面抓好试点，一面总结吸取改革的经验，下大功夫把住宅生产、分配、交换、消费之间的相互制约的经济关系理顺，并且使有关的政策、立法和管理体制等都能相应而协调地配起套来，以便在实践中逐步形成和完善全国住房制度改革的总体设计方案。

11月30日

公安部新闻发言人宣布：为了适应对外开放的需要，中国政府决定再增加192个市县为对外国人开放地区。在此之前，中国已有244个市县对外国人开放。

12月3—5日

全国个体劳动者第一次代表大会暨全国先进个体劳动者表彰大会在北京举行。中国个体劳动者协会同时成立。

12月5日

国务院发布《关于深化企业改革增强企业活力的若干规定》。

12月5日

中国第一次当选为联合国方案和协调委员会成员。

12月5—9日

国家体改委、中国人民银行和世界银行联合举办金融改革国际研讨会。会议围绕中国

1986年11月28日，北京朝阳区服务公司下属4家长期亏损的店铺公开向私人拍卖。

金融改革面临的主要问题，以及世界银行《关于中国金融改革研究报告》展开了讨论。

12月7—8日

国务院在青岛市召开了青岛、黄埔、连云港、烟台、南通5港管理体制改革会议，肯定了港口管理体制的改革。

12月11日

国务院作出《关于宁波市北仑港工业区外商投资企业享受经济技术开发区优惠待遇的批复》，同意在北仑港工业区内兴办的中外合资经营、中外合作经营和外商独资经营的企业享受经济技术开发区同类企业的优惠待遇。

12月12日

国务院发出《关于乡镇煤矿实行行业管理的通知》。

12月15—20日

国家体改委和中国人民银行在武汉市联合召开了第三次金融体制改革试点城市工作座谈会。会议认为，总的来看，试点工作的发展是健康的，效果是明显的，初步为金融体制改革提供了一些有益的经验。会议认为，试点工作还存在一些亟待解决的问题，主要表现为发展不够平衡，基层银行缺少活力。会议提出，一九八七年金融体制改革试点工作的重点，应在进一步明确试点工作指导思想的前提下，围绕搞活企业特别是大中型企业这一中心，加快专业银行企业化步伐，继续开拓和发展金融市场，改善中央银行的宏观管理，为金融体制改革的全面开展作出新的贡献。

12月19日

全国首家商品住宅基金会——上海市商品住宅基金会成立。

数说发展

人口

总人口 **107507** 万人

 出生率 **22.43‰**

 死亡率 **6.86‰**

 自然增长率 **15.57‰**

国内生产总值 （单位：亿元）

国内生产总值 **10275.2**

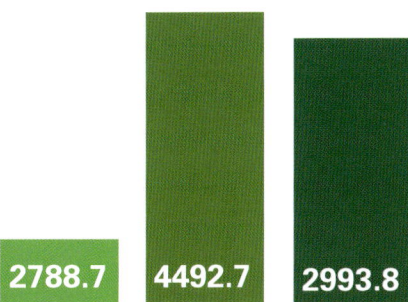

第一产业 **2788.7**　第二产业 **4492.7**　第三产业 **2993.8**

黄金和外汇储备

黄金 **1267** 万盎司　外汇 **20.72** 亿美元

国内商业

社会商品零售总额 **4950** 亿元

 消费品零售总额 **4374** 亿元

 农业生产资料零售总额 **576** 亿元

城乡集市贸易点 **6.6** 万个

集市贸易成交额 **890** 亿元

对外经济

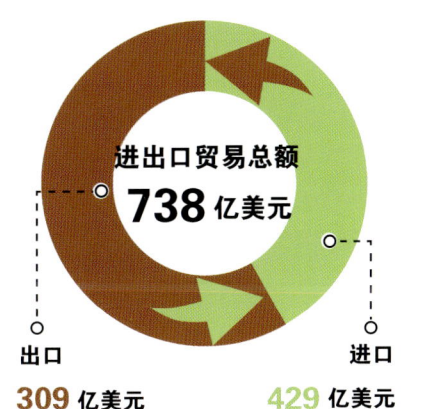

进出口贸易总额 **738** 亿美元

出口 **309** 亿美元　进口 **429** 亿美元

财政收支 （单位：亿元）

支出 **2204.91**

收入 **2122.01**

收支差额 **−82.90**

占国内生产总值的比重 **20.7%**

农业牧渔业

农林牧渔业总产值 **3947** 亿元

产量 （单位：万吨）

粮食 **39109**　棉花 **354**　油料 **1473**　水产品 **813**

 比上年增长 **3.2%**

 比上年增长 **−14.6%**

 比上年增长 **−6.7%**

 比上年增长 **15.3%**

对外经济（续）

 利用外资 **69.9** 亿美元

非贸易外汇收支 收大于支 **37.9** 亿美元

支出 **18.2** 亿美元　收入 **56.1** 亿美元

对外经济合作

 新签对外承包工程和劳务合作合同 **845** 项

 合同金额 **12.7** 亿美元　完成营业额 **9.5** 亿美元

工业

重工业 **5833** 亿元　轻工业 **5324** 亿元

工业总产值 **11157** 亿元

旅游

接待人数 **2282** 万人次

全年旅游外汇收入 **15.3** 亿美元

1986

人民生活

城乡居民人均收入

- 农民 424 元
- 城镇 828 元

全国职工总数 12768 万人
城镇个体劳动者 461 万人
全国职工工资总额 1660 亿元
全国职工平均工资 1332 亿元

城乡人民储蓄存款 2237 亿元

新建住宅面积

- 城镇 1.8 亿平方米
- 农民 8 亿平方米

社会优抚事业

社会福利事业单位 3.4 万个
收养 42.6 万人
集体供养的社会散居
孤老、残、幼 240 万人

交通运输

新建线路交付营业里程

- 铁路 958 公里
- 铁路电气化 286 公里
- 港口吞吐能力 2732 万吨

沿海主要港口货物吞吐量 37798 万吨

货物周转量 18178
（单位：亿吨公里）

- 铁路 8760
- 公路 379
- 水运 8420
- 空运 5
- 管道 614

旅客周转量 4573
（单位：亿人公里）

- 铁路 2587
- 公路 1672
- 水运 170
- 空运 144

固定资产投资

固定资产投资 2967 亿元

全民所有制单位
固定资产投资 1398 亿元
城乡集体所有制单位投资 404 亿元
城乡个人投资 625 亿元

建成投产的大中型建设项目 96 个
建成投产大中型建设项目的单项工程 165 个

新增加的生产能力

发电机组容量	596 万千瓦
煤炭开采	1906 万吨
原油开采	1546 万吨

（包括用更新改造和其他投资增加的能力）

炼钢	370 万吨
棉纺锭	10.8 万锭
化学纤维	6.1 万吨
机制糖	11 万吨
木材采运	42 万立方米
水泥	543 万吨
平板玻璃	470 万重量箱

科学技术

经国家批准的发明奖 **26** 项

获得奖励的科技成果 **14246** 项

转让技术成果 **8.7** 万项
成交金额 **20.6** 亿元

授予专利权 **3116** 件

全民所有制单位
自然科学技术人员 **825** 万人

体育

获得世界冠军 **26** 个；

打破和超过世界纪录 **9** 项；

打破全国纪录 **172** 项

文化

生产故事影片 **134** 部

发行各种新片（长片）**192** 部

各类电影放映单位 **17.2** 万个

艺术表演团体 **3204** 个

（单位：个）

- 文化馆 **2992**
- 公共图书馆 **2406**
- 博物馆 **777**
- 档案馆 **3138**

广播电台 **278** 座

广播发射台和转播台 **605** 座

电视台 **288** 座

一千瓦以上电视发射台和转播台 **622** 座

教育

招生人数

普通高校本专科生 **57.2** 万人

研究生 **4.1** 万人

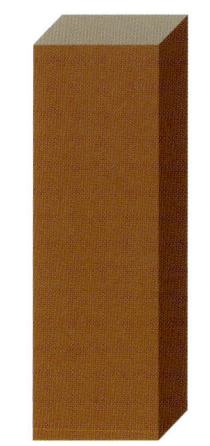

在校学生人数 （单位：万人）

研究生	11
普通高校本专科生	188
中等职业技术学校	522
初中	4117
小学	13183
成人高校本专科生	186
成人中专	151
成人技术培训学校	442

出版

全国性和省级报纸 **196** 亿份
各类杂志 **23.8** 亿册
图书 **52.8** 亿册（张）

邮电通信

邮电业务总量 **32.8** 亿元

邮电通信业务收入 **32.8** 亿元

市内电话用户 **250** 万户

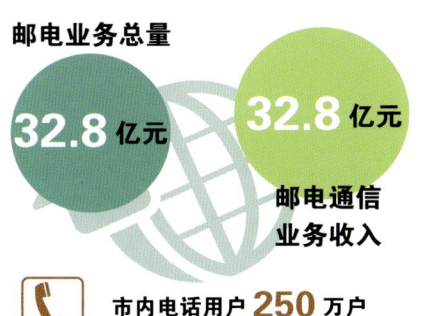

卫生

全国医院病床 **230** 万张

专业卫生技术人员 **351** 万人

医师 **144** 万人
（含中、西医师 **74.3** 万人）

护师、护士 **68.1** 万人

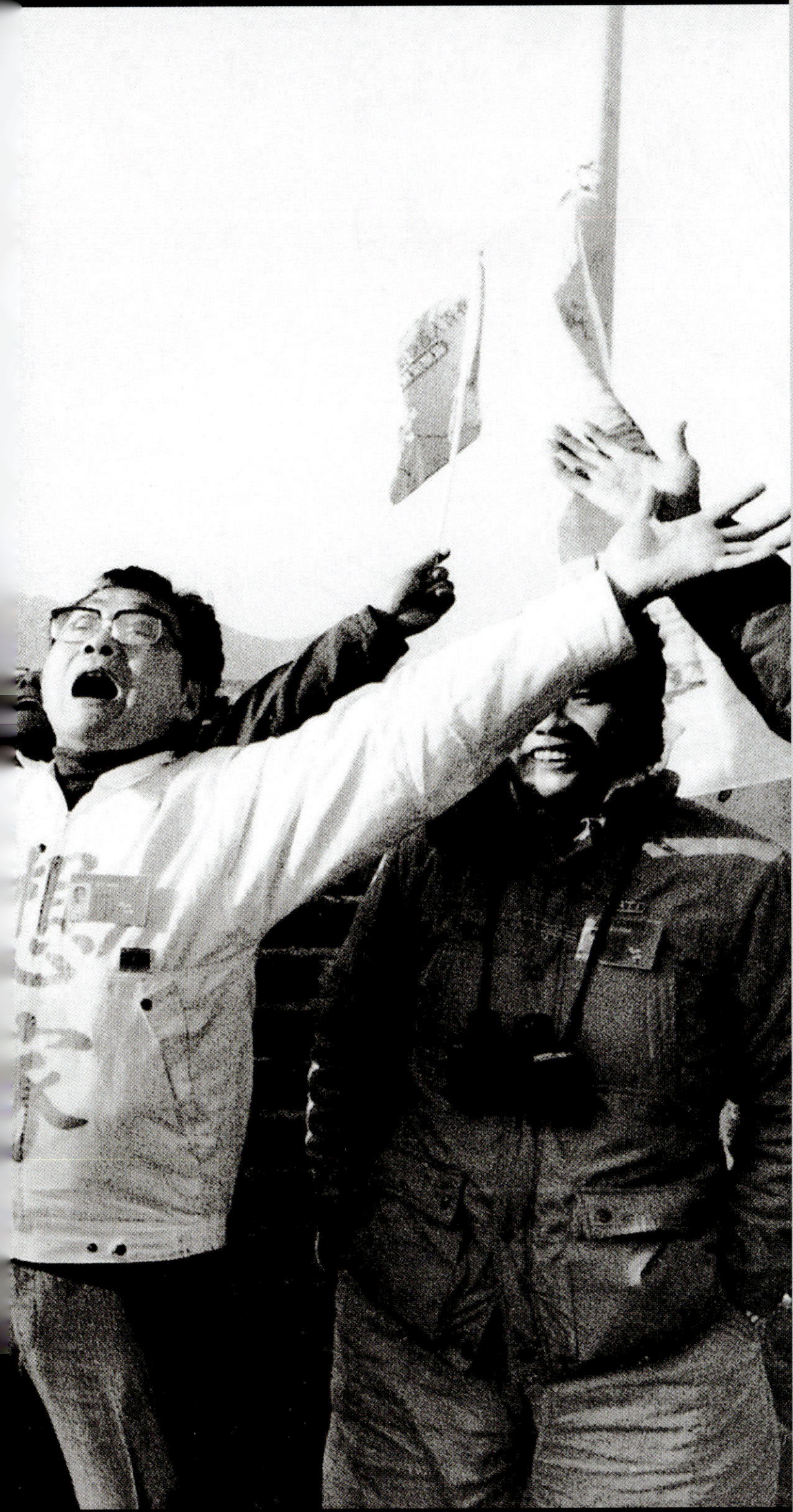

1987

- 全国范围普遍推行企业承包经营责任制
- 物资流通体制改革
- 中国共产党第十三次全国代表大会召开
- "三步走"战略目标提出
- 建立"国家调节市场,市场引导企业"的运行机制

焦点事件

全国范围普遍推行企业承包经营责任制

1987年3月，六届全国人大五次会议通过的《政府工作报告》提出："今年改革的重点要放到完善企业经营机制上，根据所有权与经营权适当分离的原则，认真实行多种形式的承包经营责任制。"由此，中央第一次明确肯定了承包制。

4月23日至27日，国家经委受国务院委托召开全国承包经营责任制座谈会。会议在总结吉林、广东等省和首钢、二汽等企业坚持承包经营责任制经验的基础上，全面部署企业承包经营责任制工作，决定从当年6月份起，在全国范围普遍推行承包经营责任制。

1987年8月31日，国家经委、国家体改委印发《关于深化企业改革完善承包经营责任制的意见》。《意见》指出，实行承包经营责任制，必须坚持"包死基数、确保上缴、超收多留、欠收自补"的原则，兼顾国家、企业、职工三者利益。承包基数要体现鼓励先进、鞭策后进的原则。承包后新增加的留利，要大部分（一般70%以上）用于发展生产。

截至1987年底，全国预算内工业企业承包面已达78%，其中大中型企业达到82%，承包一年以上的大中型企业占64%；众多的小企业也都实行了承包或租赁。

物资流通体制改革

长期以来，中国实行以产品分配调拨为主要形式的物资体制。党的十一届三中全会以后，经过几年的改革，缩减了国家指令性计划分配物资的种类和比重，扩大了企业和地方支配物资的自主权，多种形式、不同规模的生产资料市场开始建立。当时的主要问题是：各部门管理的指令性计划分配的物资仍然偏多；条块分割的经济格局没有根本改变，管理机构林立，物力分散，流通不畅；统一的、开放的生产资料市场尚未建立起来，市场秩序较乱，倒卖、垄断重要物资和哄抬物价的现象不断发生。这种状况，造成国家宏观调控力量薄弱，调节不力，不利于增强企业活力和加快物资、资金的周转，不利于稳定物价。随着政治体制改革的展开和经济体制改革的深化，物资体制改革必须加快。

1987年8月，国务院成立物资体制改革领导小组。物资体制改革领导小组提出《关于深化物资体制改革方案》，该方案于1988年5月下发，被认为是中国物资流通体制改革的纲领性文件。

按照发展有计划商品经济的目标和"国家调节市场，市场引导企业"的机制模式，物资体制改革的方向是：在加强重要物资宏观平衡的基础上，有步骤地缩小指令性计划，扩大指导性计划和市场调节，积极促进短线物资的生产，主要用经济手段调节物资供求关系，依托大中城市，逐步建立起有领导有组织的生产资料市场，保证国家重点需要，增强企业活力，促进有计划商品经济的发展。

物资体制改革，牵涉面广，制约因素多，是经济体制改革的一个难点，要同计划、投资、价格、企业管理等体制的改革相配套，积极地、有步骤地进行。改革的重点：一是逐步取消国务院各部门管理物资的职能，将物资供应、销售机构并入物资部；二是在减少指令性计划的同时，全面推广石家庄市发展生产资料市场的经验；三是在一些城市由地方政府根据各自的情况，组织物资体制改革的试点。

中国共产党第十三次全国代表大会召开

1987年10月25日至11月1日，中国共产党第十三次全国代表大会在北京召开。

石家庄市在物资供应体制改革中，将钢材、木材等10种生产资料，由传统的国家分配办法改为投放市场，形成以城市为中心的生产资料市场，取得明显效果。图为石家庄市金属材料公司的钢材货场。

长春第一汽车制造厂狠抓企业内部经营机制改革，推行多种形式承包经营责任制，取得明显经济效果。到1987年6月10日，生产汽车2万多辆，提前20天完成上半年生产任务。图为中国第一汽车集团公司办公大楼外景。

从党的十一届三中全会和党的十二大以来，九年时间，中国发生了深刻的变化，开辟了建国以来党的历史发展的新阶段。中国正处于社会主义的初级阶段，在此基础上寻找出了一条符合中国国情的有中国特色的社会主义道路。在此背景下，党的十三大召开。

邓小平主持了开幕式，中共中央代理总书记赵紫阳代表第十二届中央委员会作题为"沿着有中国特色的社会主义道路前进"的报告。报告共分7个部分。

报告指出，这次大会的中心任务是加快和深化改革。改革开放是振兴中国的唯一出路，是人心所向，是大势所趋，不可逆转。报告第一次系统地阐述了社会主义初级阶段的理论，并指出中国目前正处在社会主义的初级阶段。这个论断包括如下两层含义：第一，中国社会已经是社会主义社会，我们必须坚持并且不能离开社会主义。第二，中国的社会主义还处在初级阶段，我们的一切工作都必须从这个实际出发，而不能超越这个阶段。

报告认为，社会主义初级阶段，不是泛指任何国家进入社会主义都会经历的起始阶段，而是特指中国在生产力落后，商品经济不发达条件下建设社会主义客观必然要经历的特定阶段。中国从50年代

> **语录** "我是实事求是派。"
> ——邓小平
>
> 背景：中国的事情要根据自己的实际情况办是邓小平的一贯主张。1987年3月3日，邓小平会见美国国务卿乔治·舒尔茨时说"国外有些人过去把我看作是改革派，把别人看作是保守派。我是改革派，不错；如果要说坚持四项基本原则是保守派，我又是保守派。所以，比较正确地说，我是实事求是派。"这一年7月4日，邓小平在会见孟加拉国总统艾尔沙德时的谈话中也说道"国际上一些人在猜测我是哪一派……比较实际地说，我是实事求是派，坚持改革、开放政策，坚持党的领导和社会主义道路。"

1987年10月25日，中国共产党第十三次全国代表大会在人民大会堂隆重开幕。

生产资料私有制的社会主义改造完成，到社会主义现代化的实现，至少需要上百年时间，都属于社会主义初级阶段。这个阶段的任务是，逐步摆脱贫穷、落后，由农业人口占多数的手工劳动为基础的农业国，逐步变为非农业人口占多数的现代化工业国；由自然经济、半自然经济占很大比重变为商品经济高度发达。

根据这个理论，报告明确提出了党在社会主义初级阶段的基本路线：领导和团结各族人民，以经济建设为中心，坚持四项基本原则，坚持改革开放，自力更生，艰苦创业，为把中国建设成为富强、民主、文明的社会主义现代化国家而奋斗。这条基本路线，可以概括为"一个中心，两个基本点"，即以经济建设为中心，坚持四项基本原则，坚持改革开放。它是党的十一届三中全会以来路线的继续、丰富和发展，是符合中国国情的精辟的理论阐释。

据此，报告分别提出了发展经济战略、经济体制改革、政治体制改革、改革开放中的党的建设、坚持和发展马克思主义等诸方面的基本方针。

在政治体制改革部分，报告指出，发展社会主义商品经济的过程，应该是建设社会主义民主政治的过程。邓小平同志1980年8月在中央政治局扩大会议上所作的《党和国家领导制度的改革》的讲话，是进行政治体制改革的指导性文件。中国是人民民主专政的社会主义国家，基本政治制度是好的。但在具体的领导制度、组织形式和工作方式上，存在着一些重大缺陷，主要表现为权力过分集中，官僚主义严重，封建主义影响远未肃清。政治体制改革的长远目标，是建立高度民主、法制完备、富有效率、充满活力的社会主义政治体制，这需要长期努力才能实现。改革的近期目标，是建立有利于提高效率、增强活力和调动各方面积极性的领导体制。

报告对政治体制改革的关键、实行党政分开、进一步下放权力、改革政府工作机构、改革干部人事制度、建立社会协商对话制度、完善社会主义民主政治、加强社会主义法制建设等作了全面论述。

11月2日，召开了十三届一中

1987年11月1日,邓小平、赵紫阳、胡耀邦在中共十三大闭幕式上。

 语录

"改革必须有总体设计,配套进行,不能边走边看,单项突进。"

——吴敬琏

背景:改革开放以来,中国经济改革基本上是局部的、零碎的和自发式的。1985年前后,鉴于单项突进的改革的严重缺陷,中国经济运行过程中出现了经济过热和需求膨胀等问题。以吴敬琏为代表的部分经济学家认为出现这些问题与改革不系统、不配套有关。他们认为改革不是一些元素简单拼凑,而应该是系统的构建。1987年2月,吴敬琏在《关于改革战略选择的若干思考》一文中对此作了如上阐述。

 **观点**

于光远:中国目前还处在社会主义的初级阶段。但是确认"中国正处在社会主义初级阶段",并不意味着承认原来所追求的那种没有市场经济、没有多种经济成份的社会主义是更高级的阶段。五十年代的那种看法,并不是在对社会生产力和其他影响社会发展进程的主要因素进行了科学分析的基础上得出的。今后将进入怎样的阶段,必须以现实为基础,进行了科学分析后才能知道。

资料来源:《中国社会主义初级阶段的经济》,中国财政经济出版社,1988年。

全会,依据新党章规定的程序,选举赵紫阳、李鹏、乔石、胡启立、姚依林为中央政治局常务委员会委员,赵紫阳为中央委员会总书记;决定邓小平为中央军委主席,赵紫阳为第一副主席、杨尚昆为常务副主席。全会批准陈云为中央顾问委员会主任,乔石为中央纪律检查委员会书记。

"三步走"战略目标提出

中国要走自己的路,建设有中国特色的社会主义,应该有一个科学的远景规划。"三步走"是中国经济社会发展长远战略的简洁而形象的概括用语。邓小平是这一战略的总设计师。在20世纪80年代之前,邓小平提出了实现"中国式的现代化"概念;1982年,中共十二大明确了"力争使全国工农业的年总产值翻两番";1987年,邓小平明确阐述了"三步走"战略,中国长远发展的战略目标确定。

中共十三大前夕,中国经济发展呈现出新的特点,一方面蒸蒸日上的经济情况表明,到1990年前实现第一个翻番的目标已成定局;另一方面又始终没有摆脱"过热-紧缩-过热"的循环,使经济保持良性循环的路子还在探索之中。在认真分析了现状后,邓小平对下世纪发展目标作了重要调整:把"接近发达国家水平"改为"达到中等发达水平"或"成为中等发达国家"。

1987年8月29日,邓小平在会见意大利共产党领导人时明确阐述了"三步走"战略:中国经济发展分三步走,本世纪走两步,达到温饱和小康,下个世纪用三十到五十年时间再走一步,达到中等发达国家水平。这就是我们的战略目标,这就是我们的雄心壮志。

党的十三大明确而系统地阐述了"三步走"的发展战略:党的十一届三中全会以后,中国经济建设的战略部署大体分三步走。第一步,实现国民生产总值比1980年翻一番,解决人民的温饱问题。这个任务已经基本实现。第二步,到20世纪末,使国民生产总值再增长一倍,人民生活达到小康水平。第三步,到21世纪中叶,人均国民生产总值达到中等发达国家水平,人民生活比较富裕,基本实现现代化。然后,在这个基础上继续前进。

十三大代表(右起):关广梅(本溪市个体户租赁企业群经理)、鲁冠球(浙江万向节厂厂长)、熊汉仙(武汉百货商店经理、营业员)、陆荣根(上海新陆禽个体养鸡合作社经理)。

乔石(左二)、夏征农(左三)、汪道涵(左四)在中共十三大上海分组讨论会上。

语录

"不要再讲以计划经济为主了。"

——邓小平

背景：1987年，尽管改革开放已经进行了9年多，经济发展成果显著，但人们受传统观念影响，仍然认为中国是社会主义国家，就应该以计划经济为主。2月6日，邓小平在同赵紫阳、杨尚昆、万里、薄一波等几位中央负责人谈十三大的筹备和十三大报告的起草等问题时指出：不要再讲以计划经济为主了。他说："为什么一谈市场就说是资本主义，只有计划才是社会主义呢？计划和市场都是方法嘛。只要对发展生产力有好处，就可以利用。"

建立"国家调节市场，市场引导企业"的运行机制

在邓小平有关计划与市场思想的指导下，1982年党的十二大报告提出"计划经济为主，市场调节为辅"的方针，这表明中国已经正式承认了市场经济在社会主义经济中的合法地位。

1984年，中国改革由局部改革走向全面改革。10月，党的十二届三中全会通过的《关于经济体制改革的决定》突破了把计划经济同商品经济对立起来的传统观念，明确提出了在公有制基础上有计划的商品经济的概念。到了1985年，邓小平对这个问题的看法有了进一步改变，即放弃了为主、为辅的提法。

邓小平曾十分明确地指出：社会主义和市场经济之间不存在根本矛盾。问题是用什么方法才能更有力地发展社会生产力。我们过去一直搞计划经济，但多年的实践证明，在某种意义上说，只搞计划经济会束缚生产力的发展。把计划经济和市场经济结合起来，就更能解放生产力，加速经济发展。邓小平强调：社会主义优越性最终要体现在生产力能够更好地发展上。多年的经验表明，要发展生产力，靠过去的经济体制不能解决问题。所以，我们吸收资本主义中一些有用的方法来发展生产力。现在看得很清楚，实行对外开放政策，搞计划经济和市场经济相结合，进行一系列的体制改革，这个路子是对的。

1987年2月6日，邓小平在同有关中央领导人谈十三大的筹备和十三大报告起草等问题时，明确提出不要再讲以计划经济为主了。

党的十三大报告提出了"国家调节市场，市场引导企业"的经

人物：高尚全

高尚全长期从事经济体制改革及宏观经济的理论、政策方针与方案的研究及部门经济政策研究工作，尤其关注经济体制改革与发展、市场经济等问题，是中国研究经济体制改革的著名经济学家。担任八年国家体改委副主任，多次参加党中央、国务院重要政策和体制文件的起草工作。

1984年，高尚全受命参与起草《中共中央关于经济体制改革的决定》。当时，理论界争论的焦点是社会主义能不能搞商品经济。在参与《决定》的起草过程中，高尚全竭力主张将理论界讨论商品经济的成果变成中央共识，写进中央的《决定》。在商品经济概念多次被否定的情况下，1984年9月，高尚全在北京西苑饭店组织召开了一次理论讨论会。座谈会上，高尚全首先提出，应明确提出社会主义商品经济的概念，这是当前经济改革要求在理论上的一个关键性突破。经过讨论，与会者取得了共识：商品经济和资本主义制度并无必然联系，商品经济并不是资本主义的特有范畴；商品经济同计划经济也不是对立的；商品经济是社会经济发展的一个必经阶段；正是要为迅速发展社会主义商品经济扫清道路；只有社会主义才能救中国，而只有发展商品经济才能富中国。会议讨论结论呈交给中央，引起了中央决策者们的高度重视。

然而，关于"商品经济"的争论并没有就此结束，此后，有人依然强调要"有计划"。1987年的7月，时任国家体改委副主任的高尚全写了一篇建议文章，题目是《希望十三大在理论上有重要突破——对计划与市场的建议》。在这个建议中，高尚全指出，有计划的商品经济既不同于传统模式的产品经济，又与资本主义的市场经济有着本质的区别；有计划的商品经济是计划与市场的统一，是计划经济与商品经济的有机结合，是中国现阶段社会主义公有制基础上产生的基本的经济关系；计划与市场结合的目标模式应是，国家调控市场，市场引导企业，即结合计划与市场于一身的以指导性计划为主体的模式。因此，他认为，有计划的商品经济是中国特色社会主义的经济体制的基本概括和重要理论的前提。文章发表后，李铁映批转给中央有关领导，有关领导又批转给起草小组，要求把"用经济合同取代指令性计划"写进十三大报告。十三大报告最终体现了这个内容。

资料来源：《小平同志纵览全局——〈决定〉出台的历史背景》，《大地》，2005年第3期。

石狮地处福建省东南沿海泉州湾，是大陆与台湾直线距离最近的一座城市。1987年12月，经国务院批准，这个著名的侨乡由小集镇升格为福建省的省辖县级市。图为中外合资福林鞋业有限公司引进的意大利生产线。

杭州娃哈哈集团有限公司创建于1987年，前身是一家小小的校办企业经销部。

济运行机制。报告提出："必须以公有制为主体，大力发展有计划的商品经济。商品经济的充分发展，是社会经济发展不可逾越的阶段，是实现生产社会化、现代化的必不可少的基本条件。在所有制和分配上，社会主义社会并不要求纯而又纯，绝对平均。在初级阶段，尤其要在以公有制为主体的前提下发展多种经济成份，在以按劳分配为主体的前提下实行多种分配方式，在共同富裕的目标下鼓励一部分人通过诚实劳动和合法经营先富起来。"

这些论述，表明中国对计划和市场关系的认识又前进了一步，距离建立社会主义市场经济体制的改革目标更加接近。

人物：张卓元

张卓元从事经济研究工作至今已有50多年。其间，1983—1993年在中国社会科学院财贸经济研究所从事流通经济研究工作，着重研究中国价格改革问题；1993—1995年在中国社会科学院工业经济研究所着重研究中国国有企业改革问题。而在经济研究所期间，则较多研究基本经济理论问题和经济体制改革理论问题。

1987年，中国社会科学院受国家体改委委托，成立课题组，由刘国光和张卓元主持，研究国家经济体制中期（1988—1995年）改革纲要，提出了"稳中求进"的改革和发展思路，即以深化改革促进经济稳定，在经济稳定中推进改革和发展。此后，他还多次发表文章，主张经济发展和改革都要稳中求进，不要企求"一次到位"。他认为在一般情况下，应实施稳健的宏观经济政策，反对用通货膨胀的政策支撑经济的超高速发展。因此，他和中国社科院的一些专家，被认为是中国经济学界的稳健派。

与此同时，他还主张和坚持市场取向改革。在改革开放之初，他就主张在社会经济活动中要积极引入市场机制，尊重和发挥价值规律的调节作用。20世纪80年代末至90年代初，当有人怀疑和反对市场取向改革时，他便写文章阐述必须继续推进市场取向改革。1988年他的专著《论中国社会主义有计划的商品经济模式》肯定社会主义经济是一种市场经济。1992年党的十四大确立社会主义市场经济体制是中国经济改革目标模式后，张卓元对社会主义市场经济理论作了比较系统的研究和论述，提出社会主义与市场经济相结合，是社会主义和市场经济两个方面相互适应的过程。

国有企业改革也是张卓元研究的重要领域。20世纪90年代以来，他多次发表文章主张加快国企改革步伐。比如加快中央企业改革步伐，认为中央企业要加快公司制股份制改革。主张加快垄断行业改革，积极引入竞争机制。主张加快国有经济布局和结构的战略性调整等。在他在1983—1993年担任中国社会科学院财贸所所长期间，主要是研究价格改革与其他改革的关系，一直以来坚持市场化价格改革，探索中国价格改革的规律性。

他的主要著作有：《论社会主义经济中的生产价格》《社会主义经济中的价值、价格、成本与利润》《论孙冶方社会主义经济理论体系》《社会主义价格理论与价格改革》《论中国社会主义有计划的商品经济模式》《论中国价格改革与物价问题》《论稳健的宏观经济政策与市场化改革》等。2006年荣获中国社会科学院学部委员称号，曾获孙冶方经济科学论文奖、著作奖、中国社会科学院优秀成果奖。

资料来源：《中国百名经济学家理论贡献精要》（第二卷），中国时代经济出版社，2010年。

观点

郭树清：尽管中国的经济改革不可能在短时期内最后完成，但是，我们完全有可能在这个五年计划期间实现经济体制的基本转轨，换句话说，使新体制占据稳固的主导地位。为此，"七五"改革应该实现下述转变：(1)企业(特别是生产企业和商业企业)基本上能够自主经营、自负盈亏；(2)商品市场完全统一，土地使用市场基本形成，劳动市场搭起框架，资金市场具备基本条件；(3)宏观控制转变为间接控制为主，保留的直接控制主要集中于国家为实现发展战略和产业政策而采取的投资管理及工资水平控制。

资料来源：《中国经济体制现状与继续改革的方向》，《管理世界》，1987年第1期。

楼继伟、肖捷、刘力群：在经济管理的各层次之间，都应贯彻责、权、利相结合的原则；应当承认局部利益和追求局部利益的行为，否则经济机体就缺乏活力，在这一前提下，需要科学地划分各层次的职责、权力和相应的利益关系，不然追求局部利益的行为就会不断地同社会经济的整体利益发生冲突。这不仅会影响整个经济体制改革的进程，而且会导致资源配置结构紊乱，甚至可能诱发经济犯罪等违法乱纪行为。

资料来源：《新旧体制转换中改革思路的选择——关于经济运行模式与财政税收改革的若干思考》，《管理世界》，1987年第4期。

流行志

> 肯德基

1987年11月12日,美国快餐肯德基在中国的第一家餐厅在北京前门繁华地带正式开业。尽管那天天空飘着大雪,但人们对洋快餐的热情丝毫没受影响,排队的队伍从店里排到了马路上,由于人群拥挤,工作人员不得不求助公安来维持秩序。吃肯德基成了北京市民的时尚,一家人扶老携幼,情侣们成双结对,好友们前呼后拥,目标就是前门的肯德基。

> 咖啡

20世纪80年代,邓丽君的《美酒加咖啡》让习惯于饮茶的中国人对咖啡发生了兴趣。为了引导中国消费者接受咖啡饮料,雀巢打出"味道好极了"的广告语。对当时的青年人来说,喝咖啡无疑很时髦。随着人们生活水平的提高,喝咖啡的人越来越多,尤其在上海等大城市。1987年8月30日,《生活周刊》报道:咖啡热已风靡上海。据统计,全国年销进口速溶咖啡1000余吨,上海就占了一半。

> "西北风"

"不管它东南风还是西北风,都是我的歌我的歌。"受《一无所有》和《信天游》的影响,1987年,以《黄土高坡》等歌曲为代表作的"西北风"开始刮遍全国。具有浓郁的西北风格、鲜明的时代特征和独特的审美品格的"西北风"将中国流行歌曲推向了高潮。"西北风"歌曲粗犷豪放、高亢质朴、通俗上口,那时候的人们不论男女老少,谁都会喊上一嗓子"我家住在黄土高坡"。

> 大哥大

北京手拿大哥大的女青年

1987年,摩托罗拉公司推出了一款像砖头大小的手机,学名叫800兆移动电话。因人们最初对它的印象总是与80年代香港警匪片中的江湖大佬联系在一起,所以也被叫做"大哥大"。"大哥大"货源少、价格昂贵、通话费也不菲,使用者多是一些商界大哥级的人物,因此,"大哥大"一度成为身份的象征。那时候,拿着"大哥大"在马路边大声喊话,绝对会引来羡慕的眼光。

社会关注

中国福利彩票诞生

1986年8月18日,民政部正式向国务院报送了《关于开展社会福利有奖募捐活动的请示》。同年12月20日,国务院常务会议讨论,同意由民政部组织一个社会福利有奖募捐委员会,在全国范围内开展有奖募捐活动,筹集资金发展扶老、助残、救孤、济困的社会福利事业。1987年3月13日,中央统战部、全国政协联合召开了关于开展社会福利有奖募捐活动的座谈会,与会的民主党派和人民团体负责人经过热烈讨论均对该项事业表示支持。

1987年6月3日,中国社会福利有奖募捐委员会在北京成立。在成立大会上通过了《中国社会福利有奖募捐委员会章程》和《发行社会福利有奖募捐券试行办法》,选举产生了委员会的领导成员。1987年7月,第一张中国福利彩票"中国社会福利有奖募捐券"(传统型、面值1元)通过验收,并于7月27日开始在河北石家庄第一工人文化宫广场首次与公众见面,这标志着中国福利彩票的诞生。

截至1987年10月底,全国10个试点的省、市都开展了销售活动。中国福利彩票的发行,增加了国家税收,促进了社会福利事业和公益事业的发展。

语录 "十亿人民九亿商,还有一亿要开张。"

——当时社会的流行语

背景:1987年,第二轮"下海热"袭来。改革开放已10年,市场经济观念逐渐深入人心,不少机关干部、科技人员纷纷下海。在"下海热"中,有些人既是员工,也是总经理,夹一个皮包,皮包里放着图章和合同,就开起公司来了。这句流行语浓缩了那个时代的下海热潮,也概括了下海潮背后的无序与混乱。

国有土地使用权第一拍

1987年12月1日,深圳市第一宗土地公开拍卖在中共中央政治局委员李铁映、国务院外资领导小组副组长周建南、中国人民银行副行长刘鸿儒以及来自全国17个城市的市长和中外媒体的聚焦下正式举行。同时,这也是中国首次以公开拍卖的方式有偿转让国有土地使用权。当时因为担心"拍卖"可能会引起一些人的反感和非议,深圳市把"拍卖"改称为"公开竞投",但学术界公认这就是中国土地"第一拍"。这"第一拍",开启了中国土地商品化先河。

深圳市此次的土地公开拍卖,是一次历史性突破,中国土地使用体制改革也由此拉开了序幕,并直接促使了《中华人民共和国宪法》相关条款的修改,奠定了中国土地使用制度改革的基石。

1987年12月1日下午,深圳市政府举行土地使用权公开拍卖活动。深圳房地产公司经理骆锦星获得了市政府拍卖的一块住宅用地的使用权,使用期限50年。

北京民族文化宫前跳"霹雳舞"的青年。

"冬天里的一把火"

1987年,在中央电视台举办的春节联欢晚会上,费翔和他的歌声让亿万中国人耳目一新,他也一夜成名。

1987年,费翔在春节晚会上演唱的两首歌曲《故乡的云》和《冬天里的一把火》,迅速地征服了还没有偶像概念的内地观众,混血儿的外貌和奔放的舞姿在寒冬里点燃观众的热情,中国内地第一批追星族出现了。从此,"明星崇拜"从都市向村镇蔓延,逐渐成为都市青年文化的主流。

台湾宣布开放居民到大陆探亲

1987年10月14日,时任台湾地区领导人蒋经国宣布开放台湾居民到大陆探亲,规定除台湾的"现役军人及现任公职人员外,凡在大陆有血亲、姻亲、三亲等以内的亲属者,得登记赴大陆探亲"。

三天后,回乡心切的人潮,把原本冷冷清清的台湾红十字会挤得水泄不通。10月17日当天,3000多张寻人表格和3000多张通信表格几乎被索取一空。11月16日,"第一个公开回大陆探亲的台胞"周纯娟女士,走进了位于江苏常州婆罗巷17号的一个普通院子,离家时只有17岁的她,一别家乡40年。

10月20日,台湾《民生报》以"大陆亲人在找你"为题,首次刊出了100名大陆同胞的寻亲启事;11月2日,《人民日报》海外版开辟《寻亲人》专栏,每周一、四见报;为台胞到大陆探亲旅游服务的《探亲与旅游》节目,也在"海峡之声"广播电台开播。

霹雳舞热潮出现

霹雳舞起源于美国,其创始人是美国东海岸黑人歌星詹姆斯·布劳德。他于1949年在电视上唱新歌时,自己创作了一种稀奇古怪的动作,青年们竞相模仿,并在街头进行跳舞比赛。因这种舞蹈大都在街头表演,故又称"街头舞蹈"。《霹雳舞》电影出品于1984年,在1987年,中国引进了这部电影。也就是在1987年,中国大地掀起了霹雳舞热潮。

中国已故"霹雳王子"陶金深受美国电影《霹雳舞》震撼,开始苦练这种被当时正统舞蹈界看成"歪门邪道、流里流气"的新舞步。陶金携新舞蹈上了春晚以后,霹雳舞在全国掀起一阵热潮。由于"霹雳舞"动感和节奏感非常强烈,跳起来可以尽情尽兴,当时的青年人对跳这种舞简直到了如醉如痴的程度。

环球大事

1月27日
欧洲安全与合作会议(欧安会)维也纳续会复会。同日,苏联共产党举行中央全会,讨论了改革和干部政策问题。

3月11日
首批欧洲货币单位(ECU)硬币诞生,标志着欧洲货币体系进入新的阶段。

3月16日
欧洲共同体12国外长在布鲁塞尔举行会议,要求日本政府进一步开放市场。

6月
苏共中央6月全会通过了《关于根本改革经济管理的任务》的总体方案。

7月1日
欧洲一体化文件正式生效。

7月11日
世界人口突破50亿大关,被定为50亿人口日。

7月21日
日本和美国两国政府在华盛顿签署关于日本参加美国"星球大战"计划的协议。

9月16日
国际消费者联盟组织接纳中国为第156个正式成员。

10月9日
中国银行同30家国际银行正式签署在伦敦发行欧洲债券的协议。

10月12—14日
东西方合资企业经营发展讨论会在赫尔辛基举行。

10月14—19日
纽约股票市场出现暴跌,26日再次暴跌。同时西欧、日本主要股票市场也受到强烈冲击。

10月28日
第42届联合国大会通过决议,要求联合国成员国为维护世界和平进一步作出努力。

11月2日
南亚区域合作联盟首脑会议在加德满都举行。

11月18日
第42届联合国大会通过关于"在国际关系中不进行武力威胁或使用武力的原则"的宣言。

11月30日
华尔街出现自10月19日以来的第三个黑色星期一,美元汇价创记录地下跌。

12月11日
第42届联大通过《加强和改进发展中国家技术合作政府间协商会议》提案。

12月18日
中美两国代表团在华盛顿达成一项新的双边纺织品贸易协议。该协议自1988年1月1日起生效,有效期四年。

■ 重要文献

《沿着有中国特色的社会主义道路前进——在中国共产党第十三次全国代表大会上的报告》

（赵紫阳,1987年10月25日）

1987年10月25日至11月1日,中国共产党第十三次全国代表大会在北京举行。10月25日,赵紫阳向大会作了《沿着有中国特色的社会主义道路前进》的报告。《报告》阐明中国正处在社会主义初级阶段,规定了党在这个阶段的基本路线,即"领导和团结全国各族人民,以经济建设为中心,坚持四项基本原则,坚持改革开放,自力更生,艰苦创业,为把我国建设成为富强、民主、文明的社会主义现代化强国而奋斗"。

目录：

第一部分　历史性成就和这次大会的任务
第二部分　社会主义初级阶段和党的基本路线
第三部分　关于经济发展战略
第四部分　关于经济体制改革
第五部分　关于政治体制改革

重要文献

《把农村改革引向深入》

(1987年1月22日)

1987年1月22日,中共中央发出《把农村改革引向深入》的通知。通知指出,几年来农村改革已取得了重要成果,农村经济新体制的框架已初步显现出来,现在正处于新旧体制交替时期,改革必须坚持下去,并做好充实、巩固、配套、提高工作,争取再以五年或稍长一点的时间,使新体制充实和完善起来,在农村经济中发挥主导作用。

节选:

农村经济改革尽管在工作上还存在这样那样的问题,还会遇到这样那样的困难,但改革是社会生产力发展的客观要求,得到群众的热情拥护,是不可逆转的历史潮流。只要充分利用有利条件,善于抓住时机,选择易于突破的环节,动员群众参加改革,并与城市改革相配合,不走大的弯路,就有可能争取再以五年或稍长一点时间,使新体制充实和完善起来,在农村经济中发挥主导作用。

二、继续改革统派购制度,扩大农产品市场。

根据发展有计划的商品经济的要求,逐步改革农产品统派购制度,建立并完善农产品市场体系,是农村第二步改革的中心任务。长期实行的农产品统派购制度业已形成一个完整的体系,它不只是承担着产品分配职能,同时也承担着利益分配职能。因此,对不同的农产品分别采取不同的改革方式和步骤,会更有利于改革的顺利发展。

三、搞活农村金融,开拓生产要素市场。

农村的发展建设资金主要依靠自身的积累。因此,必须进行农村金融体制改革,搞活金融企业,逐步开放利率,开拓资金市场,为有效地聚财、用财创造条件。

四、完善双层经营,稳定家庭联产承包制。

要进一步稳定土地承包关系。只要承包户按合同经营,在规定的承包期内不要变动,合同期满后,农户仍可连续承包。已经形成一定规模、实现了集约经营并切实增产的,可以根据承包者的要求,签定更长期的承包合同。

五、发展多种形式的经济联合。

事实表明,在商品经济发展的过程中,农民既有独立从事家庭经营、个体经营的积极性,又有联合起来扬长补短、共同发展的积极性。我们必须善于引导,使两种积极性都能得到发挥;在发展后一种积极性的时候,要注意保护前一种积极性。

——摘自《改革开放三十年重要文献选编》(上)第444—453页,中央文献出版社,2009年。

■ 重要文献

《关于建立海南省及其筹建工作的通知》

(1987年9月26日)

1987年9月26日，中共中央、国务院发出《关于建立海南省及其筹建工作的通知》。《通知》说，考虑到海南发展的重要性和必要性，国务院提议将海南行政区从广东省划出，成立海南省。

节选：

　　为了加快海南的开发建设，改善海南人民的物质、文化生活，进一步增强民族团结，巩固国防，国务院提议把海南行政区从广东省划出来，成立海南省。……

　　一、海南建省后，其地方行政体制的设置，要从海南的实际情况出发，符合改革的要求。海南黎族苗族自治州，作为省县之间的中间层，应予撤销，同时在少数民族聚居的地方成立民族自治县或民族乡，把位于自治州管辖范围内的三亚市由县级市升格为地级市，建立省直接领导市县的地方行政体制。这样做，适应建设经济特区的需要，也理顺了关系，减少了层次，有助于提高办事效率，节省行政开支，有利于统一规划，加快开发建设，同时也不影响落实国家对少数民族的各项优惠政策。

　　五、海南的开发建设，必须立足于海南的资源优势，充分挖掘内部潜力，同时大力吸引外资，特别要注意引进港澳的资金，逐步建立起具有海南特色的外向型经济结构。为此，国务院将给海南省以更多的自主权，规定更为优惠的政策，使它成为中国最大的经济特区。

——摘自《中国经济特区文献资料》(第1辑)，钟坚等著，第173—174页，社会科学文献出版社，2010年。

大事记

1月6日
中共中央发出关于向全体党员和干部、群众传达《邓小平同志关于当前学生闹事问题的讲话要点》的通知。《通知》指出，邓小平这个讲话要点正确阐明了中央当前处理学生闹事的方针，它对于坚持四项基本原则、反对资产阶级自由化，对于维护安定团结的大好形势，坚持改革、开放，促进社会主义现代化建设都具有极端重要性，各方面都应当遵照执行。1月15日，中共中央又决定，将邓小平在中共十二届六中全会上关于反对资产阶级自由化的讲话传达到全党。

1月7日
赵紫阳主持召开中央财经领导小组会议，讨论1987年经济工作安排。财政部、人民银行就有关问题作了说明。会议提出，1987年必须把过热的空气压下来，建设不能百废俱兴，不能搞超高速。消费也不能搞得过高，避免再被迫做大的调整。物价要保持稳定，不能出大的波动。

1月9日
中国、蒙古互换两国领事条约的批准书，条约从2月7日起正式生效。

1月10—15日
根据中共中央政治局常务委员会决定，在党中央一级召开党的生活会。10日，胡耀邦向中共中央政治局提出辞去中央总书记的要求。

1月12—22日
六届全国人大常委会第十九次会议在北京举行。会议通过《关于加强法制教育维护安定团结的决定》。会议还通过《中华人民共和国海关法》（自1987年7月1日起施行）、《万国邮政联盟组织法第三附加议定书》的决定。

1月14日
国务院发出《关于加强物价管理保持市场物价基本稳定的通知》。《通知》指出，必须进一步加强和改善对国民经济的宏观管理，同时加强物价管理工作。本年度物价工作的基本要求是坚持改革、稳步前进、保持基本稳定，要把零售物价水平控制在计划之内。

1月15日
国务院批转国家经委、审计署、财政部《关于制止向企业摊派的情况和意见》。

1月16日
中共中央政治局扩大会议在北京举行。会议决定：接受胡耀邦辞去党中央总书记职务的请求，推选赵紫阳代理党中央总书记。继续保留胡耀邦的中共中央政治局委员、中共中央政治局常务委员职务。

1月20日
国务院出台《关于进一步推进科技体制改革的若干规定》。要进一步放活科研机构，促进多层次、多形式的科研生产横向联合，推进科技与经济的紧密结合。改革科技人员的管理制度，放宽放活对科技人员的政策，为科技人员的技术发挥创造良好的社会环境。

1月22日
六届全国人大常委会第19次会议通过《中华人民共和国海关法》，自7月1日起施行。

1月22日
中共中央政治局通过了《把农村改革引向深入》的文件。

1月22—25日
国务院在北京召开全国经济工作会议。会议提出，本年度全国经济工作的中心任务是：深化企业改革，努力增产节约，增收节支，全面提高经济效益，确保国民经济持续、稳定、协调地向前发展。经济战线当前的重要任务是深化企业改革，把企业搞活。在经济建设方面，特别要注意压缩空气，把过去膨胀的预算外投资规模和过高的非生产性开支压下来，进一步缓解社会总需求超过社会总供给的矛盾，为深化改革创造一个比较平稳的经济环境。

1月26日
经国务院批准，中国人民银行、国家体改委转发《第三次金融体制改革试点城市工作座谈会纪要》，《纪要》确定广东省作为金融体制改革试点省和再增加一批金融体制改革试点城市，包括上海、北京、天津、哈尔滨、西安、青岛、石家庄、兰州、成都、杭州、长春、福州、潍坊、沙市。

1月28日
中共中央发出《关于当前反对资产阶级自由化若干问题的通知》。《通知》指出：搞资产阶级自由化否定社会主义制度、主张资本主义制度，核心是否定共产党的领导。反对资产阶级自由化的斗争关系到党和国家的命运，关系到社会主义事业的前途。进行这场斗争也是对广大党员进行一次坚持四项基本原则，全面、正确地理解和贯彻执行中共十一届三中全会以来的路线、方针、政策的教育。反对资产阶级自由化思潮的斗争贯穿于改革、开放的整个过程中，因此它是长期的。但是这场斗争严格限于党内，而且主要在政治思想领域内进行，着重是解决根本政治原则和政治方向问题。进行这场斗争，要始终坚持以正面教育为主、团结绝大多数的方针，不搞政治运动。

2月4日
国务院批准成立国务院经济体制改革研讨小组，负责研讨1988年经济体制改革的思路和实施方案。原国务院经济体制改革方案研究领导小组自行撤销。

2月5日
新华社报道，国家科委、国家体改委和国务院科技领导小组办公室确定沈阳为科技体制改革试点城市。

2月6—10日
经济特区工作会议在深圳举行。会议提出，本年度特区工作的中心任务是：继续坚持抓生产、上水平、求效益的方针，深化改革，加强管理，提高对外资的吸引力和产品外销的竞争力。

2月14日
经国务院批准，中国民航管理体制改革方案出台，民航局不再直接经营航空企业，全国成立六大骨干航空公司，实行独立核算、自负盈亏。

2月24日
国务院批准宁波市实行计划单列，赋予其相当省一级的经济管理权限。

2月28日
国家经委、国家科委、国家体改委、国防科工委、国务院科技领导小组办公室向有关地区和部门提出《关于进一步推动科研与生产联合的若干意见》。

3月18日
国务院成立关税税则委员会。

3月25日—4月11日
六届全国人大五次会议在北京举行。3月25日，赵紫阳代表国务院向大会作政府工作报告。他指出：当前中国人民面临的基本任务，即集中力量抓两件大事：一是在经济领域，坚持正确的建设方针，广泛开展增产节约、增收节支运动，深入体制改革和扩大对外开放，努力保证整个国民经济的持续稳定发展；一是在政治思想领域，深入进行坚持四项基本原则的宣传教育，坚决反对资产阶级自由化，加强社会主义精神文明建设，进一步巩固和发展安定团结的政治局面。

3月27日

国务院发布《企业债券管理暂行条例》，规定：本条例适用于中国境内具有法人资格的全民所有制企业在境内发行的债券。发行和购买企业债券应当遵循自愿、互利和有偿的原则。禁止以摊派方式发行企业债券。中国人民银行是企业债券的主管机关，企业发行债券必须经中国人民银行批准。

3月27日

交通部运输管理体制改革方案出台，部直属港口和工业企业全部下放地方，交通部行使政府职能，实行行业管理和宏观控制。

3月28日

国务院发出《关于加强股票、债券管理的通知》。《通知》指出，当前发行股票，应当在严格的监督和控制下，主要限于在少数经过批准的集体所有制企业中试行。各地要认真总结经验，加强管理。全民所有制企业可以发行债券。机关团体、事业单位、集体所有制企业以及公民个人不得发行债券，也不得委托其他部门代理发行债券。金融机构发行债券，由中国人民银行统一下达计划，严格遵照执行。

3月29日

中共中央发出通知，李铁映任国家经济体制改革委员会党组书记，安志文不再担任党组书记职务、改任该委员会顾问。

3月30日

国务院发出《放宽固定资产投资审批权限和简化审批手续的通知》。

4月1日

国务院发布《中华人民共和国耕地占用税暂行条例》。《条例》规定：耕地占用税以纳税人实际占用的耕地面积计税，按照规定税额一次性征收。该《暂行条例》自即日起施行。

4月2日

国务院批转国家计委《关于大型工业联营企业在国家计划中实行单列的暂行规定》。《规定》指出，大型工业联营企业（包括大型工业联合企业和基本建设集团项目）统称单列企业，在国家计划中实行单列。国家对单列企业进行计划管理和业务指导。单列企业要在国家颁布的各项法规和政策规定的范围内，根据国家计划的要求，独立自主进行生产和经营活动，自负盈亏。企业实行计划单列，是计划体制改革的一项重要内容，这有利于企业摆脱条块束缚、发展横向联合和专业化协作，有利于减少管理层次，实行政企分开。

4月7日

国务院批准《中国银行对外商投资企业贷款办法》。《办法》规定：中国银行按照国家政策，本着安全、有利、服务的原则，对外商投资企业的建设工程及生产经营所需的资金提供贷款，优先支持经济效益好的产品出口企业和先进技术企业。

4月7日

中共中央批转中央宣传部《关于反对资产阶级自由化宣传报道问题的讨论纪要》。《纪要》指出：批评资产阶级自由化，不要联系经济改革政策、农村改革等。不能挫伤、只能保护人们对改革、开放进行探索的积极性。只要是为了发展和完善社会主义，即使发表的意见不恰当，也不要随意给人扣上"自由化"或"僵化"的帽子。

4月8日

国务院作出《关于严肃税收法纪，加强税收工作的决定》。《决定》指出，税收是国家财政收入的主要来源，是正确处理国家与企业、集体、个人分配关系的重要手段，也是国家管理经济的一个重要调节杠杆，对任何违反国家税法的行为都应坚决制止。

4月8日

经中国人民银行批准，中国第一家由企业投资创办的综合性银行——招商银行在深圳蛇口正式成立。

4月11日

李先念发布主席令，任命李铁映为国家经济体制改革委员会主任。免去赵紫阳兼任的国家经济体制改革委员会主任职务。

4月13日

中共中央、国务院发出《关于制止机构、编制和干部队伍膨胀的通知》。《通知》指出：近一二年来，许多地区、部门又出现了增设机构、扩大编制、机构升格、滥提职级、乱招干部的现象。为了保证政治体制和经济体制改革的顺利进行，避免给今后的机构改革和干部人事制度改革增加困难，必须坚决制止机构、编制、领导职数和干部队伍的盲目膨胀。《通知》对此作出了具体规定和要求。

4月13—17日

香港特别行政区基本法起草委员会在北京举行第四次全体会议。会议通过《关于中华人民共和国香港特别行政区区旗、区徽图案的征集和审定办法》。16日，邓小平在会见出席会议的全体委员时说："一国两制"能不能够真正成功，要体现在香港特别行政区基本法里面。这个基本法还要为澳门、台湾作出一个范例。所以，这个基本法很重要。世界历史上还没有这样一个法，这是一个新的事物。香港在1997年回到祖国以后50年政策不变，包括我们写的基本法，至少要管50年。50年以后更没有变的必要。

4月15日

"援助西藏发展基金会"筹委会在北京成立，该基金会是由班禅额尔德尼·确吉坚赞和阿沛·阿旺晋美联合发起成立的。

4月23日

国务院经济体制改革研讨小组办公室提出《经济体制改革的回顾和今后改革的基本思路》，发给有关部门征求意见。《基本思路》认为，中国社会发展还处于社会主义初级阶段，生产力水平低，发展不平衡；经济发展正处于传统经济向现代经济转变的阶段，各种经济结构变化较快；经济改革已进入两种体制、两种机制并存的阶段，矛盾、摩擦和漏洞很多。因此，在坚持社会主义基本制度的前提下，改革必须坚持大力发展社会主义商品经济的方向，以利于社会扩大生产的发展；改革必须和建设紧密配合，以促进经济结构的合理调整和经济的稳定增长；改革必须进一步深化，争取较快结束新旧体制胶着、对峙的状态。同时，也要充分估计到改革的复杂性和艰巨性，避免求成过急。

4月23日

国家体改委、商业部、财政部为适应城乡经济改革的形势，按照中共中央《把农村改革引向深入》文件的要求，提出了《关于深化供销合作社体制改革的意见》。

4月23—27日

国家经委在京召开承包经营责任制座谈会，研究部署大中型企业全面推行承包经营责任制。

4月24—29日

捷克斯洛伐克政府总理什特劳加尔访问中国，这是30年来，捷克斯洛伐克政府总理第一次访问中国。

4月25日

赵紫阳主持中央财经领导小组会议，听取并讨论经济体制改革研讨小组办公室《关于

经济体制改革的回顾和今后改革基本思路》的汇报。

5月5—10日

保加利亚共产党中央总书记、国务委员会主席日夫科夫访问中国,这是中保建交以来第一位访华的保加利亚最高领导人。

5月8日

赵紫阳主持中央财经领导小组会议,讨论国家计委提出的《关于改革计划体制的12条意见》。

5月8日

国务院发布《加强生产资料价格管理 制止乱涨价、乱收费的若干规定》。《规定》指出,加强生产资料价格管理,制止乱涨价、乱收费,是保证经济体制改革顺利进行、维护企业合法权益、培养守法企业家的重要措施。

5月15日

赵紫阳主持中央财经领导小组会议,听取和讨论国家计委关于《计划与市场结合的基本思路》。

5月16—20日

中共中央组织部和劳动人事部在北京召开全国控制编制调整干部结构工作会议。会议指出:随着经济体制改革和政府管理职能的转变,为适应改革、开放新形势的要求,干部的部门、层次分布必然要进行相应的调整。

5月22日

国家科委、国家体改委等5个部门联合发文,同意南京、哈尔滨、广州、黄石市为科技体制改革试点城市。

5月26—30日

全国整党工作总结会议在北京召开。26日,薄一波代表中共中央和中央整党工作指导委员会作《关于整党的基本总结和进一步加强党的建设》的报告,宣布历时三年半的全国整党工作基本结束。指出:这次整党是有成绩的。总的说来,全党在思想、作风、纪律、组织四个方面,都比整党前有了进步,党内存在的思想、作风、组织严重不纯的状况,已经有了改变。

5月29日

国务院发出通知,决定撤销中国汽车工业公司,组建中国汽车工业联合会,行使必要的行业管理职能。

6月4—24日

中共中央代总书记、国务院总理赵紫阳先后访问波兰、民主德国、捷克斯洛伐克、匈牙利、保加利亚和巴基斯坦。这是20多年来,中国党政领导人首次访问上述欧洲五国。

6月8日

中共中央书记处农村政策研究室提出《关于稳定和完善土地承包制的意见》。

6月10日

国务院批转国家体改委、商业部、财政部《关于深化国营商业体制改革的意见》和《关于深化供销合作社体制改革的意见》。

6月10—11日

中国代表团同欧洲共同体委员会代表就恢复中国在关贸总协定中的席位问题在布鲁塞尔举行首次磋商。

6月12日

邓小平会见南斯拉夫共产主义者联盟中央主席团委员科罗舍茨。

6月25日

国务院发出《关于坚决落实粮食合同定购"三挂钩"政策的紧急通知》。要求稳定粮食合同定购数量,落实合同定购粮食与供应平价化肥、农用柴油、预购定金的"三挂钩"政策。各地对定购化肥、柴油和资金要及时保证供应、保证兑现。

6月29日

邓小平会见美国前总统卡特时指出:我们党的十三大将要重申1978年十一届三中全会以来所制定的一系列方针政策,主要是改革、开放政策。这些政策不但要继续下去,过去搞得不够的还要搞得更大胆一些,而且要把政治体制改革提到日程上来。

7月1日

中国共产党成立66周年纪念日,中央决定重新发表邓小平1980年8月18日在中央政治局扩大会议上的讲话《党和国家领导制度的改革》。配合这篇讲话的重新发表,《人民日报》发表社论《把政治体制改革提到日程上来》;《红旗》杂志1987年第13期发表社论《指导中国政治体制改革的纲领性文件》。

7月1日

国家监察部成立。建国初中国曾设立监察部,于1959年撤销,原职能改由中共中央监察委员会负责。恢复设立监察部,是政治体制和经济体制改革的需要。

7月7日

公安部新闻发言人宣布,经国务院批准,又有16个市、县被列入对外国人开放地区。至此全国对外开放市、县已达452个。

7月8—12日

国家体改委在沈阳市召开城市经济体制改革座谈会,讨论了《经济体制改革的回顾和今后改革的基本思路》以及完善企业承包经营责任制的若干问题。

7月12—19日

联邦德国总理科尔访问中国。

7月29—30日

赵紫阳在北戴河主持中央财经领导小组会议,讨论了国务院经济体制改革研讨小组办公室提出来的《1988年深化经济体制改革的初步意见》,并专题研究了物资体制、投资体制、计划体制和外贸体制改革的问题。

7月31日

国务院发布《国营企业劳动争议处理暂行规定》。为妥善处理劳动争议,保护国营企业行政(以下简称企业行政)和职工的合法权益,维护正常的生产秩序和社会秩序,《暂行规定》明确,因履行劳动合同发生的争议,当事人可以向企业劳动争议调解委员会(或者调解小组)申请调解,也可以直接向当地劳动争议仲裁委员会申请仲裁。因开除、除名、辞退违纪职工发生的劳动争议,当事人应当直接向当地仲裁委员会申请仲裁。《暂行规定》自8月15日起施行。

8月5日

国务院发布《城乡个体工商户管理暂行条例》。《条例》规定:有经营能力的城镇待业人员、农村村民以及国家政策允许的其他人员,可以申请从事个体工商业经营,依法经核准登记后为个体工商户。

8月5—7日

国家经委在京召开横向经济联合和企业集团工作座谈会。座谈会强调,在新旧经济体制并存、市场机制不够发育的情况下,地区间的经济技术合作已成为发展社会主义有计划商品经济的重要手段。经济体制改革越深入,市场机制越健全,地区间经济技术合作的内容将越丰富,所起的作用也就越大。

8月7日

国务院办公厅印发《城镇住房制度改革试点工作座谈会纪要》。该会议是国务院住房制度改革领导小组于7月9日至11日在北京召开的。会议纪要指出,提高房租、增加工资、鼓励职工买房,是城镇住房制度改革的基本构思。

8月8日

国务院颁布《关于对来华工作的外籍人员工资、薪金所得减征个人所得税的暂行规定》。

8月19日

国务院发出《关于整顿市场秩序加强物价管理的通知》，要求各地各部门加强对市场和物价的监督管理，坚决打击投机倒把活动，维护市场秩序，制止乱涨价。同时提出加强对个体工商户的管理，坚决取缔无照经营，加强对国营和集体工商业的管理，集市贸易的农副产品由买卖双方议价，加强对价格的监督检查等要求。

8月20日

中共中央办公厅、国务院办公厅转发国家体改委、劳动人事部《关于推进中等城市机构改革试点工作的报告》。

8月25—29日

国家经委、中央组织部、全国总工会在北京联合召开全面推行厂长负责制工作会议。

8月31日

国家经委、国家体改委印发《关于深化企业改革完善承包经营责任制的意见》。

9月5日

六届全国人大常委会第22次会议通过决定，将设立海南省的议案提请七届全国人大一次会议审议批准，并授权国务院成立海南省筹备组。

9月5日

《中华人民共和国大气污染防治法》和《中华人民共和国档案法》经六届全国人大常委会第二十二次会议通过，于当日公布。

9月7—12日

国家体改委和中国人民银行在大连市联合召开第四次金融体制改革试点工作座谈会。会议分析了金融体制改革形势，提出了深化金融体制改革的意见。

9月11日

国务院正式颁布《中华人民共和国价格管理条例》。

9月12日

国务院修订发布《中华人民共和国进出口关税条例》。

9月17日

国务院发布《投机倒把行政处罚暂行条例》。《条例》规定：以牟取非法利润为目的，违反国家法规和政策，扰乱社会主义经济秩序的行为，属于投机倒把行为。投机倒把行为由工商行政管理机关依照本条例规定予以处罚；情节严重，构成犯罪的，移送司法机关依法追究刑事责任。

9月22—29日

全国计划会议和全国经济体制改革工作会议在北京召开。会议的中心议题是，安排1988年国民经济和社会发展计划，讨论经济体制改革方案。

9月26日

中共中央、国务院发出《关于建立海南省及其筹建工作的通知》。

9月26日

国务院批准外经贸部《1988年外贸体制改革方案》。1988年外贸体制改革的主要任务是：在部分行业进行试点，为完全自负盈亏摸索经验，在其他行业进一步完善承包经营责任制；现行的各项行之有效的鼓励出口、限制进口的政策要继续执行，并加以完善；进一步推行进口代理作价；围绕搞活外贸企业进行政策调整，积极筹备并逐步试行新的经济调节体系，为今后实行完全的企业化经营打下基础。

10月14日

国务院有关方面负责人就台湾国民党中常会于当日通过的台湾居民到大陆探亲的方案，向新华社记者发表谈话，指出台湾当局采取这一措施对两岸人民的交往是有利的，热情欢迎台湾同胞到祖国大陆探亲旅游。

10月22日

国务院发出《关于坚决制止抬价抢购农副产品的通知》。《通知》指出，当前一些国营、集体企业单位和供销社盲目抬价抢购紧缺的农副产品，在一些主产区收购旺季情况较为严重，这无疑影响了国民经济的稳定发展和经济体制改革的深入进行。《通知》要求运用经济、法律和行政手段，加强对农副产品市场的宏观调控，建立良好的市场秩序。

10月25日—11月1日

中国共产党第十三次全国代表大会在北京举行。邓小平主持大会开幕式，赵紫阳作题为《沿着有中国特色的社会主义道路前进》的报告。

11月2日

中共十三届一中全会在北京举行。

11月12—24日

第六届全国人大常委会第23次会议在北京举行。会议决定，同意赵紫阳辞去国务院总理职务，由李鹏任国务院代总理，行使总理职权，领导国务院的工作。

1987年，一位72岁的台湾退伍老兵回到故乡舟山。

中共十三届一中全会会场

11月13日
赵紫阳召集国家体改委、国家经委和政治体制改革研讨小组办公室座谈企业管理体制改革问题。

11月16日
中国第一个股份集团——中国嘉陵工业股份公司(集团)在重庆宣告成立。

11月24—30日
由老挝第一副外长坎派·布法率领的老挝外交部代表团访问中国,中老两国决定恢复外交关系并互派大使。

12月1日
深圳市拍卖了一块国有土地使用权,这是新中国成立以来首次进行的土地使用权拍卖。

12月16日
中共中央政治局第二次全体会议在北京召开。会议讨论并原则同意《关于党中央、国务院机构改革方案》。

12月16日
国家体改委、国家经委印发《关于组建和发展企业集团的几点意见》。

12月18日
中国首家外贸金融机构——中国对外经济贸易信托投资公司在北京正式开业。

12月30日
国务院批准外经贸部、国家工商局《中外合资经营企业合营各方出资的若干规定》。

12月31日
财政部、中国人民银行、国家教委、国家科委、文化部发出《关于加强部门间的协作配合,进一步搞好个人收入调节税征收管理的联合通知》。

📊 数说发展

人 口

总人口 **108000** 万人

 出生率：**21.04‰**
 死亡率：**6.65‰**
 自然增长率：**14.39‰**

财政收支 （单位：亿元）

收支差额：**-62.83**

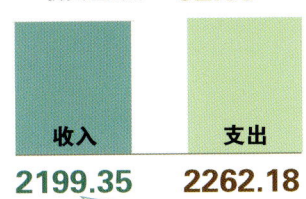

收入 **2199.35**　支出 **2262.18**

占国内生产总值的比重：**18.2%**

工 业 （单位：亿元）

工业总产值 **13780**
增长 **14.6%**

- 轻工业 **6560** 亿元
- 重工业 **7220** 亿元

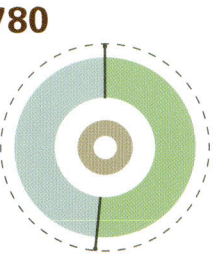

黄金和外汇储备

 黄金 **1267** 万盎司
 外汇 **29.23** 亿美元

卫 生

医院病床 **236.5** 万张
专业卫生技术人员 **360.9** 万人
医生 **148.2** 万人
（含中、西医师 **77.7** 万人）
护师、护士 **71.8** 万人

国内生产总值

GDP（国内生产总值）**12058.6** 亿元

 第一产业　**3233.0** 亿元
 第二产业　**5251.6** 亿元
 第三产业　**3574.0** 亿元

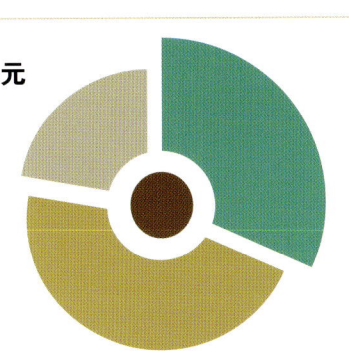

农林牧渔业

农林牧渔业总产值 **4447** 亿元

产量 （单位：万吨）

粮食	40241 ↑	比上年增长 **2.8%**
棉花	419 ↑	比上年增长 **18.4%**
油料	1525 ↓	比上年增长 **-3.5%**
水产品	940 ↑	比上年增长 **14.1%**

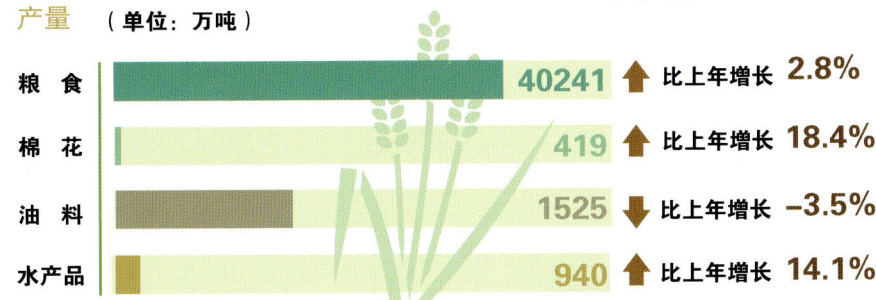

农村社会生产总值 **9041** 亿元　增长 **12.7%**

对外经济 （单位：亿美元）

利用外资 **75.7**

- 对外借款 **53.3**
- 吸收外商直接投资 **22.4**

出口 **395**　进口 **432**

进出口贸易总额 **827**

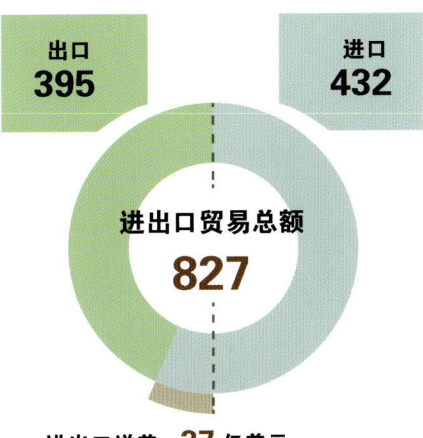

进出口逆差：**37** 亿美元

非贸易外汇收支

收入 **53.8**
支出 **19.9**　**33.9**
收大于支

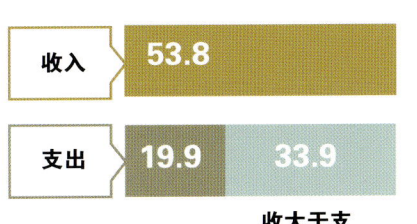

对外经济合作

新签对外承包工程和劳务合作
合同金额 **17.4** 亿美元
完成营业额 **11.1** 亿美元

1978　1979　1980　1981　1982　1983　1984　1985　1986　**1987**　1988　1989　1990　1991　1992　1993　1994　1995　1996　1997　1998　1999　2000　2001　2002　2003　2004　2005　2006　2007　2008　2009　2010　2011　2012　2013　2014　2015　2016　2017　2018

国内商业

社会商品零售总额 5820 亿元

消费品 5115 亿元
农业生产资料 705 亿元

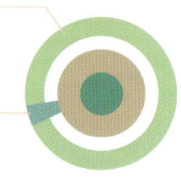

 城乡集市贸易点：6.9 万个

 集市贸易成交额：1100 亿元

商业经济联合体 6792 个

155 亿元 营业额
6.5 亿元 利润

人民生活

城乡居民人均收入

 农民 463 元　 城镇 916 元

 全国职工工资总额 1866 亿元

 城乡人民储蓄存款 3075 亿元

新建住宅面积

城镇 1.8 亿平方米
农村 8.6 亿平方米

全国职工总数 13190 万人

其中全民所有制单位实行劳动合同制的职工 726 万人

城镇个体劳动者 567 万人

社会福利事业

社会福利事业单位有 3.7 万个
收养 48.2 万人
由集体供养的社会散居孤老、残、幼 233 万人

旅游

接待人数 2690 万人次

全年旅游外汇收入 18.4 亿美元

文化

 生产电影故事片 146 部
发行各种新片（长片）195 部

各类电影放映单位 16.3 万个
艺术表演团体 3089 个

广播电台 385 座
广播发射台和转播台 624 座
电视台 365 座
一千瓦以上电视发射台和转播台 719 座

档案馆 3238 个　文化馆 2980 个
博物馆 826 个　公共图书馆 2432 个

全国性和省级报纸 206 亿份
各类杂志 26.4 亿册
图书 62.5 亿册（张）

固定资产投资

固定资产投资 3518 亿元

● 全民所有制单位固定资产投资 2262 亿元
● 城乡集体所有制单位投资 480 亿元
● 城乡个人投资 776 亿元

基本建设投资 1324 亿元

轻纺工业部门 67 亿元
能源工业部门 309 亿元
运输邮电部门 204 亿元
原材料工业部门 194 亿元

新增加的生产能力

原煤开采 1711 万吨
发电装机容量 810 万千瓦
原油开采 1631 万吨
（包括更新改造和其他投资增加的能力）
乙烯 30 万吨　水泥 297 万吨
平板玻璃 390 万重量箱

是建国以来最多的一年

建成投产的大中型建设项目 102 个
建成投产大中型建设项目的单项工程 193 个

交通运输

新建线路交付营业里程

- 跨省公路客运线 **2500** 条
- 沿海港口吞吐能力 **984** 万吨
- 铁路复线 **433** 公里
- 铁路 **272** 公里
- 铁路电气化 **204** 公里

货物周转量 **21909** 亿吨公里

- 铁路 **9471** 亿吨公里
- 公路 **2409** 亿吨公里
- 水运 **9397** 亿吨公里
- 空运 **6.6** 亿吨公里
- 管道 **625** 亿吨公里
- 沿海主要港口吞吐量 **3.97** 亿吨

旅客周转量 **5350** 亿人公里

- 铁路 **2843** 亿人公里
- 公路 **2129** 亿人公里
- 水运 **192** 亿人公里
- 空运 **186** 亿人公里

邮电通信

邮电业务总量 **38.9** 亿元

城市市内电话用户 **293** 万户

196 个大中城市开展了国内邮政快件业务

体育

获得世界冠军 **69** 个

打破和超过世界纪录 **22** 项

打破全国纪录 **171** 项

科学技术

经国家批准的发明奖 **225** 项

技术进步奖 **807** 项

国家自然科学基金批准各类资助项目 **2777** 项

资助金额 **1.3** 亿元

以振兴农村经济为宗旨的"星火计划"近两年共完成项目 **2800** 多项

成交各类技术合同 **13.2** 万项

成交额 **33.5** 亿元

受理专利申请 **26077** 件

被批准的有 **6811** 件

全民所有制单位自然科学技术人员 **868** 万人

全民所有制独立的研究和开发机构 **5580** 个

职工人数 **105** 万人

教育 （单位：万人）

招生人数

- 研究生 **4**
- 普通高校本专科生 **61.7**
- 成人高校本专科生 **49.8**

在校学生人数

研究生	12
普通高校本专科生	195.9
成人高校本专科生	185.8
职业高中	516.9
成人中专	168
成人技术培训学校	736
初中	4174
小学	12836

1987

1988

- 城镇住房制度改革全面推开
- 积极参与"国际大循环"
- 赋予私营经济合法地位
- 海南建省办经济特区
- 改革开放后第二次国务院机构改革
- 治理整顿,深化改革
- 第一个国家级高新技术产业开发区成立

焦点事件

城镇住房制度改革全面推开

1988年1月15日，第一次全国住房制度改革工作会议在北京召开。国务院代总理李鹏、副总理姚依林到会并讲话。国务院秘书长陈俊生在会上宣布：从1988年开始，住房制度改革要在全国分期分批展开。这标志着中国住房制度改革进入了整体方案设计和全面试点阶段。

1988年2月25日，国务院印发了义有计划的商品经济的要求，实现住房商品化。从改革公房低租金制度着手，将现在的实物分配逐步改变为货币分配，由住户通过商品交换，取得住房的所有权或使用权，使住房这个大商品进入消费品市场，实现住房资金投入产出的良性循环，从而走出一条既有利于解决城镇住房问题，又能够促进房地产业、建筑业和建材工业发展的新路子。

《关于在全国城镇分期分批推行住房制度改革的实施方案》还提出了中国城镇住房制度改革的若干具体政策：合理调整公房租金；从实际

1988年，北京劳动人民文化宫换房大会，看房源信息的老人。

《关于在全国城镇分期分批推行住房制度改革实施方案的通知》（国发[1988]11号）。《通知》指出，从1988年起，用三至五年时间，在全国城镇分期分批把住房制度改革推开。通知还要求各省、自治区、直辖市要制订本地区分期分批的实施规划，于1988年6月底前报国务院住房制度改革领导小组。在《关于在全国城镇分期分批推行住房制度改革的实施方案》中，国务院住房制度改革领导小组提出了中国城镇住房制度改革的目标是：按照社会主出发确定发住房券(补贴)的系数；理顺住房资金渠道，建立住房基金；坚持多住房多交租和少住房可得益的原则；积极组织公有住房出售；配套改革金融体制，调整信贷结构；对住房建设、经营在税收政策上给予优惠；加强房产市场管理。这标志着中国城镇住房制度改革开始全面推开。

随着城镇住房制度改革不断深入，传统的福利分房制度逐渐改变，中国城镇住房逐渐向社会化、市场化、商品化稳步过渡，符合市场经济机制的住房体制逐步建立。

积极参与"国际大循环"

20世纪80年代后期，世界产业结构的调整再次出现高潮。发达国家及一部分新兴工业国家和地区，在产业结构的升级中正在将劳动密集型产业和部分资本密集型产业向劳动成本低廉的发展中国家转移。

1987年底，中央开始研究在对外开放上迈出更大步伐的措施。一些专家提出了实施沿海地区发展外向型经济战略，以积极姿态参与"国际大循环"的发展思路。发展外向型经济战略主要内容是：利用中国沿海地区劳动力资源丰富而且素质较好的优势，以"三来一补"等形式，引进外资、先进技术和必要的原材料，大力发展劳动密集型产业以及劳动密集与知识密集相结合的产业，把加工的产品打入国际市场。"两头在外、大进大出"，把生产经营过程的两头，即原材料来源和产品销售主要放到国际市场上去，使经济运行由国内循环扩大到国际循环[①]。

在这个思路的基础上，国务院向中共中央提出了《关于加快沿海地区对外开放和经济发展的报告》。报告指出，应该抓住国际产业转移的有利时

由于土地和劳动力便宜，毗邻香港的珠江三角洲的外资、合资企业发展迅速。工人多为来自湖南、江西、贵州等地的农家子弟。图为蛇口外资企业的女工。

1988年，唐山被国务院批准为沿海对外经济开放地区。图为唐山市与北京市联合建设的京唐港。

机，发挥中国沿海地区劳务费用低、加工技术较高、对外交通便利等优势，开展加工出口贸易，积极走向国际市场；根据国民经济发展的需要，积极有效地兴办外商投资企业，利用外来资金、技术、信息和销售网络，优化生产要素组合，加快沿海经济的繁荣。同时也可给中西部让出部分原材料和市场，带动内地经济的发展。

1988年1月23日，邓小平对国务院向中共中央提出的《关于加快沿海地区对外开放和经济发展的报告》作出批示："完全赞成。特别是放胆的干，加速步伐，千万不要贻误时机。"并且强调，沿海这个拥有两亿人口的广大地带，较快地先发展起来，从而带动内地更好地发展，这是一件事关大局的问题。

1988年3月4日，国务院召开沿海地区对外开放工作会议。国务委员谷牧在会上作报告。他指出，中国已经形成了"经济特区——沿海开放城市——沿海经济开放区——内地"这样一个多层次、有重点的对外开放格局，这就为沿海地区转向外向型经济，参与国际大循环积累了经验，创造了条件；国务院已就实施沿海地区发展战略作了总体

观点

《人民日报》评论员： 实施沿海地区经济发展战略，是促进改革和开放有机结合的有力措施。对外开放，势必要求进一步开阔视野，进一步从"左"的影响和产品经济模式的束缚下解放出来，破除因循守旧的观念。发展外向型经济，不仅仅是产品的外向，而是要把重点放在引进外资，利用国外资金、资源、技术以及其他一系列要素，形成内外交流的经济格局，这就必须克服官僚主义、办事效率低下、高度集权等等旧经济体制的弊端。实施沿海地区经济发展战略必然牵动从经济体制到政治体制等方面的深刻改革，势必冲击现有的与之不相适应的体制机构、思想观念、工作作风等等，要求我们建立更加开放的社会主义商品经济和市场体系，为地方和企业创造一个能够随进随出的外部环境。目前中国正处于新旧体制交替阶段。新体制正在成长，但还没有占主导地位。现行的许多规章制度以至思想观念，还不适应当前经济外向的发展需要。沿海经济率先外向，就要率先改革，大胆突破旧体制的束缚，让新体制更快地成长起来。这样，沿海就应该成为探索改革、带动全国的先行区。

资料来源：《一件富有历史意义的大事——论沿海地区经济发展战略》，《人民日报》，1988年5月19日。

王建： 参与国际经济大循环，是中国经济发展的一种战略构想。即充分利用中国农村劳动力资源丰富的优势，大力发展劳动密集型产业，坚持"两头在外，大进大出"的方针，提倡和鼓励沿海地区到国际市场上去进口原材料，加工增值之后，再把产品销往国际市场，大进大出，并按国际市场要求，把创汇农业也搞上去。实际上是一种以出口产品为载体的劳务出口，将农村劳动力转入国际经济大循环之中。这样，一方面可充分发挥中国沿海地区劳动力费用低廉的优势，解决农村剩余劳动力出路；一方面可把大批外资吸收过来或在国际市场换回外汇，为振兴中国经济取得所需要的资金和技术，促进中国工业的现代化，再用工业发展后积累的资金和技术返回来支援农业，从而通过国际市场转换机制，沟通中国农业与重工业的循环关系。

资料来源：《选择正确的长期发展战略——关于"国际大循环"经济发展战略的构想》，《经济日报》，1988年1月5日。

1988年，中国政府决定将山东半岛辟为沿海经济开放区，这为山东半岛的工业改革注入了新的活力。在山东半岛，乡镇企业蓬勃发展。图中这家玩具厂生产的玩具为国家创造了大量外汇。

部署，各方面对此要有坚定不移的决心和强烈的紧迫感。

3月23日，国务院颁发了《关于沿海地区发展外向型经济的若干补充规定》，批准将沿海234个市县列入沿海经济开放区。至此，沿海开放地区范围有293个市县、42.6万平方公里面积、2.2亿人口。

3月25日，李鹏代总理在第七届全国人民代表大会第一次会议所作的《政府工作报告》中，提出要不失时机地加快实施沿海地区经济发展战略，进一步扩大对外开放。报告要求沿海地区要积极参加国际交流和竞争，以沿海经济的繁荣带动整个国民经济的发展。

实施沿海地区经济发展战略的设想，得到了沿海地区各省的积极响应。有些省、区为发展外向型经济还采取了一些特殊措施。如广东省，为实施沿海地区经济发展战略，经中央批准，把原来珠江三角洲的"小三角"，扩大为"大三角"，并把沿海市（县）也列入开放区的范围，积极生产外向型产品。山东省为实施沿海地区经济发展战略，经中央同意将胶东半岛周围的青岛、烟台、威海、潍坊、淄博、日照六市确定为经济开放区，并招募各方人才，由东向西分层次地发展外向型经济。广西壮族自治区为实施沿海地区经济发展战略，经国务院批准扩大沿海经济开放区，范围由原来的200多平方公里扩大到18000多平方公里；同时，对某些国有企业和集体企业，允许用现有场地、厂房、设备、工业产权和企业自有资金等作为出资或出租的资产，采取与外商合资或合作经营方式进行企业的技术改造，发展出口产品或替代进口产品，鼓励外国投资者和港澳台同胞到广西投资或合作，发展来料加工装配业务。上海、天津等许多沿海城市，为实施沿海地区经济发展战略，也在积极改善环境，发展外向型经济，加快调整产业结构，参与国际经济交流。

一系列开放措施，加上体制改革的推动，到1988年底的一年左右时间，中国发展外向型经济乃至整个对外经济工作都取得了较好成绩。据国家统计局提供的有关资料显示，到1988年底，中国对外承包业与亚洲、非洲、欧洲、美洲的125个国家和地区签订承包工程和劳务合作合同1534项，合同总金额达106亿美元。其中1988年一年，中国公司就签订对外承包工程和劳务合作合同2126项，合同总金额达21.2亿美元，完成业务额14.3亿美元。

① 田纪云：《改革开放的伟大实践——纪念改革开放三十周年》，新华出版社，2009年。

赋予私营经济合法地位

1988年3月25日至4月13日，第七届全国人民代表大会第一次会议在北京召开。在此次会议上，《中华人民共和国宪法修正案》获得通过。

此次通过的《中华人民共和国宪法修正案》中，在《宪法》第11条中增加了如下规定："国家允许私营经济在法律规定的范围内存在和发展。私营经济是社会主义公有制经济的补充。国家保护私营经济的合法的权利和利益，对私营经济实行引导、监督和管理。"至此，《宪法》确认了事实上早已存在的私营经济，并赋予了私营经济以合法地位，中国社会主义现代化建设时期对私营经济的基本政策也由此确立。

在《中华人民共和国宪法修正案》通过后，国务院于1988年6月15日发布了《中华人民共和国私营企业暂行条例》，自1988年7月1日起施行。《中华人民共和国私营企业暂行条例》在总则中明确："本条例所称私营企业是指企业资产属于私人所有、雇工8人以上的营利性经济组

闽南小镇石狮在改革开放中，发挥侨乡优势，经济发展很快，被人们称之为"民办特区"。1987年总产值达1.16亿元。

织。"此后，经营者可以以私营企业身份进行工商登记。《条例》还明确了私营企业的经营范围、私营企业的权利和义务、私营企业的劳动管理、财务和税收等，并把私营企业划分为独资、合伙和有限责任公司三种。继《中华人民共和国私营企业暂行条例》之后，《私营企业所得税暂行条例》《私营企业个人调节税的规定》等行政法规也陆续颁布。与此同时，国务院有关部门还就私营企业的贷款、税收、财务管理、劳动管理等制定了部门规章，规范私营企业行为，为私营经济的发展创造了一个较好的法制环境，为各种企业营造公平的竞争环境起到了积极的促进作用。

海南建省办经济特区

1987年6月12日，邓小平在会见南斯拉夫客人斯特凡·科罗舍茨时说："我们正在搞一个更大的特区，这就是海南岛经济特区。海南岛和台湾面积差不多，那里有许多资源，有铁矿、石油，还有橡胶和别的热带、亚热带作物。海南岛好好发展起来，是很了不起的。"这是中国改革开放的总设计师，第一次向全世界透露设立"海南岛经济特区"的战略构想。

1988年3月25日至4月13日，第七届全国人民代表大会第一次会议在北京召开。国务委员谷牧在大会上对《国务院关于提请审议建立海南经济特区的议案》作了说明，他说："海南岛是中国的一个重要岛屿，自然资源比较丰富，经济发展有良好的前景。海南单独设省后，最重要的任务是发展生产力，加快海南岛的开发建设。"4月13日，会议通过了《关于设立海南省的决定》。《决定》指出：批准设立海南省，撤销海南行政区，海南省人民政府驻海口市；海南省管辖海口市、三亚市等和西沙群岛、南沙群岛、中沙群岛的岛礁及其海域。与此同时，会议还通过了《关

1988年4月26日，中共海南省委正式挂牌成立，首任省委书记为许士杰（左）、副书记兼省长为梁湘（右）。

专栏：海南建省办特区初期的改革探索

1988年开始，率先提出建立社会主义市场经济体制。

1988年，率先进行省级机构改革试验，实行省直管县体制，探索"小政府、大社会"管理架构。

1988年，率先提出放开社会团体，抓好群众团体由"官"办转为民办的工作，使群众团体逐步做到"领导人自选、经费自筹、活动自主"。

1991年，率先实行粮食购销同价改革，放开粮价。

1991年，率先推行全民所有制企业股份制试点，全面推进企业股份制改革。

1992年4月，国内第一种人民币投资基金——海南富岛投资基金获准由省证券公司作为管理人向社会公开发行。

1992年初，研究探讨建立海南特别关税区。

1992年，率先实行省级统筹的社会养老、失业、工伤、医疗保险制度，初步建立新型的社会保障体系框架。

1992年3月，率先设立由外资成片开发的洋浦经济开发区。

1993年，率先实行"先上车后买票"的企业登记制度，将申办企业法人由审批登记制改为直接核准登记制，取消企业主管部门和挂靠部门。

1993年，率先取消岛内公路上所有收费关卡，将养路费、运输管理费、过路费、过桥费"四费合一"，合并为"燃油附加费"。

——资料来源：《海南建省办经济特区20年取得20项全国"率先"》，海南新闻网，2008年4月15日。

1988年，海南省海口市东湖人才市场上挤满了前来找工作的外地年轻人。

于建立海南经济特区的决议》。以此为标志，海南省成立。同时，海南成为中国继深圳、珠海、汕头、厦门之后第五个经济特区，且是最大的经济特区。

中共海南省委、海南省人民政府于4月26日正式挂牌。5月4日，国务院发出《关于鼓励投资开发海南岛的规定》的通知，对海南经济特区实行更加灵活开放的经济政策，授予海南省人民政府更大的自主权，其中包括土地有偿使用、矿产资源有偿开采、经中国人民银行批准设立外资银行、中外合资银行等政策。

在海南省成立的当年，海南省就积极推进改革，率先进行省级机构改革试验，实行省直管市县体制，探索"小政府、大社会"管理架构。海南建省时省政府仅设置27个厅、6个直属局、6个内设局，比原海南行政区政府机构减少20个，人员编制减少200多人。

1988年9月，海南省第一次党代会提出，放胆发展生产力，开创海南特区建设的新局面。此次党代会作出以下两个重要决策：一是提出要实行更加开放的经济政策，重点研究和制定有利于境外人员、外汇、货物进出自由的各项具体政策；二是明确提出发展市场经济的改革目标，并把这个目标写进党代会报告。这在全国尚属首次，充分显示出海南经济特区排头兵的风范和气魄。

海南建省办经济特区，是中国改革开放进程中的重要一步，展开了一系列在全国率先进行的改革开放试验。

改革开放后第二次国务院机构改革

1988年4月9日，七届全国人大一次会议通过了国务院机构改革方案，启动了新一轮的机构改革。这次政府机构改革首次提出了"转变政府职能是机构改革的关键"这一命题。此次机构改革着重于大力推进政府职能的转变，采取自上而下，先中央政府后地方政府，分步实施的方式进行。改革的重点是与经济体制改革关系密切的经济管理部门，通过机构改革，使得政府从直接管理为主转变为间接管理为主，强化政府的宏观管理职能。

通过此次政府机构改革，国务院部委由原有的45个减为41个，直属机构从22个减为19个，非常设机构从75个减到44个。在国务院66个部、委、局中，有32个部门共减少1.5万多人，有30个部门共增加5300人，增减相抵，机构改革后的国务院人员编制比原来减少了9700多人。

价格改革"闯关"

从1984年下半年开始，我国经济运行中出现一系列不稳定、不协调的问题，突出表现为通货膨胀加剧、社会生产和消费总量不平衡，结构不合理，经济秩序混乱，作为价格改革过渡措施的价格双轨制的负面影响也逐步显现出来。社会总需求超过社会总供给。1985—1987年，通货膨胀呈明显加剧之势，全国零售物价指数分别以8.8%、6%、7.3%幅度上涨。1988年1~10月，物价上涨幅度高达16%。

对于一开始出现的困难和问题，党和政府力图探索新路子加以解决。为防止急刹车引起的损失和震动。1985年初，决定采取"软着陆"的方针，即用比较缓和的办法逐步使社会总需求和总供给恢复平衡。1985年2月至10月，国务院先后4次召开省长会议，以解决消费基金增长过猛、信贷规模过大、外汇使用过多以及控制固定资产投资规模等问题。主要措施是紧缩银根，控制货币投放。这次"小调整"并没有达到预期效果。

在经济环境恶化、通货膨胀加剧的情况下，1988年夏季不适当地

1988年9月，湖北省武汉市，人们疯狂抢购黄金首饰。

1988年,河南洛阳百货大楼前市民在抢购家电。

 语录 "冰箱有冷气就要,电视机出图像就抱。"
——中国价格协会会长王永治

背景:1988年在国家实施价格"并轨"、放开价格管制后,市场上的物价有了一定的提高。在那个物资依然短缺的时代,面对物价上涨,人们的应对方法是倾囊抢购,一时间,一场抢购风潮席卷全国,很多滞销的产品都被抢购一空。按照中国价格协会会长王永治的说法,"人们都疯了,见东西就买,不管需要不需要,也不在意质量好坏,冰箱有冷气就要,电视机出图像就抱"。甚至有个笑话:某人到商店抢购电扇,售货员说这电扇是坏的,转不动,那人非要买,说"我买回去修不就行了"。

决定进行"价格闯关",全面推进价格改革,放开价格。1988年5月30日至6月1日,中共中央政治局在北京召开会议,会议指出:价格和工资制度改革需要有通盘的考虑和系统的方案。会后,中央责成专门机构组织有关部门研究此后5年特别是1989年的价格、工资改革和配套措施问题。8月5日至9日,国务院常务会议经过讨论,原则同意物价委员会的《关于价格工资改革的初步设想和配套措施》。8月15日至17日,中共中央政治局在北戴河召开,讨论并原则通过了《关于价格、工资改革的初步方案》,会议"提出准备用五年左

人物:刘国光

多年来,刘国光参加和领导过中国经济发展、宏观经济管理、经济体制改革等方面重大课题的研究、论证和咨询,是著名经济学家。

1978年以后,在兼收并蓄现代东、西方经济理论科学成果的基础上,他对中国经济体制改革和经济发展和宏观经济管理进行了深入系统的研究,提出了一系列精辟而深邃的理论观点和政策建议,对促进中国经济体制改革、确立和发展中国社会主义市场经济学理论作出了巨大贡献。

1982年9月,在发表于《人民日报》的《坚持经济体制改革的具体方向》一文中,他率先提出,随着改革的不断深入,"买方市场"将逐步形成,价格趋向合理化,要逐步缩小指令性计划的范围,扩大指导性计划的范围的观点;这一观点当时曾受到保守观点的批判,但后来改革的实践证明了它的正确性。

1984年以后,中国经济发展出现了"过热"现象和政策性通货膨胀势头,他和一些经济学家敏锐地洞察到这将妨碍经济建设和改革的健康发展,提出了"为改革创造相对宽松环境"的理论和政策主张。

在1987年中国理论界和宏观决策界就1988-1995年中期改革思路的讨论中,针对当时部分同志主张改革和发展都要快速推进、用"适度通货膨胀,支持高经济增长",在他主持和倡导下,以他为主的中国社会科学院课题组提出了以整顿经济秩序、治理通货膨胀、有选择地深化改革的著名的"稳中求进"的改革思路;这一思路的正确性已被1988年7-8月的抢购风潮和1988年9月以后实施的"治、整、改策略"从反、正两方面予以证实。

中国经济改革和发展进入新阶段后,针对经济体制和经济增长中出现的新问题、新矛盾,他又率先提出,国民经济要持续、快速、健康发展,中国经济必须实现两个根本性转变。

资料来源:《刘国光:经济界的一代宗师》,中国网"新中国经济60年60人"。

> **观点**
>
> **刘国光**：企业改革与价格改革应当互相配合进行。改革到了目前的深入阶段，价格改革的确是再也不能绕开走了。价格改革本身难度就很大，加上通货膨胀的存在，问题就更复杂。价格改革本身就要带动价格总水平的一定上涨；不让有一定的上涨就等于不让改革，那当然不行。但是在实行价格改革的同时，如果目前通货膨胀性的物价上涨不加遏止，将会给经济生活带来更大的压力。所以要加快价格改革的步伐，就必须同时坚决治理通货膨胀，并审慎安排价格改革本身的步骤和相应的配套措施，这样我们就能比较稳妥地闯过价格改革这一险关，促进整个新经济体制在中国的形成。
>
> 资料来源：刘国光，《经济体制改革策略选择的理论问题》，《人民日报》，1988年8月19日。

1988年5月10日，鸡蛋价格暗补改明补后的第一天，在北京东单菜市场排队买鸡蛋的市民。

右的时间，解决对经济发展和市场发育有严重影响、突出不合理的价格问题"。

尽管这个改革方案没有正式实施，但是中央政治局通过方案的消息公布后，进一步强化了人们本来已经非常严重的高通货膨胀，从而引发了全国性的挤提储蓄存款和抢购商品的风潮。物价问题已不单是经济问题，已经演变为严重的社会问题。①

8月30日，国务院召开第20次常务会议，讨论市场和物价形势。会议申明：价格改革方案中提到的"少数重要商品和劳务价格由国家管理，绝大多数商品价格放开，由市场调节"，指的是经过5年或更长一点时间的努力才能达到的长远目标。会议决定做好物价工作，稳定市场。同日，根据会议的精神，国务院印发了《关于做好当前物价工作和稳定市场的紧急通知》。②

9月下旬召开的党的十三届三中全会分析了当前的政治经济形势，批准了中央政治局向这次全会提出的治理经济环境、整顿经济秩序、全面深化改革的方针。③

---

①中共中央党史研究室：《中国共产党的九十年（改革开放和社会主义现代化建设新时期）》，中共党史出版社、党建读物出版社，2016年，第750页。②中国经济体制改革研究会编写组：《中国改革开放大事记（1978—2008）》，中国财政经济出版社，2008年，第190页。③中共中央党史研究室：《中国共产党的九十年（改革开放和社会主义现代化建设新时期）》，中共党史出版社、党建读物出版社，2016年，第750页。

治理整顿，深化改革

面对全国性抢购风潮严峻的经济形势，决策层迅速做出反应。1988年8月30日，发出《关于做好当前物价工作和稳定市场的紧急通知》，采取紧急补救措施。

9月13日至17日，中共中央在北京召开各民主党派负责人、无党派爱国人士民主协商会和在京经济专家座谈会，分别就《关于价格、工资改革的初步方案》征求意见。与会者对治理经济环境、整顿经济秩序、继续深化改革，提出了具体的建议。

9月15日至21日，中共中央政治局召开中央工作会议。在这次会议上，中央政治局正式作出治理经济环境、整顿经济秩序、全面深化改革的决定。会议决定，1989年和1990年要把改革和建设的重点放到治理经济环境、整顿经济秩序上来。会议指出，治理整顿，既是深化改革的必要条件，也是深化改革的重要内容。会议还提出了坚决抑制通货膨胀、深化改革的若干重要政策建议。

9月24日，国务院发出《国务院关于清理固定资产投资在建项目、压缩投资规模、调整投资结构的通知》。《通知》指出：为了抑制通货膨胀，为价格、工资改革创造条件，也为国民经济的发展保持必要的后劲，国务院决定开展一次全社会固定资产投资的清理工作。通过全面清理在建项目，做到大幅度压缩投资规模，进一步调整投资结构。这次清理对象包括全社会固定资产投资项目。

9月26日至30日，中共十三届三中全会在北京举行。全会批准了中央政治局提出的治理经济环境、整顿经济秩序、全面深化改革的指导方针和政策、措施。全会确定，在坚持改革、开放总方向的前提下，把1989年和1990年两年改革和建设的重点突出地放到治理经济环境和整顿经济秩序上来，以扭转物价上涨幅度过大的态势，创造顺价格的条件，使经济建设持续、稳步、健康地发展。

赵紫阳代表中央政治局在全会作了《在中国共产党第十三届中央委员会第三次全体会议上的工作报告》，阐述了中央新的经济工作指导方针。报告指出，治理经济环境，主要是压缩社会总需求，抑制通货膨胀。报告提出，治理整顿必须同加强和改善新旧体制转换时期的宏观调控结合起来，综合运用经济、行政、法律、纪律和思想政治工作的手段，五管齐下，进行宏观调控。报告强调：治理经济环境和整顿经济秩序是长期要注意的大问题，最要紧的是1989和1990两年一定要抓出成效，首先要确保1989年的物价上涨幅度明显低于1988年，这不仅是一个严重的经济问题，而且已成为一个重大的政治问题。

经过一年左右的治理整顿，取得初步效果，一度过旺的社会需求开始得到控制，过高的工业生产速度有所回落。

口述改革

理顺物价，改革才能加快步伐。物价问题是历史遗留下来的。过去，物价都由国家规定。例如粮食，还有各种副食品，收购价格长期定得很低，这些年提高了几次，还是比较低，而城市销售价格又不能高了，购销价格倒挂，由国家补贴。这种违反价值规律的做法，一方面使农民生产积极性调动不起来，另一方面使国家背了一个很大的包袱，每年用于物价补贴的开支达几百亿元。这样，国家财政收入真正投入经济建设的就不多了，用来发展教育、科学、文化事业的就更少了。所以，不解决物价问题就不能放下包袱，轻装前进。最近我们决定放开肉、蛋、菜、糖四种副食品价格，先走一步。中国不是有一个"过五关斩六将"的关公的故事吗？我们可能比关公还要过更多的"关"，斩更多的"将"。过一关很不容易，要担很大风险。这次副食品价格一放开，就有人抢购，议论纷纷，不满意的话多得很，但是广大人民群众理解中央，这个决心应该下。现在过这一关，能否成功，今天还不能讲，但我们希望成功。这就要求我们每走一步，都兢兢业业，大胆细心，及时总结经验，发现问题就做些调整，使之符合实际情况。但是物价改革非搞不可，要迎着风险、迎着困难上。要让全党和全国人民懂得，这是很艰苦的工作，十全十美的方针、十全十美的办法是没有的，面临的都是新事物、新问题，经验靠我们自己创造。

——邓小平

资料来源：《邓小平文选》第三卷，第263～264页。

第一个国家级高新技术产业开发区成立

中共十一届三中全会以来，国家的改革开放政策促进了思想的解放和社会的巨变，为北京市中关村地区的发展提供了良好的发展机遇。早在改革开放之初，中国第一家民营科技机构——北京等离子先进技术服务部成立，随后，一批创业者走出来创办公司，掀起了第一次科技创业潮。在这样的情况下，中关村地区踏上了创业的道路。在一系列政策的推动下，中关村地区在1987年底形成了著名的"电子一条街"。

1987年，温家宝同志带领中共中央办公厅调研组总结了中关村"电子一条街"形成和发展的经验。在此基础上，1988年5月10日，国务院批准了《北京市新技术产业开发试验区暂行条例》，北京市新技术产业开发试验区成立，以中关村一带知识密集的地区为发源地，探索高新技术产业的发展。这是中国第一个国家级高新技术产业开发区和中国经济、科技、教育体制改革的试验区，国家对于这个高新技术开发区给予了充分肯定。在《北京市新技术产业开发试验区暂行条例》中，国家给予了减免税款、免缴奖金税等多项优惠政策。这是中国政府实施科教兴国战略，增强中国创新能力和综合国力的一项重大战略决策。

北京市新技术产业开发试验区的成立，冲破了当时计划经济的束缚，实现了先行先试的改革突破，也揭开了中国在市场经济体制下转化科技成果、建设国家高新区、发展高新技术产业的序幕。

1999年8月，北京市新技术产业开发试验区正式更名为中关村科技园区，试验区管委会更名为中关村科技园区管委会（简称中关村管委会），被称为"中国硅谷"。

语录

"科学技术是第一生产力。"
——邓小平

背景：早在1978年，在全国科学大会开幕式上的讲话中，邓小平就指出，"科学与生产力的关系越来越密切了""科学技术正在成为越来越重要的生产力"。从那时候起邓小平已经敏锐地察觉到现代科技对生产力的巨大推动作用。邓小平在不同的重要场合多次指出科学技术的重要性。1988年9月5日，邓小平在会见捷克斯洛伐克总统胡萨克时说："马克思说过，科学技术是生产力，事实证明这话讲得很对。依我看，科学技术是第一生产力。"从"科学技术是生产力"到"科学技术是第一生产力"，不仅丰富和发展了马克思主义生产力理论，而且推动了中国科学技术事业的蓬勃发展。

1988年5月10日，经国务院正式批准，中国第一个高新技术产业开发试验区——北京市新技术产业开发试验区成立。这是中国第一个以电子信息产业为主导，集科研、开发、生产、经营、培训和服务为一体的综合性基地。

环球大事

▶ 1月29日
美国政府宣布，从1989年1月起取消新加坡、韩国、中国台湾和香港向美国出口商品所享受的普惠制待遇。

▶ 9月9日
美国国务院宣布，美国政府正式批准美国公司使用中国的火箭发射美国的通信卫星。

▶ 9月17日—10月2日
第24届奥运会在韩国汉城举行。

▶ 11月2日
联合国大会特别政治委员会通过一项决议，同意中国加入维持和平行动特别委员会。

▶ 12月8日
43届联合国大会举行全体会议隆重纪念《世界人权宣言》发表40周年。

▶ 12月22日
中国、老挝签署两国政府建交以来的第一个贸易协定。

流行志

《浮躁》
1988年，陕西作家贾平凹的小说《浮躁》荣获美国"美孚飞马文学奖"。"飞马奖"认为该小说既能较好反映中国改革，又具较高艺术欣赏价值。《浮躁》是贾平凹"商州系列"的第一部，也是他的第一部长篇小说。小说里的主人公金狗，历经了务农、参军、复员回乡、当州报记者、辞职跑河上运输几个人生的大起落。全书内容丰富，语言生动，文笔精妙，故事情节曲折，一经出版即引起轰动。

《红高粱》

《红高粱》女主角的扮演者巩俐

1988年，张艺谋的《红高粱》"大红"。这一年，《红高粱》一举获得了第38届柏林国际电影节最佳影片金熊大奖；第5届津巴布韦国际电影节最佳影片、最佳导演及故事片真实新颖奖；第35届悉尼国际电影节电影评论奖；第十一届《大众电影》百花奖最佳故事片奖等11个国内外电影大奖。张艺谋的"红高粱、红衣服、红辣椒、红灯笼"等充满鲜红色彩的银幕符号征服了观众，征服了评委，也征服了世界。正是这部电影使得世界开始关注并赞美中国新电影。

《神探亨特》
20世纪80年代中后期，在中国都市观众印象里最有名气、国内播放时间最长的恐怕算是《神探亨特》了。在没有好莱坞大片的年代里，《神探亨特》以其惊险紧张的情节、扣人心弦的悬念、曲折的人物命运吸引着广大电视观众。那个敏捷神勇的秃顶单身男人亨特也成为不少女子甚至男子崇拜的对象。剧里的那句经典台词"你可以保持沉默，但你所说的每一句话都可能作为呈堂证供"几乎成了那个时候人们最熟悉的一句话。

聂旋风
1984年，中日围棋擂台赛开始举办，聂卫平作为中国队主将，屡屡力挽狂澜，为中国队蝉联三届擂主立下大功。1985年，聂卫平战胜日本"棋圣"藤泽秀行，让中国人扬眉吐气。中日围棋擂台赛举办的几年里，强劲的"聂旋风"席卷了整个中国，引发全国学围棋的热潮。聂卫平比赛期间，上至国家领导人下至平民百姓无不关心。1988年3月22日，为表彰聂卫平对围棋事业作出的杰出贡献，国家体委和中国围棋协会授予他"棋圣"称号。

社会关注

中国大陆首例试管婴儿出生

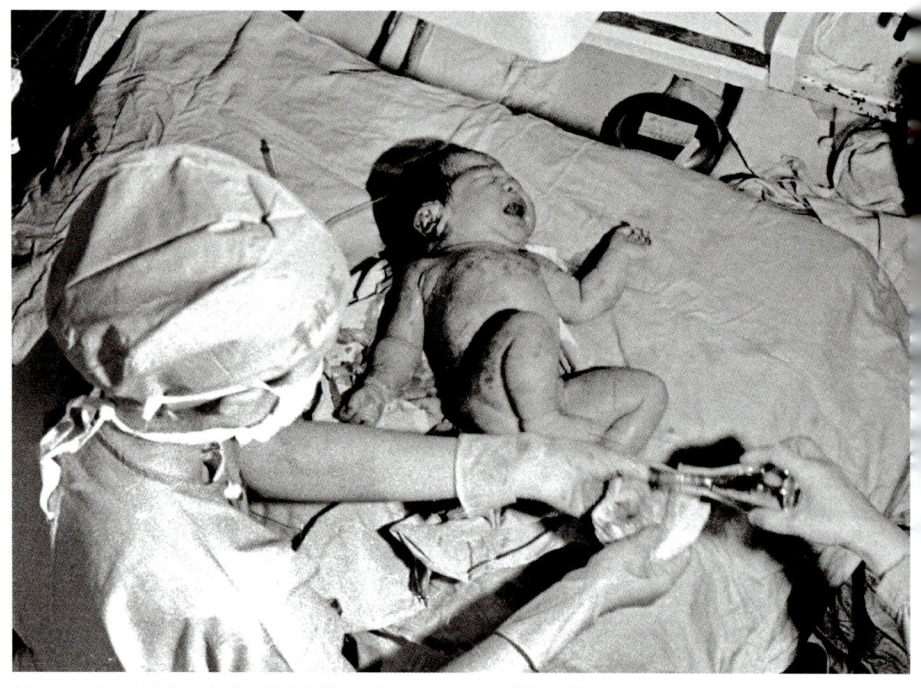

1988年3月10日上午，在北京医科大学第三医院，中国大陆首例试管婴儿诞生。这是一名女婴，起名"郑萌珠"。

语录 "不允许在蛇口发生以言治罪的事情。"
——袁庚

背景：1988年1月13日，一场"青年教育专家与蛇口青年座谈会"在深圳蛇口举行。教育专家与蛇口青年就"淘金者"的是非问题展开激烈论战，教育专家认为直接为赚钱而来蛇口的"淘金者"不应该受到欢迎，而蛇口青年认为只要没有触犯法律，"淘金者"无可厚非。这场争论引发了轰动全国的"蛇口风波"。对此，作为事发地的最高领导、时任蛇口区委书记袁庚公开表态"我们坚持，只要不反党、不搞人身攻击，都可以让他们在这里交流探讨……即使他的发言有什么不妥，也不允许在蛇口发生以言治罪的事情。"

1988年3月10日8时56分，中国大陆首例试管婴儿在北京医科大学第三医院成功进行接生手术。这例试管婴儿的科研项目是北京医科大学生殖工程组负责人、中国妇产科专家张丽珠教授和她的同伴刘斌副教授合作完成的。这个婴儿为女性，出生时体重3900克，身长52厘米，后取名为郑萌珠，她的母亲是一位原发不孕20年、双侧输卵管不通的患者。郑萌珠的诞生表明了中国大陆现代医学技术完成了一次重大突破，是中国大陆生殖医学和辅助生育技术发展史上的里程碑。在1988年之前，中国台湾省在1985年有一名试管婴儿诞生，香港在1986年也有一例。

1988年这例试管婴儿的诞生，

1988年12月27日,北京中国美术馆"油画人体艺术大展"展厅内人满为患。

也标志着中国生殖医学和辅助生育技术开始向国际先进水平看齐,在中国生殖医学发展史上具有里程碑的意义。在北京医科大学获得"试管婴儿"技术的成功之后,湖南医科大学、中山医科大学第一附属医院生殖医学研究中心等都相继研究成功。

中国首次人体油画大展

1988年12月,中国美术馆举行了《中国首次人体油画大展》,这个拥有5000年文明史、近3000年封建史的古老大国首次将人类的身体以油画的方式公开向世人展示。

据有关统计显示,1988年的这次18天的展览参观者高达270000人,每天都有超过1万人在凛冽的寒风中排队等待看展览。当年的人体油画展也惹来不少争议,有的人体模特因受不了舆论压力而离婚。有趣的是,一位女画家在接受记者采访时甚至表示要专门举办一次以男性人体为内容的油画展以"反击"。

▣ 重要文献

《中华人民共和国全民所有制工业企业法》
（1988年4月13日）

《中华人民共和国全民所有制工业企业法》由中华人民共和国第七届全国人民代表大会第一次会议于1988年4月13日通过，自1988年8月1日起施行。《中华人民共和国全民所有制工业企业法》共八章六十九条。

目录：
第一章 总则
第二章 企业的设立、变更和终止
第三章 企业的权利和义务
第四章 厂长
第五章 职工和职工代表大会
第六章 企业和政府的关系
第七章 法律责任
第八章 附则

▣ 重要文献

《国家体改委关于一九八八年深化经济体制改革的总体方案》
（1988年2月27日）

1988年2月27日，国务院批准《国家体改委关于一九八八年深化经济体制改革的总体方案》。1988年经济工作总的方针是：经济要进一步稳定，改革要进一步深入。经济体制改革要从这一全局出发，立足于解决当前经济运行中亟须解决的矛盾和问题，把经济体制改革同经济发展和政治体制改革紧密结合起来。《方案》要求，落实和完善企业承包经营责任制，深化企业经营机制改革。改革计划、投资、物资、外贸、金融、财税体制和住房制度，加强对固定资产投资、消费基金和物价的管理，更好地促进国民经济持续稳定增长。

目录：
第一部分 深化企业改革
第二部分 投资体制改革
第三部分 物资、商业体制改革
第四部分 外贸体制改革和对外开放
第五部分 金融、财税体制和住房制度改革
第六部分 加强固定资产投资、消费基金和物价管理

> 重要文献

《关于加强物价管理严格控制物价上涨的决定》

（1988年10月24日）

1988年10月24日，国务院作出《关于加强物价管理严格控制物价上涨的决定》。《决定》要求进一步采取坚决有力的措施，加强物价管理，整顿市场秩序，严格控制物价上涨。

节选：

一、坚决稳定群众生活基本必需品的价格。要严格按照《国务院关于加强粮食管理稳定粮食市场的决定》的有关规定，坚决稳定市场粮价。城市居民定量供应的粮食、食油的价格一律不动。大中城市要由市长负责，增加肉、蛋、菜等主要副食品的生产和供应，保持"菜篮子"价格的基本稳定。……

二、坚决制止农用生产资料乱涨价。各省、自治区、直辖市人民政府要在年底以前，对实行专营的化肥、农药、农膜核定综合零售价格，公布执行。在春耕之前，要组织农用生产资料价格大检查，严禁乱涨价和变相涨价。

五、整顿流通领域的价格，取缔中间盘剥。重点是整顿经营批发业务的各类公司。……

六、整顿城市公用事业和服务行业收费。同群众生活关系密切的公用事业和服务行业收费，明年不得提高。……

八、依靠广大群众，搞好物价检查。要重点查处生产资料、紧俏消费品和生活必需品的转手倒卖、哄抬物价和乱涨价行为。要充分发挥专业物价检查队伍的骨干作用，同时组织消费者协会以及各种群众物价监督组织，对物价和收费实行经常性的监督检查。……

——摘自《改革开放三十年重要文献选编》（上）第511—513页，中央文献出版社，2009年。

> 重要文献

《把建设和改革的重点切实放到治理经济环境和整顿经济秩序上来》

（李鹏，1988年12月5日）

1988年出现了明显的通货膨胀，物价上涨幅度过大，引起了社会的普遍关注和群众的严重不安。党的十三届三中全会提出了治理经济环境、整顿经济秩序、全面深化改革的指导方针。为贯彻这一方针，1988年12月5日，李鹏在全国计划会议、全国经济体制改革工作会议上作了题为《把建设和改革的重点切实放到治理经济环境和整顿经济秩序上来》的讲话。

节选：

一、坚决把改革和建设的重点切实地放到治理经济环境、整顿经济秩序上来，确保明年物价上涨幅度明显低于今年。

二、当前必须着重把过大的社会总需求压缩下来，同时改善和增加有效供给，以逐步实现社会供需总量和结构的大体平衡。造成通货膨胀的根本原因，是经济过热，社会总需求超过总供给。治理通货膨胀，首先要把过大的社会总需求坚决压缩下来。

……现在全民所有制单位固定资产投资在建项目总规模已超过一万亿元，按照现在的投资能力，今后即使一个新项目不上，也要四五年时间才能全部完成。……我们这次清理在建项目、压缩投资规模，一个与过去不同的特点，就是根据产业政策对号入座，该保的保、该压的压，力求做到在压缩规模的前提下调整结构，使压缩与调整密切结合。在这个事关全局的问题上，要求各地方和各部门一定要下更大的决心，通力合作，确保党中央、国务院的要求真正落到实处。……

四、把深化改革、坚持开放同治理经济环境、整顿经济秩序密切结合起来。

明年企业改革的重点是，继续完善和发展经营承包责任制，加强和改进企业内部管理，优化劳动组合，真正把广大职工的积极性引导到挖掘内部潜力，提高经济效益上面来。……

……加强和改进宏观经济调控。……在宏观调控中，运用经济手段能够见效的，要尽可能用经济手段；经济手段难以迅速见效的，则要采取必要的行政手段，包括一些过去用过的行之有效的手段和办法。采取这类措施，从总体上来说，也是为了给深化改革创造更好的环境，是有利于改革健康发展的。

——摘自《十三大以来重要文献选编》（上）第343—356页，人民出版社，1991年。

> **重要文献**

《科学技术是第一生产力》

（邓小平，1988年9月5、12日）

这是邓小平两次谈话的节录，分别摘自1988年9月5日会见捷克斯洛伐克总统胡萨克时的谈话和1988年9月12日听取关于价格和工资改革初步方案汇报时的谈话。

节选：

……依我看，科学技术是第一生产力。我们的根本问题就是要坚持社会主义的信念和原则，发展生产力，改善人民生活，为此就必须开放。……

从长远看，要注意教育和科学技术。否则，我们已经耽误了二十年，影响了发展，还要再耽误二十年，后果不堪设想。……

要注意解决好少数高级知识分子的待遇问题。调动他们的积极性，尊重他们，会有一批人做出更多的贡献。……

当然，我这里说的关于教育、科技、知识分子的意见，是作为一个战略方针，一个战略措施来说的。从长远看，这个问题到了着手解决的时候了。……

——摘自《改革开放三十年重要文献选编》（上）第505—506页，中央文献出版社，2009年。

> **重要文献**

《关于深化科技体制改革若干问题的决定》

（1988年5月3日）

1988年5月3日，国务院作出《关于深化科技体制改革若干问题的决定》。《决定》提出，科技体制改革必须从社会主义初级阶段的实际出发，以发展生产力为目标，进一步建立科技与经济紧密结合的机制。

节选：

一、鼓励科研机构切实引入竞争机制，积极推行各种形式的承包经营责任制，实行科研机构所有权和经营管理权分离。

实行承包经营责任制，要明确规定科研机构为经济、科技发展所必须达到的承包指标，要使科研机构和科技人员的利益，与对社会和经济发展的贡献挂起钩来。

技术开发为主的科研机构，确定承包指标要有利于提高社会经济效益、科技水平和确保科研后续发展。

四、为了确保科技和经济长远发展，必须切实保证基础研究持续稳定发展，国家对基础研究经费的投入要随着财政收入的增长不断增加。

基础研究要面向世界，重点选择有优势、有重要应用前景的领域和项目，在基础研究领域的改革中，要进一步引入竞争机制，继续实行和完善科学基金制，不断探索新的管理方式，择优支持基础研究方面的高水平课题和设施建设，支持优秀人才的研究工作。……要充分利用国际环境和条件，积极开展国际使用交流，提高我们的研究起点，为中国科技和经济的长远发展储备知识和人才。

——摘自《十三大以来重要文献选编》（上）第238—239、241—242页，人民出版社，1991年。

■ 重要文献

《政府工作报告》
（1988年3月25日）

1988年3月25日国务院代总理李鹏在第七届全国人民代表大会第一次会议上作政府工作报告。报告提出："中国共产党第十三次全国代表大会规划了中国社会主义现代化建设的宏伟蓝图。今后的五年，是落实十三大精神，实现新旧体制转换和第二步经济发展战略的关键性五年。在这五年里，要加快和深化改革，推动生产力发展，实现第七个五年计划，制定和实行第八个五年计划。"

节选：

今后农村产业结构的调整要向两个方面发展：一是资源的开发，要向滩涂、水面、丘陵、山区、庭院和中、低产田进军，加强草原建设，坚决保护和合理利用森林资源，开展内陆水域和沿海滩涂养殖，全面发展农林牧渔业；二是根据当地的资源特点和社会条件，继续发展乡镇企业和社会服务业，使之成为支持农业生产发展的重要力量。……

实现四个现代化，科技是关键，教育是基础。……

大力加强基础教育，因地制宜地实施九年义务教育，是提高教育水平和全民族素质的基础，应当成为教育工作的重点。……

……要正确引导和鼓励高等院校、科研和医疗等单位的工作人员在努力完成本身工作和统筹兼顾的前提下，积极开展多种形式的包括有偿形式在内的社会服务，在为国家和社会创造财富的过程中逐步改善自身的工作条件和生活条件……。

深化企业改革，增强企业特别是全民所有制大中型企业的活力，是整个经济体制改革的核心。……根据配套、完善、深化、发展的方针，把以承包经营责任制为主要内容的企业经营机制改革不断推向前进，使企业逐步走上自主经营、自负盈亏的道路。

投资体制的改革，重点是通过建立和完善固定资产投资基金制，全面推行项目设计施工的招标制……

财政体制要在企业实行承包经营责任制的基础上，逐步转向税利分流，理顺国家与企业之间的分配关系。在统一领导、分级管理、划分事权的基础上，调整各级财政的收支范围，实行不同形式的财政包干制。逐步完善税制，适当调整税种税率，积极创造条件，向分税制和税后还贷制过渡。……

加快城镇特别是中大城市住房制度的改革，逐步实行住房商品化。……结合住房制度的改革，发展房地产市场，实行土地使用权的有偿转让。

我们要继续巩固和发展已经形成的对外开放格局，充分发挥现有经济特区、沿海开放城市和经济开发区的作用，同时在这个基础上对广东、福建和海南岛实行更加开放的政策，建立改革开放综合试验区，为进一步深化改革和扩大对外开放积累经验。根据海南岛独特的历史、地理和资源条件，国务院建议成立海南省，把海南办成全国最大的经济特区，实行比现有经济特区更加优惠的政策。……

——摘自《十三大以来重要文献选编》（上）第146—150、153—154、156—161、174—175页，人民出版社，1991年。

■ 重要文献

《关于国务院机构改革方案的决定》
（1988年4月9日）

1988年4月9日，第七届全国人民代表大会第一次会议审议通过了《关于国务院机构改革方案的决定》和《关于国务院机构改革方案的说明》，决定原则批准《国务院机构改革方案》。

节选：

"根据政府机构改革要建立一个符合现代化管理要求，具有中国特色的功能齐全、结构合理、运转协调、灵活高效的行政管理体系的长远目标，以及党政分开、政企分开和精简、统一、效能的原则，今后五年改革的目标是，转变职能、精干机构、精简人员，提高行政效率，克服官僚主义，逐步理顺政府同企事业单位和人民团体的关系、政府各部门之间的关系以及中央政府同地方政府的关系。这次国务院机构改革的基本要求是：减少政府机构直接干预企业经营活动的职能，增强宏观调控职能，初步改变机构设置不合理的和行政效率低下的状况。这个改革方案，适当裁减一些专业管理部门，完善或新建一些综合和行业管理机构。……"

——摘自《十一届三中全会以来经济体制改革重要文件汇编》（下），国家体改委办公厅编，第212—213页，改革出版社，1990年。

大事记

1月1日

北京天安门城楼首次向中外游人开放。

1月1日

《人民日报》发表《迎接改革的第十年》的社论。社论指出，新的一年的最突出的特点是改革将在更深的层次和更广的领域展开。

1月3日

国务院发出《关于完善粮食合同定购"三挂钩"政策的通知》。《通知》指出，不少地方反映办法复杂，少数地方存在截留、克扣和挪用挂钩物资、预购定金问题，农民意见较大。为此，国务院决定，1988年度继续实行"三挂钩"政策，但具体办法要改革、完善，并进一步抓好兑现。

1月4日

国务院批准修订《中华人民共和国商标法实施细则》。1993年7月15日国务院批准第二次修订。

1月4日

国务院发出《按自筹投资一定比例购买重点企业债券的通知》。《通知》指出，1988年国家继续发行重点企业债券，由各专业银行代理国家专业投资公司发行，各部门、地方、单位均应按当年自筹投资的一定比例认购。

1月10日

成都出现国内首家当铺——华茂典当服务商行。

1月11日

国务院发布《重要生产资料和交通运输价格管理暂行规定》和《计划外生产资料全国统一最高限价暂行管理办法》。并发出通知指出，现在突出的是生产资料乱涨价、乱收费问题没有得到根本扭转，影响整个物价的平稳和经济的稳定。

1月11—21日

第六届全国人大常委会召开第24次会议审议《中华人民共和国全民所有制工业企业法（草案）》，决定将草案提交七届全国人大一次会议审议。《草案》共八章六十八条，基本内容有以下五个主要方面：关于所有权和经营权分离问题；关于企业的权利和义务的问题；关于厂长负责制问题；关于职工的地位和企业的民主管理问题；关于企业和政府的关系问题。4月13日，七届全国人大一次会议通过。

1月12—17日

国家体改委在哈尔滨召开城市改革试点工作座谈会，讨论和部署《关于进一步深化城市经济体制改革试点工作的意见》。9省16市的负责人参加会议。

1月14日

《艾滋病监测管理的若干规定》经国务院批准，由卫生部等部门联合发布施行。这是中国发布的第一个预防一种传染病的行政法规。

1月15日

中国和葡萄牙两国政府在北京互换《关于澳门问题的联合声明的批准书》，宣布联合声明自即日起生效。按照联合声明的规定，从这时开始，澳门进入过渡期。

1月15—18日

第一次全国住房制度改革工作会议在京召开。会议印发了《关于在全国城镇分期分批推行住房制度改革实施方案》，宣布从1988年开始，"房改"要分期分批展开。它标志着中国住房制度改革进入了整体方案设计和全面试点阶段。

1月18—26日

全国农业工作会议在北京召开。李鹏在会上指出：今后如何促使农业生产有一个较大的发展，上到一个新的台阶，满足社会对粮食不断增长的需要，已成为国民经济全局中一个十分突出的问题和一项迫切需要解决的任务。

1月27—31日

全国高等教育工作会议在北京举行。李鹏讲话，论述了把竞争机制引入高校、高校要逐步实行校长负责制等问题。

1月29日

中国人民建设银行宣布：为改革基本建设资金管理，经国务院批准从1988年起，实行中央基本建设基金制，这是中国基本建设投资继投资包干、"拨改贷"之后的又一重大改革。

2月2—4日

国务院召开全国省长会议，重点讨论外贸体制改革问题。在会上，田纪云指出，外贸体制改革的基本目标是：自负盈亏，放开经营，工贸结合，推行代理制，统一对外。赵紫阳指出：我们必须把稳定经济和改革结合起来。稳定经济，要用改革的办法去实现。不稳定经济，改革很难进行下去；不改革，稳定经济也做不到。

2月6日

中共中央政治局召开第四次全体会议。会议强调：1988年的经济工作，要全面理解和正确掌握进一步稳定经济、进一步深化改革的方针，以改革总揽全局。会议决定：把沿海经济发展作为一项重大战略加以部署。

2月9—12日

全国企业承包经营责任制座谈会在京召开。12日，赵紫阳在中南海会见全国企业承包经营责任制座谈会部分代表时指出，今年推行承包的一个重点是要引入竞争机制，承包真正引入竞争会有很大动力。

2月13日

李鹏主持召开国务院常务会议，讨论财政部《关于财政体制改革过渡办法的汇报提纲》和《关于1988年财政赤字的情况及解决意见》。会议纪要指出：近年来中央财政困难，连年出现较大赤字，改变这种局面的根本出路在于深化改革，发展生产。现行的财政体制改革要深化一步，原则是兼顾中央和地方、企业的利益，调动地方和企业增收的积极性，避免地方财政收入出现滑坡。同时，要考虑逐步划分事权，把财权与事权统一起来。

2月21日

国务院《关于上海市深化改革扩大开放加快上海经济向外向型转变报告的批复》指出，当前，上海经济的发展正处在重要的转折时期。深化改革，扩大开放，加快上海经济外向型转变，不断增强国际竞争能力，搞大进大出，是实现上海经济发展战略，改造、振兴上海的根本途径。同意上海实行基数包干，5年不变。

2月25日

国务院印发国务院住房制度改革领导小组《关于在全国城镇分期分批推行住房制度改革实施方案》，并发出通知指出，住房制度改革是经济体制改革的重要组成部分，在经济上和政治上都具有重要意义。国务院决定，从1988年起，用三五年时间，在全国城镇分期分批把住房制度改革推开。

2月25日

国务院办公厅转发国务院住房制度改革领导小组《关于鼓励职工购买公有旧住房的意见》。

2月27日

新华社报道：中共中央决定成立中共中央政治体制改革研究室，负责政治体制改革过程中的综合研究和协调工作，同时承担中央交办有关问题的研究和文件起草工作。中共中央政治体制改革研究室由鲍彤任主任。

2月27日

国务院发布《全民所有制工业企业承包经营责任制暂行条例》。《条例》规定：承包经营责任制，是在坚持企业的社会主义全民所有制的基础上，按照所有权与经营权分离的原则，以承包经营合同形式，确定国家与企业的责权利关系，使企业建立自主经营、自负盈亏的经营管理制度。

2月27日

国务院批转国家体改委《1988年深化经济体制改革的总体方案》。该《方案》于4月19日公布。

2月28日

中共中央向全国人大常委会提出修改《宪法》个别条款的建议：允许私营经济在法律规定范围内存在和发展；土地的使用权可以依照法律的规定转让。

3月4日

国务院召开沿海地区对外开放工作会议。田纪云在会上指出：贯彻执行沿海经济发展战略，关键是必须把出口创汇抓上去，要两头在外、大进大出、以出保进、以进养出、进出结合。谷牧强调，沿海地区发展外向型经济，实行"两头在外，大进大出"，参加国际大循环，很不简单，要作长期艰苦的努力。

3月8日

全国首家房屋拍卖行——上海房屋拍卖行正式成立。

3月9日

国务院发布《中华人民共和国道路交通管理条例》，自8月1日起施行。

3月10日

国务院发出《关于加强海关工作的通知》。《通知》指出，海关作为国家的执法机关，迫切需要强化垂直领导和集中统一管理，发挥监督管理职能，同时要简化手续、改进服务、提高效率、便利进出，为发展对外经济贸易创造更好的条件。

3月11日

经国务院批准，中国农村信托投资公司成立。

3月12日

新华社报道，国务院就加快和深化对外贸易体制改革作了新的部署，对现行外贸体制进行了重大改革，主要是全面推行外贸承包经营制，地方向国家承包上缴外汇任务和经济效益指标。

3月15日

广东省政府宣布，国务院原则批准广东省为综合改革的试验区，改革、开放继续先行一步。

3月15—19日

中央召开十三届中央委员会第二次全体会议，赵紫阳作工作报告。他指出：政治局提出了加快沿海地区经济发展的战略。这个战略，不只是地区性战略，而且是全国性战略。实施这一战略，能够促进沿海的发展和带动内地的发展，并将有力地推动外贸、科技、财政、金融、价格等方面体制的改革和企业内部的改革，是我们落实十三大提出的建设和改革任务的一个重要环节。

3月17日

国家计委、财政部、商业部、农牧渔业部、中国石化总公司联合发出《关于国家对收购、调拨棉花分别实行奖售柴油、粮食办法的通知》指出，经国务院批准，从1988年新棉上市起，国家实行收购棉花奖售柴油和省间调拨棉花奖售粮食的办法。

3月18日

国务院发出《关于进一步扩大沿海经济开放区范围的通知》，决定适当扩大沿海经济开放区，新划入沿海经济开放区的有140个市、县，包括杭州、南京、沈阳等省会城市，人口增加到1.6亿。

3月23日

国务院发出《关于沿海地区发展外向型经济的若干补充规定》。

3月25日—4月13日

七届全国人大一次会议在京召开，李鹏在会上作《政府工作报告》。他指出：深化企业改革，增强企业特别是全民所有制大中型企业的活力，是整个经济体制改革的核心。当前改革的关键是根据企业所有权与经营权分离的原则，实行多种形式的承包经营责任制。在深化企业经营机制改革的同时，认真进行有关方面的综合配套改革。继续发展社会主义市场体系，发挥城市的综合经济功能，基本理顺计划、财政、银行之间的关系，逐步建立起以间接调控为主的宏观管理体系。不失时机地加快实施沿海地区经济发展战略，进一步扩大对外开放。

4月1日

经国务院批准，国家有关部门从即日起调高粮、油、糖等部分农产品的收购价格。

4月5日

国家经委、国家计委、国家统计局、财政部、劳动人事部联合发布《大中小型工业企业划分标准》。同时公布了全国第一批1520个大型工业企业的名单。

4月11日—15日

中葡联合联络小组第一次会议在里斯本举行，并发表了新闻公报。

4月11日

国务院发布《关于福建省深化改革、扩大开放、加快外向型经济发展请示的批复》，《批复》指出，福建要抓紧当前的有利时机，加快改革、开放步伐，发展"两头在外"的外向型经济，增强自我发展能力。

4月14日

国务院批转《关于海南岛进一步对外开放加快经济开发建设的座谈会纪要》。在海南岛实行特殊经济政策，建立经济管理新体制，把海南岛建设成全国最大的经济特区，是贯彻沿海经济发展战略，进一步扩大对外开放的重要措施，具有深远的意义。

4月18日

国务院批准厦门市在国家计划中实行单列，并赋予其相当于省一级经济管理权限。

5月3日

欧洲委员会会议通过加强同中国发展经济合作的决议，表示支持中国重返关贸总协定，以促进欧洲同中国的贸易往来。

5月3日

国务院作出《关于科技体制改革若干问题的决定》。《决定》提出，要鼓励科研机构切实引入竞争机制，积极推行各种形式的承包经营责任制，实行科研机构所有权和经营管理权的分离。

5月4日

国务院印发《关于深化物资体制改革方案的通知》。《通知》指出，物资体制改革是深化经济体制改革的重要内容，实现这个《方案》，对改变中国以产品分配调拨为主要形式的物资体制和条块分割的经济格局，发展有领导有组织的生产资料市场，增强企业活力和国家对市场的调控能力，对重要的短缺物资进行综合治理，改善供给，搞活流通，加速物资和资金周转，都具有重要意义。

5月4日

国务院发布《关于鼓励投资开发海南岛的规定》的通知,对海南经济特区实行更加灵活开放的经济政策,授予海南省人民政府更大的自主权,其中包括土地有偿使用、矿产资源有偿开采、经中国人民银行批准设立外资银行、中外合资银行等政策。

5月5日

国务院办公厅转发劳动部、人事部《关于进一步落实外商投资企业用人自主权的意见》。

5月9日

赵紫阳主持财经领导小组会议,座谈当前经济发展和改革面临的重要课题。赵紫阳强调,不能回到过去统一定价的路子。现在乡镇企业已经都靠市场调节了。

5月16日

国务院批准建立山东半岛经济开放区,山东半岛将实行全方位的对外开放。山东省政府即日推出多项灵活优惠的政策措施,欢迎国内外朋友前去投资合作,共同开发这一地区。

5月16日、19日

中共中央政治局常委会讨论工资物价问题,赵紫阳提出制定5年物价工资改革方案。

5月19日

邓小平会见朝鲜劳动党中共中央政治局常委、朝鲜人民武装力量部部长吴振宇时说:理顺物价,改革才能加快步伐。面临的都是新事物、新问题,经验靠我们自己创造。我总是告诉我的同志们不要怕冒风险,胆子还要再大些。如果前怕狼后怕虎,就走不了路。

5月19日

中共中央决定:安志文任国家经济体制改革委员会党组书记。

5月21日

中央组织部、人事部联合发出《关于全民所有制工业企业引入竞争机制,改革人事制度的若干意见》的通知。《意见》对改革企业人事制度提出如下意见:1.必须把竞争机制引入企业人事管理;2.通过公开招标选聘企业经营者;3.改善对企业经营者和各级管理人员的管理工作。

5月21日

国务院办公厅发出通知,总理办公会议决定,在国家经委撤销后,企业改革和企业管理的指导工作由国家体改委负责。

5月25日

邓小平会见捷克斯洛伐克共产党中央总书记米洛什·雅克什时说:我现在已经半退了,准备过一两年真正全退。从根本上说,退的涵义是真正建立党和国家领导人员的退休制度,从人事制度上,使比较年轻的同志容易上来。我们这些老人总站在那里,就挡了比较年轻的人和年轻人的路。不但中央要这样做,而且地方各级都要这样做。党和国家的各级领导人,要逐步年轻化,才能体现党的活力,体现国家的活力。我们现在不是要收,而是要进一步改革,进一步开放。思想要更加解放一些,改革开放的步伐要走得更快一些。

5月27日

全国第一家合资保险公司——平安保险公司在深圳蛇口开业。

5月28日

国务院决定,成立国务院物价委员会,姚依林任主任。

5月30日—6月3日

国家体改委召开经济体制改革中期规划研讨会,对9个课题组提出的《1988-1995年经济体制改革纲要》进行讨论。会议首先对价格改革进行了讨论,认为到了非改不可的时候了,这次价格改革关系到整个经济体制改革的成败。建议设计出一个综合配套的实施方案。

6月1日

中共中央发出《关于党和国家机关必须保持廉洁的通知》。《通知》强调,必须依法惩处索贿、受贿、贪污、弄权渎职、敲诈勒索等违法犯罪行为,必须坚决刹住受礼送礼、大吃大喝等不良风气。党和国家各级机关必须把廉政工作作为一件大事摆到重要议事日程上来,严肃认真、扎扎实实地抓。

6月3日

邓小平在会见参加"90年代的中国与世界"国际会议的中外代表时提出:改革没有万无一失的方案,问题是要搞得比较稳妥一些,选择的方式和时机要恰当。不犯错误不可能,要争取犯得小一点,遇到问题就及时调整。这是有风险的事情,但我看可以实现,可以完成。我们要把工作的基点放在出现较大的风险上,准备好对策。这样,即使出现了大的风险,天也不会塌下来。他还指出,现在有一个香港,我们在内地还要造几个"香港"。

6月4—8日

全国物资体制改革工作会议在北京召开。

6月5日

国务院发布《全民所有制小型工业企业租赁经营暂行条例》。

6月9日

国务院发出《关于授权省、自治区、直辖市、经济特区和计划单列市人民政府审批外资企业的通知》。《通知》指出,设立的外资企业投资规模在国务院规定的限额以下,建设条件和生产经营条件不需要国家综合平衡的,由省、自治区、直辖市、经济特区和计划单列市人民政府审批,并发给批准证书。设立的外资企业投资规模在国务院规定的限额以上的,以及虽在限额以下,但建设和生产经营条件需要国家综合平衡的,其申请由企业所在的省、自治区、直辖市、经济特区和计划单列市人民政府提出意见后,报对外经济贸易部审批和发给批准证书。

6月15日

新的国家计划委员会成立。新的国家计委实行委员会制,其职能主要是进行宏观调控、平衡、协调、服务,从经济总量和结构上做好计划综合平衡与宏观调节和控制,对经济决策和经济运行提供服务和必要的协调等。

6月15日

财政部发布《关于沿海经济开放区鼓励外商投资减征、免征企业所得税和工商统一税的暂行规定》。外商在沿海经济开放区投资开办的生产性企业,凡属技术密集,知识密集型项目,或者外商投资额在3000万美元以上,回收投资时间长的项目,或者属于能源,交通,港口建设的项目,经财政部批准,减按15%的税率征收企业所得税。对经济开放区企业征收的地方所得税,需要给予减征、免征优惠的,由省、自治区、直辖市人民政府决定。

6月16日

农业银行全国分行行长会议宣布,农行系统1988年开始进行财务包干和承包经营责任制试点。

6月22日

邓小平会见埃塞俄比亚总统门格斯图时说:形势逼人,迫使我们进一步改革开放。还需要过好几个关,现在碰到的最大的关是价格制度和工资制度的综合改革。

6月25日

国务院发布《中华人民共和国私营企业暂行条例》,确定私营经济是社会主义公有制经济的补充,宣布国家保护私营企业的合法权益。

7月1日
中国最大的航空企业——中国国际航空公司正式成立。

7月2—12日
全国税务工作会议在北京举行。会议提出，统一国内所得税制，取消国营企业调节税。

7月3日
国务院公布施行《关于鼓励台湾同胞投资的规定》，明确提出对台湾同胞投资的基本方针是：实行一国两制，平等互利，来去自由。

7月5日
成都市企业产权交易市场正式开业。

7月7日
实行股份制的全国性金融企业——中国工商信托投资公司成立。这是金融体制改革的一个尝试。

7月8日
中国第一块出让土地使用权招标在上海揭晓，日本孙氏企业有限公司中标，使用期50年。

7月11日
国务院物价委员会向中央财经领导小组汇报《今后5年和明年物价、工资改革的初步设想》。

7月13日
国务院管理全国机械电子行业的职能部门——机械电子工业部正式成立。

7月15—24日
全国财政工作会议在京举行。23日，国务院领导同志在听取会议汇报时指出，要千方百计增收节支、减少财政赤字，会议提出，中国财政预算制度要作重大改革，改单式预算为复式预算，划清"吃饭钱"和"建设钱"。

7月18日
《人民日报》报道，中国利率改革在浙江温州市试行，专业银行存贷款利率适当上浮。

7月21日
中央办公厅、国务院办公厅发出《关于解决公司政企不分问题的通知》。

7月25日
经国务院批准，全国从7月28日起放开名烟名酒价格，实行市场调节；同时，适当提高部分高中档卷烟和粮食酒的价格。

7月26日—8月2日
全国总工会十届十三次主席团扩大会议在北京举行。会议原则通过了《工会改革的基本设想》，提出工会改革的目标是遵循党的纲领和路线，把工会建成独立自主、充分民主、职工信赖的工人阶级的群众组织。

7月27日
经国务院领导批准，国家机构编制委员会印发《国家体改委"三定"方案》。国家体改委的主要任务是：拟订全国经济体制改革总体设计，研究、协调实施企业改革工作和指导企业提高经济管理水平。

7月28日
国务院作出《关于地方实行财政包干办法的决定》。

7月29日
沿海黄河经济协作带在青岛宣告成立。包括青海、甘肃、宁夏、陕西、山西、河南、山东7省区，总面积和总人口均占全国的20%以上。协作带的建立，将推动省区间的横向联合发展。

8月2日
根据联合国教科文组织的要求，中国在南沙永暑礁建立的海洋观测站胜利竣工，南沙军民在此举行落成典礼。这是中国行使主权，在南沙建立的第一个海洋观测站。

8月5—9日
李鹏主持召开国务院常务会议，讨论物价委员会提出的《关于价格、工资改革的初步设想和配套措施》。会议经过讨论，原则同意物价委员会的方案。

8月5日
《人民日报》报道，中国第一家真正实行股份制的大型工业企业——沈阳金杯汽车股份有限公司，首次公开向社会发行金杯股票，不到半月时间即认购近5000万元。

8月6日
国务院发布《中华人民共和国印花税暂行条例》。

8月8日
宝山钢铁联合（集团）公司在上海成立。

8月11日
国务院批转中国人民银行《关于控制货币、稳定金融几项措施的报告》。并发出通知指出：货币、信贷是整个国民经济活动的综合反映，货币投放是否适量，金融能否保持稳定，对于保证国民经济的稳定发展，促进经济体制改革，尤其是物价改革的顺利进行，巩固安定团结的政治局面，关系极大。为了促进国民经济健康发展，防止出现恶性通货膨胀，要进一步加强货币、信贷的集中管理，调整信贷结构。

8月15日
国务院决定建立国家行政学院，它是中国高、中级国家公务员的培训中心。

8月15—17日
中共中央政治局在北戴河召开第十次全体会议，讨论并原则通过《关于价格、工资改革的初步方案》。会议认为：价格改革的总方向是，少数重要商品和劳务价格由国家管理，绝大多数商品价格放开，由市场调节，以转换价格形成机制，逐步实现"国家调控市场、市场引导企业"的要求。

南沙群岛永暑礁的灯塔和石碑

8月25—29日

国家体改委在吉林召开北方部分省市推行厂内银行工作座谈会。10月26日至30日,又在湖北召开南方部分省市推行厂内银行工作座谈会。在两次会议的基础上,形成《全国推行厂内银行工作座谈会纪要》,决定大力推广厂内银行,并在全国选定100个企业为推广厂内银行示范企业。

8月25—30日

日本首相竹下登访问中国。

8月29日

赵紫阳主持中央财经领导小组会议,对当前经济形势中的几个问题及需要采取的对策进行了研究。会议决定,明年集中力量治理环境,整顿秩序;采取有力措施,制止抢购风;加强宏观控制,正确引导和约束地方行为及企业行为。

8月30日

国务院召开第20次常务会议,讨论市场和物价形势。同日,根据会议精神,国务院发出《关于做好当前物价工作和稳定市场的紧急通知》。

9月3日

中国人民银行作出决定,从9月10日起开办人民币长期保值储蓄存款。对城乡居民个人3年期以上定期存款予以保值。

9月5日

邓小平在与捷克斯洛伐克总统胡萨克会见时说:我有一个观点,如果一个党、一个国家把希望寄托在一两个人的威望上,并不很健康。过分夸大个人作用是不对的。在会见中,邓小平还提出了"科学技术是第一生产力"的重要论断。

9月5日

七届全国人大常委会第三次会议通过《保密法》等议案。

9月8日

国务院发布《现金管理暂行条例》,《条例》规定:凡在银行和其他金融机构开立账户的机关、团体、部队、企业、事业单位和其他单位,必须依照本条例的规定收支和使用现金,接受开户银行的监督。《暂行条例》自10月1日起施行。

9月12日

邓小平在住地听取《关于价格和工资改革初步方案》的汇报。邓小平强调:中央要有权威。改革要成功,就必须有领导有秩序地进行。赞成边改革、边治理环境整顿秩序。要创造良好的环境,使改革能够顺利进行。但是,治理通货膨胀、价格上涨,无论如何不能损害我们的改革开放政策,不能使经济萎缩,要保持适当的发展速度。沿海地区要加快对外开放,使这个拥有两亿人口的广大地带较快地先发展起来,从而带动内地更好地发展,这是一个事关大局的问题。内地要顾全这个大局。反过来,发展到一定的时候,又要求沿海拿出更多力量来帮助内地发展,这也是个大局。那时沿海也要服从这个大局。这一切,如果没有中央的权威,就办不到。我们要定一个方针,就是要在中央统一领导下深化改革。不仅是价格一个方面的改革,而且是多方面的、综合的改革。宏观管理要体现在中央说话能够算数。

9月13日

国务院发布《国家行政机关工作人员贪污贿赂行政处分暂行规定》。

9月15—21日

中共中央政治局召开中央工作会议,正式作出治理经济环境、整顿经济秩序、全面深化改革的决定。

9月20日

国家科委、财政部发布《科研单位实行经济核算制的若干规定》指出,经济核算制的基本任务是,根据价值规律,运用成本、价格和收益等经济范畴,核算科研活动中活劳动和物化劳动的消耗以及经济收益,合理安排和节约使用人力、物力、财力,降低成本,改善科研经营管理,提高经济效益,正确处理国家、单位和职工三者之间的经济关系。

9月22日

由各界人士组成的促进中国和平统一的民间团体——中国和平统一促进会在北京成立。

9月24日

国务院发出《国务院关于清理固定资产投资在建项目、压缩投资规模、调整投资结构的通知》。

9月26—30日

中共十三届三中全会在北京举行。全会批准了中共中央政治局提出的治理经济环境、整顿经济秩序、全面深化改革的指导方针和政策、措施。全会审议、通过了中共中央政治局的报告;原则通过《关于价格、工资改革的初步方案》。全会还通过了《关于加强和改进企业思想政治工作的通知》,提出要建立在厂长(经理)全面负责下的企业职工思想政治工作新体制,改变企业思想政治工作与生产经营"两张皮"的状况。

9月27日

国务院作出《关于进一步控制货币稳定金融的决定》。《决定》指出,当前,货币投放仍然过多,贷款增加较猛,储蓄滑坡的情况没有显著改变。中国人民银行和各省、自治区、直辖市人民政府对此要引起高度重视,并采取果断有力的措施,治理通货膨胀,稳定金融,稳定经济。

9月27日

国务院发布《中华人民共和国城镇土地使用税暂行条例》。

10月3日

中共中央、国务院作出《关于清理整顿公司的决定》。《决定》指出,这次清理整顿的重点是1986年下半年以来成立的公司,特别是综合性、金融性和流通领域的公司。在此之前成立的公司,凡问题严重的,也要进行清理整顿。通过清理整顿,主要解决政企不分、官商不分、转手倒卖、牟取暴利等问题,进一步明确经营方针、经营范围,使这些公司走上健康发展的轨道。

10月3日

国务院批准深圳市在国家计划中实行单列,并赋予其相当于省一级的经济管理权限。

10月3日

中共中央办公厅、国务院办公厅作出《关于县以上党和国家机关退(离)休干部经商办企业问题的若干规定》。

10月6日

国务院作出《关于从严控制社会集团购买力的决定》,要求对1988和1989两年的社会集团购买力,在上年实际支出的基础上,按实际可比口径计算,每年压缩20%。

10月12日

国务院发出《关于全面彻底清查楼堂馆所的通知》。

10月15日

国务院办公厅通知,国务院决定成立国务院企业管理指导委员会,负责协调贯彻《企业法》和研究企业改革、企业管理中的重大问题,指导企业转换和完善经营机制,加强企业管理。

10月17日

邓小平会见罗马尼亚共产党总书记、罗马尼亚总统齐奥塞斯库时说:我们最近经济发展过热、速度过快,需要总结经验。所以,我们最近召开的十三届三中全会,提出控制经济发展速度,治理经济环境,整顿经济秩序。初步确定搞两年。一个是降低经济发展速度,保持比较适当的发展速度。一个是努力消除一些腐败现象。为此应该加强党中央和国务院的控制力，采取一些积极的措施和妥善的办法来加强管理。

10月24日

国务院作出《关于加强物价管理严格控制物价上涨的决定》。

10月24日

全国税务局长紧急会议在京举行，要求整顿纳税秩序，严格征收管理，确保1988年超收0亿元。

11月2—7日

中共中央、国务院在北京召开全国农村工作会议。田纪云副总理在会上作《必须充分重视和大力发展农业》的讲话。针对1984年以后中国粮食生产出现了新的徘徊的情况，田纪云强调：在新的历史条件下农业的基础地位没有发生变化。农业是整个国民经济发展的最大制约因素。农业特别是粮食生产的发展状况如何，不仅对实现"七五"计划和达到本世纪末的经济发展目标有着重要的影响，而且对明后两年治理经济环境、整顿经济秩序、抑制通货膨胀、控制物价大幅度上涨也是至关重要的。

11月6日

物资部宣布，为加强市场管理、禁止倒买倒卖，将对4种钢材和3种有色金属实行专营。

11月8日

第七届全国人大常委会第四次会议通过《关于加强民主法制维护安定团结保障改革和建设顺利进行的决定》。会议决定，将《行政诉讼法（草案）》全文公布，广泛征求意见。

11月17日

新华社报道：国务院决定组建国家国有资产管理局。该局作为国有资产的代表者，按规定将行使国家赋予的国有资产所有者的代表权、国有资产监督管理权、国家投资和收益权、资产处置权。

11月24日

上海万国证券股份有限公司在上海宣布成立。该公司专营证券发行、交易业务，是完全独立于银行业的股份制金融企业。

11月28日

中国和蒙古在北京签署了两国政府关于中蒙边界制定和处理边境问题条约。

11月28日—12月5日

国务院在北京召开全国计划会议和全国经济体制改革工作会议，讨论安排1989年国民经济和社会发展计划，讨论部署1989年经济体制改革工作。12月5日，李鹏在闭幕会上作《把建设和改革的重点切实放到治理经济环境和整顿经济秩序上来》的讲话，提出：明年改革要着重抓好以下几个方面：首先，要深化企业改革。继续完善和发展经营承包责任制，加强和改进企业内部管理，提高经济效益。第二，积极推进那些对治理通货膨胀有重大作用的改革。如住房商品化、出售部分国有小企业产权等改革措施。第三，加强和改进宏观经济调控，要通过经济的、行政的、法律的、纪律的和思想政治工作的手段来实现。

11月29日—12月4日

全国人事工作会议在北京举行。会议强调指出，人事制度的改革，重点是建立国家公务员制度。会议提出，今后几年，理顺工资关系的重点是解决脑力劳动者收入不合理的问题，使他们的收入增加得快一些。同时还要适当调整机关、事业单位内部各类人员的工资关系，特别要突出解决不合理的职务工资"平台"问题。

11月30日

国务院发布《中华人民共和国审计条例》，自1989年1月1日起施行。

12月2日

邓小平会见以樱内义雄为团长的日本国际贸易促进协会访华团时指出：我们的改革开放政策，不管遇到什么暂时的麻烦，如通货膨胀，都不会改变。我们改革开放已经搞了10年。这10年应该说是成功的，它使中国经济上了一个台阶。现在我们正在上第二个台阶，即到本世纪末再翻一番，达到小康水平。上第二个台阶遇到的问题比上第一个台阶所遇到的问题还复杂。现在出现了这样那样的问题，需要进行调整，保持适当的速度，这些都是不可少的。我们治理通货膨胀、价格上涨问题，无论如何不能损害我们提出的改革开放政策，不能使经济萎缩。上第三个台阶需要花50年，那时遇到的问题将更多。国际上对我们的发展情况估计得比我们更乐观一些，但我们自己要小心谨慎。现在遇到的问题总有办法解决。

12月5日

国家税务局决定，全国实行个人调节税应税收入申报制，并在北京海淀区开始试点。

12月8日

中国第一个大型港口经济联合体——中国港口集团公司，在海口市正式成立。

12月8—25日

全国财政工作会议在北京举行。24日，王丙乾在会上指出，国家预算应坚持量入为出、收支平衡的原则。但多年来中国财政连续出现赤字，其中有些年度的赤字是由于宏观失控、经济过热、投资与消费膨胀引起的。因此，明后两年一定要下决心压缩资金需求总量，同时合理调整分配结构，适当集中资金，做到有保有压，区别对待。明年增加的收入主要用于价格、工资改革和必要的农业、教育、科学等支出，其他各项支出只能维持今年水平，有些项目还要压缩，力争明年赤字少于今年。

12月12日、21日

赵紫阳主持中央财经领导小组会议，听取并讨论了国家计委、体改委和经济发展研究中心等部门关于调整经济结构和治理通货膨胀问题的汇报。会议强调，当前要认真地把中央、国务院关于紧缩需求、增加有效供给、遏制通货膨胀的措施抓紧抓实抓好，抓出成效来。会议对调整经济结构、治理通货膨胀的几个有关问题提出意见。

12月18—22日

纪念党的十一届三中全会召开10周年理论讨论会在京举行。18日，赵紫阳在开幕式上讲话指出，从十一届三中全会起，经过十三大，我们已经形成并确立了建设有中国特色的社会主义理论的基本观点和轮廓。它是从中国实际情况出发的，是马克思主义基本原理同中国改革与建设实践的统一。当前我们党在理论工作上的首要任务，是用10年来逐步形成的十三大的理论进一步武装全党。我们坚持马克思主义，就要坚持用马克思主义的基本原理和科学态度，实事求是地研究新情况新事物新问题，从中引出固有的而不是臆造的规律性，并在实践中继续进行检验。他说，马克思主义必须有新的大发展，这是现时代的大趋势。

12月19日—23日

印度总理拉吉夫·甘地访问中国，这是34年来印度总理首次访华。甘地这次访问中国标志着中印双边关系新的开端。

12月24日

中共中央政治局第十四次全体会议在北京举行。会议讨论了国际形势和中国的对外工作。

12月26日

国务院发出《关于进一步清理固定资产投资在建项目的通知》。

12月27日

国务院发布《整顿税收秩序、加强税收管理的决定》。《决定》指出，税收是国家财政收入的主要来源，是国家进行宏观调控的重要经济杠杆和监督手段。在治理经济环境、整顿经济秩序和全面深化改革中，必须采取有力措施，整顿税收秩序，加强税收管理，坚持以法治税，切实保障国家财政收入。

12月29日

七届全国人大常委会第5次会议通过《中华人民共和国标准化法》，自1989年4月1日起施行。

📊 数说发展

人口

总人口 109614 万人

 出生率 **12.10‰**

 死亡率 **6.93‰**

 自然增长率 **5.17‰**

财政收支

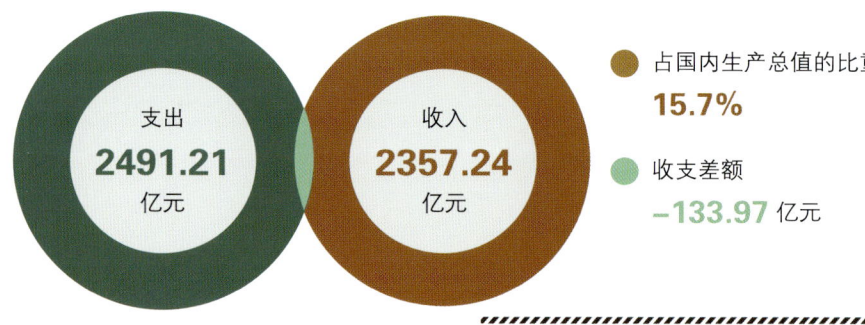

支出 2491.21 亿元　收入 2357.24 亿元

- 占国内生产总值的比重 **15.7%**
- 收支差额 **−133.97** 亿元

国内生产总值

GDP（国内生产总值）15042.8　（单位：亿元）

- 第一产业　3865.4
- 第二产业　6587.2
- 第三产业　4590.3

对外经济

进出口贸易总额 **1027.9** 亿美元

比上年增长 **24.4%**

- 出口 **475.4** 亿美元
- 进口 **552.5** 亿美元

非贸易外汇收支

（单位：亿美元）

收入 66.1　支出 27　收大于支 39.1

农林牧渔业

产量

 棉花 **420** 万吨　比上年增长 **−1.1%**

 粮食 **39401** 万吨　比上年增长 **−2.2%**

 水产品 **1046** 万吨　比上年增长 **9.5%**

油料 **1320** 万吨　比上年增长 **−13.6%**

农村社会总产值 **12078** 亿元

工业

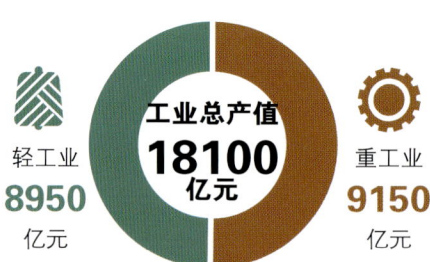

工业总产值 **18100** 亿元

- 轻工业 8950 亿元
- 重工业 9150 亿元

国内商业

社会商品零售总额 **7440** 亿元

其中　农业生产资料 **899** 亿元　消费品 **6541** 亿元

生产资料销售额 **2362** 亿元

实际利用外资 **98.4** 亿美元

比上年增长 **16.4%**

其中，吸收客商直接投资 **26.2** 亿美元

对外经济合作

对外承包工程和劳务合作新签合同金额 **18.3** 亿美元

完成营业额 **12** 亿美元

黄金和外汇储备

 黄金 **1929** 万盎司

 外汇 **15282.49** 亿美元

人民生活

城乡居民人均收入

城镇 1119 元
农民 515 元

全国职工总数 13573 万人
城镇个体劳动者 633 万人
全国职工工资总额 2297 亿元
城乡人民储蓄存款 3807 亿元

新建住宅面积（单位：亿平方米）

城镇 1.9
农村 8.8

社会福利事业

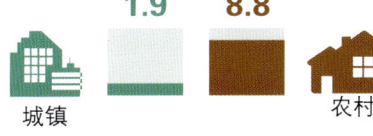

社会福利院床位数达 71 万张
收养 58 万人
城乡各种社会救济对象得到国家救济达 4156 万人次

保险事业

财产险承保总额 17970 亿元
7216 万户家庭参加了家庭财产保险
各种人身保险投保人数 15867 万人

国内财产险业务共处理赔案 262 万件，赔款支出 43 亿元

固定资产投资

全民所有制单位固定资产投资 2695 亿元
城乡集体所有制单位投资 621 亿元
城乡个人投资 998 亿元

固定资产投资 4314 亿元

基本建设投资 1543 亿元

非生产性建设投资 510 亿元
生产性建设投资 1033 亿元

城市建设部门完成投资 94 亿元
能源工业部门完成投资 371 亿元
商业、金融部门完成投资 84 亿元
原材料工业部门完成投资 206 亿元
文教卫生部门完成投资 95 亿元
运输邮电部门完成投资 218 亿元
农业部门完成投资 71 亿元
轻纺工业部门完成投资 62 亿元

建成投产的大中型建设项目 78 个
建成投产大中型建设项目的单项工程 138 个

新增加的生产能力

发电装机容量 999 万千瓦
原煤开采 3090 万吨
原油开采 1577 万吨
（包括更新改造和其他投资增加的能力）
乙烯 60 万吨
水泥 246 万吨
平板玻璃 792 万重量箱

1988

交通运输

新建线路交付营业里程

铁路 **419** 公里
铁路复线 **820** 公里

铁路电气化 **1487** 公里

沿海港口吞吐能力 **878** 万吨

旅客周转量 **6060**

（单位：亿人公里）

- 铁路
- 公路
- 空运
- 水运

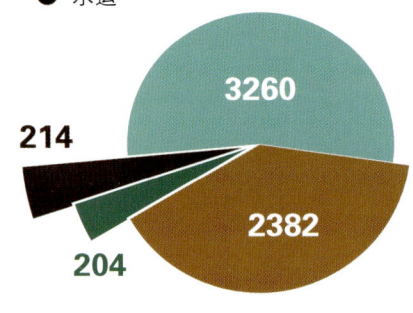

- 铁路 3260
- 公路 2382
- 水运 214
- 空运 204

货物周转量 **23355**

（单位：亿吨公里）

- 铁路 9876
- 公路 2871
- 水运 9964
- 空运 7.4
- 管道 637

沿海主要港口吞吐量 **4.36** 亿吨

旅游

接待人数 **3169** 万人次

全年旅游外汇收入 **22.2** 亿美元

卫生

医院病床 **250.3** 万张

专业卫生技术人员 **372.4** 万人
其中医生 **161.8** 万人
（含中、西医师 **109.6** 万人）
护师、护士 **82.9** 万人

邮电通信

邮电业务总量 **49.1** 亿元

市内电话用户 **362** 万户

科学技术

经国家批准的发明奖 **217** 项
科学技术进步奖 **513** 项
星火奖 **138** 项

批准专利 **11500** 件
签订技术合同 **24.7** 万项
成交金额 **70** 亿元

全民所有制单位从事专业技术工作的人员 **960** 万人（未含社会科学）

县以上全民所有制独立研究与开发机构 **5700** 个，职工 **110** 万人

体 育

获得世界冠军 **54** 个
打破和超过世界纪录 **33** 项
打破全国纪录 **138** 项

第24届夏季奥运会上取得

金牌 **5** 枚　银牌 **11** 枚　铜牌 **12** 枚

首届全国农民运动会和城市运动会相继举办

文 化

广播电台 **461** 座
广播发射台和转播台 **645** 座
电视台 **422** 座
一千瓦以上电视发射台和转播台 **811** 座

生产电影故事片 **158** 部
发行各种新片（长片） **227** 部

各类电影放映单位 **16.2** 万个
有 **31** 部影片在国际电影节上获 **35** 次奖

- 艺术表演团体
- 文化馆
- 公共图书馆
- 博物馆
- 档案馆

 2998 个
 2975 个
 2479 个
 893 个 3356 个

出版

全国性和省级报纸 **206.4** 亿份
各类杂志 **26.6** 亿册
图书 **62.8** 亿册(张)

教 育

招生人数

- 研究生 **3.6** 万人
- 普通高校本专科生 **67** 万人
- 成人高校本专科生 **69.8** 万人

在校学生数

- **A** 研究生 **11.3** 万人
- **B** 普通高校本专科生 **206.6** 万人
- **C** 成人高校本专科生 **172.8** 万人
- **D** 高中 **1301.6** 万人
- **E** 中等职业技术学校 **555.7** 万人 (含技工学校学生 **116.4** 万人)
- **F** 成人中专 **179.8** 万人
- **G** 成人技术培训学校 **933** 万人
- **H** 初中 **4015.5** 万人
- **I** 小学 **12535.8** 万人

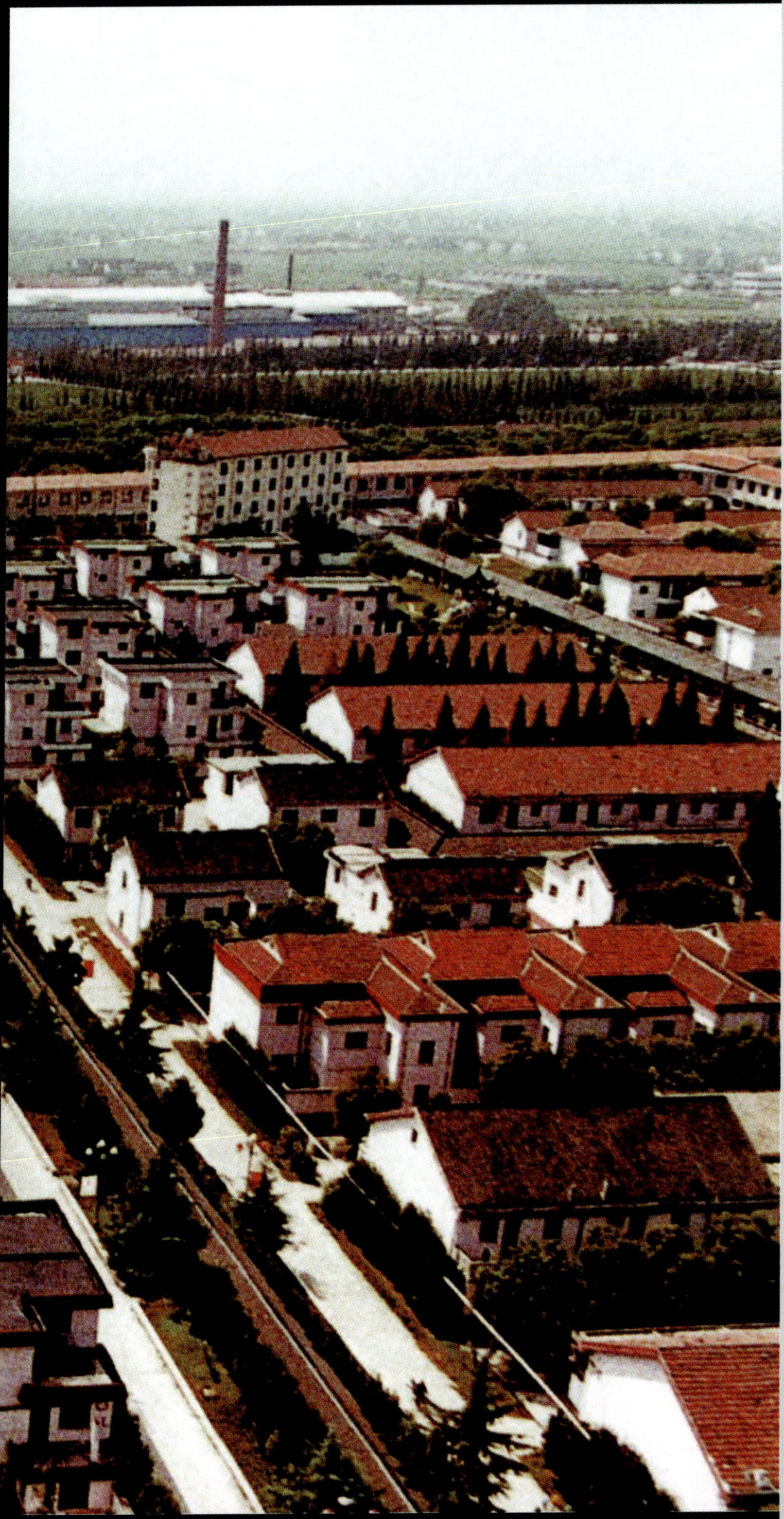

1989

- 职工医疗保险改革试点
- 戈尔巴乔夫访华
- 中国共产党第十三届四中全会召开
- 邓小平辞去中央军委主席职务

焦点事件

海峡两岸经济学家举行"秘密座谈会"

1989年3月，国家体改委的安志文、刘鸿儒、杨启先等人来到香港，组织召开了一次特殊的座谈会。说它特殊，是因为座谈会的参加者除大陆的专家学者外，主要来宾是台湾的经济学家。当时两岸关系尚未解冻，台湾学者来香港与大陆学者座谈，是冒了很大的风险，座谈会是在极为秘密的状态下举行的。

座谈会于1989年3月13日至16日举行。参加座谈的台湾学者一共6人，他们是台湾"中华经济研究院"院长蒋硕杰、副院长于宗先，院士邹至庄、费景汉、顾应昌、刘遵义。台湾的经济学"院士"共有7人，而这次到香港与大陆专家座谈就来了6人。

这次座谈会讨论的第一个问题是通货膨胀问题。台湾学者认为，大陆现在的通货膨胀达到了18.5%，从经济角度讲，并不算很严重，比台湾20世纪50年代初的困难小得多。关键是"国家调节市场，市场引导企业"的改革路子是对的，只要措施正确，实现经济继续稳定增长是有希望的。关于通货膨胀的成因，台湾学者不完全同意一般认为的是需求拉动或成本推动的说法，他们认为这种分析，掩盖了政府工作的缺陷和事情的本质。认为货币供给的扩张是造成通胀的根本原因，而扩张货币的根源，一是财政赤字；二是金融赤字；三是增加外汇资产积累，主要是前两种。因此治理通货膨胀的关键是要消灭财政赤字和金融赤字，不能依靠价格管制。台湾专家还对解决财政赤字和金融赤字的问题提出了具体的意见。

第二个问题是价格改革。台湾学者认为，无论在什么社会制度下，经济发展都必须尊重市场原则。历史证明，凡市场机能灵活运行的国家，和同等经济发展阶段的国家相比都是超前的；凡市场机能滞碍不畅的国家，和同等经济发展阶段的国家相比都是落后的。要使市场机能很好地发挥作用，必须改变政府管制价格的制度，不仅是实物产品的价格，也包括资金和外汇的价格。他们认为由于上年通货膨胀加剧，大陆对一些价格重新进行管制，作为一种临时措施是可以理解的，但时间无论如何不宜太长。价格一管制，把有些产品的比价扭曲了，把许多经济关系又弄乱了，对经济发展很不利，将来付出的代价可能更大。学者们对现在价格仍然很不合理的农产品、能源交通、工业原材料三大系列产品的价格改革提出具体意见：应该继续逐步放开农产品价格，对国家低价收购的部分粮食，可以改为以征收实物税的形式取得，做到不再当农民的"敌人"，使农民种地有利可得。只有这样，才能有效缓解并克服农产品供应不足的问题。对能源交通和原材料，他们主张先提高能源交通的价格。对原材料价格，他们倾向于继续走部分管制、部分放开的路子，通过每年缩小一部分管制、放开一部分的办法，用四五年时间过渡到单一价格。

第三是汇率问题。学者们认为这是大陆经济存在的突出问题之一，也是不发达国家一个共同性的问题。在不发达国家，为保护国内产业，一般总是实行高关税政策，将本国货币高估，把外汇汇率人为地定得很低，导致出口的出不去，应该进口的也进不来，对经济发展制约很大。因为，

人物：安志文

安志文，1919年3月生，陕西子洲人。新中国成立后，历任国家计委委员、副主任、国家建委副主任、六机部部长、国家体改委副主任、党组书记、中央财经领导小组成员、中央顾问委员会委员。

1989年3月13-16日，时任国家体改委副主任、党组书记的安志文偕同刘鸿儒、杨启先在香港举行了一个特殊的座谈会，邀请了六位台湾经济学"院士"（蒋硕杰、于宗先、邹至庄、费景汉、顾应昌、刘遵义），座谈会讨论了通货膨胀问题、价格改革问题、汇率问题、企业制度问题和分配问题。这次座谈会是海峡两岸高层经济学家之间的第一次接触。

3月25日，安志文和刘鸿儒以个人名义将台湾经济学家的意见报告了赵紫阳和李鹏。赵紫阳看后给安志文打电话说，他将把报告给小平同志看看，并要求体改委组织有关部门和专家对台湾经济学家的意见进行讨论。8月3日，体改委向赵紫阳和李鹏正式报告，称台湾学者"思路比较符合中国改革的实际，所提的一些办法和措施，也富有借鉴意义"，比如建议有必要在治理过程中继续推行必要的价格改革……价格改革这一关是绕不过去的，早晚都非进行不可。提出人民币应当大幅度贬值，下决心太晚，很可能贻误时机，严重削弱在国际市场的竞争能力。认为中国的大企业需要发展股份制，原有企业也可以通过拍卖和资产债券化的办法转为职工集体和私人经营。这些建议在90年代的改革开放中都被中央采纳。

资料来源：《中国经济体制改革重大事件》（上），中国人民大学出版社，2008年。

观点

蒋硕杰：笔者一向对于政府抛售黄金吸收通货的政策不赞同。固然黄金抛售是可以吸收若干法币回笼，对通货膨胀的阻止不无补助，但是黄金做如此用途实在太浪费了。至于中央银行以公定价格收进黄金外币及征购国人在国外之外汇存款的办法，更隐藏着重大危险。政府应该考虑用一种公债来强迫收兑，才能避免发行之泛滥。

资料来源：《由经济紧缩措施方案谈到今后稳定物价的途径》，《经济社会体制比较》，1989年第2期。

邹至庄：目前中国出现的通货膨胀和腐败现象，是短期行为。中国大陆上通货膨胀极其严重，但这并非是不可以解决的问题，在资本主义国家的经济成长中，也有波动，出现通货膨胀问题，前几个月的抢购行为，是非常正常的现象。只需用简单的经济手段就可以解决困局。弗里德曼主张一次性全部放开价格，是有点不大了解中国的实际情况。理论上可以这样做，但从政治层面考虑很难放开。改革的办法只能放慢，无法急进。

资料来源：《邹至庄谈中国经济改革》，《编译参考》，1989年第3期。

安志文：深化改革与治理、整顿的共同任务，就是要调整经济结构。结构不合理，既然是通货膨胀的深层次原因，因此不调整经济结构，治理、整顿只是治标，不能治本，深化改革也会流于形式，或者停留在口头上。调整结构的实质是利益的调节，而利益多元化是改革的结果，因此，调整利益也只能用改革的办法来解决，单纯依赖行政手段是不能达到预期目的的。

资料来源：《安志文同志谈治理整顿和深化改革》，《谋略对策》，1989年第4期。

不发达国家的最大优势是劳动力多，工资水平低，具有比较利益的是那些相对需要人力多、资本少的产业。但由于汇率低，出口产品价格太高，反而没有竞争力。低价出口原材料或补贴出口，不但国家财政承受不了，而且等于把好处给了外国人，还可能受到贸易保护主义的抵制，很不合算。台湾在这方面有过深刻的教训。

第四是企业制度问题。台湾学者认为，对于国家必须控制国民经济支柱产业的理论，要有一个新的认识。很有必要把企业分为两类：一类是非竞争性的，如公用事业、基础设施和能源，可以继续由国家投资经营；一类是竞争性的，国家的资金供给到此为止，不再增加投入，企业要发展，基本通过用自有资金、互相参股、个人投资，或者发展集体企业、私人企业和大胆利用外资来解决。特别是一些中小企业，可以任凭发展，不受所有制限制。另一方面，要解决政企分开和企业放开经营、自负盈亏的问题。台湾学者建议采用股份制。但是，要比较普遍地发展股份制，必须具备以下条件：一是资产要能合理评估并适当分割，因全部股权由一个政府部门持有，政企仍然难以分开，效果肯定不好；二是市场机能要比较健全，特别是劳动力要市场化，以利于平等竞争；三是要有一批优秀的经营者；四是要有一套比较健全的法规，使各方面能够依法办事。现在大陆显然还不具备这些条件。可以在已经普遍实行承包经营的基础上，逐步创造条件过渡。

第五是分配问题。台湾学者注意到最近几年大陆出现企业职工工资奖金增长超过劳动生产率与实现利润增长率的趋势，甚至大发各种实物，变相增加职工收入的做法。他们认为这是一种"揠苗助长"的政策，是很危险的。他们主张，在分配问题上不能对职工有过多的许诺，否则，对国家对职工都不利，这在世界上许多国家是有经验教训的。大陆如果不注意这个问题，超过经济增长的实际情况去扩大工人的分配，不但实际收入不能很快提高，而且也可能会把经济拖垮。对于目前出现的某些分配不公的现象，台湾学者认为这在一定发展时期是很难完全避免的，不应看得过于严重。最重要的是要鼓励和引导收入多的人，尽可能将资金用于投资，发展生产。为此，不宜用行政办法限制私人投资，而应使之有利可图。他们说，香港经济为什么这样有活力，发展得这样快，就因为做到了"天下利之即来，天下无利则亡"。如果按儒家"君子不计其利"的思想办事，经济是不可能发展起来的。当然，私人财产多了以后，政府可以而且必须通过税收的办法控制，以防止私人资本过分集中。

这次座谈是海峡两岸高层经济学家之间的第一次接触，既增加了相互了解，又就大陆的改革交换了不少意见，双方对会议的结果都表示满意，并同意今后继续进行交流。①

---

① 彭森、陈立等著：《中国经济体制改革重大事件》，中国人民大学出版社，2008年。

职工医疗保险改革试点

中国城镇医疗制度自20世纪50年代起实行的是公费医疗（行政机关、事业单位职工）和劳保医疗（企业职工）两种制度，统称"职工医疗保险制度"。这种医疗保障模式是在战争年代的供给制基础上参照苏联模式建立的，其主要特点是个人不负担医疗费用，职工就医所需费用基本由国家或企业包下来。随着经济社会的发展，这种制度的不可持续性越来越明显。

1988年3月25日，国家成立了由卫生部牵头，体改委、财政部、劳动人事部、总工会、组织部、医药管理

20世纪80年代,辽宁省丹东市开展的街头医疗咨询。

局和人民保险公司等八个部门参加的医疗制度改革研讨小组,其任务是负责提出劳保医疗和公费医疗制度改革方案并指导医疗改革试点。同年7月,向国务院报送了《职工医疗保险制度改革设想(草案初稿)》。《设想(草案初稿)》指出,医疗保险改革的目标是逐步建立符合国情,医疗费用由国家、单位、个人合理负担,社会化程度较高的多种形式的职工医疗保险制度。具体方案是:(1)建立职工医疗保险基金,由国家、单位和个人共同负担,原则上按职工工资总额的一定比例提取。(2)职工看病由本人负担门诊和住院药费的15%~20%,住院床位费的2%~5%。个人负担的总额不超过本单位平均工资的5%。(3)制定中国基本药物名录和医疗保险用药规范,规定哪些药品可以报销,对计划用药的生产、包装、供应和价格加强计划管理。(4)建立政事分开的医疗保险机构。(5)药品收入与医院职工奖金脱钩。按不同医院的技术水平和设施条件,由各地确定规范的收费标准。(6)作为过渡方案,适当调高公费医疗和劳保医疗经费的提取比例[①]。

1989年3月4日,国务院批转《国家体改委1989年经济体制改革要点》,《要点》提出:在吉林省四平、辽宁省丹东、湖北省黄石、湖南省株洲,进行公费医疗保险制度改革试点;在深圳、海南进行社会保障综合改革试点(包括养老、待业、工伤和医疗)。这标志着中国医疗制度改革进入实质性阶段。

---

① 参见王爱文等《编织社会安全网——中国社会保障制度的昨天、今天和明天》第135页,广西师范大学出版社,1998年。

戈尔巴乔夫访华

1989年5月15日,苏联最高苏维埃主席团主席、苏共中央总书记米·谢·戈尔巴乔夫抵达北京,开始对中国进行为期4天的正式访问。这次访问是自1959年9月30日苏联最高领导人赫鲁晓夫到北京参加中国国庆活动以后,苏联最高领导人30年来对中国的第一次访问。

5月16日上午,中央军委主席邓小平与戈尔巴乔夫在人民大会堂东大厅举行了两个半小时的会谈。邓小平提出的"结束过去,开辟未来"的主张,得到了双方的一致认可。邓小平说:"希望中苏之间能够消除三大障碍,早日实现我们之间的见面和对话。我们这次会晤,可以概括为八个字:结束过去,开辟未来。"邓小平回顾了中苏两国、两党关系过去所走过的一段曲折历程,说中国不会侵略别国,对任何国家都不构成威胁。戈尔巴乔夫说:"对以前双方关系恶化的历史,苏方认为自己方面也有过错,但苏方还有一些不同看法。"两位领导人表示:过去的事过去了,重点在于应该向前看,在发展两国关系上,多做实事。这次会晤确立了中苏关系正常化新框架,为双方建立超越意识形态的睦邻友好关系奠定了基础,也为后来中俄以及中国与前苏联各加盟共和国进一步发展友好关系,提供了新的契机。在访问期间,杨尚昆、赵紫阳、李鹏也分别与戈尔巴乔夫进行了会谈。

5月18日,中国和苏联发表了一项联合公报,共18条。《中苏联合公报》强调:"双方声明,中华人民共和国和苏维埃社会主义共和国联盟将在互相尊重主权和领土完整、互不侵犯、互不干涉内政、平等互利、和平共处的国与国之间关系的普遍原则基础上发展相互关系。"

戈尔巴乔夫访华,是中苏经历了10年论战、10年武装对抗、10年谈判之后,两国关系实现正常化的

1989年5月16日,邓小平(左)会见戈尔巴乔夫。

苏联最高苏维埃主席团主席、苏共中央总书记米·谢·戈尔巴乔夫应中华人民共和国主席杨尚昆的邀请，于1989年5月15日至18日，对中国进行了正式访问。

标志。这是中国外交史上的又一大进步，同时也说明了中国的综合国力不断地增强，为以后的发展奠定了更加深厚的基础。中苏两大国关系的改善对亚太地区的稳定和发展，对世界的和平和安全，都产生了积极和重要的影响。

中国共产党第十三届四中全会召开

1989年6月23日至24日，中国共产党第十三届四中全在北京召开。会议分析国内发生政治风波的性质及原因，初步总结了经验教训，明确了当前和今后一个时期党的方针和任务，对中央领导机构成员进行了调整。会议审议并通过了李鹏代表中央政治局做的《关于赵紫阳同志在反党反社会主义的动乱中所犯错误的报告》。全会决定，撤销赵紫阳的中央委员会总书记、中央政治局常务委员会委员、中央政治局委员、中央委员会委员和中共中央军事委员会第一副主席的职务。

全会对中央领导机构的部分成员进行了必要的调整：全会选举江泽民为中央委员会总书记；增选江泽民、宋平、李瑞环为中央政治局常务委员会委员；决定增补李瑞环、丁关根为中央书记处书记；政治局常委会由江泽民、李鹏、乔石、姚依林、宋平、李瑞环组成。

党的十三届四中全会强调："要继续坚决执行十一届三中全会以来的路线、方针、政策，继续坚决执行十三大确定的'一个中心，两个基本点'的基本路线，四项基本原则是立国之本，必须毫不动摇，始终一贯地加以坚持，改革开放是强国之路，必须一如既往地贯彻执行，绝不回到闭关锁国的老路上去。"江泽民在全会上的讲话指出："这次中央领导机构做了些人事调整，但是党的十一届三中全会以来的路线和基本政策没有变，必须继续贯彻执行。在这个最基本的问题上，我要十分明确地讲两句话，一是坚定不移，毫不动摇；二是全面执行，一以贯之。"①

① 《江泽民文选》第一卷，人民出版社，2006年，第57页。

邓小平辞去中央军委主席职务

1989年11月6日至9日，中国共产党第十三届中央委员会第五次全体会议在北京召开。

全会讨论并通过了《中国共产党十三届五中全会关于同意邓小平同志辞去中共中央军事委员会主席职务的决定》。全会认为，邓小平从党和国家的根本利益出发，在自己身体还健康的时候辞去现任职务，实现他多年来一再提出的从领导岗位上完全退下来的夙愿，表现了一个伟大的无产阶级革命家的广阔胸怀。与会全体同志对他身体力行地为废除干部领导职务终身制作出的表率，表示崇高的敬意。

全会高度评价邓小平为党和国家建立的卓著功勋。邓小平是中国各族人民公认的享有崇高威望的杰出领导人，在党所领导的革命和建设的各个历史时期都作出了重大贡献。特别是党的十一届三中全会后，邓小平成为党第二代领导集体的核心。十年来，在党和军队工作的各个方面，在经济建设和改革开放方面，在努力实现和平统一祖国和外交活动方面，邓小平都是当之无愧的总设计师。在以他为核心的领导集体的坚强领导下，中国人民在社会主义现代化建设中取得了举世瞩目的成就，在社会主义新中国的历史上开创了一个新的时期。几十年来的革命实践表明，邓小平不愧是杰出的马克思主义者，坚定的共产主义者，卓越的无产阶级革命家、政治家、军事家，党、国家和军队久经考验的领导人。

全会强调指出，邓小平根据马克思列宁主义同中国实际相结合的原则提出的一系列观点和理论，特别是建设有中国特色的社会主义的基本理论，是毛泽东思想的重要组成部分，是毛泽东思想在新的历史条件下的继承和发展，是中国共产党和中国人民的宝贵精神财富。全会要求全党一定要认真学习邓小平的著作，使它今后在中国社会主义现代化建设的伟大进程中发挥重大的指导作用。

语录

"稳定压倒一切"。

——邓小平

背景：20世纪80年代，是中国改革开放开始起步的时期，各个领域都取得了巨大的成就。同时，这一时期也涌现出一些问题，各种新旧矛盾错综复杂地交织在一起，社会上屡次出现不稳定的局面，1989年还出现了严重的政治风波。面对这种情况，邓小平及时抓住当时社会发展中的突出矛盾和问题，反复强调稳定对经济社会发展的作用。1990年12月24日，他强调："我不止一次讲过，稳定压倒一切，人民民主专政不能丢。"

 观点

张卓元：今后还应坚持治理整顿，继续稳定经济，在缓解总供需矛盾的同时，逐步突出产业结构和经济结构的调整和优化工作。因此，要协调好治理整顿、改革和发展的关系。"八五"期间在这三者的衔接与协调中，要逐步加快推进改革，为使经济转入良性循环奠定体制基础，做到以改革促进治理整顿，促进经济稳定，在稳定中求得国民经济的顺利发展。

资料来源：《在继续治理整顿中推进改革》，《改革》，1990年第4期。

专栏：小平同志请求辞去中央军委主席职务致中央政治局的信

中央政治局：

我向中央请求辞去现在担任的中共中央军事委员会主席职务。

一九八〇年我就提出要改革党和国家的领导制度，废除干部领导职务终身制。近年来，不少老同志已相继退出了中央领导岗位。一九八七年，在党的第十三次全国代表大会召开以前，为了身体力行地废除干部领导职务终身制，我提出了退休的愿望。当时，中央反复考虑我本人和党内外的意见，决定同意我辞去中央政治局常委、中央政治局委员、中央顾问委员会主任的职务，退出中央委员会和中央顾问委员会；决定我留任党和国家的军委主席的职务。此后，当中央的领导集体就重大问题征询我的意见时，我也始终尊重和支持中央领导集体多数同志的意见。但是，我坚持不再过问日常工作，并一直期待着尽早完成新老交替，实现从领导岗位完全退下来的愿望。

党的十三届四中全会选出的以江泽民同志为首的领导核心，现已卓有成效地开展工作。经过慎重考虑，我想趁自己身体还健康的时候辞去现任职务，实现夙愿。这对党、国家和军队的事业是有益的。恳切希望中央批准我的请求。我也将向全国人民代表大会提出辞去国家军委主席的请求。

作为一个为共产主义事业和国家的独立、统一、建设、改革事业奋斗了几十年的老党员和老公民，我的生命是属于党、属于国家的。退下来以后，我将继续忠于党和国家的事业。我们党、我们国家和我们军队所取得的成就是几代人努力的结果。我们的改革开放事业刚刚起步，任重而道远，前进中还会遇到一些曲折。但我坚信，我们一定能够战胜各种困难，把先辈开创的事业一代代发扬光大。中国人民既然有能力站起来，就一定有能力永远肖然屹立于世界民族之林。

邓小平
一九八九年九月四日

资料来源：《党建》，1989年第12期。

1989年11月9日，邓小平辞去军委主席后，与十三届五中全会主要领导人合影。

中国共产党第十三届中央委员会第五次全体会议实现了以邓小平为核心的党的第二代中央领导集体向以江泽民为核心的党的第三代中央领导集体的顺利交接。邓小平辞去中央军委主席职务,也为废除干部领导职务终身制作出了表率。

洋浦风波

海南建省办特区后不久,就迎头遇上了一场风波。这就是前后持续了三年之久的"洋浦风波"。

1988年的海南岛,产业薄弱,基础设施严重不足,要实现在20年左右的时间内,人均国民生产总值达到2000美元的战略目标,重点地区的开发要投放2000亿元,平均每年要投入130亿元。2000亿元,对于每年只有几亿元财政收入的海南省来说不啻是个天文数字。

现实的困难迫使海南探寻新的发展模式,用海南决策者的话来说,就是"必须立足于海南的实际,创造性地贯彻执行中央的大政策,走出一条落后地区振兴经济,迅速形成外向型经济格局的新路子"。于是,"洋浦模式"应运而生:即在维护国家主权的前提下,让外商成片承包,有偿给予相应的土地使用权,以项目带土地,并以低地价换取高投资、高效益。这条新路子的首选地便是洋浦。

海南省的意见得到中央的同意。

洋浦开始寻找国外投资者。日本熊谷组(香港)有限公司表示出浓厚兴趣,双方商洽后达成协议:海南省批租洋浦港紧邻的30平方公里土地给香港熊谷组,租金为每亩2000元人民币,租期70年,投资者遵守中国法律及法规,区内属于中国主权和政府职能的部分,如公安、海关、检察、司法、税务等全由海南省负责,建立精简的政府机构,对外商引进的项目,按规划和政策,分别予以鼓励、限制和禁止。

1989年1月17日,国务院副总理田纪云率国家计委、外经贸部、人民银行、财政部、海关总署、特区办公室等部门的负责人去海南考察论证。考察结果,认为总体上可行,如能成功,将成为海南特区建设的"牛鼻子";19日,儋县与香港熊谷组正式签订租地协议,田纪云出席签字仪式。

1989年3月,在北京召开的全国政协七届二次会议上,5位政协委员联合发言,认为洋浦租地的做法欠妥;随后又有200多名政协委员递交提案,反对海南省的做法。在会议讨论发言中,一些政协委员深表"震惊和愤怒":这么好的港口,怎么忍心让外国人来建?为什么我们自己不能

洋浦位于海南省西北部的儋县(现为儋州市),面积约350平方公里。这里常年干旱,"特产"石头和仙人掌,是不宜农耕的不毛之地。

建？既然中央决定开发，就拿钱来投资开发嘛！有的从未到过洋浦的人士则指责洋浦的地租太低，"损害了国家的利益"。

全国政协主席李先念将5位政协委员《对海南省拟引进外资，开发洋浦地区的意见的联合发言》转给了邓小平。3月28日，邓小平批示："请紫阳、李鹏同志酌处。我认为五同志的意见值得郑重考虑。"①

面对舆论压力，海南的决策者们感到委屈和迷惘。中共海南省委书记许士杰在省人代会上为"洋浦模式"据理申辩。许士杰强调，让外商成片承包开发洋浦，外商冒经济风险，我们必须让利，实行低地价、低税收等优惠政策，不然，谁来？这样做，比关起门来，优哉游哉，让土地继续沉睡、人民继续贫困要好得多。虽然冒一点风险，但可换来一个新建的产值达到200亿元的现代化中等城市及全省开发建设的美好前景。

3月31日，中共海南省委书记许士杰、省长梁湘联名向邓小平和国家主席杨尚昆送交了《关于海南省设立洋浦经济开发区的汇报》，据理力争。4月28日，邓小平在许士杰等的汇报材料上批示："我最近了解情况后，认为海南省委的决策是正确的。机会难得，不宜拖延，但须向党内外不同意见者说清楚。"② 5月，全国政协组织了一个五人调查组到洋浦实地调查，调查后认为洋浦的开发方式并不存在主权问题，因此亦表态支持洋浦开发。

11月3日，江泽民总书记指出："海南准备在洋浦划出一块地方来搞成片开发，吸引外商投资，我认为这是一件好事，党中央、国务院对此非常支持，小平同志也有批示。这确实是引进外资的一种形式。我们欢迎境外的客商到中国来成片开发。"

1992年3月，洋浦开发区经国务院批准正式设立为国家级经济开发区。③

1992年8月18日，海南省政府与熊谷组香港有限公司在北京签订了《海南省洋浦经济开发区国有土地使用权出让合同》，30平方公里的土地使用权一次性出让给外商，期限为70年，期满后还可续约，从而开创了新中国第一次由外商承包和开发经营大面积土地的历史。

海南省政府同时成立了洋浦开发区管理局，作为省政府的派驻机构，统一行使开发区的行政管理权。

① 《世纪》，2005年第1期。
② 《世纪》，2005年第1期。
③ 《洋浦开发大事记》，海南省史志网。

1989年，中共海南省委书记许士杰参加会议。

1989年5月19日，首届中外企业海南交易会。

观点

高尚全： 一提治理整顿，有人就认为是改革开放的停滞或者是倒退。这是一种误解。治理整顿与深化改革，是辩证的统一，两者是紧密联系、互相促进的，而不是互相对立的。治理整顿是在坚持改革开放总方针的前提下进行的，是为改革开放创造更好的环境和条件。治理整顿目标的实现不仅需要改革的配合，而且有的治理整顿的措施本身就是深化改革的重要内容，治理整顿和深化改革都是为了实现中国经济持续、稳定、协调地发展，推进中国的现代化建设。更重要的是，在治理整顿已经取得初步成效的基础上，必须坚定不移地把改革深入推动下去。

资料来源：《在治理整顿中深化改革 在深化改革中治理整顿》，《改革》，1990年第1期。

杨启先： 按照我们治理整顿的目标和整个经济发展的要求来衡量，在客观经济生活中存在的问题仍然很多，有的甚至可以说还比较严重。其中，不但有属于原来的问题尚未得到根本解决，而且又面临着一些新的困难和新的矛盾。一些明显的矛盾确已缓解，但一系列深层次的问题还远未解决，经济生活中仍然潜伏着很大的危险，形势仍然是比较严峻的。因此，必须下决心采取既有利于控制和消除种种不合理现象又符合客观经济规律的有效措施，以进一步搞好治理整顿，使经济尽快走出上述困境。

资料来源：《深化改革是走出经济困境的现实选择》，《改革》，1990年第4期。

流行志

"宫廷风"
20世纪80年代末,先富起来的一批人开始追求更高层次的享受,商家也积极迎合这种需要,"宫廷风"横扫中国。酒厂推出了"宫廷酒",传统式样的点心盒印上了"清宫御点"或"宫廷糕点"等字样,位于北京北海公园之内的高级餐厅门外挂上了"宫廷风味"的招牌,商店的茶叶柜台上,陈列着标有"御用珍品"字样的茶盒,各风景区出租皇家风格古装,以供拍照。此后,"宫廷风"又波及服装、电视剧等领域。

席慕蓉
20世纪80年代后期,席慕蓉的诗作《七里香》被推介到大陆,很快诗集销量便突破百万册。《一棵开花的树》《渡口》成了耳熟能详的名篇。随后《无怨的青春》等诗作也相继问世,温婉清幽的意境,质朴纯净的情感,亲切柔美的语言,构成席慕蓉独特的艺术风格,无数少男少女为之痴迷。70年代出生的人买来精致的日记本,虔诚地抄下一行行席慕蓉诗歌,多年以后偶尔翻起,也会勾起无数青春的回忆。

名片热
20世纪80年代初期,名片还是稀罕物。那时候人们出门办事一般是用单位开的证明信来证明身份。1989年前后,随着人们的经济交往越来越多,名片开始时髦起来。使用名片既能说明使用者的身份,还能说明使用者"有身份",名片也因此而泛滥。稍微有点身份的人都爱给自己印个名片,名片上恨不能把平生所有得过的荣誉都塞上去,只要能沾上边,不论真假,所以名片也被人们戏称"明骗"。

变形金刚
1989年,美国版95集经典动画片《变形金刚》在中央电视台播出,立即在全国掀起了一股"金刚热"。电视机里的《变形金刚》为当时的小观众们提供了一个科幻与英雄主义结合的梦想天地,机器人擎天柱、威震天、红蜘蛛、大黄蜂也成为了那一代人的偶像。随着动画片的热播,变形金刚玩具也开始在中国热销,与传统的玩具不同,变形金刚玩具可以变换形态。可以说,很多人是伴着变形金刚长大的。

《跟着感觉走》
1989年春节晚会上,台湾歌手潘安邦演唱了《跟着感觉走》,这首由歌手苏芮首唱的歌曲一传入中国大陆就迅速流行起来。80年代狂热的拜金主义使1989年的人们普遍陷入一种迷惘、浮躁与不安的情绪中,"跟着感觉走,让它带着我,梦想的事哪里都会有",通俗易懂的歌词准确地命中了那一年人们的情绪脉搏,歌词中表现出来的虚无与无所取依切合了当时很多年轻人的心境。"跟着感觉走"还成了很多人的座右铭。

社会关注

"江阴第一亿元村"华西村

"奔牛"是江苏省江阴县华西村村民精神的象征。

1988年6月18日,地处江苏省江阴市华士镇的华西村制定了"下千日之功,目标三亿"的奋斗目标,即到1991年,华西村实现年工业总产值3亿元。1988年年底,华西村工业总产值超过了1亿元,人均产值70万元,人均利税7万元。1989年2月,华西村被中共江阴市委、江阴市人民政府授予"江阴第一亿元村"称号,江苏省人民政府也在1989年授予华西村"明星企业"称号。

中国南极中山站落成

1989年2月26日,中国南极中山站在拉斯曼丘陵落成,位于东南极大陆伊丽莎白公主地拉斯曼丘陵的维斯托登半岛上,其地理坐标为南纬69度22分24秒、东经76度22分40秒,距离北京12553.160千米,与北京的方位角为32度30分50秒。这是继长城站之后中国在南极建成的第二个科学考察站,距第一个站——长城站的建立相隔4年时间。

中国南极中山站,简称中山站,以中国民主革命的伟大先驱者孙中山先生的名字命名。中山站所在的拉斯曼丘陵,是进行南极海洋和大陆科学考察的理想区域,地处南极圈之内,位于普里兹湾东南沿岸,西南距艾默里冰架和查尔斯王子山脉几百千米。中山站设有实验室,配备有相应的分析仪器设备,可供科学考察人员对现场资料和样品进行初步分析研究。站上的气象观测场、固体潮观测室、地震地磁绝对值观测室、高空大气物理观测室等均配备有相应的科学观测设备和仪器。中国南极考察队员在中山站全年进行的常规观测项目有气象、电离层、高层大气物理、地磁和地震等。

希望工程设立

1989年3月,经中国人民银行和民政部批准,中国青少年发展基金会成立,该基金会由共青团中央、全国青联、全国学联、全国少工委共同创办。中国青少年发展基金会的宗旨是,争取海内外关心中国青少年事业的团体、人士的支持和赞助,促进中国青少年工作、社会教育、科技、文化和福利事业的发展,推动现代化建设和祖国统一,促进国际间青少年的友好关系,维护世界和平。

同年10月30日,中国青少年发展基金会作出决定:设立救助贫困地区失学少年基金会,长期资助中国贫困地区品学兼优而又因家庭困难失学

长着一双明亮大眼睛的苏明娟成为"希望工程"的形象代表。

的孩子重新获得受教育的机会。这项活动随后被命名为"希望工程"，其宗旨是资助贫困地区失学儿童重返校园，建设希望小学，改善农村办学条件。援建希望小学与资助贫困学生是希望工程实施的两大主要公益项目。救助贫困地区失学少年基金的具体资助方式包括：设立助学金，长期资助中国贫困地区品学兼优而又因家庭困难失学的孩子重返校园；为一些贫困乡村新盖、修缮小学校舍；为一些贫困乡村小学购置教具、文具和书籍。

1991年4月，摄影记者解海龙在安徽省金寨县桃岭乡三合中心学校拍摄到小学生苏明娟认真听课的照片，这幅特别能够代表贫困山区孩子渴望读书的名为《大眼睛》的照片发表之后，随即成为中国希望工程的宣传标志，苏明娟也随之成为希望工程的形象代表。

"亚细亚现象"

1989年5月6日，营业面积达1.2万平方米的河南省郑州市亚细亚商场在经过几十万元广告（相当于当时郑州其他商场全年广告费之和）的狂轰滥炸后，闪亮登场。开业当天，顾客如潮而至。到18时营业大厅被迫提前关闭时，柜台上竟有90%以上的货物被抢购掉。中央电视台黄金时段的一句"中原之行哪里去——郑州亚细亚"的广告词，让全国人民知道了郑州正在发生一场前所未有的商战。

作为中国最早的股份制商业企业，亚细亚商场以灵活的机制、"顾客至上"的服务理念和出奇制胜的公关营销术，连续在中国商业领域创造着一个又一个的"第一"，一个又一个的奇迹：第一个设立商场迎宾小姐、电梯小姐；第一个设立琴台；第一个创立自己的仪仗队；第一个升国旗；第一个在中央电视台做广告。有关数据显示，亚细亚商场开业仅7个月就实现销售额9000万元，1990年

"亚细亚"从诞生的那天起便出尽了风头。它率先组建了艺术团、仪仗队，设置了迎宾小姐、导购小姐。图为正在为小顾客试衣的"亚细亚"导购小姐。

达1.86亿元，实现税利1315万元，第一年就跨入全国50家大型百货商场行列。郑州亚细亚商场吸引了来自全国30多个省市的党政领导、商界员工蜂拥而来，党和国家领导人也都莅临视察，给予极高评价。当时，没有一家够档次的国内商场不在琢磨"亚细亚现象"。

彩电价格战

1978年，国家批准引进了第一条彩电生产线。在改革开放前10年里，以电视机为代表的中国家电产业发展速度很快。从改革开放初期家家想拥有一台黑白电视机到20世纪80年代末人们对彩电的渴望，中国电视机更新换代的节奏在不知不觉间奋力追赶着世界潮流。

1989年，国内彩电生产厂集中出现了引进彩电生产线的高潮，彩电生产厂家超过了200家。与此同时，国家开始征收彩电消费税。彩电市场顿时出现供过于求的局面，彩电生产厂家库存积压严重。以四川长虹为例，仅1989年上半年长虹就积压了近20万台彩电，占用资金3.2亿元，

环球大事

▶ **1月26日—2月1日**
第19届世界经济讨论会在瑞士达沃斯举行。

▶ **2月21日**
苏联"火星1号"星际探测器发回火星卫星的首批图像资料。

▶ **3月5—27日**
拯救臭氧层世界大会在伦敦召开。

▶ **3月10日**
美国财政部长布雷迪宣布了一项旨在减轻债务国财政负担的计划，被称为"布雷迪计划"。

▶ **4月18日**
第一条横贯太平洋海底的光线通讯电缆在美日间正式开通使用。

▶ **4月26日—5月5日**
保护臭氧层维也纳公约缔约国会议第一次会议在赫尔辛基举行。

▶ **6月15日**
历时两周的联合国和平利用外空委员会第32届会议结束。会议通过1992年为"国际空间年"的建议。

▶ **8月9日**
欧洲阿丽亚娜火箭成功发射了世界上第一颗天体测量卫星。

▶ **8月13日**
世界上最大的粒子加速器"泼莱"电子对撞机试验成功。

▶ **9月17日**
世界能源会议第14次代表大会在加拿大蒙特利尔举行。

▶ **9月23日**
西方六国财长和中央银行行长在华盛顿举行会议，讨论美元汇率、发展中国家的债务、世界经济前景和世界贸易等问题。

▶ **10月14日**
纽约股市暴跌，波及整个金融市场，美联储16日向银行投放巨额现金干预。

▶ **11月6日**
首届亚太经济合作会议在澳大利亚举行。同日，亚非拉十五国集团首次举行首脑会议，强调加强南南合作，促进南北对话。

▶ **11月9日**
长久以来作为东西方对抗最有力标志的柏林墙被推倒。

▶ **12月5日**
联邦德国和民主德国就联邦德国公民前往民主德国旅行无需办理签证一事在柏林达成协议。

资金出现严重紧张。长虹在请示省物价局后，1989年8月9日，长虹进行自行降价活动，每台彩电降价350元。这一行动虽然使长虹积压的彩电一销而空，但也引发了社会上广泛的争议。长虹为此受到"不让涨价你涨价，不让降价你降价"的责难，并在有意无意中引发了中国彩电史上的第一次价格战。

这次价格战的直接结果是，50天后，国家出台了彩电降价政策。从此，国产彩电摆脱了计划经济的阴影，企业取得了对自己产品营销的主动权。这也是国产品牌寻找自身价格定位，形成市场区隔的起步。

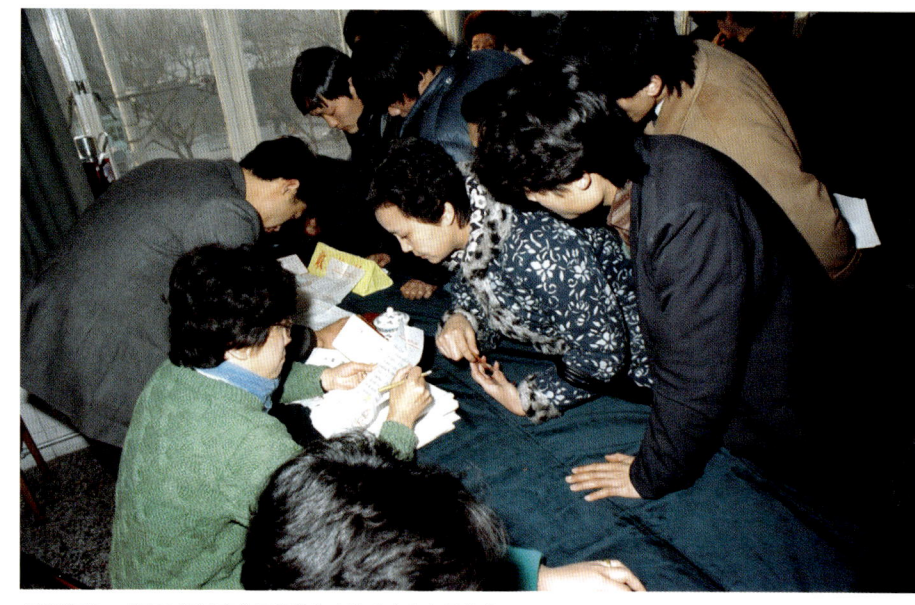

1989年初，北京市房地产交易所首次向社会出售商品住宅。

新丝路中国模特大赛

1989年，模特已经不是什么新鲜、时髦的词汇了，但各种服装表演只是停留在"单打独斗"的状态中，服装表演多数都依附于服装生产厂家或服装公司，模特公司尚不曾出现。

1989年11月，首届新丝路中国模特大赛举办，它的举办实际上开创了一个先河——模特公司与大型赛事结合的商业模式。

新丝路中国模特大赛是一种全新的尝试，既是中国优秀模特资源的整合，同时也代表了当时中国服装、时尚的前沿，具有产业、行业风向标的作用。透过模特大赛能够折射出中国纺织、服装、时尚等业界的潮流所在，也能反映出中国改革开放过程中"由新事物到新行业"的一种变革的轨迹，在这种变革中，最终受惠的是普通的中国人——这恰恰是中国改革开放的最终目的。

北京首次公开出售商品房

1989年2月15日，北京首次公开出售商品房，揭开了住房商品化的大幕。这次出售商品房350套，每平米最高2000元，且都是黄金地段，但仅有250套房被登记预定。

同年7月11日，上海市公布了《新建商品房屋注册登记暂行规定》，以明确新建商品房屋的产权管理。房地产业由此走上了商业化道路。从此，中国正式进入了商品房的时代。

 语录 "只要人人都献出一点爱，世界将变成美好的人间。"
——《爱的奉献》歌词

背景：改革开放的十年里，中国社会发生着翻天覆地的变化，国人虽然短时间内在物质领域不断丰富，但相应的精神领域却显然没有跟上物质的脚步。文人下海、教师从商，对物质追求渐渐狂热的气氛开始让很多人感到不安，对拜金主义的恐惧，加上对早先物质匮乏但精神振奋时代的怀念，引发了人们对道德、对爱的内心呼唤。正是在这样一个人文精神短缺的时代，《爱的奉献》一问世即深入人心。浅显易懂的歌词、舒缓的旋律、高尚的主题、深情的演唱，所有的因素都促成这首歌成为那个特定时代的特定经典。

第一届新丝路中国模特大赛获奖选手卢娜莎

◼ 重要文献

《中国共产党第十三届中央委员会第四次全体会议公报》

（1989年6月24日）

1989年6月23日至24日，中国共产党第十三届中央委员会第四次全体会议在北京召开。24日，会议通过《中国共产党第十三届中央委员会第四次全体会议公报》。这次全会在党的历史发展上是一次非常重要的会议，它不仅对于进一步稳定当时全国局势发挥了重大作用，而且对于保证十一届三中全会以来党的路线、方针、政策的连续性，产生了深远的影响。

节选：

全会分析了近两个月来全国的政治形势，指出极少数人利用学潮，在北京和一些地方掀起一场有计划、有组织、有预谋的政治动乱，进而在北京发展成了反革命暴乱。他们策动动乱和暴乱的目的，就是要推翻中国共产党的领导，颠覆社会主义的中华人民共和国。在这场严肃的政治斗争中，党中央的决策和采取的一系列重大措施，都是必要的和正确的，得到了全党全国人民的拥护。全会高度评价以邓小平同志为代表的老一辈无产阶级革命家在这场斗争中发挥的重大作用，高度评价在平息首都反革命暴乱中中国人民解放军、武警部队和公安干警做出的巨大贡献。

全会高度评价邓小平同志接见首都戒严部队军以上干部的重要讲话，一致认为，这个讲话是我们回顾过去，思考未来，统一全党思想认识的纲领性文件。全会强调，要继续坚决执行党的十一届三中全会以来的路线、方针和政策，继续坚决执行党的十三大确定的"一个中心、两个基本点"的基本路线。四项基本原则是立国之本，必须毫不动摇、始终一贯地加以坚持；改革开放是强国之路，必须坚定不移、一如既往地贯彻执行，绝不回到闭关锁国的老路上去。当前，要特别注意抓好四件大事：一是彻底制止动乱、平息反革命暴乱，严格区分两类不同性质的矛盾，进一步稳定全国局势；二是继续搞好治理整顿，更好地坚持改革开放，促进经济持续、稳定、协调地发展；三是认真加强思想政治工作，努力开展爱国主义、社会主义、独立自主、艰苦奋斗的教育，切实反对资产阶级自由化；四是大力加强党的建设，大力加强民主和法制建设，坚决惩治腐败，切实做好几件人民普遍关心的事情，决不辜负人民对党的期望。

——摘自《改革开放三十年重要文献选编》（上）第527—528页，中央文献出版社，2009年。

■ 重要文献

《关于一九八九年经济体制改革要点的通知》

（1989年3月4日）

1989年3月4日，国务院批转国家体改委《关于一九八九年经济体制改革要点的通知》，《通知》指出，改革已进入一个关键时期，要紧紧围绕治理经济环境、整顿经济秩序这个中心，把深化改革的重点放在发展、完善已经出台的各项改革措施上，同时要利用治理整顿的有利时机，积极稳妥地进行深层改革的试验和探索。

节选：

……一九八九年经济体制改革的指导原则是：紧紧围绕治理经济环境、整顿经济秩序这个中心，把深化改革的重点放在发展、完善已经出台的各项改革措施上，同时要利用治理整顿的有利时机，积极稳妥地进行深层改革的试验和探索。每项改革都要有利于控制投资需求和消费需求，消除经济过热，抑制通货膨胀；有利于产业结构的合理调整，提高经济效益、增加有效供给；有利于促进经济机制的转换，逐步建立社会主义商品经济新秩序。

一九八九年改革的主要内容是：进一步完善和发展企业承包经营责任制，着重强化企业的竞争机制、风险机制和自我约束机制；积极探索体制转换时期宏观调控的新方式、新手段，在实行总量控制的同时，突出结构调整；建立市场规则，加强监督管理，促进市场发育；认真做好改革的各项基础性工作。

1. 完善和发展企业承包经营责任制。……坚决履行承包合同。新承包的企业和需要重新签订承包合同的企业，都要引入竞争机制，实行公开招标，优选经营者和承包方案。积极推行全员风险抵押承包，企业亏损时，应用抵押金补偿。打破地区、部门和所有制界限，推进企业承包责任制。

4. 重点扶植和培育若干大型企业集团。由国家体改委会同国家计委、财政部，根据产业政策的要求，选定若干重点企业集团，实行总承包，在国家计划中单列，放开经营，使其成为发展经济和对外贸易的骨干力量。

6. 有计划、有步骤地拍卖小企业。国有小企业原则上都可以拍卖。一九八九年优先拍卖那些因经营不善连年亏损或微利的企业、按优化结构要求应该拍卖的企业。……

8. 按照逐步减少指令性计划指标，建立商品分类管理体制的要求，调整商品和物资统一分配调拨的范围与权限，扩大生产资料市场。一九八九年，国家计委管理的商品和负责平衡的统配物资，以及各部门管理的指令性计划物资品种，都将有所减少。

9. 加强中央银行独立执行货币政策和信贷政策的职能，尽快建立商业性贷款与政策性贷款分别管理的制度。中央银行实行垂直领导。

19. 严格控制物价上涨，逐步建立分类价格管理制度。任何地方、部门和企业都不得擅自提高国家直接管理的生产资料、消费品价格及劳务收费。计划外生产资料和重要消费品凡国家规定最高限价的，必须严格执行。凡已放开的商品，继续实行市场价格，但其中极少数商品调价，须实行申报制度，具体范围由物价部门确定。进口商品在国内销售，也要遵守有关的物价管理规定。整顿医疗、教育部门的收费办法、收费标准。

——摘自《十三大以来重要文献选编》（上）第403—408、411页，人民出版社，1991年。

■ 重要文献

《中苏联合公报》
（1989年5月18日）

1989年5月16日，邓小平与戈尔巴乔夫宣布中苏两国关系实现正常化，并就中苏两国关系和共同关心的国际问题交换了意见。5月18日，中苏发表联合公报，《公报》指出，中苏两国高级会晤标志着中苏两国国家关系正常化。符合两国人民的利益和愿望，有助于维护世界的和平与稳定。

节选：

二、中苏两国领导人认为就中苏两国关系问题交换意见是有益的。双方一致认为，中苏两国高级会晤标志着中苏两国国家关系正常化。这符合两国人民的利益和愿望，有助于维护世界的和平与稳定。中苏关系正常化不针对第三国，不损害第三国利益。

四、中苏双方愿意通过和平谈判解决两国之间的一切争端，相互不以任何形式，包括不利用同对方接壤的第三国的领土、领水和领空使用武力或以武力相威胁。

中苏两国认为，严格做到上述各点，有助于增加相互之间的信任和建立两国之间的睦邻友好关系。

六、双方同意采取措施将中苏两国边境地区的军事力量裁减到与两国正常睦邻关系相适应的最低水平，并为在边境地区加强信任、保持安宁作出努力。

七、双方主张以有关目前中苏边界的条约为基础，根据公认的国际法准则，本着平等协商、互谅互让的精神，公正合理地解决历史遗留下来的中苏边界问题。

十三、双方声明，中苏两国任何一方都不在亚洲和太平洋地区以及世界其他地区谋求任何形式的霸权。中苏两国认为在国际关系中应当摒弃任何国家把自己的意志强加于人和在任何地方谋求任何形式的霸权的企图和行动。

——摘自《十三大以来重要文献选编》（上）第512—516页，人民出版社，1991年。

■ 重要文献

《中共中央关于进一步治理整顿和深化改革的决定》
（1989年11月9日）

1989年11月6日至9日，中共十三届五中全会在北京举行，9日通过《中共中央关于进一步治理整顿和深化改革的决定》。《决定》指出，继续坚定不移地贯彻执行治理整顿和深化改革的方针，是克服当前经济困难，实现国民经济持续、稳定、协调发展的根本途径。

目录：

- 一、统一全党对当前经济形势的认识
- 二、治理整顿的时间和目标
- 三、继续控制社会需求和坚持财政信贷双紧方针
- 四、加强农业等基础产业和调整经济结构
- 五、认真整顿经济秩序特别是流通秩序
- 六、千方百计提高经济效益
- 七、继续深化改革和扩大对外开放
- 八、加强党对治理整顿和深化改革的领导

大事记

1月1日
《人民日报》发表题为《同心同德，艰苦奋斗——1989年元旦献词》的社论。社论认为：改革是一场非常复杂、非常艰巨的革命，理想化的方案是没有的，不可能一帆风顺，不可能一改就灵。

1月3日
国务院办公厅转发国家税务局《关于清理整顿和严格控制减免税的意见》。《意见》要求，任何地区、部门都必须严格执行国家统一的涉外税收政策，不得超越权限自定涉外税收优惠法规。凡违背统一税法和国务院颁布的法规自行减免税的，一律无效，应予撤销，并公开纠正。

1月6日
国务院发出《关于下达1989年国民经济和社会发展计划（草案）的通知》。

1月9—15日
香港特别行政区基本法起草委员会第八次全体会议在广州举行。15日下午，会议通过《中华人民共和国香港特别行政区基本法（草案）》。2月15日至21日举行的第七届全国人大常委会第六次会议通过关于公布《中华人民共和国香港特别行政区基本法（草案）》的决议。

1月12日
国务院发出《关于加强借用国际商业贷款管理的通知》。

1月13日
国务院发出《关于批转沿海地区对外开放工作会议纪要的通知》，《通知》指出，1988年，实施沿海地区经济发展战略取得了良好进展。沿海地区当前的任务是，要把坚定不移地抓好治理经济环境、整顿经济秩序和坚定不移地实施沿海地区经济发展战略密切结合起来。要利用对外开放的条件和当前有利的国际环境，积极开展对外经济合作，大力发展"两头在外"；并在治理、整顿中认真进行经济结构的调整，扎扎实实地发展外向型经济。

1月18日
公安部新闻发言人宣布，经国务院批准，又有29个市、县被列入对外国人开放地区。至此，中国已有571个市、县对外国人开放。

1月25日
新华社报道，国务院最近已批准武钢实行承包经营责任制的方案。武钢的承包经营责任制实行"三包一挂"方案，承包期为5年。

1月27日
中共中央政治局举行第十五次全体会议，讨论在改革开放的新形势下加强政法工作，稳定社会治安的问题。会议认为：加强政法工作，保持社会安定，是治理经济环境、整顿经济秩序、全面深化改革的重要保障，是广大人民群众的愿望。

2月5日
中央办公厅、国务院办公厅发出《关于清理党和国家机关干部在公司（企业）兼职有关问题的通知》。

2月10日
《人民日报》报道，福建省从今年1月起实行职工退休社会保险制，克服了由企业自行负担畸轻畸重的弊端。

2月11日
国务院决定，南京、成都、长春三市在国家计划中实行单列（原则上从1990年开始），并赋予其相当于省一级的经济管理权限。至此，计划单列市已达14个。

2月15日
国家开始对彩色电视机实行专营并征收特别消费税。

2月15日
国务院发布《加强借用国际商业贷款管理问题的通知》，要求严格控制对外借款规模。

2月15日
国家体改委发出明码电报《关于切实加强组织领导保证股份制健康发展的通知》。

2月15日
全国总工会选定产业工人较为集中的丹东、青岛、武汉等10个大中城市进行工会综合改革的试点。

2月17日
国务院发布《国家预算调节基金征集办法》，《办法》指出，所有国营企业事业单位、机关团体、部队和地方政府的各项预算外资金，所有集体企业、私营企业以及个体工商户缴纳所得税后的利润，都必须按照本办法的规定，缴纳国家预算调节基金。

2月19日
国家体改委、国家计委、财政部、国家国有资产管理局印发《关于企业兼并的暂行办法》，明确了企业兼并的原则。

2月19日
国家体改委、国家计委、财政部、国家国有资产管理局印发《关于出售国有小型企业产权的暂行办法》，明确了企业兼并的原则。

2月19日
国务院发出《关于清理整顿各类对外经济贸易公司的通知》。要求重新核定1988年以来批准设立的各类外贸公司的业务范围。

2月19日
国家外汇管理局宣布：从3月1日起，在中国开办的1.4万家外商投资企业可用人民币，也可用外币计价结算、销售产品。

2月21日
七届全国人大常委会第六次会议通过了《中华人民共和国进出口商品检验法》（同日公布，自1989年8月1日起施行）、《中华人民共和国传染病防治法》（同日公布，自1989年9月1日起施行）。

2月20日、22日、27日
赵紫阳主持中央财经领导小组会议，讨论当前经济形势问题。会议认为，现在稳定物价决不能动摇，压缩投资规模决不能动摇。这两个问题，都是关键的。

2月24日
全国棉花生产座谈会结束。为了调动地方政府抓棉花的积极性，国务院决定实行棉花调出、调入包干办法。这样，可以逐步改变"吃大锅饭"的状况。

2月25—26日
美国总统布什对中国进行工作访问。26日，邓小平在人民大会堂会见布什时指出：中国的问题，压倒一切的是需要稳定。没有稳定的环境，什么都搞不成，已经取得的成果也会失掉。

3月3日

新华社报道：国务院决定，从今年1月1日起，耕地占用税收入中央和地方的分成比例，由原来的对半分成调整为"倒三七"比例分成，地方可留七成。

3月4日

国务院批转国家体改委《关于1989年经济体制改革要点》。

3月4日

劳动部、国家体改委印发《关于加强劳动定额标准工作的意见》，《意见》指出，加强劳动定额标准工作，是贯彻落实党的十三届三中全会关于优化企业劳动组合要严格按劳动量、工作量定额定员的精神，建立社会主义商品经济新秩序的一项重要措施。

3月5日

国务院发出《关于加强企业内部债务管理的通知》，《通知》强调，企业发行内部债券，必须严格遵守国家有关规定，遵循自愿、互利、有偿的原则，不得超过规定擅自提高利率，不得强行摊派。机关、团体、事业单位和非生产性企业一律不准发行内部债券。

3月6日

国务院批转劳动部、财政部、国家计委《关于进一步改进和完善企业工资总额同经济效益挂钩的意见》。

3月8日

国务院发出《关于调整省、自治区、直辖市金融、税务部门和部分海关领导干部管理体制问题的通知》，为适应政治体制和经济体制改革的需要，强化国家在金融、关税、进出口及税收等方面的集中统一管理，保证人民银行、海关、税务部门依法独立行使职权，充分发挥它们的监督和调控作用，国务院决定，实行双重领导、以本系统垂直领导为主的管理体制。

3月10日

国家科委和国家计委首次公布了中国技术政策蓝皮书。

3月10日、14日

国务院第38次常务会议讨论并通过《国务院关于当前产业政策要点的决定》，指出，当前和今后一个时期制定产业政策、调整产业结构的基本方向和任务。

3月12日

新华社电：国务院房改办公室负责人说，中国个人买住房价格将实行双轨制（市场房市场价，单位建房优惠价）。

3月13日

国务院发出《关于进一步做好农林特产农业税征收工作的通知》。《通知》指出，为了调节农林特产生产的收入，平衡农林特产与粮食和其他经济作物的税收负担，稳定粮食生产，国务院决定，从1989年起，全面征收农林特产税。

3月13日

中国贫困地区发展基金会在北京成立，它是旨在帮助中西部贫困地区发展经济的组织。

3月20日—4月4日

七届全国人大二次会议在北京举行。3月20日下午，李鹏向大会作题为《坚决贯彻治理整顿和深化改革的方针》的政府工作报告。大会还通过了《关于1989年国民经济和社会发展计划的决议》《关于1988年国家预算执行情况和1989年国家预算的决议》《中华人民共和国行政诉讼法》《中华人民共和国全国人民代表大会议事规则》《关于国务院提请审议授权深圳市制定深圳经济特区法规和规章的议案的决定》。

3月21日

财政部、国家体改委印发《关于国营企业实行利税分流的试点方案》，提出了将企业实现的利润分别以所得税和利润的形式上交，税后还贷，上交的利润采取多种形式承包的办法。

3月22日

海南省首先在30平方公里的范围内实行"自由港"政策，让外商承包，进行成片开发，综合补偿。

3月30日

国务院发出《关于进一步加强工资基金管理的通知》。

4月5—6日

中央召开省、区、市负责同志会议讨论经济工作，提出对紧缩不能有侥幸心理，治理整顿，只能成功，不能失败。

4月8日

中共中央政治局在北京举行第17次全体会议，讨论《中共中央关于教育发展和改革若干问题的决定（草案）》。17日至21日，中共中央在人民大会堂召开各民主党派和无党派民主人士座谈会，征求对《决定（草案）》的意见。

4月8—11日

国家体改委在北京召开企业承包经营责任制座谈会。会议强调结合完善承包制重点从5个方面强化企业的约束机制。11日，赵紫阳在中南海怀仁堂同出席全国企业承包经营责任制座谈会的代表座谈时说，这次治理整顿，应该巩固改革的成果，并为进一步改革创造条件。因此，我们必须积极地寻找既能解决治理整顿的问题，又有利于改革，至少不为今后改革增加困难的新办法。

4月15日

胡耀邦在北京逝世，终年73岁。中共中央发布讣告，称胡耀邦为久经考验的忠诚的共产主义战士，伟大的无产阶级革命家、政治家，军队杰出的政治工作者，长期担任党的重要领导职务的卓越领导人。22日，胡耀邦追悼大会在北京人民大会堂中央大厅隆重举行。

4月26日

《人民日报》发表题为《必须旗帜鲜明地反对动乱》的社论。社论号召全党和全国人民团结起来，旗帜鲜明地反对动乱。

4月26日

卫生部、国家体改委确定在丹东、四平、黄石、深圳进行医疗保险制度改革试点，在深圳、海南进行社会保险制度综合改革试点。

4月28日

李鹏、姚依林主持国务院第39次常务会议，讨论通过《外国商会管理暂行规定》。其主要内容是：规定了外国商会的性质和定义；成立外国商会的条件及外国商会的会员；成立外国商会的审查登记程序；外国商会的活动及其管理；外国商会的变更登记及解散事宜；罚则等。

5月1日

国民党中央常委、台湾当局"财政部长"郭婉容率领中国台北代表团抵达北京，参加第二十二届亚洲银行年会。这是40年来台湾当局的第一位"部长"级官员率代表团来大陆。

5月2日

新华社报道：经国务院批准，中国人民银行决定，从5月份开始，由人民银行牵头，工商、农业等5家银行联合起来，在全国范围内有组织地清理企业"三角债"。

5月7日

中国首次参展的9项科技新产品在第八十届巴黎国际发明展览会上荣获金牌奖，中国展团被授予展览会共和国总统大奖，此外，还有30项参展的中国科技产品分别被授予银牌、国际杯和其他荣誉奖。

5月9—10日
社会主义初级阶段理论研究联络组在北京召开当代社会主义研究问题的座谈会。

5月12日
国务院发出《关于加强国有土地使用权有偿出让收入管理的通知》。《通知》指出，凡进行国有土地使用权有偿出让的地区，其出让收入必须上交财政。

5月12日
国务院批转国家计委《关于加强商品房屋建设管理的请示》。《请示》指出，商品房屋建设计划，是国家固定资产投资计划的组成部分，国家每年要编制全国商品房屋建设计划，作为指令性计划指标，由国家计委分别下达到省、自治区、直辖市计委和实行计划单列的地区及单位，具体安排落实。任何地区和单位都不得突破国家下达的商品房屋建设计划指标。

5月15—18日
苏联最高苏维埃主席团主席、苏共中央总书记戈尔巴乔夫对中国进行正式访问。16日上午，邓小平在人民大会堂会见戈尔巴乔夫，正式宣布中苏两国关系实现了正常化。

5月27日
新华社电，政协第七届全国委员会第18次主席会议在中南海举行。会议一致表示，坚决拥护党中央、国务院为制止动乱、稳定局势作出的正确决策和采取的果断措施。

6月1日
在十堰市举行的全国大企业（集团）研讨会提出，坚持和完善承包经营责任制是治愈"三缺症"（缺能源、缺原材料、缺资金）比较有效的一贴药。

6月14日
国务院发布《外国商会管理暂行规定》指出，外国商会是指外国在中国境内的商业机构及人员依照本规定在中国境内成立，不从事任何商业活动的非营利性团体。

6月16日
邓小平在同杨尚昆、万里、江泽民、李鹏、乔石、姚依林、宋平、李瑞环谈话时指出：任何一个领导集体都要有一个核心，没有核心的领导是靠不住的。第三代的领导集体也必须有一个核心，这一点所有在座的同志都要以高度的自觉性来理解和处理。要有意识地维护一个核心，也就是现在大家同意的江泽民同志。

6月20日
国务院批准福建沿海划定台商投资区，鼓励台湾投资者从事土地开发经营和投资办厂。

6月23—24日
中共十三届四中全会在北京举行。全会通过《关于赵紫阳同志在反党反社会主义的动乱中所犯错误的报告》。

6月28日
中共中央在中南海怀仁堂召开党外人士座谈会，江泽民就社会上普遍关心的问题发表重要讲话。他指出：要继续坚持以经济建设为中心，搞好经济工作。中国改革开放的总方针和总政策决不会变；不仅不会变，而且要更好、更有效地坚持改革开放，使这一伟大事业前进得更稳更好甚至更快。

6月29日—7月6日
第七届全国人大常委会第八次会议在北京举行。会议根据宪法第六十七条第十项的规定和中华人民共和国中央军事委员会主席邓小平的提请，经过委员表决，决定撤销赵紫阳的中华人民共和国中央军事委员会副主席职务。会议还通过《关于制止动乱和平息反革命暴乱的决议》，通过批准《1988年国家决算的决议》。会议初步审议了国务院提请审议的《中华人民共和国集会游行示威法（草案）》，决定公布这个草案，广泛征求各界意见，研究修改，再提请全国人大常委会会议审议。

7月1日
中央组织部在中南海怀仁堂举行纪念"七一"大力加强党的建设座谈会。江泽民出席会议并发表重要讲话。

7月6日
江泽民在中南海会见印度国大党（英）总书记阿扎德时强调，中国不会因这场风波改变自己的政策，中国坚持四项基本原则不变，坚持改革开放政策不变，坚持独立自主的和平外交政策不变，将继续在和平共处五项原则基础上发展同各国的友好关系，在党际关系四项原则基础上发展同各国政党的友好关系。

7月19日
全国人大外事委员会发表《关于美国国会通过制裁中国的修正案的声明》。《声明》对美国国会粗暴干涉中国内政、严重伤害中国人民感情的行为，表示极大的遗憾。7月20日，外交部部长助理刘华秋约见美国驻华大使李洁明，就美国国会众议院和参议院分别于6月29日和7月14日通过关于"制裁"中国的修正案一事，进行严正交涉。7月22日，全国政协外事委员会发表《关于美国国会通过制裁中国的修正案的声明》，对美国国会无视中国国家主权和人民意愿，粗暴干涉中国内政和严重伤害中国人民感情的反华行径，表示极大的愤慨。

7月22日
国务院发出《关于出让国有土地使用权批准权限的通知》。《通知》指出，政府对有偿出让国有土地使用权的批准权限，应与行政划拨国有土地使用权的批准权限相同。

7月27—28日
中共中央政治局举行全体会议，讨论并通过《中共中央、国务院关于近期做几件群众关心的事的决定》和《中共中央关于加强宣传、思想工作的通知》。《决定》指出，近期在惩治腐败和带头廉洁奉公、艰苦奋斗方面要做七件事。

7月28日
中共中央决定，成立中共中央政策研究室，撤销中央财经领导小组、中央农村政策研究室。

8月1日
全国物价工作会议在哈尔滨市召开。会议提出了下半年控制物价的主要措施：一是继续从严控制出台涨价项目；二是稳定人民生活必需品的价格；三是重点整顿上涨过多影响很大的粮、棉和计划外煤炭、石油、金属等基础产品的价格；四是大力整顿流通秩序，坚决纠正乱涨价；五是适当回落涨价过多、滞销积压的商品的价格；六是加强对农村市场的物价管理；七是严肃物价法纪，继续加强物价监督检查，同时进一步搞好物价部门的廉政建设。

8月8日
天津市签订了一项该市最大的外国投资项目，美国MGM商业公司在天津划片开发，面积为5.3平方公里，70年后无偿交还。

8月12日
广州市向外商开放土地使用权，共有7块地皮计4.2万平方米，最长出让年限为70年。

8月15日
李鹏主持国务院全体会议，中心议题是通报经济情况，部署今后几个月工作。李鹏指出，四中全会以前已经正式出台的各项治理整顿和改革开放的措施，凡是经过党中央、国务院或人大讨论决定的，有的还制定条例、法规甚至是法律的，都要继续贯彻执行。

8月17日
中共中央、国务院作出《关于进一步清理整顿公司的决定》。《决定》指出，为了促进社会主义有计划的商品经济的健康发展，保证改革开放和社会主义现代化建设的顺利进行，必须对目前公司存在的问题进行认真的清理整顿。

8月19日

监察部发布《关于有贪污贿赂行为的国家行政机关工作人员必须在限期内主动交代问题的通告》。《通告》要求，国家行政机关工作人员、国家行政机关任命的企业事业单位的领导人员凡有贪污、受贿行贿行为的，国家行政机关受贿行贿的负有直接责任的主管人员和其他人员，自本通告发布之日起，至1989年10月31日，必须向监察机关、本单位或其他有关部门主动交代贪污、受贿行贿事实，争取从宽处理。

8月19日

新华社报道，广州市住房制度改革方案已被省政府批准，将按照"卖房起步，分步提租，相应发贴，新分配住房实行新制度"的办法进行。

8月20日

《邓小平文选》（1938—1965年）由人民出版社出版，并在全国发行。

8月27日—9月1日

国家计委召开全国计委主任会议，讨论拟定3年治理整顿和深化改革的规划设想。

8月28日

中共中央政治局讨论并通过《中共中央关于加强党的建设的通知》。《通知》规定，党在企业的基层组织处于政治核心的地位；企业党组织应当支持厂长（经理）依法行使职权。

8月30日

国务院作出《关于大力加强城乡个体工商户和私营企业税收征管工作的决定》。《决定》指出，采取切实有效措施，缓解社会分配不公的矛盾，增加国家财政收入，必须坚持以法治税，大力加强城乡个体工商户和私营企业税收征管工作。

9月1日

《人民日报》报道：据国家统计局统计，现在中国已同世界上184个国家和地区开展贸易，进出口总额在世界的位次由1978年的第32位上升到1988年的第16位。1988年进出口总额比1950年增长90倍。

9月4日

邓小平在住地同江泽民、李鹏、乔石、姚依林、宋平、李瑞环、杨尚昆、万里谈话商量自己退休的问题时说：退休的时间定在五中全会，方式越简单越好，并建议由江泽民担任党和国家的军委主席。邓小平还谈到了加强中央的权威的问题。关于国际形势，邓小平提出：概括起来就是三句话，第一句话，冷静观察；第二句话，稳住阵脚；第三句话，沉着应付。不要急，也急不得。要冷静、冷静、再冷静，埋头实干，做好一件事，我们自己的事。

9月4日

邓小平给中共中央政治局写信，正式请求辞去他所担任的中共中央军事委员会主席的职务。

9月5日

全国清理整顿公司领导小组举行首次会议，决定中央国家机关各部门坚决撤并11类所属公司。

9月22日

国务院发出《关于进一步清理整顿金融性公司的通知》。《通知》指出，各级政府、计委、财政、人民银行和其他党、政、群部门不得办信托投资公司、投资公司和其他金融机构。

9月26日

江泽民在中外记者招待会上重申，党的十一届三中全会以来的路线、方针、政策，总的战略目标不变。其中包括以经济建设为中心坚持四项基本原则的方针不变，改革开放政策不变，实行"一国两制"的构想不变。

9月29日

江泽民在国庆40周年大会上讲话，在阐述当前要特别注意统一认识的10个重要问题时指出，党中央和国务院已经宣布的有关改革开放政策、措施，要继续贯彻执行并在实践中逐步加以完善。

10月4日

中国加入联合国世界知识产权组织的《商标国际注册马德里协定》。

10月5日

国务院发布《全民所有制企业临时工管理暂行规定》。《规定》指出，企业招用临时工，应当由企业与临时工本人签订劳动合同，并由企业向当地劳动行政部门备案。合同期限届满时必须终止合同。企业需要临时工，原则上在城镇招用，确需从农村招用时，应报经设区的市或相当于设区的市一级的劳动行政部门批准。从农村招用的临时工，不转户口和粮食关系。

10月5日

为适应国家宏观决策和调控需要，全国国民经济核算协调委员会在京成立，由国家统计局、国家计委、国家体改委等8个部门组成。

10月12日

建设部、国家体改委等5个部门发出通知，决定在建筑施工企业中进一步推广"鲁布格经验"，深化工程建设领域的改革。

10月13日

中国在伦敦举行的联合国海事组织第十六届大会上当选为A类理事国。这标志着中国已成为世界上最大的八个海运国之一。

10月18日

国务院批转商业部、经贸部、物资部关于进一步清理整顿各类商业批发公司、对外经济贸易公司、物资公司的意见。

10月25日

全国清理整顿公司工作座谈会召开并作出部署，1989年重点是撤并公司、查处大案要案。物资供应、商业批发、对外贸易公司和金融性公司以及党政机关开办的公司，是这次清理整顿和撤销、合并的重点。

10月28日—11月2日

美国前总统尼克松对中国进行友好访问。

10月30日—11月3日

中央召开工作会议，讨论《中共中央关于进一步治理整顿和深化改革的决定（草案）》。李鹏指出：必须下大的决心，进一步搞好治理整顿。现在出现新问题，是市场疲软，工业生产特别是轻工业生产增长速度下降过多。这种情况，应该引起我们的重视。在我们的指导思想上，应该提出三个不能急于求成，这就是：建设不能急于求成；改革不能急于求成；治理整顿也不能急于求成。

11月6—9日

中共十三届五中全会在京举行。会议通过《中共中央关于进一步治理整顿和深化改革的决定》。全会讨论并通过《中国共产党十三届五中全会关于同意邓小平同志辞去中共中央军事委员会主席职务的决定》。全会在充分酝酿的基础上，决定江泽民为中共中央军事委员会主席，杨尚昆为第一副主席，刘华清为副主席，杨白冰为秘书长；并决定增补杨白冰为中共中央书记处书记。

11月10日

国家外汇管理局公布《外汇（转）贷款登记管理办法》。《办法》规定，国家对转贷款实行全面的登记管理制度。

11月13日

邓小平会见斋藤英四郎为高级顾问、河合

1989年9月28日,邓小平、江泽民、李鹏、彭真等接见全国劳模。

良一为团长的日中经济协会访华团。

11月16日

经全国清理整顿公司领导小组审查批准,中央国家机关第一批撤销1018个公司。

12月5—11日

全国计划会议在京召开。11日,李鹏指出:1990年要着重抓好5项关键性的工作:一是切实加强农业,力争粮食、棉花等主要农产品有一个好收成;二是从各个方面采取积极措施,努力保持工业生产的适度增长;三是积极开拓生产、多种经营和服务门路,努力安排待业人员;四是严格加强市场物价管理,控制物价上涨幅度;五是坚持紧缩方针。真正过几年紧日子。

12月11—14日

国家体改委、联合国开发计划署、世界银行联合举办的中国社会保险制度改革国际研讨会在北京召开。参加会议的有国际劳工组织、美国、日本、世界银行的专家。世界银行中国局局长伯基和高尚全在会上讲了话。

12月13日

江泽民在人民大会堂会见了出席坚持改革开放,扩大对外经济合作国际研讨会的各国金融家、企业家和学者。

12月19日

江泽民在国家科技奖励大会上讲话指出,坚持把改革和发展紧密结合起来。在改革和完善科技领导体制、科技管理体制方面的方针、政策,要继续执行并进一步加以完善。

12月19日

国务院批转人事部、国家计委、财政部《关于1989年调整国家机关、事业单位工作人员工资实施方案》的通知,指出,工资工作政策性强、涉及面广,关系到职工的切身利益。各地区、各部门要加强领导,精心组织,认真研究,把有限的资金用好,把好事办好;要严格执行国家政策,严明纪律,严禁"先斩后奏",不得各行其是,不得突破国家下达的增资指标。任何地区和部门都无权在国家规定的政策之外乱开"口子"。对违反政策规定的,要追究领导人的责任。

12月19日

国务院发出通知,同意劳动部、国家计委、财政部《关于1989年国营企业工资工作和离退休人员待遇问题的安排意见》。

12月26日

七届全国人大常委会第11次会议通过《城市规划法》等法规。

12月27日

国务院第7次全体会议强调指出,1989年治理整顿、深化改革的目标已基本达到;1990年要加强治理整顿,进一步深化改革,使国民经济逐步走上持续、稳定、协调发展的道路。

12月29日

江泽民、李鹏、乔石、姚依林、宋平、李瑞环在中共中央党校同党建理论研究班全体学员座谈。江泽民强调党和国家各级领导权必须掌握在忠于马克思主义的人手里。我们在强调加强党的领导的同时，也要认真改善党的领导。政治体制改革要坚定不移地继续进行下去，要有利于加强而不是取消或削弱党的领导。

12月29日

国务院办公厅发出《关于撤销各级政府驻外地办事处和经济协作办公室所办公司问题的通知》。《通知》指出，各级政府和中央国家机关各部门驻外地办事处不得直接或变相开办公司，已办的一律撤销。

12月30日

中共中央发出《关于坚持和完善中国共产党领导的多党合作和政治协商制度的意见》，《意见》指出，"长期共存，互相监督，肝胆相照，荣辱与共"是中国共产党同各民主党派合作的基本方针。

数说发展

人口

总人口 **111191** 万人

- 出生率 **20.83‰**
- 死亡率 **6.5‰**
- 自然增长率 **14.33‰**

财政收支

（单位：亿元）

收支差额 **−158.88**

收入 **2264.90**　支出 **2823.78**

收入占国内生产总值的比重 **15.7%**

黄金和外汇储备

黄金 **1267** 万盎司　　外汇 **55.50** 亿美元

国内生产总值

（单位：亿元）

国内生产总值 **16992.3**

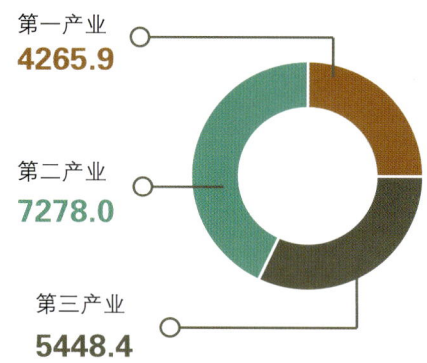

- 第一产业 4265.9
- 第二产业 7278.0
- 第三产业 5448.4

农林牧渔业

农林牧渔业总产值 **6550** 亿元

产量 （单位：万吨）

项目	产量	比上年增长
粮食	40745	3.4%
棉花	379	−8.7%
油料	1291	−2.2%
水产品	1148	8.2%

农村社会总产值 **14390** 亿元

工业

工业总产值 **21880** 亿元

比上年增长 **8.3%**

- 轻工业 **10700** 亿元
- 重工业 **11180** 亿元

卫生

医院病床 **256.8** 万张

传染病报告总发病数比上年下降 **30.6%**

死亡总数下降 **9.5%**

专业卫生技术人员 **380.8** 万

其中医生 **171.8** 万人
（含中、西医师 **125.9** 万人）

护师、护士 **92.2** 万人

人民生活

城乡居民人均收入
（单位：元）

城镇 1260
农村 602

新增住宅面积
（单位：亿平方米）

城镇 1.6
农村 7.1

 城乡人民储蓄存款 **5135** 亿元

全国职工总数 **13740** 万人
城镇个体劳动者 **650** 万人

全国职工工资总额 **2640** 亿元
全国职工平均工资 **1950** 元

保险事业

处理国内财产险赔案 **261** 万件

支付已解决赔款 **38.2** 亿元

为 **481** 万人支付人身保险赔款 **13.7** 亿元

 各类财产险承保总额 **23109** 亿元

 56 万个企业 参加了企业财产保险

 7792 万户居民 参加了家庭财产保险

 17536 万人 参加了人身保险

社会福利事业

 社会福利床位 **70.7** 万张
收养 **53.8** 万人

 城乡各种社会救济对象得到国家救济 **5301** 万人次

 **25.5%** 的乡镇建立了农村社会保险网络

 城乡建立起各种社区服务设施 **10.9** 万个

对外经济

进出口贸易总额 **1116** 亿美元　比上年增长 **8.6%**

进大于出 **28.5** 亿美元

出口 **525** 亿美元　增长 **10.5%**
进口 **591** 亿美元

非贸易外汇收支：收大于支 **30** 亿美元

利用外资
新签外商直接投资协议金额 **56** 亿美元
外商实际投资 **33** 亿美元

对外经济合作
对外承包工程和劳务合作完成营业额 **13.8** 亿美元
新签合同额 **18.5** 亿美元

国内商业

社会商品零售总额 **8101** 亿元

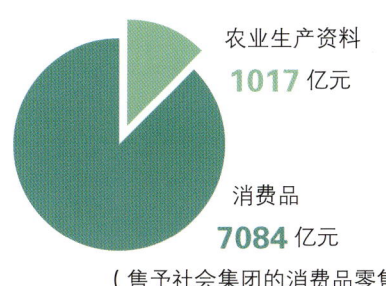

农业生产资料 **1017** 亿元

消费品 **7084** 亿元
（售予社会集团的消费品零售额 **693** 亿元）

生产资料 **2342** 亿元

交通运输

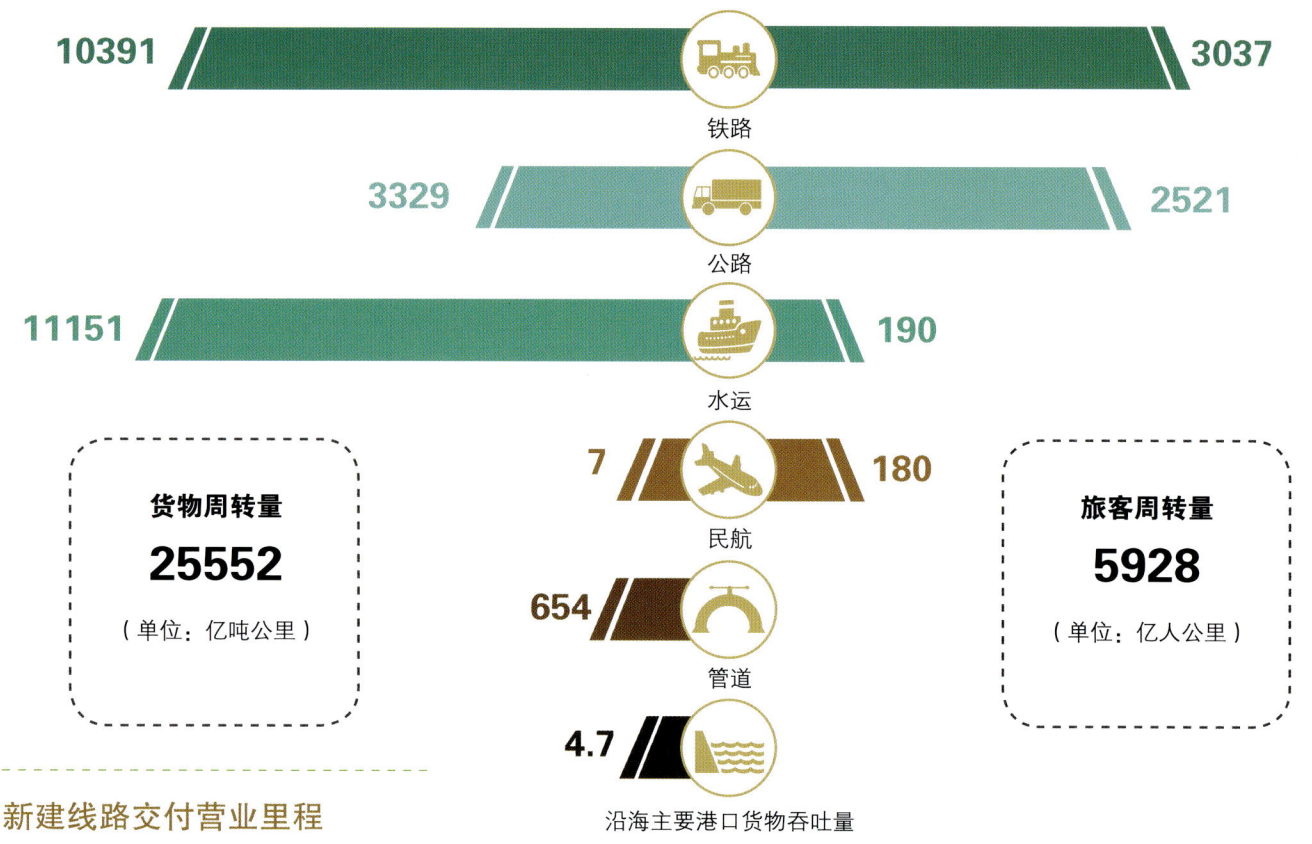

货物周转量 **25552** （单位：亿吨公里）

旅客周转量 **5928** （单位：亿人公里）

铁路 10391 / 3037
公路 3329 / 2521
水运 11151 / 190
民航 7 / 180
管道 654
沿海主要港口货物吞吐量 4.7

新建线路交付营业里程

 铁路复线 **318** 公里

 铁路电气化 **229** 公里

 沿海港口吞吐能力 **4885** 万吨

邮电通信

邮电业务总量 **65** 亿元

市内电话 **440** 万户

旅游

 接待人数 **2450** 万人次

 全年旅游外汇收入 **18.1** 亿美元

固定资产投资

固定资产投资 **4000** 亿元　　其中全民所有制单位固定资产投资 **2510** 亿元

新增加的生产能力

 煤炭开采 **2495** 万吨

发电装机容量 **902** 万千瓦

 石油开采 **1705** 万吨（包括更新改造和其他投资增加的能力）

 天然气开采 **7.6** 亿立方米

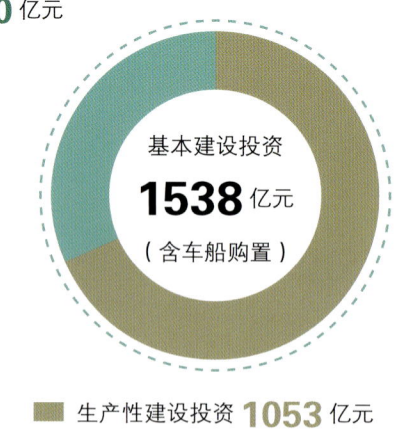

基本建设投资 **1538** 亿元（含车船购置）

■ 生产性建设投资 **1053** 亿元
■ 非生产性建设投资 **485** 亿元

城乡集体所有制单位投资 **512** 亿元

城乡个人投资 **978** 亿元

建成投产的大中型建设项目 **57** 个

建成投产的大中型建设项目的单项工程 **128** 个

科学技术

奖项

经国家批准自然科学奖 **60** 项
科学技术进步奖 **504** 项
星火奖 **504** 项
发明奖 **150** 项

专利代理机构 **463** 个
受理专利申请 **32905** 件
其中国外专利申请 **5538** 件
批准专利 **17129** 件

科技队伍

各类专业技术人员 **2218** 万人
其中自然科学技术人员 **1046** 万人
县以上全民所有制独立的科学研究与技术开发机构 **5400** 个

科研项目

国家自然科学基金会批准资助科研项目 **3169** 个
资助金额 **1.24** 亿元
大中型工业企业组织技术开发项目 **4.3** 万项

签订的技术合同 **26.2** 万项　　成交金额 **81.5** 亿元

文化

生产电影故事片 **136** 部
发行各种新片（片长）**217** 部
有 **20** 部（次）影片在国际电影节上获奖

各类电影放映单位 **15.2** 万个
艺术表演团体 **2964** 个

广播电台 **533** 座
电视台 **469** 座
广播发射台和转播台 **657** 座
一千瓦以上电视发射台和转播台 **935** 座

出版

全国性和省级报纸 **155** 亿份
各类杂志 **19** 亿册
图书 **58.2** 亿册

（单位：个）

文化馆	公共图书馆	博物馆	档案馆
3002	2507	958	3421

体育

有 23 人 2 队 47 次打破和超过 **36 项世界纪录**

有 98 人 7 队 163 次打破 **95 项全国纪录**

获得世界冠军 **82** 个

教育

在校学生数

研究生	10.1
普通高校本专科生	208.2
成人高校本专科生	174.1
高中	1297
中等职业技术学校	580.7
（含技工学校学生）	126.7
成人中专	170.5
成人技术培训学校	1269
成人中小学	2063
初中	3838
小学	12373

招生人数

研究生 **2.9** 万人
成人高校本专科生 **57.8** 万人
普通高校本专科生 **59.7** 万人

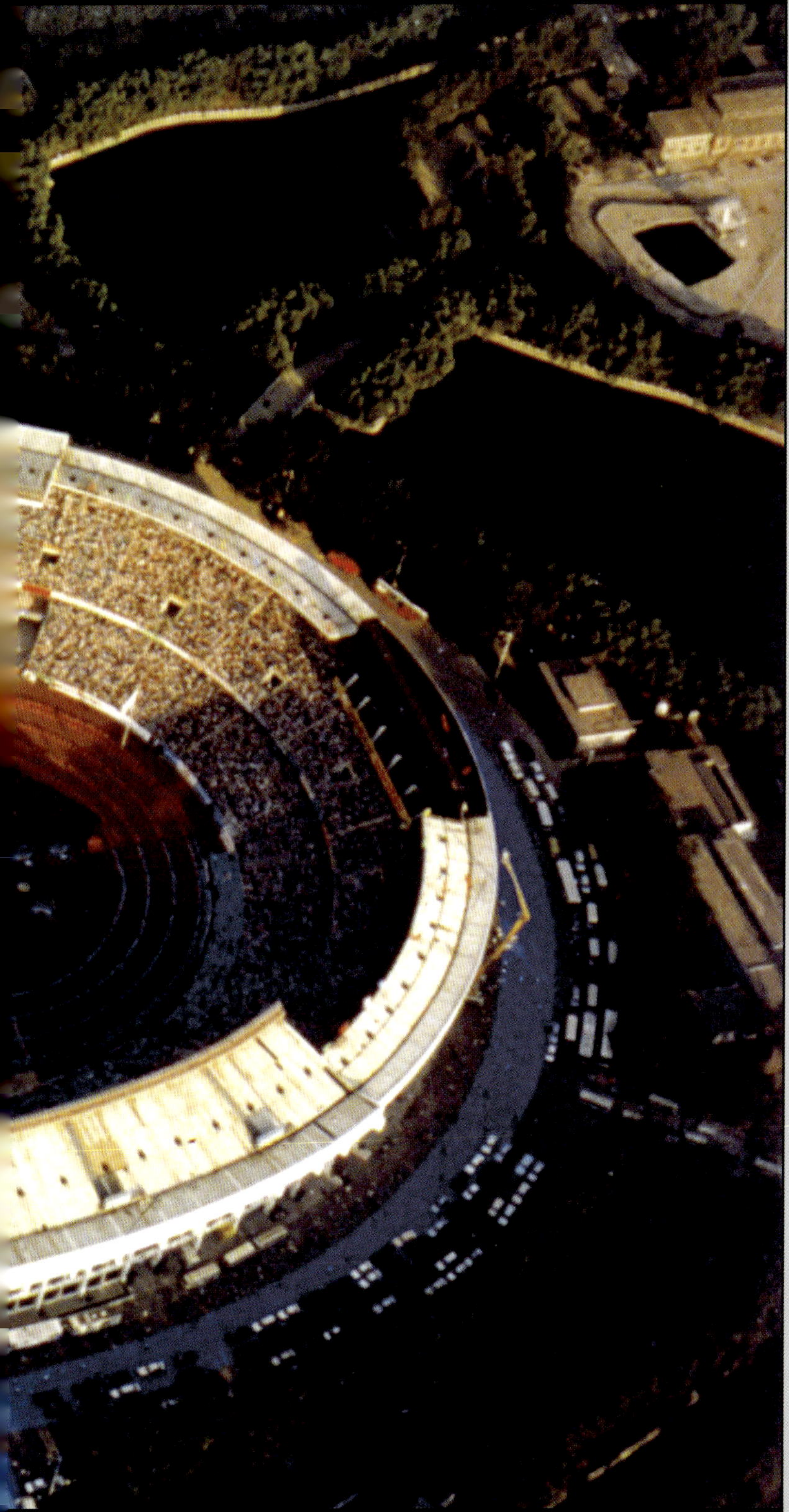

1978-2018
中国改革开放全纪录

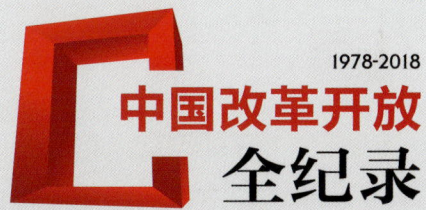

1990

- 《中华人民共和国香港特别行政区基本法》颁布
- 开发开放浦东
- 清理“三角债”
- 上海证券交易所成立
- 计划经济与市场经济的争论

焦点事件

《中华人民共和国香港特别行政区基本法》颁布

中英两国于1984年12月19日签署的《中英关于香港问题的联合声明》第三段第12条指出：中华人民共和国将以《基本法》确立香港为特别行政区，并按照"一国两制"方针，保证主权移交前的资本主义制度，维持50年不变；中国大陆所施行的社会主义制度等将不会伸延到香港，香港特区政府会维持高度自治。

《基本法》起草委员会正式成立于1985年7月1日，由各方面知名人士和专家共59人组成，其中香港委员23人，于1988年4月公布首份草案，于1989年2月公布第二份草案。香港特别行政区基本法起草委员会第9次会议于1990年2月13日至17日在北京举行，会议审议和通过体现"一国两制"伟大构想的《香港特别行政区基本法（草案）》，评选出香港特别行政区区旗和区徽图案（草案），并决定把基本法（草案）和区旗和区徽图案（草案）提交全国人大常委会审议。

邓小平会见了香港特别行政区基本法起草委员会全体委员，对这部《基本法》（草案）作了高度评价，他说："你们经过将近五年的辛勤劳动，写出了一部具有历史意义和国际意义的法律著作。说它具有历史意义，不只是过去、现在，而且包括将来；说国际意义，不只是第三世界，而且对全人类都有长远意义。这是一个具有创造性的杰作。"

1990年3月20日至4月4日，第七届全国人民代表大会第三次会议在北京召开。会议听取了香港特别行政区基本法起草委员会主任委员姬鹏飞关于《中华人民共和国香港特别行政区基本法（草案）》及其有关文件的说明。4月4日，中华人民共和国主席杨尚昆签署第二十六号中华人民共和国主席令，公布了《中华人民共和国香港特别行政区基本法》。该法自1997年7月1日起施行。

1987年4月13日，香港基本法起草委员会第四次会议。

《中华人民共和国香港特别行政区基本法》以国家基本法律的形式就多个范畴作出规定，包括中央和香港特别行政区的关系、香港居民的基本权利和义务、香港特别行政区的政治和经济体制、对外事务等，落实了"一国两制"的伟大构想。

开发开放浦东

1986年4月，上海市政府提出开发浦东的初步方案，并向中央上报《上海市城市规划方案汇报的提纲》。1986年10月，国务院在批复《上海城市总体规划方案》中明确指出："当前，特别要注意有计划地建设和改造浦东地区，要尽快修建黄浦江大桥及隧道等工程，在浦东发展金融、贸易、科技、高教和商业服务设施，建设新居住区，使浦东新区成为现代化新区。"1987年6月，上海市政府正式成立了"浦东新区中外联合咨询小组"，该小组作了为期一年的可行性研究，形成了浦东开发的规划构想。此后，上海加快了浦东开发的筹备工作。

1989年5月，邓小平在同中央负责人谈话时指出，改革开放政策不变，几十年不变，一直要讲到底。邓小平还指出，现在国际上担心我们会收，我们就要做几件事情，表明我们改革开放的政策不变，而且要进一步地改革开放。

1990年2月，国家计委负责人赶赴上海，考察浦东。几天以后，中共上海市委和市政府《关于开发浦东、开放浦东的请示》呈送到中共中央、国务院。之后，邹家华、姚依林又于3月底到4月初带队来到上海，就浦东开发问题做了10天调研，并于4月10日向国务院会议上报了最终汇总方案。

建设中的浦东。

语录

"80年代看广东，90年代看浦东。"

——流行语

背景：20世纪80年代，深圳、珠海、汕头等经济特区风头正劲，而上海的脚步显得有些迟缓。在邓小平的关怀和推动下，1990年4月18日，浦东开发的序幕正式拉开。邓小平指出"上海是我们的王牌，把上海搞起来是一条捷径。"序幕一旦开启，浦东以前所未有的速度向前发展。在这之前，大家喊的口号是"要发财，下广东"，90年代大家慢慢开始不这么喊了，逐渐变成了"80年代看广东，90年代看浦东"。

回忆

龙永图： 为什么浦东开发，到了90年代才正式提出来？因为上海当时整个经济总量占我们中国的六分之一，上海的经济如果出现大的波动，对全国经济的影响力比现在大得多。所以当时选择了对外开放的试验点在深圳，第一波的开放没有在上海，我觉得有一定的道理的。

赵启正： 浦东开发是在深圳等地披荆斩棘取得了初步战果之后中央下的决心。但是既然是去开发，多少也要有点风险的，所以邓小平同志多次说胆子再大一些，步子再快一些。在1990年，他说上海是我们的一张王牌，搞好上海是一个捷径。因为它的工业基础、地理位置，以及国际交往条件比较好。

资料来源：《赵启正、龙永图对话：南巡20年，浦东再回首》，《浦东开发》，2012年第4期。

4月12日，江泽民主持召开中共中央政治局会议，原则通过国务院提交的浦东开发方案。4月18日，国务院总理李鹏代表党中央、国务院在上海正式宣布："中共中央、国务院同意上海市加快浦东地区的开发，在浦东实行经济技术开发区和某些经济特区的政策"。6月，中共中央、国务院下发的《关于开发和开放浦东问题的批复》指出，开发和开放浦东是深化改革、进一步实行扩大开放的重大部署。

浦东开发开放，改变了中国改革开放的战略版图，丰富了中国改革开放的实践内涵，向世界显示了中国实行改革开放的决心，由此也拉开了中国20世纪90年代更高层次、更大范围的改革开放序幕。

清理"三角债"

自1985年开始，随着经济形势的变化，企业账户上"应收而未收款"与"应付而未付款"项目的数额大幅上升，市场疲软、产品积压、企业流通资金不足的矛盾变得非常尖锐。据统计，到1988年，全国"三角债"约有320亿元，到1990年初已猛增至1000多亿元，增速非常快。受拖欠所累，许多经济效益好的企业因缺乏资金而难以扩大生产；巨额的未清偿债务拖款使企业或不能进一步向银行申请贷款，或难以申请到信贷；越来越多的企业陷入债务死扣之中，企业既不愿意偿债，它的债权也无法得到清偿。"三角债"问题严重影响到了国民经济的发展。

1990年初，国务院决定在全国范围内开展清理"三角债"的工作，成立了以邹家华为组长的国务院清理"三角债"领导小组，负责组织领导这项工作。这标志着清理"三角债"的工作进入国家工作层面。由此，各地集中各主要经济综合部门力量开展清欠工作。

8月初，全国生产工作会议召开，这标志着清理"三角债"工作进入攻坚阶段。国务院总理李鹏在此次会议上说："清理'三角债'工作要继续进行下去"。副总理邹家华强调指出："各地的清欠工作要由行政首长亲自抓。"会后，中央发出《关于在全国范围内清理企业拖欠货款实施方案》的通知。根据《关于在全国范围内清理企业拖欠货款实施方案》，中国人民银行制定了《全国范围清理拖欠方案实施细则》。

"三角债"问题是中国新旧经济体制转换过程中国民经济深层次矛盾的反映。清理"三角债"工作大大缓解了企业，特别是国有企业的资金周转困难的问题，改善了国有、集体和乡镇企业的效益，有效遏制了"三角债"迅猛蔓延的态势，防止其造成

1990年"三角债"盛行。当年12月，一家号称全国首家讨债技巧函授班的机构在北京鼓楼开业。

经济混乱演化为全面衰退，避免了出现停产、半停产和职工下岗等现象。国家在这一时期清理"三角债"的工作，既是中国从商品经济向市场经济过渡时极其重要的准备，也是中国的企业认识和了解市场经济的一次洗礼。企业的经营管理者开始深入了解什么是市场经济，什么是资金流动，什么是市场产品的积压。他们开始深刻体会到什么才是市场经济的真正价值所在，什么才是推进市场经济发展进程的关键。

上海证券交易所成立

1986年，中国人民银行组织了全国13个分行的行长专门到日本野村证券进行为期一个月的学习。这次学习，为日后成立上海证券交易所、建立规章提供了宝贵的参考。

1986年11月，美国纽约证券交易所主席约翰·凡尔霖来华访问，在与邓小平会见时把纽交所的徽章赠送给邓小平，而邓小平以一张飞乐音响（小飞乐）股票作为回赠。这件事情在政治上的示范意义很大。

1989年突如其来的政治风波使得国外舆论普遍怀疑中国的改革开放政策会不会执行下去，是不是要把开放的大门关上了，这导致招商引资停顿、大量外资撤出，甚至上海地标性建筑东方明珠项目都面临停工。正是在这样困难的背景下，肩负着"政治意义"，成立上海证券交易所被提上日程。

1989年12月，上海市委书记兼市长朱镕基召开了一次上海市委常委扩大会议，专门研究当时背景下的金融改革问题，在那次会议上，朱镕基拍板确定筹建上海证券交易所。当时的方针是：国际上要大力宣传；国内不做宣传或少做宣传，不主动宣传，避免分歧意见产生。

> **回忆**
>
> 1990年12月19日，上海外滩北侧黄浦路15号浦江饭店孔雀厅的一声鸣锣，不仅意味着上海证券交易所的诞生，更标志着资本市场也是能够为社会主义中国服务的。……我现在回想起，朱镕基在上海证券交易所成立仪式上那第一句话——"建立证券交易所，表明中国改革开放的决心不会变"，是很具有政治意义的远见卓识。
>
> ——龚浩成、谈佳隆，《上交所成立始末》，《中国经济周刊》，2009年第38、39期合刊。

历时半年的准备工作之后，1990年6月国务院正式批复：考虑到上海市目前已有一定的证券交易量，以及开发浦东之后交易量增加的趋势，同意建立上海证券交易所。1990年11月26日，经国务院授权，中国人民银行批准上海证券交易所成立，这是新中国成立以来内地的第一家证券交易所。同年12月19日，上海证券交易所正式挂牌成立并开始正式营业，这标志着新中国证券市场的正式诞生和股市的起步。

开业当日，上海证券交易所里有30种证券上市，其中国债5种、企业债券8种、金融债券9种，而股票只有8种，分别是：飞乐音响、延中实业(现方正科技)、爱使股份、真空电子、申华实业(曾改名华晨集团)、飞乐股份、豫园商城、浙江凤凰。随着上海证券交易所的成立，中国资本市场发展史翻开了崭新的一页。

计划经济与市场经济的争论

1988年9月，中共十三届三中全会确定了"治理整顿"的方针。此后，关于计划和市场改革方向的争论再起。

1990年7月，在中央召开的一次经济问题座谈会上，主张"计划取向"的一些学者认为，社会主义只能在公有制的基础上实行计划经济，市场调节应只在国家计划许可的范围内起辅助作用，而不能喧宾夺主。1988年通货膨胀就是由于前些年颠倒了这种关系，采取了"市场取向改革"的错误路线的结果，所以，必须坚持"计划经济与市场调节相结合"的口号。

而薛暮桥、刘国光、吴敬琏等主张"市场取向"的改革者则据理力争，强调必须坚持十一届三中全会以来的改革路线，维护市场取向的正确方向。现实经济生活的问题，原因不是改革的市场取向不对和改革"急于

1991年上海证券交易所开业，朱镕基出席开业仪式。

求成"，而是市场取向的改革不够坚决，不够彻底。计划经济与市场调节相结合这个口号不妥当，应该明确市场经济。

1990年的报刊上的经济理论文章，基本上都是一边倒地赞扬计划经济，批判改革中的市场化取向。

当年8月刚刚到任的国家体改委主任陈锦华面对各界令人困惑的争论，认为应该深入研讨计划经济与市场调节相结合这个大题目。他牵头体改委认真研究国内外关于计划与市场的实践问题，提出"我们既不应放弃计划、排斥计划，也不能恐惧市场、排斥市场。我们要从中国作为一个发展中的社会主义大国和已有十多年改革实践的基础出发，研究把计划和市场二者结合得更好，把已经初见成效的改革实践继续深化和推向前进。"

在中共十三届七中全会召开前夕，邓小平在同中央几位负责人的谈话中说："我们必须从理论上搞懂，资本主义与社会主义的区分不在于是计划还是市场这样的问题。社会主义也有市场经济，资本主义也有计划控制。……不要以为搞点市场经济就是资本主义道路，没有那么回事。计划和市场都得要。不搞市场，连世界上的信息都不知道，是自甘落后。"

👁 观点

江春泽：社会主义与市场经济可以兼容。苏联实行计划经济是列宁逝世后苏共党内政治斗争的产物，是历史的弯路而非历史的必然。中央计划经济体制在一些国家的改革，经历了几十年的曲折都不成功，根本原因是没有突破中央计划经济体制的基本框架，形形色色"计划与市场相结合"的模式，都是在行政分权上下功夫，对"市场经济"讳莫如深，以致经济滑坡，民怨鼎沸。由此大多数原中央计划经济国家正试图向市场经济过渡。依据二战后西方发达国家在市场经济基础上普遍采用了反危机的国家干预措施的经验，可以看出，完全自由竞争的市场经济在当代世界并不存在，"看得见的手"与"看不见的手"相互结合是当代世界经济体制优化的普遍趋势。

资料来源：《计划与市场在世界范围内争论的历史背景和当代实践》，1990年9月30日上报中共中央的内部研究报告；《改革》杂志，1992年第2期公开发表。

👤 人物：陈锦华

陈锦华，1929年7月生，安徽青阳人。1949年2月加入中国共产党。1951年—1976年先后任纺织工业部、轻工业部政策研究室主任，计划组副组长。1976年10月至1983年2月任中共上海市委副书记、市人民政府副市长。1983年3月任中国石化总公司总经理。1990年9月任国家经济体制改革委员会主任。1993年3月任国家计划委员会主任。1998年3月任全国政协副主席。

陈锦华走马上任国家体改委主任后，清楚地意识到要"计划"还是要"市场"，是中国改革的主要矛盾，是改革开放一道无法回避、必须面对的坎。他提出要"深入探讨计划经济与市场调节相结合的大题目"，并组织国家体改委进行国内、国际关于计划与市场的理论及实践研究，他认为：计划经济与市场经济只是两种不同的资源配置手段，关于二者的争论早在社会主义出现之前便已存在，与社会制度没有必然联系，更不是社会主义与资本主义的分水岭。9月，国家体改委向中央和国务院递交了《外国关于计划与市场问题的争论和实践以及对中国的计划与市场关系的评论》，这份材料得到中央领导的好评，李鹏指示将此件作为中共十三届七中全会文件起草参考材料。

陈锦华执掌体改委三年，以非凡的魄力推出了一系列改革举措。比如，为了推动企业股份制改革，1992年国家体改委陆续出台了《定向募集股份公司规范意见》、《有限公司法规》及13个配套文件，并同时和香港联交所探讨了内地的国有企业到香港上市，即H股的发行工作。这为以后中国股份制的推进及内地企业到香港上市奠定了第一块基石。1991年，他接手国务院住房制度政策领导小组工作后，开始在全国推广1990年代初在上海开始的住房公积金制度，推动中国人的安居问题走上市场化轨道。

资料来源：①陈锦华简历，新华网；②《陈锦华：中国改革不可或缺的亲历者和见证人》，《南方周末》，2005年7月28日。

💬 语录

"社会主义也有市场经济"。
——邓小平

背景：社会主义国家如何发展经济，在邓小平的头脑中从来没有条条框框。改革开放以后，邓小平一直在强调，计划和市场都只是发展经济的方法，并不是划分社会主义和资本主义的标志。1990年12月24日，邓小平在同江泽民、杨尚昆、李鹏的谈话中说"社会主义也有市场经济，资本主义也有计划控制。不要以为搞点市场经济就是资本主义道路，没有那么回事。计划和市场都得要。"

流行志

《围城》
1990年，电视剧《围城》在全国掀起热潮。电视剧改编自钱钟书同名长篇小说，小说文字幽默，寓意深刻，心理描写微妙。电视剧《围城》以整齐的编导演摄阵容，较好地把原著深厚的文字语言转化成了画面和视听语言，受到了广大观众特别是知识分子的推崇和欢迎。电视剧播出后，钱钟书还亲自接见了主演陈道明。该剧的热播，也使得"围在城里的人想逃出来，城外的人想冲进去，对婚姻也罢，职业也罢，人生的愿望大都如此。"这句话被普通观众熟知。

逛夜市
中国最早的夜市产生于20世纪80年代末，当时，国营和集体商店都只做白班，夜里的生意是一个空白点。精明的个体户们自发地形成了这种夜市。之后，有关部门将其纳入管理，并成为解决就业的途径之一。每当夜幕降临，华灯初上的时候，人们便三三两两来到夜市，各种服装百货、特色小吃，在这里都能买到、吃到。购物方便、品种多、价格便宜，是夜市的最大特点，逛夜市，曾是许多地方流行的休闲方式和消费习惯之一。

"打白条"
许多收购部门在向农民收购农副产品时，因资金紧张，向农民打张欠条，这种欠条一般很难兑现，农民称之为"白条"。20世纪80年代末至90年代初，"打白条"现象在全国各地泛滥，时常会有一个县打出白条上千万元，严重挫伤农民的生产积极性，有的地方甚至发生农民围攻收购站、辱骂收购人员的事。直到国家对农副产品购销资金实行专户管理之后，各地收购部门专用资金逐渐到位，"打白条"现象才日益减少。

呼啦圈
20世纪80年代，呼啦圈传入中国，当时的呼啦圈很简单，瘦瘦一根塑料管围成一个圈，讲究的管子里还会灌些小珠子，这样摇起来会呼呼地响。一群人摇的时候，便会听见很壮观的"呼啦声"。1990年亚运会，呼啦圈更是火得没边没际，几乎每家房门后都会挂一两个呼啦圈，以便随时"转"起来。当时，许多晚会上都有呼啦圈表演，单人转、组队转、一人身上套多个转。呼啦圈成为国人健身史上最普及的运动之一。

综艺大观
1990年初，中央电视台在第一套节目周六黄金时间开播了一档综合了各个艺术门类的娱乐性电视文娱栏目《综艺大观》。开娱乐节目先河的《综艺大观》自推出后一直受到观众的广泛关注，曾在很长的一段时间内成为观众每周必看的保留节目，其收视率比《新闻联播》还高。作为当时央视唯一的综艺性栏目，《综艺大观》在海外及世界华人地区也有着广泛的影响。

社会关注

第十一届亚运会在北京举行

1990年9月22日，第十一届亚洲运动会在北京开幕。图为1990年8月7日，藏族少女达瓦央宗从海拔5000米以上的唐古拉山的雪峰下，取太阳之火，引燃火种。

1990年9月22日至10月7日，第十一届亚运会在北京举行，这是中国举办的第一次综合性的国际体育大赛，也是亚运会诞生40年以来第一次由中国承办的亚洲运动会。除伊拉克和约旦外，来自亚奥理事会成员的37个国家和地区的体育代表团的6578人参加了这届亚运会，代表团数和运动员数都超过了前十届，创历史最高纪录。中国派出636名运动员参加了全部27个项目和2个表演项目的比赛。中国台北在时隔12年后，作为中国一个地区的代表队重返亚运大家庭。

经过14天的激烈竞赛，亚洲各国家和地区的运动员在本届亚运会上创造了优异成绩：7次刷新世界纪录，89人次打破亚洲纪录，189次改写亚运会纪录。有25个国家和地区的选手夺得本届亚运会的奖牌，其中15个国家和地区的选手获得了金牌。中国获得金牌183枚、银牌107枚、铜牌51枚，总计341枚。

大型团体操《相聚北京》第五场《亚运之光》

语录

> "立足本职岗位学雷锋。"
> ——福建省委

背景：20世纪80年代，在一切向"钱"看的社会风气下，每年开展的"学雷锋"活动也渐渐成了形式主义。社会上流传着"'雷锋'同志无户口，三月来了四月走"的顺口溜。怎样把学雷锋活动实实在在地长期坚持下去呢？1990年初，福建省委提出把学习雷锋精神同做好本职工作结合起来，"立足本职岗位学雷锋"，就是把各自的工作岗位作为学习和实践雷锋精神的"主阵地"，把全心全意为人民服务体现在每一项工作中，高标准、高质量地做好本职工作。福建省开展的这项活动效果显著，后来逐渐在全国其他省份推广。

> **语录**
>
> "不唯上、不唯书、只唯实，交换、比较、反复。"
>
> ——陈云

背景：1990年1月24日，陈云在同浙江省党政军领导谈话时将事先题写的条幅"不唯上、不唯书、只唯实，交换、比较、反复"赠送给浙江省委书记李泽民。陈云解释说："这15个字中，前9个字是唯物论，后6个字是辩证法，合起来就是唯物辩证法。"十五字诀，是老一辈革命家陈云对学习、生活与工作经验的宝贵总结，正是因为坚守着这些原则和方法，他总是能在革命和建设的历史关键时刻，不犯或少犯错误，制定出正确的决策，从而成就其非凡的一生。

中国第一家麦当劳餐厅在深圳开业

1990年10月8日，中国内地第一家麦当劳餐厅在深圳市解放路光华楼西华宫正式开业，成为内地唯一一家能用港币和人民币支付的麦当劳。一位亲历者讲述了当年的情景，"这个红黄相间的丑角端坐在光华楼顶上，笑容可掬地俯瞰着人山人海。无数深圳人举家前往。人们满腹新奇，队伍从餐厅二楼排到一楼，再绕着整个光华楼转了一圈。餐厅第一批员工仅有400多人。实在忙不过来了，公司不得不从香港临时调来500多名员工帮忙，每人每天要忙10个小时，还不能满足顾客要求。"

20世纪90年代初期，中国新兴白领们开始以在麦当劳聚会为荣，仿佛麦当劳解决的不是肚子问题，而是精神问题。人们学会文雅地排两个小时的队，点适量的食物，而后在这里谈恋爱、见朋友、开会甚至谈生意，快餐时间被无限拉长，比如一包薯条配6袋番茄酱。麦当劳因此而承担了更多的公共空间的职责，包括公园、公共客厅乃至公共厕所。"坐多久也不赶人"，这样的满足和尊重是空前的。当时的深圳作为中国改革开放的前沿，集中了一大批"先富裕起来的人"。吃麦当劳所代表的炫耀性消费以及新生活的无限诱惑，都在特区抽条吐穗。之后很短的时间内，麦当劳在中国业绩飞升。

1990年10月8日，中国内地第一家麦当劳餐厅在深圳市解放路光华楼西华宫正式开业。麦当劳由此揭开了抢占中国内地快餐市场的序幕。

环球大事

3月5日
世界全民教育大会在泰国举行。

4月28日
欧共体特别首脑会议在都柏林举行。

5月5日
美苏英法及两个德国外长在波恩举行首次会议，讨论德国统一的外部方面问题。

5月24日
美国总统布什宣布延长对中国的贸易最惠待遇一年。

6月4—13日
第46届联合国亚洲及太平洋经济社会委员会年会在曼谷举行，会议通过了控制人口增长和城市膨胀等8项决议。

6月19日
欧共体五成员国法国、西德、卢森堡、荷兰和比利时在卢森堡签署开放边界协议。

7月1日
东、西德合并金融体制，德意志民主共和国转用西德马克，而原有东德马克则以"1:1"兑换成西德马克。

7月12日
经济合作与发展组织发表的最新统计资料表明，截至1988年底，发展中国家所欠债务总额为13220亿美元。

8月31日

1990年，东德与西德实现统一。

东德与西德在柏林签署统一条约。

10月3日
东德与西德合并，实现两德统一。

10月22日
欧共体12国决定恢复对华的正常关系。

10月27—28日
欧共体特别首脑会议在罗马举行，决定欧洲经济货币联盟1991年1月进入第二阶段。

▤ 重要文献

《国务院关于开发和开放浦东问题的批复》

（1990年6月2日）

1990年6月2日，国务院《关于开发和开放浦东问题的批复》指出，开发和开放浦东是深化改革、进一步实行扩大开放的重大部署。

节选：

开发和开放浦东是深化改革、进一步实行对外开放的重大部署。上海有良好的政治经济基础……又同海外各地有着广泛的联系。充分利用这些优势，有计划、有步骤、积极稳妥地开发和开放浦东，必将对上海和全国的政治稳定与经济发展产生极其重要的影响。

开发和开放浦东，主要是利用国外资金发展外向型经济。上海市要努力改善投资环境，为国外投资者创造有利的投资条件。对于涉及国家主权的问题，要严格按照国家的有关法律和法规办理；需要另行规定的，请上海市起草单行法规草案，报国务院审议发布。利用外资要按中国的法律和法规进行管理，要符合国家产业政策的要求，把引进的重点放在技术密集型产业上，并且从一开始就要注意保护生态环境。

——摘自《改革开放三十年重要文献选编》（上）第585—586页，中央文献出版社，2009年。

▤ 重要文献

《国际形势和经济问题》

（邓小平，1990年3月3日）

这是邓小平同几位中央负责人谈话的一部分。谈话对国际经济形势提出了几点判断，认为旧的格局在改变中，新的格局还没有形成，和平问题没有得到解决，发展问题更加严重。同时提出，我们可利用的矛盾、条件、机遇都存在着，问题是要善于把握，要特别注意经济发展速度滑坡的问题。

节选：

……我们过去对国际问题的许多提法，还是站得住的。现在旧的格局在改变中，但实际上并没有结束，新的格局还没有形成。和平与发展两大问题，和平问题没有得到解决，发展问题更加严重。

……世界格局将来是三极也好，四极也好，五极也好，苏联总还是多极中的一个，不管它怎么削弱，甚至有几个加盟共和国退出去。所谓多极，中国算一极。……

我们对外政策还是两条，第一条是反对霸权主义、强权政治，维护世界和平；第二条是建立国际政治新秩序和经济新秩序。……不管苏联怎么变化，我们都要同它在和平共处五项原则的基础上从容地发展关系，包括政治关系，不搞意识形态的争论。……

对国际形势还要继续观察。……世界上矛盾多得很，大得很，一些深刻的矛盾刚刚暴露出来。我们可利用的矛盾存在着，对我们有利的条件存在着，机遇存在着，问题是要善于把握。

综观全局，不管怎么变化，我们要真正扎扎实实地抓好这十年建设，不要耽搁。……

现在特别要注意经济发展速度滑坡的问题，我担心滑坡。……世界上一些国家发生问题，从根本上说，都是因为经济上不去。……如果经济发展老是停留在低速度，生活水平就很难提高。人民现在为什么拥护我们？就是这十年有发展，发展很明显。假设我们有五年不发展，或者是低速度发展……这不只是经济问题，实际上是个政治问题。

……中国能不能顶住霸权主义、强权政治的压力，坚持我们的社会主义制度，关键就看能不能争得较快的增长速度，实现我们的发展战略。

——摘自《改革开放三十年重要文献选编》（上）第569—571页，中央文献出版社，2009年。

■ 重要文献

《中共中央关于制定国民经济和社会发展十年规划和"八五"计划的建议》
（1990年12月30日）

1990年12月25日—30日，中共十三届七中全会在北京举行。全会审议并通过了《中共中央关于制定国民经济和社会发展十年规划和"八五"计划的建议》，提出了今后十年中国国民经济和社会发展的基本任务和方针政策，并将建设有中国特色社会主义的基本理论和基本实践，概括为十二条原则。

目录：
- 一、主要奋斗目标和基本指导方针
- 二、经济发展的产业重点和地区布局
- 三、发展科技教育文化事业的任务和政策
- 四、改善人民生活和健全社会保障
- 五、深化经济体制改革的方向、任务和措施
- 六、进一步扩大对外开放
- 七、全党全国人民团结起来，为实现十年规划和"八五"计划而奋斗

■ 重要文献

《中华人民共和国香港特别行政区基本法》
（1990年4月4日）

1990年4月4日，中华人民共和国主席令第二十六号公布《中华人民共和国香港特别行政区基本法》，自1997年7月1日起施行。《基本法》共九章一百二十六条。

节选：

第一条 香港特别行政区是中华人民共和国不可分离的部分。

第二条 全国人民代表大会授权香港特别行政区依照本法的规定实行高度自治，享有行政管理权、立法权、独立的司法权和终审权。

第十二条 香港特别行政区是中华人民共和国的一个享有高度自治权的地方行政区域，直辖于中央人民政府。

第十三条 中央人民政府负责管理与香港特别行政区有关的外交事务。

中华人民共和国外交部在香港设立机构处理外交事务。

中央人民政府授权香港特别行政区依照本法自行处理有关的对外事务。

第十四条 中央人民政府负责管理香港特别行政区的防务。

香港特别行政区政府负责维持香港特别行政区的社会治安。

第十七条 香港特别行政区享有立法权。

香港特别行政区的立法机关制定的法律须报全国人民代表大会常务委员会备案。备案不影响该法律的生效。

第十九条 香港特别行政区享有独立的司法权和终审权。

香港特别行政区法院除继续保持香港原有法律制度和原则对法院审判权所作的限制外，对香港特别行政区所有的案件均有审判权。

香港特别行政区法院对国防、外交等国家行为无管辖权。

第二十一条 香港特别行政区居民中的中国公民依法参与国家事务的管理。

根据全国人民代表大会确定的名额和代表产生办法，由香港特别行政区居民中的中国公民在香港选出香港特别行政区的全国人民代表大会代表，参加最高国家权力机关的工作。

——摘自《改革开放三十年重要文献选编》（上）第583—584页，中央文献出版社，2009年。

大事记

1月3日
国务院批转国家土地管理局《关于加强农村宅基地管理工作的请示》，《请示》指出，为了加强对农村宅基地的管理，正确引导农民节约、合理使用土地兴建住宅，严格控制占用耕地，拟在1990年和1991年两年内，建立健全宅基地管理制度，加强法制建设；抓好宅基地有偿使用的试点工作。

1月4—8日
国务院在北京召开全国经济体制改革工作会议，讨论以企业改革为重点的1990年改革工作的任务。会议就治理整顿深化企业改革提出7条主要措施。8日，李鹏在会上发表《改革开放要沿着健康的轨道前进》的讲话。

1月6—10日
国务院召开建国以来首次国有资产管理工作会议，决定有计划地开展清产核资工作，计划用三四年时间把家底摸清。10日，王丙乾代表国务院强调，各地区、各部门要提高认识，把加强国有资产管理作为巩固发展社会主义制度的一项重要工作抓起来。

1月8日
《人民日报》报道，国家投资体制改革初见成效，6个专业投资公司1989年完成投资356.7亿元，建成投产大中小型项目共673个，投资效益有了较显著提高。

1月12日
国务院企业管委会宣布，批准45个企业为国家一级企业，这是中国近50万个企业中首批审定的国家一级企业。

1月17日
江泽民在中南海会见国际货币基金组织副总裁理查德·厄伯以及出席国际中央银行研讨会的来自美国、墨西哥、比利时等国的银行家。他指出，中国几十年经济发展的经历表明，中国需要进行经济体制改革，中国今后发展经济要把计划经济与市场调节很好地结合起来。中国反对资产阶级自由化是有其特定含义的。在反对资产阶级自由化的同时，对资本主义国家的先进科学技术、管理经验和优秀文化都要学习，有的先进技术还要用钱去买。

1月17日
经全国清理整顿公司领导小组批准，中央国家机关第二批撤销1633个所属公司。至此，中央国家机关共撤销了2651个公司。

1月19日
国务院批转国家土地管理局《关于部分地方政府越权批地情况报告的通知》，要求各地切实加强领导，确保《土地管理法》全面实施。

2月1日
国家物价局发布《关于商品和收费实行明码标价制度的规定》，从3月1日起施行。规定商品"应按国家定价、国家指导价、市场调节价3种价格形式分别采用红、蓝、绿3色价格标签"，做到标价准确、一货一签。

2月5—8日
国务院经济特区工作会议在深圳召开。李鹏在会上指出，经济特区的发展方向是进一步发展外向型经济。党中央、国务院给予特区特殊的经济政策，允许特区实行某些特殊的经济管理办法，其目的就是要特区更好地发展外向型经济。在治理整顿时期，我们要求全国经济发展速度适当放慢一点，但经济特区可以而且应该比全国的平均发展速度高点。

2月13—17日
香港特别行政区基本法起草委员会第9次会议在北京举行。

2月19日
国务院同意将济南市列入沿海经济开放区，执行与长江、珠江三角洲相同的政策。

2月23日
国务院发出《关于进一步加强机构编制管理的通知》。《通知》要求，在治理整顿期间，各地区、各部门必须进一步加强机构编制管理。要严格执行《中华人民共和国地方各级人民代表大会和地方各级人民政府组织法》的有关规定，严格按照党中央、国务院关于机构编制管理的规定和要求办事，切实做到令行禁止；要严格控制增设机构、提高机构规格、增加人员编制和领导职数，如确需调整增设机构、提高机构规格、增加人员编制和领导职数等，必须严格履行国家规定的审批程序。

3月9—12日
中共十三届六中全会在北京召开。全会审议通过《中共中央关于加强党同人民群众联系的决定》。《决定》强调：人民群众是我们党的力量源泉和胜利之本。能否始终保持和发展同人民群众的血肉联系，直接关系到党和国家的盛衰兴亡。

3月18日
江泽民在参加全国人大、全国政协党员负责同志会议上指出，建设高度的社会主义民主和完备的法制，是我们的根本目标和根本任务之一，也是人民群众的共同愿望。建设社会主义民主政治，最重要的是坚持和完善人民代表大会制度。

3月20日
国务院办公厅转发国家工商行政管理局《关于在全国逐步推行经济合同示范文本制度的请示》，并发出通知指出，推行经济合同示范文本制度，是贯彻执行《中华人民共和国经济合同法》、提高经济合同履约率、整顿流通秩序的一项重要措施。

3月20日—4月4日
七届全国人大三次会议在北京举行。会议审议、批准了李鹏在大会上作的《政府工作报告》。会议通过了《中华人民共和国香港特别行政区基本法》及其三个附件和香港特别行政区区旗、区徽图案；通过了《关于设立香港特别行政区的决定》《关于香港特别行政区基本法的决定》《关于香港特别行政区第一届政府和立法会产生办法的决定》《关于批准香港特别行政区基本法起草委员会关于设立全国人大常委会香港特别行政区基本法委员会的建议的决定》，以及《关于修改〈中华人民共和国中外合资经营企业法〉的决定》。会议还通过了接受邓小平辞去中华人民共和国中央军事委员会主席职务的请求的决定，选举江泽民为中华人民共和国中央军事委员会主席，并根据江泽民的提名，决定任命刘华清为国家军委副主席。

4月6日
国务院发布《中华人民共和国标准法实施条例》。

4月17日
国务院办公厅转发商业部《关于集体商业经营批发和个体商业从事长途贩运、批量销售业务有关问题的意见》。《意见》指出，集体商业经营批发业务的范围，是指除国家计划管理商品、国家专营专卖商品、某些特殊性商品之外的日用工业品和部分完成国家合同订购任务以外的非原料性农副土特产品。

4月18日
李鹏在上海宣布：中共中央、国务院同意上海市加快浦东地区的开发，在浦东实行经济技术开发区和某些经济特区的政策。30

来自世界各地的外商在浦东开发总指挥部，寻找开发项目。

日，上海市人民政府宣布开发浦东的10条优惠政策和措施。6月10日，中共中央、国务院发文批复，原则同意上海市人民政府关于开发和开放浦东问题的请示，批准10条政策措施和划出一定区域辟为保税区。9月10日，国务院有关部门和上海市政府向中外记者宣布开发、开放浦东新区的九项具体政策规定。这些政策具有权威性和可操作性，标志着浦东开发进入了实质性启动阶段。

4月23—26日

国务院总理李鹏访问苏联。这是中苏两国关系正常化后中国政府首脑首次访苏，也是自1964年以来中国总理第一次访问苏联。两国领导人就发展双边关系深入交换了意见，并签署了关于两国经济、科学技术长期合作发展纲要等六项协定。

4月27日

国务院发出的《关于做好劳动就业工作的通知》指出，解决城镇就业问题，仍然贯彻实行在国家统筹规划和指导下，劳动部门介绍就业、自愿组织起来就业与自谋职业相结合的方针。除全民所有制单位按照国家计划安排就业外，更多的要靠发展集体经济和发挥个体经济、私营经济的作用，广开就业门路、拓宽就业渠道。

5月5日

国务院批转国家医药管理局《关于进一步治理整顿医药市场的意见》指出，国家医药管理局是国务院管理医药（不含中药）的职能部门，负责医药生产、经营的行业管理，组织对开办药品生产、经营企业的审查。

5月12—17日

江泽民考察海南经济特区。他在考察中指出，中央关于兴办经济特区的战略决策是正确的，在海南实行的各项政策不变，海南省吸引外商投资，进行成片开发，党中央和国务院是支持的。海南要通过改革开放，加快经济开发，改变经济比较落后的面貌。

5月19日

国务院发布《中华人民共和国城镇国有土地使用权出让和转让暂行条例》。《暂行条例》规定，国家按照所有权与使用权分离的原则，实行城镇国有土地使用权出让、转让制度，但地下资源、埋藏物和市政公用设施除外。

5月19日

国务院发布《外商投资开发经营成片土地暂行管理办法》。《办法》提出，国家鼓励国营企业以国有土地使用权作为投资或合作条件，与外商组成开发企业。

5月23日

国务院批转国家体改委《在治理整顿中深化企业改革强化企业管理的意见》并发出通知，再次强调企业承包经营责任制的政策不变，各地区要认真搞好下一步企业承包的衔接工作；把深化企业改革和强化企业管理结合起来。

5月28日

国务院批转《1990年经济特区工作会议纪要》并发出通知指出，实践证明，中央、国务院关于经济特区的基本政策和措施是正确的、成功的。广东、福建、海南3省人民政府和国务院有关部门要继续加强对经济特区的领导和指导，支持特区更好地发展外向型经济，充分发挥特区在对外开放中的窗口和基地作用。

5月30日

中国土地使用制度改革理论研讨会在北京举行，李鹏到会讲了话。会议主要议题是：在坚持马克思主义地租理论为指导和完善社会主义土地公有制的前提下，适应中国改革开放的形势和加强土地管理的需要，探讨研究中国土地使用制度存在的问题和改革的目标、模式与对策，为土地使用制度改革提供理论依据。

6月3日

国务院发布《中华人民共和国乡村集体所有制企业条例》。《条例》规定，乡村集体所有制企业是中国社会主义公有制经济的组成部分。国家对乡村集体所有制企业实行积极扶持，合理规划，正确引导，加强管理的方针。《条例》自7月1日起施行。

6月7日

国务院发布《国务院关于修改〈征收教育费附加的暂行规定〉的决定》，《决定》指出，教育费附加，以各单位和个人实际缴纳的产品税、增值税、营业税的税额为计征依据，教育费附加率为2%，分别与产品税、增值税、营业税同时缴纳。《决定》自8月1日起施行。

6月13—16日

中国社会科学院经济研究所、国家计委经济研究中心、浙江省社会科学院经济研究所、中共浙江省委党校理论研究所和《经济研究》编辑部在杭州联合召开治理整顿深化改革经济理论问题研讨会。与会者比较一致的看法是：当前，在治理整顿取得初步成效的基础上，应当加快改革的步伐，利用已出现的某些买方市场的势头，推出一些原来由于经济环境过紧、通货膨胀压力很大而不能出台的改革措施。

6月19—27日

江泽民先后考察了汕头、深圳、珠海三个经济特区和广州、惠州、东莞、中山、佛山、顺德等市、县。在考察期间，他反复强调，坚持对外开放，必须始终坚持社会主义方向，坚持"两个文明"一起抓。在对外开放的形势下，我们一方面要引进、吸收国外先进的科学技术、管理经验和优秀文化；另一方面，要坚持社会主义的方向，抵制资本主义腐朽思想的侵蚀。

6月25日

经国务院批准，商业部和河南省政府计

划当年9月建立郑州粮食批发市场，主要进行省际间议价小麦的批发交易，以现货为主，允许签订远期合同，逐渐引向期货市场。这是整顿和改革粮食流通的一个尝试。

7月2日

国务院发出《关于加强国有资产管理工作的通知》，要求在全国范围内有计划地开展清查资产、核实国家资金、摸清国有资产"家底"的工作。要通过清产核资，核实各部门、各单位占用的国有资产价值总量，将一切应归国家所有的资产，都纳入国有资产管理轨道，认真解决"家底"不清、管理混乱、损失浪费严重等问题。

7月3日

李鹏在会见以苏联部长会议国家经济改革委员会副主席阿谢克里托夫为团长的苏联经济改革代表团时指出，社会主义国家要根据自己的国情进行改革。中国进行改革始终注意坚持社会主义方向，实行计划经济和市场调节相结合的方针，发挥两者各自的长处。他表示，今后中国将继续努力探索一个比较完整的结合方式。中国的经济体制改革的主要经验有两条：改革与发展相结合，改革不能急于求成。

7月7日

中共中央作出《关于实行党和国家机关领导干部交流制度的决定》，这是对中国干部制度的一项重要改革，需要在实践中不断地加以完善。

7月12日

经国务院批准，劳动部颁发施行《工人考核条例》。

7月14日

国务院办公厅转发建设部《关于进一步清理整顿房地产开发公司的意见》，《意见》指出，清理整顿房地产开发公司，要与城镇住房制度的改革和房地产业的发展相结合，通过建立正常的房地产开发、经营秩序，促进社会主义有计划商品经济的健康发展。清理整顿房地产开发公司的重点是解决公司过多、过滥和名不副实的问题，使公司的数量与房地产开发的实际需要相适应。

7月24日

国务院作出《关于加强粮食购销工作的决定》。《决定》指出，当前在一些主产区出现了农民卖粮难，粮食部门储粮难，产区和销区之间调销不畅的现象，如果不采取有效措施加以解决，势必挫伤农民发展粮食生产的积极性。各级政府必须对粮食形势保持清醒的认识，认真吸取1984年以后粮食生产出现徘徊的教训，振奋精神，克服困难，兢兢业业，切实把粮食工作做好。

7月30日

国务院办公厅转发经贸部《关于地方对外经贸洽谈会归经贸部审批的意见》。

8月16日

国务院发出《关于开展1990年税收、财务、物价大检查的通知》。《通知》指出，1990年的税收、财务、物价大检查，是推动治理整顿、深化改革，促进国家政治、经济和社会进一步稳定发展的一项重要措施。在检查中，一定要坚持违法必究、执法必严的原则，认真查处各种违反财经法纪的问题。

8月18日

中共中央发出通知，陈锦华任国家经济体制改革委员会党组书记，安志文不再担任党组书记职务。9月7日，杨尚昆主席令：免去李鹏兼任的国家经济体制改革委员会主任职务；任命陈锦华为国家经济体制改革委员会主任。

8月19日

国务院发布施行《关于鼓励华侨和香港澳门同胞投资的规定》。《规定》指出，华侨、港澳投资者可以在境内各省、自治区、直辖市、经济特区投资。鼓励华侨、港澳投资者依照国家有关规定从事土地开发经营。

9月7日

七届全国人大常委会第15次会议通过《中华人民共和国著作权法》和《中华人民共和国铁路法》，分别从1991年6月1日和5月1日起施行。

9月10日

全国税收征管工作会议在厦门召开。会议强调，要在全国税收征管中全面推进改革，实行征收、管理、检查相互分离、相互制约、相互促进，纳税人按税法要求按时主动申报纳税的新型模式。

9月11日

国务院举行第67次常务会议。会议决定建立国家专项储备粮制度。16日，国务院作出《关于建立国家专项粮食储备制度的决定》。21日，国家专项粮食储备工作会议在武汉召开。会议指出：建立国家专项粮食储备制度，是稳定、协调地发展农业生产的一项具有深远意义的重大战略措施。

9月30日

李鹏在国庆41周年招待会上的讲话指出，我们将坚定不移地深化改革，使改革更好地为发展服务，解决经济发展中的突出问题，逐步建立计划经济与市场调节相结合的运行机制，以适应和促进社会主义有计划商品经济的发展。我们还将坚定不移地进一步扩大对外开放，积极发展外向型经济。

10月10日

中国物资流通领域中第一家综合商社式企业集团——苏州综合物资集团公司成立。这是由物资部、国家体改委、国务院发展研究中心和江苏省政府联合确定在苏州进行的一项物资体制改革试点。

10月19日

国家国有资产管理局、财政部、国家体改委、国务院生产委员会联合印发《关于加强承包经营责任制企业国有资产管理的试行办法》，并附《承包企业国有资产保值增值指标计算考核暂行办法》。《试行办法》指出，国务院《通知》明确规定："在新的一轮承包中，财政部门和国有资产管理部门共同参加发包，完善承包考核内容和内部分配办法，在正确处理国家、企业和个人利益关系的原则指导下，确定承包合同中的资产、财务指标，严格考核，确保国有资产的完整和增值。"

10月22日

国务院批转劳动部等部门《关于加强城镇集体所有制企业职工工资收入管理的意见》。《意见》规定，集体企业职工的基本工资、奖金、津贴、补贴和劳动分红等全部工资收入，不论其资金来源及支付形式如何，均应加强管理。

10月26日

国务院办公厅转发国务院机电设备进口办公室《关于中外合资合作经营企业进口自用轿车审批管理办法的请示》。《请示》指出，凡依法批准成立的中外合资、合作经营企业（以下简称企业），可按规定的标准，免税进口轿车。为减少进口，鼓励使用国产轿车，对中外合资、合作企业在规定的标准内用外汇购买国产轿车，与进口轿车同等对待，免征零部件进口环节的关税、增值税（或工商统一税），以及特别消费税和横向配套费。

10月30日—11月3日

国家体改委与世界银行、联合国开发计划署共同在杭州召开中国90年代经济体制改革高级国际研讨会。世界银行、联合国开发计划署、美国、日本、英国、德国、韩国、瑞典、孟加拉国的16位专家学者和中国有关部委、研究机构的33位代表参加了会议。研讨会围绕90年代中国经济体制改革的目标和措施，着重讨论了计划与市场；财政、货币政策与体制改革；价格改革；企业制度改革；外贸体制改革；社会保障和住房制度、工资制度改革以及改革的顺序等7个方面的问题。

11月10日

国务院发出《关于打破地区间市场封锁进一步搞活商品流通的通知》，《通知》指出，近一个时期，由于地区之间的封锁，造成商品流通不畅，加剧了市场的疲软。《通知》提出了维护企业的生产、经营自主权，确保商品畅通无阻，加强物价管理等6条具体要求。

11月10—15日

国务院召开全国粮食工作会议，强调指出，要积极稳妥地推进粮食流通体制的改革。决定从1990年秋粮收购开始，将合同订购改为国家定购，交售国家定购粮作为农民应尽义务，必须保证完成。

11月19日

田纪云在全国外贸会议上说，下一年中国外贸企业将把提高出口商品质量和经济效益作为工作重点，推行外贸企业自负盈亏、平等竞争机制。这将是中国外贸体制深化改革的一项重要内容，从而理顺外贸体制，推动外贸持续、稳定发展。

11月20—23日

中国经济体制改革研究会在成都市召开第二次企业承包座谈会。会议交流了各地积极推进企业第二轮承包的做法和经验。

11月22日

国务院发布《劳动就业服务企业管理规定》。《规定》指出，劳动就业服务企业是承担安置城镇待业人员任务、由国家和社会扶持、进行生产经营自救的集体所有制经济组织。国家对劳动就业服务企业实行扶持政策，鼓励社会各方面依法扶持兴办各种形式的劳动就业服务企业。

11月25日—12月1日

国务院举行的全国计划会议在京召开。会议讨论安排了1991年国民经济发展和改革计划。李鹏提出：前一阶段治理整顿的主要任务是压缩过大的社会需求，消除经济过热，抑制通货膨胀。下一阶段，要在继续坚持和改进总量控制的前提下，把工作的重点放在调整结构和提高经济效益方面，特别是放在提高企业经济效益上，努力促进国民经济逐步走上持续、稳定、协调发展的轨道。李鹏宣布：国务院决定，1991年要在全国范围内开展一个"质量、品种、效益年"的活动。

11月26日

上海证券交易所正式成立，并于12月19日开业，这是新中国建国以来大陆第一家证券交易所。

11月26日

深圳隆重举行庆祝经济特区建立十周年招待会。江泽民到会讲话指出：经济特区建设所取得的成就充分证明，创办经济特区的实践是成功的，实行改革开放的总方针是完全正确的。他要求特区提高技术水平，提高管理水平，提高知识水平，提高政策水平，与浦东的开发和开放相互配合，为国家的经济振兴服务。

11月28日

珠海市隆重庆祝经济特区成立10周年。

11月28日

国家机构编制委员会印发该委员会第9次会议审议并原则批准的国家经济体制改革委员会"三定"调整方案。国家体改委的主要任务是，拟订全国经济体制改革总体规划和方案，统筹、协调和指导全国城乡经济体制改革工作，推进企业改革，组织重要改革措施的试点和推广。机构设一厅八司。

12月1日

中共中央、国务院发出《关于1991年农业和农村工作的通知》，《通知》指出，1990年农业和农村形势很好。我们要吸取历史的经验教训，决不可因为一两年的丰收就盲目乐观。农业生产和农村经济面临的问题仍很突出。因此，农业和农村工作只能加强，不能削弱。《通知》要求各级党委和政府继续做好农业和农村工作摆在首位，认真抓好"稳定完善以家庭联产承包为主的责任制，建立健全农业社会化服务体系"等六项工作。

12月9日

国务院作出《关于进一步改革和完善对外贸易体制若干问题的决定》。《决定》指出，现行外贸体制仍然存在一些不够完善之处。为了继续贯彻执行治理整顿、深化改革的方针，加快改革开放进程，必须在继续发挥中央、地方和企业三方面积极性的前提下，进一步改革和完善对外贸易体制，以提高出口商品质量、经济效益为中心，努力扩大出口，调整进口结构，持续、稳定、协调地发展对外贸易。

12月12日

国务院发出《关于在清理整顿公司中被撤并公司债权债务清理问题的通知》。《通知》要求，被撤并公司的主管部门或清算组织，须负责清理被撤并公司的债权、债务，并对公司财产进行清点、保管和处理。对公司的债权要主动追偿；对公司的债务要在清查的基础上，根据不同情况予以偿还。

12月12日

国务院发出《关于设立全民所有制公司审批权限的通知》。《通知》要求，各级对外经济贸易专业公司，由对外经济贸易部负责审批。各级金融性公司，由中国人民银行负责审批。除对外经济贸易专业公司和金融性公司以外的全国性专业公司(集团)，授权由国务院生产委员会组织审批。大型综合性的和对国民经济发展有重大影响的全国性公司(集团)，由国务院生产委员会组织审核后，报国务院批准。

12月18日

国务院批准中国人民银行、国家外汇管理局、经贸部和中国银行联合制定的《出口收汇核销管理办法》。办法规定，出口单位应到当地外汇管理部门申领经外汇管理部门加盖"监督收汇"章的核销单。在货物报关时，出口单位必须向海关出示有关核销单，凭有核销单编号的报关单办理报关手续，否则海关不予受理报关。货物报关后，海关在核销单和有核销单编号的报关单上加盖"放行"章。

12月20日

全国物资工作会议在西安召开。会上提出，深化物资体制改革的目标是，发展计划指导下的生产资料市场，建立高效、通畅、可调控的物资流通体系。

12月24日

邓小平在同几位中央负责同志谈话时提出几个重要的观点。一是关于对外政策。邓小平说：第三世界有一些国家希望中国当头。但是我们千万不要当头，这是一个根本国策。二是关于市场经济问题。邓小平指出："我们必须从理论上搞懂，资本主义与社会主义的区分不在于是计划还是市场这样的问题。社会主义也有市场经济，资本主义也有计划控制。"三是关于治理整顿。治理通货膨胀能够见效这么快，是因为我们已经形成了承担风险的能力。改革开放越前进，承担和抵抗风险的能力就越强。四是关于共同富裕问题。邓小平指出："共同致富，我们从改革一开始就讲，将来总有一天要成为中心课题。社会主义不是少数人富起来、大多数人穷，不是那个样子。社会主义最大的优越性就是共同富裕，这是体现社会主义本质的一个东西。"

12月25—30日

中共十三届七中全会在北京举行。全会指出：1991年到2000年，在中国社会主义现代化建设的历史进程中是非常关键的时期。我们要抓住历史机遇，迎接挑战，努力实现现代化建设的第二步战略目标，把国民经济的整体素质提高到一个新水平。全会审议并通过《中共中央关于制定国民经济和社会发展十年规划和"八五"计划的建议》。

数说发展

人口

总人口 **114333** 万人

 出生率 **21.06‰**

 死亡率 **6.67‰**

 自然增长率 **14.39‰**

黄金和外汇储备

黄金 **1267** 万盎司

外汇 **110.93** 亿美元

农林牧渔业

农林牧渔业总产值 **7382** 亿元

农村社会总产值 **16253** 亿元

比上年增长

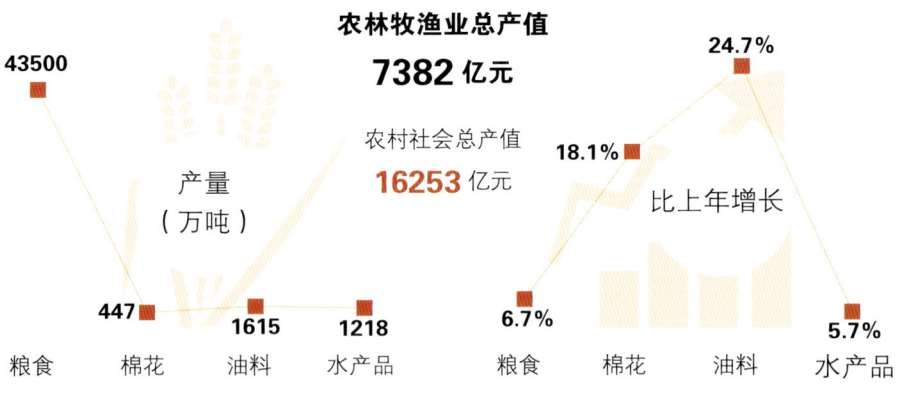

邮电通信

邮电业务总量 **80** 亿元

邮政快件、特快专递、传真、国际港澳电话等业务的增长幅度超过 **20%**

市内电话 **520** 万户

程控电话已占市话总容量的 **43.5%**

国内生产总值 （单位：亿元）

国内生产总值 **18667.8**

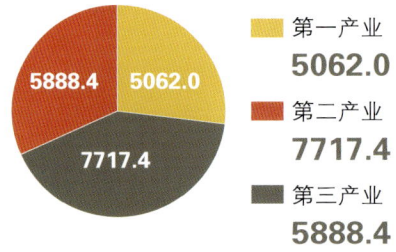

- 第一产业 **5062.0**
- 第二产业 **7717.4**
- 第三产业 **5888.4**

工业 （单位：亿元）

工业总产值 **23851**

比上年增长 **7.6%**

- 轻工业 11799
- 重工业 12052

旅游

接待人数 **2746** 万人次

全年旅游外汇收入 **22.2** 亿美元

财政收支 （单位：亿元）

占国内生产总值的比重 **15.7%**

收入 **2937.10**

支出 **3083.59**

收支差额 **−146.49**

国内商业 （单位：亿元）

社会商品零售总额 **8255**

农业生产资料零售额 **1035**

消费品零售额 **7220**

对外经济 （单位：亿美元）

进出口贸易总额 **1154.1**

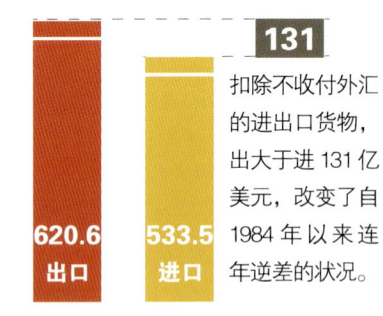

- 出口 620.6
- 进口 533.5
- 131

扣除不收付外汇的进出口货物，出大于进131亿美元，改变了自1984年以来连年逆差的状况。

利用外资 （单位：亿美元）

新签利用外资协议金额 **123**

实际使用外资 **101**

其中外商直接投资 **34**

对外经济合作

对外承包工程和劳务合作新签合同 **25** 亿美元

完成营业额 **17** 亿美元

人民生活

城乡居民人均收入

 城镇 1387 元
 农民 630 元

 全国职工工资总额 2960 亿元
全国职工平均工资 2150 元
实际增长 9.7%

新建住宅面积

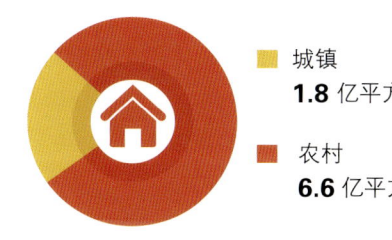
- 城镇 1.8 亿平方米
- 农村 6.6 亿平方米

 全国职工总数 13989 万人
其中全民所有制单位实行劳动合同制的职工 1352 万
城镇个体劳动者 700 万人

城乡人民储蓄存款 7034 亿元

社会福利事业

 各类社会福利院床位 76.1 万张
收养 58 万人
获得国家救济 4481 万人次

 城市建立起 8.8 万个各种社区服务设施
25.1% 的乡镇建立了农村社会保障网络

科学技术

成果及奖励 （单位：项）

取得国家级科学技术成果 2914
国家科技进步奖 505
国家发明奖 224
经国家批准的国家自然科学奖 59

专利情况

 受理国内外专利申请 41469 件
 批准专利 22588 件

保险事业

参加企业财产保险 54 万户
参加人身保险 21736 万人
参加家庭财产保险 9089 万户

各类财产险承保总额 25749 亿元

 保险公司处理国内财产险赔案 278 万件
 支付已决赔款 81.1 亿元
为 925 万人支付人身保险赔款 26 亿元

科技队伍

 各类专业技术人员 2432 万人
其中自然科学技术人员 1097 万人

县以上全民所有制独立的科学研究与技术开发机构 5410 个
 科学技术情报和文献机构 410 个

体 育

创造世界纪录 14 项
创造亚洲纪录 40 项
创造全国纪录 132 项

 获得世界冠军 54 个
第十一届亚运会夺得金牌 183 块
举办县以上运动会 70381 次

 达到国家体育锻炼标准的青少年 7478 万人

交通运输

新建线路交付营业里程

（单位：公里）

- 铁路 127
- 铁路复线 349
- 铁路电气化 551
- 公路 2141

沿海港口吞吐能力 2256 万吨

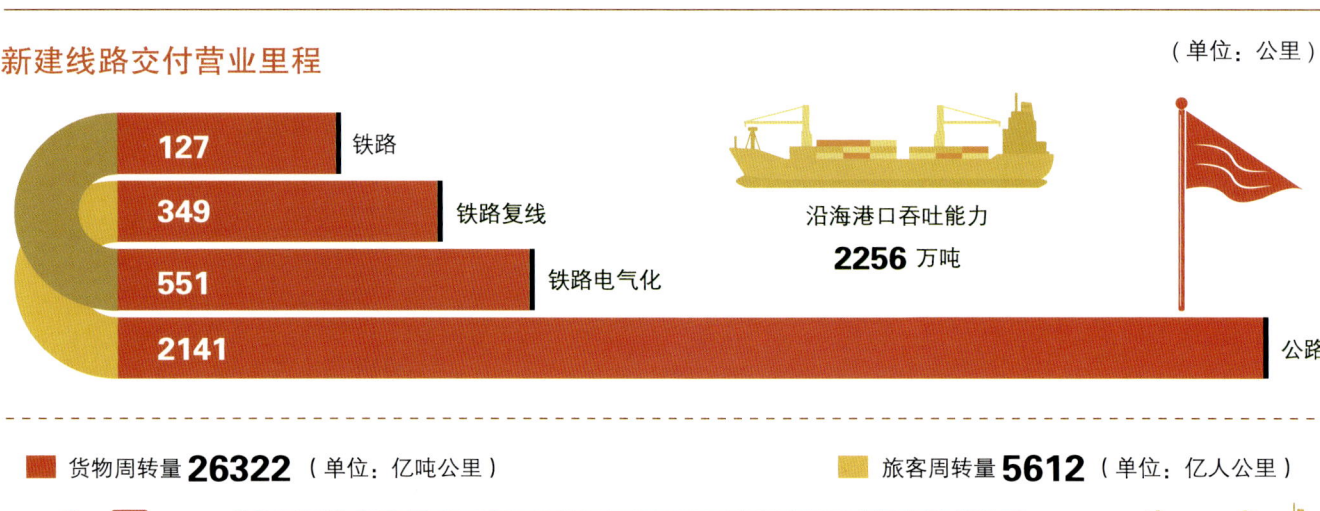

■ 货物周转量 **26322**（单位：亿吨公里）　　■ 旅客周转量 **5612**（单位：亿人公里）

	货物周转量	旅客周转量
铁路	10593	2616
公路	3441	2600
水运	11650	178
空运	—	278 (8)

沿海主要港口吞吐量 **4.6** 亿吨

管道 **642** 亿吨公里

固定资产投资

（单位：亿元）

- ● 固定资产投资 **4451**
  - ● 全民所有制单位固定资产投资 **2927**
    - ● 农业投资 **81**
    - ● 能源工业投资 **814**
    - ● 运输邮电通信业投资 **393**
  - ● 集体所有制单位投资 **550**
  - ● 城乡个人投资 **974**

基本建设投资 **1703**（含车船购置费）

其中生产性建设投资 **1230**

非生产性建设投资 **473**

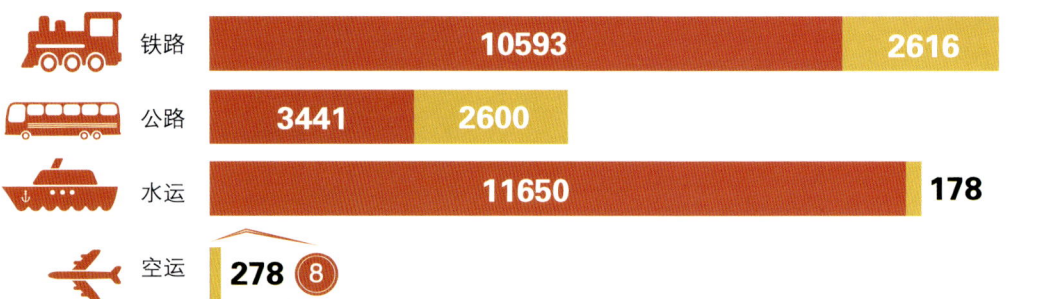

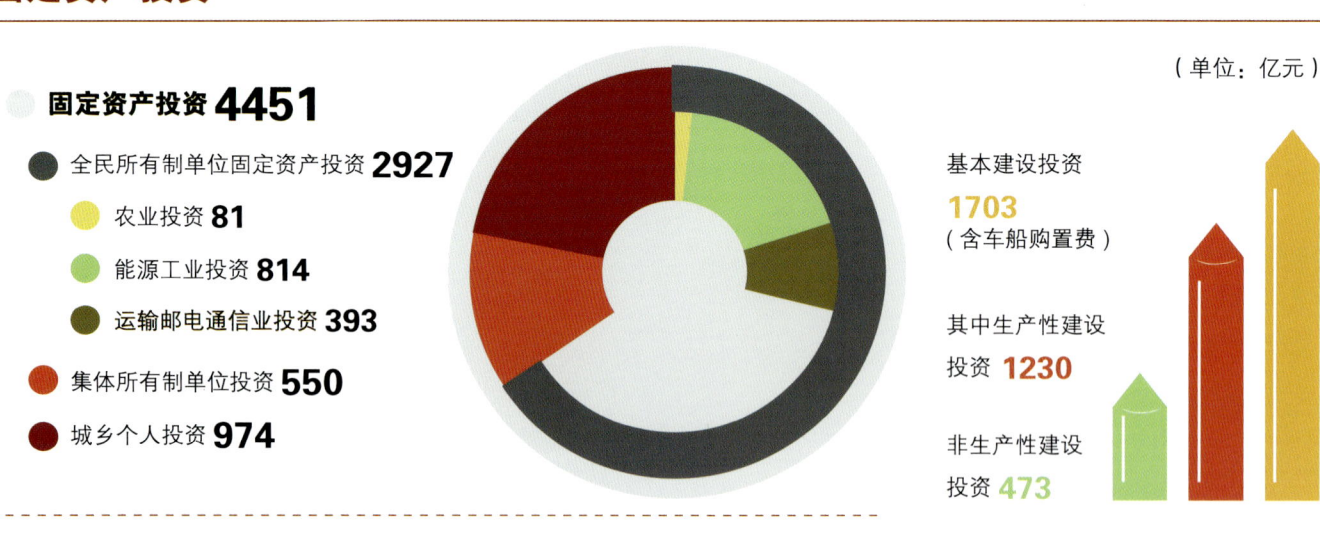

新增加的生产能力

 煤炭开采 **2016** 万吨

 天然气开采 **10.3** 亿立方米（含更新改造和其他投资增加的能力）

 木材开采 **26** 万立方米

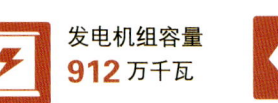 发电机组容量 **912** 万千瓦

 纯碱 **60** 万吨

 水泥 **169** 万吨

 石油开采 **1332** 万吨（含更新改造和其他投资增加的能力）

 化肥 **25** 万吨

 平板玻璃 **250** 万重量箱

建成投产大中型建设项目的单项工程 **71** 个

建成投产的大中型建设项目 **95** 个

文 化

有 18 部（次）影片在国际电影节上获奖

生产电影故事片 **100** 部
发行各种新片（长片） **199.5** 部

艺术表演团体 **2819** 个
各类电影放映单位 **14.5** 万个

（单位：个）

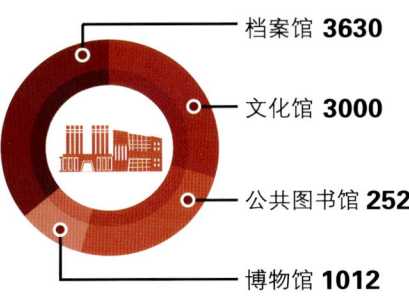

- 档案馆 3630
- 文化馆 3000
- 公共图书馆 2527
- 博物馆 1012

出版

全国性和省级报纸 **158.7** 亿份

杂志 **19.1** 亿册

图书 **55.8** 亿册（张）

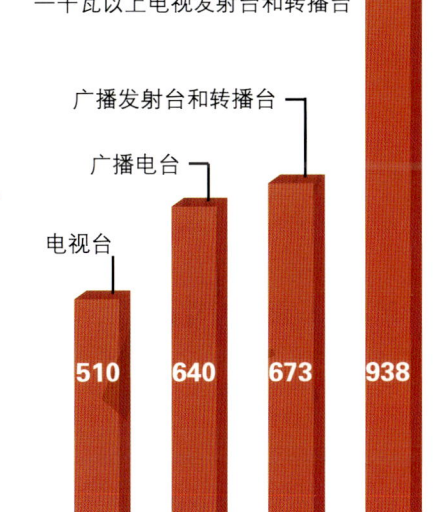

（单位：座）

- 一千瓦以上电视发射台和转播台
- 广播发射台和转播台
- 广播电台
- 电视台

510　640　673　938

教 育

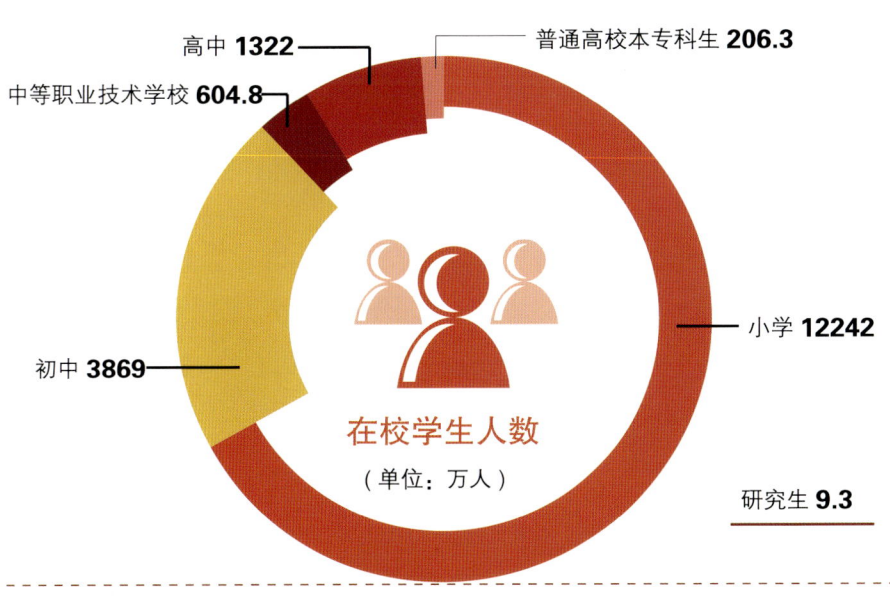

在校学生人数 （单位：万人）

- 普通高校本专科生 206.3
- 高中 1322
- 中等职业技术学校 604.8
- 初中 3869
- 小学 12242
- 研究生 9.3

招生人数 （单位：万人）

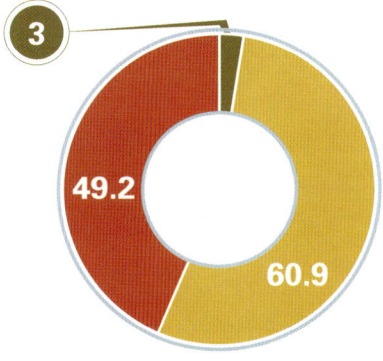

- 研究生
- 普通高校本专科生
- 成人高校本专科生

3　49.2　60.9

成人教育 （单位：万人）

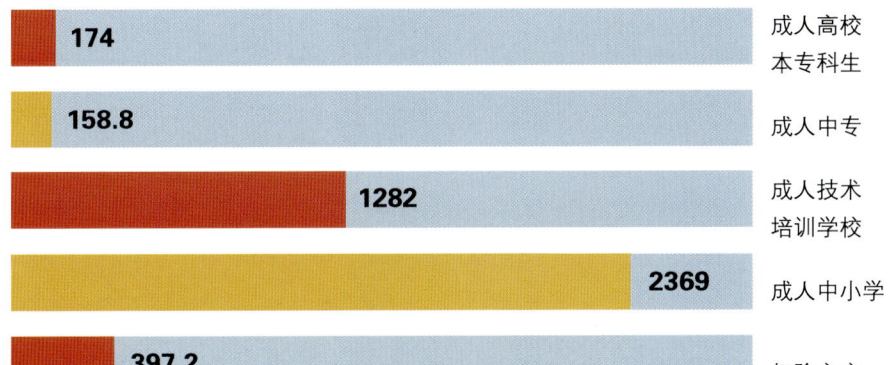

174	成人高校本专科生
158.8	成人中专
1282	成人技术培训学校
2369	成人中小学
397.2	扫除文盲

卫 生

医院病床 **262.4** 万张

专业卫生技术人员 **389.8** 万人

389.8

176.3 其中医生
（含中、西医师 130.3）

97.5 护师、护士

（单位：万人）

1991

- 姓"社"姓"资"大争论
- 第八个五年计划纲要通过
- 深圳证券交易所开业
- 建立国际新秩序
- 海峡两岸关系协会成立

中国改革开放全纪录 1978-2018

焦点事件

姓"社"姓"资"大争论

1990年2月，北京一家报刊登载一篇题为《关于反对资产阶级自由化》的文章，文章提出一个重大问题：是推行资本主义化的改革，还是推行社会主义的改革？认为，资本主义化的改革有两个内容，"一个是取消公有制为主体，实现私有化；一个是取消计划经济，实现市场化"。这是90年代最早提出改革开放姓"社"还是姓"资"问题的文章之一。此后，关于姓"社"姓"资"的大争论持续不断。

1991年春节前夕，邓小平到上海视察讲话中指出，"不要以为，一说计划经济就是社会主义，一说市场经济就是资本主义，不是那么回事，两者都是手段，市场也可以为社会主义服务。"

2月15日至4月22日，上海《解放日报》社党委书记周瑞金与报社评论部负责人凌河、中共上海市委研究室的施芝鸿三人，以"皇甫平"（即黄浦江边的评论之意）为笔名，写作了《做改革开放的"带头羊"》《改革开放要有新思路》《扩大开放的意识要更强些》《改革开放需要大批德才兼备的干部》四篇系列评论文章，相继发表在《解放日报》上。

第一篇评论文章于1991年2月15日，也就是农历正月初一发表。文章题名为《做改革开放的"带头羊"》。作者明确指出，"改革开放是强国富民的唯一道路，没有改革开放就没有中国人民美好的今天和更加美好的明天。"

第二篇文章《改革开放要有新思路》于1991年3月2日发表。该文指出，90年代改革的新思路在于发展市场经济。同时，文章还转述了邓小平在视察上海时的谈话精神，明示计划和市场并不是划分社会主义和资本主义的标志。

第三篇文章发表于3月22日，题为《扩大开放的意识要更强些》。对于当时一些人担心开放是否会损害民族工业等忧虑，文章表示要增强扩大开放意识，就要进一步解放思想，抛弃任何保守、僵滞、封闭的观念，如果仍然囿于"姓社还是姓资"的诘难，就将坐失良机。

第四篇名为《改革开放需要大批德才兼备的干部》，于4月12日见报。此文强调改革开放需要更多勇于思考、勇于探索、勇于创新的闯将，要破格提拔人民公认的坚持改革开放路线并有政绩的人。这公开表示了邓小平要从组织人事上保证推进改革开放事业的想法。

针对皇甫平的文章，此后有不少报纸杂志批判。比如，有的刊物发表文章质问"改革开放可以不问姓'社'姓'资'吗？"。

1991年7月4日，中国社会科学院

人物：吴敬琏

吴敬琏是当代中国最具影响力的经济学家之一，他见证了改革开放40年来中国经济变革的轨迹。

20世纪80年代初期，吴敬琏与经济学界的几位同仁共同创建了中国的比较制度分析学科。运用这一学科的研究成果，吴敬琏通过分析和比较计划和市场两种资源配置方式的交易成本，论证了中国建立社会主义市场经济的合理性与必然性。

1982年，吴敬琏提出社会主义经济具有商品经济的属性。1984年7月，他参与了由马洪牵头的《关于社会主义商品经济的再思考》一文的写作，为商品经济成功"正名"，为十二届三中全会确定社会主义商品经济的改革目标铺平道路。

1990年，中国正处在历史性抉择的风口浪尖上，"改革是否出现方向性错误"成为各方博弈的焦点。当年7月5日，江泽民总书记主持召开一次经济问题座谈会，与会者有包括吴敬琏在内的多位经济学者。会议上，计划与市场之争激烈异常。吴敬琏指出，问题的原因不是改革的市场取向不对和改革"急于求成"，而是市场取向的改革不够坚决，不够彻底。他认为，"计划经济与市场调节相结合"这个口号不妥当，应该明确商品经济即市场经济。在那场争论中，吴敬琏和薛暮桥、刘国光强调必须坚持十一届三中全会以来的改革路线，维护市场取向。由此他被冠以"吴市场"之称，意为他"与中央不保持一致"。

1991年，吴敬琏与刘吉瑞合著的《论竞争性市场体制》被多家出版社婉拒后艰难出版，书中明确提出了改革应以市场为取向这一观点。该书出版一个月后，1992年岁首，邓小平开始了南方谈话，于是《论竞争性市场体制》迅速脱销并进行第二次印刷。同年该书获1991年度"中国优秀图书奖"。1992年4月，吴敬琏向中共中央提出将社会主义市场经济确立为中国经济改革目标的建议。当年10月，中共十四大正式宣布："中国经济体制改革的目标是建立社会主义市场经济体制。""计划和市场之争"从此一锤定音，中国经济开始展翅腾飞，"吴市场"的含义也由贬而褒。

吴敬琏曾五次获得孙冶方奖；2003年被国际管理学会授予"杰出成就奖"；2005年荣获首届"中国经济学奖杰出贡献奖"；2010年，与周小川、郭树清因"整体改革理论"获第三届中国经济理论创新奖。③

资料来源：①《"吴市场"从贬词变成美誉》，《南方周末》，2008年12月11日；②《吴敬琏：中国经济学家的良心》，中国网，2009年8月24日；③《"整体改革理论"获得第三届中国经济理论创新奖》，新华网，2010年11月5日。

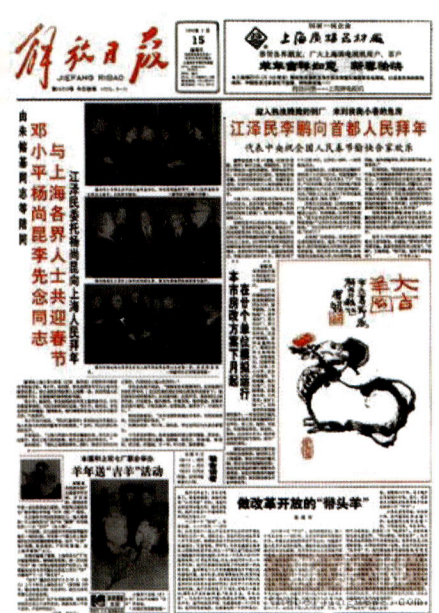

《解放日报》发表"皇甫平"的社论《做改革开放的"带头羊"》。

经济学专家在刘国光主持下，召开了"当前经济领域若干重要理论问题"座谈会，吴敬琏、卫兴华、戴园晨等经济学家就"姓社姓资"这一敏感问题坦陈己见。他们对批判者的"高见"不敢苟同，吴敬琏说："从全局上说，从战略上说，一定要保证中国整个经济发展的社会主义方向。从具体问题来说，不能囿于'姓社还是姓资'的诘难。对外开放用了一些社会化大生产通用的做法，如果问'姓社还是姓资'，这些做法都不能用了。如果这样的话，从根本上说来，是妨碍社会主义经济繁荣的，甚至是破坏社会主义繁荣的。"卫兴华说了五点：第一，实行改革开放不能不问"姓社姓资"；第二，不能乱定"姓社姓资"；第三，不能对什么事情都一定要问"姓社姓资"；第四，问"姓社姓资"，不是排斥和否定一切姓"资"的东西存在；第五，不要用不正确的"社资观"去胡乱批评正确的理论思想。他认为，有人批评薛暮桥"神化"商品经济就属这一类①。

针对1991年思想交锋中暴露出的问题，邓小平指出，现在，有右的东西影响我们，也有"左"的东西影响我们，但根深蒂固的还是"左"的东西。有些理论家、政治家，拿大帽子吓唬人的，不是右，而是"左"。"左"带有革命的色彩，好像越"左"越革命。"左"的东西在我们党的历史上可怕呀！一个好好的东西，一下子被他搞掉了。右可以葬送社会主义，"左"也可以葬送社会主义。中国要警惕右，但主要是防止"左"。

署名"皇甫平"的四篇文章，围绕解放思想以深化改革、扩大开放这个中心，宣传了邓小平的最新思想，形成了一个完整的推进改革的舆论先导系列，被誉为继"实践是检验真理的唯一标准"后第二次思想解放运动的开山之作。

直到1992年年初，邓小平的南方谈话，反复强调中国的改革就是要搞市场经济，基本路线要管一百年。他说，不坚持社会主义，不改革开放，不发展经济，不改善人民生活，只能是死路一条。于是，这场由"皇甫平""四论改革"引发的交锋方才有了定论②。

---

① 周瑞金，《一场"姓社与姓资"的交锋》，《世纪》，2008年第6期。
② 周瑞金，《上海皇甫平文章发表前后》，《炎黄春秋》，2003年第9期。

第八个五年计划纲要通过

1991年3月25日至4月9日，第七届全国人民代表大会第四次会议在北京举行。大会的中心议题是讨论和审查国务院提出的《中华人民共和国国民经济和社会发展十年规划和第八个五年计划纲要（草案）》，审议《关于国民经济和社会发展十年规划和第八个五年计划纲要的报告》。

《关于国民经济和社会发展十年规划和第八个五年计划纲要的报告》全面总结了80年代中国社会主义现代化建设的成就和经验，提出今

✎ 回忆

大音稀声扫阴霾。曾几何时，那些抨击"皇甫平"的理论家、政治家，纷纷收起他们手中的大帽子，偃旗息鼓了，有的连忙转向写文章"防'左'"了。在1992年年中，上海和全国的好新闻评奖活动中，"皇甫平"评论以高票获得一等奖。实践证明，真理愈辩愈明，道路愈争愈清。坚持改革开放是人心所向，发展市场经济是大势所趋，加快发展提高生活水平是众望所归，与时俱进不断解放思想是必走之路。

16年过去了。今天回过头看那场思想交锋，我们会更深刻地认识到，舆论要在社会历史的紧要关头发挥先导作用，要在改革开放和现代化建设中勇为前驱，成为时代晴雨表、社会风向标。这是新闻工作者应尽的社会责任。

资料来源：《周瑞金回顾1991年思想交锋》，南方网，2008年7月15日。

🔍 观点

刘国光：争论较多的这样的一个问题是：能不能提"社会主义市场经济"？"市场经济"是资本主义社会专有的概念，还是社会化生产和商品经济社会可以共有的概念？如果回顾一下过去孙冶方提出社会主义利润概念时引起的争论和后来的结局，再回顾一下改革初期对社会主义经济只可提"商品生产和商品交换"而不能提"商品经济"时所引起的争论和后来的结局，就不难预见"市场经济"这一概念最后能否在社会主义政治经济学中落户，或者只能成为被否定的少数经济学者的偏执之见。

资料来源：《计划与市场问题的若干思考》，《改革》，1991年第4期。

流行志

▶ 卡拉OK

云南大理下关街头的卡拉OK档口

卡拉OK起源于日本，20世纪80年代传入中国后迅速发展。1990年，中宣部发动"中华大家唱卡拉OK曲库工程"，更是推动了卡拉OK的普及。据1991年5月21日《人民日报》报道，"目前中国已有卡拉OK厅近万家"。卡拉OK的普及化、商业化也使点歌成为大众音乐生活中的一部分，流行音乐乘着卡拉OK的形式为人们提供了一种新的自娱自乐的大众音乐消费类型，《亚洲雄风》《弯弯的月亮》都是当时点播率较高的优秀歌曲。

▶ 外来妹

20世纪八九十年代，随着国家用工制度的松动，大量农村剩余劳动力涌向东南沿海，无数内地青年男女带着梦想和激情，告别家乡，踏上南下的列车。其中的女性，被人们称为外来妹。1991年，一部真实反映外来妹生活的电视剧《外来妹》热播，剧中的6个外来妹，形象地浓缩了她们背后数以千万计的打工妹的命运，外来妹的处境与遭遇引起人们的广泛关注。

1991年3月25日至4月9日，全国人大七届四次会议在北京隆重举行。

后十年的主要奋斗目标是：在大力提高经济效益和优化经济结构的基础上，国民生产总值按不变价格计算到本世纪末比1980年翻两番；全国人民的生活从温饱达到小康水平；发展教育事业，推动科技进步，改善经营管理，调整经济结构，加强重点建设，为下个世纪初叶中国经济和社会的持续发展奠定物质技术基础；初步建立适应以公有制为基础的社会主义有计划商品经济发展的、计划经济与市场调节相结合的经济体制和运行机制；社会主义精神文明建设达到新的水平，社会主义民主和法制进一步健全。

《中华人民共和国国民经济和社会发展十年规划和第八个五年计划纲要（草案）》提出，今后十年国民生产总值平均每年增长6%左右。这个要求是积极的，也是留有余地的。这个增长速度虽然比前十年低了一些，但由于现在的经济规模比十年前大得多，今后每增长一个百分点所包含的绝对量要大得多。达到了这个平均增长速度，就可以实现到本世纪末国民生产总值比1980年翻两番的既定目标。在八十年代经济迅速增长的基础上，再连续十年保持6%左右的速度，到2000年，中国国民经济和社会发展就一定能够达到一个新的更高的阶段。虽然那时中国人均国民生产总值还比较低，但由于分配制度比较合理，避免两极分化，坚持共同富裕，可以在总体上使全国人民过上殷实的小康生活。新中国建立后我们大体用了四十年时间基本解决温饱问题，现在要在今后十年从温饱达到小康，这无疑是一项极其宏伟而艰巨的历史性任务。

会议于4月9日批准了国务院提出的《国民经济和社会发展十年规划和第八个五年计划纲要》。

深圳证券交易所开业

深圳证券市场的起步最早应追溯到1986年。当时一些企业为了摆脱经营中的困境，进行了股份制改造。1988年4月1日，深圳发展银行在特区证券公司的柜台上开始了最早的证券交易。随后深圳市国投证券部和中

深圳证券交易所是中国最早的证券交易所之一。

📝 回忆

禹国刚： 一提起证券交易所就想起旧社会，就想起上个世纪，十九世纪三十年代，四十年代，旧的上海证券交易所，那就是意味着什么？资本主义，在改革开放之后，虽然有股份制、承包制等等的试点都跟着，但是要不要搞股份制，要不要搞证券市场，人们一直在争论；特别是证券市场，它到底是姓资还是姓社，一直是争论不休。这件事直至1992年1月邓小平南巡视察当中，在深圳讲了那么一段话，证券、股票这些东西是不是资本主义流入，有没有风险，能不能用，允许看；看对了，一两年放开；错了关也有关的办法，快关慢关。

资料来源：《〈亲历者说〉之禹国刚访谈文字实录》，腾讯财经，2010年11月11日。

王健： 到1990年的五六月间，交易所已经筹备得差不多了；9月，国务院批准了上海证券交易所的报告，而深圳市的报告却迟迟没有得到批准。我们在1990年7月、8月和10月，每逢8号都想开业，但都开不了业。接二连三地折腾了几次，筹备组的人沉不住气了，直接给当时的市委书记李灏写了一份报告，陈述苦衷。

资料来源：彭森、陈立等，《中国经济体制改革重大事件》，中国人民大学出版社，2008年。

郑良玉： 在股市高涨时，1990年第三季度，高层领导批转来一封群众来信，说我们深圳股票市场是搞资本主义，干部腐败了，认为证券市场应该关掉。这个信转下来就我和市委书记知道，我们心里对改革的方向是非常坚定的。股份制改革不单是经营体制改革，还是产权和融资体制改革，对今后改革会产生巨大的推动力。那么我们现在面临的现实压力怎么办？那就要取得中央的支持。而且我们从廉政的角度考虑，1990年11月还作出决定，党政干部不能买卖股票。

1990年10月举行特区成立10周年庆典，江泽民同志来深圳，庆典后召集各省领导座谈，我们认为这是个好机会，别的工作我没汇报，专门谈股票市场，主要观点是股票市场还要发展，不能后退。江泽民同志没有马上表态，因为接下来还有很多省市汇报，但当天晚上传来江泽民同志的明确指示：股票市场问题，应该让深圳继续试验。同时把参加庆典的中顾委委员周建南同志留下，请他和我们一道研究股票市场下一步怎么搞。中央非常支持深圳特区的改革。

资料来源：《郑良玉：深圳证券市场，从考验中走来》，《第一财经日报》，2008年9月24日。

行证券部相继开业，万科、金田、安达、原野（世纪星源的前身）等也陆续发行了股票并上柜交易。

1988年6月，深圳市政府成立了证券市场领导小组，研究筹建证券市场的问题。

1990年初，新任市长郑良玉到任，发出的第一个市长令就是整顿股票市场，取缔场外交易，规范交易行为。然后着手起草管理办法，组建证券公司，筹备成立证券交易所。

1990年12月1日，深圳证券交易所试营业，并于1991年4月11日获中国人民银行正式批准成立。按照国际惯例，深圳证券交易所以会员制方式组成，注册资金为1000万元人民币，为非营利性事业法人，成立初期归属中国人民银行深圳市分行管理。

1991年7月3日，经国务院授权、中国人民银行批准，深圳证券交易所正式开业，实现了股票的集中交易。当天上市的6种股票总成交量达

流行志

▶ 小虎队

1991年，"小虎队"在北京参加赈灾义演。

20世纪90年代初，一个名叫"小虎队"的歌唱组合开始走红。三个有着虎虎生气的男孩子分别是"霹雳虎"吴奇隆、"小帅虎"陈志朋以及"乖乖虎"苏有朋，三个清纯可爱、充满青春活力的大男孩一出道就开始占据流行乐坛重要位置。他们演唱的歌曲大都旋律轻快、内容健康向上，《青苹果乐园》《红蜻蜓》《蝴蝶飞呀》《星星的约会》等歌曲在许多人的青春岁月中留下了深深的印迹。他们的宣传画像，成为少女们收藏的对象。1991年9月，小虎队首度赴内地参加赈灾晚会义演，轰动海峡两岸，同年在内地首开演唱会，之后场场爆满。

▶ 健美裤

健美裤也被称为脚蹬裤、踩脚裤，一般以黑色为主，由丝质的材料和适当的人造纤维混纺而成，有很大弹性，类似于舞蹈裤，上宽下窄，裤脚下连着一条带子或直接设计成环状，以便踩在脚下，穿上后，产生一种拉伸感，衬托出腿部的修长，体现出一种线条美。上世纪90年代初，作为当时流行与时髦的象征，几乎所有女性都穿，不论年龄和身材。大街小巷出现前所未有的统一和高调。一句带有自嘲性质的顺口溜家喻户晓：不管多大肚，都穿健美裤。

▶ 打卡碟

打卡碟，一般是指国外的次品碟、淘汰碟，一般会被打个孔，或切一个小长条形的口，作为回收的标记。这种碟通过某些途径被运至国内在"黑市"销售，因为有损坏而使得的歌听不到，或者不清晰。但对于音乐发烧友而言，这些碟片的质量通常要好过国内，而且有很多国内根本就出不了，尽管价格有些贵，他们也乐意购买。在路边摊贩或小碟片店里"淘"到几张"打卡碟"，曾经是令音乐发烧友高兴的事。

▶《平凡的世界》

1991年3月，著名作家路遥创作的百万字长篇巨著《平凡的世界》获第三届茅盾文学奖，该书被誉为"茅盾文学奖皇冠上的明珠，激励千万青年的不朽经典"。《平凡的世界》是路遥呕心沥血之作。该书深刻地展示了普通人在时代洪流中所走过的艰辛曲折路程，读来令人荡气回肠，不忍释卷。书中孙氏兄弟不屈服于命运，在沉重的生活中发掘自己被禁锢的价值、自强不息的故事激励着一代代来自农村的青年努力去改变自己与生俱来的贫贱命运。

99万多股，面额总数达470多万元。

深圳证券交易所是继上海证券交易所之后中国成立的第二家证券交易所。

建立国际新秩序

进入20世纪80年代中期以后，世界总体形势从紧张走向缓和、从对抗走向对话。邓小平准确把握国际形势发展变化的基本趋势，认为只要和平力量不断增长，避免世界大战是有可能的，维持较长时间的和平是有希望的。他明确指出，目前是建立国际新秩序的时候了。为此，他提出了建立国际新秩序的整体构想。

1984年10月31日，邓小平在会见缅甸总统吴山友时指出："处理国与国之间的关系，和平共处五项原则是最好的方式。其他方式，如'大家庭'方式、'集团政治'方式、'势力范围'方式，都会带来矛盾，激化国际局势。总结国际关系的实践，最具有强大生命力的就是和平共处五项原则。"

1988年9月21日，邓小平在会见来访的斯里兰卡总统普雷马达萨时说，中国坚定不移的对外政策是反对霸权主义，维护世界和平。既要建立国际经济新秩序，又要建立国际政治新秩序。发展中国家需要的好的国际环境是没有战争的、和平共处的国际环境。

同年12月2日，邓小平在会见日本贸促会访华团时又指出，目前是建立国际政治新秩序的时期。国际政治领域由对抗转为对话，由紧张转向缓和，出现了许多新的情况，因此应该提出一个建立国际政治新秩序的理论。他指出，在新的国际形势下，超级大国应该用和平共处五项原则来代替霸权政治。

同年12月21日，邓小平在会见印度总理拉吉夫·甘地时提出："世界上现在有两件事要同时做，一个是建立国际政治新秩序，一个是建立国际经济新秩序。""世界总的局势在变，各国都在考虑相应的新政策，建立新的国际秩序。霸权主义、集团政治或条约组织是行不通了，那么应当用什么原则来指导新的国际关系呢？""我认为，中印两国共同倡导的和平共处五项原则是最经得住考验的。这些原则的创造者是周恩来总理和尼赫鲁总理。这五项原则非常明确，干净利落，清清楚楚。我们应当用和平共处五项原则作为指导国际关系的准则。"

1991年9月，苏东剧变后，邓小平根据国际形势的新变化和国内中心任务的需要，及时对中国外交进行了战略调整，在继承和发展毛泽东和周恩来的外交思想的基础上，创立了有中国特色社会主义的外交理论，其重要内容之一，在新形势下重申和平共处五项原则作为指导国际关系的准则，并在世界上首倡以和平共处五项原则为准则建立国际新秩序。第一，提出和平与发展是当今时代的主题，中国对外政策的总目标是反对霸权主义、强权政治，维护世界和平。第二，强调以国家利益而不是以社会制度和意识形态来决定国与国的关系。提出"新的政治秩序就要结束霸权主义，实现和平共处五项原则"。五项原则应成为"新的国际政治经济秩序的准则。"第三，创造性地提出"一国两制"的国家统一构想与"搁置争议、共同开发"等和平解决国际争端的新思路。第四，针对世界格局的大变动，提出中国要冷静观察、稳住阵脚、沉着应付、韬光养晦、有所作为。

海峡两岸关系协会成立

1991年12月16日，海峡两岸关系协会（简称海协会）在北京成立，汪道涵任首任会长。海峡两岸关系协会以促进海峡两岸交往、发展两岸关系、实现祖国和平统一为宗旨，是两

> **语录** "两岸同胞应更具前瞻性地面对未来，把握国际发展的趋势所予我们中国人的历史机遇，以宽阔的胸怀向前看。"
> ——汪道涵

背景：两岸的直接接触开始于1986年5月的中国民航与台湾华航谈判。之后，两岸间围绕具体事件或问题进行的接触、商谈愈益频繁。1991年，台湾海峡交流基金会和大陆海峡两岸关系协会相继成立，两机构为处理两岸的有关问题积极合作，发挥了重要作用。1993年，举世瞩目的"汪辜会谈"举行，在长达四十多年的隔绝之后，海峡两岸终于打破僵局，授权两个民间团体的最高领导人进行首次会谈。海协会董事长汪道涵先生抵达新加坡樟宜机场，热情洋溢地发表了如上讲话。

海峡两岸关系协会会长汪道涵在接受记者采访。

1991年12月16日，海峡两岸关系协会成立大会在北京人民大会堂台湾厅隆重举行。

岸双方就两岸交往中相关问题进行商谈的授权民间团体。

海协会成立以后的工作重点主要有4项：第一，逐步建立和发展与台湾岛内外民间团体和人士的联系与相互合作，发挥民间力量，共同促进两岸的直接三通和双向交流。根据国台办的授权，海协会将负责与台湾海峡交流基金会有关团体进行联系，处理相关问题。第二，将就合作打击台湾海峡海上走私、抢劫问题与台湾授权团体海基会具体商谈。第三，海协会如受到委托，也将协同有关方面与台湾授权团体或人士就处理台湾海峡海上渔事纠纷和违反有关规定进入对方地区之居民及相关问题进行商谈。第四，海协会将积极为台湾岛内外各团体、各界人士提供有关祖国大陆投资、贸易和其他交流活动的政策、法规等咨询和服务。同时也积极向祖国大陆有关方面和地方提供对台文化、学术、体育、科技交流等咨询。

海峡两岸关系协会成立后，在中共中央台湾事务办公室、国务院台湾事务办公室的直接指导下，海协会积极贯彻"和平统一、一国两制"的方针，为两岸关系的发展做了大量的工作，对海峡两岸的经贸合作、人员往来、各项交流及扩大与"海基会"的交往与沟通等，都发挥了积极的作用。

环球大事

1月5日
经互会执委会第134次会议联合公报宣布经互会已经完成使命，为维持成员国已经建立起来的联系，将在市场原则的基础上成立新的国际经济合作组织。

2月1日
保加利亚开始实行价格自由政策。

3月26日
阿根廷、巴西、巴拉圭、乌拉圭四国总统在巴拉圭首都亚松森签署了建立《南锥体共同市场》（又称南方共同市场）的《亚松森条约》，这标志着南美洲一体化进程进入新的阶段。11月29日正式生效。

4月4日
阿尔巴尼亚政府决定实行部分国营企业私有化，同时决定成立经济改组委员会，以领导国家向私有制过渡。

4月15—17日
地球环境会议在东京举行，东京宣言呼吁重视威胁人类未来的环境问题。

4月22—29日
南极条约组织第11届特别协商会议第二次会议在阿盟德里召开，39个成员国参加该会，通过了人类为保护南极而制定的第四个环境保护文件——《南极环境保护议定书》。

5月1—25日
第11届世界气象大会在日内瓦举行。

5月6日
巴西和巴拉圭共建的伊泰普水电站最后几台发电机组投入运行，从而宣布这个世界上最大的水电站的工程全部竣工。

6月13日
加拿大、美国、墨西哥三国政府代表在加拿大的多伦多开始就建立北美自由贸易区进行谈判，它将成为世界上最大的自由贸易区。

6月18—19日
发展中国家环境与发展部长会议在北京举行，会议通过《北京宣言》，表达发展中国家保护环境、谋求发展的共同愿望。

7月1日
华沙条约组织的6个成员国领导人在布拉格签署了一项议定书，华约组织解散。

10月4日
第一个南极环保议定书在马德里签署。

10月5日
苏联成为国际货币基金组织特别联系成员国。

10月7—8日
东盟经济部长会议在吉隆坡举行，决定15年内建立东盟自由贸易区。

10月22日
欧共体和欧洲自由贸易联盟在卢森堡就建立欧洲经济区达成协议。

11月9日
联合欧洲核聚变试验环形装置（JET）首次实现了受控核聚变反应，这为聚变能的广泛应用迈出了坚实步伐。

环球大事

11月13—14日
亚太经济合作会议第三届部长会议在汉城举行,出席会议的有来自亚太地区的15个国家和地区的代表团,及东盟、太平洋经济合作会议和南太平洋论坛的代表,中国正式参加此组织会议,通过《亚太经济合作汉城宣言》,明确规定了亚太经济合作的宗旨、活动范围和合作方式。

12月9—11日
欧共体第46届首脑会议在荷兰的马斯特里赫特举行,签署了政治联盟和经济与货币联盟协议。

12月24日
戈尔巴乔夫和叶利钦联合发布命令,要求跨共和国经济委员会等联盟机构从1992年1月2日停止活动。

12月26日
苏联正式解体。

俄罗斯首任总统叶利钦

语录

"我要上学。"
——希望工程宣传标语

背景:1989年,团中央、中国青少年发展基金会发起了一项建设希望小学,改善农村办学条件,资助贫困地区失学儿童重返校园的公益事业。1991年,有一幅题为"我要上学"的照片让无数国人感动,照片上一个小女孩手握铅笔头,一双充满求知渴望的大眼睛直视着前方。这张照片发表后,被国内各大媒体争相转载,随即也成为中国希望工程的宣传标志,唤起了全国人民捐资助学的热潮。

社会关注

秦山核电站并网发电

1991年12月15日,中国自行研究设计、自行建造、自行运营管理的核电站——30万千瓦的秦山核电站并网发电。该核电站位于浙江省海盐县秦山北麓,满功率发电后,每年可向华东电网输送核电15亿千瓦时,采用国际上成熟的压水型反应堆,设计寿命30年,总投资12亿元。

秦山核电站的并网发电,结束了中国大陆无核电的历史,使中国成为继美、英、法、前苏联、加拿大、瑞典之后世界上第7个能够自行设计、建造核电站的国家,标志着"中国核电从这里起步"。

最年轻的世锦赛冠军诞生

1991年,有史以来最年轻的世锦赛冠军诞生了。当时,由于国家跳水队许多冠军选手纷纷退役,第六届游泳世锦赛以及次年的巴塞罗那奥运会上的夺金重担就压在教练于芬和她的几个娃娃兵身上,而伏明霞正是其中之一。这一年,在珀斯举行的第6届世界游泳锦标赛上,伏明霞以426.50分夺得金牌,同时创下了一项吉尼斯世界纪录——她以12岁零141天的年龄勇夺10米台冠军,成为最年轻的世界冠军。

1991年,年仅12岁的伏明霞获得游泳世锦赛10米跳台的冠军。

秦山核电站

重要文献

《中华人民共和国国民经济和社会发展十年规划和第八个五年计划纲要》

（1991年4月9日）

1991年4月9日，第七届全国人民代表大会第四次会议通过《中华人民共和国国民经济和社会发展十年规划和第八个五年计划纲要》。《纲要》提出，1991—2000年的总目标是：实现我国社会主义现代化建设的第二步战略目标，把国民经济的整体素质提高到一个新的水平。在大力提高经济效益和优化经济结构的基础上，国民生产总值按不变价格计算，到本世纪末比1980年翻两番。人民生活水平从温饱达到小康。

目录：
一、1991—2000年的主要目标的指导方针
二、"八五"计划的基本任务和综合经济指标
三、"八五"期间主要经济部门发展的任务和政策
四、"八五"期间地区经济发展的布局和政策
五、"八五"期间科学技术、教育发展的任务和政策
六、"八五"期间对外贸易和经济技术交流
七、"八五"期间经济体制改革的主要任务和措施
八、"八五"期间人民生活和消费政策
九、"八五"期间社会主义精神文明建设和社会主义民主法制建设

重要文献

《国务院关于企业职工养老保险制度改革的决定》

（1991年6月26日）

1991年6月26日，国务院作出《关于企业职工养老保险制度改革的决定》。《决定》指出，随着经济的发展，要逐步建立起基本养老保险与企业补充养老保险和职工个人储蓄性养老保险相结合的制度。

节选：
二、随着经济的发展，逐步建立起基本养老保险与企业补充养老保险和职工个人储蓄性养老保险相结合的制度。改变养老保险完全由国家、企业包下来的办法，实行国家、企业、个人三方共同负担，职工个人也要缴纳一定的费用。
三、基本养老保险基金由政府根据支付费用的实际需要和企业、职工的承受能力，按照以支定收、略有结余、留有部分积累的原则统一筹集。具体的提取比例和积累率，由省、自治区、直辖市人民政府经实际测算后确定，并报国务院备案。
四、企业和职工个人缴纳的基本养老保险费分别记入《职工养老保险手册》。
企业缴纳的基本养老保险费，按本企业职工工资总额和当地政府规定的比例在税前提取……
职工个人缴纳基本养老保险费，在调整工资的基础上逐步实行，缴费标准开始时可不超过本人标准工资的3%……
——摘自《中华人民共和国法规汇编（1991年1月—12月）》第716—722页，国务院办公厅法制局编，1992年。

> **重要文献**

《国务院关于进一步增强国营大中型企业活力的通知》
（1991年5月16日）

1991年5月16日，国务院发出《关于进一步增强国营大中型企业活力的通知》。通知指出，国营大中型企业是社会主义现代化建设的支柱和骨干，是国家财政收入的重要来源。增强其活力，是经济体制改革的中心环节和实现我国经济发展战略目标的关键，直接关系到我国现代化建设和社会主义制度的巩固，各地区、各部门、各企业应从改革内部管理和外部环境两方面采取有力措施，增强国营大中型企业的活力。

节选：

国营大中型企业是中国现代化建设的重要支柱和骨干力量，是国家财政收入的主要来源。增强企业的活力，特别是国营大中型企业的活力，既是经济体制改革的中心环节，也是实现中国经济发展战略目标的关键所在，直接关系到中国经济的发展和社会主义制度的巩固。……

（一）适当增加企业技术改造的投入。……按照国家的产业政策，新增的贷款要重点用于能源、交通、原材料等基础行业和加快形成能力的项目，特别是今年要完工的项目，以及有利于调整产品结构、增强出口创汇能力、提高经济效益的技术改造项目。

（二）酌情减少部分企业的指令性计划任务，扩大其产品自销权。……为了保证国家重点生产建设，减少的指令性计划的部分产品可以导向给重点单位，实行"定点定量不定价"，但企业对国家确定的指令性计划和价格政策必须严格执行。

（六）适当降低贷款利率。银行贷款利率已从4月21日起平均降低0.7个百分点，并按照国家的产业政策实行差别利率。

（七）给予部分企业外贸自主权。要充分发挥已经赋予外贸经营权的大中型企业和企业集团的作用。同时，再选择部分具备条件的大中型企业和企业集团给予外贸自主权，使它们直接走向国际市场，参与国际竞争，但出口产品的数量和品种要纳入国家计划。选择的条件是：产品质量好，技术密集程度和附加值较高；在国际市场上有销路，有竞争力；经济效益较好，能够自负盈亏；有合格的对外经贸人员，并具备其他必要的条件；能够提供售后服务等。

（九）继续清理"三角债"。要按照国务院清理"三角债"领导小组的部署抓紧落实，重点工程建设和技术改造项目资金要按时到位。……

（十）选择100个左右大型企业集团分期分批进行试点。企业集团的核心企业对紧密层成员企业要逐步实行统一管理。对于关系国计民生、产品面向全国的企业集团，要在国家计划中实行单列。同时，要给予大型企业集团一些优惠政策，充分发挥它们在国民经济中的骨干作用。

——摘自《中华人民共和国法规汇编（1991年1月—12月）》第113—117页，国务院办公厅法制局编，1992年。

■ 重要文献

《关于继续积极稳妥地进行城镇住房制度改革的通知》

（1991年6月7日）

1991年6月7日，国务院发出《关于继续积极稳妥地进行城镇住房制度改革的通知》，文件指出，积极稳妥地进行城镇住房制度改革，有利于逐步实现住房资金的良性循环，不断改善城镇居民的住房条件；有利于调整消费结构和产业结构；有利于克服住房领域的不正之风，加强廉政建设；有利于发展房地产业、建筑业和其他相关产业。

节选：

住房制度改革是经济体制改革的重要组成部分，也是人民群众十分关注的重大问题，其根本目的是要缓解居民住房的困难，不断改善住房条件，正确引导消费，逐步实现住房商品化，发展房地产业。……进一步完善住房制度改革的有关政策和措施，按照国家、集体和个人共同负担的原则，积极稳妥、因地制宜、方式多样地继续推行住房制度改革。……

一、合理调整现有公有住房的租金，有计划有步骤地提高到成本租金。在起步时，考虑到居民的承受能力，可以采取分步提租的办法。新建公有住房实行新租金标准。对多占住房的，要加收租金。

二、出售公有住房。今后，凡按市场价购买的公房，购房后拥有全部产权。职工购买公有住房，在国家规定住房面积以内，实行标准价，购房后拥有部分产权，可以继承和出售；超过国家规定住房标准的部分，按市场价计价。……

三、实行新房新制度。……对新竣工的公有住房，实行新房新租、先卖后租、优先出售或出租给无房户和住房困难户等办法。凡住房迁出腾空的旧公有住房（不包括互换房），应视同新建公有住房，实行新制度。

四、住房建设应推行国家、集体、个人三方共同投资体制，积极组织集资建房和合作建房，大力发展经济实用的商品住房，优先解决无房户和住房困难户的住房问题。……

各城镇的旧城改造、拆迁安置等，都应结合住房制度改革进行。

五、通过多种形式、多种渠道筹集住房资金，各级人民政府要切实做好住房资金的转化，建立住房基金。各单位出售公有住房回收的资金……作为单位的住房基金，用于住房建设和维修，不得挪作他用。

六、发展住房金融业务。开展个人购房建房储蓄和贷款业务，实行抵押信贷购房制度，从存贷利率和还款期限等方面鼓励职工个人购房和参加有组织的建房。

——摘自中华人民共和国住房和城乡建设部网站

> 重要文献

《中共中央关于进一步加强农业和农村工作的决定》
（1991年11月29日）

1991年11月29日，中国共产党第十三届中央委员会第八次全体会议通过了《中共中央关于进一步加强农业和农村工作的决定》。《决定》提出90年代农业和农村工作的主要任务：农业综合生产能力和效益要提高到新水平，到本世纪末确保粮食总产量达到五千亿公斤，农村国民生产总值再翻一番；农村改革要有一个新的进展，逐步建立和完善适应社会主义有计划商品经济发展的经济体制和运行机制；农村社会面貌要有新的变化。决定还提出了必须始终把农业真正摆在首位；必须继续稳定家庭联产承包责任制，不断完善统分结合的双层经营机制等基本原则。

节选：

（三）根据新中国成立以来特别是八十年代的经验，完成九十年代的任务，建设有中国特色社会主义的新农村，进一步巩固工农联盟，必须遵循以下基本原则：

——经济建设，必须始终把农业真正摆在首位，切不可农业状况一有好转，就忽视和削弱农业的基础地位；

——农村改革，必须继续稳定以家庭联产承包为主的责任制，不断完善统分结合的双层经营体制，积极发展社会化服务体系，逐步壮大集体经济实力，引导农民走共同富裕的道路，切不可偏离这一深化农村改革的重点和总方向；

——制定和执行农村政策，必须切实保障农民群众经济上的物质利益和政治上的民主权利，切不可侵犯农民的合法权益；

——推进农业现代化，必须坚持科技、教育兴农的发展战略，多渠道增加农业投入，加快农用工业的发展，切不可放松农业物质技术基础建设；

——发展农村商品经济，必须尊重价值规律，重视流通领域的改革和建设，切不可忽视流通对生产的促进作用；

——农村经济和社会发展，必须严格控制人口增长，严格控制非农占地，合理开发利用资源，保护生态环境，切不可脱离国情，违反基本国策；

——建设社会主义新农村，必须加强以党组织为核心的基层组织建设，加强思想政治工作，发扬自力更生、艰苦奋斗精神，坚持物质文明和精神文明一起抓，切不可一手硬一手软；

——指导农村工作，必须坚持群众路线，一切从实际出发，因地制宜，分类指导，切不可违背群众意愿，不顾客观条件照搬照套，"一刀切"。

（四）我们党在领导农村改革的实践中，逐步形成了一系列基本政策。主要是：实行以家庭联产承包为主的责任制，建立统分结合的双层经营体制的政策；以公有制经济为主体，允许和鼓励其他经济成分适当发展的政策；以按劳分配为主体，其他分配形式为补充的政策；以共同富裕为目标，允许和鼓励一部分地区和一部分人通过诚实劳动、合法经营先富起来的政策；在确保粮食增产的同时，积极发展多种经营，鼓励和引导乡镇企业健康发展的政策；实施科技、教育兴农，鼓励科技人员深入农村、为农村发展服务的政策；建立国家、集体和农民个人相结合的农业投资体系的政策；推进农产品流通体制改革，逐步理顺农产品价格，实行多渠道流通的政策；扶持老少边穷地区脱贫致富的政策。上述基本政策适应中国现阶段农村生产力发展水平，深受广大农民群众的欢迎，必须长期保持稳定，并根据客观情况的变化不断加以完善，把改革引向深入。

（五）把以家庭联产承包为主的责任制、统分结合的双层经营体制，作为中国乡村集体经济组织的一项基本制度长期稳定下来，并不断充实完善。把家庭承包这种经营方式引入集体经济，形成统一经营与分散经营相结合的双层经营体制，使农户有了生产经营自主权，又坚持了土地等基本生产资料公有制和必要的统一经营。这种双层经营体制，在统分结合的具体形式和内容上有很大的灵活性，可以容纳不同水平的生产力，具有广泛的适应性和旺盛的生命力。这是中国农民在党的领导下的伟大创造，是集体经济的自我完善和发展，决不是解决温饱问题的权宜之计，一定要长期坚持，不能有任何的犹豫和动摇。

——摘自《改革开放三十年重要文献选编》（上）第606—607页，中央文献出版社，2009年。

大事记

1月4日
国务院发布《中华人民共和国土地管理法实施条例》。《条例》规定,下列土地属于全民所有即国家所有:1.城市市区的土地;2.农村和城市郊区中依法没收、征用、征收、征购、收归国有的土地(依法划定或者确定为集体所有的除外);3.国家未确定为集体所有的林地、草地、山岭、荒地、滩涂、河滩地以及其他土地。该《条例》自2月1日起施行。

1月14日
李鹏在天津考察时就如何提高企业效益提出8点意见,强调要加强企业管理,向管理要效益;企业要进行劳动保险制度、医疗保险制度、住房制度的改革。

1月16日
国家税务局、经贸部、海关总署、财政部、中国人民银行、国家外汇管理局联合发出《关于加强出口产品退税管理的联合通知》。《通知》指出,出口退税实行与出口企业出口创汇任务、上缴中央外汇任务挂钩的办法。

1月17日
国务院批转卫生部等部门《关于改革和加强农村医疗卫生工作的请示》。《请示》指出,从当前农村卫生事业投入严重不足,城市之间医疗卫生资源分布极不合理的实际情况出发,通过治理整顿和深化改革将农村卫生事业振兴起来,把"2000年人人享有卫生保健"作为农村卫生工作的奋斗目标。

1月18—23日
全国农业工作会议在北京举行。会议提出:以家庭联产承包为主的责任制是党在农村的基本政策,应在稳定的前提下逐步加以完善。完善的主要途径应是发展多形式、多层次的服务,并逐步形成社会化服务体系。

1月21日
物资部提出深化流通体制改革新目标,发展计划指导下的生产资料市场,建立高效、通畅、可调控的流通体系。

1月28日—2月18日
邓小平在上海视察的过程中同上海市负责同志谈话,阐述了有关改革开放的一些重要问题。邓小平指出:开发浦东不只是浦东的问题,而是关系上海发展的问题,是利用上海这个基地发展长江三角洲和长江流域的问题。金融是现代经济的核心。金融搞好了,一着棋活,全盘皆活。上海过去是金融中心,是货币自由兑换的地方,今后也要这样搞。中国在金融方面取得国际地位,首先要靠上海。

2月1日
国务院发出《关于开展"质量、品种、效益年"活动的通知》。在开展"质量、品种、效益年"活动中,每个地方,每个行业,每个企业,都要抓住自己的薄弱环节,找准主攻方向。

2月3日
国务院批转财政部、经贸部《关于改革和完善外贸财务管理的若干意见》中提出,继续实行外贸承包经营责任制,做好盈亏调剂工作。从1991年1月1日起,国家对外贸出口实行新的外汇分成办法,取消出口补贴,实行自负盈亏。

2月25日—3月1日
国务院在北京召开全国经济体制改革工作会议。在经过一系列重要会议座谈讨论、反复征求意见和总结12年改革经验的基础上,形成了《经济体制改革"八五"纲要和十年规划》。文件提出90年代中国经济体制改革的总目标是:初步建立起社会主义有计划的商品经济的新体制和计划经济与市场调节相结合的运行机制。围绕这个总目标,提出了相互联系的5个方面的主要任务。

2月28日
国务院办公厅给上海市政府复函,经国务院领导同志批准,原则同意上海市的住房制度改革实施方案。具体内容是:推行公积金,提租发补贴,配房买债券,买房给优惠,建立房委会。

3月5日
海关总署颁发《中华人民共和国海关对外商投资企业物资公司进口物资保税管理办法》。《办法》规定,经国家主管部门批准,具有进口经营权的外商投资企业物资公司须持凭国家主管部门的批准文件、工商管理部门核发的营业执照向所在地海关办理登记备案手续。物资公司应将主管部门批准的年度进口计划连同分配给物资公司的进口额度及主要商品开列清单,分别送有关进口地海关并抄送海关总署备案。该《办法》自4月1日起施行。

3月6日
国务院发出《关于批准国家高技术产业开发区和有关政策规定的通知》,决定继1988年批准北京市新技术产业开发试验区之后,再批准21个高新技术产业开发区为国家高新技术产业开发区。

3月7日
财政部、中国人民银行发出《关于全面开放国债转让市场的通知》。《通知》指出,目前,中国国债转让市场经过治理整顿,正在稳定向前发展,为了进一步扩大国债转让市场,促进中国证券市场的发展,经部、行研究决定,自1991年3月起,在全国地市级以上的城市和地区所在的县级市(西藏

广东中山火炬高技术产业开发区

深圳证券交易所总部大门

除外）全面开放国债转让市场。

3月13日

国务院发出《关于加强外资企业重大项目审批工作的通知》。《通知》要求，凡投资总额在国务院授权省、自治区、直辖市和计划单列市、经济特区人民政府审批权限以上的外资企业项目，以及授权审批权限以内而建设和生产经营条件需要国家综合平衡的或国家产业政策中规定限制建设的外资企业项目，在设立前，由省、自治区、直辖市和计划单列市、经济特区人民政府提出项目报告，将拟设立的外资企业项目情况和需要国家综合平衡的问题，并附预可行性研究报告，报送对外经济贸易部、国家计划委员会和国务院产业主管部门。由国家计划委员会会同国务院有关主管部门进行综合平衡和审批。投资总额超过一亿美元的重大项目，由国家计划委员会提出审查意见，报国务院审批。

3月19日

国务院生产委员会和国务院企业管理指导委员会联合下发《关于坚持和完善企业内部经济责任制的意见》。《意见》指出，企业内部经济责任制是企业改革的重要成果，现已经成为企业一项基本的综合管理制度。坚持和完善企业内部经济责任制，对于明确企业与职工的责、权、利关系，贯彻按劳分配的原则，调动职工的积极性，促进生产发展，提高经济效益都具有重要作用。

3月19日

国务院办公厅发出《关于调整国务院住房制度改革领导小组组成人员的通知》，陈锦华任组长，领导小组的办事机构设在国家体改委。

3月25日—4月9日

七届全国人大四次会议在北京举行。李鹏代表国务院向大会作《关于国民经济和社会发展十年规划和第八个五年计划纲要的报告》。《纲要》提出，1991-2000年的发展总目标是实现中国社会主义现代化建设的第二步战略目标，把国民经济的整体素质提高到一个新的水平。会议还通过《中华人民共和国民事诉讼法》和《中华人民共和国外商投资企业所得税法》。

4月1日

经国务院批准，国家建材局和国家物价局通知，今起取消统配水泥价格双轨制，实行计划内外统一出厂价格。

4月4日

国务院作出《关于调整粮油统销价格的决定》。决定从1991年5月1日起，调整粮油统销价格。

4月6日

国务院批复同意将汕头经济特区的范围扩大到汕头市区，总面积约234平方公里。

4月11日

中国人民银行批准成立深圳证券交易所。7月3日，深圳证券交易所正式开业，实现了股票的集中交易。

4月16日

国务院发布《中华人民共和国固定资产投资方向调节税暂行条例》。《条例》规定，在中华人民共和国境内进行固定资产投资的单位和个人，为固定资产投资方向调节税的纳税义务人，应当依照本条例的规定缴纳投资方向调节税。投资方向调节税根据国家产业政策和项目经济规模实行差别税率。

4月23—27日

第二次全国国有资产管理工作会议在京召开。26日，李鹏在听取第二次全国国有资产管理工作会议代表的汇报时指出，在改革开放中如何搞好国有资产管理是整个经济体制改革的一部分，是中国在今后10年初步建立起的社会主义商品经济的计划经济与市场调节相结合的新的经济体制和运行机制的重要内容之一。为此，他要求各级政府和各有关部门要重视国有资产管理工作，切实加强领导，从中国国情出发，积极探索，在实践中逐步建立和完善与社会主义有计划的商品经济相适应的管理体制与管理方法，保护国有资产权益不受侵害，促进全民所有制企业的发展和效益的提高，使全民所有制企业充满生机和活力，整个国民经济蓬勃发展。

4月26日

海关总署公布《中华人民共和国海关关于进口货物实行海关估价的规定》，海关估价适用的价格，为货物申报进口之日海关所认定的该项货物的价格。该《规定》自5月1日起施行。

5月1日

国务院决定从即日起调整粮油统销价格。国家定量供应城镇居民的大米、面粉、玉米3种粮食的统销价格每500克平均提价0.10元，6种食油统销价格每500克平均提价1.35元。

5月7日

国务院发布《中华人民共和国产品质量认证管理条例》，企业对有国家标准或者行业标准的产品，可以向国务院标准化行政主管部门设立的或者国务院标准化行政主管部门授权的部门设立的行业认证委员会申请认证。

5月11—13日

国家体改委、商业部、财政部联合在天津召开粮食流通体制改革经验交流会，重点介绍推广了天津市粮食企业实行政策性经营和正常性经营两条线运行的经验。

5月12日

国务院批复同意设立天津港保税区，面积为1.2平方公里。

5月16日

国务院发出《关于进一步增强国营大中型企业活力的通知》，《通知》归纳总结了11项增强企业活力的政策措施。

5月18日

根据国务院的指示，国家体改委印发经国务院原则同意的《经济体制改革十年规划和"八五"纲要》，作为《国民经济和社会发展十年规划和第八个五年计划纲要》的配套文件。

5月20日

国务院同意并转发国家体改委《关于1991年经济体制改革要点》。《要点》指出，经济体制改革的重点，要放在继续增强企业特别是全民所有制大中型企业活力上，改进企业管理，完善企业经营机制，并为此创造必要的外部条件。通过深化改革，促进企业产品结构、组织结构的调整，促进企业面向市场、面向用户，促进经济协调发展和经济效益的提高。

5月28日

国务院批复同意深圳市设立福田和沙头角两个保税区，面积分别为1.35和0.2平方公里。

6月3日

国务院办公厅发出通知，国务院决定成立国务院职称改革工作领导小组，罗干任组长。

6月7日

国务院发出《关于继续积极稳妥地进行城镇住房制度改革的通知》。

6月7日

中共中央台湾工作办公室负责人就海峡两岸关系与祖国和平统一问题发表谈话，重申"和平统一、一国两制"的方针，并宣布：我们主张以和平方式统一祖国，但不承诺放弃使用武力。

6月10日

国务院批转文化部《关于文化事业若干经济政策意见的报告》。《报告》指出，各级政府要真正把文化事业作为社会主义精神文明建设的重要方面，在思想上高度重视，政策上加以引导，资金上予以支持。

6月12日

中国第一家有色金属交易所——深圳有色金属交易所成立。

6月18日

国务院住房制度改革领导小组办公室和中国经济体制改革杂志社联合在京举办住房制度改革新闻发布会，通报了城镇住房制度改革思路和部署。

6月26日

国务院作出《关于企业职工养老保险制度改革的决定》。

6月26—28日

国家体改委与联合国开发计划署合作在北京召开了国有企业经营机制改革国际研讨会。会议的中心议题是，探讨如何继续深化企业改革，进一步增强企业特别是国营大中型企业的活力。

6月29日

七届全国人大常委会第20次会议通过《中华人民共和国烟草专卖法》《中华人民共和国水土保持法》等。

6月30日

国务院发布《中华人民共和国外商投资企业和外国企业所得税法实施细则》。《实施细则》自7月1日起施行。

7月1日

江泽民在庆祝建党70周年大会上发表重要讲话。他强调指出，必须建立适应社会主义有计划商品经济发展的、计划经济与市场调节相结合的经济体制和运行机制。不进行改革，就不可能使社会主义制度继续保持蓬勃生机；在改革中不坚持社会主义方向，就会葬送党和人民70年奋斗的全部成果。要划清两种改革开放观，即坚持四项基本原则的改革开放，同资产阶级自由化主张的实质上是资本主义化的"改革开放"的根本界限。我们的改革必须从中国的实际出发，决不能裹足不前、无所作为，也不能匆忙行事、急于求成。要在党的领导下，依靠广大人民的智慧，有步骤、有秩序地向前推进，采取积极而又稳妥的方针，保证国家政治、经济、社会生活的稳定和发展。

7月11日

国务院发出通知，决定撤销国务院生产委员会，成立国务院生产办公室。该办公室主任由朱镕基兼任。

7月22日

中国人民银行总行决定下半年在全国推广深圳的贷款证制度。企业到各家银行贷款必须出示贷款证，否则不予受理。

7月24日

全国十大城市蔬菜产销体制改革经验交流会在哈尔滨市闭幕。会议指出，搞好批发市场建设是深化蔬菜产销体制改革的关键。国务院决定今年发放5000万元贴息贷款，支持建设40个蔬菜批发市场。

7月25日

国务院发布《全民所有制企业招用农民合同制工人的规定》。《规定》指出，企业招用农民工必须在国家下达的劳动工资计划之内，用于国务院劳动行政主管部门确定的需要从农村中招用劳动力的生产岗位和工种。矿山企业招用农民工须报经省、自治区、直辖市人民政府或其授权的设区的市或相当于设区的市一级人民政府批准，其他企业招用农民工须报经省、自治区、直辖市人民政府批准。农民工在企业工作期间，与所在企业其他职工享有同等的权利。

8月9日

国务院批转农业部《关于进一步办好国营农场的报告》，并发出通知指出，国营农场统分结合的双层经营体制，要作为生产经营管理的一项基本制度长期稳定下来。

8月13—16日

国务院生产办公室和国家体改委在吉林市召开的全国部分省市承包经营责任制座谈会。会议认为，承包经营责任制促进了企业经营机制的转变，初步确立了企业自主经营、自负盈亏、独立核算的社会主义商品生产者和经营者的法人地位。围绕这个目标，多数企业进行了内部配套改革，使承包经营责任制和厂长负责制、内部经济责任制结合起来，形成责任制网络体系，企业管理水平有不同程度的提高。承包经营责任制的另一个效果，是较好地处理了国家、企业、个人三者利益，保证了财政收入稳定增长，使企业具有一定的活力。

8月14日

财政部、国家体改委印发《国营企业实行"税利分流、税后还贷、税后承包"的试点办法》。

8月20日

苏联发生"八一九"事件的第二天，邓小平同几位中央负责同志谈话时正式提出两点

建议：一个总结经验，一个使用人才。

8月21日

国家体改委经济体制与管理研究所在北京成立。这个研究所的办所方针、任务是：围绕国家体改委的中心任务，从事经济体制改革与经济管理的理论与对策的研究；提供经济体制改革信息和经济管理咨询服务；联系和组织社会力量着重经济体制问题进行研究，为深化经济体制改革、为增强企业活力服务。

8月28日

中国证券业协会在京成立。这是中国证券业第一个行业自律管理组织。全国证券公司已有59家。

8月31日—9月4日

国务院召开全国清理"三角债"工作会议。会议提出：要把清理"三角债"作为搞活国营大中型企业、提高经济效益的突破口，立足于治本清源，从解决"三角债"的源头入手，努力做到防止新的投资缺口，防止新的亏损，防止新的产成品积压，从而防止新的拖欠。

9月2日

海关总署发布《中华人民共和国海关对国家高技术产业开发区进出口货物的管理办法》。该《办法》自1991年10月1日起施行。

9月3日

全国企业工资工作会议提出，要抓住当前全国经济形势好转的契机，努力推进企业工资改革的深入发展。今后一段时间内企业工资改革的重要任务是：逐步建立健全总量调控机制和工资正常增长机制；建立和完善"国家宏观调控，分级分类管理，企业自主分配"的工资管理体制；根据按劳分配原则，建立起全面反映职工群体和职工个人劳动质量和数量的工资制度，继续实行和改进工效挂钩办法。在企业内部，真正贯彻按劳分配原则，逐步实行以岗位技能工资制为主要形式的内部分配制度。

9月5日

国家科委、国家体改委发出《关于印发<关于深化高新技术产业开发区改革，推进高新技术产业发展的决定>的通知》，《决定》指出，改革的重点是：在生产资料所有制方面，探索如何做到坚持以社会主义公有制为主体的多种经济成分共同发展；在分配制度方面，如何做到按劳分配为主体，既能克服平均主义，又能防止两极分化；在计划经济与市场调节结合方面，探索将计划与市场两者长处相结合、相辅相成的具体政策、措施和形式。

9月9日

国务院发布《中华人民共和国城镇集体所有制企业条例》。《条例》提出，城镇集体所有制企业是财产属于劳动群众集体所有、实行共同劳动、在分配方式上以按劳分配为主体的社会主义经济组织。集体企业应当遵循的原则是：自愿组合、自筹资金，独立核算、自负盈亏，自主经营、民主管理，集体积累、自主支配，按劳分配、入股分红。该《条例》自1992年1月1日起施行。

9月10—14日

国家体改委召开的城市改革试点工作座谈会在成都举行，探讨进一步深化城市经济体制改革的思路。11日，陈锦华对今年的改革形势作了三方面的评价：一是既坚持了改革开放，又把握了改革的社会主义方向；二是在处理好改革与发展、改革与稳定的关系的基础上，促进了国民经济持续、稳定、协调发展；三是在建立计划经济与市场调节相结合的经济运行机制的探索上取得新进展。

9月13日

国务院办公厅发出《关于成立国务院分配制度改革委员会的通知》。该委员会是国务院非常设机构，其主要任务是从总体上研究社会分配制度改革问题，提出分配制度改革方案，报国务院批准后组织实施。

9月23—27日

中共中央工作会议在京举行。李鹏受中共中央政治局委托在会上作题为《关于当前经济形势和进一步搞好国营大中型企业的问题》的讲话。江泽民在会上讲话，强调要把搞好国营大中型企业作为坚持社会主义道路的一件大事，摆到突出位置，集中精力抓下去。

9月25日

全国劳动制度改革工作会议在京召开。会议提出"八五"期间劳动制度改革的重点是进行全员劳动合同制试点。

10月7—11日

第二次全国住房制度改革工作会议在京举行，研究讨论了住房制度改革措施及近期工作安排。会议提出，积极稳妥地推进城镇住房制度改革，次年起实行新房先卖后租、新房新租等制度。

10月11日

国务院办公厅转发农业部《关于农村改革试验区工作几个问题的请示》。

10月12日

中组部、人事部发布的《全民所有制企业聘用制干部管理暂行规定》中指出，国家对企业聘用制干部实行计划管理。企业必须在定员、定编、定岗的基础上，根据需要，聘用干部。聘用制干部与所在企业录用制干部在工作、学习、获得政治荣誉和物质奖励，以及晋职升级、评定职称等方面享有同等的权利。

10月17日

国务院作出《关于大力发展职业技术教育的决定》。《决定》指出，国务院要求各级政府和有关部门、广大教育工作者及社会各方面，从国家的全局和民族的未来出发，进一步提高对职业技术教育战略地位和作用的认识，采取有力的措施，齐心协力地大力发展职业技术教育。

10月18日

国家税务局发出《关于贯彻中央工作会议精神进一步支持搞好国营大中型企业的通知》，《通知》决定：1.各级税务机关要把支持搞好国营大中型企业放在突出位置。2.全面检查落实国家关于国营大中型企业的各项税收优惠政策。3.把税务促产增收的重点放到搞好国营大中型企业上来。4.尽快落实中央关于降低国营大中型工业企业所得税税率的决定，结合税利分流、税后还贷改革的试点进行。5.支持鼓励企业集团的发展，推行增值税。6.各级税务机关要加强与有关部门的配合，使税收成为搞好国营大中型企业的有力杠杆。

10月21日

国务院发布《国家预算管理条例》，规定国家预算由单式预算改为复式预算。该《条例》自1992年1月1日起施行。

10月23日

国务院知识产权领导小组第一次会议召开，宣布成立国务院知识产权领导小组，统一领导和协调国务院及有关部门在知识产权方面的立法和执法工作，进一步扩大对外科学技术交流与合作，推动我国科学技术进步，促进社会主义经济的繁荣和发展。国务委员宋健任组长。

10月26日

国务院发出《关于调整人民银行省、自治区、直辖市分行和部分海关领导干部管理体制的通知》。

10月28日

国务院《关于加强农业社会化服务体系建设的通知》《关于进一步搞活农产品流通的通知》同时下发。

10月30日

七届全国人大常委会第22次会议决定，批准武汉、九江、芜湖港对外国籍船舶开放。

11月1日

中国（海南）改革发展研究院在海口成立。办院宗旨是"立足海南、面向全国、放眼世界"，主要工作任务是以直谏中国改革为己任，服务改革政策决策。

11月11—15日

全国粮食工作和粮食储备工作会议提出，加快粮食流通体制改革，建立健全社会主义粮食市场体系。

11月15日

中国企业改革与发展研究会在北京正式成立。

11月23日

国务院转发国务院住房制度改革领导小组《关于全面推进城镇住房制度改革的意见》。

11月25—29日

中共十三届八中全会在京举行。全会审议通过了《中共中央关于进一步加强农业和农村工作的决定》。全会审议并通过《关于召开中国共产党第十四次全国代表大会的决议》，确定党的十四大于1992年第四季度在北京举行。

11月28日

中国城市经济体制改革新闻发布会在京举行。国家体改委副主任高尚全介绍了中国城市改革已经取得的实质性进展，"八五"期间和1992年经济体制改革的主要任务，并回答了记者提出的问题。

12月1日

国务院发文批复，同意开放呼和浩特航空口岸。同日，国务院批复同意福建东山港对外国籍船舶开放。

12月3—9日

全国计划会议和全国财政工作会议在京召开。9日，李鹏到会讲话指出，首先是争取农业获得一个好的收成，农业的稳定关系到全局，我们明年仍要把农业丰收放在经济工作的第一位。其次，明年在搞好大中型企业、提高效益方面要有所进步，取得实效。第三，在保持总量平衡的基础上，保持一定的经济增长速度。要研究建立一套真正反映实际的经济指标考核体系。第四，要进一步扩大开放，继续办好经济特区、对外开放城市和开放地区，搞好浦东的开发和开放。要继续深化外贸体制改革，巩固和发展今年外贸取得的成果，发展外贸市场的多元化，进一步开拓国际市场。

12月4—6日

国务院特区办在上海召开的全国沿海开放城市经济技术开发区工作座谈会上，确定"八五"期间开发区的方向目标：以工业项目为主，吸收外商投资企业为主，举办产品出口型和先进技术型企业为主。

12月14日

国务院批转国家计委、国家体改委、国务院生产办公室《关于选择一批大型企业集团进行试点的请示》。《请示》指出，为了促进企业集团的健康发展，国务院决定，选择一批大型企业集团分期分批进行试点。做好大型企业集团的试点工作，对于促进企业组织结构的调整，推动生产要素的合动，充分发挥国营大型企业的主导作用，形成群体优势和综合功能，提高国际竞争能力，进一步增强国家宏观调控的有效性，具有重要作用。

12月17—20日

由国家体改委、中国人民银行总行、世界银行和联合国开发计划署主办，中国（海南）改革发展研究院承办的"中国金融体制改革国际研讨会"在海口召开。会议的主要议题是讨论中央银行的地位和作用。联合国副秘书长冀朝铸，国家体改委副主任刘鸿儒、高尚全，中国人民银行总行副行长周正庆，海南省省长刘剑锋，及来自韩国、日本、马来西亚、泰国、英国和世界银行、国际货币基金组织的高级金融管理官员、金融专家，国内有关部委、省市、金融机构、研究部门的领导和学者出席开幕式。韩国前副总理赵淳，台湾著名经济学家蒋硕杰，英国牛津大学教授阿瑟普分别介绍所在国家和地区治理中央银行的经验。

12月18日

厦门经济特区举行建设10周年庆祝大会，江泽民在会上讲话强调，举办经济特区的决策是正确的、成功的，我们要把经济特区办得更好；要使中国的对外开放出现新的局面。

12月21—25日

全国物价工作会议提出，1992年物价工作总方针是保持物价基本稳定，积极稳妥推进价格改革。

12月31日

国务院发出《关于调整机关、事业单位工作人员工龄津贴标准的通知》。《通知》指出，这次调整工龄津贴标准，是在国家财政比较困难的情况下进行的。做好这项工作，有利于解决机关、事业单位工作中的突出不合理问题，进一步调动工作人员的积极性，促进安定团结。各地区、各部门一定要加强领导，严格执行政策规定，认真做好思想工作，切实保证调整工龄津贴标准的工作顺利进行。

📊 数说发展

人口

总人口 **115823** 万人

- 出生率　　19.68‰
- 死亡率　　6.70‰
- 自然增长率　12.98‰

财政收支

占国内生产总值的比重 **14.50%**　（单位：亿元）

- 收入 3149.48
- 支出 3386.62
- 收支差额 −237.14

国内生产总值 （单位：亿元）

国内生产总值 **21781.5**

- 第一产业 5342.2
- 第二产业 9102.2
- 第三产业 7337.1

工业

工业总产值 **28225** 亿元

- 轻工业 13796 亿元
- 重工业 14429 亿元

农林牧渔业

农林牧渔业总产值 **8008** 亿元

	产量	比上年增长
粮食	43524 万吨	−2.5%
棉花	566.3 万吨	25.6%
油料	1638.3 万吨	1.6%
水产品	1339 万吨	8.3%

农村社会总产值 **18931** 亿元

国内商业

社会商品零售总额 **9398** 亿元

按产品类型分

- 售予社会集团的消费品零售额 879 亿元
- 消费品零售额 8227 亿元
- 农业生产资料零售额 1171 亿元

按销售地点分

- 农村消费品零售额 3712 亿元
- 城市消费品零售额 4515 亿元

黄金和外汇储备

- 黄金 1267 盎司
- 外汇 217.12 亿美元

邮电通信

邮电业务总量 **206.2** 亿元

无线寻呼、移动电话等电信业务的增长幅度均超过 **一倍**

特快专递、集邮等邮政业务的增长幅度都超过 **64%**

长话自动交换网的市、县达 1046 个

市内电话自动交换机容量为 1008 万门

其中市话程控交换机容量 560.9 万门

对外经济

进出口贸易总额 **1357** 亿美元

出口大于进口 **124.5** 亿美元

出口 **719** 亿美元
进口 **638** 亿美元

利用外资

- 外商实际投资金额 **40** 亿美元
- 外商直接投资协议金额 **111** 亿美元
- 实际使用外资金额 **113** 亿美元
- 新签利用外资协议金额 **178** 亿美元

对外经济合作

对外承包工程和劳务合作
新签合同金额 **32** 亿美元
完成营业额 **20** 亿美元

注册的"三资"企业 **37215** 个
注册资金 **460** 亿美元
其中，外商投资 **262** 亿美元

固定资产

固定资产投资 **5279** 亿元

- 全民所有制单位固定资产投资 **3558** 亿元
- 基本建设投资 **2075** 亿元（含车船购置费）
- 更新改造投资 **997** 亿元
- 商品房建设投资 **243** 亿元
- 其他投资 **243** 亿元
- 集体所有制单位投资 **629** 亿元
- 个人投资 **1092** 亿元

比上年增长 **18.6%**

建成投产的大中型建设项目 **100** 个

建成投产的大中型建设项目的单项工程 **155** 个

新增加的生产能力

- 石油开采 **1491** 万吨
- 天然气开采 **11** 亿立方米
- 含更新改造和其他投资增加的能力
- 煤炭开采 **2714** 万吨
- 发电机组容量 **1184** 万千瓦
- 炼钢 **396** 万吨
- 炼铁 **376** 万吨
- 纯碱 **60** 万吨
- 化肥 **96** 万吨
- 木材开采 **21.2** 万立方米
- 水泥 **292** 万吨

旅游

接待人数 **3336** 万人次

旅游外汇收入 **28.4** 亿美元

体育

共获奖牌 **182** 块
获得世界冠军 **93** 个

创造世界纪录 **31** 项
创造亚洲纪录 **49** 项
创造全国纪录 **127** 项

卫生

医院病床 **268.9** 万张

专业卫生技术人员 **398.5** 万人

其中医生 **178** 万人（含中、西医师 **131.1** 万人）

护师、护士 **101.2** 万人

科学技术

科技成果

取得省部级以上重大科技成果 23000 项

获国家奖励的成果 **958** 项

其中国家自然科学奖 **53** 项
国家发明奖 **209** 项
国家科学技术进步奖 **502** 项

受理国内外专利申请 **50040** 件
授权专利 **24616** 件

技术市场

签订技术合同 **20.7** 万份
成交金额 **94.1** 亿元

科研经费

科研机构、高等院校和大中型工业企业等单位用于科技的经费支出 409 亿元

其中用于研究与发展的经费 **142** 亿元

科技队伍

全民所有制企事业单位
共有各类专业技术人员
2412.8 万人

县级以上全民所有制
独立研究开发机构 **5466** 个
高等院校办 **2450** 个
大中型工业企业办 **9525** 个

从事科技活动人员 **230.2** 万人

交通运输

旅客周转量 **6077**（单位：亿人公里）

货物周转量 **28007**（单位：亿吨公里）

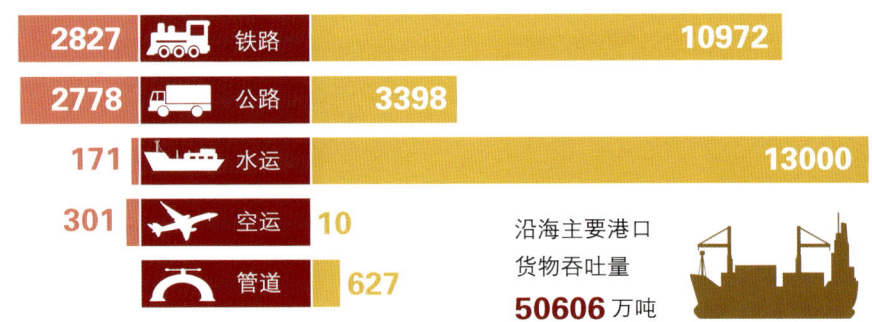

	旅客周转量	货物周转量
铁路	2827	10972
公路	2778	3398
水运	171	13000
空运	301	10
管道		627

沿海主要港口货物吞吐量 **50606** 万吨

新建线路交付营业里程

铁路复线 **309** 公里　　铁路电气化 **849** 公里　　沿海港口吞吐能力 **609** 万吨

教育

（单位：万人）

在校学生人数

- A 研究生
- B 普通高校本专科生
- C 高中
- D 中等职业技术学校
- E 初中
- F 小学
- G 成人高校本专科生
- H 成人中专
- I 成人技术培训学校
- J 成人中小学

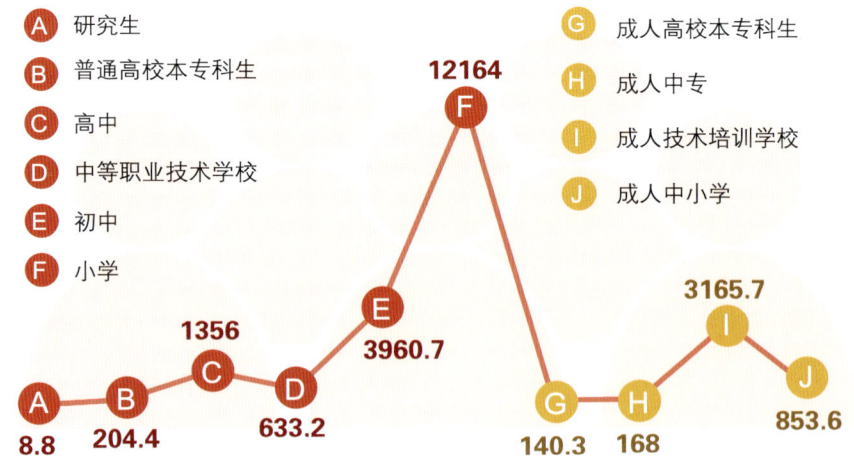

A 8.8　B 204.4　C 1356　D 633.2　E 3960.7　F 12164　G 140.3　H 168　I 3165.7　J 853.6

招生人数

研究生 **3**
普通高校本专科生 **62**
成人高校本专科生 **44.7**

扫除文盲 548.3 万人

人民生活

城乡居民人均收入

农村 710 元　城镇 1570 元

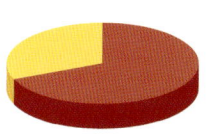

全国职工总数 **14397** 万人

全民所有制单位实行劳动合同制的职工 **1535** 万人

城镇个体劳动者 **704** 万人

新建住宅面积

农村 7.2 亿平方米
城镇 1.1 亿平方米

全国职工工资总额 **3350** 亿元
全国职工平均工资 **2365** 元

城乡人民储蓄存款 **9110** 亿元

社会福利事业

社会福利院床位 **81.2** 万张

收养 **63.4** 万人

得到国家救济 **4869** 万人次

城镇建立起各种社区服务设施 **8.9** 万个

26.3% 的乡镇建立了农村社会保障网络

保险事业

各类财产险承保总额 **28015** 亿元

 保险公司共处理国内财产险赔案 **337.8** 万件
支付赔款 **76.5** 亿元

 为 **1190** 万人支付人身保险赔款 **33.5** 亿元

 参加企业财产保险 **50.8** 万户

 参加家庭财产保险 **10070** 万户

 参加人身保险 **23370** 万人

环境保护事业

 环境保护系统共有 **7.1** 万人
环境监测站 **2199** 个

 国家级自然保护区 **61** 个

 完成环境污染限期治理项目 **6574** 个
总投资 **17.4** 亿元

 351 个城市中建成了 **2199** 个烟尘控制区 面积达 **8897** 平方公里

 在 **216** 个城市中建成了 **1098** 个环噪声达标区 面积达 **1803** 平方公里

文化

生产电影故事片 **130** 部
发行各种新片（长片）**189.5** 部

有 **16** 部（次）影片在国际电影节上获奖

 艺术表演团体 **2774** 个

 电影放映单位 **14.1** 万个

（单位：个）

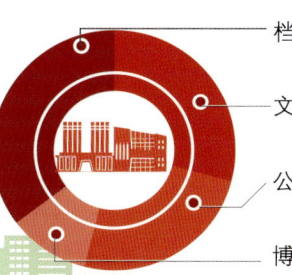

档案馆 **3579**
文化馆 **2977**
公共图书馆 **2536**
博物馆 **1097**

（单位：座）

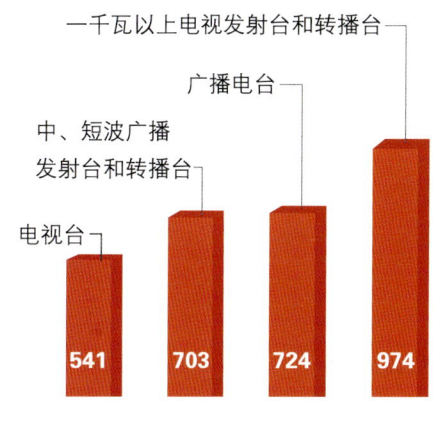

电视台 541　中、短波广播发射台和转播台 703　广播电台 724　一千瓦以上电视发射台和转播台 974

出版

 全国性和省级报纸 **175.1** 亿份

 杂志 **20.8** 亿册

 图书 **62** 亿册（张）

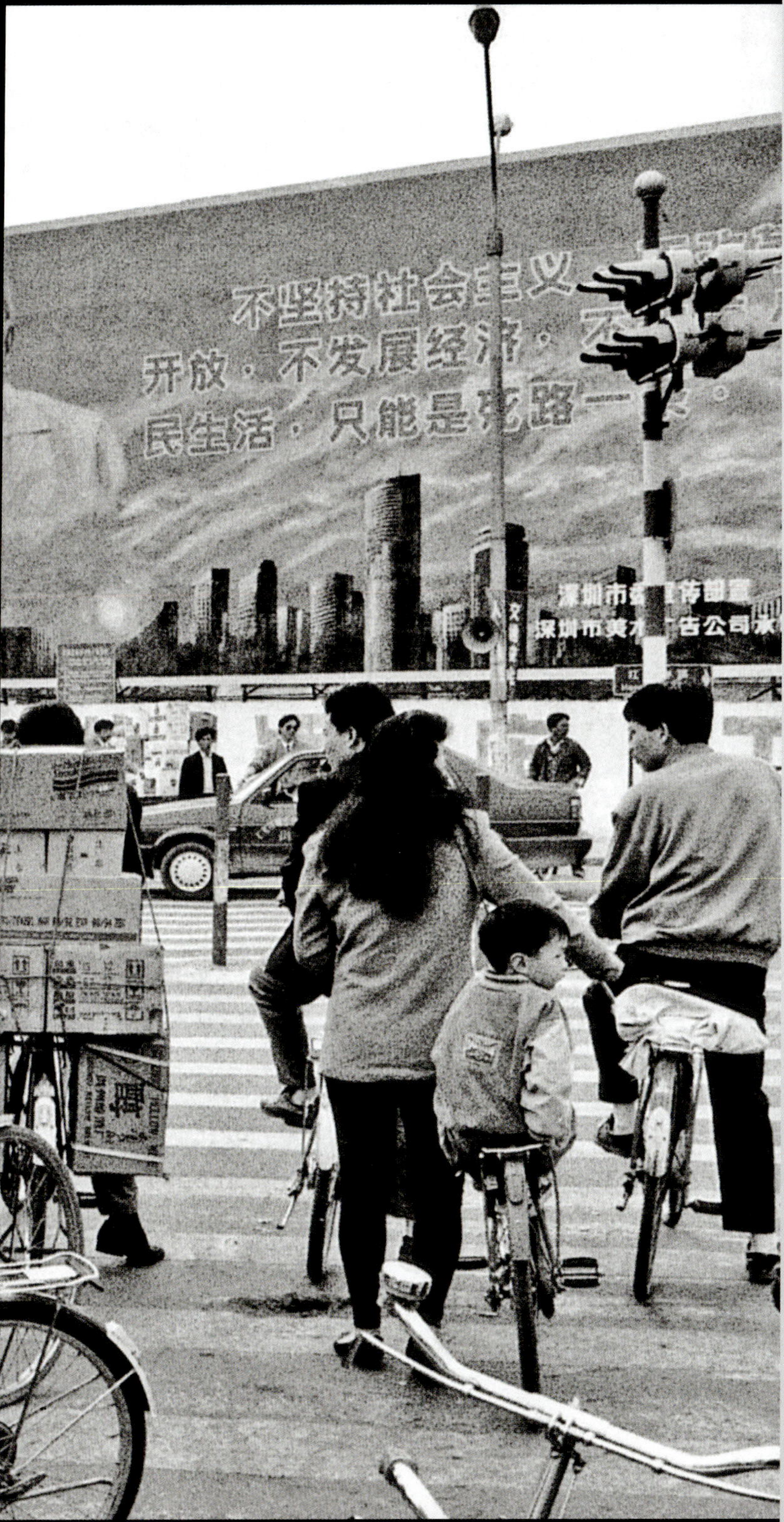

1992

- 邓小平"南方谈话"
- 国有企业股份制改革试点全面展开
- 市场价格逐步替代计划价格
- 中国共产党第十四次全国代表大会召开
- 中国证监会成立
- 扩大内陆开放

焦点事件

邓小平"南方谈话"

受东欧剧变与苏联解体等国际形势的影响,"左"的思想在中国国内开始抬头,否定改革开放的观点也开始出现,改革一度出现了徘徊的局面。

1992年1月18日至2月21日,邓小平先后视察武昌、深圳、珠海、上海等地,历时35天,行程6000多公里,并发表了备受国内外关注的"南方谈话"。2月28日,中共中央以2号文件的形式向全党传达了邓小平"南方谈话"。

邓小平说:"革命是解放生产力,改革也是解放生产力。推翻帝国主义、封建主义、官僚资本主义的反动统治,使中国人民的生产力获得解放,这是革命,所以革命是解放生产力。社会主义基本制度确立以后,还要从根本上改变束缚生产力发展的经济体制,建立起充满生机和活力的社会主义经济体制,促进生产力的发展,这是改革,所以改革也是解放生产力。过去,只讲在社会主义条件下发展生产力,没有讲还要通过改革解放生产力,不完全。应该把解放生产力和发展生产力两个讲全了。"

邓小平指出,"要坚持党的十一届三中全会以来的路线方针政策,关键是坚持'一个中心、两个基本点'。不坚持社会主义,不改革开放,不发展经济,不改善人民生活,只能是死路一条。基本路线要管一百年,动摇不得。只有坚持这条路线,人民才会相信你,拥护你。谁要改变三中全会以来的路线、方针、政策,老百姓不答应,谁就会被打倒。"

邓小平强调,"中国要警惕右,但主要是防止'左'。右的东西有,动乱就是右的!'左'的东西也有。把改革开放说成是引进和发展资本主

1992年,深圳市中心深南大道上的邓小平巨幅画像。

义,认为和平演变的主要危险来自经济领域,这些就是'左'。"

邓小平指出,"计划多一点还是市场多一点,不是社会主义与资本主义的本质区别。计划经济不等于社会主义,资本主义也有计划;市场经济不等于资本主义,社会主义也有市

语录 "发展才是硬道理。"
——邓小平

背景:1992年1月18日至2月21日,邓小平在武昌、深圳、珠海、上海等地视察,其间发表了重要讲话,其中谈到"要抓住时机,发展自己,关键是发展经济","要注意经济稳定、协调地发展,但稳定和协调也是相对的,不是绝对的。发展才是硬道理。这个问题要搞清楚。"。"发展才是硬道理"由此传播开来。

1992年1月,邓小平在视察深圳时说:"基本路线要管一百年,动摇不得。"

回忆

"你们要搞快一点",是小平同志离开深圳前留给我们的最后一句话,看起来似乎有些偶然和随意,实际上是小平同志思想感情的自然流露。这既是对深圳的嘱托,更是高瞻远瞩、运筹帷幄,对加快全国改革开放和现代化建设步伐的全面要求。

——李灏,《邓小平与特区建设》,《北京日报》,2008年9月29日。

中共中央党校副校长龚育之说:"如果说,1978年邓小平《解放思想,实事求是,团结一致向前看》那篇讲话,实际上成为十一届三中全会的主题报告,是标志着新时期开端的一篇解放思想的宣言书,那么1992年的邓小平南方谈话,则是标志着新时期的历史发展进入新阶段的解放思想的宣言书。"

——郑刚主编,《寻访邓小平南巡中的目击者》,载《紫荆》,2004(5)。

语录

"不管黑猫白猫,只要捉到老鼠就是好猫。"
——邓小平

背景:四川有句谚语:"不管黄猫黑猫,只要捉住老鼠就是好猫。"对实事求是派的改革家邓小平来说,这句谚语也是中国改革的最朴实表达,1985年,这句谚语甚至随邓小平一起登上了美国《时代》周刊。1992年,邓小平发表"南方谈话",提出不要纠缠于姓"资"还是姓"社",关键是发展经济,要大胆地试、大胆地闯等观点,随着"南方谈话"的传播,这句话更是在民间广为流传,"黄猫黑猫"也被传成了"黑猫白猫"。

人物:田纪云

田纪云,1929年6月生,山东肥城人,1945年5月加入中国共产党。1981年至1983年任国务院副秘书长、国务院机关党组成员。1983年至1987年任国务院副总理兼国务院秘书长、机关党组书记,中共中央政治局委员、中央书记处书记。1987年至1993年任中共中央政治局委员,国务院副总理。1993年起任中共中央政治局委员,全国人大常委会副委员长、全国人大常委会党组副书记。

从1981年起,田纪云就多次发表文章和讲话,阐述"利改税"(即将国营企业上交利润改为缴纳所得税)的重要性和必要性,建议尽快进行财政税收体制的改革。他1983年担任国务院副总理后,分管农业和农村工作,以坚强的毅力和决心全面推行以联产承包责任制为中心的农业、农村改革,并大力扶植乡镇企业的发展,以及农业综合开发和商品粮基地建设等。农村改革带来许多新的变化,农作物大幅度增产,农民收入大幅度增加,乡镇企业异军突起,农村剩余劳动力的转移又有力地促进了工业的发展。

1984年党的十二届三中全会通过《关于经济体制改革的决定》后,重点转入以城市为重点的经济体制改革。在以邓小平同志为核心的第二代领导集体坚强领导下,经济体制改革全面启动。国务院成立了经济体制改革办公室,由田纪云分管。80年代先后推出了十大经改措施,即蔬菜购销体制改革、粮食等主要农副产品购销体制改革、供销合作社体制改革、商品流通体制改革、外贸体制改革、利改税、财政体制改革、劳动制度改革、工资制度改革、价格体系改革等。从实践的情况看,由于方向明确,步子稳妥,除价格改革一度出现曲折外,基本上是成功的。与此同时,中国的对外开放也波澜壮阔地开展起来,先后创办了深圳等4个经济特区。1983年,田纪云任国务院副总理后,分管经济特区工作,对经济特区的建设与发展,发表了一系列讲话和文章,支持和推进特区发展。

1992年初,邓小平南方谈话为中国的发展再次拨正了航向,为改革开放注入了新的生机和活力。1992年4月,田纪云应邀去中央党校作报告,这个报告主要是讲农业和农村问题,其中重要一部分是讲如何加深理解邓小平南方讲话,思想更解放一点,胆子更大一点,步子更快一点,加快改革步伐的问题。这个报告,对当时甚嚣尘上的"左"倾思潮进行了猛烈反击和犀利批判,大长了改革者的志气,受到广大干部的欢迎,曾在社会上广为流传。

资料来源:①《田纪云简介》,中华人民共和国中央政府门户网站;②《刘政:忠实记载改革开放历程——读田纪云新著〈改革开放的伟大实践〉》,新华网,2009年2月2日。

场。计划和市场都是经济手段。社会主义的本质,是解放生产力,发展生产力,消灭剥削,消除两极分化,最终达到共同富裕。"

邓小平告诫,"抓住时机,发展自己,关键是发展经济。现在,周边一些国家和地区经济发展比我们快,如果我们不发展或发展得太慢,老百姓一比较就有问题了。所以,能发展就不要阻挡,有条件的地方要尽可能搞快点,只要是讲效益,讲质量,搞外向型经济,就没有什么可以担心的。低速度就等于停步,甚至等于后退。"

邓小平"南方谈话",精辟地分析了国际国内形势,对十一届三中全会以来改革开放和现代化建设的基本实践和基本经验进行了科学地总结,从理论上深刻回答了长期困扰和束缚人们思想的许多重大认识问题,进一步阐明了改革开放的重大意义,阐述了建立社会主义市场经济理论的基本原则,对中国20世纪90年代的经济改革与社会进步起到了关键的推动作用,掀起了改革开放新高潮。

国有企业股份制改革试点全面展开

1992年初,针对股份制问题的争论,邓小平在南方谈话中指出:"有不少人担心股票市场是资本主义的东西,所以让你们深圳和上海先搞试验。看来,你们的试验说明了社会主义是可以搞股票市场的,说明了资本主义能用的东西,也可以为社会主义所用。证券、股市,这些东西究竟好不好,有没有危险,是不是资本主义独有的东西,社会主义能不能用?允许看,但要坚决地试。看对了,搞一两年。对了,放开;错了,纠正,关了就是。关,也可以快关,也可以慢关,也可以留一点尾巴。怕什么,坚持这种态度就不要紧,就不会犯大错误。"邓小平的这段讲话终结了长久以来关于股份制性质的争论,加快了企业股份制改造的步伐。

2月29日至3月4日,国家体改委和国务院生产办公室联合在深圳召开股份制企业试点工作座谈会。会议交流了股份制企业试点工作的情况;研究了股份制经营方式对转换企业经营机制的作用;修改了《股份制企业组建和试点工作的规范意见》及配套的10项政策规定。5月7日至21日,国家体改委生产司与中国(海南)改革发展研究院共同举办"全国体改系统股份制实践研讨班",此后又举办了"全国股份制企业规范化管理培训班",培养了全国最早的一批股份制

1992年11月20日,在湖北省武汉市,市民在江汉路武汉证券公司购买全国首家商业股——武商股票。当天,武商商场股票在深圳证券交易所正式挂牌交易,成为在深圳上市的第一家异地公司。

经济规范化运作人才。一些学员后来成为各地股份制改革操作中的骨干力量,中改院由此也被喻为全国国有企业股份制改革的"黄埔军校"。随后,有关股份制的政策及法律法规相继出台。

到1992年底,全国各城市经批准建立了近400家股份制试点企业,使全国股份制企业达到3700多家。同时,国务院还批准9家国有企业改组为股份公司,并到香港和境外上市。

市场价格逐步替代计划价格

1992年,价格改革在广度和深度上,都迈出了重大步伐。国家物价局于1992年9月1日宣布,从当日起国家将571种生产资料产品定价权交给企业,同时将22种产品价格下放给省级物价部门。至此,由国家管理的物价品种剩下89种。以农产品为例,国家管理价格的农产品已由1991年底的40种减少到10种,其中国家定价的只有计划购销的粮食、棉花、烟叶、桑蚕茧等10种。这标志着国家放开价格管制,市场价格逐步替代计划价格,改革已进入新的阶段。

1992年,住房制度改革也在全国各地普遍推开,一半以上的大中城市提高了房租,医疗收费等改革措施也在多数地方起步推进。与此同时,地方各级政府部门也结合当地的实际,调整了一些商品价格、收费标准和商业差率。截止到1992年底,国家定价的比重由1991年的20.9%左右降到10%左右,市场调节价和国家指导价的比则由1991年的79%左右上升到90%左右。

1992年的这些物价改革措施,

> ### 🔍 观点
>
> **肖灼基**:在公有制实现形式方面,我的基本思路是逐渐从以承包制为主过渡到以股份制为主。这里要强调两点:一是逐渐;二是为主。也就是说,在承包制为主的条件下可以搞股份制,在股份制为主的条件下也可以搞承包制。两者并非绝对排斥,因为无论是承包制还是股份制都有一个发展过程。虽然股份制是商品经济和社会化大生产条件下较典型的企业形式,但采取股份制必须进行试点,逐步到位,不能一步到位。
>
> 资料来源:《论社会主义公有制的实现形式》,《经济研究》,1992年第2期。

1992年7月,国家取消了计划外煤价限制,放开指导性计划煤炭及定向煤、超产煤的价格限制,出口煤等全部实行市场调节,市场煤所占比重接近一半。图为河北秦皇岛港口等待装船海运的煤炭。

1992年10月12日至18日，中国共产党第十四次全国代表大会在北京举行。

中国共产党第十四次全国代表大会召开

1992年10月12日至18日，中国共产党第十四次全国代表大会在北京召开。

江泽民代表第十三届中央委员会向大会作了题为《加快改革开放和现代化建设步伐，夺取有中国特色社会主义事业的更大胜利》的报告。

报告明确指出，中国经济体制改革的目标是建立社会主义市场经济体制。

报告指出，为了加速改革开放，推动经济发展和社会全面进步，必须努力实现十个方面关系全局的主要任务：第一，围绕社会主义市场经济体制的建立，加快经济改革步伐。第二，进一步扩大对外开放，更多更好地利用国外资金、资源、技术和管理经验。第三，调整和优化产业结构，高度重视农业，加快发展基础工业、基础设施和第三产业。第四，加速科技进步，大力发展教育，充分发挥知识分子的作用。第五，充分发挥各地优势，加快地区经济发展，促进全国经济布局合理化。第六，积极推进政治体制改革，使社会主义民主和法制建设有一个较大的发展。第七，下决心进行行政管理体制和机构改革，切实做到转变职能、理顺关系、精兵简政、提高效率。第八，坚持两手抓，两手都要硬，把社会主义精神文明建设提高到新水平。第九，不断改善人民生活，严格控制人口增长，加强环境保护。第十，加强军队建设，增强国防实力，保障改革开放和经济建设顺利进行。

中国共产党第十四次全国代表大会的胜利召开，对全党进一步解放思想、加快改革开放和社会主义现代化建设的进程起了重大作用，标志着中国改革开放进入了新的历史阶段。

中国证监会成立

中共十四大之后，实行股份制成为当时国有企业改革的方向，更多的国有企业积极进行股份制改造并开

流行志

▶ 炒股

1992年8月10日，深圳特区新股认购，抢购股民证的长队秩序极度混乱。专程从江西来的小伙子在发售前半小时被挤出列，他揣着身份证和钱绝望地喊道：我排了两天两夜的队啊……

1992年2月，"1992年上海股票认购证"对社会公开发行，售价30元。一位老股民回忆，当时"有多少人贸然买进而碰到了财神爷，为了这本认购证，竟然使千千万万人彻夜难眠"。8月，深圳市民也为了认购新股通宵排队。这一年，人们都把股票当财神爷一样疯抢，尽管很多人对股票根本不了解。那时候有部现实题材的电影《股疯》就是以1992年全民炒股的疯狂热潮为背景的。

▶ 一步裙

20世纪90年代初，广东台最先推出的一部电视剧《公关小姐》从广州红到香港，继而红遍全国，剧中女主角的着装成了女性观众模仿的对象，"一步裙"因此流行开来。"一步裙"，顾名思义，就是穿上后人的腿只能张开一步这么大。这种裙子对身材要求较高，但那时候，满大街都是上身穿随意的短袖上衣，下身穿紧身的"一步裙"的女人。"一步裙"穿上后显得干练、利落、有气质，后来逐渐成为女性的职业装。

▶ 方便面

1970年，中国第一袋方便面在上海益民食品四厂"诞生"。改革开放后，"时间就是金钱"的观念深入人心，国人的生活节奏日益加快，一些方便的快餐食品应运而生并且迅速流行。80年代，中国从日本等国家和地区引进的方便面生产线已达100余条。1992年台湾顶新集团的康师傅红烧牛肉面在天津经济开发区面世，可口的味道使方便面更加流行，许许多多人的生活方式因为方便面而发生了改变。

回忆

"8·10"股市风波

虽然在今天的股民们看来，买卖股票只不过是上网敲击键盘或打个电话这么简单而已，但在18年前的8月7日，为了买到股票，股民们却不得不费尽周折先买到抽签表，然后再用中签的抽签表去申购股票。就在这个环节上，深圳1992年发生了"8·10"事件。

8月9日清晨8点整，全市300个网点开始在市监察局和工商局工作人员监督下发售抽签表。让排了三天两夜队的股民难以理解的是，一些网点的抽签表很快就发售完毕。数千人的队伍，只有前面几十人买到抽签表。但有的发售点刚宣布卖完抽签表，就有一些"黄牛"手握几十张、上百张的抽签表，以每张700至1000元的价格兜售。人们心中郁积的愤懑可想而知，然而让广大股民愤怒的还不止这些。

8月10日下午5点整，原定于10日下午6:00的截止收表时间，被推迟到11日中午11:00。这一通告原本是考虑到网点工作人员连夜工作，需要相应的休整后再回收抽签表。但在当时却成了事件爆发的导火索，由失望而至失控的人们断定这个"推迟"是为了给那些舞弊者、走后门手握大量抽签表的人创造方便，使他们有充分的时间高价卖出手中的抽签表。"走，找政府去请愿，我们要去讨公道。"于是，10日傍晚，先在深南大道的东边，靠东南一带开始，沿着深南大道由东往西走，一路上喊着"我们要股票，要惩治腐败。"人数越聚越多，迅速形成洪流。西头的队伍一听到口号，也向市政府方向聚集。

当天下午六七点钟的时候，市委书记李灏、市长郑良玉正在迎宾馆接待人民银行行长陈慕华。一接到汇报后，他们就急忙赶回市政府大楼。但当他们赶到市政府前的岗亭时，情况已经很紧迫。此时市政府前，整个深南大道都聚满了人，游行队伍高喊着"惩治腐败，我们要股票！"。尽管只有区区150米的距离，但已经来不及回到会议室，也不可能再召集别的领导来开会了。于是就在这么一个小小的岗亭里，李书记召开现场会，当即拟了四项决定：第一，一定要惩治腐败；第二，规劝市民不可冲击市政府；第三，再发售500万份抽签表；第四，明天还在原来地点购买。

据事后清查的结果，全市清查出内部截留私买的抽签表达105399张，涉及金融系统干部职工4180人。最后，被公开处理的9人，其中7人是相关负责人。

"深圳8·10"事件让人们看到建立全国性监管体系的重要性和紧迫性。资本是跨区域流动的，地方政府管理交易所的模式显然力所不逮。这就直接触发管理层决心加快中国证监体系的组建。"深圳8·10"事件之后，有关部门在长达一年的时间里停止了新股发行工作。同时，此事件也导致中国新股发行制度的根本性变革，也催生了中国证券市场的监管机构——中国证券监督管理委员会。中国证监会的成立，将整个市场纳入了监管范围，为市场的健康平稳发展起到不可忽略的监管作用。

1992年9月15日，朱镕基副总理在会见香港联交所主席李业广时指出："深圳股票事件是一次技术失控事件，当然其中包括很多人为因素。国家将责令切实查办贪污行为，而对于那些纯粹属于技术失控的问题，则需要汲取有关教训。"

资料来源：《"深圳8·10"事件冲击波》，《上海证券报》，2010年11月23日。

 **"赶快寄身份证来。"**
——深圳人

背景：1992年8月，《1992年新股认购抽签发售公告》发布，深圳市1992年新股发行序幕拉开。认购新股在那时是个一本万利的买卖，想买的人实在太多，只能以抽签的方式购买。而抽签表需要身份证，每一个购买人可持10张身份证购10张抽签表，一场身份证收购战在深圳之外打响，深圳街头满街都是打电话的人，一个个对着电话喊"赶快寄身份证来"，有的邮局收到的包裹竟装有7公斤的身份证。

"我不赞成教授卖馅饼。"
——陈国达

背景：1992年，中国再度兴起了经商热潮。这年夏天，北京某大学一位副教授利用暑假时间卖馅饼，成了报纸上的新闻人物。教授该不该卖馅饼成为人们谈论的话题。第八届全国人大代表、著名地质学家陈国达认为，要让有限的科技人才，发挥出最大的能量，不要提倡科技人员搞第二职业，即使搞，也要搞与第一职业有关的。他说："我看到有的媒体报道某大学博士生导师挂着牌摆小摊，这是一种讽刺，新闻界不该报道，更不该提倡。"

始在资本市场发行上市。但由于市场缺乏有效监管，股票发售也带来了一些问题，特别是1992年发生在深圳的"8·10"股票发售事件所带来的经济问题和社会问题，在国内外造成极其恶劣的影响。深圳的"8·10"股票发售事件，既损害了中国的形象，也对中国改革开放事业产生了负面影响，导致国家在1992年8月10日之后长达一年的时间里停止了新股发

1992年底，自发形成的成都红庙子股市一条街人气旺盛。每天大量股民拥挤在红庙子街头以最原始的交易形式交换、买卖股票、股权证和有价证券。

1992年3月2日,"1992年上海股票认购证"首次摇号仪式在上海联谊大厦举行。

行工作。中央以及相关部委都在总结其中的教训,并认识到,股票市场专业性很强,其中的技术问题没解决好,会带来政治问题和社会问题。当证券市场的影响迅速扩大到全国时,上海和深圳已经不能承担相应的监管责任了。在国际上较成熟的市场经济国家里,都有专门的证券监管部门。

1992年10月,国务院证券委员会(简称国务院证券委)和中国证券监督管理委员会(简称中国证监会)宣告成立。中国证监会成立后,先后出台了《股票发行与交易管理暂行条例》《公开发行股票公司信息披露实

人物：刘鸿儒

1990年,"搞股票市场就是搞私有化"、"取消深圳、上海股票市场试点"的论调甚嚣尘上。国家体改委副主任刘鸿儒,大胆向国家最高领导人谏言:股票市场的试点不能取消,可以暂不扩大,但不能撤。如果撤,对外发出的就是一种后退的信号,对改革形象影响很大。由此使得股票市场的试点保留下来。

1992年8月10日爆发了深圳"8·10事件",深圳股市几乎全面停顿。刘鸿儒认为,原先那种有限量发售抽签表方式,症结在于抽签表的发售数量有限,人为造成申购股票机会的不平等,甚至还可能出现黑箱操作和腐败现象。于是在1993年,提出了"无限量发售申请表"发行方式,拉着整车现金到全国各地抢购股票的队伍逐渐消失了。

"8·10事件"促使国务院证券委员会和中国证券监督管理委员会迅速成立。当年10月,朱镕基亲点刘鸿儒担任证监会首任主席。担任证监会首任主席以来,建立监管模式成为刘鸿儒的开山之作。他带队多次去境外考察访问学习,精心反复比较美国、英国和中国香港地区等三种市场监管模式的异同,最终参照运用香港模式,建立了四层监管体系。在刘鸿儒任内,先是《股票发行与交易管理暂行条例》出炉,后是《证券交易所管理办法》问世,这些法规为证券市场的规模发展奠定了基础。

资料来源:南焱,《五任证监会主席的关键时刻》,《人民文摘》,2011年第3期。

流行志

▶ "面的"

"面的",微型面包的士车的简称,自1984年天津汽车制造厂从日本引进技术生产出第一辆大发汽车后,短短几年时间,这种结构简单、既能拉货又能拉人的小面包车,迅速成为中国北方诸多城市的一道风景。在京津等城市,马路上"遍地黄大发"。与当时发展出租的政策相适应,"面的"以其低档的车价车费迅速被普通百姓接纳。数据显示,从1984年9月至1999年,总共有30万辆大发车出厂,其中有90%是供给全国各地的出租行业使用。在1992年时,北京已经有了3万辆大发出租车。

▶ "下海"

20世纪90年代的中国,随着改革开放的步伐,各城市街头悄然兴起手拿"大哥大"的"生意人"。

商场如大海,虽深藏财宝但却浪恶风险,因此,辞去公职专门经商的行为,被称之为"下海"。早在上世纪80年代,中国就出现过下海经商浪潮,1992年邓小平南方谈话之后,国务院修改和废止了400多份约束经商的文件,大批官员和知识分子投身私营工商界。人们的目光不再只盯着"铁饭碗",创业者翱翔的天空越来越广阔,一部分下海者先富了起来,有很多后来成了叱咤商界的亿万富翁。据人事部统计,1992年,辞官下海者12万人,不辞官却投身商海的人超过1000万人。

▶ "四大天王"

"四大天王"原本是佛教中四位护法天神的合称,20世纪90年代初被媒体用来称呼中国香港娱乐圈四位当红明星——刘德华、张学友、郭富城、黎明。在1991年十大劲歌金曲颁奖典礼中,刘德华、张学友和黎明三人获得十个金曲奖中的七个,被媒体称为"三剑客"。1992年,郭富城又以火箭式的速度走红,此时香港发行量最大的《东方日报》使用"四大天王"册封四人,并得到人们广泛接受,一直沿用至今。他们是一代人记忆中的青春见证。

环球大事

1月4日
俄罗斯决定1992年底前取消国营农场和集体农庄。

2月7日
欧洲12国正式签署欧洲联盟条约。

2月14日
联合国秘书长加利在联合国总部发表的一份备忘录中说,1991年世界经济出现了第二次世界大战以来的首次负增长。

5月2日
欧共体与欧洲自由联盟在葡萄牙的波尔图签署建立欧洲区的决定。从1993年1月1日起建立中美洲北部自由贸易区。

6月2日
丹麦就欧共体马斯特里赫特条约举行公民投票,50.7%反对,49.3%赞成,否决了该条约。

6月12—13日
联合国环境与发展大会首脑会议在里约热内卢举行,通过了《关于环境与发展的里约宣言》《21世纪议程》《关于森林问题的原则声明》。

6月26—27日
第二届南锥体共同市场国家首脑会议在阿根廷举行,通过一体化时间表。

6月30日
俄罗斯政府提出社会经济改革纲领。

7月1日
叶利钦总统签署命令,将俄罗斯大部分国营企业改为股份公司。

7月2日
美国众议院拨款委员会不顾布什政府的反对,通过有条件地给予中国最惠国待遇的法案。

8月17日
南部非洲发展协调会议在纳米比亚首都温得和克举行10国首脑会议,并签署了关于建立南部非洲发展共同体的三个文件,这标志着南部非洲发展共同体的正式成立。

8月19日
叶利钦发表告同胞书称,俄罗斯将加快私有化进程,从10月1日起通过储蓄银行向全体公民无偿发放面值为1万卢布的记名私有支票,以此作为私有化的开端。

9月1—6日
第10次不结盟国家首脑会议在雅加达举行,正式接纳中国为观察员,这也是中国首次派代表团参加不结盟国家首脑会议。

9月10—11日
亚太经济合作会议第四届部长级会议在曼谷举行,通过了《曼谷宣言》和《曼谷联合声明》。

9月17日
英镑和意大利里拉退出欧洲货币体系汇率机制,实行自由浮动,欧洲货币体系出现自建立以来的最严重的危机。

10月10日
中美在华盛顿签署《中华人民共和国政府和美利坚合众国政府关于市场准入的谅解备忘录》。

建设中的上海浦东新区

施细则》《禁止证券欺诈行为暂行办法》《关于严禁操纵证券市场行为的通知》等一系列法规和政策。

中国证监会的成立,标志着中国证券市场统一监管体制开始形成,中国资本市场法规体系初步形成,资本市场开始逐步纳入全国统一监管框架并走上规范化轨道。

扩大内陆开放

1992年,中国内陆开放进入一个关键时期,初步形成了全方位开放的基本格局。这一年获得批准项目包括:

——国务院给予上海浦东开发5项优惠政策。

——进一步对外开放黑龙江省黑河市、绥芬河市、吉林省珲春市和内蒙古自治区满洲里市等4个边境城市,加强对周边国家经济技术交流与合作。

——建立中俄满洲里—后贝加尔斯克边民互市贸易区。

——设立大连、广州保税区,面积分别为1.25平方公里和1.4平方公里。

——开放长江沿岸芜湖、九江、岳阳、武汉、重庆5个内陆城市。至此,中国长江沿岸10个主要中心城市已全部对外开放。

——对5个沿长江城市(重庆、岳阳、武汉、九江、芜湖),4个边境、沿海和11个内陆的省会(首府)城市,实行沿海开放城市政策。

——设立昆山经济技术开发区,规划面积为10平方公里。

——设立厦门象屿保税区。首期面积0.6平方公里。

——海南省洋浦经济开发区国有土地使用权出让合同获批,面积为27.353平方公里,出让期限为70年。

——海南省设立海口保税区,保税区应以发展保税仓储、转口贸易及技术密集型的出口加工业为主,面积为1.93平方公里。该保税区实行比特区更加优惠的政策。

——在苏州等25个城市增建国家高新技术产业开发区。

——设立青岛、宁波、福州保税区,面积分别为2.5平方公里、2.3平方公里和1.8平方公里。

社会关注

首届中国长春电影节

1992年8月23日晚,首届中国电影节在长春隆重开幕。这是中国首次举办大规模、参展面如此之广的电影节。首届中国长春电影节共展映了国内16家电影制片厂近一年内摄制的优秀故事片24部,儿童片、美术片8部,港、台影片4部和14个国家提供的影片20部。

1992年的首届中国长春电影节,经广播电影电视部和吉林省人民政府批准,由长春市人民政府、广电部电影事业管理局、中国电影发行公司、中国电影输出输入公司等单位主办,由长春市人民政府承办。中国长春电影节每两年举办一次,与中国电影华表奖隔年举办,与金鸡百花电影节、上海国际电影节、珠海电影节并称"中国四大电影节"。

张艺谋导演的《秋菊打官司》捧走了中国长春电影节历史上的第一座金杯。

环球大事

▶ 11月5日
欧共体同斯洛文尼亚共和国草签经济贸易合作协定,这是欧共体同独立的原南斯拉夫共和国签署的一个重要合作协定。

▶ 12月10日
联邦德国议院通过决议,取消1989年作出的制裁中国的决议,同中国实现关系正常化,对华出口贸易限制也随之取消。

▶ 12月17日
墨西哥总统萨利纳斯、美国总统布什、加拿大总理马尔罗尼分别在各自首都签署了北美自由贸易区协议,三国在今后15年内将取消相互间关税和贸易壁垒,成为世界上最大的贸易集团。

▶ 12月17—19日
叶利钦总统访华。这是俄罗斯国家元首首次访华,双方签署了20多个有关经贸、科技、文化等领域的合作声明。

▶ 12月31日
欧共体经过8年的努力,已基本建成没有内部边界、人员、商品、资本、劳务自由流动为特征的欧洲统一大市场,1993年1月1日开始实施。

重要文献

《全民所有制工业企业转换经营机制条例》
(1992年6月30日)

1992年6月30日,国务院第106次常务会议通过《全民所有制工业企业转换经营机制条例》。《条例》共七章五十四条。

节选:

第二条 企业转换经营机制的目标是:使企业适应市场的要求,成为依法自主经营、自负盈亏、自我发展、自我约束的商品生产和经营单位,成为独立享有民事权利和承担民事义务的企业法人。

第三条 转换企业经营机制必须遵循下列原则:
(一)坚持党的基本路线;
(二)坚持政企职责分开,保障国家对企业财产的所有权,实现企业财产保值、增值,落实企业的经营权;
(三)坚持责、权、利相统一,正确处理国家和企业、企业和职工的关系,贯彻按劳分配的原则,把职工的劳动所得与劳动成果联系起来;
(四)发挥中国共产党的基层组织在企业中的政治核心作用,坚持和完善厂长(经理)负责制,全心全意依靠工人阶级;
(五)坚持深化企业改革与推进企业技术进步、强化企业管理相结合;
(六)坚持在建设社会主义物质文明的同时,建设社会主义精神文明,建设有理想、有道德、有文化、有纪律的职工队伍。
(七)围绕转换企业经营机制,按照宏观要管好,微观要放开的要求,政府必须转变职能,改革管理企业的方式,培育和发展市场体系,建立和完善社会保障制度,协调配套地进行计划、投资、财政、税收、金融、价格、物资、商业、外贸、人事和劳动工资等方面的改革。

第七条 企业按照国家规定的资产经营形式,依法行使经营权。企业资产经营形式是指规范国家与企业的责、权、利关系,企业经营管理国有资产的责任制形式。

继续坚持和完善企业承包经营责任制。逐步试行税利分流,统一所得税率,免除企业税后负担,实行税后还贷。创造条件,试行股份制。

企业可以自主决定在本行业内或者跨行业调整生产经营范围,凡符合国家产业政策导向的,政府有关部门应当给予支持,工商行政管理部门应当办理变更登记手续。

——摘自《中华人民共和国法规汇编(1992年1月—12月)》,国务院法制局编,第729—730页,中国法制出版社,1993年。

■ 重要文献

《关于在中国建立社会主义市场经济体制》

(江泽民,1992年6月9日)

这是江泽民1992年6月9日在中共中央党校省部级干部进修班上的讲话《深刻领会和全面落实邓小平同志的重要谈话精神,把经济建设和改革开放搞得更快更好》的一部分。从九个方面阐述了如何深刻领会和全面落实邓小平谈话的精神。在谈到计划与市场问题时,他列举了关于对计划与市场和建立新经济体制问题上的几种不同的提法,并说,我个人的看法,比较倾向于使用"社会主义市场经济"这个提法。

节选:

加快经济体制改革的根本任务,就是要尽快建立社会主义的新经济体制。而建立新经济体制的一个关键问题,是要正确认识计划和市场问题及其相互关系,就是要在国家宏观调控下,更加重视和发挥市场在资源配置中的作用。

阐明中国社会主义的新经济体制的主要特征。我认为,主要特征应该有这样几个:一是在所有制结构上,坚持以公有制经济为主体,个体经济、私营经济和其他经济成分为补充,多种经济成分共同发展;二是在分配制度上,坚持以按劳分配为主体,其他分配方式为补充,允许和鼓励一部分地区、一部分人先富起来,逐步实现共同富裕,防止两极分化;三是在经济运行机制上,把市场经济和计划经济的长处有机结合起来,充分发挥各自的优势作用,促进资源优化配置,合理调节社会分配。

要加快新经济体制的建立,当前必须抓紧解决好几个关键性的问题。

一是转变政府职能,切实实行政企职责分开。……政府部门不得再干预企业的生产、经营、管理等具体事务,一定要使微观经济放开搞活,同时搞好必要的宏观调控。这两者是相辅相成的,不可能孤立地实现。

二是抓紧企业特别是国有大中型企业的经营机制的转换,真正推动企业走上市场,使它们成为市场竞争的主体,成为真正的法人实体,真正实现自主经营、自负盈亏、自我发展、自我约束和自担风险,达到责权利相统一。国有大中型企业的经营机制的转换过程,实际上也就是进一步探索和选择公有制经济实现形式的过程,这些形式应该是多种多样和正确有效的,这就需要在实践中继续大胆试验,取得成功经验后,就加以实行和推广。……

三是要适应商品经济和价值规律的要求,切实更新计划观念,转变计划管理职能和方式,使计划能够真正反映市场的供求变化。同时,要更多地运用经济政策和经济杠杆引导和调控市场健康发展。

四是大力培育和发展市场,建立统一的完备的社会主义市场。……一方面努力建立和健全市场体系……另一方面努力健全和严格执行市场管理制度,以利于形成和保持良好的市场秩序。

五是要加强经济法规和经济运行所必需的其他基础设施建设。……保证社会经济活动能够有秩序地运行。

——摘自《改革开放三十年重要文献选编》(上)第644—648页,中央文献出版社,2009年。

◼ 重要文献

《加快改革开放和现代化建设步伐，夺取有中国特色社会主义事业的更大胜利》

（江泽民，1992年10月12日）

　　这是1992年10月12日江泽民在中国共产党第十四次全国代表大会上作的报告，《报告》总结了十一届三中全会以来十四年的实践经验。认为我们取得改革开放胜利的根本原因是坚持了把马克思主义基本原理同我国具体实际相结合，逐步形成和发展了建设有中国特色社会主义的理论。这个理论第一次比较系统地初步回答了中国这样的经济文化比较落后的国家如何建设社会主义、如何巩固和发展社会主义的一系列基本问题，用新的思想、观点继承和发展了马克思主义。十四年经验集中到一点就是毫不动摇地坚持以建设有中国特色社会主义理论为指导的党的基本路线，这是我们的事业能够经受风险考验顺利达到目标的最可靠保证。《报告》明确提出了我国经济体制改革的目标是建立社会主义市场经济体制。社会主义市场经济体制是同社会主义基本制度结合在一起的。《报告》提出要加强党的建设和改善党的领导。指出，党的基本路线要毫不动摇地坚持下去，社会主义的改革开放和现代化建设要搞得更好更快，国家要长治久安和繁荣昌盛，关键在于我们党，在于坚持用邓小平建设有中国特色社会主义的理论武装全党。

目录：
一、十四年伟大实践的基本总结
二、九十年代改革和建设的主要任务
三、国际形势和我们的对外政策
四、加强党的建设和改善党的领导

■ 重要文献

《国家中长期科学技术发展纲领》
（1992年3月8日）

《国家中长期科学技术发展纲领》在1992年国务院第九十四次常务会议上通过。《纲领》阐明了中国中长期自然科学技术发展的战略、方针、政策和发展重点。

节选：

中国发展科学技术的基本战略是，增强全民族的科学技术意识，提高劳动者的素质，动员和吸引大部分科技力量投身于国民经济建设主战场，注重技术创新，努力吸收和尽快应用世界上先进的适用技术，加速国民经济各领域的技术改造。在今后相当长的时期内，科学技术的发展要以大规模生产的产业技术和装备现代化为主要方向，同时有计划、有重点地发展高新技术及其产业，稳定地加强基础研究，增加科学储备。

中国科技体制改革的总目标是：建立和完善符合科学技术发展客观规律的、与社会主义有计划商品经济相适应的科技同经济有机结合、相互促进的新体制；促使科技工作积极为社会主义有计划的商品经济服务，推动经济建设转移到依靠科技进步和提高劳动者素质的轨道上来，充分发挥科学技术第一生产力的作用。

科技体制改革的具体目标是：

——转变政府职能，形成以直接计划管理与间接管理有机结合的宏观科技进步管理体系，并使之规范化、法制化。

——改革科技人员管理制度，造成人才辈出、人尽其才的良好环境。建立对科技人员和科技活动的社会化服务体系。

——建立研究开发机构与企业、农村有机结合、配置合理的工业和农村研究、开发、推广服务体系。

——培育和建立物资、技术、劳务、信息等社会主义市场体系，创造有利于科技发展的合理竞争的环境。

——形成由政府、民间、企业和金融等各方面组成的多元化科技投资体系。

——形成适应社会主义有计划商品经济发展的科技组织结构。

科技体制改革的核心是建立新的运行机制，把完善计划管理和加强市场调节有机地结合起来，充分发挥两者的协同优势。引入公平竞争，人员、技术、信息合理流动，需求引导等市场机制，使科技进步成为社会经济活动的内在需求。根据不同层次、不同类型科技发展的特点，建立相应的运行机制。

建立适应社会主义有计划商品经济发展的科技组织结构。中国的研究开发机构应是多层次、多功能、多种所有制的，既有面向全国的，也有面向行业或地方的；既有从事基础研究和应用研究的，也有从事技术开发的；既有国家办的，也有集体、个体等民办的。中国科学院和各部门、高等院校和大型骨干企业的研究开发机构，是中国科学技术事业的主力军，各级政府要给予重点支持。在坚持公有制为主体的条件下，国家继续鼓励和引导民办科技机构的健康发展，作为社会主义科技事业的重要补充。

——摘自《中华人民共和国国务院公报》1992年第7期，第209、216—219页，国务院办公厅编辑出版。

大事记

1月6—10日
国务院在北京召开全国经济体制改革工作会议。李鹏在会上指出,治理整顿的任务基本完成。通过治理整顿,为改革创造了一个比较宽松的环境,并且使改革有所前进。在这种形势下,要加快改革的步伐,适当加大改革的分量。改革的方向,是建立起社会主义有计划的商品经济新体制和计划经济与市场调节相结合的运行机制。

1月8日
国家体改委、财政部、中国人民银行、国家国有资产管理局联合发出《关于深圳市股份有限公司暂行规定的批复》。同日,中国人民银行和深圳市政府联合颁布《深圳市人民币特种股票管理暂行办法》,为利用股市引进外资提供了法规保证,也为深圳股市国际化奠定了基础。

1月11—15日
国务院生产办、国家体改委、国家计委在京联合举办大型企业集团试点研究班,推动大型试点企业集团的组建和发展。国务院关于选择100个左右大型企业集团进行试点的决定,已进入实施阶段,首批55个企业集团已经国务院批准,成为试点企业集团。

1月18日—2月21日
邓小平在武昌、深圳、珠海、上海等地视察,发表了著名的"南方讲话"。

1月24日
国务院发出《关于上海市进一步开发开放浦东和搞活国营大中型企业有关问题的通知》。《通知》明确指出,国务院给予上海浦东开发5项优惠政策。

1月25日
劳动部、国务院生产办公室、国家体改委、人事部、全国总工会联合发出《关于深化企业劳动人事、工资分配、社会保险制度改革的意见》。

2月9日
国务院批复同意成立中国光大银行。该银行是中国光大(集团)总公司全资附属的国有金融企业,是独立核算、自主经营、自负盈亏的法人,接受中国人民银行的归口领导和管理。

2月12日
国务院发出《关于积极实行农科教结合推动农村经济发展的通知》。

2月19日
国务院批转国家体改委《关于1992年经济体制改革要点》。《要点》指出,1992年经济体制改革的重点是搞好全民所有制大中型企业,贯彻落实《中华人民共和国全民所有制工业企业法》,转换企业经营机制,有步骤地把企业推向市场。

2月23日
国务院办公厅发出《关于严格执行欠税交纳滞纳金制度的通知》要求,凡纳税人逾期未交的应纳税款,必须按照《中华人民共和国税收征收管理暂行条例》和《中华人民共和国进出口关税条例》的规定,按日课以滞纳金。对纳税确有困难,经税款征收机关批准缓交的,其滞纳金可以适当核减,但也要按月课征不低于银行同期贷款利息的滞纳金;对未经税款征收机关批准缓交的欠税,一律按规定课征滞纳金,不得随意减免。

3月2日
李鹏在国务院第13次全体会议上强调要抓住时机,加强改革开放。

3月9日
国务院决定进一步对外开放黑龙江省黑河市、绥芬河市、吉林省珲春市和内蒙古自治区满洲里市等4个边境城市,加强与周边国家经济技术交流与合作。

3月9日
国务院批准海南省吸收外商投资开发洋浦经济开发区,一次性出让30平方公里土地的使用权。

3月9日
中国开放度最大的自由贸易区——上海外高桥保税区通过海关总署验收,投入运营。

3月9—10日
中共中央政治局在北京召开全体会议,讨论中国改革和发展的若干重大问题。江泽民主持会议。会议完全赞同邓小平的南方谈话,强调必须坚定不移贯彻执行党的基本路线,抓住当前有利时机,加快改革开放步伐,集中精力把经济建设搞上去,沿着有中国特色的社会主义道路继续前进。

3月10日
国务院召开电话会议部署改革核算制度,建立健全新的国民经济核算体系。

3月16日
国务院批复同意设立温州经济技术开发区,总面积5.11平方公里,首期开发1.8平方公里。

3月18日
国务院发布《关于修改<中华人民共和国进出口关税条例>的决定》,自4月1日起施行。

3月20日
国务院批复《广东省粮食购销管理体制

外高桥保税区仓库待销的进口轿车

改革问题的请示》，同意广东在全省范围内进行粮食购销体制改革的试点。

3月20日—4月3日

七届全国人大五次会议在北京召开。李鹏作《政府工作报告》，提出要进一步扩大对外开放的范围，注重效益的提高，把对外开放提高到一个新的水平。上海浦东新区是今后十年开放开发的重点。大会通过了关于《兴建长江三峡工程的决议》，决定批准将兴建长江三峡工程列入国民经济和社会发展十年规划。大会通过了《中华人民共和国全国人民代表大会和地方各级人民代表大会代表法》《中华人民共和国工会法》《中华人民共和国妇女权益保障法》。

4月1日

继上年5月1日后，国务院再次决定提高粮食统销价格，实现购销同价。粮食统销价格提高后，粮食部门的经营费用仍由财政补贴；对城镇居民口粮继续实行凭证、凭票、定量供应政策；对农村平价粮销售也继续实行计划供应。在提高粮食统销价格的同时，国务院决定给城镇居民适当补贴。

4月12日

国务院批复同意建立中俄满洲里—后贝加尔斯克边民互市贸易区。

4月18日

国务院批转国家体改委、国务院生产办《关于股份制企业试点工作座谈会情况报告的通知》。《通知》指出，在试点工作中要严格按国务院规定的审批制度办事。下一步进行股份制试点的指导思想是：坚决试，不求多，务求好，不能乱。要严格按照基本规范进行试点，试出效果来。5月15日，国家体改委、国家计委、财政部、中国人民银行、国务院生产办印发《股份制企业试点办法》。

4月21—24日

由国家体改委和联合国经济部合办的经济机制转换国际研讨会在北京举行，17个国家的学者参加研讨。会议在交流各国经验的同时，重点介绍和宣传中国经济体制改革方面的成功经验。李鹏在会见各国代表时说，转换经济机制，就是经济体制改革，从高度集中的计划经济体制转变为计划与市场相结合的经济体制。

4月28日

国务院发出《关于深入开展企业扭亏增盈工作的通知》，《通知》要求，所有企业，特别是国营大中型企业，都要深化改革，加快转换经营机制，强化企业管理，向质量、品种要效益，向节能降耗要效益，向技术进步要效益。

5月4日

国家工商局、国家计委、国家体改委、国务院生产办印发《关于国家试点企业集团登记管理实施办法（试行）》。《办法》规定，国家试点企业集团应由一个大型企业或控股公司为核心组建，经国务院或国务院授权的审批机关批准后，向国家工商行政管理局申请登记。未经登记主管机关核准登记，任何组织和个人不得使用企业集团名称。

5月7—21日

国家体改委生产司与中国（海南）改革发展研究院共同举办全国首次大规模的"全国体改系统股份制实践研讨班"。国家体改委副主任高尚全、海南省省长刘剑锋、常务副省长鲍克明、国家体改委委员傅丰祥、孙效良和国家体改委生产司司长孙树义、宏观司副司长许美征、中改院迟福林副院长等到研讨班作了重要讲话和授课。来自国家体改委有关方面的负责人和中央党校、北京大学、中国证券交易研究中心等单位的专家和学者王珏、肖灼基、王波明、李小雪等为学员授课。此后，1993年9月10日—10月18日，国家体改委生产司和中改院共同举办"全国股份制企业规范化管理培训班"。中共中央政治局委员、国务委员兼国家体改委主任李铁映，国家体改委副主任贺光辉，国家证券委副主任、中国证监会副主席童赠银等到培训班看望了学员并分别作了重要讲话。两次培训班培养了中国最早一批股份制经济规范化运作人才。

5月13日

国务院批复同意设立大连、广州保税区，面积分别为1.25平方公里和1.4平方公里。

5月16日

中共中央政治局会议通过《中共中央关于加快改革，扩大开放，力争经济更好更快地上一个新台阶的意见》。《意见》指出：抓紧有利时机，加快改革开放步伐，力争经济更好更快地上一个新台阶，是当前全党的战略任务。

5月16日

国务院发出通知，撤销国务院生产办公室，在原生产办公室的基础上成立国务院经济贸易办公室，由朱镕基兼任主任。

5月18—24日

国家体改委在江苏省常熟市召开全国县级综合改革经验交流会。

1992年3月9日，广东珠海市隆重召开"珠海市科技进步突出贡献奖励大会"，对为促进经济发展有突出贡献的科技人员给予重奖。

5月23日

中国经营规模最大、销售额最高的上海市第一百货商店宣布改制为股份有限公司，并向社会公开发行股票。

5月23日

财政部、国家体改委印发《股份制试点企业会计制度》。规定，国务院各业务主管部门和省、自治区、直辖市财政厅、局在符合本制度统一要求的原则下，可以根据本部门、本地区的具体情况，对本制度作必要的补充规定，并报财政部审批或备案。企业可根据本制度和其他有关规定，结合本企业的具体情况，制订本企业的会计制度。

6月1日

劳动部、国家体改委印发《股份制试点企业劳动工资管理暂行规定》。《规定》要求，股份制企业的劳动工资计划实行指导性管理。

6月6日

财政部、国家体改委印发《股份制试点企业财务管理若干问题的暂行规定》。

6月9日

江泽民在中共中央党校省部级干部进修班作题为《深刻领会和全面落实邓小平同志的重要谈话精神，把经济建设和改革开放搞得更快更好》的重要讲话。

6月9日

国务院发出《关于进一步对外开放南宁、昆明市及凭祥等5个边境城镇的通知》。

6月12日

国家税务局、国家体改委印发《股份制试点企业有关税收问题的暂行规定》。

6月15日

国家计委、国家体改委印发《股份制试点企业宏观管理的暂行规定》。《规定》指出，根据国家产业政策和以公有制为主体、允许和鼓励其它经济成份适当发展的方针，国家按照不同产业领域和不同经济类型，对股份制企业的组建和试点进行分类指导，实行不同的股权结构。

6月18日

国务院决定开放长江沿岸芜湖、九江、岳阳、武汉、重庆五个内陆城市。至此，中国长江沿岸十个主要中心城市已全部对外开放。

6月24—27日

国务院在京召开长江三角洲及长江沿江地区经济规划座谈会。会议强调要加快这一地区开发开放。

6月26日

中共中央办公厅、国务院办公厅发出《关于党政机关办经济实体和党政机关干部从事经营活动问题的通知》。《通知》指出，所兴办的各类经济实体，必须与党政机关在财务、名称、人事等方面彻底脱钩，严格划清党政机关管理职权与经济实体经营权的界限，凡是经济实体，必须根据国家法律和政策的规定，自主经营，自负盈亏。

6月28日

国务院决定建立国务院证券管理办公会议制度，代表国务院行使对证券工作的日常管理职权。

6月29日

审计署、国家体改委印发《股份制试点企业审计暂行规定》。《规定》要求，股份制试点企业，凡国有资产占控股地位的，均由对投资股份比例最大的单位有审计管辖权的审计机关进行审计监督；国有资产占参股地位的，根据需要或审计机关的要求，由该企业董事会委托经国家批准、确认的社会审计组织对该股份制试点企业进行审计查证，审计机关必要时可以直接对其进行审计监督。

6月30日

国务院第106次常务会议讨论并原则通过了《全民所有制工业企业转换经营机制条例》。

7月1日

七届全国人大常委会第26次会议决定，授权深圳市人大及其常委会和市人民政府分别制定法规和规章，并在深圳经济特区实施。

7月7日

国务院批复同意丹东市建立边疆经济合作区。

7月9日

国家土地管理局、国家体改委印发《股份制试点企业土地资产管理暂行规定》。《规定》指出，土地是国家的重要资源和资产，也是重要的生产资料。随着经济体制改革的深入发展，土地使用制度将逐步由划拨供应方式转变为有偿供应的资产化管理方式。改组或新设股份制企业时，涉及的国有土地使用权必须作价入股。土地使用权的价格由县级以上人民政府土地管理部门组织评估，并报县级以上人民政府审核批准后，作为核定的土地资产金额。

7月14日

国务院转发建设部《关于进一步清理整顿房地产开发公司的意见》。《意见》指出，所有从事房地产开发、经营商品房屋的公司，都要进行认真的清理整顿，其范围包括各行业、各部门开办的主营或兼营的公司，以及其它不以公司名义实际上从事房地产开发、经营商品房屋的单位。

7月16—20日

中国人民银行全国分行长会议在京举行。

7月22日

中共中央政治局会议通过《中共中央关于加强政法工作，更好地为改革开放和经济建设服务的意见》。

7月23日

国务院发布《全民所有制工业企业转换经营机制条例》，明确企业转换经营机制的目标是：使企业适应市场的要求，成为依法自主经营、自负盈亏、自我发展、自我约束的商品生产和经营单位，成为独立享有民事权利和承担民事义务的企业法人。

7月23—29日

全国财政工作会议在北京举行，财政部推出六大改革措施。23日，王丙乾强调，要建立科学、规范的财政运行机制。实行分税制的财政体制。理顺中央与地方的分配关系；实行税利分流、税后还贷、税后分利，改善国家与企业的分配关系进一步改革和完善税制，改革国有资产管理制度，加快企业财务会计制度的改革，并会同有关部门改革价格体系，改革住房和社会保险制度。

8月1日

国家计委、国家体改委、国务院经贸办印发《关于试点企业集团实行国家计划单列的实施办法（试行）》。文件指出，试点企业集团实行国家计划单列应具备的条件：1.必须以全民所有制的特大型、大型企业，或资金雄厚的全民所有制控股公司为核心，内部组织结构比较完善，并拥有一定数量的紧密层、半紧密层和松散层的企业成员。2.在国民经济和社会发展中具有重要地位，其产品及业务关系国计民生和在国际市场中具有一定的竞争力，核心企业和紧密层企业的固定资产、产品销售（业务量）、实现利税、进出口总额或出口创汇等在全国同行业中处于前列。3.承担一定的国家计划任务。4.领导体制比较健全，具有较高的经营管理水平。

8月3—8日

国务院经贸办和国家体改委联合召开全国转换企业经营机制工作会议。

8月22日

国务院批复同意设立昆山经济技术开发区，规划面积为10平方公里。

8月27日

国家科委、国家体改委印发《关于分流人才、调整结构、进一步深化科技体制改革的若干意见》。《意见》指出，这次分流和调整的重点是，全国县以上独立科研院所，包括各类基础研究机构、技术开发机构、社会公益机构和科技服务机构。高等院校和部分企事业单位也要进行相应的分流和调整。

8月29日

国务院决定将韶关、河源、梅州三个市列入沿海经济开放区。

8月29日

国家科委、国家体改委印发《城市科技经济体制综合配套改革试点工作的几点意见》。《意见》提出，科技体制改革的根本任务是要解决科技与经济结合的问题。经济体制改革的根本任务是要处理计划与市场的关系。科技改革和经济改革双管齐下，使新的科技体制，有利于经济发展；新的经济体制，有利于科技进步。

8月30日

国务院发出《关于实施新国民经济核算体系方案的通知》，决定从1992年起在全国分两步实施新国民经济核算体系方案。第一步，在1992年和1993年两年建立起国家和省两级新核算体系基本框架，实现初步过渡；目标是把新核算体系的基本核算表建立起来。第二步，到1995年基本完成向新国民经济核算体系的全面过渡；目标是要能够比较准确完整地编制新核算体系的全部表式和账户体系，并建立起与之配套的统计指标体系、统计分类标准和数据库系统。

9月1日

经国务院批准，取消原油、成品油、钢材、生铁、铜、铝、锌、锡、镍、纯碱、烧碱等计划外生产资料全国统一最高出厂或销售限价。这些措施有利于社会主义市场经济运行机制的形成；有利于解决生产资料价格"双轨制"；有利于把企业推向市场，推动企业经营机制的转换；有利于能源、原材料等基础产业的发展，增强国民经济发展的后劲。

9月4日

七届全国人大常委会第27次会议通过《中华人民共和国税收征收管理法》。

9月17日

人事部、国家体改委印发《股份制试点企业人事管理暂行办法》。《办法》规定，股份制试点企业人事管理要根据国家有关人事管理的基本原则，通过公开、民主、竞争的方式，选贤择优。董事长为企业的法定代表人。董事长不能出任法定代表人时，由本企业章程作出规定。董事由股东会选举和罢免，国家股由代表国家投资的部门或机构委派股权代表参加选举，进入董事会董事的名额可根据国家股占企业全部股份的比例和企业章程对董事会组成所规定的董事总数确定。

9月22日

中国人民银行批准组建华夏、国泰、南方三大全国性证券公司。

9月22日

国务院批转国家体改委《关于改革棉花流通体制的意见》。

9月22—28日

全国粮食流通体制改革经验交流会在上海市召开，强调要加快建设社会主义粮食经济新体制。

9月27日

国家国有资产管理局、国家体改委印发《股份制试点企业国有资产管理暂行规定》，明确股份制试点企业国有资产管理原则：1.贯彻发展以公有制为主体的股份制企业的方针，对应由国家控股的股份制试点企业必须保证国有资产股份在企业中的主导地位；2.国有资产股权的行使、转让必须符合国家对国有资产保值、增值的要求；3.在股份制企业试点中，不允许以任何方式瓜分国有资产，侵犯国家利益；4.对股份制试点企业的管理，坚持政企职责分开、所有权与经营权适当分离、政府社会行政管理职能和国家所有权管理职能分开；5.建立严格的国有资产股权代表责任制。

9月29—30日

以"面向21世纪——展望世界经济和亚太地区的合作与发展"为主题的中信国际经济论坛在北京举行。江泽民会见出席研讨会的中外代表时说，和平与发展依然是当今世界的两大主题。随着中国对外开放的扩大，中国的投资环境将会进一步改善。我们愿意在平等互利的基础上，以多种形式同外国企业界发展经济合作关系。

10月12日

国务院办公厅发出通知，成立国务院证券委员会（简称证券委），由朱镕基兼任主任，撤销原国务院证券管理办公会议。并决定成立中国证券监督管理委员会（简称证监会），由刘鸿儒任主席。

10月12—18日

中国共产党第十四次全国代表大会在北京举行。江泽民作题为《加快改革开放和现代化建设步伐，夺取有中国特色社会主义事业的更大胜利》的政治报告。大会通过《中国共产党章程（修正案）》的决议，将建设有中国特色社会主义理论和党的基本路线写进党章。

10月15日

国务院批复同意设立厦门象屿保税区。首期面积0.6平方公里。

10月16日

国务院批复同意设立张家港保税区，规

梅州市的合资企业

划面积4.1平方公里，起步面积2平方公里。

10月21日

国务院批复同意海南省设立海口保税区，保税区应以发展保税仓储、转口贸易及技术密集型的出口加工业为主，面积为1.93平方公里。该保税区实行比特区更加优惠的政策。

10月21日

国务院批复同意设立威海、营口、福清融桥经济技术开发区，规划面积分别为5.72平方公里、5.6平方公里和10平方公里。

11月4日

国务院发出《关于发展房地产业若干问题的通知》。《通知》指出，进一步深化土地使用制度改革。要逐步扩大城镇国有土地有偿有限期使用范围。商业、金融、旅游、服务业、商品房屋和涉外工程建设用地，要逐步采用土地使用权有偿有限期出让的办法。对外开放城市及地区土地使用制度改革的步子可适当加快。城镇国有土地使用权的出让，必须严格执行《中华人民共和国城镇国有土地使用权出让和转让暂行条例》。集体所有土地，必须先行征用转为国有土地后才能出让。农村集体经济组织以集体所有的土地资产作价入股，兴办外商投资企业和内联乡镇企业，须经县级人民政府批准，但集体土地股份不得转让。

11月6日

商业部、国务院经贸办、国家体改委发出关于发布《全民所有制商业企业转换经营机制实施办法》。

11月7日

国务院批准商丘、延安、宁德、大连、清远5个地区（市）列为全国农村改革试验区。至此，全国农村改革试验区共有26个。

11月10—13日

国家体改委在京召开股份制国际研讨会，就企业的各种融资手段，股份公司的组成和运作等问题作了探讨。

11月12—14日

国家体改委在京召开期货市场国际研讨会。国内外专家一致认为，十四大提出建立社会主义市场经济体制，是对改革理论的重大突破，也为发展期货市场奠定了基础，有深远意义。

11月20日

国务院发出《关于加强流转税管理的通知》。《通知》重申，国家税法必须统一，税权必须集中。要求各地区、各部门不得自行决定对企业承包流转税。坚决纠正越权减免流转税的做法。

12月14—18日

国务院在北京召开全国计划会议。会议中心议题是：认真贯彻落实中共十四大精神，研究确定1993年改革开放和经济建设的任务，安排好国民经济和社会发展计划，并就"八五"计划的必要调整交换意见。

12月17日

国务院发出《关于进一步加强证券市场宏观管理的通知》。《通知》明确，证券委是国家对全国证券市场进行统一宏观管理的主管机构。证监会是证券委监管执行机构，由有证券专业知识和实践经验的专家组成，按事业单位管理。

12月18日

中国人民银行批准《银行外汇业务管理规定》和《非银行金融机构外汇业务管理规定》。

12月21—24日

国务院在北京召开全国经济工作会议。会议的中心议题是：全面贯彻落实党的十四大精神，总结1992年的经济工作，研究部署1993年的经济工作。

12月22—29日

全国财政工作会议在北京举行。会议认真分析经济和财政形势，对1993年的财政计划和财政工作作出安排和部署，并按照建立社会主义市场经济体制的要求，研究了财政部门职能转变、深化改革、加强宏观经济调控等问题。

12月24—25日

江泽民在武汉主持召开6省农业和农村工作座谈会，研究当前农村形势和保护农民利益、调动农民生产积极性问题。

12月29日

国务院在中南海召开全国农业工作电视电话会议。

数说发展

人口

总人口 **117171** 万人

- 出生率 **18.24‰**
- 死亡率 **6.64‰**
- 自然增长率 **11.6‰**

国内生产总值

国内生产总值 **26923.5** 亿元

- 第一产业 5866.6 亿元
- 第二产业 11699.5 亿元
- 第三产业 9357.4 亿元

财政收支 （单位：亿元）

收支差额 −258.83

- 收入 3483.37
- 支出 3742.20

占国内生产总值的比重 **12.90%**

黄金外汇和储备

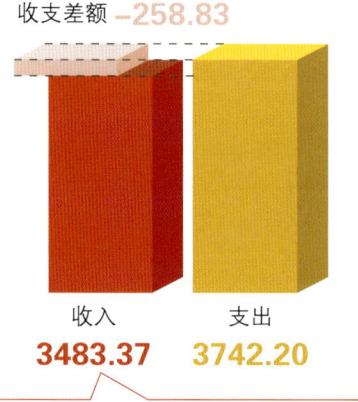

- 黄金 1267 万盎司
- 外汇 194.43 亿美元

工业 （单位：亿元）

工业增加值 **10116**

- 重工业 5069
- 轻工业 5047

对外经济 （单位：亿美元）

- 进口 806 亿美元
- 出口 850 亿美元

进出口贸易总额 **1656** 亿美元

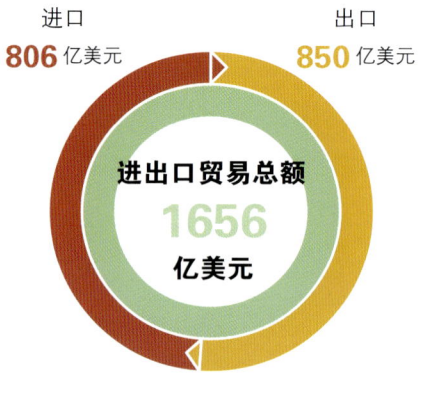

对外经济合作

对外承包工程和劳务合作
- 新签合同金额 **63** 亿美元
- 完成营业额 **28** 亿美元

农林牧渔业

农林牧渔业增加值 **5808** 亿元

- 产量（单位：万吨）
- ↑ 比上年增长

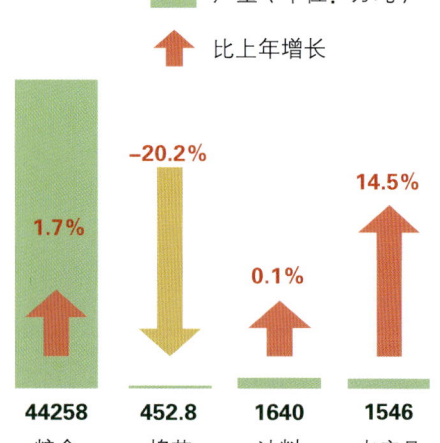

粮食	棉花	油料	水产品
1.7%	−20.2%	0.1%	14.5%
44258	452.8	1640	1546

利用外资

- 新签利用外资协议金额 **685**
- 实际使用外资 **188**
- 其中外商直接投资协议金额 **575**
- 实际投资 **111.6** 亿美元

注册的"三资"企业 **8.4** 万个

国内商业 （单位：亿元）

社会商品零售总额 **10894** 亿元

- 消费品零售额 **9613** 亿元
- 农业生产资料零售额 **1281** 亿元

- 农村 4227
- 城市 5386

人民生活

城乡居民人均收入
- 城镇居民
- 农民

1826 元　784 元

新建住宅面积
城镇 2 亿平方米
农村 6.2 亿平方米

全国职工总数 14790 万人
城镇个体劳动者 830 万人

全国职工工资总额 3890 亿元
全国职工平均工资 2677 元

城乡人民储蓄存款 11545 亿元

社会福利事业

各类社会福利院床位 88.8 万张
收养 70.1 万人
得到国家救济 3957 万人次

城镇建立起各种社区服务设施 10.2 万个

25% 的乡镇建立了农村社会保障网络

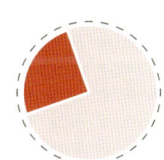

保险事业

各类财产险承保总额 45607 亿元

 参加企业财产保险 70 万户
 参加家庭财产保险 1.43 亿户
 参加人身保险 3.13 亿人

保险公司共处理国内财产险赔案 2746 万件
支付赔款 111.9 亿元
为 2378 万人支付人身保险赔款 58.8 亿元

环境保护事业

完成环境污染限期治理项目 7655 个

总投资 19.1 亿元

国家级自然保护区 77 个

环境保护系统有 7.6 万人
各级环境监测站 2269 个

到 **1992** 年末

在全国 386 个城市中建成了
2750 个烟尘控制区
面积达 10468 平方公里

在 284 个城市中建成了
1487 个环境噪声达标区
面积达 2723 平方公里

科学技术

科研经费
经费支出为 421 亿元
其中研究与发展经费支出 169 亿元

技术市场
共签订技术合同 23.6 万份
协议金额 150.8 亿元
星火计划项目新增 7000 项
培训管理人员和技术人员 130 万人

科技成果
省部级以上重大科技成果 3.1 万项

获国家奖励的成果 980 项

- 国家发明奖 170 项
- 国家科学技术进步奖 649 项
- 国家星火奖 161 项

 受理国内外专利申请 6.7 万件
授权专利 3.1 万件

科技队伍
国有企事业单位共有各类专业技术人员 2457 万人

县级以上国有独立研究开发机构 5487 个
高等院校办科研机构 2230 个
大中型工业企业办科研机构 8522 个

从事科技活动人员 232.4 万人

固定资产投资

（单位：亿元）

- 集体所有制单位投资 1233
- 个人投资 1243
- 国有单位投资 5106

固定资产投资 7582

- 其他投资 291
- 商品房建设投资 485
- 更新改造投资 1419
- 基本建设投资 2911

建成投产的大中型建设项目 115 个

建成投产大中型建设项目的单项工程 120 个

新增的生产能力

 煤炭开采 2065 万吨

 发电装机容量 1223 万千瓦

 石油开采 1513 万吨

 天然气开采 15 亿立方米
（石油开采和天然气开采含更新改造和其他投资增加的能力）

 铁矿开采 125 万吨

水泥 190 万吨

 木材采运 22 亿立方米

交通运输

货物周转量 29059 （单位：亿吨公里）

沿海主要港口货物吞吐量 5.9 亿吨

铁路	公路	水运	空运	管道
11620	3500	13300	13.5	625
3150	3030	180	399	

旅客周转量 6759 （单位：亿人公里）

新建线路交付营业里程

铁路	铁路复线	电气化铁路	公路	沿海港口吞吐能力
476 公里	323 公里	939 公里	2376 公里	4526 万吨

邮电通信

邮电业务总量比上年增长 42%

其中特快专递、无线寻呼、移动电话等业务增长幅度在 60% 以上

长途电话、市内电话发展明显加快
进入长途电讯网的市、县 1400 个
市内程控电话 900 万门

旅游

 接待海外旅游人数 3811 万人次

 旅游外汇收入 39.5 亿美元

教育

在校学生数

- 小学 **1.22** 亿人
- 初中 **4122** 万人
- 中等职业技术院校 **685.4** 万人
- 高中 **1390** 万人
- 普通高校本科生 **218.4** 万人
- 研究生 **9.42** 万人

成人教育

- 成人高校本专科生 **147.9** 万人
- 成人中专 **174.4** 万人
- 成人中小学 **828.9** 万人
- 成人技术培训学校 **4959** 万人

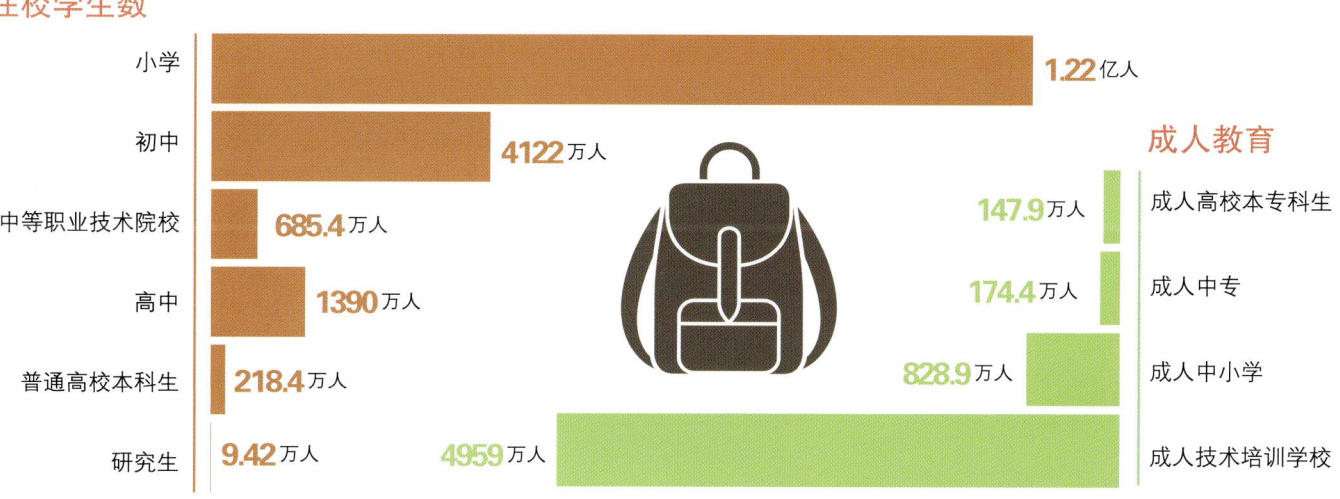

招生人数

- 研究生 **3.34** 万人
- 普通高校本专科生 **75.4** 万人
- 成人高校本专科生 **59.2** 万人

共扫除文盲 **523.3** 万人

文化

生产电影故事片 **170** 部
发行各种新片（长片）**195** 部
有 **18** 部（次）影片在国际电影节上获奖

广播电台 **812** 座
中、短波广播发射台和转播台 **714** 座

电视台 **591** 座
一千瓦以上电视发射台和转播台 **1018** 座

出版

全国性和省级报纸 **192** 亿份
杂志 **23.8** 亿册
图书 **70.2** 亿册（张）

艺术表演团体 **2766** 个

各类电影放映单位 **13.4** 万个

- 文化馆 **2911** 个
- 公共图书馆 **2563** 个
- 博物馆 **1085** 个
- 档案馆 **3585** 个

卫生

医院病床 **274.4** 万张
专业卫生技术人员 **407.4** 万人
其中医生 **180.8** 万人
（含中、西医师 **132.8** 万人）
护师、护士 **104** 万人

体育

在第 **16** 届冬季奥运会上我国运动员获得 **3** 块银牌实现了奖牌"零的突破"

我国运动员共获得奖牌 **186** 块
67 名运动员获得 **89** 个世界冠军

31 人 **4** 队 **106** 次创造 **42** 项世界纪录
37 人 **6** 队 **109** 次创造 **52** 项亚洲纪录
145 人 **20** 队 **248** 次创造 **131** 项全国纪录

1992

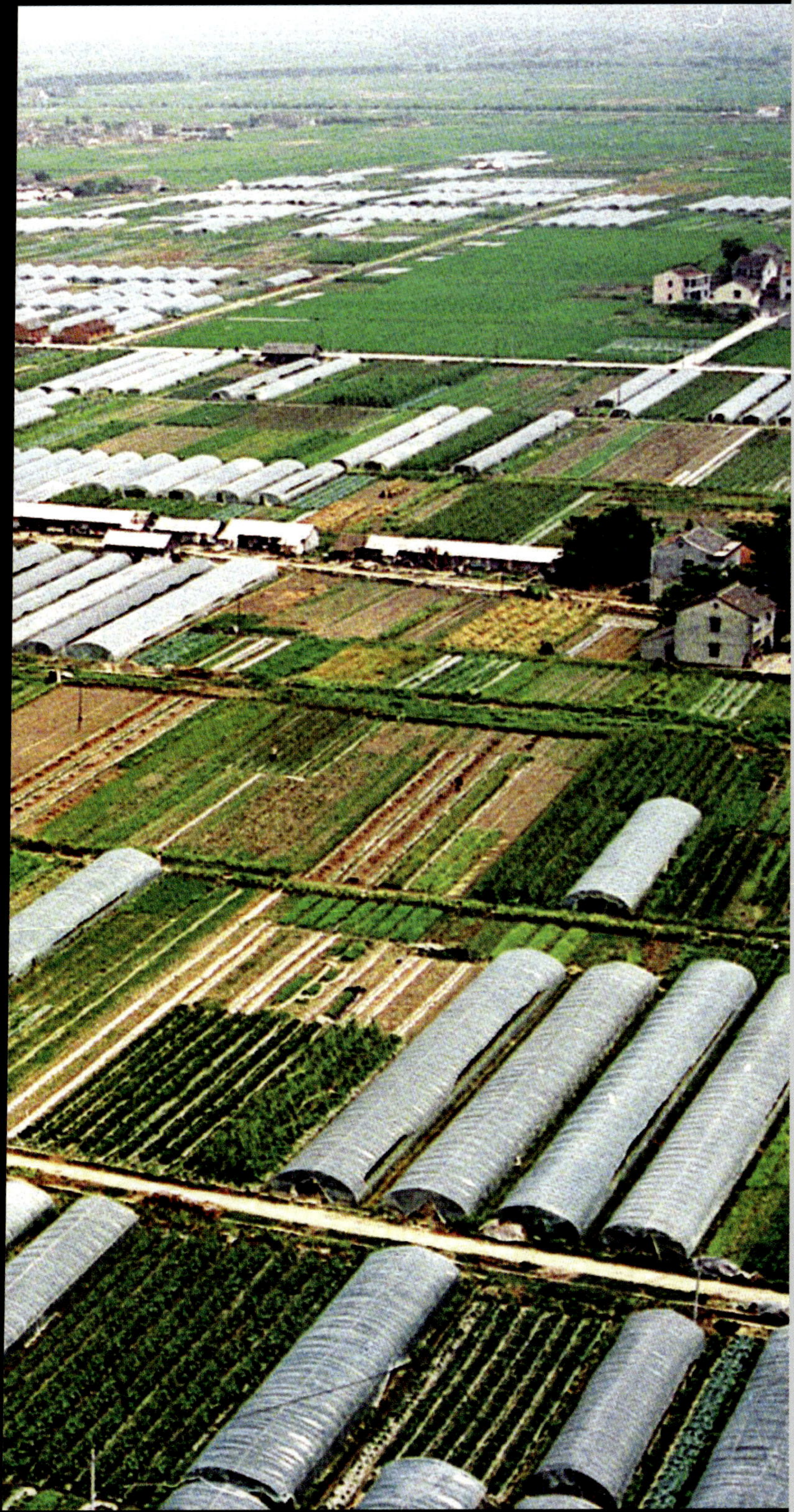

1993

- 社会主义市场经济体制的基本框架确立
- 推进分税制改革
- 第三次国务院机构改革
- 完善社会主义市场经济法律体系
- 《国家公务员暂行条例》颁布
- 《国务院关于金融体制改革的决定》出台
- 粮票退出历史舞台

焦点事件

社会主义市场经济体制的基本框架确立

根据十四大精神，中央政治局1993年5月决定，下半年召开十四届三中全会，讨论建立社会主义市场经济体制问题，并做出相应决定。经中央政治局常委会批准，5月底组成25人的文件起草组，在中央政治局常委会领导下进行工作。起草组组长是温家宝，副组长是曾培炎和王维澄。

在成立起草组的同时，中央财经领导小组办公室就改革中的重大问题，组织由中央和国务院有关部委人员参加的16个专题调研组，分别就关于建立社会主义市场经济体制的指导思想和目标、现代企业制度、中央和地方的关系、所有制和国有资产管理、市场体系和运行机制、投资体制、财税体制、金融体制、价格改革、社会分配制度、社会保障体系、农村改革、科技和教育改革、对外经济体制，以及法制建设等重大问题进行调研。在深入调研基础上，形成了《中共中央关于建立社会主义市场经济体制若干问题的决定》初稿。

11月11日至14日，中国共产党第十四届中央委员会第三次全体会议在北京举行。全会审议并通过了《中共中央关于建立社会主义市场经济体制若干问题的决定》。

《决定》指出，社会主义市场经济体制是同社会主义基本制度结合在一起的。建立社会主义市场经济体制，就是要使市场在国家宏观调控下对资源配置起基础性作用。为实现这个目标，必须坚持以公有制为主体、多种经济成分共同发展的方针，进一步转换国有企业经营机制，建立适应市场经济要求，产权清晰、权责明确、政企分开、管理科学的现代企业制度；建立全国统一开放的市场体系，实现城乡市场紧密结合，国内市场与国际市场相互衔接，促进资源的优化配置；转变政府管理经济的职能，建立以间接手段为主的完善的宏观调控体系，保证国民经济的健康运行；建立以按劳分配为主体，效率优先、兼顾公平的收入分配制度，鼓励一部分地区一部分人先富起来，走共同富裕的道路；建立多层次的社会保障制度，为城乡居民提供同中国国情相适应的社会保障，促进经济发展和社会稳定。这些主要环节是相互联系和相互制约的有机整体，构成社会主义市场经济体制的基本框架。

推进分税制改革

20世纪80年代末90年代初，中央财政陷入了严重危机，财政收入占GDP比重和中央财政收入占整个财政收入的比重迅速下降。中央财力的薄弱，使那些需要国家财政投入的国防、基础研究和各方面必需的建设资金严重匮乏。更重要的是，传统的财政体制，在很大程度上服务于计划经济，对建立市场经济体制不可避免地产生掣肘。着眼于建立社会主义市场经济体制的战略目标，同时化解中央财政危机，党中央、国务院在1993年全面谋划分税制改革。

1993年4月22日，中央政治局常委会专门听取了财政部部长刘仲藜和国家税务局局长金鑫关于财税体制改革的汇报。

4月26日，中央领导又专题听取了金鑫关于税制改革的汇报。江泽民指示财政部要研究财政与税收制度改革问题。他指出：现在这种包干体制是一种不适应市场经济的落后体制，

中共十四大明确建立社会主义市场经济体制的改革目标后，国有企业改革开始进入转换经营机制、建立现代企业制度的阶段。图为沈阳机床集团数控机床生产车间。

> **语录** "后退是没有出路的。"
> ——江泽民
>
> 背景：20世纪90年代，社会主义市场经济对很多人来说还是新事物，一些领导干部也不能完全理解，江泽民建议国务院发展研究中心和中国社会科学院组织有关同志编写一本关于社会主义市场经济的干部读物。9月14日，江泽民为著名经济学家马洪主编的《什么是社会主义市场经济》一书撰写题为《抓紧普及社会主义市场经济的基本知识》的序言，江泽民指出："在经济体制转换过程中，由于种种原因，难免会发生某些利益摩擦、工作漏洞甚至某些混乱现象，对此我们要有精神准备，不管遇到什么矛盾和问题，我们都要沿着社会主义市场经济的路子坚定不移地走下去，后退是没有出路的。"

人物：董辅礽

董辅礽是中国当代最有影响的经济学家之一，他20世纪50年代初提出国民收入平衡论，跻身国际学术界，在50年代和60年代提出的关于再生产数量关系的数字模型，被誉为"中国经济成长论的代表"。他在改革开放初期的70年代末，道破传统公有制的症结，深深影响了中国经济改革，最早提出并一直坚持所有制改革，成为中国经济改革的关键。他勇敢地提出了企业改革的方向应该是"政企分离"、"政社分开"的政策性建议。1984年他获得了首届孙冶方经济学奖，他在这方面的研究和理论勇气使他享誉海内外。1985年，他就指出"非公有制经济是社会主义经济不可分割的有机组成部分"。1986年，正在"温州模式"备受责难之时，他与赵人伟等人赴温州考察后发表《温州农村商品经济考察与中国农村现代化道路探索》一文，这是经济学界最早站出来为"温州模式"辩护的论著之一。此时距温州一些企业家因"投机倒把"被判刑仅四年。

董辅礽还是研究中国民营经济的资深经济学家，力主发展民营经济，被称为"中国民营经济的辩护人"。他80年代末崇尚公平效益的社会目标，坚定了人们的信念。1992年党的十四大把建立社会主义市场经济体制确定为经济体制改革目标后，他撰写了大量文章，回答什么是社会主义市场经济，认为市场经济不是社会主义初级阶段的权宜之计，并用公式对社会主义市场经济进行了表述，即"社会主义市场经济=社会主义+市场经济=社会公平+市场效率"。这些令人瞩目的成就使他得到了"一代经济学大师"的美称。

资料来源：《中国百名经济学家理论贡献精要》第三卷，中国时代经济出版社，2010年。

回忆

王梦奎：十四届三中全会是11月11—14日举行的。我作为中央候补委员出席了这次全会。在全会上，起草组根据分组讨论的意见又对《决定》草案作了近百处修改。如果考虑到，在征求意见的过程中，中央委员和候补委员已经在自己所在的地区或部门发表过意见，许多意见已经被提交全会的《决定》稿所吸收，近百处修改还是不算少的。经这样的修改后，又将改样返还各组讨论，根据讨论意见又作了少量修改，经中央政治局决定，提交全会表决。结果是全票通过，全场响起热烈掌声。

资料来源：《社会主义市场经济体制的第一个总体设计——十四届三中全会〈决定〉起草的回忆》，《中国发展观察》，2008年第7期。

张卓元、王红茹：社会主义市场经济理论的创建不是一蹴而就的。

中国市场化改革是渐进式的。从计划到市场关系的研究到社会主义市场经济论的确立，大体来说，经历了三个步骤：第一阶段是在经济活动中引入市场机制；第二阶段是确立社会主义商品经济论；第三阶段才是确立社会主义市场经济论。而第二阶段和第三阶段在形成的过程中，引起学术界诸多争议。

争议随着党的十四大和党的十四届三中全会的召开云开雾散：党的十四大把建立社会主义市场经济体制确立为中国改革的目标；党的十四届三中全会通过的《关于建立社会主义市场经济体制若干问题的决定》，又进一步勾画出了改革的蓝图和基本框架。

资料来源：《"市场经济"终于写入十四届三中全会文件》，《中国经济周刊》，2009年第38、39期合刊。

北京市延庆县地税局纳税服务所工作人员为纳税人办理税务登记手续。

1993年实行分税制改革，将原来的税务局分设为国家税务局和地方税务局。国家税务局主要负责征收中央税以及中央与地方共享税等税收，地方税务局主要负责征收地方税等。

🔸 观点

谢旭人：实行分税制改革是建立市场经济体制，促进国民经济发展所必需。与此同时，分税制改革的客观条件也基本成熟。首先，十四大确定的建立社会主义市场经济体制的目标，为分税制改革指明了方向，创造了环境；其次，税制改革步子加快，将会尽快统一国内企业所得税和个人所得税，逐步形成和完善地方税体系。第三，价格改革已取得明显进展，大多数商品和服务的价格已由市场形成，已经具备了实行统一的增值税制度的条件。第四，企业已经统一实行"会计准则"和"财务通则"，国家与企业的分配关系正在逐步理顺。因此，我们要抓住当前的有利时机，加快分税制改革的步伐。

资料来源：《关于分税制改革若干问题的思考》，《财政》，1993年第11期。

刘克崮：近中期财税改革的任务主要有八项，可简称为"三分两统三改"：

(1) 完善、推行分税制——理顺中央与地方的分配关系。
(2) 完善、推行"税利分流"——理顺规范国家与企业的分配关系。
(3) 完善、推行复式预算(两种预算分列)——理顺两种分配关系，强化财政管理职能。
(4) 完善、统一税收制度——促竞争，保收入，加强宏观调控。
(5) 统一财务会计制度——保证公平竞争，促进外引内联。
(6) 改革国有资产管理体制——增活力，提效益，保证资产增值。
(7) 改善支出管理——提高财政资金的使用效益。
(8) 改革政策性投融资体制——发挥财政信用的作用，促进计划、金融和投资体制改革，以及企业经营机制的转换。

资料来源：《中国财税体制政策取向及近期改革建议》，《财政研究》，1993年第5期。

没有哪一个国家是这样搞的，财税体制已经到了非改不可的地步。

4月28日，中央政治局常委会正式批准了税制改革的基本思路。中央政治局常委会后，财政部依据中央对税制改革的基本思路，在"五一"之前，成立若干个体制改革方案起草小组，其中分税制改革小组设在财政部。

7月23日，全国财政、税务工作会议在北京召开。随后的两个多月时间里，朱镕基副总理带领体改办、财政部、国家税务总局及银行等部门的60多人，由远及近对17个省、市、自治区进行深入的调查研究和细致缜密的测算。

12月15日，国务院出台《关于实行分税制财政管理体制的决定》，确定从1994年1月1日起改革现行地方财政包干体制，对各省、自治区、直辖市以及计划单列市实行分税制财政管理体制。分税制改革的原则和主要内容是：按照中央与地方政府的事权划分，合理确定各级财政的支出范围；根据事权与财权相结合的原则，将税种统一划分为中央税、地方税和中央地方共享税，并建立中央税收和地方税收体系，分设中央与地方两套税务机构分别征管；科学核定地方收支数额，逐步实行比较规范的中央财政对地方的税收返还和转移支付制度；建立和健全分级预算制度，强化各级预算约束。

第三次国务院机构改革

1993年3月15日至3月31日，第八届全国人民代表大会第一次会议在北京召开。会议于3月22日审议通过了《关于国务院机构改革方案的决定》。中国开始进行第三次政府机构改革。这次改革的指导思想是，适应建立社会主义市场经济体制的要求，按照政企职责分开和精简、统一、效能的原则，转变职能，理顺关系，精兵简政，提高效率。

根据《国务院机构改革方案》，改革后国务院组成部门设置41个，加上直属机构、办事机构18个，共59个，比原有的86个减少27个，人员减少20%。其中撤销能源部、机械电子工业部、航空航天工业部、轻工业部、纺织工业部、商业部、物资部等7个部，新组建国家经济贸易委员会、电力工业部、煤炭工业部、机械工业部、电子工业部、国内贸易部，更名1个（对外经济贸易部），保留34个部、委、行、署。

改革后的综合经济部门中保留了国家计委、财政部、中国人民银行等部门。专业经济部门的改革分为三类：改为经济实体的有航空航天工业部，航空航天工业部撤销后，分别组建航空工业总公司、航天工业总公司。改为行业总会的有轻工业部、纺织工业部，这两部撤销后，分别组建中国轻工总会、中国纺织总会。保留或新设置的行政部门包括：对外经济贸易部更名为对外贸易经济合作部；

中华人民共和国电子工业部是中华人民共和国国务院原有的组成部门。1982年组建，1988年与原机械工业部合并，1993年恢复。

撤销能源部，分别组建电力工业部、煤炭工业部；同时撤销中国统配煤矿总公司；撤销机械电子工业部，分别组建机械工业部、电子工业部，同时撤销中国电子工业总公司；撤销商业部、物资部，组建国内贸易部。本次机构改革还实行了中纪委机关和监察部的合署办公，进一步理顺了纪律检查与行政监察的关系，是统筹党政机构设置的重要方式之一。

此外，国务院还设置了国务院台湾事务办公室与国务院新闻办公室。

此次政府机构改革是在确立社会主义市场经济体制的背景下进行的，它的核心任务是在推进经济体制改革、建立市场经济的同时，建立起有中国特色的、适应社会主义市场经济体制的行政管理体制。

完善社会主义市场经济法律体系

社会主义市场经济体制的建立、改革开放的顺利进行，需要用法律引导、保障和规范、制约人们的行为。但在以往的法律中，规范经济活动的法律十分匮乏，而且有一些法律条文也不适应市场经济的需要了。市场经济呼唤加快立法工作，尤其是经济立法工作。

1993年3月31日，乔石在八届全国人大第一次会议上的讲话中指出，八届全国人大要把经济立法放在最重要的位置。要尽快制定一批规范市场主体行为、维护市场经济秩序、完善宏观调控以及社会保障等方面的法律。要力争在本届全国人大任期内，初步形成社会主义市场经济法律体系，推动和保障社会主义市场经济的发展。

1993年，七届全国人大常委会和八届全国人大常委会共制定法律16部，其中12部是经济方面的法律。这些法律是社会主义市场经济法律体系的有机组成部分，对中国建立社会主义市场经济体制具有重要的作用。

《国家公务员暂行条例》颁布

党的十一届三中全会以后，经济建设成为中国工作的重心，在经济体制改革和行政体制改革全面推进的背景下，原有干部人事制度的弊端日益显露，改革已势在必行。

1984年11月，《干部管理条例》中首次出现"国家公务员制度"的概念，国家公务员制度雏形逐渐显露出来。

回忆

王梦奎：负责财税改革工作的国务院副总理朱镕基同志亲自带队，用了两个多月的时间，带领相关部门的同志，先后走了17个省，面对面地算账，深入细致地做思想工作。镕基同志说过，到地方去征求意见，核心问题是财政，所以他对财政部特别宽容，在严格控制随行人员的前提下，却对财政部网开一面，愿去几位就去几位。除了广东、海南，其他地方我都去了。每次随行都不轻松，经常加班加点，有的时候通宵达旦，车轮大战。事后镕基同志曾经半开玩笑地说过，自己那段日子是东奔西走，南征北战，苦口婆心，有时忍气吞声，有时软硬兼施。

资料来源：《亲历分税制改革》，《中国财经报》，2008年8月15日。

1988年4月，人事部正式成立，把建立和推行公务员制度作为首要任务，草拟《国家公务员暂行条例》。

1989年4月25日，人事部举行新闻发布会宣布：审计署、海关总署、国家统计局、国家环保局、国家税务局、国家建材局等国务院六部门从6月份开始，将联合招考156名工作人员。公务员制度的试点在这六个部门展开。

到1992年6月，全国已有21个省市区选择了公务员制度试点单位。

1993年4月24日，国务院第二次常务会议通过《国家公务员暂行条例》。同年8月14日，国务院总理李鹏签署中华人民共和国第125号国务院令发布了该条例，自1993年10月1日期施行。《国家公务员暂行条例》从公务员的义务与权利、职位分类、录用、考核、奖励、纪律、职务升降、职务任免、保险福利等18个方面进行了系统的规定。

《国家公务员暂行条例》，是一部适应建立社会主义市场经济体制需要，系统地规定国家公务员制度的行政法规，是中国政府机关人事管理逐步走向科学化、法制化的总章程，是建立和推行国家公务员制度的总的法律依据。它的出台，标志着中国公务员制度的正式诞生，也是中国人事行政管理法制化的一个根本标志。

《国务院关于金融体制改革的决定》出台

1993年12月25日，《国务院关于金融体制改革的决定》出台，指出金融体制改革的目标是：建立在国务院领导下，独立执行货币政策的中央银行宏观调控体系；建立政策性金融与商业性金融分离，以国有商业银行为主体、多种金融机构并存的金融组织体系；建立统一开放、有序竞争、严格管理的金融市场体系。

《决定》指出，深化金融体制改革，首要的任务是把中国人民银行办成真正的中央银行。中国人民银行的主要职能是：制定和实施货币政策，保持货币的稳定；对金融机构实行严格的监管，保证金融体系安全、有效地运行。建立政策性银行的目的是，实现政策性金融和商业性金融分离，以解决国有专业银行身兼二任的问题；割断政策性贷款与基础货币的直接联系，确保人民银行调控基础货币的主动权。

《决定》指出，组建国家开发银行，管辖中国人民建设银行和国家投资机构；组建中国农业发展银行，承担国家粮棉油储备和农副产品合同收购、农业开发等业务中的政策性贷款，代理财政支农资金的拨付及监督使用；组建中国进出口信贷银行。

《决定》强调，在政策性业务分离出去之后，现国家各专业银行（中国工商银行、中国农业银行、中国银行和中国人民建设银行）要尽快转变为国有商业银行，按现代商业银行经营机制运行。第一，贯彻执行自主经营、自担风险、自负盈亏、自我约束的经营原则；第二，国有商业银行总行要强化集中管理，提高统一调度资金的能力，全行统一核算，分行之间不允许有市场交易行为；第三，一般只允许总行从中央银行融资，总行对本行资产的流动性及支付能力负全部责任；第四，国有商业银行中的国有资产产权按国家国有资产管理的有关法规管理。

粮票退出历史舞台

1955年8月25日，政务院全体会议通过了《市镇粮食定量供应凭证印制暂行办法》。1955年9月，以"中华人民共和国粮食部"名义印制的全国通用粮票开始在全国各地发行使用，拉开了中国"票证经济"的帷幕。粮票是一种购粮凭证，虽然是无价证券，但在相当长的一段时期内却

1993年以来，中国提出金融体制改革目标，新的金融市场体系开始建立。图为北京金融街，这里云集了国内外500多家重要金融机构和知名企业，日流动资金已超过百亿元。

有"第二货币"之称，因为必须凭粮票才能购买粮食。此后，食用油票、豆腐票、布票等各种票证陆续出现，各种商品皆需凭票购买。这些票证，是中国计划经济条件下商品短缺的见证。

改革开放之后，物资逐渐丰富起来。在1985年，中国政府就规定"取消粮食、棉花的统购，改为合同定购"，农产品购销体制由统购统销走向"双轨制"的转折由此开始，这也是真正意义上的中国第一次粮食流通体制改革。

到了20世纪90年代，中国的市场经济改革走向深入，粮食供求走向市场，粮票退出历史舞台就成了必然。

1990年，海南省在全国率先取消粮票制度。其实，海南省于1988年4月建省，海南省粮票均系指原广东省海南行政区所辖市县所发行的粮票，可以说海南是粮票作废前中国唯一一个未发行粮票的省份。到1991年5月1日，海南省提高了粮食销售价格，购销同价，同时给每个职工每月平均补贴6元。此外海南省还进行了放开和提高购价的试点。为此，1992年海南省代表团参加两会时，没有携带一张粮票，使吃饭成为问题。在有关部门的专门安排下，才解决这一问题。

1993年2月15日，国务院发出了《关于加快粮食流通体制改革的通知》，《通知》指出："要在国家宏观调控下积极稳步地放开价格和经营，进一步向粮食商品化、经营市场化方向推进。"此后，全国各省市粮食价格逐步全面放开。

到1993年底，全国95%以上的市县都完成了放开粮价的改革。至此，粮票全面退出历史舞台，实行了近40年的城镇居民粮食供应制度（即统销制度）被取消。

粮票

1993年5月10日是北京开放粮油价格的第一天，朝阳区某粮店的店员在登记注销最后一批粮票。

流行志

▶ "我爱我家"

1993年，120集的情景喜剧《我爱我家》开播，顿时笑倒了大半个中国。《我爱我家》透过90年代北京一个六口之家以及他们的亲朋邻里各色人等构成的社会横断面，展示了一幅改革大潮中普通人的生活画卷。爱说官话的傅老爷子，乐于走穴的鼓书艺人和平，满脑子新想法的小学生圆圆……剧中每个人物都带有鲜明的时代印记，这部中国情景喜剧的开山之作至今仍被奉为经典。

▶ 松糕鞋

1993年初，街上所有的女人都不约而同地增高了，这种高度不是隐性的，恰恰是大张旗鼓的，"头大底厚别样俏"的松糕鞋成了最流行的时尚元素。这种看起来笨重的松糕鞋最吸引人的地方就是它的厚度，特别对矮个子女孩来说，加上十厘米的高度，就会在视觉上产生修长的效果。当时最高的鞋跟有16厘米，颇有点越高越神气的味道。脚蹬松糕鞋的时髦女郎们，成了街头一道道别致的风景。

▶ 3·15晚会

进入90年代后，国人深受假冒伪劣商品之苦。1991年3月15日国际消费者权益日这天，中央电视台举办了首届3·15晚会。到1993年的3·15晚会举办时，其影响力已经非常之大了，当时有一家报纸有这样一句评论："老百姓最爱看的是春节晚会，老百姓最想看的是'3·15'晚会'"。"借我借我一双慧眼吧，让我把这世界看得清清楚楚明明白白真真切切"，那英为1993年3·15晚会演唱的主题曲《雾里看花》也流行开来。

▶ 辩论赛

1993年，复旦大学队在首届国际大专辩论会折桂，蒋昌建获"最佳辩论员"称号。

1993年，首届国际大专辩论赛在新加坡举行，复旦大学代表队一路过关斩将，夺得冠军。中央电视台播出了全部比赛的七场实况录像，这场被称为"狮城舌战"的比赛让观众领略了"雄辩"的魅力，辩手精彩的辩词、深厚的理论功底以及敏捷的临场应变和密切的团队配合成为人们念念不忘的经典。随后，一股辩论热潮在全国掀起，各地纷纷举办各种级别的辩论赛。国际大专辩论赛也逐渐成为华语辩论的最高舞台。

环球大事

2月15日
长达7年的关贸总协定乌拉圭回合谈判在日内瓦宣告结束，117个国家和地区的谈判代表确立了一份涉及21项内容共45个文件的贸易协议的最后文件。

2月16日
中国在联合国经社理事会会议上当选为负责联合国环发大会后续工作的可持续发展委员会成员国。

4月2日
为期5天的世界人权会议亚洲区域筹备会议在曼谷闭幕，通过《曼谷宣言》。

5月28日
美国总统克林顿签署命令，宣布延长对华最惠国待遇一年，但对下一年度延长附加条件，中国外交部发表声明，抗议美国把贸易问题政治化、严重干涉中国内政。

5月
两位美国科学家进行首次人类胚胎分裂试验，即克隆人，引起激烈的伦理争论。

5月
生物圈2号进行第一次试验，为人类移居其它星球提供新的认识。

生物圈2号

6月25日
世界人权大会在维也纳闭幕，来自5大洲的160多个国家代表阐述了各自在人权问题上的立场和主张，会议通过《维也纳宣言和行动纲领》。

8月1日
欧共体12国财政部长在布鲁塞尔开会商讨以放宽汇率浮动限幅来拯救欧洲货币体系。

9月5日
南部非洲发展共同体10国首脑会议在斯威士兰首都姆巴那内举行，正式批准《南部非洲发展共同体条约》和关于建立南部非洲发展共同体豁免与特权问题的协议书。

10月7—8日
第25届东盟经济部长会议在新加坡召开，一致同意从明年起降低关税和15年内建立东盟自由贸易区。

11月1日
欧洲联盟（欧盟）正式成立。

11月17—19日
亚太经济合作组织第5届部长会议在美国西雅图举行，15个成员国与会，通过《贸易和投资框架宣言》，同时亚太经济合作组织领导人非正式会议举行，并发表《亚太经济合作组织领导人经济展望声明》，期间的中美最高领导人会晤引人瞩目。

12月8日
美国总统克林顿签署了北美自由贸易区协定，使之正式成为美国法律。

1993年4月27日，祖国大陆的汪道涵先生和台湾的辜振甫先生共同在新加坡举行备受关注的"汪辜会谈"，这是海峡两岸隔绝四十多年后举行的首次会谈。

社会关注

"汪辜会谈"

1993年4月27日至29日，在海协会的倡议和积极推动下，经过海峡两岸的共同努力，海峡两岸关系协会会长汪道涵与台湾海峡交流基金会董事长辜振甫在新加坡海皇大厦举行会谈，这次会谈被称为"汪辜会谈"。"汪辜会谈"是海峡两岸授权的民间机构最高负责人之间的首次会晤，也是两岸在40余年长期隔绝之后的首度高层会商。

4月29日上午，汪道涵和辜振甫代表两会正式签署了《两岸公证书使用查证协议》《两岸挂号信函件查询、补偿事宜协议》《两会联系会谈制度协议》及《汪辜会谈共同协议》4个文件。至此，"汪辜会谈"顺利结束。

"汪辜会谈"为各领域的互助合作提供了可资借鉴的范例，开启了两岸沟通正常化、制度化的大门，是两岸关系发展进程中的"重要里程碑"。时任中共中央总书记江泽民对这次会谈给予高度评价："汪辜会谈是成功的，是有成效的，它标志着两岸关系发展迈出了历史性的重要一步。"

中国首个国际电影节

1993年10月7日至14日，第一届上海国际电影节在中国电影的发祥地——上海举行。来自34个国家和地区的电影艺术家、制片人、发行商及有关人士，参加了电影节的活动。

20世纪80年代末，随着《黄土地》《红高粱》等影片在国际上绽放光彩，中国电影引起世界影坛的关注，中国电影本身也进入一个相对蓬勃发展的时期。这种背景下，创建国际电影节、将中国电影推向世界、与世界进行艺术交流，成为中国电影人热切的期望。1992年，上海市人民政府与国家广播电影电视部联合向国务院提出申请举办上海国际电影节；国务院办公厅于1992年6月批复同意举办上海国际电影节。

首届电影节设"金爵奖"，共有170多部影片参赛参展，其中参赛片19部，由著名导演谢晋任评委会主席。

上海国际电影节是中国首次举办的故事片国际电影节，标志着中国电影事业在改革开放中走向了世界。

1993年10月7日，上海国际电影节开幕式。

■ 重要文献

《中共中央关于建立社会主义市场经济体制若干问题的决定》

（1993年11月14日）

1993年11月11—14日，中国共产党十四届三中全会在北京举行。14日，全会审议并通过《中共中央关于建立社会主义市场经济体制若干问题的决定》。《决定》指出：社会主义市场经济体制是同社会主义基本制度结合在一起的。建立社会主义市场经济体制，就是要使市场在国家宏观调控下对资源配置起基础性作用。为实现这个目标，必须坚持以公有制为主体、多种经济成分共同发展的方针，进一步转换国有企业经营机制，建立适应市场经济要求，产权清晰、权责明确、政企分开、管理科学的现代企业制度；建立全国统一开放的市场体系，实现城乡市场紧密结合，国内市场与国际市场相互衔接，促进资源的优化配置；转变政府管理经济的职能，建立以间接手段为主的完善的宏观调控体系，保证国民经济的健康运行；建立以按劳分配为主体，效率优先、兼顾公平的收入分配制度，鼓励一部分地区一部分人先富起来，走共同富裕的道路；建立多层次的社会保障制度，为城乡居民提供同我国国情相适应的社会保障，促进经济发展和社会稳定。这些主要环节构成社会主义市场经济体制的基本框架。

目录：
- 一、我国经济体制改革面临的新形势和新任务
- 二、转换国有企业经营机制，建立现代企业制度
- 三、培育和发展市场体系
- 四、转变政府职能，建立健全宏观经济调控体系
- 五、建立合理的个人收入分配和社会保障制度
- 六、深化农村经济体制改革
- 七、深化对外经济体制改革，进一步扩大对外开放
- 八、进一步改革科技体制和教育体制
- 九、加强法律制度建设
- 十、加强和改善党的领导，为本世纪末初步建立社会主义市场经济体制而奋斗

■ 重要文献

《关于实行分税制财政管理体制的决定》

(1993年12月15日)

1993年12月15日,国务院颁布《关于实行分税制财政管理体制的决定》,要求从1994年1月1日起改革现行地方财政包干体制,对各省、自治区、直辖市以及计划单列市实行分税制财政管理体制。

节选:

二、分税制财政体制改革的指导思想

(一)正确处理中央与地方的分配关系,调动两个积极性,促进国家财政收入合理增长。……中央要从今后财政收入的增量中适当多得一些,以保证中央财政收入的稳定增长。

(二)合理调节地区之间财力分配。……

(三)坚持统一政策与分级管理相结合的原则。……中央税、共享税以及地方税的立法权都要集中在中央……。税收实行分级征管……。

(四)坚持整体设计与推进相结合的原则。……在明确改革目标的基础上,办法力求规范化,但必须抓住重点。分步实施,逐步完善。……

三、分税制财政管理体制的具体内容

(一)中央与地方事权和支出的划分。根据现在中央政府与地方政府事权的划分,中央财政主要承担国家安全、外交和中央国家机关运转所需经费,调整国民经济结构、协调地区发展、实施宏观调控所必需的支出以及由中央直接管理的事业发展支出。……

(二)中央与地方收入的划分。根据事权与财权相结合的原则,按税种划分中央与地方收入。将维护国家权益、实施宏观调控所必需的税种划为中央税;将同经济发展直接相关的主要税种划为中央与地方共享税;将适合地方征管的税种划为地方税,并充实地方税税种,增加地方税收入。……

(三)中央财政对地方税收返还数额的确定。为了保持现有地方既得利益格局,中央财政对地方税收返还数额以一九九三年为基期年核定。……

——摘自《中华人民共和国国务院公报》1993年第30期,第1462—1465页,国务院办公厅编辑出版。

■ 重要文献

国务院关于印发《九十年代中国农业发展纲要》的通知

(1993年11月4日)

1993年11月4日,国务院发出关于印发《九十年代中国农业发展纲要》的通知,提出九十年代中国农业发展的主要目标、指导思想。

节选:

农业是经济发展、社会安定、国家自立的基础,坚持把加强农业放在首位,全面振兴农村经济,是事关全局的头等大事。……

九十年代中国农业发展的主要目标是:全面发展农村经济,主要农产品稳定增产,在数量、品种和质量上,适应全国人民小康生活和国民经济加快发展的需要。到2000年,粮食产量要达到五千亿公斤,棉花产量达到五百二十五万吨,油料、糖料等经济作物和肉类、水产品要持续发展。……

九十年代农业发展的指导思想是:继续稳定以家庭联产承包为主的责任制,不断完善统分结合的双层经营体制,积极发展农业社会化服务体系,从各地实际出发逐步壮大集体经济实力。不断加强农业基础,加大农业投入,改善农业基础设施,确保农业再上新台阶,满足国民经济持续、快速、健康发展的需要。按照建立完善社会主义市场经济体制的要求,深化农村改革,加强农村市场、交通、运输、仓储、信息、咨询等基础设施和各种社会化服务体系的建设。加强农业科学研究和技术推广,带动农业向"高产、优质、高效"方向发展。继续组织农业综合开发,利用荒山、荒坡、荒水、荒滩、荒沙等农业后备资源,提高农业综合生产能力。优化农村产业和经济结构,大力发展创汇农业,使农业逐步走上"面向市场、利用资源、优化结构、提高效益"的道路。实行"种养加"、"贸工农"结合,开拓农村新兴产业,促进农林牧渔业与二三产业协调发展,扩大农村就业领域,增加农民收入,实现小康目标。

——摘自《中华人民共和国国务院公报》1993年第28期,第1304—1306页,国务院办公厅编辑出版。

■ 重要文献

《国家公务员暂行条例》

（1993年4月24日）

1993年4月24日，国务院第二次常务会议通过《国家公务员暂行条例》，8月14日发布，10月1日起施行。这是适应建立社会主义市场经济体制的需要，使中国政府机关人事管理逐步走向科学化、法制化的总章程。

节选：

第一条 为了实现对国家公务员的科学管理，保障国家公务员的优化、廉洁，提高行政效能，根据宪法，制定本条例。

第二条 国家公务员制度贯彻以经济建设为中心，坚持四项基本原则，坚持改革开放的基本路线；坚持为人民服务的宗旨和德才兼备的用人标准；贯彻公开、平等、竞争、择优的原则。

第八条 国家行政机关实行职位分类制度。……

国家行政机关根据职位分类，设置国家公务员的职务和等级序列。

第十三条 国家行政机关录用担任主任科员以下非领导职务的国家公务员，采用公开考试、严格考核的办法，按照德才兼备的标准择优录用。民族自治地方人民政府和各级人民政府民族事务部门录用国家公务员时，对少数民族报考者应当予以照顾。

第十四条 录用国家公务员，必须在编制限额内按照所需职位的要求进行。

第二十条 国家行政机关按照管理权限，对国家公务员的德、能、勤、绩进行全面考核，重点考核工作实绩。

第二十一条 对国家公务员的考核，应当坚持客观公正的原则，实行领导与群众相结合，平时与定期相结合。

第八十五条 国务院人事部门负责国家公务员的综合管理工作。

县级以上地方人民政府人事部门，负责本行政辖区内国家公务员的综合管理工作。

——摘自《中华人民共和国国务院公报》1993年第18期，第837—840、849页，国务院办公厅编辑出版。

■ 重要文献

《中华人民共和国澳门特别行政区基本法》

（1993年3月31日）

1993年3月31日，第八届全国人民代表大会第一次会议通过《中华人民共和国澳门特别行政区基本法》，自1999年12月20日起实施。《基本法》共九章一百四十五条，分别是序言；第一章，总则；第二章，中央和澳门特别行政区的关系；第三章，居民的基本权利和义务；第四章，政治体制；第五章，经济；第六章，文化和社会事务；第七章，对外事务；第八章，本法的解释和修改；第九章，附则。

节选：

"第一条 澳门特别行政区是中华人民共和国不可分离的部分。"

"第二条 中华人民共和国全国人民代表大会授权澳门特别行政区依照本法的规定实行高度自治，享有行政管理权、立法权、独立的司法权和终审权。"

"第三条 澳门特别行政区的行政机关和立法机关由澳门特别行政区永久性居民依照本法有关规定组成。"

"第十二条 澳门特别行政区是中华人民共和国的一个享有高度自治权的地方行政区域，直辖于中央人民政府。"

"第十七条 澳门特别行政区享有立法权。

澳门特别行政区的立法机关制定的法律须报全国人民代表大会常务委员会备案。备案不影响该法律的生效。"

——摘自《改革开放三十年重要文献选编》（上）第707—708页，中央文献出版社，2009年。

■ 重要文献

《关于加快粮食流通体制改革的通知》
（1993年2月15日）

  1993年2月15日，国务院发出《关于加快粮食流通体制改革的通知》，指出要把握时机，在国家宏观调控下积极稳步地放开价格和经营，增强粮食企业的活力，减轻国家财政负担，进一步向粮食商品化、经营市场化方向推进。

节选：

  ……粮食流通体制改革要把握有利时机，在国家宏观调控下放开价格，放开经营，增强粮食企业活力，减轻国家财政负担，进一步向粮食商品化、经营市场化方向推进。……
  一、积极稳步地放开粮食价格和经营
  粮食价格改革是粮食流通体制改革的核心。目前中国粮食市场发育程度还比较低，地区之间经济发展水平很不平衡。因此，粮食价格改革既要积极又要稳妥，总的原则是：统一政策，分散决策，分类指导，逐步推进。争取在二三年内全部放开粮食价格。……
  二、继续实行粮食包干办法
  现行国家对各省、自治区、直辖市粮食购销调拨包干办法到一九九二年度末（一九九三年三月底）结束。……继续延长执行到一九九五年度，中央财政拨付的粮食加价款、差价款补贴，与粮食包干方案脱钩。……
  三、继续加强和完善国家对粮食的宏观调控
  （一）以国家储备为中心，中央和省、自治区、直辖市两级为主的多层次粮食储备体系，是加强宏观调控的重要物质基础。……
  （二）加快以全国性大型批发市场为中心的三级粮油市场体系的建设。……
  （五）随着粮油价格和经营逐步放开，各级粮食行政管理部门要注意粮食总量和分品种、分地区综合平衡情况，努力使粮食的总供给与总需求大体适应。

——摘自《中华人民共和国国务院公报》1993年第3期，第90—93页，国务院办公厅编辑出版。

重要文献

《逐步建立社会主义市场经济的法律体系》

（乔石，1993年4月1日）

这是乔石在八届全国人大常委会第一次会议上的讲话。讲话提出，建立社会主义市场经济体制，涉及经济基础和上层建筑的许多领域，必须要有相应的社会主义民主和法制作保证。在90年代，要初步建立起社会主义市场经济体制，就必须相应地建立起社会主义市场经济的法律体系。

节选：

"党的十四大提出，中国经济体制改革的目标是建立社会主义市场经济体制。这次大会通过的宪法修正案已把党的这一主张变为国家意志，以根本大法的形式确立下来。建立社会主义市场经济体制，涉及经济基础和上层建筑的许多领域，必须要有相应的社会主义民主和法制作保证。"

"本届全国人大常委会要把加快经济立法作为第一位的任务，尽快制定一批有关社会主义市场经济方面的法律。……在九十年代，我们要初步建立起社会主义市场经济体制，就必须相应地逐步建立起社会主义市场经济的法律体系。……抓紧制定和修改经济方面的法律，是发展社会主义市场经济的客观需要，是保护公平竞争、促进市场发育、建立市场经济秩序，完善宏观调控和保护公民权益的有力手段。它关系到改革开放的全局，关系到社会主义市场经济体制能否顺利地建立，从而直接影响着中国在九十年代能否把整个国民经济提高到一个新水平，能否加入国际竞争的行列。"

"首先，我们应当对社会主义市场经济法律体系，进行总体上、法理上的研究。……要有通盘考虑，合理部署。……我们制定的法律要力求符合经济社会发展客观要求，有利于进一步解放和发展生产力。……有的尚不具备条件制定全国性法律的，也可先搞行政法规和地方性法规。……其次，起草法律，要从大局出发，从人民的根本利益着眼，避免从部门的利益出发。要加强起草法律的统一协调工作……有利于形成全国统一的开放的市场体系。……第三，要进一步完善立法体制……加强立法的计划性和主动性，组织各方面的力量参与法律的起草工作。……第四，要大胆吸收和借鉴国外立法经验。"

——摘自《改革开放三十年重要文献选编》（上）第709—711页，中央文献出版社，2009年。

大事记

1月1日
上海浦东新区党工作委员会和管理委员会挂牌成立。在机构设置上作了大胆改革，做到党政有分有合，政企彻底分开，实行大系统管理。"两委"共设10个部委办局。

1月5—10日
全国经济体制改革工作会议在京召开。李鹏在会上指出：1993年的改革工作，一定要紧紧围绕建立社会主义市场经济体制的改革目标，进一步解决经济发展和经济体制中的深层次问题，既在体制转换的一些重要领域取得实质性进展，又能促进国民经济更好更快地发展。

1月7日
国务院办公厅转发国家教委《关于进一步改革和发展成人高等教育的意见》。11日，国务院批转国家教委《关于加快改革和积极发展普通高等教育的意见》。《意见》提出改革国家包办高等教育的单一体制和模式。

1月11日
国务院批复同意设立汕头经济特区保税区，规划面积2.34平方公里。至此，国务院批准的保税区共有13个。

1月11—13日
全国省市区纪委书记、监察厅(局)长会议在北京举行。根据中共中央、国务院的决定，中共中央纪律检查委员会、国家监察部从本年起开始合署办公，实行一套工作机构，履行党的纪律检查和行政监督两项职能的体制。

1月11—16日
全国宣传部长座谈会在北京召开。15日，江泽民在会议讲话中强调：在加快改革开放步伐，建立社会主义市场经济体制的新形势下，宣传思想工作更具有新的特殊重要性。越是改革开放，越要动员和团结群众，越要重视宣传思想工作。

1月16日
国务院批复同意给予广东省南澳岛优惠政策。

1月20日
国务院发布《中华人民共和国国家货币出入境管理办法》。《办法》规定，国家对货币出入境实行限额管理制度。《管理办法》自3月1日起施行。

2月8日
国务院作出《关于福建省进一步对外开放问题的批复》。

2月13日
中共中央、国务院印发《中国教育改革和发展纲要》。《纲要》提出，改变政府包揽办学的格局，逐步建立以政府办学为主体、社会各界共同办学的体制。

2月14日
国务院作出《关于加快发展中西部地区乡镇企业的决定》，要求把加快发展乡镇企业作为中西部地区经济工作的一个战略重点来抓。同时指出，这项决定也适用于东部经济欠发达的地区。

2月15日
国务院发出《关于加快粮食流通体制改革的通知》。

2月18日
国务院批复同意进一步对外开放湖北省黄石市，实行沿海开放城市的政策。

2月22日
七届全国人大常委会第30次会议通过《中华人民共和国产品质量法》、《中华人民共和国国家安全法》、《修改<中华人民共和国商标法>的决定》和《关于惩治假冒注册商标犯罪的补充规定》。产品质量法自9月1日起施行。后两个文件自7月1日起施行。

2月25日
国务院批复同意恢复云南省天保、金水河口岸对外开放。

3月5—7日
中共十四届二中全会在北京举行。全会审议通过《关于调整"八五"计划若干指标的建议》和《关于党政机构改革的方案》，审议通过了八届全国人大、全国政协的高层人事安排的建议，同时还向全会报告了中共中央关于修改宪法部分内容的建议。

3月8日
国务院批转国家体改委《关于1993年经济体制改革要点》，提出，本年经济体制改革工作的主要任务是：继续贯彻落实《全民所有制工业企业转换经营机制条例》，以转换国有企业经营机制、转变政府经济管理职能为重点，围绕把企业推向市场这一中心环节，加快企业改革；以加快价格改革为契机，配套推进财税、金融和计划体制改革；大力发展市场体系，加快以改革进口管理体制为重点的外贸体制改革；全面推进社会保障制度和住房、土地使用制度改革；提高综合改革试点水平，切实做好新体制建设的基础性工作。

3月9日
全国第一家采用标准合约买卖的期货交易所——南京石油交易所正式开业。

3月11日
国务院发出关于加快黄河三角洲开发的批复，同意将东营市（不包括所辖县）列入沿海经济开放区。

3月15—31日
八届全国人大一次会议在北京举行。大会审议和通过了李鹏代表国务院作的《政府工作报告》。大会通过《中华人民共和国宪法修正案》《关于国务院机构改革方案的决定》《中华人民共和国澳门特别行政区基本法》。

3月29日
八届全国人大一次会议通过《中华人民共和国宪法修正案》，对宪法序言和部分条款作了修改。将"实行计划经济"改为"实行社会主义市场经济"。对有"国营"二字者都改为"国有"。

4月1日
中共中央召开经济情况通报会，江泽民发表对当前经济工作的重要意见。

4月2日
国务院三峡工程建设委员会成立，李鹏任主任委员。委员会在京召开首次会议。同时成立中国长江三峡工程开发总公司，总公司是三峡工程项目的业主，全面负责三峡工程建设和经营。

4月3日
国务院办公厅转发国家体改委等部门《关于立即制止发行内部职工股不规范做法的意见》。

4月4日
国务院批复同意设立武汉、芜湖、重庆、杭州、沈阳、长春、哈尔滨7个经济技术开发区，实行沿海城市经济技术开发区的政策。规划面积除重庆稍少外，其余皆为10平方公里。

4月11日

北京首家土地经营全民所有制企业——北京城市建设土地开发经营公司成立。

4月12日

国务院发布《国有企业职工待业保险规定》，《规定》提出，企业按照全部职工工资总额的0.6%缴纳待业保险费。《规定》自5月1日起施行。

4月13日

海南省召开庆祝建省办特区5周年大会，江泽民出席并发表重要讲话。

4月13日

中国大型企业股份制改组和证券市场国际研讨会在京举行。

4月14日

青岛保税区首期开发的0.86平方公里的区域，经海关验收合格，开始投入运营。这是中国第九个通过国家验收的保税区。

4月16日

交通部宣布，广州惠州港正式对外国籍船舶开放。至此，中国对外轮开放的港口累计达58个。

4月18日

全国唯一的、目前规模最大的国家级期货公司——中国国际期货有限公司，正式在南京开业。

4月20日

国务院发布《国有企业富余职工安置规定》。

4月24日

国务院第二次常务会议通过《国家公务员暂行条例》，这是适应建立社会主义市场经济体制的需要，使中国政府机关人事管理逐步走向科学化、法制化的总章程。《暂行条例》自当年10月1日起实行。

4月28日

国务院发出《关于严格审批和认真清理各类开发区的通知》。强调，设立各类开发区，实行国务院和省、自治区、直辖市人民政府两级审批制度。省、自治区、直辖市以下各级人民政府不得审批设立各类开发区。

5月5日

国务院发出《关于进一步加强彩票市场管理的通知》。

5月5日

全国企业劳动人事、工资分配、社会保险制度改革经验交流会在北京举行。

5月8日

经国务院批准，保定高新技术产业开发区被授予"国家高新技术产业开发区"，规划面积6平方公里。

5月8—9日

国家体改委在北京召开部分省市体改委主任座谈会，听取了对《建立社会主义市场经济体制总体设想》的意见。李铁映在会上讲话，就建立社会主义市场经济体制基本框架10个课题进行了阐述。国家体改委正在广泛征求意见，形成《建立社会主义市场经济体制总体规划纲要》。

5月10日

全国首家由外资企业开发和经营的保税区——广州保税区，今天正式封关运营，占地面积1.4平方公里。

5月12日

江泽民在会见出席市场经济体制下计划与市场的作用国际研讨会的中外代表时说，中国在建立社会主义市场经济体制的过程中，一方面要坚持从自己的国情出发，一方面也将注意吸取国外市场经济体制中一些成功有效的经验。

5月12日

国务院批复同意设立萧山、广州南沙、惠州大亚湾经济技术开发区。规划面积都不超过10平方公里。至此，国务院批准建立的经济技术开发区已有30个。其中1992年以前批准19个。

5月20日

中央财经领导小组听取国家体改委关于《建立社会主义市场经济体制规划纲要》的汇报。

5月23日

中国市场经济研究会在京成立。

5月27日

国务院发出关于印发《90年代中国食物结构改革与发展纲要的通知》。《通知》指出，建国以来，中国人民的食物状况发生了深刻的变化，目前已开始进入一个新的重要发展阶段。及时地制定并施行中国食物结构改革和发展纲要，对于正确引导中国食物结构的调整，促进食物生产和消费的均衡、协调发展，保障国民经济持续、稳步增长，不断提高中国人民的营养水平和整体素质，具有十分重要的指导意义。

6月1—4日

全国城市综合配套改革试点工作会议在鞍山市举行。

6月6日

中国航天工业总公司（国家航天局）正式成立。这是中国科技工业管理体制改革的又一重大举措。

6月9日

中国扶贫开发协会今天在京成立，以广泛动员社会力量参与扶贫开发。

6月13—14日

江泽民在西安主持召开西北5省区经济工作座谈会，研究进一步深化改革、扩大开放，促进西北经济发展的问题。

6月19日

1993年第三期国库券（非实物）发行承销试点电话会议在京召开，财政部确定发行总额为20亿元国库券委托中国证券市场研究设计中心协助组织承销。这标志着中国国债发行向市场化方向又迈进了一步。

6月21日

中国纺织总会成立大会今天举行。李鹏表示祝贺，朱镕基、李岚清等到会。李岚清在会上指出，我们选择职能转变较早的纺织和轻工两个部门在改革方面先走一步，改组成在市场经济体制下通常发挥重要作用的行业协会，以便取得行业管理下一步改革的经验。

6月24日

中共中央、国务院下发《关于当前经济情况和加强宏观调控的意见》。《意见》指出，中国经济在继续大步前进中，也出现了一些新的矛盾和问题，在解决问题时，要切实贯彻"在经济工作中要抓住机遇，加快发展，同时要注意稳妥，避免损失，特别要避免大的损失"的重要指导思想，把加快发展的注意力集中到深化改革、转换机制、优化结构、提高效益上来。

6月24日

第八届全国人大常委会第二次会议通过《关于设立全国人大常委会香港特别行政区筹备委员会预备工作委员会的决定》。香港特别行政区筹备委员会预备工作委员会主任由钱其琛担任。

6月26日

国务院发出《关于同意上海石化总广等9家企业股票到香港上市的通知》。中国冶金进出口总公司委托华夏证券有限公司在中国境内发行4000万美元外币企业债券，今日在京签

字。这是中国首次在国内发行外币债券。

6月28日

由内贸和外贸首次联手创办的中国五矿物资进出口有限公司经国务院批准,在京成立。

6月29日

全国最大的规范化的与国际接轨的股份制企业——上海石油化工股份有限公司成立。

7月1—3日

由中国(海南)改革发展研究院、中国留美经济学会、中国留英经济学会共同主办的中国市场经济理论与现实国际研讨会在海口举行。会议议题涉及中国走向市场经济的基本问题、社会主义市场经济的宏观调控问题、企业体制改革问题、对外开放问题等。国务委员李铁映向大会作书面致词。安志文、高尚全、孙尚清、马凯、童大林、彭森、周小川、董辅礽、黄达、林毅夫、张五常、邹至庄、杰弗里·萨克斯、吴家玮等国内外的专家和学者参加了研讨。从这一年开始,中国(海南)改革发展研究院陆续出版了《走向市场经济的中国》一套10本中英文丛书,深入探讨中国走向市场经济的重大理论与现实问题。

7月2日

中共中央发出通知,印发《关于党政机构改革的方案》和《关于党政机构改革方案的实施意见》。《方案》规定,除重庆、深圳、大连、青岛、宁波、厦门仍保留计划单列市外,其余省会城市不再实行计划单列。

7月5—7日

全国金融工作会议在北京举行。朱镕基在会上强调:要坚决贯彻落实党中央、国务院关于当前经济工作的一系列重要决策,推进金融改革,整顿金融秩序,强化宏观调控。

7月6日

国务院发布《中华人民共和国企业劳动争议处理条例》。《条例》自8月1日起施行。

7月9日

国务院授权劳动部、财政部、国家计委、国家体改委、国家经贸委联合发布《国有企业工资总额同经济效益挂钩规定》。

7月15日

中国轻工总会召开成立大会。李岚清到会祝贺,他指出轻工、纺织两个部门改成总会,退出了国务院政府序列,这不是形式上的改变,而是一种先导意义的改革,其意义是非常深远的。

7月15日

内贸部、国家体改委印发《关于推进供销合作社经营机制改革几点意见的通知》。《通知》指出,要按照把供销合作社办成农民群众集体所有的合作经济组织的改革方向,进一步理顺供销合作社的组织体制和民办机制,健全和规范国家对供销合作社的各项扶持政策,使其在农业社会化服务体系中发挥重要作用。

7月16日

上海市国有资产管理委员会宣告成立,上海市委书记和市长分别任正副主任。这表明上海国有资产管理体制改革迈出了实质性的一步。

7月16—17日

香港特别行政区筹备委员会预备工作委员会第一次全体会议在北京举行。乔石向各位委员颁发了任命书。会议决定预委会下设政务、经济、法律、文化、社会及保安等5个专题小组。

7月20日

国务院作出《关于江苏、山东、河南省进行棉花流通体制改革试点的批复》。

7月26日

由财政部、计委、经贸委、国家体改委、国家税务总局组成的财税体制改革领导小组成立,刘仲藜任组长。

8月2日

国务院发布《企业债券管理条例》。《条例》规定,本条例适用于中华人民共和国国境内具有法人资格的企业在境内发行的债券。

8月3日

国务院批转邮电部《关于进一步加强电信业务市场管理的意见》。

8月4日

国务院发布《中华人民共和国税收征收管理法实施细则》。《细则》规定,税收的开征、停征以及减税、免税、退税、补税,依照税收法律、行政法规的规定执行。

8月7—9日

由国家经贸委、国家体改委、国务院法制局联合召开的全国转换企业经营机制工作会议在北京举行,部署进一步加大贯彻《条例》力度,推动国有企业尽快进入市场。

8月11日

全国最大的综合性商品交易机构——北京商品交易所日前宣告成立并开始运作。这家交易所是由北京市计委牵头,由中国期货市场咨询中心、中信兴业信托投资公司、北辰集团、北京华宇物业发展公司等企事业单位自愿发起成立的。

8月14日

国务院发布《国家公务员暂行条例》。《暂行条例》自10月1日起施行。

8月16日

国务院批转国家计委《关于加强固定资产投资宏观调控的具体措施》,为加强对固定资产投资的宏观调控,严格控制新开工项目,保证重点项目的建设,保证国民经济持续、快速、健康地发展,国家计委提出了7个方面的具体措施。

8月17日

国务院发出《关于积极稳妥地推进物价改革,抑制物价总水平过快上涨的通知》。《通知》要求,严格控制国家管理的商品和服务项目提价。

8月18日

国务院发出《关于开展1993年税收财务物价大检查的通知》。

8月22—28日

江泽民考察东北部分大中型国有企业。考察期间,在大连召开了华北、东北部分国有大中型企业座谈会。

8月28日

太原煤炭交易市场开业。这是由煤炭部、内贸部、铁道部、交通部和山西省政府共同组建的国家级煤炭市场。

8月30日

中国人民银行、财政部发出《关于各级人民银行与所办经济实体脱钩的办法》。

8月31日

国务院台湾事务办公室和国务院新闻办公室发表《台湾问题与中国的统一》白皮书。白皮书第一次系统地论述了台湾问题的由来及现状,阐明了中国政府关于台湾问题的原则立场和基本方针。

9月2日

八届全国人大常委会第三次会议通过《关于修改<中华人民共和国经济合同法>的决定》和《反不正当竞争法》及几项决定。《中华人民共和国反不正当竞争法》自12月1

日起施行。

9月2日

国务院办公厅发出关于《调整国务院关税税则委员会成员的通知》，李岚清任主任，该委员会办公室设在国家经贸委。

9月3日

中共中央办公厅、国务院办公厅发出《关于各地区、各部门不得在香港设立行政性机构的通知》。

9月10—14日

由党中央、国务院召开的全国推行国家公务员制度和工资制度改革会议在京举行，宣布两项制度改革10月1日实施。会议提出，争取用3年或更多一点时间，在全国基本建立起公务员制度。

9月11日

经国务院批准，邮电部发布《从事放开经营电信业务审批管理暂行办法》。《办法》规定，放开经营的电信业务实行经营许可证制度。

9月16—18日

西北5省区党政主要领导联席会议在乌鲁木齐举行。与会领导围绕着共建国际大通道，联合起来走西口，努力推进西北地区经济的大协作大发展这一中心议题，在一些重大问题上取得了共识，并对有关事项达成了一致意见。

9月17日

国务院办公厅发出通知，国务院贫困地区经济开发领导小组更名为国务院扶贫开发领导小组，陈俊生任组长。

9月18日

国务院办公厅发出《关于调整国务院住房制度改革领导小组组成人员的通知》，李铁映任组长。

9月18—21日

国务院在京召开全国乡镇企业工作会议。

9月18—21日

国家体改委、国家外专局和中国社会科学院在北京联合举办市场经济与中国国际研讨会。

9月27日

中国长江三峡工程开发总公司今天在宜昌正式成立。该公司是经国务院批准成立的自主经营、自负盈亏的经济实体，全面负责三峡工程的建设和投产后的经营。

9月27—29日

江泽民在广州主持召开中南、西南10省区经济工作座谈会。在听取各省区负责同志的汇报后，江泽民指出：要不失时机地推进改革开放，促进经济持续、快速、健康地发展。解决经济发展中的矛盾和问题，根本出路在于深化改革，加快建立社会主义市场经济体制。国有大中型企业要苦练内功，加强企业管理。

9月28日

国务院批转财政部等部门《粮食风险基金管理暂行办法》，并发出通知指出，建立粮食风险基金制度，是保持粮食生产稳定发展，深化粮食流通体制改革，加强宏观调控的重要措施。

10月1日

国务院发布《关于进一步改革外汇管理体制的通知》，12月28日，中国人民银行发布《关于进一步改革外汇管理体制的公告》，根据国务院的决定，从次年1月1日起，实行人民币汇率并轨。

10月2日

中共中央办公厅、国务院办公厅发出《关于严禁用公费变相出国（境）旅游的通知》。

10月8日

国务院办公厅转发劳动部《关于加强企业工资总额宏观调控意见》。《意见》指出，从1993年起，国家对地区和部门实行动态调控的弹性工资总额计划管理，原则上按照劳动部已组织试行的弹性计划实施办法执行。全国性公司、计划单列企业集团等单位原则上实行工资总额同经济效益挂钩办法，其工资总额也纳入弹性计划管理。

10月9日

国务院出台《关于加强政府法制工作的决定》。当前，要着重抓紧、抓好直接关系发展社会主义市场经济的以下几个方面的立法工作：一是规范市场主体的立法工作；二是调整市场主体关系、维护市场秩序的立法工作；三是改善和加强宏观经济调控、促进经济协调发展的立法工作；四是建立和健全社会保障的立法工作。

10月9日

中共中央办公厅、国务院办公厅转发国家经贸委《关于党政机关与所办经济实体脱钩的规定》。

10月9日

国家土地管理局、国家体改委发出《关于到境外上市的股份制试点企业土地资产管理若干问题的通知》。《通知》指出，试点企业土地资产的评估工作，由国家土地管理局统一组织进行。

10月15日

国务院发布《关于企业职工养老保险统筹问题的批复》，同意交通部、煤炭部、中国人民银行（含人民银行、工商银行、农业银行、中国银行、建设银行、交通银行、人民保险公司）、民航总局、石油天然气总公司、有色金属工业总公司对其直属企业职工（包括劳动合同制工人和企业所属事业单位职工）的养老保险基金直接组织统筹，直属企业中已参加地方统筹的改由主管部门和单位统筹。

10月18—21日

中共中央在北京召开农村工作会议。会议的中心议题是：研究在建立社会主义市场经济体制的进程中，如何全面加强农业的基础地位，促进中国农业和农村经济上一个新台阶的战略思想和具体措施。会议深入讨论了《关于当前农业和农村经济发展的若干政策措施》。

10月19日

李鹏主持召开国务院第11次常务会议，审议《国务院关于加快城镇住房制度改革的决定》(草案)。

10月22日

国务院作出《关于中国汽车工业总公司体制有关问题的批复》，将原授权该公司的汽车行业管理职能收归机械部，按机械部"三定"方案执行。

10月22—31日

第八届全国人大常委会第四次会议在北京举行。会议通过了《中华人民共和国消费者权益保护法》《中华人民共和国注册会计师法》《中华人民共和国红十字会法》《中华人民共和国教师法》和全国人大常委会关于修改《中华人民共和国个人所得税法》的决定。

10月26日

国务院发出《关于进一步加强国有土地使用权有偿使用收入征收管理工作的通知》。《通知》要求，各省、自治区、直辖市人民政府所取得的国有土地使用权有偿使用收入，必须按现行财政体制纳入各级财政预算管理。其收入的管理工作由财政部门负责，收入全部缴入国库。国家征收的国有土地使用权有偿使用收入，应主要用于城市建设和土地开发，专款专用。

11月5日

中共中央、国务院发布《关于当前农业和农村经济发展的若干政策措施》。《措施》指出，以家庭联产承包为主的责任

制和统分结合的双层经营体制，是中国农村经济的一项基本制度，要长期稳定，并不断完善。

11月5日

国务院办公厅发出《关于做好国有企业职工和离退休人员基本生活保障工作的通知》。

11月6日

国务院同意国家旅游局《关于积极发展国内旅游业的意见。》提出要逐步建立统一开放、有序竞争的国内旅游市场。各地区、各有关部门要进一步打破地区、部门界限，在旅游交通、景区建设、产品开发和客源输出与接待等方面联合协作，共同发展。

11月11—14日

中共十四届三中全会在北京举行。全会审议并通过《中共中央关于建立社会主义市场经济体制若干问题的决定》。

11月15日

国务院发出关于印发《国家公务员制度实施方案》的通知。

11月15日

国务院印发《关于机关和事业单位工作人员工资制度改革问题的通知》。党中央、国务院决定，从1993年10月1日起，对机关和事业单位工作人员现行工资制度进行改革。机关、事业单位工资制度改革，就是要根据改革开放和建立社会主义市场经济体制的要求，进一步贯彻按劳分配原则，克服平均主义，建立起符合机关和事业单位各自特点的工资制度与正常的工资增长机制。

11月21日

第五届全国经济开发区工作会议在天津召开。国务院批准的经济技术开发区全国现有32个（包括浦东新区的2个开发区）。经清理后，保留省级批准的开发区463个，规划面积3230平方公里。全国已形成从沿海到沿江内地、新老开发区共同发展的格局。

11月23日

根据国务院反腐败工作第3次联席会议决定，党政机关与经济实体脱钩工作指导小组在京宣布成立。这个指导小组由国家经贸委牵头，国家体改委、国家工商局、监察部、财政部、中编办、人民银行等部门的负责同志参加。国家经贸委副主任陈清泰任组长，国家体改委副主任刘志峰、国家工商局副局长曹天玷任副组长。指导小组办公室设在国家经贸委。

11月27日

国家体改委综合司、国家经贸委研究室、《人民日报》理论部和《改革月报》杂志社日前在北京联合召开国有大中型企业走向市场研讨会。会议提出，只有将企业的国有资产推向市场，按照市场经济规律进行运营，实现国有资产的效益最大化和价值最大化，进行国有资产的整个管理体制和运营机制的改革，才能从微观上和宏观上解决国有企业改革的根本问题，并带动整个经济体制的深层次改革，促进体制转轨。

12月1—4日

国务院在京召开全国经济工作会议。下一年全国经济工作的方针是：全面贯彻党的十四大和十四届三中全会精神，加快建立社会主义市场经济体制的改革步伐，进一步扩大对外开放，加强和改善宏观调控，大力调整经济结构，提高经济效益，保持国民经济持续、快速、健康发展。

12月5—7日

全国经济体制改革工作会议在京举行，根据全国经济工作会议精神，研究讨论《1994年经济体制改革实施要点》和《关于选择百家企业进行建立现代企业制度试点的意见》。

12月13日

国务院发布5个新税制条例，即《中华人民共和国增值税暂行条例》《中华人民共和国消费税暂行条例》《中华人民共和国营业税暂行条例》《中华人民共和国所得税暂行条例》《中华人民共和国土地增值税暂行条例》，自1994年1月1日起施行。

12月14日

国务院同意电子部、电力部、铁道部共同组建中国联合通信有限公司，对铁道、电力专用通讯网进行改善、完善。这是中国电信管理体制深化改革的初步尝试。

12月15日

国务院作出《关于实行分税制财政管理体制的决定》。

12月20日

八届全国人大常委会第五次会议通过《公司法》，这是中国第一部公司法。

12月23日

经国务院批准财政部发布《中华人民共和国发票管理办法》。《办法》规定，国家税务总局统一负责全国发票管理工作。

12月25日

《国务院关于金融体制改革的决定》出台。

12月25日

国务院批转国家税务总局《工商税制改革实施方案》，工商税制改革的指导思想是：统一税法、公平税负、简化税制、合理分权，理顺分配关系，保障财政收入，建立符合社会主义市场经济要求的税制体系。

数说发展

人口

总人口 **118517** 万人

 出生率：**18.09‰**

 死亡率：**6.64‰**

自然增长率：**11.45‰**

国内生产总值

GDP（国内生产总值）**35333.9** 亿元

- 第一产业 **6963.8** 亿元
- 第二产业 **16454.4** 亿元
- 第三产业 **11915.7** 亿元

财政收支

（单位：亿元）

收支差额：**−293.35**

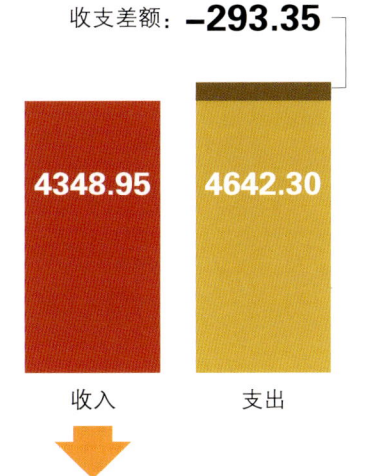

- 收入 **4348.95**
- 支出 **4642.30**

占国内生产总值的比重 **12.30%**

工业

工业增加值 **14140** 亿元

 同比增长 **21.1%**

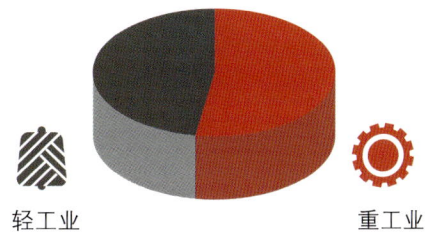

- 轻工业 **6690** 亿元
- 重工业 **7450** 亿元

建筑业增加值 **2105** 亿元

国内商业

（单位：亿元）

社会商品零售总额 **12237**

- 城市 **7176**
- 农村 **5061**

农林牧渔业

农林牧渔业总产值 **6650** 亿元

产量 （单位：万吨）

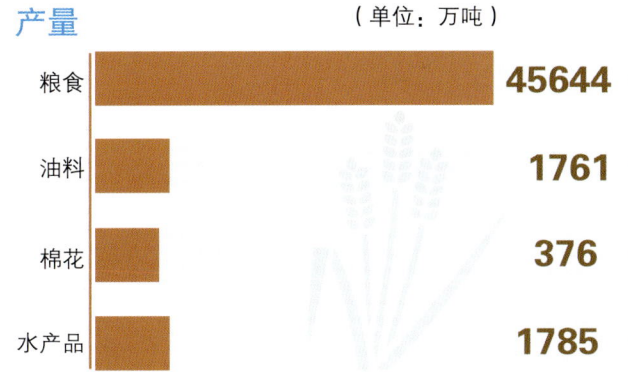

- 粮食 **45644** ↑ 比上年增长 **3.1%**
- 油料 **1761** ↑ 比上年增长 **7.3%**
- 棉花 **376** ↓ 比上年增长 **−16.6%**
- 水产品 **1785** ↑ 比上年增长 **14.6%**

黄金和外汇储备

- 黄金 **1267** 万盎司
- 外汇储备 **212** 亿美元

1993

对外经济

进出口贸易总额 1958 亿美元

↑ 比上年增长 18.2%

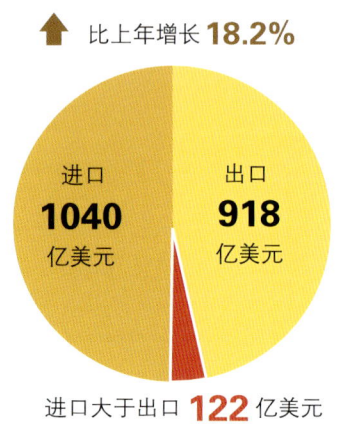

进口 1040 亿美元
出口 918 亿美元

进口大于出口 122 亿美元

其中外商投资企业出口 252.4

利用外资

新签利用外资协议金额
1227 亿美元

实际使用外资
367.7 亿美元

其中外商直接投资协议金额
1109 亿美元

实际投资 257.6 亿美元

已注册的外商投资企业达 16.75 万户

对外经济合作

对外承包工程和劳务合作
新签合同 67.7 亿美元

完成营业额 45.2 亿美元

人民生活

城乡居民人均收入（单位：元）

城镇 2337
农村 921

新建住宅面积（单位：亿平方米）

城镇 2.66
农村 5.7

城乡储蓄存款余额 14764 亿元

全国职工总数 15040 万人
城镇个体劳动者 1116 万人

全国职工工资总额 4770 亿元
全国职工平均工资 3236 元

社会福利事业

各类社会福利院床位
95.4 万张
收养 70.6 万人

城乡各种社会救济对象得到
国家救济 4051 万人次

31.5% 的乡镇建立了
农村社会保障网络

城镇建立起各种社区
服务设施 9.7 万个

环境保护事业

全国环境保护系统人员 8.1 万人
各级环境监测站 2290 个
环境监测人员 3.3 万人

完成环境污染限期治理项目 5737 个
总投资 25.4 亿元

全国自然保护区中
有 10 个自然保护区加入了
国际人与生物圈保护区网

有国家级自然保护区 77 个

制定的各类环境保护标准 313 项

在 363 个城市中
建成了 1774 个
环境噪声达标区

面积达 3689 平方公里

在全国 472 个城市中
建成了 2935 个
烟尘控制区

面积达 10492 平方公里

保险事业

全国财产险承保总额 51372 亿元

- 参加企业财产保险 77.6 万户
- 参加人身保险 2.5 亿人次
- 参加家庭财产保险 1.3 亿户

保险公司共处理国内财产险赔案
690.3 万件
支付赔款 137 亿元
为 664 万人次支付人身保险金 91 亿元

邮电通信

邮电通信增加值 240 亿元

邮电业务总量 461 亿元

住宅电话用户 782.6 万户

无线寻呼、移动电话增幅均在 1 倍以上

旅游

接待人数 4153 万人次
全年旅游外汇收入 46.8 亿美元

卫生

医院病床 279.5 万张

专业卫生技术人员 411.7 万人

其中医生 183.2 万人（含中、西医师 137.3 万人）

护师、护士 105.6 万人

文化

电影故事片 154 部
发行各种新片（长片）222 部
有 30 部（次）影片在国际电影节上获奖

艺术表演团体 2723 个
各类电影放映单位 11.3 万个

广播电台 983 座
中、短波广播发射台和转播台 725 座
电视台 683 座
一千瓦以上电视发射台和转播台 1085 座

出版

全国性和省级报纸 199 亿份

杂志 24.3 亿册

图书 64.1 亿册（张）

体育

世界冠军 103 个

创世界纪录 57 项
创亚洲纪录 81 项
创全国纪录 173 项

（单位：个）

- 文化馆 2897
- 公共图书馆 2585
- 博物馆 1116
- 档案馆 3585

交通运输

旅客周转量 **7807**
（单位：亿人公里）

	铁路	公路	水运	民航	管道
上	3505	3582	205	515	606
下	11936	4175	13672	16	

货物周转量 **30405**
（单位：亿吨公里）

沿海主要港口货物吞吐量 **6.7** 亿吨

新建线路交付营业里程

铁路复线 **553** 公里

公路 **3556** 公里
其中高速公路 **493** 公里

铁路 **274** 公里　　电气化铁路 **192** 公里

港口吞吐能力 **3752** 万吨

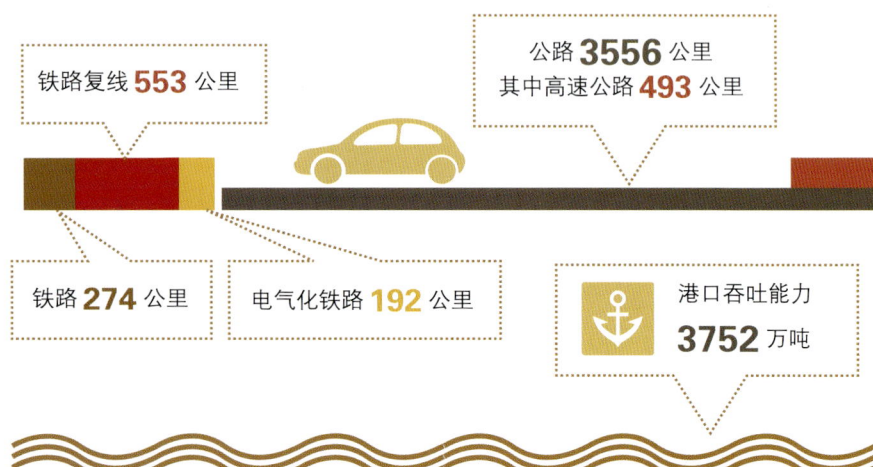

固定资产投资

固定资产投资 **11829** 亿元

国有单位固定资产投资 **8321** 亿元

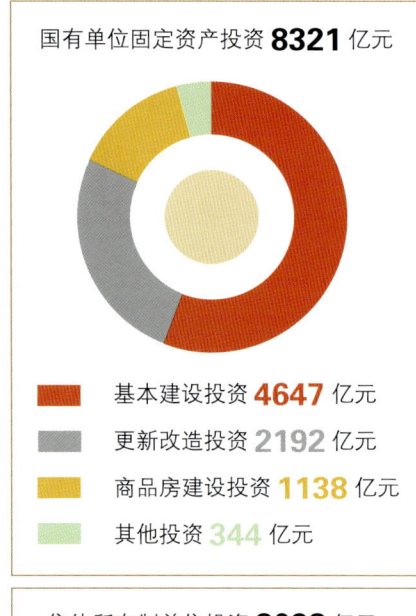

- 基本建设投资 **4647** 亿元
- 更新改造投资 **2192** 亿元
- 商品房建设投资 **1138** 亿元
- 其他投资 **344** 亿元

集体所有制单位投资 **2092** 亿元

城乡个人投资 **1416** 亿元

建成投产的大中型基本建设项目 **133** 个

限额以上更新改造项目 **128** 个

新增加的生产能力

 煤炭开采 **800** 万吨

 发电机组容量 **1438** 万千瓦

 石油开采 **1542** 万吨

 天然气开采 **10** 亿立方米
（石油开采和天然气开采含更新改造和其他投资增加的能力）

 炼铁 **100** 万吨

 木材采运 **23.5** 万立方米

 水泥 **192** 万吨

教 育

招生人数

- 研究生 **4.2** 万人
- 普通高校本专科生 **92.4** 万人
- 成人高校本专科生 **86.3** 万人

在校学生数

（单位：万人）

- 研究生 **10.7**
- 普通高校本专科生 **253.6**
- 高中 **1419**
- 中等职业技术学校 **762.3**
- 初中 **4082**
- 小学 **12400**

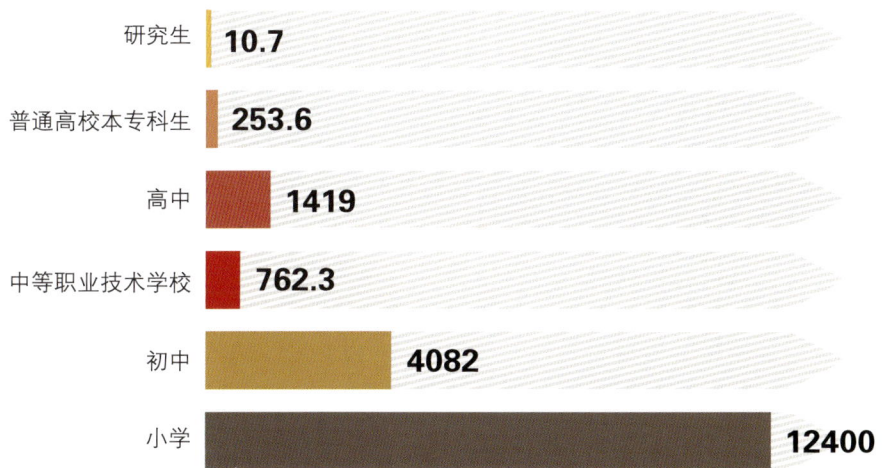

成人教育

（单位：万人）

- 成人技术培训学校 **5342**
- 成人中小学 **856.3**
- 扫除文盲 **548.2**
- 成人中专 **206.8**
- 成人高校本专科生 **186.3**

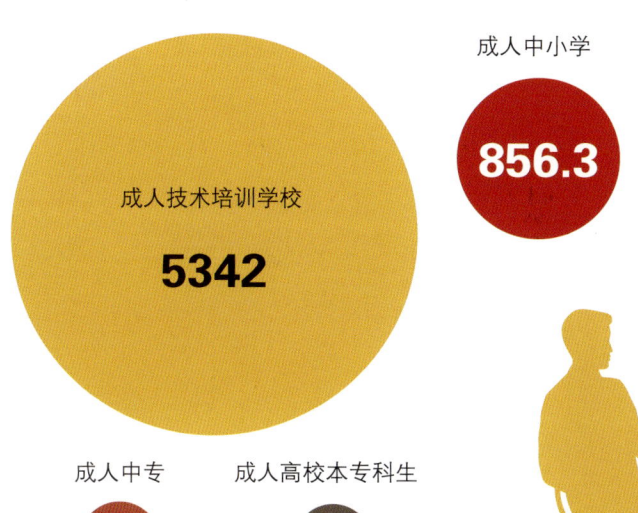

科 学

科技经费

经费支出为 **563** 亿元

其中研究与发展经费支出 **196** 亿元

科技队伍

国有企事业单位共有各类专业技术人员 2551 万人

县级以上国有独立研究开发机构 **5852** 个
高等院校办科研机构 **3000** 个
大中型工业企业办科研机构 **10200** 个

从事科技活动人员 234.5 万人

其中科学家和工程师 **137.3** 万人

科研成果

省部级以上重大科技成果 **3.3** 万项

获国家奖励的成果 781 项

- 国家发明奖 **175** 项
- 国家自然科学奖 **52** 项
- 国家科学技术进步奖 **441** 项
- 国家星火奖 **113** 项

受理国内外专利申请 **7.7** 万件
授权专利 **6.2** 万件

新建成国家重点实验室 **4** 个
批准设立的国家级高新技术产业开发区 **52** 个
有高新技术企业 **1.4** 万家

技术市场

签订技术合同 **24.6** 万份
成交金额 **207.6** 亿元

1993

中国改革开放全纪录
1978—2018

1994

- 实行汇率并轨
- 深化外贸体制综合配套改革
- 推进土地使用制度改革
- 住房市场化改革
- 打破垄断为目标的电信产业体制改革
- 启动医改"两江试点"

焦点事件

实行汇率并轨

1994年以前，人民币汇率由国家实行严格的管理和控制。其中，改革开放前，中国汇率体制经历了单一浮动汇率制、单一固定汇率制和以"一篮子货币"计算的单一浮动汇率制；党的十一届三中全会以后，中国的汇率体制从单一汇率制转为双重汇率制，经历了官方汇率与贸易外汇内部结算价并存、官方汇率与外汇调剂价格并存两个汇率双轨制时期。

1993年12月，国务院正式颁布了《关于进一步改革外汇管理体制的通知》，提出：实现人民币官方汇率和外汇调剂价格并轨；建立以市场供求为基础的、单一的、有管理的浮动汇率制；取消外汇留成，实行结售汇制度；建立全国统一的外汇交易市场等。

1994年1月1日，人民币官方汇率与外汇调剂价格正式并轨，中国开始实行以市场供求为基础的、单一的、有管理的浮动汇率制。企业和个人按规定向银行买卖外汇，银行进入银行间外汇市场进行交易，形成市场汇率。中央银行设定一定的汇率浮动范围，并通过调控市场保持人民币汇率稳定。

4月4日，银行间外汇市场正式运营，各外汇指定银行依照中国人民银行公布的汇率，在规定的上下幅度内决定挂牌汇率，对客户买卖外汇。这时期人民币汇率有以下几个特点：（1）人民币汇率不再由官方直接制定，而是由外汇指定银行自行确定和调整；（2）由外汇指定银行制定出的汇率是以市场供求为基础，并以此形成了统一的汇率；（3）亚洲货币危机后人民币汇率处于超稳定状况，并单一钉住美元。

1994年10月5日，上海花旗银行自动柜员机中心开通，成为首家在中国提供人民币提款、转调存款、查询结余服务的外资银行。

深化外贸体制综合配套改革

1991年到1993年，中国外贸进行了以取消出口补贴、统一外汇留成为主要内容的体制改革，使外贸领域的计划经济色彩进一步减弱，市场调节作用加强，对外贸易迅速发展。但是，不少外贸企业还受到较多的行政干预，汇率双轨制的存在对外贸的进一步发展也存在很大的阻力。

1994年1月11日，国务院作出《关于进一步深化对外贸易体制改革的决定》，标志着新一轮的外贸体制综合配套改革开始实施。《决定》提出："为了贯彻党的十四届三中全会的决定，适应建立社会主义市场经济

上海外滩的中国外汇交易中心

大连开发区内的外商独资企业日本佳能办公设备有限公司，年产350万台激光打印暗盒，产品出口到欧美市场。

体制的需要，在金融、财税、投资、外汇等重点领域进行重大改革的同时，必须进一步深化对外贸易体制改革。中国外贸体制改革的目标是：统一政策、放开经营、平等竞争、自负盈亏、工贸结合、推行代理制，建立适应国际经济通行规则的运行机制。"

《决定》的主要内容如下：（一）改革外汇管理体制，促进对外贸易发展。从1994年1月1日起，国家实行新的外汇管理体制，实行以市场供求为基础的、单一的、有管理的人民币浮动汇率制；建立银行间外汇交易市场，改进汇率形成机制，保持合理及相对稳定的人民币汇率；实行外汇收入结汇制；取消现行的各项外汇留成、上缴和额度管理制度；实行银行售汇制，实现人民币在经常项目下有条件可兑换；对外向境外投资、贷款、捐款等汇出继续实行审批制度。此外，对进出口企业用汇制度也作了规定。（二）运用法律、经济手段，完善外贸宏观管理。国家不再下达外贸承包指令性计划指标。出口外汇和进口用汇实行指导性计划管理；完善出口退税制度；加快授予具备条件的国有生产企业、科研单位、商业物资企业外贸经营权；对关系国计民生的、属于战略性资源的、国际市场垄断性很强的或中国在国际市场上处于主导地位的特别重要的少数进出口商品，组建联合公司联合经营，统一对外。（三）转换外贸企业经营机制，逐步建立现代企业制度。（四）强化进出口商会的协调服务职能，完善外贸经营的协调服务机制。（五）保持外贸政策的统一性，增强外贸管理的透明度。

这一轮外贸体制改革的实施，加强了市场机制的调节作用，促进了中国对外贸易市场化的进程并实现了高速增长，优化了资源配置和提高了资源使用的效益，彻底打破了以往国家经营对外贸易的体制，对于建立和完善社会主义市场经济体制，促进国民经济持续快速健康发展具有重要意义。

推进土地使用制度改革

从20世纪80年代起，中国开始土地管理制度改革，主要分两方面进行。第一，土地行政管理制度的改革。1986年，国家通过了土地管理法，成立了国家土地管理局。第二，土地使用制度的改革，把土地的使用

上海市漕河泾新兴技术开发区内的法国独资企业液化空气上海有限公司，由世界五大气体公司之一的法国液化空气公司投资兴建。

山东省平阴县以补充耕地为目的的土地整理复垦开发工程

浙江省人多地少,建设用地需求与土地资源可供量的矛盾突出。为此省政府于每年第一季度对各市政府上一年度的土地管理和耕地保护目标责任制执行情况进行考核。图为浙江某农村耕地与建筑工地相毗邻。

观点

国务院研究室宏观经济组:中国城镇国有土地实行的无偿无限期使用的行政划拨制度,对社会经济的稳定发展曾经发挥了积极作用。但随着商品经济的发展和改革开放的深化,国有土地行政划拨制的弊端也日益显露出来,主要是:1.城镇土地利用率低。2.土地收益大量流失。3.城市基础设施建设资金短缺。4.不适应商品经济发展和对外开放需要。

继续积极推进国有土地使用制度改革,是当前改革开放的一项紧迫任务。为了加快这项改革,需要解决以下几个问题:1.转变观念。国有土地的使用制度,从无偿无限期使用到有偿有限期使用并允许流动,土地收益从流向单位、个人手里到收归政府,不仅是土地使用制度上的变革和利益分配上的调整,也是认识和观念上的深刻转变。2.理顺土地管理体制。3.妥善处理改革中的土地收益分配问题。4.加强划拨国有土地使用权的管理,清理整顿土地市场。

资料来源:《积极推进城镇国有土地使用制度改革》,《人民日报》,1992年9月26日。

中国(海南)改革发展研究院:1995年,提出"关于深化农村经济改革建议(60条)",建议指出,应实现农户土地使用权的长期化、物权化。1998年,提出"尽快实现农村土地使用权长期化的政策建议",建议"赋予农民长期而有保障的土地使用权"。

资料来源:《直谏中国改革》,中国经济出版社,2011年。

权和所有权分离,在使用权上,变过去无偿、无限期使用为有偿、有限期使用,使其真正按照商品属性进入市场。

1994年8月30日至9月2日,第一次全国土地使用制度改革工作会议在北京召开。这是国务院主持专门研究土地工作的级别最高、规模最大、意义深远的会议。会议的主要任务是,研究部署在加快建立社会主义市场经济体制的新形势下,深化土地使用制度改革,加强土地管理,切实保护耕地资源,建立社会主义土地市场体系。

江泽民强调指出,只有通过保护耕地,保证粮食播种面积,才能解决中国十几亿人口的吃饭问题,才能保持社会和国家的安定。土地必须由国家依法统一管理,这个基本原则必须坚持,不能动摇。江泽民着重强调了两点。一是要坚持贯彻"十分珍惜和合理利用每寸土地,切实保护耕地"的基本国策,进一步加强对耕地资源的保护。二是要继续深化土地使用制度的改革,加强对土地市场的宏观调控。江泽民说,土地市场的建立可以促进土地资源的合理配置,有利于中国社会主义市场经济发展。对土地使用权的供应问题,各级政府应坚持"一支笔"审批土地。要充分利用土地级差效益,可以通过土地出让促进旧城改造。江泽民强调指出,土地使用制度的改革,涉及许多部门,要在统一认识的基础上,加强相互配合,大力协同,同时要加强对土地管理和使用的法制建设,使之逐步做到规范化、制度化。①

邹家华副总理提出,加快和深化土地使用制度改革,必须处理好几个关系,即"发展经济与保护耕地的关系"、"加强土地市场宏观调控与加快土地市场建立和发展的关系"、"土地使用制度改革与管理体制改革的关系"。同时强调了在改革中必须强化土地行政执法部门的职能,必须加强组织领导等问题。

会后出台了《国务院关于深化土地使用制度改革决定》。土地使用制度改革的目标是要建立与社会主义市场经济体制相适应的土地市场体系,包括:有效的资源配置体系,在国家宏观调控下,通过市场优化配置土地资源；正常的价格体系，建立土地使用权价格的市场形成机制；健全的法律体系，使市场行为规范有序；合理的收益分配体系，体现明晰的产权关系和利用租、税、费而有效进行调节；完善的中介服务体系，促进土地市场的发展。

① 《土地必须由国家依法统一管理，各地要切实保护耕地，培育土地市场，深化土地制度改革》，《人民日报》，1994年9月2日。

住房市场化改革

改革开放之前，中国实行"统一管理，统一分配，以租养房"的公有住房实物分配制度，在当时较低水平的消费层次上，较好地满足了职工的基本住房需求。

1978年底，十一届三中全会召开，提出了城市经济体制改革的任务以及改革的方向，其中住房制度改革是应有之义。邓小平于1980年再次谈到住宅问题，他说："要考虑城市建筑住宅、分配房屋的一系列政策。城镇居民个人可以购买房屋，也可以自己盖。不但新房子可以出售，老房子也可以出售。可以一次付款，也可以分期付款，十年、十五年付清。住宅出售后，房租恐怕要调整。要联系房价调整房租，使人考虑买房合算。"

1986年，国务院住房制度改革

广东省汕头市为解决大批住房困难户的住房问题，采取在市区推行国家补贴出售住宅区的措施。图为汕头市新建的居民住宅。

小组成立。1988年1月，国务院召开首次全国住房制度改革工作会议。会后，印发了《关于全国城镇分期分批推行住房制度改革实施方案》，提出要从1988年起，用三五年时间，把住房制度改革在全国城镇分期分批推开。

1994年7月18日，国务院作出《关于深化城镇住房制度改革的决定》。该《决定》明确提出："城镇住房制度改革作为经济体制改革的重要组成部分，其根本目的是：建立与社会主义市场经济体制相适应的新的城镇住房制度，实现住房商品化、社会化；加快住房建设，改善居住条件，满足城镇居民不断增长的住房需求。""城镇住房制度改革的基本内容是：把住房建设投资由国家、单位统包的体制改变为国家、单位、个人三者合理负担的体制；把各单位建设、分配、维修、管理住房的体制改变为社会化、专业化运行的体制；把住房实物福利分配的方式改变为以按劳分配为主的货币工资分配方式；建立以中低收入家庭为对象、具有社会保障性质的经济适用住房供应体系和以高收入家庭为对象的商品房供应体系；建立住房公积金制度，发展住房金融和住房保险，建立政策性和商业性并存的住房信贷体系，建立规范化的房地产交易市场和发展社会化的房屋维修、管理市场，逐步实现住房资金投入产出的良性循环，促进房地产业和相关产业的发展。"

《关于深化城镇住房制度改革的决定》最大意义在于稳步推进公有住房的出售，通过向城镇职工出售原公有住房，逐步完成了中国住房私有化的进程。这份文件还第一次明确提出了城镇住房制度改革作为经济体制改革的重要组成部分，明确了社会主义市场经济理论是城镇住房制度改革的根本指导思想，按住房商品化、市场化、社会化思路，全面设计房改的目标、原则和主要内容，从而把城镇住房制度改革推向了全新的发展阶段。

此后，各地纷纷制定本地区的房改实施方案，在建立住房公积金、提高公房租金、出售公房等方面取得较大进展。

2001年5月，在一场专为北京个人购房者举行的房展会上，每平方米3000元左右的"经济适用房"因其价格和结构贴近广大民众而受到欢迎，咨询的市民踊跃。

打破垄断为目标的电信产业体制改革

改革开放以来，中国电信业取得了举世瞩目的成就，始终保持持续高速增长，并带动了国民经济增长，成为发展最快、综合效益最好的行业之一。与世界大多数国家一样，中国在国家基础电信网建设初期也实行了政企合一体制，由政府集中力量建设全国统一的电信网络，邮电部集政府、企业两种职能于一身。但随着电信与信息技术的飞速发展，随着国家通信主干网的初步建立，原来的垄断体制已经与电信进一步发展的要求不能适应。在这样的情况下，对电信业进行改革、引入竞争就提上了议事日程。

1992年下半年，原电子部、电力部和铁道部联合向国务院正式提出组建联通公司的请示报告，特别指出："中国电信市场的供需矛盾十分尖锐，只有引入竞争，通信产业才能更快发展。"1993年12月14日，国务院印发《国务院关于同意组建中国联合通信有限公司的批复》（国函[1993]178号），批准原电子部、原电力部、铁道部共同组建中国联合通信有限公司。1994年4月14日，邮电部发出《关于中国联合通信有限公司经营电信业务有关问题的批复》，批准联通公司经营下列电信业务：对铁道部、原电力部的专用通信网进行改造、完善，在保证铁道、电力专用通信需要的前提下，将富余能力向社会提供长话业务；在公用市话网覆盖不到或公用市话能力严重不足的地区可开展市话业务；经营无线通信业务（包括移动通信业务）；经营电信增值业务。1994年6月18日，中国联通在国家工商行政管理局注册成立，注册资本10亿元人民币。

1994年7月19日，中国联通公司成立大会在北京钓鱼台国宾馆召开。胡启立在成立大会上指出："中国联通的成立，是中国电信管理体制深化改革的初步尝试。组建联通公司的目的就是要在国务院的领导下，在邮电部的行业管理下，按照社会主义市场经济的原则，合理配置和利用通信资源，对专用网加以挖潜、改造和扩容，与邮电公众网互联互通，壮大国家通信总体实力，不断适应国民经济发展和人民生活水平提高的需求。"

中国联通的成立是电信发展史上具有里程碑意义的事件，是中国基础电信业乃至国内垄断行业破除垄断、引入竞争的首例，标志着电信业的体制改革正式展开。

1994年7月19日，中国联通公司正式成立。

启动医改"两江试点"

20世纪90年代初，"建设靠国家，吃饭靠自己""以工助医、以副补主"等卫生政策，刺激了医院创收，也影响了医疗机构公益性的发挥，酿成"看病问题"突出，群众反映强烈。

针对医院注重效益而忽视公益性的倾向，卫生部门内部也展开了一系列争论。争论集中爆发于1993年5月召开的全国医政工作会议上，时任卫生部副部长殷大奎明确表示反对市场化，要求多顾及医疗的大众属性和起码的社会公平。从此以后，医改领域内的政府主导和市场主导的争论几乎就没有停止过，而且逐步成为一个焦点问题而被社会各界所讨论。[1]

1994年1月，李鹏召开国务院总理办公会议，专题研究医疗保障制度改革问题。会议指出：医疗保障制度改革涉及广大人民群众切身利益，涉及如何正确处理国家、企事业单位、

天津和平区南京路上的电报大楼换上了联通标志。

江苏镇江市98%以上的机关企事业单位告别传统的公费医疗，采取国家、单位、个人共同筹集职工医疗保险基金的"医疗保险"制度，使全市职工基本医疗得到有效保障，医疗系统服务质量也得到明显提高。

职工个人与医疗单位的关系，政策性强，难度大，不能操之过急。会议认为，根据国务院领导同志指示精神，国务院医疗体制改革小组在长期调查研究、广泛征求意见的基础上，提出的《试点意见》符合党的十四届三中全会确定的基本原则，可以组织试点，在试点中进一步完善，提高其可操作性。为此，会议要求在地方自愿的基础上，选择两个条件较好、有代表性而且不会引起较大震动的中等城市进行试点工作。

4月14日，国家体改委、财政部、劳动部、卫生部共同制定了《关于职工医疗制度改革的试点意见》，经国务院批准，在江苏省镇江市、江西省九江市进行了试点，即著名的"两江试点"。12月，镇江市、九江市的职工医疗保障制度改革试点正式启动。

"两江"试点的重点是实现机制转换，建立医疗保险"统账结合"（社会统筹与个人账户相结合）的城镇职工医疗保险模式。这一模式，经过扩大试点社会反应良好。与此同时，全国不少城市按照"统账结合"的原则，对支付机制进行了改革探索。

 语录 "中国完全能解决自己的吃饭问题，中国还能帮助世界人民解决吃饭问题。"
——袁隆平

背景：随着中国经济的快速发展，中国人的粮食消费量也迅速增加。1994年，美国世界观察研究所所长莱斯特·布朗在《世界观察》杂志上发表了一篇《谁来养活中国》的文章，副标题是"为世界敲响警钟"，这篇文章的发表在世界范围内引起巨大反响，几乎所有重要的国际性报刊和新闻机构都在显要位置作了转载和报道，中国政府和学界也迅速作了回应。对这个问题，袁隆平作了如上表示。

① 王虎峰，《中国卫生医疗体制改革30年的进程》，载邹东涛主编《中国改革开放30年（1978—2008）》，社会科学文献出版社，2008年。

流行志

▶ 校园民谣

20世纪90年代初，广州某个寂寂无名的音乐公司先后悄然发行了三张制作粗糙的专辑，分别命名为《校园民谣一》、《校园民谣二》、《校园民谣三》。随后，"校园民谣"出现在各大媒体上。校园民谣旋律优美，贴近大学校园生活，在大学生中间引起了强烈共鸣。1994年春天，由高晓松创作，老狼演唱的歌曲《同桌的你》公开发行，红遍大江南北，标志着第一代校园民谣的成熟。《睡在我上铺的兄弟》、《青春》、《故事里的书》、《恋恋风尘》、《那天》等内地校园歌曲是学子们熟知的经典。

▶ "拍立得"

20世纪90年代，数码相机还没有大行其道的时候，一款同样可以立拍立现的相机获得了消费者的喜爱，人们给它起了一个通俗易懂的名字"拍立得"。这种相机结构看起来比较笨重，"咔嚓"一声之后，只需几秒钟，一张有宽大白边的照片就会缓缓地从相机口吐出。因为相纸不算便宜，所以每按一次快门，都要精雕细琢地取景构图。数码相机普及后，拍立得相机由于拍摄成本较高，携带不便逐渐退出市场，但因其独特的魅力，仍受部分文艺青年的追捧。

▶ 进口大片

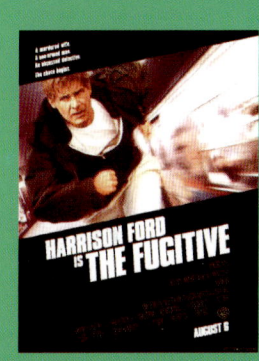

《亡命天涯》海报

1994年，由哈里森·福特主演的电影《亡命天涯》作为首部进口大片在北京、上海等六大城市公映，凭借大制作、大牌明星等元素，创造了2500万人民币的票房奇迹，从而引来了大量发难者。发难者提出"美国的影片占领我们的市场，用中国票款养肥外国的片商"，他们认为好莱坞大片的进入会影响中国民族电影的未来。而普通观众更看重的是大片给他们带来的视觉盛宴。那时候，看大片开始成为一种时尚消遣，而影院里兜售的零食也开始由爆米花替代了"老土"的瓜子。

▶《北京人在纽约》

1994年，《北京人在纽约》走红中国。这部反映改革开放后第一批赴美淘金的中国人生活的电视剧，也是中国首部全程在海外拍摄的电视剧。新颖的题材、独特的视角、经典的对白、再加上演员们精彩的表演，这部电视剧今天看来仍不失为经典。"如果你爱他，请送他去纽约，因为那里是天堂；如果你恨他，请送他去纽约，因为那里是地狱"这句《北京人在纽约》里的经典台词，直到现在还被人们改头换面地使用。

大亚湾核电站是广东与香港合营的，位于深圳市东部的麻岭角。该厂装有两台900兆瓦压水堆机组。建成后电站所生产的电力约70%供应香港，30%供应给广东。图为建设中的大亚湾核电站。

社会关注

大亚湾核电站投入商业运行

1994年5月6日，中国大陆第一座引进外国资金、先进设备和技术建设的大型核电站——广东大亚湾核电站正式投入商业运行，这也是中国大陆第一座大型商业核电站。

香港的电力在20世纪80年代初曾一度出现供应紧张的情况，在这样的情况下，国家水利电力部和广东省政府为抓住此商机，计划在靠近香港、广州、深圳等电力负荷中心的深圳市大鹏镇境内建设一座核电站，因

大亚湾核电站控制中心

选址在大亚湾畔的岭澳村，故命名为大亚湾核电站。1982年12月13日，经过反复论证，国务院批准按照"借贷建设、售电还钱、合资经营"的工程建设模式，并于1987年开工建设广东大亚湾核电站。

大亚湾核电站引进了法国的核岛技术装备和英国的常规岛技术装备进行建造和管理，并由一家美国公司提供质量保证，是中国较早建立的最大中外合资企业。按照国际惯例，建立了现代企业的管理体制，实行董事会领导下的总经理负责制，做到了政企分开，责任明确，管理科学。在核电站建设中，还引入了竞争机制，采取招标、投标制度，选择中外优秀的供货商和施工企业参加设计、施工、调试和咨询。大亚湾核电站引入香港核电投资有限公司参股，并将所发电力的大部分售往香港，是现代企业制度的有益尝试。

大亚湾核电站的建设和运行实现了中国百万千瓦级大型商用核电站"零"的突破，在世界民用核电领域有了自己的位置，是中国改革开放的重要成果，实现了中国核电建设跨越式发展、后发追赶国际先进水平的目标，为中国核电事业发展奠定了基础，同时也为粤港两地的经济和社会发展作出贡献。

中国互联网时代开启

1989年8月26日，经过国家计委组织的世界银行贷款"NCFC"（中国国家计算机与网络设施）项目论证评标组的论证，中国科学院被确定为该项目的实施单位。同年11月，"NCFC"联合设计组成立。

"NCFC"联合设计组于1990年5月对"NCFC"的建设原则提出了书面意见，勾勒出了"NCFC"的蓝图，并于1992年12月完成了三个院校网（CASNet、PUNet和TUNet）的建设。此后，中国科学院分期分批地启动京外各分院地区网络的建设。1993年1月20日，三个院校网（CASNet、PUNet和TUNet）通过国家计委验收，并于当年10月初步完成NCFC主干网建设，三个院校网实现了互通，网络的各种服务器也随着建立。

1994年4月20日，NCFC工程通过美国Sprint公司连入Internet的64K国际专线开通，实现了与

1997年，拉萨八廓街的一家网吧。

Internet的全功能连接，首次实现了中国与Internet的直接连接。以此为标志，中国在国际上被正式承认为有全功能Internet的第七十七个国家，中国互联网时代由此开启。

足球甲A联赛

1994年4月17日，四川成都，全国足球甲级联赛拉开帷幕。同一天，全国六个城市共有约15万人到现场观看了首轮比赛。从这天起，中国足球正式迈出了职业化改革的步伐。其中，代表国内最高水平的甲级A组联赛成为全社会关注的焦点，对推动中国体育市场化，具有标志性的划时代意义。

足球在所有体育项目中最先开始了市场化的尝试。1992年，国家体委决定把足球作为体育改革的突破口，确立了中国足球走职业化道路的发展方向，全国11个城市相继成立24支职业足球俱乐部。通过开展职业联赛，各地的俱乐部可以从门票中分成；球员也有了价格，可以买卖。1994年甲A联赛启动之后，球迷无论是人数还是质量上，都有了质的飞跃。球迷构成上不再局限于城市青年和大学生，也不再局限于年轻人，足球真正成了全民参与的运动。职业联赛开始后，不同城市的球迷开始拥有了自己地方的球队，球迷的归属感大大提升。过去，看一场国家队的比赛要等好几年，而现在只要等一个礼拜就行，每周末都能看到自己喜欢的球队在绿茵场上征战。联赛开始后，全国涌现出了数以万计的球迷协会。由球迷协会组织，到别的城市去看球，逐渐成为一道新的风景。

1994年，大连万达夺得甲A联赛的第一个冠军。

环球大事

▶ **1月1日**
美国、加拿大、墨西哥三国签署的北美自由贸易区协定正式生效，北美自由贸易区宣告诞生。

▶ **3月19日**
太平洋经合组织在檀香山举行首次财政部长会议，讨论了本地区经济发展和金融方面面临的挑战。

▶ **3月22—24日**
太平洋经济合作会议第10届国际大会在吉隆坡举行，通过了《吉隆坡协议》。

▶ **4月5—13日**
亚太经社理事会第50届年会在新德里举行，会议通过《新德里宣言》及其他8项决议。

▶ **5月23—25日**
太平洋盆地经济委员会第27届大会在吉隆坡举行，中国首次以正式成员国的身份与会。

▶ **6月13—15日**
非统组织第30届首脑会议于突尼斯举行，会后通过了6个宣言和20多项有关非洲政治、经济、社会的决议，南非总统曼德拉首次与会。

▶ **8月5日**
南方(南锥体)共同市场第6次首脑会议在布宜诺斯艾利斯举行，决定自由贸易区和关税联盟于1995年1月1日开始运转。

▶ **8月6日**
西非国家经济共同体中的7个法语国家决定成立经济和金融联盟。

▶ **8月27日—9月1日**
美国商务部长布朗率美国企业家和高级政府官员代表团访华，两国签署中美商贸联合委员会关于合作的框架协议及价值近50亿美元的10多项协议。

▶ **9月5—13日**
国际人口发展会议在开罗举行，通过了《1994年人口与发展开罗文件》。

▶ **9月22—23日**
第26届东盟经济部长会议决定加快东盟自由贸易区的进程。

▶ **10月12—14日**
第三届欧洲–东亚经济首脑会议在新加坡举行，通过《行动纲领》，敦促加强相互间的经贸关系。

▶ **11月11—12日**
第六届亚太经济合作组织部长级会议在雅加达举行并发表联合声明。

▶ **11月15日**
第二届亚太经合组织领导人非正式会议在印尼的茂物举行，会议发表《茂物宣言》。

▶ **12月8日**
世界贸易组织协议执行会议在日内瓦举行，决定世界贸易组织将于1995年1月1日正式成立。

▶ **12月9—11日**
美洲国家组织首脑会议在迈阿密举行，会议就在2005年建立美洲自由贸易区达成协议。

▶ **12月17日**
南方共同市场首脑会议在巴西的欧罗普雷图举行，会议签署正式启动南方共同市场有关文件。

▶ **12月21—22日**
第30届中部非洲关税和经济联盟首脑会议在雅温得举行，决定于1995年建立中部非洲经济和货币共同体。

■ 重要文献

《中共中央关于加强党的建设几个重大问题的决定》
（1994年9月28日）

1994年9月25—28日，中共十四届四中全会在北京举行，会议集中讨论了党的建设问题。28日，通过了《中共中央关于加强党的建设几个重大问题的决定》。文件指出，中国共产党是领导和团结全国各族人民建设有中国特色社会主义伟大事业的核心力量。中国共产党作为执政党，肩负着历史的重任，经受着时代的考验，必须加强自身建设，不断提高领导水平和执政水平。

目录：
一、党的建设面临的形势和任务
二、坚持和健全民主集中制
三、加强和改进党的基层组织建设
四、培养和选拔德才兼备的领导干部

■ 重要文献

《关于深化城镇住房制度改革的决定》
（1994年7月18日）

1994年7月18日，国务院作出《关于深化城镇住房制度改革的决定》，要求建立以中低收入家庭为对象、具有社会保障性质的经济适用住房供应体系和以高收入家庭为对象的商品房供应体系，全面推行住房公积金制度，鼓励集资合作建房，推进住房商品化和住房建设的发展。

节选：
二、全面推行住房公积金制度
……所有行政和企事业单位及其职工均应按照"个人存储、单位资助、统一管理、专项使用"的原则交纳住房公积金，建立住房公积金制度。
……住房公积金由在职工个人及其所在单位，按事例工个人工资和职工工资总额的一定比例逐月交纳，归个人所有，存入个人公积金帐户，用于购、建、大修住房，职工离退休时，本息余额一次结清，退还职工本人。……
……企业为职工交纳的住房公积金，从企业提取的住房折旧和其他划转资金中解决，不足部分经财政部门核定，在成本费用中列支。……
……各市（县）人民政府可以设立专门的住房公积金管理机构。负责住房公积金的归集、支付、核算和编制使用计划等管理工作，住房公积金的存贷款等金融业务一律由当地人民政府委托指定的专业银行办理。……住房公积金要专款专用，严禁挪作他用。……
四、稳步出售公有住房
……城镇公有住房，除市（县）以上人民政府认为不宜出售的外，均可向城镇职工出售。职工购买公有住房要坚持自愿的原则，新建公有住房和腾空的旧房实行先售后租，并优先出售给住房困难户。
……向高收入职工家庭出售公有住房实行市场价，向中低收入职工家庭出售公有住房实行成本价……
……职工按成本价或标准价购买公有住房，每个家庭只能享受一次，购房的数量必须严格按照国家和各级人民政府规定的分配住房的控制标准执行，超过标准部分一律执行市场价。
——摘自《十四大以来重要文献选编》（上）第791—797页，中央文献出版社，2011年。

■ 重要文献

《关于进一步深化对外贸易体制改革的决定》
（1994年1月11日）

1994年1月11日，国务院发布《关于进一步深化对外贸易体制改革的决定》。提出我国对外贸易体制改革的目标是：统一政策、开放经营、平等竞争、自负盈亏、工贸结合、推行代理制，建立适应国际经济通行规则的运行机制。《决定》指出，适应建立社会主义市场经济体制的需要，在金融、财税、投资、外汇等重点领域进行重大改革的同时，必须进一步深化对外贸易体制改革。

节选：

二、运用法律、经济手段，完善外贸宏观管理

……加快完善外贸立法，依法管理。《中华人民共和国对外贸易法（草案）》经全国人大常委会审议通过后，要抓紧制定相关的法规、规章……

国家不再给各省、自治区、直辖市及计划单列市和进出口企业下达外贸承包指令性计划指标，对进出口总额、出口收汇和进口用汇实行指导性计划管理，对企业的经营目标进行引导。对少数重要的进出口商品实行配额控制，协调平衡内外销关系。

三、转换外贸企业经营机制，逐步建立现代企业制度。

……外贸企业要加快转换经营机制，由国家计划的单纯执行者真正转变为国家宏观政策指导下的进出口商品经营者……

四、强化进出口商会的协调服务职能，完善外贸经营的协调服务机制。

五、保持外贸政策的统一性，增强外贸管理的透明度。

全国实行统一的对外贸易制度和政策，是建立全国统一大市场的客观要求，也是国际贸易规范之一。为此，必须确保中国对外贸易制度的统一性，统一对外贸易立法和法律实施，统一管理对外贸易，对外统一承担国际义务。凡涉及对外贸易的全国性的法规、政策，国务院授权外经贸部统一对外公布。

——摘自新华网新华资料，2005年3月17日。

重要文献

《现代企业制度改革试点的几个问题》
（朱镕基，1994年11月4日）

这是1994年11月4日朱镕基在全国建立现代企业制度试点工作会议上讲话的要点。讲话要求要全面、正确地理解建立"产权清晰、权责明确、政企分开、管理科学"的现代企业制度，并强调深化企业改革的重点是实行政企分开、转变政府职能，搞好企业内部经营管理，逐步建立社会保障体系。

节选：

……企业改革是经济体制改革的中心环节，所以，今年上半年基本上完成宏观调控体系改革任务后，我们就根据党的十四届三中全会精神，逐步把改革的重点转向企业改革。江泽民同志在党的十四届四中全会上讲话，从明年开始，要把深化国有企业改革作为经济体制改革的重点，力争在转换国有企业经营机制、建立现代企业制度、增强国有企业活力方面有所突破。只有切实抓好国有企业改革，才能真正建立起社会主义市场经济体制。

……要全面、正确地理解党的十四届三中全会《中共中央关于建立社会主义市场经济体制若干问题的决定》。关于现代企业制度，十四届三中全会决定有四句话："产权清晰、权责明确、政企分开、管理科学"……现在各地搞了那么多企业试点……过分地强调了产权清晰，把重点放在探索产权形式上……只讲"产权清晰"这一句话，注意力只集中在这一方面，其他三句话成了陪衬而已，这样理解太不全面。现在有些所谓的产权交易，是将公有财产变着花样地转成个人财产，国有资产流失十分严重，这怎么是我们所要的"产权清晰"呢？……

深化企业改革"关键是实行政企分开、搞好企业内部经营管理、逐步建立社会保障体系"。这里讲的关键有三点，大家要好好学习，认真贯彻。……

第一，要抓政企分开，切实转变政府职能。政府职能不转变，政企就难以分开，企业不可能适应市场经济要求。……

第二，要搞好企业内部经营管理。……还是要眼睛向内，苦练内功，从严要求，把企业基础制度健全起来。……

第三，要逐步建立社会保障体系。……这是深化国有企业改革的最重要的配套改革。搞好国有企业需要逐步做到企业能破产、职工能辞退，解决好这两个问题，企业效益才可能上去。做到这两点，必须有配套政策。……

——摘自《十四大以来重要文献选编》（中）第75—78页，中央文献出版社，2011年。

重要文献

《中华人民共和国对外贸易法》
（1994年5月12日）

《中华人民共和国对外贸易法》由第八届全国人民代表大会常务委员会第七次会议于1994年5月12日通过，自1994年7月1日起施行。《对外贸易法》共八章四十四条。

节选：

第四条 国家实行统一的对外贸易制度，依法维护公平的、自由的对外贸易秩序。

国家鼓励发展对外贸易，发挥地方的积极性，保障对外贸易经营者的经营自主权。

第五条 中华人民共和国根据平等互利的原则，促进和发展同其他国家和地区的贸易关系。

第六条 中华人民共和国在对外贸易方面根据所缔结或者参加的国际条约、协定，给予其他缔约方、参加方或者根据互惠、对等原则给予对方最惠国待遇、国民待遇。

第七条 任何国家或者地区在贸易方面对中华人民共和国采取歧视性的禁止、限制或者其他类似措施的，中华人民共和国可以根据实际情况对该国家或者该地区采取相应的措施。

第十三条 没有对外贸易经营许可的组织或者个人，可以在国内委托对外贸易经营者在其经营范围内代为办理其对外贸易业务。

接受委托的对外贸易经营者应当向委托方如实提供市场行情、商品价格、客户情况等有关的经营信息。委托方与被委托方应当签订委托合同，双方的权利义务由合同约定。

第二十二条 国家促进国际服务贸易的逐步发展。

第二十三条 中华人民共和国在国际服务贸易方面根据所缔结或者参加的国际条约、协定中所作的承诺，给予其他缔约方、参加方市场准入和国民待遇。

——摘自《中华人民共和国法律法规全书》（第四册）第2052—2054页，中国方正出版社，2002年。

重要文献

《国家八七扶贫攻坚计划》

（1994年4月15日）

1994年4月15日，国务院印发《国家八七扶贫攻坚计划》的通知，提出从1994年起到该世纪末的7年时间里，基本解决8000万农村贫困人口的温饱问题。

节选：

社会主义要消灭贫穷。为进一步解决农村贫困问题，缩小东西部地区差距，实现共同富裕的目标，国务院决定：从1994年到2000年，集中人力、物力、财力，动员社会各界力量，力争用7年左右的时间，基本解决目前全国农村8000万贫困人口的温饱问题。这是一场难度很大的攻坚战。为此，国务院制定《国家八七扶贫攻坚计划》，这是今后7年全国扶贫开发工作的纲领，也是国民经济和社会发展计划的重要组成部分。

（四）到本世纪末解决贫困人口温饱的标准：

——绝大多数贫困户年人均纯收入达到500元以上（按1990年不变价格）。

——扶持贫困户创造稳定解决温饱的基础条件：

有条件的地方，人均建成半亩到一亩稳产高产的基本农田；

户均一亩林果园，或一亩经济作物；

户均向乡镇企业或发达地区转移一个劳动力；

户均一项养殖业，或其他家庭副业。

牧区户均一个围栏草场，或一个"草库仑"。

与此同时，巩固和发展现有扶贫成果，减少返贫人口。

（十六）信贷优惠政策

——对贫困户和扶贫经济实体使用扶贫信贷资金，要从实际出发，在保证有效益、能还贷的前提下，贷款条件可以适当放宽，要有一定灵活性。

——国有商业银行，每年要安排一定的信贷资金，在贫困地区有选择地扶持一些效益好、能还贷的项目。

——对广东、福建、浙江、江苏、山东、辽宁沿海6省的贫困县，以及各省、区刚摘掉贫困县帽子的县，要增加地方财政和商业信贷的投入，一般不低于原来国家对这些县的扶持规模。

（十七）财税优惠政策

——对国家确定的"老、少、边、穷"地区新办的企业，其所得税可在3年内予以征后返还或部分返还。

（十八）经济开发优惠政策

——中央和地方安排开发项目时，应向资源条件较好的贫困地区倾斜。中央和省、区在贫困地区兴办的大中型企业，要充分照顾贫困地区的利益，合理调整确定与当地的利益关系。

——国家制定和执行产业政策时，要考虑贫困地区的特殊性，给予支持和照顾。

——对贫困地区的进出口贸易，要坚持同等优先的原则，列入计划，重点支持。

——摘自《十四大以来重要文献选编》（上）第673—675、679—680页，中央文献出版社，2011年。

■ 重要文献

《国务院关于江苏省镇江市、江西省九江市职工医疗保障制度改革试点方案的批复》

（1994年11月8日）

1994年11月8日，国务院批复同意《镇江市职工医疗制度改革实施方案》和《九江市职工医疗社会保险暂行规定》，并于1994年12月开始实施。改革的目标是：建立社会统筹医疗基金与个人医疗帐户相结合的社会保险制度，并且使之逐步覆盖城镇所有劳动者。

节选：

一、关于亏损企业职工医疗保险基金的筹集问题。亏损企业应努力克服困难，缴纳医疗保险金，使医疗机构能够对这些企业的职工继续提供医疗服务，不致影响社会的稳定。亏损企业参加医疗保险后，可以使职工的医疗保障社会化，实际上会减轻企业的负担。亏损企业筹集医疗保险基金的具体办法可在试点过程中探索。

二、关于私营企业职工参加职工医疗保险的问题。考虑到私营企业情况比较复杂，可以先进行试点。

三、国务院重申职工医疗保障制度改革实行属地原则。所有中央部属和省属企、事业单位都必须参加所在地的职工医疗保障制度改革试点，执行当地统一的缴费标准及有关政策规定。

四、关于个人医疗帐户问题。考虑到45岁以上的职工患病较多，但他们过去没有医疗帐户的积累，应在职工医疗保障制度改革的初期，对他们有所照顾。因此，原则同意镇江市、九江市提出的意见，单位缴纳的医疗保险费中，计入个人医疗帐户的部分，可按职工年龄确定不同的比例。

五、同意镇江市、九江市为切实加强对离休干部医疗费用的管理，对离休干部设立个人医疗费用台帐或个人医疗帐户，但一般不缴纳医疗保险费。

六、关于职工供养的直系亲属的医疗保障问题。考虑到这个问题比较复杂，需作进一步研究。因此，暂不纳入职工医疗保障制度改革试点范围。各企、事业单位可按现行办法执行。

八、医疗单位属于社会公益事业单位，应由当地政府规划、建设。医疗单位的基本建设及大型医疗设备的购置、维修要纳入同级政府的基本建设计划和财政预算，统筹安排。……

九、同意镇江市、九江市在职工医疗保障制度改革试点工作中，采取不同的领导管理体制，以便通过实践总结经验。

十、要加强医疗保险基金的管理。医疗保险基金要纳入财政预算管理，建立分级管理责任制，完善财务、会计、审计和预、决算审批制度，切实保证基金的合理使用，防止挪用。

——摘自中国网，2006年8月8日。

大事记

1月3日

经国务院同意，财政部、国家计委日前公布了全国第二批取消的收费项目，共68项。

1月11日

国务院做出《关于进一步深化对外贸易体制改革的决定》。

1月12—15日

全国金融工作会议在北京召开。朱镕基在会上提出，今年金融工作的方针，继续整顿金融秩序，稳步推进金融改革，严格控制信用总量，切实加强金融监管。

1月14日

中国政府发行第一笔全球债券，总额10亿美元，这也是中国政府第一次进入美国资本市场。

1月20日

国家民委、国家民委、国家体改委批复同意内蒙古呼伦贝尔盟、乌海市，吉林延边自治州、贵州黔东南自治州、甘肃临夏自治州、青海格尔木市、新疆伊犁自治州为第一批"民族自治地方改革开放试验区"，探索加快民族自治地方改革开放和经济发展的路子和办法，率先建立社会主义市场经济新体制。

1月23日

国务院发出《关于取消集市交易税、牲畜交易税、烧油特别税、奖金税、工资调节税和将屠宰税、筵席税下放给地方管理的通知》。

1月25—26日

中共中央组织部召开全国组织部长座谈会，会议提出，组织工作要为深化改革、扩大开放、促进发展、保持稳定提供组织保证。

1月28日

国务院发布《中华人民共和国个人所得税法实施条例》，对《中华人民共和国个人所得税法》作出进一步的解释和实施办法。

1月28日

国务院办公厅发出通知，国务院决定成立国务院外汇体制改革协调领导小组和财税体制改革协调领导小组，组长分别为何椿霖和刘仲藜。

1月30日

国务院发布《关于对农业特产收入征收农业税的规定》，明确规定，对烟叶收入、水产收入、林木收入、牲畜收入、食用菌收入征收农业税。

2月4日

财政部印发《中华人民共和国企业所得税暂行条例实施细则》。

2月4日

国家计委、国家税务总局发出《关于务必保持税制改革后物价稳定的通知》。

2月15日

中国人民银行公布《中国人民银行信贷资金管理暂行办法》。文件指出，信贷资金管理系指中国人民银行对货币信贷总量的控制和信贷资金的调节与监管。信贷资金管理的基本原则是：总量控制，比例管理，分类指导，市场融通。

2月17日

国家科委、国家体改委发布《适应社会主义市场经济发展，深化科技体制改革实施要点》。

2月22日

国务院发出《关于调整企业离退人员离退休金的通知》，决定从1993年10月起适当增加企业离退休人员的离退休金。

2月22日

国务院下发《关于研究财税体制改革方案出台后有关问题的会议纪要》，主要对以下几方面的问题，提出了具体的解决办法：对因税负变化、增加负担而又难以自行消化的少数企业采取某些特殊措施，解决生产经营中出现的困难；原由国家批准的减免税政策问题；现行企业所得税减免税优惠政策的处理问题。

2月25日

国务院发布《中华人民共和国外资金融机构管理条例》，规定了外资银行在中国经营的市场准入条件和监管标准等事项。该条例自4月1日起施行。

2月26日

国务院发布《医疗机构管理条例》，《条例》提出，国家扶持医疗机构的发展，鼓励多种形式兴办医疗机构。自9月1日起施行。

3月1日

国家教委、国家科技委、国家体改委公布《关于高等学校发展科技产业的若干意见》。

3月1日

根据中国人民银行决定，中国外汇交易中心在上海成立。

3月2日

国家经贸委公布《关于转换国有企业经营机制建立现代企业制度的若干意见》，《意见》提出，企业改革的主要任务是：使国有大中型企业实现机制转换，建立起适应市场经济要求的现代企业制度，充分发挥国有大中型企业在社会主义市场经济中的主力军作用，带动整个国民经济持续、快速、健康地向前发展。

3月3日

国家体改委发布《关于选择若干县（市）进行县级综合改革试点的实施意见》，在县级综合改革试点的指导思想、试点内容、试点县的条件、工作程序和方法、试点工作的配套和保证措施等方面，提出具体意见。

3月5日

国务院发出《关于开展全国物价大检查的通知》，《通知》指出，为了制止价格违法行为，规范市场价格秩序，抑制物价总水平过度上涨，安定人民生活，保持社会稳定，给各项改革顺利实施创造良好环境，国务院决定1994年继续开展全国物价大检查。

3月6日

国务院作出《关于改革山西煤炭工业管理体制问题的批复》，决定对山西煤炭工业实行统一管理。

3月8日

国家人事部颁布《国家公务员考核暂行规定》，《规定》指出国家公务员的考核内容包括德、能、勤、绩四个方面，重点考核工作实绩。

3月8—19日

全国政协八届二次会议在北京举行。会

议审议通过了《中国人民政治协商会议章程（修正案）》。修正后的章程在有关段落和条款中补充了有关建设有中国特色社会主义的理论、社会主义初级阶段的基本路线、社会主义市场经济等内容，并把参政议政列入政协的主要职能。

3月10日

国家经贸委公布《关于加大力度，进一步搞好企业技术改造，推进企业技术进步的意见》。

3月10—22日

八届全国人大第二次会议在北京举行。会议通过《中华人民共和国预算法》，本法自1995年1月1日起施行。李鹏向大会作《政府工作报告》。

3月17日

国务院发出通知，决定组建国家开发银行，这是直属国务院领导的政策性金融机构。

3月19日

国务院发出通知，决定组建中国进出口银行，这是国务院领导的政策性金融机构。其主要任务是，为扩大中国机电产品和成套设备等资本性货物出口提供政策性金融支持。

3月23日

中共中央召开农村工作会议，全面部署1994年的农业和农村工作。会议要求深化农村经济体制改革，促进农村经济发展，抓好粮棉油生产和"菜篮子"工程。

3月25日

国务院第16次常务会议审议通过《90年代国家产业政策纲要》，提出90年代国家产业政策要解决的重要课题是：不断强化农业的基础地位，大力发展农业和农村经济；切实加强基础设施和基础工业；积极振兴支柱产业；合理调整对外经济贸易结构；加快高新技术产业发展的步伐；大力发展第三产业。同时，优化产业组织结构，提高产业技术水平，使产业布局更加合理。

3月26日

中央农村工作领导小组副组长温家宝、陈俊生听取农业部关于农村改革试验区工作汇报。

3月31日

农业部印发《乡镇企业产权制度改革意见》，提出乡镇企业产权制度改革的指导思想是以党的十四届三中全会精神为指针，以"三个有利于"为标准，以发展股份合作制或股份制为重点，进一步明晰产权，优化结构，完善机制，增强活力，促进中国乡镇企业高效、持续、快速、健康发展。

4月5日

国务院批转国家计委、国家经贸委《关于改革原油、成品油流通体制的意见》，指出原油和成品油的进口，包括一般贸易进口和来（进）料加工、外商投资企业、易货贸易、边贸、捐赠等各个渠道的进口，都要纳入国家计划配额管理。

4月7日

劳动部印发《关于劳动体制区域综合配套改革试点的指导意见》。

4月8—10日

银监会召开全国非银行金融机构监管工作会议。会议要求，在非银行金融机构监管工作中，必须认真研究、妥善处理好非银行金融机构建立现代企业制度对法人治理结构的要求与法人治理缺陷严重等矛盾。

4月10日

中共中央、国务院发布《关于1994年农业和农村工作的意见》，提出，稳定党在农村的基本政策，深化农村经济体制改革，提高农业综合生产能力，促进农村经济发展、农民收入增加、农村社会稳定，为各项重大改革措施的顺利实施和国民经济持续、快速、健康发展创造良好的经济环境和稳定的社会环境。

4月12日

国务院印发《90年代国家产业政策纲要》提出，制定国家产业政策必须遵循的原则：1.符合工业化和现代化进程的客观规律，密切结合中国国情与产业结构变化的特点；2.符合建立社会主义市场经济体制的要求，充分发挥市场在国家宏观调控下对资源配置的基础性作用；3.突出重点，集中力量解决关系国民经济全局的重大问题；4.具有可操作性，主要通过经济手段、法律手段和必要的行政手段保证产业政策的实施，支持短线产业和产品的发展，对长线产业与产品采取抑制政策。

4月12—17日

朱镕基在黑龙江考察时强调，解决国有企业困难的根本出路是深化改革，按照建立现代企业制度的要求，切实转换经营机制。建立现代企业制度，最重要的一条是政企分开，政府不要干预企业的正常经营决策，主要是把领导班子管好，把宏观经济环境管好。

4月14日

国家体改委、财政部、劳动部、卫生部联合印发《关于职工医疗制度改革的试点意见》。

4月19日

国务院发出《关于组建中国农业发展银行的通知》，决定组建中国农业发展银行，该行是直属国务院领导的政策性金融机构，主要任务是农业政策性信贷资金，承担国家规定的农业政策性金融业务，代理财政性支农资金的支付。

4月22日

国务院办公厅发出《关于加强国有企业产权交易管理的通知》，针对一些地方在进行国有企业产权交易过程中出现的问题，提出了解决办法。

4月23日

国务院批转国家计委《关于调整原油、天然气、成品油价格的请示和关于改革化肥价格管理办法的请示》。

4月26日—5月2日

朱镕基在浙江考察时，指出国有粮食部门必须掌握必要的粮源，充分发挥主渠道作用。国有粮食系统要深化体制改革，将政策性和经营性两个部分从业务上、机构上分开。

5月2日

中国银行发行港币庆典在香港举行，中国银行发行的港币即日起在香港正式流通。

5月5日

国家计委、农业部、财政部公布第二批减轻农民负担的项目。

5月9日

国务院发出《关于深化粮食购销体制改革的通知》，强调做好粮食购销工作，对于促进中国粮食稳步增长，保持粮食市场稳定，安排好人民生活，保证各项改革顺利进行关系重大。国务院发出通知，同意财政部等6部委提出的《粮食风险基金实施意见》。

5月11—12日

1994年中国北京国际高级经济论坛会议在京举行。会议就一些当代世界和中国经济发展与改革开放的理论和实践问题作了探讨。

5月12日

八届全国人大常委会第七次会议通过《中华人民共和国对外贸易法》、《中华人民共和国国家赔偿法》，分别自1994年7月1日和1995年7月1日起施行。

5月15日

国务院办公厅日前发出《关于加强国有企业产权交易管理的通知》，指出严禁低价折股，低价出售，甚至无偿分给个人。组织国有企业产权交易活动，必须报国务院审批。

5月23日
国务院办公厅发出《关于调整大中城市工商行政管理体制的通知》。

5月28日
国务院办公厅发出关于成立全国外贸工作领导小组的通知,李岚清为组长。

6月1日
国务院作出批复,同意停止执行《全民所有制工业企业转换经营机制条例》第十三条第六款"企业以留利再投资退40%所得税"的规定。

6月2日
经国务院批准,中国民航总局和外经贸部日前联合颁发《关于外商投资民用航空有关政策的通知》,有条件地允许外商投资民用航空业。

6月8日
国务院批转国家体改委《1994年经济体制改革实施要点》。《要点》提出:本年经济体制改革的重点,一是转换国有企业经营机制,积极探索建立现代企业制度的有效途径;二是深化财税、金融、外贸、外汇体制改革,初步确立新型宏观调控体系的基础构架。围绕这两个重点,配套推进价格改革、农村经济体制改革、政府机构改革、社会保障制度和住房制度改革等其他方面的改革。

6月13日
《国家公务员录用暂行规定》由人事部正式颁布实施。这是继《国家公务员暂行条例》颁布之后,中国建立和推行国家公务员制度的又一重大措施。

6月14—17日
全国教育工作会议举行,讨论《中国教育改革和发展纲要》。

6月15—21日
江泽民在广东考察,就经济特区的发展问题发表重要意见。江泽民指出:总结特区建设的经验,集中到一点,就是要始终不渝地坚持以邓小平同志建设有中国特色社会主义理论和党的基本路线为指导,解放思想,实事求是,胆子要大,步子要稳,理论与实际相结合,借鉴与独创相统一,努力形成和发展经济特区的中国特色、中国风格、中国气派。

6月18日
国务院批复同意《外经贸股份有限公司内部职工持股试点暂行办法》。

6月19日
国家体改委发出《关于立即停止审批定向募集股份有限公司并重申停止审批和发行内部职工股的通知》。

6月21—24日
全国金融机构监管工作会议在北京召开。会议指出,特别要加强对金融机构的严格监管,保证金融体系安全、有效地运行。首先,必须对违法设立和越权批设的金融机构进行认真的清理整顿。所有金融机构的设立都必须经过人民银行总行批准,未经批准,不得设立和经营。同时,要进一步加强对现有金融机构的监督管理。

7月3日
国务院发出《关于<中国教育改革和发展纲要>的实施意见》。《纲要》确定中国教育事业发展的总目标是:到20世纪末,全民受教育水平有明显提高;城乡劳动者的职前、职后教育有较大发展;各类专门人才的拥有量基本满足现代化建设的需要;形成具有中国特色的、面向21世纪的社会主义教育体系的基本框架。再经过几十年的努力,建立起比较成熟和完善的社会主义教育体系,实现教育的现代化。

7月5日
八届全国人大常委会第八次会议通过《中华人民共和国劳动法》。该法规定,在中华人民共和国境内的企业、个体经济组织和与之形成劳动关系的劳动者,适用本法。本法自1995年1月1日起施行。

7月5日
八届全国人大常委会第八次会议通过《中华人民共和国城市房地产管理法》,规定,在中华人民共和国城市规划区国有土地(以下简称国有土地)范围内取得房地产开发用地的土地使用权,从事房地产开发、房地产交易,实施房地产管理,应当遵守本法。本法自1995年1月1日起施行。

7月11日
国家外汇管理局公布《进口付汇核销管理暂行办法》,自8月1日起执行。

7月13日
国务院批准修改后的《中华人民共和国外国人入境出境管理法实施细则》和《中华人民共和国公民出境入境管理法实施细则》,公安部、外交部7月15日发布实施。

7月18日
国务院作出《关于深化城镇住房制度改革的决定》。

7月20日
中国联合通讯有限公司日前在北京成立。这是改革通讯管理体制一项重大措施。江泽民题词祝贺。

7月24日
国务院发布《国有企业财产监督管理条例》。《条例》提出,国务院授权有关部门或者有关机构,对指定的或者所属的企业财产的经营管理实施监督。

7月28日
为规范金融机构管理,保证金融机构资本来源正当,结构合理,促进金融机构健康发展,中国人民银行公布《关于向金融机构投资入股的暂行规定》。

7月30日
人事部部长宣布,中央国家机关26个部门,将公开考试录用国家公务员。

8月1日
国务院印发《关于进一步发展海峡两岸经济关系若干问题的决定》。《决定》提出,要大力改善投资环境,为台商投资创造更有利的条件;要在办好现有台资企业和继续吸引中小台商投资的同时,重点做好台湾大企业的工作,鼓励台商按我产业政策投资大型项目;加强两岸在农业、科技、基础设施建设以及共同开辟国际市场等领域的合作。

8月2—5日
全国财政工作会议在京召开。会议强调下半年财税中心工作是确保财政税收改革取得成功和圆满完成国家预算任务。

8月3日
国务院住房制度改革领导小组召开贯彻《国务院关于深化城镇住房制度改革的决定》工作会议。

8月16日
国务院批复同意,组建国家开发投资公司。该公司是国务院直接联系的国有独资政策性投资机构,受国家开发银行监管。公司为独立法人,实行独立核算,自主经营,自负盈亏。

8月18日
国务院发布《基本农田保护条例》和《中华人民共和国气象条例》,前者从10月1日起施行。

8月18—19日
国务院召开全国农业生产资料流通体制改革工作会议,朱镕基在会上指出,改革化肥等农业生产资料流通体制,是加强宏观调控,

整顿流通秩序的一项重要任务。

8月20日
深圳市率先对国有资产授权经营进行试点，已有18家公司首批获得国有资产授权经营。

8月24日
国务院发出《关于分税制财政管理体制税收返还改为与本地区增值税和消费税增长率挂钩的通知》。

8月25日
国务院作出《关于三峡工程库区进一步对外开放问题的批复》，同意将湖北、四川两省所辖三峡工程库区的市县列为长江三峡经济开放区，实行沿海经济开放区政策；宜昌、万县、涪陵三市实行沿海开放城市的政策。

8月29日
国务院召开的全国棉花工作会议在京举行。李岚清、朱镕基先后在会上讲话，强调棉花流通体制改革要积极稳妥，不开放经营，不放开价格。

8月30日—9月2日
第一次全国土地使用制度改革工作会议在北京召开。会议的主要任务是，研究部署在加快建立社会主义市场经济体制的新形势下，深化土地使用制度改革，加强土地管理，切实保护耕地资源，建立社会主义土地市场体系。江泽民在会上强调，土地必须由国家依法统一管理。

8月31日
八届全国人大常委会第九次会议通过《中华人民共和国审计法》和《中华人民共和国仲裁法》，分别自1995年1月1日和9月1日起施行。

9月4—6日
国家体改委在长春召开全国城市综合配套改革试点工作会议，主要内容是研究如何推进社会保障体制改革问题。

9月8日
建设部、国家计委、国家体改委等6部门印发《关于加强小城镇建设的意见》，要求有条件的县有重点地抓1—2个点进行试点。

9月15日
乔石在首都各界纪念人民代表大会成立40周年大会上的讲话中指出，同经济体制改革和经济发展相适应，必须按照民主化和法制化紧密结合的要求，积极推进政治体制改革，努力建设有中国特色的社会主义民主政治。

9月21日
财政部、国家国有资产管理局和中国人民银行颁布《国有资产收益收缴管理办法》，对国有资产收益作出了明确规定，对国有资产收益的收缴入库方面，也分别不同情况提出了详细的要求。

9月25—28日
中共十四届四中全会在北京举行。会议集中讨论了党的建设问题，通过了《中共中央关于加强党的建设几个重大问题的决定》。

9月29日
国务院批转中国人民银行《关于加强金融机构监管工作的意见》。《意见》指出，设立金融机构和开办金融业务必须经中国人民银行批准，未经批准擅自经营金融业务的，一律为非法经营，要依法予以处理。

10月7日
劳动部、国家体改委等4部门颁布《劳动就业服务企业实行股份合作制规定》，要求地方劳动部门和行业管理部门要加强领导，统筹规划，精心安排，积极稳妥地做好试点工作。

10月10—15日
李铁映在陕西省考察时强调，建立现代企业制度是国有企业改革的方向，目的是找到公有制与市场经济有机结合的微观实现形式，找到国有经济在市场经济条件下有效的企业组织制度，最大限度地解放和发展生产力。

10月20—23日
全国社会发展工作会议在北京召开。这是建国以来国务院召开的第一次全国性的社会发展工作会议。邹家华在会上作了题为《提高认识，加强领导，大力推进社会发展与进步》的讲话。

10月21—23日
国务院在大连召开经济技术开发区外商投资研讨会，李岚清在会上指出，我们总的方针就是更加积极有效地利用外资，改善结构，提高水平。

10月25日
国务院发出《关于在若干城市试行国有企业破产有关问题的通知》。

10月26—29日
中共中央在北京召开全国农村基层组织建设工作会议。江泽民在会上说，农业、农村和农民问题，关系着改革开放和社会主义现代化事业的大局，关系着党的执政地位的巩固，关系着国家的长治久安。这不但是个重大的经济问题，同时是个重大的政治问题。

10月29日
中国企业改革与发展研讨会在京举行，对国有企业改革的思路，建立现代企业制度的难点、对策等问题进行了研讨。

11月2—4日
国务院在北京召开全国建立现代企业制度试点工作会议，确定在百家企业进行试点。

11月3日
国家国有资产管理局、国家体改委公布《股份有限公司国有股权管理暂行办法》，对国有股权的性质、股份公司国有股权管理应遵循的原则、股份公司设立时国有股权的界定、国有股持股单位和股权行使方式、国有股权的收入、增购、转让及转让收入的管理、国家股持股单位的监督和制裁等作出具体规定。

11月8日
农业部、中国人民银行公布《关于加强农村合作基金会管理的通知》，《通知》指出，农业部负责指导农村合作基金会的管理与发展，并制定有关的政策法规；地方农业行政部门为农村合作基金会的主管部门；中国人民银行依法对农村合作基金会的业务活动进行监督，并会同农业行政部门对违反规定办理存贷款业务的行为进行处理。

11月9日
国务院办公厅发出《转发国家税务总局<关于认真贯彻执行中央和地方税务机构税收征管分工有关规定的请示>的通知》，要求各地必须按照国务院的部署，统一思想，顾全大局，坚决贯彻执行国办发〔1993〕87号文件，保证税制改革的顺利实施。

11月14日
劳动部发布《企业经济性裁减人员规定》。

11月15日
陈俊生在全国农业对外开放工作会议上说，要把农业对外开放及农村经济发展放到世界农业和世界经济大循环中考虑。要找准农业对外开放的"突破口"。

11月17日
劳动部发布《农村劳动力跨省流动就业管理暂行规定》，《规定》要求，用人单位跨省招用农村劳动力需具备以下条件：经劳动就业服务机构核准，确属因本地劳动力普遍短缺，需跨省招收人员；用人单位需招收人员的行业、工种属于劳动就业服务机构核准的，在本地无法招足所需人员的行业、工种；不属于上述情况，但用人单位在规定的范围和期限内，无法招到或招足所属人员。

11月18日

国务院发出《关于江苏省镇江市、江西省九江市职工医疗保障制度改革试点方案的批复》。

11月18日

经国务院批准组建的又一家政策性银行——中国农业发展银行正式成立。

11月22日

财政部、劳动部印发《关于加强企业职工社会保险基金投资管理的暂时规定》，《规定》指出，企业职工社会保险基金是按国家规定提取、筹集和使用的专项基金。基金除用于购买社会保险基金特种定向债券外，不得在境内外进行其他直接投资和各种形式的委托投资等高风险投资。

11月24日

劳动部公布《关于解决部分困难企业离退休人员基本生活问题的通知》，对一些国有企业经济效益不好，长期亏损，有的处于停产半停产状态，致使离退休人员的基本生活难以保障的，提出了具体的解决办法。

11月25日

国家国有资产管理局公布《集体企业国有资产产权界定暂行办法》。

11月28日—12月1日

中共中央、国务院在北京召开中央经济工作会议。会议提出下一年经济工作的主要任务是：继续加强和改善宏观调控，抑制通货膨胀，保持国民经济发展的好势头；以深化国有企业改革为重点，推进各项配套改革，完善宏观管理体制；增加农业投入，确保农副产品供应，全面发展和繁荣农村经济；加大结构调整力度，强化管理和推动技术进步，提高经济的整体素质和效益。

12月3日

国家土地管理局、国家体改委印发《股份有限公司土地使用权管理暂行规定》。

12月4日

国务院办公厅转发国家体改委、国家发展计划委员会制订的《关于八个省会城市不再实行计划单列若干政策衔接问题的意见》。《意见》提出，沈阳、长春、哈尔滨、南京、武汉、广州、成都、西安等8个省会城市不再实行计划单列。同时对8个省会城市不再实行计划单列后的政策衔接问题，提出了解决的办法。

12月5日

中国证监会、国家经贸委、国内贸易部联合颁布《关于国有企业、事业单位参与期货交易的规定》。《规定》指出，国有企业、事业单位参与期货交易要经主管部门或公司董事会批准。各交易所要审核批准文件，会员也要严格审核委托客户中的国有企事业单位参与期货交易的批准文件。

12月15日

建设部、国务院住房制度改革领导小组、财政部公布《城镇经济适用住房建设管理办法》。

12月16日

建设部、国家体改委公布《全面深化建筑市场体制改革的意见》，《意见》提出加快转变政府管理职能，加强宏观调控；建立现代企业制度，培育合格市场主体；加快改革现行定额取费制度，建立由市场形成价格的新机制等11项培育和发展建筑市场的措施。

12月20—23日

全国经济体制改革工作会议在京举行。会议提出，1995年经济体制改革的总任务是，重点推进以建立现代企业制度为目标的国有企业改革，配套进行社会保障体制改革，培育市场体系和转变政府职能，进一步巩固和完善宏观管理体制改革。

12月23日

国务院印发《关于继续对宣传文化单位实行财税优惠政策的规定》。

12月24日

"庆祝经济技术开发区10周年座谈会"在天津结束。自1984年9月创办第一批，到现在已增加到32个经济技术开发区，10年来成绩瞩目。

12月26日

国家教委颁布《关于深化改革，加强1995年普通高等学校招生计划宏观管理的意见》，《意见》指出，1995年普通高等教育招生计划管理工作要进一步深化改革，认真处理好发展与改革、稳定的关系，保证中国普通高等教育事业的规模更加适当，结构更加合理，质量和效益明显提高。

12月27日

全国商品流通工作会议在北京召开。会议提出，1995年全国商品流通工作的总任务是：加强对重要商品的宏观调控，促进市场稳定，物价稳定，抑制通货膨胀；以加快流通企业改革为重点，推进流通体制整体改革；发挥国有内贸企业主渠道作用，强化市场管理，整顿流通秩序，规范市场行为。

12月27—29日

全国城镇企业职工养老保险制度改革试点工作会议在北京召开。会议指出，养老保险总的办法就是用社会基本养老保险、企业补充养老保险和个人储蓄保险三个层次的保险。养老保险金由企业和个人共同负担，实行社会统筹和个人账户相结合。会议确定，由劳动部负责推动指导这项改革的试点工作。

12月29日

国内贸易部公布《关于深化流通体制改革、促进流通产业发展的若干意见》。

12月31日

国务院批复同意中国化工进出口总公司进行综合商社试点。

12月31日

国家体改委发出《关于<国家体改委联系的30家现代企业制度试点和1家国家控股公司试点有关工作>的通知》，提出了国家体改委联系的试点企业名单和工作程序。

1994年12月14日，国务院总理李鹏在三峡工程开工典礼上宣布三峡工程正式开工。

数说发展

人口

总人口 **119850** 万人

 出生率 **17.7‰**

 死亡率 **6.49‰**

 自然增长率 **11.21‰**

黄金和外汇储备

黄金 **1267** 万盎司

外汇储备 **516.20** 亿美元

GDP（国内生产总值）

第一产业增加值 **8231** 亿元

第二产业增加值 **21259** 亿元

第三产业增加值 **14310** 亿元

GDP（国内生产总值） **43800** 亿元
比上年增长 **11.8%**

财政收支 （单位：亿元）

 收支差额 **−574.52**

收入 **5218.10**

支出 **5792.62**

工业

工业增加值 **18359** 亿元

轻工业 **7668** 亿元

重工业 **10691** 亿元

建筑业增加值 **2900** 亿元

农业

农业增加值 **6650** 亿元

产量 （单位：万吨）

产量	数值	比上年增长
粮食	444500	−2.5%
水产品	2098	15.1%
油料	1984	10.0%
棉花	425	13.6%

国内商业

社会商品零售总额 **16053** 亿元

城市 **9555** 亿元

农村 **6498** 亿元

社会生产资料销售总额 **22980** 亿元

对外经济

进出口贸易总额 **2367** 亿美元　增长 **20.9%**

出口 **1210** 亿美元

（外商投资企业出口 **347** 亿美元）

进口 **1157** 亿美元

出口大于进口 **53** 亿美元

利用外资

实际使用外资 **458** 亿美元

其中外商直接投资 **338** 亿美元

已注册的外商投资企业达 **20.6** 万户

对外经济合作

对外承包工程和劳务合作新签合同金额 **79.9** 亿美元

完成营业额 **59.7** 亿美元

固定资产

固定资产投资 **15926** 亿元

- 国有单位固定资产投资 **11354** 亿元
  - 其中 基本建设投资 **6287** 亿元
  - 更新改造投资 **2842** 亿元
  - 房地产投资 **1796** 亿元
  - 其他投资 **429** 亿元
- 集体经济项目投资 **2758** 亿元
- 城乡个人投资 **1814** 亿元

 基本建设、更新改造新开工 **5** 万元以上项目 **76492** 个

新增加的生产能力

 煤炭开采 **477** 万吨

 发电机组容量 **1527** 万千瓦

 石油开采 **1545** 万吨

 炼铁 **81** 万吨

 汽车制造 **9.22** 万辆

 化肥 **48** 万吨

 木材采运 **14.8** 万立方米

 天然气开采 **11.34** 亿立方米
（含更新改造和其他投资增加的能力）

人民生活

城乡居民收入

 城镇 **3179** 元　 农村 **1220** 元

城乡居民储蓄存款余额 **21519** 亿元

新建住宅 （单位：亿平方米）

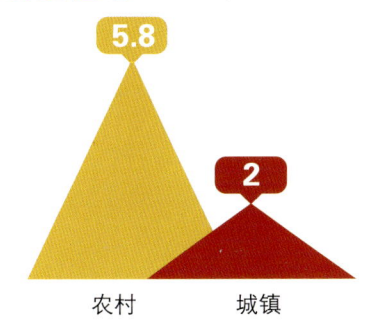

农村 5.8　　城镇 2

全国职工

全国职工总数 **15100** 万人

城镇私营企业从业人员和个体劳动者 **1322** 万人

乡镇企业从业人员 **1.2** 亿人

乡村私营企业从业人员和个体劳动者 **2438** 万人

全国职工工资总额 **6650** 亿元
全国职工平均工资 **4510** 元

社会福利事业

 各类社会福利院床位 **94** 万张，收养 **73** 万人

 全年城乡各种社会救济对象得到国家救济的 **4300** 万人次

 32% 的乡镇建立了农村社会保障网络

 城镇已建立起各种社区服务设施 **10.1** 万个

全国承保总额 **111735** 亿元
保费收入 **498** 亿元

制定的各类环境保护标准 **325** 项

全年完成环境污染限期治理项目 **6285** 个
总投资 **26.2** 亿元

环境保护事业

环境保护系统共有 **8.5** 万人

各级环境监测站 **2306** 个

环境监测人员 **3.4** 万人

全国自然保护区 **763** 个

国家级自然保护区 **90** 个

自然保护区总面积 **6618** 万公顷
占国土总面积的 **6.8%**

在全国 **647** 个城市中
建成了 **3134** 个烟尘控制区
面积达 **11588** 平方公里

在 **573** 个城市中
建成了 **1928** 个环境噪声达标区
面积达 **4683** 平方公里

旅游

 接待人数 **4368** 万人次

 旅游外汇收入 **73.23** 亿美元

交通运输

增加值 2247 亿元

新建线路交付营业里程

 铁路正线 278.6 公里
铁路复线 1342 公里

 沿海港口吞吐能力 2580 万吨

 高速公路 493 公里

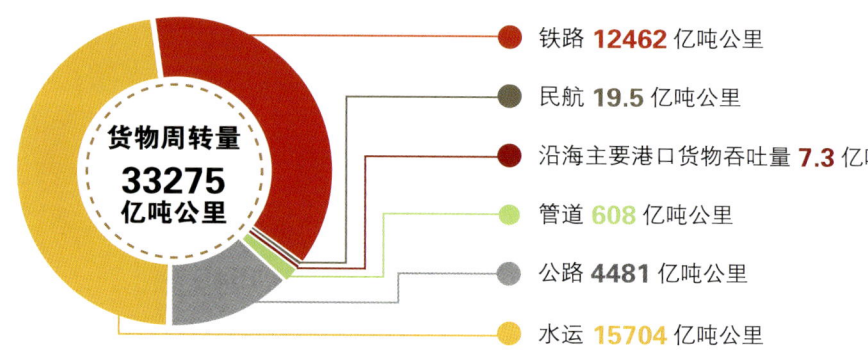

货物周转量 33275 亿吨公里
- 铁路 12462 亿吨公里
- 民航 19.5 亿吨公里
- 沿海主要港口货物吞吐量 7.3 亿吨
- 管道 608 亿吨公里
- 公路 4481 亿吨公里
- 水运 15704 亿吨公里

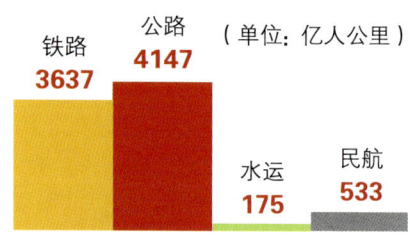

铁路 3637　公路 4147　水运 175　民航 533　（单位：亿人公里）

旅客周转量 8492

邮电通信

邮电业务总量 693 亿元

 市内电话机装机容量 1622 万门

 长途光缆 3 万延长公里

 新建微波电路 1 万公里

局用交换机容量 4878 万门
长途交换机容量 220 万路端

长途传输数字化比重 80%
市话交换程控化比重 97%

新发展城乡电话用户 1000 万户
全国电话普及率 3.2%

新增邮路 2.9 万公里

科学技术

科技经费支出 630 亿元

其中研究与发展经费支出 222 亿元

科研成果

取得省部级以上重大科技成果 2.6 万项

国家自然科学基金资助科学项目 3537 项
资助金额 3.1 亿元

新建成国家重点实验室 1 个
国家工程研究中心 15 个
国家工业试验基地 6 个
国家级企业技术中心 60 个

科技队伍

国有企事业单位共有各类专业技术人员 2658 万人

县级以上国有独立研究开发机构 5860 个
高等院校办科研机构 3000 个
大中型工业企业办科研机构 11656 个

从事科技活动人员 241.5 万人

技术市场

21.2 万份 签订技术合同　**228.8 亿元** 成交金额

 33997 个 参加"产、学、研"合作的单位

 12844 项 设立合作开发项目

 45.4 万人 参加人数

教 育

招生人数 （单位：万人）

- 研究生 5.1
- 普通高校本专科生 90
- 成人高校本专科生 101.7

在校学生 （单位：万人）

- 小学 13000
- 初中 4317
- 高中 1509
- 普通高校本专科生 279.9
- 研究生 12.8

成人教育 （单位：万人）

- 共扫除文盲 486.2 万人
- 成人中专 221.4
- 成人高校本专科生 235.2
- 成人技术培训学校 6625 万人次
- 成人中、小学 761.5

文 化

电影故事片 148 部

16 部（次）影片在国际电影节上获奖

艺术表演团体 2681 个

各类电影放映单位 10.9 万个

发行各种新片（长片）213 部

（单位：个）

- 博物馆 1140
- 文化馆 2875
- 公共图书馆 2597
- 档案馆 3585

广播人口覆盖率 77.4%
电视人口覆盖率 83.3%

广播电台 1108 座

中、短波广播发射台和转播台 748 座

电视台 764 座

一千瓦以上电视发射台和转播台 1123 座

卫 生

- 医院病床 283.2 万张
- 专业卫生技术人员 419.9 万人
- 其中医生 188.2 万人（含中、西医师 142.5 万人）
- 护师、护士 109.4 万人

体 育

26 人 4 队 72 次创 41 项世界纪录

24 人 5 队 44 次创 37 项亚洲纪录

73 人 21 队 131 次创 89 项全国纪录

获得世界冠军 79 个

出 版

全国性和省级报纸 186.7 亿份

杂志 22.5 亿册

图书 59.3 亿册（张）

1994

1995

1978—2018
中国改革开放全纪录

- 推进祖国和平统一进程的八项主张
- 《中国人民银行法》出台
- 实施科教兴国战略
- 中国正式提出加入世贸组织申请
- 《中共中央关于制定国民经济和社会发展"九五"计划和 2010 年远景目标的建议》通过
- 国有企业"抓大放小"

焦点事件

推进祖国和平统一进程的八项主张

1995年1月30日，江泽民根据国际国内的新形势和两岸关系发展的新状况，为巩固十几年来两岸关系发展的成果，遏制"台独"分裂势力，防止外国势力插手台湾问题，推动祖国和平统一进程，代表中国共产党和中国政府发表了题为《为促进祖国统一大业的完成而继续奋斗》的电视讲话，精辟地阐述了邓小平关于"和平统一、一国两制"的思想精髓，并就发展两岸关系、推动祖国统一进程提出了八项主张：

（1）坚持一个中国的原则，是实现和平统一的基础和前提。中国的主权和领土决不容许分割。任何制造"台湾独立"的言论和行动，都应坚决反对；主张"分裂分治"、"阶段性两个中国"等等，违背一个中国的原则，也应坚决反对。

（2）对于台湾同外国发展民间性经济文化关系，我们不持异议。在一个中国的原则下，并依据有关国际组织的章程，台湾已经以"中国台北"名义参与亚洲开发银行、亚太经济合作会议等经济性国际组织。但是，我们反对台湾以搞"两个中国"、"一中一台"为目的的所谓"扩大国际生存空间"的活动。一切爱国的台湾同胞和有识之士都会认识到，进行这类活动并不能解决问题，反而会使"台独"势力更加肆无忌惮地破坏和平统一的进程。只有实现和平统一后，台湾同胞才能与全国各族人民一道，真正充分地共享伟大祖国在国际上的尊严和荣誉。

（3）进行海峡两岸和平统一谈判，是我们的一贯主张。在和平统一谈判的过程中，可以吸收两岸各党派、团体有代表性的人士参加。我在1992年10月中国共产党第十四次全国代表大会的报告中说："在一个中国的前提下，什么问题都可以谈，包括就两岸正式谈判的方式同台湾方面进行讨论，找到双方都认为合适的办法。"我们所说的"在一个中国的前提下，什么问题都可以谈"，当然也包括台湾当局关心的各种问题。我们曾经多次建议双方就"正式结束两岸敌对状态，逐步实现和平统一"进行谈判。在此，我再次郑重建议举行这项谈判，并且提议，作为第一步，双方可先就"在一个中国的原则下，正式结束两岸敌对状态"进行谈判，并达成协议。在此基础上，共同承担义务，维护中国的主权和领土完整，并对今后两岸关系的发展进行规划。至于政治谈判的名义、地点、方式等问题，只要早日进行平等协商，总可找出双方都可以接受的解决办法。

（4）努力实现和平统一，中国人不打中国人。我们不承诺放弃使用武力，决不是针对台湾同胞，而是针对外国势力干涉中国统一和搞"台湾独立"的图谋的。我们完全相信台湾同胞、港澳同胞和海外侨胞理解我们的这一原则立场。

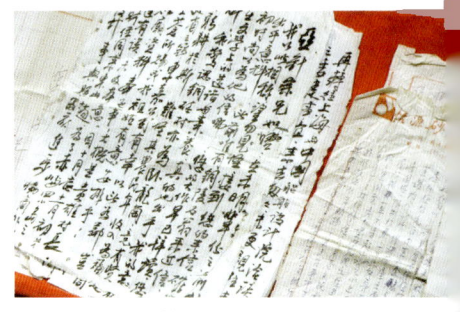

1978年以后，随着两岸关系的缓和，两岸亲人开始书信往来。

（5）面向21世纪世界经济的发展，要大力发展两岸经济交流与合作，以利于两岸经济共同繁荣，造福整个中华民族。我们主张不以政治分歧去影响、干扰两岸经济合作。我们将继续长期执行鼓励台商投资的政策，贯彻《中华人民共和国台湾同胞投资保护法》。不论在什么情况下，我们都将切实维护台商的一切正当权益。要继续加强两岸同胞的相互往来和交流，增进了解和互信。两岸直接通邮、通航、通商，是两岸经济发展和各方面交往的客观需要，也是两岸同胞利益之所在，完全应当采取实际步骤加速实现直接"三通"。要促进两岸事务性商谈。我们赞成在互惠互利的基础上，商谈并且签订保护台商投资权益的民间性协议。

1988年，去台老兵侯四邦（二排中戴墨镜者）回到阔别40年的故乡，受到乡亲们的欢迎。

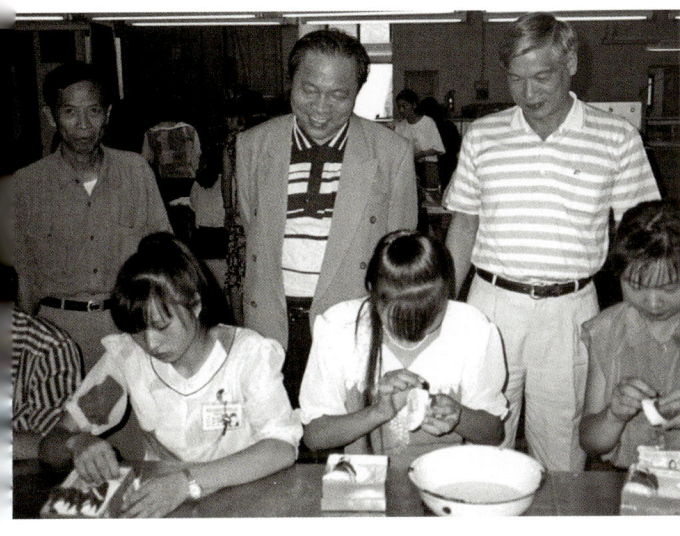

1995年，福州市副市长龚雄到台商制鞋厂参观。

（6）中华各族儿女共同创造的五千年灿烂文化，始终是维系全体中国人的精神纽带，也是实现和平统一的一个重要基础。两岸同胞要共同继承和发扬中华文化的优秀传统。

（7）2100万台湾同胞，不论是台湾省籍还是其他省籍，都是中国人，都是骨肉同胞、手足兄弟。要充分尊重台湾同胞的生活方式和当家作主的愿望，保护台湾同胞一切正当权益。我们党和政府各有关部门，包括驻外机构，要加强与台湾同胞的联系，倾听他们的意见和要求，关心、照顾他们的利益，尽可能帮助他们解决困难。我们希望台湾岛内社会安定、经济发展、生活富裕；也希望台湾各党派以理性、前瞻和建设性的态度推动两岸关系发展。我们欢迎台湾各党派、各界人士，同我们交换有关两岸关系与和平统一的意见，也欢迎他们前来参观、访问。凡是为中国统一作出贡献的各方面人士，历史将永远铭记他们的功绩。

（8）我们欢迎台湾当局的领导人以适当身份前来访问；我们也愿意接受台湾方面的邀请，前往台湾。可以共商国是，也可以先就某些问题交换意见，就是相互走走看看，也是有益的。中国人的事我们自己办，不需要借助任何国际场合。海峡咫尺，殷殷相望，总要有来有往，不能"老死不相往来"。

《中国人民银行法》出台

1995年，被称为中国的"金融立法年"。全国人大及其常委会先后颁布了"五法一决定"，即《中国人民银行法》《商业银行法》《担保法》《票据法》《保险法》《关于惩治破坏金融秩序犯罪的决定》。其中，《中国人民银行法》是中国第一部由全国人大颁布的金融法律。

1995年3月18日，第八届全国人民代表大会第三次会议通过了《中国人民银行法》。《中国人民银行法》规定，中国人民银行是中华人民共和国的中央银行。中国人民银行在国务院领导下，制定和执行货币政策，防范和化解金融风险，维护金融稳定。

《中国人民银行法》同时规定，中国人民银行不得对政府财政透支，不得直接认购、包销国债和其他政府债券。中国人民银行不得向地方政府、各级政府部门提供贷款，不得向非银行金融机构以及其他单位和个人提供贷款，但国务院决定中国人民银行可以向特定的非银行金融机构提供贷款的除外。

在1995年《中国人民银行法》通过前，央行超发货币是通货膨胀的主要原因，央行常常被迫向财政透支。1995年《中国人民银行法》出台后，再也不允许通过基础货币供应来解决财政不足问题，中国货币走向稳定。

中国人民银行行长戴相龙出席八届人大四次会议时，常被记者包围采访，金融改革成为关注热点。

1995年5月26日,全国科学技术大会在北京人民大会堂举行。

语录 "发展高科技,实现产业化。"

——邓小平

背景:邓小平一贯重视发展科学技术。1986年3月,在邓小平的支持和关怀下,致力于发展高科技、追踪世界先进水平的"863计划"得到中共中央、国务院的批准。"863计划"实施的几年里,上万名科学家在各个不同领域,协同合作,各自攻关,很快就取得了丰硕的成果。1991年,邓小平又挥笔为"863计划"工作会议写下了题词:"发展高科技,实现产业化",再次给为实现"863计划"而攻关的科学家以鼓励,也为中国高科技的发展指明了方向。

实施科教兴国战略

随着以美苏对抗为特点的"冷战"的结束,世界各国都在寻求新时代的发展战略,纷纷把目光投向了经济和科技,通过科技带动经济发展成为普遍的共识。美国于1993年成立国家科技委员会,欧共体于1994年决定成立欧洲科技代表大会,日本提出"新技术立国"方针,世界各国围绕着科技展开的竞争日趋激烈。

清华同方股份有限公司是一家密切依托清华大学的科研实力与人才平台,以"科技服务社会"为宗旨,以信息产业为主导的高科技公司。

在这样的国际背景下,中国也着手进一步促进科技事业的发展。1992年10月,党的十四大报告指出:"振兴经济首先要振兴科技","必须把教育摆在优先发展的战略地位,努力提高全民族的思想道德和科学文化水平,这是实现中国现代化的根本大计。"至此,中央第一次以党的文件的形式,把科技和教育优先发展的战略地位作为全党共识确定下来。

1995年,中国国民经济和社会发展的第八个"五年计划"顺利完成,提前实现了"三步走"战略的第二步目标。中央在酝酿制定"九五"计划和2010年远景目标时,将科教兴国发展战略作为一个重要内容提了出来。

为了落实这个决定,1995年5月6日,中共中央、国务院作出《关于加速科学技术进步的决定》,第一次正式提出在全国实施科教兴国战略。指出:"实施科教兴国战略,是全面落实科学技术是第一生产力思想的战略决策,是保证国民经济持续、快速、健康发展的根本措施,是实现社会主义现代化宏伟目标的必然抉择,也是中华民族振兴的必由之路。十一届三中全会以后,党的工作重点转移到以经济建设为中心,实施科教兴国战略,是这一转移的进一步深化和向更高阶段的发展,必将使生产力产生新的飞跃。"

5月26日至30日,中共中央、国务院在北京召开全国科学技术大会。江泽民发表重要讲话,对科教兴国战略的内容、意义和需要把握的问题作了全面的阐述。他指出:"党中央、国务院号召全党和全国人民全面落实邓小平关于科学技术是第一生产力的思想,投身于实施科教兴国战略的伟大事业,加速全社会的科技进步,为实现中国现代化建设的第二步和第三步战略目标而努力奋斗。"

9月,党的十四届五中全会通过了《关于制定国民经济和社会发展"九五"计划和2010年远景目标的建议》,科教兴国战略作为今后15年直至21世纪,推进国民经济和社会发

语录 "用现代科学技术知识武装起来。"
——江泽民

背景：1994年2月6日，江泽民为《现代科学技术基础知识》（干部选读）作了题为"用现代科学技术知识武装起来"的序。江泽民指出，科学技术日益渗透于经济发展和社会生活各个领域，成为推动现代生产力发展的最活跃的因素。加速中国的科技进步，一定要提高各级领导干部的科技素质。抓紧学习和掌握现代科技知识，是摆在我们面前的一项重要任务，各级干部要从事关国家富强、民族振兴的高度来认识学习的重要性，增强学习的自觉性，用现代科学技术知识武装自己。

展的九条重要方针之一。

科教兴国战略，是继1956年号召"向科学进军"、1978年全国科学大会之后，中国科技事业发展进程中第三个重要里程碑。它把科技、教育进步作为经济和社会发展的强大动力，是确保国民经济持续、快速、健康发展，增强国际竞争力的根本措施，对建设国家创新体系，促进科技创新与产业化，促进科技自主创新能力的提高，实现跨越式发展具有重要作用。

中国正式提出加入世贸组织申请

1994年4月15日，在摩洛哥的马拉喀什市举行的关贸总协定乌拉圭回合部长会议决定成立更具全球性的世界贸易组织（简称"世贸组织"，World Trade Organization——WTO），以取代成立于1947年的关贸总协定（GATT）。

世贸组织是一个独立于联合国的永久性国际组织。1995年1月1日正式开始运作，负责管理世界经济和贸易秩序，总部设在瑞士日内瓦莱蒙湖畔。世贸组织是具有法人地位的国际组织，在调解成员争端方面具有更高的权威性。它的前身是1947年订立的关税及贸易总协定。与关贸总协定相比，世贸组织涵盖货物贸易、服务贸易以及知识产权贸易，而关贸总

中国工作组在日内瓦WTO总部。

协定只适用于商品货物贸易。世贸组织与世界银行、国际货币基金组织一起，并称为当今世界经济体制的"三大支柱"。

1995年7月11日，中国正式提出加入世贸组织的申请，自此从复关转为入世。同年11月，应中国政府的要求，"中国复关谈判工作组"更名为"中国入世工作组"。中国政府根据实际情况，多次重申了入世的基本立场，概括起来为以下三个基本原则：第一，根据权利与义务对等的原则承担与本国经济发展水平相适应的义务；第二，以乌拉圭回合多边协议为基础，与有关世贸组织成员方进行双边和多边谈判，公正合理地确定入世条件；第三，作为一个低收入发展中国家，中国坚持以发展中国家身份入世，享受发展中国家的待遇。

《中共中央关于制定国民经济和社会发展"九五"计划和2010年远景目标的建议》通过

1995年9月25日至28日，中共十四届五中全会在京举行。全会通过了《中共中央关于制定国民经济和社会发展"九五"计划和2010年远景目标的建议》。

《建议》提出，"九五"国民经济和社会发展的主要奋斗目标确定为：全面完成现代化建设的第二步战略部署，2000年，在中国人口将比1980年增长3亿左右的情况下，实现人均国民生产总值比1980年翻两番；基本消除贫困现象，人民生活达到小康水平；加快现代企业制度建设，初步建立社会主义市场经

人物：龙永图

自1992年开始，龙永图介入中国复关谈判。1997年2月被任命为外经贸部首席谈判代表，是中国复关及入世谈判首席谈判代表。中国复关和入世用了漫长的15年，龙永图参与了其中关键性的10年谈判，并以首席谈判代表的身份目睹了中国加入世贸的历史性一刻。2001年12月，中国成功入世。

2003年初，龙永图辞去外经贸部副部长的职务，出任非官方国际组织——博鳌亚洲论坛的秘书长，致力于让博鳌论坛成为最活跃的国际经济论坛，成为全球研究亚洲问题最权威的智囊机构和高层次的对话平台。

2004年10月，龙永图获联合国秘书长安南颁发的联合国特别奖，以表彰他对促进中国与联合国合作的贡献。

资料来源：《改革十大闯将之龙永图》，和讯网，2008年7月18日。

人物：杨启先

杨启先：1981年7月被调入国务院体制改革办公室工作。1982年成立国家经济体制改革委员会后，转入国家体改委工作，先后担任总体规划组组长（局长）和负责总体规划的专职委员（其中，1986年春－1988年春，曾兼任国务院经济体制改革方案研讨领导小组办公室副主任），直到1991年4月。在此期间，曾组织和参加了历次经济体制改革中长期规划和年度方案的制订，负责和参加过不少重要文件的起草。

1991年5月到现在，杨启先在中国经济体制改革研究会工作，先后担任研究会常务干事、副会长兼秘书长。他在社会主义市场经济发展与体制建设、宏观经济管理和国有企业改革的理论与实务方面，取得不少成绩，见证了中国国有企业改革的全部历程。自撰和主编出版的书籍主要有：《国民经济计划概论》《中国市场经济大趋势》《中国企业改革的主要模式研究》《中国国有企业改革的基本出路》《中国的道路——经济改革15年经验总结》和《中国经济的"软着陆"》等。他有关经济体制改革和国有企业改革的主要观点与基本思路，在经济学界有一定影响。

资料来源：①《中国百名经济学家理论贡献精要》（第一卷），中国时代经济出版社，2010年。②《杨启先简历》，新浪网，2006年11月10日。

> **语录** "不能笼而统之地说国有企业的比重越大，就越是社会主义。"
> ——李瑞环

背景：1996年5月18日，李瑞环同志在湖北省委汇报会和企业家座谈会上讲话时指出，即使是对所有制这样的问题，也并不是不可以研究。我们讲的公有制为主体，多种经济成分共存，这个多种经济成分究竟在经济构成中占多大的比重，在哪些行业、哪些地区占多少比例为宜，都应该在实践中摸索。不能笼而统之地说国有企业的比重越大，就越是社会主义。

国家"九五"重点科技攻关项目——中国第一条年产200万片多晶硅太阳能电池硅片的生产线

济体制。要加大改革力度，理顺经济关系，推动科技进步，调整产业结构，提高经济效益，增强发展后劲，为下世纪初开始实施第三步战略部署奠定更好的物质技术和经济体制基础。

2010年国民经济和社会发展的主要奋斗目标是：实现国民生产总值比2000年翻一番，使人民的小康生活更加宽裕，形成比较完善的社会主义市场经济体制。进一步推进经济管理体制和运行机制的规范化、法制化，更好地优化资源配置，显著提高国民经济的技术水平和整体素质，实现经济和社会可持续发展。经过15年的努力，中国社会生产力、综合国力、人民生活水平将再上一个大台阶，社会主义精神文明建设和民主法制建设将取得明显进展，为下个世纪中叶实现第三步战略目标，基本实现现代化，开创新的局面。

《建议》首次提出转变经济增长方式，即"实现'九五'和2010年的奋斗目标，关键是实行两个具有全局意义的根本性转变：一是经济体制从传统的计划经济体制向社会主义市场经济体制转变；二是经济增长方式从粗放型向集约型转变，促进国民经济持续、快速、健康发展和社会全面进步"。

国有企业"抓大放小"

20世纪90年代以来，伴随着中国经济的整体快速增长，国有经济也获得了较快发展。1990—1995年，国有工业企业的总产值从13064亿元增加到31220亿元，平均每年增长

国家"九五"计划重点建设项目——川藏公路二郎山隧道

观点

洪虎： 企业法人财产权是企业对其全部法人财产依法拥有的独立支配的权利。企业法人财产权是企业依法独立享有的民事权利之一，也是最重要的一项民事权利。企业法人需要依照法律或者企业的组织章程行使法人财产权。企业依法对法人财产行使各项权利，同时以其全部法人财产承担民事责任，企业还要依法维护出资者的权益，实现企业财产不断增殖。

资料来源：《如何理解企业法人财产权》，《改革》，1994年第1期。

袁宝华： 要使企业真正成为自主经营、自负盈亏、自我积累的社会主义商品生产者和经营者，就必须增强企业自我发展、自我改造和自我约束的能力。这就需要给企业输血，增加企业造血机能。第一，最重要，最关键，也是最核心的一条，是政企分开，两权分离。第二，轻赋薄敛，减轻企业负担，培养国家财源。第三，稳定政策，坚持和完善承包制，正确处理国家与企业的关系。第四，大力调整经济结构。第五，认真搞活流通，整顿流通秩序，打破各种各样的封锁。第六，大力支持企业的技术改造，增强企业的发展后劲。第七，要进一步配套改革，包括企业改革、计划改革、财政、税收、金融、劳动、工资、外贸、商业、物资、物价等等。第八，强化宏观调控能力。

资料来源：《关于增强国营大中型企业活力问题的探讨》，《改革》，1991年第4期。

林毅夫、蔡昉、李周： 国有企业改革的核心是创造竞争的环境。中国企业改革最为紧迫的任务应该是为国有企业创造一个能够与其他类型企业公平竞争的条件，并借此强化其预算约束。只有具备这样的条件后，国有企业与其他类型企业一样，其经营绩效唯一地接受市场的评价，并为了适应竞争的需要而改变和创新企业经营机制，最终可以通过制度的竞争、筛选，形成一种在市场经济和国际竞争中立住脚的中国特色的现代企业制度结构。

资料来源：《国有企业改革的核心是创造竞争的环境》，《改革》，1995年第3期。

青岛一家国有纺织企业车间

18.4%。但是，在国有经济不断铺新摊子的同时，经济效益却没有得到同步提高，而且国有企业的经济效益与企业规模明显相关，在亏损的国有企业中，大型企业的亏损额虽然最大，但亏损面最小，亏损率最低；相反，小型企业的亏损额虽然小于大型企业，但亏损面最大，亏损率也高于大型企业。

1995年9月，中共十四届五中全会通过的《中共中央关于制定国民经济和社会发展"九五"计划和2010年远景目标的建议》，对国有企业改革提出了新的思路：一是转变经济增长方式；二是实行"抓大放小"的改革战略。

流行志

▷ 美容

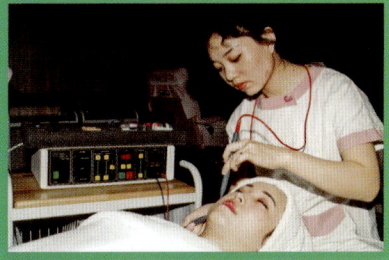

顾客在美容健康俱乐部接受美容服务。

有人戏称1995年是"美容元年"，这一年，有"国际美容教母"之称的郑明明推出了新著《美容形象热线》，教广大消费者系统的美容知识。也是从这一年开始，专业美容院市场出现了多元化服务的趋势，既可以做脸，还可以减肥。纹眉、纹眼线开始流行，尽管当时技术还不成熟，毁容事件时有发生，但仍有人为了美白去美容院"换肤"，大街上姑娘们眉毛粗了、眼睛黑了、脸蛋红了，仿佛一夜之间，都变漂亮了。

▷ 中分头

女孩子们开始美容的同时，男孩子也越来越注重自己的形象。在"四大天王"大红大紫的时代，郭富城经典的中分头掀起了当时的中分狂潮，成为最时髦的发型。留着中分头，抬头用一甩的动作在那时候的男孩子们看来是最酷的。当然，留中分头对许多男孩来说是有很大难度的，只有等头发长到一定长度了，用大量发胶固定，才能弄成明显的中分。正是因为头发过长，所以当时很多学校规定"男生不许留中分头"。

▷ 标王

第十一届中央电视台黄金时段竞标会广告招标。

1995年，每天都要被动地接受一个个广告冲击的中国人，开始接触了一个新词汇——"标王"。1994年底，中央电视台为《新闻联播》前后的若干分钟这一企业最看好的广告时段举办了一届"中央电视台黄金时段竞标会"。央视的第一届"竞标会"的结果是山东"孔府宴酒"以3079万元的高价中标，由此诞生了后来被人们所熟知的"标王"。之后，该概念逐渐延伸到其他领域，一般竞标会的获胜者都可称为标王。

流行志

▶ 大话西游

1995年，《大话西游》上映，这部在香港反响平淡的电影却在内地造成了空前而漫长的轰动。影片中，周星驰延续了他一贯"无厘头"的风格——要么一本正经地去干件无聊事，要么嬉皮笑脸地去做件正经事；语言幽默，甚至低俗；动作夸张，甚至下流，但是却抓住了千百万年轻人的心。"I服了You！"，"曾经有一份真诚的爱情放在我面前……"，"你妈贵姓？"这些经典的台词开始在日常生活中流行。

《大话西游》剧照

▶ 随身听

随身听是一种体积小、重量轻便于随身携带的播放器。世界上第一款随声听是由Sony公司于1979年研发出来的Walkman便携磁带播放器，从1980年2月开始在全世界销售，称霸世界25年。20世纪90年代中后期，Walkman开始在中国流行，那时候的年轻人腰间别着Walkman，耳朵上塞着耳塞，是时髦的象征。由于随声听的流行，购买自己喜爱的歌手的音乐磁带也成了年轻人的一大乐趣。

▶ 超市

广州一家超市

超市，超级市场的简称，1983年，中国第一家超级市场在北京市海淀区开业，那时购物的几乎都是外国人。90年代，外国超市开始进入内地市场。1995年，家乐福和普尔斯马特等大型超市蜂拥而至，超市开始成为人们购物的首选。琳琅满目的商品近在咫尺，顾客有最大的选择权，你可以再三比较，不必再看售货员的嘴脸，如果你改变主意可以把商品随时放回原地，还有多种优惠促销，逛超市成了很多人的首选。

四川长虹电器股份有限公司1996年进入全国300家重点扶持企业之列。图为乔石参观长虹电视机厂。

关于"抓大放小"的改革战略，《建议》指出："要着眼于搞好整个国有经济，通过存量资产流动和重组，对国有企业实施战略性改组。这种改组要以市场和产业政策为导向，搞好大的，放活小的，把优化国有资产分布结构、企业组织结构同优化投资结构有机地结合起来，择优扶强，优胜劣汰，形成兼并破产、减员增效机制，防止国有资产流失。重点抓好一批大型企业和企业集团，以资本为纽带，联结和带动一批企业的改组和发展，形成规模经济，充分发挥它们在国民经济中的骨干作用。区别不同情况，采取改组、联合、兼并、股份合作制、租赁、承包经营和出售等形式，加快国有小企业改革改组步伐。"

《建议》的论述，突出反映了国家要着眼于整体上搞好国有经济，而不再像以前那样拘泥于搞活每一个国有企业。"抓大"以现代企业制度为规范，对经济效益好、实力强、资产负债率合理、有前途的重要企业实行大企业、大集团战略，促进其壮大；对经济效益较好、实力强、资产负债率较高、生产正常的企业，要加强管理，加强技改力度，增资减债，创造有利条件使其进入市场公平竞争；对经济效益差、资产负债率高、经营困难、但又是经济中非常重要的行业，要综合治理，给予必要的扶持。"放小"就是探索搞活企业的多种途径，使其成为社会主义市场经济中自主经营、自我约束、自我发展的经济实体。

1996年，在"抓大"方面，国家确定了对1000户重点企业分类指导的方案。在"放小"方面，国家有关部门在这一年出台了关于放开搞活国有小型企业的意见。各地采取了改组、联合、兼并、股份合作制、租赁、承包经营和出售等多种形式，把一大批小企业直接推向市场。

> **语录** "正确处理社会主义现代化建设中的若干重大关系。"
> ——江泽民
>
> 背景：在社会主义现代化建设的过程中，必须处理好各种关系，特别是若干带有全局性的重大关系。针对社会主义市场经济条件下搞现代化建设所遇到的涉及全局的新矛盾、新问题，1995年9月28日，在中共十四届五中全会上，江泽民作了《正确处理现代化建设中的若干重大关系》的讲话，内容包括改革、发展、稳定的关系；速度和效益的关系；经济建设和人口资源、环境的关系等共12个关系。

社会关注

双休日制度在全国范围内正式实行

在新中国成立之初,国家并没有对劳动时间进行明确的法律规定。中国人民政治协商会议于1949年9月通过的《中国人民政治协商会议共同纲领》提出,将工作时间限定为8至10小时。此后,这个提法被延续下来。直到20世纪80年代,中国仍然实行每周6天工作制,每天工作8小时。

1986年,任国家科委中国科技促进发展研究中心主任胡平由于经常出差到国外而发现联合国每周工作4天半,欧洲、亚洲和北美的很多国家每周工作5天或者4天半,每周工作时间大都不超过36小时。胡平还注意到,这种短工时不但没有降低工作效率,相反是工作的高效率和低能耗,并促进了旅游、教育等第三产业的大发展。于是,胡平向国家科委主任宋健提出在中国实行每周5天工作制。宋健批示"可以进行研究,探究其可行性",并划拨了课题经费。随后,《五天工作制可行性研究》课题组随后组建完成,并于1987年底完成了《五天工作制可行性研究》总体报告和21个分项报告,得出了"中国具有缩短工时推行5天工作制的条件"的结论,建议国家立即制定有关方案逐步推行。但是由于种种原因,实行5天工作制度的方案被搁置了下来。所以,在1994年以前,中国法定的劳动者每天工作时间仍然是8小时,每周工作6天。

1995年3月25日,国务院总理李鹏签署国务院第174号令,发布《国务院关于修改〈国务院关于职工工作时间的规定〉的决定》。决定自1995年5月1日起实行双休日,即"国家机关、事业单位实行统一的工作时间,星期六和星期日为周休息日"。同年7月,中国《劳动法》正式出台,在有关工作时间和休息的相关制度中规定:"国家实行劳动者每日工作时间不超过8小时、平均每周工作时间不超过44小时的工时制度。"

1995年5月1日,双休日制度在全国范围内正式实行,这是一项重要的职工福利的改革。双休日制度的推出,使人们自由支配的闲暇时间增多,促进了很多行业尤其是第三产业的发展,有效地刺激了社会消费,还催生出一个新的经济现象——假日经济。

环球大事

1月1日
世界贸易组织在日内瓦成立。

1月1日
瑞典、芬兰、奥地利三国正式成为欧盟的新成员,欧洲联盟扩大到15个。

2月1日
安第斯集团5国关税同盟正式启动,标志着拉丁美洲地区经济一体化又迈出了重要的一步。

3月6—13日
联合国社会发展世界首脑会议在哥本哈根举行,主题是贫困和失业问题。会议通过10点宣言和1项行动纲领。

6月28日
非统组织第31届首脑会议在亚的斯亚贝巴闭幕,各国在促进非洲经济发展问题上达成了共识。

7月13日
美国伽利略号无人驾驶飞船向木星释放探测器。

7月28日
东盟第28届外长会议正式接纳越南为东盟成员国。

11月15—19日
亚太经合第三次领导人非正式会议在日本大阪召开,会议通过了"大阪宣言"和"行动议程",会议确定贸易和投资自由化以及经济技术合作作为亚太经济合作的两大支柱。

11月28日
为期两天的欧洲——地中海会议结束,会议通过了《巴塞罗那宣言》,决定今后欧盟和地中海国家将建立合作伙伴关系。

12月12日
关贸总协定128个缔约方在日内瓦举行最后一次会议,宣告结束其半个世纪的历史使命。

12月16日

第54届欧洲理事会——欧洲联盟首脑会议在西班牙首都马德里结束,会议确定未来欧洲单一货币名称为"欧元"。

1995年,中国的上班族有了真正的"双休日",中国劳动者休息的天数由此前的每年59天增至111天。双休日的执行改变了中国人的生活方式,休闲时间多了,娱乐方式也多了。

外汇券正式退出历史舞台

1994年11月21日,中国人民银行正式发布了《关于外汇兑换券停止流通和限期兑换的公告》。该公告指出:"自1994年1月1日改革外汇管理体制以来,中国已停止发行外汇兑换券,已发行的外汇兑换券也在流通中逐步兑回,目前只有少量外汇兑换券在市场流通,已有条件按原定计划完成此项改革,以便在境内机构和境外来华人员结算、支付中统一使用人民币。"1995年1月1日,外汇兑换券在中国市场上正式停止流通。至此,流通了15年的外汇券正式退出了历史舞台。

在改革开放初期外币禁止流通,为了便于外国人和华侨在国内购买物品和支付费用,国务院于1980年4月1日授权中国银行正式发行了1979年版"中国银行外汇兑换券",简称"外汇券",它是外国人、华侨和港澳台同胞等在境内用外币兑换后使用的人民币等值券。

外汇券从产生到退出历史舞台,折射出了中国外汇管理体制的变革和发展,记录了中国金融市场管理观念的日渐成熟,见证和记录了中国改革开放这一特定时期的历史,见证了中国商品市场的供求变化历程。

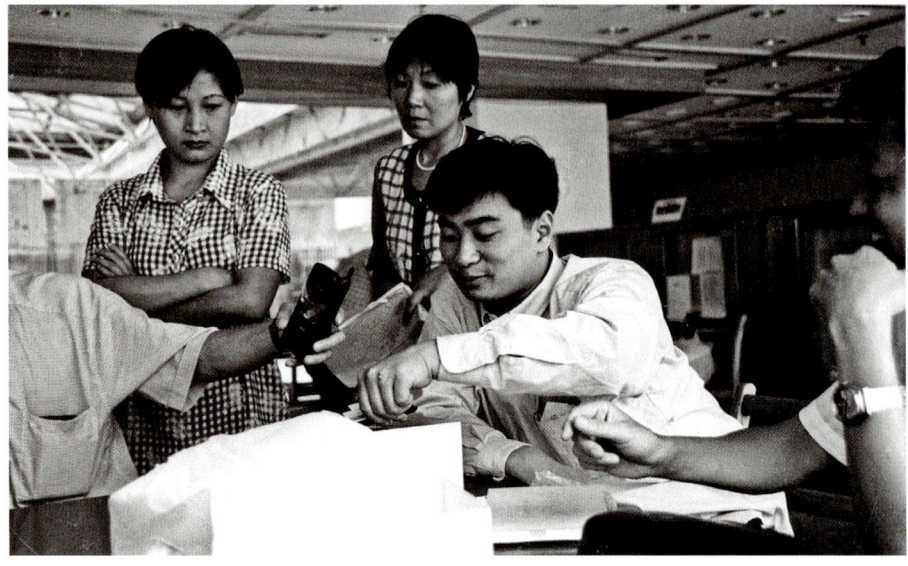

王海在四川成都一家商场现场打假。

1995年6月1日,在外汇兑换券流通的截止日期,客户在北京王府井大街工商银行分理处排队等候兑现。

"王海现象"

20世纪90年代中期,中国的消费品市场充斥着假冒伪劣产品,产品质量和商业信用之差令人瞠目。1994年,政府出台了《消费者权益保护法》,其中第49条是:"经营者提供商品或者服务有欺诈行为的,应当按照消费者的要求增加赔偿其受到的损失,增加赔偿的金额为消费者购买商品的价款或者接受服务的费用的一倍。"其时,大多数消费者并不知道买到假货可获加倍赔偿。因为在此前的民法中,消费者买到假货最好的结果是按价退货。王海现象就与这个条款有关。

1995年春天,22岁的王海陪亲戚来北京考试,偶然翻阅到《消费者权益保护法》第49条有关"双倍索赔"的规定。他对这一条款是否可能实现产生怀疑,便做了一回"维权"试验。他来到隆福大厦,对一种标明"日本制造",单价85元的"索尼"耳机产生怀疑,便买了两副,几经周折后找到索尼公司驻京办事处。经证实为假货后,他返回隆福大厦,又买了10副相同的耳机,然后要求商场依照消费者保护法第49条的规定予以加倍赔偿。商场同意退回前两副耳机并赔偿200元,但拒绝对后10副给予任何赔偿,理由是,他是"知假买假","钻法律的空子"。然而王海并不甘心,继续争取赔偿。直到8个月后,王海才拿到了12副假耳机的赔偿款。之后,王海又南下打假。

王海的"知假买假"索赔行为引起社会的广泛关注,1995年8月4日,《中国消费者报》首次以王海打假索赔的经历,发表一篇题为《刁民?聪明的消费者?》的文章。"王海现象"由此轰动全国,并引发了一场关于道德、法律的争议评判。同年11月,王海参加了由中国消费者协会组织的关于"制止欺诈行为与落实加强赔偿"座谈会。这次会议上,与会人员对于王海是打假英雄还是"刁民"的问题展开了激烈争论。

王海的打假行为促进了中国消费者维权意识的觉醒,也开启了公民维权的先河。

■ 重要文献

《正确处理社会主义现代化建设中的若干重大关系》

（江泽民，1995年9月28日）

这是江泽民1995年9月28日在中共十四届五中全会上讲话的一部分内容，涉及如何正确处理社会主义现代化建设中的十二大关系。

节选：

正确处理这些重大关系……目的是在总结历史经验的基础上，努力把握客观规律，统一全党认识，团结全国各族人民，调动一切积极因素，加快社会主义现代化建设。

一、改革、发展、稳定的关系

实现今后十五年的奋斗目标和战略任务，必须牢牢把握"抓住机遇，深化改革，扩大开放，促进发展，保持稳定"的大局，正确处理好改革、发展、稳定三者关系。……改革、发展、稳定三者存在着不可分割的内在联系。发展是硬道理。……改革是社会主义制度的自我完善和发展。……稳定是发展和改革的前提，发展和改革必须要有稳定的政治和社会环境，这是我们付出了代价才取得的共识。……

二、速度和效益的关系

……正确处理速度和效益的关系，必须更新发展思路，实现经济增长方式从粗放型向集约型的转变。……

三、经济建设和人口、资源、环境的关系

在现代化建设中，必须把实现可持续发展作为一个重大战略。要把控制人口、节约资源、保护环境放到重要位置，使人口增长与社会生产力的发展相适应，使经济建设与资源、环境相协调，实现良性循环。

四、第一、二、三产业的关系

……加强农业是国民经济发展的首要问题。……加强农业也就是支持工业和第三产业，为农业做贡献也就是为国民经济做贡献。……要切实加强对农业的指导、组织和服务工作，建立健全农业社会化服务体系，引导第二、第三产业加强对农业的支持，形成"以工补农、以工建农、以工带农"的机制。

五、东部地区和中西部地区的关系

……要用历史的、辩证的观点，认识和处理地区差距问题……应当把缩小地区差距作为一条长期坚持的重要方针。

六、市场机制和宏观调控的关系

充分发挥市场机制的作用和加强宏观调控，都是建立社会主义市场经济体制的基本要求，两者缺一不可，绝不能把它们割裂开来，甚至对立起来。……

七、公有制经济和其他经济成分的关系

……坚持公有制的主体地位，是社会主义的一条根本原则，也是中国社会主义市场经济的基本标志。在整个改革开放和现代化建设过程中，我们都要坚持这条原则。……在积极促进国有经济和集体经济发展的同时，允许和鼓励个体、私营、外资等非公有制经济的发展……

八、收入分配中国家、企业和个人的关系

在收入分配中，必须坚持按劳分配为主体、多种分配方式并存的原则，体现效率优先、兼顾公平，把国家、企业、个人三者的利益结合起来。……

九、扩大对外开放和坚持自力更生的关系

……我们这样大的社会主义国家搞现代化建设，必须处理好扩大对外开放和坚持自力更生的关系，把立足点放在依靠自己力量的基础上。……讲独立自主、自力更生，绝不是要闭关锁国、关起门来搞建设，而是要把对外开放提高到一个新的更高水平。

十、中央和地方的关系

……在新形势下，必须更好地坚持发挥中央和地方两个积极性的方针。总的原则应当是：既要有体现全局利益的统一性，又要有统一指导下兼顾局部利益的灵活性；既要有维护国家宏观调控权的集中，又要在集中指导下赋予地方必要的权力。……

摘自《改革开放三十年重要文献选编》（上）第820—830页，中央文献出版社，2009年。

重要文献

《中共中央、国务院关于加速科学技术进步的决定》
（1995年5月6日）

1995年5月6日，中共中央、国务院作出《关于加速科学技术进步的决定》。《决定》指出科学技术是第一生产力，是经济和社会发展的首要推动力量，是国家强盛的决定性因素。为大幅度提高社会生产力，增强综合国力，提高人民生活水平，确保我国现代化建设三步走战略目标的顺利实现，必须大力发展科学技术，加速全社会的科技进步。

目录：
- 一、全面落实科学技术是第一生产力的思想
- 二、大力推进农业和农村科技进步
- 三、依靠科技进步提高工业增长的质量和效益
- 四、发展高技术及其产业
- 五、推动社会发展领域的科技进步
- 六、切实加强基础性研究
- 七、深化科技体制改革，建立适应社会主义市场经济体制和科技自身发展规律的新型科技体制
- 八、建设高水平的科技队伍，提高全民族科技文化素质
- 九、多渠道、多层次地增加科技投入
- 十、进一步扩大对外开放，广泛开展国际科技合作与交流
- 十一、切实加强党和政府对科技工作的领导

重要文献
《中共中央关于制定国民经济和社会发展"九五"计划和2010年远景目标的建议》
（1995年9月28日）

1995年9月25日至28日，中共十四届五中全会在北京举行。28日，全会审议并通过《中共中央关于制定国民经济和社会发展"九五"计划和2010年远景目标的建议》，建议提出，"九五"时期的国民经济和社会发展的主要奋斗目标是：全面完成现代化建设的第二步战略部署，2000年在我国人口将比1980年增长三亿左右的情况下，实现人均国民生产总值比1980年翻两番；基本消除贫困现象，人民生活达到小康水平；加快现代企业制度建设，初步建立社会主义市场经济体制。2010年的主要奋斗目标是：实现国民生产总值比2000年翻一番，使人民的小康生活更加富裕，形成比较完善的社会主义市场经济体制。建议提出，实现这一奋斗目标关键是实行两个具有全局意义的根本性转变，一是经济体制从传统的计划经济体制向社会主义市场经济体制转变，二是经济增长方式从粗放型向集约型转变。

目录：
一、我国国民经济和社会发展的重要时期
二、主要奋斗目标和指导方针
三、经济建设的主要任务和战略布局
四、改革开放的主要任务和部署

■ 重要文献

《中华人民共和国中国人民银行法》

（1995年3月18日）

1995年3月18日，第八届全国人民代表大会第三次会议通过《中华人民共和国中国人民银行法》。

节选：

第二条 中国人民银行是中华人民共和国的中央银行。中国人民银行在国务院领导下，制定和执行货币政策，防范和化解金融风险，维护金融稳定。

第三条 货币政策目标是保持货币币值的稳定，并以此促进经济增长。

第四条 中国人民银行履行下列职责：

(一)发布与履行其职责有关的命令和规章；
(二)依法制定和执行货币政策；
(三)发行人民币，管理人民币流通；
(四)监督管理银行间同业拆借市场和银行间债券市场；
(五)实施外汇管理，监督管理银行间外汇市场；
(六)监督管理黄金市场；
(七)持有、管理、经营国家外汇储备、黄金储备；
(八)经理国库；
(九)维护支付、清算系统的正常运行；
(十)指导、部署金融业反洗钱工作，负责反洗钱的资金监测；
(十一)负责金融业的统计、调查、分析和预测；
(十二)作为国家的中央银行，从事有关的国际金融活动；
(十三)国务院规定的其他职责。

第三十二条 中国人民银行有权对金融机构以及其他单位和个人的下列行为进行检查监督：

(一)执行有关存款准备金管理规定的行为；
(二)与中国人民银行特种贷款有关的行为；
(三)执行有关人民币管理规定的行为；
(四)执行有关银行间同业拆借市场、银行间债券市场管理规定的行为；
(五)执行有关外汇管理规定的行为；
(六)执行有关黄金管理规定的行为；
(七)代理中国人民银行经理国库的行为；
(八)执行有关清算管理规定的行为；
(九)执行有关反洗钱规定的行为。

——摘自《中华人民共和国法律法规全书》（第三册）第1910、1912页，中国方正出版社，2002年。

大事记

1月3日

全国农业工作会议在北京召开。会议强调指出，"十五"期间特别是今年的农业和农村经济工作要按照中央的总体部署，突出抓好农民增收和粮食安全工作，为国民经济发展和社会稳定奠定坚实的基础。会议确定1995年农村经济工作两大目标：确保农副产品有效供给，确保农民收入稳定增加。

1月3日

国务院办公厅印发《关于加强职称改革工作统一管理的通知》。明确提出，深化职称改革的方案、职称系列的调整和有关政策措施等重大问题，必须由党中央、国务院批准。少数地区和部门自行建立或变相建立的职称系列，必须自行纠正。

1月15—16日

全国金融工作会议在北京召开。会议指出，1995年要实行适度从紧的货币政策，进一步强化金融监管，改善金融服务，坚决抑制通货膨胀。

1月23日

建设部公布《城市房地产开发管理暂行办法》。《办法》指出，在城市规划区国有土地范围内从事房地产开发，实施房地产开发管理，应当遵守本办法。

1月26日

国家教委发布《中外合作办学暂行规定》，对中外合作办学应当遵循的原则、办学的范围与主体、办学的审批权限和程序、领导体制、文凭发放以及合作办学机构的管理、监督等都作了比较明确的规定。

1月30日

江泽民在中共中央台湾工作办公室、国务院台湾事务办公室、台湾民主自治同盟等单位举办的迎新茶话会上，发表《为促进祖国统一大业的完成而继续奋斗》的讲话，就发展两岸关系、推进祖国和平统一进程提出八项看法和主张。

2月6日

国务院办公厅发出《关于转发国务院住房制度改革领导小组国家安居工程实施方案的通知》。16日，国务院住房制度改革领导小组召开部署国家安居工程工作电话会议。李铁映宣布，为推动城镇住房制度改革工作，加速经济适用住房建设，国务院住房制度改革领导小组经过认真研究，拟定了《国家安居工程实施方案》，最近已经国务院批准下发，这标志着国家安居工程正式启动实施。

2月17日

农业部下发《关于立即制止乱占耕地的通知》，要求各地进一步提高认识，切实加强耕地保护工作；立即制止大量占用耕地栽林果、挖鱼塘；尽快划定基本农田保护区，严格控制非农业建设占用耕地；切实增加粮棉面积，确保今年粮棉生产计划完成。

2月20—22日

国家经贸委召开企业管理工作会议。吴邦国在会上指出，强化企业管理不仅是企业一切工作的基础，而且也是深化企业改革的重要内容，是落实中央经济工作会议精神的重要措施。要在深化改革中加强企业管理，不存在没有管理的机制，也不存在没有机制的管理。改革的成果要靠管理来加以规范和巩固，而坚实的管理基础又是企业深入改革的必要条件。

2月24—28日

中共中央和国务院在北京召开农村工作会议。会议指出：重视和优先发展农业，是经济工作必须坚持的一个重要指导方针。在发展社会主义市场经济的新形势下，处理好工业和农业的关系，真正把农业放在经济工作的首位，关键是增加对农业的投入。必须下决心调整国民收入分配格局。在确保农业持续稳定发展的前提下，安排整个国民经济的发展规模和速度。决不放松粮食生产，积极发展多种经营，是农村经济工作中的一个长期的基本方针，必须全面理解和贯彻。

2月26日

中美两国就知识产权问题达成协议，从而避免了一场贸易战，也结束了中美两国关于知识产权问题长达20个月的9轮磋商。

2月27日

中共中央、国务院作出《关于深化供销合作社改革的决定》，《决定》提出，深化供销合作社改革的总体思路是：紧紧围绕把供销合作社真正办成农民的合作经济组织这个目标，抓住理顺组织体制、强化服务功能、完善经营机制、加强监督管理和给予保护扶持等五个环节，以基层社为重点，采取切实有力的政策措施，使供销合作社真正体现农民合作经济组织的性质，真正实现为农业、农村和农民提供综合服务的宗旨，真正成为加强党和政府与农民密切联系的桥梁和纽带。

2月28日

江泽民签署第41号、42号主席令，《全国人民代表大会常务委员会关于惩治违反公司法的犯罪的决定》和《全国人民代表大会常务委员会关于修改〈中华人民共和国税收征收管理法〉的决定》公布施行。

2月28日

劳动部、国家经贸委发出《关于配合企业深化改革试点做好失业保险工作的通知》，提出要充分发挥失业保险对各地推行现代企业制度和优化资本结构试点工作的支持作用，规定国务院确定的百家现代企业制度试点单位分流到社会上的富余职工，可以享受国家失业保险待遇。

3月1日

国务院发出《关于深化企业职工养老保险制度改革的通知》，《通知》提出，企业职工养老保险制度改革的目标是：到本世纪末，基本建立起适应社会主义市场经济体制要求，适用城镇各类企业职工和个体劳动者，资金来源多渠道、保障方式多层次、社会统筹与个人账户相结合、权利与义务相对应、管理服务社会化的养老保险体系。基本养老保险应逐步做到对各类企业和劳动者统一制度、统一标准、统一管理和统一调剂使用基金。

3月5—18日

八届全国人大第三次会议在北京召开。李鹏在《政府工作报告》中提出，今年的经济体制改革，要以国有企业改革为重点，配套推进社会保障体制改革，巩固和完善宏观管理体制改革措施，进一步转变政府职能，培育市场体系，沿着建立社会主义市场经济体制的方向继续前进。

3月6日

国务院办公厅转发《国家经贸委关于深化企业改革搞好国有大中型企业的意见》。

3月10—12日

国务院召开全国粮、棉、化肥工作会议。国务院几位领导对粮、棉、化肥购销体制和管理体制作了重要讲话。李岚清在会上讲了实行"米袋子"省长负责制的重大意义和主要内容，并对粮食工作提出了要求。朱镕基主持闭幕会并讲话，要求全面、正确贯彻中央农村工作会议和这次会议精神，坚持、稳定、完善党的农业政策，深化粮、棉、化肥购销体制改革。

3月18日

八届全国人大第三次会议通过的《中华人民共和国教育法》提出，教育必须为社会主义现代化建设服务，必须与生产劳动相结合，培养德、智、体等方面全面发展的社会主义事业的建设者和接班人。本法自1995年9月1日起施行。

3月18日

八届全国人大第三次会议通过的《中华人民共和国银行法》规定，中国人民银行在国务院领导下，制定和实施货币政策，对金融业实施监督管理。货币政策目标是保持货币币值的稳定，并以此促进经济增长。本法自公布之日起施行。

3月25—27日

国内贸易部、国家经贸委、国家经济体制改革委员会在上海召开了部分省市连锁商业座谈会。李岚清在会上作了重要讲话，指出发展连锁经营是带有方向性的一项重大改革。要把发展连锁经营作为深化国有流通企业改革的突破口。

3月28日

国务院发出《国务院批转农业部〈关于稳定和完善土地承包关系的意见〉的通知》。《通知》指出，以家庭联产承包为主的责任制和统分结合的双层经营体制，是党在农村的一项基本政策和中国农业经济的一项基本制度，必须保持长期稳定，任何时候都不能动摇。

3月31日

两大农村金融机构联手支农，中国农业发展银行正式委托中国农业银行代理业务。

4月2日

国务院发出《关于深化粮食棉花化肥购销体制改革的通知》，《通知》指出，当前深化改革的重点之一是坚持和完善省长（自治区主席、直辖市市长）负责制，这是一项长期的战略方针。

4月4—6日

国家经贸委、国家计委、国家体改委联合召开全国试点企业集团工作会议。吴邦国在会上指出，必须组建和扶持一批对国民经济有影响的大公司、大集团，抓住了这"关键的少数"，就可以把握住国民经济的命脉。

4月5日

国家经贸委、劳动部公布《国有企业资产经营责任制暂行办法》，《办法》指出，实行资产经营责任制，目的是促进理顺企业产权关系，明确企业法人财产权和企业资产经营责任，促进企业经营机制转换，强化企业内部约束机制，提高企业经营管理水平，提高资产运营效益，实现国有资产的保值增值。

4月11日

国家体改委等11部门印发《小城镇综合改革试点指导意见》，对选择一批小城镇，进行综合改革试点的目标和原则、内容、组织实施等方面的事项，提出具体意见。

4月16日

国务院办公厅转发劳动部《关于实施再就业工程的报告》。对于企业失业职工问题，《报告》指出，这是企业在深化改革中遇到的一大难题，如处理不好将会影响改革、发展和稳定，必须引起高度重视，抓紧研究和采取有效措施予以解决。

4月18日

国家国有资产管理局发出《关于在股份公司分红及送配股时维护国有股权益的紧急通知》，要求各股份公司在分红和送配股时，维护国有股权益，坚决制止对国家股、国有法人股和个人股采取同股不同权、同股不同利的做法。

4月23日

国务院批复同意将石家庄市郊区列为全国农村改革试验区。试验的主题为：城郊经济综合改革。试验区经费由地方政府自筹解决。

4月30日

中共中央办公厅、国务院办公厅印发《关于对党和国家机关工作人员在国内交往中收受礼品实行登记制度的规定》。

5月4日

中国人民银行、国家经贸委、财政部联合发出《关于鼓励和支持18个试点城市优势国有企业兼并困难国有工业企业后有关银行贷款及利息处理问题的通知》，就18个试点城市经济效益好的国有企业兼并困难国有工业生产企业后，被兼并企业原贷款及利息偿还问题提出处理意见，支持试点城市国有企业兼并工作。

5月5日

国家开发投资公司成立，吴邦国在成立大会上强调：作为政策性投资机构的国家开发投资公司，要更好地发挥中央投资导向作用。

5月6日

国务院批转农业部《关于稳定和完善土地承包关系的意见》。《意见》就稳定和完善土地承包关系的有关问题提出，切实维护农业承包合同的严肃性；积极、稳妥地做好延长土地承包期工作；提倡在承包期内实行"增人不增地、减人不减地"；建立土地承包经营权流转机制等8项政策措施。

5月10日

江泽民签署第47号主席令，《中华人民共和国商业银行法》公布施行。

5月17日

中国证监会发出《关于暂停国债期货交易试点的紧急通知》，要求暂停国债期货交易试点，规定各国债期货交易场所一律不准会员开新仓，由交易场所组织会员协议平仓。

5月22日

国务院证券委员会在北京召开第五次会议。会议强调，1995年证券、期货监管工作必须紧密围绕抑制通货膨胀，配合企业改革，坚持先试点后推广，宁肯慢亦求好的原则，加大监管力度，完善法规制度，规范市场行为，抑制过度投机，在稳定中求发展。

5月26—27日

中共中央、国务院召开全国科学技术大会，号召在全国实施科教兴国战略，江泽民在会上讲话指出，要深化经济体制和科技体制改革，在国家宏观调控下，充分发挥市场机制促进科技与经济结合的重要作用。

5月26日—6月5日

田纪云在江苏考察时指出，家庭联产承包为主的责任制适应中国现阶段农村生产力发展水平和广大农民的愿望，应当继续稳定和完善这一农业经营体制。他强调，从全国讲，现在尚不宜笼统地提倡土地适度规模经营，而是应该具体地分析实行土地适度规模经营条件，不能照搬苏南等发达地区的做法和模式，更不能一哄而上。

6月10日

国务院发出《关于粮食部门深化改革实行两条线运行的通知》。《通知》提出，为了加强国家对粮油市场的宏观调控，国务院决定加快对粮食部门现行体制的改革，将粮食部门政策性业务和商业性经营分开，建立两条线运行机制。对政策性和经营性业务的范围及从事两项业务的单位都作了具体的界定。

6月20日

国务院颁发《关于"九五"期间上海浦东新区开发开放有关政策的通知》，赋予浦东"九五"期间一系列新的功能性政策。

6月20日

经国务院批准，国家计委、国家经贸委、外经贸部发布《指导外商投资暂行规定》和《外商投资产业指导目录》。

6月22日

国务院住房制度改革领导小组批准北京、天津、上海、南京、石家庄等59个城市和单位的安居工程规模指标。李铁映强调，安居工程要和住房改革相结合。

6月22日

在香港特别行政区筹备委员会预备工作委员会第五次全体会议上，国务院副总理、预委会主任钱其琛代表国务院宣布中央人民政府确定的处理"九七"后香港涉台问题的七条基本原则和政策。

6月23日

中国人民银行批准日本东京银行设立北京分行，这是中国首次批准外资银行在北京设立分行。

7月3日

国务院下发《关于原有有限责任公司和股份有限公司依照〈中华人民共和国公司法〉进行规范的通知》。

7月5日

李鹏签署第179号国务院令，《中华人民共和国知识产权海关保护条例》发布施行。

7月5日

国家发展计划委员会、国家经贸委发布《进一步完善原油、成品油流通体制改革意见》。

7月12—14日

全国推行公务员辞职辞退制度工作会议在青岛召开。会议提出，中国干部人事制度有重大改革，国家将实行公务员辞职辞退制度。

7月18日

人事部制定下发《国家公务员辞职辞退暂行规定》，明确了辞职辞退的程序、条件及相关要求。

7月19日

国务院办公厅转发国家教委《关于深化高等教育体制改革的若干意见》。《意见》提出，高等教育管理体制改革的目标是，争取到2000年或稍长一点时间，基本形成举办者、管理者和办学者职责分明，以财政拨款为主多渠道经费投入，中央和省、自治区、直辖市人民政府两级管理、分工负责，以省、自治区、直辖市人民政府统筹为主，条块有机结合的体制框架。

7月19日

国务院批转《国家体改委1995年经济体制改革实施要点》。《要点》指出，1995年经济体制改革工作，要继续贯彻"抓住机遇，深化改革，扩大开放，促进发展，保持稳定"的方针，按照《中共中央关于建立社会主义市场经济体制若干问题的决定》和中央经济工作会议精神及国务院的部署，以深化国有企业改革为重点，配套推进社会保障体制改革，巩固和完善宏观管理体制改革，进一步转变政府职能，培育市场体系。

7月21日

国务院办公厅发出通知，转发国家体改委、国家经贸委《关于深圳口岸管理体制改革试点方案》。《方案》提出深圳口岸管理体制改革的总目标是：按照发展社会主义市场经济的要求，结合中国国情和国际惯例，建立起依法把关、监管有效、方便进出、服务优良、管理科学、收费合理、国际一流的口岸管理体制和政企分开、统一协调、平等竞争、高效运作的港口营运机制，以促进深圳的对外开放和经济发展，更好地发挥深圳经济特区的作用。

8月27日

《人民日报》讯，按现代企业制度原则组建的首家国有独资公司——神华集团公司成立。

8月28—29日

农业部在北京召开全国农村经济工作座谈会。刘江在会上强调，要把减轻农民负担工作，作为下半年的一项重要工作认真抓好。

9月3日

经国务院批准，《中华人民共和国中外合作经营企业法实施细则》发布实施。

9月4—6日

为了适应对外开放和经济发展的需要，加强和完善对设立境外中国产业投资基金的管理，中国人民银行发布《设立境外中国产业投资基金管理办法》。

9月7日

国务院下发《关于组建城市合作银行的通知》，决定自1995年起在大中城市通过企业、居民和地方财政投资入股的方式，分期分批组建城市合作银行。

9月12—14日

李岚清在甘肃考察时强调，改革是解决中国教育问题的根本出路，要改革教育结构，重点是发展中等职业教育，要因地制宜地做好小学后、初中后、高中后的三级分流，为社会经济发展培养各类实用人才。这是结合中国国情发展教育的根本出路，越是经济不够发达的地区，越要注意发展职业教育，特别是中等职业教育的发展。

9月13日

国家体改委印发《关于积极推进国有小型企业改革的意见》，提出推进国有小型企业改革的5点意见和应注意的问题。

9月15日

国家体改委发出《关于在股份有限公司设立中加强改制工作的通知》。《通知》提出，公司改制应达到的目标是，建立完善的公司法人治理结构，股东会、董事会、监事会、经理层职责明确，制度健全。

9月19日

中共中央办公厅、国务院办公厅转发中央社会治安综合治理委员会《关于加强流动人口管理工作的意见》。《意见》指出，当前，作为流动人口主体的农村剩余劳动力的流动，在很大程度上仍然处于盲目无序状态。为了维护社会的稳定，保障改革开放和社会主义现代化建设的顺利进行，必须在全国范围内大力加强对流动人口的管理工作。

9月19日

李伯勇在全国社会保险制度改革现场交流会上，部署了深化保险制度改革应抓紧抓好的7项重点工作：全面推进基本养老保险覆盖计划；认真抓好养老保险"社会统筹与个人账户相结合"的试点工作；落实今年养老保险待遇调整工作，保障离退休人员的基本生活；加大失业保险改革力度；扩大医疗保险制度改革试点；大力推行企业补充养老保险；加快计算机化管理系统的建设。

9月25—28日

中共十四届五中全会在北京举行，会议审议并通过《中共中央关于制定国民经济和社会发展"九五"计划和2010年远景目标的建议》。

10月7日

中国人民银行发布公告，接管中银信托投资公司，这是中国人民银行依据《中华人民共和国中国人民银行法》进行的首例金融机构接管。

10月7-9日

国家经贸委在青岛召开全国企业改革试点工作经验交流会。吴邦国在会上指出，我们必须从战略高度，深刻认识搞好国有企业改革的重大意义，积极推进国有企业改革。第一，对国有企业改革实行分类指导。第二，着眼于提高企业整体素质。第三，要继续解决企业改革中的重点和难点问题。第四，政府要为企业改革创造一定的市场环境。

10月15日

全国农村社会养老保险会议提出，当前农村养老保险要强化管理、稳步推进，既不能先抓发展，再抓管理，更不能片面追求发展速度，忽视发展中的管理，使农村社会养老保险迈向健康、有序发展的新阶段。

10月19日

国务院办公厅转发民政部《关于进一步做好农村社会养老保险工作的意见》，要求各级政府要切实加强领导，高度重视对农村养老保险基金的管理和监督，积极稳妥地推进这项工作。

10月21日

经国务院批准，国家经贸委、国家体改委、内贸部、冶金部、机械部在京联合召开物资流通代理制试点工作座谈会，部署钢材汽车流通试行代理制。

11月7日

中央机构编制委员会和国家人事部联合召开全国事业单位机构和人事制度改革工作会议。此次会议的主要任务是，结合工作实际，认真贯彻党的十四届五中全会精神，在调查研究、工作试点、分类布局的基础上，全面推进事业单位机构和人事制度的配套改革，明确事业单位改革的意义和思路，研究事业单位改革的目标和任务。

11月13日

国家体改委和林业部联合颁发《林业经济体制改革总体纲要》。《纲要》提出，逐步建立和完善既适应社会主义市场经济，又反映林业特点的林业经济新体制，以推进林业"九五"发展规划和建立林业"两大体系"目标的实现。中国林业建设将在营林体制、产业发展、资源保护等方面作出重大改革。

11月13—17日

应韩国总统金泳三的邀请，国家主席江泽民对韩国进行国事访问。这是中韩建交以来，中国国家元首首次出访韩国。

11月22日

李鹏签署第186号国务院令，《中华人民共和国预算法实施条例》发布施行。

12月5—7日

中央经济工作会议在北京召开。江泽民、李鹏、朱镕基分别在会上讲话。朱镕基宣布1996年关于涉外税制的三项重要改革，一是大幅度降低关税税率，同时取消进口税收减免的优惠政策；二是进一步调低出口货物退税率；三是对加工贸易实行进口料件保证金台账监管制度。

12月9—10日

国家经贸委召开全国经贸工作会议，会议提出1996年经贸工作要推进两个转变，建立三个机制。即推进计划经济体制向社会主义市场经济体制转变、经济增长方式从粗放型向集约型转变；建立有利于节约资源、降低消耗、增加效益的企业经营机制，有利于自主创新的技术进步机制，有利于公平竞争和资源优化配置的经济运行机制。

12月14日

人事部颁布《事业单位工作人员考核暂行规定》，对事业单位工作人员考核原则、考核内容、考核标准、考核方法、考核程序、考核结果使用等都作了明确规定。

12月17—19日

全国经济体制改革工作会议在北京召开。张皓若在会上指出，1996年要以国有企业改革为中心环节，务求实现重点突破；同时要统筹安排其他各项改革，配套协调，整体推进。

12月19日

乔石在立法工作座谈会上指出，立法工作要与改革和发展的实际紧密结合。改革中的难点，也是立法中的难点。我们要进一步解放思想，更新观念，开阔视野，大胆探索，勇于创新，以改革的精神解决立法中遇到的难点和问题。要善于把实践证明是正确的做法，用法律形式肯定下来，巩固改革开放的成果。

12月20日

李鹏在全国政法工作会议上指出，政法战线要为深化改革和发展经济提供有力的法制保障。在经济体制转轨过程中，法制不健全，公民的法制意识没有完全建立起来，还有执法不严的问题，需要充分发挥政法部门的职能作用。比如，骗税逃税、套汇走私、不正当竞争、以权谋私等等，还有地方保护主义、部门保护主义，这些都妨碍改革的深化，妨碍经济的发展，妨碍建立统一的社会主义市场。

12月22日

中华人民共和国中关村海关正式开关。该关设在北京市新技术开发试验区内，是经国务院批准的在国家级新技术开发区设立的第一个海关。

12月25日

为了规范股份有限公司境内上市外资股的发行及交易，保护投资人的合法权益，国务院公布《关于股份有限公司境内上市外资股的规定》。

12月26日

国务院发出《关于改革和调整进口税收政策的通知》指出，必须加快对进口税收政策的改革和调整，进一步降低进口关税总水平，取消过多的、不平等的进口税收减免规定。《通知》决定自1996年4月1日起，将中国进口关税总水平降至23%。

12月29日

国家土地管理局、国家体改委发出《关于小城镇土地使用制度改革若干意见的通知》。《通知》指出，允许在57个综合改革试点小城镇范围内，对一些与现行法规尚未完全衔接又迫切需要解决的问题进行超前探索和试验，然后逐步规范，指导一般。

数说发展

人口

总人口 **121121** 万人

 出生率 **17.12‰**

 死亡率 **6.57‰**

 自然增长率 **10.55‰**

工业

工业增加值 **24718** 亿元

轻工业 **11181** 亿元

重工业 **13537** 亿元

建筑业增加值 **3556** 亿元

农林牧渔业

■ 产量　↑ 比上年增长

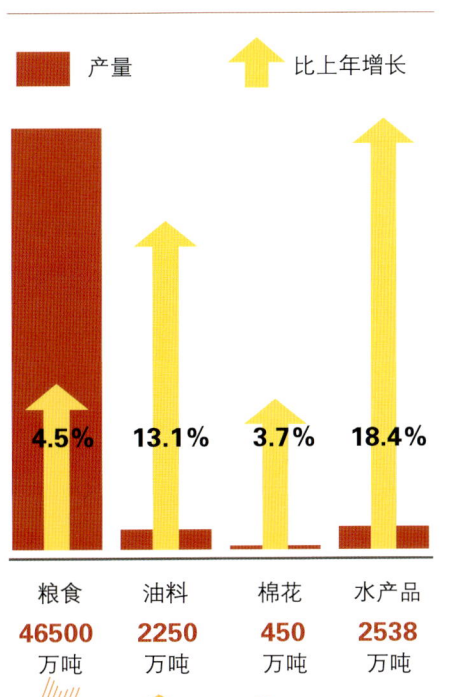

粮食	油料	棉花	水产品
4.5%	13.1%	3.7%	18.4%
46500 万吨	2250 万吨	450 万吨	2538 万吨

GDP（国内生产总值）

GDP（国内生产总值）**57733** 亿元

第一产业增加值 **11365** 亿元

第二产业增加值 **28274** 亿元

第三产业增加值 **18094** 亿元

财政收支 （单位：亿元）

收支差额 **−581.52**

收入 **6242.20**

支出 **6823.72**

黄金和外汇储备

黄金 **1267** 万盎司

外汇 **735.97** 亿美元

对外经济

进出口贸易总额 **2809** 亿美元

比上年增长 **18.6%**

出口总额 **1488** 亿美元　增长 **22.9%**

进口总额 **1321** 亿美元　增长 **14.2%**

利用外资

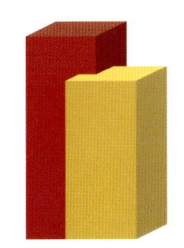

实际使用外资 **484** 亿美元

其中外商直接投资 **377** 亿美元

已注册的外商投资企业达 **23.4** 万户

对外经济合作

对外承包工程和劳务合作新签合同金额 **96.7** 亿美元

完成营业额 **65.9** 亿美元

国内商业 （单位：亿元）

社会商品零售总额 **20598**

城市消费品零售额 **12389**

农村消费品零售额 **8209**

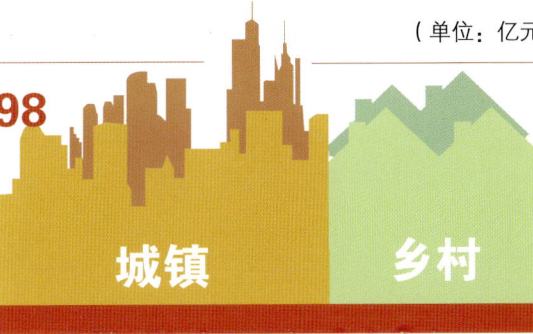

城镇　乡村

1995

固定资产投资

(单位：亿元)

- 7365 基本建设投资
- 3199 更新改造投资
- 2831 房地产开发投资
- 6050 城乡集体、个体和其他固定资产投资

固定资产投资 **19445**

- 国有单位投资 **10822**
- 集体所有制单位投资 **2978**
- 城乡个人投资 **2381**
- 其他各种经济类型投资 **3264**

分地区情况

- 西部地区 **2387**
- 中部地区 **4121**
- 东部地区 **12188**

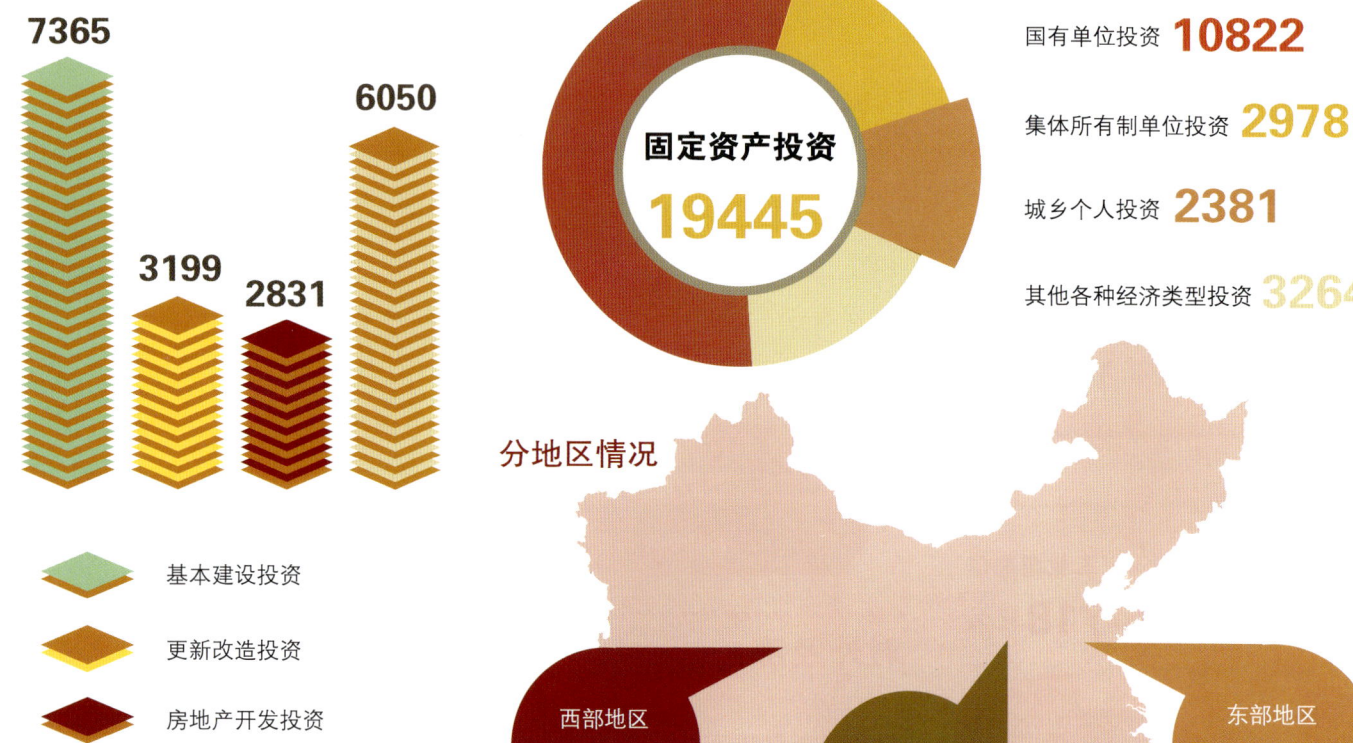

新增加的生产能力

 煤炭开采 **2393** 万吨

 发电机组容量 **1451** 万千瓦

 石油开采 **2371** 万吨

 天然气开采 **9.23** 亿立方米
（含更新改造和其他投资增加的能力）

 炼铁 **325** 万吨

 钢材 **151** 万吨

 木材采运 **19.3** 万立方米

人民生活

- 城乡居民人均收入
- 新建住宅面积

农村：1578 元，6.5 亿平方米
城镇：3893 元，3.3 亿平方米

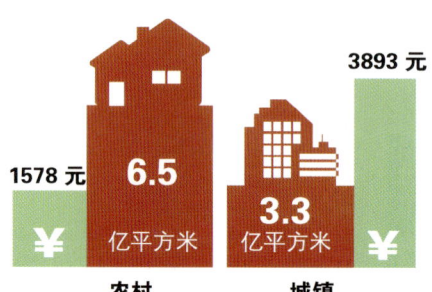

城乡居民储蓄存款余额 **29662** 亿元

从业人员数

- 城镇从业人员 **18620** 万人
- 城镇职工 **14900** 万人
- 城镇私营和个体从业人员 **1960** 万人
- 乡镇企业从业人员 **12350** 万人
- 乡村私营和个体从业人员 **3100** 万人

职工年平均工资 **5500** 元
城镇职工工资总额 **8100** 亿元

保险事业 （单位：亿元）

全国承保总额 **139679**

保费收入 **615.7**
财产险保费收入 **421.1**
人身险保费收入 **194.2**

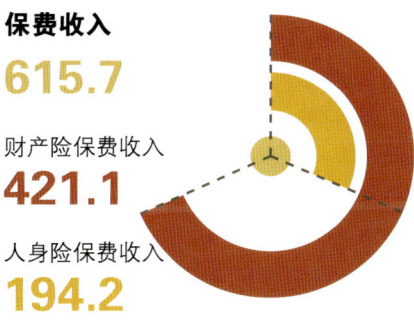

 人身险给付金额 **64.7**

 财产险赔款金额 **242**

环境保护事业

全国环境保护系统共有 **8.8** 万人
各级环境监测站 **2184** 个
环境监测人员 **3.4** 万人

全国自然保护区 **793** 个
其中国家级自然保护区 **98** 个
自然保护区总面积 **7172** 万公顷
占国土总面积的 **7.2%**

完成环境污染限期治理项目 **4397** 个
总投资 **36.5** 亿元

 在全国 **530** 个城市中建成了 **3002** 个烟尘控制区，面积达 **12532** 平方公里

 在 **416** 个城市中建成了 **1980** 个环境噪声达标区，面积达 **5144** 平方公里

科学技术

科技经费

经费支出为 **833** 亿元
其中研究与发展经费支出 **286** 亿元

科研成果

 取得省部级以上重大科技成果 **3.1** 万项
获国家奖励的成果 **795** 项

 国家发明奖 **131** 项
国家自然科学奖 **57** 项
国家科学技术进步奖 **607** 项

 受理国内外专利申请 **8.3** 万件
授权专利 **4.5** 万件

科技队伍

国有企事业单位共有各类专业技术人员 **2785** 万人

县级以上国有独立研究开发机构 **5856** 个

高等院校办科研机构 **2550** 个

大中型工业企业办科研机构 **14400** 个

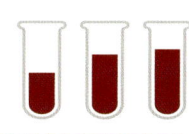 从事科技活动人员 **277** 万人

技术市场

 共签订技术合同 **22** 万份
成交金额 **268** 亿元

社会福利事业

各类社会福利院床位 **99.7** 万张
收养 **76.7** 万人

城乡各种社会救济对象得到国家救济的达 **4028** 万人次

已有 **33.2%** 的乡镇建立了农村社会保障网络

城镇已建立起各种社区服务设施 **10.4** 万个

交通运输

货物周转量 **35436** （单位：亿吨公里）　　　　　增加值 **3236** 亿元

新建线路交付营业里程（单位：公里）

铁路	公路	水运	航空	管道
12900	4890	17000	24	622
3547	4726	180	652	

公路 **4839**
其中高速公路 **538**
铁路正线 **2389**
铁路复线 **901**

旅客周转量 **9105** （单位：亿人公里）

沿海主要港口吞吐量 **78980** 万吨

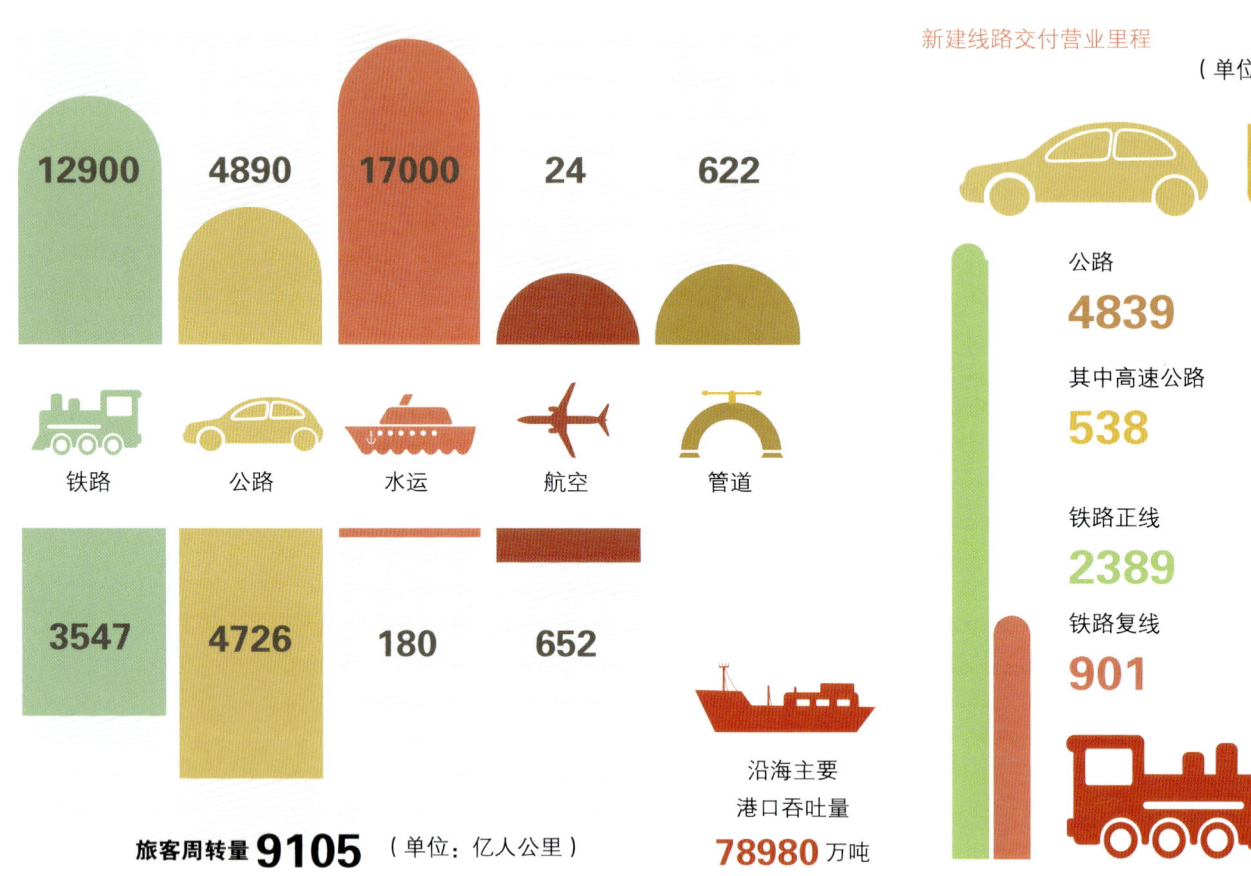

邮电通信

邮电业务总量 **986** 亿元

新增电话用户 **1546** 万户
移动电话新增用户 **206** 万户

电话普及率 **4.66** 部/百人

卫生

专业卫生技术人员 **425.7** 万人
其中医生 **191.8** 万人（含中、西医师 **145.5** 万人）
护师、护士 **112.6** 万人

中、西医师 **145.5** 万人

医院病床 **283.6** 万张

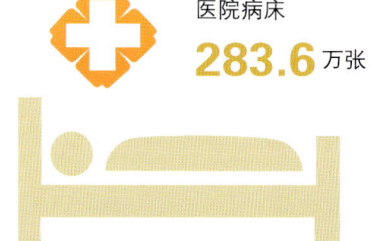

旅游

接待人数 **4639** 万人次
旅游外汇收入 **87** 亿美元

教 育

在校学生数 （单位：万人）

- 研究生 14.5
- 普通高校 290.6 （电大普通专科班 17.8）
- 成人高校 257
- 成人中专 242.9
- 成人中小学 288
- 中等职业技术学校 939.4 （技工学校学生 188.6）
- 高中 1653
- 初中 4728
- 小学 13195
- 成人技术培训学校 7698（万人次）

招生人数 （单位：万人）

- 电大普通专科班 8.1
- 研究生 5.11
- 普通高校 92.6
- 成人高校 91.4

共扫除文盲 **476** 万人

高校数目

- 普通高校 **1054** 所
- 成人高校 **1156** 所

希望工程

- 接受海内外捐款 **2.53** 亿元人民币
- 资助 **23.7** 万名失学儿童重返校园
- 资助建设希望小学 **1325** 所

文 化

电影故事片 **146** 部

发行各种新片（长片）**204** 部

有 **16** 部（次）影片在国际电影节上获奖

电影放映单位 **9.4** 万个

艺术表演团体 **2690** 个

文化馆 **2890** 个

公共图书馆 **2619** 个

博物馆 **1165** 个

档案馆 **3589** 个

广播电台 **1204** 座

中、短波广播发射台和转播台 **746** 座

广播人口覆盖率 **78.7%**

电视台 **835** 座

一千瓦以上电视发射台和转播台 **1205** 座

电视人口覆盖率 **84.4%**

出版 报纸 **181** 亿份 杂志 **23.8** 亿册 图书 **62.6** 亿册（张）

体 育

获得世界冠军 **102** 个

14人2队24次创 **13** 项世界纪录

16人4队32次创 **20** 项亚洲纪录

56人23队137次创 **87** 项全国纪录

89% 以上的在校学生达到《国家体育锻炼标准》的要求

1996

1978-2018
中国改革开放
全纪录

- 转换企业经营机制，建立现代企业制度改革
- 全面建立劳动合同制度
- 人民币实现经常项下自由兑换
- 深化卫生体制改革
- 国民经济实现"软着陆"
- 控制农村税费
- 依法治国基本方略的提出

焦点事件

转换企业经营机制，建立现代企业制度改革

改革开放以来，国有企业改革一直是整个经济体制改革的中心环节。对大中型国有企业，先后实行了扩大企业自主权，推行承包制、股份制等改革探索，取得了一定效果。党的十四大明确了建立社会主义市场经济体制的改革目标，1993年党的十四届三中全会通过的《中共中央关于建立社会主义市场经济体制若干问题的决定》指出："建立现代企业制度，是发展社会化大生产和市场经济的必然要求，是中国国有企业改革的方向。"从1994年起，中国国有企业改革开始进入转换经营机制、建立现代企业制度的阶段。

1996年1月31日至2月1日，国家体改委现代企业制度试点工作会议召开，会议要求，抓紧落实已批复的《现代企业制度试点实施方案》，力求在解决重点和难点问题上取得实质性突破。

3月7日，国务院转发国家经贸委《关于1996年国有企业改革工作

> **语录**："财产的拍卖所得首先要用于安置职工，然后再用于偿还银行债务。"
>
> ——朱镕基

背景：破产结束了社会主义中国的企业无论经营成败，"人人照捧铁饭碗，企业永是'不倒翁'"的历史。从1986年沈阳防爆器械厂破产以来，破产对中国人已经不再陌生，但破产在中国仍然困难重重。破产企业最棘手的就是解决职工的安置问题。1994年11月4日，朱镕基在全国建立现代化企业制度试点工作会议上的讲话要点中指出："原来规定企业破产的拍卖所得首用于偿还银行债务，这是正确的。但职工得不到安置，就会影响社会安定。现在为推动这项工作，应有新的思路。财产的拍卖所得首先要用于安置职工，然后再用于偿还银行债务。"

👤 人物：陈清泰

陈清泰长期从事企业管理和宏观经济管理工作，具有丰富的企业管理和宏观经济管理经验。他也是少有的、由企业一线晋升上来的高级官员，他曾长期担任第二汽车制造厂厂长，1988年被评为"首届全国优秀企业家"。陈清泰担任第二汽车制造厂总厂厂长时，正是这个企业建设期即将结束，面临着向发展阶段转型的时期。陈清泰克服工厂内外的种种阻力，调整企业发展战略。他把技术研发提到了企业发展的最高地位，同时，在企业管理层面，他借鉴外国经验，运用投资、利润、成本三大中心概念，将二汽由传统生产型企业转变为现代经营型公司。在他的领导下，二汽成为改革开放初期中国企业改革与发展的一个缩影。

1992年7月到1998年3月，陈清泰出任国务院经济贸易办公室副主任、国家经济贸易委员会副主任。1993年5月，中央政治局决定，党的十四届三中全会将把建立社会主义市场经济体制作为议题，并就若干问题作出决定。要求抓紧文件起草工作，同时认真搞好调研，为全会做好准备。中央确定了16个调研专题，其中第二个专题"关于建立现代企业制度"，由国家经贸委承担。调研组由国家经贸委牵头，陈清泰为组长，组织有关部门24位同志参加。在中央财经领导小组办公室指导下，进行广泛调查研究，与100多个单位座谈，听取了300多位专家学者、实际工作者和企业家们的意见，历时六个月，八易其稿，最后由国家经贸委完成。为推进深化企业改革，国家经贸委随后制订了《关于深化企业改革搞好国有大中型企业的意见》，从具体实践上把国有企业改革与社会主义市场经济机制培育相互协调起来整体推进。此后，国有企业改革进入了有系统、有重点地整体推进的时期。

在国有大中型企业建立现代企业制度的试点工作步履维艰的时候，放开放活国有小企业的改革取得成绩，比如山东诸城、广东顺德、黑龙江宾县、四川宜宾等地的改革经验，相继被政府推广。但是，这些地方的企业改革是以向股份制"改制"为主要形式，牵涉到对国有资产的出售，也招来了各种质疑和非议。1996年3月中旬，陈清泰等数十位中央部委的领导，还有两位经济学家吴敬琏和张卓元，随同朱镕基到诸城调研。正是这次出行，肯定了诸城"放活国有小企业"的做法。此后，国有小企业在放开搞活后，逐步向"专、精、特、新"的方向发展，初步形成了大中小企业配套协作的格局。

资料来源：《重塑企业制度：30年企业制度变迁》，中国发展出版社，2008年。

1996年12月3日，在武汉市汽车车桥厂，工厂被兼并签字仪式正在举行，职工焦急地在走廊上等待着。该厂曾是武汉的"王牌"企业，因陷入亏损困境，被湖北车桥股份有限公司兼并，近800名职工将重新上岗。这是武汉市首例外地县属企业兼并市属国有企业。

政府妥善解决职工的再就业问题。图为昔日的纺织女工,如今是一位航空小姐。

的实施意见》。《意见》指出,以建立现代企业制度为目标,把国有企业的改革同改组、改造和加强管理结合起来,构造产业结构优化和经济高效运行的微观基础。全面准确把握"产权清晰、权责明确、政企分开、管理科学"的现代企业制度基本特征,加大改革力度,使大多数国有大中型骨干企业在20世纪末初步建立起现代企业制度,成为自主经营、自负盈亏、自我发展、自我约束的法人实体和市场竞争主体。

5月31日,国家经贸委公布《国务院确定的百户企业建立现代企业制度工作试点阶段目标要求(试行)》,在产权清晰,权责明确,治理结构规范;转变政府职能,促进政企职责分开;采取有效措施,减轻企业负担;坚持"三改一加强",提高企业整体素质;深化改革,提高企业经济效益等方面,提出了具体的目标要求。

7月22日至23日,国家体改委召开推进国有大中型企业改革座谈会。国务委员兼国家经济体制改革委员会主任李铁映在会上指出,为了实现"九五"计划和2010年奋斗目标、推进两个根本性转变的实现,必须以更大的决心和魄力,抓住机遇,在继续放活小企业,规范完善的同时,重点抓好大企业,进行突破和创新。

人物:陈光

1992年邓小平视察南方,也正是在这一年,陈光以摸着石头过河的方式实践了国企改革的新思路,使诸城在全国一夜出名。

1991年,陈光调任山东诸城市长。1992年4月,按中央统一部署,诸城对150家市属独立核算企业进行审计,结果令人惊讶:150家企业中有103家亏损,43家已资不抵债。此番状况"逼"出了日后陈光引发争议的那场国企改革。

1992年10月,陈光领导班子对诸城5家企业进行试点改革。这5家试点企业涵盖了4种类型:小型国有工业企业,小型国有商业企业,小型集体企业和乡镇企业。

试点改制的第一家企业是始建于1970年的诸城市国营电机厂。最初,改革试点工作组推出两套股份制改造方案,但都遭到了职工的反对。职工自己提出了一个方案:将企业净资产几乎是平均出售给每一位员工,国有土地使用权不入股,由企业有偿使用。1992年12月,诸城市政府166号文件同意了此建议:将国营电机厂"卖给"厂内职工。于是,一场由陈光领导班子主导,职工自己设计方案的国企改革开始了。

那时恰逢中共十四大召开。正是十四大,拉开了包括国有企业产权改革在内的城市改革的大幕。十四大报告称,"股份制有利于促进政企分开、转换企业经营机制和积聚社会资金,要积极试点";"国有小型企业,有些可以出租或出售给集体或个人经营。"这成为陈光实施股份合作制的依据。虽然诸城"人人持股,平均持股"的国企改革,是国企职工的自愿选择,但为了整个改革能够顺利进行,诸城市政府还做好了社保等配套体制的改革。从1992年4月到1994年7月,诸城288家乡镇以上的企业,有272家实现改制,其中210家实行了股份合作制改造。

为了避开"姓资姓社"的诘难,陈光将这种改革策略性地称为"股份合作制",试图用"合作"淡化"股份制"。但一些人认为,把国有资产"卖"给职工,是国有资产的流失。由此,"陈卖光"广为人知,备受争议。有文章称他是"私有化的先锋"、"复辟资本主义的带头羊"。虽然陈光的改革一度引起了广泛争论,但正是他的大胆尝试,使他从一定意义上成为中国国企产权改革的先行者。

后来,中国人民银行派12个人来诸城查账,结果没有呆账、坏账。1996年,国家体改委、财政部、经贸委、审计总署等9个部委官员组成联合调查组来诸城调查后,宣布了调查结论:方向正确,措施有力,效果显著,群众满意。此后,这一做法也得到了时任国务院副总理朱镕基的肯定。至此,被冠上了"陈卖光"的诸城市长陈光才松了口气。

实践证明,"卖光"成了诸城的转折点。诸城企业实行股份制改造后,这个曾经较为落后的县级市,经济活力迅速迸发。自2001年以来,诸城GDP连续多年年均增速20%,吸引了美国泰森、沃尔玛、日本住友株式会社、伊藤忠等世界500强企业纷纷落户。诸城一跃进入中国百强县。诸城为"放活国有小企业"创造了经验。

资料来源:《陈光:实践国企改革新思路》,《中华儿女(青联版)》,2009年11期。

观点

陈清泰： 国企改革已触及到体制中的深层次问题：第一，结构问题。国有资产存量分布不适应于市场经济的要求，再加上条块分割，投资不合理，增量的不合理进一步带动存量的不合理，还有产品结构问题等；第二，体制问题，包括政企怎么分开，怎样形成符合市场经济的国有资产管理体制；第三，企业机制问题。企业经营机制应进行"脱胎换骨"的转换；第四，投入问题。拨改贷后企业资产负债率过高，资产质量低，许多国有企业应引入新的投资者，改善增量资产质量，以便进行技术改造和新产品开发；第五，负担问题。冗员过多、企业办社会、债务问题均不容忽视，要使国企大致有一个公平的环境。当前国企摆脱困境的出路是加强企业管理。面对企业经营管理的许多新情况、新问题，需要按照市场经济的要求去管理、去解决。当前舆论中有许多似是而非的观点，诸如划小核算单位就能搞活企业，企业下属机构都要自主经营，企业的边界就是市场，怎么理解把市场机制引入企业内部等，都需要从理论上加以研究，为丰富和发展企业管理理论作出贡献。

资料来源：《国企改革要触及深层次问题》，《经济研究参考》，1996年。

魏杰： 国有企业的改革，应按规模大小划分不同的类别，实行分类推进，即推行"抓大放小"战略，收缩国有经济范围，降低国有经济比重。

第一，抓大。对国有大企业的改革，应明确是不存在所有制属性变革的问题，关键是如何对内部人控制进行科学有效的反控制。第二，放小。把中小型国有企业重新归位，强化其单一的经济功能，还其纯粹的经济组织属性，国家解除这些企业的政治和社会功能，视为非国有企业等同。这是总的指导思想。具体改革中，国有中小型企业因为数量众多，情况各异而使改革更加复杂化。尤其是占绝大比例的小型企业处境更为艰难。改革就要根据实际情况，进一步明细类别，施以非国有化为中心的多项改革措施。

资料来源：《论产权关系与内部人控制》，《经济学家》，1996年第5期。

中国（海南）改革发展研究院： 由政府组织建立一个债务托管机构，从国有银行接管企业的不良债务，银行、政府、企业、托管机构等多方化解决不良债务。托管机构或者将债权转为股权出售，或者直接出售债权，或者推进企业兼并和合并，促成有不良债务的企业的产权流动和企业重组，托管机构对一部分企业实行破产清算或拍卖其部分资产，收回部分资金，并对新型银企关系作出制度性安排，防止新的不良债务形成。

资料来源：《关于解决中国国有企业债务问题的建议》（1996年10月），引自《直谏中国改革：建议篇》，中国经济出版社，2011年。

上海柴油机厂的国有职工签订全员劳动合同。

12月6日，全国经贸工作会议在沈阳召开，会议提出集中精力打好"现代企业制度试点、企业兼并破产、结构调整、扭亏增盈、治理三乱"五个攻坚战。

1997年召开的党的十五大进一步明确了国有企业改革方向，提出力争到20世纪末大多数国有大中型骨干企业初步建立现代企业制度，经营状况明显改善，开创国有企业改革和发展新局面的目标，从而将国有企业改革推进到攻坚阶段。十五大后，以建立现代企业制度为重点的改革攻坚全面展开。

全面建立劳动合同制度

1994年7月5日，《中华人民共和国劳动法》获得通过，自1995年1月1日起正式实施。《劳动法》第一次用法律的形式确立了劳动合同制度，是国家为了保护劳动者的合法权益，调整劳动关系，建立和维护适应社会主义市场经济的劳动制度，促进经济发展和社会进步，依据宪法而制定颁布的法律，它是一项作为维护人权、体现人本关怀的基本法律。

为保障《劳动法》的实施，国家劳动部于1996年10月31日发出《关于实行劳动合同制度若干问题的通知》，对《劳动法》的很多规定进行了细化，增强了操作性，劳动合同制度开始广泛建立，原来的"铁饭碗"、"大锅饭"开始大规模退出历史舞台。

《关于实行劳动合同制度若干问题的通知》指出："在签订劳动合同时，按照《劳动法》的规定，只要当事人双方协商一致，即可签订有固定期限、无固定期限或以完成一定工作为期限的劳动合同。""按照《劳动法》的规定，劳动合同中可以约定不超过六个月的试用期。劳动合同期限在六个月以下的，试用期不得超过十五日；劳动合同期限在六个月以上一年以下的，试用期不得超过三十日；劳动合同期限在一年以上两年以下的，试用期不得超过六十日。""有固定期限的劳动合同期满后，因用人单位方面的原因未办理终止或续订手续而形成事实劳动关系的，视为续订劳动合同。用人单位应及时与劳动者协商合同期限，办理续订手续。由此给劳动者造成损失的，该用人单位应当依法承担赔偿责任。"

人民币实现经常项下自由兑换

1994年之前，中国实行比较严格的外汇管理制度，企业、居民个人使用外汇需要获得外汇管理局的批准，不能自由买卖外汇。1993年11月14日，党的十四届三中全会通过的《中共中央关于建立社会主义市场经济体制若干问题的决定》中要求"改革外汇体制，建立以市场供求为基础的有管理的浮动汇率制度和统一规范的外汇市场，逐步使人民币成为可兑换货币"。根据全会精神，1993年12月28日，中国人民银行发布了《关于进一步改革外汇管理体制的公告》，从1994年1月1日起，人民币实行以市场供求为基础的、有管理的浮动汇率制，中资企业经常项目下的外汇收付实行银行结售汇制度，企业的外汇收入必须无条件地出售给外汇制定银行，所需外汇凭有效单据可直接从外汇指定银行购买。

1996年，随着国内经济"软着陆"逐步取得成效，国际收支形势较好，中国抓住有利时机，进一步推进了外汇体制改革进程：1996年7月1日，外商投资企业的经常项目外汇收支纳入银行结售汇体系；居民因私兑换外汇的标准提高到每人每次可兑换2000美元；居民出境定居，其离退休金、退职金及抚恤金可全部兑换外汇；出入境展览、招商等非贸易经常性用汇的限制也被取消。1996年12月1日，中国宣布实现人民币经常项目可兑换。

实现人民币经常项目可兑换是中国外汇体制改革进程中的一个重大突破。由于前期的分步实施和准备充分，经常项目的开放并没有对中国的国际收支和市场环境构成重大冲击。相反，1997年，实现经常项目可兑换后的第一年，全国进出口总值就比上年增加了12.2%，增速比1996年的3.2%提高了9个百分点。

深化卫生体制改革

1996年12月9日至12日，全国卫生工作会议在北京举行。这是建国以来由中共中央、国务院召开的第一次全国卫生工作会议，会议的任务是：总结建国以来特别是改革开放以来卫生工作的成绩和经验，明确新时期卫生工作的奋斗目标和工作方针，讨论《中共中央、国务院关于卫生改革与发展的决定》，全面落实《国民经济和社会发展"九五"计划和2010年远景目标纲要》提出的卫生工作任务。

在12月9日的开幕式上，江泽民总书记、李鹏总理到会作了重要讲话，卫生部部长陈敏章在会上作了《深化改革，加快发展，开创卫生工作新局面》的报告。

江泽民在讲话中指出，各级党委和政府要把卫生工作纳入经济和社会发展的总体规划，列入重要的议事日程，增加对卫生事业的投入，切实保证卫生事业同经济、社会的协调发展。他指出，建设有中国特色的社会主义卫生事业，要着重抓好以下五项工作：第一，重点加强农村卫生工

观点

货币基金组织总裁康德苏日前在华盛顿发表一项声明，对中国宣布从12月1日起实行人民币经常项目下的可兑换表示欢迎。

康德苏在声明中说，"这是中国在历史性变革和果断融入世界市场经济进程中的又一座里程碑。"他说，"实现经常项目可兑换，将进一步加强国内、国际对中国改革光明前景的信心。"他认为这一步骤"将大大有益于国际社会"。

法新社在日前的一篇报道中说，中国实行人民币经常项目下可兑换的时间比原计划提前了四年。今年7月1日生效的一系列外汇改革措施为实行这一举措铺平了道路。法新社评论说，中国目前以国际货币基金组织协定第14条规定的资格作为该组织成员，而实行人民币经常项目下的可兑换将有助于中国符合国际货币基金组织协定第8条款的规定，并将增强中国加入世界贸易组织的理由。

资料来源：《国际货币基金组织总裁发表声明欢迎中国实行人民币经常项目下可兑换》，《人民日报》，1996年12月12日。

一些善于理财的居民随时关注外汇存款利率的变化。

观点

吴晓灵：维持人民币汇率的基本稳定是中国人民银行货币政策的目标之一。中国在实现人民币经常项目可兑换之后，能否尽快地实现资本项目可兑换，在很大程度上取决于能否有效地防止资本的大规模流动和是否有能力消除大规模资本流动给经济带来的影响。在中国实现资本项目可兑换，主要需要以下几个条件：1. 有一个健全的财政体制，逐渐减少财政赤字和用非通货膨胀的方式弥补已有的财政赤字。2. 微观活动主体对资本流动产生的后果做出灵敏而有效的反应。3. 内、外资金融机构的同等税赋。4. 健全的金融体系和强有力的金融监管。放开资本项目的管制必然导致居民金融资产的多样化。当然从改革的方向看，人民币将走向自由兑换这是既定的目标，我们将通过各项改革努力创造条件逐步推进资本项目可兑换。

资料来源：《中国外汇体制改革的进展——人民币实现从经常项目可兑换到资本项目可兑换》，《金融研究》，1997年第1期。

语录

"我每天给中央电视台开进一部桑塔纳，开出一部豪华奥迪，我们是一年走了10年的路。"

——姬长孔

背景：在广告效应日益明显的年代，中央电视台黄金时段的广告成了商家争夺的目标。1995年底，在第二届标王竞标会上，秦池酒以6666万元抢摘"王冠"。秦池酒厂是山东省潍坊市临朐县的一家生产"秦池"白酒的企业，自从当上"标王"之后，订单雪片般地飞来，在短短的一个多月内，秦池酒厂就签订了4亿元的销售合同，两个多月秦池酒厂的销售收入就达到2.18亿元，相当于秦池酒厂建厂以来前55年的总和。至1996年6月，订单已排到了年底。该厂负责人姬长孔如是说。

1996年，医疗制度改革成为热门话题。图为福建一家医院在门诊部大厅向公众展示医生资质。

作；第二，以预防保健工作为主；第三，中西医并重，发展中医药；第四，依靠科技进步，提高专业技术水平；第五，开展爱国卫生运动，动员全社会参与。

李鹏在讲话中肯定了建国47年来中国卫生事业取得的巨大成绩。李鹏强调说，到2000年，要初步建立起具有中国特色的包括卫生服务、医疗保障、卫生执法监督的卫生体系，基本实现人人享有初级卫生保健，人民健康水平进一步提高。到2010年，在全国建立起适应社会主义市场经济体制和人民健康需求的、比较完善的卫生体系；国民健康的主要指标在发达地区达到或接近世界中等发达国家的平均水平，在欠发达地区达到发展中国家的先进水平。他指出，要以改革为动力，推动卫生事业的健康发展。当前要重点抓好三个方面的改革：第一，建立适应中国国情的职工医疗保险制度；第二，积极推进卫生管理体制改革；第三，认真抓好各项配套改革。

国民经济实现"软着陆"

1988年10月开始经济治理整顿后，中国经济逐步走出低谷，国内生产总值的增长率由1989年的4.1%和1990年的3.8%回升到1991年的9.2%，开始了中国历史上增长最快的第八个"五年计划"时期。

1991年至1995年中国国内生产总值按可比价格计算年均增长速度达12%。伴随着经济的高速增长，出现了比较严重的通货膨胀。面对再次过热的国民经济，政府运用了更加多样的政策工具，提高了宏观调控的综合性。从过去通过计划直接进行宏观调控、单纯依靠行政指令调节供求关系，转变为通过运用财政政策、货币政策、产业政策和贸易政策等各种政

观点

刘国光、刘树成：这次"软着陆"的成功有重大意义。首先，避免了重蹈历史上"大起大落"和"软着陆"不成功的覆辙，在中国建国以来的经济发展史上是没有先例的。它表明，我们党对社会主义市场经济体制和社会主义现代化建设规律的认识逐步在深化，领导和驾驭经济工作的水平提高了。其次，为中国今后的经济运行开辟了一条适度快速和相对平稳发展的新轨道，为中国经济的跨世纪发展积累了宝贵的经验，奠定了良好的开端。第三，既大幅度地降低物价涨幅又保持了经济的较快增长，这在二次大战后世界各国的经济发展史上也是罕见的。与西方主要国家经常陷入滞胀困境相比，改革开放的中国充分显示出其经济增长的活力。

资料来源：《论"软着陆"》，《人民日报》，1997年1月7日第9版。

20世纪90年代，北京故宫旁的巨型广告牌。

策工具，进行综合间接宏观调控。经过三年的努力，1996年终于成功实现经济"软着陆"。

1993年下半年以来所实施的宏观调控，使经济增长率由1992年峰顶时的14.2%，一年年逐步平稳地回落到1996年的9.7%左右，每年平均回落约1个百分点；物价上涨率（商品零售价格）由1994年的21.7%，回落到1996年的6%左右，共回落了15.7个百分点。

控制农村税费

改革开放后，通过实行家庭联产承包经营责任制，调整农产品价格和购销政策，改善了农村分配关系，调动了农民生产积极性，保持和发展了农村好的形势。但是，由于农村税费制度和征收办法还不尽合理，从20世纪80年代末开始，中国农村"三乱"现象日益严重，农民负担过重的问题比较突出。有的地方和部门不顾国家三令五申，随意向农民伸手，面向农民的各种收费、集资、罚款和摊派项目多，数额大；有的地方虚报农民收入，超标准提取村提留和乡统筹费，强迫农民以资代劳；有的地方违反国家规定，按田亩或人头平摊征收农业特产税和屠宰税；有的部门要求基层进行的达标升级活动屡禁不止，所需资金向农民摊派；有的地方基层干部采取非法手段强行向农民收钱收物，酿成恶性案件和群体性事件。这些问题，严重侵害了农民的物质利益和民主权利，挫伤了农民的生产积极性，伤害了农民对党和政府的感情，影响了农村社会稳定。

1996年12月30日，中共中央、国务院作出《关于切实做好减轻农民负担工作的决定》。《决定》的主要内容是：1.国家的农业税收政策不变。"九五"期间，对农业生产不开征新的税种，国家规定的农业税税率不再提高。2.村提留乡统筹费不超过上年农民人均纯收入的5%的政策稳定不变。3.农民义务工和劳动积累工制度稳定不变。义务工和劳动积累工以出劳为主，原则上不得以资代劳，各级各部门都不得向乡村下达以资代劳指标。4.严禁一切要农民出钱出物出工的达标升级活动。5.严禁在农村搞法律规定外的任何形式的集资活动。6.严禁对农民的一切乱收费、乱涨价、乱罚款。7.严禁各种摊派行

流行志

> 网吧

网吧是年轻人喜欢光顾的地方。

网吧是向社会公众开放的营利性上网服务场所，为那些没有电脑和上网条件的人们提供了一个经济、便捷的触网机会。1996年5月，第一家网吧威盖特在上海出现，这种高科技休闲方式很快被爱追潮流的年轻人接受。1996年11月2日，北京的实华开网络咖啡屋开张。此后，网吧开始在全国遍地开花。在家长们看来，网吧是他们最痛恨的地方，很多孩子因为沉迷于网吧游戏而荒废了学业。

> 《宰相刘罗锅》

1996年，李保田主演的40集古装电视连续剧《宰相刘罗锅》红遍了大江南北，连刘罗锅爱吃的芋头也突然热销北京。在剧中才高八斗、刚直不阿却天生罗锅的刘墉与贪官和珅在公事、私事上斗智斗勇，围绕这一主线，一出出啼笑皆非而又发人深思的故事接连上演。同时，该剧也对乾隆年间官场腐败、文字狱、国库空虚等历史现象进行了辛辣讽刺。本剧曾经引起全国关于反腐败的大讨论，轰动一时，影响极大。同年，《宰相刘罗锅》获得第十四届大众电视金鹰奖最佳长篇连续剧奖。

流行志

《青藏高原》

1996年，由张千一作词作曲，李娜演唱的《青藏高原》传唱一时，高亢、清新的音乐歌曲听来动人心魄、荡气回肠。一句起腔："呀啦索——"，民族风格、地域环境特色、特定情感处理都在这短短一个乐句中体现出来，手法之简练、处理之巧妙尽显。《青藏高原》自1994年问世以来，十几年来一直风靡歌坛。无论是央视的大型文艺演出，还是寻常百姓的自娱自乐，总能听到那高亢亮丽、婉转悠扬、宛如天籁之音的旋律。

专卖店

在北京王府饭店的意大利名牌时装专卖店内，时装模特在展示最新春夏时装。

80年代中后期，专卖开始在服装零售行业出现，那时候是叫作"衬衣专卖""西服专卖""女装专卖"等。到了90年代中后期，人们不仅重视衣服的样式，还开始讲究起衣服的品牌来，很多品牌专卖店应运而生，如"李宁专卖""杉杉专卖""雅戈尔专卖"等。那时候，就连学生们也开始纷纷追求所谓的品牌服饰，一些挂着外国名号的休闲服饰，如"真维斯""班尼路"等开始抢占各大城市的商业中心和步行街。

农家乐

江西省南昌市郊区一户"农家乐"，挂起红灯笼迎接游客。

农家乐由乡村旅游发展而来。20世纪90年代中期，生活节奏日益紧张的城市居民，渴望利用周末时间，远离城市的喧嚣和工作的压力，体验回归自然、放松身心的农村生活。到离家不远的郊区农村，吃农家饭、住农家屋、游农家景，领略乡村风情，成了富裕起来的城里人一种时髦的休闲方式。农家乐，这种新兴的旅游休闲方式逐渐兴起。农家乐消费不高，内容新颖，再加上没有时间上的限制，很快发展为遍及全国的旅游新热点。

江苏省盱眙县百余名农民手持农业税纳税通知书在排队缴纳税款。

为。8.严禁动用专政工具和手段向农民收取钱物。9.减免贫困户的税费负担。10.减轻乡镇企业的负担。11.减少乡镇机构和人员的开支。12.加强领导，实行减轻农民负担党政一把手负责制。13.加强监督检查，严肃查处加重农民负担的违法违纪行为。

为了保障这项政策落到实处，国务院1997年派出了由农业部、监察部、财政部、国家计委、国务院法制局及有关新闻单位组成的工作组，分赴河南、湖南、湖北、安徽、山西五省现场检查工作，体制性税费改革探索由此逐渐深入。

依法治国基本方略的提出

1996年2月8日，江泽民在中共中央举办的法制讲座上发表题为《依法治国，保障国家长治久安》的重要讲话，明确指出："加强社会主义法制建设，依法治国，是邓小平同志建设有中国特色社会主义理论的重要组成部分，是我们党和政府管理国家和社会事务的重要方针。"随后，第八届全国人民代表大会第四次会议制定的《国民经济和社会发展九五计划和2010年远景目标》指出，到下世纪初要初步建立社会主义法治国家。

依法治国基本方略的提出，是对邓小平民主法制理论的继承、丰富和发展，是中国共产党领导方式、执政方式、治国方略的重大进步。

> **语录** "实行和坚持依法治国，就是使国家各项工作逐步走上法制化的轨道，实现国家政治生活、经济生活、社会生活的法制化、规范化；就是广大人民群众在党的领导下，依照宪法和法律的规定，通过各种途径和形式，管理国家事务，管理经济和文化事业，管理社会事务；就是逐步实现社会主义民主的制度化、法律化；依法治国是我们党和政府管理国家和社会事务的重要方针，是社会进步、社会文明的一个重要标志，是我们建设社会主义现代化国家的必然要求。"
>
> ——江泽民1996年2月8日在中共中央举办的法制讲座上的讲话

资料来源：《江泽民文选》第一卷，人民出版社，2006年。

语录　"不能吃祖宗饭、断子孙路。"

——江泽民

背景：随着经济的发展，中国的环境问题凸显出来。第三代领导人对发展问题考虑得更全面：经济的发展，不能以牺牲资源环境为代价，不能威胁到子孙后代的可持续发展。1996年7月16日，江泽民同志在第四次全国环境保护会议座谈会上提出："经济发展，必须与人口、资源、环境统筹考虑，不仅要安排好当前的发展，还要为子孙后代着想，为未来的发展创造更好的条件，决不能走浪费资源和先污染后治理的路子，更不能吃祖宗饭、断子孙路。"

社会关注

京九铁路全线开通

1996年9月1日上午9时13分，首列由北京西开往深圳方向的105次旅客列车，缓缓驶出北京西站站台。这标志着中国铁路建设史上规模最大、投资最多、纵贯南北九省市的国家重点工程——京九铁路全线正式开通运营。

京九铁路是中国铁路建设史上一次性建成线路最长的大干线，位于京沪、京广两大干线之间，是又一条贯穿中国南北的铁路大动脉。北起北京西站，跨越京、津、冀、鲁、豫、皖、鄂、赣、粤九省市的108个市县，南至深圳，连接香港九龙，正线2397公里，包括同期建成的天津至霸州和麻城至武汉的两条联络线在内，全长2553公里，辐射人口约2亿人。

京九铁路的全线开通运营，对缓解南北运输紧张状况，改变铁路"瓶颈"状况；完善路网布局，充分发挥运输综合效益；维护并促进港澳地区稳定和繁荣，促进祖国和平统一大业；适应对外开放，带动沿线资源开发，发展经济和加快沿线革命老区脱贫致富，都具有重大现实意义和深远历史意义。

北京西客站被人们称为京九铁路龙头。

环球大事

- **2月1日**　世界经济论坛年会在瑞士开幕，会议主题为"推进全球经济一体化"。
- **3月1—2日**　亚欧会议在曼谷举行，中国、日本、韩国、东盟7国和欧盟15国代表参加。
- **5月29日**　世界经济论坛公布根据新的评估方法排出的1996年全球经济竞争力排行榜，前10名为新加坡、中国香港、新西兰、美国、卢森堡、瑞士、挪威、加拿大、中国台湾、马来西亚。
- **6月29日**　历时3天的七国集团首脑会议在法国里昂闭幕，会议通过了《在更加团结的世界上争取更多的安全与稳定》的主席声明。
- **7月20—25日**　东盟外长会议、东盟地区论坛会议及东盟与对话国会议在雅加达先后举行。
- **8月**　美国科学家宣布已经用克隆胚胎培育出猴子。
- **9月10日**　第50届联大全体会议通过《全面禁止核试验条约》。
- **11月13—17日**　世界粮食首脑会议在罗马召开，这是历史上第一次关于粮食问题的世界首脑会议。
- **11月25日**　亚太经合组织领导人第四次非正式会晤在菲律宾的海滨城市苏比克举行，通过了《马尼拉行动计划》、《亚太经合组织经济技术合作原则框架宣言》、《亚太经合组织领导人宣言》。
- **11月27日**　164个国家的代表参加世界首脑保护臭氧层会议。
- **12月4日**　美国发射火星探路者飞船。
- **12月9—13日**　世界贸易组织首届部长会议通过《新加坡部长宣言》。
- **12月12日**　韩国正式加入经合组织。
- **12月17日**　联大任命科菲·安南为联合国秘书长。

 语录　"一万不算富，十万刚起步，百万才算富。"

——流行语

背景：1978年9月，邓小平视察天津时第一次明确提出"先让一部分人富裕起来"，十一届三中全会后，标准表述为"允许一部分人先富起来，以先富带后富，实现共同富裕"。"先富论"让人们对财富的观念发生巨大改变，进而迸发出惊人的力量，中国人以空前的热情投入到财富的创造中。20世纪80年代初期，"万元户"是人们眼中富裕的象征，到90年代中后期，关于"富"的标准，就已经变成了以上这句顺口溜。

资料来源：《话语志：一万不算富，十万刚起步，百万才算富》，《重庆晨报》，2008年12月18日。

> 重要文献

《加快国有企业改革和发展步伐》

（江泽民，1996年5月4日）

这是江泽民在上海、江苏、浙江、山东四省市企业改革和发展座谈会上的讲话。讲话指出，国有企业为中国改革和发展做出了重大贡献，要求各级党委和政府十分重视企业改革工作，要坚定不移地贯彻落实中央关于国有企业改革的基本方针；把握搞好国有企业需要掌握的主要原则；尊重实践，鼓励探索，总结经验，积极推进国有企业改革。

节选：

……党的十一届三中全会以来，国有企业为改革开放和社会主义现代化建设做出了重大的贡献，保证了国民经济持续、快速、健康发展。……国有企业控制国民经济命脉，对整个经济发展起着主导作用，始终是国家财政收入的主要来源。

实践表明，中央确立的这些方针是完全正确的。国有企业改革的基本方针是：

1. 以公有制为主体的现代企业制度是社会主义市场经济体制的基础，国有企业特别是大中型企业是国民经济的支柱，国有企业改革是经济体制改革的中心环节。

2. 建立现代企业制度是国有企业改革的方向。其基本特征是产权清晰、权责明确、政企分开、管理科学。到本世纪末要使大多数国有大中型骨干企业初步建立起现代企业制度，成为自主经营、自负盈亏、自我发展、自我约束的法人实体和市场竞争主体。

3. 把国有企业的改革同改组、改造和加强管理结合起来，以构造产业结构优化和经济高效运行的微观基础。

4. 要着眼于搞好整个国有经济，通过存量资产的流动和重组，对国有企业实施战略性改组，以市场和产业政策为导向，集中力量抓好一批国有大型企业和企业集团，放开搞活一般国有小型企业，以利于更好地发挥国有经济在国民经济中的主导作用。

5. 加快国有企业的技术进步，形成企业的技术创新机制，增强企业的市场竞争能力。

6. 搞好国有企业，要全心全意依靠工人阶级，切实加强企业经营管理者队伍的建设，严格企业内部管理，形成适应市场经济要求的机制，做好企业的各项基础性工作，提高企业的整体素质。

7. 协调推进各项配套改革，重点是建立权责明确的国有资产管理、监督和营运体系，促进政企职责分开，加快建立健全社会保障制度，为国有企业改革提供必要的外部条件。

8. 坚持公有制经济为主体，多种经济成分共同发展，国家为各种所有制经济平等参与市场竞争创造良好的环境和条件。

……判断国有企业改革的成效，应当具体体现在：一看是否按照建立现代企业制度的要求，真正把企业建成了自主经营、自负盈亏、自我发展、自我约束的法人实体和市场竞争主体；二看是否提高了企业的经济效益和市场竞争能力，实现了国有资产的保值增值；三看是否调动了企业职工和管理者的积极性，有利于企业党组织政治核心作用的发挥，有利于党和国家各项方针政策的贯彻落实；四看是否增强了国有经济的活力，促进了国有经济的发展。企业改革要体现这些原则。

——摘自《十四大以来重要文献选编》（下）第32、34—35页，中央文献出版社，2011年。

■ 重要文献

《中华人民共和国国民经济和社会发展"九五"计划和二〇一〇年远景目标纲要》
（1996年3月17日）

1996年3月17日，第八届全国人民代表大会第四次会议批准《中华人民共和国国民经济和社会发展"九五"计划和二〇一〇年远景目标纲要》。《纲要》提出"九五"计划期内国民经济和社会发展的指导方针、奋斗目标、宏观调控目标和政策以及改革开放举措，并提出二〇一〇年远景发展目标。

目录：
- 一、"八五"计划完成情况
- 二、国民经济和社会发展的指导方针和奋斗目标
- 三、宏观调控目标和政策
- 四、保持国民经济持续快速健康发展
- 五、实施科教兴国战略
- 六、促进区域经济协调发展
- 七、深化经济体制改革
- 八、扩大对外开放程度，提高对外开放水平
- 九、实施可持续发展战略，推进社会事业全面发展
- 十、加强社会主义精神文明和民主法制建设
- 十一、促进祖国和平统一大业

■ 重要文献

《中共中央关于加强社会主义精神文明建设若干重要问题的决议》
（1996年10月10日）

1996年10月7日至10日，中国共产党第十四届中央委员会第六次全体会议在北京举行。10月10日，全会审议并通过《中共中央关于加强社会主义精神文明建设若干重要问题的决议》。《决议》指出：要以经济建设为中心，坚定不移地进行经济体制改革，坚定不移地进行政治体制改革，坚定不移地加强精神文明建设，并使这几个方面互相配合，互相促进。社会主义精神文明建设的基本方针是：它必须是推动社会主义现代化建设的精神文明建设，必须是促进全面改革和实行对外开放的精神文明建设，必须是坚持四项基本原则的精神文明建设。社会主义精神文明建设的根本任务，是适应社会主义现代化建设的需要，培养有理想、有道德、有文化、有纪律的社会主义公民，提高整个中华民族的思想道德素质和科学文化素质。

节选：

建设社会主义精神文明，关系跨世纪宏伟蓝图的全面实现，关系我国社会主义事业的兴旺发达。物质文明是基础，经济建设这个中心必须牢牢把握，毫不动摇，但是精神文明搞不好，物质文明也要受破坏，甚至社会也会变质。在把物质文明建设搞得更好的同时，切实把精神文明建设提到更加突出的地位，认真解决当前一系列紧迫问题，进一步开创新形势下精神文明建设的新局面，已经成为全党和全国各族人民极其关注的大事。

我国社会主义精神文明建设，必须以马克思列宁主义、毛泽东思想和邓小平建设有中国特色社会主义理论为指导，坚持党的基本路线和基本方针，加强思想道德建设，发展教育科学文化，以科学的理论武装人，以正确的舆论引导人，以高尚的精神塑造人，以优秀的作品鼓舞人，培育有理想、有道德、有文化、有纪律的社会主义公民，提高全民族的思想道德素质和科学文化素质，团结和动员各族人民把中国建设成为富强、民主、文明的社会主义现代化国家。这是精神文明建设总的指导思想，也是精神文明建设总的要求。

今后十五年，我国社会主义精神文明建设的主要目标是：在全民族牢固树立建设有中国特色社会主义的共同理想，牢固树立坚持党的基本路线不动摇的坚定信念；实现以思想道德修养、科学教育水平、民主法制观念为主要内容的公民素质的显著提高，实现以积极健康、丰富多彩、服务人民为主要要求的文化生活质量的显著提高，实现以社会风气、公共秩序、生活环境为主要标志的城乡文明程度的显著提高；在全国范围形成物质文明建设和精神文明建设协调发展的良好局面。

——摘自《改革开放三十年重要文献选编》（上）第868页，中央文献出版社，2009年。

■ 重要文献

《关于切实做好减轻农民负担工作的决定》

(1996年12月30日)

1996年12月30日,中共中央、国务院发布《关于切实做好减轻农民负担工作的决定》。《决定》认为,农民负担重,已成为影响农村改革、发展和稳定的一个十分突出的问题。全党务必从政治、全局的高度看待这个问题,采取有力措施,切实做好减轻农民负担工作。

节选:

当前和今后一个时期,减轻农民负担工作的指导思想和主要任务是:以邓小平建设有中国特色社会主义理论和党的基本路线为指导,坚持党的十一届三中全会以来关于农村工作的一系列方针政策,正确处理新时期的农民问题,坚定不移地维护农民的合法权益,坚持不懈地减轻农民负担,禁止非法负担,管理好合理负担,推动农民负担监督管理工作走上法制化、规范化轨道。经过努力,坚决把农民承担的村提留乡统筹费和劳务全面控制在国家规定的限额之内,严禁面向农村的乱收费、乱集资、乱涨价、乱罚款和各种摊派,取消一切加重农民负担的达标升级活动,杜绝因农民负担过重引发的严重事件和死人伤人的恶性案件,切实把不合理的农民负担减下来,并长期稳定在政策规定的范围之内。

一、国家的农业税收政策稳定不变。"九五"期间,对农业生产不开征新的税种,国家规定的农业税税率不再提高。

二、村提留乡统筹费不超过上年农民人均纯收入5%的政策稳定不变。随着经济的发展和农民收入水平的提高,农民实际负担村提留乡统筹费的比例还应该逐步降下来。按照公平合理负担的原则,改革完善村提留乡统筹费计提办法,收入高的多负担,收入低的少负担。将以乡农民人均纯收入为依据改为以村农民人均纯收入为依据计提村提留乡统筹费。有条件的地方,可以实行农户上交的村提留乡统筹费额一定几年不变、按年度收取的办法。对从事个体工商业和私营企业的农户,由县级人民政府根据国家有关规定,合理确定村提留乡统筹费的提取比例。

五、严禁在农村搞法律规定外的任何形式的集资活动。今后,各地区、各部门均不得出台任何面向农村的集资项目。教育集资必须依照《教育法》的有关规定,坚决按照自愿、量力的原则,控制数量,严格审批。

——摘自《中华人民共和国国务院公报》1997年12期,第563—565页,国务院办公厅编辑出版。

■ 重要文献

《关于农村金融体制改革的决定》

(1996年8月22日)

1996年8月22日,国务院发布《关于农村金融体制改革的决定》。文件指出,农村金融体制改革重点是恢复农村信用社的合作性质,进一步增强政策性金融的服务功能。

节选:

农村金融体制改革的指导思想是,根据农业和农村经济发展的客观需要,围绕"九五"计划和二〇一〇年农业发展远景目标,建立和完善以合作金融为基础,商业性金融、政策性金融分工协作的农村金融体系;进一步提高农村金融服务水平,增加对农业的投入,促进贸、工、农综合经营,促进城乡一体化发展,促进农业和农村经济的发展和对外开放。农村金融体制改革的重点是恢复农村信用社的合作性质,进一步增强政策性金融的服务功能,充分发挥国有商业银行的主导作用。农村金融体制改革是现有农村金融体制的自我完善,要坚持稳健过渡,分步实施,保持农村金融整体上的稳定性。在改革中,要不误农时地做好各项金融服务工作。

县联社是农村信用社的县级联合组织,要按中国人民银行重新发布的《农村信用合作社联合社管理规定》组织和管理。

中国人民银行县支行要指定一名副行长专门负责对农村信用社的监管工作,中国人民银行总行和分支行要根据监管任务需要内设职能机构……

中国农业银行不再领导管理农村信用社。农村信用社的业务管理,改由县联社负责;对农村信用社的金融监督管理,由中国人民银行直接承担。

在城乡一体化程度较高的地区,已经商业化经营的农村信用社,经整顿后可合并组建成农村合作银行。农村合作银行的性质是股份制的商业银行,与城市合作银行一样,按《中华人民共和国商业银行法》的要求设立。

——摘自《中华人民共和国国务院公报》1996年26期,第1032—1037页,国务院办公厅编辑出版。

大事记

1月5—8日
中央农村工作会议在京举行。会议强调，实现农业和农村经济发展目标必须着重解决八大问题：1.坚决贯彻优先发展农业的方针，真正把农业放在首位；2.切实解决好农民关注的热点问题，保护和调动广大农民的积极性；3.努力改善生产条件，提高农业综合生产能力；4.实施科教兴农战略，大幅度增加农业科技含量；5.稳定和完善党在农村的基本政策，深化农村改革，逐步建立适应社会主义市场经济要求的农村经济体制和运行机制；6.转变农业增长方式，走高产、优质、低耗、高效的发展路子；7.动员社会的力量，打好"八七"扶贫攻坚战；8.严格控制人口、保护耕地和保护生态环境，实现农业可持续发展。

1月12日
国家体改委印发《1996年经济体制改革实施要点》，提出，1996年经济体制改革要以国有企业改革为中心环节，配套推进其他方面改革。通过经济体制改革，推动经济增长方式转变。

1月12日
中国首家主要由民营企业投资的全国性股份制商业银行——中国民生银行在京宣布成立。

1月14—18日
全国金融工作会议在北京举行。会议确定1996年金融工作的主要任务是：继续坚持适度从紧货币政策，促进物价涨幅明显回落，支持国民经济健康发展；加大金融监管力度，切实防范金融风险，维护金融业的合法稳健运行；深化金融体制改革，按照利率市场化方向，逐步改革利率管理体制，加快农村信用社管理体制的改革，完善政策性银行经营管理体制，推进国有商业银行发展方式和经营方式的转变；进一步深化保险体制和外汇体制改革，扩大金融对外开放，提高开放水平；改进金融服务，支持国有企业的改革和发展；加强银行内部管理，提高银行资金的流动性、安全性和盈利性。

1月21日
中共中央、国务院发布《关于"九五"时期和今年农村工作的主要任务和政策措施》。

1月22日
劳动部等4部门颁布《外国人在中国就业管理规定》。《规定》指出，用人单位聘用外国人从事的岗位应是有特殊需要，国内暂缺适当人选，且不违反国家有关规定的岗位。严格控制外国一般劳务人员来中国就业。

1月24—27日
中国共产党中央纪律检查委员会第六次全体会议在北京举行。江泽民在会上发表重要讲话。会议宣布：为进一步建立健全党内监督机制，经中央批准，在坚持现行领导体制的前提下，重申和建立五项制度。

1月25日
为了加强企业国有资产产权登记管理，健全国有资产基础管理制度，防止国有资产流失，国务院发布施行《企业国有资产产权登记管理办法》。

1月29日
为了加强外汇管理，保持国际收支平衡，促进国民经济健康发展，国务院制定和发布《中华人民共和国外汇管理条例》。自1996年4月1日起施行。

2月8日
中共中央举办领导同志法制讲座。江泽民强调，坚持依法治国，保障国家的长治久安，就是使国家各项工作逐步走上法制化和规范化；就是广大人民群众在党的领导下，依照宪法和法律的规定，通过各种途径和形式参与管理国家、管理经济文化事业、管理社会事务；就是逐步实现社会主义民主的法制化、法律化。依法治国是社会进步、社会文明的一个重要标志，是我们建设社会主义现代化国家的必然要求。

2月16日
国务院住房改革领导小组召开会议，决定全面建立住房公积金制度。继续搞好国家安居工程，加快经济适用住房的建设。

3月5—18日
八届全国人大第四次会议在京召开。李鹏作政府工作报告。会议批准《中华人民共和国国民经济和社会发展"九五"计划和二〇一〇年远景目标纲要》。

3月6日
刘仲藜在八届全国人大第四次会议上说，国务院决定今年对涉外税收制度作三项改革。

3月7日
国务院转发国家经贸委《关于1996年国有企业改革工作的实施意见》。

3月12日
国家国有资产管理局下发《关于扩大试点城市"优化资本结构"国有资产管理工作的通知》，要求扩大试点城市的国有资产管理部门要和当地政府取得联系，积极主动地参与试点工作，了解试点的主要政策，研究试点中国有资产管理工作方案。并结合试点工作，做好国有资产的基础管理工作，包括清产核资、资产评估、产权界定、产权登记、产权变动的管理等。

3月17日
八届全国人大第四次会议通过《中华人民共和国行政处罚法》并予公布。自1996年10月1日起施行。

3月18日
国家科技领导小组成立暨第一次会议在中南海举行。国家科技领导小组的主要职责是：研究、制定国家科技政策，讨论、决定重要科技任务和项目，协调全国各部门科技工作的关系等。李鹏任国家科技领导小组组长，温家宝、宋健任副组长。

3月26日
财政部下发《关于完善省以下分税制财政管理体制意见的通知》，对有些地区在地方各级政府之间的纵向财力分配方面还存在明显不合理因素，在税种划分、税收返还操作办法等方面还存在的一些问题，提出了解决的办法。

3月29—31日
国家经贸委在大连召开建立现代企业制度试点工作座谈会。会议确认今年百户试点工作的总体要求是：加快步伐，坚持规范，务求突破，注重实效。

3月29日—4月4日
胡锦涛在海南考察时指出，为实现跨世纪宏伟目标提供坚强有力的政治保证，一是要始终坚持党的基本理论和基本路线不动摇；二是要始终保持安定团结的政治局面和稳定有序的社会环境；三是要努力为改革开放和经济发展提供坚强有力的精神动力和智力支持；四是要大力加强党组织的建设，为经济建设和社会发展提供坚强的组织保证。

4月1日
全国总工会、国家经贸委、国家体改委联合下发《关于国务院确定的百家现代企业制度试点中工会工作和职工民主管理的实施意见》。

4月1—3日

国务院经济特区工作会议在广东省珠海市召开。李鹏到会并发表重要讲话。他指出,今后经济特区必须把自己的思想和工作重点真正从主要依靠优惠政策转到依靠两个根本性转变上来,以二次创业的精神,充分利用现有基础,增创新优势,更上一层楼。

4月5日

《国家体改委等9单位联合调查组关于诸城市市属国有企业改革情况的调查报告》报送朱镕基副总理。《报告》基本肯定了诸城市的改革,认为诸城市的改革,方向是正确的,做法是稳妥的,效果是显著的,群众是满意的。当然,改革仍在发展,有些做法需要进一步规范和完善。

4月8—11日

国务院办公厅在镇江召开全国职工医疗保障制度改革扩大试点工作会议,决定试点工作将由镇江、九江扩大到全国。会议提出了建立职工社会医疗保险制度的十项基本原则。

4月16日

国务院办公厅下发《关于继续整顿和规范药品生产经营秩序加强药品管理工作的通知》,强调各级人民政府和有关部门要充分认识加强药品管理工作的重要性。提出严肃查处药品购销活动中的回扣问题;加强对农村基层供药的管理,保证人民群众用药;增强执法力度,坚决整顿药品生产经营秩序等规范药品生产经营秩序,加强药品管理工作的措施。

4月26日

国家税务总局发布《关于进一步加强涉外税收管理工作的意见》。

4月27日—5月4日

江泽民在上海考察,发表《坚定信心,加强领导,狠抓落实,加快国有企业改革和发展步伐》的重要讲话,系统阐述搞好国有企业改革必须遵循的基本方针。

5月4日

劳动部、国家工商局、中国个体劳动者协会发出《关于私营企业和个体工商户全面实行劳动合同制度的通知》,要求今年年底前私营企业和个体工商户全面实行劳动合同制度。各级工商行政管理机关要督促私营企业和个体工商户依法实行劳动合同制度。

5月5日

国务院办公厅发出《转发国家体改委等四部委<关于职工医疗保障制度改革扩大试点意见>的通知》,指出,国务院在江苏省镇江市和江西省九江市进行职工医疗保障制度改革试点的基础上,决定1996年在全国范围内再挑选一部分具备条件的城市扩大试点。

5月6日

国家体改委印发《国家体改委负责联系的30家现代企业制度试点实施阶段工作的指导意见》,提出实施阶段应达到的目标是:通过落实《试点实施方案》,试点企业初步建立起符合社会主义市场经济要求的企业体制和运行机制。

5月15日

江泽民签署第65号、68号、69号主席令,《全国人民代表大会常务委员会关于修改<中华人民共和国统计法>的决定》、《中华人民共和国促进科技成果转化法》、《中华人民共和国职业教育法》发布施行。

5月27日

国家税务总局公布《加强地方税收工作的意见》。《意见》提出,一是要抓紧做好税制改革方案中已经确定的城市维护建设税、房产税、车船使用税和土地使用税等税收的改革工作;二是要积极研究开征遗产税等新税种的工作;三是要结合中央政府与地方政府事权划分和财权的界定工作,研究地方税税收管理权限的划分问题。

5月28—30日

由劳动部、国家经贸委、全国总工会在长春联合召开"全国困难企业职工生活保障工作"经验交流会。

6月1—5日

江泽民在河南考察农业和农村工作时强调:要始终抓紧农业尤其是粮食生产,把农业放在经济工作的首位。同时,江泽民指出,农业的发展要走符合自身实际的路子,也必须同时依靠经济体制和经济增长方式的两个根本性转变,同时注意提高农业劳动者的素质,减轻农民负担。有条件的地方,农民群众又自愿,就应积极引导他们发展适度规模经营,但一定要从本地实际出发,尊重农民的自愿和首创精神,采取多种形式,不要强求一律。

6月1—7日

乔石在安徽考察,在听取了关于安徽国有大中型企业改革情况的介绍后,乔石说,国有大中型企业的根本出路在于深化改革,实现好"两个转变"。对国有企业的改革,还是要胆子再大一点,思想再解放一点,只要通过实践证明基本方向正确、路子对头、效果较好的经验,就要及时总结,结合实际积极推广。

6月7日

劳动部、国家发展计划委员会下发《关于对部分行业、企业实行工资控制线办法的通知》,《通知》指出,工资控制线办法的主要内容是:控制职工工资水平偏高、增长过快的行业的工资发放;对部分行业(部门)、企业工资总额发放增长速度实行上限控制;调节行业、企业职工工资水平,逐步协调工资分配关系,缓解分配不公。

6月20日

国家体改委颁布《关于加快国有小企业改革的若干意见》,指出,对于国有小企业,各地可以区别不同情况,加快改革和改组的步伐。特别是县属企业,可以更加放开一些,小企业改革要因地制宜,大胆探索,采取多种形式、多种途径,使企业具有自主经营、自负盈亏、自我发展、自我约束的能力,成为适应社会主义市场经济要求的法人实体和市场竞争主体。

6月21日

国务院发布《关于同意将北海市列为全国农村改革试验区的批复》。试验的主题为:异地扶贫开发综合改革。试验区工作经费由地方政府自筹解决。

6月21日

国家体改委向中共中央、国务院提交《关于加快西部地区改革开放和经济发展若干建议的报告》,就加快西部地区改革开放和经济发展问题,提出加大西部地区经济体制改革的力度等10条建议。

6月25日

国务院发出《关于进一步完善化肥流通体制改革的通知》。《通知》提出,各级政府特别是省一级政府,要切实做好本地区化肥供求总量平衡工作,积极组织化肥生产和购销,落实资源,搞好储备,管好市场,调控价格,保障供应,要加强地区间的协作,通过调剂余缺促进化肥的地区平衡和全国总量平衡;要加强经常性监督、检查,保证按农业生产需要供应化肥。

6月27日

农业部、劳动部下发《关于乡镇企业实行劳动合同制度的通知》,规定了乡镇企业实行劳动合同制度的范围、原则和内容。

6月28日

为规范贷款行为,提高贷款质量,中国人民银行颁布实施《贷款通则》,自1996年8月1日起施行。

6月28日—7月5日

吴邦国在河南考察国有企业时强调,坚定信心不断推进企业改革深入发展。他指出,今年以来,国务院为推动国有企业改革,制定了一系列重大措施:一是把18个试点城市扩

大到50个大中城市；二是在1000户重点企业中，第一批300户企业明确了主办银行，并落实了生产经营资金；三是银行提取相当数量呆账、坏账准备金，推进企业兼并破产；四是召开学邯钢经验交流会，推动邯钢模拟市场核算，实行成本否决的管理经验；五是即将实行扭亏增盈责任制等。

7月10日

全国税收征管改革工作会议在重庆召开。朱镕基对会议的召开表示祝贺，强调要建立一支廉洁高效而又拥有现代管理知识和先进技术手段的税收队伍。

7月12日

国家国有资产管理局公布《关于城市"优化资本结构"试点国有资产管理工作的指导意见》，要求各级国有资产管理部门做好城市"优化资本结构"改革试点中的国有资产管理工作，加强国有资本金的管理，探索"优化资本结构"的有效途径，并使国有资产管理工作更好地服务于企业改革。同时，《意见》对国有资产管理工作提出10条指导意见。

7月13—14日

全国农村金融体制改革工作会议在北京召开。朱镕基在会上指出，深化农村金融体制改革的目标是：建立和完善以合作金融为基础、商业性金融、政策性金融机构分工协作的服务体系。

7月15日

全国农村合作医疗经验交流会在郑州召开。会议指出，加快发展和完善农村合作医疗，有利于"2000年人人享有初级卫生保健"目标的实现。各地要提高认识，逐步建立个人投入为主、集体招标、政府引导、支持的筹资机制。解决农民的医疗保障问题，不能由集体、国家全包下来，农民个人交纳保险金是合作医疗资金的主要来源，地方政府应积极配合。

8月2—5日

高等教育管理体制改革工作座谈会在北戴河召开。会议交流了近几年特别是近一年多来高教管理体制改革的新情况和新经验，研究在改革过程中存在的困难和问题，讨论了进一步推动高教管理体制改革扎实深入开展的相应措施。

8月4日

国务院住房制度改革领导小组第13次会议在北戴河召开。李铁映在听取了房改检查组对各省房改和安居工程进展情况后指出：下半年要进一步增加国家安居工程的实施力度，严肃安居工程工作的各项纪律，确保安居工程工作政策到位，资金到位，质量到位。一定要让群众得到切实的利益。

8月8日

国务院办公厅转发国务院住房制度改革领导小组《关于加强住房公积金管理的意见》，《意见》指出，住房公积金不作财政预算资金，不纳入财政预算外资金管理，按照"房委会决策、中心运作、银行专户、财政监督"的原则进行管理。同日，国务院办公厅转发国务院住房制度改革领导小组《关于加强国有住房出售收入管理的意见》，《意见》规定，国有企业和行政事业单位出售国有住房取得的收入，不再按比例上交财政，也不上交其他部门，全部留归售房单位使用。

8月9—10日

香港特别行政区筹委会第四次全会在北京举行。会议审议通过《中华人民共和国香港特别行政区第一届政府推选委员会具体产生办法》《关于实施<中华人民共和国香港特别行政区基本法>第二十四条第二款的意见》《关于香港特别行政区区旗、区徽使用暂行办法的建议》等文件。香港特别行政区的全面组建工作拉开序幕。

8月15日

国务院住房制度改革领导小组召开电话会议，部署今年下半年国家安居工程工作。张左己在会议上宣布：为加快房改和国家安居工程的实施，国务院决定继1995年和1996年上半年分别安排50亿元国家安居工程贷款之后，1996年下半年再增加50亿元国家安居工程贷款，在全国部分城市和单位实施。

8月22日

国务院发布《国务院关于农村金融体制改革的决定》。《决定》指出，农村金融体制改革是现有农村金融体制的自我完善，要坚持稳健过渡，分步实施，保持农村金融整体上的稳定性。

8月23日

国务院发出《国务院关于固定资产投资项目试行资本金制度的通知》。从1996年开始，对各种经营性固定资产投资项目，包括国有单位的基本建设、技术改造、房地产开发项目和集体投资项目，试行资本金制度，投资项目必须先落实资本金才能进行建设。

8月29日

中编办、国家体改委发出《关于加强对小城镇行政管理体制和机构改革试点工作指导的意见》，《意见》提出，各级机构编制部门要加强对试点小城镇的指导，合理界定小城镇政府行政管理职能等意见。

9月11日

国家国有资产管理局公布《关于企业集团国有资产授权经营的指导意见》，指出了企业集团国有资产授权经营的概念、目的、方式和内容；选择企业集团国有资产授权经营试点应掌握的原则；政府授权经营后国有资产管理部门对集团公司的管理；授权经营后企业集团母子公司管理方式等问题。

9月12日

全国棉花工作会议在京结束。会议强调：1996年度将继续实行棉花经营、市场、价格"三不放开"政策，同时积极推进棉花流通体制的改革；尤其要加快纺织工业的技术改造和结构调整，努力开拓纺织品的国内外市场，以稳定和发展棉花生产。朱镕基出席会议并发表了重要讲话。

9月13日

林业部公布《关于国有林场深化改革加快发展若干问题的决定》，提出"九五"至2010年，国有林场工作的指导思想是：以培育森林资源为重点，以建立比较完备的林业生态体系和比较发达的林业产业体系为目标，以提高综合效益为中心，坚持"以林为本，合理开发，综合经营，全面发展"的办场方针，实行分类经营，分类管理，尽快建立起符合社会主义市场经济规律并体现国有林场特点的管理体制和经营机制，逐步形成一、二、三产业协调发展的国有林场经济新格局，充分发挥国有林场在森林资源培育和生态环境建设中的重要作用。

9月15日

国务院作出《关于"九五"期间深化科技体制改革的决定》。《决定》指出，"九五"期间深化科技体制改革的主要目标是：全面贯彻科学技术是第一生产力的思想，进一步落实经济建设必须依靠科学技术，科学技术工作必须面向经济建设和努力攀登科学技术高峰的方针。坚持在面向经济建设和社会发展主战场、发展高技术和建立高新技术产业、加强基础性研究三个层次上进行科技体制改革的战略部署，尽快缩小与国际先进水平的差距。

9月25日

中国人民银行发布《境内机构对外担保管理办法》，从1996年10月1日起施行。

9月30日

中华人民共和国对外贸易经济合作部发布《关于设立中外合资对外贸易公司试点暂行办法》，自发布之日起施行。

10月1日

国家国有资产管理局公布《关于建立企业产权市场监管体系的指导意见》，就如何建立企业产权市场监管体系的问题提出：积极培育和发展企业产权市场体系；加强对企业国有产权转让中介机构的管理；建立企业产权市场监管体系等措施。

10月7—10日

中共第十四届中央委员会第六次全体会议在北京举行。全会审议并通过《中共中央关于加强社会主义精神文明建设若干重要问题的决议》和《关于召开党的第十五次全国代表大会的决议》，确定党的十五大于明年下半年在北京举行。

10月21日

国务院办公厅召开全国职工医疗保障制度改革扩大试点工作电视电话会议。彭珮云在会上指出，搞好医改扩大试点工作，最重要的是制定一个好方案。医改方案既要符合改革的方向，又要符合当地实际情况。要确定合理的医疗保障水平和合理的筹资比例。

10月23日

中共中央、国务院发出《关于尽快解决农村贫困人口温饱问题的决定》，《决定》提出，今后5年的扶贫开发工作，要以党的基本理论、基本路线为指导，充分发扬自力更生、艰苦奋斗精神，坚持开发式扶贫，实行全党动员，全社会扶贫济困，突出重点，集中力量解决农村贫困人口的温饱问题。

10月29日

八届全国人大常委会第22次会议通过《中华人民共和国乡镇企业法》。该法自1月1日正式公布实施。

11月6日

国家体改委向综合配套改革试点城市及所有省（区）体改委发出《关于进一步做好城市综合配套改革试点工作的若干意见》，提出在三个方面进一步做好新一轮城市配套改革试点工作的意见。

11月6日

全国部分省市房改工作座谈会在天津召开。李铁映在会上提出，今后一段时期要重点抓好以下几点工作：一是要强化对住房公积金归集和使用的监督管理。二是继续抓好国家安居工程，确保资金到位，努力提高国家安居工程的竣工率、销售率，保证还贷。三是要结合住房分配货币化进程，加快存量住房改革，积极推行新房新价、新租的新制度，有计划、有步骤地取消住房福利分配。

11月13日

由国家体改委与《国际先驱论坛报》共同举办的中国国际经济论坛1996年会议在北京中国大饭店召开。来自海内外政界、实业界、学术界的600多位人士参加会议。李鹏向大会发来贺信，朱镕基在开幕式上讲话。李铁映作了题为《走向21世纪的中国与世界经济的发展》的主题报告。

11月21—24日

中共中央和国务院在北京召开中央经济工作会议。确定1997年中国经济工作总的要求是：全面贯彻党的基本路线和基本方针，落实党的十四届五中、六中全会精神，切实推进两个根本性转变，继续实行适度从紧的财政货币政策，降低物价上涨幅度，加强农业的基础地位，加快改革特别是国有企业改革步伐，加大结构调整力度，培育新的经济增长点，积极开拓市场，提高对外开放水平，促进国民经济持续、快速、健康发展和社会全面进步。

11月28日

为推动中国经济进一步融入国际经济主流，戴相龙宣布，中国自1996年12月1日起，实行人民币经常项目下的可兑换。

12月1日

中国开始接受国际货币基金组织协定第八条款，实行人民币经常项目下的可兑换。提前达到国际货币基金组织协定第八条款的要求，标志着中国外汇管理体制改革取得重大进展。

12月2日

中国人民银行颁布《上海浦东外资金融机构经营人民币业务暂行管理办法》，开始审批设在上海浦东符合条件的外资金融机构经营人民币业务。

12月5—8日

全国计划会议在北京召开。会议贯彻落实中央经济工作会议精神，讨论和部署1997年国民经济和社会发展计划，研究以市场需求为导向，加快结构调整，开发和培育新的经济增长点，推进经济体制和经济增长方式转变，稳定和改善宏观经济环境，促进国民经济持续、快速、健康发展和社会全面进步。

12月6日

全国经贸工作会议在沈阳召开，会议提出集中精力打好"现代企业制度试点、企业兼并破产、结构调整、扭亏增盈、治理三乱"五个攻坚战。吴邦国在会上强调，认真落实中央经济工作会议精神，加快国有企业改革和发展。

12月7日

国务院公布《关于组建国家电力公司的通知》，指出，该公司由国务院出资设立，采取国有独资的形式，是国务院界定的国有资产的出资者和国务院授权的投资主体及资产经营主体，是经营跨区送电的经济实体和统一管理国家电网的企业法人，按企业集团模式经营管理。

12月10日

国家税务总局下发《关于进一步加强土地增值税征收管理工作的通知》，就土地增值税征收管理工作，提出认真做好房地产转让、开发合同的清理和登记工作等5项要求。

12月11日

香港特别行政区第一届政府推选委员会第三次全体会议在香港举行，董建华当选为香港特别行政区第一任行政长官候选人。12月16日，李鹏签署国务院第二百零七号令，任命董建华为香港特别行政区第一任行政长官，于1997年7月1日就职。

12月13日

邹家华在全国矿产资源委员会第三次全体会议上说，确立国家对矿产资源的勘查、开采实行统一的区块登记管理制度，这是矿产资源管理制度上的重大改革，是适应社会主义市场经济要求的。

12月16日

国家教委、国家计委、财政部颁发《义务教育学校收费管理暂行办法》。《办法》规定，义务教育阶段除收取杂费、借读费之外，未经财政部、国家计委、国家教委联合批准或省级人民政府批准，不得再向学生收取任何费用。对超出规定的收费，学生有权拒交。

12月18—21日

全国体改工作会议在深圳召开。李鹏、朱镕基为会议发了贺信。李铁映就改革开放18年取得的成就，落实中央经济工作会议精神和明年经济体制改革工作作了重要报告。

12月30日

中共中央、国务院发布《关于切实做好减轻农民负担工作的决定》。

数说发展

人口

总人口 **122389** 万人

城镇 **35950** 万人

乡村 **86439** 万人

 出生率 **16.98‰**

 死亡率 **6.56‰**

 自然增长率 **10.42‰**

农业

产量 （单位：万吨）

比上年增长 5.0%	比上年增长 −1.7%	比上年增长 −11.7%	比上年增长 11.2%
粮食 49000	油料 2200	棉花 420	水产品 2800

工业 （单位：亿元）

工业增加值 **28580**

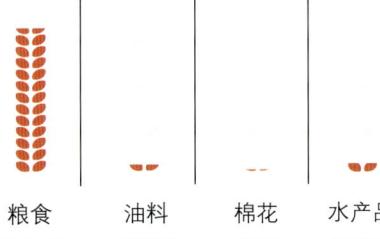
轻工业 **11938**
重工业 **16642**

 建筑业增加值 **4568**

GDP（国内生产总值）

GDP（国内生产总值） **67795** 亿元

比上年增长 **9.7%**

- 第一产业增加值 **13550** 亿元
- 第二产业增加值 **32148** 亿元
- 第三产业增加值 **21097** 亿元

人均国内生产总值 **5569** 元

全社会劳动生产率 **9902** 元

国内商业 （单位：亿元）

社会商品零售总额 **24614**

城市 **14921**　　县及县以下 **9693**

对外经济

进出口贸易总额 **2899**

出口 **1511**　　进口 **1388**　　贸易顺差 **123**

对外经济合作

对外承包工程和劳务合作

新签合同金额 **102.7** 亿美元

完成营业额 **77** 亿美元

黄金和外汇储备

黄金 **1267** 万盎司

外汇 **1050.29** 亿美元

财政收支 （单位：亿元）

收入 **7407.99**

支出 **7937.55**

收支差额 **−529.56**

利用外资 （单位：亿美元）

实际利用外资金额 **552.7**

其中外商直接投资 **423.5**

旅游

接待人数 **5112.7** 万人次

旅游外汇收入 **102** 亿美元

人民生活 （单位：元）

城乡居民人均收入
省会城市（含计划单列市）职工家庭

城镇 4839
农村 1926
6235

城乡居民储蓄存款余额
38521 亿元

（单位：万人）
全国从业人员 **68850**

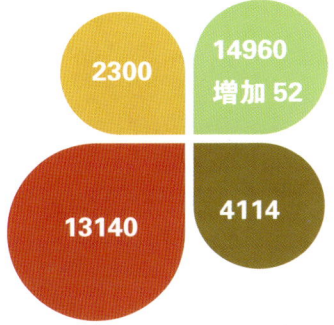
2300　14960 增加 52
13140　4114

- 城镇职工
- 城镇私营个体从业人员
- 乡镇企业从业人员
- 乡村私营和个体从业人员

 全国职工平均工资 **6210** 元

新建住宅面积
 城镇 **3.6** 亿平方米
 农村 **7.6** 亿平方米

- 文化馆 **2864** 个
- 博物馆 **1025** 个
- 公共图书馆 **2641** 个
- 档案馆 **3600** 个

社会服务与保险事业

社会福利事业

各类社会福利院床位 **102** 万张 收养 **77** 万人

城乡居民得到国家救济的达 **3829** 万人次

城镇已建立起各种社区服务设施 **13.6** 万个
其中 社区服务中心 **4670** 个

建立最低生活保障制度的有 **101** 个城市

国家抚恤补助各类优抚对象 **450** 万人

保险事业 （单位：亿元）

全国承保金额 **156645**

人身险保费收入 **311**
保费收入 **756**
财产险保费收入 **445**

财产险赔款金额 **259**
人身险给付金额 **55**

文化

有 **11** 部（次）影片在国际电影节上获 **14** 项奖
电影故事片 **110** 部
发行各种新片（长片）**174** 部

 艺术表演团体 **2685** 个
 电影放映单位 **6.9** 万个

广播电台 **1238** 座
中、短波广播发射台和转播台 **743** 座
广播人口覆盖率 **83.7%**

出版
 报纸 **181** 亿份
 杂志 **24.4** 亿册
 图书 **70.8** 亿册（张）

电视台 **880** 座
一千瓦以上电视发射台和转播台 **1245** 座
电视人口覆盖率 **86.1%**

固定资产投资

(单位：亿元)

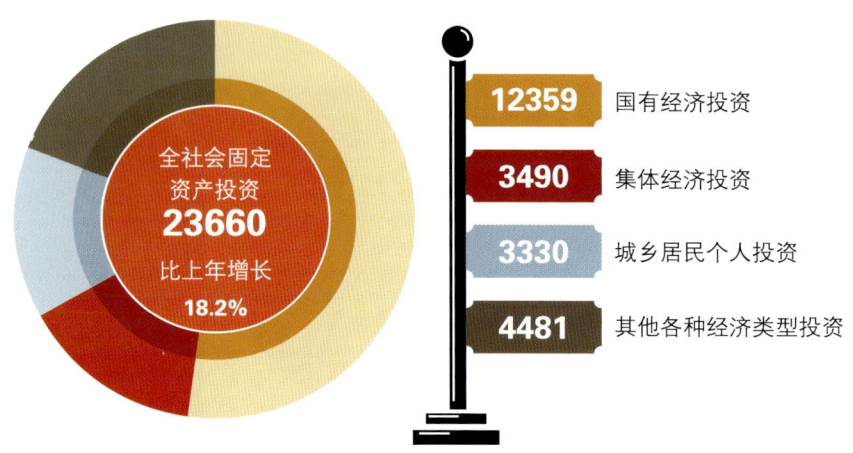

全社会固定资产投资 **23660** 比上年增长 **18.2%**

- **12359** 国有经济投资
- **3490** 集体经济投资
- **3330** 城乡居民个人投资
- **4481** 其他各种经济类型投资

基本建设投资 8399 亿元
- 更新改造投资 **3745** 亿元
- 房地产建设投资 **3825** 亿元

建成投产大中型基本建设项目 **134** 个
其中国家重点建设项目 **33** 个
限额以上更新改造项目 **340** 个

新增加的生产能力

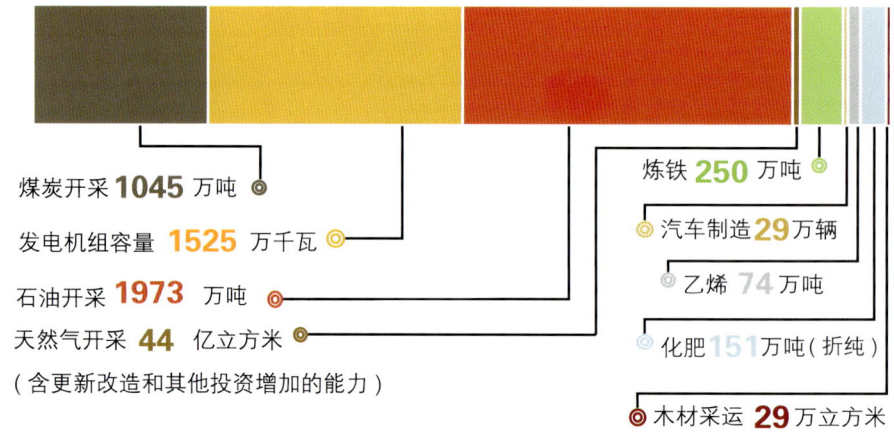

- 煤炭开采 **1045** 万吨
- 发电机组容量 **1525** 万千瓦
- 石油开采 **1973** 万吨
- 天然气开采 **44** 亿立方米
  (含更新改造和其他投资增加的能力)
- 炼铁 **250** 万吨
- 汽车制造 **29** 万辆
- 乙烯 **74** 万吨
- 化肥 **151** 万吨（折纯）
- 木材采运 **29** 万立方米

体育

- 在 **17** 个项目中获得 **75** 个世界冠军
- **17** 人 **1** 队 **30** 次创 **22** 项世界纪录
- **18** 人 **1** 队 **37** 次创 **27** 项亚洲纪录
- **74** 人 **17** 队 **125** 次创 **88** 项全国纪录

有 **89%** 以上的在校学生达到《国家体育锻炼标准》

科学技术

科技队伍

国有企事业单位共有各类专业技术人员 **2759** 万人

县级以上国有独立研究开发机构 **5434** 个

高等院校办科研机构 **3400** 个

大中型工业企业办科研机构 **13744** 个

大中型建筑业企业办科研机构 **726** 个

从事科技活动人员 **280** 万人

科技经费投入

经费支出为 **899** 亿元

其中研究与发展经费支出 **327** 亿元

科技成果

取得省部级以上重大科技成果 **3.1** 万项

获国家奖励的成果 **647** 项
其中国家技术发明奖 **111** 项
国家科学技术进步奖 **536** 项

受理国内外专利申请 **10.3** 万件
授权专利 **4.4** 万件

技术市场

签订技术合同 **22.6** 万份　　成交金额 **300** 亿元

交通运输和邮电通信

旅客周转量 9337（单位：亿人公里）
- 铁路 3357
- 公路 5060
- 水运 168
- 航空 752

货物周转量 36271（单位：亿吨公里）
- 铁路 12895
- 公路 5000
- 水运 17760
- 航空 25
- 管道 591

交通运输和邮电通信业增加值 3814 亿元

沿海主要港口吞吐量 83500 万吨

新建线路交付营业里程
- 铁路正线 1954 公里
- 铁路复线 1522 公里
- 港口码头年吞吐量 340 万吨
- 高速公路 1117 公里

城乡电话交换机容量 10864 万门
其中局用交换机容量达到 9318.5 万门
程控化比重达 99.49%

新增电话用户 1745 万户
电话普及率达到 6.33%
已通电话的行政村 39.4 万个
占行政村总数的 53.49%

邮电业务总量 1335 亿元
移动电话全年新增用户 322 万户

卫生

卫生机构 18.9 万个
床位 310 万张
其中医院、卫生院 287 万张

卫生技术人员 431 万人
- 医院、卫生院医生（含中西结合医生）138 万人
- 护师、护士 102 万人

卫生防疫、防治机构 5887 个
　卫生技术人员 21.4 万人
妇幼卫生机构 3254 个
　卫生技术人员 14 万人
农村乡（镇）共有卫生院 51277 个
　床位 73.5 万张
　卫生技术人员 94 万人
　乡村医生和卫生员 132 万人

教育

希望工程
接受海内外捐款 2.9 亿元人民币
救助 29.6 万名失学儿童重返校园
资助建设希望小学 1560 所
共扫除文盲 407 万人

高校数目
普通高校 1032 所
成人高校 1138 所

招生人数（单位：万人）
- 研究生 5.9
- 普通高校 96.6
- 成人高校 94.5
- 含电大普通专科班 8 万人

在校学生数（单位：万人）
- 研究生 16.2
- 普通高校 302（含电大普通专科班 18.7 万人）
- 成人高校 265.6
- 高级中等职业学校 1010（含技工学校学生 192 万人）
- 高中 1780
- 初中 5048
- 小学 13615
- 成人中专 310
- 成人技术培训学校 8337 万人次

1996

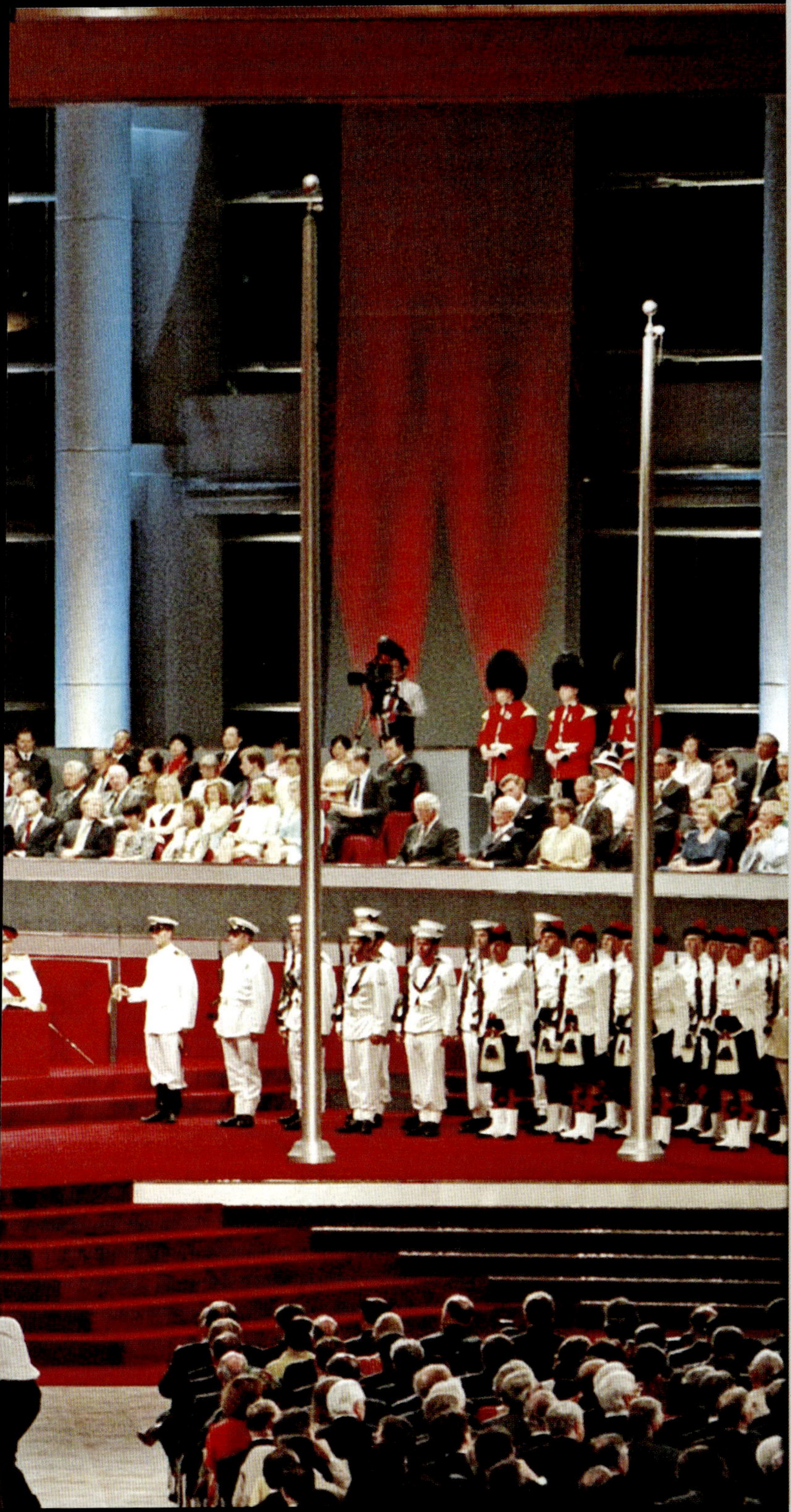

1997

- 设立重庆直辖市
- 香港回归祖国
- 应对亚洲金融危机
- 中共十五大召开：社会主义初级阶段的基本纲领
- 国企改革确认三年改革与脱困目标
- 江泽民访美

焦点事件

设立重庆直辖市

1997年3月6日，国务委员李贵鲜就《关于提请审议设立重庆直辖市的议案》向八届全国人大五次会议作了《关于提请审议设立重庆直辖市的议案的说明》。《说明》阐明了设立重庆直辖市的三大意义：第一，有利于充分发挥重庆的区位优势、"龙头"作用、"窗口"作用和辐射作用。第二，有利于解决四川省人口过多和行政区域过大，给行政管理和经济社会发展带来的困难，使四川省集中抓好其他地区，特别是西南少数民族地区的经济和社会发展工作。第三，有利于三峡工程的建设和库区移民的统一规划、安排、管理。《说明》提出设立重庆直辖市的条件已经具备："第一，重庆市作为长江上游最大的经济中心城市和与海外经济往来的重要内河口岸，经济基础比较好。第二，重庆市是西南地区重要的水陆交通枢纽和科技、文化、教育事业的中心；第三，重庆市是计划单列市，各项经济、财务指标容易与四川省划开，不存在难以解决的矛盾。1996年9月，经国务院批准，四川省已将万县市、涪陵市和黔江地区委托重庆市代管。为了解决其管理农村人口多、面积大、移民任务重的问题，经国务院批准，重庆市已增设了移民、扶贫、农业和农村工作机构。从实践看，运行情况良好。"

3月14日，第八届全国人民代表大会第五次会议审议了国务院《关于提请审议设立重庆直辖市的议案》，通过了《关于批准设立重庆直辖市的决定》：批准设立重庆直辖市，撤销原重庆市；重庆直辖市管辖原重庆市、万县市、涪陵市和黔江地区所辖行政区域；重庆直辖市设立后，由国务院依据宪法和有关法律的规定，对其管辖的行政区域的建置和划分作相应的调整。

6月18日，重庆直辖市正式挂牌。至此，重庆市成为由中央直接管辖的市，成为继北京、天津、上海之后的第四个直辖市，也是中国西部唯一的直辖市。

香港回归祖国

1997年6月30日午夜至7月1日凌晨，中英两国政府香港政权交接仪式在香港会议展览中心新翼的五楼大会堂举行。中国国家主席江泽民、国务院总理李鹏、国务院副总理兼外交部部长钱其琛、中央军委副主席张万年、香港特别行政区首任行政长官董建华、英国王子查尔斯、首相布莱尔、外交大臣库克、离任港督彭定康、国防参谋长查尔斯·格思里，同时步入会场并登上主席台主礼台。

6月30日23时42分，交接仪式正式开始。6月30日23时59分，英国国旗和香港旗在英国国歌乐曲声中缓缓降落。随着"米字旗"的降下，英国

回忆

蒲海清： 包括我在内的绝大多数人当时不知道的是，早在80年代中期，小平同志就提出了把重庆从四川分出来、单独建省的设想。1985年1月19日，小平同志在参加了广东大亚湾核电厂有关合同签字仪式后，找时任国务院副总理、三峡工程筹备领导小组组长的李鹏同志，详细询问了三峡工程的情况。当李鹏说"正在考虑成立三峡行政区，用行政力量来支持三峡建设，做好移民工作"时，小平同志提出，"可以考虑把四川分为两个省，一个以重庆为中心，一个以成都为中心"。

中央正式酝酿设立重庆直辖市是1994年。1995年中央派人到四川进行调研工作。1996年6月19日，江泽民总书记主持召开中央政治局常委会，通过了重庆市改为直辖市的方案。这一阶段的筹备工作，李鹏写的三峡日记《众志绘宏图》里有所反映，我不是很清楚。我知道重庆成立直辖市，已经是1996年了。对此，我可以说是经历了三部曲，开始是不相信，然后是高兴，再后来就是直接参与筹备工作，到重庆任市委副书记、代市长。

资料来源：《我所知道的重庆成立直辖市经过》，《百年潮》，2009年第1期。

国务院总理李鹏与中共重庆市委书记张德邻（右）、重庆市市长蒲海清（左）携手共庆重庆直辖市正式挂牌。

在香港一个半世纪的殖民统治宣告结束。

7月1日零时，中华人民共和国国旗和香港特别行政区区旗在香港升起。至此，经历了百年沧桑的香港回到祖国的怀抱，中国政府正式开始对香港恢复行使主权。零时4分，中华人民共和国主席江泽民庄严宣告："根据中英关于香港问题的联合声明，两国政府如期举行了香港交接仪式，宣告中国对香港恢复行使主权。中华人民共和国香港特别行政区正式成立。经历了百年沧桑的香港回归祖国，标志着香港同胞从此成为祖国这块土地上的真正主人，香港的发展从此进入一个新的时代。"江泽民还说："中华人民共和国香港特别行政区正式成立。这是中华民族的盛事，也是世界和平与正义事业的胜利。1997年7月1日这一天，将作为值得人们永远纪念的日子载入史册。"零时12分，香港政权交接仪式结束。

7月1日，中华人民共和国香港特别行政区政府成立。7月1日1时30分，中华人民共和国香港特别行政区成立暨特区政府宣誓就职仪式，在香港会议展览中心隆重举行。香港特别行政区首任行政长官董建华与香港特别行政区第一届政府23名主要官员、第一届行政会议14名成员、临时立法会59名议员以及香港特别行政区终审法院常设法官、高等法院法官36人，分批走上主席台宣誓就职。

1997年6月30日，中央军委主席江泽民发布《中国人民解放军驻香港部队进驻香港特别行政区的命令》，命令中国人民解放军驻香港部队进驻香港特别行政区，于1997年7月1日零时开始履行防务职责。中国政府对香港恢复行使主权，表明"一国两制"从伟大的设想正式成为现实。

1997年6月30日，停泊在香港维多利亚海湾准备走撤离英国人的英军军舰。军舰后面是"热烈庆祝香港回归"的霓虹灯和标语。

> **语录** "马照跑，股照炒，舞照跳。"
> ——香港媒体

背景：20世纪80年代，邓小平在向撒切尔夫人解释"一国两制"构想时，用了一个很形象的比喻，即香港回归中国后，"马照跑、股照炒、舞照跳"。但世界上很多媒体都不相信香港回归后能保持原有的社会、经济制度和生活方式不变。九七回归之前，美国《财富》周刊曾预言"回归将令香港死亡"。香港回归后的首个赛马日，几乎所有香港报纸都以此作为标题，显现政权交接后的平稳过渡。香港回归后，"马"不仅照跑，反而跑得更欢了。

应对亚洲金融危机

1997年7月2日，泰国宣布放弃固定汇率制，实行浮动汇率制，泰铢贬值，一场遍及东南亚的金融风暴由此爆发。当天，泰铢兑换美元的汇率下降了17%，外汇及其他金融市场一片混乱。此后，马来西亚、新加坡、日本和韩国等地迅速受到金融风暴的巨大影响。亚洲经济发展迅速放缓，一些经济大国开始出现经济萧条，甚至导致一些国家出现政治动荡。

1997年7月以后，面对中国周边许多国家货币大幅度贬值给中国人民币带来的巨大压力，中国政府承诺坚持人民币不贬值，确保人民币汇率稳定。采取了一系列防范金融风险措施，有效地应对了金融危机，在此次金融危机中未受到直接冲击，并保持了国家金融和经济的持续稳定。

为缓解亚洲其他国家的金融危机，中国政府还采取了一系列的积极政策：

（1）积极参与国际货币基金组织对亚洲有关国家的援助。1997年金融危机爆发后，中国政府在国际货币基金组织安排的框架内并通过双边渠道，向泰国等国提供总额超过40亿美元的援助，向印尼等国提供了进出口信贷和紧急无偿药品援助。

（2）中国政府本着高度负责的态度，从维护本地区稳定和发展的大局出发，作出人民币不贬值的决定，

1997年香港回归仪式上，董建华宣誓就任首任香港特别行政区行政长官。

> **语录** "中国将坚持人民币不贬值的立场，承担稳定亚洲金融环境的历史责任。"
>
> ——朱镕基

背景：1997年7月，金融危机像是"多米诺骨牌"，席卷亚洲并波及整个世界，一发而不可收。亚洲金融危机爆发后，亚洲十多个国家和地区的货币纷纷贬值，贬值的幅度为40%—50%，就连印度卢比也贬值了十几个百分点。在此情况下，坚持不贬值就意味着产品在国际市场上的竞争力下降。同年9月，世界银行在香港举办年会，朱镕基在世行专门为他举办的一个演讲会中郑重地做了上述承诺。

1997年12月7日，杭州，浙江省国际信托投资公司与日本兴业银行上海分行等四家海外金融机构签订了金额为2500万美元的贷款协议。这是自"亚洲金融危机"爆发以来，浙江省从国际资本市场首次引入较大规模的中长期贷款。

承受了巨大压力，付出了很大代价。此举对亚洲乃至世界金融、经济的稳定和发展起到了重要作用。

（3）在坚持人民币不贬值的同时，中国政府采取努力扩大内需，刺激经济增长的政策，保持了国内经济的健康和稳定增长，对缓解亚洲经济紧张形势、带动亚洲经济复苏发挥了重要作用。

（4）中国与有关各方协调配合，积极参与和推动地区和国际金融合作。中国国家主席江泽民在亚太经济合作组织第六次领导人非正式会议上提出了加强国际合作以制止危机蔓延、改革和完善国际金融体制、尊重有关国家和地区为克服金融危机的自主选择三项主张。

为有效防范和化解金融风险，中共中央和国务院决定对金融系统进行重大改革，同时采取扩大内需和积极的财政政策，以及鼓励出口和吸引外资等多种政策。

1997年11月17日至19日，中共中央和国务院在北京召开第一次全国金融工作会议。会议提出，力争用3年左右时间大体建立与社会主义市场经济发展相适应的金融机构体系、金融市场体系和金融调控监管体系，基本实现全国金融秩序明显好转，化解金融隐患；要加快国有商业银行的商业化步伐，并健全多层次、多类型金融机构体系等。

中国在成功应对这场金融危机的同时，履行了不对人民币实行贬值承诺，并通过国际机构和双边援助来支持东南亚国家的经济，充分展现了负责任的大国风范。这种负责任的积极态度，既赢得了国际社会的赞誉，也促进了中国金融业的平稳发展和国民经济的稳定增长，并对亚洲乃至世界金融和经济的稳定发展作出了积极的贡献。

中共十五大召开：社会主义初级阶段的基本纲领

1997年9月12日至18日，中国共产党第十五次全国代表大会在北京举行。大会的主题是：高举邓小平理论伟大旗帜，把建设有中国特色社会主义事业全面推向二十一世纪。

李鹏主持了大会开幕式。江泽民代表第十四届中央委员会向大会作了题为《高举邓小平理论伟大旗帜，把建设有中国特色社会主义事业全面推向二十一世纪》的报告，系统、完整地提出并论述了党在社会主义初级阶段的基本纲领。江泽民在报告中阐述了邓小平理论的历

1997年，亚洲爆发金融危机。金融危机爆发以前，在韩国很少能看到无家可归的人；而在危机爆发后，这些人在车站等公共场所随处可见。

> **观点**
>
> 无论贬值会给我们带来多大好处，我们也不能那样做。对别人损害太大，最后也会损害我们自己。至于能顶多久，我就不说了，说了别人也不信。
>
> ——1998年6月26日，朱镕基会见美国财政部部长罗伯特·鲁宾时的谈话。
>
> 资料来源：《朱镕基讲话实录》，人民出版社，2011年。

人物：王岐山

王岐山，1948年7月生，山西天镇人。

1982—1986年，任中央书记处农村政策研究室、国务院农村发展研究中心处长、副局级研究员、联络室副主任；

1986—1988年，任中央书记处农村政策研究室正局级研究员、国务院农村发展研究中心联络室主任兼全国农村改革试验区办公室主任，国务院农村发展研究中心发展研究所代所长、所长；

1988—1989年，任中国农村信托投资公司总经理、党委书记；

1989—1993年，任中国人民建设银行副行长、党组成员；

1993—1994年，任中国人民银行副行长、党组成员；

1994—1996年，任中国人民建设银行行长、党组书记；

1996—1997年，任中国建设银行行长、党组书记；

1997—2000年，先后任广东省委常委、副省长；

2000—2002年，任国务院经济体制改革办公室主任、党组书记；

2002—2003年，任海南省委书记、省人大常委会主任；

2003—2004年，任北京市委副书记、代市长，北京奥运会组委会执行主席、党组副书记；

2004—2007年，任北京市委副书记、市长，北京奥运会组委会执行主席、党组副书记；

2007—2008年，任中央政治局委员；

2008年，任中央政治局委员，国务院副总理。

2008—2011年，任中央政治局委员，国务院副总理、党组成员，2010年上海世界博览会组织委员会主任委员；

2011—2012年，任中央政治局委员，国务院副总理、党组成员；

2012—2013年，任中央政治局常委，中央纪委书记，国务院副总理、党组成员；

2013—2017年，任中央政治局常委，中央纪委书记；

2018年至今，任中华人民共和国副主席。

第十五届中央候补委员，第十六届、第十七届、第十八届中央委员，第十七届中央政治局委员，第十八届中央政治局委员、常委。第十八届中央纪委委员、常委、书记。第十三届全国人大第一次会议当选为中华人民共和国副主席。

20世纪90年代中期的中国金融业，对外开放尚处于破冰期，银行事关国家经济命脉，1995年8月，时任中国人民建设银行行长的王岐山主导了中国国际金融有限公司的组建，这是中国首家国际性投资银行。王岐山担任了中金公司首任董事长，他主导的多个投行项目备受国际金融市场关注。中金公司也逐步成为国内最负盛名和最具实力的投资银行，并成功举荐了一大批巨型中资公司在海外上市。作为中国首家合资投资银行，中金公司对中国投资银行业的初期发展起到了重要的推动作用。

1997年，亚洲金融风暴爆发，香港经济遭受重创。危机迅速向香港的后院、中国最大的对外贸易省份广东蔓延。在1998年的危急关头，王岐山被任命为广东省委常委、副省长，主管金融，领导处理蔓延全省的支付危机。1998年10月6日，经党中央、国务院批准，中国人民银行决定关闭广国投，1999年1月10日，广国投进入破产程序。2000年12月，广东省政府和国际债权人就粤海重组达成协议。广东金融最终转危为安。

资料来源：《王岐山的新使命》，《21世纪经济报道》，2008年4月3日；中共中央纪律检查委员会网站；中华人民共和国中央人民政府网。

语录 "高举邓小平理论伟大旗帜"
—— 江泽民

背景：1997年2月19日，改革开放的总设计师邓小平与世长辞。邓小平建设有中国特色社会主义的理论，改革开放以来党制定的路线、方针、政策还要不要继续坚持下去？5月29日，江泽民在中央党校省部级干部进修班毕业典礼上，发表了重要讲话，回答了这个问题。他指出，在当代中国，坚持邓小平建设有中国特色社会主义理论，就是真正坚持马克思列宁主义、毛泽东思想。同年9月召开的中国共产党第十五次全国代表大会的主题是"高举邓小平理论伟大旗帜，把建设有中国特色社会主义伟大事业全面推向二十一世纪"。

史地位和指导意义，指出作为毛泽东思想的继承和发展的邓小平理论，是指导中国人民在改革开放中胜利实现社会主义现代化的正确理论。在当代中国，只有邓小平理论能够解决社会主义的前途和命运问题。中央建议十五大在党章中把邓小平理论确立为党的指导思想，表明中央领导集体和全党把邓小平开创的建设有中国特色社会主义事业全面推向新世纪的决心和信念，也反映了全国人民的共识和心愿。他强调，这次大会的灵魂就是高举邓小平理论的伟大旗帜。

江泽民在报告中指出，建设有中国特色社会主义的经济，就是在社会主义条件下发展市场经济，不断解放和发展生产力；建设有中国特色社会主义的政治，就是在中国共产党领导下，在人民当家作主的基础上，依法治国，发展社会主义民主政治；建设有中国特色社会主义的文化，就是以马克思主义为指导，以培育有理想、有道德、有文化、有纪律的公民为目标，发展面向现代化、面向世界、面向未来的，民族的科学的大众的社会主义文化。他指出，建设有中国特色社会主义的经济、政治、文化的基本目标和基本政策，有机统一，不可分割，构成党在社会主义初级阶段的基本纲领。这个纲领，是邓小平理论的重要内容，是党的基本路线在

流行志

▶ 贺岁片

1997年，冯小刚拍摄了根据王朔小说《你不是一个俗人》改编的电影《甲方乙方》，开启了中国内地的贺岁片市场。该片用诙谐幽默的语言，通过一连串的误会、笑话和引人入胜的情节，在轻松愉快的气氛中讲述了一个个令人捧腹和温暖感人的故事，冯氏幽默在片中表现得淋漓尽致，从此，"冯氏贺岁片"成为了中国人每年年底的期待。这部成本只有400万，票房达到3300万的电影，引出此后几年的贺岁片大战，投拍的贺岁电影一年多过一年，越来越多的知名导演加入执导贺岁片的行列。

《甲方乙方》海报

▶《从头再来》

"心若在，梦就在，天地之间还有真爱。看成败，人生豪迈，只不过是从头再来"，1997年，为配合下岗再就业宣传，陈涛作词、王晓锋作曲，刘欢演唱的公益歌曲《从头再来》传遍大街小巷，引起下岗创业者的共鸣，激励着无数下岗人员鼓起勇气，重新走向社会。简单质朴的歌词，豪情奋发的旋律，深情动人的演唱，让《从头再来》成为公益歌曲的标杆。这首歌曲还获得了中宣部"精神文明五个一工程奖"。

▶ 小灵通

小灵通是一种外形类似手机的无线电话，可在无线网络覆盖范围内使用。1997年，被称作"小灵通之父"的原浙江余杭电信局局长徐福新将小灵通引入中国。固定电话无法随身携带，而手机又资费太高，小灵通因携带方便、资费便宜的特点受到人们普遍欢迎，一经引入就迅速流行开来。但信号差，是小灵通广受诟病的弊端，使用时常常要不断调整方位以接收信号。

"小灵通"的样子和手机非常相似。

1997年9月12日，中国共产党第十五次全国代表大会在北京人民大会堂举行。

经济、政治、文化等方面的展开，是这些年来最主要经验的总结。

党的十五大对建设有中国特色的社会主义事业的跨世纪发展作出了全面部署。把邓小平理论确定为党的指导思想，把依法治国确定为治国的基本方略，把坚持公有制为主体、多种所有制经济共同发展，坚持按劳分配为主体、多种分配方式并存，确定为中国在社会主义初级阶段的基本经济制度和分配制度。

随后召开的十五届一中全会选举了中央政治局及其常务委员会；选举江泽民为中央委员会总书记；决定江泽民为中央军事委员会主席。

国企改革确认三年改革与脱困目标

20世纪90年代初期以来，虽然整体经济不断增长，国有企业也在不断加快改革和发展，但国有企业亏损仍在恶化。1997年1月，第三次全国工业普查结果出炉，国有工业的负债总额已占到所有制权益的1.92倍，整个国有企业集团已经资不抵债。

1997年，由"诸城经验"而来的中小国有企业产权改造试验，却受到了意识形态方面的攻击。同年，一份"万言书"广为流传，认为"抓大放小"改革就是"以改造社会主义生产资料公有制为名，行否定公有制之实"。1997年，以集体经济为主的苏南模式终结。苏南模式的终结，标志着自20世纪50年代开始试验的合作制制度及后来的人民公社制度在基

✏ 回忆

吴敬琏： 在我个人的印象里面，我认为最成功的改革，是这么三次，第一就是1984年的十二届三中全会，明确了商品经济是我们改革的目标，不过这个改革只能说是个改革的启动；第二个就是1994年，根据十四届三中全会《关于建立社会主义市场经济体制若干问题》这个决定进行的全面的改革，在90年代之所以能够跨一大步，跟1994年的改革有直接的关系；第三就是根据1997年的十五次代表大会规定的建立基本经济制度这个改革，我们沿海地带到了世纪之交，经济很快就起来了，这是跟1997年以后建立基本经济制度的改革直接有关的。

资料来源：《中国经验：改革开放30年高层决策回忆》，山东人民出版社，2008年。

层经济组织中的彻底淡出。

当时国有企业三分之一呈亏损状态。苦于财政赤字的国家和地方政府，缺乏为国有企业改革所需要的资金。另一方面，城市居民存款却达到4万亿元。把这种个人存款还流给企业的途径便是股票。

正是在这样的经济形势和争论环境中，1997年7月18日至24日，朱镕基副总理在辽宁考察国有企业时强调：必须坚定信心，扎实工作，用三年左右时间使大多数国有大中型企业走出困境，这是今后几年经济工作的重要任务。目前要从三个方面入手：一是继续加强国有企业领导班子建设，尤其是要选好企业的厂长、经理；二是必须坚决走"鼓励兼并、规范破产、下岗分流、减员增效、实施再就业工程"的路子；三是要利用多种方式，包括直接融资的办法，帮助国有企业增资减债。

在1997年十五届一中全会上，江泽民进一步确认了三年改革与脱困的目标，提出用三年左右的时间，使大多数国有大中型亏损企业摆脱困境，力争到2000年底大多数国有大中型骨干企业初步建立现代企业制度。三年脱困成功与否对于中国是否能够成功解决国有企业制度改革、市场机制培育以及所有制结构改革之间的协调问题具有决定性意义。

江泽民访美

1997年10月26日至11月3日，国家主席江泽民对美国进行国事访问。这次访问是12年来中国国家元首第一次正式访美。在为期九天的访问中，江泽民主席先后访问了檀香山、威廉斯堡、华盛顿、费城、纽约、波士顿和洛杉矶等七个城市。

10月29日，江泽民主席和美国总统克林顿在白宫举行正式会谈。江泽民主席同克林顿总统就两国关系和共同关心的世界与地区问题深入交换了意见，达成了广泛共识。双方发表的《中美联合声明》确定了中美关系未来发展的目标：为了促进世界和平与发展的崇高事业，中美应该加强合作，努力建立面向二十一世纪的建设性的战略伙伴关系。双方还强调，要把中美三个联合公报作为发展两国关系的原则基础；要从全球和历史的战略高度审视和处理双边关系，积极寻求共同利益的汇合点；要本着相互尊重、平等协商、求同存异的精神正确处理两国间分歧。双方还确定了中美两国元首定期互访和高级官员定期磋商的机制，在北京和华盛顿之间建立元首直接通讯联系，两国内阁和次内阁官员定期互访，就政治、军事、安全和军控问题进行磋商。

江泽民与克林顿还就台湾问题深入交换了意见。中方强调，台湾问题是中美关系中最重要、最敏感的问题，严格按照中美三个联合公报的原则，妥善处理台湾问题是中美关系改善和发展的关键。美方重申坚持一个中国的政策，遵守中美三个联合公报确立的原则。克林顿和美国其他领导人明确表示美国政府不支持"两个中国"、"一中一台"的主张，不支持台湾独立，不支持台湾加入联合国，并按照"八·一七公报"的原则处理售台武器问题。

访问期间，江泽民主席会见了国会议员和其他政府高级官员，并

1997年10月31日，美中贸易全国委员会和美国中国商会在纽约华尔道夫酒店组织了有美国百家大企业总裁参加的晚宴，欢迎江泽民主席访美。图为江泽民主席在晚宴上发表演讲。

1997年11月1日，江泽民在美国哈佛大学作了题为"增进相互了解，加强友好合作"的演讲，并现场回答提问。

同美国社会各界人士广泛接触,先后参加了40多场活动,发表了包括一系列重要演讲在内的30多次讲话,直接面对美国公众阐述中国内政外交的基本方针和中国政府在发展中美关系问题上的立场和政策,介绍了中国改革开放和现代化建设的巨大成就和光明前景,同时还全面系统地论述了中华民族优良的历史文化传统。

江泽民主席这次对美国的国事访问,增进了中美之间的了解、扩大了两国的共识,为中美发展合作开创了新局面。

社会关注

职工下岗分流

20世纪八九十年代,在统包统配的就业制度下,国有企业承担了过多的安置就业任务,结果造成冗员充斥、人浮于事、效率低下。随着"减员增效、下岗分流、规范破产、鼓励兼并"政策的推进,在1997年,全国共有1100多万职工下岗。此后,下岗职工问题作为一种社会经济现象开始突显,并且引起社会各方面普通的广泛关注。

许多下岗工人在商品市场上找到新的谋生手段,图为北京西城区一个早市,下岗人员在推销自己的商品。

环球大事

1月10日
欧洲货币局公布"统一货币政策第三阶段"报告,提出未来欧洲中央银行框架。

1月14日
希尔·德尔加多在欧洲议会全体会议上当选欧洲议会新议长。

2月20日
世界贸易组织宣布决定仲裁"赫—伯法"。

2月26日
瑞士联邦委员会通过一项法令,宣布设立特别基金,以帮助二战期间纳粹屠杀幸存者及受害者的后代。

2月27日

克隆羊"多利"

英国《自然》杂志发表文章宣布英国爱丁堡罗斯林研究所的伊恩·维尔穆特首次使用克隆培育法,成功地复制出人类历史上第一只已经诞生7个月的克隆羊多利,成为生物工程技术发展史上的里程碑。其后,世界卫生组织和许多国家宣布禁止将克隆技术用于"复制人"。

3月20日
美国与俄罗斯第12次首脑会晤在赫尔辛基举行。同日,安理会改革方案出台,建议增设5个常任理事国,4个非常任理事国。

3月22日
俄罗斯总统叶利钦在赫尔辛基表示,俄罗斯准备加入欧洲联盟。

4月27日
由发展中国家组成的24国集团在华盛顿召开部长级会议。

5月10日
亚太经合组织贸易部长会议闭幕,会议发表了主席声明。

5月13日
西欧联盟部长理事会会议决定成立西欧联盟军事委员会,以使西欧联盟逐步成为欧洲安全与防务的支柱。

5月21日
南部非洲经济首脑会议在津巴布韦首都哈拉雷开幕。

5月30日
旨在加强北约与伙伴国政治与军事关系的"欧洲——大西洋合作理事会"成立。

环球大事

6月15日
"发展中八国集团"首次首脑会议在伊斯坦布尔签署一项宣言,宣布该组织正式成立。

6月16日
欧盟首脑会议在阿姆斯特丹开幕,开始就修改《马约》和签署新协议进行讨论。

6月23—28日
专门审议环境与发展的第19次特别联大召开,通过《进一步落实21世纪议程的方案》总结性文件。

7月2日
泰国政府宣布泰铢大幅度贬值,由此引发持续到1998年的东南亚和包括韩国、日本在内的东亚地区的金融动荡并对世界经济造成负面影响,各国关注东亚模式和金融监管的经验和教训。

10月2日
欧盟15国代表正式签署1997年6月达成的《阿姆斯特丹条约》。

11月25日
亚太经合组织第五次领导人非正式会谈在温哥华举行,会议发表《联系大家庭宣言》。

■ **重要文献**

《高举邓小平理论伟大旗帜，把建设有中国特色社会主义事业全面推向二十一世纪——在中国共产党第十五次全国代表大会上的报告》

（江泽民，1997年9月12日）

1997年9月12—18日，中国共产党第十五次全国代表大会在北京举行。江泽民代表第十四届中央委员会向大会作《高举邓小平理论伟大旗帜，把建设有中国特色社会主义事业全面推向21世纪》的报告。报告指出，这次大会的主题是：高举邓小平理论伟大旗帜，把建设有中国特色社会主义事业全面推向21世纪。报告总结了改革开放近二十年特别是十四大以来的实践经验，指出邓小平理论是马列主义与中国实际相结合的第二次飞跃，是马克思主义在中国发展的新阶段，是指导中国人民在改革开放中胜利实现社会主义现代化的正确理论。报告系统、完整地提出并论述了党在社会主义初级阶段的基本纲领，明确规定：建设有中国特色社会主义的经济，就是在社会主义条件下发展市场经济，不断解放和发展生产力；建设有中国特色社会主义的政治，就是在中国共产党领导下，在人民当家作主的基础上，依法治国，发展社会主义民主政治；建设有中国特色社会主义的文化，就是以马克思主义为指导，以培育有理想、有道德、有文化、有纪律的公民为目标，发展面向现代化、面向世界、面向未来的，民族的科学的大众的社会主义文化。这个纲领，是邓小平理论的重要内容，是党的基本路线在经济、政治、文化等方面的展开，是这些年来最主要经验的总结。报告根据邓小平理论和党的基本路线，对我国跨世纪的现代化建设事业作出战略部署。指出，调整和完善所有制结构，进一步解放和发展生产力，是经济体制改革的重大任务。深化经济体制改革，必须全面认识公有制经济的含义，公有制经济不仅包括国有经济和集体经济，还包括混合所有制经济中的国有成分和集体成分；公有制实现形式可以而且应当多样化，一切符合"三个有利于"的所有制形式都可以而且应该用来为社会主义服务。

目录：
一、世纪之交的回顾和展望
二、过去五年的工作
三、邓小平理论的历史地位和指导意义
四、社会主义初级阶段的基本路线和纲领
五、经济体制改革和经济发展战略

▌重要文献

《小城镇户籍管理制度改革试点方案》
（1997年4月23日）

1997年4月23日，李鹏主持召开国务院第五十五次常务会议，讨论并原则通过《小城镇户籍管理制度改革试点方案》，并于1997年6月10日正式发布。《方案》提出，试点城镇具备条件的农村人口有权办理城镇常住户口。

节选：

……我国现行的户籍管理制度是新中国成立以后逐步建立起来的，在促进经济和社会发展、保障公民合法权益以及维护社会秩序等方面，发挥了重要作用。但是，改革开放以来，特别是在发展社会主义市场经济的形势下，现行的户籍管理制度已经不能完全适应形势发展的需要。根据党的十四届三中全会确定的关于逐步改革小城镇户籍管理制度，允许农民进入小城镇务工经商、发展农村第三产业，促进农村剩余劳动力转移的精神，应当适时进行户籍管理制度改革，允许已经在小城镇就业、居住并符合一定条件的农村人口在小城镇办理城镇常住户口，以促进农村剩余劳动力就近、有序地向小城镇转移，促进小城镇和农村的全面发展，维护社会稳定。同时，继续严格控制大中城市特别是北京、天津、上海等特大城市人口的机械增长。

……为了保证小城镇户籍管理制度改革积极稳妥、有步骤有秩序地进行，改革的范围限制在县（县级市）城区的建成区和建制镇的建成区。……选择少量经济和社会发展水平较高、财政有盈余、城镇基础设施建设等具有一定基础、在当地具有一定代表性的小城镇，先期进行两年的户籍管理制度改革试点，然后在总结经验的基础上，分期、分批推开。……

——摘自《中华人民共和国国务院公报》1997年第20期第869页，国务院办公厅编辑出版。

▌重要文献

《关于建立统一的企业职工基本养老保险制度的决定》
（1997年7月16日）

1997年7月16日，国务院颁布《关于建立统一的企业职工基本养老保险制度的决定》，要求各地统一"统账结合"的实施方案，规定统一的缴费比例和管理办法。

节选：

一、到本世纪末，要基本建立起适应社会主义市场经济体制要求，适用城镇各类企业职工和个体劳动者，资金来源多渠道、保障方式多层次、社会统筹与个人帐户相结合、权利与义务相对应、管理服务社会化的养老保险体系。企业职工养老保险要贯彻社会互济与自我保障相结合、公平与效率相结合、行政管理与基金管理分开等原则，保障水平要与中国社会生产力发展水平及各方面的承受能力相适应。

三、企业缴纳基本养老保险费（以下简称企业缴费）的比例，一般不得超过企业工资总额的20%（包括划入个人帐户的部分），具体比例由省、自治区、直辖市人民政府确定。……

四、按本人缴费工资11%的数额为职工建立基本养老保险个人帐户，个人缴费全部记入个人帐户，其余部分从企业缴费中划入。……

六、进一步扩大养老保险的覆盖范围，基本养老保险制度要逐步扩大到城镇所有企业及其职工。城镇个体劳动者也要逐步实行基本养老保险制度，其缴费比例和待遇水平由省、自治区、直辖市人民政府参照本决定精神确定。

七、抓紧制定企业职工养老保险基金管理条例，加强对养老保险基金的管理。基本养老保险基金实行收支两条线管理，要保证专款专用，全部用于职工养老保险，严禁挤占挪用和挥霍浪费。……

——摘自《十四大以来重要文献选编》（下）第595—597页，中央文献出版社，2011年。

重要文献

《关于在全国建立城市居民最低生活保障制度的通知》
（1997年9月2日）

1997年9月2日，国务院发出《关于在全国建立城市居民最低生活保障制度的通知》。《通知》提出妥善解决城市贫困人口的生活困难问题，是当前中国经济和社会发展的一个重要任务。

节选：

二、要合理确定保障对象的范围和保障标准。

城市居民最低生活保障标准由各地人民政府自行确定。各地要本着既保障基本生活、又有利于克服依赖思想的原则，按照当地基本生活必需品费用和财政承受能力，实事求是地确定保障标准。保障标准由各地民政部门会同当地财政、统计、物价等部门制定，经当地人民政府批准后向社会公布，并且随着生活必需品的价格变化和人民生活水平的提高适时调整。所定标准要与其他各项社会保障标准相衔接。

各地在发放最低生活保障金时，对第一类保障对象要按最低生活保障标准全额发放，如其原来享受的生活救济标准高于最低生活保障标准的，则按原救济标准发放；对其他保障对象均按其家庭人均收入与最低生活保障标准的差额发放；根据国家有关规定享受特殊待遇的优抚对象等人员，其抚恤金等不计入家庭收入。

三、要认真落实最低生活保障资金。

实施城市居民最低生活保障制度所需资金，由地方各级人民政府列入财政预算，纳入社会救济专项资金支出科目，专账管理。每年年底前由各级民政部门提出下一年的用款计划，经同级财政部门审核后列入预算，定期拨付，年终要编制决算，送同级财政部门审批。各地财政部门要认真落实城市居民最低生活保障资金，加强保障资金的管理和监督，保证保障资金专款专用，不被挤占、挪用。保障资金的使用要接受财政和审计部门的定期检查、审计及社会监督。目前最低生活保障资金采取由财政和保障对象所在单位分担办法的城市，要逐步过渡到主要由财政负担的方式上来。

——摘自《十四大以来重要文献选编》（下）第613—615页，中央文献出版社，2011年。

重要文献

《关于进一步稳定和完善农村土地承包关系的通知》
（1997年8月27日）

1997年8月27日，中共中央办公厅、国务院办公厅发出《关于进一步稳定和完善农村土地承包关系的通知》，要求切实提高对稳定农村土地承包关系重要性的认识，认真做好延长土地承包期的工作。

节选：

一、切实提高对稳定农村土地承包关系重要性的认识。中国农村人多地少，大部分地区经济还比较落后，在相当长的时期，土地不仅是农民的基本生产资料，而且是农民最主要的生活来源。以家庭联产承包为主的责任制和统分结合的双层经营体制，是中国农村经济的一项基本制度。稳定土地承包关系，是党的农村政策的核心内容。……

（一）在第一轮土地承包到期后，土地承包期再延长30年，指的是家庭土地承包经营的期限。集体土地实行家庭联产承包制度，是一项长期不变的政策。

（二）土地承包期再延长30年，是在第一轮土地承包的基础上进行的。……

（三）承包土地"大稳定、小调整"的前提是稳定。"大稳定、小调整"是指在坚持上述第二条原则的前提下，根据实际需要，在个别农户之间小范围适当调整。……

四、严格控制和管理"机动地"。……目前已留有"机动地"的地方，必须将"机动地"严格控制在耕地总面积百分之五的限额之内，并严格用于解决人地矛盾，超过的部分应按公平合理的原则分包到户。

五、严格加强对土地承包费的管理。……无论是"口粮"、"责任田"、"经济田"，还是"机动地"，其承包费都必须纳入农民上交的村提留乡统筹费的范围，按中央关于减轻农民负担的有关规定严格管理。

——摘自《十四大以来重要文献选编》（下）第607—610页，中央文献出版社，2011年。

重要文献

《关于深化金融改革，整顿金融秩序，防范金融风险的通知》
（1997年12月6日）

1997年12月6日，中共中央、国务院发布《关于深化金融改革，整顿金融秩序，防范金融风险的通知》，针对当前金融领域存在的问题，提出改革中国人民银行管理体制，强化金融监管职能等15项措施。

节选：

……针对当前金融领域存在的问题，根据上述要求和原则，中央决定采取以下措施：

一、改革中国人民银行管理体制，强化金融监管职能。……

二、成立中共中央金融工委和金融机构系统党委，完善金融系统党的领导体制。……

三、加快国有商业银行和中国人民保险（集团）公司商业化改革步伐，完善政策性金融体制。……

四、健全多层次、多类型金融机构体系，加快地方性金融机构建设。……

五、积极稳步地发展资本市场，适当扩大直接融资。……

六、彻底取缔一切非法金融机构，严禁任何非法金融活动。……

七、全面清理农村合作基金会。……

八、严格规范各类金融机构业务范围，坚决改变混业经营状况。……

九、继续清理、查处金融机构帐外活动和其它违法违规经营。……

十、健全现代金融监管体系，切实加强金融机构内控制度建设。……

十一、建立规范化的信贷资产质量风险管理制度，努力降低不良资产比例。……

十二、理顺和完善证券监管体系，进一步整顿和规范证券市场秩序。……

十三、高度警惕和重视防范涉外金融风险。……

十四、加大金融执法力度，严厉惩治金融犯罪和违法违规活动。……

十五、在全社会开展防范金融风险教育，建设高素质的金融从业人员队伍。……

——摘自《改革开放三十年重要文献选编》（下）第925—937页，中央文献出版社，2009年。

■ 重要文献

《中华人民共和国价格法》

（1997年12月29日）

1997年12月29日，八届全国人大常委会第29次会议通过《中华人民共和国价格法》，中华人民共和国主席令第九十二号公布，从1998年5月1日起施行。《价格法》共七章。

节选：

第六条　商品价格和服务价格，除依照本法第十八条规定适用政府指导价或者政府定价外，实行市场调节价，由经营者依照本法自主制定。

第七条　经营者定价，应当遵循公平、合法和诚实信用的原则。

第八条　经营者定价的基本依据是生产经营成本和市场供求状况。

第九条　经营者应当努力改进生产经营管理，降低生产经营成本，为消费者提供价格合理的商品和服务，并在市场竞争中获取合法利润。

第十条　经营者应当根据其经营条件建立、健全内部价格管理制度，准确记录与核定商品和服务的生产经营成本，不得弄虚作假。

第十一条　经营者进行价格活动，享有下列权利：

（一）自主制定属于市场调节的价格；

（二）在政府指导价规定的幅度内制定价格；

（三）制定属于政府指导价、政府定价产品范围内的新产品的试销价格，特定产品除外；

（四）检举、控告侵犯其依法自主定价权利的行为。

第十二条　经营者进行价格活动，应当遵守法律、法规，执行依法制定的政府指导价、政府定价和法定的价格干预措施、紧急措施。

第十三条　经营者销售、收购商品和提供服务，应当按照政府价格主管部门的规定明码标价，注明商品的品名、产地、规格、等级、计价单位、价格或者服务的项目、收费标准等有关情况。

经营者不得在标价之外加价出售商品，不得收取任何未予标明的费用。

第十四条　经营者不得有下列不正当价格行为：

（一）相互串通，操纵市场价格，损害其他经营者或者消费者的合法权益；

（二）在依法降价处理鲜活商品、季节性商品、积压商品等商品外，为了排挤竞争对手或者独占市场，以低于成本的价格倾销，扰乱正常的生产经营秩序，损害国家利益或者其他经营者的合法权益；

（三）捏造、散布涨价信息，哄抬价格，推动商品价格过高上涨的；

（四）利用虚假的或者使人误解的价格手段，诱骗消费者或者其他经营者与其进行交易；

（五）提供相同商品或者服务，对具有同等交易条件的其他经营者实行价格歧视；

（六）采取抬高等级或者压低等级等手段收购、销售商品或者提供服务，变相提高或者压低价格；

（七）违反法律、法规的规定牟取暴利；

（八）法律、行政法规禁止的其他不正当价格行为。

——摘自《中华人民共和国法律法规全书》第2624—2625页，中国方正出版社，2002年。

大事记

1月1日

国家税务总局发布《关于深化税收征管改革的方案》,《方案》提出,税收征管改革的任务是建立以申报纳税和优化服务为基础,以计算机网络为依托,集中征收,重点稽查的新的征管模式。

1月6—9日

国务院在北京召开全国国有企业职工再就业会议。朱镕基在会上强调,解决国有企业困难要走减员增效、下岗分流、规范破产、鼓励兼并的路子,建立社会主义市场经济体制下的优胜劣汰新机制。

1月10—13日

中央农村工作会议在北京举行。会议强调今年农业和农村工作要着力做好八个方面的工作:1.坚定不移地把农业放在首位,继续加大抓农业的力度。2.切实做好粮食收购工作,解决好农产品流通不畅问题。3.加快科教兴农步伐,积极推广农业先进适用技术。4.调整优化农村产业结构,全面实现增产增收。5.狠抓农田水利建设,增强防洪抗灾能力。6.继续深化农村体制改革,增强农业和农村经济活力。7.下决心减轻农民负担,保护农民的合法权益。8.加强农村精神文明建设,促进社会事业全面发展。

1月14日

国务院公布修改后的《中华人民共和国外汇管理条例》,国家对经常性国际支付和转移不予限制。同时,放宽了个人因私购汇的限制。

1月14日

国家教委下发《关于规范当前义务教育阶段办学行为的若干原则意见》。《意见》提出,提高认识,继续推进义务教育阶段办学体制改革,纠正不规范的办学行为。

1月14—15日

国务院召开全国乡镇企业工作会议,会议强调,发展乡镇企业是党中央、国务院根据中国国情作出的重大决策,必须切实加强领导,为乡镇企业改革与发展创造良好的环境。各级党委、政府要认真贯彻"积极扶持,合理规划,分类指导,依法管理"的方针,加大工作力度,强化政策措施,研究新情况,解决新问题。各有关部门要积极主动地为乡镇企业解决实际困难;各级乡镇企业行政管理部门要加强自身建设,提高管理服务水平。

1月15日

中共中央、国务院作出《关于卫生改革与发展的决定》。《决定》提出,到2000年,初步建立起具有中国特色的包括卫生服务、医疗保障、卫生执法监督的卫生体系,基本实现人人享有初级卫生保健,国民健康水平进一步提高。

1月15—17日

由国家体改委等11部委组织召开的全国小城镇综合改革试点工作会议在浙江温州龙港镇举行。会议提出,今年全国小城镇综合改革试点要在4个方面取得突破:一是着力建立适应城市化发展要求的小城镇政府行政管理体制;二是在小城镇财政管理体制上有所突破;三是推进以户籍登记制度改革为中心的配套体制改革,如粮食销售体制、土地流转制度和社会保障制度的改革;四是加强规划管理,实现小城镇用地和耕地之间的动态平衡。

1月16日

国家电力公司正式成立。李鹏指出,组建国家电力公司是深化经济体制改革的需要。这一改革将促进电力工业更快更好地发展。

1月17日

中国证监会公布《关于股票发行工作若干规定的通知》,确定1996年度新股发行采取"总量控制、限报家数"的管理办法,重点是国家确定的1000家特别是其中的300家重点企业,以及100家全国现代企业制度试点企业和56家试点企业集团。

1月18日

中国证监会公布《关于股票发行与认购方式的暂行规定》。

1月18日

李岚清在全国商品流通工作会议上指出,各地要坚持"米袋子"省长负责制、"菜篮子"市长负责制、重要商品储备吞吐制度等行之有效的调控办法,继续加强和改善商品市场的宏观调控。

1月20日

国家经济体制改革委员会公布《1997年经济体制改革实施要点》指出,今年经济体制改革的主要任务是:根据中央确定的经济工作的总体要求,紧密结合结构调整和增长方式转变,继续以国有企业改革为重点,广泛进行存量资产的流动和重组,探索建立国有资产监管和营运体系,积极推进社会保障和住房制度改革,以粮棉为重点深化流通体制改革,加大投融资体制改革力度,把城乡改革有机地结合起来,进一步搞好县域经济。改革措施的安排,要服从经济健康发展和社会稳定大局,有利于贯彻执行适度从紧的财政货币政策,促进经济总量平衡、结构优化和效益提高。

1月23—25日

全国住房制度改革工作会议在成都召开。朱镕基在会上强调,必须坚决推行、完善住房公积金制度,采取相应的配套政策措施,引导并实行住房商品化。

1月24—27日

朱镕基在重庆考察时强调指出,国有企业当前的困难,主要是长期的计划经济体制和多年来重复建设造成的。因此,必须加大经济结构调整的力度,加快企业转变机制的步伐,积极推进国有企业兼并、破产和职工再就业工程。

1月31日—2月1日

香港特别行政区筹备委员会第八次全体会议在人民大会堂举行。会议通过《关于香港特别行政区第一任行政长官、临时立法会在1997年6月30日前开展工作的决定》和《关于设立香港特别行政区临时性区域组织的决定》及附件,通过了将提交全国人大常委会审议的《关于处理香港原有法律问题的建议》及3个附件。

2月3日

中共中央、国务院发出《1997年农业和农村工作的意见》提出,继续加强农业的基础地位,确保农业持续稳定增长,是今年中国经济工作中关系全局的重要环节,必须切实抓好。

2月19日

邓小平在北京逝世,享年93岁。

2月21日

国家税务总局公布《关于推进和深化城市税收征管改革的实施意见》。

2月23日

八届全国人大常委会第24次会议通过《中华人民共和国合伙企业法》。

1997年2月，群众在天安门广场上悼念邓小平。

3月1日

中国人民银行总行开始对中国工商银行、中国农业银行、中国银行、中国建设银行等4家国有独资银行总行开办再贴现业务。

3月1—14日

八届全国人大第五次会议在北京举行。李鹏代表国务院作政府工作报告；提出1997年的各项工作任务，强调国有企业改革是1997年经济体制改革的重点，也是政府工作的突出任务。

3月2日

国务院发出《关于在若干城市试行国有企业兼并、破产和职工再就业有关问题的补充通知》。

3月14日

八届全国人大第五次会议批准设立重庆直辖市。

3月20日

财政部下发《关于确保财政教育经费投入和加强教育费附加征收工作的通知》。

3月24日

国家国有资产管理局、国家体改委印发《股份有限公司国有股东行使股权行为规范意见》，目的是规范股份有限公司国有股东行使股权的行为，明确国有股东的权利、义务和责任。

4月10日

国家税务总局下发《关于继续贯彻稳定农业税负担政策的通知》，《通知》提出，严格执行稳定农业税负担政策；严格区分税费的政策界限，杜绝税费混征的错误做法；对农业特产税要严格按照政策规定的税率、征税范围和环节征收等政策措施。

4月15日

中共中央、国务院下发《关于进一步加强土地管理切实保护耕地的通知》，提出加强土地的宏观管理；进一步严格建设用地的审批管理；严格控制城市建设用地规模；加强农村集体土地的管理；加强对国有土地资产的管理；加强土地管理的执法监督检查和加强对土地管理工作的组织领导等7条政策措施。

4月15日

国务院发布《中国人民银行货币政策委员会条例》。货币政策委员会是中国人民银行制定货币政策的咨询议事机构。《条例》对货币政策委员会的职责、组织机构、委员的权利与义务、工作程序等方面作出规定。该条例自发布之日起施行。

4月23日

李鹏主持召开国务院第55次常务会议，讨论并原则通过《小城镇户籍制度改革试点方案》、《关于完善农村户籍管理制度的意见》。

4月28日

经国务院同意，国家经贸委、对外经济贸易部、国内贸易部发出《关于赋予商业、物资企业进出口经营权有关问题的通知》，《通知》指出，赋予商业、物资企业进出口经营权工作将从试点阶段转入正常审批。

4月29日

国务院批转国家计委、国家经贸委、国家体改委《关于深化大型企业集团试点工作意见的通知》，《通知》提出，建立以资本为主要联结纽带的母子公司体制，进一步增强试点企业集团母公司的功能。多渠道增补试点企业集团资本金，发挥其在结构调整中的作用。

5月9日

《中华人民共和国行政监察法》由八届全国人大会常委会第25次会议通过，即日起公布施行。制定该法的目的是为了加强监察工作，保证政令畅通，维护行政纪律，促进廉政建设，改善行政管理，提高行政效能。

5月16日

中国人民银行颁布《加强金融机构内部控制机制的指导原则》。

5月18日

中共中央、国务院发出《关于进一步加强土地管理，切实保护耕地的通知》。

5月21—24日

全国城市综合配套改革试点工作会议在上海召开。李铁映在会上充分肯定了上海、深圳等市改革与发展的经验和成果。

5月22日

劳动部等13部门发布《关于进一步做好企业职工解困和再就业工作的通知》，《通知》提出，当前解困和再就业工作的主要任务是，在现有工作的基础上，进一步建立健全解困和再就业工作的各项制度，采取有效措施，确保困难职工的基本生活水平不低于当地最低生活费标准，使有劳动能力的下岗职工参加再就业工程，再就业率达到50%以上。

5月23日

国务院颁布《国务院批转国家经贸委<关于1997年国有企业改革与发展工作意见>的通知》。

5月28日

国务院转发卫生部等5部门《关于发展和完善农村合作医疗的若干意见》。《意见》指出，农村合作医疗制度是农民通过互助共济，共同抵御疾病风险的制度。举办农村合作医疗，要坚持民办公助、自愿量力、因地制宜的原则。

6月5日

国务院办公厅转发中国人民银行《关于进一步做好农村信用社管理体制改革工作的意见》。

1997年6月29日，香港市民庆祝香港即将回归。

6月6日

中共中央宣传部、中直机关工委、中央国家机关工委、解放军总政治部、北京市委在京联合举办形势报告会。吴邦国在会上作了《关于国有企业改革与发展的几个问题》的重要讲话。

6月16日

国家体改委印发《关于发展城市股份合作制企业的指导意见》。《意见》指出，股份合作制是采取了股份制一些做法的合作经济，是社会主义市场经济中集体经济的一种新的组织形式。

6月20日

国务院发布《关于进一步加强在境外发行股票和上市管理的通知》。

6月23—25日

国家经贸委、国家计委、国家体改委在北京联合召开"国家试点企业集团工作会议"。

6月28日

国务院发布《中华人民共和国国务院关于授权香港特别行政区政府接收原香港政府资产的决定》，授权中华人民共和国香港特别行政区政府自1997年7月1日起接收和负责审核原香港政府的全部资产和债务，并根据香港特别行政区有关法律自主地进行管理。

6月30日

江泽民发布《中国人民解放军驻香港部队进驻香港特别行政区命令》，中国人民解放军驻香港部队进驻香港特别行政区，于1997年7月1日零时开始履行防务职责。

7月1日

中英香港政权交接仪式在港隆重举行，江泽民庄严宣告中国政府对香港恢复行使主权，中华人民共和国香港特别行政区政府成立。

7月16日

国务院发布《关于建立统一的企业职工基本养老保险制度的决定》，确定了全国城镇职工养老金制度从过去现收现付的企业养老制，向社会统筹与个人账户相结合的基本养老保险转变。

7月18日

国家体改委发布《关于城市国有资本营运体制改革试点的指导意见》，决定选择10个城市进行国有资本营运体制改革试点。

7月18—24日

朱镕基在辽宁考察国有企业时强调：必须坚定信心，扎实工作，用3年左右时间使大多数国有大中型企业走出困境，这是今后几年经济工作的重要任务。

7月31日

国务院公布《社会力量办学条例》。

7月31日

国家体改委党组向中央财经领导小组报送《关于经济体制改革要有新的突破的几点具体建议》。

8月2日

中国人民银行货币政策委员会正式成立，国务院任命了第一届委员会的组成成员。

8月3日

国务院发布《国务院行政机构设置和编制管理条例》，该条例有利于规范国务院行政机构的设置，加强编制管理，提高行政效率。该条例自发布之日起施行。

8月6日

国家体改委公布《关于发展城市股份合作制企业的指导意见》指出，股份合作制是采取了股份制一些做法的合作经济，是社会主义市场经济中集体经济的一种新的组织形式。在股份合作制企业中，劳动合作和资本合作有机结合。

8月15日

全国社会保险工作会议在北京召开。会议提出，要全面推进社会保险制度改革，建立和完善养老保险、失业保险、医疗保险、工伤保险和女职工生育保险制度，扩大覆盖范围，努力保障广大职工的基本生活，切实维护社会安定。

8月27日

中共中央办公厅、国务院办公厅发出《关于进一步稳定和完善农村土地承包关系的通知》。

8月29日

国家计委公布《关于治理乱收费减轻企业负担有关政策的意见》。

9月2日

国务院发出《关于在全国建立城市居民最低生活保障制度的通知》。

9月3日

国务院召开全国电视电话会议，部署在全国建立城市居民最低生活保障制度的工作。

9月4日

李铁映在国家体改委等5部委联合召开的商贸中心改革试点工作会议上指出，作为中西部地区经济发展的一个探索，建设商贸中心城市关键靠改革，靠开放，必须实现体制上的新突破。中西部地区经济发展相对落后，原因是多方面的。经济落后不意味着体制改革也要相应落后。要把中西部地区的资源优势尽快转变为经济优势，就必须加大改革的力度，加快国民经济市场化进程，实现制度创新。

9月12—18日

中国共产党第十五次全国代表大会在京召

开。江泽民向大会作题为《高举邓小平理论伟大旗帜，把建设有中国特色社会主义事业全面推向二十一世纪》的报告。强调这次大会的灵魂，就是高举邓小平理论的伟大旗帜。

9月15日

中国人民银行公布《农村信用合作社管理规定》，对农村信用合作社的性质、监督管理、机构设立和变更、股权设置、组织机构等事项作出规定。

9月19日

中共十五届一中全会在北京举行。选举江泽民、李鹏、朱镕基、李瑞环、胡锦涛、尉健行、李岚清为中央政治局常务委员会委员；选举江泽民为中央委员会总书记。决定江泽民为中央军事委员会主席，张万年、迟浩田为中央军事委员会副主席。批准尉健行为中央纪律检查委员会书记。

9月23日

世界银行和国际货币基金组织年会在香港开幕。李鹏出席开幕式并发表讲话。他指出，中国将坚定不移地实行对外开放政策，以更加积极的姿态走向世界，坚持全方位的对外开放格局。中国经济的发展是和世界经济发展紧密联系在一起的，中国经济的振兴，需要大量吸收国外的先进技术、资金和管理经验。

10月15日

经国务院批准，中国人民银行决定从1997年10月15日起，逐步允许中资企业保留一定限额的外汇收入。这是中国为进一步加快国有企业改革，完善企业经营机制，为企业创造更为宽松的经营环境而采取的一项重要措施。

10月30日

国家体改委向中央财经领导小组提交《关于加快金融改革防范金融风险的意见和建议》，分析了中国金融体制的现状和下一步改革的设想。

11月1日

八届全国人大常委会第28次会议通过《中华人民共和国节约能源法》。

11月7日

国家税务总局公布《关于进一步推进和深化涉外税收征管改革的补充意见》。

11月14日

国务院证券委员会发布《证券投资基金管理暂行办法》，共分7章57条。

11月17—19日

中共中央、国务院在北京召开了全国金融工作会议，全面分析了中国的经济、金融形势，对解决当前金融改革和发展的重大问题作出了全面部署，并提出了金融改革和发展的跨世纪宏伟目标。朱镕基在会上讲话，主要围绕进一步深化金融改革和整顿金融秩序、防范和化解金融风险；中国人民银行和国有银行管理体制改革；完善金融体系和加强金融监管问题等方面，提出意见。

11月19日

国务院公布《中华人民共和国合伙企业登记管理办法》，共8章36条。

11月21日

全国现代企业制度试点工作座谈会在兰州闭幕。

12月6日

中共中央、国务院发布《关于深化金融改革，整顿金融秩序，防范金融风险的通知》。

12月9—11日

中央经济工作会议在京召开。会议提出，全面贯彻落实党的十五大精神，继续推进经济体制和经济增长方式的根本转变，进一步加强农业基础地位，加快国有企业改革步伐，加大经济结构调整力度，加强和改善宏观调控，提高对外开放水平，安排好群众生活，实现国民经济持续、快速、健康发展和社会全面进步。

12月11日

由中国政府和瑞士联邦政府共同发起设立的产业投资基金正式成立。这是在中国注册的第一个中外合资产业投资基金，主要目的是支持中国境内的中国和瑞士企业的健康发展。

12月13—16日

全国计划会议在北京召开。这次会议的任务是贯彻党的十五大精神，落实中央经济工作会议的部署，讨论和安排1998年国民经济和社会发展计划（草案），研究如何继续推进两个根本性转变，加快经济结构的战略性调整，加强和改善宏观调控，促使国民经济持续快速健康发展和社会全面进步。

12月15—17日

全国经贸工作会议在成都召开。吴邦国在会上提出，用3年左右的时间，通过改革、改组、改造和加强管理，使大多数国有大中型亏损企业摆脱困境，力争到本世纪末使大多数国有大中型骨干企业初步建立起现代企业制度。

12月16—18日

全国人事厅局长会议在北京召开。李贵鲜在会上强调，加快干部制度改革步伐，深化人事制度改革；拓宽人事工作服务领域，把人才资源开发向深度和广度推进；要根据分配结构和分配方式的转变，深入研究并完善机关事业单位工资分配制度。

12月19日

国家教委公布《关于进一步推进城市教育综合改革的若干意见》，分析了城市教育综合改革面临的形势，提出了城市教育综合改革的指导思想和目标、推进城市教育综合改革的主要工作，要求各省、自治区、直辖市进一步落实城市教育综合改革的领导。

12月22—24日

全国经济体制改革工作会议在福建厦门召开。

12月23—25日

全国政法工作会议举行。25日，江泽民在会上讲话指出，党的十五大明确把依法治国确定为党领导人民治理国家的基本方略，并把依法治国、建设社会主义法治国家作为政治体制改革的一项重要内容，这是一个重大决策。

12月29日

八届全国人大常委会第29次会议通过的《中华人民共和国价格法》颁布，从1998年5月1日施行。

数说发展

人口

总人口 **123626** 万人

城镇人口 **36989** 万人
乡村人口 **86637** 万人

出生率 **16.57‰**
死亡率 **6.51‰**
自然增长率 **10.06‰**

GDP（国内生产总值）

（单位：亿元）

第一产业 **13674**
第二产业 **36770**
第三产业 **24328**

GDP（国内生产总值） **74772**

全社会劳动生产率 **5637** 元

财政收支

（单位：亿元）

支出 **9233.56**
收入 **8651.14**
收支差额 **−582.42**

黄金外汇储备

黄金 **1267** 万盎司
外汇 **1399** 亿美元

农业牧渔业

产量 （单位：万吨）

粮食 **49250**
棉花 **430**
肉类 **5354** 比上年增长 **8%**
水产品 **3561** 比上年增长 **8.3%**

对外经济

进出口贸易总额 **3251** 亿美元

出口 **1827** 亿美元
进口 **1424** 亿美元
贸易顺差 **403** 亿美元

国内商业 （单位：亿元）

生产资料销售总额 **19142**

社会商品零售总额 **26843**

分城乡看

城市 **16395**
县及县以下 **10449**

工业 （单位：亿元）

工业增加值 **31752**

轻工业 **14680**
重工业 **17072**

农田水利

新增有效灌溉面积 **121** 万公顷
新增节水灌溉面积 **123** 万公顷
节水 **100** 亿立方米

利用外资

利用外资协议额 **617** 亿美元

实际利用外资金额 **640** 亿美元

其中外商直接投资 **453** 亿美元

对外经济合作

新签合同额 **114** 亿美元
完成营业额 **84** 亿美元

旅游

国际旅游外汇收入 **121** 亿美元

海外旅客入境人数 **5759** 万人

港、澳同胞 **4794** 万人
外国游客 **743** 万人
台湾同胞 **212** 万人

交通运输和邮电通信

货物周转量 38232 亿吨公里

- 水运 19352 亿吨公里
- 公路 5168 亿吨公里
- 铁路 13098 亿吨公里
- 航空 29 亿吨公里

- 水运 153 亿人公里
- 公路 5188 亿人公里
- 铁路 3522 亿人公里
- 航空 774 亿人公里

旅客周转量 9637 亿人公里

运输线路总里程 284 万公里

- 公路 122.6 万公里
- 铁路 5.76 万公里
- 民航 142.5 万公里
- 管道 2 万多公里

新建线路交付营业里程

- 铁路主线正线 896 公里
- 铁路复线 551 公里
- 新建高速公路 1313 公里
- 新(扩)建港口码头年吞吐能力 11725 万吨

沿海主要港口货物吞吐量 87846 万吨

外贸货物吞吐量 35915 万吨

邮电部门业务总量 1779 亿元

- 计算机互联网络用户 16 万户
- 数据通信总用户 36 万户
- 移动电话新增用户 638 万户
- 公用电话交换机总容量 11097 万门
- 全国电话普及率 8.1 部/百人
- 其中城市电话普及率达到 26.1 部/百人

固定资产投资

全社会固定资产投资 25300 亿元 (单位: 亿元)

- 城乡居民个人投资 3427
- 其他经济类型投资 4581
- 国有经济投资 13419
- 集体经济投资 3873

人民生活

- 城乡居民储蓄存款余额 46280 亿元
- 城镇居民人均可支配收入 5160 元
- 农村居民人均纯收入 2090 元

全国就业人员数 69600 万人
- 城镇职工 14760 万人
- 城镇私营个体就业人员 2669 万人

新建住宅面积 (单位: 亿平方米)

- 城镇 3.8
- 农村 7.6

新增加的生产能力

- 原煤开采 2587 万吨/年
- 钢材 137 万吨/年
- 发电机组容量 1376 万千瓦
- 原油开采 1593 万吨/年
- 天然气开采 21 亿立方米/年
- 化肥 88 万吨/年
- 木材采运 15 万立方米/年
- 基本建设和更新改造建成投产项目 86181 个
- 新增固定资产 8271 亿元

社会福利事业

 各类社会福利院床位 **103** 万张 收养 **79** 万人

城镇建立起各种社区服务设施 **15** 万个 其中社区服务中心 **5663** 个

330 多个城市建立居民最低生活保障制度，共有 **192** 万人得到最低生活保障救济

城乡各种社会救济对象得到国家救济的已达 **5532** 万人次

优抚安置工作有所加强，国家抚恤、补助各类优抚对象 **450** 万人

保险事业 （单位：亿元）

保费收入 **1080** 亿元

人身险保费收入 **600**

财产险保费收入 **480**

 人身险给付金额 **176**

 财产险赔款金额 **276**

科学技术

科技队伍

 国有企事业单位共有各类专业技术人员 **2914** 万人 从事科技活动人员 **262** 万人 引进外国专家 **8.2** 万人

 县级以上国有独立研究开发机构 **5399** 个 高等院校办科研机构 **3425** 个

 大中型工业、建筑企业办科研机构 **11976** 个

科技经费投入

 经费支出 **961** 亿元 其中，研究与发展经费支出 **368** 亿元

科技成果

 取得省部级以上重大科技成果 **30566** 项 其中达到国际先进水平的科技成果 **5267** 项

 获国家奖励的成果 **626** 项 受理国内外专利申请 **11.4** 万件 授权专利 **5.1** 万件

技术市场

 签订技术合同 **25** 万份 成交金额 **351** 亿元

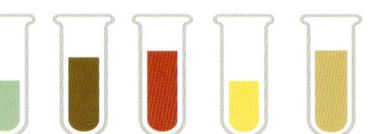

文化

生产电影故事片 **88** 部
向国内销售影片（含复映片）**373** 部
向国外销售 **126** 部

 电影放映单位 **6.9** 万个

 艺术表演团体 **2563** 个

 中、短波广播发射台和转播台 **744** 座
广播人口覆盖率 **85.8%**

 一千瓦以上电视发射台和转播台 **1295** 座
电视人口覆盖率 **87.4%**

文化馆 **3097** 个
公共图书馆 **2690** 个
博物馆 **1218** 个
档案馆 **3670** 个

已开放各类档案 **2940** 万卷（件）

出版

全国性和省级报纸 **193** 亿份
杂志 **25** 亿册，图书 **71** 亿册（张）

卫 生

卫生机构（含诊所）**32** 万个
床位 **314** 万张
其中医院、卫生院 **290** 万张

卫生技术人员 **440** 万人
其中医院、卫生院医生 **139** 万人
护师、护士 **105** 万人

卫生防疫、防治机构 **5905** 个
卫生技术人员 **22** 万人

妇幼卫生机构 **2748** 个
卫生技术人员 **7.1** 万人

农村乡（镇）卫生院
5.1 万个
床位 **74** 万张

卫生技术人员 **98** 万人
乡村医生和卫生员 **132** 万人

体 育

获得世界冠军 **92** 个

29 人 2 队 43 次
创 **29** 项世界纪录
20 人 1 队 33 次
创 **27** 项亚洲纪录
117 人 19 队 210 次
创 **115** 项全国纪录

教 育

学校数目

- 普通高校 1020 所
- 研究生培养单位 735 个
- 成人高校 1107 所
- 普通高中 13880 所
- 各类高级中等职业学校 17116 所

在校学生数 （单位：万人）

- A 普通高校 317
- B 研究生 18
- C 成人高校 273
- D 普通高中 850
- E 中等职业学校 1090（含技工学校学生 193 万人）
- F 初中 5249
- G 小学 13995
- H 成人中专 266（成人技术培训学校培训学员 8579 万人次）

招生人数 （单位：万人）

- A 100
- B 6.4
- C 100

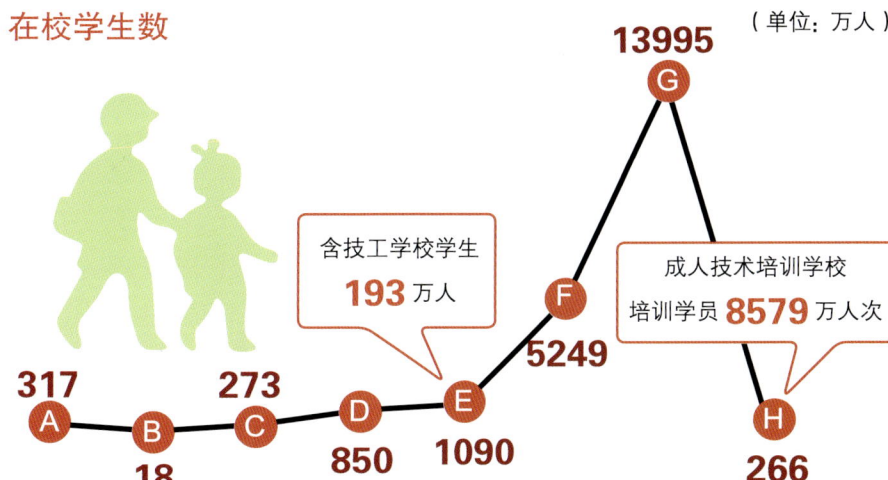

共扫除文盲 **404** 万人，青壮年文盲率下降到 **6%**

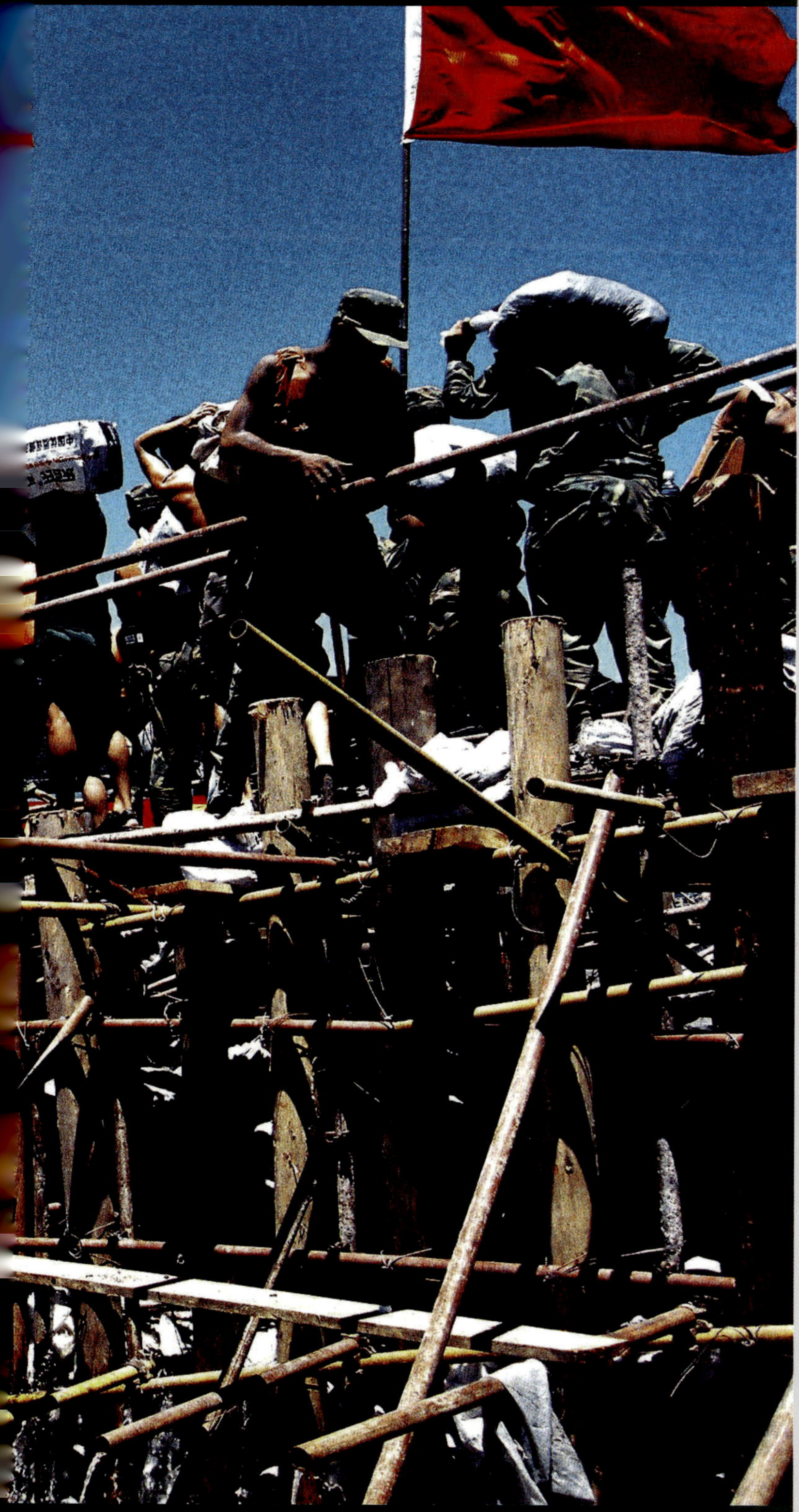

1998

- 第四次国务院机构改革
- 中共十五届三中全会：《中共中央关于农业和农村工作若干重大问题的决定》
- 推进粮食购销市场化
- 城镇福利分房制度终结
- 中国保监会成立
- 城镇职工基本医疗保险制度改革正式启动
- 中国人民银行实行跨省分行体制

焦点事件

第四次国务院机构改革

1998年3月10日,第九届全国人民代表大会第一次会议听取了国务委员兼国务院秘书长罗干《关于国务院机构改革方案的说明》,审议、批准了《国务院机构改革方案》。

《国务院机构改革方案》指出:"按照中国共产党第十五次全国代表大会和十五届二中全会的要求,这次国务院机构改革的目标是:建立办事高效、运转协调、行为规范的政府行政管理体系,完善国家公务员制度,建设高素质的专业化行政管理队伍,逐步建立适应社会主义市场经济体制的有中国特色的政府行政管理体制。改革的原则是:按照社会主义市场经济的要求,转变政府职能,实现政企分开;按照精简、统一、效能的原则,调整政府组织结构,实行精兵简政;按照权责一致的原则,调整政府部门的职责权限,明确划分部门之间职责分工,完善行政运行机制;按照依法治国、依法行政的要求,加强行政体系的法制建设。"

此次政府机构改革是改革开放以来国务院继1982—1983年改革、1987—1988年改革、1993—1996年改革之后进行的第四次机构改革。这次改革旨在转变政府职能,实现政企分开,将政府职能定位于宏观调控、社会管理和公共服务,向企业及中介组织放权。

根据《国务院机构改革方案》,改革的重点是调整和撤销那些直接管理经济的专业部门,加强宏观调控和执法监管部门。按照《国务院机构改革方案》,国务院不再保留的部、委有15个,分别是:电力工业部、煤炭工业部、冶金工业部、机械工业部、电子工业部、化学工业部、国内贸易部、邮电部、劳动部、广播电影电视部、地质矿产部、林业部、国家体育运动委员会、国防科学技术工业委员会(组建新的国防科学技术工业委员会,将原国防科工委管理国防工业的职能、国家计委国防司的职能以及各军工总公司承担的政府职能,统归新组建的国防科学技术工业委员会管理)、国家经济体制改革委员会(国家经济体制改革委员会改为国务院高层次的议事机构,总理兼主任,有关部长任成员,不再列入国务院组成部门序列)。组建的部、委有4个,分别是国防科学技术工业委员会、信息产业部、劳动和社会保障部、国土资源部。更名的部、委有3个,分别是:国家计划委员会更名为国家发展计划委员会,科学技术委员会更名为科学技术部,教育委员会更名为教育部。

改革后除国务院办公厅外,列入国务院组成部门序列的部、委、行、署由原来的40个减少为29个,分别是:外交部、国防部、国家发展计划委员会、国家经济贸易委员会、教育部、科学技术部、国防科学技术工业委员会、国家民族事务委员会、公安部、国家安全部、监察部、民政部、司法部、财政部、人事部、劳动和社会保障部、国土资源部、建设部、铁道部、交通部、信息产业部、水利部、农业部、对外贸易经济合作部、文化部、卫生部、国家计划生育委员会、中国人民银行、审计署。

国务院直属机构和办事机构也进行相应的调整与改革。与此同时,中央各部门和其它国家机关及群众团体的机构改革陆续展开。随后,各级地方政府也进行机构改革,精简机构和人员。全国省级政府机构由平均55个减为40个,平均精简20%左右;省级政府人员编制平均精简47%;市、地级政府机构由平均45个减为35个;县级政府机构由平均28个减为18个。

中共十五届三中全会:《中共中央关于农业和农村工作若干重大问题的决定》

1998年10月12日至14日,中共十五届三中全会在北京举行。会议审议通过了《中共中央关于农业和农村工作若干重大问题的决定》。《决定》高度评价农村改革二十年所取得的巨大成就和创造的丰富经验,指出,实行家庭联产承包责任制,废除人民公社,突破计划经济模式,初步构筑了适应发展社会主义市场经济要求的农村新经济体制框架。这个根本性改革,解放和发展了农村生产力,带来农村经济和社会发展的历史性巨变。决定按照十五大确定的部署,从经济、政治、文化三个方面,提出了从二十世纪末起到2010年建设有中国特色社会主义新农村的奋斗目标,确定了实现这些目标必须坚持的十条方针。

《决定》强调,以公有制为主体、多种所有制经济共同发展的基本经济制度,以家庭承包经营为基础、统分结合的经营制度,以劳动所得为主和按生产要素分配相结合的分配制度,必须长期坚持。《决定》指出,稳定完善双层经营体制,关键是稳定完善土地承包关系。土地是农业最基本的生产要素,又是农民最基本的

> **语录** "创新是不断进步的灵魂。"
> ——江泽民
>
> 背景:20世纪的最后几年里,全球科学技术突飞猛进,国家之间在科学技术和人才方面的竞争也越来越激烈。经过改革开放20年的发展,中国的经济发展水平有了显著提高,但也面临着资源环境约束、技术瓶颈等问题,增强创新能力,掌握先进的生产技术,显得尤为重要。1998年4月29日,在北京大学建校百年庆典前夕,中共中央总书记、国家主席江泽民来到北京大学考察工作时提出了上述观点。

人物：朱镕基

朱镕基，汉族，1928年10月生，湖南长沙人，1949年10月加入中国共产党，1948年12月参加革命工作，清华大学电机系电机制造专业毕业，大学学历，高级工程师。

1947—1951年在清华大学电机系电机制造专业学习并参加新民主主义青年联盟。

1951—1952年任东北工业部计划处生产计划室副主任。

1952—1958年在国家计委燃动局、综合局任组长，国家计委主任办公室副处长，国家计委机械局综合处副处长。

1958—1969年任国家计委干部业余学校教员、国民经济综合局工程师。

1970—1975年下放国家计委"五七"干校劳动。

1975—1979年任石油工业部管道局电力通讯工程公司办公室副主任、副主任工程师，中国社会科学院工业经济研究所室主任。

1979—1982年任国家经济委员会燃动局处长、综合局副局长。

1982—1983年任国家经济委员会技改局局长，国家经济委员会委员。

1983—1985年任国家经济委员会副主任、党组成员。

1985—1987年任国家经济委员会副主任、党组副书记。

1987—1991年任中共上海市委副书记、市长、市委书记。

1991—1992年任国务院副总理兼国务院生产办公室主任、党组书记，兼国务院经济贸易办公室主任、党组书记。

1992—1993年任中共中央政治局常委，国务院副总理兼国务院经济贸易办公室主任、党组书记。

1993—1995年任中共中央政治局常委，国务院副总理兼中国人民银行行长（1993年6月至1995年6月）。

1995—1998年任中共中央政治局常委，国务院副总理。

1998—1999年任中共中央政治局常委，国务院总理。

1999年至2003年3月任中共中央政治局常委，国务院总理、党组书记。

2002年11月至2003年3月任国务院总理、党组书记。

中共第十三届中央候补委员，第十四届、十五届中央委员，第十四届、十五届中央政治局委员，第十四届、十五届中央政治局常委。

资料来源：中共中央组织部、中共中央党史研究室：《中国共产党历届中央委员大辞典1921—2003》，中共党史出版社，2004年。

语录 "不管前面是地雷阵还是万丈深渊，我都将一往直前，义无反顾，鞠躬尽瘁，死而后已。"

——朱镕基

背景：1998年，亚洲金融危机的影响还未过去，中国经济面临着严重挑战。3月19日，在九届全国人大一次会议上朱镕基当选为中华人民共和国国务院总理，在随后的记者招待会上回答记者提问时，朱镕基感慨地说："这次九届全国人大一次会议对我委以重任，我感到任务艰巨，怕辜负人民对我的期望。但是，不管前面是地雷阵还是万丈深渊，我都将一往无前，义无反顾，鞠躬尽瘁，死而后已。"

生活保障。稳定土地承包关系，才能引导农民珍惜土地，增加投入，培肥地力，逐步提高产出率；才能解除农民的后顾之忧，保持农村稳定。这是党的农村政策的基石，决不能动摇。要坚定不移地贯彻土地承包期再延长三十年的政策，同时要抓紧制定确保农村土地承包关系长期稳定的法律法规，赋予农民长期而有保障的土地使用权。中国（海南）改革发展研究院在全会召开前的7月，率先提出"赋予农民长期而有保障的土地使用权"的建议，引起中央领导的重视，国务院副总理温家宝作了批示。正值党的十五届三中全会《决定》起草期间，此建议报告被作为起草十五届三中全会《决定》的参阅件。全会作出的《中共中央关于农业和农村工作若干重大问题的决定》，直接采纳了这一建议。

《决定》还强调，在家庭承包经营基础上，积极探索实现农业现代化的具体途径，是农村改革和发展的重大课题。以劳动所得为主和按生产要素分配相结合的分配制度，必须长期坚持。要在这个基础上，按照建立社会主义市场经济体制的要求，深化农村改革。

推进粮食购销市场化

粮食价格机制和市场体系的不完善造成粮食经营亏损严重，财政对粮食补贴的负担越来越重。1996年和1997年中央财政对粮食的补贴（包括专储粮的保管费用和利息补贴、粮食风险基金的补助和粮食企业老挂账的利息补贴等）分别达到210多亿元和292亿元。1997年底，全国粮食系统职工总数达到317万人，人员膨胀，仅"八五"以来就增加110万人，大大高于粮食购销业务量的增长，导致经营费用上升。

4月27日至29日，国务院召开了全国粮食流通体制改革工作会议，随后于5月10日下发了《国务院关于进一步深化粮食流通体制改革的决定》及六个配套文件，部署了粮食流通体制改革工作。

这次粮食流通体制改革的目的是保护农民利益，有效地解决国有粮食企业亏损挂账急剧增加和财政负担过重的问题，提高国有粮食收储企业的市场竞争能力。通过深化改革，建立起国家宏观调控下中央和地方责权分明、适应社会主义市场经济要求、符合中国国情的粮食流通体制。改革的原则是"四分开、一完善"：实行政企分开、实行储备和经营分开、

专栏：1998年3月19日，朱镕基在九届全国人大一次会议举行的记者招待会上提出：

本届政府的任务，概括起来说是"一个确保、三个到位、五项改革"。

"一个确保"，就是确保今年中国的经济发展速度达到8%，通货膨胀率小于3%，人民币不能贬值。

"三个到位"，一是确定用3年左右的时间使大多数国有大中型亏损企业摆脱困境进而建立现代企业制度；二是确定在3年内彻底改革金融系统，中央银行强化监管、商业银行自主经营的目标要在本世纪末实现；三是政府机构改革的任务要在3年内完成。

"五项改革"，是指进行粮食流通体制、投资融资体制、住房制度、医疗制度和财政税收制度改革。朱镕基还强调，科教兴国是本届政府最大的任务。

资料来源：《1998年3月19日朱镕基提出"一个确保、三个到位、五项改革"》，人民网。

观点

汪玉凯：要实现党的十五大提出的机构改革的各项目标，必须把握好以下五个环节：1.对地方各级政府建立全面的指标分类制度，并把财政收入作为控制行政管理费支出和政府规模的重要指标。2.按照市场经济条件下各级政府承担的职责，调整政府间规模结构。3.按照转变政府职能、实现政企分工的要求，改革政府的机构设置。4.规范政府行为的重点，应放在规范政府各部门的经济利益行为方面。5.对富余人员的安置与分流，应制定力度更大的配套改革措施。

资料来源：《走出机构改革困境的政策建议》，《理论前沿》，1998年第6期。

1998年中国粮食总产量达到5.12亿吨，由于收购价格合理，农民卖粮踊跃。

郑州商品交易所成立于1990年10月12日,是经国务院批准的首家期货市场试点单位,在现货远期交易成功运行两年以后,于1993年5月28日正式推出期货交易。1998年8月,郑商所被国务院确定为全国三家期货交易所之一,隶属于中国证券监督管理委员会垂直管理。

实行中央与地方责任分开、实行新老粮食财务账目分开和完善粮食价格机制,培育粮食市场体系,实行粮食顺价销售。

5月,朱镕基总理和温家宝副总理亲自到安徽、吉林等地进行调查研究。6月3日,国务院召开了全国粮食购销工作电视电话会议。针对粮改政策贯彻执行中存在的问题,明确提出推进粮食流通体制改革和做好粮食购销工作的重点,是"贯彻三项政策、加快自身改革",即坚决贯彻按保护价敞开收购农民余粮、国有粮食收储企业实行顺价销售、农业发展银行收购资金封闭运行三项政策,加快国有粮食企业自身改革。

城镇福利分房制度终结

1998年6月15日至17日,全国城镇住房制度改革与住宅建设工作会议召开,会议提出了深化城镇住房制度改革的指导思想。

1998年7月3日,国务院发出《关于进一步深化城镇住房制度改革加快住房建设的通知》,提出从1998年下半年开始,全国城镇停止住房实物分配,逐步实行住房分配货币化。

《通知》指出:"深化城镇住房制度改革的指导思想是:稳步推进住房商品化、社会化,逐步建立适应社会主义市场经济体制和中国国情的城镇住房新制度;加快住房建设,促使住宅业成为新的经济增长点,不断满足城镇居民日益增长的住房需求。""深化城镇住房制度改革的目标是:停止住房实物分配,逐步实行住房分配货币化;建立和完善以经济适用住房为主的多层次城镇住房供应体系;发展住房金融,培育和规范住房交易市场。""1998年下半年开始停止住房实物分配,逐步实行住房分配货币化,具体时间、步骤由各省、自治区、直辖市人民政府根据本地实际确定。停止住房实物分配后,新建经济适用住房原则上只售不租。职工购房资金来源主要有:职工工资,住房公积金,个人住房贷款,以及有的地方由财政、单位原有住房建设资金转化的住房补贴等。""全面推行和不断完善住房公积金制度。到1999年底,职工个人和单位住房公积金的缴交率应不低于5%,有条件的地区可适当提高。"

《关于进一步深化城镇住房制度改革加快住房建设的通知》的出台,宣告了福利分房制度终结和新的住房制度改革开始,正式开启了以"取消福利分房,实现居民住宅货币化、私有化"为核心的住房制度改革。从此,中国真正进入了商品房时代。

中国保监会成立

改革开放以来,我国保险业快速发展,1997年全国保费收入1080.97亿元,比上年增长39.19%;承保金额为21.5万亿元,保险公司总资产已达1646亿元。保险在促进改革、保障经济、稳定社会、造福人民方面发挥着越来越重要的作用。加大保险业监管,促使保险业健康发展被提上日程。

在此背景下,1998年11月18日,中国保险监督管理委员会(简称"中国保监会")成立。中国保监会为国务院直属事业单位,是全国商业保险的主管机关,根据国务院授权履行行政管理职能,依照法律、法规统一监督管理保险市场。主要任务是:拟定有关商业保险的政策法规和行业规划;依法对保险企业的经营活动进行监督管理和业务指导,依法查处保险企业违法违规行为,保护被保险人的利益;维护保险市场秩序,培育和

取消福利分房政策出台后,广州的商品房特别是商品住宅房市场由冷转热。图为1998年7月广州某住宅楼发售时不少市民排队等候认购。

发展保险市场，完善保险市场体系，推进保险改革，促进保险企业公平竞争；建立保险业风险评价与预警系统，防范和化解保险业风险，促进保险企业稳健经营与业务的健康发展。

海南发展银行和广东国际信托投资公司关闭

1992年，大量资本和人才涌向海南，房地产市场的火爆拉动了海南经济非正常增长。次年，国家实行宏观调控政策，大量外地银行从海南撤出，当地经济的发展变得十分困难。为重振海南经济、化解金融风险，海南省决定建立自己的银行。1994年底，海南省获准筹建海南发展银行，1995年8月18日正式挂牌开业。成立海南发展银行的初衷之一就是为了挽救一些有问题的金融机构，这为日后被关闭埋下隐患。1993年海南的众多信托投资公司由于大量资金压在房地产上而出现经营困难。在这个背景下，海南将五家已存在问题的信托投资公司合并为海南发展银行。据统计，合并时这五家机构的坏账损失总额已达26亿元。1997年年底，遵循同样的思路，有关部门又将海南省内28家有问题的信用社并入海南发展银行，进一步加大了其不良资产的比例。

1998年春节过后，海南发展银行出现公众挤兑现象，持续几个月的挤兑耗尽了海南发展银行的准备金，而其贷款又无法收回。为保护海南发展银行，国家曾紧急调拨了34亿人民币抵御这场危机，但只是杯水车薪。

1998年6月21日，为控制局面，化解金融风险，由中国人民银行发布公告，宣布关闭海南发展银行。这是新中国金融史上第一次由于支付危机而关闭一家银行。

同年10月6日，中国人民银行决定关闭广东国际信托投资公司（简称"广国投"）。1999年1月16日，广国投正式进入破产程序，这是新中国的第一起非银行金融机构破产案。美国《华尔街日报》曾评论，"'广国投'被宣告破产，使中国金融业真正走向了市场，标志着中国法制从此进入新纪元"。

广国投1980年7月经广东省政府

> ### 回忆
>
> **卢瑞华回忆"关闭国投"决策的出台**
>
> 1996年我开始担任广东省省长，当时我想承前启后、继往开来，把广东的经济社会发展再推进一步。但很快，1997年就出现了亚洲金融风暴，我估计这个风暴会波及广东，到1998年我们广东也出现了金融风险，损失了几百亿元人民币。1997年的亚洲金融风暴对香港的冲击非常严重，股市楼市大跌，这种影响波及广东，对借债问题的影响可以说最大。大环境好的时候，各个银行轻轻松松把钱借给你，大环境不好的时候，银行就要逼你赶快还钱。广东国投由于经营管理混乱，出现严重的外债支付危机。广东当时只有一条路可走，就是把国投关掉。在此之前，省财政曾几亿、几十亿地填补它的资金缺口，但缺口越补越大。我们向国务院求助，国家也不可能拿出外汇来。1998年中国人民银行宣布关闭清算广东国投，它的资产总额为214.71亿元人民币，负债为361.65亿元人民币，已严重到资不抵债，还债已无门，关闭它是一个明智之举。
>
> 1998年，我们关闭"国投"，当时在社会上引起很大的震动。广东国投数百亿元的债务80%以上是借自日本、美国、德国、瑞士以及香港等地100多家银行的，关闭广东国投在全球金融市场掀起了巨大波澜。尽管许多银行反对，但美国和德国银行都认为广东的处理办法是合理的。实际上，那时全国都出了问题，全国100多家"国投"都积重难返，陷入困境。只不过，广东走在了前面，较妥善地处理这些问题，为其他地方提供了一个宝贵的借鉴，提供了一条可选择的路径。事实上，广东国投破产，外国银行追债也就停止了，都同意合理的处理办法。所以，广东国投破产救了100多家国投。
>
> **资料来源：** 摘自《广东改革开放决策者访谈录》，中共广东省委党史研究室编，广东人民出版社，2008年。

广东贸易中心，该楼原为已破产的广东国际信托投资公司物业，由破产清算组委托拍卖公司拍卖。

批准成立，1983年经中国人民银行批准为非银行金融机构并享有外汇经营权，1989年被国家主管部门确定为全国对外借款窗口。20世纪80年代末期，广国投从单一经营信托业务发展成为以金融和实业投资为主的企业集团。经营规模不断扩大，逐渐从单一经营信托业务发展成为以金融和实业投资为主的企业集团，凭借其"窗口公司信用"在世界范围融资，为广东的经济和社会发展发挥了积极作用。

但进入20世纪90年代，特别是1997年下半年亚洲金融危机爆发以后，由于经营管理混乱，出现了严重的外债支付危机。中国人民银行初步查明，广国投的资产总额为214.71亿元，负债361.65亿元，资产负债率168.23%，资不抵债146.9亿元。经过行政关闭清算，发现行政手段已无可挽回，遂决定对其实施破产。

城镇职工基本医疗保险制度改革正式启动

20世纪80年代起，中国开始探索城镇职工医疗保险制度改革。1994年国务院曾在江西、江苏等省40多个城市组织社会统筹与个人账户相结合的试点，积累了城镇职工医疗保险制度改革的经验。

1997年1月15日，中共中央、国务院发出《关于卫生改革与发展的决定》，要求积极推进医药卫生体制改革，建立医药分开核算、分别管理的制度，形成医疗服务和药品流通的竞争机制，加强医疗机构和药店的内部管理等。

1998年12月14日，国务院发出《关于建立城镇职工基本医疗保险制度的决定》，在全国范围内推开城镇职工医疗保险制度改革，建立覆盖全体城镇职工，社会统筹和个人账户相结合的基本医疗保险制度，确定了中国医疗保险制度改革的基本目标、基本原则和主要政策。从1999年初开始启动，1999年底基本完成。

《决定》指出："加快医疗保险制度改革，保障职工基本医疗，是建立社会主义市场经济体制的客观要求和重要保障。在认真总结近年来各地医疗保险制度改革试点经验的基础上，国务院决定，在全国范围内进行城镇职工医疗保险制度改革。""医疗保险制度改革的主要任务是建立城镇职工基本医疗保险制度，即适应社会主义市场经济体制，根据财政、企业和个人的承受能力，建立保障职工基本医疗需求的社会医疗保险制度。""建立城镇职工基本医疗保险制度的原则是：基本医疗保险的水平

实行医保制度以来，一些参加了医保的重病患者，摆脱了"有大病不敢看医生"的尴尬，开始从中受益，个人负担的医疗费用较以往有了大幅下降。

中国人民银行是中国的中央银行，总行大楼位于北京西长安街的复兴门东侧。

要与社会主义初级阶段生产力发展水平相适应；城镇所有用人单位及其职工都要参加基本医疗保险，实行属地管理；基本医疗保险费由用人单位和职工双方共同负担；基本医疗保险基金实行社会统筹和个人账户相结合。""城镇所有用人单位，包括企业（国有企业、集体企业、外商投资企业、私营企业等）、机关、事业单位、社会团体、民办非企业单位及其职工，都要参加基本医疗保险。乡镇企业及其职工、城镇个体经济组织业主及其从业人员是否参加基本医疗保险，由各省、自治区、直辖市人民政府决定。"

《决定》的出台，标志着中国城镇医疗制度改革正式启动。中国职工医疗保障制度改革进入新的阶段，变计划经济条件下国家（企业）对职工医疗保障的"大包大揽"的无限责任为"有限责任"。

此后，城镇医疗制度改革在全国全面推进。

中国人民银行实行跨省分行体制

1998年11月15日，党中央、国务院作出决定，对中国人民银行管理体制实行改革，撤销省级分行，跨省（自治区、直辖市）设置九家分行。

1998年12月26日，中国人民银行发布《关于管理体制改革的公告》。《公告》指出："撤销中国人民银行各省、自治区、直辖市分行，在全国设立9个跨省、自治区、直辖市分行，作为中国人民银行的派出机构。"新设立的九个跨省区市分行分别是：天津分行（管辖天津、河北、山西、内蒙古）；沈阳分行（管辖辽宁、吉林、黑龙江）；上海分行（管辖上海、浙江、福建）；南京分行（管辖江苏、安徽）；济南分行（管辖山东、河南）；武汉分行（管辖江西、湖北、湖南）；广州分行（管辖广东、广西、海南）；成都分行（管辖四川、贵州、云南、西藏）；西安分行（管辖陕西、甘肃、青海、宁夏、新疆）。"撤销中国人民银行北京市分行、中国人民银行重庆市分行，分别设立中国人民银行营业管理部、中国人民银行重庆营业管理部。"在不设中国人民银行分行的省、自治区人民政府所在地城市，共设立20个金融监管办事处，作为中国人民银行分行的派出机构。"原中国人民银行深圳经济特区、大连市、宁波市、厦门市、青岛市分行更名为中国人民银行深圳市中心支行、中国人民银行大连市中心支行、中国人民银行宁波市中心支行、中国人民银行厦门市中心支行、中国人民银行青岛市中心支行，其职责不变。"

这九家跨省（自治区、直辖市）分行中，最早是1998年11月18日正式挂牌成立的中国人民银行上海分行；其余8家跨省区分行于12月20日前先后挂牌成立。

对中国人民银行的管理体制实行改革，撤销省级分行，设立跨省、自治区、直辖市分行，是党中央、国务院深化金融改革的一项战略性决策，是中国金融体制的一项重大改革，有利于增强中央银行对金融机构监管的独立性，有利于增强货币政策的权威性，对建立现代金融体制具有重要意义。

流行志

▶ 网民

1998年7月8日，"网民"第一次诞生。这天，全国科技名词审定委员会公布了第二批56个信息科技名词，其中"互联网的用户"的中文名称被确定为"网民"。中国互联网络信息中心（CNNIC）对网民的定义为：平均每周使用互联网至少1小时的中国公民。在那个时候中国的网民数量突破了一百万大关。这一年年底，腾讯、新浪等3家对国人产生巨大影响的网站相继诞生，这3大网站为互联网网络了数千万网民。

▶ 网络文学

1998年，台湾作家蔡智恒以jht为笔名在贴吧上完成了"长达34篇的连载"——《第一次亲密接触》，唯美的爱情故事在华语网民中引起轰动，小说的经典情节与语言被各大论坛不断转载、推荐，引起无数跟帖。这样的轰动效应也让《第一次亲密接触》的"横空出世"成为一个标志性事件，即"网络文学"这一概念被正式提出。《第一次亲密接触》成功引发了网络原创文学的热潮，后来被人熟知的安妮宝贝、宁财神、李寻欢等一批大陆网络作家投入到网络文学中来。

▶ 《还珠格格》

1998年，琼瑶剧《还珠格格》在暑期档推出，一时间横扫了整个中国，其火爆程度至今没有哪个电视剧能超越。《还珠格格》轰动亚洲，创造了收视率中国第一、亚洲第一的神话，可以说是中国电视剧的一部传奇。《还珠格格》所叙述的故事生动曲折、跌宕起伏，眨巴着一双大眼睛的"小燕子"成了众人追捧的偶像，凭借《还珠格格》，"小燕子"赵薇一跃成为中国内地最热门的偶像明星。

▶ 《泰坦尼克号》

1998年春天，投资2亿美元的巨制大片《泰坦尼克号》登陆中国院线，轻轻松松就赚走了国人3.6亿元人民币。著名导演詹姆斯·卡梅隆从泰坦尼克号的海底残骸获得灵感，将一段航海传奇演化成令人荡气回肠的爱情故事，赚足了观众的眼泪。史无前例的巨大投资打造的豪华画面震撼人心，电影的配乐也精良得无可挑剔。虽然中国观众此前已经为《亡命天涯》和《真实的谎言》发出过惊叹，但直到《泰坦尼克号》出现，大家才明白了什么叫"大片"。

▶ 脑白金

脑白金是珠海巨人集团旗下的一个保健品品牌，创立于1994年。1998年，"今年过节不收礼，收礼只收脑白金"的脑白金广告语家喻户晓，这句明显的病句密集地出现在各个电视台，不管你愿意不愿意，你根本无法躲避，只要打开电视，总有两三个人跳出来喊这句广告词。尽管脑白金的销量一路上升，但脑白金品牌也由于其不择手段的市场推广而饱受诟病，指责主要集中在不实宣传和过度的广告轰炸。

1998年9月15日清晨,首批6000多名人民子弟兵胜利完成抗洪救灾任务,撤离江西九江古城。

社会关注

抗击特大洪水灾害

自1998年6月份起，长江流域出现三次持续大范围强降雨过程，受降雨影响，长江发生了继1954年以来第二次全流域性大洪水，长江上游先后出现8次洪峰并与中下游洪水遭遇，形成全流域型大洪水。7月至8月，洞庭湖的安造堤垸、九江大堤先后决堤。

1998年入夏以来，东北地区也连降大雨暴雨。松花江、嫩江发生三次大洪水，来势之猛，持续时间之长，洪峰之高，流量之大，都超过历史最高纪录。珠江流域的西江和福建闽江等江河，在6月下旬也相继发生了百年一遇的特大洪水。由于洪水量级大、涉及范围广、持续时间长，洪涝灾害非常严重。全国共有29个省、自治区和直辖市受灾，江西、湖南、湖北、黑龙江、内蒙古、吉林等省（区）受灾最重。据水利部统计，受灾地区农田成灾面积2.07亿亩，死亡4150人，倒塌房屋685万间，直接经济损失2551亿元。洪涝直接威胁众多大城市，形势十分危急。

面对百年罕见的特大洪峰，在中央军委主席江泽民的命令下，陆、海、空军及武警部队先后调动66个师、旅和武警总队共30余万的兵力进入抗洪一线。在坚守荆江大堤、抢堵九江缺口、会战武汉三镇、防守洞庭湖区、保卫大庆油田和东北重镇哈尔滨的决战中，还有800多万抗洪抢险的地方干部群众。

1998年8月16日下午，江泽民向参加抗洪的人民解放军发布命令：沿线部队全部上堤，军民团结，死守决战，夺取全胜。同时要求地方各级党政干部率领群众，与部队官兵共同严防死守，确保长江干堤安全。

语录 "誓与长江大堤共存亡！"
——抗洪救灾部队

背景：1998年，长江流域爆发百年未遇的特大洪水。在长江抗洪抢险最危险的时刻，江泽民主席果断下令，调动30多万部队紧急驰援，仅长江流域，就形成新中国成立以来用兵最多的一次人民解放军投入抗洪抢险。8月13日，长江出现第5次洪峰时，江泽民冒着酷暑赶到湖北，一路察看险情，一路鼓舞部队。在洪湖大堤，历经几十昼夜拼搏，但仍然精神抖擞的参战部队打出了自己的口号和标语。

广大军民发扬"万众一心、众志成城，不怕困难、顽强拼搏，坚韧不拔、敢于胜利"的伟大抗洪精神，抵御了一次又一次洪水的袭击，守住了长江、松花江等大江大河干堤，保住了重要城市和主要交通干线，保卫了人民群众的生命财产安全，最大限度地减轻了洪涝灾害造成的损失。

环球大事

1月1日
俄罗斯新卢布开始流通。

1月7日
石油输出国组织（OPEC）原油平均价降至每桶14.69美元，比该组织规定的每桶21美元的内部参考价低6美元以上，是1994年4月20日以来OPEC油价最低点。

1月7—10日
亚太议会论坛第六届年会在汉城召开，25个国家的代表出席这次会议，这次大会就亚太国家关注的亚洲金融和货币制度的稳定、能源和环境、禁毒、反腐败、反恐怖活动、教育、人才开发、技术利用、文化艺术和通信情报的交流以及电子产品的贸易等问题进行了广泛讨论，并对相关问题通过了18项决议。大会结束后发表了共同声明，并决定1999年和2000年的年会分别在秘鲁和澳大利亚举行。

1月29日—2月3日
为期6天的世界经济论坛年会在瑞士达沃斯开幕。年会的主题是"21世纪优先考虑的议题"。年会讨论了东南亚金融危机的影响、99年启用欧元后将对美元和日元产生的影响、发展经济的国际环境与可持续发展的关系等。

2月5日
欧洲投资银行宣布，将首次在世界范围内发行20亿欧元债券。

2月9日
发展中国家24国集团第58次特别部长级会议闭幕，会议通过《加拉加斯声明》，对规避金融危机、消除危机后果提出建议。

3月25日
欧盟委员会宣布，欧洲联盟11个成员国已总体达到《马约》所规定的经济趋同标准，从而有资格成为首批流通欧洲统一货币欧元的国家。这11个欧盟成员国是：法国、德国、意大利、西班牙、比利时、荷兰、卢森堡、葡萄牙、奥地利、芬兰和爱尔兰。欧盟的另4个成员中，英国、丹麦和瑞典的经济也已"达标"，但它们此前已明确表示，出于国内政治考虑，不打算搭乘"欧元头班车"；希腊由于经济"未能全面达标"而暂时落选。

4月4日
第二届亚欧首脑会议在英国伦敦闭幕，来自亚洲10国和欧盟15国的代表就亚欧经贸与科技合作、文化与教育交流、环保等问题进行了广泛的讨论。

6月25日
微软公司发布Microsoft Windows 98操作系统。

微软董事长
比尔·盖茨

7月6日
中国香港地铁机场快线启用，成为全世界首条专为机场而设的铁路。

> 重要文献

《国务院关于进一步深化粮食流通体制改革的决定》
（1998年5月10日）

1998年5月10日，国务院发出《关于进一步深化粮食流通体制改革的决定》。《决定》要求实行政企分开、中央与地方责任分开、储备与经营分开、新老财务账目分开，完善粮食价格机制，加快粮食流通体制改革的步伐。

节选：

……按照党的十五大提出的目标和要求，必须利用当前宏观经济环境明显改善、粮食供求情况较好的有利时机，加快粮食流通体制改革的步伐。……

（一）实行政府粮食行政管理职能与粮食企业经营的分离。粮食行政主管部门代表政府应对全社会粮食流通进行管理，要与粮食企业在人、财、物等方面彻底脱钩，不参与粮食经营，不直接干预企业自主的经营活动。……

（三）国有粮食企业要深化改革，加快建立现代企业制度，转换经营机制，改善经营管理，降低生产经营费用，增强竞争力。要大力发展连锁、代理、配送等现代流通组织形式和营销方式。

（六）粮食工作实行在国务院宏观调控下，地方政府对粮食生产和流通全面负责的体制。

（十八）在正常情况下，粮食价格主要由市场供求决定，粮食企业按市场价格经营粮食。

（十九）为保护生产者的利益，政府制定主要粮食品种的收购保护价。……

（二十六）进一步放开搞活粮食销售市场，支持和引导多渠道经营，鼓励大中城市的超市、便民连锁店等开展粮食零售业务。粮食集贸市场常年开放。

——摘自《十五大以来重要文献选编》（上）第303—305、309—310页，中央文献出版社，2011年。

> 重要文献

《中共中央关于农业和农村工作若干重大问题的决定》
（1998年10月14日）

1998年10月12—14日，中共十五届三中全会在北京举行。会议审议通过了《中共中央关于农业和农村工作若干重大问题的决定》。决定高度评价农村改革20年所取得的巨大成就和创造的丰富经验，并从经济、政治、文化三个方面，提出了从20世纪末起到2010年建设有中国特色社会主义新农村的奋斗目标，确定了实现这些目标必须坚持的方针。

目录：

一、农村改革二十年的基本经验
二、农业和农村跨世纪发展的目标和方针
三、长期稳定以家庭承包经营为基础、统分结合的双层经营体制
四、深化农产品流通体制改革，完善农产品市场体系
五、加快以水利为重点的农业基本建设，改善农业生态环境
六、依靠科技进步，优化农业和农村经济结构
七、推进农村小康建设，加大扶贫攻坚力度
八、加强农村基层民主法制建设
九、加强农村社会主义精神文明建设
十、加强农村基层党组织建设和干部队伍建设

■ 重要文献

国务院《关于进一步深化城镇住房制度改革加快住房建设的通知》
（1998年7月3日）

1998年7月3日，国务院发布《关于进一步深化城镇住房制度改革加快住房建设的通知》，要求停止住房实物分配，逐步实行住房分配货币化，建立和完善以经济适用住房为主的多层次城镇住房供应体系。

节选：

（三）深化城镇住房制度改革工作的基本原则是：坚持在国家统一政策目标指导下，地方分别决策，因地制宜，量力而行；坚持国家、单位和个人合理负担；坚持"新房新制度、老房老办法"，平稳过渡，综合配套。

二、停止住房实物分配，逐步实行住房分配货币化

（五）全面推行和不断完善住房公积金制度。到1999年底，职工个人和单位住房公积金的缴交率应不低于5%，有条件的地区可适当提高。

三、建立和完善以经济适用住房为主的住房供应体系

（七）对不同收入家庭实行不同的住房供应政策。最低收入家庭租赁由政府或单位提供的廉租住房；中低收入家庭购买经济适用住房；其他收入高的家庭购买、租赁市场价商品住房。住房供应政策具体办法，由市(县)人民政府制定。

六、发展住房金融

（二十）扩大个人住房贷款的发放范围，所有商业银行在所有城镇均可发放个人住房贷款。取消对个人住房贷款的规模限制，适当放宽个人住房贷款的贷款期限。

（二十一）对经济适用住房开发建设贷款，实行指导性计划管理。商业银行在资产负债比例管理要求内，优先发放经济适用住房开发建设贷款。

——摘自《十五大以来重要文献选编》（上）第397—402页，中央文献出版社，2011年。

■ 重要文献

《政府工作报告》

（李鹏，1998年3月5日）

1998年3月5日，国务院总理李鹏在第九届全国人民代表大会第一次会议上作《政府工作报告》。

节选：

  国有企业改革是当前经济体制改革的重点。中央提出，要用三年左右的时间，通过改革、改组、改造和加强管理，使大多数国有大中型亏损企业摆脱困境，力争到本世纪末使大多数国有大中型骨干企业初步建立起现代企业制度。国有企业改革的指导思想和基本任务，一是把国有企业改革作为经济体制改革的中心环节，以建立现代企业制度为方向，切实转换企业经营机制；二是实行分类指导，从搞好整个国有经济出发，"抓大放小"，对国有企业进行战略性改组；三是按"三个有利于"的标准，探索和发展公有制的多种实现形式；四是把改革同改组、改造、加强管理结合起来；五是鼓励兼并、规范破产、下岗分流、减员增效和实施再就业工程；六是推进以建立社会保障制度为重点的配套改革。我们必须充分估计改革的艰巨性和紧迫性，也要看到改革的有利条件。现在宏观经济环境比较好，要树立信心，采取坚决而又稳妥的步骤，为搞好国有企业改革，促进效益提高而努力。

  积极稳妥地进行股份制和股份合作制改革。对具备条件的大中型企业实行规范的公司制，根据市场情况，允许一些企业上市发行股票。企业改制要真正转变经营机制，实现政企分开，明确国家和企业的权利和责任，完善内部管理制度，加强所有者对经营者的约束和激励，防止国有资产流失。国有小企业量大面广，就业人数很多，在国民经济中占有重要地位，要采取改组、联合、兼并、租赁、承包经营和股份合作制、出售等形式，加快放开搞活的步伐。要把经营自主权真正放给企业，实行自负盈亏，使小企业能够更加灵活地适应市场。要根据不同情况，选择适当的改革形式，不要盲目追求进度。实行股份合作制要尊重职工意愿，不能强迫入股，也要防止股权集中在少数人手里。

  积极推进其他各项改革。继续调整和完善所有制结构，在推进国有经济改革和发展的同时，积极发展城乡多种形式的集体经济，继续鼓励和引导个体、私营等非公有制经济共同发展。加快职工基本养老保险、医疗保险、失业保险等社会保障制度的改革，为国有企业改革和经济结构调整创造条件。……

——摘自《十五大以来重要文献选编》（上）第195—199页，中央文献出版社，2011年。

■ 重要文献

《关于进一步扩大对外开放，提高利用外资水平的意见》

（1998年4月14日）

1998年4月14日，中共中央、国务院发布《关于进一步扩大对外开放，提高利用外资水平的意见》，提出进一步发展和完善全方位、多层次、宽领域的对外开放，充分利用国内国外两个市场、两种资源，更多更好地利用外资，促进国民经济持续快速健康发展和社会全面进步。

节选：

  ……在世纪之交的重要时期，中国利用外资面临新的形势。从国际看，一是科技革命突飞猛进。二是经济全球化趋势日益明显。三是跨国公司成为全球资源配置的重要力量……

  积极合理有效地利用外资，是必须长期坚持的指导方针。积极，就是进一步解放思想，抓住机遇，完善政策和投资环境，努力促进利用外资稳定增长；合理，就是按照国民经济和社会发展的总体要求，引导外资投向，优化结构，扬长避短，趋利避害；有效，就是提高利用外资的质量和效益，有利于增强综合国力和国际竞争力。积极是前提，合理是关键，有效是目的，三者是相互联系的有机整体。总之，就是要以"三个有利于"为根本标准，在互利互惠的基础上，充分利用和善于利用外资，重优化结构、重质量、重效益，更好地为改革开放和现代化建设服务。

——摘自《改革开放三十年重要文献选编》（下）第945—950页，中央文献出版社，2009年。

大事记

1月7—9日

中央农村工作会议在北京举行。会议提出，1998年农业和农村工作的总的指导思想是：高举邓小平理论的伟大旗帜，全面贯彻党的十五大精神，坚持稳中求进的指导方针，稳定和加强农业的基础地位，稳定和落实党在农村的基本政策，稳定农产品总量，稳定农村社会秩序，力求农村改革有新突破，产业结构调整有新进展，农村经济整体素质和效益有新提高，农民收入有新增长。

1月8日

国家发展计划委员会公布《关于发挥价格调节作用积极促进经济结构调整的若干意见》，指出，价格工作要认真贯彻中央的要求，更好地发挥价格合理配置资源的作用，通过完善价格机制，调整价格结构，健全价格调控，改进价格管理，整顿价格秩序，拓展价格服务领域，积极促进经济结构的调整和优化。

1月12—15日

全国银行、证券、保险系统行长(经理)会议在北京召开。朱镕基在会上强调，按照建立社会主义市场经济体制的要求，加快和深化金融改革，加强中央银行的监管，建立现代金融体系。

1月13—16日

全国证券监管工作会议在北京召开。会议提出，1998年证券工作要继续贯彻"法制、监管、自律、规范"的方针，紧紧围绕服务国有企业改革，积极稳妥发展证券市场，深化证券管理体制改革，整顿证券市场秩序，提高市场监管水平，防范市场风险，更好地促进国民经济持续、快速、健康发展。

1月20日

中共中央、国务院转发国家计委《关于应对东南亚金融危机、保持国民经济持续健康发展的意见》。《意见》提出，在东南亚出现金融危机的严峻形势下，要继续按照中央的部署，务必使全国经济增长速度保持在8%，进出口总额继续增长，人民币汇率基本稳定。为实现这个目标，当前要立足于扩大国内需求，发挥国内市场的巨大潜力。

1月24日

中共中央、国务院印发《关于1998年农业和农村工作的意见》。

1月24日

中国人民银行发布《1998年农村合作金融工作意见》。《意见》提出，1998年要做好以下几方面工作：坚持按合作金融方向推进农村信用社管理体制改革；加强和改善对农村信用社的金融监管，切实防范和化解金融风险；改进加强对农村信用社的行业管理和指导，更好地发挥农村信用社支农作用；加强对农村合作金融工作领导。

1月26日

劳动部发布《关于建立下岗职工基本生活保障制度的通知》，要求所有地级以上城市都要建立下岗职工基本生活保障制度。

1月26日

劳动部发布《关于企业实施股份制和股份合作制改造中履行劳动合同问题的通知》。《通知》要求，在企业实施股份制或股份合作制改造后，用人单位主体发生变化后，应当由变化后的用工主体继续与职工履行原劳动合同。由于企业改制导致原劳动合同不能履行的，企业与职工应当依法变更劳动合同。

2月11日

全国卫生厅局长会议在北京召开。会议提出，今年的医疗卫生改革将在三方面有突出进展：一是控制好全国职工基本医疗保障水平；二是按区域卫生规划调整全国卫生资源配置；三是积极发展社区卫生服务。

2月14日

朱镕基在天津市考察再就业工作时指出，解决下岗待业职工的生活和再就业问题，是深化国有企业改革的基础条件。能不能在3年内力争大多数国有大中型亏损企业实现摆脱困境的目标，关键在于下岗人员能否得到妥善安置，这项工作直接关系到国有企业改革的成败，各级党政领导干部都要给予高度重视，加大工作力度，切实建成有中国特色的社会保障体系。

2月25—26日

中共十五届二中全会在北京举行，审议通过《国务院机构改革方案》，建议将这个方案提交九届全国人大第一次会议审议。江泽民在会上发表了重要讲话。

2月27日

国务院发出《关于纺织工业深化改革调整结构解困扭亏工作有关问题的通知》。

3月5—19日

九届全国人大第一次会议在北京举行。李鹏作《政府工作报告》。会议通过了《〈关于国务院机构改革方案〉的决定》。会议选举江泽民为国家主席、中央军委主席，李鹏为第九届全国人大常委会委员长，胡锦涛为国家副主席；决定朱镕基为国务院总理。

3月6日

劳动部印发《劳动工作配合国有企业改

南京市玄武区待业保险所与厂家合作建立生产自救基地，安置失业待业人员2000多人，经培训后许多人重获职业。

革规划》，针对促进国有企业改革3年目标的顺利实现，切实做好下岗职工分流安置和再就业工作，提出了指导思想、目标任务、政策措施和工作要求。

3月9日

国家体改委印发《关于综合配套改革试点城市建立社会主义市场经济体制的指导意见》。《意见》提出，到2000年左右，绝大部分试点城市要初步建立起社会主义市场经济体制，具备条件的城市可走在前面。到2008年，在试点城市建立起比较完善的社会主义市场经济体制，个别试点城市可延至2010年。

3月10日

国家体改委印发《关于积极稳妥地推进国有企业股份制改革的指导意见》，要求积极稳妥地进行国有企业股份制改革，加快企业制度创新。

3月23日

首获中国证监会批准的开元证券投资基金和金泰证券投资基金，在证券交易所公开上网发行。这标志着中国证券投资基金正式启动，是发展证券市场的重大举措。

3月24日

朱镕基主持召开新一届国务院第一次全体会议。会议讨论通过《国务院机构设置和调整国务院议事协调机构方案》和修订后的《国务院工作条例》。朱镕基指出，今年特别要着重抓好以下几项工作：第一，坚决执行中央确定的方针，确保今年经济增长速度达到8%，物价涨幅低于3%，人民币汇率稳定；第二，抓住时机，加大经济体制改革力度，全面推进国有企业改革、金融体制改革和政府机构改革；第三，保障下岗职工的基本生活，切实抓好再就业工程；第四，把政府机构改革工作做细、做实、做好。

3月24日

中国人民银行发布《关于改革存款准备金制度的通知》。

4月7日

中国人民银行下发《关于加大住房信贷投入，支持住房建设与消费的通知》。《通知》指出，为促进城镇住房制度改革，把住宅业培育为新的经济增长点，中国人民银行决定进一步加大住房信贷投入，支持住房建设和消费。

4月14日

中共中央、国务院发出《关于进一步扩大对外开放，提高利用外资水平的意见》。

4月18日

中共中央办公厅、国务院办公厅发出《关于在农村普遍实行村务公开和民主管理制度的通知》。《通知》指出，为了贯彻落实党的十五大关于扩大基层民主，保证人民群众直接行使民主权利的精神，推进农村基层民主建设，密切党群干群关系，促进农村的改革、发展和稳定，中央认为，有必要在全国农村普遍实行村务公开和民主管理制度。

4月20—22日

江泽民在江苏省考察乡镇企业时指出，要从国民经济和社会发展全局的高度来认识乡镇企业的重要地位和作用；发展乡镇企业是一个重大战略，是一项长期的根本方针；要正确认识乡镇企业面临的形势，增强搞好乡镇企业的信心；要推进两个根本性转变，走改革开放、体制创新、依靠科技、加强管理的路子，促进乡镇企业持续快速健康发展。

4月24日

中国人民银行召开加强和改进对中小企业金融服务座谈会。

4月27—29日

国务院召开全国粮食流通体制改革工作会议，朱镕基在会上讲话。他强调在深化粮食流通体制改革的过程中，要切实把握好几个重点：一是政企必须分开；二是中央与地方的粮食责权必须明确划分；三是粮食储备和经营必须分开；四是消化粮食企业亏损在银行的挂账必须由中央和地方财政共同分担，限期归还；五是进一步完善粮食价格机制；六是进一步健全粮食市场体系。

4月28日

国务院派出的第一批国有重点大型企业稽察特派员及其助理培训班，在中南海举行开班仪式，94个国有重点大型企业的总会计师培训班同时开班。朱镕基出席开班仪式并发表讲话指出，党中央、国务院决定建立稽察特派员制度，在实行政企分开，放手让国有企业自主经营的同时，强化政府对企业的监督。稽察特派员由国务院派出，代表国家行使监督权力。

5月5日

澳门特别行政区筹备委员会在北京宣告成立。李鹏出席成立大会并向筹委会全体委员颁发任命书。

5月7日

国务院公布《国务院向国有重点大型企业派出稽察特派员的方案》。《方案》指出，国务院向国有重点大型企业派出稽察特派员，是国家对国有财务监管、对企业领导人员管理制度的重大改革。稽察特派员对国务院负责，代表国家行使监督权力。

5月10日

国务院下发《关于进一步深化粮食流通体制改革的决定》，发起了新一轮粮食流通体制改革。此次粮改的原则是"四分开一完善"，即政企分开、中央与地方责任分开、储备与经营分开、新老财务账目分开，完善粮食价格机制。并指出改革的重点是国有粮食企业，近期主要是落实按保护价敞开收购农民余粮、粮食收储企业实行顺价销售、粮食收购资金封闭运行3项政策。

5月11—13日

中共中央对台工作会议在北京举行。会议指出，要坚持"和平统一、一国两制"的基本方针和江泽民总书记提出的八项主张，按照党的基本路线，毫不动摇地坚持一个中国的原则，坚决反对任何将台湾分裂出去的图谋。要继续推动海峡两岸的经济合作有较大的发展，争取在两岸直接"三通"方面有新的进展，进一步加强两岸各个领域的交流和两岸人员往来。

5月12日

江泽民在中共中央举办的第7次法制讲座上发表重要讲话。江泽民说，防范和化解金融风险，规范和维护金融秩序，同样需要综合运用经济手段、法律手段、行政手段。并且强调，要认真研究亚洲金融危机的症结，引以为鉴，搞好金融监管和金融体制改革，特别是要加强金融法制建设。

5月14—16日

中共中央、国务院在北京召开国有企业下岗职工基本生活保障和再就业工作会议。江泽民在会上作重要讲话。他指出，要充分认识到，搞好国有企业的减员增效、下岗职工的基本生活保障和再就业工作，任务是非常艰巨的。这项工作不仅是重大的经济问题，也是重大的政治问题；不仅是现实的紧迫问题，也是长远的战略问题。

5月16日

国家经贸委印发《关于1998年国有企业改革和发展工作的意见》提出，用3年左右的时间，通过改革、改组、改造和加强管理，使大多数国有大中型亏损企业摆脱困境，力争到本世纪末使大多数国有大中型骨干企业初步建立起现代企业制度。

5月19日

国务院办公厅转发国家发展计划委员会制定的《关于完善粮食价格形成机制的意见》。《意见》在完善粮食价格形成机制的基本原则和主要内容、粮食收购保护价和作为调控目标的销售限价的确定、粮食定购价格的确定、粮食价格调节体系的运作规则等方面，作出具体规定。

5月26日

中国人民银行公布《关于改进金融服务、支持国民经济发展的指导意见》，在深化金融改革，整顿金融秩序，防范金融风险，进一步改进金融服务，调整信贷投向等方面，提出10条指导意见。

6月5日

国务院下发《关于在国有中小企业和集体企业改制过程中加强金融债权管理的通知》，要求各地区、各部门切实加强对企业改制的指导和监督，改制企业要依法落实金融债务，金融机构要积极参与企业改制工作，依法维护金融债权安全。

6月9日

中共中央、国务院发出《关于切实做好国有企业下岗职工基本生活保障和再就业工作的通知》。

6月15—17日

全国城镇住房制度改革与住宅建设工作会议在北京召开。会议提出，改革城镇住房分配体制。从今年下半年起，全国城镇停止住房实物分配，实行住房分配货币化。

6月19日

朱镕基主持召开国务院第二次全体会议。会议总结前阶段各部门"三定"（定职能，定机构，定编制）方案的制定工作，对下一步实施"三定"方案的工作作出部署。朱镕基在会上指出，要通过人员定岗和分流，全面落实机构改革方案，建立办事高效、运转协调、行为规范的行政管理体系，完善国家公务员制度，建设高素质的专业化行政管理干部队伍，逐步建立适应社会主义市场经济体制的有中国特色的行政管理体制。

6月20日

中国人民银行印发《关于进一步改善中小企业金融服务的意见》，为进一步提高对中小企业金融服务的水平，提出以下政策措施：完善对中小企业的金融服务体系；增加信贷投入，积极支持中小企业的合理资金需要；调整信贷投向，突出支持重点；切实解决中小企业抵押担保难的问题。

6月20日

经中共中央批准，中共中央金融工作委员会正式成立。金融机构系统党委同时成立。中央金融工委是党中央的派出机关。成立这一机关，是为了保证金融机构建立垂直领导的体制，保证金融安全、高效、稳健运行。

6月21日

中国人民银行发出公告，关闭海南发展银行，停止其一切业务活动。海南发展银行成为新中国首例因支付危机而被关闭的银行。

7月3日

国务院颁布《关于进一步深化城镇住房制度改革加快住房建设的通知》。

7月3日

国务院办公厅转发教育部等4部委制定的《关于调整撤并部门所属学校管理体制的实施意见》，对原机械工业部等9个部门所属的93所普通高等学校、72所成人高等学校以及中等专业学校和技工学校的管理体制进行调整，提出实施意见。

7月3日

国务院下发《关于改革国有重点煤矿管理体制有关问题的通知》指出，从1998年7月起，将原煤炭工业部直属和直接管理的94户国有重点煤矿，以及原随煤矿一起上收、为煤矿服务的地质勘探、煤矿设施、基建施工、机械制造、科研教育等企事业单位，下放地方管理。

7月9日

经中共中央批准，中共中央大型企业工作委员会成立，并召开在京大型企业领导人参加的工委工作会议。中央大型企业工委是党中央的派出机关，其职责是：负责管理国务院监管的大型国有企业和国家控股企业中党的领导职务，以促进党的路线方针政策和党中央、国务院有关精神在大型国有企业的贯彻落实；根据社会主义市场经济体制和建立现代企业制度的要求，研究探索改革和加强大型国有企业党的领导班子建设；完成中央交办的其他有关工作。

7月10日

农业部发出《关于当前深化乡镇企业改革有关问题的通知》。

7月10日

中国（海南）改革发展研究院提出《尽快实现农村土地使用权长期化的建议》。该建议引起有关领导人的重视，时任国务院副总理的温家宝同志作了批示。党的十五届三中全会作出的《中共中央关于农业和农村工作若干重大问题的决定》直接采纳了《建议》中"赋予农民长期而有保障的土地使用权"这一提法。

7月13日

为了取缔非法金融机构和非法金融业务活动，维护金融秩序，保护社会公众利益，国务院公布《非法金融机构和非法金融业务活动取缔办法》，自公布之日起施行。

7月13—15日

党中央、国务院在北京召开全国打击走私工作会议。朱镕基在会上指出，为适应反走私斗争新形势的需要，党中央、国务院决定对现行缉私体制进行重大改革。一是组建国家缉私警察队伍，专司打击走私犯罪活动的职能。二是以海关为主，公安、工商等执法部门联合缉私，对查获的走私案件由海关统一处理。三是改革现行缉私罚没收支管理办法，坚持收支两条线制度。

中国最大的中美合资企业上海通用汽车有限公司，组装生产的"别克"牌轿车1998年11月2日在北京开幕的"改革开放二十年以来利用外资成果展"上展出。

7月14日

建设部、国家发展计划委员会、国土资源部公布《关于大力发展经济适用住房的若干意见》，《意见》指出了发展经济适用住房的目的和原则，在经济适用住房的计划、建设、价格、物业管理等方面提出了具体的实施意见。

7月14日

中央统战部、全国工商联召开非公有制经济人士参与再就业工作会议。

7月21日

中共中央办公厅、国务院办公厅下发《关于切实做好当前减轻农民负担工作的通知》。

7月21—22日

人民解放军四总部在北京联合召开会议，贯彻落实全国打击走私工作会议精神，对全军落实中央打击走私的重大决策作出部署。江泽民在会上宣布，为了集中精力搞好军队的全面建设，中央决定，军队和武警部队对所属单位办的各种经营性公司要认真进行清理，今后一律不再从事经商活动。中央同时决定，地方各政法部门对所属单位办的各种经营性公司也要认真进行清理，今后也一律不再从事经商活动。

7月23日

中共中央组织部、人事部印发《关于党政机关推行竞争上岗的意见》，对本意见的适用范围、竞争上岗人员的基本条件和资格、实施竞争上岗的程序和方法、组织实施等事项作出具体规定。

7月24日

在全国养老保险和再就业服务中心建设会议上，吴邦国说，要尽快实行养老保险省级统筹。实行省级统筹可分两步进行，第一步先建立省级调剂基金，省级调剂基金提取比例和调剂力度，从各地实际情况出发，以保障养老金按时足额发放，不出现新的拖欠为原则。第二步完善省级统筹，达到全省统一缴费比例、统一基金管理、统一经办机构。要进一步扩大养老保险覆盖面，提高收缴率，同时，改差额拨付为全额拨付，尽快实现社会化发放。

8月3日

劳动和社会保障部等6部门下发《关于加强国有企业下岗职工管理和再就业服务中心建设有关问题的通知》，对国有企业职工下岗程序、下岗职工的管理、企业再就业服务中心的建立和运作、再就业服务中心的费用、调整失业保险基金缴费比例等方面的问题，作出具体规定。

8月6日

国务院下发的《关于实行企业职工基本养老保险省级统筹和行业统筹移交地方管理有关问题的通知》。《通知》提出，1998年底以前，各省、自治区、直辖市（以下简称省、区、市）要实行企业职工基本养老保险省级统筹，建立基本养老保险基金省级调剂机制，调剂金的比例以保证省、区、市范围内企业离退休人员基本养老金的按时足额发放为原则。

9月1日

国家外汇管理局公布《境内居民个人外汇管理暂行办法》，对境内居民个人外汇的性质、外汇收入管理、外汇支出管理、外汇账户管理以及监督管理等事项作出规定。

9月14日

国家经贸委公布《关于国有企业利用外商投资进行资产重组的暂行规定》，《规定》指出，国有企业利用外商投资进行资产重组，必须遵循以下原则：严格遵守《指导外商投资方向暂行规定》及《外商投资产业指导目录》等法律法规；妥善安置下岗职工，不得损害职工的合法权益；切实维护国有资产权益，防止国有资产流失；保护债权人利益，不得以任何方式逃避银行债务。

9月21—26日

江泽民在安徽考察农业和农村工作。25日，江泽民在合肥市召开的安徽省党政领导干部会议上发表重要讲话，深刻总结了农村改革20年的经验：第一，必须把调动农民的积极性作为制定农村政策的首要出发点；第二，必须尊重农民的首创精神；第三，必须大胆探索农村公有制的有效实现形式；第四，必须坚持农村改革的市场取向。江泽民指出，深化农村改革，首先必须长期稳定以家庭承包经营为基础的双层经营体制。这是党的农村政策的基石，任何时候都不能动摇。

9月22日

监察部、建设部、财政部下发《关于制止和纠正城镇住房制度改革中违纪违法行为的通知》，要求坚决制止和纠正一些党政机关的少数干部，违反规定突击分房、低价出售公有住房以及利用职权多占住房、低价购房、超标购房、公房私租、以房谋私等违纪违法行为，并提出具体措施。

10月1日

为深化外贸体制改革，保持和引导非公有制经济健康发展，积极推动私营生产企业或科研院所参与国际竞争，外经贸部公布《关于赋予私营生产企业和科研院所自营进出口权的暂行规定》。

10月4日

国务院办公厅批转国家计委《关于改造农村电网，改革农电管理体制，实行城乡同网同价的请示》，《请示》指出，尽快理顺县级供电企业与省级电力公司的关系，坚决取消各种违反规定加收的基金、附加等费用，在改造农村电网、改革农村供电管理体制的基础上，力争用3年的时间，统一城乡用电价格，实现同网同价。

10月6—7日

中共中央、国务院、中央军委在北京召开军队武警部队政法机关不再从事经商活动工作会议。

10月12—14日

中共十五届三中全会在北京举行。会议审议通过了《中共中央关于农业和农村工作若干重大问题的决定》。

10月17日

国务院批转《中国人民银行省级机构改革方案》，决定撤销人民银行省级分行，设立跨省、自治区、直辖市分行。

11月2日

教育部公布《关于加强大中城市薄弱学校建设办好义务教育阶段每一所学校的若干意见》。

11月4日

九届全国人大常委会第五次会议通过新修订的《中华人民共和国村民委员会组织法》。新修订的村民委员会组织法，有几个显著特点：一是坚持以宪法为依据，充分体现了党的十五大和十五届三中全会精神；二是认真总结吸收了自1988年6月这部法律试行以来，10年实践的成功经验和做法；三是坚持走群众路线，把法律修订草案公布于众，全民讨论，充分发扬民主，听取了全国各族人民的意见；四是对村民自治有关的重要问题作了更加明确的规定，内容更加充实、完善。

11月7日

国务院发出《关于印发当前推进粮食流通体制改革意见的通知》。

11月8日

中共中央办公厅、国务院办公厅发出《关于中央党政机关与所办经济实体和管理的直属企业脱钩有关问题的通知》，要求中央党政机关必须在1998年底以前与所办经济实体和管理的直属企业完全脱钩，不再直接管理企业。

11月13—15日
全国粮食流通体制改革工作座谈会在北京召开。朱镕基在会上作重要讲话。

11月14日
国务院下发《关于成立中国保险监督管理委员会的通知》，《通知》指出，中国保险监督管理委员会，是全国商业保险的主管部门，为国务院直属事业单位，根据国务院授权履行行政管理职能，依照法律、法规统一监督管理保险市场。

11月18日
在亚太经合组织第六次领导人非正式会议上，江泽民指出，经济全球化趋势使各国经济的相互依存、相互影响日益加深。国际社会的所有成员应本着责任与风险共担的精神，共同维护世界经济的稳定发展。

11月18日
中国保险监督管理委员会成立大会在京举行。

11月21日
中共中央、国务院印发的《关于实行党风廉政建设责任制的规定》。《规定》指出，实行党风廉政建设责任制，要坚持党委统一领导，党政齐抓共管，纪委组织协调，部门各负其责，依靠群众的支持和参与。要把党风廉政建设作为党的建设和政权建设的重要内容，纳入党政领导班子、领导干部目标管理，与经济建设、精神文明建设和其他业务工作紧密结合，一起部署，一起落实，一起检查，一起考核。

11月22—26日
温家宝在河南省农村考察时指出，当前，要认真落实延长土地承包期、减轻农民负担和按保护价敞开收购农民余粮的政策，保护农民的经济利益；建立健全村民委员会民主选举、村民议事和村务公开三项制度，保障农民的民主权利；切实加强社会主义精神文明建设、民主法制建设、基层党组织和干部队伍建设，搞好农村社会治安综合治理，形成良好的社会风尚，创造良好的治安环境。

11月24日
国务院批转国家工商行政管理局《工商行政体制改革方案》。《方案》提出，改革现行工商行政管理体制，实行省以下工商行政管理机关垂直管理。改革的基本内容包括机构管理、编制管理、干部管理和经费管理4方面。

11月25日
为了进一步推进证券市场的规范化建设，维护证券市场公开、公平、公正的原则，中国证监会公布《关于停止发行公司职工股的通知》。

11月26—27日
全国城镇职工医疗保险制度工作召开，会议决定，自1999年起，在全国范围内进行城镇职工医疗保险制度改革，于当年年底完成。

11月28日
国务院发出《关于深化棉花流通体制改革的决定》。从1999年9月1日新的棉花年度起，棉花的收购价格、销售价格主要由市场形成，国家不再作统一规定。国家主要通过储备调节和进出口调节等经济手段调控棉花市场，防止棉花价格的大起大落。

12月2日
国务院办公厅转发中国人民银行《关于进一步做好农村信用社改革整顿规范管理工作的意见》，要求对农村信用社进行清产核资，按合作制进行规范改造，中国人民银行加强监管，防范化解风险，组建农村信用社县以上行业自律组织，行使对农村信用社管理、指导、协调、服务的功能。

12月7—9日
中共中央、国务院召开中央经济工作会议。会议指出，继续推进改革开放，把扩大国内需求作为促进经济增长的主要措施，稳定和加强农业，深化国有企业改革，调整经济结构，努力开拓城乡市场，千方百计扩大出口，防范和化解金融风险，整顿经济秩序，保持国民经济持续快速健康发展和社会全面进步。

12月11—13日
全国计划工作会议在北京召开，温家宝与出席会议的代表座谈时指出，用好新增建设资金，提高投资效益，确保工程质量成为全国加快基础设施建设、扩大内需工作的重中之重。

12月14日
国务院颁布《关于建立城镇职工基本医疗保险制度的决定》。

12月18日
中共中央在人民大会堂举行党的十一届三中全会20周年纪念大会。江泽民在会上发表了重要讲话，强调指出：十一届三中全会是建国以来我党历史上具有深远意义的伟大转折。它是一个光辉的标志，表明中国从此进入了社会主义事业发展的新时期。江泽民把20年来的主要历史经验，概括为11个方面。其中在第四个方面必须坚定不移地推进改革开放中指出，十一届三中全会以来的历史雄辩地证明，实行改革开放是社会主义中国的强国之路，是决定当代中国命运的历史性决策。完全可以这样说，改革开放，是新时期中国最鲜明的特征。没有改革开放，就没有建设有中国特色社会主义。

12月24日
国务院办公厅转发国家经贸委《关于深化电力体制改革问题意见》。

12月27日
国务院发布《基本农田保护条例》。

12月28—30日
中央农村工作会议在北京召开。会议提出：1998年要着力抓好增加农民收入和保持农村稳定的这两件关系全局的大事，完成次年农业和农村工作的目标任务要抓好6方面的工作。

12月29日
《中华人民共和国证券法》公布，自1999年7月1日起施行。

12月31日
经党中央、国务院批准，由中央党政机关与所办经济实体和管理的直属企业脱钩工作小组研究制订的《中央党政机关与所办经济实体和管理的直属企业脱钩的总体处理意见和具体实施方案》开始实施。至此，党中央、国务院关于中央党政机关与所办经济实体和管理的直属企业必须在1998年底前脱钩的重大举措顺利实现。

数说发展

人口

总人口 **124810**
城镇 **37942**
乡村 **86868**

出生率：**16.03‰**
死亡率：**6.50‰**
自然增长率：**9.53‰**
老年人口：**8375** 万人
家庭户平均户规模：**3.63** 人

GDP（国内生产总值）

第一产业 **14299** 亿元
第二产业 **39150** 亿元
第三产业 **26104** 亿元

GDP（国内生产总值） **79553** 亿元
比上年增长 **7.8%**

社会劳动生产率：**11401** 元

财政收支 （单位：亿元）

支出 **10798.18**
收入 **9875.95**
收支差额 **−922.23**

黄金和外汇储备

黄金 **1267** 万盎司
外汇 **1449.6** 亿美元

农林牧渔业

产量 （单位：万吨）

粮食	4900	
棉花	440	
油料	2292	↑ 比上年增长 6.3%
糖料	9765	↑ 比上年增长 4.0%
猪牛羊肉	4355	↑ 比上年增长 6.5%
水产品	3854	↑ 比上年增长 7.0%

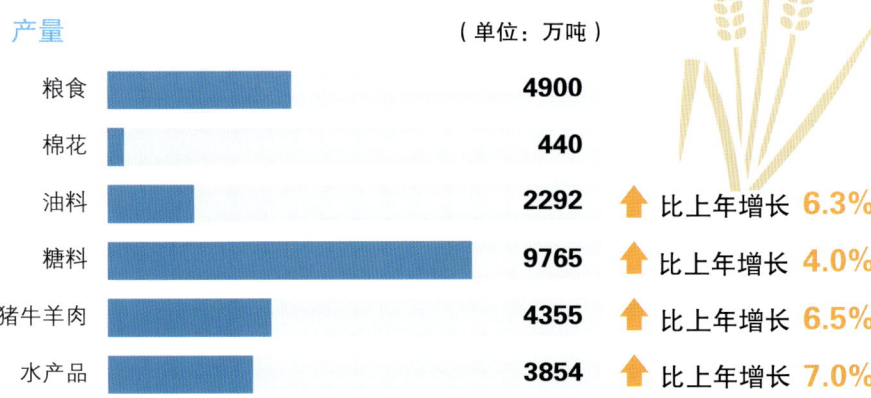

农田水利

修复水毁工程：**45** 万处
加高加固堤防：**3** 万公里
疏浚河道：**4.7** 万公里
新增综合治理水土流失面积：**5** 万平方公里
全国新增有效灌溉面积：**110** 万公顷
新增节水灌溉面积：**180** 万公顷

工业

工业增加值：**33541** 亿元
规模以上工业 **20046** 亿元
- 重工业：**11062** 亿元
- 轻工业：**8984** 亿元

建筑业增加值：**5609** 亿元

国内商业

社会商品零售总额：**29153** 亿元

分城乡看：
城市消费品零售额：**11062** 亿元
县及县以下消费品零售额：**8984** 亿元

生产资料销售总额 **11798** 亿元
集贸市场商品成交额 **19836** 亿元

全社会固定资产投资

（单位：亿元）

全社会固定资产投资：**28457** 亿元　　增长 **14.1%**

按经济类型划分
- 国有经济投资 15662
- 集体经济投资 3717
- 城乡居民个人投资 3638
- 其他经济投资 5440

按投资管理渠道划分
- 房地产开发投资 3580
- 更新改造投资 4467
- 基本建设投资 11904

新增加的生产能力

 原煤开采 351 万吨/年

 大中型发电机组容量 1690 万千瓦

 变电设备 4726 万千伏安 其中城乡电网改造 779 万千伏安

原油开采 1378 万吨/年

天然气开采 24 亿立方米/年

交通运输和邮电通信业

交通运输和邮电通信业增加值：**5029** 亿元

新建线路交付营业里程

 铁路主线正线 900 公里

 铁路第二线 596 公里

 电气化铁路主线正线 995 公里

 高速公路 1487 公里

 新（扩）建万吨级港口码头 年吞吐量 1400 万吨

旅客周转量 10612 亿人公里
- 水运：
- 公路 5950 亿人公里
- 铁路 3724 亿人公里
- 民航 138 亿人公里
- 800 亿人公里

货物周转 37706 亿吨公里
- 水运 19363 亿吨公里
- 公路 12292 亿吨公里
- 铁路 5438 亿吨公里
- 民航 33.5 亿吨公里

 沿海主要港口货物吞吐量 9.1 亿吨

 外贸货物吞吐量 3.4 亿吨

邮电业务总量：2413 亿元

- 全国电话普及率：**10.6** 部/百人
- 其中：
- 城市电话普及率 **27.7** 部/百人
- 农村 **67%** 的行政村通了电话
- 长途光缆线路总长度 **17.3** 万公里
- 新增局用交换机 **2221** 万门
- 总容量 **1.3** 亿门

中国电信数据通信总用户：**153.5** 万户
其中：
- 计算机互联（CHINANET）用户：**68** 万户
- 中国公众多媒体用户：**52.5** 万户
- 长途光缆 **3** 万公里
- 新建数字微波线路 **1** 万公里

旅游

海外游客入境人数：**6348** 万人次

其中：
- 港、澳、台胞 **5625** 万人次
- 外国游客 **711** 万人次

旅游外汇收入：**126** 亿美元

科学技术

科技队伍

 国有企事业单位共有各类专业技术人员 **2918** 万人

 县级以上国有独立研究开发机构、高等院校办科研机构、大中型工业企业办科研机构 **19918** 个

 从事科技活动人员 **286** 万人

科技经费投入

科技活动经费支出总额 **1177** 亿元

其中：研究与发展经费支出 **526** 亿元

技术市场

共签订技术合同 **28** 万份

成交金额 **430** 亿元

科技成果

取得省部级以上重大科技成果 **2.8** 万项

其中：基础理论成果 **2500** 项

应用技术成果 **2.4** 万项

软科学成果 **1500** 项

达到国际先进水平的科技成果 **4700** 项

获国家奖励的成果 **543** 项

6 次成功发射卫星

受理国内外专利申请 **121989** 件

授权专利 **67889** 件

教育

学校

- 普通高校 1022 所
- 研究生培养单位 736 个
- 成人高校 962 所
- 高级中等职业学校 13948 所
- 普通高中 17106 所

在校学生数

成人技术培训学校培训学员 **8682** 万人次

研究生：**19.9** 万人

普通高校：**341** 万人

成人高校：**282** 万人

普通高中：**938** 万人

初中：**5450** 万人

小学：**13954** 万人

成人中专：**251** 万人

高级中等职业学校：**1126** 万人（含技工学校学生 **173** 万人）

共扫除文盲 **321** 万人

招生人数

研究生：**7.3** 万人

普通高校：**108** 万人

成人高校：**100** 万人

文化

电影故事片 **82** 部

向国内销售影片（含复映片）**221** 部

向国外销售 **143** 部

有 **10** 部影片在各类国际电影节上获 **12** 项奖

艺术表演团体 **2635** 个

电影放映单位 **6.9** 万个

文化馆 **2915** 个

公共图书馆 **2721** 个

博物馆 **1289** 个

档案馆 **3706** 个

已开放各类档案 **3305** 万卷（件）

体育

获得世界冠军：**83** 个

30 人 **3** 队 **68** 次创 **31** 项世界纪录

中、短波广播发射台和转播台 **743** 座

广播人口覆盖率 **88.2%**

一千瓦以上电视发射台和转播台 **1283** 座

电视人口覆盖率 **89.0%**

出版

全国性和省级报纸：**195** 亿份

杂志：**25** 亿册

图书：**73** 亿册（张）

对外经济

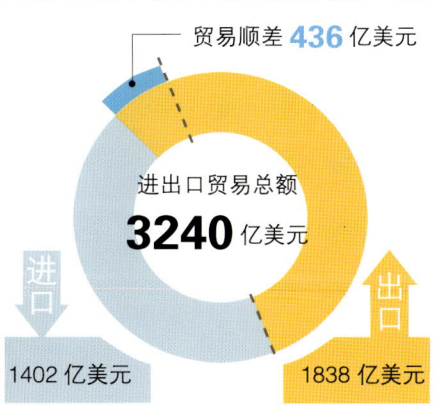

贸易顺差 **436** 亿美元

进出口贸易总额 **3240** 亿美元

进口 1402 亿美元　　出口 1838 亿美元

利用外资
实际利用外资额 **589** 亿美元
其中：
实际外商直接投资额 **456** 亿美元
对外借款 **110** 亿美元

对外经济合作
签约 **118** 亿美元
完成营业额 **101** 亿美元
在外劳务人数 **32.5** 万人

保险事业

保费收 **124** 亿元
（含外资机构）
财产险保费收入 **500** 亿元
寿险保费收入 **683** 亿元
健康险和意外伤害险保费收入 **65** 亿元

支付各类赔款 **556** 亿元

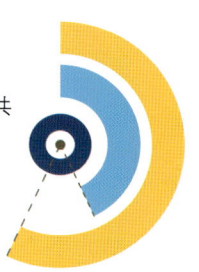

财产险和短期人身险共支付赔款 **318** 亿元
寿险给付 **238** 亿元

人民生活

城镇居民人均可支配收入 **5425** 元
实际增长 **5.8%**
农村居民人均纯收入 **2160** 元
实际增长 **4.3%**

居民恩格尔指数

城镇 **44.5%**　　农村 **53.4%**

城乡居民储蓄存款余额 **53407** 亿元

全国从业人员 **69957** 万人

城镇 **20678** 万人
私营个体 **3232** 万人

新建住宅面积
（单位：亿平方米）

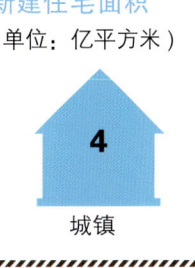

城镇 **4**　　农村 **8.1**

社会福利事业

 各类社会福利院床位 **106** 万张，收养 **80** 万人。

 城镇建立起各种社区服务设施 **16** 万个，其中：社区服务中心 **6629** 个。

 全国 **600** 个城市、**1242** 个县已建立最低生活保障制度，共有 **332** 万人得到最低生活保障救济。

 城乡各种社会救济对象得到国家救济的达 **7208** 万人次。

 国家抚恤、补助各类优抚对象 **453** 万人，妥善安置了退伍军人的生活和就业。

 筹集社会福利资金 **15.4** 亿元 接收社会捐赠 **122** 亿元

 全年销售社会福利彩票 **51.4** 亿元

卫 生

卫生机构（含诊所） **31** 万个
床位 **314** 万张
其中：
医院、卫生院 **291** 万张

农村乡（镇）卫生院 **5** 万个
床位 **74** 万张
卫生技术人员 **100** 万人
乡村医生和卫生员 **133** 万人

卫生技术人员 **442** 万人，其中医院、卫生院医生 **141** 万人，护师、护士 **107** 万人。

卫生防疫、防治机构 **5907** 个，卫生技术人员 **22** 万人。

妇幼卫生机构 **2724** 个，卫生技术人员 **7.3** 万人。

1999

1978—2018
中国改革开放全纪录

- "非公经济"入宪
- "审计风暴"
- 《中共中央关于国有企业改革和发展若干重大问题的决定》出台
- 国有大中型企业"债转股"
- 中美签署《关于中国加入世界贸易组织的双边协议》
- 澳门回归祖国

焦点事件

"非公经济"入宪

1999年3月5日至15日,第九届全国人民代表大会第二次会议在北京举行。会议通过了《中华人民共和国宪法(修正案)》。根据这一修正案,邓小平理论的指导思想地位、依法治国的基本方略、国家现阶段的基本经济制度和分配制度以及非公有制经济的重要作用等被写进中华人民共和国宪法。

《中华人民共和国宪法(修正案)》第五条规定:"在法律规定范围内的个体经济、私营经济等非公有制经济,是社会主义市场经济的重要组成部分。""国家保护个体经济、私营经济的合法的权利和利益。国家对个体经济、私营经济实行引导、监督和管理"。第六条增加"国家在社会主义初级阶段,坚持公有制为主体,多种所有制经济共同发展的基本经济制度,坚持按劳分配为主体,多种分配形式并存的分配制度"的内容。这样,中国大陆存在的个体、私营经济等非公有制经济的地位和作用,就用根本大法的形式确立下来,实现了为非公有制经济正名。

此前,中国对非公有制经济的认识及相关政策的制定经历了一个从探索到完善的过程:五届全国人大五次会议于1982年通过了经过全面修改的宪法,确认了个体经济的合法地位,是社会主义公有制经济的补充;七届全国人大一次会议于1988年通过宪法修正案,增加了国家允许私营经济在法律规定的范围内存在和发展的内容;八届全国人大一次会议在党的十四大决定实行"社会主义市场经济"后,于1993年通过宪法修正案,明确了非公有制经济的地位和作用。党的十五大于1997年将非公有制经济纳入到社会主义初级阶段的基本经济制度框架内,非公有制经济在国民经济中的地位得到了前所未有的重视和肯定。

1999年通过的《中华人民共和国宪法(修正案)》,是继1982年和1988年的宪法修正案对个体、私营经济的宪法地位分别予以确认之后,根据现阶段中国非公有制经济发

截至1999年,中国实有个体工商户3169万户,图为北京的个体户张广义老人在聚精会神地修理钢笔。

广东鹤山市桃源镇个体私营企业活跃,1999年加工出口晴雨伞达2000多万把。

观点

田纪云: 必须了解,个体、私营等非公有制经济在发展社会主义市场经济中具有自己的特点和优势:第一、企业是个人的,产权明晰,只能也必须自负盈亏,自担风险。第二、个体、私营企业可以从劳动力与最简单的生产资料相结合开始,进行原始积累,容易把广大劳动者的积极性调动起来,发挥中国人力资源雄厚的优势,充分和合理利用各种资源,加快社会经济发展。第三、个体、私营企业组织简单,开办容易,经营机制灵活,具有很强的市场适应能力和资本增值能力。第四、个体、私营企业遍布全国城乡、各地区、各产业,能够适应中国经济发展不平衡这样一种国情,有利于资源的合理配置。第五、能够为各类消费层次的人们提供多种多样的商品和服务,拾遗补缺,繁荣城乡市场。第六、发展个体、私营经济,不需要国家投资,国家也不承担风险,企业破产、职工被解雇不会找市长、书记,找政府。国家要做的,就是依法管理和引导。第七、个体、私营经济发展了,能够推动经济增长,增加财政收入,扩大就业,促进社会稳定。第八、许多个体工商户和私营业主富了不忘家乡,积极赞助社会公益事业,支援城乡建设。总之,个体、私营经济是适应中国的生产力水平、适应发展社会主义市场经济需要的重要经济成分,具有旺盛的生命力和广阔的发展天地。

资料来源:《正确认识和对待个体私营经济的地位和作用》,《瞭望》新闻周刊,1999年第13期。

李书福白手起家，创办吉利集团。1999年底，吉利集团员工发展到近万人，总资产20多亿元，年销售收入30多亿元。吉利集团是中国第一家生产轿车的民营企业。

展的新情况，再次以国家大法的形式对个体私营经济等非公有制经济的地位和作用予以重新确认。在国家的根本大法中，为非公有制经济正名，是对中国改革开放和发展成果的肯定，提升了现阶段非公有制经济的宪法地位，为其发展提供了一个长期稳定的制度环境、政策框架和法律保障。

"审计风暴"

1999年6月26日，国家审计署审计长李金华向九届全国人大常委会作《关于1998年中央预算执行和其他财政审计情况》的报告。这份年度审计报告将李金华推至聚光灯下，也使成立于1983年的国家审计署第一次为大众所熟知。报告称，审计署通过对国务院53个部门和直属单位的审计，发现43个部门挤占挪用财政资金31.24亿元，平均每个部门7200多万元。

这份"触目惊心"的报告作完后，掌声四起。该报告被称为"多年来最好的一个审计报告"。人们用"审计风暴"来形容报告所带来的冲击波。而处在这场"风暴"中心的李金华深知，这份报告凝聚了全国8万审计干部付出的艰辛努力。

这是李金华就任国家审计署审计长后掀起的第一场审计风暴。李金华认为，国家审计既是一个国家民主与法制进程的标志，又是推动民主法制建设的工具，而不仅仅是对财政财务的监督。公开透明是审计的一个重要原则。

 **语录** "你把所有人都得罪了，也就谁都不得罪了。这就是辩证法。"
——李金华

背景：2003年6月25日，国家审计署审计长李金华提交了一份长达22页的审计报告，报告中财政部、教育部、民政部、水利部等一大批中央部委被公开曝光，一场严查乱管理、乱投资、违规挪用资金的"审计风暴"席卷全国。"审计风暴""审计清单"曾成为人们茶余饭后的热门话题。有不少人为之担忧：如此"铁石心肠"，不留情面，不留后路地"得罪人"，审计岂不将成"孤家寡人"。针对这一反应，"铁面"审计长李金华如此解释他的官场哲学。

人物：李金华

1998年，全国的反腐形势日益严峻。3月，李金华被任命为国家审计署审计长。上任伊始，他就开始推动审计报告对外公开。之前，每年的审计报告虽然也对外公开，但那只是两页纸的新闻稿。而李金华上任后第二年就开始改革审计报告的形式。如今的审计报告则是厚厚一本。自2003年始，每年度国家审计署提供的审计报告都按照审计法被要求全面公开。从两页纸的新闻稿，到公告制度被巩固下来，李金华是背后的重要推动者。

自1999年那场"审计风暴"之后，审计署开始了每年一次的"审计风暴"。李金华后来回忆说，1999年的这份审计报告，出炉最困难也最艰巨，因为披露了很多权力部门的问题。李金华认为，审计工作的目的决不仅仅是为了掀起一场风暴，而更希望能够实实在在地推动国家各项制度的逐步完善。

进入21世纪以来，中国民主法制建设进入了新的发展时期。党中央、国务院多次在不同场合对依法治国、依法行政、建设法制社会加以强调。2004年，李金华和他领导的审计署又掀起了一场"审计风暴"。是年6月23日，李金华向全国人大常委会呈送了一份沉甸甸的审计"清单"，7个中央部委被曝光，几十亿元资金黑洞让人触目惊心。报告中的18项内容，每一项都足够震撼。2004年的"审计风暴"持续时间之长，参与人数之多，舆论影响之大，堪称史无前例。

也正是在这一年，李金华获得CCTV中国经济年度人物大奖。颁奖词上写着："他是国家财富的守护者，领导着突出体现执政能力的政府部门。一个大声说出实话、勇于面对问题的国家公务员，一个正直的人。他用自己的行动，精彩诠释了什么是'执政为民'。"

资料来源：《1999李金华掀动审计风暴》，《南方人物周刊》，2006年12期。

1999年以来，中国审计报告公开化程度不断提高，一批大案要案随着审计结果的公开浮出水面，并得到查处。

《中共中央关于国有企业改革和发展若干重大问题的决定》出台

1999年9月19日至22日，中国共产党第十五届中央委员会第四次全体会议在北京举行。全会审议通过了《中共中央关于国有企业改革和发展若干重大问题的决定》。

《决定》指出："国有企业是中国国民经济的支柱。发展社会主义社会的生产力，实现国家的工业化和现代化，始终要依靠和发挥国有企业的重要作用。在经济全球化和科技进步不断加快的形势下，国有企业面临着日趋激烈的市场竞争。发展是硬道理。必须敏锐地把握国内外经济发展趋势，切实转变经济增长方式，拓展发展空间，尽快形成国有企业的新优势。""国有企业改革是整个经济体制改革的中心环节。建立和完善社会主义市场经济体制，实现公有制与市场经济的有效结合，最重要的是使国有企业形成适应市场经济要求的管理体制和经营机制。必须继续解放思想，实事求是，以有利于发展社会主义社会的生产力、有利于增强社会主义国家的综合国力、有利于提高人民的生活水平为根本标准，大胆利用一切反映现代社会化生产规律的经营方式和组织形式，努力探索能够极大促进生产力发展的公有制多种实现形式，在深化国有企业的改革上迈出新步伐。""搞好国有企业的改革和发展，是实现国家长治久安和保持社会稳定的重要基础。必须正确处理改革、发展、稳定的关系，改革的力度、发展的速度要同国力和社会承受能力相适应，努力开创改革、发展、稳定相互促进的新局面。"

《决定》还提出了国有企业改革和发展的目标："到2010年，国有企业改革和发展的目标是：适应经济体制与经济增长方式两个根本性转变和扩大对外开放的要求，基本完成战略性调整和改组，形成比较合理的国有经济布局和结构，建立比较完善的现代企业制度，经济效益明显提高，科技开发能力、市场竞争能力和抗御风险能力明显增强，使国有经济在国民经济中更好地发挥主导作用。"

《决定》对推进国企改革产生了积极的促进作用。出台当年，石油、石化两大集团在解决政企不分问题的基础上，实现了上下游、产供销一体化；宝钢和上钢实现了联合重组；5大军工行政性公司改建成了10大企业集团；有色金属行业组建了铝业集团、稀土集团和铜业集团；电信行业4大集团公司也正在组建中。在组建企业集团的同时，石油、联通、上海宝钢等一些大的集团公司正在积极准备重组上市。通过行业改组和组

语录 "国企改革是一个非闯不可、也绕不过去的关口。"

——江泽民

背景：自党的十五届一中全会提出"用三年左右时间，通过改革、改组、改造和加强管理，使大多数国有大中型亏损企业摆脱困境"的奋斗目标以来，中央采取了一系列促进经济增长、推动国有企业改革与发展的政策措施，如加大企业兼并破产力度、债转股、技改贴息等，取得了明显的成效。1999年4月22日，江泽民在成都对国有企业改革与发展进行调研时指出，国企改革是一个非闯不可、也绕不过去的关口。打好这一场攻坚战，不仅关系到国企改革的成效，也关系到整个经济体制改革的成效。

广州乙烯是国内仅有的几套小型乙烯之一，设计规模只有11.5万吨/年，由于规模小债务重而被迫停产了将近两年时间。在国务院的直接指导下，1999年年底，中国石化的下属企业广州石化兼并了广州乙烯。

1998年11月17日，经国务院批准，中国最具现代化特征的特大型钢铁联合企业上海宝钢集团公司正式成立。

国有大中型企业"债转股"

1999年，是中国国有企业改革力度较大的一年。当年11月，党的十五届四中全会后，围绕国企改革和脱困两大目标，政府及时出台了债转股、扩大直接融资、运用财政贴息支持企业技术改造等方面的措施。其中，实施债权转股权是国务院决定的搞活国有大中型企业、实现三年国企脱困的重大举措。

为了减轻国有企业债务负担，国家推出了"债转股"改革措施。实行"债转股"是一项政策性很强的工作，是要把原来银行与企业间的债权债务关系，转变为金融资产管理公司与企业间的持股与被持股关系或控股与被控股关系，由原来的还本付息转变为按股分红。

1999年，经国务院批准，先后成立了信达、华融、长城、东方四家金融资产管理公司，作为投资主体，均是具有独立法人资格的国有独资金融企业，主要任务是对口处置大型国企的不良资产，推动有关重点国有企业走出困境。从下半年开始，"债转股"工作全面启动，601户企业列入计划，债务额达4596亿元。这些企业大都是国家重点企业和企业集团，不少是行业的排头兵。

中国华融资产管理公司经国务院批准，于1999年10月19日在北京成立。该公司是具有独立法人资格的国有独资金融企业，在全国设有30家办事处，拥有6家平台公司，服务网络遍及30个省、市、自治区。公司以收购、管理和处置金融机构的不良资产为主要任务。

建大企业集团，提高了规模效益，完善了管理体制，避免了重复建设，加快了技术改造步伐。与此同时，进一步加大企业兼并破产力度，促进优胜劣汰。

另外，围绕纺织、煤炭、冶金、有色金属等重点行业和重点企业的脱困，兼并破产了一批资不抵债、扭亏无望的企业，关闭了一批资源枯竭的矿山，减少了亏损源。特别是煤炭和纺织等行业在淘汰落后生产能力方面，取得了较大进展。

观点

董辅礽：债转股改革使国有企业摆脱了沉重的债务负担，使银行也摆脱了不良债权的困扰，但同时把矛盾集中到资产管理公司了。根本问题是要把国有企业改造好。债转股只是解决国有企业问题的一个环节，而且不是很重要的环节，不能对它期望过高、评价过高。债转股之外，还有许多办法可以解决国有企业问题。

资料来源：《关于国有企业债转股问题》，《经济理论与经济管理》，1999年第6期。

萧灼基：国有企业通过资本市场不仅是筹到资金，更重要的是改变了机制，从原来的国有独资企业转变为上市公司。上市公司是现代企业制度的典型形式。从国有企业改组为上市公司，就表明国有企业在进行制度创新。资本市场不仅为国有企业提供了一个筹资的渠道，而且提供了一个改制的渠道。

资料来源：《国有企业改革与资本市场发展》，《经济理论与经济管理》，1999年第6期。

陕西建设机械股份有限公司立足于长远发展，联合中国华融资产管理公司、中国信达资产管理公司以及一个法人单位和两个自然人共同发起设立了股份公司。

中美签署《关于中国加入世界贸易组织的双边协议》

1999年11月10日至15日，中国政府代表团同美国政府代表团在北京就中国加入世界贸易组织（WTO）问题举行谈判。11月15日，双方签署《中华人民共和国政府和美利坚合众国政府关于中国加入世贸组织的双边协议》。至此，中美两国正式结束了双边谈判。

世界贸易组织的前身是关税及贸易总协定（GATT），中国政府参与了该组织的创建，并于1948年5月21日正式成为关贸总协定缔约方。新中国成立后，由于种种原因，台湾当局占有在联合国的合法席位。1950年3月，台湾当局退出了关贸总协定，1965年3月取得观察员资格。1971年10月25日，联合国大会通过2758号决议，决定恢复中国在联合国的一切合法席位。11月16日，关贸总协定第27届缔约国大会根据联大2758号决议，取消了台湾当局的观察员资格。1982年11月，中国政府获得观察员身份并首次派团列席关贸总协定第36届缔约国大会。

1986年7月10日，中国驻日内瓦代表团大使钱嘉东代表中国政府正式提出恢复中国在关税及贸易总协定中缔约方地位的申请。中国开始了与关贸总协定缔约国的双边谈判。1989年5月，中美第五轮复关问题双边磋商取得进展。

复关谈判恢复后，1992年10月，中美达成《市场准入备忘录》，美国承诺"坚定地支持中国取得关贸总协定缔约方地位"。1995年3月，中美在北京达成八点协议，美方同意在灵活务实的基础上进行中国"入世"的谈判，并同意在乌拉圭回合协议基础上实事求是地解决中国发展中国家地位的问题。

在1995年关贸总协定更名为世贸组织之后，中国政府于11月照会世贸组织总干事鲁杰罗，把中国复关工作组更名为中国"入世"工作组。1997年下半年，中国先后与新西兰、韩国、匈牙利、捷克、斯洛伐克、巴基斯坦等国就中国"入世"问题达成双边协议，并与智利、哥伦比亚、阿根廷、印度等国基本结束了中国"入世"双边市场准入谈判。

1997年10月26日至11月2日，中国国家主席江泽民应邀访美，在与克林顿总统发表的联合声明中，中美两国认为，中国全面参加多边贸易体制符合双方的利益。为了实现这一目标，双方同意加紧谈判。1998年6月17日，江泽民主席在接受美国记者采访时表示：1. 世贸组织没有中国参

1999年4月8日，国务院总理朱镕基在出席美国总统克林顿举行的欢迎仪式上发表讲话："中国人民将为坚持不渝地巩固和发展中美友好合作关系世世代代地奋斗不息。"

中美两国谈判代表经过六天紧张艰苦的谈判，1999年11月15日下午在北京中国外经贸大楼就中国加入世贸组织（WTO）达成协议，中国外经贸部部长石广生与美国谈判代表巴尔舍夫斯基等举杯庆祝。

加是不完整的。2. 中国毫无疑问要作为一个发展中国家加入世贸组织。3. 中国的"入世"是以权利和义务的平衡为原则的。

1999年4月6日至13日，国务院总理朱镕基访美。4月10日，中美签署"中美农业合作协议"并就中国加入世贸组织发表联合声明，美方承诺"坚定地支持中国于1999年加入世贸组织"。

5月8日，美国轰炸中国驻南斯拉夫联盟共和国大使馆。中美继续进行这一谈判的气氛不复存在，中方中止了中美关于中国加入世贸组织的双边谈判。此后，美方多次提出恢复谈判。在此情况下，中方审时度势，决定适时恢复谈判。9月11日，江泽民与克林顿在亚太经合组织领导人第七次非正式会议期间进行了会晤，中美恢复了双边谈判。

11月15日，经过艰苦谈判，中

语录 "进军世界500强。"

——民间口号

背景：20世纪末，中国经济建设飞速发展，日益受到世界的重视，美国的《财富》杂志特意选择在中华人民共和国成立五十周年前夕召开"99《财富》全球论坛"，以"中国：未来的五十年"为题，聚集全球商界领导人以及部分政界和学术界知名人士到上海探讨中国未来发展、对世界的影响以及寻求与中国合作。从来没那么多财富老总在中国同时出现过，国内企业家也都往上海跑。一个沉寂多时的话题被再度提起，"中国企业离世界500强还有多远？""进军世界500强"成了企业家们的时髦语。

专栏：中国申请加入世贸组织的历程

1986年7月——中国要求重新加入关贸总协定（1995年更名为世贸组织）。中国是1947年关贸总协定的创始国之一。

1987年10月——一个受命审查中国候选国资格的工作小组在关贸总协定的日内瓦总部举行第一次会议。

1989年6月——"六四"风波后会谈中断。12月份会谈重新开始。

1994年12月——中国在1995年1月1日之前未能加入关贸总协定。这个日子是成为世贸组织创始国的最后期限。

1995年5月——中国开始就加入世贸组织问题举行会谈。

1995年7月——中国获得世贸组织观察员身份。

1998年6月——美国总统克林顿对北京进行历史性访问，但在有关世贸组织谈判方面没有取得任何进展。

1999年3月——中国总理朱镕基重新启动这一进程。

1999年5月——北约轰炸中国驻南斯拉夫大使馆。北京冻结与美国和欧盟的谈判。

1999年7月——日本在小渊首相访华期间同意接受北京加入世贸组织的条件。

1999年9月——美中谈判在中国国家主席江泽民和美国总统克林顿新西兰峰会后恢复。

1999年11月——中美双方就中国加入世贸组织在北京达成双边协议。

2000年11月——中国同墨西哥就中国入世举行谈判，双方就中国加入世贸组织的谈判已在大多数问题上达成一致，但由于在个别问题上存在分歧，未签署协议。

2001年9月——中国与墨西哥结束了关于中国加入世界贸易组织的双边谈判。至此，中国完成了与所有世贸组织成员的双边市场准入谈判。

2001年11月——北京时间12日0时30分，中国入世议定书签字仪式在多哈喜来登饭店举行。中国代表团团长、外经贸部部长石广生代表中国政府在中国入世议定书上签字。

2001年12月11日，《中国加入WTO议定书》生效，中国正式成为世贸组织成员。

资料来源：《中国加入世贸组织15年历程》，新华网，2001年11月10日。

国外经贸部部长石广生和美国贸易代表巴尔舍夫斯基签署了中美关于中国加入世界贸易组织的双边协议。此后，中美双方发表了新闻公报。

中美双方就中国加入世贸组织在北京达成双边协议意味着中国与美国就此正式结束双边谈判。中美两国签署上述协议是一个"双赢"的结果，有利于加快中国加入世界贸易组织的进程，有利于促进中美经贸合作的全面发展，有利于中美关系的稳定和发展，并将为世界经济的发展与繁荣注入新的活力。

澳门回归祖国

1999年12月20日零时，举世瞩目的中葡两国政府澳门政权交接仪式在澳门文化中心花园馆隆重举行，澳门回归祖国。

12月19日23时42分，澳门政权交接仪式开始。在礼号手的号乐声中，中华人民共和国主席江泽民、国务院总理朱镕基、国务院副总理钱其琛、外交部部长唐家璇、澳门特别行政区首任行政长官何厚铧步入会场，登上主席台主礼台。葡萄牙总统桑帕约、总理古特雷斯、国务部长兼外交部部长伽马、共和国议会副议长科伊索罗、澳门总督韦奇立同时登上主席台主礼台。随后，中葡双方仪仗队举行敬礼仪式，双方乐队奏致敬曲。接着，桑帕约总统首先发表讲话。23时55分，降旗、升旗仪式开始，中葡双方护旗手入场。23时58分，在葡萄牙国歌声中，葡萄牙国旗和澳门市政厅旗开始缓缓降下。零时整，中国人民解放军军乐团奏响雄壮激昂的中华人民共和国国歌，中华人民共和国国旗和中华人民共和国澳门特别行政区区旗冉冉升起。46秒后，两面旗帜同时升到旗杆顶端,猎猎飘扬。至此,中葡两国政府完成了澳门政权的交接。

零时4分,江泽民主席发表讲话。他代表中国政府和全国各族人民向回到祖国怀抱的澳门同胞表示亲切的问候和良好的祝愿,向所有为解决澳门问题作出贡献的人士,向世界上一切关心和支持澳门回归的人们,表示衷心的感谢。江泽民说,中国政府按照邓小平提出的"一国两制"的伟大构想,成功地解决了香港、澳门问题,这是中国人民在完成祖国统一的大业中取得的重大进展。"一国两制"在香港、澳门的实践,已经并将继续为我们最终解决台湾问题发挥重要的示范作用。中国政府和人民有信心有能力早日解决台湾问题,实现中国的完全统一。江泽民说,澳门回归后,中国政府将坚定不移地贯彻执行"一国两制"、"澳人治澳"、高度自治的方针,将依法保护所有国家和地区在澳门的经济利益。他表示坚信,在中央政府和全国各族人民的支持下,澳门特别行政区政府和澳门同胞一定能够把澳门管理好、建设好、发展好。最后,江泽民主席以坚定的语气说:"回到祖国怀抱的澳门,必将迎来更加美好的未来!" 随后,江泽民主席与桑帕约总统等中葡两国的主要代表走到主席台前,握手合影。零时10分,澳门政权交接仪式结束。

12月20日,江泽民在中华人民共和国澳门特别行政区成立庆祝大会上发表重要讲话,宣布澳门特别行政区正式成立,中华人民共和国对澳门恢复行使主权。

社会关注

高等院校扩招

20世纪90年代初,随着中国各项事业的发展,人才培养的速度和规模越来越难以适应社会的需求,围绕着高等教育的供求矛盾越来越突出。当时,中国的高等教育毛入学率为5%左右,远低于发达国家80%左右的水平。以1998年为例,中国的大学生在校人数只有780万,占同龄人比例为9.8%,这不但达不到发达国家的水平,还低于国际高等教育大众化最低标准15%的水平。

1998年11月,经济学家汤敏以个人名义提交了一份建议书《关于启动中国经济有效途径——扩大招生量一倍》。在这份建议书之中,他指出5点扩招的理由:中国大学生数量远低于同等发展水平的国家;国企改革带来的大量下岗工人如果进入就业市场与年轻人竞争会出现恶性局面;国家提出经济增长8%的目标,教育被认为是老百姓最大的需求,扩招可以拉动内需,激励经济增长;高校有能力接纳扩招的学生,当时平均一个教师仅带7个学生;高等教育的普及事关中华民族振兴。

1999年1月13日,国务院批转了教育部1998年12月24日制定的《面向21世纪教育振兴行动计划》。指出,"到2010年,在全面实现'两基'目标的基础上,城市和经济发达地区有步骤地普及高中阶段教育,全国人口受教育年限达到发展中国家先进水平;高等教育规模有较大扩展,入学率接近15%,若干所高校和一批重点学科进入或接近世界一流水平;基本建立起终身学习体系,为国家知识创新体系以及现代化建设提供充足的人才支持和知识贡献。"

根据《面向21世纪教育振兴行动计划》的相关精神,国家计划发展委员会和教育部于1999年6月16日联合发出紧急通知,决定1999年中国高等教育在年初扩招23万人的基础上,再扩大招生33.7万人。根据这个通知,1999年全国普通高等院校招生人数增加51.32万人,招生总数达159.68万人,增长速度达到史无前例的47.4%。此后,中国高等院校扩招每年都以40万人以上的速度递增。这是新中国高等教育发展史上持续时间最长、扩招规模最大的一次高校大扩招。

学生家长现场咨询高校招生。

> **语录** "知识改变命运。"
> ——广告语

背景:面对即将到来的21世纪,人们深感知识的重要性,无论是经济的发展、国家的富强还是文明的提升,都离不开知识。1999年,由李嘉诚先生投资,著名导演顾长卫拍摄的《知识改变命运》大型励志公益广告在中央电视台播出。该公益广告由四十集真实人物故事组成,每集长约一分钟,通过几十位成功人士的述说,鼓励大家努力学习,掌握知识,改变命运,进而推动国家和民族的发展。这个广告片使"知识改变命运"这个主题口号开始深入人心。

流行志

▶ E时代

E时代,泛指网络普遍使用在办公、生活和各个领域的时代。1999年,是中国E时代的元年。这一年年底,中国有上网电脑892万台,用户2250万人。E时代的存在,改变了人类的生活和工作方式,很多传统生活方式被颠覆,很多工作内容随着E时代的出现而发生改变,BBS成了普通人发言的广场,不用再被现实世界的尊卑秩序束缚。随着网络市场交易的不断壮大,传统的市场交易也正逐步被E市场颠覆。

▶ 电子词典

20世纪90年代后期,厚厚的牛津、朗文英语词典不再是学生们的沉重负担,轻巧的"电子词典"开始在校园流行。巴掌大小的电子词典,不仅仅能快速查找单词,还能发出准确的读音,这是纸质词典无法比拟的。电子词典中还内置了许多的资料库,比如唐诗、宋词,或是科学常识。除此之外,电子词典还具有电话簿或是名片簿的功能、记事本功能、游戏功能等多种深受学生喜爱的功能。一时间,各种电子词典遍地开花。

▶ 特许经营

1999年,买别人的牌子做自己的买卖成了一种时尚。人们手头富裕了,想要当个小老板的不在少数。只要你想开店,不了解这个行业也没关系,特许经营者会教你,不论是名称、商标、专有技术还是运作管理经验,只要你获得特许经营权,这些都不是问题,你可以在最短的时间内掌握一个成功的经营模式。同时,特许经营者也实现了低成本扩张,没有多少资本也能让自己的连锁店遍地开花。难怪11月18日的北京国际展览中心特许经营展会吸引了上万人。

▶《常回家看看》

"找点空闲,找点时间,领着孩子常回家看看",在1999年春节联欢晚会上,歌手陈红演唱了一首《常回家看看》,这首歌在一夜间就火遍全国,大江南北,大街小巷,从耄耋老人到牙牙学语儿童都能哼上几句。没有华丽的词藻,没有过多的技巧,最朴素的歌词却道出了人间至真至纯的感情,最简单的旋律却寄托着普天下所有父母的心愿:老人不图儿女为家做多大贡献,一辈子不容易就图个团团圆圆。

▶ 超级模仿秀

"超级模仿秀"是综艺节目《欢乐总动员》中最知名的单元环节,于1999年1月推出后,在当时引起了强烈的社会反响,成为本年度最受欢迎的综艺节目。一些普通人模仿明星上台演出,有长得像某个明星的,有模仿某个甚至某几个明星声音的,有模仿明星习惯性动作的等等。它给了平民一个展现个人才艺,实现自己明星梦的舞台。选手在节目中的精彩表演,也吸引了一大批忠实的观众,谁模仿得如何,也成了当时人们茶余饭后必聊的话题。

第五套人民币正式发行

1999年7月1日,中国人民银行发布《关于发行第五套人民币100元券的公告》。至此,第五套人民币(1999年版)正式发行流通。第五套人民币(1999年版)的发行是中国货币制度建设的一件大事,是中国社会稳定、经济发展、文化艺术繁荣、科技进步的有力证明,也是为建国五十周年献上的一份厚礼。

与前四套人民币相比,第五套人民币具有如下一些鲜明的特点:第一,第五套人民币是由中国人民银行首次完全独立设计与印制的货币,这说明中国货币的设计印制体系已经成熟,完全有能力在银行系统内完成国币的设计、印制任务,且此套新版人民币经过专家论证,其印制技术已达到了国际先进水平。第二,第五套人民币通过有代表性的图案,进一步体现出我们伟大祖国悠久的历史和壮丽的山河,具有鲜明的民族性。第三,第五套人民币的主景人物、水印、面额数字均较以前放大,尤其是突出阿拉伯数字表示的面额,这样便于群众识别,会收到较好的社会效果。第四,第五套人民币应用了先进的科学技术,在防伪性能和适应货币处理现代化方面有了较大提高,是一套科技含量较高的人民币。第五,第五套人民币在票幅尺寸上进行了调整,票幅

第五套人民币

1999年11月20日6时30分7秒，酒泉卫星发射中心用长征二号F运载火箭成功地将中国第一艘"神舟"号实验飞船发射升空，在轨运行21小时后成功返回地面。这是中国载人航天工程首次无人实验飞船发射。

宽度未变，长度缩小。此外，为了调整人民币流通结构，完善币制，第五套人民币取消了2元券和2角券，增加了20元券。

"神舟一号"成功发射

1999年11月20日6时30分，神舟一号飞船在酒泉卫星发射中心由新型长征运载火箭发射升空。21日15时41分，飞船在内蒙古自治区中部地区成功着陆。这是中国航天史上的又一里程碑，标志着中国载人航天基本技术获得了新的重大突破，在载人航天领域迈出了重要步伐。

此次发射的神舟一号飞船，是无人飞船，但是在座舱内放置有一个男性模拟人，这个作为感应器的模拟人，主要用于收集返回舱在太空中的温度、湿度、氧气等各种试验数据。此次，发射还首次采用了在技术厂房对飞船、火箭联合体垂直总装与测试，整体垂直运输至发射场，进行远距离测试发射控制的新模式。此次发射，还首次投入使

酒泉卫星中心发射测试站承担了神舟一号飞船发射任务

环球大事

1月1日
欧元作为欧盟国家的统一货币正式启动，欧盟15个成员国中的11国首批加入欧元区。这标志着酝酿多年的欧洲经济与货币联盟正式建成，欧洲一体化进程进入了一个新阶段。

2月2日
为期6天的世界经济论坛第29届年会在瑞士达沃斯闭幕。年会就全球化已成为世界经济发展的大趋势达成基本共识。

3月3日
美国正式对欧盟国家15种产品实行制裁，征收百分之百的惩罚性关税，美欧贸易战由此升级。

4月30日
柬埔寨正式加入东盟。

6月11日
戴姆勒-克莱斯勒公司下属的德国航空航天公司与西班牙飞机制造公司合并成立欧洲最大航空航天公司。

6月29日
第一届欧盟——拉美首脑会议发表了《里约热内卢声明》和《行动计划》。

7月13日
世界经济论坛发表了《1999年度全球竞争力报告》，公布包括59个国家和地区的竞争力排名，新加坡连续4年被评为最具竞争力的国家或地区，美国、中国香港分别列第二、第三位。

8月22日
类似于计算机千年问题的全球卫星定位系统"千周问题"在日本爆发，3100多台全球卫星定位仪发生故障。

9月13日
亚太经合组织第七次领导人非正式会议在新西兰奥克兰举行，会议通过的《奥克兰挑战》宣言强调，亚太经合组织要努力在本地区建立一个强劲和开放的市场，以支持经济增长。

9月14日
第54届联大接纳基里巴斯、瑙鲁和汤加，会员国增加到188个。

10月12日
10月12日，联合国宣布当日为"世界60亿人口日"。世界人口从19世纪初的10亿增加到20亿用了125年，1957年达到30亿，随后每增加10亿人口所用的时间逐步缩短为17年、13年和12年。

12月1日
由英、美、日、中等国216位科学家组成的人体基因组计划联合研究小组正式宣布，他们已经完整地破译出人体第22对染色体的遗传密码，确定出该对染色体上所有蛋白质编码基因所含的3340万个碱基对的确切位置。这是人类首次完成人体染色体基因完整序列的测定。

12月14日
巴拿马收回运河主权。运河回归标志着巴拿马人民为收回运河进行长期英勇斗争的最后胜利，同时也标志着美国在中南美洲大陆殖民统治的终结。

一艘装满集装箱的船只从巴拿马运河经过。

"99昆明世界园艺博览会"中国馆。该馆总建筑面积20000平方米，是五大场馆中面积最大、功能最多的一个馆，也是历届世博会中规模最大的展馆，典雅精湛，气势宏大。

用了中国在原有的航天测控网基础上新建的符合国际标准体制的陆海基航天测控网。神舟一号飞船在轨运行期间，地面测控系统和分布于公海的4艘"远望号"测量船对其进行了跟踪与测控，成功进行了一系列科学试验。试验过程中，成功验证了飞船关键技术和系统设计的正确性，以及发射、测控通信、着陆回收等地面设施在内的整个工程大系统工作的协调性。

中国第一艘神舟号无人飞船的发射升空，揭开了中国载人航天技术发展新的一页，使中国发展载人航天事业迈出了重要一步。

世界园艺博览会在昆明成功举办

1999年5月1日至10月31日，世界园艺博览会在昆明成功举行，会址设在昆明市北部金殿名胜风景区，占地面积218公顷。此次世界园艺博览会的主题为："人与自然——迈向21世纪"。这是中国举办的首届专业类世博会。

在为期184天的昆明世界园艺博览会期间，国内外参观人数达到950万人次。参加这次博览会的国家和国际组织95个，是同类博览会中参会单位最多的博览会之一。10月31日，昆明世界园艺博览会结束。昆明世博园所有场馆被整体保留下来，开创了世博会历史上的先河，孕育了近十年来云南旅游业和商贸业的大发展，直接促成改革开放以来云南经济的一次大飞跃。

■ 重要文献

《中共中央关于国有企业改革和发展若干重大问题的决定》
（1999年9月22日）

1999年9月22日，中国共产党第十五届中央委员会第四次全体会议通过《中共中央关于国有企业改革和发展若干重大问题的决定》。《决定》充分肯定了党的十一届三中全会以来国有企业改革和发展的重要成就和基本经验，明确提出了国有企业改革和发展的主要目标和指导方针，是指导国有企业改革和发展的行动纲领。

目录：
- 一、推进国有企业改革和发展是一项重要而紧迫的任务
- 二、国有企业改革和发展的主要目标与指导方针
- 三、从战略上调整国有经济布局
- 四、推进国有企业战略性改组
- 五、建立和完善现代企业制度
- 六、加强和改善企业管理
- 七、改善国有企业资产负债结构和减轻企业社会负担
- 八、做好减员增效、再就业和社会保障工作
- 九、加快国有企业技术进步和产业升级
- 十、为国有企业改革和发展创造良好的外部环境
- 十一、建设高素质的经营管理者队伍
- 十二、加强党对国有企业改革和发展工作的领导

> 重要文献

《城市居民最低生活保障条例》
（1999年9月28日）

1999年9月28日，国务院第21次常务会议发布《城市居民最低生活保障条例》，全文共十七条，自1999年10月1日起施行。《条例》对城市居民享受最低生活保障的条件、政府责任和保障资金来源、最低生活保障标准等方面做了明确规定。

节选：

第一条 为了规范城市居民最低生活保障制度，保障城市居民基本生活，制定本条例。

第二条 持有非农业户口的城市居民，凡共同生活的家庭成员人均收入低于当地城市居民最低生活保障标准的，均有从当地人民政府获得基本生活物质帮助的权利。

第六条 城市居民最低生活保障标准，按照当地维持城市居民基本生活所必需的衣、食、住费用，并适当考虑水电燃煤（燃气）费用以及未成年人的义务教育费用确定。

第八条 县级人民政府民政部门经审查，对符合享受城市居民最低生活保障待遇条件的家庭，应当区分下列不同情况批准其享受城市居民最低生活保障待遇：

（一）对无生活来源、无劳动能力又无法定赡养人、扶养人或者抚养人的城市居民，批准其按照当地城市居民最低生活保障标准全额享受；

（二）对尚有一定收入的城市居民，批准其按照家庭人均收入低于当地城市居民最低生活保障标准的差额享受。

——摘自《中华人民共和国法律法规全书》（第四册），第2786—2787页，中国方正出版社，2002年。

> 重要文献

《中华人民共和国宪法修正案》
（1999年3月15日）

1999年3月5日至15日，第九届全国人民代表大会第二次会议举行，会议通过了《中华人民共和国宪法修正案》。《宪法修正案》确立了依法治国的方略，提出坚持以公有制为主体、多种所有制经济共同发展的基本经济制度和按劳分配为主、多种分配方式并存的分配制度。明确个体经济、私营经济等非公有制经济，是社会主义市场经济的重要组成部分。

节选：

第十三条 宪法第五条增加一款，作为第一款，规定："中华人民共和国实行依法治国，建设社会主义法治国家。"

第十四条 宪法第六条："中华人民共和国的社会主义经济制度的基础是生产资料的社会主义公有制，即全民所有制和劳动群众集体所有制。""社会主义公有制消灭人剥削人的制度，实行各尽所能，按劳分配的原则。"修改为："中华人民共和国的社会主义经济制度的基础是生产资料的社会主义公有制，即全民所有制和劳动群众集体所有制。社会主义公有制消灭人剥削人的制度，实行各尽所能、按劳分配的原则。""国家在社会主义初级阶段，坚持公有制为主体、多种所有制经济共同发展的基本经济制度，坚持按劳分配为主体、多种分配方式并存的分配制度。"

第十五条 宪法第八条第一款："农村中的家庭联产承包为主的责任制和生产、供销、信用、消费等各种形式的合作经济，是社会主义劳动群众集体所有制经济。参加农村集体经济组织的劳动者，有权在法律规定的范围内经营自留地、自留山、家庭副业和饲养自留畜。"修改为："农村集体经济组织实行家庭承包经营为基础、统分结合的双层经营体制。农村中的生产、供销、信用、消费等各种形式的合作经济，是社会主义劳动群众集体所有制经济。参加农村集体经济组织的劳动者，有权在法律规定的范围内经营自留地、自留山、家庭副业和饲养自留畜。"

第十六条 宪法第十一条："在法律规定范围内的城乡劳动者个体经济，是社会主义公有制经济的补充。国家保护个体经济的合法的权利和利益。""国家通过行政管理，指导、帮助和监督个体经济。""国家允许私营经济在法律规定的范围内存在和发展。私营经济是社会主义公有制经济的补充。国家保护私营经济的合法的权利和利益，对私营经济实行引导、监督和管理。"修改为："在法律规定范围内的个体经济、私营经济等非公有制经济，是社会主义市场经济的重要组成部分。""国家保护个体经济、私营经济的合法的权利和利益。国家对个体经济、私营经济实行引导、监督和管理。"

——摘自《十五大以来重要文献选编》（上）第711—712页，中央文献出版社，2011年。

■ 重要文献

《关于深化教育改革全面推进素质教育的决定》

(1999年6月13日)

1999年6月13日，中共中央、国务院作出《关于深化教育改革全面推进素质教育的决定》，提出全面推进素质教育，开创素质教育的新局面，构建充满生机的有中国特色社会主义教育体系，为实施科教兴国战略奠定坚实的人才和知识基础。

节选：

基本普及九年义务教育和基本扫除青壮年文盲（简称"两基"），是全面推进素质教育的基础。……要继续将"两基"作为教育工作的"重中之重"，确保2000年"两基"目标的实现和达标后的巩固与提高。

调整现有教育体系结构，扩大高中阶段教育和高等教育的规模，拓宽人才成长的道路，减缓升学压力。通过多种形式积极发展高等教育，到2010年，中国同龄人口的高等教育入学率要从现在的百分之九提高到百分之十五左右。

构建与社会主义市场经济体制和教育内在规律相适应、不同类型教育相互沟通相互衔接的教育体制，为学校毕业生提供继续学习深造的机会。

高等学校和中等职业学校要创造条件实行弹性的学习制度，放宽招生和入学的年龄限制，允许分阶段完成学业。大力发展现代远程教育、职业资格证书教育和其他继续教育。完善自学考试制度，形成社会化、开放式的教育网络，为适应多层次、多形式的教育需求开辟更为广阔的途径，逐渐完善终身学习体系。

进一步简政放权，加大省级人民政府发展和管理本地区教育的权力以及统筹力度，促进教育与当地经济社会发展紧密结合。今后3年，继续按照"共建、调整、合作、合并"的方式，基本完成高等教育管理体制和布局结构的调整，形成中央和省级人民政府两级管理、以省级人民政府管理为主的新体制，合理配置教育资源，提高教育质量和办学效益。

进一步解放思想、转变观念，积极鼓励和支持社会力量以多种形式办学，满足人民群众日益增长的教育需求，形成以政府办学为主体、公办学校和民办学校共同发展的格局。

大力提高教育技术手段的现代化水平和教育信息化程度。

——摘自《改革开放三十年重要文献选编》（下）第1011、1014—1017页，中央文献出版社，2009年。

■ 重要文献

《在中华人民共和国澳门特别行政区成立庆祝大会上的讲话》

(江泽民，1999年12月20日)

1999年12月20日，澳门回归。江泽民在中华人民共和国澳门特别行政区成立庆祝大会上发表重要讲话，宣告澳门特别行政区正式成立，中华人民共和国对澳门恢复行使主权。

节选：

……中葡两国政府举行了澳门政权交接仪式，中国政府庄严宣告对澳门恢复行使主权，中华人民共和国澳门特别行政区正式成立。……

中国政府对澳门恢复行使主权后，澳门将继续实行原有的资本主义制度，保持原有的社会、经济制度不变，生活方式不变，法律基本不变，依法保护私有财产权。澳门作为中华人民共和国的特别行政区，除外交事务和防务由中央人民政府管理外，享有澳门基本法赋予的高度自治权，包括行政管理权、立法权、独立的司法权和终审权。在澳门的葡萄牙后裔居民的利益依法受到保护，他们的习俗和文化传统将受到尊重。在澳门生活着不少外国人，澳门特别行政区仍将是他们安居乐业的家园。未来的澳门，所有居民无分种族，无分肤色，人人都有平等竞争的机会，人人都享有法律保障的各项权利和自由。

——摘自《改革开放三十年重要文献选编》（下），第1075—1076页，中央文献出版社，2009年。

> **重要文献**

《关于全面推进依法行政的决定》

（1999年11月8日）

1999年11月8日，国务院发布《关于全面推进依法行政的决定》。《决定》指出，依法行政是依法治国的重要组成部分，在很大程度上对依法治国基本方略的实行具有决定性的意义。

节选：

党的十五大提出：依法治国，是党领导人民治理国家的基本方略。九届全国人大二次会议通过的宪法修正案规定"中华人民共和国实行依法治国，建设社会主义法治国家"，从而使依法治国基本方略得到国家根本大法的保障。依法行政是依法治国的重要组成部分，在很大程度上对依法治国基本方略的实行具有决定性的意义。……

……加强政府法制建设，全面推进依法行政，总的指导思想和要求是：坚持以邓小平理论和党的基本路线为指导，坚持党的领导，坚持全心全意为人民服务的宗旨，把维护最大多数人民的最大利益作为出发点和落脚点，紧紧围绕经济建设这个中心，自觉服从并服务于改革、发展、稳定的大局，认真履行宪法和法律赋予的职责，严格按照法定权限和程序，管理国家事务、经济与文化事业和社会事务，做到既不失职，又不越权；既要保护公民的合法权益，又要提高行政效率，维护公共利益和社会秩序，保证政府工作在法制轨道上高效率地运行，推进各项事业的顺利发展。

四、要进一步加强政府立法工作，切实提高政府立法质量，为依法行政奠定坚实的基础。……要把政府立法决策与党的改革、发展和稳定的重大决策紧密结合起来，把深化改革、促进发展、维护稳定需要用法律、法规解决的突出问题作为立法重点，并兼顾其他方面的立法。……对那些不符合经济体制改革和政府机构改革精神的法律规范要及时依照法定权限和程序进行清理，该废止的废止，该修订的修订。……要以宪法为依据，按照法定权限、遵循法定程序立法，坚持行政法规不得同宪法和法律相抵触……

五、要加大行政执法力度，确保政令畅通。全面推进依法行政，必须做到有法必依、执法必严、违法必究。各级政府和政府各部门及其工作人员的一切行政行为必须符合法律、法规规范，切实做到依法办事、严格执法。……

……要不折不扣地全面落实国务院关于政府机关与所办经济实体彻底脱钩、对行政事业性收费和罚没收入实行"收支两条线"管理等一系列加强廉政建设的重大举措……任何行政执法机关都不得向下级机关和行政执法人员下达收费和罚款指标，都不得设"小金库"。

——摘自《劳动保障通讯》2000年第1期，第39—41页，中华人民共和国劳动和社会保障部主办。

大事记

1月4日

国务院转发国家经贸委制定的《关于加快农村电力体制改革加强农村电力管理的意见》。《意见》提出，用3年左右时间，理顺并建立符合中国农村经济发展水平的农电体制，完成农村电网的建设与改造，规范农村用电秩序，促进农村电气化事业的发展。

1月5日

中共中央、国务院发布《关于地方政府机构改革的意见》。提出，地方政府机构改革的目标是逐步建立适应社会主义市场经济体制的有中国特色的地方行政管理体制。

1月6日

张文康在全国卫生厅局长会议上提出，1999年卫生行业将重点放在抓紧城镇职工基本医疗保险制度中的医疗机构配套改革、推进卫生监督体制改革、加强农村初级卫生保健三项任务。

1月11日

教育部在北京召开1999年度教育工作会议，部署1999年的教育工作。陈至立在会上提出，今年教育工作将继续推进教育教学、高等教育管理体制、办学体制、学校内部管理体制、招生与毕业生就业制度和教育经费筹措体制等6项改革。

1月12—13日

国务院在北京召开国有企业下岗职工基本生活保障和再就业工作会议。会议的主要任务是，全面总结1998年5月党中央、国务院召开国有企业下岗职工基本生活保障和再就业工作会议以来的成绩和经验，分析新的形势，研究和部署1999年的工作。

1月13日

国务院批转教育部《面向21世纪教育振兴行动计划》，《行动计划》在教育改革方面提出：深化高等教育改革；有计划、有步骤地推进高等学校招生考试制度的改革；积极推进高等学校的教学改革；大力推进高等学校内部管理体制改革。

1月15—20日

朱镕基在福建省考察打击走私工作和国有企业下岗职工基本生活保障与再就业工作落实情况。对于下岗职工再就业问题，他指出，党中央、国务院倡导的下岗分流、减员增效、实施再就业工程，是社会主义市场经济的一个重要机制。这个机制建立了，并坚持下去，国有企业才有希望搞活。

1月22日

国务院发布《社会保险费征缴暂行条例》和《失业保险条例》。国务院发布的这两个条例，扩大了各项社会保险的覆盖范围，规范了征缴制度和程序，实行各项社会保险费统一合并征收，增加了征缴的强制性。

1月27日

国土资源部下发《关于进一步推行招标拍卖出让国有土地使用权的通知》，要求严格限定行政划拨供地的范围，除按《土地管理法》和《城市房地产管理法》规定可以行政划拨供地的，其他建设用地必须以有偿方式提供，对协议出让国有土地使用权的范围也要严格限制。

1月28日

国务院下发《关于解决当前供销合作社几个突出问题的通知》。提出，当前最重要的是针对供销合作社存在的突出问题，尽快扭转效益下滑、亏损增加、经营萎缩的被动局面，清理整顿社员股金，防范和化解金融风险。

2月3日

国务院办公厅公布《关于进一步做好国有企业下岗职工基本生活保障和企业离退休人员养老金发放工作有关问题的通知》，要求各地区和有关部门要进一步加大工作力度，加快建立社会保障体系，确保国有企业下岗职工的基本生活，确保企业离退休人员养老金的按时足额发放。

2月9日

国务院批转国家质量技术监督局《质量技术监督管理体制改革方案》，提出对质量技术监督管理体制实施重大改革，在全国省以下质量技术监督系统实行垂直管理。

2月21日

中国人民银行公布《关于在企业改制过程中加强金融债权管理的通知》，提出以下意见：进一步提高对维护金融债权重要性的认识，正确处理企业改制与保全金融债权的关系；切实加强对企业改制工作的指导与监督，努力提高改制的效果；严格责任追究制度，认

安徽肥西供电公司员工为严店乡西郑岗村架设线路。

真做好金融债权保全工作。

3月5—15日
九届全国人大第二次会议举行。会议通过了《中华人民共和国宪法修正案》。

3月15日
九届全国人大第二次会议通过《中华人民共和国合同法》，合同法分为总则、分则、附则，共23章，428条。该法自1999年10月1日起施行。

3月16日
中国证监会公布《关于进一步加强证券公司监管的若干意见》，对证券公司的设立、变更、风险管理、日常监管等提出具体意见。

3月26日
国家经贸委、中国证监会公布《关于进一步促进境外上市公司规范运作和深化改革的意见》，为进一步促进公司严格遵循境内外有关法律和法规，切实履行对投资者的持续责任，树立公司在境内外资本市场的良好形象，在公司规范运作和深化改革方面提出11条意见。

3月31日
中国人民银行决定取消外资银行在华设立营业性分支机构的地域限制。

4月3日
国务院公布《住房公积金管理条例》。《条例》自公布之日起生效。

4月6日
中国人民银行发布实施《经济适用住房开发贷款管理暂行规定》，共7章、35条，分别对经济适用住房和经济适用住房开发贷款、借款人条件、贷款期限和利率、贷款程序、贷款担保和保险、贷款管理、罚则等事项，作出具体规定。

4月12日
科技部等12部门公布《关于国家经贸委管理的10个国家局所属科研机构管理体制改革的实施意见》，对国家经贸委管理的内贸局等10个国家局所属242个科研机构的管理体制改革实施方案、配套政策、组织实施等方面，提出具体的政策措施。

4月20日
经国务院批准，中国第一家经营商业银行不良资产的公司——中国信达资产管理公司在北京宣布成立。

4月22日
江泽民在成都主持召开4省市国有企业改革和发展座谈会。

4月22日
建设部发布的《城市廉租住房管理办法》指出，城镇廉租住房是指政府和单位在住房领域实施社会保障职能，向具有城镇常住居民户口的最低收入家庭提供的租金相对低廉的普通住房。城镇最低收入家庭的认定标准由市、县人民政府制定。本办法自1999年5月1日起施行。

4月29日
九届全国人大常委会第九次会议通过了《中华人民共和国行政复议法》。这标志着中国行政复议制度经过10多年的探索、发展开始走向全面完善，国家行政机关对依法行政的认识达到了一个新的高度。

5月6日
国务院办公厅发布《关于加强土地转让管理严禁炒卖土地的通知》，明确提出：坚决制止非农建设非法占用土地；严禁非法占用农民集体土地进行房地产开发；禁止征用农民集体土地进行"果园""庄园"等农林开发；禁止利用土地开发进行非法集资；规范国有土地交易活动，制止炒卖土地。

5月13日
中国人民银行、国家教委、财政部公布《关于国家助学贷款的管理规定（试行）》。

5月13—14日
国务院在北京召开全国粮食流通体制改革工作会议。朱镕基在会上指出，党中央、国务院决定以"三项政策，一项改革"为重点推进粮食流通体制改革，有效地保护了农民的利益，避免了粮食生产的大起大落，对于保持国民经济持续稳定增长和社会稳定，发挥了十分重要的作用。

5月14日
教育部召开全国高校内部管理体制改革座谈会。教育部负责人在会议主报告中提出，深化用人和分配制度改革，打破干部教师职业的"终身制"，积极推行教师聘任制和全员聘用合同制，拉开分配差距。

5月17日
石广生在第九次中澳部长级经济联委会上指出，中国坚持权利与义务的平衡。作为发展中国家，中国只能承担与本国目前国力相适应的义务。中国加入世贸组织不仅于己有利，对世贸组织本身和世界贸易的发展也有利。中国决不会牺牲自己的根本利益去参加世贸组织。

5月20日
朱镕基签署国务院第264号令，任命何厚铧为中华人民共和国澳门特别行政区第一任行政长官，于1999年12月20日就职。

5月21日
国务院办公厅转发科技部、财政部制定的《关于科技型中小企业技术创新基金的暂行规定》。《规定》明确了创新基金的使用、管理和支持的项目。

5月24—26日
外经贸部和国务院体改办在上海召开国家级经济技术开发区外资工作会议。吴仪在会上提出，国家级经济技术开发区吸收外资工作在思想认识上要实现两个转变，一是从依靠政策优势向依靠综合环境优势转变，二是从注重规模效益向注重质量效益转变。在工作着力点上也要实现两个转变，即从土地经营转为资本经营和技术经营，由经济开发转为经济和技术开发并重，以运行机制的转换和体制创新再创开发区发展的新优势。

5月25日
财政部等5部门联合举行落实"收支两条线"规定全国电视电话会议。尉健行在会上强调，执收执罚部门都要实行"收支两条线"管理，今年内务必抓出阶段性成效。6月22日，中央纪委、监察部在北京召开中央国家机关17个重点部门落实"收支两条线"规定工作汇报会。

5月25—30日
江泽民在湖北考察工作，重点就国有企业的改革与发展问题进行调研。他指出，在社会主义条件下发展市场经济，这是前所未有的创举，没有现成的答案。在发展社会主义市场经济条件下，搞好国有企业，更是我们面临的重大课题。

5月30日
国务院发出《关于进一步完善粮食流通体制改革政策措施的通知》，对完善粮食收购价格政策、继续加强粮食收购市场管理、抓紧处理陈化劣变粮食、加快国有粮食企业改革等方面的工作，都明确了政策措施，并提出了要求。

6月1日
卫生部公布《关于狠杀医药购销中的不正之风的实施意见》，《意见》提出，治理医药购销活动中的不正之风，在刹风整纪、狠抓治标的同时，要着力于治本，从源头上预防和治理。尤其要通过深化医药体制改革，从体制、法制、制度、管理等方面进一步强化监督制约机制。

6月2日

国家税务总局公布《关于加强农业税收工作的意见》，要求提高认识，重视和加强农业税收工作，坚持依法治税，大力组织农业税收收入。《意见》还提出，积极推进农村税费改革，加快农业税收征管改革步伐等措施。

6月3—4日

全国棉花工作会议在北京召开。朱镕基在会上强调，要抓住当前棉花供大于求的机遇，进一步深化棉花流通体制改革，运用经济手段加大结构调整力度，减少棉花种植面积，提高棉花质量，降低成本，增加效益，增强中国棉花的市场竞争能力。

6月5日

国务院公布《关于建设中关村科技园区有关问题的批复》，《批复》提出，要大胆改革，敢于创新，营造吸引、凝聚优秀科技人员和经营管理者的良好环境，建立能充分发挥人的聪明才智和迅速有效转化科技成果的充满活力的机制，促进科技、教育和高新技术产业的更大发展。

6月8—9日

中央扶贫开发工作会议在北京召开。江泽民在会上作了题为《全党全社会进一步动员起来夺取八七扶贫攻坚决战阶段的胜利》的报告。

6月11日

中共中央举办法制讲座，题目是《依法保障和促进农村的改革、发展与稳定》。江泽民主持讲座并作重要讲话。他指出，在进行社会主义现代化建设的全过程中，我们必须始终重视保障和促进农村的改革、发展与稳定，必须紧密结合农村改革和发展的实际，按照依法治国方略，继续积极推进农村的法制建设。

6月13日

中共中央、国务院颁布《关于深化教育改革全面推进素质教育的决定》。《决定》提出，深化教育改革，为实施素质教育创造条件。实施素质教育应当贯穿于幼儿教育、中小学教育、职业教育、成人教育、高等教育等各级各类教育，应当贯穿于学校教育、家庭教育和社会教育等各个方面。

6月14日

国家经贸委发布《关于建立中小企业信用担保体系试点的指导意见》，以贯彻政府扶持中小企业发展政策意图为宗旨的中小企业信用担保体系正式启动。

6月15—20日

中共中央、国务院在北京召开全国教育工作会议。在会上，李岚清指出，加快教育发展主要靠改革。关键是要进一步解放思想。一方面，要通过加快教育体制和结构改革，挖掘现有教育资源潜力，增强学校的活力与效率，充分发挥公办学校的主渠道作用。另一方面，积极鼓励和支持社会力量以多种形式办学，形成以政府办学为主体、公办学校和民办学校共同发展的格局。

6月17日

江泽民主持召开西北5省区国有企业改革和发展座谈会。

6月25—26日

江泽民在青岛主持召开华东7省市国有企业改革和发展座谈会。他在讲话中强调，建立现代企业制度，不仅是一个关系国有企业改革和发展的大课题，也是一个关系整个经济体制改革成败和国民经济持续健康发展的大课题。全党同志必须坚定不移地沿着建立现代企业制度的方向，进一步推进国有企业的改革和发展。

6月25—27日

全国证券期货监管工作会议在北京召开。中央决定，建立全国统一的证券期货监管体系，由中国证监会统一负责对全国证券、期货业的监管。这是对证券监管体制进行的重大改革。会议宣布中国证监会派出机构将从7月1日起正式挂牌。这标志着中国集中统一的证券监管体制已经形成。

7月6日

中央部门机构改革工作会议在北京举行。中共中央决定进行党中央部门机构改革。这是继1998年国务院机构改革和正在进行的地方政府机构改革之后的又一项重大改革举措。

7月14日

国务院办公厅下发《关于印发海南省人民政府、建设部、财政部、国土资源部、人民银行<处置海南省积压房地产试点方案>的通知》，要求海南省人民政府全面清理、加快处置积压房地产，减少金融资产损失，切实改善经济环境。

7月15日

党中央、国务院在北京召开省部长经济工作座谈会。朱镕基在会上指出，当前，要着力抓好建立现代企业制度、加大企业技术改造力度、改善企业资产负债结构和减轻企业社会负担等项工作，为实现大中型国有企业3年脱困和改革的目标而努力。

7月18日

全国完善公务员制度工作会议在北京召开。会议提出，地方机构改革要进一步加大竞争上岗力度，继续探索，勇于创新管理制度，使公务员制度充满活力和旺盛生命力。

7月23日

国务院办公厅转发科技部制定的《科学技术奖励制度改革方案》，改革的主要内容是：全面贯彻实施《国家科学技术奖励条例》，调整奖项设置、奖励力度、评价标准和评审办法等，加强对部门、地方和社会各种科学技术奖励的管理和指导，全面推进中国科学技术奖励制度改革的顺利进行。

7月26日

科技部、国家经贸委公布《关于促进民营科技企业发展的若干意见》。

7月29日

国务院办公厅转发农业部《关于当前调整农业结构的若干意见》。《意见》提出，调整农业生产结构应坚持6项原则：坚持以市场为导向；坚持发挥区域比较优势；坚持提高农业综合生产能力；坚持依靠科技进步；坚持运用经济手段；坚持尊重农民的意愿和生产经营自主权。

8月11日

科技部公布《关于加速国家高新技术产业开发区发展的若干意见》，提出的措施有：优化创业环境；进一步完善高新区创业服务体系；开发人力资源，提高队伍素质；扶持具有自主知识产权的科技型中小企业；进一步推进国际化进程；加强管理，提高整体水平。

8月12日

财政部公布《关于加大规范收费管理力度促进国民经济持续快速健康发展的通知》，为充分发挥行政事业性收费和政府性基金管理的政策作用，减轻企事业单位和人民群众负担，积极扩大内需，改善有效供给，提出加大涉及农民收费的清理整顿力度，切实减轻农民负担，增加农民有效需求等8条措施。

8月16日

中共中央办公厅、国务院办公厅转发建设部等7部门制定的《在京中央和国家机关进一步深化住房制度改革实施方案》。主要内容是：停止住房实物分配，进一步完善住房公积金制度，建立住房补贴制度，逐步实行住房分配货币化；继续推进现有公有住房改革，加快实现住房商品化；改革住房供应方式，逐步实行住房供应社会化。

8月23日

建设部下发《关于进一步推进现有公有住房改革的通知》。《通知》提出，各地要进

一步明确可出售公有住房和不宜出售公有住房的范围；凡属各地房屋管理部门直管的成套公有住房，除按规定不宜出售的外，均应向有购房意愿的现住户出售。

8月30日

九届全国人大常委会第11次会议通过《中华人民共和国个人独资企业法》，2000年1月1日起施行。

9月6日

建设部下发《关于加快推进住房分配货币化改革有关问题的通知》。

9月15日

教育部下发《关于当前深化高等学校人事分配制度改革的若干意见》，提出高等学校人事分配制度改革的具体措施：高校机构编制改革、高校用人制度改革、高校分配制度改革、落实高校内部管理自主权、建立人才流动保障和服务体系。

9月28日

国务院颁布《城市居民最低生活保障条例》。《条例》指出，持有非农业户口的城市居民，凡共同生活的家庭成员人均收入低于当地城市居民最低生活保障标准的，均有从当地人民政府获得基本生活物质帮助的权利。

10月11日

国务院发出《关于进一步完善粮食流通体制改革政策措施的补充通知》，强调要按照"三项政策，一项改革"的要求，不断完善措施，继续推进粮食流通体制改革，并对有关问题提出了具体意见。

10月18日

中国长城资产管理公司在京正式成立。该公司是具有独立法人资格的国有独资金融企业，注册资本金100亿元人民币。

10月19日

国家经贸委公布《关于进一步促进自营企业扩大出口的意见》。《意见》提出，全面落实企业的外经贸经营权；调整和优化出口商品结构，提高出口商品的附加值；鼓励自营生产企业到境外设点建厂，开展国际化经营；工贸结合，广开渠道，采取多种方式扩大自营企业出口。

11月1日

国家经贸委公布《深化医药流通体制改革的指导意见》。

11月8日

国务院发布《关于全面推进依法行政的决定》。《决定》指出，加强政府法制建设，全面推进依法行政。

11月11日

对外贸易经济合作部下发《关于防范和打击骗取出口退税有关问题的通知》。《通知》提出，为保证出口退税机制的正常运转，维护外经贸经营秩序，各地外经贸主管部门要在进一步加大协调力度、加快出口退税进度的同时，重点抓好防范和打击骗退税工作。

11月15日

中美两国政府在北京签署关于中国加入世界贸易组织的双边协议，并发表新闻公报，从而为中国"入世"迈出重要一步。

11月15—17日

中共中央、国务院在北京召开中央经济工作会议。会议指出，继续实行中央关于推动改革和发展的一系列政策措施，突出抓好国有企业改革和发展、经济结构调整、科技进步和扩大内需。

11月17日

中国人民银行下发《关于加强和改进对小企业金融服务的指导意见》，提出，进一步强化和完善对小企业的金融服务体系等10项政策措施。

11月20日

全国计划会议在北京召开。曾培炎提出明年国民经济和社会发展九项主要任务：努力增加固定资产投资；促进城乡居民消费；提高对外开放水平；提高农产品市场竞争力；促进传统工业技术升级；发挥价格杠杆作用，促进经济增长和结构调整；继续实施科教兴国战略；搞好生态建设和环境保护；加快西部地区大开发。

11月25日

温家宝在中央党校作《关于当前经济形势和任务》的报告中强调，改革是发展的动力，深化以国有企业改革为中心环节的经济体制改革，包括财税、金融、住房、社会保障以及其它方面的改革，才能更好地促进国民经济的发展。

11月25日

国土资源部公布《关于加强土地资产管理促进国有企业改革和发展的若干意见》，要求各级人民政府土地行政主管部门从有利于搞活整个国有经济，促进国有经济布局战略调整和国有企业的战略性改组，推动企业科技进步出发，盘活和显化企业土地资产，积极参与和支持国有企业改革工作。

11月26日

中共中央举办法制讲座，主题是依法保障和促进国有企业改革与发展，江泽民主持讲座并作重要讲话。

11月30日

国家经贸委下发《关于做好企业兼并破产工作确保社会稳定的紧急通知》，为使企业兼并破产工作规范操作、有序进行，提出以下措施：必须严格按照有关法律法规政策规范企业兼并破产；充分做好企业破产的前期准备工作，成熟一个，操作一个；充分发挥党政工团和职代会的作用，做好职工思想政治工作；切实加强领导，建立兼并、破产、关闭项目责任制。

12月7—9日

全国国有林场分类经营改革现场会在山东省泰安市召开。这项改革总体目标是：用3-5年的时间，全面完成国有林场分类经营改革，建立起相应的管理体制、运行机制和配套政策，使国有林场再现生机与活力，走上持续、稳定和健康的发展道路。

12月8日

全国财政工作会议在北京召开。会议确定明年财政工作的总体要求是，继续实施积极的财政政策，努力增加财政收入，调整财政支出结构，加强和稳定农业，支持国有企业改革和发展，加快社会保障体系建设，稳步推进税费改革，整顿和规范财经秩序，确保财政收支任务完成。

12月9日

对外贸易经济合作部下发《关于对国有、集体生产企业实行自营进出口权登记制的通知》，决定进一步扩大自营进出口权登记制的适用范围。

12月17日

九届全国人大常委会召开第13次会议，讨论通过关于修正《公司法》和《海关法》的决定。

12月18日

国务院发布《中华人民共和国国务院关于授权澳门特别行政区政府接收原澳门政府资产的决定》，授权中华人民共和国澳门特别行政区政府自1999年12月20日起接收和负责核对原澳门政府的全部资产和债务，并根据澳门特别行政区有关法律自主地进行管理。

1999年12月19日，澳门政权交接仪式。

12月18日

国务院办公厅转发建设部等6部门制定的《关于工程勘察设计单位体制改革的若干意见》，提出改革的目标是：勘察设计单位由现行的事业性质改为科技型企业，使之成为适应市场经济要求的法人实体和市场主体。

12月20日

中华人民共和国澳门特别行政区成立庆祝大会在澳门举行。

12月24日

国土资源部下发《关于加强征地管理工作的通知》，提出：进一步推行和完善政府统一征地制度，保证征地工作依法进行；实行政务公开制度，建立被征地单位群众的监督机制。

12月25日

九届全国人大会常委会第13次会议通过《关于加强中央预算审查监督的决定》提出，要坚持先有预算，后有支出，严格按预算支出的原则，细化预算和提前编制预算。

12月28日

民政部公布《民办非企业单位登记暂行办法》，对举办民办非企业单位审核登记的程序、应当具备的条件、登记事项等作出具体规定。

12月30日

国务院办公厅转发科技部等7部门制定的《关于建立风险投资机制的若干意见》。《意见》提出建立风险投资机制的基本原则；培育风险投资主体；建立风险投资撤出机制；完善中介服务机构体系；建立健全鼓励和引导风险投资的政策和法规体系等相关的政策措施。

12月30日

民政部发布《社会福利机构管理暂行办法》。《办法》对社会福利机构享受的优惠政策作了原则性规定，详细规定了申办社会福利机构的程序，对申办儿童福利机构作了特别规定。

数说发展

人口

总人口 **125909** 万人

城镇 **38892** 万人 ／ 乡村 **87017** 万人

 出生率 **15.23‰**

 死亡率 **6.46‰**

 自然增长率 **8.77‰**

 平均每户家庭人口 **3.58** 人

 老年人口 **8687** 万人

GDP（国内生产总值）

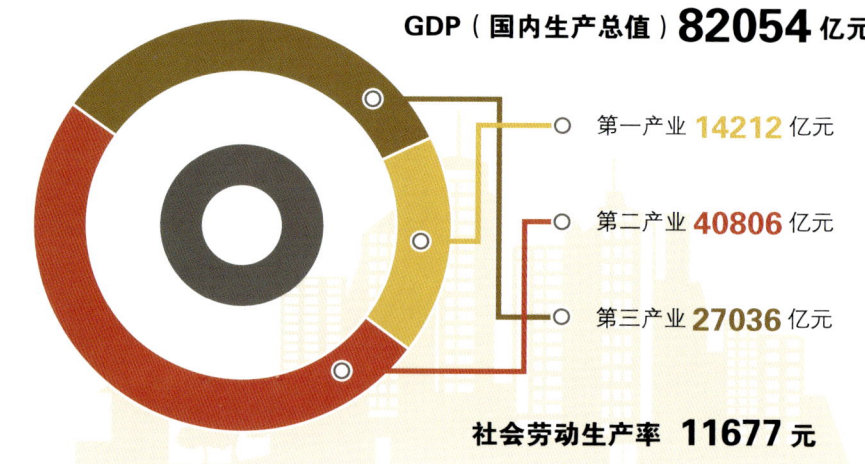

GDP（国内生产总值）**82054** 亿元

- 第一产业 **14212** 亿元
- 第二产业 **40806** 亿元
- 第三产业 **27036** 亿元

社会劳动生产率 **11677** 元

财政收支

收支差额 **−1743.59** 亿元
收入 **11444.08** 亿元
支出 **13187.67** 亿元

黄金和外汇储备

黄金 **1267** 万盎司　外汇 **1547** 亿美元

农业

产量（单位：万吨）

品种	产量
粮食	50800
棉花	383
糖料	8400
油料	2600
肉类	5953
水产品	4100

工业

工业增加值 **35357** 亿元

规模以上工业 **20307** 亿元

轻工业 **8690** 亿元

重工业 **11617** 亿元

建筑业增加值 **5450** 亿元

对外经济

进出口贸易总额 **3607** 亿美元

比上年增长 **6.1%**

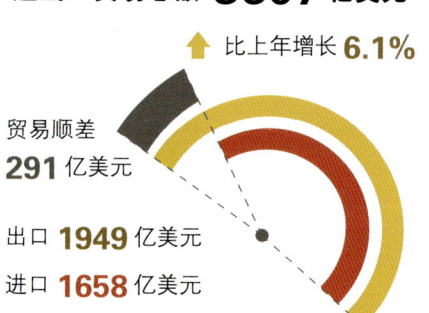

贸易顺差 **291** 亿美元
出口 **1949** 亿美元
进口 **1658** 亿美元

利用外资

批准外商直接投资项目 **17100** 个
外商直接投资实际到位资金 **404** 亿美元

对外经济合作

签约 **130** 亿美元
完成营业额 **112** 亿美元
在外劳务人员 **38** 万人

国内商业

社会商品零售总额 **31135** 亿元

城市消费品零售额 **19092** 亿元

县及县以下消费品零售额 **12043** 亿元

交通运输和邮电通信业

交通运输和邮电通信业增加值 4460 亿元

新建线路交付营业里程

 铁路主线正线 1040 公里

 铁路复线 1293 公里

 电气化铁路 607 公里

 高速公路 2672 公里

 万吨级港口码头年吞吐能力 1869 万吨

沿海主要港口完成货物吞吐量 10.4 亿吨

其中外贸货物吞吐量 3.8 亿吨

邮电业务总量 3311 亿元

 局用交换机总容量 1.6 亿门

电话普及率 13 部/百人

其中城市电话普及率 28.4 部/百人

农村 79.8% 的行政村通了电话

 移动电话用户 3.5 部/百人

 计算机互联网络用户 890 万户

货物周转量 41170 亿吨公里   **旅客周转量 11250 亿人公里**

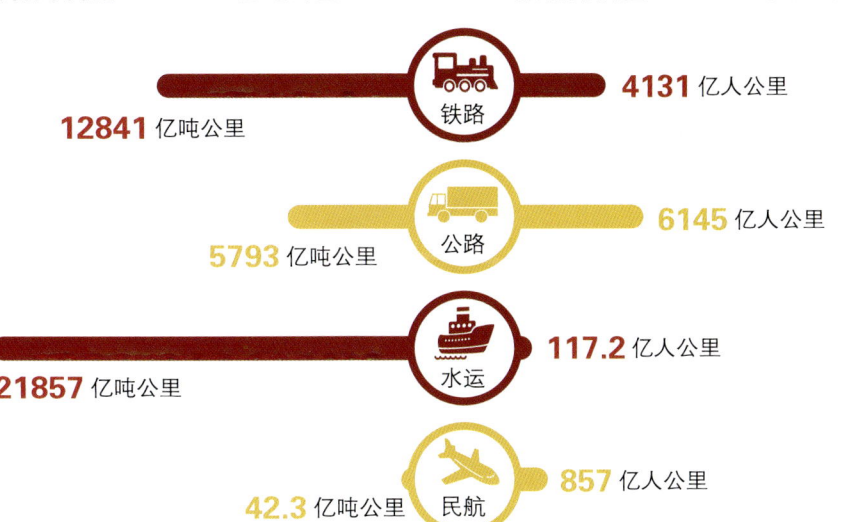

铁路：12841 亿吨公里 / 4131 亿人公里
公路：5793 亿吨公里 / 6145 亿人公里
水运：21857 亿吨公里 / 117.2 亿人公里
民航：42.3 亿吨公里 / 857 亿人公里

科学技术

科技队伍

从事科技活动人员 271 万人

科技活动经费支出总额 1250 亿元

科技成果

国家组织了 663 项重点技术创新项目和 1329 项重点新产品试产

完成了 26 项重大技术装备的研制及鉴定验收

取得省部级以上重大科技成果 2.95 万项

获国家奖励的成果 602 项

全年受理国内外专利申请 134240 件

授权专利 100154 件

固定资产投资

固定资产投资 29876 亿元

分经济类型看

1. 国有及其他经济类型投资 21719 亿元
2. 集体经济投资 4190 亿元
3. 居民个人投资 3967 亿元

分投资管理渠道看

4. 基本建设投资 12619 亿元
5. 更新改造投资 4419 亿元
6. 房地产开发投资 4010 亿元

1999

社会服务与保险事业

社会福利事业

社会福利院床位 **108** 万张
收养 **81** 万人

城镇建立起各种社区服务设施 **18** 万个
其中社区服务中心 **6572** 个

667 个城市、**1682** 个县已全部建立最低生活保障制度
共有 **525.7** 万人得到最低生活保障救济

- 销售社会福利彩票 **91** 亿元
- 筹集社会福利资金 **20** 亿元
- 接收社会捐赠 **6** 亿元

卫生

卫生机构（含诊所） **31** 万个
床位 **316** 万张
卫生技术人员 **446** 万人

卫生防疫、防治机构 **5900** 个
卫生技术人员 **22** 万人

妇幼保健机构 **2630** 个
卫生技术人员 **7.3** 万人

农村有医疗点的村数占总村数的 **90%**

乡村医生和卫生员 **133** 万人

保险事业

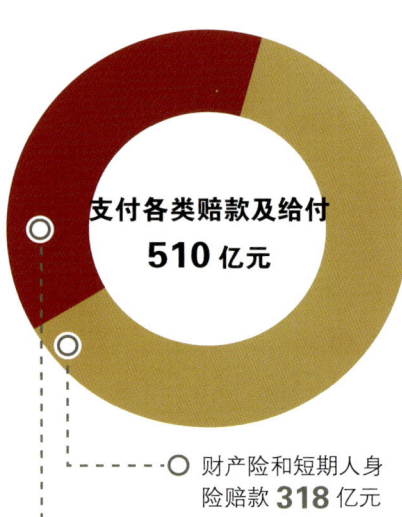

支付各类赔款及给付 **510** 亿元

○ 财产险和短期人身险赔款 **318** 亿元
○ 寿险给付 **192** 亿元

体 育

获得世界冠军 92 个

16 人 **50** 次创 **24** 项世界纪录
10 人 **16** 次创 **7** 项亚洲纪录
43 人 **3** 队 **68** 次创 **52** 项全国纪录

旅 游

入境游客人数 7280 万人次

其中
外国游客 **843** 万人次
港、澳、台胞 **6426** 万人次

国际旅游外汇收入 141 亿美元

全年全国出游 **71900** 万人次
人均旅游消费支出 **227** 元

财产险保费收入 **521** 亿元
寿险保费收入 **768** 亿元
健康险和意外伤害险保费收入 **104** 亿元

保费收入（含外资机构） **1393** 亿元

人民生活

居民恩格尔系数

 城镇 41.9%
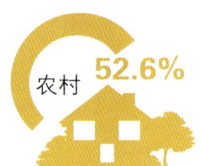 农村 52.6%

城乡居民人均收入

城镇 **5854** 元
农村 **2210** 元

新建住宅面积

农村 **8.7** 亿平方米
城镇 **5** 亿平方米

全国从业人员数 70586 万人

其中城镇从业人员 **21014** 万人
（城镇私营个体从业人员 **3940** 万人）

城乡居民储蓄存款余额
59622 亿元

教 育

成人技术培训学校培训学员 **10157** 万人次

扫除文盲 **299** 万人

在校学生数（单位：万人） / 招生人数

类别	在校学生数	招生人数
研究生	23	9
普通高校	413	160
成人高校	306	116
普通高中	1050	396
中等职业技术学校	1443	481
初中	5812	2183
小学	13548	2030
特殊教育学校	37	5

招生规模比上年扩大 **47.4%**

文 化

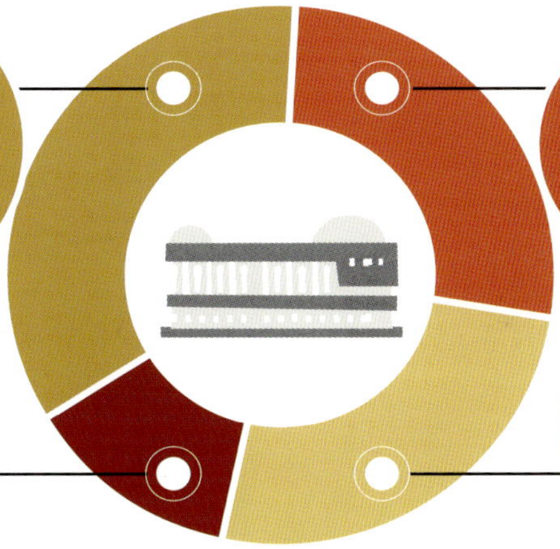

档案馆 **3733** 个
已开放各类档案 **4009** 万卷（件）

博物馆 **1371** 个

文化馆 **2899** 个

公共图书馆 **2765** 个

广播综合人口覆盖率 **90.4%**

电视综合人口覆盖率 **91.6%**

艺术表演团体 **2614** 个

出版

全国性和省级报纸 **201** 亿份

杂志 **29** 亿册

图书 **73** 亿册（张）

全国有线电视用户 **7700** 万户

1978-2018

中国改革开放全纪录

2000

- 医疗体制"三改并举"
- 农村税费改革试点
- 国企"三年脱困"目标实现
- 完善城镇社会保障体系改革试点
- 西部大开发战略正式启动

焦点事件

医疗体制"三改并举"

卫生医疗体制1998年开始推行"三项改革",即医疗保险制度改革、医疗卫生体制改革、药品生产流通体制改革,2000年国务院专门召开会议就"三改并举"进行部署。

2000年2月21日,国务院公布《关于城镇医药卫生体制改革的指导意见》,全面启动医改。此次医改主要措施包括:将医疗机构分为非营利性和营利性两类进行管理;扩大基本医疗保险制度覆盖面;卫生行政部门转变职能,政事分开,实行医疗机构分类管理;改革药品流通体制,实行医药分家等。这些措施被解读成为完全"市场化"的医改开了绿灯。

7月7日,卫生部等5部门下发的《医疗机构药品集中招标采购试点工作若干规定》要求,药品集中招标采购活动,一般实行公开招标。不宜实行公开招标的可采用邀请招标、竞争性谈判采购、询价采购等方式进行。

7月18日,卫生部等4部门下发《关于城镇医疗机构分类管理的实施意见》。

8月4日,国家发展计划委员会、卫生部公布《关于改革医疗服务价格管理的意见》,就改革医疗服务价格管理提出5条意见:调整医疗服务价格管理形式;下放医疗服务价格管理权限;规范医疗服务价格项目;改进医疗服务价格管理方法;加强医疗服务价格监督检查。

农村税费改革试点

1996年12月30日,中共中央、国务院下发了《关于切实做好减轻农民负担工作决议》,体制性税费改革逐渐深入。

2000年3月2日,中共中央、国务院正式发出《关于进行农村税费改革试点工作的通知》。《通知》指出:"中央确定在安徽省以省为单位进行农村税费改革试点,其他省、自治区、直辖市可根据实际情况选择少数县(市)试点。"安徽再一次成为中国农村改革探路的先锋。《通知》还提出农村税费改革试点的主要内容

国税人员在安徽肥西县官亭镇一大棚内向农民宣传税收优惠政策和税法知识。

> **观点**
>
> **陈锡文**:农民负担重的根本原因在于农村税费制度。滞后的税收体制与农村经济现状之间的严重脱节,造成了农村税费征收中存在诸多漏洞和随意性。这次农村税费改革的主要目的,一是要切实减轻农民的负担,二是要规范农村的税费制度。改革的主要内容:一是"两项取消",即取消屠宰税和教育集资;二是"两项改革",即改革农业税、改革"三提五统"。
>
> 资料来源:《推进税费改革,减轻农民负担》,《中国税务》,2000年第6期。

是:取消乡统筹费、农村教育集资等专门面向农民征收的行政事业性收费和政府性基金、集资;取消屠宰税;取消统一规定的劳动积累工和义务工;调整农业税和农业特产税政策;改革村提留征收使用办法。

7月4日,财政部、国家计委、农业部发布《关于取消农村税费改革试点地区有关涉及农民负担的收费项目的通知》,决定在农村税费改革试点地区,取消各地按农民人均纯收入收取的乡统筹费等4项涉及农民负担的收费项目。要求进行农村税费改革试点地区的省、自治区、直辖市政府对地方各级政府及其部门出台的涉及农民负担的项目进行清理。

2000年,上海市首先对34家市级医院的3种药品实行集中招标试点,当年就降低药价30%,给广大患者节约了460万元。

专栏：一封信引出"三农"成为改革焦点

就在《关于进行税费改革试点工作的通知》发出的当天，2000年3月2日，时任湖北监利棋盘乡党委书记的李昌平以《一个乡党委书记的心里话》为题，向时任总理朱镕基反映"三农"问题，得到了朱镕基的两次批复，当时中央政治局七位常委也给予批示，要求认真搞好棋盘乡的改革试点，从而引发了湖北监利一场"声势浩大"的农村改革，也改变了李昌平的人生轨迹。

在信中，李昌平写道："我要对您说的是，现在农民真苦，农村真穷，农业真危险。……农民不再热爱土地，因为百分之八十的农民种田亏本。官员本来是按照土地摊派税赋的，现在只好转而按人丁摊派，叫做'人头费'。中央政府税收体系中没有这个名目，可是干部执行此项制度却格外认真。……丧失劳动力的八十岁的老爷爷老奶奶和刚刚出生的婴儿也一视同仁地交几百元的'人头'费。"李昌平指出，尽管如此，乡镇政府依然债台高筑，每年从农民那里弄来的钱，除了偿还债务利息，还不够给干部发工资的，因为依靠税费养活的人在过去十年里增加了两倍。于是去借更多的高利贷，去农民头上搜刮更多的钱来还债。如此年复一年，政府的债台愈高，百姓积怨日深。

那封4000多字的信发出还不到一个月，中央调查组就来到了湖北省监利县。调查组直接与李昌平接洽，走访村民，发现情况比信中所反映的还严重。在阅读了调查报告后，朱镕基总理批复说：农民真苦、农村真穷、农业真危险虽非全面情况，但问题在于我们往往把一些好的情况当作全面情况，而误信了基层干部的"报喜"，忽视问题的严重性。当时任国务院副总理的温家宝也对调查报告作了批示，强调要切实减轻农民负担。2000年6月，湖北省决定在棋盘乡监利县进行改革，取得经验后在全省推广。

资料来源：《中国经济体制改革重大事件》，中国人民大学出版社；《我向总理说实话》，陕西人民出版社。

8月7日，财政部又公布《改革和完善农村税费改革试点县、乡财政管理体制的指导性意见》，就改革和完善县、乡财政体制，提出以下几个方面的指导性意见：明确划分县、乡政府的财政支出责任，合理调整支出范围；精简机构、压缩人员，减少不合理开支；实行分级管理的分税制财政管理体制，明确收入归属；逐步建立规范的转移支付制度。

农村税费改革是中共中央、国务院作出的关于农村发展的重大决策，成为农村继土地改革和农村家庭承包经营制以后的"第三次革命"。

国企"三年脱困"目标实现

1997年9月，中共十五大和十五届一中全会提出：用三年左右的时间，通过改革、改组、改造和加强管理，使大多数国有大中型亏损企业摆脱困境，力争到2000年底大多数国有大中型骨干企业初步建立现代企业制度。

2000年12月11日，全国经贸工作会议在京召开。国家经贸委主任盛华仁在会议上发表讲话，他说："今年工业生产与流通稳步发展，经济运行的质量和效益明显提高。国有及国有控股工业实现利润大幅度提高。国有企业改革进一步深化，国有大中型骨干企业80%以上初步建立现代企业制度，在实现政企分开、转换经营机制、加强企业管理、分离办社会职能和分流富余人员等方面，迈出了重要步伐，这些成效说明，国有企业改革与脱困三年目标基本实现。"

经过三年大力度的改革和脱困，国有企业在体制机制建设上也有重要进展。第一，国有企业推出市场的机制初步形成，渠道开始打通；第二，国有企业职工流动机制初步形成。三年中2000多万职工下岗，而其中大部分已实现再就业；第三，国有企业职工逐步由"企业人"转变为"社会人"；第四，国有企业由依赖政府注资，转而走向依托资本市场。

随着国企三年改革与脱困目标的实现，国家的经济状况也出现好转。2000年中国国内生产总值达到8.7万亿元，主要工农业产品产量位

国有工业中困难最大、亏损最严重的纺织行业到2000年实现全行业扭亏为盈。

2000年，重庆工业经济结束了连续6年亏损的历史，走入盈利时代。西南铝业通过实施"债转股"，实现扭亏为盈，带动大批重庆工业企业效仿，成为国有企业中的经典案例。图为西南铝业集团的生产车间。

> **观点**
>
> **陈清泰、鲁志强、刘世锦、郭励弘等**：政府在经济结构调整中的基本态度，应该从传统的"国家推动发展"转变为"增进市场"。政府需要在三个方面提供制度保障：一是彻底清理现有法规；二是以分级所有为产权框架，建立出资人制度；三是为解决两大负债打下制度基础。国资进退的辩证关系是不退不进，退而后进。
>
> **资料来源**：《经济结构调整：政府的职责与国资的动作》，《中国工业经济》，2000年第10期。

居世界前列，商品短缺状况基本结束；进出口总额突破4000亿美元，比1995年增长40%以上。

完善城镇社会保障体系改革试点

2000年4月，国务院总理朱镕基视察辽宁国企脱困情况时，首次提出在辽宁进行完善城镇社会保障体系改革试点。

2000年夏天，国务院成立专题办公室，设计社保改革总方案。年末，全国社会保障工作会议召开，会议决定，在辽宁全省范围内进行完善城镇社会保障体系改革试点，中央财政在资金上给辽宁以帮助。

12月25日，国务院发布《关于印发完善城镇社会保障体系试点方案的通知》。《通知》提出，完善社会保障体系的总目标是建立独立于企业事业单位之外、资金来源多元化、保障制度规范化、管理服务社会化的社会保障体系。完善社会保障体系的主要任务是：调整和完善城镇企业职工基本养老保险制度；研究制定机关事业单位职工养老保险办法；加快建立城镇职工基本医疗保险制度；推动国有企业下岗职工基本生活保障向失业保险并轨；加强和完善城市居民最低生活保障制度；实现社会保障管理和服务的社会化；加强社会保障资金的筹集和管理；加快社会保障立法步伐。

2001年6月15日，辽宁省政府将试点实施方案正式上报国务院审批。7月1日，社保改革试验正式在辽宁启动。辽宁开始了做实基本养老保险个人账户的试点工作。

辽宁此次养老保险改革试点，就是要使"统""账"彻底分开，使个人账户的所有者真正成为自身养老

湖北省襄樊市台基半导体有限公司（原市仪表元件厂）女工拿到了公司给她们办理的养老保险手册。

财产的所有者,不允许继续挪用新人的个人账户。

每个人的账户上都有一笔实实在在属于自己的钱,这是个人积累体制的开端。

西部大开发战略正式启动

1999年3月3日,江泽民总书记在九届全国人大二次会议和全国政协九届二次会议的党员负责人会议上的讲话中,提出了西部大开发的战略思想。6月初,在中央扶贫开发工作会议上,江泽民再次谈到西部大开发问题。9月22日,中共十五届四中全会正式提出了"国家要实施西部大开发战略"。在这次全会上,实施西部大开发战略写入了《中共中央关于国有企业改革和发展若干重大问题的决定》。

国务院于2000年1月成立了西部地区开发领导小组,由国务院总理朱镕基担任组长,国务院副总理温家宝担任副组长。

1月24日,由国务院西部地区开发领导小组组织召开的西部地区开发会议在北京举行,研究加快西部地区发展的基本思路和战略任务,部署实施西部大开发的重点工作。朱镕基总理在会上强调要站在中国现代化建设全局和战略高度,把思想和行动统一到党中央这一重大决

 语录
"全国人民能说一句,他是一个清官,不是贪官,我就很满意了。"

——朱镕基

背景:厦门远华特大走私案等将一批高官拉下马,从一个侧面说明了腐败在中国的严重程度。3月15日,在九届全国人大三次会议记者招待会上,当记者问到"您的任期已经过半,您希望中国人民在您离任之后最记得您的到底是哪个方面?"时,国务院总理朱镕基回答:"我只希望在我卸任以后,全国人民能说一句,他是一个清官,不是贪官,我就很满意了。如果他们再慷慨一点,说朱镕基还是办了一点实事,我就谢天谢地了。"

在山坡吃饭的陕西延安郊区农村孩子

👤 人物:王梦奎

王梦奎,1938年生,河南温县人。先后担任过国家计委委员,国务院研究室副主任、主任,国务院发展研究中心主任。是第十届全国人大常委会委员、财经委员会副主任,中国共产党第十四届中央候补委员,第十五届中央委员。

王梦奎长期从事经济理论和经济政策的研究,参加过党和国家许多重要文件的起草,包括党的十三大、十五大、十六大、十七大报告,以及十三大以来多次中央全会重要决定。在20世纪80年代和90年代,参与或者主持起草国务院向全国人大所做的《政府工作报告》。主持关于国民经济和社会发展"八五"、"九五"、"十五"、"十一五"规划和经济体制改革方面许多重要课题的研究。还主持过中国发展高层论坛、中日经济知识交流会等重要国际交流活动。

1993年,他参与起草了十四届三中全会《关于建立社会主义市场经济体制若干问题的决定》,并在文件起草过程中列席了中央财经领导小组、中央政治局常委会和中央政治局讨论《决定》提纲和《决定》稿的多次会议。

1995年之初,王梦奎就提出,中国现代化的困难之处不在东部,而在西部;不是在城市,而是在农村。中国现代化的落脚点最终可能也是在西部地区,因此,开发西部是必须长期坚持的发展战略。王梦奎站在全局角度,将西部开发与全国的发展联系起来,有深刻的现实意义,他的一系列研究成果对中共中央和国务院的西部大开发决策提供了至关重要的依据。

资料来源:①《中国百名经济学家理论贡献精要》(第二卷),中国时代经济出版社;②《社会主义市场经济体制的第一个总体设计——十四届三中全会〈决定〉起草的回忆》,《中国经济报告》杂志,2008年第5期;③《王梦奎,文武双全的国务院第一笔》,《新闻世界(社会生活)》,2008年第1期。

观点

高尚全： 体制创新是西部大开发的重中之重。西部发展差距的根源在于体制差距，无论是在所有制结构、市场主体的成熟程度，还是在市场机制的完善程度以及政府调控职能等方面，东、西部地区的差距都是十分明显的。因此，体制创新在西部大开发中居于十分重要地位。如果西部非国有经济的比重能够提高到东部地区的水平，西部地区的经济发展状况就会有很大改观。

资料来源：《加快体制创新，促进西部大开发和民营经济发展》，《中国改革》，2000年第11期。

刘诗白： 新时期进行积极的西部大开发，需要实行大推动。这里提出的大推动包括促进稀缺生产要素——资金、技术的流入；科技创新和向生产力转换能力的增强；加强人才的引进和人力资本的培育；全面体制改革的推进；文化、观念变革和社会主义市场经济新观念的形成等。

资料来源：《论全面大推动战略——西部大开发的经济学思考》，《经济学动态》，2000年第7期。

刘诗白： 与东部大发展相比较，西部大开发面临体制背景不同、区位优势不同、市场情况不同、国际环境不同等重大变化，由此决定西部大开发要有新思路：第一，从追求优惠政策转变为主要依靠市场；第二，从以政府行为为主转变为主要运用市场机制；第三，从资源导向型转变为市场导向型；第四，从注重地区比较优势转变为培育企业竞争优势；第五，从数量扩张转变为素质提高；第六，从主要从事资源开采业转变为一、二、三产业协调发展；第七，从主要依靠国有经济转变为大力发展非国有经济；第八，从主要依靠外部援助转变为激发内部活力为主；第九，从单纯重视经济增长转变为经济社会环境的协调发展。

资料来源：《西部大开发新思路初探》，《中国工业经济》，2000年第3期。

在"西部大开发"热潮中，地处十万大山中的贵阳市的城市交通网。

策上来。会议认为，实施西部大开发是一项规模宏大的系统工程，也是一项艰巨的历史任务。

3月5日，在九届全国人大三次会议上，朱镕基总理在向大会所作的《政府工作报告》中，对实施西部大开发战略作了论述。他指出：实施西部大开发，加快中西部地区发展，是党中央贯彻邓小平关于中国现代化建设"两个大局"战略思想、面向新世纪所作的重大决策。这对于扩大内需、推动国民经济持续增长，对于促进各地区经济协调发展、最终实现共同富裕，对于加强民族团结、维护社会稳定和巩固边防，都具有十分重要的意义。东部地区要采取多种形式加大对中西部地区的支持力度。中西部地区要抓住机遇，加快发展步伐，发扬自力更生、艰苦奋斗的精神，注重实效，扎实工作，努力搞好各项建设。

10月，中共十五届五中全会通过了《中共中央关于制定国民经济和社会发展第十个五年计划的建议》，把实施西部大开发、促进地区协调发展作为一项战略任务。

12月27日，国务院发出《关于实施西部大开发若干政策措施的通知》，这标志着中国实施西部大开发战略迈出实质性步伐。《通知》指出："当前和今后一段时期，实施西部大开发的重点任务是：加快基础设施建设；加强生态环境保护和建设；巩固农业基础地位，调整工业结构，发展特色旅游业；发展科技教育和文化卫生事业。力争用5到10年时间，使西部地区基础设施和生态环境建设取得突破性进展，西部开发有一个良好的开局。到21世纪中叶，要将西部地区建成一个经济繁荣、社会进步、生活安定、民族团结、山川秀美的新西部。""西部开发的政策适用范围，包括重庆市、四川省、贵州省、云南省、西藏自治区、陕西省、甘肃省、宁夏回族自治区、青海省、新疆维吾尔自治区和内蒙古自治区、广西壮族自治区"。

专栏:"西气东输"工程——西部大开发的标志性工程

改革开放以来,中国能源工业发展迅速,但结构很不合理,煤炭在一次能源生产和消费中的比重均高达72%。大量燃煤使大气环境不断恶化,发展清洁能源、调整能源结构已迫在眉睫。在这样的情况下,党中央、国务院积极着手解决中国经济发展过程中的能源问题。

2000年2月,国务院第一次会议批准启动"西气东输"工程。这是仅次于长江三峡工程的又一重大投资项目,是拉开西部大开发序幕的标志性建设工程。

规划中的"西气东输",西起新疆塔里木轮南油气田,向东经过库尔勒、吐鲁番、鄯善、哈密、柳园、酒泉、张掖、武威、兰州、定西、西安、洛阳、信阳、合肥、南京、常州等大中城市,终点为上海,横贯新疆、甘肃、宁夏、陕西、山西、河南、安徽、江苏、上海等9个省区,全长4200千米,是目前中国距离最长、口径最大的输气管道。"西气东输"管道直径1016毫米,设计压力为10兆帕;全线采用自动化控制,供气范围覆盖中原、华东、长江三角洲地区。"西气东输"管道工程,采取干支结合、配套建设方式进行,管道输气规模设计为每年120亿立方米。

资料来源:中国石油天然气集团公司,《2000年2月国务院批准启动"西气东输"工程》,2008年9月28日。

流行志

▶ MP3

MP3是对数字音乐进行压缩的一种高效方法,将声音用1:10甚至1:12的压缩率,变成容量较小的档案,但是在人耳听起来,却没有什么不同。人们常说的MP3是指MP3播放器,与随身听、CD机相比,MP3机身小巧,音质较好,制作简单,交流方便,可以让人们根据自己的意愿安排音乐的播放顺序,既迅速又轻松。2000年,MP3逐渐替代CD机,在中国变得非常流行,成为最受年轻人欢迎的音乐播放器。

▶ 《富爸爸 穷爸爸》

2000年9月,在美国创下销量奇迹的《富爸爸 穷爸爸》中文版面市后,连续18个月蝉联全国图书销售排行榜第1名。《富爸爸 穷爸爸》讲述了一个真实故事。作者罗伯特·清崎以亲身经历的财富故事展示了"穷爸爸"和"富爸爸"截然不同的金钱观和财富观:穷人为钱工作,富人让钱为自己工作。《富爸爸 穷爸爸》第一次将"财商"引进中国,对中国人传统的价值观、金钱观、人生观都是巨大的冲击。

▶ 韩流

2000年左右,韩国电视剧几乎占据了中国人的电视屏幕。从《冬日恋歌》、《蓝色生死恋》到《天国的阶梯》、《美丽的日子》一部部剧情雷同的韩国电视剧却在国内掀起了收视狂潮,剧中身患癌症或白血病的女主角牵动着无数观众的心。韩国明星金喜善、安在旭、裴勇俊等领衔进入中国市场,街头韩式烤肉、泡菜生意红火,韩版服装流行,年轻人中出现了哈韩一族。取寒流谐音,人们将这种现象称为"韩流"。

▶ 《卧虎藏龙》

《卧虎藏龙》剧照

2000年,李安导演的电影《卧虎藏龙》不仅吸引了整个华人世界的眼球,而且在世界影坛上再次掀起了一阵中国古典武侠的飓风。《卧虎藏龙》不落窠臼的打斗和充满哲理的内核,开创了中国武侠片的新纪元。该片获得2000年第37届台湾电影金马奖6项大奖,第20届香港电影金像奖8项大奖,被美国《时代》周刊评为2000年度最佳影片。2001年,在奥斯卡颁奖礼上《卧虎藏龙》获得了最佳外语片奖等4个奖项,填补了华语电影在奥斯卡奖项上的空白。

环球大事

1月1日
两千年问题（千年虫）没有造成全球电脑系统的大规模瘫痪。

1月10日
美国在线公司和时代华纳公司合并，组建"美国在线—时代华纳公司"（AOL Time Warner）。

1月12日
南部非洲发展共同体宣布，酝酿已久的南共体自由贸易区计划将于当年4月正式启动。目前南共体14个成员国中已有10国签署和批准了计划。

1月12日
以"新开端、新思路"为主题的世界经济论坛新千年首届年会在瑞士达沃斯开幕。与会者讨论了人类面临的新问题及寻求解决的新思路。主要议题包括经济全球化、生物技术革命、电子贸易和环境保护等。

2月12日
联合国贸发会议在曼谷开幕。本届大会的主题是："全球化和新世纪发展战略"。

3月7日
以"建设知识社会"为主题的第二届全球知识大会在马来西亚首都吉隆坡开幕。会议重点讨论三大问题：如何确保各国公民都能平等地获得信息和通信技术；确定协助个人和社会群体改善生活的策略以及如何使新技术成为更有效、透明和参与式的管理工具。

6月10日
中亚和西亚经济合作组织第6届首脑会议闭幕。会议发表《德黑兰宣言》，呼吁成员国之间加强在经济、科技、教育、文化以及基础设施等领域的合作，迎接科技全球化的挑战，以促进地区经济繁荣。

8月4日
联合国欧洲经济委员会在日内瓦宣布，随着一项关于汽车生产技术标准的国际协议即将生效，全球汽车生产将采用统一的安全标准。

8月28日
国际奥委会执委会在瑞士洛桑宣布，北京等五个城市获得2008年夏季奥运会申办资格。

9月6—8日
千年首脑会议在纽约联合国总部举行。

10月10—12日
"中非合作论坛——北京2000年部长级会议"召开。

10月10日
克林顿总统签署对华永久正常贸易关系议案，从而使这项由美国参众两院通过的议案正式成为美国法律。

10月20日
第三届亚欧会议在汉城开幕。

11月1日
第55届联大第一委员会（裁军和国际安全委员会）以78票赞成、3票反对的压倒多数通过了中国、俄罗斯等国共同提出的关于"维护和遵守"《限制反弹道导弹系统条约》（简称《反导条约》）的决议草案。同一天，联大会议还一致作出决定，同意接纳南斯拉夫联盟共和国为联合国会员。

12月7—11日
欧盟首脑会议在法国尼斯召开，会议通过《尼斯条约》。

社会关注

个人存款账户实行实名制

储户在建行江苏海安县海陵储蓄所办理业务。

2000年3月20日，国务院总理朱镕基签署第285号国务院令，公布了《个人存款账户实名制规定》。按照《个人存款账户实名制规定》规定，自2000年4月1日起，居民在任何一家金融机构开立存款账户，都必须使用法定身份证件上的姓名及号码。凡居住在境内的16周岁以上的中国公民，在有关金融机构开立个人存款账户或在原账户上办理第一笔存款时，其实名身份证件除居民身份证或者临时居民身份证外，还包括户口簿、护照。军队离退休干部（武装警察）以及在解放军军事院校学习的现役军人，在有关金融机构开立个人存款账户或在原账户上办理第一笔存款时，其实名身份证件分别为：离休干部荣誉证、军官退休证、文职干部退休证和军事院校学员证。居住在境内或境外的中国籍的华侨在有关金融机构开立个人存款账户或在原账户上办理第一笔存款时，其实名身份证件可以是中国护照。外国边民在中国边境地区的金融机构开立个人存款账户或在原账户上办理第一笔存款时，其实名身份证件除护照外，还可是所在国制发的《边民出入境通行证》。此后，个人存款账户实名制在全国正式、广泛、规范地推开。

厦门远华特大走私案

远华特大走私案的主角是厦门远华集团董事长赖昌星。赖昌星于1994年成立远华集团，从成立到1999年案发，远华集团从事走私犯罪活动达5年之久，走私货物总值人民币274亿元，偷逃税额共计人民币140亿元，造成国家损失合计830亿元。

厦门远华特大走私案，其涉案金额之巨，办案时间之长，规模之大，案件涉及面之广，是前所未有的，堪称中华人民共和国第一经济大案，从而引起国内外的广泛关注。

厦门远华特大走私犯罪集团的部分动产被拍卖

重要文献

《中共中央关于制定国民经济和社会发展第十个五年计划的建议》
（2000年10月11日）

2000年10月11日，中共第十五届中央委员会第五次全体会议审议并通过了《中共中央关于制定国民经济和社会发展第十个五年计划的建议》。《建议》从经济发展、改革开放、科技教育、精神文明与民主法制建设和人民生活等方面，提出了"十五"的主要奋斗目标和任务，强调要把发展作为主题，把结构调整作为主线，把改革开放和科技进步作为动力，把提高人民生活水平作为根本出发点。

目录：
- 一、推进国有企业改革和发展是一项重要而紧迫的任务
- 二、国有企业改革和发展的主要目标与指导方针
- 三、从战略上调整国有经济布局
- 四、推进国有企业战略性改组
- 五、建立和完善现代企业制度
- 六、加强和改善企业管理
- 七、改善国有企业资产负债结构和减轻企业社会负担
- 八、做好减员增效、再就业和社会保障工作
- 九、加快国有企业技术进步和产业升级
- 十、为国有企业改革和发展创造良好的外部环境
- 十一、建设高素质的经营管理者队伍
- 十二、加强党对国有企业改革和发展工作的领导

重要文献

《关于城镇医药卫生体制改革的指导意见》
（2000年2月21日）

2000年2月21日，国务院公布《关于城镇医药卫生体制改革的指导意见》，提出改革的目标是：建立适应社会主义市场经济要求的城镇医药卫生体制，促进卫生机构和医药行业健康发展，让群众享有价格合理、质量优良的医疗服务，提高人民的健康水平。

节选：

实行卫生工作全行业管理。卫生行政部门要转变职能，政事分开，打破医疗机构的行政隶属关系和所有制界限，积极实施区域卫生规划，用法律、行政、经济等手段加强宏观管理，并逐步实行卫生工作全行业管理。完善有关规章制度，健全医疗服务技术规范。合理划分卫生监督和卫生技术服务的职责，理顺和完善卫生监督体制，依法行使卫生行政监督职责。禁止各种非法行医。有关部门要建立和完善医疗机构、从业人员、医疗技术应用、大型医疗设备等医疗服务要素的准入制度。

建立新的医疗机构分类管理制度。将医疗机构分为非营利性和营利性两类进行管理。国家根据医疗机构的性质、社会功能及其承担的任务，制定并实施不同的财税、价格政策。非营利性医疗机构在医疗服务体系中占主导地位，享受相应的税收优惠政策。政府兴办的非营利性医疗机构由同级财政给予合理补助，并按扣除财政补助和药品差价收入后的成本制定医疗服务价格；其他非营利性医疗机构不享受政府补助，医疗服务价格执行政府指导价。卫生、财政等部门要加强对非营利性医疗机构的财务监督管理。营利性医疗机构医疗服务价格放开，依法自主经营，照章纳税。

——摘自人民网，2000年2月21日。

> 重要文献

《国务院关于实施西部大开发若干政策措施的通知》
（2000年10月26日）

2000年10月26日，《国务院关于实施西部大开发若干政策措施的通知》正式出台，标志着中国实施西部大开发战略迈出实质性的步伐。《通知》指出，实施西部大开发战略，加快中西部地区发展，是中国现代化战略的重要组成部分，是党中央高瞻远瞩、总揽全局、面向新世纪作出的重大决策，具有十分重大的经济和政治意义。

节选：

二、增加资金投入的政策。

（一）加大建设资金投入力度。提高中央财政性建设资金用于西部地区的比例。国家政策性银行贷款、国际金融组织和外国政府优惠贷款，在按贷款原则投放的条件下，尽可能多安排西部地区的项目。……

（二）优先安排建设项目。水利、交通、能源等基础设施，优势资源开发与利用，有特色的高新技术及军转民技术产业化项目，优先在西部地区布局。……

（三）加大财政转移支付力度。……在农业、社会保障、教育、科技、卫生、计划生育、文化、环保等专项补助资金的分配方面，向西部地区倾斜。……

（四）加大金融信贷支持。……加大对西部地区基础产业建设的信贷投入，重点支持铁路、主干线公路、电力、石油、天然气等大中型能源项目建设。……

三、改善投资环境的政策。

（一）大力改善投资的软环境。……凡对外商开放的投资领域，原则上允许国内各种所有制企业进入。加快建立中小企业信用担保体系和中小企业服务机构。……相应简化外商投资项目审批程序。……

（二）实行税收优惠政策。对设在西部地区国家鼓励类产业的内资企业和外商投资企业，在一定期限内，按百分之十五的税率征收企业所得税。……

四、扩大对外对内开放的政策。

（一）进一步扩大外商投资领域。……扩大西部地区服务贸易领域对外开放，将外商对银行、商业零售企业、外贸企业投资的试点扩大到直辖市、省会和自治区首府城市，允许西部地区外资银行逐步经营人民币业务……铁路和公路货运企业、市政公用企业和其他已承诺开放领域的企业。一些领域的对外开放，允许在西部地区先行试点。

——摘自《中华人民共和国国务院公报》2001年第1期，第19—21页，中华人民共和国国务院办公厅编辑出版。

■ 重要文献

《关于进行农村税费改革试点工作的通知》
（2000年3月2日）

2000年3月2日，中共中央、国务院下发《关于进行农村税费改革试点工作的通知》。《通知》提出为探索建立规范的农村税费制度、从根本上减轻农民负担的有效办法，党中央、国务院决定进行农村税费改革试点。《通知》明确了农村税费改革试点工作的指导思想、基本原则、主要内容和配套措施。

节选：

农村税费改革试点工作的指导思想是：贯彻党的十五大和十五届三中全会精神，根据社会主义市场经济发展和推进农村民主法制建设的要求，规范农村税费制度，从根本上治理对农民的各种乱收费，切实减轻农民负担，进一步巩固农村基层政权，促进农村经济健康发展和农村社会长期稳定。

（一）取消乡统筹费、农村教育集资等专门面向农民征收的行政事业性收费和政府性基金、集资。……

（二）取消屠宰税。

（三）取消统一规定的劳动积累工和义务工。……村内进行农田水利基本建设、修建村级道路、植树造林等集体生产公益事业所需劳务，实行一事一议，由村民大会民主讨论决定。

（四）调整农业税政策。……新的农业税实行差别税率，最高不超过7%。……现行农业税减免政策基本维持不变。

（五）调整农业特产税政策。……对部分在生产、收购两个环节征税的农业特产品，要积极创造条件，合并在生产或收购一个环节征收。……

（六）改革村提留征收使用办法。村干部报酬、五保户供养、办公经费，除原由集体经营收入开支的仍继续保留外，凡由农民上缴村提留开支的，采用新的农业税附加方式统一收取。农业税附加比例最高不超过农业税正税的20%……

——摘自中华人民共和国财政部网站，2008年6月18日。

大事记

1月5—6日

中央农村工作会议在北京召开。会议强调，要下大力气增加农民收入，把它作为农业和农村经济工作的出发点和落脚点；要减轻农民负担，让农民休养生息；要继续贯彻执行中央减轻农民负担的各项政策，下大力气转变乡镇政府职能，精简机构和人员；逐步改革农村税费制度，从根本上治理对农民的乱收费；同时还要抓好扶贫开发工作。

1月6日

国土资源部下发《关于建立土地有形市场促进土地使用权规范交易的通知》，要求各级土地行政主管部门要充分利用有形市场，促进土地使用权依法公开交易；建立健全土地交易管理制度，规范有形市场运作；加强有形市场的领导和监督，确保市场的正常运作和健康发展。

1月11日

国务院下发《关于纠正地方自行制定税收先征后返政策的通知》，要求各地区、各部门不得以先征后返或其他减免税手段吸引投资，更不得以各种方式变通税法和税收政策，损害税收的权威。各地区自行制定的税收先征后返政策，从2000年1月1日起一律停止执行。

1月13日

国家工商局公布《个人独资企业登记管理办法》。《办法》对个人独资企业的登记机关、设立登记、变更登记、注销登记、分支机构登记、年度检验和证照管理、违犯法律法规应承担的法律责任等事项，作出具体规定。本办法自公布之日起施行。

1月16日

中共中央、国务院发布《关于做好2000年农业和农村工作的意见》，提出积极推进农业和农村经济结构的战略性调整，是新阶段农业和农村工作的中心任务。

1月16日

国务院下发《关于成立国务院西部地区开发领导小组的决定》，提出国务院西部地区开发领导小组的主要任务和领导小组组成人员。组长朱镕基、副组长温家宝，小组成员由国务院所属19个部门的主要领导组成。国务院西部地区开发领导小组下设办公室，曾培炎同志兼任办公室主任。

1月25日

全国银行、证券、保险工作会议在北京举行。会议强调，必须充分认识金融面临的新形势、新任务、新挑战，继续大力推进金融改革和整顿，特别要"严"字当头，全面强化管理和监督，加快金融体制改革和制度建设，确保金融安全、高效、稳健运行，更好地为国民经济持续、快速、健康发展服务。

1月28日

劳动和社会保障部下发《2000年劳动和社会保障工作要点》。文件提出，在2000年继续做好国有企业下岗职工再就业和基本生活保障等10个方面的工作。

1月31日

中宣部、国家经贸委举行国有企业典型经验座谈会，与会同志听取了邯钢等10家国有企业负责人介绍的各自企业改革与发展情况。

2月2日

国家发展计划委员会发布《关于整顿成品油价格秩序调整成品油价格的通知》。为规范成品油价格秩序，缓解国内供应趋紧的矛盾，《通知》提出增加国内成品油供给；整顿成品油价格秩序，制止转手加价；适当调整成品油价格等措施。

2月3日

国务院办公厅印发《关于继续做好确保国有企业下岗职工基本生活和企业离退休人员养老金发放工作的通知》。《通知》提出，要继续做好确保国有企业下岗职工基本生活和企业离退休人员基本养老金按时足额发放工作，积极促进下岗职工再就业，解决好当前工作中的突出问题。同时积极创造条件，建立健全完善的社会保障体系。

2月4日

为制止存款业务中的不正当竞争行为，维护正常金融秩序，中国人民银行下发《关于重申严禁金融机构不正当存款竞争的通知》。

2月12日

国务院发布《违反行政事业性收费和罚没收入收支两条线管理规定行政处分暂行规定》，对国家公务员和法律、行政法规授权行使行政事业性收费或者罚没职能的事业单位的工作人员有违反"收支两条线"管理规定的，就应给予的行政处分作出规定。

2月21日

国务院办公厅转发国务院体改办等8部门《关于城镇医药卫生体制改革的指导意见》，提出改革的目标是：建立适应社会主义市场经济要求的城镇医药卫生体制，促进卫生机构和医药行业健康发展，让群众享有价格合理、质量优良的医疗服务，提高人民的健康水平。

2月21—25日

江泽民在广东考察工作，提出"三个代表"的重要思想。江泽民指出，总结我们党70多年的历史，可以得出一个重要的结论，这就是：我们党所以赢得人民的拥护，是因为我们党在革命、建设、改革的各个历史时期，总是代表着中国先进生产力的发展要求，代表着中国先进文化的前进方向，代表着中国最广大人民的根本利益。

2月26日

全国卫生厅局长会议在京召开。会议提出，中国将对延续多年的城镇医药卫生体制进行重大改革，建立新的医疗机构分类管理制度、实行医药分开核算分别管理等，使城镇医药卫生体制适应社会主义市场经济的要求，促进卫生机构和医药行业的健康发展。

2月27日

国务院办公厅转发民政部、国家计委、国家经贸委等11个部门《关于加快实现社会福利社会化的意见》。《意见》提出，推进社会福利社会化的目标：到2005年，在中国基本建成以国家兴办的社会福利机构为示范、其他多种所有制形式的社会福利机构为骨干、社区福利服务为依托、居家供养为基础的社会福利服务网络。

2月28日—3月1日

九届全国人大常委会第十四次会议在北京举行，会议通过《全国人民代表大会常务委员会关于加强经济工作监督的决定》，《决定》提出，全国人民代表大会常务委员会依法对国务院经济工作行使监督职权。

3月2日

中共中央、国务院下发《关于进行农村税费改革试点工作的通知》。

3月5—15日

九届全国人大第三次会议在北京举行。

朱镕基向大会作《政府工作报告》，报告第四部分提出"继续推进改革，全面加强管理"。此外，会议通过《中华人民共和国立法法》。

3月12日

中央人口资源环境工作座谈会在北京举行，江泽民主持座谈会并发表重要讲话。他强调，切实做好计划生育、资源管理和环境保护的工作，对于实现中国跨世纪发展的宏伟目标具有全局性的重大意义。

3月15日

国务院公布《国有企业监事会暂行条例》指出，监事会以财务监督为核心，根据有关法律、行政法规和财政部的有关规定，对企业的财务活动及企业负责人的经营管理行为进行监督，确保国有资产及其权益不受侵犯。

3月20日

国务院发布《个人存款账户实名制规定》。《规定》要求，个人在金融机构开立个人存款账户时，应当出示本人身份证件，使用实名。本规定自2000年4月1日起施行。

3月21日

教育部发布《关于全面推进素质教育深化中等职业教育教学改革的意见》。《意见》指出，各地、各行业充分认识中等职业教育的重要战略地位和不可替代性，认真抓好中等职业教育的改革和发展。

3月25—27日

李岚清在天津考察医药卫生体制改革以及教育科技体制改革情况。李岚清强调，医药卫生体制改革要着重抓住以下几个环节：1.在确定定点医院时，不能只确定一家医院，要让病人能选择医院，促进在定点医院之间展开竞争。2.医院的药库要与医院分别核算，实行收支两条线管理，政府对非营利性医院实行补偿机制。3.改进医院内部管理。4.实行医疗资源的合理重组，优势互补，充分利用。

3月30日

中共中央组织部、人事部、卫生部印发《关于深化卫生事业单位人事制度改革的实施意见》，提出力争用3至5年或更长一点时间，逐步建立起符合卫生工作特点的政事职责分开，政府依法监督，单位自主用人，人员自由择业，科学分类管理，配套措施完善的管理新体制，基本建立起人员能进能出，职务能上能下，待遇能高能低，人才结构合理，有利于优秀人才脱颖而出，充满生机和活力的运行机制。

4月10—11日

全国企业改革与管理工作会议在上海召开。李荣融在会上强调，下一步建立现代企业制度需要把握好几个重点：第一，对国有大中型骨干企业进行规范的公司制改革，在规范改制的基础上尽可能推进股权多元化。第二，探索国有资产管理的有效形式，构造国有资产营运主体。第三，探索建立符合市场经济要求的企业经营者选拔任用和激励约束机制。第四，深化企业内部改革，转变企业内部经营机制。

4月11—13日

温家宝到安徽进行调查研究，并在芜湖召开的安徽全省农村税费改革试点工作动员会上发表讲话。温家宝指出，这次农村税费改革是中国农村继土地改革、实行家庭承包经营之后的又一重大改革。

4月12—19日

朱镕基在江苏考察工作。他在考察时强调，继续推进金融改革与整顿、有效化解金融风险，仍然是当前一项重要而紧迫的任务。他指出，进一步完善粮食流通体制改革，切实减轻农民负担，积极调整农业结构，对于促进农业发展，增加农民收入和维护农村稳定，具有极为重要的意义。

4月19—27日

朱镕基在辽宁考察工作，就国有企业改革和社会保障体系建设问题进行调查研究。他在考察时强调，一个独立于企业事业单位之外的社会保障体系，是社会主义市场经济体制的重要支柱。加快建设这个体系，是深化改革、稳定社会、治国安邦的根本大计。

4月23日

国务院批复安徽省人民政府《关于请批准安徽省农村税费改革试点方案的请示》，指出安徽是中央确定的全国以省为单位进行农村税费改革的试点省，要按照中央的要求，加强领导，周密部署，积极稳妥地推进试点工作。

4月25日

国家经贸委印发《关于培育中小企业社会化服务体系若干问题的意见》。提出，培育服务体系要坚持社会化、专业化、市场化以及突出服务性的原则。

4月27日

国务院办公厅就海关总署《关于设立出口加工区及进行试点的请示》复函，同意选择辽宁大连出口加工区等15个加工区作为第一批出口加工区的试点。

5月15日

卫生部、对外贸易经济合作部公布《中外合资、合作医疗机构管理暂行办法》，对中外合资、合作医疗机构的性质、设置条件、设置审批与登记、变更、延期和终止、执业、监督管理等事项作出具体规定。

5月24日

国务院办公厅转发科技部等12部门《关于深化科研机构管理体制改革的实施意见》，《意见》对国务院部门（单位）所属科研机构深化改革的目标和方向、支持科研机构深化改革的政策、改革的组织实施等事项作出具体安排。

5月26日

朱镕基在进一步完善社会保障体系座谈会上指出，当前和今后一个时期，社会保障体系建设的工作重点是：搞好城镇职工基本养老保险、基本医疗保险、失业保险和城市居民最低生活保障制度的建设。

5月28日

国务院下发《关于切实做好企业离退休人员基本养老金按时足额发放和国有企业下岗职工基本生活保障工作的通知》，要求各地、各部门切实加强领导，积极筹措资金，确保不发生新的拖欠。

5月31日

建设部等4部门下发《关于进一步深化国有企业住房制度改革加快解决职工住房问题的通知》。《通知》提出，企业住房制度改革的目标是：改革住房实物分配方式，逐步实行住房分配货币化，为理顺企业内部的收入分配关系、建立与现代企业制度相适应的收入分配制度服务。

6月2日

中共中央组织部、人事部、教育部发布《关于深化高等学校人事制度改革的实施意见》。指出，为了适应中国高等教育改革和发展的要求，迫切需要进一步加快高等学校人事和分配制度改革的步伐，建立起适应社会主义市场经济体制和符合高等教育发展规律的高等学校人事管理制度。

6月7日

国务院批转发国家药品监督管理局《药品监督管理体制改革方案》。《方案》指出，改革现行药品监督管理体制，实行省以下药品监督管理系统垂直管理，加大药品监督管理工作力度，逐步建立依法监管、执法统一、行为规范、廉洁高效的药品监督管理体制。

6月8日

人事部印发《关于鼓励海外高层次留学人才回国工作的意见》，在高层次留学人才回国任职条件、工资津贴水平、科研经费资助以及住房、保险、探亲、家属就业、子女入学等方面，较过去都有较大突破。

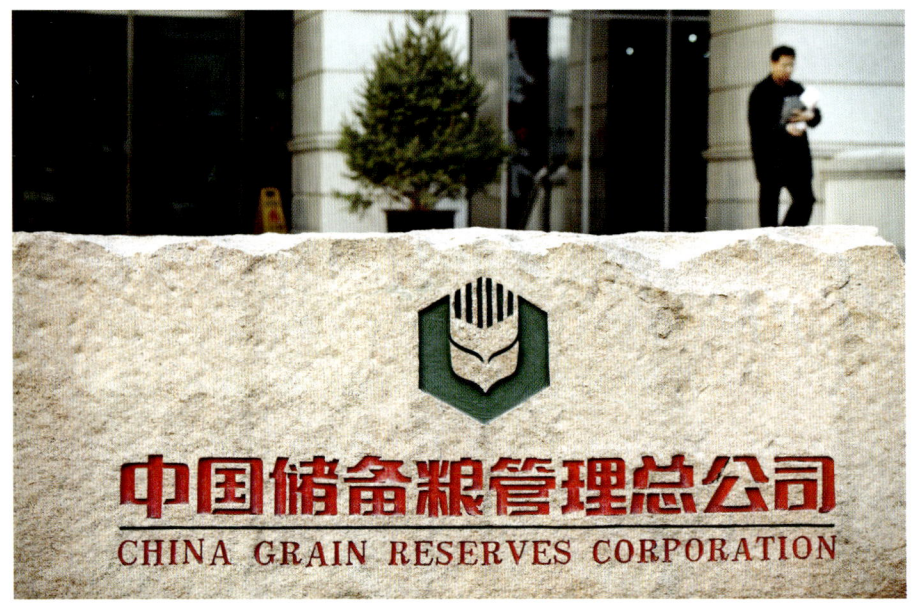

中国储备粮管理总公司

6月9日

经国务院批准，专门负责中央储备粮、油经营管理的中国储备粮管理总公司成立。

6月10日

国务院下发《关于进一步完善粮食生产和流通有关政策措施的通知》。《通知》指出，当前必须根据粮食生产和流通中出现的新情况、新问题，在坚持贯彻落实"三项政策、一项改革"的基础上，进一步完善有关政策措施，使粮食生产结构调整不断推进，粮食流通体制改革不断深化。并提出8项进一步完善粮食生产和流通的政策措施。

6月13日

中共中央、国务院发布《关于促进小城镇健康发展的若干意见》。《意见》提出，小城镇建设和管理要按照社会主义市场经济的要求，改革创新，广泛开辟投融资渠道，促进基础设施建设和公益事业发展，走出一条在政府引导下，主要通过市场机制建设小城镇的路子。

6月21日

财政部、人事部、中央机构编制委员会办公室联合发出《关于印发<行政单位财政统一发放工资暂行办法>的通知》，要求从2000年7月1日起，在全国行政单位实行财政统一发放工资管理办法。

6月23日

中共中央办公厅印发《深化干部人事制度改革纲要》，要求各地区、各部门要按照本纲要的要求，结合实际，制定分阶段的实施方案，有计划、有步骤地推进干部人事制度改革。

7月1日

卫生部等4部门公布《关于城镇医疗机构分类管理的实施意见》，把医疗机构划分为非营利性医疗机构和营利性医疗机构，要求各级卫生行政部门做好与现有医疗机构管理制度的衔接工作，提出医疗机构分类的核定程序和完善医疗机构分类管理的相关制度。

7月4日

财政部、国家计委、农业部发布《关于取消农村税费改革试点地区有关涉及农民负担的收费项目的通知》。

7月6日

为贯彻落实党的十五大和十五届四中全会精神，切实加大对中小企业特别是高新技术类中小企业的扶持力度，促进中小企业健康发展，国家经贸委颁布《关于鼓励和促进中小企业发展的若干政策意见》。

7月7日

卫生部等5部门下发《医疗机构药品集中招标采购试点工作若干规定》。

7月10日

财政部、国家计委、卫生部下发《关于卫生事业补助政策的意见》，明确了政府对卫生事业发展提供资金补助的范围及内容、补助方式和监督管理。同日，财政部、国家税务总局还下发了《关于医疗卫生机构有关税收政策的通知》，对非营利性医疗机构、营利性医疗机构、疾病控制机构和妇幼保健机构等卫生机构规定了不同的税收政策。

7月18日

卫生部等4部门下发《关于城镇医疗机构分类管理的实施意见》。《意见》指出，非营利性和营利性医疗机构按机构整体划分。同日，卫生部、国家中医药管理局印发《关于实行病人选择医生促进医疗机构内部改革的意见》。《意见》提出，通过"病人选择医生"，带动医疗机构内部各环节、各岗位公平有序的竞争，改善服务态度，提高医疗质量、医疗水平和工作效率。

7月19日

国家发展计划委员会、建设部、财政部公布《关于积极稳妥地推进公有住房租金改革的意见》。《意见》指出，积极稳妥地推进公有住房租金改革，进一步理顺住房租售比价，是实现住房商品化、社会化改革的重要内容，也是当前积极扩大内需、促进经济发展的一项重要措施。

7月20日

国家发展计划委员会公布《关于改革药品价格管理的意见》。《意见》提出，调整药品价格管理形式；药品价格管理要引进市场竞争机制；建立药品价格管理的灵敏反应机制；提高药品价格管理的科学性和透明度；加强药品市场价格监督和检查。

7月21日

中共中央组织部、国家人事部发出《关于加快推进事业单位人事制度改革的意见》。《意见》提出，破除干部身份终身制，引入竞争机制，在事业单位全面建立和推行聘用制度，把聘用制度作为事业单位一项基本的用人制度。

7月24日

国家经贸委公布《关于深化改革建立面向行业的技术开发基地的意见》。

7月24—26日

国务院办公厅在上海召开全国城镇职工基本医疗保险制度和医药卫生体制改革工作会议。李岚清在会上强调,要充分认识建立城镇职工基本医疗保险制度和医药卫生体制改革的重大意义和紧迫性,同步推进城镇职工基本医疗保险制度、医疗机构和药品生产流通体制三项改革,当年年底基本完成建立城镇职工基本医疗保险制度的任务。

7月25日

项怀诚在全国财政工作会议上提出,全面推进财政支出管理制度改革。必须推行国库集中收付制度,大力清理各部门银行账户,取消一切收入过渡账户,将所有的政府财政性资金按预算级次集中到国库账户。所有收缴的财政资金都要直接缴入国库,未经财政部门同意,不准擅自退付;所有财政支出都要通过预算安排,并由各级国库直接支付,以加强财政的统一调度和管理,提高财政资金的使用效益。

7月31日

财政部、国家税务总局公布《关于农村税费改革试点工作中农业税若干问题的意见》,对农业税计税土地的确定、常年产量的确定、农业税计税价格的确定、征收方式、农业税减免等问题作出具体说明,并要求试点地区认真执行税费政策,保障农民利益。

8月4日

国家发展计划委员会、卫生部公布《关于改革医疗服务价格管理的意见》。《意见》提出,调整医疗服务价格管理形式;下放医疗服务价格管理权限;规范医疗服务价格项目;改进医疗服务价格管理方法;加强医疗服务价格监督检查。

8月7日

国家发展计划委员会、卫生部、财政部公布《关于卫生事业补助政策的意见》,明确政府对卫生事业发展提供资金补助的原则、范围和方式,政府补助的监督管理和卫生事业基本建设投资的来源。

8月17日

国家发展计划委员会发布《国家重大建设项目稽查办法》,提出,对国家重大建设项目的监督,实行稽察特派员制度。

8月17日

财政部公布《改革和完善农村税费改革试点县、乡财政管理体制的指导性意见》。《意见》提出,明确划分县、乡政府的财政支出责任,合理调整支出范围;精简机构、压缩人员,减少不合理开支;实行分级管理的分税制财政管理体制,明确收入归属;逐步建立规范的转移支付制度;完善乡镇国库,强化资金管理。

8月24日

国务院办公厅转发国家经贸委《关于鼓励和促进中小企业发展的若干政策意见》,要求各级政府和有关部门要加快建立以中小企业特别是科技型中小企业为主要服务对象的中央、省、地(市)信用担保体系,为中小企业融资创造条件。

9月4—10日

朱镕基在新疆考察工作时强调,西部大开发是一项艰巨的历史任务,既要有强烈的紧迫感,又要有长期奋斗的思想准备。

9月10日

国务院发布《关于进一步做好退耕还林还草试点工作的若干意见》。《意见》指出,实行省级政府对退耕还林还草试点工作负总责和市(地)、县(市)政府目标责任制。

9月13日

人事部公布《关于加快培育企业经营管理者人才市场的意见》。《意见》提出,紧紧围绕国有企业改革和建立现代企业制度,按照"把组织考核推荐和引入市场机制、公开向社会招聘结合起来,把党管干部原则和董事会依法选择经营管理者以及经营管理者依法行使用人权结合起来"的要求,逐步建立企业经营管理者人才库。

9月15日

中共中央在中南海召开座谈会,听取各民主党派中央、全国工商联负责人和无党派人士关于实施西部大开发战略的意见和建议。江泽民主持座谈会并发表重要讲话。

9月25日

为筹集和积累社会保障资金,进一步完善社会保障体系,经党中央批准,国务院决定建立"全国社会保障基金",并设立"全国社会保障基金理事会",同时任命刘仲藜为理事长。

9月28日

为推动国有及国有控股大中型企业建立现代企业制度和加强管理,国务院办公厅转发国家经贸委会同有关部门起草的《国有大中型企业建立现代企业制度和加强管理的基本规范(试行)》。

10月8日

中国证监会公布《开放式证券投资基金试点办法》,对开放式证券投资基金的公开募集设立、运作及其相关活动作出具体规定。

10月9—11日

中共第十五届中央委员会第五次全体会议在北京举行。全会审议并通过了《中共中央关于制定国民经济和社会发展第十个五年计划的建议》。《建议》对国有企业改革、金融改革、行政管理体制改革和机构改革等提出具体要求。

10月17日

国务院办公厅下发《关于电力工业体制改革有关问题的通知》,决定对已经开展的电力体制改革试点内容作必要的调整。

10月22日

国务院转发财政部等12部门制定的《交通和车辆税费改革实施方案》。《方案》提出,取消不合法和不合理的收费项目;将具有税收特征的收费实行"费改税";将不体现政府行为的收费转为经营性收费,严格按照经营性收费的规定进行管理;降低不合理收费标准,实行规范化管理。同时,开征车辆购置税和燃油税。

10月26日

国务院发出《关于实施西部大开发若干政策措施的通知》,提出增加资金投入,改善投资环境,扩大对外对内开放,吸引人才和发展科技教育等政策措施。

11月6日

劳动和社会保障部发布《进一步深化企业内部分配制度改革指导意见》。《意见》提出,深化企业内部分配制度改革,加快建立与现代企业制度相适应的工资收入分配制度,建立工资分配的激励和约束机制。

11月14日

深圳经济特区建立20周年庆祝大会在深圳举行。江泽民出席庆祝大会并发表重要讲话。他指出,经济特区要继续当好改革开放和现代化建设的排头兵,继续争当建设有中国特色社会主义的示范地区,继续充分发挥技术的窗口、管理的窗口、知识的窗口和对外政策的窗口的作用,努力形成和发展经济特区的中国特色、中国风格、中国气派。

11月19日

中共中央办公厅、国务院办公厅转发《民政部关于在全国推进城市社区建设的意见》。

11月28—30日

中共中央、国务院召开中央经济工作会议。会议提出,依靠体制创新和科技创新,以信息化带动工业化,大力推进经济结构的战略性调整。强化农业的基础地位,加大对农业的支持和保护力度,努力增加农民收入。加快转变企业经营机制，加强企业管理，巩固和扩大国有企业改革和脱困成果。

11月29日

全国推动中小企业发展工作领导小组第一次会议在北京召开。会议要求各地尽快成立地方中小企业发展工作领导小组，统筹规划和组织协调本地中小企业改革与发展工作。

11月30日

国土资源部下发《关于加强土地管理促进小城镇健康发展的通知》。《通知》提出，在保护耕地和保障农民合法权益的前提下，妥善解决城镇建设用地，促进小城镇健康发展。

12月3日

全国计划会议在北京召开。温家宝在会上指出，"十五"计划是社会主义市场经济体制初步建立后的第一个五年计划，要充分体现社会主义市场经济的要求。一是充分体现市场配置资源的基础性作用。二是充分体现计划的宏观性、战略性和政策性。

12月6日

中共中央办公厅、国务院办公厅发出《关于在全国乡镇政权机关全面推行政务公开制度的通知》。《通知》指出，对群众、企事业单位公开的主要内容是：1.乡镇政府行政管理、经济管理活动的事项；2.与村务公开相对应的事项；3.乡镇政府各部门和派驻站所公开的事项。

12月8日

劳动和社会保障部发布《劳动力市场管理规定》，这是中国第一部全面规范劳动力市场管理的部门规章。《规定》指出，劳动者求职与就业、用人单位招用人员、各类职业介绍机构从事职业介绍活动，适用本规定。

12月11日

全国经贸工作会议在北京召开。盛华仁表示，中国政府3年前制订的"国企改革与脱困3年目标"将于年内基本实现。中国将本着"有进有退"的原则，加快劣势企业退出市场的步伐。

12月13日

全国财政工作会议在北京召开。对于明年财政工作的具体安排，李岚清提到，着力抓好财政支出管理体制改革和完善税收制度改革。

12月14日

中共中央组织部下发《关于推行党政领导干部任前公示制的意见》，对公示对象、公示范围、公示内容、公示方式、公示时间和公示程序做出了明确规定。

12月18日

国务院下发《关于支持文化事业发展若干经济政策的通知》。《通知》提出，深化宣传文化管理体制改革，推动宣传文化事业发展，加大财税支持力度，对现行的各项文化经济政策加以调整和完善。

12月19日

国务院办公厅转发科技部等4部门《关于非营利性科研机构管理的若干意见（试行）》。《意见》对非营利性科研机构的性质、资金来源、监督、管理体制以及优惠政策等作出具体规定。

12月23日

全国国土资源管理工作会议召开，国土资源部负责人在会上提出，要切实加强土地管理特别是耕地保护，严格土地用途管制，强化农地转用审批，依法按规划用地管地。要认真落实基本农田保护制度，积极推行耕地储备制度和土地整理，适度开发耕地后备资源。还要实行鼓励挖掘建设用地潜力的政策，大力推进土地集约利用。同时加强矿产资源管理，对支柱性、战略性矿产资源，实行有计划开采和严格保护，对优势矿产实行保护性开发，遏制乱采滥挖、低价出口的势头。

12月25日

国务院公布《关于完善城镇社会保障体系的试点方案》，主要从完善社会保障体系的角度出发，涉及城镇职工基本养老、基本医疗、失业等社会保险制度和城市居民最低生活保障制度。

12月26—27日

全国社会保障工作会议在北京举行。朱镕基出席会议并作重要讲话。

12月28日

国务院下发《关于实施西部大开发若干政策措施的通知》。

12月30日

国家统计局宣布，当年国内生产总值首次突破1万亿美元，国内生产总值比上年增长8%；国有大中型企业改革和3年脱困目标基本实现。

江西省兴国县文院新村小城镇建设。

数说发展

人口

总人口 **126743** 万人

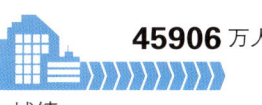
城镇 45906 万人

乡村 80837 万人

 出生率 **14.03‰**

 死亡率 **6.45‰**

 自然增长率 **7.58‰**

GDP（国内生产总值）

GDP（国内生产总值）**99214.6** （单位：亿元）

- 第一产业 14944.7
- 第二产业 45555.9
- 第三产业 38714.0

财政收支 （单位：亿元）

收入 13395.23
支出 15886.50
收支差额 −2491.27

黄金和外汇储备

黄金 **1267** 万盎司　　外汇 **1655.70** 亿美元

对外经济

进出口贸易总额 **4743** 亿美元

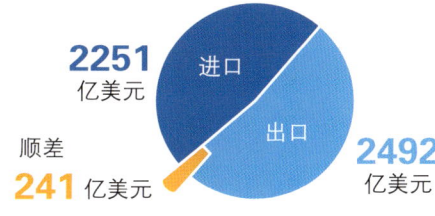

- 进口 2251 亿美元
- 出口 2492 亿美元
- 顺差 241 亿美元

利用外资

新批外商投资项目 **22347** 个
合同投资额 **624** 亿美元
实际利用外商直接投资额 **407** 亿美元

对外经济合作

对外签约目 **149** 亿美元
完成营业额 **113** 亿美元
带动出口 **9** 亿美元

农业

产量 （单位：万吨）

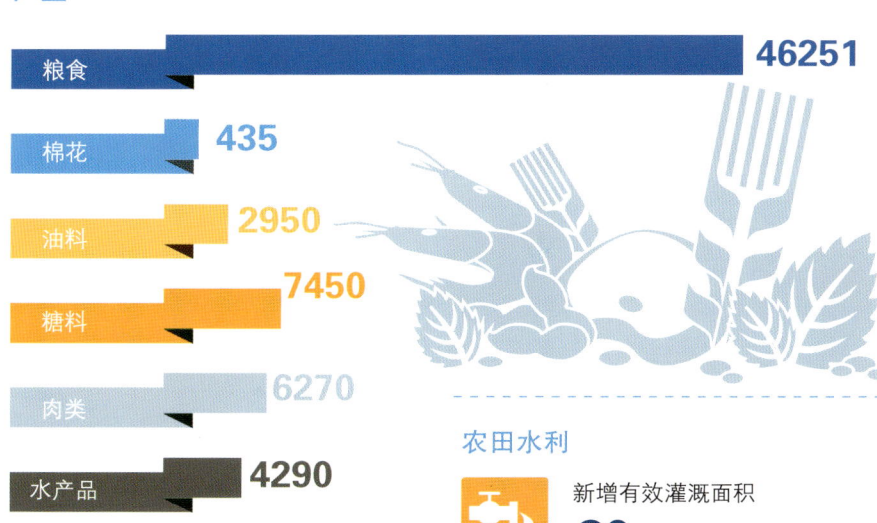

- 粮食 46251
- 棉花 435
- 油料 2950
- 糖料 7450
- 肉类 6270
- 水产品 4290

农田水利

新增有效灌溉面积 **80** 多万公顷

工业

工业增加值 **39570** 亿元

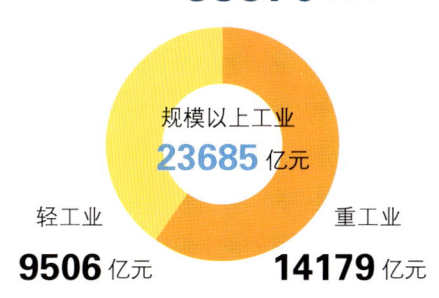

规模以上工业 23685 亿元
轻工业 9506 亿元　　重工业 14179 亿元

建筑业 **5918** 亿元

1978　1979　1980　1981　1982　1983　1984　1985　1986　1987　1988　1989　1990　1991　1992　1993　1994　1995　1996　1997　1998　1999　**2000**　2001　2002　2003　2004　2005　2006　2007　2008　2009　2010　2011　2012　2013　2014　2015　2016　2017　2018

人民生活

城乡居民收入（单位：元）
- 农村 2253
- 城镇 6280

新建住宅面积
- 城镇 5.1 亿平方米
- 农村 8.5 亿平方米

城乡居民储蓄存款余额 6.43 万亿元

全国从业人员数 71150 万人
城镇 21274 万人

居民家庭恩格尔系数
- 城镇 39.2%
- 农村 49.1%

固定资产投资 （单位：亿元）

固定资产投资 32619 亿元

按经济类型划分
- 国有及其他经济类型 23284
- 集体经济 4739
- 城乡居民个人 4596

按投资管理渠道划分
- 基本建设 13215
- 更新改造 5077
- 房地产开发 4902
- 其他 9425

- 东部 14015
- 中部 5432
- 西部 3943

旅游

国内旅游
- 出游 74445 万人次
- 国内旅游收入 3176 亿元

国际旅游
- 海外入境游客人数 8344 万人次
  - 其中外国游客 1016 万人次
  - 港、澳、台胞 7321 万人次
- 全年出境人数 1047 万人次
  - 其中因私出境人数 563 万人次

国际旅游外汇收入 162 亿美元

国内商业

社会商品零售总额 34153 亿元
- 城市 21110 亿元
- 县及县以下 13043 亿元

交通运输和邮电通信业

交通运输和邮电通信业增加值 4919 亿元

新建线路交付营业里程

铁路主线正线
153 公里

铁路复线
662 公里

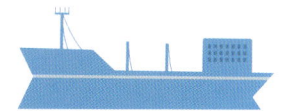
万吨级港口码头年吞吐量
2946 万吨

公路 32115 公里
其中高速公路 4562 公里

旅客周转量 12188 亿人公里

铁路	4488 亿人公里
公路	6600 亿人公里
水运	104 亿人公里
民航	996 亿人公里

货物周转量 43359 亿吨公里

铁路	13624 亿吨公里
公路	5973 亿吨公里
水运	23061 亿吨公里
民航	48.5 亿吨公里

邮电业务总量 4725 亿元

局用交换机总容量
1.79 亿门

移动电话户数
8526 万户

全国电话普及率 20.1 部/百人
其中城市电话普及率 39 部/百人

互联网用户 900 万户
（不含科技和教育网）

沿海主要港口完成货物吞吐量 12.8 亿吨
其中外贸货物吞吐量达 5.2 亿吨

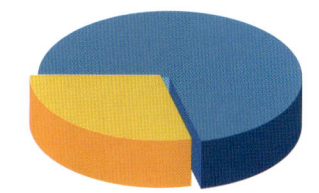

社会福利事业

城镇各种社区服务设施
20.1 万处

各类社会福利院床位 112 万张
收养 84.3 万人

全年销售社会福利彩票
68.9 亿元

其中社区服务中心
8101 个

有 701 万城乡居民得到
最低生活保障救济

筹集社会福利资 14.3 亿元
接收社会捐赠 32.7 亿元

卫生

卫生机构（含诊所）
32.5 万个

卫生技术人员 449 万人
其中医生 **208** 万人
护师、护士 **127** 万人

床位 **318** 万张
其中医院、卫生院 **221** 万张

卫生防疫、防治机构 **5441** 个
卫生技术人员 **21.1** 万人
妇幼保健机构（不包括妇幼保健院）**2598** 个
卫生技术人员 **7.5** 万人

农村乡（镇）卫生院 **4.9** 万个
床位 **73.5** 万张
卫生技术人员 **103** 万人

农村有医疗点的村数占总村数的 **89.8%**
乡村医生和卫生员 **132** 万人

保险事业

支付各类赔款及给付 527　　　　　　（单位：亿元）

财产险和短期人身险赔款　**351**
寿险给付　**176**

保费收入 1596（含外资机构）　　　（单位：亿元）

健康险和意外伤害险保费收入 **146**
寿险保费收入 **851**
财产险保费收入 **598**

科学技术

科技队伍

国有企事业单位各类专业技术人员
2926 万人

从事科技活动人员
281 万人

科研成果

取得省部级以上重大科技成果
30260 项

其中基础理论成果 **2420** 项
应用技术成果 **26020** 项
软科学成果 **820** 项

获国家奖励的成果
近 **300** 项

受理国内外专利申请
170690 件
授权专利
105344 件

技术市场

签订技术合同 **26.5** 万项
技术合同成交金额 **630** 亿元

空间技术

6 次成功发射卫星

教 育

（单位：万人）

- 招生人数
- 在校学生数

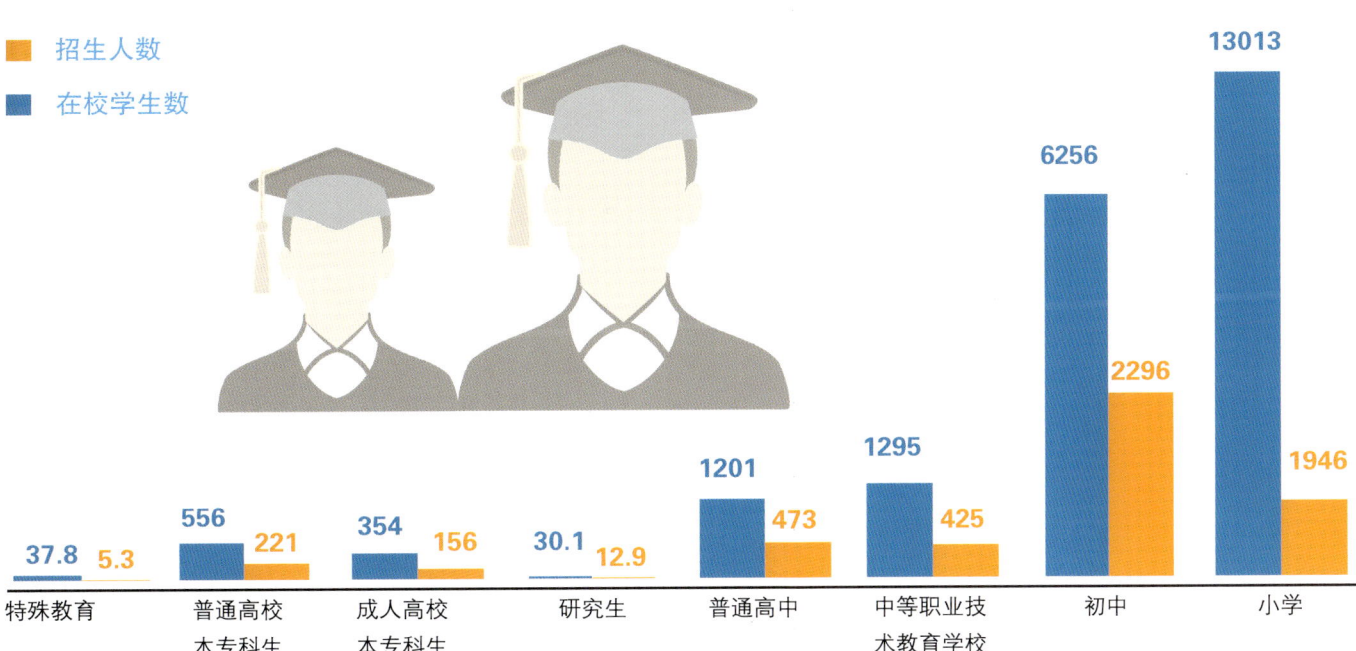

	特殊教育	普通高校本专科生	成人高校本专科生	研究生	普通高中	中等职业技术教育学校	初中	小学
在校学生数	37.8	556	354	30.1	1201	1295	6256	13013
招生人数	5.3	221	156	12.9	473	425	2296	1946

学校

普通高等学校 **1041** 所
研究生培养单位 **738** 个
成人高等学校 **772** 所
普通高中 **1.46** 万所

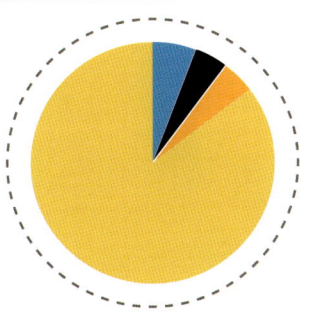

普及九年义务教育人口覆盖率：**85%**
成人技术培训学校培训学员
9642 万人次
扫除文盲 **258** 万人

文 化

艺术表演团体 **2622** 个
文化馆 **2911** 个
公共图书馆 **2769** 个
博物馆 **1373** 个
档案馆 **3816** 个
已开放档案 **4430** 万卷（件）

出版

 全国性和省级报纸 **203** 亿份

 杂志 **28.5** 亿册

 图书 **63.5** 亿册（张）

中、短波广播发射台和转播台 **732** 座
广播综合人口覆盖 **92.1%**

一千瓦以上电视发射台和转播台 **1313** 座
电视综合人口覆盖率 **93.4%**
有线电视用户 **7920** 万户

体 育

第 **27** 届奥运会，我国运动员夺得 **28** 枚金牌

16 枚银牌 **15** 枚铜牌列居第 三 位
获得世界冠军 **110** 个
14 人 **2** 队 **30** 次创 **22** 项世界纪录

19 人 **37** 次创 **22** 项亚洲纪录
49 人 **11** 队 **73** 次创 **60** 项全国纪录

1978-2018

中国改革开放 全纪录

2001

- 股市大论战
- 博鳌亚洲论坛成立
- 《关于国民经济和社会发展第十个五年计划纲要的报告》获通过
- 行政审批制度改革全面启动
- 中国加入 WTO

焦点事件

股市大论战

从1996年至2001年初，沪深股市从1000点左右一路攀上到2000点的高峰。

长期的牛市吸引了大批群众加入股民大军，累积人数已经达到5000万余人。而在2001年前后，"基金黑幕"曝光，股市中长期积累的问题和深层次矛盾开始显现。

2001年1月13日至14日，经济学家吴敬琏在接受中央电视台采访时，对中国股市当前状况提出三个观点：一是"中国的股市很像一个赌场"；二是"全民炒股不是正常的现象"；三是"中国股票的市盈率太高，60多倍的市盈率存在着太多的股市泡沫"。

吴敬琏的观点很快就引发了证券市场的巨大震动，更在经济学界引起了广泛争论。参与论战的不仅有经济学界、证券界头面人物，而且众多的中小股民也加入其中，形成了一场街谈巷议的社会大辩论。从2001年下半年开始，股市开始了持续三年多的熊市。

这一年，中国证监会加大了证券市场监管和整治违规活动的力度，还引进了外援，从香港特邀了史美伦出任证监会副主席以及邀请了数名港台人士担任顾问。8月，制造过无数百万富翁的第一大"牛"股银广夏造假案曝光，虚构利润高达7.45亿。随后，一些企业造假、欺诈等行为，受到了惩治。

人物：史美伦

2001年2月，史美伦出任中国证券监督管理委员会副主席，是第一名担任中国国务院副部级官员的香港人。此后，在她的主持和推动下，中国上市公司监管领域的一系列重大法规制度建立起来。据统计，史美伦到任仅9个月，证监会发出40多项处罚性规章制度，所以，她到来的2001年被称作"监管年"。

有人说，史美伦掀起了净化市场的监管风暴，为投资者"消灭"了一批造假大王。也有人说，她积极推进国有股减持政策，但她倡导的监管举措与中国证券市场"水土不服"。

资料来源：《国务院任命史美伦为中国证监会副主席》，《上海证券报》，2010年10月16日；《股市奇迹 人物传奇》，腾讯财经。

专栏："PT水仙"股票依法退市

2001年2月22日，中国证监会发布《亏损上市公司暂停上市和终止上市实施办法》。《办法》对连续三年亏损的上市公司，就暂停上市、恢复上市和终止上市的条件、法律程序、信息披露、处理权限等事宜作出了详细规定。这个文件的发布，标志着中国证券市场的退出机制正式出台。

2001年4月23日，上海证券交易所依《亏损上市公司暂停上市和终止上市实施办法》否决了上海水仙电器股份有限公司提交的《关于申请延长上市期限的报告》。至此，"PT水仙"股票即日起终止上市，成为中国证券市场上第一只被摘牌的股票，因连年亏损的上海水仙电器股份有限公司也成为中国第一家依法退市的上市公司。

2001年12月31日，北京股民来到证券市场，继续参与中国股市2001年最后一个股市交易日的市场竞争。

博鳌亚洲论坛会址所在地上，与会各国的国旗高高飘扬。

博鳌亚洲论坛成立

自20世纪下半叶始，亚洲经济与社会发展的成就显著，特别是20世纪80年代以后东亚经济实现了腾飞，创造了令世人瞩目的"东亚奇迹"。由于亚洲国家大多数已实行开放政策，彼此贸易和投资走向更加密切，东亚地区合作(10＋3)已进入实质性阶段，东盟正在实现经济一体化，国家之间由于自然地理联系都在开展各项合作。世界经济逐步全球化和区域化，亚洲国家之间的交流与合作变得非常必要。

亚洲国家和地区已参与了APEC、PECC等诸多跨区域国际经济合作组织，但没有一个真正由亚洲国家主导的组织。1998年9月，澳大利亚前总理霍克、日本前首相细川护熙和菲律宾前总统拉莫斯倡议成立一个类似达沃斯"世界经济论坛"的"亚洲论坛"，论坛旨在通过区域经济的进一步整合，推进亚洲国家实现发展目标。"亚洲论坛"这一概念一经推出即获得了有关国家的一致认同。

2001年2月26日至27日，博鳌亚洲论坛成立大会在海南省琼海市博鳌镇举行。中国国家主席江泽民、马来西亚总理马哈蒂尔、尼泊尔前国王比兰德拉、越南副总理阮孟琴等特邀出席了成立大会。大会宣布博鳌亚洲论坛正式成立，海南博鳌为论坛总部的永久所在地。

作为一个非官方、非营利、定期、定址、开放性的国际会议组织，博鳌亚洲论坛以平等、互惠、合作和共赢为主旨，立足亚洲，推动亚洲各国间的经济交流、协调与合作；同时又面向世界，增强亚洲与世界其它地区的对话与经济联系。

观点

李军鹏： 行政审批制度改革的目标，是改革适应计划经济体制的计划审批制度，建设适应市场经济的公共审批制度。计划审批是计划经济条件下政府管理的主要方式，已经严重不适应社会主义市场经济体制的要求，必须进行全面彻底的改革。改革的方向是建立公共审批制度，政府只保留对核心公共事务的审批权力，其它非核心公共事务和私人事务的审批则全部"非政府化"、"非审批化"，交由非政府组织和企业、个人自我监管和自治监管。

资料来源：《建立适应市场经济的公共审批制度》，《上海社会科学院学术季刊》，2001年第1期。

毛寿龙： 不符合法律依据，任何行政审批行为都无效。当前许多行政审批都符合法律规定，但还有一些行政审批活动不符合法律规定，其依据往往是内部规定，或者习惯的做法，甚至是领导人的主观意志。针对具体的行政审批活动，严把法律观，是控制行政审批数量的第一关。

许可证的发放引入竞争，使行政许可的发放具有竞争性，以减少腐败。当前中国发生了许多类似的腐败，进口许可、外汇额度许可、尤其是土地使用等方面发生的许多腐败问题都与许可证颁发缺乏竞争性有关。为了减少腐败，西方国家引入市场竞争机制进行制度改革的做法值得借鉴，公开竞标就是最简单的办法。

资料来源：《依法审批依法度量》，《新闻周刊》，2001年第22期。

语录 "不做假帐。"
——朱镕基

背景：2001年4月16日，朱镕基在视察上海国家会计学院时，为该校题写了校训"不做假帐"。会计师事务所和会计人员做假帐，出具虚假财务报告是严重危害市场经济秩序的一个"毒瘤"，许多贪污受贿、偷税漏税、挪用公款等经济违法犯罪活动，以及大量腐败现象，几乎都与财会人员做假帐分不开。"不做假帐"本来是财会人员最基本的职业操守，由共和国总理郑重其事地提出，这四个字的分量更显沉重。

语录 "我一天到晚都头痛，最厉害的，就目前来讲，主要是增加农民的收入。"
——朱镕基

背景：2001年，中国将增加农民收入作为农业工作的重点，以引导和帮助农民面向市场、调整农业结构为突破口采取了一系列措施，农民收入有了一定程度的增加。从2002年起，中国将开始履行WTO所规定的义务，粮食进口增加是必然的，在国内市场价格明显高于国际市场的情况下，国内粮价的进一步上升将会遇到巨大压力，农民增收面临新的挑战。2002年3月15日，九届全国人大五次会议记者招待会举行。当被美国记者问及想到什么问题会难以入睡时，朱镕基作了如上回答。

《关于国民经济和社会发展第十个五年计划纲要的报告》获通过

2001年3月15日，朱镕基总理在第九届全国人民代表大会第四次会议上作了《关于国民经济和社会发展第十个五年计划纲要的报告》。

随着"九五"计划的完成，中国实现了现代化建设第二步战略目标，为实施"十五"计划、开始迈向第三步战略目标奠定了良好基础。

会议通过的《关于国民经济和社会发展第十个五年计划纲要的报告》，对2001—2005年的改革开放作了具体部署：

第一，推进改革，完善社会主义市场经济体制。一是深化国有企业改革。基本完成产权清晰、权责明确、政企分开、管理科学的现代企业制度的建设。二是调整和完善所有制结构。要坚持公有制为主体、多种所有制经济共同发展的基本经济制度。

在第九届全国人民代表大会第四次会议上，国务院总理朱镕基作《关于国民经济和社会发展第十个五年计划纲要的报告》。

记者就行政审批制度改革采访经济学家吴敬琏。

三是健全市场体系。建立和完善全国统一、公平竞争、规范有序的市场体系。四是深化金融体制改革。建立和完善金融组织体系、市场体系、监管体系和调控体系。五是改革投资体制。基本形成企业自主决策、自担风险，银行独立审贷，政府宏观调控的新的投资体制。六是深化财税体制改革。积极稳妥地推进税费改革，清理整顿行政事业性收费和政府性基金，建立政府统一预算。七是推进行政管理体制和政府机构改革。建立廉洁高效、运转协调、行为规范的行政管理体制。

第二，扩大对外开放，发展开放型经济。一是提高对外开放水平。根据中国经济和社会发展、结构调整的需要以及加入世界贸易组织的承诺，逐步降低关税，有步骤地开放银行、保险、电信、外贸、内贸、旅游等服务领域。完善反倾销、反补贴及保障措施等手段；二是积极发展对外贸易。更好地实施以质取胜、市场多元化和科技兴贸战略，努力扩大货物和服务出口；三是积极合理有效地利用外资。把吸收外商直接投资作为利用外资的重点，完善利用外资政策，改善投资环境，扩大利用外资规模，提高利用外资质量；四是实施"走出去"战略。鼓励能够发挥中国比较优势的对外投资，扩大国际经济技术合作的领域、途径和方式。

行政审批制度改革全面启动

长期以来，行政审批制度存在许多问题：一是过多过滥。据不完全统计，国务院60多个有关部门共有审批事项4159项；二是环节过多。有的审批事项不拖一年半载是批不下来的；三是随意性大。审批者有很大的自由裁量权；四是重审批、轻监督。有些部门揽权推责，有好处大家争着上，费力气的事没人管；五是职能扭曲。最大的扭曲是搞所谓的"创收"；六是滋生腐败。少数机关工作人员借审批徇私舞弊，违法乱纪，甚至走上犯罪道路[1]。

在这种背景下，行政审批制度改革被提上重要日程。

9月24日，国务院办公厅印发《关于成立国务院行政审批制度改革工作领导小组的通知》，决定成立国务院行政审批制度改革工作领导小组，由中央政治局常委、国务院副总理李岚清任组长，国务委员兼国务院秘书长王忠禹，中央纪委副书记、监察部部长何勇任副组长。国务院领导小组办公室设在监察部，承担领导小

> **语录** "克林顿总统说了这样一句话，如果现在不批准，恐怕要后悔20年。我可以加一句，不只是后悔20年，恐怕千百年以后，当美国人民翻到这段历史的时候，也会后悔为什么当初犯这个错误，掩卷而长叹。"
> ——朱镕基
>
> 背景：2000年3月15日，朱镕基在九届全国人大三次会议记者招待会上回答中外记者提问时谈中国加入WTO。

观点

龙永图：世界贸易组织犹如一个农贸市场，中国没有加入，就像是在市场外的小贩。现在，我们在市场中有固定的摊位了，我们做生意更名正言顺了。

资料来源：《龙永图：中国加入WTO的功臣》，中国网，2009年8月24日。

2001年，以加入WTO为标志，中国对外开放进入新阶段。从此，中国的对外开放由有限范围、领域、地域内的开放，转变为全方位、多层次、宽领域的开放；由以试点为特征的政策性开放，转变为在法律框架下的制度性开放；由单方面为主的自我开放市场，转变为中国与世贸组织成员之间的双向开放市场；由被动地接受国际经贸规则的开放，转变为主动参与制定国际经贸规则的开放；由只能依靠双边磋商机制协调经贸关系的开放，转变为可以多双边机制相互结合和相互促进的开放，为中国参与经济全球化开辟了新的途径，为国民经济和社会发展开拓了新的空间。

资料来源：商务部、国家发展和改革委员会，《对外开放30年》，《中国改革开放1978—2008·综合篇（下）》，人民出版社，2009年。

人物：吴仪

吴仪，1938年11月生，湖北武汉人，1962年4月加入中国共产党，1962年8月参加工作，高级工程师。

1956—1962年：西北工学院国防系、北京石油学院石油炼制系炼油工程专业学习。1962—1965年：兰州炼油厂车间技术员、政治部办公室干事。1965—1967年：石油工业部生产技术司生产处技术员。1967—1983年：北京东方红炼油厂技术员、技术科副科长、科长、副总工程师、副厂长。1983—1988年：北京燕山石油化工公司副经理、党委书记。1988—1991年：北京市副市长。1991—1993年：对外经济贸易部副部长、党组副书记。1993—1997年：对外贸易经济合作部部长、党组书记。1997—1998年：中央政治局候补委员，对外贸易经济合作部部长、党组书记。1998—2002年：中央政治局候补委员，国务委员、国务院党组成员。2002年：中央政治局委员（2007年去职），国务委员、国务院党组成员。2003年3月至2008年3月任国务院副总理。2003年4月23日兼任新成立的国务院防治非典型肺炎指挥部总指挥。同年4月26日兼任卫生部部长（至2005年4月）。2004年2月任新成立的国务院防治艾滋病工作委员会主任。2007年8月兼任国务院产品质量食品安全领导小组组长（至2008年3月）。

中共第十三届中央候补委员，十四届、十五届、十六届中央委员，十五届中央政治局候补委员，十六届中央政治局委员。

资料来源：《吴仪同志简历》，新华社。

专栏：吴仪与WTO

1991年担任对外贸易经济合作部部长开始，吴仪成为中国加入世贸组织的关键人物。1991年底，吴仪作为中方代表参加中美知识产权谈判。在谈判桌上，美国人开场便显出来者不善的强势："我们是在和小偷谈判。"面对对方的无理，吴仪毫不留情地回顶一句："我们是在和强盗谈判——请看你们博物馆里的展品，有多少是从中国抢来的？"谈判结束后，她的对手美国贸易代表、被称为国际贸易谈判圈中"铁女人"的卡拉·希尔斯由衷地称赞吴仪"既是国家利益坚定的维护者，又是坚韧的谈判者。"

吴仪与美国第二位女贸易代表巴尔舍夫斯基之战，是中美谈判中一个引人注目的亮点。尤其是在1995年，两人围绕中美知识产权问题展开面对面的交锋，最终在1996年草签《中美知识产权保护协议》，结束长达20个月的中美知识产权谈判。吴仪也因在谈判桌上"不妥协"的作风被誉为"中国的铁娘子"。巴尔舍夫斯基后来回忆说："吴女士给人一种居高临下的印象。我当时的第一感觉就是：必须小心地应付每一场'战斗'，与她谈判必须直截了当，不能拐弯抹角，更不能耍外交手腕。"

1994年，复关谈判未能达成协议，1995年3月，吴仪与美国贸易代表坎特就复关问题达成8点协议，同意在灵活务实的基础上进行中国"入世"的谈判，并同意在乌拉圭回合协议基础上实事求是地解决中国发展中国家地位的问题。

1998年3月，吴仪离开对外贸易经济合作部部长这一岗位，当选为国务委员，主抓全国的外贸工作，并一直关心和指导着中国的入世谈判。2001年，中国终于结束了长达15年的漫长征途，加入世贸。

资料来源：《中美知识产权谈判与"入世"——吴仪功不可没》，国家知识产权局网站。

10月6日，国务院颁发了《关于废止2000年底以前发布的部分行政法规的决定》，全面清理了截至2000年底的现行行政法规共756件。10月18日，国务院印发《国务院批转关于行政审批制度改革工作的实施意见的通知》，明确了行政审批制度改革的指导思想、总体要求、基本原则和实施步骤。10月24日，国务院行政审批制度改革工作电视电话会议在北京召开，全面部署加快推进行政组的日常工作。

1999年11月15日，中美双方就中国加入世贸组织（WTO）达成协议，这意味着中国与美国就此正式结束双边谈判。图为记者等待进行采访。

 流行语

"与狼共舞，必须自己成为狼，而且变成'超级狼'"。

——张瑞敏

背景：入世后，长期在计划经济环境下成长起来的中国企业如何应对市场规则的新变化？如何在与国际大企业的竞争中立于不败之地？2001年，海尔集团张瑞敏给出答案——"与狼共舞，必须自己成为狼，而且变成'超级狼'"。"狼论"的逻辑是：入世以后就是与狼共舞的时代，而我们不能是任人宰割的羔羊，因此要使自己先变成狼，只有把自己做大做强，使自己具备了强大的竞争力，才能走出国门，与国外大企业一争高下。

2001年11月11日,卡塔尔首都多哈,中国加入世界贸易组织签字仪式现场。

流行语	"与国际接轨。"
	——民间口号

背景:十一届三中全会以后,经过20多年的努力,中国全方位、多层次、宽领域的对外开放格局已基本形成,开放型经济迅速发展。2001年12月11日,中国正式成为世贸组织成员,这标志着中国对外开放进入了一个新的阶段。加入世贸组织是中国对外开放的新起点。作为世贸组织成员,我们可以直接参与国际经济规则的制定,以维护中国权益,同时也要按照世贸组织规则办事。"与国际接轨"一词开始使用并逐渐流行起来了。

审批制度改革工作。10月30日,国务院领导小组办公室根据国务院领导的要求,将审批项目数量较多、审批事项对经济和社会事务影响较大的国家计委、国家经贸委、教育部、公安部、农业部、劳动保障部、建设部、交通部、外经贸部、卫生部、税务总局、广电总局、质检总局、民航总局、环保总局、工商总局、烟草专卖局等17个部门确定为审核工作重点。

11月7日,国家计委宣布,取消第一批5大类行政审批事项。11月14日,国务院领导小组办公室组织了4个督查组,分3批深入到国务院62个部门和单位,对贯彻落实国务院行政审批制度改革工作电视电话会议精神,开展行政审批制度改革工作的情况进行现场督促检查。

12月11日,国务院领导小组下发《关于印发〈关于贯彻行政审批制度改革的五项原则需要把握的几个问题〉的通知》,对各地区、各部门贯彻落实《关于行政审批制度改革工作的实施意见》确定的五项原则提出指导性意见[2]。

①李岚清:《按照"三个代表"的要求,转变政府职能,进一步完善社会主义市场经济体制》,见《十五大以来重要文献选编》(下),人民出版社,2003年。
②《行政审批制度改革大事记(2001年—2005年)》,人民网,2007年6月20日。

观点

樊纲:入世归根结底是"政府入世"。加入WTO后,近期将对中国经济增长产生积极影响,但两三年后中国企业会感到压力,开始痛苦的调整期,这一过程会延续5到10年。但长期看,对中国的影响是正面的。首先是政府要建立新的外经贸管理体制,既符合WTO原则,又符合中国国情;其次要转变职能,逐步取消审批制,而将政府的精力集中于宏观管理和服务;清理与WTO规则不相符的法律法规,加快废、改、立的工作;进一步降低关税水平;减少或取消非关税壁垒;进一步提高市场准入程度;建立稳健的金融运行机制,防范金融风险;充分利用国际规则的"安全阀"来保护民族产业。

资料来源:《入世归根结底是"政府入世"》,《领导决策信息》,2001年第42期。

中国加入WTO

2001年9月13日,中国政府全部完成了与世贸组织138个成员中向中国提出谈判要求的36个成员的双边市场准入谈判。11月10日下午,世界贸易组织第四届部长级会议在卡塔尔首都多哈召开。此次会议以全体协商一致的方式,审议并通过了中国加入世贸组织的决定。11月11日,中国外经贸部部长石广生代表中国政府在中国入世议定书上签字,随后即向世贸组织秘书处递交了国家主席江泽民对中国入世的批准书。至此,中国入世的法律程序全部完成。

根据世贸组织规则,在2001年12月11日即提交批准书后30天,中国加入世界贸易组织的各种法律法规性文件开始正式生效,至此,中国正式成为世界贸易组织的第143个成员国,标志着中国全面重返世界经济舞台。

正式成为世贸组织成员后,中国全面参与世贸组织的各项工作。随后,中国向世贸组织总部所在地——瑞士日内瓦派出中华人民共和国常驻世界贸易组织代表团,并派出大使。中国将全面享受世贸组织赋予其成员的各项权利,并将遵守世贸组织规则,认真履行义务。

流行志

▶《谁动了我的奶酪》

进入21世纪，社会生活日新月异，新兴白领阶层该怎样处理和面对信息时代的变化和危机？《谁动了我的奶酪》这本小书回答了这个问题。在书中，作者斯宾塞·约翰逊博士用几只小老鼠的故事生动地阐述了"变是唯一的不变"这一生活真谛，懂得随机应变并享受变化的人，才是未来最受青睐的。《谁动了我的奶酪》在全球销量超过2000万册，在中国也连续128周雄踞中国各大媒体畅销书排行榜。

▶"人肉"

"人肉"，"人肉搜索引擎"的简称，之所以以"人肉"命名，是因为它与百度、Google等利用机器搜索技术不同，它更多的利用人工参与来提纯搜索引擎提供的信息。"人肉"起源于2001年陈自瑶事件，当时有人在网上贴出一张美女照片，并声称是自己的女朋友，有人则指认该女子为一位AV女演员。很快有人查清此照片属于微软的一位女代言人陈自瑶，并且贴出了她的大部分个人资料。陈自瑶事件被公认为互联网"人肉搜索"的首次小试牛刀，随后，"人肉"开始被越来越多地使用，也引起了很大争议。

▶"翠花，上酸菜！"

2001年岁末，一群中戏表演班的大学生的毕业大戏《翠花，上酸菜》横空出世，尽管只是一台毕业公演，没有大手笔制作、没有大明星撑台、没有规划炒作，但《翠花》在问世之后的市场影响可谓"石破天惊"，火爆一时，第一轮商演便破百万票房，此后加演近二百场，轰动全国。该剧也因此被公认为北京商业喜剧的"鼻祖"，更有"中国第一笑剧"的称号。"翠花，上酸菜！"更成为经典的流行语。

▶《粉红女郎》

2001年，根据台湾著名漫画家朱德庸系列漫画《涩女郎》改编的电视剧《粉红女郎》上映，掀起收视狂潮。漫画《涩女郎》系列作品所呈现的是一幕幕现代都市男女的缩影，早在电视剧开拍前，就已经受到大陆男女青年的追捧。电视剧中四个具有鲜明特色的女人"结婚狂"、"万人迷"、"男人婆"、"天真妹"上演了一出出让人啼笑皆非的温情喜剧。

语录 "态度决定一切。"
——米卢·蒂诺维奇

背景：2001年1月，米卢·蒂诺维奇和中国足协签订了一份为期两年半的工作合同，他的任务就是带领中国队闯入2002年的韩日世界杯。在当年的亚洲杯上，中国队获得了第四名的好成绩。之后的世界杯预选赛亚洲区比赛上，国足6战全胜，最终中国队提前两轮获得日韩世界杯决赛阶段比赛的参赛权，首次闯入世界杯决赛。"态度决定一切"，这位神奇教练的口号也随着中国足球创造历史而响遍大江南北。

👁 社会关注

"上海五国"升级为上海合作组织

2001年6月14日，中国国家主席江泽民、俄罗斯总统普京、哈萨克斯坦总统纳扎尔巴耶夫、吉尔吉斯斯坦总统阿卡耶夫、塔吉克斯坦总统拉赫莫诺夫等"上海五国"元首在上海举行第六次会晤，乌兹别克斯坦总统卡里莫夫参加了此次会议。6月15日上午，中国、俄罗斯、哈萨克斯坦、吉尔吉斯斯坦、塔吉克斯坦、乌兹别克斯坦等6国元首举行会晤。六国元首首先签署联合声明，吸收乌兹别克斯坦为"上海五国"机制成员，之后共同发表《上海合作组织成立宣言》。文件宣布，为更有效地共同利用机遇和应对新挑战与威胁，提升相互合作层次和水平，六国决定在"上海五国"机制基础上成立上海合作组织。由此，上海合作组织正式成立。

上海合作组织是迄今唯一在中国境内成立、以中国城市命名、总部设在中国境内的区域性国际组织，成员国总面积近3018.9万平方公里，约占欧亚大陆面积的五分之三；人口约15亿，约占世界人口的四分之一；工作语言为汉语和俄语。根据《上海合作组织成立宣言》，上海合作组织的宗旨是：加强成员国之间的相互信任与睦邻友好；发展成员国在政治、经济、科技、文化、教育、能源、交通、环保及其他领域的有效合作；维护和保障地区的和平、安全与稳定；推动建立民主、公正、合理的国际政治经济新秩序。

应中国国家主席江泽民的邀请，俄罗斯总统普京2001年6月14日乘专机抵达上海，出席"上海五国"首脑第六次会晤。

北京申奥成功

2001年7月13日，国际奥委会第112次全体会议在莫斯科举行，会议的议题之一是决定第29届奥林匹克运动会的举办城市。北京时间7月13日21点56分，国际奥委会委员开始投票。

22点08分，国际奥委会主席萨马兰奇宣布：2008年奥运会主办权授予北京。至此，北京申奥取得成功。

北京申奥口号是"新北京，新奥运"，英文口号是"New Beijing Great Olympics"。它的内涵是：有三千余年建城史的北京，经过改革开放的洗礼，将以崭新的、多姿多彩的面貌进入新世纪，她将以饱满的热情欢迎全世界的体育健儿和各界朋友，

2001年10月20日，中国国家主席江泽民在上海国际会议中心主持第九次亚太经合组织（APEC）领导人非正式会议。

共同参与奥运盛会。北京申奥标志是一幅中国传统手工艺品图案，即"同心结"或"中国结"，它采用的是奥林匹克五环标志的典型颜色。图案表现了一个人打太极拳的动感姿态，其简洁的动作线条蕴涵着优美、和谐及力量，寓意世界各国人民之间的团结、合作和交流。

中国第一次主办亚太经合组织（APEC）峰会

2001年10月21日，亚太经合组织(APEC)第九次领导人非正式会议在上海科技馆举行。澳大利亚总理霍华德、文莱苏丹博尔基亚、加拿大总理克雷蒂安、智利总统拉戈斯、中国香港特别行政区行政长官董建华、俄罗斯总统普京、新加坡总理吴作栋、泰国总理他信、美国总统布什等出席会议。会议由中国国家主席江泽民主持。

在亚太经合组织(APEC)第九次领导人非正式会议期间，江泽民发表了题为《加强合作，共同迎接新世纪的新挑战》的重要讲话，全面阐述了中国对当前世界和地区经济形势的看法，以及对推进APEC合作进程的主张。与会领导人以"新世纪、新挑战：参与、合作、促进共同繁荣"为主题，就当前世界经济形势以及"9·11"事件对经济发展带来的影响、人力资源能力建设和亚太经合组织未来发展方向等问题深入交换意见，达成了广泛的共识。会议通过了《领导人宣言：迎接新世纪的新挑战》和作为附件的《上海共识》、《数字APEC战略》，发表了《亚太经合组织领导人反恐声明》。

中国足球彩票首次在北京、上海等12个省市发行

2001年对于中国彩票业来说，这是比较特殊的一个年份。2001年10月22日，国家体彩中心宣布，带着浓厚意大利足彩印记的中国足球彩票首先在北京、上海、辽宁、广东、山东、四川、重庆、浙江、江苏、福建、湖北12个省市发行。足球彩票采用全国联网方式发行，全国共享一个奖池，单注最高奖封顶为500万元。

足球彩票的出现打破了原来省市玩法内部的均衡，第一个全国联网性质的玩法横空出世。从玩法角度来说，中国彩票也向世界彩票潮流迈进了一大步，足彩彩票首次将竞猜的概念引入中国彩民群体当中，出现了诸如"技术彩民"之类的称呼。

🌐 环球大事

▶ 3月23日
俄罗斯"和平"号空间站按照预定轨道安全坠落在南太平洋。这是人类迄今遇到的最大人造天体的控制性的坠落。

▶ 4月10日
日本政府决定对从中国等地进口的大葱等实施紧急进口限制措施，发动了中日关系正常化以来最严重的一场贸易战。

▶ 5月3日
美国在联合国人权委员会的改选中落选。

▶ 7月23日
联合国《气候变化框架公约》缔约方第六次会议就落实《京都议定书》具体措施达成一致，使《京都议定书》起死回生。

▶ 9月11日

2001年9月11日，恐怖分子劫持民用飞机自杀性撞击纽约世贸大厦。

恐怖分子袭击美国纽约世贸中心双子大厦、白宫、五角大楼、国会山等处，美国陷入恐怖之中。

▶ 9月15日
世界贸易组织中国工作组会议就中国加入世贸组织的法律文件达成一致。

▶ 11月17日
南联盟科索沃举行1999年以来首次大选，科索沃民主联盟成为议会第一大党。科索沃议会于12月10日举行了首次会议。

▶ 11月25日
美国科学家宣布首次克隆出人类早期胚胎，引起全世界轩然大波。

> 重要文献

《关于国民经济和社会发展第十个五年计划纲要的报告》
（2001年3月5日）

2001年3月5—15日，第九届全国人大第四次会议在北京举行。朱镕基总理作《关于国民经济和社会发展第十个五年计划纲要的报告》。报告提出，制定"十五"计划，要把发展作为主题，把结构调整作为主线，把改革开放和科技进步作为动力，把提高人民生活水平作为根本出发点。要全面估量加入世界贸易组织后的新形势，充分体现发展社会主义市场经济的要求。

目录：

序言
第一篇　指导方针和目标
　　第一章　国民经济和社会发展的指导方针
　　第二章　国民经济和社会发展的主要目标
第二篇　经济结构
　　第三章　加强农业基础地位，促进农村经济全面发展
　　第四章　优化工业结构，增强国际竞争力
　　第五章　发展服务业，提高供给能力和水平
　　第六章　加速发展信息产业，大力推进信息化
　　第七章　加强基础设施建设，改善布局和结构
　　第八章　实施西部大开发战略，促进地区协调发展
　　第九章　实施城镇化战略，促进城乡共同进步
第三篇　科技、教育和人才
　　第十章　推进科技进步和创新，提高持续发展能力
　　第十一章　加快教育发展，提高全民素质
　　第十二章　实施人才战略，壮大人才队伍
第四篇　人口、资源和环境
　　第十三章　控制人口增长，提高出生人口素质
　　第十四章　节约保护资源，实现永续利用
　　第十五章　加强生态建设，保护和治理环境
第五篇　改革开放
　　第十六章　推进改革，完善社会主义市场经济体制
　　第十七章　扩大对外开放，发展开放型经济
第六篇　人民生活
　　第十八章　积极扩大就业，健全社会保障制度
　　第十九章　增加居民收入，提高人民生活水平
第七篇　精神文明
　　第二十章　加强思想道德建设，形成共同理想和精神支柱
　　第二十一章　繁荣社会主义文化，提高文化生活质量
第八篇　民主法制
　　第二十二章　加强民主政治建设，发展社会主义民主
　　第二十三章　依法治国，建设社会主义法治国家
第九篇　国防建设
　　第二十四章　加强国防建设，保障国家安全
第十篇　规划实施
　　第二十五章　改善宏观调控，保持经济稳定增长
　　第二十六章　创新实施机制，保障实现规划目标

重要文献

《关于行政审批制度改革工作的实施意见》

（2001年10月9日）

2001年10月18日，国务院批转监察部、国务院法制办、国务院体改办、中央编办《关于行政审批制度改革工作的实施意见》。《意见》明确提出了行政审批制度改革的总体要求、遵循的原则。

节选：

行政审批制度改革的总体要求是：不符合政企分开和政事分开原则、妨碍市场开放和公平竞争以及实际上难以发挥有效作用的行政审批，坚决予以取消；可以用市场机制代替的行政审批，通过市场机制运作。对于确需保留的行政审批，要建立健全监督制约机制，做到审批程序严密、审批环节减少、审批效率明显提高，行政审批责任追究制得到严格执行。

二、行政审批制度改革应遵循的原则

（一）合法原则。……设定行政审批应当遵循中国的立法体制和依法行政的要求，符合法定权限和法定程序。……

（二）合理原则。……凡是通过市场机能够解决的，应当由市场机制去解决；通过市场机制难以解决，但通过公正、规范的中介组织、行业自律能够解决的，应当通过中介组织和行业自律去解决。有关经营性土地使用权出让、建设工程招标投标、政府采购和产权交易等事项，必须通过市场机制来运作。……

（三）效能原则。要合理划分和调整部门之间的行政审批职能，简化程序，减少环节，加强并改善管理，提高效率，强化服务。……

（四）责任原则。按照"谁审批、谁负责"的原则，在赋予行政机关行政审批权时，要规定其相应的责任。……

（五）监督原则。……按照公开、公平、公正的原则，明确行政审批的条件、程序，并建立便于公民、法人和其他组织监督的制度。……

——摘自《中华人民共和国国务院公报》2001年第33期，第24—28页，国务院办公厅编辑出版。

重要文献

国务院《关于整顿和规范市场经济秩序的决定》

（2001年4月27日）

2001年4月27日，国务院公布《关于整顿和规范市场经济秩序的决定》。《决定》提出，建立规范的市场经济秩序，既是保证当前经济正常运行的迫切需要，又是完善社会主义市场经济体制的重要举措。

节选：

……今后五年，是中国完善社会主义市场经济体制和扩大对外开放的重要时期。建立良好的市场经济秩序，既是重大的经济问题，也是严肃的政治问题；既是提高国民经济整体素质和竞争力的必然选择，也是进一步扩大对外开放的必要条件；既是巩固中国现代化建设成果的重大举措，也是全面推进社会文明进步的内在要求。……

（五）在全面整顿和规范市场经济秩序的基础上，根据每个时期的不同特点，分别确定各阶段整治的重点。当前，要紧紧抓住直接关系广大群众切身利益、群众反映强烈、社会危害严重的几个突出问题，主要包括：以食品、药品、农资、棉花以及拼装汽车等为重点，打击制售假冒伪劣商品的行为；以查处规避招标、假招标和转包为重点，整顿和规范建筑市场；以查处偷税、骗税、非法减免税为重点，强化税收征管；以查处地区封锁和部门、行业垄断为重点，打击地方保护主义；以清理压缩音像集中经营场所，查处非法经营的"网吧"、"游戏机房"为重点，整顿文化市场。

（十）切实减少行政性审批。加快清理政府审批事项，大幅度减少行政性审批，主要发挥市场在资源配置中的基础性作用。……

（十一）打破地方封锁和行业垄断。彻底清理并废除各地区、各部门制定的带有地方封锁和行业垄断内容的规章。禁止任何单位或个人违反法律、行政法规，以任何形式阻挠、干预外地产品或工程建设类等服务进入本地市场，或者对阻挠、干预外地产品或工程建设类等服务进入本地市场的行为纵容、包庇，限制公平竞争。进一步加快垄断行业的改革和重组，推进政企分开，强化竞争机制，推行现代化服务方式，实现规模经营。

——摘自《中华人民共和国国务院公报》2001年第18期，第7—10页，国务院办公厅编辑出版。

重要文献

《关于深化国有企业内部人事、劳动、分配制度改革的意见》

（2001年3月13日）

2001年3月13日，国家经贸委、人事部、劳动和社会保障部下发《关于深化国有企业内部人事、劳动、分配制度改革的意见》。

节选：

深化企业三项制度改革的目标是：把深化企业三项制度的改革作为规范建立现代企业制度的必备条件之一，建立与社会主义市场经济体制和现代企业制度相适应、能够充分调动各类职工积极性的企业用人和分配制度。尽快形成企业管理人员能上能下、职工能进能出、收入能增能减的机制……

取消企业行政级别。企业不再套用国家机关的行政级别，管理人员不再享有国家机关干部的行政级别待遇。打破传统的"干部"和"工人"之间的界限，变身份管理为岗位管理。

实行按劳分配为主、效率优先、兼顾公平的多种分配方式。企业内部实行按劳分配原则，合理拉开分配档次。允许和鼓励资本、技术等生产要素参与收益分配。积极推行股份制改革，在依据有关法规政策进行规范运作的基础上，允许职工通过投资入股的方式参与分配。

实行适合企业专业技术人员特点的激励和分配制度。对企业专业技术人员实行按岗位定酬、按任务定酬、按业绩（科技成果）定酬的分配办法。对有贡献的企业专业技术人员可实行项目成果奖励，技术创新和新产品商品化的新增净利润提成，技术转让以及与技术转让有关的技术开发、技术服务、技术咨询所得净收入提成，关键技术折价入股和股份奖励、股份（股票）期权等分配办法和激励形式。……

——摘自《中华人民共和国国务院公报》2002年第7期，第23—25页，国务院办公厅编辑出版。

重要文献

《关于印发促进和引导民间投资的若干意见》

（2001年12月11日）

2001年12月11日，国家计委发出了《关于印发促进和引导民间投资的若干意见的通知》。《通知》提出要进一步转变思想观念，逐步放宽投资领域，积极拓宽融资渠道，实行公平合理的税费政策，建立社会化服务体系，改进政府的管理工作，促进和引导民间投资的发展。

节选：

实行改革开放以来，中国民间投资增长迅速，在发展经济、扩大就业、活跃市场和增加出口等方面发挥出日益重要的作用，已成为促进中国经济和社会发展的重要力量。……

逐步放宽投资领域。除国家有特殊规定的以外，凡是鼓励和允许外商投资进入的领域，均鼓励和允许民间投资进入；在实行优惠政策的投资领域，其优惠政策对民间投资同样适用；鼓励和引导民间投资以独资、合作、联营、参股、特许经营等方式，参与经营性的基础设施和公益事业项目建设。近期要积极创造条件，尽快建立公共产品的合理价格、税收机制，在政府的宏观调控下，鼓励和引导民间投资参与供水、污水和垃圾处理、道路、桥梁等城市基础设施建设。鼓励有条件的民间投资者到境外投资。

积极拓宽融资渠道。国有商业银行要把支持民间投资作为信贷工作的重要内容，完善机构设置，明确工作职责，充实信贷人员，制定有针对性的贷款政策和管理办法；要增强服务意识，增加服务品种，对民间投资者的贷款申请一视同仁；要帮助民间投资者建立规范的财务制度，增强信用意识，提供信息咨询和理财经验；要与民间投资者共同努力，严格防范金融风险。股份制商业银行、城市商业银行和农村信用合作社，应把民间投资者作为重要服务对象。鼓励建立为民间投资服务的信用担保和贷款担保机构。证券监管部门要在健全完善核准制的基础上，为民间投资项目上市融资提供平等的机会。

实行公平合理的税费政策。……对与民间投资有关的税费科目要进行清理和规范，调整不公平的税赋，取消不合理的收费，切实减轻民间投资者的负担；对尚处于创业阶段的民间投资者可以给予一定的减免税支持；各级政府应积极创造条件，通过财政贴息、设立担保基金和投资补贴等形式，引导民间资本投向高新技术、基础设施和公益事业，支持民间投资者到西部地区投资。

——摘自《中华人民共和国国务院公报》2002年第26期，第22—23页，国务院办公厅编辑出版。

重要文献

《关于"十五"期间加快发展服务业若干政策措施的意见》

(2001年12月20日)

2001年12月20日，国务院转发国家计委《关于"十五"期间加快发展服务业若干政策措施的意见》。《意见》提出中国已经进入经济结构战略性调整的重要时期，必须充分认识新阶段、新形势、新体制下加快发展服务业的重要意义。加快发展服务业，真正把服务业作为产业对待。

节选：

根据"十五"计划纲要的要求，"十五"期间服务业发展的目标是：服务业增加值年均增长速度适当快于国民经济的增长速度，争取达到7.5%左右，占国内生产总值的比重由2000年的33.2%提高到2005年的36%；服务业从业人员年均增长4%以上，累计新增就业人数争取达到4500万人，占全社会从业人员的比重由2000年的27.5%提高到2005年的33%。……

（一）以市场为取向，以企业为主体，以技术进步为支撑，大力调整和优化服务业行业结构，提高服务业的整体素质和国际竞争力。强化对交通运输、商贸流通、餐饮、公用事业、农业服务等行业的改组改造，推进连锁经营、特许经营、物流配送、代理制、多式联运、电子商务等组织形式和服务方式的发展，提高服务质量和经营效益。积极发展房地产、物业管理、旅游、社区服务、教育培训、文化、体育等需求潜力大的行业，形成新的经济增长点。大力发展信息、金融、保险以及会计、咨询、法律服务、科技服务等中介服务行业，提高服务水平和技术含量，促进服务业行业结构及经济结构的优化。

（四）积极支持服务业各行业拓宽服务领域，开拓新的就业渠道。……

（六）加快服务业国有企业改革，建立产权清晰、权责明确、政企分开、管理科学的现代企业制度。加快服务业国有经济布局的战略性调整，有进有退，有所为有所不为。国有经济比重较高的对外贸易、公用事业、旅游、文化、电信、金融、保险等行业，要逐步放宽对非国有经济的准入限制和扩大对外开放。

（十一）……积极鼓励非国有经济在更广泛的领域参与服务业发展，在市场准入、土地使用、信贷、税收、上市融资等方面，对非国有经济实行与国有经济同等的待遇。

（十二）加快铁路、民航、通信、公用事业等行业管理体制的改革，放宽外贸、教育、文化、中介服务等行业市场准入的资质条件。凡鼓励和允许外资进入的领域，均鼓励和允许国内投资者以独资、合资、合作、联营、参股、特许经营等方式进入，鼓励和允许上市公司以资产重组或增发新股方式进入服务业。

——摘自《中华人民共和国国务院公报》2002年第3期，第40—41页，国务院办公厅编辑出版。

大事记

1月1日

经国务院批准,中国再次自主降低关税总水平,平均降幅为6.6%。

1月3—5日

中央农村工作会议在北京召开。会议指出,实行农村税费改革,是党中央、国务院为加强农业、保护农民积极性作出的一项重大决策,是继实行家庭承包经营之后农村的又一项重大改革。

1月9—11日

建设部确定2001年房改及房地产工作的7项工作重点,其中在落实住房分配货币化,推进住房制度改革的深化方面提出:1.落实住房补贴资金,全力推动住房分配货币化工作,确保补贴资金尽快发到职工手上。2.加快廉租住房制度建设。

1月11日

中共中央、国务院发布《关于做好2001年农业和农村工作的意见》,指出,必须坚定不移地加强农业的基础地位,切实解决农村面临的突出问题,确保农业发展、农民增收和农村稳定。

1月16—17日

国务院办公厅在京召开全国药品监督管理体制改革工作会议。

2月2—3日

全国市县乡机构改革工作会议在北京召开。这次会议的主要任务是,按照中央关于地方机构改革的要求,具体研究和部署市县乡机构改革工作。

2月8日

国务院总理办公会议听取了国家计委关于建设青藏铁路有关情况的汇报,对青藏铁路建设方案进行了研究。会议认为,修建青藏铁路对加快西部地区特别是西藏地区的经济社会发展,造福沿线各族人民具有重要意义,这一项目将成为西部大开发的又一项标志性工程。

2月13日

教育部、国家计委、财政部发出《关于坚决治理农村中小学乱收费问题的通知》。《通知》强调,当年农村中小学收费标准不再提高,各地政府也不再出台新的收费项目。从当年起,各地要结合农村中小学实际,在贫困地区试行"一费制"收费办法。

2月17—19日

国务院在安徽召开农村费税改革试点工作会议。温家宝在会上强调,农村税费改革成功与否,很大程度上取决于相关配套改革能否到位。乡镇政府机构、乡镇财政体制、农村教育体制等方面的改革,不仅是农村税费改革的重要组成部分,而且是农村税费改革取得成功的重要保证,必须坚持同步实施,整体推进。

2月19日

中国证监会决定允许境内居民以合法持有的外汇开立B股账户。这次政策调整,主要考虑到中国外汇资本流动的宏观形势已发生了显著变化。

2月22—28日

江泽民在海南省考察工作时指出,经济特区要不断推进体制创新,率先为全国建立比较完善的社会主义市场经济体制积极探索和实践。

2月27日

在中国政府的大力支持下,在海南省博鳌,博鳌亚洲论坛宣告成立并通过《博鳌亚洲论坛宣言》。这是首个涵盖整个亚洲,探讨亚洲经济和社会发展问题的非官方开放性论坛。

3月5—15日

九届全国人大四次会议在京举行,通过了《关于国民经济和社会发展第十个五年计划纲要的报告》。

3月12日

中国人民银行发出《关于做好当前农村信用社支农工作的指导意见》,对农村信用社进一步做好支农工作提出5点意见。

3月13日

国家经贸委、人事部、劳动保障部发出《关于深化国有企业内部人事、劳动、分配制度改革的意见》。

3月15日

九届全国人大四次会议通过修改后的《中华人民共和国中外合资经营企业法》,并予以公布。本法自公布之日起生效。

3月16日

财政部、中国人民银行公布《财政国库管理制度改革试点方案》,指出,财政国库管理制度改革的主要内容是,按照财政国库管理制度的基本发展要求,建立国库单一账户体系,所有财政性资金都纳入国库单一账户体系管理,收入直接缴入国库或财政专户,支出通过国库单一账户体系支付到商品和劳务供应者或用款单位。

3月19日

中国证监会发布施行《上市公司检查办法》和《上市公司董事长谈话制度实施办法》。

3月23日

江泽民在中南海会见美国《华盛顿邮报》执行总编史蒂夫·科尔一行,并回答有关中国国内政治体制改革等方面的提问。江泽民指出:发展社会主义民主政治,是中国现代化建设的重要目标。我们进行政治体制改革,就是要努力提高党和国家的活力和工作效率,充分调动各方面的积极性,扩大基层民主,克服上层建筑中那些不符合经济基础发展要求的弊端,不断促进经济发展和社会全面进步。我们要进一步保障人民行使民主选举、民主决策、民主管理、民主监督的权利,推进决策的科学化、民主化,提高领导体制和管理体制的效率,加强企业在市场竞争中的主体地位,从源头上抑制和克服腐败现象。

3月24日

国务院办公厅发出《关于进一步做好农村税费改革试点工作的通知》,指出,2001年要在总结安徽等地试点经验的基础上,进一步做好农村税费改革试点工作。总的要求和方针是:加强领导,完善政策;扩大试点,积累经验;配套推进,稳步实施,切实减轻农民负担,确保农村税费改革取得成功。4月25日国务院办公厅印发《关于2001年农村税费改革试点工作有关问题的通知》,决定暂缓扩大农村税费制度的改革试点。

3月30日

国务院转发公安部《关于推进小城镇户籍管理制度改革的意见》,《意见》明确指出,小城镇户籍管理制度改革的实施范围是县级市市区、县人民政府驻地镇及其他建制镇。

4月3日

中共中央办公厅、国务院办公厅公布《关于党政机关工作人员个人证券投资行为若干规定》,指出,党政机关工作人员个人可以买卖股票和证券投资基金。在买卖股票和证券投资基金时,应当遵守有关法律、法规的规定。

4月4日

建设部公布《商品房销售管理办法》，对商品房的销售管理工作、销售条件、广告与合同、销售代理、交付等事项作出具体规定。该办法2001年6月1日起施行。

4月18日

国务院下发《关于进一步加强和改进外汇收支管理的通知》，指出，为规范外汇收支行为，保证外汇资金合理有序流动，维护国际收支和外汇收支长期动态平衡，促进对外经济贸易健康发展，必须进一步加强和改进外汇收支管理。

4月20日

国家经贸委等10部委下发《关于加强中小企业信用管理工作若干意见》。

4月21日

国务院公布《关于禁止在市场经济活动中实行地区封锁的规定》。

4月24日

劳动和社会保障部发布《劳动和社会保障事业发展第十个五年计划纲要》。《纲要》指出，"十五"期间劳动和社会保障事业发展的总体目标是：基本建立起适应中国生产力发展水平、符合社会主义市场经济要求的比较完善的劳动和社会保障制度，使广大城镇劳动者得到较为充分的就业和基本的社会保障。

4月27日

国务院公布《关于整顿和规范市场经济秩序的决定》。

4月30日

国务院下发《关于加强国有土地资产管理的通知》，为加强国有土地资产管理，切实防止国有土地资产流失，提出6条措施：严格控制建设用地供应总量；严格实行国有土地有偿使用制度；大力推行国有土地使用权招标、拍卖；加强土地使用权转让管理；加强地价管理；规范土地审批的行政行为。

5月8日

国家经贸委等9部门下发《关于推动社区就业工作的若干意见》。

5月17日

国家计委下发《国家计委贯彻国务院关于整顿和规范市场经济秩序的决定的通知》。

5月18日

劳动和社会保障部公布实施《社会保险基金行政监督办法》，劳动保障部主管全国社会保险基金监督工作。县级以上地方各级人民政府劳动保障行政部门主管本行政区域内的社会保险基金监督工作。劳动保障行政部门负责社会保险基金监督的机构具体实施社会保险基金监督工作。

5月24日

国务院办公厅转发国务院体改办等5部委《关于农村卫生改革与发展的指导意见》。《意见》提出，建立适应社会主义市场经济体制要求和农村经济社会发展状况、具有预防保健和基本医疗功能的农村卫生服务体系，实行多种形式的农民健康保障办法，使农民人人享有初级卫生保健。

6月5日

国务院办公厅下发《关于切实做好当前减轻农民负担工作的通知》。

6月6日

国务院发布《减持国有股筹集社会保障基金管理暂行办法》。《办法》明确规定，国务院代表国家统一行使国有股所有权。持国有股所筹集的资金交由全国社会保障基金理事会管理。减持国有股原则上采取市场定价方式。

6月13日

国务院公布《中国农村扶贫开发纲要（2001—2010年）》，确定了中国2001－2010年扶贫开发总的奋斗目标、基本方针、对象与重点，对扶贫开发的内容和途径、政策保障和组织领导等方面，作出具体安排。

6月15日

随着中国、俄罗斯、哈萨克斯坦、吉尔吉斯斯坦、塔吉克斯坦、乌兹别克斯坦6国元首在《上海合作组织成立宣言》上签字，欧亚大陆一个全新的区域性多边合作组织——"上海合作组织"诞生。

6月18日

国家发展计划委员会下发《关于整顿涉农价格和收费的通知》。

7月1日

中共中央在人民大会堂隆重举行庆祝中国共产党成立八十周年大会。江泽民在讲话中提出，私营企业主等新的社会阶层也是有中国特色社会主义事业的建设者。不能简单地把有没有财产、有多少财产当做判断人们政治上先进与落后的标准，而主要应该看他们的思想政治状况和现实表现，看他们的财产是怎么得来的以及财产怎么支配和使用，看他们以自己的劳动对建设有中国特色社会主义事业所作的贡献。必须主动考虑如何扩大党的覆盖面和影响力问题。

7月6日

国家发展计划委员会公布《进一步改进价格工作的若干意见》，就价格改革和价格管理工作提出以下措施：进一步减少行政审批，转换价格机制；引入竞争机制，改革垄断行业价格管理；整顿市场秩序，制止不正当竞争行为；整顿涉农价格和收费，切实减轻农民负担；加强调查研究，提高价格工作水平。

7月27日

中编办、国务院体改办等7部门发出《关于乡镇行政区划调整工作的指导意见》，《意见》第三条中指出，要大力精简机构和人员编制，减少财政供养人员，减轻财政负担和农民负担。调整撤并后的乡镇机构设置和编制核定，要按照市、县、乡机构改革的统一部署和要求进行。要切实做好人员分流工作，制定本地党政机关、事业单位人员分流的政策和办法，安置好分流人员。

7月28—30日

全国城镇职工基本医疗保险制度和医药卫生体制改革工作会议在青岛召开。会议提出，要在2001年底实现90%以上的地市建立起城镇职工基本医疗保险制度，覆盖人数达到8000万人；要在医疗机构分类管理和深化内部改革、药品集中招标采购和扭转以药补医机制等方面取得实质性突破；要切实采取有效措施，严厉打击制售假劣药品，使药品生产流通的市场秩序有更大好转，使广大人民群众用上放心药。

7月31日

国务院发布《关于进一步深化粮食流通体制改革的意见》，提出，当前深化粮食流通体制改革的重点是：为促进农业和粮食生产结构调整，充分发挥粮食产区和销区的各自优势，粮食主销区要加快粮食购销市场化改革，放开粮食收购，粮食价格由市场供求形成；完善国家储备粮垂直管理体系，适当扩大中央储备粮规模，增强国家宏观调控能力；中央财政将粮食风险基金补贴完全包干给地方，真正建立起粮食生产和流通的省长负责制；粮食主产区要继续发展粮食生产，在继续实行"三项政策、一项改革"的前提下，赋予省级人民政府自主决策的权力，切实保护农民种粮积极性；加快国有粮食购销企业改革，切实做到自主经营、自负盈亏。同日公布《关于进一步深化棉花流通体制改革的意见》。

8月16日

中国证监会公布《关于在上市公司建立独立董事制度的指导意见》，就独立董事的权利义务、任职条件、提名、选举和更换等作出具体规定。

8月17日
首只开放式基金——华安创新证券投资基金在上海正式宣告成立。

8月28日
国务院西部开发办发布《关于西部大开发若干政策措施的实施意见》。

9月8—9日
全国市县乡机构改革工作座谈会在北京召开。会议强调，乡镇机构改革是当前市县乡机构改革的重中之重，要着力解决乡镇机构改革中的几个突出问题。首先要切实转变乡镇政府职能，严格控制党政机构设置和领导职数。其次要改革乡镇站所管理体制，推动乡镇事业单位改革。第三要结合核定编制，精干教师队伍，严格教师资格制度。第四要因地制宜地撤并乡镇。第五要妥善安排乡镇分流人员。

9月10日
国家经贸委等8部门印发《关于发展具有国际竞争力的大型企业集团的指导意见》，就发展一批具有较强国际竞争力的大公司和企业集团，在工作原则、工作目标、工作内容和要求、组织实施等方面提出具体要求。

9月24日
国务院办公厅印发《关于成立国务院行政审批制度改革工作领导小组的通知》。

9月29日
国务院办公厅转发国务院西部开发办《关于西部大开发若干政策措施的实施意见》，《意见》提出实施西部大开发若干政策措施和本实施意见的适用范围。

10月9日
辛亥革命90周年纪念大会在北京举行。江泽民出席并发表讲话指出，辛亥革命在中国近代历史发展中占有重要地位，是中国人民为改变自己命运而奋起革命的一个伟大里程碑。中国共产党人是孙中山先生所开创事业的忠实继承者，始终把自己为之奋斗的事业视为辛亥革命的继续和发展。振兴中华，必须依靠整个中华民族的团结合作与共同奋斗。只要在热爱祖国、振兴中华这个大目标上一致，不论属于哪个党派团体、哪个民族，不论抱有何种信仰、居住何地，都应携起手来，共同完成民族复兴的伟大历史使命。

10月18日
国务院批转监察部等4部门《关于行政审批制度改革工作的实施意见》。

10月21日
亚太经合组织（APEC）第九次领导人非正式会议在上海举行，江泽民在会上发表题为《加强合作，共同迎接新世纪的新挑战》的重要讲话，全面阐述了对当前世界和地区经济形势的看法，以及对推进APEC合作进程的主张。江泽民指出，从APEC的共同利益出发，各成员应加强宏观政策协调，深化经济结构改革，坚定地支持多边贸易体制。

10月24日
国务院召开行政审批制度改革工作电视电话会议，全面部署加快推进行政审批制度改革工作。

10月25日
财政部等4部门印发《关于完善城镇医疗机构补偿机制、落实补偿政策的若干意见》，就完善城镇医疗机构补偿机制，落实补偿政策提出的政策措施是：逐步弱化药品收益对医院的补偿作用；落实医疗服务价格政策，完善医疗服务价格体系；进一步落实财政补助政策；加强对医疗机构的宏观调控和管理。

10月27—29日
中共中央、国务院在北京召开中央经济工作会议，江泽民在讲话中提出了2002年经济工作的总体要求，部署了改革发展稳定的主要任务、工作重点和措施。

10月30日
国务院行政审批制度改革工作领导小组办公室根据国务院领导同志的要求，将审批项目数量较多、审批事项对经济和社会事务影响较大的国家计委、国家经贸委、教育部、公安部、农业部、劳动保障部、建设部、交通部、外经贸部、卫生部、税务总局、广电总局、质检总局、民航总局、环保总局、工商总局、烟草专卖局等17个部门确定为审核工作重点。11月9日印发《关于清理行政审批项目的通知》，要求国务院各部门、各直属机构对行政审批项目进行全面清理。11月14日组织了4个督查组，分3批深入到国务院62个部门和单位，对开展行政审批制度改革工作的情况进行现场督促检查。

10月31日
国务院办公厅下发《关于进一步整顿和规范税收秩序的通知》，为进一步整顿和规范税收秩序，改善税收征管环境，提出六项要求：一是继续打击骗取出口退税活动，深入开展税收专项检查工作；二是严厉查处涉税大案要案；三是清理税收违规文件；四是进一步加强税收征收管理；五是加强舆论宣传工作；六是加强领导，狠抓落实。

11月2日
国家经贸委公布《"十五"工业结构调整规划纲要》。《纲要》提出"十五"期间中国工业结构调整的指导思想、主要目标、调整重点和重大措施。

11月3日
国务院办公厅转发国土资源部《关于进一步治理整顿矿产资源管理秩序的意见》，提出治理整顿矿产资源管理秩序的基本目标是：通过全面排查，逐一整改，完善制度，加强管理，使治理整顿矿产资源管理秩序的工作近期取得明显效果，实现矿产资源的有效保护和合理开发利用，促进矿业经济持续健康发展。

11月10日
世界贸易组织第四届部长级会议在卡塔尔首都多哈以全体协商一致的方式，审议并通过了中国加入世贸组织的决定。

11月12日
国务院办公厅下发《关于进一步加强城市居民最低生活保障工作的通知》。《通知》提出，认真贯彻属地管理原则，全面落实城市居民最低生活保障制度；加大财政投入力度，管好用好城市居民最低生活保障资金；建立健全法规制度，推进城市居民最低生活保障工作的规范化管理；加强组织领导，确保城市居民最低生活保障制度落到实处等政策措施。

11月15—16日
朱镕基在辽宁考察完善社会保障体系的试点工作时指出，完善城镇社会保障体系是党中央、国务院的一项重大决策，一定要高度重视，精心组织，知难而进，按照建立完整的社会保障体系的要求，扎扎实实地搞好全省试点，为在全国完善城镇社会保障体系探索和积累经验。

11月17日
国务院办公厅转发国家经贸委等8部门《关于发展具有国际竞争力的大型企业集团的指导意见》。

11月17日
国务院下发《关于印发电信体制改革方案的通知》，决定对固定电信企业进行重组整合，决定组建新的中国电信集团公司和中国网络通信集团公司，并要求进一步加强电信监管工作。

11月23日
对外贸易经济合作部、农业部公布《关于进一步做好农业对外开放工作的若干意见》，提出做好农业对外开放工作的思路是：扩大农产品出口；完善农产品进口管理，保障农业安全；加快农业和乡镇企业吸收外资步伐；按照世界贸易组织要求，推进农业管理体制创新，调整农业政策；加快农业"走出去"

步伐，加强农业的对外合作；加强农产品对外贸易相关政策的协调。

11月28日

上海黄金交易中心获国务院批准成立。这意味着，中国黄金行业实行了50多年的"统配统购"政策将发生根本性变化，黄金产品可以直接进入"中心"进行交易，国内黄金价格随行就市，并逐步与国际市场接轨，中国坚守了多年的黄金市场逐步放开。

12月2—4日

全国计划会议在北京召开。温家宝在会上发表讲话时指出，把扩大内需同深化经济体制改革结合起来，突出强调推进投融资体制改革，健全投资需求增长的内在机制，鼓励社会投资，同时打破行业垄断和地区封锁，减少行政干预，促进公平竞争，为扩大内需提供良好的体制条件和外部环境，有利于激发经济发展的内在动力。

12月9日

中国人民银行发出公告宣布，中国将按照承诺逐步开放银行业。自2001年12月11日起，外资金融机构可在外汇业务方面，取消对外资金融机构服务对象的限制等四个方面得到准入通行证。

12月10日

国务院办公厅转发财政部《关于深化收支两条线改革进一步加强财政管理的意见》。《意见》指出，深化"收支两条线"改革需要做好三个方面的工作：一是要将各部门的预算外收入全部纳入财政专户管理，有条件的纳入预算管理，任何部门不得"坐收"、"坐支"。二是部门预算要全面反映部门及所属单位预算内外资金收支状况，提高各部门支出的透明度。同时，财政部门要合理核定支出标准，并按标准足额供给经费。三是要根据新的情况，修订、完善有关法规和规章制度，使"收支两条线"管理工作法制化、制度化、规范化。

12月11日

国家计委印发《关于促进和引导民间投资的若干意见》。

12月13日

财政部、劳动和社会保障部公布《全国社会保障基金投资管理暂行办法》。《办法》规定，全国社会保障基金是指全国社会保障基金理事会负责管理的由国有股减持划入资金及股权资产、中央财政拨入资金、经国务院批准以其他方式筹集的资金及其投资收益形成的由中央政府集中的社会保障基金。

12月19日

中国人民银行发布《关于全面推行贷款质量五级分类管理的通知》，决定从2002年1月1日起，在中国各类银行全面推行贷款风险分类管理。

12月20日

国务院公布《中华人民共和国外资金融机构管理条例》，对外资金融机构的设立与登记、业务范围、监督管理、解散与清算、法律责任等方面，作出具体规定。本条例自2002年2月1日起施行。

12月20日

国务院办公厅转发国家计委《关于"十五"期间加快发展服务业若干政策措施的意见》。《意见》提出了37条加快发展服务业的政策措施。

12月21日

国务院印发《所得税收入分享改革方案》。

12月28日

国务院办公厅转发财政部《关于改革国有资产评估行政管理方式加强资产评估监督管理工作的意见》。《意见》提出取消政府部门对国有资产评估项目的立项确认审批制度，实行核准制和备案制。

12月30日

中共中央下发《关于做好农户承包地使用权流转工作的通知》。《通知》指出，稳定和完善土地承包关系，是党农村政策的基石，是保障农民权益、促进农业发展、保持农村稳定的制度基础。在稳定家庭承包经营制度的基础上，允许土地使用权合理流转，是农业发展的客观要求，也符合党的一贯政策。当前农村出现的土地使用权流转，多数反映了生产要素的合理流动和优化配置，总体上是健康的。但是，一些乡村推行的土地流转，存在不少违背农民意愿、损害农民利益的问题，需要引起足够重视。

12月31日

国务院公布《所得税收入分享改革方案》规定，从2002年起，除少数特殊行业或企业外，对其他企业所得税和个人所得税收入实行中央与地方按比例分享。中央保证各地区2001年地方实际的所得税收入基数，实施增量分成。

上海黄金交易所

数说发展

人口

总人口 **127627** （单位：万人）

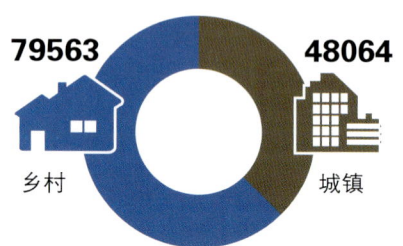

79563 乡村　48064 城镇

 出生率 **13.38‰**
 死亡率 **6.43‰**
 自然增长率 **6.95‰**

GDP（国内生产总值）

第一产业 **14610** 亿元
第二产业 **49069** 亿元
第三产业 **32254** 亿元

GDP（国内生产总值）**95933** 亿元
比上年增长 **7.3%**

财政收支 （单位：亿元）

收入 **18902.58**
支出 **16386.04**
收支差额 **−2516.54**

黄金和外汇储备

黄金 **1608** 万盎司　外汇 **2121.65** 亿美元

工业 （单位：亿元）

工业增加值 **42607**

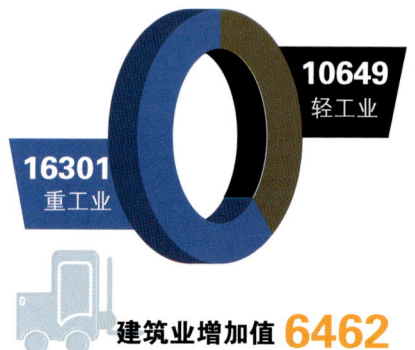

10649 轻工业
16301 重工业

建筑业增加值 **6462**

农林牧渔业

产量 （单位：万吨）

粮食 45262
棉花 2872
油料 532
糖料 8790
肉类 6340
水产品 4375

综合治理水土流失面积 **500** 多万公顷

林业、水利建设 （单位：万公顷）

造林面积 **530**
其中退耕还林工程
完成退耕还林 **40**

100 新增有效灌溉面积　130 新增节水灌溉面积

国内商业 （单位：亿元）

社会商品零售总额 **37595**

14052 县及县以下消费品零售额
23543 城市消费品零售额

对外经济

进出口贸易总额 **5098** 亿美元

进口 **2436** 亿美元
出口 **2662** 亿美元
增长 **6.8%**

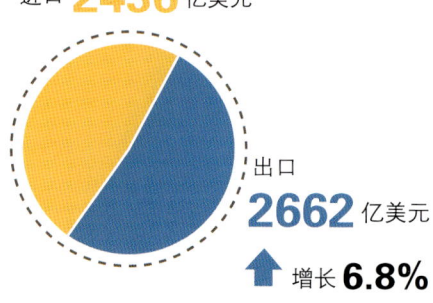

利用外资

批准设立外商投资企业 **26139** 个
合同外资金额 **692** 亿美元
外商直接投资 **468** 亿美元
增长 **14.9%**

对外经济合作

完成营业额 **121** 亿美元
新签合同额 **165** 亿美元

固定资产投资

（单位：亿元）

固定资产投资 36898

国有及其他经济类型
26401

城乡集体经济
5189

城乡居民个人
5308

分地区看

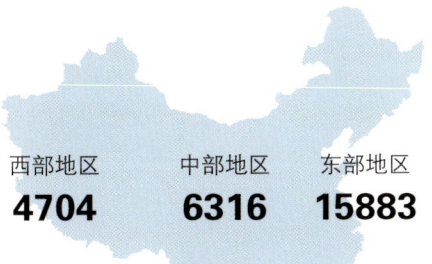

西部地区 **4704**　中部地区 **6316**　东部地区 **15883**

从产业结构看

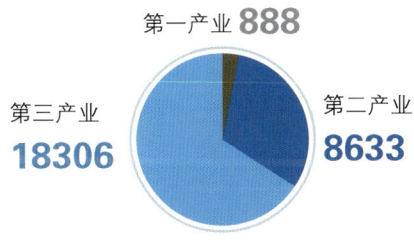

第一产业 **888**
第三产业 **18306**
第二产业 **8633**

基本建设投资 **14567**

房地产开发投资 **5889**

更新改造投资 **6245**

其他投资 **10197**

人民生活

城乡居民人均收入

 城镇 **6860** 元

 农村 **2366** 元

其中农村居民人均现金纯收入 **1748** 元

城乡居民储蓄存款余额 **73762** 亿元

就业人员 **73025** 万人
其中城镇 **23940** 万人

城镇登记失业率 **3.6%**

居民家庭恩格尔系数

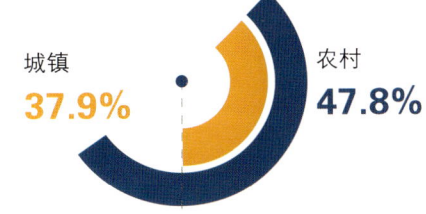

城镇 **37.9%**　农村 **47.8%**

新建住宅面积

（单位：亿平方米）

 城镇 **5.4**

 农村 **7.4**

社会福利事业

各类可提供食宿的收养性社会福利单位床位 **116** 万张

收养各类人员 **83** 万人

城镇建立各种社区服务设施 **21** 万个
其中综合性社区服务中心 **9924** 个

全年通过销售社会福利彩票筹集社会福利资金 **41** 亿元

接收社会捐赠款超过 **7** 亿元

保险事业

内外资保险机构保费收入
2109 亿元

财产险保费收入 **685** 亿元

寿险保费收入 **1288** 亿元

健康险和意外伤害险保费收入 **136** 亿元

支付各类赔款及给付
598 亿元

 财产险和短期人身险赔款 **395** 亿元

 寿险给付 **203** 亿元

交通运输和邮电通信

交通运输和邮电通信增加值 5222 亿元

新建线路交付营业里程

铁路主线正线 **1210** 公里
铁路复线 **1443** 公里

公路 **29278** 公里
其中高速公路 **3017** 公里

万吨级港口泊位年吞吐能力 **5790** 万吨

货物周转量 46304
（单位：亿吨公里）

铁路	14575
公路	6180
水运	24860
民航	44

港口完成货物吞吐量 **24** 亿吨
其中外贸货物吞吐量 **6** 亿吨
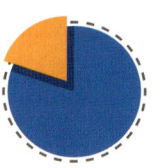

旅客周转量 13000
（单位：亿人公里）

公路 **7047**
铁路 **4767**
民航 **1091**
水运 **95**

固定电话用户 17900 万户

城市电话用户 **11100** 万户
乡村电话用户 **6800** 万户

邮电业务总量 4370 亿元

局用交换机总容量 **2** 亿门

互联网用户 **3000** 万户

移动电话用户 14480 万户
电话普及率为 **26** 部/百人

旅游

国内旅游

出游 **78366** 万人次
国内旅游收入 **3522** 亿元

国际旅游

境外入境人数 8901 万人次

外国人 **1123** 万人次
香港、澳门和台湾同胞 **7778** 万人次

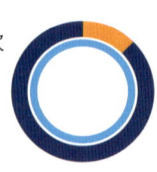

国际旅游外汇收入 178 亿美元

大陆出境人数 **1213** 万人次
其中因私出境人数 **695** 万人次

科学技术

研究与发展（R&D）经费支出 **960** 亿元
其中基础研究经费 **47** 亿元

取得省部级以上科技成果 **28376** 项
基础理论成果 **1854** 项
应用技术成果 **24966** 项
软科学成果 **1556** 项

国有企事业单位共有各类专业技术人员 **2887** 万人
从事研究与发展活动人员 **93** 万人

受理国内外专利申请 **203582** 件
授权专利 **114252** 件

签订技术合同 **24** 万项
技术合同成交金额 **800** 亿元

教育

（单位：万人）

■ 招生人数　■ 在校学生数

- 小学　1944　12543
- 初中　2288　6514
- 普通高中　558　1405
- 中等职业技术学校　398　1164
- 普通高校　268　719
- 成人高校　196　456
- 研究生　17　39
- 特殊教育　6　39

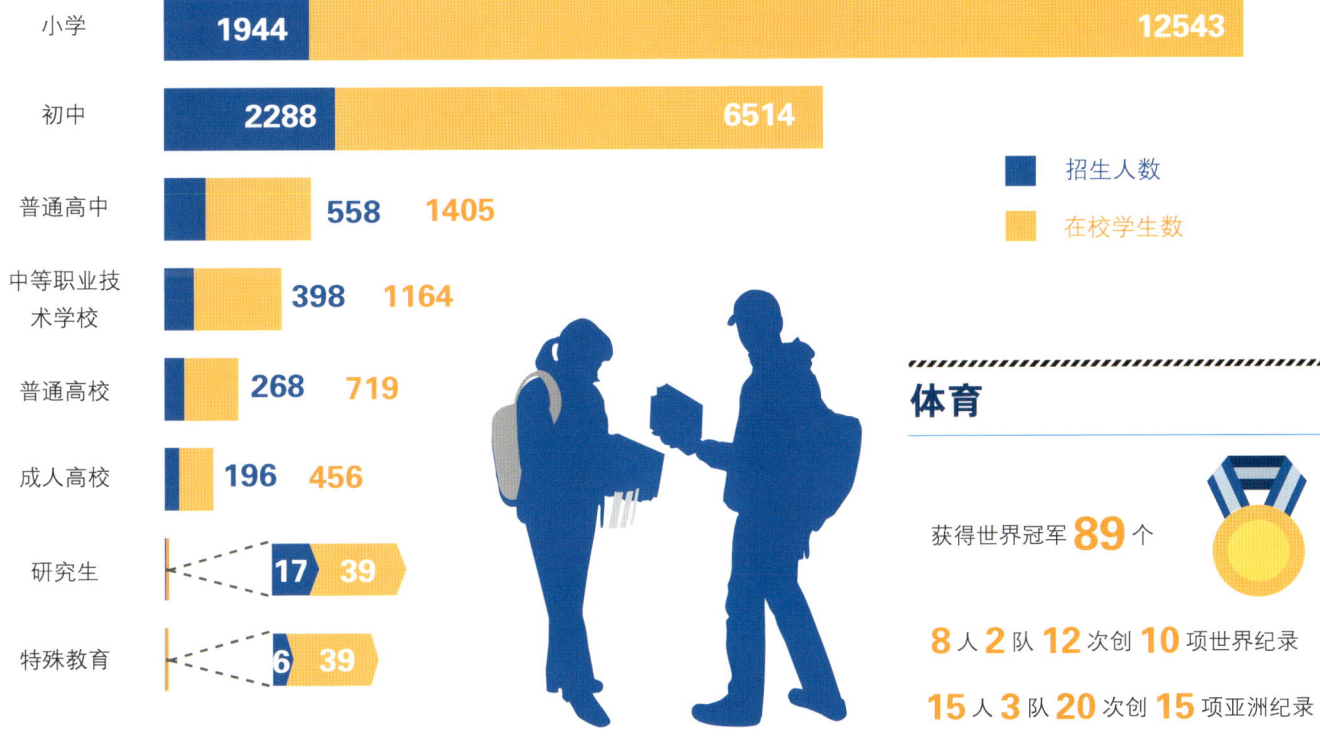

体育

获得世界冠军 **89** 个

8 人 **2** 队 **12** 次创 **10** 项世界纪录

15 人 **3** 队 **20** 次创 **15** 项亚洲纪录

卫 生

卫生机构 **33** 万个
医院、卫生院 **7** 万个
妇幼保健院（所、站）**2539** 个
卫生技术人员 **8** 万人
卫生防疫、防治机构 **6025** 个
卫生技术人员 **22** 万人

病床床位 **319** 万张
其中医院、卫生院 **297** 万张

卫生技术人员 **449** 万人
医生 **209** 万人
护师、护士 **128** 万人

农村乡（镇）卫生院 **5** 万个
床位 **74** 万张
卫生技术人员 **102** 万人
农村有医疗点的村数占总村数的 **89.7%**
乡村医生和卫生员 **128** 万人

文 化

艺术表演团体 **2621** 个
文化馆 **2899** 个
公共图书馆 **2689** 个
博物馆 **1394** 个
档案馆 **3885** 个

已开放各类档案 **4817** 万卷（件）

 有线电视用户 **8803** 万户

电视综合人口覆盖率 **94.1%**　广播综合人口覆盖率 **92.9%**

广播电台 **311** 座
中、短波广播发射台和转播台 **770** 座
电视台 **358** 座

全国性和省级
报纸 **216** 亿份
杂志 **29** 亿册
图书 **63** 亿册（张）

故事影片 **88** 部
科教、纪录、美术片 **66** 部

1978-2018 中国改革开放全纪录

2002

- 中国共产党第十六次全国代表大会召开
- 《电力体制改革方案》出台
- 国有股减持引发股市动荡
- 民航战略重组
- 《中国—东盟全面经济合作框架协议》签署

焦点事件

中国共产党第十六次全国代表大会召开

2002年11月8日至14日,中国共产党第十六次全国代表大会在北京召开。大会的主题是:高举邓小平理论伟大旗帜,全面贯彻"三个代表"重要思想,继往开来,与时俱进,全面建设小康社会,加快推进社会主义现代化,为开创中国特色社会主义事业新局面而奋斗。

江泽民代表第十五届中央委员会向大会作了题为《全面建设小康社会,开创中国特色社会主义事业新局面》的报告。报告指出:"中国正处于并将长期处于社会主义初级阶段,现在达到的小康还是低水平的、不全面的、发展很不平衡的小康,人民日益增长的物质文化需要同落后的社会生产之间的矛盾仍然是中国社会的主要矛盾。中国生产力和科技、教育还比较落后,实现工业化和现代化还有很长的路要走;城乡二元经济结构还没有改变,地区差距扩大的趋势尚未扭转,贫困人口还为数不少;人口总量继续增加,老龄人口比重上升,就业和社会保障压力增大;生态环境、自然资源和经济社会发展的矛盾日益突出;我们仍然面临发达国家在经济科技等方面占优势的压力;经济体制和其他方面的管理体制还不完善;民主法制建设和思想道德建设等方面还存在一些不容忽视的问题。巩固和提高目前达到的小康水平,还需要进行长时期的艰苦奋斗。"

报告正式明确提出了全面建设小康社会的奋斗目标和历史新任务。全面建设小康社会的目标是:"在优化结构和提高效益的基础上,国内生产总值到2020年力争比2000年翻两番,综合国力和国际竞争力明显增强。基本实现工业化,建成完善的社会主义市场经济体制和更具活力、更加开放的经济体系。城镇人口的比重较大幅度提高,工农差别、城乡差别和地区差别扩大的趋势逐步扭转。社会保障体系比较健全,社会就业比较充分,家庭财产普遍增加,人民过上更加富足的生活。社会主义民主更加完善,社会主义法制更加完备,依法治国基本方略得到全面落实,人民的政治、经济和文化权益得到切实尊重和保障。基层民主更加健全,社会秩序良好,人民安居乐业。全民族的思想道德素质、科学文化素质和健康素质明显提高,形成比较完善的现代国民教育体系、科技和文化创新体系、全民健身和医疗卫生体系。人民享有接受良好教育的机会,基本普及高中阶段教育,消除文盲。形成全民学习、终身学习的学习型社会,促进人的全面发展。可持续发展能力不断增强,生态环境得到改善,资源利用效率显著提高,促进人与自然的和谐,推动整个社会走上生产发展、生活富裕、生态良好的文明发展道路。"

大会通过了《关于十五届中央委员会报告的决议》、《关于中央纪律检查委员会工作报告的决议》,选举出由198名委员、158名候补委员组成的十六届中央委员会,选举出由121名委员组成的中央纪律检查委员会。大会还通过了关于《中国共产党章程(修正案)》的决议。大会一致同意在党章中明确规定,中国共产党以马克思列宁主义、毛泽东思想、邓小平理论和"三个代表"重要思想作为自己的行动指南,党的十六大确定的全面建设小康社会的奋斗目标写入党章。

中国共产党第十六届中央委员会第一次全体会议于2002年11月15日召开。胡锦涛当选为中共中央总书记,胡锦涛、吴邦国、温家宝、贾庆林、曾庆红、黄菊、吴官正、李长春、罗干当选为中央政治局常务委员会委员,江泽民当选为中央军事委员会主席,吴官正当选为中央纪律检查委员会书记。

2002年11月8日,中国共产党第十六次全国代表大会在北京人民大会堂隆重开幕。

人物：江泽民

江泽民，汉族，1926年8月17日生，江苏省扬州市人。1943年起参加地下党领导的学生运动，1946年4月加入中国共产党，1947年毕业于交通大学电机系。上海解放后，历任上海益民食品一厂副工程师、工务科科长兼动力车间主任、厂党支部书记、第一副厂长，上海制皂厂第一副厂长，一机部上海第二设计分局电器专业科科长。1955年赴苏联莫斯科斯大林汽车厂实习。1956年回国后，任长春第一汽车制造厂动力处副处长、副总动力师、动力分厂厂长。1962年后任一机部上海电器科学研究所

副所长，一机部武汉热工机械研究所所长、代理党委书记，一机部外事局副局长、局长。1980年后，任国家进出口管理委员会、国家外国投资管理委员会副主任兼秘书长、党组成员。1982年后，任电子工业部第一副部长、党组副书记，部长、党组书记。1985年后，任上海市市长、中共上海市委副书记、书记。1982年9月在中共第十二次全国代表大会上当选为中共中央委员。1987年11月在中共十三届一中全会上当选为中共中央政治局委员。1989年6月在中共十三届四中全会上当选为中共中央政治局常委，中共中央委员会总书记。1989年11月在中共十三届五中全会上任中共中央军委委员会主席。1990年3月在第七届全国人大第三次会议上当选为中华人民共和国中央军事委员会主席。1992年10月在中共十四届一中全会上当选为中央政治局委员、常委、中央委员会总书记，出任中央军事委员会主席。1993年3月27日在第八届全国人民代表大会第一次会议上当选为中华人民共和国主席、中华人民共和国中央军事委员会主席。1997年9月在中共十五届一中全会上当选为中央政治局委员、常委、中央委员会总书记，出任中央军事委员会主席。1998年3月在第九届全国人民代表大会第一次会议上当选为中华人民共和国主席、中华人民共和国中央军事委员会主席。2002年11月在中共十六届一中全会上出任中央军事委员会主席。2003年3月在十届全国人大一次会议上当选中华人民共和国中央军事委员会主席。2004年9月中共十六届四中全会决定同意江泽民同志辞去中共中央军事委员会主席的职务。2005年3月，十届全国人大三次会议第二次全体会议，通过了十届全国人大三次会议关于接受江泽民辞去中华人民共和国中央军事委员会主席职务的请求的决定。

——资料来源：中共中央组织部、中共中央党史研究室：《中国共产党历届中央委员大辞典1921—2003》，中共党史出版社，2004年；《江泽民同志简历》，人民网，2005年3月15日。

专栏："三个代表"重要思想

总结八十年的奋斗历程和基本经验，展望新世纪的艰巨任务和光明前途，我们党要继续站在时代前列，带领人民胜利前进。"三个代表"重要思想归结起来，就是必须始终代表中国先进生产力的发展要求，代表中国先进文化的前进方向，代表中国最广大人民的根本利益。"三个代表"重要思想，是我们党的立党之本、执政之基、力量之源，也是我们在新世纪全面推进党的建设，不断推进理论创新、制度创新和科技创新，不断夺取建设有中国特色社会主义事业新胜利的根本要求。

——2001年7月1日，江泽民在庆祝中国共产党成立八十周年大会上的讲话。

"三个代表"重要思想同马克思列宁主义、毛泽东思想和邓小平理论一脉相承，反映了当代世界和中国的发展变化对党和国家工作的新要求。"三个代表"重要思想是我们党的立党之本、执政之基、力量之源，是加强和改进党的建设、推进中国社会主义制度自我完善和发展的强大理论武器。贯彻"三个代表"重要思想，关键在于坚持与时俱进，核心在于保持党的先进性，本质在于坚持执政为民。

——2002年5月31日，江泽民在中央党校省部级干部进修班毕业典礼上的讲话。

《电力体制改革方案》出台

20世纪80年代,随着改革开放的不断深化,电力短缺成为制约经济发展的"瓶颈"。国家有关部门制定了包括开征能源交通基金在内的一系列加快电力建设的政策措施。特别是"两分钱"的建设基金的征收,促进了电力工业快速发展。

1995年,由于电力短缺未见明显缓解,"独家办电"的垄断体制弊端日益显露。中国开始实行多家办电,允许外商投资电力项目,电力市场形成多元化投资主体,对电力发展起到重要推动作用。这个阶段被称为第一轮电力改革。

1997年1月,国家电力公司的成立被认为是第二轮电力体制改革的开始。改革目标是通过完成公司改制,实现政企分开,打破垄断,引入竞争,优化资源配置,建立规范有序的电力市场。然而,进入2000年以后,社会各界对电力体制及行风问题的批评见诸媒体,引发了关于电力体制改革的公开大讨论。

2001年12月,国家计委经过8个月的调研论证后,提出新的电力体制改革方案。2002年3月,国务院正式批准了《电力体制改革方案》。电力体制改革的总体目标是:打破垄断,引入竞争,提高效率,降低成本,健

中国大唐集团公司是2002年12月29日在原国家电力公司部分企事业单位基础上组建而成的特大型发电企业集团,是中央直接管理的国有独资公司,是国务院批准的国家授权投资的机构和国家控股公司试点。图为位于北京的中国大唐集团公司大厦。

全电价机制,优化资源配置,促进电力发展,推进全国联网,构建政府监管下的政企分开、公平竞争、开放有序、健康发展的电力市场体系。

为在发电环节引入竞争机制,首先要实现"厂网分开",将国家电力公司管理的电力资产按照发电和电网两类业务进行划分。2002年10月,按照国务院统一部署,明确国家电网公司、南方电网公司和各发电集团公司,在年内挂牌并正式运转。同时,中国电力监管委员会宣布成立,其主要职责是制订市场运营规则,监管市场运行,维护公平竞争;向政府价格主管部门提出调整电价建议;监督电力企业生产标准,颁发和管理电力业务许可证;处理电力纠纷;负责监督社会普遍服务政策的实施。

12月29日,在原国家电力公司的基础上,中国电力新组建(改组)的11家公司宣告成立。至此,"国家电力公司"寿终正寝,其电网、电源及辅业资产相应被两家电网公司、五家发电集团公司和四家辅业集团公司所取代。

此次拆分,将原国家电力公司管理的电力资产按照发电和电网两类业务进行划分,在发电环节引入了竞争机制,实现了"厂网分开"。原国家电力公司管理的发电资产被直接

国家电网公司(State Grid),成立于2002年12月29日,是经国务院同意进行国家授权投资的机构和国家控股公司的试点单位。公司作为关系国家能源安全和国民经济命脉的国有重要骨干企业,以投资建设运营电网为核心业务。经营区域覆盖26个省、自治区、直辖市,覆盖国土面积的88%以上。图为国家电网公司河南电力职工在吊运更换高压开关。

改组或重组为规模大致相当的5个全国性的独立发电公司：中国华能集团公司、中国大唐集团公司、中国华电集团公司、中国国电集团公司和中国电力投资集团公司。5家发电集团公司在各区域电力市场中的份额均不超过20%，平均可控发电容量为3200万千瓦，权益容量为2000万千瓦左右。电网环节分别设立了国家电网公司和中国南方电网有限责任公司。国家电网公司下设华北、东北、华东、华中和西北5个区域电网公司。

此外，还成立了4家辅业集团公司。

国有股减持引发股市动荡

早在1999年12月2日，中国嘉陵和黔轮胎首先尝试国有股向二级市场投资者配售。但国有股减持出师不利，试点浅尝辄止，两家公司没有跟进者。直至2001年6月22日，国务院五部委联合发布《减持国有股筹集社会保障资金管理暂行办法》。该办法第五条规定：股份有限公司首次发行和增发股票时，均应按融资额的10%出售国有股，且减持的价格执行市场定价。

但是，该方案一经公布，立即引发轩然大波，股市自此狂泻不止。截至2001年10月20日左右，上证指数从2245点跌到1520点，短短四个月跌去了700多点，跌幅超过三成。虽然筹集了几个亿资金，但沪深股市1万多亿元市值却蒸发掉了[①]。

面对一泻千里的股市，2001年10月22日，证监会紧急叫停《减持国有股筹集社会保障资金管理暂行办法》的有关规定，暂停了在新股首发和增发中执行国有股减持的政策。这种急剧变化，使低位斩仓的

专栏

国有股减持大事记
（1999年—2005年）：

1999年10月27日，有关减持国有股的相关政策公布，国有股减持将通过配售方式实现。

2001年冬至2002年春，国有股减持方案大讨论。

2001年6月12日，国务院正式发布《减持国有股筹集社会保障基金管理暂行办法》。

2001年6月13日，证监会宣布国有股减持办法即将出台，6月14日沪指创出2245点高点。

2001年7月23日，烽火通信、北生药业、江汽股份、华纺股份等多家上市公司按10%的融资额市价减持国有股。

2001年10月22日，证监会紧急暂停《减持国有股筹集社会保障基金管理暂行办法》的有关规定，宣布暂停在新股首发和增发中执行国有股减持政策。

2002年6月24日，国务院发出通知，停止通过国内证券市场减持国有股。

2004年1月31日，国务院发布《国务院关于推进资本市场改革开放和稳定发展的若干意见》（《国九条》），明确提出"积极稳妥解决股权分置问题"。

2004年12月7日，中国证监会颁布《关于加强社会公众股股东权益保护的若干规定》，分类表决机制出台。

2005年4月29日，证监会发布《关于上市公司股权分置改革试点有关问题的通知》，宣布启动股权分置改革试点工作。股权分置改革试点正式启动。

资料来源：《国有股一波三折》，《中国证券报》，2008年11月17日。

中国华电集团公司，简称中国华电，成立于2002年12月29日，是中央直接管理的国有独资公司，经国务院同意进行国家授权投资的机构和国家控股公司的试点单位。图为甘肃省武威市，中国华电集团新能源发展有限公司民勤红沙岗10兆瓦光伏发电项目。

2002年6月，上海证券交易所。

观点

刘世锦：国有股减持要以国有大企业为重点，服务于国有大企业的改制和改组。减持并不简单地是降低国有大企业中国有股比重，而应使企业形成有效的内部治理结构和组织结构，并有助其形成合理的市场定位和竞争优势。国有股的具体减持方式可以有多种选择。一是通过与国际上处于行业领先地位的跨国公司合资合作减持国有股。二是通过企业上市减持国有股。三是通过现有国有投资公司或新设国有控股公司推动国有股减持。四是以"债转股"为契机减持国有股。五是通过与国内具备条件的非国有大企业合资减持国有股。

资料来源：《以大企业改制为重点，以多种方式减持国有股》，《改革》，2001年第2期。

吴晓求：在综合考虑多方面因素的基础上，提出成熟的、符合市场化要求的国有股减持方案必须实现三个目的，即：改善上市公司股权结构；提高上市公司资产整体流动性；实现套现初衷并适当补充社会保障资金。在国有股减持方案设计中，必须处理好三个关键问题，即：国有股的流通方式、定价机制和减持资金运作模式。在解决三个关键问题时，必须坚持三条基本原则，即：公平原则、稳定原则、效率原则。在考虑了众多复杂因素的基础上，提出了代表FSI观点的"三套修正方案"，即：配售修正案、回购修正案、折股修正案。

资料来源：《国有股减持修正案的设计原则、定价机制和资金运作模式研究》，《金融研究》，2001年第2期。

股民慌忙补仓。连续四个月毫无反弹的暴跌所积聚的做多能量，瞬间如火山般爆发，出现了涨跌停板制度设立以来从未有过的沪深股市几乎全线涨停的场面。

证监会在宣布暂停执行国有股减持方案时称，"中国证监会将会同有关部门，在广泛征求各方面意见的基础上，研究制订具体操作办法，稳步推进这项工作"。

直到2002年6月23日，一则《特大利好：国务院已决定停止减持国有股》的消息发布："国务院决定，除企业海外发行上市外，对国内上市公司停止执行《减持国有股筹集社会保障资金管理暂行办法》中关于利用证券市场减持国有股的规定，并不再出台具体实施办法。"翌日，沪深股市双双大幅跳空高开，再现井喷行情，当日上证综指以接近涨停板报收。

证监会有关负责人在答记者问时表示，国有股减持是一项探索性工作，是一个复杂的系统工程，涉及到很多方面，触及到很多深层次问题，会对市场产生重大影响。这些问题需要创造较好条件，用较长时间方能解决，相关政策的把握需要很高的艺术，减持工作的实际操作难度超过了原来的预想。在相当长的时间内，难以制订出系统性的、市场广泛接受的国有股减持的实施方案。同时，国家设立的全国社会保障基金通过国家财政拨款和海外上市时的上缴等形式目前已达到相当规模，近期社会保障资金基本平衡，每年需要补充的现金量不大，没有必要通过国内证券市场减持套现来筹集现金。

"国有股是否减持以及怎样减持"这场引发股市动荡的讨论，此时终于尘埃落定。

①《国有股一波三折》，《中国证券报》，2008年11月17日。

民航战略重组

2000年之前，中国的航空公司资产负债率普遍在80%以上，有的甚至高达120%。中国所有的航空公司飞机架数和座位数加起来还不如美联航一家的飞机架数和座位数多。而航空运输业一般的规律是：航空公司规模越小，其运营成本就越高。

2002年，中国民航总局。

随着中国民航经济运行大背景的变化，如市场经济体制的建立、市场供求关系的变化、国际航空业竞争的日益激烈等，中国民航管理体制和运营机制方面的一系列深层次问题逐步显现，如运输能力分散、企业规模小、负债率高、竞争不规范、资源浪费、缺乏现代企业制度建设等等。中国民航已经不能适应日益激烈的市场竞争，中国民航的战略重组势在必行。

早在2000年7月，中国民航总局就开始酝酿对民航企业实施战略性重组，经过两年时间的铺垫与准备，这项涉及7.3万人和1500亿元资产的大规模战略重组终于拉开帷幕。

2002年2月5日，民航重组方案正式出台；2002年3月，国务院批准《民航体制改革方案》。10月11日，民航三大航空集团公司和三大民航服务保障集团公司同时挂牌

2002年，南京禄口国际机场航站楼的航空公司标识牌

成立，标志着中国民航的重组基本完成。

民航重组后，国航、南航、东航三大航空集团公司控股、参股了14家航空运输企业。海航也控股、参股了4家航空运输企业，另外还有上海航、山东航、深航、联航等地方强势航空公司。这样，基本形成了以三大航空集团为主体的航空运输企业结构，比较适应当时中国航空运输市场的需要。

据民航总局介绍，战略重组之后显现八大优势：资源的使用效率和利用效果大幅度提升；飞机航材库存成本大幅度下降；人工管理成本大幅度下降；飞机利用率获得提高；训练设备和系统的利用率可以提高；集团整体优势扩大；集团的谈判能力大大提高；人力资源和管理能力产生乘数效用。

从产权改革入手，构造新的国有资产组织体系，打破旧的管理体制，组建有竞争活力的、建立在资本纽带联接基础上的股份制企业集团，内部实现规范的公司治理结构，外部实现有效的市场竞争，是中国民航战略重组的成功经验。

《中国—东盟全面经济合作框架协议》签署

2002年11月4日，国务院总理朱镕基和东盟10国领导人共同签署了《中国—东盟全面经济合作框架协议》，这标志着中国与东盟的经贸合作进入了一个新的历史阶段。

《框架协议》是中国—东盟自贸区的法律基础。根据该《框架协议》，中国—东盟自贸区包括货物贸易、服务贸易、投资和经济合作等内容。其中货物贸易是自贸区的核心内容，除涉及国家安全、人类健康、公共道德、文化艺术保护等WTO允许例外的产品以及少数敏感产品外，其它全部产品的关税和贸易限制措施都应逐步取消。

按照《框架协议》的规定，中国和东盟双方从2005年起开始正常轨道产品的降税，2010年中国与东盟老成员，即文莱、印度尼西亚、马来西亚、菲律宾、新加坡和泰国，将建成自贸区，2015年中国和东盟新成员，即越南、老挝、柬埔寨和缅甸，将建成自贸区，届时，中国与东盟的绝大多数产品将实行零关税，取消非关税措施，双方的贸易将实现自由化。由于越南、老挝、柬埔寨三国尚未加入WTO，中国同意给予这三国以多边最惠国待遇，即中国加入WTO时的承诺也适用于这些国家。

中国-东盟自由贸易区是中国与WTO成员建立的第一个自由贸易区，是世界上人口最多的自由贸易区，也是发展中国家组成的最大的自由贸易区。

广西防城港码头堆满了集装箱。

流行志

世界杯

第十七届世界杯足球赛,观看法国对塞内加尔比赛的塞内加尔球迷。

2002年5月31日至6月30日,第十七届世界杯足球赛决赛在韩国和日本举行,这是世界杯历史上首次由两个国家联合举办,也是首次在亚洲举行的世界杯。中国国家队在主教练博拉·米卢蒂诺维奇的带领下,历史上首次闯入世界杯决赛阶段。中国足球终于冲出了亚洲,与申奥成功一起,把中国人的"体育爱国情结"推向了顶点。据统计,当年中国球迷赴韩看球的大约有四五万人,直接消费达到6亿人民币。除了中国外,另外还有31支国家队参加了本届世界杯。最终巴西国家队夺冠,卡恩(德国)获得金球奖,罗纳尔多(巴西)获得金靴奖。

《英雄》

2002年,张艺谋执导的第一部武侠商业大片《英雄》上映,由李连杰、张曼玉、梁朝伟、章子怡等著名影星主演,制作阵容空前强大。尽管人们对《英雄》褒贬不一,但影片的最终票房达到了2.5亿人民币(占当年全年票房的四分之一),是当时中国电影票房最高纪录缔造者。《英雄》连续两周成为北美的票房冠军,并最终取得一亿七千万美元的全球票房,是第一部在北美市场战胜好莱坞大片的中国电影,也是中国电影全球票房最高记录保持者。

车市

2002年南京国际汽车工业展览会

2002年,中国开始履行加入世贸组织的关税减让义务,关税变化直接导致车价下降。从1月1日起,进口车全线降价,与此同时,近20个品牌的80多种国产车型也上演了降价大战。根据有关统计,2002年1月至8月,每个月的轿车销售数量同比增长都在35%左右,特别是7月份,首次突破10万辆大关。2001年底,北京的汽车保有量仅为169万辆,仅仅在11个月之后,北京的汽车保有量已经达到188万辆,其中私家车118万辆。

与"申博"相关的各式宣传活动成为2002年上海最亮丽的风景线。

社会关注

新中国第一部民法典提请审议

2002年12月23日,九届全国人大常委会第三十一次会议在京召开。在此次会议上,新中国的第一部民法典《中华人民共和国民法(草案)》被首次提请审议,它包括总则、物权法、合同法、人格权法、婚姻法、收养法、继承法、侵权责任法、涉外民事关系的法律适用法等九编,约1200多条。

《中华人民共和国民法(草案)》是中国法制史上迄今为止条文最多、篇幅最长、涉及面最宽、调整范围最大、与群众生活最密切的法案,将进一步完善中国的法律体系。它把中国自然人和法人所享有的民事权利作了周全的列举,并作出比较详细的规定。《中华人民共和国民法(草案)》还突出了人格权的保护,把各种人格权都作了列举,特别是把隐私权和信用权列入人格权,充分反映了中国将更加努力推进人权保障事业,更加尊重人的尊严和人的价值;凸现了物权,对财产所有权、用益物权、担保物权作出了系统规定,第一次明确规定了私人所有权,明确对国家所有权、集体所有权和私人所有权一视同仁予以保护。此外,它还把侵权责任单独作为一编,规定公民享有的民事权利如果受到侵害,就会得到法律的救助,就会依法得到补偿。

上海获得2010年世博会举办权

摩纳哥当地时间12月3日下午,国际展览局第132次大会在摩纳哥的蒙特卡洛市举行,89个会员国的代表参加会议。此次会议投票产生了2010年世界博览会举办城市,中国上海市从5个候选国城市(其它四个是韩国的丽水、俄罗斯的莫斯科、墨西哥的克雷塔罗和波兰的弗罗茨瓦夫)中脱颖而出,获得了2010年世博会举办权。这是国际展览局成立150多年来首次在一个发展中国家举办世界博览会。上海2010年世博会的主题是:城市,让生活更美好。

2002年4月12日下午,博鳌亚洲论坛首届年会举行议题讨论会,人民银行行长戴相龙、信息产业部部长吴基传、国家税务总局局长金人庆、中国保险监督管理委员会主席冯晓增(从右至左)分别就各自相关行业与中国入世关系发表演讲。

博鳌亚洲论坛首届年会开幕

2002年4月12日上午9时,博鳌亚洲论坛首届年会在海南省琼海市博鳌镇开幕。来自中国、日本、韩国、泰国、越南等48个国家和地区的政府官员和专家学者以及企业界人士等2000多人出席了年会。国务院总理朱镕基率团参加会议,并发表致辞和主旨演讲。日本首相小泉纯一郎、泰国总理他信、韩国总理李汉东、越南副总理阮孟琴、中国香港特别行政区行政长官董建华、中国澳门特别行政区行政长官何厚铧等率领代表团参加会议。参加会议的还有来自菲律宾、澳大利亚、蒙古、巴基斯坦、尼泊尔、哈萨克斯坦等国的前政要以及联合国副秘书长、世贸组织副总干事、亚洲开发银行行长、世界银行副行长等国际组织高官和韩国三星集团、日本丰田汽车公司、通用电气公司、微软公司等100多家全球知名公司的代表。

在为期两天的年会上,与会人士围绕"新世纪、新挑战、新亚洲——亚洲经济合作与发展"的主题,以区域合作、行业发展和国别经济分析为主线,就亚洲区域内贸易投资自由化和便利化的前景、亚洲货币金融合作、亚洲次区域合作、能源、电信、制造业和出口竞争力、可持续发展、媒体的全球化和产业化等议题展开了广泛的讨论。

中国获第一枚冬奥会金牌

2002年2月8日至24日,第十九届冬季奥运会在美国犹他州的首府盐湖城进行。中国此次共派出了72名运动员参赛。在短道速滑女子500米决赛中,中国队的杨扬击败了保加利亚的叶夫根尼亚·拉达诺娃和队友王春露,夺取了冠军,为中国获得了第一枚冬奥会金牌。中国冰雪运动经过50多年的奋斗,终于实现了奥运会金牌"零的突破"。此后,她又与队友一起获得了女子3000米接力的银牌,并在女子1000米比赛中再夺金牌。

2002年2月17日,在美国盐湖城进行的第十九届冬奥会短道速滑女子500米决赛中,中国选手大杨扬夺得了中国冬奥会历史上的第一枚金牌。

环球大事

1月1日
欧元正式进入市场流通。欧元区12国为比利时、意大利、荷兰、芬兰、德国、奥地利、法国、西班牙、葡萄牙、爱尔兰、卢森堡和希腊。

3月3日
瑞士举行全民公决,决定加入联合国。

3月13日
联合国安理会通过第1387号决议,首次明确提出巴勒斯坦主权国家的概念。

5月28日
北约19个成员国和俄罗斯签署了关于建立北约-俄罗斯理事会的《罗马宣言》,北约同俄罗斯关系进入一个新的发展阶段。

7月9—10日
非洲联盟(非盟)成立大会暨第一届会议在南非举行,非洲迈向一体化新时代。

9月10日
第57届联合国大会正式接纳瑞士联邦为联合国会员国,从而结束了该国自1815年以来的永久中立国的地位。27日,联大会议接纳东帝汶民主共和国为联合国会员国,联合国会员国达到191个。

9月20日
美国白宫公布了布什就任总统以来的第一份《美国国家安全战略》,正式提出了向恐怖分子和敌对国家采取主动攻击的"先发制人"战略。美国自二战以来的"威慑和遏制"安全战略宣告终结。

10月26—27日
亚太经合组织第十次领导人非正式会议在墨西哥举行。

11月21—22日
北约首脑会议确定了北约新一轮东扩名单,同意邀请7个中东欧国家2004年加入北约,从而使北约成员国从目前的19个增加到26个。

12月9日

美国联合航空(UAL)于2002年12月9日正式申请破产保护

全球第二大航空公司——美国联合航空公司申请破产保护,成为有史以来申请破产保护的最大的航空公司。

12月13日
欧盟就吸收10个新成员国的经济条件达成了一致,欧盟从15国一下扩张为25国。

玩具展上的"中国制造"很抢眼。中国是玩具生产和出口大国,全世界大约有75%的玩具都是中国生产的。

"中国制造"活力四射

开始于1998年前后的"中国制造"浪潮终于在2002年活力四射。在2002年5月举办的韩日世界杯足球赛上,中国足球队颗粒无收,中国商品却出尽风头。江苏扬州的玩具工厂制造了30万只世界杯吉祥物,浙江义乌的服饰公司生产了225万面球迷呐喊旗和数十万件"球迷假发",福建的工厂则提供了上百万件球迷服、护腕及足球袜等等。同年8月16日,国家统计局在一次新闻发布会上宣布,中国经济的比较优势仍然在制造业,过去20年的经济增长主要依靠制造业,制造业增加值占GDP比重基本维持在40%左右。

"中国制造",在2002年被一下子激活,并赋予了新意:在世界经济发展萎靡不振的前提下,中国经济欣欣向荣,由于全球经济一体化和比较优势等多种原因,使世界越来越感到了中国的存在和力量。

江苏省淮安市隆达玩具制造有限公司的生产车间内,工人正在对长毛绒玩具进行外观梳理和检测,这批货物即将发往美洲国家。

中国制造在进行物质产品出口的同时,也将人文内涵和国内的商业文明带到国外。

重要文献

《全面建设小康社会，开创中国特色社会主义事业新局面》

（江泽民，2002年11月8日）

这是2002年11月8日江泽民在中国共产党第十六次全国代表大会上的报告。报告总结了13年来党领导人民建设中国特色社会主义的10条基本经验，阐述了全面贯彻"三个代表"重要思想的具体要求，提出了全面建设小康社会的奋斗目标。

目录：
- 一、过去五年的工作和十三年的基本经验
- 二、全面贯彻"三个代表"重要思想
- 三、全面建设小康社会的奋斗目标
- 四、经济建设和经济体制改革
- 五、政治建设和政治体制改革
- 六、文化建设和文化体制改革
- 七、国防和军队建设
- 八、"一国两制"和实现祖国的完全统一
- 九、国际形势和对外工作
- 十、加强和改进党的建设

重要文献

《金融工作的指导方针和主要任务》

（江泽民，2002年2月5日）

这是2002年2月5日江泽民在全国金融工作会议上讲话。讲话指出，从新世纪开始，中国进入了全面建设小康社会、加快推进社会主义现代化的新的发展阶段。加入世界贸易组织，中国将在更大范围、更深程度上参与经济全球化，对外开放进入新阶段。

节选：

"十五"期间金融工作的主要任务是：进一步完善现代金融的机构体系、市场体系、监管体系和调控体系，努力实现金融监管和调控高效有力，金融企业经营机制健全、资产质量和经营效益显著改善，金融市场秩序根本好转，金融服务水平和金融队伍素质明显提高，中国金融业竞争力全面增强。

第一，必须把加强金融监管作为金融工作的重中之重。……一是确立金融监管的目标。……依法维护金融市场公开、公平、有序竞争，有效防范系统性风险，保护存款人、投资者和被保险人的合法权益。……三是强化外部监管和内部控制。银行、证券、保险的监管机构要完善监管体制。……四是加强社会监督。进一步加强审计、财政等部门的监督。……

第二，必须把银行办成现代金融企业。……按照建立产权清晰、权责明确、政企分开、管理科学的现代企业制度的要求，把国有独资商业银行改造成治理结构完善、运行机制健全、经营目标明确、财务状况良好、具有较强国际竞争力的现代金融企业。

第三，必须在降低不良资产的基础上积极支持经济发展。……从宏观上看，一方面，有效防范和化解金融风险，是金融得以促进经济发展的前提。……另一方面，只有充分发挥金融的作用，加大对企业和经济发展的支持力度，才能促进企业提高效益和增强还贷能力，为银行带来更多优质客户……

……加快社会信用制度建设，运用现代科技手段维护社会信用。要把这件事作为关系经济发展全局的一件大事来抓。当前，要抓紧建设全国企业和个人征信体系，使具有良好信誉的企业和个人充分享有守信的益处和便利，使有不良记录的企业和个人声誉扫地、付出代价。

——摘自《改革开放三十年重要文献选编》（下），第1223—1228页，中央文献出版社，2009年。

> 重要文献

《中华人民共和国中小企业促进法》

(2002年6月29日)

　　《中华人民共和国中小企业促进法》由第九届全国人民代表大会常务委员会第二十八次会议于2002年6月29日通过，共7章45条，第一章总则；第二章资金支持；第三章创业扶持；第四章技术创新；第五章市场开拓；第六章社会服务；第七章附则。

节选：

　　第一条 为了改善中小企业经营环境，促进中小企业健康发展，扩大城乡就业，发挥中小企业在国民经济和社会发展中的重要作用，制定本法。
　　第三条 国家对中小企业实行积极扶持、加强引导、完善服务、依法规范、保障权益的方针，为中小企业创立和发展创造有利的环境。
　　第四条 国务院负责制定中小企业政策，对全国中小企业的发展进行统筹规划。……
　　第五条 国务院负责企业工作的部门根据国家产业政策，结合中小企业特点和发展状况，以制定中小企业发展产业指导目录等方式，确定扶持重点，引导鼓励中小企业发展。
　　第十二条 国家设立中小企业发展基金。……
　　各商业银行和信用社应当改善信贷管理，扩展服务领域，开发适应中小企业发展的金融产品，调整信贷结构，为中小企业提供信贷、结算、财务咨询、投资管理等方面的服务。
　　国家政策性金融机构应当在其业务经营范围内，采取多种形式，为中小企业提供金融服务。
　　——摘自《中华人民共和国法律法规全书》（第三册），第1715—1716页，中国方正出版社，2002年。

> 重要文献

《中华人民共和国农村土地承包法》

(2002年8月29日)

　　2002年8月29日，第九届全国人民代表大会常务委员会第二十九次会议通过《中华人民共和国农村土地承包法》，并于2003年3月1日起施行。共五章六十五条。第一章：总则；第二章：家庭承包；第三章：其他方式的承包；第四章：争议的解决和法律责任；第五章：附则。

节选：

　　"第一条 为稳定和完善以家庭承包经营为基础、统分结合的双层经营体制，赋予农民长期而有保障的土地使用权，维护农村土地承包当事人的合法权益，促进农业、农村经济发展和农村社会稳定，根据宪法，制定本法。"
　　"第四条 国家依法保护农村土地承包关系的长期稳定。
　　农村土地承包后，土地的所有权性质不变。承包地不得买卖。"
　　"第十条 国家保护承包方依法、自愿、有偿地进行土地承包经营权流转。"
　　"第二十六条 承包期内，发包方不得收回承包地。"
　　"第三十二条 通过家庭承包取得的土地承包经营权可以依法采取转包、出租、互换、转让或者其他方式流转。"
　　"第四十四条 荒山、荒沟、荒丘、荒滩等可以直接通过招标、拍卖、公开协商等方式承包经营，也可以将土地承包经营权折股分给本集体经济组织成员后，再实行承包经营或者股份合作经营。"
　　——摘自《中华人民共和国法律法规全书》（第三册），第1997—2000页，中国方正出版社，2002年。

大事记

1月4日

国务院办公厅转发科技部等四部委《关于国家科研计划实施课题制管理的规定》。《规定》指出,课题制是指按照公平竞争、择优支持的原则,确立科学研究课题,并以课题为中心、以课题组为基本活动单位进行课题组织、管理和研究活动的一种科研管理制度。

1月6—7日

中共中央、国务院召开中央农村工作会议。会议提出,当前和今后一个时期,要坚定不移地推进农业和农村经济结构的战略性调整,提高农业整体素质和效益,促进农民收入持续稳定增长。会议强调,新阶段增加农民收入,总的指导思想是"多予,少取,放活"。

1月7日

中国证监会、国家经贸委公布《上市公司治理准则》,阐明了中国上市公司治理的基本原则、投资者权利保护的实现方式,以及上市公司董事、监事、经理等高级管理人员所应当遵循的基本的行为准则和职业道德等内容。

1月23日

财政部、国家税务总局发出《关于进一步推进出口货物实行免抵退税办法的通知》。《通知》指出,生产企业自营或委托外贸企业代理出口(以下简称生产企业出口)自产货物,除另有规定外,增值税一律实行免、抵、退税管理办法。对生产企业出口非自产货物的管理办法另行规定。

1月24日

国家税务总局发出《关于所得税收入分享体制改革后税收征管范围的通知》,对所得税实行分享体制改革后,国家税务局、地方税务局的征收管理范围作出明确规定。

2月4日

国家经贸委印发《2002年总量调控、结构调整工作指导意见》,指出,2002年总量调控、结构调整工作要注意做好"四个结合"。

2月5—7日

全国金融工作会议在北京召开。这次全国金融工作会议的主要任务是,以邓小平理论和"三个代表"重要思想为指导,以加强金融监管、深化金融改革、防范金融风险、整顿金融秩序、改善金融服务为主题,全面总结1997年全国金融工作会议以来的金融工作,对今后一个时期的工作作出部署。

2月7日

中国人民银行、教育部、财政部发出《关于切实推进国家助学贷款工作有关问题的通知》。《通知》要求,各级人民政府和银行、教育、财政等有关部门一定要提高认识,统一思想,协调配合,共同努力,采取切实可行的措施,全面落实国家助学贷款的各项政策,做到不让一个大学生因经济困难而辍学。

2月10日

国务院印发由国家计委会同有关部门和单位提出的《电力体制改革方案》。

2月10日

《人民日报》报道,经国务院批准,国家扶贫开发工作重点县已经确定,并将立即付诸实施。这标志着,在中国使用了16年之久的"国定贫困县"的称谓将从此退出历史舞台。

2月11日

国务院公布《指导外商投资方向规定》,把外商投资项目分为鼓励、允许、限制和禁止4类。《规定》自2002年4月1日起施行。

2月21日

人事部印发《国家公务员行为规范》,从政治要求、思想品德、廉政勤政、秉公执法等方面对公务员的行为作出规定,明确规定了公务员的义务。

2月23日

国务院行政审批制度改革工作领导小组办公室成立国家经贸委行政审批项目审核试点工作小组,其主要任务是:在充分论证和协商的基础上,对国家经贸委的行政审批项目提出科学合理的处理意见;通过"解剖麻雀"式的个案分析,对国家经贸委行政审批项目审核工作的整个过程进行试点探索,尤其是针对审核工作中的难点问题,研究制定解决的措施和办法。

2月25日

江泽民在与省部级主要领导干部"国际形势与世贸组织"专题研究班学员座谈时发表重要讲话。

2月25日

国家发展计划委员会、国务院西部地区开发领导小组办公室发布《"十五"西部开发总体规划》,明确了"十五"和到2010年时期西部开发的指导方针、战略目标、主要任务和重点区域,是实施西部大开发战略的重要指导性文件,也是国家"十五"计划的重点专项规划之一。

3月2日

国务院办公厅转发教育部等四部门《关于进一步深化普通高等学校毕业生就业制度改革有关问题的意见》。《意见》提出,解决高校毕业生就业问题,需要进一步解放思想、转变观念,深化高校毕业生就业制度和社会用人制度等方面的改革。

3月5—15日

九届全国人大第五次会议在北京举行。朱镕基向大会作了政府工作报告,在经济体制改革方面提出,深化以国有企业改革为中心的各项改革:一是切实加强现代企业制度建设。二是积极推进企业重组改组。三是继续有步骤地做好企业破产兼并工作。

3月8日

国务院办公厅转发建设部、国家计委、监察部《关于健全和规范有形建筑市场的若干意见》。《意见》就健全和规范有形建筑市场,在以下几个方面提出具体要求:健全体制,完善功能;加强监管,规范运行;严格有形建筑市场设立审批管理;加强对有形建筑市场健全和规范工作的领导。

3月12日

中共中央企业工委、中共中央组织部下发《关于中央企业领导人员廉洁自律若干规定的实施办法(试行)》,不仅对中央企业领导人员的从业、重大决策、经营管理等行为作出了廉政规范,提出了具有可操作性的要求,而且制定了相应的实施与监督措施,采取了建立职位禁入制度、建立廉政档案、加强述职考核和签订从业承诺书等办法。

3月15日

国务院办公厅印发《关于落实中共中央、国务院做好2002年农业和农村工作意见有关政策问题的通知》,对做好2002年农业和农村工作的一系列政策措施,需要解决的一些具体问题,在有关部门之间作出分工。

3月21日

劳动和社会保障部下发《关于进一步

2002年3月5日，第九届全国人民代表大会第五次会议即将在北京人民大会堂开幕。图为代表们步入会场。

加强劳动力市场建设完善就业服务体系的意见》，围绕以下几个方面提出具体的政策措施：适应扩大就业的需要，全面推进劳动力市场建设；建立公共就业服务制度，完善就业服务体系；加强信息化建设，为劳动者和用人单位提供优质高效的就业服务；健全管理制度，规范劳动力市场秩序。

3月24日

国务院公布修正后的《住房公积金管理条例》。新《条例》规定，省、自治区人民政府建设行政主管部门会同同级财政部门以及中国人民银行分支机构，负责本行政区域内住房公积金管理法规、政策执行情况的监督。

3月27日

国务院办公厅发布《关于做好2002年扩大农村税费改革试点工作的通知》，确定河北等16个省（自治区、直辖市）为2002年扩大农村税费改革试点省。试点省是进行全省试点还是局部试点，由有关省人民政府慎重决定。《通知》还提出，对农村税费改革转移支付资金实行包干使用。努力做到确保农民负担得到明显减轻、不反弹，确保乡镇机构和村级组织正常运转，确保农村义务教育经费正常需要。

3月30日

中共中央、国务院联合发布《关于进一步加强金融监管，深化金融企业改革，促进金融业健康发展的若干意见》。《意见》提出，农村信用社改革的重点是明确产权关系和管理责任，强化内部管理和自我约束机制，进一步增强为"三农"服务的功能，充分发挥农村信用社支持农业和农村经济发展的金融主力军和联系农民的金融纽带作用。农村信用社改革要因地制宜、分类指导。

4月5日

李岚清在中共中央党校学员班上作了题为《按照"三个代表"要求，转变政府职能，进一步完善社会主义市场经济体制》的讲话。李岚清指出，进一步完善社会主义市场经济体制，必须深化行政改革，实现政府职能的转变。当前深化行政改革要从以下几个方面入手：改革行政审批制度；实行"收支两条线"管理；开展综合执法改革试点；规范和实行招投标制度。

4月10日

劳动和社会保障部发出《关于切实做好劳动保障工作维护企业和社会稳定的紧急通知》，要求各地巩固"两个确保"，加强三条保障线衔接，做好企业减员和关闭破产企业职工安置工作，做好下岗职工再就业工作，切实解决好困难群众的工作和生活问题，维护企业和社会稳定。

4月10—11日

国家粮食局组织召开了全国粮食局长会议。温家宝在对会议批示中指出：深化国有粮食购销企业改革，是推进整个粮食流通体制改革的重要环节。愈是放开粮食市场，愈须加强和改善宏观调控，发挥国有粮食企业的主渠道作用和储备调节作用。国有粮食企业要通过改革、改组和改造，提高经营效益和市场竞争力。这是粮食部门面临的一项紧迫而艰巨的任务。

安徽省岳西县乡镇卫生院的医务人员给农民体检。

4月11日

国务院下发《关于进一步完善退耕还林政策措施的若干意见》，提出退耕还林必须遵循的原则。

4月26日

在国务院办公厅召开完善农村义务教育管理体制电视电话会议上，李岚清强调，调整和完善农村义务教育管理体制，关键是要实现两个重大转变，即把农村义务教育的责任从主要由农民承担转到主要由政府承担，把政府对农村义务教育的责任从以乡镇为主转到以县为主。

4月29日

国务院办公厅转发公安部等9部门《关于为外国籍高层次人才和投资者提供入境及居留便利的规定》，要求各地区、各部门要站在战略高度，从国家大局出发，进一步解放思想，转变观念，加大吸引外国籍高层次人才和投资者来中国服务和投资工作的力度。各有关部门要密切配合，增强服务意识，改进工作方式，简化工作程序，提高工作效率，切实把有关政策落到实处。

4月29日

国务院新闻办公室发表题为《中国的劳动和社会保障状况》白皮书，回顾自20世纪70年代末以来，中国在建立和完善社会主义市场经济体制过程中为保障公民的劳动和社会保障权利所做的巨大努力和取得的成就。这是中国政府首次以白皮书的形式全面系统地向世界介绍中国的劳动和社会保障事业发展状况。

4月29日

卫生部等7部门印发《中国农村初级卫生保健发展纲要（2001—2010年）》。《纲要》提出，中国农村初级卫生保健10年内的总目标是：通过深化改革，健全农村卫生服务体系，完善服务功能，实行多种形式的农民医疗保障制度，解决农民基本医疗和预防保健问题，努力控制危害严重的传染病、地方病，使广大农村居民享受到与经济社会发展相适应的基本卫生保健服务，不断提高农民的健康水平和生活质量。

5月8日

国家发展计划委员会等8部门公布《加快国有粮食购销企业改革和发展意见》。

5月9日

国土资源部发布《招标拍卖挂牌出让国有土地使用权规定》。《规定》要求，从今年7月1日起，商业、旅游、娱乐和商品住宅用地等各类经营性用地，必须以招标、拍卖或者挂牌方式出让。8月26日，国土资源部和监察部发出《关于严格实行经营性土地使用权招标拍卖挂牌出让的通知》，明确各级领导干部不得干预经营性土地使用权的招标拍卖挂牌出让，严禁用行政手段以打招呼、批条子等形式指定供地对象、供地位置、供地面积、供地用途、供地方式和供地价格等。

5月10日

国家税务总局发出《关于落实西部大开发有关税收政策具体实施意见的通知》，对设在西部地区，以国家规定的鼓励类产业项目为主营业务，且其当年主营业务收入超过企业总收入70%的企业，实行企业自行申请，税务机关审核的管理办法。经税务机关审核确认后，企业方可减按15%税率缴纳企业所得税。对在西部地区兴办交通、电力、水利、邮政、广播电视基础产业的企业，在一定时间内，可减免企业所得税。

5月13日

国务院下发《国务院关于进一步加强住房公积金管理的通知》，就加强住房公积金管理，提出以下措施：调整和完善住房公积金决策体系；规范住房公积金管理机构设置；规范住房公积金银行专户和个人账户管理；强化住房公积金归集，加大个人贷款发放力度；健全和完善住房公积金监督体系。

5月16日

国务院办公厅发布《关于完善农村义务教育管理体制的通知》，就完善农村义务教育管理体制，提出以下具体措施：明确各级政府责任，加强对农村义务教育的领导和管理；建立义务教育经费保障机制，保证农村义务教育投入；完善人事编制管理制度，加强农村中小学教师队伍建设；建立健全监督机制，保证农村义务教育健康发展。

5月23日

建设部等7部门发布《关于整顿和规范房地产市场秩序的通知》指出，整顿和规范房地产市场秩序工作，必须坚持深化改革与加强法制并举的指导思想，标本兼治、重在治本。

5月31日

江泽民在中央党校省部级干部进修班毕业典礼上讲话中指出，在新世纪新阶段，发展要有新思路，改革要有新突破，开放要有新局面。要集中力量解决好关系经济建设和改革全局的重大问题，使经济总量、综合国力和人民生活再上一个新台阶。要以完善社会主义市场经济体制为目标，继续推进市场取向的改革，从根本上消除束缚生产力发展的体制性障碍，为经济发展注入新的活力。

6月1日

财政部、国家税务总局发出《关于外商投资企业追加投资享受企业所得税优惠政策的通知》。《通知》规定，从事经国务院批准的《外商投资产业指导目录》中的鼓励类项目的外商投资企业，凡符合以下条件之一的，其投资者在原合同以外追加投资项目所取得的所得，可单独计算并享受税法第八条第一、二款所规定的企业所得税定期减免优惠。

6月19日

建设部等9部门发出《关于住房公积金管理机构调整工作的实施意见》。《意见》提出，直辖市和省、自治区人民政府所在地的市以及市、地、州、盟只能设立一个住房公积金管理中心，对住房公积金实行统一管理、统一制度、统一核算。同日，建设部等10部门发布《关于完善住房公积金决策制度的意见》。

6月28日

财政部、中国人民银行公布《预算外资金收入收缴管理制度改革方案》提出，预算外资金收入收缴管理制度改革的主要内容是：财政部门设立预算外资金财政专户，取消主管部门和执收单位设立的收入过渡性账户；规范收入收缴程序；健全票据管理体系；充分运用现代信息技术，加强对预算外资金收入收缴的监督管理。

6月29日

九届全国人大常委会第28次会议通过《中华人民共和国政府采购法》，该法的实施，有利于规范政府采购行为，提高政府采购资金的使用效益，维护国家利益和社会公共利益，保护政府采购当事人的合法权益，促进廉政建设；会议还通过《中华人民共和国中小企业促进法》。

7月6日

国务院办公厅转发人事部《关于在事业单位试行人员聘用制度的意见》，要求事业单位除按照国家公务员制度进行人事管理的以及转制为企业的以外，都要逐步试行人员聘用制度。对事业单位领导人员的任用，根据干部人事管理权限和规定的程序，可以采用招聘或者任命等形式。

7月9日

中共中央下发《党政领导干部选拔任用工作条例》，提出选拔任用党政领导干部，必须坚持下列原则：党管干部原则；任人唯贤、德才兼备原则；群众公认、注重实绩原则；公开、平等、竞争、择优原则；民主集中制原则；依法办事原则。

7月12日

国土资源部发出《关于切实维护被征地农民合法权益的通知》，要求各地有关部门依法把好征地补偿安置审查关，加强征地批后跟踪检查工作，严厉查处征地中的违法违纪行为，切实维护被征地农民的合法权益。8月1日，国土资源部发出《关于进一步规范建设用地审查报批工作有关问题的通知》，就征地补偿安置、耕地占补平衡、集约合理用地、提高用地审批质量效率等问题，制定了16条解决措施。

7月14日

中共中央办公厅、国务院办公厅印发《关于进一步做好村民委员会换届选举工作的通知》，要求充分尊重农民群众的意愿，保证村民委员会直接选举制度落到实处；严格依法办事，坚决纠正和查处村民委员会选举中违法行为。

7月15日

劳动和社会保障部等7部委下发《关于加强社会保障基金监督管理工作的通知》，要求各有关部门进一步加强社会保障基金管理，确保基金安全。社会保障基金是一项特殊的公共基金，是保证社会保障制度正常运行的前提条件，也是参保职工的"活命钱"。党中央、国务院对社保基金监管工作高度重视，要求建立健全监管机制，推动社保基金征缴、支付和管理的规范化、制度化，保证社保基金专款专用，严禁挤占挪用。

7月17日

国家计委等9部门印发《关于完善"三项改革"试点工作的指导意见》。《意见》指出，经国务院同意，决定在部分城市进行完善"三项改革"的试点，即城镇职工基本医疗保险制度、医疗卫生体制和药品生产流通体制改革。《意见》提出，进一步完善"三项改革"，使城镇职工基本医疗保险更加规范；使医院的运行机制更加科学，更有活力；使药品流通体制更适应社会主义市场经济原则；使患者在减轻负担的同时，能得到更好和更方便的医疗服务。

7月22—24日

朱镕基在辽宁考察时指出，实践证明，中央确定在辽宁全省进行完善城镇社会保障体系试点的决策，是完全正确的，1年多来试点工作取得了重要进展，要坚定不移地推进，务求取得成功，为在全国完善城镇社会保障体系积累和探索完整的经验。

7月26日

财政部公布《农村税费改革中央对地方转移支付暂行办法》，提出转移支付的目标和原则、转移支付数额的确定以及转移支付的配套措施。

7月28—30日

国务院召开全国职业教育工作会议，会议提出，"十五"期间，国家将采取深化管理体制改革、加大办学体制创新等措施，大力发展职业学校教育和职业培训，使职业教育与社会主义市场经济发展需要相适应，更好地为全面提高劳动者素质服务。8月24日，国务院发布《关于大力推进职业教育改革与发展的决定》。

8月1日

中国人民银行下发《关于进一步加强对有市场、有效益、有信用中小企业信贷支持的指导意见》。《意见》提出，对产权明晰、管理规范、资产负债率低、有一定自有资本金、产品有订单、销售资金回笼好、无逃废债记录、不欠息、资信状况良好的有市场、有效益、有信用的

2002年11月8日,中国共产党第十六次全国代表大会在北京人民大会堂开幕。

中小企业,积极给予信贷支持,尽量满足这部分中小企业合理的流动资金需求。

8月3日

国务院下发《关于加强新阶段"菜篮子"工作的通知》指出,新阶段"菜篮子"工作的任务是:以保障长期稳定供给为目标,以提高"菜篮子"产品质量卫生安全水平为核心,加快实现由比较注重数量向更加注重质量、保证卫生和安全转变,让城乡居民真正吃上"放心菜"、"放心肉";逐步实现由阶段性供求平衡向建立长期稳定供给机制转变,让城乡居民长期吃上"放心菜"、"放心肉",促进农业增效、农民增收。

8月5日

国家外汇管理局、中国证监会发布《关于进一步完善境外上市外汇管理有关问题的通知》,进一步明确了境外上市外汇管理的基本原则和具体政策。《通知》自2002年9月1日起施行。

8月11日

随着农村经济、社会的发展和城镇化水平的提高,城镇人口大量增加,现行设镇标准指标偏低等不足日益显现,以至于部分地区镇的数量增加过快、质量不高、规模偏小。为促进小城镇健康发展,国务院办公厅发布《关于暂停撤乡设镇工作的通知》。

8月20日

国务院体改办等11部门公布《关于加快发展城市社区卫生服务的意见》提出,实行政府调控与市场配置卫生资源相结合,打破部门垄断和所有制等界限,引入竞争机制等加快发展社区卫生服务的措施。《意见》还提出,社区预防保健等公共卫生服务,可按照有关规定由政府举办的社区卫生服务机构提供,也可采取政府购买服务的方式,由其他社区卫生服务机构提供。

8月29日

全国人大常委会29次会议审议并通过了《农村土地承包法》。《承包法》规定,国家实行农村土地承包经营制度。

9月15日

国务院公布《中华人民共和国药品管理法实施条例》,在药品生产企业管理、药品经营企业管理、医疗机构的药剂管理、药品管理、药品包装的管理、药品价格和广告的管

理、药品监督等方面作出具体规定。

9月17日

国务院办公厅转发国务院体改办制定的《水利工程管理体制改革实施意见》。《意见》提出一系列具体改革措施，包括进一步完善责权一致的管理体制，推进工程维修养护工作的市场化和社会化，建立有制度保障的管理养护经费渠道，建立合理的水价形成机制和收费管理机制等。

9月27日

国务院办公厅转发国务院体改办、国家经贸委《关于促进连锁经营发展的若干意见》。《意见》提出，深化改革，积极培育一批主业突出、经营规模大、具有国际竞争力的大型连锁集团。

9月28日

为规范上市公司收购活动，促进证券市场资源的优化配置，保护投资者的合法权益，维护证券市场的正常秩序，中国证监会发布《上市公司收购管理办法》。本办法自2002年12月1日起施行。

9月30日

中共中央、国务院下发《关于进一步做好下岗失业人员再就业工作的通知》指出，为了确保社会稳定，为深化改革和促进发展奠定更好的基础，必须采取切实有效的措施，进一步做好就业工作特别是下岗失业人员再就业工作。

10月7日

国务院办公厅印发《中央国家机关全面推行政府采购制度的实施方案》。《方案》指出，中央国家机关全面推行政府采购制度的总体目标是：建立符合社会主义市场经济体制要求和中央国家机关实际的政府采购管理体制，规范采购行为，强化财政支出管理，提高财政资金使用效益，维护国家利益和社会公共利益，促进廉政建设。

10月15日

国家电力公司拆分重组为五大发电集团公司和两大电网公司，标志中国电力产业改革与重组迈出实质性步伐。

10月17日

国务院办公厅印发《关于下岗失业人员从事个体经营有关收费优惠政策的通知》。《通知》指出，凡下岗失业人员从事个体经营的，除国家限制的行业外，自工商部门批准其经营之日起3年内可以免交有关登记类、证照类和管理类的各项行政事业性收费。收费优惠政策暂定执行至2005年12月31日。

10月19日

中共中央、国务院公布《关于进一步加强农村卫生工作的决定》，提出农村卫生工作的目标：建立基本设施齐全的农村卫生服务网络，建立具有较高专业素质的农村卫生服务队伍，建立精干高效的农村卫生管理体制，建立以大病统筹为主的新型合作医疗制度和医疗救助制度，使农民人人享有初级卫生保健，主要健康指标达到发展中国家的先进水平。沿海经济发达地区要率先实现上述目标。

10月24—25日

全国农村税费改革试点工作座谈会在河南郑州召开。会议强调，在农村税费改革试点工作中，确保农民负担得到明显减轻、不反弹，确保乡镇机构和村级组织正常运转，确保农村义务教育经费正常需要，是衡量农村税费改革是否成功的重要标志。试点工作已在全国20个省份全面展开，试点地区农业人口达6.2亿，约占全国农业人口总数的3/4。

10月27日

江泽民在亚太经合组织第10次领导人非正式会议上发表讲话时指出，中国加入世界贸易组织，标志着中国的对外开放进入了新的发展阶段。中国将恪守承诺，进一步发展多层次、全方位、宽领域的对外开放，在更大范围内参与国际合作。

10月28日

九届全国人大常委会第30次会议年通过《中华人民共和国环境影响评价法》，本法所称环境影响评价，是指对规划和建设项目实施后可能造成的环境影响进行分析、预测和评估，提出预防或者减轻不良环境影响的对策和措施，进行跟踪监测的方法与制度。本法自2003年9月1日起施行。

11月1日

中国证监会、财政部、国家经贸委发布《关于向外商转让上市公司国有股和法人股有关问题的通知》，提出向外商转让上市公司国有股和法人股，应当遵循的原则。向外商转让上市公司国有股和法人股，应当符合《外商投资产业指导目录》的要求。任何地方、部门不得擅自批准向外商转让上市公司国有股和法人股。

11月3—5日

中共十五届七中全会在北京举行。会议决定，中国共产党第十六届全国代表大会于2002年11月8日在京召开。全会讨论并通过十五届中央委员会向党的第十六次全国代表大会的报告，讨论并通过《中国共产党章程(修正案)》，决定将这两个文件提请党的第十六次全国代表大会审议。

11月4日

中国和东盟签署《中国与东盟全面合作框架协议》，决定到2010年建成中国—东盟自由贸易区。

11月8日

国家经贸委等4部门公布《利用外资改组国有企业暂行规定》指出，利用外资改组国有企业应当遵循下列原则：遵守国家法律法规，保证国家经济安全；符合国家产业政策要求；有利于经济结构调整，促进国有资本优化配置；注重引进先进技术和管理经验，建立规范的公司治理结构，推动企业技术进步和产业升级；坚持公开、公平、公正、诚实信用的原则，防止国有资产流失，不得逃废、悬空银行及其他债权人的债权，不得损害职工的合法权益，保护外国投资者的合法权益；促进公平竞争，不得导致市场垄断。《规定》自2003年1月1日起施行。

11月8—14日

中共第十六次全国代表大会在北京召开。

11月17日

国家计委、建设部印发《经济适用住房价格管理办法》规定，经济适用住房基准价格由开发成本、税金和利润三部分构成。

11月25日

劳动和社会保障部等11个部门下发《关于贯彻落实<中共中央国务院关于进一步做好下岗失业人员再就业工作的通知>若干问题的意见》规定，具有劳动能力、并有就业愿望的4类人员可享受再就业扶持政策。这4类人员是：国有企业的下岗职工，国有企业的失业人员，国有企业关闭破产需要安置的人员，享受最低生活保障并且失业1年以上的城镇其他失业人员。

12月5—6日

胡锦涛带领中共中央书记处成员到河北省平山县西柏坡学习考察，重温毛泽东关于"两个务必"的重要论述，号召全党同志特别是领导干部大力发扬艰苦奋斗的作风，牢记全心全意为人民服务的宗旨，做到权为民所用，情为民所系，利为民所谋。

12月9—10日

中共中央、国务院召开中央经济工作会议。会议提出明年要着重抓好四项改革。一是深化国有企业和国有资产管理体制改革。二是深化农村经济体制改革。三是稳步实施金融体制改革。四是深化行政管理体制改革。四、加强就业和社会保障工作，努力提高人民生活水平。

12月14日

国务院公布《退耕还林条例》，要求各级人民政府应当严格执行"退耕还林、封山绿化、以粮代赈、个体承包"的政策措施。本条例自2003年1月20日起施行。

12月23日

中国第一部民法典草案《中华人民共和国民法（草案）》首次提请全国人大常委会审议。

12月23日

全国外经贸工作会议在京召开。石广生在会上作了题为《与时俱进扩大开放开创中国外经贸发展新局面》的报告，指出，外经贸要为走新型工业化道路，全面繁荣农村经济，推进西部大开发，完善社会主义市场经济体制，扩大就业、不断改善人民生活服务。要坚持不懈地做好加入世贸组织的长期应对工作，不断提高应对水平；与时俱进，丰富外经贸发展战略的内涵；开拓创新，不断培育外经贸的新增长点；加快中西部地区外经贸发展，形成国内地区外经贸协调发展的新格局；实现多双边和区域经贸合作的新突破；全面提高外经贸管理水平。

12月25日

全国财政工作会议在北京召开。项怀诚在会上指出，明年深化财政改革的主要任务：一是财政收入体制改革要进一步完善。二是支出体制改革要继续深化和扩大。三是大力支持和配合国有资产管理体制改革、农村经济体制改革、金融体制改革、行政管理体制改革等重大体制改革。

12月26日

国务院批转财政部《关于完善省以下财政管理体制有关问题的意见》。《意见》就完善省以下财政管理体制提出的措施是：合理界定省以下各级政府的事权范围和财政支出责任；合理划分省以下各级政府财政收入；进一步规范省以下转移支付制度；根据乡经济状况合理确定乡财政管理体制；强化财政预算管理，提高财政资金使用效率。

12月27日

建设部公布《关于加快市政公用行业市场化进程的意见》。《意见》提出，要以体制创新和机制创新为动力，以确保社会公众利益，促进市政公用行业发展为目的，加快推进市政公用行业市场化进程，引入竞争机制，建立政府特许经营制度，尽快形成与社会主义市场经济体制相适应的市政公用行业市场体系，推动全面建设小康社会。

12月28日

九届全国人大常委会第31次会议通过修订后的《中华人民共和国农业法》。新修订的《农业法》有13章99条，适应中国农业和农村经济发展新形势的要求，对原《农业法》做了较大调整、充实和完善，重新确立了农业和农村经济发展的基本目标以及农业发展和农村改革的一系列基本制度和措施。本法自2003年3月1日起施行。

12月28日

全国人大常务委员会公布的《民办教育促进法》规定，民办教育事业属于公益性事业，是社会主义教育事业的组成部分。国家对民办教育应积极鼓励、大力支持、正确引导、依法管理。本法自2003年9月1日起施行。

中国改革开放 1978-2018 全纪录

📊 数说发展

人口

总人口 128453 万人

- 城镇 50212 万人
- 乡村 78241 万人

- 出生率 12.86‰
- 死亡率 6.41‰
- 自然增长率 6.45‰

GDP（国内生产总值）

GDP（国内生产总值）102398 亿元

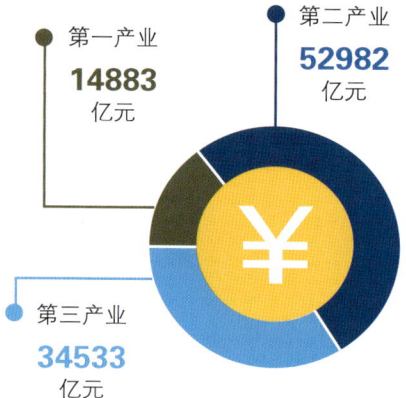

- 第一产业 14883 亿元
- 第二产业 52982 亿元
- 第三产业 34533 亿元

对外经济

进出口贸易总额 6208 亿美元

- 出口 3256 亿美元
- 进口 2952 亿美元

利用外资

- 外商直接投资合同金额 828 亿美元
- 实际使用金额 527 亿美元

对外经济合作

- 对外承包工程和劳务合作
- 完成营业额 144 亿美元
- 新签合同额 179 亿美元

固定资产投资

固定资产投资 43202 亿元

从产业结构看：
- 第一产业 1106 亿元
- 第二产业 10703 亿元
- 第三产业 21132 亿元

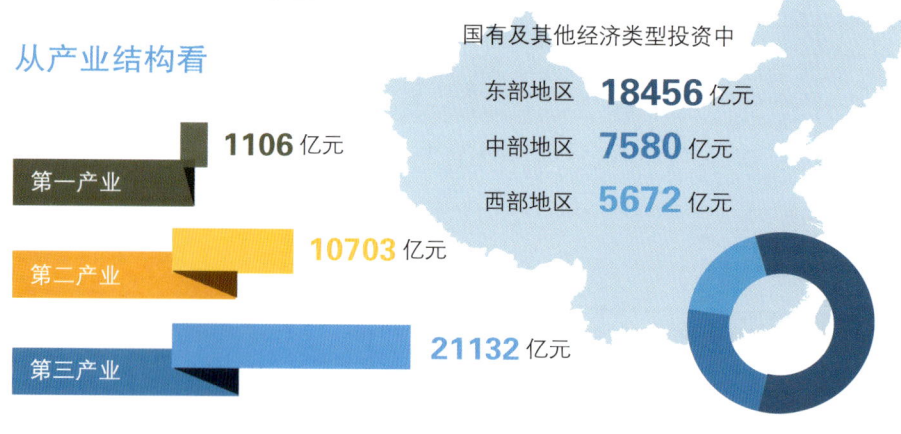

国有及其他经济类型投资中
- 东部地区 18456 亿元
- 中部地区 7580 亿元
- 西部地区 5672 亿元

财政收支 （单位：亿元）

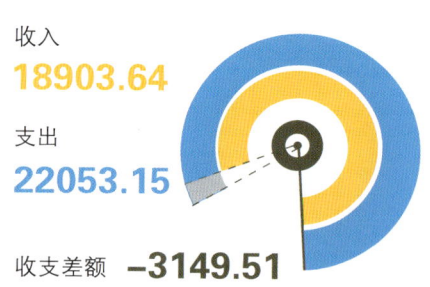

- 收入 18903.64
- 支出 22053.15
- 收支差额 -3149.51

农林牧渔业

产量 （单位：万吨）

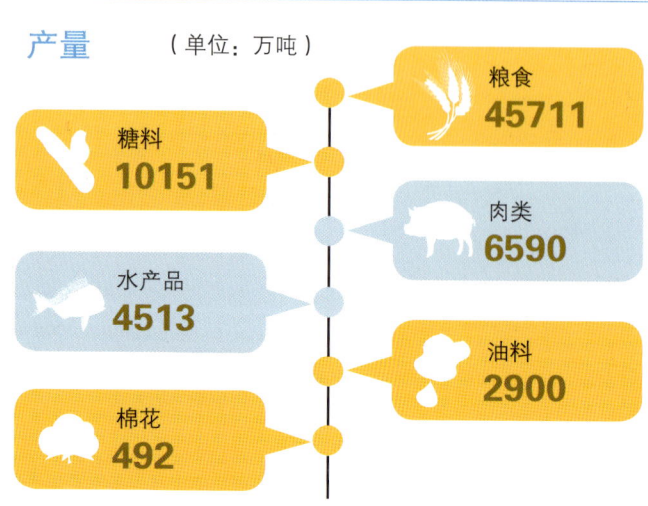

- 粮食 45711
- 糖料 10151
- 肉类 6590
- 水产品 4513
- 油料 2900
- 棉花 492

林业、水利建设

造林面积 747 万公顷

其中退耕还林工程完成退耕地造林和宜林荒山荒地造林 540 万公顷

新增有效灌溉面积 90 多万公顷

新增节水灌溉面积 140 多万公顷

综合治理水土流失面积 4 万多平方公里

国内商业 （单位：亿元）

社会商品零售总额 **40991**

其中城市消费品零售额 **25898**
县及县以下消费品零售额 **15013**

分行业看

批发零售贸易业零售额 **27860**
餐饮业零售额 **5092**
其他行业零售额 **7959**

工业

工业增加值 **45935** 亿元

- 重工业 **19188** 亿元
- 轻工业 **12294** 亿元

规模以上工业增加值 **31482** 亿元

建筑业增加值 **7047** 亿元

黄金和外汇储蓄

黄金 **1929** 万盎司

外汇 **2864.07** 亿美元

交通运输和邮电通信

交通运输和邮电通信增加值 **5518** 亿元

新建线路交付营业里程

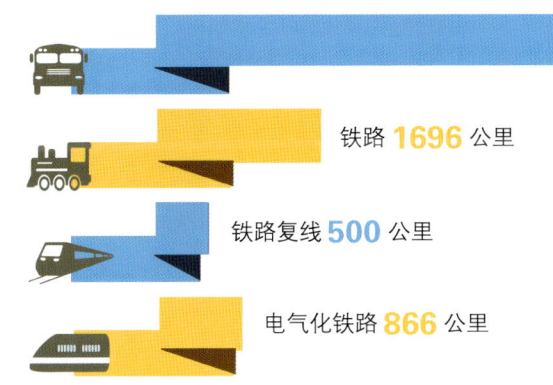

公路 **30796** 公里（高速公路 **5545** 公里）
铁路 **1696** 公里
铁路复线 **500** 公里
电气化铁路 **866** 公里

港口万吨级码头吞吐能力 **1547** 万吨

旅客周转量 **13966** 亿人公里

 铁路 **4969** 亿人公里
 公路 **7643** 亿人公里
 水运 **85** 亿人公里
 民航 **1269** 亿人公里

货物周转量 **49387** 亿吨公里

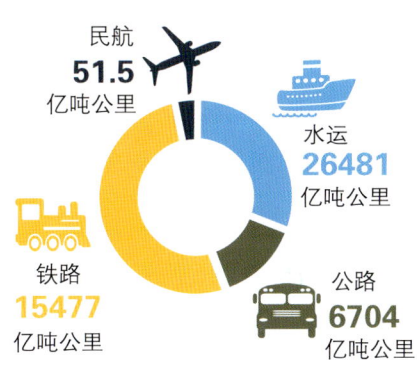

- 民航 **51.5** 亿吨公里
- 水运 **26481** 亿吨公里
- 铁路 **15477** 亿吨公里
- 公路 **6704** 亿吨公里

港口完成货物吞吐量 **26.8** 亿吨
其中外贸货物吞吐量 **7.6** 亿吨

固定电话用户 **21442** 万户

城市电话用户 **13595** 万户
乡村电话用户 **7847** 万户

局用交换机总容量 **28358** 万门

全国固定及移动电话用户总数 **42104** 万户

电话普及率 **33.7** 部/百人

邮电业务总量 **5547** 亿元

其中邮政业务总量 **495** 亿元
电信业务总量 **5052** 亿元

社会保障

参加各类基本保险人数 （单位：万人）

职工 **11128**
离退休人员 **3603**

- 基本养老保险 **14731**
- 失业保险 **10182**
- 领取失业保险金 **440**
- 基本医疗保险 **9400**

社会福利事业

收养性社会福利单位床位 **119** 万张
收养各类人员 **89** 万人

城镇建立各种社区服务设施 **19** 万个
其中综合性社区服务中心 **8820** 个

社会福利彩票 **170** 亿元
筹集社会福利资金近 **60** 亿元
直接接收社会捐赠款 **12** 亿元

保险事业

支付各类赔款及给付 707 亿元

 寿险业务给付 **225** 亿元

 健康险赔款和给付 **50** 亿元

 财产险和意外伤害险业务赔款 **432** 亿元

内外资保险公司收入 3053 亿元

- 寿险保费收入 **1957** 亿元
- 财产险保费收入 **778** 亿元
- 健康险和意外伤害保费收入 **318** 亿元

人民生活

城乡居民人均收入

 农村 **2476** 元　 城镇 **7703** 元

居民家庭恩格尔系数

- 城镇 **37.7%**
- 农村 **46.2%**

 **城乡居民储蓄存款 94307 亿元**

就业人员 73740 万人

其中城镇就业人员 **24780** 万人

城镇登记失业率 **4%**

体育

获得世界冠军 **110** 个

17人 5队 33次创 29项 **世界纪录**

14人 11队 25次创 24项 **亚洲纪录**

在第十四届亚运会上我国体育代表团共获得

- 金牌 **150** 枚
- 银牌 **84** 枚
- 铜牌 **74** 枚

金牌总数和奖牌总数蝉联第一

教育

在校学生数（单位：万人）

普通高校	成人高校	研究生	普通高中	中等职业技术学校	初中	小学	特殊教育
903	559	50	1684	1197	6687	12157	37.1

招生人数（单位：万人）

普通高校	成人高校	研究生	普通高中	中等职业技术学校	初中	小学	特殊教育
321	222	20	677	470	2281	1953	5.3

旅游

国内旅游
人数 **87782** 万人次
旅游收入 **3878** 亿元

国际旅游
境外入境人数 **9791** 万人次
外国人 **1344** 万人次
港、澳、台胞 **8447** 万人次

国际旅游外汇收入 **204** 亿美元

国内出境人数 **1660** 万人次
其中因私出境 **1006** 万人次

文化

科教、记录、美术片 **69** 部
生产故事影片 **100** 部

艺术表演团体 **2592** 个

广播电台 **306** 座
中、短波广播发射台和转播台 **770** 座
电视台 **360** 座
有线电视用户 **9638** 万户

出版
全国性和省级报纸 **230** 亿份
杂志 **30** 亿册
图书 **68** 亿册（张）

文化馆 **2847** 个
公共图书馆 **2689** 个
博物馆 **1451** 个
档案馆 **3902** 个

已开放各类档案 **4908** 万卷（件）

科学技术

科学研究与试验发展（R&D）
经费支出 **1161** 亿元
其中基础研究经费 **74** 亿元

国有企业事业单位共有
各类专业技术人员 **2848** 万人

取得省部级以上科技成果 **2.9** 万项
其中，基础理论成果 **2000** 项
应用技术成果 **25700** 项
软科学成果 **1300** 项

受理国内外专利申请 **252632** 件
授权专利 **132401** 件

签订技术合同 **23** 万项
技术合同成交金额 **880** 亿元

卫生

卫生机构 **29** 万个
其中医院、卫生院 **6.5** 万个

病床床位 **321** 万张
其中医院、卫生院 **220** 万张

卫生防疫、防治机构 **5687** 个
卫生技术人员 **22** 万人
妇幼保健院、所、站 **3047** 个
卫生技术人员 **14** 万人

农村乡（镇）卫生院 **4.8** 万个
床位 **75** 万张
卫生技术人员 **103** 万人
已有 **89.8%** 的村拥有医疗点
乡村医生和卫生员 **129** 万人

卫生技术人员 **444** 万人
其中医生 **211** 万人
护师、护士 **130** 万人

1978—2018
中国改革开放
全纪录

2003

- 中共十六届三中全会通过《中共中央关于完善社会主义市场经济体制若干问题的决定》
- 确立科学发展观
- "孙志刚事件"引发收容制度废止
- 抗击"非典"
- 第五次国务院机构改革
- 振兴东北老工业基地上升为国家战略

人物：胡锦涛

胡锦涛，汉族，1942年12月生，安徽绩溪人，1964年4月加入中国共产党，1965年7月参加工作，清华大学水利工程系河川枢纽电站专业毕业，大学学历，工程师。

1959—1964年在清华大学水利工程系学习。1964—1965年在清华大学水利工程系学习，并任政治辅导员。1965—1968年，清华大学水利工程系参加科研工作，并任政治辅导员（"文化大革命"开始后终止）。1968—1969年，在水电部刘家峡工程局房建队劳动。1969—1974年任水电部第四工程局八一三分局技术员、秘书、机关党总支副书记。1974—1975年任甘肃省建委秘书。1975—1980年任甘肃省建委设计管理处副处长。1980—1982年任甘肃省建委副主任，共青团甘肃省委书记（1982年9月至12月）。1982—1984年，任共青团中央书记处书记，全国青联主席，期间：1983年6月当选为政协第六届全国委员会常务委员。1984—1985年任共青团中央书记处第一书记。1985—1988年任中共贵州省委书记，贵州省军区党委第一书记。1988—1992年，任中共西藏自治区党委书记，西藏军区党委第一书记。1992—1993年任中共中央政治局常委、中共中央书记处书记。1993—1998年任中共中央政治局常委、中共中央书记处书记，中共中央党校校长。1998—1999年任中共中央政治局常委、中共中央书记处书记，中华人民共和国副主席，中共中央党校校长。1999—2002年任中共中央政治局常委、中共中央书记处书记、中共中央军事委员会副主席，中华人民共和国副主席，中华人民共和国中央军事委员会副主席，中共中央党校校长。2002至2003年3月任中共中央委员会总书记、中共中央军事委员会副主席，中华人民共和国副主席，中华人民共和国中央军事委员会副主席，中共中央党校校长（2002年12月不再兼任）。2003—2004年任中央委员会总书记、中共中央军事委员会副主席，中华人民共和国主席，中华人民共和国中央军事委员会副主席。2004—2005年，中共中央委员会总书记，中华人民共和国主席，中共中央军事委员会主席，中华人民共和国中央军事委员会副主席。2005—任中共中央委员会总书记（至2012年11月），中华人民共和国主席（至2013年3月），中共中央军事委员会主席（至2012年11月），中华人民共和国中央军事委员会主席（至2013年3月）。

中共第十二届中央候补委员、中央委员，十三届、十四届、十五届、十六届、十七届中央委员，十四届、十五届中央政治局委员、常委、中央书记处书记，十六届、十七届中央政治局委员、常委、中央委员会总书记。十五届四中全会增补为中央军事委员会副主席。第九届全国人大第一次会议当选为中华人民共和国副主席。第九届全国人大常委会第十二次会议任命为中华人民共和国中央军事委员会副主席。第十届全国人大第一次会议当选为中华人民共和国主席。十六届四中全会任中央军事委员会主席。第十届全国人大第三次会议当选为中华人民共和国中央军事委员会主席。十七届一中全会任中央军事委员会主席。第十一届全国人大第一次会议当选为中华人民共和国主席、中华人民共和国中央军事委员会主席。

资料来源： 中共中央组织部、中共中央党史研究室：《中国共产党历届中央委员大辞典1921—2003》，中共党史出版社，2004年。《胡锦涛同志简历》，人民网-中央机构及领导人资料库。

焦点事件

中共十六届三中全会通过《中共中央关于完善社会主义市场经济体制若干问题的决定》

2003年10月11日至14日，中国共产党第十六届中央委员会第三次全体会议在北京举行。全会听取和讨论了胡锦涛受中央政治局委托作的工作报告，审议通过了《中共中央关于完善社会主义市场经济体制若干问题的决定》。

《决定》分为12个部分。《决定》提出了完善社会主义市场经济体制的目标和任务：按照统筹城乡发展、统筹区域发展、统筹经济社会发展、统筹人与自然和谐发展、统筹国内发展和对外开放的要求，更大程度地发挥市场在资源配置中的基础性作用，增强企业活力和竞争力，健全国家宏观调控，完善政府社会管理和公共服务职能，为全面建设小康社会提供强有力的体制保障。主要任务是：完善公有制为主体、多种所有制经济共同发展的基本经济制度；建立有利于逐步改变城乡二元经济结构的体制；形成促进区域经济协调发展的机制；建设统一开放竞争有序的现代市场体系；完善宏观调控体系、行政管理体制和经济法律制度；健全就业、收入分配和社会保障制度；建立促进经济社会可持续发展的机制。

《决定》提出深化经济体制改革的指导思想和原则：以邓小平理论和"三个代表"重要思想为指导，贯彻党的基本路线、基本纲领、基本经验，全面落实十六大精神，解放思想、实事求是、与时俱进。坚持社会主义市场经济的改革方向，注重制度建设和体制创新。坚持尊重群众的首创精神，充分发挥中央和地方两个积极性。坚持正确处理改革发展稳定的关系，有重点、有步骤地推进改革。坚持统筹兼顾，协调好改革进程中的各种利益关系。坚持以人为本，树立全面、协调、可持续的发展观，促进经济社会和人的全面发展。

确立科学发展观

2003年，中国人均国内生产总值突破1000美元，进入了国际上通常所说的工业化关键时期。这个时期既是"发展机遇期"，又是"矛盾凸显期"。准确认识和切实解决中国在发展关键时期的突出矛盾和问题，是党的理论创新面临的重大课题。

7月28日，在全国防治非典工作会议上，胡锦涛全面总结了抗击非典斗争的经验和从中获得的深层次理论认识。他在讲话中首次使用了"全面发展、协调发展、可持续发展的发展观"的表述，并着重从理论上分析了发展概念与增长概念的异同："我们讲发展是党执政兴国的第一要务，这里的发展绝不只是指经济增长，而是要坚持以经济建设为中心，在经济发展的基础上实现社会全面发展"。①

2003年10月，中国共产党十六届三中全会在北京举行。全会听取和讨论了胡锦涛受中央政治局委托作的工作报告，审议通过了《中共中央关于完善社会主义市场经济体制若干问题的决定》。

中共十六届三中全会明确提出"坚持以人为本，树立全面、协调、可持续的发展观，促进经济社会和人的全面发展"；强调"按照统筹城乡发展、统筹区域发展、统筹经济社会发展、统筹人与自然和谐发展、统筹国内发展和对外开放的要求"推进改革和发展。这里，最重要的进展是把"以人为本"与"全面、协调、可持续的发展"统一起来，使科学发展的理念得到极大充实和提升。明确提出"以人为本"作为经济社会发展的长远指导方针和实际工作中必须坚持的

观点

刘世锦：较为完善的社会主义市场经济的主要特征：国有经济的布局和结构的战略性调整基本完成，新的国有资产管理和经营体制有效运行，多种形式的公有制经济为主体，多种所有制经济产权明晰、融合互补、协调发展；以公司制度为主要形态的现代企业制度普遍建立，形成较为规范的企业治理结构和管理制度；要素市场较快发展与市场发展相协调，消费者、生产者和其他利益相关者合法利益受到保护，基本形成公平竞争、内外开放、规则统一、诚信为本的市场体系和市场秩序；多层次的社会保障体系基本确立，并随着经济和社会发展而逐步完善，形成兼顾效率和公平的收入分配与再分配机制；政府职能的全面转变取得实质性进展，经济调节、市场监管、社会管理和公共服务的基本职能能够有效发挥，政府机构和人员配置与其职能相适应，决策的科学化民主化得到制度保障；中介组织和机制得到较大发展，社会成员参与经济、社会管理的方式多样化，多层次且相互协调的经济、社会治理结构初步形成；与社会主义市场经济体制相适应的法治体系和道德规范基本形成，重要性日益增强。

资料来源：《完善社会主义市场经济体制的目标和近期改革重点》，《改革》，2003年第6期。

张卓元：新世纪新阶段中国经济体制改革面临三个方面的问题，一是已确定的改革目标尚未完成；二是经济与社会发展中突出的问题和新提出的改革任务；三是随着经济全球化进程的加速，对外开放的扩大和中国加入WTO，要求中国的经济体制不断创新使之与上述形势变化相适应。今后完善社会主义市场经济体制，主要围绕以上三个方面深化改革，实现体制创新，推进小康社会建设，加快实现工业化，城市化。为此，深化国有企业改革，发展混合所有制经济；深化国有资产管理体制改革；大力发展和积极引导非公有制经济；建立健全现代产权制度等。

资料来源：《以完善为主题推进市场经济体制建设》，《半月谈》，2003年第20期。

专栏：胡锦涛论科学发展观

在新的发展阶段继续全面建设小康社会、发展中国特色社会主义，必须坚持以邓小平理论和"三个代表"重要思想为指导，深入贯彻落实科学发展观。

……

科学发展观，第一要义是发展，核心是以人为本，基本要求是全面协调可持续，根本方法是统筹兼顾。

……

深入贯彻落实科学发展观，要求我们积极构建社会主义和谐社会。社会和谐是中国特色社会主义的本质属性。科学发展和社会和谐是内在统一的。没有科学发展就没有社会和谐，没有社会和谐也难以实现科学发展。构建社会主义和谐社会是贯穿中国特色社会主义事业全过程的长期历史任务，是在发展的基础上正确处理各种社会矛盾的历史过程和社会结果。

——摘自2007年10月15日胡锦涛在党的十七大上的报告。

重要原则，这就将新的发展思路与党的性质和宗旨、党的执政理念和要求内在地联系在一起，具有更鲜明的人民性、科学性和时代性。这标志着中国共产党郑重地提出了科学发展观，是中国共产党对社会主义现代化建设指导思想的新发展。

科学发展观是党的十六大以来以胡锦涛为总书记的党中央立足于中国社会主义初级阶段基本国情，深刻洞察当今世界发展大势而提出的，其理论的形成和发展离不开中国全面建设小康社会的伟大实践。②

---

① 《胡锦涛文选》第二卷，人民出版社，2016年。
② 《十六大以来重要文献选编》（中），中央文献出版社，2006年。

"孙志刚事件"引发收容制度废止

孙志刚墓志铭

孙志刚，湖北省黄冈人，生于1976年7月29日。2001年毕业于武汉科技学院，毕业后来广州务工，在广州一服装公司担任美术平面设计师。2003年3月17日，孙志刚因无暂住证在广州街头被天河区公安分局黄村街派出所民警带至黄村街派出所，后被转送广州市收容站及收容人员救治站，3月20日救治站宣布其死亡，终年27岁。4月18日，广州中山大学中山医学院法医鉴定中心出具的检验鉴定书认定，孙志刚符合大面积软组织损伤致创伤性休克死亡。后经法医鉴定，孙背部有大面积的内伤，系被毒打致死。

孙志刚之死，引起全国范围内对于收容遣送制度的愤怒声讨。中国的收容遣送制度自1982年实施以来，由于涉及到参与执行者的利益，许多弊端逐渐显露出来。孙志刚案发生后，2003年5月14日，三位法学博士以中国公民的名义，向全国人大常委会上书，建议对《收容遣送办法》进行违宪审查。5月23日，盛洪、沈岿等以中国公民的名义，向全国人大常委会提交就孙志刚案及收容遣送制度实施状况启动特别调查程序建议书。这在新中国的历史上，尚属首例，对于推动中国以宪治国，有着积极的意义。

孙志刚案引起国家领导人的高度重视，多次作出重要批示，明确要求坚决依法彻底调查此案。6月18日，国务院总理温家宝主持召开国务院常务会议，审议并原则通过了《城市生活无着的流浪乞讨人员救助管理办法(草案)》。20日，温家宝总理签署国务院381号令，正式公布《城市生活无着的流浪乞讨人员救助管理办法》，该办法自2003年8月1日起施行，1982年5月国务院发布的《城市流浪乞讨人员收容遣送办法》同时废止。

在孙志刚案中，社会的民意通过报纸、网络充分地迸发出来，社会各界都通过多种途径表达自己的声音，形成了改革开放以来罕见的民意的洪流。社会舆论从对涉案者的谩骂，变成对制度的反思和指责，人们开始关注自身的生存状况，开始运用现代的参政手段，争取自己的宪法权利。

抗击"非典"

"非典"，即严重呼吸道综合征（SARS），是一种病原不清，极易被集体传染的病症。

2002年11月16日，中国广东佛山发现第一起病例。2003年2月，广东发病进入高峰，3月初，疫情扩散到北京，北京很快成为重灾区。2003年，中国二十多个省、自治区、直辖市先后发生"非典"疫情，全年累计临床确诊病例5327例，累计死亡349人。

面对"非典"，中共中央和国务院多次召开专门会议研究部署防治措施，包括设立防治基金；支持"非典"防治科技攻关；建设各地预防控制中心；免费治疗患者等。党和国家主要领导人亲临抗击"非典"一线，

2003年4月17日，中共中央政治局常务委员会召开会议，对抗击"非典"斗争提出总体要求。同时，设立总额20亿元的非典型肺炎防治基金、成立全国防治非典型肺炎指挥部、专项部署农村"非典"防治工作等。图为北京急救中心接到"非典"疑似疫情通报后快速出动。

观点

费孝通："非典"的快速传染提醒我们要合理确定城市的形态，特别要注意各方面的协调，这种协调要以人为本，就是要考虑到现代大都市里生活和工作的人群可能面临的问题，要预先考虑好应对这些问题的办法。城市病不仅有医学上的病，还有社会病。经济发展快了，社会事业如果没跟上，难免出现一些社会问题，如何克服，需要在城市总体发展规划中加以重视。

资料来源：《"非典"的城市社会反思》，《中国城市经济》，2003年第6期。

中国（海南）改革发展研究院：SARS危机是中国改革发展进入新阶段遇到的一次突发性公共事件。它反映出中国改革发展实践中的某些具体偏差，反映出中国政府在公共卫生、尤其是农村公共卫生等社会事业方面的欠账太多。从SARS危机中吸取教训，最具实质性的行动步骤是加快政府改革，实现由经济建设型政府向公共服务型政府的转变。

资料来源：《从"经济建设型政府"转向"公共服务型"政府（14条建议）》，2003年6月，引自《直谏中国改革：建议篇》，中国经济出版社，2011年。

2003年4月6日，北京市宣武门西大街26号门口，新成立的国有资产监督管理委员会的牌子悄然挂出。

指导工作。国务院公布《突发公共卫生事件应急条例》。北京市也采取有力措施防治"非典"，包括先后确定16家"非典"定点医院，对"非典"疫情重点区域采取隔离控制措施，颁布多项规章等等。5月1日，经过8天的紧急筹建，北京市第一家专门治疗"非典"的临时性传染病医院小汤山医院开始接收病人。军队支援北京的医护人员1200余人陆续到位。6月2日，北京疫情统计首次出现新收治直接确诊病例、疑似转确诊病例、死亡人数均为零。6月24日世界卫生组织解除对北京的旅行警告，同时将北京从非典疫区名单中排除。至此，中国人民抗击"非典"的工作取得胜利。

突如其来的"非典"危机，引发了社会多方面的反思。这次危机暴露了多年来经济社会发展失衡的突出矛盾，尤其是政府公共服务职能薄弱的矛盾。中国农村公共卫生和医疗还相当落后，如果这次危机主要发生在农村，或者是在农村大面积蔓延，后果将不堪设想。

第五次国务院机构改革

2002年11月，党的十六大明确提出了深化行政管理体制改革的任务。

2003年3月6日上午，《国务院机构改革方案》被提请十届全国人大一次会议审议。国务委员兼国务院秘书长王忠禹受国务院委托，在大会上作了《关于〈国务院机构改革方案〉的说明》。

3月10日，十届全国人大一次会议第三次全体会议通过了《关于〈国务院机构改革方案〉的决定》。此次改革，是国务院历经1982年、1988年、1993年和1998年历次较大规模精减和改革后又一次大规模的机构改革。

《国务院机构改革方案》指出，根据党的十六大提出的深化行政管理体制改革的任务和十六届二中全会审议通过的《关于深化行政管理体制和机构改革的意见》，这

2003年6月12日，卫生部与世界卫生组织共同举行新闻发布会，通报"非典"防治情况。

中华人民共和国国家发展和改革委员会（简称：国家发改委），作为国务院的职能机构，是综合研究拟订经济和社会发展政策，进行总量平衡，指导总体经济体制改革的宏观调控部门。

流行志

双色球

北京的一家彩票投注站

2003年2月16日，双色球率先在全国22个省、市、自治区正式发行、销售，首期销量超过1000万元，当期开出的二等奖单注奖金高达89万余元。大奖大、小奖多、双区选号、中一个蓝球就有奖等特点吸引了人们的目光，很多人都在美滋滋地梦想着自己中大奖。在2003年10个月的销售中，双色球完成了89期开奖，累计销售达到了28.29亿元。

《无间道》

2003年，被称为香港电影史诗之作的《无间道》上映，为多年不振的港片点燃了一把火。跌宕玄妙的情节和深刻洞察人性的内核使香港警匪片一改过去简单的忠义情节，血腥的暴力场面，夸张的打斗表演所营造的俗套风格。刘德华和梁朝伟两大巨星的精彩表演也为影片加分不少。在香港，它战胜了《英雄》，成为年度票房冠军；在内地，"无间"一词因为电影《无间道》而大热起来。

中华小姐

2003年，凤凰卫视精心打造的选美品牌"中华小姐环球大赛"开赛。与其它选美比赛不同，"华姐"的评选以体现中华美德、新时代女性智能及高尚审美为标准，最后权衡综合素质取胜。它推崇"美丽与智慧同行，内在与外在兼修"，倡导"美丽与活力、勇敢与智慧、个性与爱心"的华人新女性形象。

"白骨精"

"白骨精"，按传统上的解释专指西游记中的白骨妖精。进入新世纪，随着女性越来越多地进入职场，并在职场发挥重要作用，现代都市对于这个人物有了新的解释。"白骨精"，成了"高级白领+业务骨干+行业精英"的代名词，专指那些拥有高学历、高收入、高层次的"三高女性"。时代的演变让"白骨精"从一个贬义词变成了一个褒义词。作为职场的半边天，成为"白骨精"是很多现代女性正努力追求的目标。

> **语录** "欠农民的钱一定要还！"
>
> ——温家宝

背景：2003年以前，拖欠农民工工资的事时有发生，甚至有农民工以跳楼来威胁包工头发工资。2003年10月24日，温家宝在走访重庆市万州区库区移民时，农家妇女熊德明向温总理反映了包工头拖欠熊德明丈夫工钱2000多元一年多未还的实情。总理非常严肃地说："一会儿我到县里去，这事我一定要给县长说，欠农民的钱一定要还！"温总理为农民工讨薪，使得农民工"讨薪"和维护农民工合法权益的话题成为热点，引发了全国范围的"讨薪风暴"，在有关部门的共同努力下不少农民工依法拿到了拖欠的工钱。

次国务院机构改革的主要任务是：（一）深化国有资产管理体制改革，设立国务院国有资产监督管理委员会。（二）完善宏观调控体系，将国家发展计划委员会改组为国家发展和改革委员会。（三）健全金融监管体制，设立中国银行业监督管理委员会。（四）继续推进流通管理体制改革，组建商务部。（五）加强食品安全和安全生产监管体制建设，在国家药品监督管理局基础上组建国家食品药品监督管理局，将国家经济贸易委员会管理的国家安全生产监督管理局改为国务院直属机构。（六）将国家计划生育委员会更名为国家人口和计划生育委员会。（七）不再保留国家经济贸易委员会、对外贸易经济合作部。

改革后除国务院办公厅外，国务院组成部门由29个变为如下28个：外交部、国防部、国家发展和改革委员会、教育部、科学技术部、国防科学技术工业委员会、国家民族事务委员会、公安部、安全部、监察部、民政部、司法部、财政部、人事部、劳动和社会保障部、国土资源部、建设部、铁道部、交通部、信息产业部、水利部、农业部、商务部、文化部、卫生部、国家人口和计划生育委员会、中国人民银行、中华人民共和国审计署。

此次政府机构改革，是在中国改革开放全面走向深入并加入世界贸易组织的背景下进行的，所以此次改革加强了政府对有关行业的监管力度，减少了经济管理的计划经济色彩，以逐步形成行为规范、运转协调、公正透明、廉洁高效的行政管理体制。其重大的历史进步性就在于抓住当时社会经济发展阶段的突出问题，进一步转变政府职能。

振兴东北老工业基地上升为国家战略

改革开放尤其是中国加入世界贸易组织以来，世界经济全球化的程度加深，中国同时面临着激烈的国际国内竞争挑战与世界经济结构调整、产业转移的战略机遇。

2003年3月5日至18日，第十届全国人民代表大会第一次会议在北京召开。国务院总理朱镕基在《政府工作报告》中提出："采取有力措施，支持东北地区等老工业基地加快调整和改造，支持以资源开采为主的城市和地区发展接续产业，支持革命老区和少数民族地区加快发展。"

9月10日，国务院总理温家宝主持国务院常务会议讨论并原则同意《关于实施东北地区等老工业基地振兴战略的若干意见》。

10月5日，中共中央、国务院下发《关于实施东北地区等老工业基地振兴战略的若干意见》。至此，振兴东北地区等老工业基地战略被正式确立为国家战略。这个国家级重大战略范围包括：辽宁、吉林、黑龙江三省和内蒙古自治区呼伦贝尔市、兴安盟、通辽市、赤峰市和锡林郭勒盟，涉及145万平方公里土地和1.2亿人口。

《意见》指出振兴东北地区等

2003年1月18日，中国一汽解放汽车有限公司在长春市正式成立。新成立的一汽解放公司是以原一汽汽车制造厂主体专业厂为基础，以一汽技术中心为技术依托而建造的新型公司，是一汽集团公司的全资子公司。

老工业基地要重点把握好以下原则："一是坚持深化改革、扩大开放，以改革开放促进调整改造。加快国有经济的战略性调整，继续推进国有企业改革，积极发展非公有制经济，通过扩大开放，拓展发展空间。二是坚持主要依靠市场机制，正确发挥政府作用。产业结构调整、生产要素整合、技术改造、企业改组，应主要由市场决定和选择，同时发挥政府规划引导和政策导向作用，创造良好的发展环境和公平竞争的市场秩序。三是坚持有所为、有所不为，充分发挥比较优势。振兴老工业基地绝不是不加区别振兴所有产业和企业，要立足于整合现有资源，集中力量使重点地区、重点优势产业以及重点行业和企业得到振兴和发展，在市场竞争中实现优胜劣汰，避免盲目重复建设和产业趋同化。四是坚持统筹兼顾，注重协调发展。促进工业与农业、服务业协调发展，城市与农村协调发展，经济与社会协调发展，人与自然协调发展。五是坚持自力更生为主，国家给予必要扶持。挖掘自身潜力，激发内在活力，充分发挥老工业基地广大干部和群众的积极性、创造性，同时国家在完善社会保障体系、解决企业历史遗留问题、支持重点企业技术改造、重大基础设施建设和改善生态环境等方面给予支持。六是坚持从实际出发，讲求实效。充分认识振兴老工业基地任务的艰巨性、复杂性和长期性，统筹规划，从长计议，量力而行，分步实施，切忌追求过高目标和提出不切实际的口号。在实施调整改造的各项措施时，要始终关心群众的切身利益，高度重视扩大就业和社会保障体系建设，妥善处理好改革、发展和稳定的关系，使人民群众在实施老工业基地振兴战略中得到实惠。"

2003年12月，国务院振兴东北地区等老工业基地领导小组成立。由国务院总理温家宝任组长，副总理黄菊、曾培炎任副组长，由26个部委为成员的振兴东北地区等老工业基地领导小组下设办公室，按照国务院的统一部署，协调有关部门采取积极措施，支持东北老工业基地振兴。

此后，振兴东北地区等老工业基地战略进入全面的具体实施阶段，加快了东北地区等老工业基地崛起。

> **语录** "要千方百计解决好高校扩招后毕业生的就业问题。"
> ——李岚清
>
> 背景：2003年是中国首届扩招大学生的就业之年。1999年，中国开始扩大高校招生幅度，当年招生人数激增至159.68万人，比上年增加51.32万人，增幅前所未有地达到47.4%。2003年，中国普通高校本专科生在校人数首次突破一千万。伴随着高校扩招，毕业生的就业问题凸显出来，2003年1月，国务院副总理李岚清在教育部直属高校工作咨询委员会上发表讲话称："要千方百计解决好高校扩招后毕业生的就业问题。"

环球大事

1月1日
东盟自由贸易区正式启动。

3月12日
世界卫生组织发布SARS全球警报。

4月3日
塞尔维亚和黑山总统马罗维奇向欧洲委员会议会议长西德尔递交了塞黑议会通过的接受欧洲委员会章程的文件。塞黑外长斯维兰诺维奇签署了接受欧洲人权公约的声明。塞黑从而正式成为欧洲委员会第45个成员国。

4月16日
欧盟25个新老成员国的政府首脑在雅典举行了第五次扩大的入盟签字仪式。这是欧盟历史上规模最大的一次扩大，它宣告了第二次世界大战后东西欧分裂局面的终结。

5月19—28日
第56届世界卫生大会在瑞士日内瓦举行，会议一致通过了第一个限制烟草的全球性条约《烟草控制框架公约》。在这次会议上，韩国的李钟郁正式当选为下一任世界卫生组织总干事。

5月26日
欧洲宪法草案公布。

一个德国家庭阅读欧洲宪法

7月5日
世界卫生组织宣布已经成功控制SARS。

8月2日
科学家称，由于国际禁止使用氟氯化碳，南极上空的臭氧层漏洞有逐渐恢复的趋势。

9月14日
瑞典全民公决，拒绝采用欧元货币。

9月27日
欧洲航天局发射SMART-1探月卫星。

9月29日
《联合国打击跨国有组织犯罪公约》正式生效。这是目前世界上第一项针对跨国有组织犯罪的全球性公约，迄今已有147个国家签署该公约，其中批准的有51个国家。

12月30日
欧洲"火星快车"探测器从火星赤道轨道成功进入极地轨道，全力搜寻原定于格林尼治时间25日登陆火星的"猎兔犬2"号登陆器。

"火星快车"探测火星周围的大气层模拟图

社会关注

三峡工程实现蓄水、通航和发电

2003年6月1日，三峡水利枢纽开始下闸蓄水；6月15日，蓄至135米的初期蓄水位；6月16日，双线五级船闸开始试通航；7月10日，长江三峡工程第一台发电机组——装机容量70万千瓦的2号机组比计划提前20天并网发电。中国人的三峡梦终成现实。

三峡2号机组并网启动时，运行负荷为53万千瓦。这台机组每天将向华中、华东电网输出1290多万度电量。11月22日，长江三峡工程第1号机组正式并网发电并投入商业运行。至此，三峡工程首批发电的6台机组全部投产。三峡工程并网发电，为中国经济注入了新的活力。

《婚姻登记条例》实施

2003年8月8日，国务院总理温家宝签署第387号国务院令，公布了国务院第16次常务会议于7月30日通过的《婚姻登记条例》。《婚姻登记条例》于2003年10月1日起取代了实施近9年的《婚姻登记管理条例》。与《婚姻登记条例》同时实行的，还有民政颁发的《婚姻登记工作暂行规范》，共9章68条。《婚姻登记工作暂行规范》对婚姻登记机关的设置、结婚和离婚登记的程序、撤销婚姻登记和补领婚姻证件的要求以及婚姻登记机关和婚姻登记员的监督与管理部做了具体规定。

《婚姻登记条例》分总则、结婚登记、离婚登记、婚姻登记档案和婚姻登记证、罚则、附则等共六章二十二条。在新颁布的《婚姻登记条例》中，最大的变化是婚姻登记的简单化。同时，离婚的手续也大大简化。

对婚姻登记这一民事行为，由政府的防范式管理，变为婚姻当事人责任自负，体现了政府转变职能，弱化对结婚、离婚这类民事行为的行政管理色彩，强化了服务意识。这也体现了以人为本、责任自负、婚姻自由的精神，表明中国公民的个人生活空间自由度增大，社会环境更加宽容，折射出时代的变迁和社会的进步，凸显了婚姻登记工作的与时俱进与改革创新。

2003年10月1日，新修订的《婚姻登记条例》正式颁布实施。一大早，杭州市江干区社区服务中心婚姻登记处异常热闹，不少新人排队等候登记办证。

2003年10月15日，在酒泉卫星发射中心，"神舟"五号发射瞬间。

"神舟"五号成功发射

2003年10月15日9时0分，中国自主研制的"神舟"五号载人飞船在酒泉卫星发射中心用"长征二号F"运载火箭发射成功，将中国第一名航天员送上太空，飞船准确进入预定轨道。执行此次"神舟"五号载人飞船航天飞行任务的航天员，是中国自己培养的第一代航天员杨利伟。

2003年10月16日6时54分，中国人民解放军总装备部部长李继耐宣布："'神舟'五号载人飞船10月16日6时23分在内蒙古主着陆场成功着陆，实际着陆点与理论着陆点相差4.8公里。返回舱完好无损。我们的航天英雄杨利伟自主出舱。"至此，中国首次载人航天飞行取得圆满成功，并成为世界上第三个能够独立开展载人航天活动的国家，标志着中国载人航天工程取得历史性重大突破。

■ 重要文献

《中共中央关于完善社会主义市场经济体制若干问题的决定》
（2003年10月14日）

　　2003年10月14日，中国共产党第十六届三中全会审议通过了《中共中央关于完善社会主义市场经济体制若干问题的决定》。《决定》依据十六大提出全面建设小康社会的目标和建成完善的社会主义市场经济体制的要求，重点就完善国有资产管理体制、深化农村改革、推进就业和分配体制改革等重要体制问题提出了改革目标和任务，作出决策和部署。

目录：
一、我国经济体制改革面临的形势和任务
二、进一步巩固和发展公有制经济，鼓励、支持和引导非公有制经济发展
三、完善国有资产管理体制，深化国有企业改革
四、深化农村改革，完善农村经济体制
五、完善市场体系，规范市场秩序
六、继续改善宏观调控，加快转变政府职能
七、完善财税体制，深化金融改革
八、深化涉外经济体制改革，全面提高对外开放水平
九、推进就业和分配体制改革，完善社会保障体系
十、深化科技教育文化卫生体制改革，提高国家创新能力和国民整体素质
十一、深化行政管理体制改革，完善经济法律制度
十二、加强和改善党的领导，为完善社会主义市场经济体制而奋斗

■ 重要文献

《关于实施东北地区等老工业基地振兴战略的若干意见》
（2003年10月5日）

　　2003年10月5日，中共中央、国务院发出《关于实施东北地区等老工业基地振兴战略的若干意见》。《意见》指出，振兴老工业基地，不仅是东北地区等老工业基地自身改革发展的迫切要求，也是实现全国区域经济社会协调发展的重要战略举措，事关改革发展稳定的大局，对全面建设小康社会和实现现代化建设目标有着十分重要的意义。

节选：
　　进一步深化体制改革，着力推进体制创新和机制创新，消除不利于经济发展和调整改造的体制性障碍，增强老工业基地调整改造的内在动力，是实现老工业基地振兴的关键和前提。
　　加快国有经济战略性调整。完善国有资本有进有退、合理流动的机制，推进国有资本向关系国民经济命脉的重要行业、关键领域和优势产业集中……大力发展混合所有制经济和非公有制经济。打破地区、部门、所有制界限，推动钢铁、汽车、石化和重型装备制造等重点行业的战略性重组。改革国有资产管理体制，提高国有资本运营效率。
　　营造非公有制经济发展的良好环境。允许非公有资本进入基础设施、公用事业以及法律法规没有禁止的其他行业和领域。……在"引进来"的同时，加快实施"走出去"战略，鼓励有实力的各类所有制企业进行跨国投资与经营，积极开展多种形式的国际经济合作，建立海外能源、原材料和生产制造基地，带动商品、技术和劳务出口。……
　　——摘自《改革开放三十年重要文献选编》（下），第1339—1345页，中央文献出版社，2009年。

> 重要文献

《中华人民共和国行政许可法》

（2003年8月27日）

2003年8月27日，第十届全国人民代表大会常务委员会第四次会议通过《中华人民共和国行政许可法》，自2004年7月1日起施行。《行政许可法》共八章，第一章总则；第二章行政许可的设定；第三章行政许可的实施机关；第四章行政许可的实施程序；第五章行政许可的费用；第六章监督检查；第七章法律责任；第八章附则。

节选：

第一条 为了规范行政许可的设定和实施，保护公民、法人和其他组织的合法权益，维护公共利益和社会秩序，保障和监督行政机关有效实施行政管理，根据宪法，制定本法。

第二条 本法所称行政许可，是指行政机关根据公民、法人或者其他组织的申请，经依法审查，准予其从事特定活动的行为。

第十二条 下列事项可以设定行政许可：

（一）直接涉及国家安全、公共安全、经济宏观调控、生态环境保护以及直接关系人身健康、生命财产安全等特定活动，需要按照法定条件予以批准的事项；

（二）有限自然资源开发利用、公共资源配置以及直接关系公共利益的特定行业的市场准入等，需要赋予特定权利的事项；

（三）提供公众服务并且直接关系公共利益的职业、行业，需要确定具备特殊信誉、特殊条件或者特殊技能等资格、资质的事项；

（四）直接关系公共安全、人身健康、生命财产安全的重要设备、设施、产品、物品，需要按照技术标准、技术规范，通过检验、检测、检疫等方式进行审定的事项；

（五）企业或者其他组织的设立等，需要确定主体资格的事项；

（六）法律、行政法规规定可以设定行政许可的其他事项。

第二十三条 法律、法规授权的具有管理公共事务职能的组织，在法定授权范围内，以自己的名义实施行政许可。被授权的组织适用本法有关行政机关的规定。

——摘自《中华人民共和国全国人民代表大会常委会公报》2003年第5期，第439—448页，全国人大常委会办公厅编辑出版。

重要文献

《关于规范国有企业改制工作的意见》

（2003年11月30日）

2003年11月30日，国务院办公厅转发《国务院国有资产监督管理委员会关于规范国有企业改制工作意见》。《意见》要求全面贯彻落实党中央关于国有经济布局结构调整和国有企业改革的精神，保证国有企业改制工作健康、有序、规范地进行。

节选：

批准制度。国有企业改制应采取重组、联合、兼并、租赁、承包经营、合资、转让国有产权和股份制、股份合作制等多种形式进行。国有企业改制，包括转让国有控股、参股企业国有股权或者通过增资扩股来提高非国有股的比例等，必须制订改制方案。……

清产核资。国有企业改制，必须对企业各类资产、负债进行全面认真的清查，做到账、卡、物、现金等齐全、准确、一致。要按照"谁投资、谁所有、谁受益"的原则，核实和界定国有资本金及其权益，其中国有企业借贷资金形成的净资产必须界定为国有产权。企业改制中涉及资产损失认定与处理的，必须按有关规定履行批准程序。改制企业法定代表人和财务负责人对清产核资结果的真实性、准确性负责。

交易管理。非上市企业国有产权转让要进入产权交易市场，不受地区、行业、出资和隶属关系的限制，并按照《企业国有产权转让管理暂行办法》的规定，公开信息，竞价转让。具体转让方式可以采取拍卖、招投标、协议转让以及国家法律法规规定的其他方式。

转让价款管理。转让国有产权的价款原则上应当一次结清。一次结清确有困难的，经转让和受让双方协商，并经依照有关规定批准国有企业改制和转让国有产权的单位批准，可采取分期付款的方式。……

管理层收购。向本企业经营管理者转让国有产权必须严格执行国家的有关规定，以及本指导意见的各项要求，并需按照有关规定履行审批程序。……经营管理者对企业经营业绩下降负有责任的，不得参与收购本企业国有产权。

——摘自《中华人民共和国国务院公报》2004年第2期，第16—18页，国务院办公厅编辑出版。

> 重要文献

《关于全面推进农村税费改革试点工作的意见》

（2003年2月14日）

2003年2月14日，国务院发布《关于全面推进农村税费改革试点工作的意见》。《意见》要求，各地区应结合实际，逐步缩小农业特产税征收范围，降低税率，为最终取消这一税种创造条件。

节选：

2003年农村税费改革试点工作的总体要求是：总结经验，完善政策；全面推进，分类指导；巩固改革成果，防止负担反弹。已先行试点的地方，要进一步落实好各项改革政策，加快推进各项配套改革，建立健全确保农村基层组织正常运转和农村义务教育必要经费投入的保障制度，完善改革后农民负担监督管理约束机制，防止农民负担反弹。……

二、切实做到"三个确保"

确保改革后农民负担明显减轻、不反弹，确保乡镇机构和村级组织正常运转，确保农村义务教育经费正常需要，是衡量农村税费改革是否成功的重要标志，也是顺利推进试点工作，巩固改革成果的必然要求。

四、加强和规范农业税及其附加征收工作

试点地区要实行农业税征收机关责征税、聘请协税员协税的农业税收征管制度。乡镇政府和村级组织应积极协助征收机关做好农业税及其附加征管工作，但不得代行执法权。非农业税征收人员不得直接收取税款。……

五、健全和完善农业税减免制度

……要适应农村税费改革后的新情况，建立稳定的农业税减免资金渠道。中央和省级财政每年应在预算中安排一定资金用于农业税减免……

七、严格执行村内"一事一议"筹资投劳政策

村内"一事一议"筹资投劳制度是农村基层民主政治建设的重要内容，必须长期坚持。

九、积极探索化解乡村债务的措施和办法

各地区要通过加快发展农村经济、深化农村改革，积极探索通过债权债务抵冲、依法削减高利贷、加强内部控制、节约开支、盘活集体存量资产等有效办法逐步化解乡村债务。……

——摘自《中华人民共和国国务院公报》2003年第14期，第4—7页，国务院办公厅编辑出版。

大事记

1月7—8日

中央农村工作会议在北京召开。会议提出，稳定党在农村的基本政策，继续深化农村改革。稳定基本政策，核心是稳定和完善土地承包关系。要尊重农户的市场主体地位，落实土地政策和《农村土地承包法》，赋予农民长期而有保障的土地使用权。要在保持政策稳定性和连续性的前提下，针对影响农村发展的体制性因素，进一步把农村改革引向深入。

1月14日

国务院印发《中国21世纪初可持续发展行动纲要》，提出中国将在经济发展、社会发展、资源保护、生态保护、环境保护、能源建设六大领域推进可持续发展。

1月16日

国务院办公厅转发卫生部、财政部、农业部《关于建立新型农村合作医疗制度的意见》，提出建立新型农村合作医疗制度要遵循以下原则：自愿参加，多方筹资；以收定支，保障适度；先行试点，逐步推广。

1月23日

中国人民银行公布的统计显示，截至2002年底，4家金融资产管理公司累计处置不良资产3014.42亿元（不含政策性债转股），回收资产1013.18亿元。

2月23日

国务院办公厅转发国家经贸委、财政部、中国人民银行《关于进一步做好国有企业债权转股权工作的意见》。《意见》对债转股新公司的设立，减轻债转股企业的负担，盘活不良金融资产，支持实施债转股企业的发展等方面的事项，提出具体要求和措施。

2月24日

国务院办公厅转发国务院体改办等部门《关于深化转制科研机构产权制度改革的若干意见》。《意见》就转制科研机构在调整和完善产权结构、规范国有资产处置、建立规范的产权激励和约束机制、加强国有资产管理等方面作出具体规定。

2月24—26日

中共第十六届中央委员会第二次全体会议在北京举行。全会审议通过了《关于深化行政管理体制和机构改革的意见》，建议国务院根据这个意见形成《国务院机构改革方案》提交第十届全国人大第一次会议审议。

2月26日

胡锦涛在中共十六届二中全会上指出，发展社会主义民主政治，建设社会主义政治文明，最重要的是要坚持和完善人民代表大会制度，要坚持和完善中国共产党领导的多党合作和政治协商制度。

2月27日

国务院印发《国务院关于取消第二批行政审批项目和改变一批行政审批项目管理方式的决定》，决定取消的第二批行政审批项目目录共406项，决定改变管理方式的行政审批项目目录共82项。

3月5—18日

十届全国人大第一次会议召开，胡锦涛当选国家主席，江泽民当选中央军委主席，吴邦国当选全国人大常委会委员长，温家宝当选国务院总理。会议通过了《国务院机构改革方案》。

3月19日

温家宝主持召开国务院常务会议。新一届国务院已正式开始运作，全面履行职责。会议决定，设立国务院国有资产监督管理委员会、中国银行业监督管理委员会，组建国家食品药品监督管理局，将国家安全生产监督管理局由原来部委管理的国家局改为国务院直属机构。

3月20日

国家电力监管委员会正式挂牌运行。根据国务院授权，电监会统一履行全国电力监管职责。电监会为国务院直属事业单位，它的设立标志着中国电力工业管理体制由传统的政府行政管理向适应市场经济要求的依法监管的重大转变。

3月27日

国务院发布《关于全面推进农村税费改革试点工作的意见》。《意见》决定，2003年在进一步总结经验、完善政策的基础上，全面推进农村税费改革试点工作。

4月2日

温家宝主持召开国务院常务会议，研究非典型肺炎防治工作，讨论《国务院2003年工作要点》和中国银行业监督管理委员会"三定"（定职责、定机构、定编制）规定。

4月14日

温家宝主持召开国务院常务会议，讨论建立突发公共卫生事件应急机制，分析研究当前经济形势和需要采取的对策。

4月14—15日

全国整顿和规范市场经济秩序工作会议在京召开。会议提出，今后5年整顿和规范市场经济秩序的工作目标是，相关的法律法规制度基本建立和完善，执法水平和依法行政水平显著提高，社会信用体系的框架和运行机制初步建立，市场经济秩序总体上有根本好转。

4月26日

十届全国人大第二次会议通过《关于中国银行业监督管理委员会履行原由中国人民银行履行的监督管理职责的决定》，确定中国银行业监督管理委员会履行原由中国人民银行履行的审批、监督管理银行、金融资产管理公司、信托投资公司及其他存款类金融机构的职责。28日，中国银行业监督管理委员会正式挂牌成立。

5月6日

国家发展和改革委员会正式挂牌。按照十届全国人大一次会议通过的国务院机构改革方案，原国家发展计划委员会并入国务院体改办的职能以及原国家经贸委的部分职能后，被改组为国家发展和改革委员会。国家发改委是综合研究拟订经济和社会发展政策，进行总量平衡，指导总体经济体制改革的宏观调控部门。

5月27日

国务院公布《企业国有资产监督管理暂行条例》。《条例》指出，企业国有资产属于国家所有。国家实行由国务院和地方人民政府分别代表国家履行出资人职责，享有所有者权益，权利、义务和责任相统一，管资产和管人、管事相结合的国有资产管理体制。

6月3日

财政部、国家税务总局发出《关于2003年农村税费改革试点地区农业特产税有关问题的通知》，《通知》规定，条件成熟的省、自治区、直辖市可以对除了烟叶以外其他农业特产品不再单独征收农业特产税，改为征收农业税。

6月6日

国家电监会印发《关于建立东北区域电力市场的意见》，提出了关于建立东北区域电力市场的指导思想、原则和目标。这是中国推进区域电力市场建设的第一个指导性《意见》。

6月12日
为完善社会保障体系，开拓社会保障资金新的筹资渠道，支持国有企业的改革和发展，国务院公布《减持国有股管理办法》。本办法自印发之日起施行。

6月18日
国家发改委公布《制止价格垄断行为暂行规定》。《暂行规定》禁止经营者之间通过协议、决议或者协调等串通方式操纵市场价格，以及凭借市场优势地位牟取暴利、实行价格倾销和价格歧视。该规定自2003年11月1日起施行。

6月24日
广东省人民政府下发《关于试行农村集体建设用地使用权流转的通知》，对农村集体建设用地使用权流转的原则和条件、审批程序作出具体规定，要求各级人民政府要切实加强组织领导，确保农村集体建设用地使用权流转管理工作有序进行。

6月25日
中共中央、国务院发出《关于加快林业发展的决定》，在深化林业体制改革方面提出：进一步完善林业产权制度；加快推进森林、林木和林地使用权的合理流转；放手发展非公有制林业；深化重点国有林区和国有林场、苗圃管理体制改革；实行林业分类经营管理体制。

6月27日
国务院发出《关于印发〈深化农村信用社改革试点方案〉的通知》，《通知》指出，加快农村信用社管理体制和产权制度改革，把农村信用社逐步办成由农民、农村工商户和各类经济组织入股，为农民、农业和农村经济发展服务的社区性地方金融机构。

6月27—28日
全国文化体制改革试点工作会议在北京召开，李长春在会上指出，对文化建设重要意义的认识要有新突破；要从计划经济体制下形成的传统文化发展观中解放出来，树立与社会主义市场经济体制相适应的新的文化发展观。

7月12日
中国（海南）改革发展研究院在北京举办"建设公共服务型政府"研讨会，率先提出由"经济建设型政府向公共服务型政府转型"的政策主张。高尚全、迟福林等30多名专家学者参加了会议。

7月24日
国家电监会印发《关于区域电力市场建设的指导意见》，提出区域电力市场建设的目标是：构筑政府监管下的统一、开放、竞争、有序的电力市场体系。区域电力市场包括统一市场和共同市场两种基本模式。

7月25日
为鼓励技术创新，发展高科技，实现产业化，促进科学研究机构转制改革，经国务院批准，财政部、国家税务总局发出《关于转制科研机构有关税收政策问题的通知》。

7月31日
国务院公布《法律援助条例》，这是中国第一部关于法律援助的全国性立法。制定这个条例的目的在于保障经济困难的公民获得必要的法律服务，促进和规范法律援助工作。

7月31日
劳动和社会保障部、财政部、国资委印发《关于国有大中型企业主辅业改制分流安置富余人员的劳动关系处理办法》，对国有企业改制分流中劳动关系处理工作和劳动保障部门审核国有企业改制分流方案工作作出具体安排，要求劳动保障部门要加强对国有大中型企业主辅分离、辅业改制分流富余人员过程中劳动关系处理工作的指导。

8月5日
温家宝在会见美国花旗集团董事长鲁宾、候任首席执行官普林斯时表示，一个国家的汇率制度和政策，应当根据本国经济发展水平、经济运行状况和国际收支状况来决定。中国实行以市场供求为基础的、单一的、有管理的浮动汇率制度，符合中国的现实国情。我们要在深化金融改革中进一步探索和完善人民币汇率形成机制。

8月12日
国务院发出《关于促进房地产市场持续健康发展的通知》。《通知》提出，要坚持住房市场化的基本方向，不断完善房地产市场体系，更大程度地发挥市场在资源配置中的基础性作用；坚持以需求为导向，调整供应结构，满足不同收入家庭的住房需要；坚持深化改革，不断消除影响居民住房消费的体制性和政策性障碍，加快建立和完善适合中国国情的住房保障制度。

8月18日
国务院办公厅转发财政部《关于全面推进政府采购制度改革的意见》，《意见》指出，政府采购制度改革是一项复杂的系统工程，涉及到制度创新和观念转变，与管理规范化紧密相关，必须结合实际，研究制订相关管理办法和工作程序，做到既规范采购，又体现效率，确保《政府采购法》的顺利实施。

8月21日
国土资源部下发《关于严禁非农业建设违法占用基本农田的通知》，各地要按照《土地管理法》和《基本农田保护条例》的有关规定，严格执行基本农田目标责任制、用途管制、建设占用审批和补划、监督检查等各项基本农田保护和管理制度，确保土地利用总体规划确定的基本农田面积不减少。

8月27日
十届全国人大常委会第四次会议通过了《中华人民共和国行政许可法》，对于规范行政许可的设定和实施，保护公民、法人和其他组织的合法权益，维护公共利益和社会秩序，保障和监督行政机关有效实施行政管理，具有重要意义。本法自2004年7月1日起施行。

8月29日
中国证监会颁布《证券公司债券管理暂行办法》，《办法》规定证券公司经批准可向社会公开发行或向合格机构投资者定向发行债券，这一办法将于2003年10月8日起施行。

9月9日
国务院国资委公布《国有企业清产核资办法》，《办法》指出，清产核资是指国有资产监督管理机构根据国家专项工作要求或者企业特定经济行为需要，按照规定的工作程序、方法和政策，组织企业进行账务清理、财产清查，并依法认定企业的各项资产损溢，从而真实反映企业的资产价值和重新核定企业国有资本金的活动。企业清产核资包括账务清理、资产清查、价值重估、损溢认定、资金核实和完善制度等内容。

9月10日
温家宝主持召开国务院常务会议，研究实施东北地区等老工业基地振兴战略问题，提出了振兴东北地区等老工业基地的指导思想和原则、主要任务及政策措施。

9月12日
国务院在北京召开农村税费改革试点工作座谈会，安排部署进一步加强农村税费改革试点工作。

9月15日
国务院国资委组织6家国资委监管的企业面向海内外公开招聘一批高级经营管理者。

9月30日
国务院办公厅发出《关于进一步加强农村税费改革试点工作的通知》。《通知》中针对部分省市农村税费改革试点工作进展缓慢，执行政策不到位，基层领导力量薄弱，宣传工作不到位等问题，明确规定：第一，坚持条件，实事求是，积极稳妥地全面推进农村税费改革试点工作，全面试点的条件不成熟的省份不强求一律在年内全面推进。第二，对照中央的有关政策，加强监督检查，纠正偏差，不折不扣地把中央的政策落到实处。第三，加大力度，整体推进，积极搞好乡镇机构改革、农村义务教育体制改革等配套改革。第四，规范分配，严格监督，确保农村税费改革专项转移支付资金专款专用。第五，加强领导，严明纪律，确保农村税费改革试点工作顺利推进。

10月11—14日

中共第十六届中央委员会第三次全体会议在北京举行，审议通过了《中共中央关于完善社会主义市场经济体制若干问题的决定》。

10月13日

中国政府公布《中国对欧盟政策文件》，中国政府首次制订对欧盟政策文件，旨在昭示中国对欧盟的政策目标，规划今后5年的合作领域和相关措施，加强同欧盟的全面合作，推动中欧关系长期稳定发展。

10月24日

中国银监会公布《中国银行业监督管理委员会公告（第2号）》，自2003年12月1日起，将外资金融机构经营人民币业务的地域扩大到济南、福州、成都、重庆，并在已开放人民币业务的地域，允许外资金融机构向中国企业提供人民币服务。

10月28日

十届全国人大常委会第五次会议通过《中华人民共和国证券投资基金法》，这个法律的主要目的在于保护投资人及相关当事人的合法权益。法律涉及到"封闭转开放"、规范基金行为、取消债券投资比例、对基金分红的限制、基金名称与基金投资的相关性等内容。该法自2004年6月1日起施行。

11月3日

国务院下发《关于加大工作力度进一步治理整顿土地市场秩序的紧急通知》，提出6条措施：切实加强治理整顿工作的领导；坚决落实清理整顿开发区的规定；切实解决农民失地失业问题；严肃查处土地违法行为；认真搞好治理整顿的验收；抓紧建立完善土地管理各项制度。

11月13日

国务院下发《关于明确中央与地方所得税收入分享比例的通知》。

11月17日

国土资源部下发《关于进一步采取措施，落实严格保护耕地制度的通知》，提出进一步加强耕地特别是基本农田保护的5条措施：加大治理整顿工作力度，坚决刹住乱占滥用耕地的歪风；严格实施土地规划计划，从严控制用地规模；切实加强耕地保护，坚决守住基本农田这条红线；严把用地审批关，加强批后实施监管；从严把好征地关，切实维护农民合法权益。

11月18日

民政部、卫生部、财政部发布《关于实施农村医疗救助的意见》，对农村医疗救助制度的救助对象、救助办法、申请、审批程序和医疗救助服务的提供等事项，作出具体规定。

11月25日

国资委颁布《中央企业负责人经营业绩考核暂行办法》，对企业负责人经营业绩考核的对象、原则、年度经营业绩考核、任期经营业绩考核、奖惩等事项作出具体规定。

11月30日

国务院办公厅转发国资委《关于规范国有企业改制工作的意见》。《意见》在总结经验的基础上对国有企业改制的全过程进行了规范，对国有企业改制涉及的主要环节和方面，提出了明确的政策要求。

12月1日

刘明康在国务院新闻办举行的记者招待会上宣布，根据中国加入世界贸易组织的承诺，从即日起，正式实施两项进一步开放银行业的措施：一是对外资银行开放人民币业务的城市增加到13个；二是允许外资银行在已开放人民币业务的地域向中国企业提供人民币服务。

12月1—2日

全国发展和改革工作会议在北京召开。温家宝对会议作了重要批示，要求在新的形势下，发改委要把保持国民经济持续快速协调健康发展，解决经济社会发展中的突出问题，防止经济大起大落，保护好、引导好、发挥好各方面的积极性，作为工作的主要目标。

12月2日

国务院办公厅发布《关于成立国务院振兴东北地区等老工业基地领导小组的决定》，《决定》指出，国务院振兴东北地区等老工业基地领导小组的主要任务是：组织贯彻落实中共中央、国务院关于振兴东北地区等老工业基地的方针、政策和指示；审议东北地区老工业基地振兴战略、专项规划、重大问题和有关法规；研究审议振兴东北地区等老工业基地的重大政策建议，协调东北地区等老工业基地经济社会全面发展。

12月4—5日

全国新型农村合作医疗试点工作会议在湖北省宜昌市召开。吴仪在会上讲话强调，各地试点工作要因地制宜，循序渐进，科学规范，确保农民受益。要着眼于探索研究和解决服务体系、政策措施、运行机制等问题。一要坚决贯彻农民自愿参加的原则，二要结合实际制定试点方案，三要筹好、管好、用好新型农村合作医疗基金，四要深化农村医疗卫生改革、提高医疗服务质量，五要加强药品购销监管，六要切实加强试点工作的领导。

12月26日

中共中央、国务院发布《中共中央、国务院关于进一步加强人才工作的决定》，《决定》共分8个部分，在第三部分坚持改革创新，努力形成科学的人才评价和使用机制中提出，建立以能力和业绩为导向、科学的社会化的人才评价机制；建立以公开、平等、竞争、择优为导向，有利于优秀人才脱颖而出、充分施展才能的选人用人机制。

12月28日

中国证监会公布《证券发行上市保荐制度暂行办法》，自2004年2月1日起实行。

12月29日

中国电力新组建（改组）公司成立大会在北京召开。中国电力新组建（改组）的11家公司正式宣告成立，实现了厂网分开，引入了竞争机制，这是中国电力体制改革的重要成果。

12月30日

国务院批准江苏、浙江、贵州、江西、陕西、吉林、山东、重庆8省、市农村信用社改革实施方案，标志着深化农信社改革试点工作进入全面实施阶段。

12月31日

中共中央、国务院出台《关于促进农民增加收入若干政策的意见》，《意见》强调，全党必须从实现好、维护好、发展好广大人民群众根本利益的高度，进一步增强做好农民增收工作的紧迫感和主动性。

数说发展

人口

总人口 **129227** 万人

城镇 **52376** 万人　乡村 **76851** 万人

 出生率 **12.41‰**

 死亡率 **6.40‰**

 自然增长率 **6.01‰**

GDP（国内生产总值）

GDP（国内生产总值） **116694** 亿元

第一产业 **17247** 亿元
第二产业 **61778** 亿元
第三产业 **37669** 亿元

↑ 比上年增长 9.1%

人均国内生产总值突破 **1000** 美元

财政收支

收支差额 **−2934.70** 亿元

支出 **24649.95** 亿元　收入 **21715.25** 亿元

工业增加值

工业增加值 **53612** 亿元

规模以上工业增加值 **41045** 亿元

重工业 **26392** 亿元

轻工业 **14653** 亿元

建筑业增加值 **8166** 亿元

黄金和外汇储备

黄金 **1929** 万盎司　外汇 **4032.51** 亿美元

对外经济

进出口贸易总额 **8512** 亿美元

↑ 比上年增长 **37.1%**

 出口 **4384** 亿美元

 进口 **4128** 亿美元

利用外资

- 批准设立外直接投资企业 **41081** 个

- 合同金额 **1151** 亿美元
- 实际使用金额 **535** 亿美元

对外经济合作

- 对外承包工程、对外劳务合作、对外设计咨询新签合同额 **209** 亿美元
- 完成营业 **172** 亿美元

体育

 共获得 **87** 个世界冠军

9 人 **1** 队 **19** 次
创 **16** 项世界纪录

农业

产量 （单位：万吨）

粮食 **43067**
- 夏粮 **9622**
- 早稻 **2944**
- 秋粮 **30501**

油料 **2805**
棉花 **487**
糖料 **9670**
肉类 **6920**
水产品 **4690**

水利 （单位：万公顷）

78 新增有效灌溉面积　**137** 新增节水灌溉面积

人民生活

城镇新增加就业 **859** 万人

下岗失业人员再就业 **440** 万人

农民人均纯收入 **2622** 元
实际增长 **4.3%**

城镇居民人均可支配收入 **8472** 元
实际增长 **9%**

居民家庭恩格尔系数
城市 **37.1%**　农村 **45.6%**

全国私人轿车拥有量 **489** 万辆

城乡居民储蓄存款余额 **110695** 亿元

就业人员 **74432** 万人
其中城镇就业人员 **25639** 万人

城镇登记失业率 **4.3%**

国内商业 （单位：亿元）

社会商品零售总额 **45842**

城市消费品零售额 **29777**
县及县以下消费品零售额 **16065**

分行业看
批发零售贸易业零售额 **37693**
餐饮业零售额 **6066**
其他行业零售额 **2083**

旅游

国内旅游
国内旅游人数 **8.7** 亿人次
旅游总收入 **3442** 亿元

国际旅游
入境人数 **9166** 万人次
其中外国人 **1140** 万人次
香港、澳门和台湾同胞 **8026** 万人次

国内出境人数 **2022** 万人次
其中因私出境 **1481** 万人次

国际旅游外汇收入 **174** 亿美元

科学技术

科学研究与试验发展（R&D）经费支出 **8472** 亿元
其中基础研究经费 **86** 亿元

国有企事业单位共有各类专业技术人员 **2834.4** 万人

签订技术合同 **26.8** 万项
技术合同成交金额 **1082.7** 亿元

首次载人航天飞行的圆满成功使我国成为**世界上第三个独立掌握载人航天技术**的国家

取得省部级以上科技成果 **29870** 项
- 基础理论成果 **2029** 项
- 应用技术成果 **26425** 项
- 软科学成果 **1416** 项

固定资产投资 （单位：亿元）

固定资产投资 **55118**

国有及其他经济类型投资中：
东部地区 **24666**
中部地区 **10092**
西部地区 **7171**

第一产业 **1156**
第二产业 **15007**
第三产业 **26480**

2003

交通运输和邮电通信业

交通运输和邮电通信业增加值 6531 亿元

 港口万吨级码头新增吞吐能力 **8220** 万吨

新建线路交付营业里程

铁路 **1164** 公里
电气化铁路 **615** 公里
铁路复线 **583** 公里

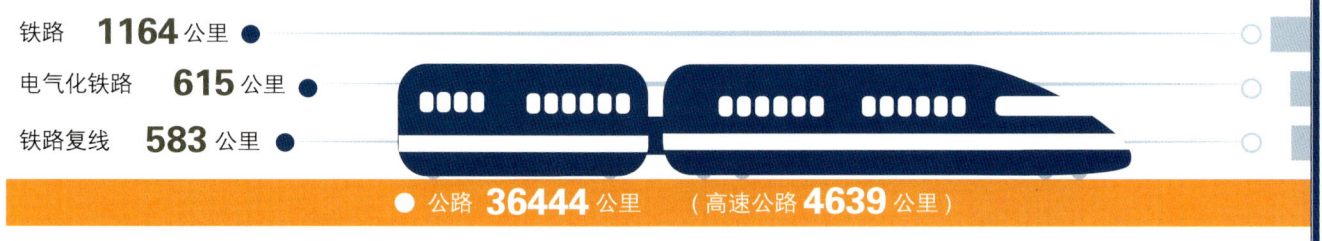

公路 **36444** 公里 （高速公路 **4639** 公里）

货物周转量 **57152**
（单位：亿吨公里）

 铁路 **17092**
 公路 **7010**
 水运 **32275**
 民航 **58**

旅客周转量 **13795**
（单位：亿人公里）

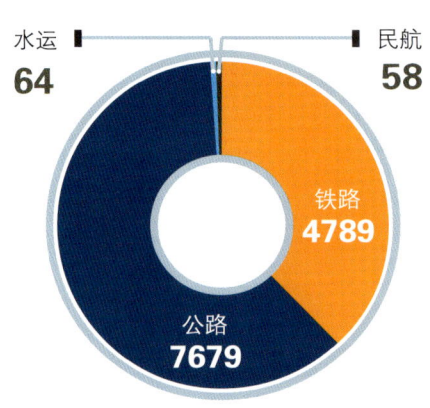

水运 64　民航 58　铁路 4789　公路 7679

 局用交换机总容量 **3.5** 亿门

全国固定及移动电话用户总数
53200 万户

电话普及率 **42** 部/百人

 固定电话用户 **26330.5** 万户

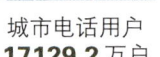
城市电话用户 **17129.2** 万户　乡村电话用户 **9201.3** 万户

邮电业务总量 **7282** 亿元

 邮政业务总量 **543** 亿元
 电信业务总量 **6739** 亿元

港口货物吞吐量 **33** 亿吨

外贸货物吞吐量 **9.4** 亿吨

移动电话用户 **26869** 万户

文化

故事影片 **140** 部
科教、纪录、美术片 **61** 部
特种影片 **1** 部

出版

全国性和省级报纸 **243.6** 亿份
期刊 **29.9** 亿册
图书 **67.5** 亿册（张）

文化馆 **2892** 个
公共图书馆 **2708** 个
博物馆 **1519** 个
档案馆 **3978** 个

已开放各类档案 **5583** 万卷（件）

艺术表演团体 **2587** 个
广播电台 **282** 座
中、短波广播发射台和转播台 **744** 座
电视台 **320** 座
教育台 **62** 个
有线电视用户 **10508** 万户

卫生

卫生机构 30.5 万个
其中医院、卫生院 **6.4** 万个
妇幼保健院（所、站）**3058** 个
专科疾病防治院（所、站）**1811** 个

卫生技术人员 424 万人
其中执业医师和执业助理医师 **183** 万人
注册护士 **124** 万人

医院和卫生院床位 **290** 万张

全国疾病预防控制中心（防疫站）**3600** 个
卫生技术人员 **15.9** 万人

卫生监督检验机构 **755** 个
卫生技术人员 **1.5** 万人

乡镇卫生院 **4.5** 万个
床位 **66.8** 万张
卫生技术人员 **90.7** 万人

保险事业

内外资保险公司保费收入
3880 亿元

- 2669 寿险保费收入
- 342 健康险和意外伤害险保费收入
- 869 财产险保费收入

支付各类赔款及给付
841 亿元

寿险业务给付 **264** 亿元
健康险和意外伤害险赔款及给付 **101** 亿元
财产险赔款 **476** 亿元

社会保障

参加各类基本保险人数

- 基本养老保险 **15490** 万人
  （职工 **11638** 万人，离退休人员 **3852** 万人）
- 失业保险 **10373** 万人
- 医疗保险 **10895** 万人
  （职工 **7977** 万人，退休人员 **2918** 万人）

社会福利事业

收养性社会福利单位
床位 **122.2** 万张
收养各类人员 **92.4** 万人

城镇建立各种社区服务设施 **19.2** 万个
其中综合性社区服务中心 **9251** 个

全年销售社会福利彩票 **200** 亿元
筹集社会福利资金近 **70** 亿元
直接接收社会捐赠款 **30.1** 亿元

教育

（单位：万人）

毕业生
1. 研究生 **11.1**
2. 普通高校 **187.8**
3. 中等职业教育 **343.8**
4. 普通高中 **458.1**
5. 初中 **2018.4**
6. 小学 **2267.9**

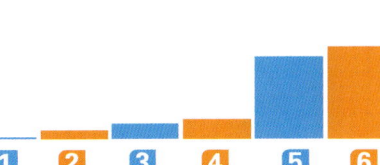

在校学生数
1. 研究生 **65.1**
2. 普通高校 **1108.6**
3. 中等职业教育 **1240.2**
4. 普通高中 **1964.8**
5. 初中 **6690.6**
6. 小学 **11689.7**
7. 特殊教育 **36.5**

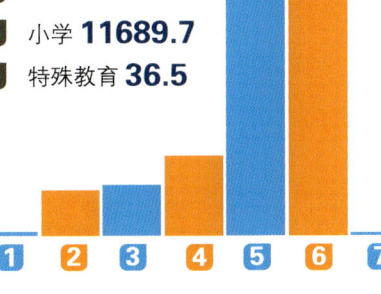

招生人数
1. 研究生 **26.9**
2. 普通高校 **382.2**
3. 中等职业教育 **504.1**
4. 普通高中 **752.1**
5. 初中 **2220.1**
6. 小学 **1829.4**
7. 特殊教育 **4.9**

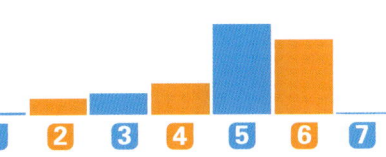

中国改革开放全纪录
1978—2018

2004

- 时隔 18 年，中央"1 号文件"再次聚焦农村改革发展
- 推进资本市场发展的"国九条"出台
- 国有商业银行股份制改造
- 保护私有财产、尊重和保障人权入宪
- 《行政许可法》实施

焦点事件

时隔18年，中央"1号文件"再次聚焦农村改革发展

1982年1月1日，中共中央发出第一个"1号文件"，对迅速推开的农村改革进行了总结，并对当年和此后一个时期农村改革和农业发展作出了具体部署。之后，连续4年的中央"1号文件"都是关于农村政策。这5个"1号文件"，在中国农村改革史上成为专用名词——"五个1号文件"。

2004年1月1日，中央下发《中共中央国务院关于促进农民增加收入若干政策的意见》，成为改革开放以来中共中央关于"三农"问题的第六个"1号文件"，也是时隔18年后的又一个关于"三农"问题的"1号文件"。

《意见》共22条，包括具体政策37项，其中被认为最具政策含金量的是农业税税率平均降低1个百分点，取消农业特产税，对种粮农民实行直接补贴。文件第一次从政策层面提出，农民工是产业工人的重要组成部分；第一次要求把农民工的职业培训、子女教育、劳动保障纳入正常财政预算。文件对征地制度进行的改革也十分引人注目，其中最重要的是恢复了农民在土地问题上的市场主体地位并对县级以下的金融机构支持农业做出了硬性规定。

在新的历史条件下，要让9亿农民持续增收，不仅要从政策上扶持，还要从体制上保障。在这种背景下，中央1号文件按照科学发展观的新思路，提出重点深化四项农村改革：一是完善农村土地制度，加快土地征用制度改革；二是推进市场取向的粮食流通体制改革，建立对农民的直接补贴制度；三是深化农村税费改革，继续减轻农民负担；四是改革和创新农村金融体制，加强对农户和农村中小企业的金融扶持。

3月，温家宝总理所作的《政府工作报告》特别强调，解决农业、农村和农民问题，是我们全部工作的重中之重。当前，中国农业发展又处在一个关键时期。要按照统筹城乡发展的要求，采取更直接、更有力的政策措施，加强农业，支持

观点

陈锡文：真正的政绩不在于国内生产总值的增长速度有多高，不在于搞了多少漂亮的大工程，而在于这一切是否能够带动广大农民持续地增加收入、不断地提高物质和文化生活水平。中央把农村经济工作的基本目标确定为促进农民增收，当然是为了解决近几年农村增收困难的现实矛盾，但更重要的，是反映了中央在农村工作基本思路上的一种转变。

资料来源：《真正政绩在于带动广大农民持续增收》，《中国改革》（农村版），2004年第4期。

2004年4月27日，山西临汾曲沃县乐昌镇西南街村委会为积极落实中央1号文件，不但免去了农民的农业税，还给农民发放财政补贴。

人物：段应碧

段应碧长期致力于关注"三农"，研究"三农"，解决"三农"问题，自1963年参加工作以来，一直在国家决策部门从事农村政策研究工作，经历了农村改革开放的全过程，对中国农村的发展历程和政策演变过程有着系统的了解，对农业、农村问题有比较深入的研究。

1972年春，段应碧为了深入、全面了解西部农民的生产、生活情况，赴甘肃农村进行实地调查。调查期间，段应碧把270个村民的生产、生活情况列成表格，直接上报到了中央。在当时特定的政治环境下，很少有人有这样的勇气，敢于向中央报送这种反映"阴暗面"的材料。经过数月的等待，中央为这个地区下拨了救济粮款和棉衣，并制定了扶贫举措。1980年4月，段应碧在内蒙古黄河边一个村子的考察，使他确定了拥护家庭承包制的工作思路和立场，他的这次实地调研为党中央制定第一个"一号文件"提供了最为重要、直接的依据。

在段应碧退居二线之前，再次参与起草了2004年1月中央下发《中共中央国务院关于促进农民增加收入若干政策的意见》，成为改革开放以来中央关于农村工作的第六个"一号文件"。20年前的五个"一号文件"，使凋敝的农村走向繁荣，这份"一号文件"则是在全面分析了农业新阶段的特征后，推动现代农业加快发展、实现历史性跨越的又一次政策创新。段应碧也因为参与六个"一号文件"，而见证了从改革之初以家庭承包经营为核心的农村经营体制改革，到1985年以农村税费为核心的农村分配关系的改革，再到后来的农村综合改革的整个过程。

资料来源：《起草中央一号文件"专业户"段应碧》，《中华儿女》，2007年第6期。

回忆

段应碧：30年来，中央分别在改革初期（1982年到1986年）和新世纪初（2004年到2008年）发出10个关于农村工作的"一号文件"，记录了农村改革前进的步伐，闪烁着农民首创精神的光辉，也彰显出中央对"三农"问题的重视程度。

陈锡文：2004年"一号文件"出台前，中国粮食产量已连续下滑，农民增收低速徘徊，中央希望尽快扭转这种形势。当年"一号文件"锁定农民增收，出台了3项前所未有的惠农政策：一是对种粮农民进行直接补贴，二是减轻农业税费负担，三是对重点农产品实行最低收购价制度。这极大调动了农民积极性，当年即增产粮食700多亿斤。

资料来源：《保护农民利益——三十年中央农村工作文件制定访谈录》，《人民日报》，2008年10月8日。

韩俊：在粮食主产区，农产品价格持续低迷，农民种粮无利可图，已接近入不敷出的边缘。农民收入停滞问题成了国家当前面临的一个重大的问题。一号文件明确把支持粮食主产区农民增加收入作为第一条来写，是深受农民欢迎的。

大家现在形容一号文件就说政策含量比较高，含金量比较高，实招最多。对于直接补贴农民问题，主导意见认为，中国已进入工业化中期阶段，农业不应该继续成为一个受挤压的部门，应该成为一个受补助的部门直接补贴农民，这个意见被采纳了。

资料来源：《中央一号文件的诞生——访一号文件起草小组成员唐仁健、韩俊》，《当代贵州》，2004年第4期。

农业，保护农业，努力增加农民收入。第一，保护和提高粮食综合生产能力，实行最严格的耕地保护制度。第二，推进农业和农村经济结构战略性调整。第三，继续推进农村税费改革，五年内取消农业税。第四，深化粮食流通体制改革，全面放开粮食购销市场。第五，加大对农业和农村投入力度。第六，加快农业科技进步。

2004年3月上旬，义乌市从机关和镇街道中抽调759名具有一定工作经验的中青年干部，经过短期培训，进驻到全市各村，担当起农村政策宣传、上下信息沟通、群众信访调解、农民致富服务、组织建设督导等职责。图为该市农业局下派干部在向农民传授油菜作物的后期管理知识。

人物：温家宝

温家宝，汉族，1942年9月生，天津市人，1965年4月加入中国共产党，1967年9月参加工作，北京地质学院地质构造专业毕业，研究生学历，工程师。

1960—1965年在北京地质学院地质矿产一系地质测量及找矿专业学习。1965—1968年为北京地质学院地质构造专业研究生。1968—1978年任甘肃省地质局地质力学队技术员、政治干事、队政治处负责人。1978—1979年任甘肃省地质局地质力学队党委常委、副队长。1979—1981年任甘肃省地质局副处长、工程师。1981—1982年任甘肃省地质局副局长。1982—1983年任地质矿产部政策法规研究室主任、党组成员。1983—1985年任地质矿产部副部长、党组成员、党组副书记兼政治部主任。1985—1986年任中共中央办公厅副主任。1986—1987年任中共中央办公厅主任。1987—1992年任中共中央书记处候补书记兼中共中央办公厅主任，中共中央直属机关工委书记。1992—1993年任中共中央政治局候补委员、中共中央书记处书记，中共中央办公厅主任，中共中央直属机关工委书记。1993—1997年任中共中央政治局候补委员、中共中央书记处书记。1997—1998年任中共中央政治局委员、中共中央书记处书记。1998—2002年任中共中央政治局委员、中共中央书记处书记，国务院副总理、党组成员，中共中央金融工委书记。2002—2003年任中共中央政治局常委，国务院副总理、党组成员，中共中央金融工委书记。2003—2013年，任中央政治局常委（至2012年11月），国务院总理、党组书记。

中共第十三届、十四届、十五届、十六届、十七届中央委员，十三届中央书记处候补书记，十四届中央政治局候补委员、中央书记处书记，十五届中央政治局委员、中央书记处书记，十六届、十七届中央政治局委员、常委。

资料来源：中共中央组织部、中共中央党史研究室：《中国共产党历届中央委员大辞典1921—2003》，中共党史出版社，2004年；《温家宝同志简历》，中国政府网，2013年3月16日。

专栏：

温家宝论农村税费改革

继续推进农村税费改革。除烟叶外，取消农业特产税，每年可使农民减轻负担48亿元。从今年起，逐步降低农业税税率，平均每年降低1个百分点以上，五年内取消农业税。今年农业税率降低可使农民减轻负担70亿元。为支持农村税费改革，今年中央财政拿出396亿元用于转移支付。加快推进县乡机构等配套改革。

——摘自2004年3月5日温家宝在第十届全国人民代表大会第二次会议上作《政府工作报告》。

推进资本市场发展的"国九条"出台

为积极推进资本市场改革开放和稳定发展，2004年1月31日，国务院发布了《关于推进资本市场改革开放和稳定发展的若干意见》，包括以下主要内容：促进资本市场中介服务机构规范发展，提高执业水平；加强法制和诚信建设，提高资本市场监管水平；加强协调配合，防范和化解市场风险；认真总结经验，积极稳妥地推进对外开放等。这份文件一共9条，被称为"国九条"，是指导资本市场未来三到五年市场建设和政策取向，促进市场健康、持续发展的纲领性文件。

《意见》开宗明义地提出："大力发展资本市场是一项重要的战略任务，对中国实现本世纪头20年国民经济翻两番的战略目标具有重要意义。一是有利于完善社会主义市场经济体制，更大程度地发挥资本市场优化资源配置的功能，将社会资金有效转化为长期投资；二是有利于国有经济的结构调整和战

观点

萧灼基：当前中国正处在进一步完善社会主义市场经济体系、全面建设小康社会、积极参与经济全球化进程的关键时刻。在新一轮经济增长周期已经启动的时候，中国面临许多有利条件和新的机遇，也存在深层次矛盾和新的挑战。在这个关键时刻《意见》的推出，准确把握了出台的时机，对资本市场以及宏观经济的发展具有无可比拟的重大意义。

资料来源：《积极股市的全面宣示》，《上海证券报》网络版，2004年2月3日。

略性改组，加快非国有经济发展；三是有利于提高直接融资比例，完善金融市场结构，提高金融市场效率，维护金融安全。"

《意见》提出推进资本市场改革开放和稳定发展的任务是："以扩大直接融资、完善现代市场体系、更大程度地发挥市场在资源配置中的基础性作用为目标，建设透明高效、结构合理、机制健全、功能完善、运行安全的资本市场。要围绕这一目标，建立有利于各类企业筹集资金、满足多种投资需求和富有效率的资本市场体系；完善以市场为主导的产品创新机制，形成价格发现和风险管理并举、股票融资与债券融资相协调的资本市场产品结构；培育诚实守信、运作规范、治理机制健全的上市公司和市场中介群体，强化市场主体约束和优胜劣汰机制；健全职责定位明确、风险控制有效、协调配合到位的市场监管体制，切实保护投资者合法权益。"

在《意见》出台后的2月2日，中国股市普遍大涨。从党的十六大提出"推进资本市场的改革开放和稳定发展"，十六届三中全会提出"大力发展资本和其他要素市场"，再到此次《意见》提出"大力发展资本市场是一项重要的战略任务"，表明中国对发展资本市场的认识程度与重视程度都在不断提高。

国有商业银行股份制改造

2003年底，中共中央、国务院决定先行对中国银行和中国建设银行进行股份制改造试点。2004年3月，温家宝总理指出，"目前进行的国有商业银行改革是'背水一战'，是一场输不起的实践，只能成功，不能失败。"①短短数语，说明了国有商业银行股份制改革进程之艰难，目标之高远，决心之坚定。

2004年1月6日，国务院宣布对中国银行和中国建设银行实施股份制改造，并且动用450亿美元外汇储备为两家试点银行补充资本金。为管理好这部分资产，中央汇金投资有限责任公司注册成立，财政部、央行和外汇局派员组成了公司董事会和监事会。本次中行与建行的综合改革，政府确定的总目标是：紧紧抓住改革管理体制、完善治理结构、转换经营机制、促进绩效进步这几个中心环节，在加入世贸组织过渡期内将大多数国有商业银行改造成资本充足、内控严密、运营安全、服务和效益良好、具有国际竞争力的现代化股份制商业银行。

8月26日，中国银行股份制改造完成，组建成的中国银行股份有限公司宣告成立。中行股份注册资本1863.90亿元，折1863.90亿股，汇金公司代表国家持有中行股份100%股权，依法行使出资人的权利和义务。中行股份自成立之日起，将完整承继原中国银行的资产、负债和所有业务。股份公司将继续从事原经营范围和业务许可文件上批准或核准的业务。

9月21日，中国建设银行股份制改造完成，组建了建行股份有限公司。创立后的建行股份注册资本为1942.3025亿元，折成1942.3025亿股。与过去大多数国有大型企业不同，作为中国国有商业银行和两家股改试点银行，中行和建行采取了不设"存续公司"的模式，并准备让银行股份在国内外资本市场上市。

2004年9月15日，中央汇金投资有限责任公司、中国建银投资有限责任公司、国家电网公司、上海宝钢集团公司和中国长江电力股份有限公司在京召开会议，决议共同发起设立中国建设银行股份有限公司。中国建设银行将由国有独资商业银行改制为国家控股的股份制商业银行。

中行股份和建行股份的成立是中国金融业改革发展历史进程中的一个重要事件，标志着国有商业银行的改革迈出实质性的一步，不仅是国有商业银行改革的历史性突破，而且为中国大型国有企业的改革发展探索出一条新的道路，其对中国现代金融体系的完善、稳定、安全和可持续发展，以及对中国社会主义市场经济体系的完善发展和国民经济的持续较快发展，产生了十分重要的现实影响和非常深远的历史意义。

①《温家宝表示：国有商业银行改革是"背水一战"》，中国新闻网，2004年3月15日。

保护私有财产、尊重和保障人权入宪

2004年3月5日至14日，十届全国人大二次会议在北京举行。3月14日下午，十届全国人大二次会议经过投票表决，通过了《中华人民共和国宪法（修正案）》。至此，中华人民共和国建国以来的第四次宪法修改完成（前三次修改分别在1975年、1978年、1982年）。

此次宪法修正案，修改《中华人民共和国宪法》第13条为"公民的合法的私有财产不受侵犯""国家依照法律规定保护公民的私有财产权和继承权""国家为了公共利益的需要，可以依照法律规定对公民的私有财产实行征收或者征用，并给予补偿"。此外，此次宪法修正案在第二章"公民的基本权利和义务"这一章中增加第三十三条："国家尊重和保障人权。"

至此，国家正式将保护公民的私有财产权写入宪法。此次宪法的修改，进一步完善了私有财产保护制度，肯定了中国公民以个体的形式参与建设和发展非公有制经济的合法性，提升了私有财产保护的法律地位，有利于保护人民群众的切身利益，符合生产力的发展对上层建筑的要求。

此外，把"国家尊重和保障人权"写入宪法，也凸显了国家对人权的重视，彰显了宪法的人权意识，对于推进依法治国进程具有十分重要的意义，使宪法确实成为规范政府行为，维护广大人民群众合法权益的最终依据。

《行政许可法》实施

2003年8月27日，国家主席胡锦涛签署中华人民共和国主席令，公布了由第十届全国人民代表大会常务委员会第四次会议于2003年8月27日通过的《中华人民共和国行政许可法》，自2004年7月1日起施行。《行政许可法》从行政许可的设定、行政许可的实施机关、行政许可的实施程序、行政许可的费用、监督检查、法律责任等几个方面进行了详细的规定，共八章八十三条。

《行政许可法》明确规定，行政许可必须依法设定，而不是哪个机构想设就设。第12条规定只有6类事项可以设定行政许可。第13条还规定，凡是公民、法人或者其他组织能够自主决定的事项，通过市场竞争能够有效调节的事项，通过行业组织或者中介机构能够自律管理的事项，以及行政机关采用事后监督等其他行政管理方式能够解决的事项，都不应当

位于香港金钟地区的中银大厦

江苏省南通市在全市推行行政审批"三集中、三到位"。图为南通政务中心。

设定行政许可。

根据《行政许可法》所确立的便民原则,行政机关接到申请后再也不能"一拖了事",能"拍板"的应当场"拍板",不能当场决定的,行政机关应当自受理行政许可申请之日起20日内作出行政许可决定。如果20日内不能作出决定,还得经本行政机关负责人批准,才可以延长10日,并应当将延长期限的理由告知申请人。不光如此,这部法律的便民原则还体现了信息时代的特色。法律规定,申请人可以委托代理人提出行政许可申请。行政许可申请可以通过信函、电报、电传、传真、电子数据交换和电子邮件等方式提出[①]。

《行政许可法》是继国家颁发的《国家赔偿法》《行政处罚法》和《行政复议法》之后又一部规范政府行为的重要法律,对中国的行政管理产生了巨大影响,对行政机关依法行政提出了更高的要求,促进了中国行政管理法制化水平的提高。

① 《专家解读7月1日开始实施的〈中华人民共和国行政许可法〉》,《文汇报》,2004年6月21日。

> **语录** "谁在阻碍我们上升?"
> ——中国社科院报告
>
> 背景:对社会成员来说,向更高的社会地位爬升,是个人的梦想。2004年7月28日,中国社科院发布了《当代中国社会流动》报告。报告指出,中国正在逐步走向一个开放的社会。但是,从1980年以来,处于较为优势地位阶层的代际继承性明显增加,代内流动明显减少;而处于经济社会位置较低阶层的子女,要进入较高阶层,其门槛明显增高;两者间的社会流动障碍在强化。"谁在阻碍我们上升?"成了学界热议的问题。

流行志

▶ 网婚

所谓"网婚",就是男女双方在网上模拟现实举办婚礼。"网婚",最初出现在一些游戏中,是为了增加游戏的趣味性而设置的。"情投意合"的男女双方可以在网络上"发喜帖"、"办喜宴"、"操持家务"、"挣钱养家"、"过小日子",甚至"生儿育女"。"网婚"最本质的特征,是婚姻生活完全虚拟化,男女双方在虚拟的网络图文环境中体验婚姻生活。尽管"网婚"似乎是一种没有实质内容的"精神婚姻",但它的神秘性、刺激性,对年轻一代的诱惑是极大的。

▶ "做人要厚道"

2004年,冯小刚的电影《手机》上映,影片中张国立饰演的费墨抄着一口浓重的四川口音说的台词"做人要厚道"伴随《手机》的热映而风靡一时。"做人要厚道",更被评为2004年度十大网络流行语第一名。"厚道"这个藏在我们记忆深处的词语,它代表着诚实守信、不欺诈等人类最基本的美德,由于社会上信任危机的出现,乡间老翁也能脱口而出的一句浅显道理却成了时时需要自省和提醒他人的流行语。

▶ "拇指经济"

乘客在南京地铁车厢里发手机短信

随着移动通信业务发展,用手指熟练操作手机写短信的人被称为"拇指一族",由手机短信构成的产业和市场,则被称为"拇指经济"。"拇指经济"的概念出现于2003年,却流行于2004年。2004年中国手机短信息占全世界短信总量的一半。拇指经济空前繁荣,对公众和社会生活的影响力正在扩大。尽管一条短信才一毛钱,但每年几千亿的短信发送量,使"拇指经济"成为社会经济形态中的美丽一景。

环球大事

3月29日
保加利亚、爱沙尼亚、拉脱维亚、立陶宛、罗马尼亚、斯洛文尼亚和斯洛伐克7国在华盛顿正式递交了各自国家加入北大西洋公约组织（北约）的法律文本，从而成为北约的新成员。这是北约成立以来规模最大的一次扩充。北约成员国共26个。

5月1日
波兰、匈牙利、捷克、斯洛伐克、斯洛文尼亚、塞浦路斯、马耳他、爱沙尼亚、拉脱维亚和立陶宛10国成为欧盟正式成员，使欧盟成员国增至25个，面积增加约1/4，人口超过4.5亿。

6月6日
法国举行诺曼底登陆60周年纪念活动，美国总统布什、英国女王伊丽莎白二世和俄罗斯总统普京在内的二战盟国领导人以及德国总理施罗德等16个国家的元首或政府首脑参加了这一举世瞩目的纪念活动。

2004年6月6日，在法国诺曼底登陆60周年的庆典活动中，各国政要纷纷登场亮相。法国总统希拉克发表讲话。

7月1日
"卡西尼"号飞船按计划顺利进入土星轨道，成为首个绕土星飞行的人造飞船。耗资33亿美元的"卡西尼–惠更斯"探索计划由美国宇航局、欧洲航天局和意大利航天局联合实施。

"卡西尼"号飞船顺利进入环绕土星轨道。

8月3日
"信使"号探测器在美国佛罗里达州的卡纳维拉尔角军事基地升空。它将航行79亿公里，于2011年3月进入环水星轨道，对水星进行为期一年的探测。整个探测计划预计耗资4.27亿美元。

8月11日
英国政府向纽卡斯尔大学颁发了世界第一份"克隆执照"，批准它以医疗为目的进行克隆人类胚胎研究。"克隆执照"的颁布将对英国的治疗性克隆研究起到重大的推动作用。

社会关注

中国北极黄河科考站

中国首个北极科考站黄河站建成并投入使用

2004年7月28日，中国首个北极科考站——黄河站建成并正式投入使用。当天，中国在挪威斯匹次卑尔根群岛北极科考基地——新奥尔松举行了黄河站落成仪式。和此前的南极长城站、南极中山站所不同的是黄河站的站名不是由国家命名，而是通过向全社会广泛征集的方式确定下来的。

中国北极黄河站的地理坐标为北纬78°55′、东经11°56′，为一栋两层楼房，总面积约500平方米，包括实验室、办公室、阅览休息室、宿舍、储藏室等，可供20人至25人同时工作和居住，并且建有用于高空大气物理等观测项目的屋顶观测平台。中国北极黄河站的建成，揭开了中国极地科学考察事业的新篇章，为中国极地科学工作者开展北极科学考察创造了良好的条件。中国11名科学考察队员于7月20日赴黄河站，进行为期一个多月的考察工作。

刘翔获得奥运田径男子110米栏世界冠军

2004年8月28日凌晨2点40分，这是一个值得所有中国人铭记的日子——刘翔以平世界纪录的12秒91的成绩夺得雅典奥运会男子110米栏冠军，打破了欧美运动员在男子短距离径赛项目上的统治地位，为中国乃

流行语　"亚洲有我，中国有我。"

——刘翔

背景：2004年8月28日，雅典奥林匹克体育场，刘翔以12秒91的成绩获得男子110米栏金牌。12秒91，不仅打破了12秒96的奥运会纪录，还追平了英国选手科林·杰克逊于1993年8月20日在德国斯图加特创造的世界纪录。刘翔用实际行动突破了运动领域"人种论"的偏见，在中国香港亚洲电视的镜头前，这位只有21岁的中国运动员感叹："请大家不要以为亚洲或中国运动员短跨项目不如欧美，我会用实际行动证明，亚洲有我，中国有我。"

2004年度超级女声季军张含韵

至亚洲赢得了荣誉。这是中国男选手在奥运会上夺得的第一枚田径金牌。刘翔也成为第一个获得奥运田径男子110米栏项目世界冠军的黄种人。

超级女声

超级女声是中国湖南卫视从2004年起主办的大众歌手选秀赛。此项赛事接受任何喜欢唱歌的女性个人或组合的报名。其颠覆传统的一些规则，使之受到了许多观众的喜爱，是当时中国大陆颇受欢迎的娱乐节目之一。超级女声产生了不少颇有明星特质的选手，并引起其他媒体的仿效或责难，成为一种社会现象。

环球大事

8月13—29日
第二十八届奥运会在希腊首都雅典举行，共有202个国家和地区的10500名运动员参加了这届规模最大的奥运会。美国、中国和俄罗斯以35、32和27枚金牌分列金牌榜前三位。

10月8日—9日
第五届亚欧首脑会议在越南首都河内举行。与会各国领导人或代表就加强亚欧政治对话等一系列问题进行了讨论。

10月13日
柬埔寨正式加入世界贸易组织。

10月22—27日
俄罗斯国家杜马（议会下院）和俄联邦委员会（议会上院）分别批准了《京都议定书》。

10月29日
欧盟25个成员国的领导人在意大利首都罗马签署了欧盟历史上的第一部宪法条约，这标志着欧盟在推进政治一体化方面又迈出重要的一步。

12月8日
第三届南美国家首脑会议在秘鲁库斯科举行，会议通过了《库斯科声明》，宣布成立南美国家共同体，标志着南美国家在推进一体化进程中又迈出重要一步。

2004年8月28日，在奥运会男子110米栏决赛中，中国选手刘翔以12秒91的成绩夺得金牌，创造了历史。

重要文献

《关于促进农民增加收入若干政策的意见》
（2004年1月1日）

2004年1月1日，中共中央、国务院《关于促进农民增加收入若干政策的意见》下发。《意见》分集中力量支持粮食主产区发展粮食产业，促进种粮农民增加收入；继续推进农业结构调整，挖掘农业内部增收潜力；发展农村二、三产业，拓宽农民增收渠道；改善农民进城就业环境，增加外出务工收入；发挥市场机制作用，搞活农产品流通；加强农村基础设施建设，为农民增收创造条件；深化农村改革，为农民增收减负提供体制保障；继续做好扶贫开发工作，解决农村贫困人口和受灾群众的生产生活困难。

目录：
- 一、集中力量支持粮食主产区发展粮食产业，促进种粮农民增加收入
- 二、继续推进农业结构调整，挖掘农业内部增收潜力
- 三、发展农村二、三产业，拓宽农民增收渠道
- 四、改善农民进城就业环境，增加外出务工收入
- 五、发挥市场机制作用，搞活农产品流通
- 六、加强农村基础设施建设，为农民增收创造条件
- 七、深化农村改革，为农民增收减负提供体制保障
- 八、继续做好扶贫开发工作，解决农村贫困人口和受灾群众的生产生活困难
- 九、加强党对促进农民增收工作的领导，确保各项增收政策落到实处

重要文献

《关于推进资本市场改革开放和稳定发展的若干意见》
（2004年1月31日）

2004年1月31日，国务院发布《关于推进资本市场改革开放和稳定发展的若干意见》。这份文件一共9条，被称为"国九条"。

目录：
- 一、充分认识大力发展资本市场的重要意义
- 二、推进资本市场改革开放和稳定发展的指导思想和任务
- 三、进一步完善相关政策，促进资本市场稳定发展
- 四、健全资本市场体系，丰富证券投资品种
- 五、进一步提高上市公司质量，推进上市公司规范运作
- 六、促进资本市场中介服务机构规范发展，提高执业水平
- 七、加强法制和诚信建设，提高资本市场监管水平
- 八、加强协调配合，防范和化解市场风险
- 九、认真总结经验，积极稳妥地推进对外开放

重要文献

《中华人民共和国宪法（修正案）》

（2004年3月14日）

2004年3月14日，十届全国人大二次会议通过《中华人民共和国宪法（修正案）》，保护公民私有财产权写入宪法。

节选：

第十九条 宪法序言第十自然段第二句"在长期的革命和建设过程中，已经结成由中国共产党领导的，有各民主党派和各人民团体参加的，包括全体社会主义劳动者、拥护社会主义的爱国者和拥护祖国统一的爱国者的广泛的爱国统一战线，这个统一战线将继续巩固和发展。"修改为："在长期的革命和建设过程中，已经结成由中国共产党领导的，有各民主党派和各人民团体参加的，包括全体社会主义劳动者、社会主义事业的建设者、拥护社会主义的爱国者和拥护祖国统一的爱国者的广泛的爱国统一战线，这个统一战线将继续巩固和发展。"

第二十二条 宪法第十三条"国家保护公民的合法的收入、储蓄、房屋和其他合法财产的所有权。""国家依照法律规定保护公民的私有财产的继承权。"修改为："公民的合法的私有财产不受侵犯。""国家依照法律规定保护公民的私有财产权和继承权。"

第二十三条 宪法第十四条增加一款，作为第四款："国家建立健全同经济发展水平相适应的社会保障制度。"

第二十四条 宪法第三十三条增加一款，作为第三款："国家尊重和保障人权。"原第三款相应地改为第四款。

第二十五条 宪法第五十九条第一款"全国人民代表大会由省、自治区、直辖市和军队选出的代表组成。各少数民族都应当有适当名额的代表。"修改为："全国人民代表大会由省、自治区、直辖市、特别行政区和军队选出的代表组成。各少数民族都应当有适当名额的代表。"

——摘自《中华人民共和国全国人民代表大会常委会公报》2004年S1期，第55—57页，全国人大常委会办公厅编辑出版。

重要文献

《关于进一步加强农村工作 提高农业综合生产能力若干政策的意见》

（2004年12月31日）

2004年12月31日，中共中央、国务院发布《关于进一步加强农村工作提高农业综合生产能力若干政策的意见》。《意见》提出，当前和今后一个时期，要把加强农业基础设施建设，加快农业科技进步，提高农业综合生产能力，作为一项重大而紧迫的战略任务，切实抓紧抓好。

目录：

一、稳定、完善和强化扶持农业发展的政策，进一步调动农民的积极性
二、坚决实行最严格的耕地保护制度，切实提高耕地质量
三、加强农田水利和生态建设，提高农业抗御自然灾害的能力
四、加快农业科技创新，提高农业科技含量
五、加强农村基础设施建设，改善农业发展环境
六、继续推进农业和农村经济结构调整，提高农业竞争力
七、改革和完善农村投融资体制，健全农业投入机制
八、提高农村劳动者素质，促进农民和农村社会全面发展
九、加强和改善党对农村工作的领导

重要文献

《关于深化改革严格土地管理的决定》

(2004年10月21日)

2004年10月21日,国务院发布《关于深化改革严格土地管理的决定》,共5个部分25条,提出实行最严格的土地管理制度。

节选:

实行最严格的土地管理制度,是由中国人多地少的国情决定的,也是贯彻落实科学发展观,保证经济社会可持续发展的必然要求。……必须正确处理保障经济社会发展与保护土地资源的关系,严格控制建设用地增量,努力盘活土地存量,强化节约利用土地,深化改革,健全法制,统筹兼顾,标本兼治,进一步完善符合中国国情的最严格的土地管理制度。

(二)严格依照法定权限审批土地。农用地转用和土地征收的审批权在国务院和省、自治区、直辖市人民政府,各省、自治区、直辖市人民政府不得违反法律和行政法规的规定下放土地审批权。……

(三)严格执行占用耕地补偿制度。各类非农业建设经批准占用耕地的,建设单位必须补充数量、质量相当的耕地,补充耕地的数量、质量实行按等级折算,防止占多补少、占优补劣。不能自行补充的,必须按照各省、自治区、直辖市的规定缴纳耕地开垦费。……

(四)禁止非法压低地价招商。省、自治区、直辖市人民政府要依照基准地价制定并公布协议出让土地最低价标准。协议出让土地除必须严格执行规定程序外,出让价格不得低于最低价标准。……

(六)严格土地利用总体规划、城市总体规划、村庄和集镇规划修改的管理。在土地利用总体规划和城市总体规划确定的建设用地范围外,不得设立各类开发区(园区)和城市新区(小区)。……

(七)加强土地利用计划管理。农用地转用的年度计划实行指令性管理……对国家批准的能源、交通、水利、矿山、军事设施等重点建设项目用地和城、镇、村的建设用地实行分类下达,并按照定额指标、利用效益等分别考核。

(十)……鼓励农村建设用地整理,城镇建设用地增加要与农村建设用地减少相挂钩。……凡占用农用地的必须依法办理审批手续。禁止擅自通过"村改居"等方式将农民集体所有土地转为国有土地。

——摘自《中华人民共和国国务院公报》2004年第35期,第11—16页,国务院办公厅编辑出版。

■ 重要文献

《关于投资体制改革的决定》
（2004年7月16日）

2004年7月16日，国务院颁布《关于投资体制改革的决定》，提出深化投资体制改革的指导思想和目标。

节选：

深化投资体制改革的指导思想是：按照完善社会主义市场经济体制的要求，在国家宏观调控下充分发挥市场配置资源的基础性作用，确立企业在投资活动中的主体地位，规范政府投资行为，保护投资者的合法权益，营造有利于各类投资主体公平、有序竞争的市场环境，促进生产要素的合理流动和有效配置，优化投资结构，提高投资效益，推动经济协调发展和社会全面进步。

深化投资体制改革的目标是：……按照"谁投资、谁决策、谁收益、谁承担风险"的原则，落实企业投资自主权；合理界定政府投资职能，提高投资决策的科学化、民主化水平，建立投资决策责任追究制度；进一步拓宽项目融资渠道，发展多种融资方式；培育规范的投资中介服务组织，加强行业自律，促进公平竞争；健全投资宏观调控体系，改进调控方式，完善调控手段；加快投资领域的立法进程；加强投资监管，维护规范的投资和建设市场秩序。通过深化改革和扩大开放，最终建立起市场引导投资、企业自主决策、银行独立审贷、融资方式多样、中介服务规范、宏观调控有效的新型投资体制。

改革项目审批制度，落实企业投资自主权。彻底改革现行不分投资主体、不分资金来源、不分项目性质，一律按投资规模大小分别由各级政府及有关部门审批的企业投资管理办法。对于企业不使用政府投资建设的项目，一律不再实行审批制，区别不同情况实行核准制和备案制。……

规范政府核准制。要严格限定实行政府核准制的范围，并根据变化的情况适时调整。《政府核准的投资项目目录》(以下简称《目录》)由国务院投资主管部门会同有关部门研究提出，报国务院批准后实施。……

……放宽社会资本的投资领域，允许社会资本进入法律法规未禁入的基础设施、公用事业及其他行业和领域。逐步理顺公共产品价格，通过注入资本金、贷款贴息、税收优惠等措施，鼓励和引导社会资本以独资、合资、合作、联营、项目融资等方式，参与经营性的公益事业、基础设施项目建设。……

——摘自《中华人民共和国国务院公报》2004年第25期，第5—12页，国务院办公厅编辑出版。

大事记

1月1日

经国务院批准,《中华人民共和国进出口税则》的税目、税率自即日起进行调整,调整后关税总水平由11%下降至10.4%。

1月31日

国务院出台《国务院关于推进资本市场改革开放和稳定发展的若干意见》(国九条)。

2月1日

由国资委和财政部联合发布的《企业国有产权转让管理暂行办法》实施。《办法》规定,企业国有产权转让可以采取转让、招投标、协议转让以及国家法律、行政法规规定的其他方式进行。

2月2日

中国银监会批准汇丰银行上海分行、日本瑞穗实业银行上海分行、花旗银行上海分行、东亚银行上海分行向中资企业提供人民币服务。

2月6日

国家人事部出台了《关于加快发展人才市场的意见》。这标志着人才市场进入新的重要发展时期。《意见》指出,创新是发展中国人才市场的主要思路,并提出了加快发展人才市场的13项政策和措施。

2月12日

国有资产监督管理委员会(国资委)发布《中央企业财务决算报告管理办法》,申明国资委统一委托会计师事务所,按"公开、公平、公正"的原则,采取国资委公开招标或者企业推荐报国资委核准等方式进行。

2月17日

中共中央颁布《中国共产党党内监督条例(试行)》和《中国共产党纪律处分条例》。

2月21日

温家宝总理在省部级主要领导干部"树立和落实科学发展观"专题研讨班结业式上的讲话中,强调指出:"在社会主义市场经济条件下,政府的主要职能是经济调节、市场监管、社会管理和公共服务四个方面。落实科学发展观,必须加快政府职能转变,全面、正确地履行政府职能。"公共服务,"就是提供公共产品和服务,包括加强城乡公共设施建设,发展社会就业、社会保障服务和教育、科技、文化、卫生、体育等公共事业,发布公共信息等,为社会公众生活和参与社会经济、政治、文化活动提供保障和创造条件,努力建设服务型政府。"这是温家宝总理第一次正式提出服务型政府的改革目标。

2月23日

中国银行业监督管理委员会发布了《商业银行资本充足率管理办法》。这个法规借鉴了1988年巴塞尔资本协议和即将出台的巴塞尔新资本协议,制定了一套符合中国国情的资本监管制度。《办法》于2004年3月1日正式施行。

2月26日

财政部、教育部发布《对农村义务教育阶段家庭经济困难学生免费提供教科书工作暂行管理办法》的通知,继续扩大对农村义务教育阶段家庭经济困难学生免费提供教科书的规模,并使这项工作步入制度化轨道。与此同时,教育部公布了《2003—2007年教育振兴行动计划》。

2月

中央编制办公室(中编办)已批复了30个省、区、市的机构改革方案,北京、河北、内蒙古、上海、江西、河南、湖北、广东、海南、重庆、陕西、宁夏等12个省级国有资产监管机构已正式挂牌,其他省、区、市国有资产监管机构也在上半年陆续挂牌。

3月5日

国务院总理温家宝在十届人大二次会议上作《政府工作报告》时宣布:"从今年起,中国逐步降低农业税税率,平均每年降低一个百分点以上,五年内取消农业税。"温家宝总理提出了实现农民增收和农业增产的六个方面措施,包括保护和提高粮食综合生产能力,推进农业和农村经济结构战略性调整,深化粮食流通体制改革,加大对农业和农村投入力度,加快农业科技进步,继续推进农村税费改革。

3月14日

十届全国人大二次会议高票通过《中华人民共和国宪法(修正案)》,其中修正案第二十二条规定:"公民的合法的私有财产不受侵犯。"这一规定标志着中国公民的私有财产权开始从一般的民事权利上升到宪法权利,受到国家根本大法的认可与保护。同时"国家尊重和保障人权"入宪。"尊重和保障人权"的理念已经越来越多地融入立法当中,从法律法规到司法解释、地方部门规章,中国从立法层面全面构建人权保护制度。

3月22日

全国人大成立《反洗钱法》起草小组,包括中国人民银行(央行)在内的十几个部委正在积极参与起草小组的工作。

3月23日

财政部、国土资源部联合发出通知,要求严格按照《国务院关于将部分土地出让金用于农业土地开发有关问题的通知》的规定,从2004年1月1日起,将部分土地出让金用于农业土地开发。同时加强对各地用于农业土地开发的土地出让金收入管理情况的检查、监督和考核工作,确保国务院关于将部分土地出让金用于支持农业土地开发的重大决策落到实处。

3月23日

国务院召开全国农业和粮食工作会议,决定对重点粮食品种实行最低收购价格制度。

3月25日

央行开始实行再贷款浮息制度,对期限在1年以内、用于金融机构头寸调节和短期流动性支持的各档次再贷款利率,在现行再贷款基准利率基础上加0.63个百分点。为支持农村经济发展,农村信用社再贷款浮息分三年逐步到位。

3月

国资委选择北京产权交易所、上海联合产权交易所、天津产权交易中心作为从事中央企业国有产权交易活动的试点。2004年全国共转让企业国有产权3599宗,其中进场交易3055宗,进场交易率为85%。

3月

中共中央总书记胡锦涛主持召开中央政治局会议,审议通过了《公开选拔党政领导干部工作暂行规定》、《党政机关竞争上岗工作暂行规定》等干部人事制度改革文件。此前,经中央同意,中央纪委和中央组织部联合下发了《关于对党政领导干部在企业兼职进行清理的通知》。

4月6日

经国务院批准,财政部、农业部、国家税务总局三部门联合下发了《关于2004年降低农业税税率和在部分粮食主产区进行免征农业税改革试点有关问题的通知》,决定2004年降低农业税税率,并在吉林、黑龙江两个粮食主产省先行免征农业税改革试点,河北、内蒙古、辽宁、江苏、安徽、江西、山东、河南、湖北、湖南、四川11个粮食主产省、自治区降低农业税税率3个百分点,并主要用于鼓励粮食生产;其余地区总体上降低农业税税率1个百分点。沿海及其他有条件的地区也可视地方财力情况进行免征农业税试点。征收牧业税的地区，要按照农业税税率降低的幅度，将负担水平降下来。免征农业税改革试点和降低农（牧）业税税率减少的地方财政收入，由中央财政给予补助。

4月7日

十届全国人大常委会第八次会议，表决通过了修订后的《对外贸易法》。新的外贸法从7月1号起施行，它在外贸经营者的范围上作了重大修改，大大降低了外贸经营权的门槛。规定自然人、法人和其他组织依法登记后，可以从事货物和技术的进出口贸易。

4月14日

新西兰率先承认了中国的"市场经济地位"。随后马来西亚和新加坡相继承认中国的市场经济地位。

4月24日

劳动和社会保障部、银监会、证监会和保监会联合公布《企业年金基金管理试行办法》，自5月1日起施行。《办法》主要规范企业年金的管理运作，包括年金受托人、年金托管人、中介服务机构、年金基金投资、收益分配及费用、信息披露及监督检查等。

5月24日

贵州花溪农村合作银行成立，这是深化农村信用社改革试点启动后成立的第一家农村合作银行，也是全国第二家农村合作银行。

5月25日

国务院办公厅下发《关于深入开展土地市场治理整顿严格土地管理的紧急通知》。《通知》要求，深入开展土地市场治理整顿，坚决制止乱占滥用土地行为，严格执行暂停审批农用地转非农建设用地决定，切实控制新增建设用地。

5月27日

深圳证券交易所（深交所）举行中小企业板启动仪式。

5月28日

劳动和社会保障部出台《关于推进混合所有制企业和非公有制经济组织从业人员参加医疗保险的意见》，明确要求各地劳动保障部门，把与用人单位形成劳动关系的农村进城务工人员纳入医疗保险范围。

5月31日—6月1日

全国粮食流通体制改革工作会议在北京召开。国务院总理温家宝阐述了深化粮食流通体制改革的原则和总体目标，深化粮食流通体制改革必须坚持有利于发展粮食生产，有利于种粮农民增收，有利于粮食市场稳定，有利于国家粮食安全。

2004年7月1日上午，广州市举行的《行政许可法》大型咨询会吸引了不少市民。

6月1日

《中华人民共和国证券投资基金法》开始实施。这个法律的主要目的在于保护投资人及相关当事人的合法权益。法律涉及到"封闭转开放"、规范基金行为、取消债券投资比例、对基金分红的限制、基金名称与基金投资的相关性等内容。

6月6日

国务院办公厅发出《关于控制城镇房屋拆迁规模，严格拆迁管理的通知》，要求各地合理控制城镇房屋拆迁规模、严格拆迁管理，拆迁补偿资金必须按时到位，对滥用职权强制拆迁要坚决查处。

6月9日

商务部发布《全国商品市场体系建设纲要》，这是中国首次发布有关商品市场建设的全面的指导性文件。

6月17日

郎咸平质疑TCL、海尔产权改革，8月10日，郎咸平以《格林柯尔：在国退民进的盛宴中狂欢》为题发表演讲，指责科龙集团董事长顾雏军在收购国有企业过程中有造成国有资产流失之嫌疑。他同时建议，国家应该"停止以民营化为导向的产权改革"，停止管理层收购（MBO）。由此引发了企业改革大争论。

6月22日

中共中央办公厅、国务院办公厅下发了《关于健全和完善村务公开和民主管理制度的意见》。这是推进农村基层民主的纲领性文件。

6月29日

国务院办公厅转发了商务部等八部门的《关于进一步做好农村商品流通工作的意见》，提出要通过健全法律法规、完善市场机制、培育市场主体、规范市场秩序，加快农村商品流通发展，促进农民增收和农村经济全面发展。在农村商品流通工作中，要坚持政府推动与发挥市场机制相结合，城乡市场统一规划建设与积极培育农民的市场主体地位相结合，实现农村市场建设与农业生产、农民消费互动发展。

6月29日

银监会、证监会和保监会签署备忘录，建立监管联席会议机制。

7月1日

《中华人民共和国行政许可法》正式实施，这是迄今全球唯一一部专门的行政许可法律。

7月1日

推迟了半年的东北地区增值税转型试点开始实行。2003年底，根据国务院安排，在东北确定8个行业实施财政部、国税总局制订的试点计划，将增量机器设备的进项税纳入增值税的抵扣范围。

7月7日

苏宁电器连锁集团股份有限公司（苏宁电器）成为首家以IPO方式登陆中国股市的连锁企业。

7月8日

中国民航总局正式将甘肃省内兰州、敦煌、嘉峪关、庆阳四个民用机场移交甘肃省人民政府管理。至此，国务院确定的中国民航体制改革方案历经两年圆满完成。

7月12日

根据《国务院关于印发全面推进依法行政实施纲要的通知》和《国务院办公厅关于贯彻落实全面推进依法行政实施纲要的实施意见》的要求，国家发展与改革委员会和财政部发出《关于清理行政机关和事业单位有关收费的通知》，决定对行政机关和事业单位的收费进行全面清理。

7月16日

国务院正式批准《关于投资体制改革的决定》。在新的投资体制下，对于企业投资项目，如果不使用政府资金，国家将不再进行审批，但对于一些重大项目和限制类项目，国家有关部门将从维护社会公共利益的角度进行核准。

7月21日

国家税务总局下发关于贯彻《中华人民共和国对外贸易法》、调整出口退(免)税办法的通知。要求使出口退（免）税规定更好地适应《外贸法》的规定。

7月25日

在宏观调控的大背景下，国务院在青岛召开促进非公有制经济发展座谈会。

7月28日

国家证监会和国资委原则同意开展以股抵债试点。

8月13日

江苏吴江农村商业银行成立，这是深化农村信用社改革试点启动后成立的第一家农村商业银行，也是全国第四家农村商业银行。

8月16日

国家证监会和中国人民银行联合发布《货币市场基金管理暂行规定》。

8月18日

全国第一家以民营资本为主体的浙商银行正式开业。其注册资本15亿多元，15家股东中，民营企业有13家，占全部股本85.71%。

8月23日

根据第十届全国人大二次会议通过的宪法修正案第二十条关于"国家为了公共利益的需要，可以依照法律规定对土地实行征收或者征用并给予补偿"的规定，对土地管理法中有关土地"征用"的内容作出修改。征地补偿入宪是重视农民的利益，宪法中关于土地征用制度的修改充分体现了党和国家对农民利益的关注。

8月26日

中国银行股份制改造完成，中国银行股份有限公司宣告成立；2004年9月21日，中国建设银行股份制改革完成，建行股份有限公司成立。11月28日，银监会认为，中国银行、中国建设银行两家国有商业银行所进行的主要财务重组工作基本结束。

8月28日

中央召开促进非公经济座谈会，温家宝总理出席，会议产生著名的"36条"。

8月28日

国家信访局召开座谈会，探索信访工作新局面新思路。

8月30日

国务院深化农村信用社改革试点工作会议在北京召开。中央明确指出，农村信用社是农村金融的主力军和联系农村千家万户的金融纽带，在农村金融中具有举足轻重的地位，在支持"三农"中具有不可替代的作用。

9月1日

江泽民写给中央政治局《请求辞去中共中央军事委员会主席职务的信》，信中说，实践证明，党的十六大和十六届一中全会选出的中央领导集体是有作为的，是能够经受住改革开放和复杂局面考验的。经过慎重考虑，我想辞去现任职务。

9月12日

国务院国有资产监督管理委员会日前公布并已开始施行的《中央企业经济责任审计管理暂行办法》中规定，中央企业负责人离任或任期届满，都应依据国家有关法律法规规定，组织开展经济责任审计工作。同时，中央企业还将建立对主要业务部门负责人的任期或定期经济责任审计制度。

9月19日

中国共产党第十六届四中全体会议通过《中共中央关于加强党的执政能力建设的决定》。要求各级党组织"坚持社会主义市场经济的改革方向，始终站在时代前列领导和谋划

杭州浙商银行总行

改革"，"支持政府依法充分履行职责，推动政府依法行政，加快转变职能，深化行政体制改革，真正实现政企分开、政资分开、政事分开，主要运用经济和法律手段管理经济活动，集中精力抓好经济调节、市场监管、社会管理和公共服务"。

9月22日

国家证监会发布《关于进一步规范股票首次发行上市有关工作的通知》。

10月9日

国家发展与改革委员会发布《境外投资项目核准暂行管理办法》，对于境外投资项目核准涉及的有关问题做了具体规定。

10月12日

银监会连续通过《中国银行业监督管理委员会行政处罚办法》和《中国银行业监督管理委员会行政复议办法》，两办法从2005年2月1日起执行。《行政处罚办法》对银行业金融机构、其他单位和个人违反法律、行政法规和规章行为的行政处罚办法进行了详细规定。《行政复议办法》对银行业金融机构、其他单位和个人实施行政复议的适用范围、申请程序、行政复议机关如何履行行政复议职责以及责任追究等作了详细规定。

10月18日

文化部下发《关于鼓励、支持和引导非公有制经济发展文化产业的意见》，标志着非公有制经济进入文化产业的政策将进一步放宽：凡已经允许外资进入的文化领域，都要积极鼓励和支持非公有制以独资、合资、合作、联营、参股、特许经营等多种方式进入。《意见》不仅对促进非公有制经济发展文化产业有重要的意义，而且对推动文化体制改革也将起到积极作用。

10月19日

央行和证监会联合发布《证券公司短期融资管理办法》和修订后的《证券公司债券管理暂行办法》。

10月22—23日

全国新型农村合作医疗试点工作会议在北京召开。党中央、国务院对推进新型农村合作医疗试点工作高度重视。

10月24日

中国保监会和证监会联合发布《保险机构投资者股票投资管理暂行办法》。《办法》允许保险机构投资者在严格监管的前提下直接投资股票市场，参与一级市场和二级市场交易，买卖人民币普通股票、可转换公司债券及保监会规定的其他投资品种。

10月28日

央行决定从2004年10月29日起上调金融机构存贷款基准利率，并放宽人民币贷款利率浮动区间和允许人民币存款利率下浮。其中，金融机构一年期存款基准利率上调0.27个百分点，由现行的1.98%提高到2.25%，一年期贷款基准利率上调0.27个百分点，由现行的5.31%提高到5.58%，其他各档次存、贷款利率也相应调整，中长期上调幅度大于短期。同时，进一步放宽金融机构贷款利率浮动区间。这是央行九年来首次加息。

11月3日

为了保护被征地农民的合法权益，使其原有生活水平不降低，国土资源部发布了《关于完善征地补偿安置制度的指导意见》，确定了征地补偿标准。

11月17日

国家广电总局、商务部公布了《中外合资、合作广播电视节目制作经营企业管理暂行规定》，首次公开表示2004年11月28日以后，外资媒体公司可以入股国内广播电视节目制作经营企业，但中方投资人持股不得少于51%。

11月30日

李荣融公布第一批49家中央企业的主业。这些企业基本上都是关系国家安全和国民经济命脉的重要行业和关键领域的企业。主业公布后，企业的非主业投资将受到控制。

12月7日

证监会发布《关于加强社会公众股股东权益保护的若干规定》。

12月7—8日

全国政法会议召开。在这次会议上，中央要求处理好人民内部矛盾，妥善处理群体事件。

12月11日

根据入世承诺条款，中国全面或部分开放的行业，包括银行、保险、电信、分销零售、证券、铁路公路运输、旅游、建筑、音像业和教育业。

12月13日

国资委宣布，大型国有企业不准搞MBO，中小企业的MBO也要区别情况。12月15日，国资委确定中小国有企业的MBO条件。

12月15日

国资委与首批中央企业签订任期经营业绩责任书以及年度经营业绩责任书。

12月20日

国家税务总局发布消息表明，经过运行了近一年的出口退税新机制的改革，2004年中国的出口退税额创历年之最，自2000年以来历年陈欠也已全部兑现。

12月23日

全国税收工作会议召开，国家税务总局局长谢旭人表示，明年税制改革将本着"简税制、宽税基、低税率、严征管"的原则，从四个方面继续推进。一是完善出口退税机制。二是推进农村税费改革。三是继续做好在东北地区部分行业实行增值税转型试点等工作。四是积极研究有关税制改革方案。

12月25日

国务院发布《关于深化改革严格土地管理的决定》，严格推行经营性用地招投标、公开拍卖、挂牌出让制度。

数说发展

人口

总人口 **129988** 万人

城镇	乡村
54283 万人	**75705** 万人

 出生率 **12.29‰**
 死亡率 **6.42‰**
 自然增长率 **5.87‰**

GDP（国内生产总值）

GDP（国内生产总值）
136515 亿元

第一产业 **20744** 亿元
第二产业 **72387** 亿元
第三产业 **43384** 亿元

比上年增长 **9.5%**

国内商业 （单位：亿元）

社会商品零售总额 **53950**

分城乡看 增长 **13.3%**

城市消费品 **35573**　　县及县以下消费品 **18377**

分行业看

 批发零售业 **44840**
 餐饮业 **7486**
 其他行业 **1624**

农业

产量　　　　　　　　　（单位：万吨）

	粮　食	46947
	棉　花	632
	油　料	3057
	糖　料	9528
	肉　类	7260
	水产品	4855

水利

新增有效灌溉面积 **98** 万公顷　　新增节水灌溉面积 **130** 万公顷

财政收支 （单位：亿美元）

支出 **28486.89**　增长 **21.4%**
收入 **26396.47**
收支差额 **-2090.42**

黄金和外汇储备

黄金 **1929** 万盎司　　外汇 **6099.32** 亿美元

固定资产投资 （单位：亿元）

全社会固定资产投资 **70073**

分城乡看：城镇 **58620**　农村 **11453**

分地区看：
东部地区 **40242**
中部地区 **15126**
西部地区 **13749**

对外经济

进出口贸易总额 **11548** 亿美元　增长 **35.7%**

出口 **5934** 亿美元
进口 **5614** 亿美元
贸易顺差 **320** 亿美元

利用外资

批准设立外商直接投资企业 **43664** 家
合同外资金额 **1535** 亿美元
实际使用外商直接投资金额 **606** 亿美元

对外经济合作

对外承包工程完成营业额 **175** 亿美元
对外劳务合作完成营业额 **38** 亿美元

工业 （单位：亿元）

工业增加值 **62815**
规模以上工业增加值 **54805**

重工业 **37043**　　轻工业 **17762**

建筑业增加值 **9572**

旅游

国内旅游
出游人数 **11** 亿人次
旅游总收入 **4711** 亿元

国际旅游
外汇收入 **257** 亿美元

国内居民出境人数 **2885** 万人次
其中因私出境 **2298** 万人次

外国人 **1693** 万人次
港、澳、台胞 **9211** 万人次
入境人数 **10904** 万人次

交通运输和邮电通信业

交通运输和邮电通信业增加值 **7777** 亿元

货物周转量
66698 亿吨公里

- 水运 38973 亿吨公里
- 公路 7596 亿吨公里
- 铁路 19289 亿吨公里
- 民航 72 亿吨公里
- 管道 768 亿吨公里

港口完成货物吞吐量 40 亿吨
其中外贸货物 11.5 亿吨

集装箱 **6150** 万标箱

固定及移动电话用户总数
64727 万户

电话普及率 51 部/百人

固定电话用户
31244 万户
城市 21085 万户
乡村 10159 万户

体育

获得世界冠军 **106** 个
7人2队16次创16项世界纪录

移动电话用户
33483 万户

邮电业务总量 **9791** 亿元
邮政业务总量 566 亿元
电信业务 9225 亿元

局用交换机总容量 4.2 亿门
移动电话交换机容量 33483 万户

旅客周转量 16324
（单位：亿人公里）

- 铁路 5712
- 公路 8765
- 水运 65
- 民航 1782

新建线路交付营业里程

- 铁路 1433 公里
- 电气化铁路 409 公里
- 铁路复线 352 公里
- 公路 46411 公里（其中高速公路 4476 公里）
- 港口万吨级码头吞吐能力 11958 万吨

社会保障

参加各类基本保险人数

城镇基本养老保险 16342 万人

失业保险 10584 万人

医疗保险 12386 万人

社会福利事业

 收养性社会福利单位床位 133 万张
收养各类人员 102.3 万人

城镇建立各种社区服务设施 17.4 万个
其中综合性社区服务中心 9888 个

 销售社会福利彩票 226.4 亿元
筹集社会福利资金 79.2 亿元
直接接收社会捐赠款 14.2 亿元

人民生活

城镇新增就业 **980** 万人

城镇收入 **9422** 元

农村收入 **2936** 元

扣除价格因素分别实际增长 **7.7%** 和 **6.8%**

居民家庭恩格尔系数

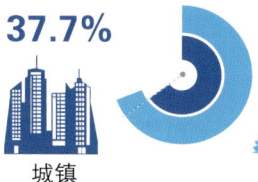

城镇 37.7%　农村 47.2%

城乡人民储蓄存款 **126196** 亿元

保险事业

（单位：亿元）

内外资保险公司保费收入 **4318**

支付各类赔款及给付 **1004**

 寿险业务给付 **308**

 健康险和意外伤害险赔款及给付 **129**

 财产险赔款 **568**

寿险保费收入 **2851**
健康险和意外伤害险保费收入 **377**
财产险保费收入 **1090**

科学技术

科学研究与试验发展（R&D）经费支出 **1843** 亿元

其中基础研究经费 **102** 亿元

国有企事业单位共有各类专业技术人员 **2716.3** 万人

文化

艺术表演团体 **2599** 个
博物馆 **1509** 个
公共图书馆 **2710** 个
文化馆 **2858** 个
档案馆 **3982** 个
已开放各类档案 **5626** 万卷（件）

出版

全国性和省级报纸 **257.7** 亿份
期刊 **26.9** 亿册
图书 **64.4** 亿册（张）

取得省部级以上科技成果 **3.1** 万项
签订技术合同 **26.5** 万项
技术合同成交金额 **1334** 亿元

成功发射卫星次数 **8** 次

广播电台 **282** 座
电视台 **314** 座
教育台 **60** 个
有线电视用户 **11470** 万户
有线数字电视用户 **122** 万户

广播综合人口覆盖率 **94.1%**
电视综合人口覆盖率 **95.3%**

故事影片 **212** 部
科教、纪录、美术片 **44** 部

教育

（单位：万人）

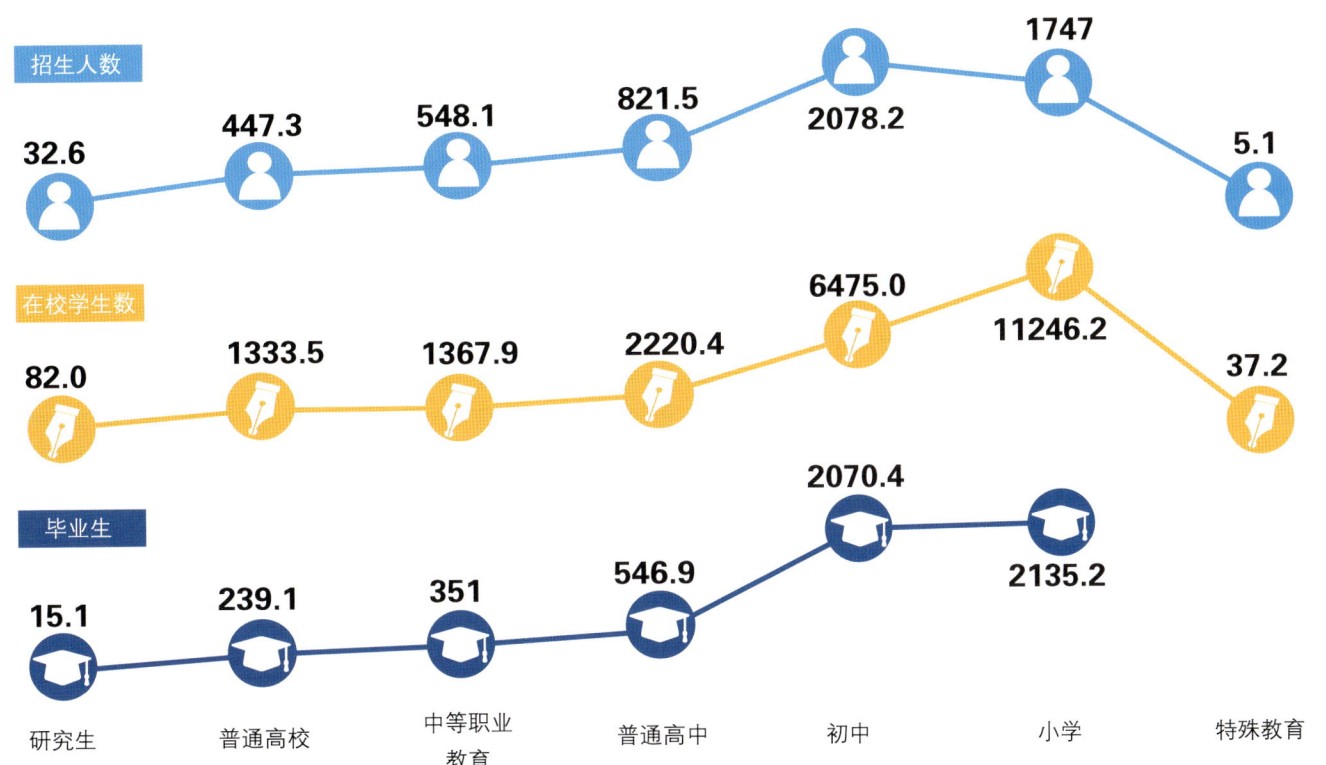

	研究生	普通高校	中等职业教育	普通高中	初中	小学	特殊教育
招生人数	32.6	447.3	548.1	821.5	2078.2	1747	5.1
在校学生数	82.0	1333.5	1367.9	2220.4	6475.0	11246.2	37.2
毕业生	15.1	239.1	351	546.9	2070.4	2135.2	

卫生

卫生机构 **27.7** 万个

医院、卫生院 **6.2** 万个

妇幼保健院（所、站） **3000** 个

专科疾病防治院（所、站） **1718** 个

医院和卫生院床位 **300.4** 万张

疾病预防控制中心（防疫站） **3590** 个

卫生技术人员 **16** 万人

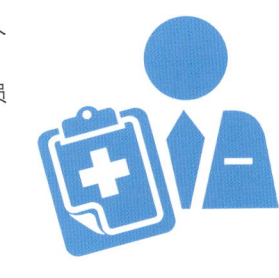

卫生监督检验机构 **1270** 个

卫生技术人员 **2.7** 万人

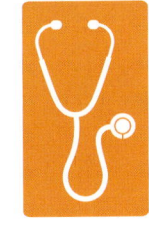

卫生技术人员 **434.3** 万人

执业医师和执业助理医师 **189.2** 万人

注册护士 **128.6** 万人

乡镇卫生院 **4.4** 万个

床位 **67.4** 万张

卫生技术人员 **89.8** 万人

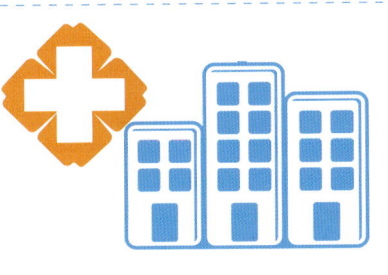

333 个县（市）开展了新型农村合作医疗试点工作

约覆盖 **10691** 万农村人口

实际参加新型农村合作医疗的农民 **8040** 万人

1978—2018

中国改革开放全纪录

2005

- "非公36条"颁布
- 《反分裂国家法》颁布
- 股权分置改革试点启动
- 提出建设社会主义新农村的重大历史任务
- 《关于完善企业职工基本养老保险制度的决定》颁布

焦点事件

"非公36条"颁布

2005年1月12日，国务院总理温家宝主持召开国务院常务会议，讨论并原则通过《国务院关于鼓励支持和引导个体私营等非公有制经济发展的若干意见》。会议重申了十六大以来的"两个毫不动摇"：毫不动摇地巩固和发展公有制经济；毫不动摇地鼓励、支持和引导非公有制经济发展。

2005年2月19日，国务院颁布《国务院关于鼓励支持和引导个体私营等非公有制经济发展的若干意见》。这是改革开放以来第一个以中央政府名义促进非公经济发展的系统性政策文件，也被称为"非公36条"。《意见》从放宽非公有制经济市场准入、加大对非公有制经济的财税金融支持、完善对非公有制经济的社会服务、维护非公有制企业和职工的合法权益、引导非公有制企业提高自身素质、改进政府对非公有制企业的监管、加强对发展非公有制经济的指导和政策协调等7个方面提出了促进非公有制经济发展的主要政策措施和要求。

《意见》指出，"公有制为主体、多种所有制经济共同发展是中国社会主义初级阶段的基本经济制度。毫不动摇地巩固和发展公有制经济，毫不动摇地鼓励、支持和引导非公有制经济发展，使两者在社会主义现代化进程中相互促进，共同发展，是必须长期坚持的基本方针，是完善社会主义市场经济体制、建设中国特色社会主义的必然要求。改革开放以来，中国个体、私营等非公有制经济不断发展壮大，已经成为社会主义市场经济的重要组成部分和促进社会生产力发展的重要力量。积极发展个体、私营等非公有制经济，有利于繁荣城乡经济、增加财政收入，有利于扩大社会就业、改善人民生活，有利于优化经济结构、促进经济发展，对全面建设小康社会和加快社会主义现代化进程具有重大的战略意义。"

《意见》提出，"允许非公有资本进入垄断行业和领域""允许非公有资本进入公用事业和基础设施领域""允许非公有资本进入社会事业领域""允许非公有资本进入金融服务业""允许非公有资本进入国防科技工业建设领域""鼓励非公有制经济参与国有经济结构调整和国有企业重组""鼓励、支持非公有制经济参与西部大开发、东北地区等老工业基地振兴和中部地区崛起。"

华为技术有限公司是一家成立于1987年的民营科技公司，现在已是全球最大的电信网络解决方案提供商，全球第二大电信基站设备供应商。

观点

成思危："非公经济36条"落实的不尽如人意：第一，尽管中央一再强调非公有制经济是社会主义市场经济的重要组成部分，又提出了两个毫不动摇。但是我们还是有一些观念上对非公有制经济的认识存在着偏差；第二，歧视非公经济的观念还有待转变；第三，各级政府依法行政的自觉性还有待加强，我们说要想使"非公经济36条"落到实处，非常重要的就是各级政府要依法行政；第四，是有关的政策措施还需要进一步的细化和深化，政策里面提出了一些措施，如果不细化和深化的话，还是很难兑现的；第五，非公经济企业和人士还应当进一步提高自身的素质。建议：首先是放宽非公经济市场准入，允许非公有资本进入法律法规未禁入的基础设施、公用事业及其他行业和领域，以及允许外资进入的领域，并放宽股权比例限制等条件；第二，就是要减少行政许可；第三，就是配套条件要公平；第四，就要取消价格的管制。
资料来源：《成思危在2005年中国非公有制经济发展论坛上的讲话》，中国中小企业信息网，2005年10月12日。

林毅夫：2005年确实是民营经济发展相当关键的一年，为什么这样说呢？民营经济等了好久盼来了一个"非公经济36条"，这36条怎么落实，确实需要有一段时间。但是即使现在落实不尽人意，但我相信"非公经济36条"对未来民营经济的发展打下了非常好的基础，将来可以开创一个很大的空间。
资料来源：《2005年民营经济回顾》，《中华工商时报》，2006年1月27日。

保育钧：民营企业在2005年一个贡献是沟通城乡，在过去计划经济条件下，城乡鸿沟越来越深，现在由于民营企业，城乡之间的鸿沟被填补起来。所以建设社会主义新农村主体应该是民营经济。虽然大家现在遇到很多困难，但民营企业一直都是在困难当中成长起来的，民营企业就是有这个特性，它就是在战胜困难中长大的。城乡互动民营企业起了很大的作用，现在大家都觉得进城农民工苦，如果没有民营企业能进得了城吗？现在户口是二元的，城乡矛盾原来就有的，只是农民工进城之后才暴露出来。应该把民营企业做的贡献展示给社会，如实地介绍出来。
资料来源：《2005年民营经济：最重要政策成果是非公经济36条》，《中华工商时报》，2006年1月27日。

回忆

2005年7月18日上午9时15分，中国首家低成本航空公司——春秋航空的首个航班，编号为B-6250的空中客车320-214型客机，满载180名旅客从上海虹桥机场直飞烟台。春秋航空有限公司是首个中国民营资本独资经营的低成本航空公司（廉价航空公司）。春秋航空有限公司经中国民用航空总局批准成立于2004年5月26日，由春秋旅行社创办，注册资本8000万元人民币。

"如果没有7年前2月份的那份文件，可能就没有春秋航空公司顺利开航。"春秋航空公司董事长王正华这样解读2005年"非公36条"出台的意义。在王正华看来，民航业对民营企业的开放是春秋航空迅速发展的大背景。"开放力度足够大，虽然其中也有反复，但民航总局在往开放、公平的路上走，在认真贯彻国家的有关精神"。王正华经常对他手下跑"航权时刻"的人讲，不要老埋怨，要换位思考，民航总局要执行"非公36条"承担的压力也不小。即便如此，王正华仍认为，目前航空业在中国仍处于高度垄断状态，"买飞机"和"航权时刻"就是民营航空公司的两大难题。

资料来源：《王正华："非公36条"对春秋航空意义深远》，《新京报》，2012年3月12日。

春秋航空有限公司是中国首个民营资本独资经营的航空公司。

《意见》的颁发，对中国非公有制经济的快速平稳健康发展产生促进作用，对于完善社会主义市场经济体制，建设中国特色社会主义，都具有重要意义。

2005年4月27日，中国国民党主席连战率领中国国民党大陆访问团，抵达南京中山陵，举行拜谒仪式。

《反分裂国家法》颁布

2004年12月29日，十届全国人大常委会第十三次会议经过表决，以全票通过《关于提请审议<反分裂国家法>(草案)的议案》，决定提请十届全国人大三次会议审议。

2005年3月5日至14日，十届全国人大三次会议在北京召开。3月14日，经过审议，十届全国人大三次会议高票通过了《反分裂国家法》。当天，国家主席胡锦涛签署中华人民共和国主席令，正式公布了《反分裂国家法》，自公布之日起施行。《反分裂国家法》共10条，主要内容是鼓励两岸继续交流合作，但同时也首次明确提出了在三种情况下中国大陆可用"非和平手段"处理台湾问题的底线。

《反分裂国家法》指出："世界上只有一个中国，大陆和台湾同属一个中国，中国的主权和领土完整不容分割。维护国家主权和领土完整是包括台湾同胞在内的全中国人民的共同义务。台湾是中国的一部分。国家绝不允许'台独'分裂势力以任何名义、任何方式把台湾从中国分裂出去。""台湾问题是中国内战的遗留问题。解决台湾问题，实现祖国统一，是中国的内部事务，不受任何外国势力的干涉。""坚持一个中国原则，是实现祖国和平统一的基础。以和平方式实现祖国统一，最符合台湾海峡两岸同胞的根本利益。国家以最大的诚意，尽最大的努力，实现和平统一。国家和平统一后，台湾可以实行不同于大陆的制度，高度自治。""'台独'分裂势力以任何名义、任何方式造成台湾从中国分裂出去的事实，或者发生将会导致台湾从中国分裂出去的重大事变，或者和平统一的可能性完全丧失，国家得采取非和平方式及其他必要措施，捍卫国家主权和领土完整。依照前款规定采取非和平方式及其他必要措施，由国务院、中央军事委员会决定和组织实施，并及时向全国人民代表大会常务委员会报告。"

全国人大常委会委员长吴邦国在《反分裂国家法》通过之后说："会议审议并高票通过的《反分裂国家法》，将中央关于解决台湾问题的

> **语录** "从你们踏上大陆的那一刻起，我们两党就共同迈出了历史性的一步。"
>
> ——胡锦涛
>
> 背景：2005年4月26日，中国国民党主席连战率领的国民党大陆访问团一行60人抵达南京禄口机场，开始中国国民党时隔半个多世纪的首次大陆之行。4月29日下午3时，中共中央总书记、国家主席胡锦涛在北京人民大会堂同连战亲切握手，这一刻距离1945年重庆谈判时毛泽东与蒋介石的握手已经过去了60年。胡锦涛说："你们的来访是中国共产党和中国国民党关系史上的一件大事，也是当前两岸关系中的一件大事，从你们踏上大陆的那一刻起，我们两党就共同迈出了历史性的一步。"

大政方针以法律的形式固定下来，充分体现了我们以最大的诚意、尽最大的努力争取和平统一的一贯主张，同时表明了全中国人民维护国家主权和领土完整，绝不允许'台独'分裂势力以任何名义、任何方式把台湾从中国分裂出去的共同意志和坚定决心。这部重要法律的颁布实施，对推动两岸关系发展，促进祖国和平统一，反对和遏制'台独'分裂势力分裂国家，维护台湾海峡地区和平稳定，维护国家主权和领土完整，维护中华民族的根本利益，具有重大的现实作用和深远的历史影响。"①

①《〈反分裂国家法〉高票通过》，中华工商时报，2005年3月15日。

股权分置改革试点启动

2004年2月，国务院颁布的《关于推进资本市场改革开放和稳定发展的若干意见》（简称"国九条"）明确指出，"积极稳妥解决股权分置问题。稳步解决目前上市公司股份中尚不能上市流通股份的流通问题。在解决这一问题时，要尊重市场规律，有利于市场的稳定和发展，保护投资者特别是社会公众投资者的合法权益"，并强调"坚持改革的力度、发展的速度与市场可承受程度的统一，处理好改革、发展、稳定的关系"。

2005年4月29日，经过国务院批准，中国证监会发布了《关于上市公司股权分置改革试点有关问题的通知》，确立了"市场稳定发展、规则公平统一、方案协商选择、流通股东表决、实施分步有序"的操作原则，股权分置改革试点正式启动。

《通知》指出："为了保持市场稳定、保护投资者特别是公众投资者合法权益，中国证券监督管理委员会根据上市公司股东的改革意向和保荐机构的推荐，协商确定试点公司。试点上市公司股东自主决定股权分置问题解决方案。""试点上市公司应当及时履行信息披露义务，真实、准确、完整地披露信息，并做好申请股票停复牌工作：（一）在被确定进行股权分置改革试点的第一时间披露该信息，并申请公司股票停牌。（二）在董事会就股权分置改革方案做出决议的两个工作日内公告董事会决议、独立董事意见、股权分置改革说明书、保荐机构的保荐意见、召开临时股东大会的通知，并申请公司股票复牌。试点上市公司应当申请自本次临时股东大会股权登记日的次日起至临时股东

📝 回忆

2005年5月9日，中国证券市场的股权分置改革正式启动，当天上证指数下跌了2.44%。"尚福林主席说，比他预想的跌得要少。"李振宁回忆。"选在长假前公布股改试点启动的消息，就是为了用一个相对较长的时间，让各方都能深刻认识到这次股改与以往减持的不同之处，同时，也做了最坏的思想准备。"李振宁说。

2005年6月，股改刚刚开始一个月，当时股指一路走低，上证指数甚至跌破了1000点，很多人开始怀疑股改，要求放慢改革的脚步。而李振宁却认为，"股改只能快，不能慢"，要"快刀斩乱麻"，最多两三年的时间做完。"只有大幅增加股改公司的数量，才能让市场感觉到股改是会在短期内完成的，这样就稳定了市场预期。"因此，李振宁认为，第二批股权分置改革试点涵盖的上市公司达到40多家，是个决胜之举。之后，股改进行顺利，并渐入佳境。

资料来源：《李振宁：股改做了最坏准备》，《经济观察报》，2007年5月20日。

2005年6月10日，清华同方股东大会审议股权分置改革试点方案。

座落在安徽黄山脚下翡翠谷景区的翡翠新村。

大会决议公告前公司股票停牌。(三)在临时股东大会对股权分置改革方案做出决议后,应当在两个工作日内公告临时股东大会决议并申请公司股票复牌。公司改革方案实施需要继续停牌的,可以向证券交易所申请继续停牌。""试点上市公司董事会应当聘请保荐机构协助制订股权分置改革方案,对相关事宜进行尽职调查,对相关文件进行核查,出具保荐意见,并协助实施股权分置改革方案。保荐机构应当指定三名保荐代表人具体负责保荐事宜。"

截至2005年12月28日,推出股改方案的上市公司共399家,其中送股类企业为383家。在这383家上市公司中,已完成股改的G股企业有213家。

提出建设社会主义新农村的重大历史任务

2005年10月8日至11日,中国共产党第十六届中央委员会第五次全体会议在北京举行。全会经过审议,于10月11日通过了《中共中央关于制定国民经济和社会发展第十一个五年规划的建议》。

《中共中央关于制定国民经济和社会发展第十一个五年规划的建议》指出:"全面建设小康社会的难点在农村和西部地区。要从社会主义现代化建设全局出发,统筹城乡区域发展。坚持把解决好'三农'问题作为全党工作的重中之重,实行工业反哺农业、城市支持农村,推进社会主义新农村建设,促进城镇化健康发展。""建设社会主义新农村是中国现代化进程中的重大历史任务。要按照生产发展、生活宽裕、乡风文明、村容整洁、管理民主的要求,坚持从各地实际出发,尊重农民意愿,扎实稳步推进新农村建设。"由此,中央正式提出了建设社会主义新农村的目标和重大历史任务。

此前,中央于2003年在十六届三中全会上第一次正式提出了"统筹城乡发展"的思想,于2004年召开的中央农村工作会议报告中提出了"努力建设生产发展、生活富裕、生态良好的社会主义新农村"。到了2004年9月,胡锦涛总书记在党的十六届四中全会上,明确提出"两个趋向"的重要论断,指出:"综观一

观点

陈锡文: 进入新世纪,党中央、国务院再次提出社会主义新农村建设,是由党和国家事业的全局所决定的。由于我们必须按党的十六大的要求,在21世纪头20年实现全面建设小康社会的宏伟目标,使全体人民共享发展和现代化的成果;由于我们必须按党的十七大的要求,全面贯彻落实科学发展观,使中国走上经济平稳较快增长、社会和谐、生态良好的可持续发展之路,因此,就必须在建立起以工促农、以城带乡长效机制的前提下,切实按照中央提出的从农村的经济建设、政治建设、社会建设、文化建设、生态文明建设和党的农村基层组织建设等方面的总体要求,全面、扎实、协调地推进中国的社会主义新农村建设。

资料来源:《关于社会主义新农村建设的若干问题》,新华网,2011年12月。

张晓山: 党的十六届五中全会公报以"生产发展、生活宽裕、乡风文明、村容整洁、管理民主"来描述对社会主义新农村的要求。我认为,这20个字是对农村物质文明、精神文明、政治文明未来发展蓝图的生动写照。我们要按照中央的部署,扎扎实实地推进社会主义新农村建设。当前,制约农业和农村发展的深层次矛盾还没有消除,免征农业税后引发的问题即是深层次矛盾的体现。解决"三农"问题的任务仍然相当艰巨。近年来开展的农村税费改革是农村经济社会领域一场深刻的变革,已经取得了积极成果。税费改革的真正内涵不仅仅是减轻农民负担,而是调整国民收入再分配格局。免征农业税是惠民利民的重大举措,但这只是农村税费改革迈出的第一步。

徐勇: 免除农业税是对以农业财政支撑国家体系的传统时代终结,也是建立以工商业为支撑的公共财政新时代的开始。终结农业财政既是现代化建设进入新时期的结果,更是建构现代国家的必然要求。为此,需要在终结农业财政的过程中进行相应的体制改革。

资料来源:《现代国家建构与农业财政的终结》,《华南师范大学学报》,2006年第2期。

流行志

《千手观音》

中国残疾人艺术团表演的舞蹈《千手观音》。

2005年中央电视台"春节联欢晚会"上，一群聋哑女孩表演的舞蹈节目《千手观音》受到人们一致好评。在《千手观音》中，领舞邰丽华与20位同伴结为一体，以千手观音形象立于莲花台上，在镶嵌着1000多只手的金碧辉煌的拱门下，用婀娜的舞姿和生动的眼神"述说"内心世界的美丽话语。21位生活在无声世界里的美丽女孩，通过舞蹈老师的手语指挥用眼睛去感悟音乐的韵律，她们的舞姿感动了全中国。

博客

影视明星徐静蕾的博客点击率在中国长期排名领先

博客，也称为网络日志，由Blog音译过来。2000年博客开始进入中国，但业绩平平，直到2004年，中国民众才逐渐了解博客，并运用博客。2005年，原不看好博客业务的国内各门户网站，如新浪、搜狐也加入博客阵营，博客的春秋战国时代开始。这一年也被称为中国的"博客"元年。许多名人纷纷注册博客，明星博客的访问量成了人气的象征。

在北京天坛公园健身的老年人

些工业化国家发展的历程，在工业化初始阶段，农业支持工业、为工业提供积累是带有普遍性的趋向；但在工业化达到相当程度以后，工业反哺农业、城市支持农村，实现工业与农业、城市与农村协调发展，也是带有普遍性的趋向。"

《关于完善企业职工基本养老保险制度的决定》颁布

2005年12月14日，国务院颁发《关于完善企业职工基本养老保险制度的决定》，进一步要求城镇各类企业职工、个体工商户和灵活就业人员都参加企业职工基本养老保险，并提出在当时及此后一个时期内以非公有制企业、城镇个体工商户和灵活就业人员参保工作为重点，扩大基本养老保险覆盖范围。

《决定》要求，要继续把确保企业离退休人员基本养老金按时足额发放作为首要任务，进一步完善各项政策和工作机制，确保离退休人员基本养老金按时足额发放，不得发生新的基本养老金拖欠，切实保障离退休人员的合法权益。城镇各类企业职工、个体工商户和灵活就业人员都要参加企业职工基本养老保险。要进一步落实国家有关社会保险补贴政策，帮助就业困难人员参保缴费。

《决定》指出，做实个人账户，积累基本养老保险基金，是应对人口老龄化的重要举措，也是实现企业职工基本养老保险制度可持续发展的重要保证。为与做实个人账户相衔接，从2006年1月1日起，个人账户的规模统一由本人缴费工资的11%调整为8%。同时，进一步完善鼓励职工参保缴费的激励约束机制，相应调整基本养老金计发办法。加强基本养老保险基金征缴与监管。凡是参加企业职工基本养老保险的单位和个人，都必须按时足额缴纳基本养老保险费。基本养老保险基金要纳入财政专户，实行收支两条线管理，严禁挤占挪用。要制定和完善社会保险基金监督管理的法律法规，实现依法监督。

社会关注

青藏铁路全线铺通

2005年10月12日,青藏铁路全线铺通。青藏铁路是世界海拔最高、线路最长的高原铁路,东起青海西宁,西至拉萨,全长1956公里。其中,西宁至格尔木段814公里已于1979年铺通,1984年投入运营。青藏铁路格尔木至拉萨段,北起青海省格尔木市,经纳赤台、五道梁、沱沱河、雁石坪,翻越唐古拉山,再经西藏自治区安多、那曲、当雄、羊八井,至拉萨,全长1142公里,其中新建线路1110公里。

神舟六号载人航天飞行圆满成功

2005年北京时间10月12日9时,由长征二号F型运载火箭发射的中国自主研制的神舟六号载人飞船,在酒泉卫星发射中心将两名中国航天员费俊龙、聂海胜送上太空。这是中国第二艘搭载太空航天员的飞船。

10月12日9时39分,中国载人航天工程总指挥陈炳德宣布:神舟六号载人航天飞行发射成功。

10月12日17时29分,航天员费俊龙打开神舟六号返回舱与轨道舱之间的舱门,进入轨道舱开展空间科学实验。在距地面343公里太空中的这个小小动作,标志着中国载人航天飞行由神舟五号的验证性飞行试验完全过渡到真正意义上有人参与的空间飞行试验。10月17日凌晨4时33分,在经过115小时32分钟的太空飞行,神舟六号载人飞船返回舱顺利着陆。10月17日凌晨5时45分,载人航天工程总指挥陈炳德宣布:神舟六号载人飞船返回舱成功着陆,航天员费俊龙、聂海胜自主出舱,中国神舟六号载人航天飞行获得圆满成功!

至此,中国仅用两年时间实现从神舟五号"一人一天"航天飞行到神舟六号"多人多天"航天飞行的重

青藏铁路拉萨首发列车正通过拉萨河大桥向格尔木方向进发。

环球大事

◎ 1月18—22日
由联合国主持召开的世界减灾会议在日本兵库县神户市举行。来自150多个国家和地区的4000多名代表出席了此次会议。会议为未来十年如何减少灾害给全球造成的损失描绘出行动蓝图,通过了《兵库宣言》和《兵库行动框架》。

◎ 1月26—30日
世界经济论坛在瑞士达沃斯召开,来自96个国家共2250多名代表参加,其中包括20多位国家元首或政府首脑。本届会议的主题是"为艰难抉择承担责任"。

◎ 2月16日
旨在减少温室气体排放的《京都议定书》正式生效。《京都议定书》的目标是在2008年至2012年间,将发达国家的二氧化碳等6种温室气体排放量在1990年的基础上平均减少5.2%。议定书得到140多个国家和地区的批准,批准国家的人口数量占全世界总人口的80%。

◎ 2月27日
《烟草控制框架公约》在全球40个国家生效。它是由世界卫生组织主持达成的第一个具有法律效力的国际公共卫生公约,也是世界第一个旨在限制全球烟草和烟草制品的公约。

◎ 3月8日
第59届联合国大会以84票赞成、34票反对、37票弃权的表决结果,批准了联大法律委员会上月通过的《联合国关于人的克隆宣言》。

◎ 3月21日
联合国秘书长安南正式向第59届联大提交了题为《大自由:为人人共享发展、安全和人权而奋斗》的联合国改革报告,并呼吁各国一揽子接受报告中关于发展、安全、人权和联合国机构改革等方面的改革建议。

◎ 3月22—23日
阿拉伯国家联盟(阿盟)第17次首脑会议在阿尔及利亚首都阿尔及尔举行。与会22个阿盟成员国的国家元首或其代表一致决定重新启动"阿拉伯和平倡议"。

◎ 3月31日
世界银行发表声明宣布,该行执行董事会已批准由美国国防部副部长沃尔福威茨接替当年5月底卸任的沃尔芬森出任世界银行行长。沃尔福威茨6月1日上任。

◎ 4月6日
意大利参议院批准了《欧盟宪法条约》。19日,希腊议会以高票通过《欧盟宪法条约》。至此,欧盟25个成员国中有6个国家批准了该条约。

◎ 5月16—25日
第58届世界卫生大会在日内瓦举行。本届大会通过了新修订的《国际卫生条例》、《防治癌症决议》和《全球接种疫苗战略》等一系列文件。

◎ 6月11日
八国集团财长会议在伦敦达成协议,决定立即全部取消18个重债穷国的400亿美元债务。这是有史以来全球实施的最大规模债务减除计划。

环球大事

6月15日
"77国集团+中国"第二届南方首脑会议在卡塔尔首都多哈举行,本届会议主题为"实现千年发展目标"。会议通过了《多哈宣言》和《行动纲领》两份重要文件,一致呼吁发展中国家加强南南合作,共谋发展,消灭贫困。

7月4日
美国宇航局的"深度撞击"彗星撞击器在距地球约1.3亿公里处,以每小时3.7万公里的相对速度成功击中了坦普尔1号彗星的彗核表面,实现了人造航天器和彗星的"第一次亲密接触"。

8月
由于欧盟对中国的部分纺织服装实施进口配额限制,大量超出配额的纺织服装积压在欧洲各港口。29日,欧盟贸易委员曼德尔森正式提议,允许因配额用完而无法得到进口许可证的中国纺织服装进入欧盟市场。

9月14日
联合国成立60周年首脑会议在纽约开幕。9月16日,联合国首脑会议在纽约联合国总部闭幕。与会各国领导人经过深入讨论,审议通过了《成果文件》,在发展、安全、人权和联合国改革等问题上做出了一系列重要决定和承诺。

2005年10月21日,美国纽约联合国总部大楼点亮彩灯。

11月19日
亚太经合组织第13次领导人非正式会议在韩国釜山闭幕。会议结束时发表了《亚太经合组织第13次领导人非正式会议釜山宣言》、《亚太经合组织领导人关于世贸组织多哈发展议程谈判的声明》、《亚太经合组织流感大流行防控倡议》等文件。

12月10日
为期两周的世界气候变化会议在加拿大蒙特利尔闭幕。会议同意启动《京都议定书》新一阶段温室气体减排谈判。

12月13—18日
世界贸易组织第六次部长级会议在中国香港举行,来自世贸组织149个成员的5800多名代表和2000多名非政府组织代表与会。根据会议发表的《部长宣言》,发达成员和部分发展中成员同意在2008年前向最不发达国家所有产品提供免关税、免配额的市场准入;发达成员2006年取消棉花的出口补贴,2013年年底前取消农产品出口补贴。

12月14日
首届东亚峰会在马来西亚首都吉隆坡举行。来自东盟10国、中国、日本、韩国、印度、澳大利亚和新西兰等16个国家的国家元首或政府首脑与会。

2005年10月12日,即将执行神舟六号载人飞船飞行任务的航天员费俊龙(左)和聂海胜在酒泉卫星发射中心。

大跨越,标志着中国在发展载人航天技术方面取得了又一个具有里程碑意义的重大胜利,使中国继俄罗斯、美国之后成为世界上第三个能独立自主进行载人航天飞行的国家。

中国大陆第13亿个公民诞生

2005年1月6日零时2分,中国大陆第13亿个公民在北京妇产医院诞生。至此,中国大陆人口达到13亿。当天,国家人口与计划生育委员会主任张维庆向这位中国第13亿个小公民颁发了荣誉证书,确认了他是中国大陆第13亿个公民的特殊身份。

随着中国大陆第13亿个公民的诞生,1月6日也就成为"中国13亿人口日"。

由于计划生育工作的贯彻落实,从1995年2月15日的第12亿人口日到2005年1月6日,中国13亿人口日比预计的2001年推迟了4年。这标志着中国计划生育工作取得了巨大成绩,但是同时也给中国的社会发展带来了严峻挑战。

重要文献

《关于上市公司股权分置改革的指导意见》

（2005年8月23日）

2005年8月23日，证监会、国资委、财政部、人民银行、商务部联合发布《关于上市公司股权分置改革的指导意见》。

节选：

5. 积极稳妥推进股权分置改革的指导思想是，坚持股权分置改革与维护市场稳定发展相结合的总体原则，进一步明确改革预期，改进和加强协调指导，调动多种积极因素，抓紧落实《若干意见》提出的各项任务，制定、修改和完善相关法规和政策措施，加强市场基础性建设，完善改革和发展的市场环境，实现资本市场发展的重要转折，使市场进入良性发展的轨道。

7. 股权分置改革要坚持统一组织。中国证监会要制定《上市公司股权分置改革管理办法》，以"公开、公平、公正"的操作程序和监管要求，规范股权分置改革工作，保障投资者特别是公众投资者的合法权益。国务院有关部门要加强协调配合，按照有利于推进股权分置改革的原则，完善促进资本市场稳定发展的相关政策，调整和完善国资管理、企业考核、会计核算、信贷政策、外商投资等方面的规定，使股权分置改革相关政策衔接配套。……

10. 坚持改革的市场化导向，注重营造有利于积极稳妥解决股权分置问题的市场机制。根据股权分置改革进程和市场整体情况，择机实行"新老划断"，对首次公开发行公司不再区分流通股和非流通股。完成股权分置改革的上市公司优先安排再融资，可以实施管理层股权激励，同时改革再融资监管方式，提高再融资效率。……

12. 上市公司及其董事会要严格按照管理办法规定的程序进行股权分置改革，认真履行信息披露义务，切实维护投资者特别是公众投资者的知情权、参与权和表决权。鼓励公众投资者积极参与股权分置改革，依法行使股东权利。非流通股股东要严格履行在股权分置改革中做出的承诺，并对违约行为承担相应的责任。

——摘自《中华人民共和国国务院公报》2006年第23期，第46—48页，国务院办公厅编辑出版。

重要文献

《中共中央关于制定国民经济和社会发展第十一个五年规划的建议》

（2005年10月11日）

2005年10月11日，中国共产党第十六届中央委员会第五次全体会议审议通过《中共中央关于制定国民经济和社会发展第十一个五年规划的建议》。

目录：

一、全面建设小康社会的关键时期
二、全面贯彻落实科学发展观
三、建设社会主义新农村
四、推进产业结构优化升级
五、促进区域协调发展
六、建设资源节约型、环境友好型社会
七、深化体制改革和提高对外开放水平
八、深入实施科教兴国战略和人才强国战略
九、推进社会主义和谐社会建设
十、全党全国各族人民团结起来为实现"十一五"规划而奋斗

■ 重要文献

《关于深化文化体制改革的若干意见》
（2005年12月23日）

2005年12月23日，中共中央、国务院出台《关于深化文化体制改革的若干意见》。《意见》阐明了文化体制改革的指导思想、原则要求和目标任务。指出：文化体制改革，要坚持社会主义先进文化的前进方向；坚持马克思主义在意识形态领域的指导地位，确保国家文化安全；坚持勇于实践、大胆创新，树立新的文化发展观；坚持把社会效益放在首位，努力实现社会效益和经济效益的统一；坚持文化事业和文化产业协调发展；坚持区别对待、分类指导，循序渐进、逐步推开。

目录：
一、文化体制改革的发展进程
二、文化体制改革的重要性和紧迫性
三、文化体制改革的指导思想、原则要求和目标任务
四、推进文化事业单位改革
五、深化文化企业改革
六、加快文化领域结构调整
七、培育现代文化市场体系
八、健全宏观管理体制
九、加强对文化体制改革工作的领导

■ 重要文献

《关于推进社会主义新农村建设的若干意见》
（2005年12月31日）

2005年12月31日，中共中央、国务院出台《关于推进社会主义新农村建设的若干意见》。要求各级党委和政府必须按照党的十六届五中全会的战略部署，始终把"三农"工作放在重中之重，统筹城乡经济社会发展，扎实推进社会主义新农村建设；推进现代农业建设，强化社会主义新农村建设的产业支撑；促进农民持续增收，夯实社会主义新农村建设的经济基础；加强农村基础设施建设，改善社会主义新农村建设的物质条件；加快发展农村社会事业，培养推进社会主义新农村建设的新型农民；全面深化农村改革，健全社会主义新农村建设的体制保障；加强农村民主政治建设，完善建设社会主义新农村的乡村治理机制；切实加强领导，动员全党全社会关心、支持和参与社会主义新农村建设。

目录：
一、统筹城乡经济社会发展，扎实推进社会主义新农村建设
二、推进现代农业建设，强化社会主义新农村建设的产业支撑
三、促进农民持续增收，夯实社会主义新农村建设的经济基础
四、加强农村基础设施建设，改善社会主义新农村建设的物质条件
五、加快发展农村社会事业，培养推进社会主义新农村建设的新型农民
六、全面深化农村改革，健全社会主义新农村建设的体制保障
七、加强农村民主政治建设，完善建设社会主义新农村的乡村治理机制
八、切实加强领导，动员全党全社会关心、支持和参与社会

重要文献

《关于完善企业职工基本养老保险制度的决定》

(2005年12月3日)

2005年12月3日,国务院发布《关于完善企业职工基本养老保险制度的决定》。

节选:

城镇各类企业职工、个体工商户和灵活就业人员都要参加企业职工基本养老保险。当前及今后一个时期,要以非公有制企业、城镇个体工商户和灵活就业人员参保工作为重点,扩大基本养老保险覆盖范围。要进一步落实国家有关社会保险补贴政策,帮助就业困难人员参保缴费。城镇个体工商户和灵活就业人员参加基本养老保险的缴费基数为当地上年度在岗职工平均工资,缴费比例为20%,其中8%记入个人账户,退休后按企业职工基本养老金计发办法计发基本养老金。

逐步做实个人账户。做实个人账户,积累基本养老保险基金,是应对人口老龄化的重要举措,也是实现企业职工基本养老保险制度可持续发展的重要保证。要继续抓好东北三省做实个人账户试点工作,抓紧研究制订其他地区扩大做实个人账户试点的具体方案,报国务院批准后实施。国家制订个人账户基金管理和投资运营办法,实现保值增值。

——摘自《中华人民共和国国务院公报》2006年第3期,第6—9页,国务院办公厅编辑出版。

重要文献

《关于鼓励支持和引导个体私营等非公有制经济发展的若干意见》

(2005年2月19日)

2005年2月19日,国务院发出《关于鼓励支持和引导个体私营等非公有制经济发展的若干意见》。这是改革开放以来国内第一个促进非公经济发展的系统性政策文件,也被称为"非公36条"。

节选:

鼓励、支持和引导非公有制经济发展,要以邓小平理论和"三个代表"重要思想为指导,全面落实科学发展观,认真贯彻中央确定的方针政策,进一步解放思想,深化改革,消除影响非公有制经济发展的体制性障碍,确立平等的市场主体地位,实现公平竞争;进一步完善国家法律法规和政策,依法保护非公有制企业和职工的合法权益;进一步加强和改进政府监督管理和服务,为非公有制经济发展创造良好环境;进一步引导非公有制企业依法经营、诚实守信、健全管理,不断提高自身素质,促进非公有制经济持续健康发展。

(一)贯彻平等准入、公平待遇原则。允许非公有资本进入法律法规未禁入的行业和领域。允许外资进入的行业和领域,也允许国内非公有资本进入,并放宽股权比例限制等方面的条件。在投资核准、融资服务、财税政策、土地使用、对外贸易和经济技术合作等方面,对非公有制企业与其他所有制企业一视同仁,实行同等待遇。……

(二)允许非公有资本进入垄断行业和领域。加快垄断行业改革,在电力、电信、铁路、民航、石油等行业和领域,进一步引入市场竞争机制。……

(三)允许非公有资本进入公用事业和基础设施领域。……支持非公有资本积极参与城镇供水、供气、供热、公共交通、污水垃圾处理等市政公用事业和基础设施的投资、建设与运营。……

(四)允许非公有资本进入社会事业领域。支持、引导和规范非公有资本投资教育、科研、卫生、文化、体育等社会事业的非营利性和营利性领域。……支持非公有制经济参与公有制社会事业单位的改组改制。……

(五)允许非公有资本进入金融服务业。……允许非公有资本进入区域性股份制银行和合作性金融机构。符合条件的非公有制企业可以发起设立金融中介服务机构。允许符合条件的非公有制企业参与银行、证券、保险等金融机构的改组改制。

(七)鼓励非公有制经济参与国有经济结构调整和国有企业重组。……鼓励非公有制企业通过并购和控股、参股等多种形式,参与国有企业和集体企业的改组改制改造。……

(九)加大财税支持力度。逐步扩大国家有关促进中小企业发展专项资金规模……加快设立国家中小企业发展基金。研究完善有关税收扶持政策。

(二十三)推进社会保障制度建设。……有关部门要根据非公有制企业量大面广、用工灵活、员工流动性大等特点,积极探索建立健全职工社会保障制度。

——摘自《中华人民共和国国务院公报》2005年第10期,第7—12页,国务院办公厅编辑出版。

大事记

1月12日

国务院召开常务会议,讨论并原则通过《国务院关于鼓励支持和引导非公有制经济发展的若干意见》。

1月13日

国务院副总理黄菊在全国国有资产监督管理工作会议上强调,要坚持正确的改革方向,加快国有大型企业股份制改革步伐,通过重组上市、引进战略投资者等方式,实现投资主体多元化。要加快推进国有经济布局结构的战略性调整,推动国有资本更多地投向关系国家安全和国民经济命脉的重要行业和关键领域,积极发展具有国际竞争力的大企业集团,使国有经济更好地发挥控制力、影响力和带动力。

1月15日

民航总局开始施行《公共航空运输企业经营许可规定》,这标志着民营资本和外资申办公共航空运输企业不受限制。

1月16日

江苏省射阳县新坍镇召开全镇党员大会,公推直选镇党委领导班子全部成员。镇党代表从候选人提名,到候选人的竞职演讲、答辩,直到最终无记名投票选举全程参与和监督,由党员们自主选择,并当场公布投票结果。

1月24日

为进一步促进证券市场的健康发展,经国务院批准,财政部决定从2005年1月24日起,调整证券(股票)交易印花税税率,由现行2‰调整为1‰。

1月26日

赛富成长基金创业投资企业在天津成立,这是中国第一家非法人制中外合资创业投资基金。非法人制采用有限合伙企业组织形式,将出资人与管理人的责任与权利有机结合,有效避免了双重征税问题,实现了创业投资组织形式与国际的对接。

1月30日

国务院发布文件《中共中央国务院关于进一步加强农村工作提高农业综合生产能力若干政策的意见》。这是2005年的一号文件。《意见》强调,当前和今后一个时期,要把加强农业基础设施建设,加快农业科技进步,提高农业综合生产能力,作为一项重大而紧迫的战略任务,切实抓紧抓好。

1月31日

中国人民银行发布《稳步推进利率市场化报告》,披露了下一步利率市场化改革的初步设想。

2月1日

从2005年春季学期开始,592个国家贫困县的约1600万农村义务教育阶段家庭贫困的中小学生,全部免费提供教科书,免收杂费。

2月4日

劳动和社会保障部发布《企业年金基金管理机构资格认定暂行办法》,同时发布配套的《企业年金基金管理运作流程》、《企业年金基金账户管理信息系统规范》和《企业年金基金管理机构资格认定专家评审规则》等三个文件。这四个文件的出台,标志着企业年金进军资本市场将进入实质行动阶段。

2月7日

香港地铁公司联同合营伙伴与北京市政府草签了北京地铁四号线项目《特许经营协议》,这是国内城市轨道交通建设中首个以公私合营模式进行的项目。

2月27日

中国人民银行与中国银行业监督管理委员会联合下发《关于加快落实国家助学贷款新政策有关事宜的通知》,要求各地抓紧落实国家助学贷款新政策,加快完成所有省属高校的国家助学贷款经办行招投标工作,保证中标银行与高校签订协议的国家助学贷款及时发放到位。

2月28日

中共中央下发《关于进一步加强中国共产党领导的多党合作和政治协商制度建设的意见》,对中国共产党领导的多党合作和政治协商制度的性质;进一步完善政治协商的内容、形式和程序等作出说明。

3月1日

《对外贸易壁垒调查规则》正式实施。《规则》提高了与WTO等多边规则的一致性,加大了对申请人利益的保护力度,对于进一步做好贸易壁垒调查工作,保护中国产业的合理利益具有现实意义,为国内企业提供了一种新的解决贸易壁垒的途径。

3月1日

国资委开始实施《中央企业重大纠纷案件管理暂行办法》。依据《办法》,中央企业发生重大法律纠纷案件的,应及时报国资委备案;涉及诉讼或仲裁的,应自立案之日起1个月内报国资委备案;未及时上报重大法律纠纷案件,且造成国资重大损失的,相关负责人将会被追究相关法律责任。

3月2日

以环境核算和污染经济损失调查为内容的绿色GDP试点在北京、天津、河北、辽宁、浙江、安徽、广东、海南、重庆和四川等十省市启动。

3月3日

国务院下发了《国务院关于鼓励支持和引导个体私营等非公有制经济发展的若干意见》(即36条)。

3月10日

为进一步推进国企下岗职工基本生活保障制度向失业保险制度并轨。劳动保障部、财政部发出通知,要求在2005年内全面实现国企下岗职工基本生活保障制度向失业保险制度并轨。

3月12日

中国第一家民营航空公司——"奥凯航空"的首架航班从天津起飞,这标志着中国民营资本正式进入航空运输业。

3月14日

国务院办公厅转发了民政部、卫生部、劳动和社会保障部、财政部《关于建立城市医疗救助制度试点工作的意见》,决定从今年开始,用两年时间在各省、自治区、直辖市的部分县(市、区)就这项工作进行试点,重点探索城市医疗救助的管理体制、运行机制和资金筹措机制,之后再用2-3年时间在全国建立起管理制度化、操作规范化的城市医疗救助制度,切实帮助城市贫困群众解决就医方面的困难和问题。

3月14日

在十届人大三次会议举行的记者招待会上,温家宝指出2005年改革的主要任务有五项:第一,推进政府自身的建设与改革,转变政府职能。第二,推进国有企业的改革,主要是健全公司法人治理结构,加快股份制改革。第三,推进金融改革。这是十分重要的任务,要下大力气。第四,推进以税费改革为核心的农村改革,主要是解决农村上层建筑不适应经济基础的某些环节。第五,推进社会保障制度改革,加快建立适合中国国情的社会保障体系。

3月17日

经国务院批准，金融机构在人民银行的超额准备金存款利率由现行年利率1.62%下调到0.99%，法定准备金存款利率维持1.89%不变。

3月17日

经国务院批准，调整商业银行自营性个人住房贷款政策：一是将现行的住房贷款优惠利率回归到同期贷款利率水平，实行下限管理，下限利率水平为相应期限档次贷款基准利率的0.9倍，商业银行法人可根据具体情况自主确定利率水平和内部定价规则；二是对房地产价格上涨过快城市或地区，个人住房贷款最低首付款比例可由现行的20%提高到30%；具体调整的城市或地区，可由商业银行法人根据国家有关部门公布的各地房地产价格涨幅自行确定，不搞一刀切。

3月19日

铁道系统改革现有管理体制，撤销全部铁路分局，实行部—路局—站段三级管理模式。

3月21日

信贷资产证券化试点工作正式启动。经国务院批准，国家开发银行和中国建设银行作为试点单位，将分别进行信贷资产证券化和住房抵押贷款证券化的试点。

3月24日

首届中国经济学奖在人民大会堂揭晓，薛暮桥、马洪、刘国光、吴敬琏四位学者成为中国经济学奖"杰出贡献奖"的首届获奖人。中国经济学奖是由中国宏观经济学会和中国经济体制改革研究会联合主办的评奖活动，其宗旨在于通过奖励在经济理论、政策及研究方法等领域做出杰出贡献的中国学者，促进中国经济理论研究的繁荣和政策制定水平的提高，为中国经济的健康发展做出贡献。

3月25日

国家工商总局下发通知，鼓励和支持有条件的个体私营企业参与法律法规未禁止的电力、电信、铁路、民航、石油、公用事业、基础设施等垄断行业和领域的投资与经营，工商行政管理机关依法及时予以登记。在组织形式、经营范围及经营方式等方面，除法律法规禁止的以外，允许个体私营企业自主选择。

3月31日

首次对纳入扩大试点范围的21个省(区、市)的291个县(市)发行农村信用社改革试点专项中央银行票据234亿元。

4月6日

建设部发布《关于住房公积金管理若干具体问题的指导意见》。《意见》首次提出"城镇单位聘用的进城务工人员、城镇个体工商户、自由职业人员可申请缴存住房公积金"。《意见》中再次强调并明确了企业发生合并、分立、撤销、破产、解散或者改制后，应当为职工补缴以前欠缴的住房公积金。《意见》同时规定，缴存住房公积金的月工资基数，原则上不应超过职工工作地所在统计部门公布的上一年度职工月平均工资的2倍或3倍。

4月11日

国资委出台《企业国有产权向管理层转让暂行规定》，再次强调，"大型国有及国有控股企业及所属从事该大型企业主营业务的重要全资或控股企业的国有产权和上市公司的国有股权不向管理层转让"。

4月13日

国务院发布《关于非公有资本进入文化产业的若干决定》，明确提出要鼓励民营资本进入文艺表演、电影电视剧制作发行等文化产业，鼓励和支持民营资本参与一些领域的国有文化单位股份制改造。

4月14日

国资委、财政部发布《企业国有产权向管理层转让暂行规定》，明确中小型国有及国有控股企业的国有产权可以向管理层转让，而大型国有及国有控股企业国有产权暂不向管理层转让。

4月17日

新华社转发《国务院关于2005年深化经济体制改革的意见》。《意见》提出，从以下十方面抓好改革工作：一、深化农村经济体制改革。二、深化国有企业和国有资产管理体制改革。三、进一步改善非公有制经济发展的体制环境。四、深化金融体制改革。五、深化财政税收投资价格体制改革。六、加快现代市场体系建设。七、推进科技教育文化卫生体制改革。八、推进收入分配和社会保障制度改革。九、深化涉外经济体制改革。十、加快推进行政管理体制改革。

4月21日

国务院批准中国工商银行实施股份制改革的方案。通过运用外汇储备150亿美元补充资本金，使核心资本充足率达到6%；通过发行次级债补充附属资本，使资本充足率超过8%。

4月23—24日

全国经济体制改革工作会议在深圳召开。这是7年来第一次召开全国性的体改工作会议。

4月24日

曾培炎副总理在部分城市房地产形势座谈会上强调，抑制房价过快上涨势头是今年宏观调控的一项重要任务。要加强对房地产市场和房价波动的监测，从实际出发制定和落实调控措施，促进房地产市场健康发展。

4月27日

全国人大常委会审议通过了《中华人民共和国公务员法》，自2006年1月1日起施行。

4月29日

中国证监会宣布启动股权分置改革试点工作，并颁布《关于上市公司股权分置改革试点有关问题的通知》。

5月1日

国家发改委发布《国家发展和改革委员会关于进一步加强发展改革部门经济体制改革工作的意见》。《意见》指出，中国经济体制改革仍处在攻坚阶段，完善社会主义市场经济体制的任务十分繁重。发展改革部门是政府统筹经济社会发展与改革的职能部门，负有指导和总体协调经济体制改革的重要职责。

5月1日

中国证监会日前发布《关于上市公司股权分置改革试点有关问题的通知》，启动股权分置改革试点工作。根据《通知》，试点工作按照"市场稳定发展、规则公平统一、方案协商选择、流通股东表决、实施分步有序"的操作原则进行。

5月9日

浙江省工商局颁发了全国首批农民专业合作社营业执照。在首发式上，浙江省台州市的10家农业专业合作社拿到了《企业法人营业执照》。

5月9日

商务部出台《关于加快中国社区商业发展的指导意见》，明确提出对社区商业要加强规划，并建设一批带有示范作用的社区。以改变目前大部分城市社区商业设施不足、网点布局不合理、服务功能单一的状况，从而推动社区商业的全面发展。

5月24日

商务部表示，将在全国设立产业损害预警联动机制。根据预警机制，各地区、各行业在对预警数据的分析评估后，及时制定应对预案并组织实施。预警机制将覆盖国内重点产业、重点区域，并形成包括政府、行业组织、企业、中介机构在内的产业损害预警工作体系。

5月26日

中共中央转发《中共全国人大常委会党组关于进一步发挥全国人大代表作用，加强全国人大常委会制度建设的若干意见》指出，当前，要支持、保证人大代表依法行使职权、充分发挥作用，切实加强人民代表大会及其常委会的组织制度和工作制度建设，使人民代表大会及其常委会更好地发挥国家权力机关的作用。

5月30日

证监会、国资委联合发布《关于做好股权分置改革试点工作的意见》。《意见》要求，要加快落实提高上市公司质量、化解证券公司风险、扩大合规资金入市渠道、加强资本市场法制诚信建设等各项资本市场治本措施，形成改革的综合配套效应，协调推进股权分置改革。

6月2日

温家宝总理主持召开国家能源领导小组第一次会议。国家能源领导小组主要是负责对能源战略规划和重大政策、能源开发与节约、能源安全与应急、能源对外合作等前瞻性、综合性、战略性工作的领导。

6月7日

全国农村税费改革试点工作会议召开。温家宝总理在会上强调，农村税费改革将进入新的阶段，巩固农村税费改革成果，积极稳妥推进以乡镇机构、农村义务教育和县乡财政体制为主要内容的综合改革试点。

6月13日

财政部、税务总局发布《关于股权分置试点改革有关税收政策问题的通知》。《通知》规定，对于股权分置改革过程中因非流通股股东向流通股股东支付对价而发生的股权转让，暂免征收印花税。《通知》还规定，股权分置改革中非流通股股东通过对价方式向流通股股东支付的股份、现金等收入，暂免征收流通股股东应缴纳的企业所得税和个人所得税。

6月17日

中国建设银行和美洲银行达成协议，美洲银行首期投资25亿美元购买中央汇金投资有限公司持有的建设银行股份。这项交易是迄今为止外国公司对中国公司的最大单笔投资。

6月20日

第二批股权分置试点工作正式启动。中国证监会推出上港集箱、宝钢股份、中信证券等42家第二批股权分置改革试点公司。

6月21日

上海浦东新区进行综合配套改革试点获批。浦东综合配套改革试点主要改革的内容：着力转变政府职能，着力转变经济运行方式，着力改变二元经济与社会结构。要把改革和发展有机结合起来，把解决本地实际问题与攻克面上共性难题结合起来，把实现重点突破与整体创新结合起来，把经济体制改革与其他方面改革结合起来，率先建立起完善的社会主义市场经济体制，为推动全国改革起示范作用。

6月23日

广东省人民政府发布《广东省集体建设用地使用权流转管理办法》，对集体建设用地使用权出让、出租、转让、转租和抵押等事项，作出具体规定。

7月6日

中国第一家由国有商业银行发起设立的合资基金管理公司——工银瑞信基金管理公司在京开业。

7月8日

全国人大常委会发出《关于公布〈中华人民共和国物权法（草案）〉征求意见的通知》。截至7月26日，全国人大常委会法制工作委员会共收到各地人民群众意见6515条。

7月18日

北京市海淀区正式启动了深化行政体制改革试点工作，率先在北京市成立了公共服务委员会（简称公共委），该部门代表海淀区政府行使公共服务类事业单位的管理职能。海淀卫生局和海淀文化委所属公共服务职能的事业单位全部划归公共委管理。

7月20日

国务院常务会议讨论并原则通过《邮政体制改革方案》。邮政体制改革的基本思路是：实行政企分开，加强政府监管，完善市场机制，保障普遍服务和特殊服务，确保通信安全；改革邮政主业和邮政储蓄管理体制，促进向现代邮政业方向发展。重新组建国家邮政局，作为国家邮政监管机构；组建中国邮政集团公司，经营各类邮政业务；加快成立邮政储蓄银行，实现金融业务规范化经营。

7月21日

人民银行发布公告，中国开始实行以市场供求为基础、参考一篮子货币进行调节、有管理的浮动汇率制度。人民币汇率不再盯住单一美元，形成更富弹性的人民币汇率机制。8月10日，人民银行首次披露人民币汇率形成新机制所参考的"一篮子货币"的组成原则，并透露美元、欧元、日元、韩元等是主要的篮子货币。主要遵循的四项基本原则包括：着重考虑商品和服务贸易的权重作为篮子货币选取及权重确定的基础；适当考虑外债来源的币种结构；适当考虑外商直接投资的因素；适当考虑经常项目中一些无偿转移类项目的收支。

7月22日

建设部、民政部颁布《城镇最低收入家庭廉租住房申请、审核及退出管理办法》。《办法》规定，连续6个月以上未在廉租住房居住；转租转借廉租住房；改变房屋用途；未如实申报家庭收入、家庭人口及住房状况；家庭人均收入连续一年以上超出当地廉租住房政策确定的收入标准；因家庭人数减少或住房面积增加，人均住房面积超出当地廉租住房政策确定的住房标准。当出现以上六种情况之一时，有关部门可作出取消其享受廉租住房保障资格的决定。《办法》明确，享受廉租住房保障每年将进行复核、调整。

7月22日

铁道部出台《关于鼓励和引导非公有制经济参与铁路建设经营的实施意见》，全面开放铁路建设、客货运输、运输装备制造与多元经营四大领域，并制定了七项措施扶持非公有制经济参与铁路建设经营。

8月4日

文化部等5部委联合发布《关于文化领域引进外资的若干意见》，在具体规定外资进入的"允许"和"禁止"事项，对引进外资的审批、投资方的资质等提出一系列要求的基础上，特别强调要建立健全市场退出机制，从严发放许可证，认真执行年度审核制度；各级文化、广播电影电视、新闻出版行政部门要大力推进综合执法，加大对违法违规行为的打击力度。规范文化领域利用外资的质量和水平，进而促进中国文化产业的健康有序发展。

8月10日

人民银行上海总部在上海成立，上海总部主要以现有的人民银行上海分行为基础进行组建，作为人民银行总行的有机组成部分，在总行的领导和授权下开展工作，将主要承担部分中央银行业务的具体操作职责，同时履行一定的管理职能。

8月11日

银监会宣布，中国将引进货币经纪制度，设立货币经纪公司。在货币经纪公司引入的初期，可采取中外合资的形式，由国内符合条件的机构与国际知名货币经纪公司成立中外合资经纪公司。

8月19日

马英九接任中国国民党主席。

8月23日

证监会、国资委、财政部、人民银行、商务部联合发布《关于上市公司股权分置改革的指导意见》。《意见》共五章21条，《意见》内容包括正确认识股权分置改革；明确了股权分置改革的指导思想；提出了股权分置改革的总体要求；要求严格规范股权分置改革秩序；指出要调动多种积极因素，促进资本市场稳定发展等。

8月28日
十届全国人大常委会第十七次会议通过了《中华人民共和国公证法》，从2006年3月1日起实施。

8月29日
中国银行业监督管理委员会召开主席会议，原则通过了《中国银行业监督管理委员会法律工作规则》。

8月31日
国务院召开常务会议，审议并原则通过《国务院关于预防煤矿生产安全事故的特别规定》。

9月4日
中国证监会公布《上市公司股权分置改革管理办法》，强调上市公司股权分置改革遵循公开、公平、公正的原则，由A股市场相关股东在平等协商、诚信互谅、自主决策的基础上进行。

9月10日
作为招投标领域惟一一个跨行业、跨地区的全国性社团组织，中国招标投标协会在北京成立，国务院副总理曾培炎任名誉会长。

9月13—14日
全国新型农村合作医疗试点工作会议在南昌召开。吴仪在会上强调，要切实贯彻落实近期国务院关于加快建立新型农村合作医疗制度的部署和要求，加大力度，加快进度，突破难点，积极推进新型农村合作医疗制度健康发展。

9月22日
本日投资入股煤矿（依法购买上市公司股票除外）的国家机关工作人员、国有企业负责人撤出投资的最后期限。据9省不完全统计资料显示，截至9月25日，共有497名国家机关工作人员和国有企业负责人登记从煤矿撤出投资，其中国家机关工作人员325人；国有企业负责人172人。

9月28日
国家发改委宣布，降低22种药品最高零售价，平均降幅40%左右，最大降幅63%，其中18种为抗感染类药品，并定于10月10日起实施。

9月
深圳市发布《深圳特区改革创新促进条例(征求意见稿)》。该《条例》将"改革"界定为体制改革，包括经济体制改革、行政管理体制改革、社会管理体制改革和社会事业改革四个方面；将"创新"分为管理创新、制度创新、服务创新和技术创新四个方面。

10月8—11日
中国共产党第十六届中央委员会第五次全体会议在京举行，全会审议通过了《中共中央关于制定国民经济和社会发展第十一个五年规划的建议》。

10月19日
国务院常务会议召开，讨论并通过《国务院关于完善企业职工基本养老保险制度的决定》。

10月25日
中国工商银行股份有限公司成立，公司由财政部、中央汇金投资有限责任公司发起设立，注册资本2480亿元，承继原中国工商银行的业务及相关资产负债，并按照国家有关法律法规，制订了新的公司章程，初步建立规范的公司治理结构，下一步将会以增加新股的方式引入外资股东。

10月27日
全国人大常委会通过修改《个人所得税法》的决定，决定将个人所得税的起征点，由现行的800元提高至1600元，2006年1月1日起开始施行。另外，新修改的《个人所得税法》特别加强了对高收入者的税收征管。

10月27日
全国人大常委会通过新的《证券法》。修改后的《证券法》共十二章240条，与原有的《证券法》相比，一是扩大了证券交易的方式和范围，对于之前限制比较严格的分业经营、分业监管，现货交易，融资融券，国企炒股和银行资金入市5类问题，均以授权国务院另行制定法规、规则等形式进行处理。

10月27日
中国建设银行在香港上市，以每股2.35港元的价格募集资金79.8亿美元。这是中国四大国有银行之一首次在国际股票市场上市，也是中国政府试图使银行系统现代化的举措。

11月1日
国务院批转证监会《关于提高上市公司质量意见》。

11月1日
青岛市5个市直部门正式实施国库集中收付制度改革，市财政局所属会计中心的第一笔政府采购资金顺利实现财政直接支付，这标志着全国36个省、自治区、直辖市和计划单列市全部实施了国库集中收付制度改革。

11月2日
商务部正式对外公布《直销企业保证金存缴、使用管理办法》、《直销企业信息报备、披露管理办法》、《直销员业务培训管理办法》三大直销配套法规，定于12月1日同步实施。《直销企业保证金存缴、使用管理办法》规定设立直销企业需2000万元保证金。《直销企业信息报备、披露管理办法》规定直销企业应建立完备的信息报备和披露制度。《直销员业务培训管理办法》明确了直销培训内容。

11月6日
证监会发布公告，对广东证券作出取消证券业务许可，责令关闭的行政处罚。同时，证监会决定委托中国证券投资者保护基金公司成立托管清算组，对广东证券实施托管清算。

11月7日
人民银行发布2005年《中国金融稳定报告》，这是人民银行首次发布《中国金融稳定报告》。《报告》对中国金融体系的稳定状况进行了全面评估。

11月7日
国家电监会出台《电力市场运营基本规则》，《规则》规定电能交易可按照合约交易、现货交易、期货交易等方式进行。该办法12月1日开始执行。

11月8日
国家发改委、建设部出台了《关于建立煤热价格联动机制的指导意见》，决定建立煤炭、热力价格联动机制。

11月10日
《金融机构信贷资产证券化试点监督管理办法》发布。银监会日前发布《金融机构信贷资产证券化试点监督管理办法》。《办法》分七章共88条。《办法》将从2005年12月1日起正式实施。《办法》从市场准入、业务规则、风险管理和资本要求等方面，对银监会所监管金融机构的信贷资产证券化业务活动进行了规范。《办法》的颁布实施，标志着中国的信贷资产证券化试点进入最后实施阶段。

11月14日
国家发改委等十部委联合制定的《创业投资企业管理暂行办法》发布。《办法》从设立政策性创业投资引导基金、税收政策扶持、完善创业投资退出机制三方面，明确了对创业投资企业的政策扶持措施。15日，国家发改委等10部门印发《创业投资企业管理暂行办法》，对创业投资企业的设立与备案、投资运作、政策扶持、监管等事项作出具体规定。该办法自2006年3月1日起施行。

11月17日
中国银行业监督管理委员会、中国人民

银行、财政部、国家税务总局联合发布《关于进一步推进城市信用社整顿工作的意见》，鼓励外资和优质的民营企业入股整顿后的城市信用社，并按照股份制原则进行规范改造，完善法人治理结构，强化内部控制，增强抗风险能力。

11月18日

"中国－智利自由贸易协定"签订，智利成为拉美国家中第一个和中国签订双边自由贸易协定的国家。从此，中国商品在进入拉美这个广阔市场时，有了更加便利的通道。

11月18日

中共中央举行座谈会纪念胡耀邦诞辰90周年。曾庆红在会上发表讲话，称胡耀邦为久经考验的忠诚的共产主义战士，伟大的无产阶级革命家、政治家，我军杰出的政治工作者，长期担任党的重要领导职务的卓越领导人。

11月20日

国务院发布《重大动物疫情应急条例》，条例明确规定，重大动物疫情发生后，省、自治区、直辖市人民政府和国务院兽医主管部门应当在4小时内向国务院报告。

11月29日—12月1日

中央经济工作会议在北京举行。会议提出，当前改革的主要任务是，解决经济社会发展中的深层次矛盾和问题，消除影响科学发展的体制障碍，明年要在一些重要领域和关键环节实现新的突破。要以转变政府职能为重点，着力推进行政管理体制改革；以理顺产权关系为重点，进一步深化企业改革；以推进公共财政体制建设为重点，继续深化财税体制改革；以完善法人治理结构、强化内控机制为重点，深化金融体制改革；以完善市场功能为重点，积极推进现代市场体系建设。

12月3—5日

全国发展和改革工作会议在北京召开。会议指出，2006年要务必在重点领域和关键环节的改革上取得新突破。要履行好改革的总体指导和综合协调职能。继续推进投资体制改革，完善核准制和备案制，规范政府投资管理，改进对全社会投资的引导和调控。在保持价格总水平基本稳定的前提下，加快推进石油、天然气、电力、水、土地等资源性产品价格改革。进一步优化非公有制经济发展的体制环境。继续推进电力、民航、邮政、铁路、烟草等垄断行业改革。深化医药、卫生、文化、体育等社会事业改革。积极配合有关部门，努力缓解贸易不平衡，转变外贸增长方式；六是务必在构建社会主义和谐社会方面迈出新步伐。

12月9日

财政部、商务部印发《对外经济技术合作专项资金管理办法》，规定专项资金的管理和使用遵循的原则，支持有条件的企业"走出去"。

12月13日

国务院关税税则委员会披露，从2006年1月1日起，中国将根据加入世界贸易组织的关税减让承诺，进一步降低100多个税目的进口关税，涉及植物油、化工原料、汽车及汽车零部件等产品，关税总水平为9.9%。

12月16日

国务院颁布《关于完善企业职工基本养老保险制度的决定》，在完善企业职工基本养老保险制度的指导思想、扩大基本养老保险覆盖范围、逐步做实个人账户和改革基本养老金计发办法，建立基本养老金正常调整机制等方面作出决定。

12月20日

中共中央政治局进行第二十七次集体学习，中共中央政治局这次集体学习安排的内容是行政管理体制改革和完善经济法律制度。中共中央总书记胡锦涛主持。

12月20日

中国首家企业慈善基金会——中远慈善基金会在北京揭牌成立，该基金会由中远集团发起设立，这是中国第一家由企业发起成立的慈善基金。

12月28日

中国首家由城市商业银行合并重组而成的商业银行——徽商银行正式挂牌诞生。该行是按照市场化、合规性、自愿性的原则，在合肥市商业银行股份有限公司更名为徽商股份有限公司的基础上，以徽商银行作为存续公司，吸收合并了5家城市商业银行和7家城市信用社而组成的。徽商银行的成立标志着城市商业银行合并与重组的大幕已经拉开。

12月28—29日

中央农村工作会议在京举行。会议指出，建设社会主义新农村，必须认真贯彻党在农村的一系列方针政策，坚持农村的基本经济制度，坚持多予、少取、放活，特别是要在"多予"上下功夫，真正实行工业反哺农业、城市支持农村的方针，全面推进农村的发展。

12月29日

十届全国人大常委会第19次会议通过《全国人民代表大会常务委员会关于废止〈中华人民共和国农业税条例〉的决定》。会议决定《中华人民共和国农业税条例》自2006年1月1日起废止。国家不再针对农业单独开征税种。

12月30日

财政部表示已基本完成了1项基本会计准则和38项具体会计准则的制定或修订工作，中国注册会计师协会完成了48项审计准则的制定或修订工作，这标志着中国的企业会计、审计准则体系基本建设完成。

12月31日

中共中央、国务院印发《关于推进社会主义新农村建设的若干意见》，指出，全面建设小康社会，最艰巨最繁重的任务在农村。加速推进现代化，必须妥善处理工农城乡关系。构建社会主义和谐社会，必须促进农村经济社会全面进步。

数说发展

人口

总人口 **130756** 万人

城镇 **56212** 万人　　乡村 **74544** 万人

出生率 **12.40‰**
死亡率 **6.51‰**
自然增长率 **5.89‰**

财政收支

收支差额 **−2280.99** 亿元
收入 **31649.29** 亿元
支出 **33930.28** 亿元

国内商业

社会商品零售总额 **67177**（单位：亿元）

① 45095　② 22082　③ 56589　④ 8887　⑤ 1701

分城乡看
① 城市消费品
② 县及县以下消费品

分行业看
③ 批发零售业
④ 餐饮业
⑤ 其他行业

GDP（国内生产总值）

GDP（国内生产总值）**182321** 亿元
比上年增长 **9.9%** ↑

各项税收收入 **30866** 亿元（不包括关税和农业税）

第一产业 **22718** 亿元
第二产业 **86208** 亿元
第三产业 **73395** 亿元

黄金和外汇储备

黄金 **1929** 万盎司
外汇 **8188.72** 亿美元

工业

工业增加值 **76190** 亿元
规模以上工业增加值 **66425** 亿元
轻工业 **20585** 亿元
重工业 **45840** 亿元
建筑业增加值 **10018** 亿元

农业

产量（单位：万吨）

产量	数值
粮食	48401
棉花	570
油料	3078
糖料	9551
肉类	7700
水产品	5100

水利
新增有效灌溉面积 **102** 万公顷
新增节水灌溉面积 **123** 万公顷

对外经济

进出口贸易总额 **14221** 亿美元
↑增长 **23.2%**

出口 **7620** 亿美元
进口 **6601** 亿美元
出口大于进口 **1019** 亿美元

利用外资
批准外商直接投资项目 **44001** 个
实际利用外商直接投资 **603** 亿美元

对外经济合作
对外承包工程完成营业额 **218** 亿美元
对外劳务合作完成营业额 **48** 亿美元

固定资产投资

固定资产投资 88604 亿元

城镇投资 75096 亿元
- 第一产业 823 亿元
- 第二产业 31598 亿元
- 第三产业 42675 亿元

农村投资 13508 亿元

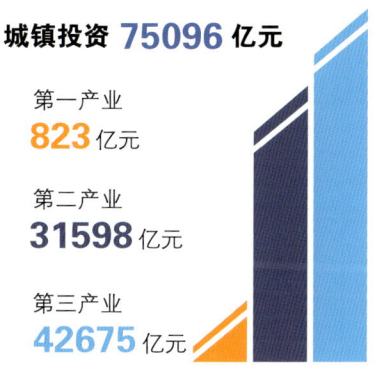

人民生活

城镇新增就业人数 970 万人

城乡居民收入
- 城镇 10493 元
- 农村 3255 元

（扣除价格因素）
- 增长 9.6%
- 增长 6.2%

居民家庭恩格尔系数
- 农村 45.5% 城镇 36.7%

城乡人民储蓄存款 147054 亿元

社会福利事业

各类收养性社会福利单位床位 **150 万张**

收养各类人员 **116 万人**

城镇建立各种社区服务设施 **17 万个**

其中综合性社区服务中心 **9705 个**

销售社会福利彩票 **411 亿元**

筹集社会福利资金 **144 亿元**

直接接收社会捐赠款 **29 亿元**

旅游

国际国内旅游总收入 7686 亿元

国内旅游
- 出游人数 12 亿人次
- 国内旅游总收入 5286 亿元

国际旅游
- 入境人数 12029 万人次
- 其中外国人 2026 万人次
- 香港、澳门和台湾同胞 10003 万人次

国际旅游外汇收入 293 亿美元
- 出境人数 3103 万人次
- 其中因私出境 2514 万人次

社会保障

保险事业

保费收入 4927 亿元
- 寿险业务保费收入 3244 亿元
- 财产险业务保费收入 1230 亿元
- 健康险和意外伤害险业务保费收入 453 亿元

支付各类赔款及给付 1130 亿元
- 寿险业务给付 307 亿元
- 财产险业务赔款 672 亿元
- 健康险和意外伤害险赔款及给付 151 亿元

参加各类基本保险人数
- 城镇基本养老保险 17444 万人
- 城镇基本医疗保险 13709 万人
- 失业保险 10648 万人
- 工伤保险 8390 万人

科学技术

研究与试验发展（R&D）经费支出 2367 亿元

其中基础研究经费 135 亿元

国有企事业单位共有各类专业技术人员 2720 万人

成功发射卫星 5 次

神舟六号载人航天飞行取得圆满成功标志着我国在一些重要科技领域达到世界先进水平

取得省部级以上科技成果 3.6 万项

签订技术合同 26.5 万项

技术合同成交金额 1510 亿元

交通运输、仓储和邮电通信业

交通运输、仓储和邮电通信业增加值 13805 亿元

旅客周转量 17473.0 亿人公里

货物周转量 78329.8 亿吨公里

新建线路交付营业里程

 铁路 1203 公里

 铁路复线 486 公里

 电气化铁路 863 公里

 公路 129748 公里（其中高速公路 6457 公里）

 港口万吨级码头吞吐能力 18989 万吨

铁路 6061.8 亿人公里

公路 9299.1 亿人公里

水运 67.1 亿人公里

民航 2044.9 亿人公里

 铁路 20730.5 亿吨公里

 公路 8573.8 亿吨公里

 水运 48057.6 亿吨公里

 民航 78.9 亿吨公里

 管道 889.0 亿吨公里

港口完成货物吞吐量 49 亿吨

 其中外贸货物 13.6 亿吨

卫生

卫生机构 30 万个

医院、卫生院 6 万个
妇幼保健院（所、站）2964 个
专科疾病防治院（所、站）1470 个

邮电业务总量 12199 亿元

 其中邮政业务总量 624 亿元
电信业务总量 11575 亿元

局用交换机总容量 4.7 亿门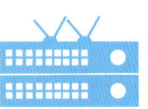

卫生技术人员 445.6 万人

执业医师和执业助理医师 193.8 万人
注册护士 134.0 万人

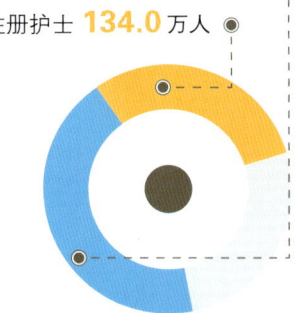

 医院和卫生院床位 307.0 万张

 疾病预防控制中心（防疫站）3592 个

 卫生技术人员 16.1 万人

 卫生监督所 1925 个

 卫生技术人员 3.8 万人

固定电话用户 35043 万户

 城市电话用户 23977 万户

 农村电话用户 11066 万户

移动电话用户 39343 万户

体育

 乡镇卫生院 4.0 万个

床位 65.3 万张

卫生技术人员 84.8 万人

农村合作医疗 671 个县（市）

开展了新型农村合作医疗试点工作有 1.77 亿农民参加了合作医疗

全国固定及移动电话用户总数 74386 万户

电话普及率 57 部/百人

获得世界冠军 106 个

8 人 2 队 21 次创 15 项世界纪录

教育

招生人数
- 普通高中 878 万人
- 初中 1988 万人
- 小学 1672 万人
- 中等职业教育 647 万人
- 特殊教育 41.9 万人
- 普通高校 505 万人
- 研究生 37 万人

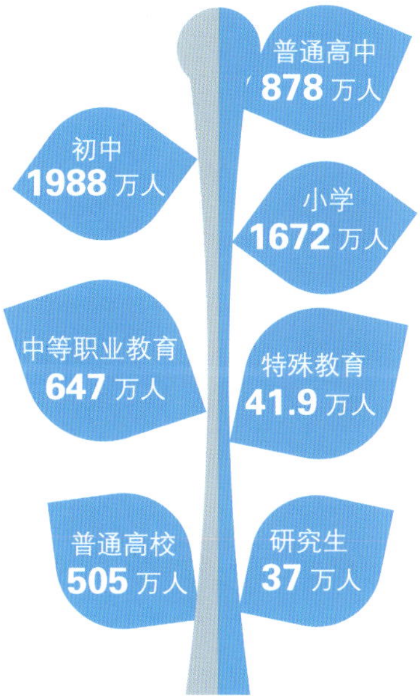

在校学生数
- 普通高中 2409 万人
- 初中 6215 万人
- 小学 10864 万人
- 中等职业教育 1559 万人
- 特殊教育 36 万人
- 普通高校 1562 万人
- 研究生 98 万人

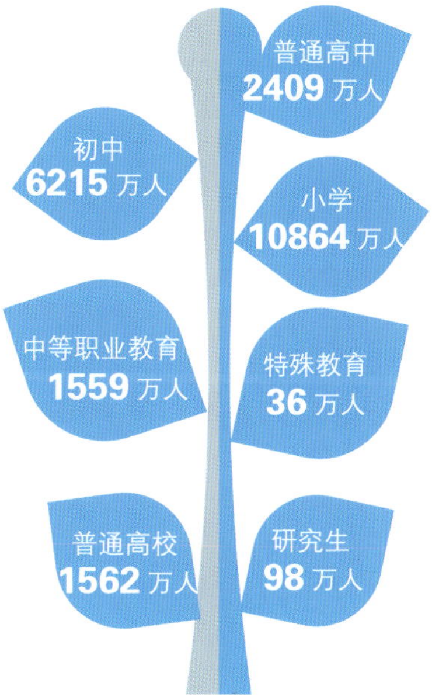

毕业生
- 初中 2123 万人
- 普通高中 662 万人
- 中等职业教育 403 万人
- 小学 2020 万人
- 普通高校 307 万人
- 研究生 19 万人

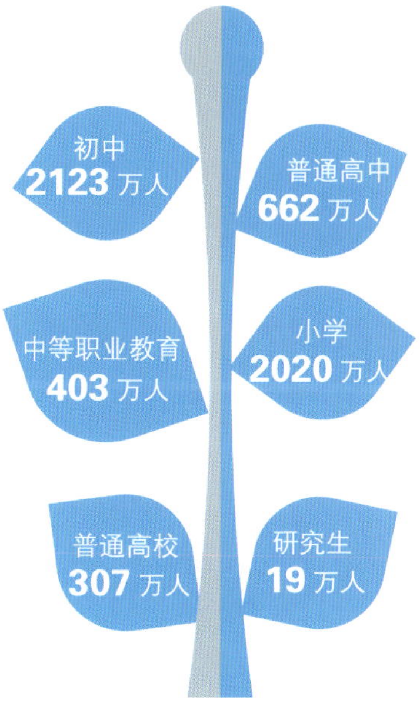

文化

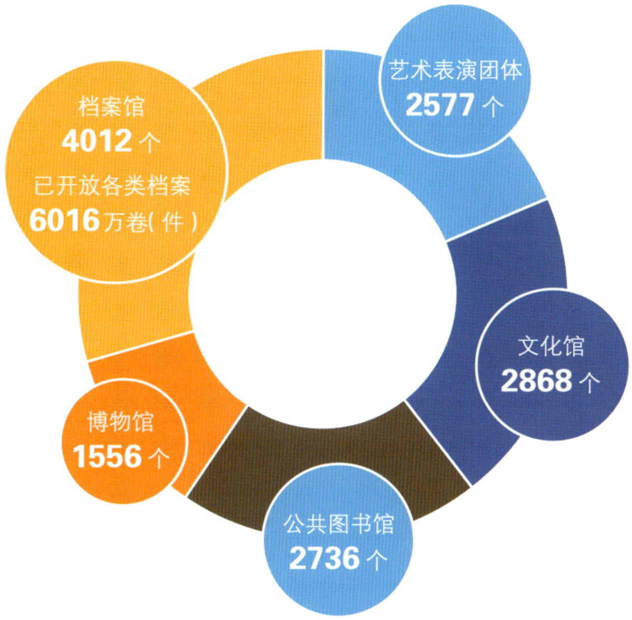

- 档案馆 4012 个
- 已开放各类档案 6016 万卷(件)
- 博物馆 1556 个
- 艺术表演团体 2577 个
- 文化馆 2868 个
- 公共图书馆 2736 个

广播综合人口覆盖率 94.5%

电视综合人口覆盖率 95.8%

- 广播电台 273 座
- 电视台 302 座
- 教育台 50 个
- 有线电视用户 12569 万户
- 有线数字电视用户 413 万户

- 故事影片 260 部
- 科教、纪录、美术片 42 部
- 特种影片 14 部

出版
- 报纸 404 亿份
- 期刊 27.5 亿册
- 图书 64 亿册(张)

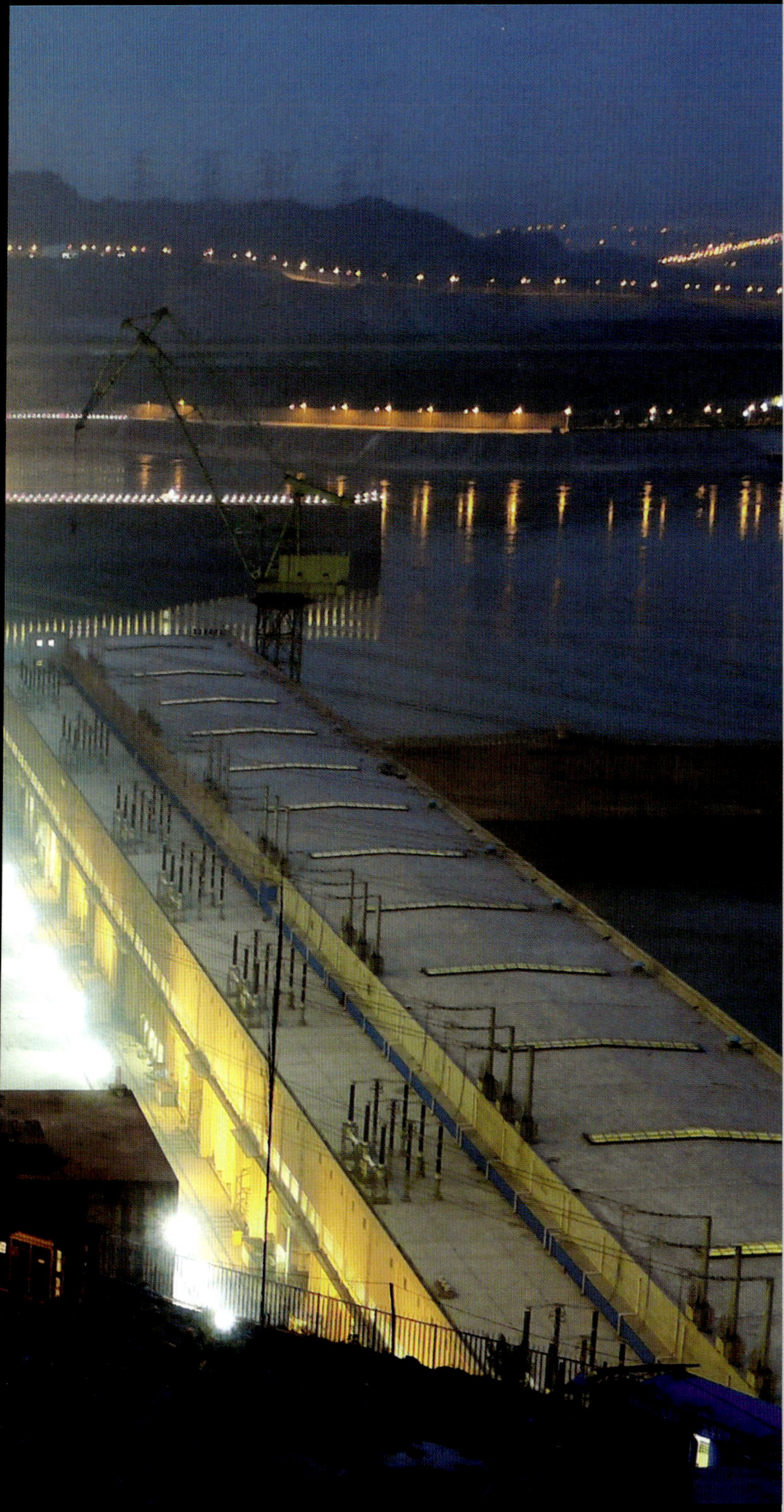

2006

- 取消农业税
- 中部崛起战略实施
- 天津滨海新区成为全国综合配套改革试验区
- 全国农村综合改革工作会议召开
- 构建社会主义和谐社会
- "建设服务型政府"首次写入党的文件
- 人民币业务对外资银行全面开放

焦点事件

取消农业税

2005年12月24日至29日，第十届全国人大常委会第十九次会议在北京举行。会议审议了全国人大财政经济委员会关于提请审议废止《中华人民共和国农业税条例》的议案，并于12月29日全票通过了《全国人大常委会关于废止〈中华人民共和国农业税条例〉的决定》：第一届全国人民代表大会常务委员会第九十六次会议于1958年6月3日通过的《中华人民共和国农业税条例》自2006年1月1日起废止。

新中国成立后，中央政府依照有关规定，在广大农村地区征收农业税。并从1983年开始开征农林特产农业税，1994年改为农业特产税；牧区省份则根据授权开征牧业税。此后，中国农业税制实际上包括了农业税、农业特产税和牧业税等三种形式。农业税条例实施以来，对于正确处理国家与农民的分配关系、发展农业生产、保证国家掌握必要的粮源、保证基层政权运转等发挥了重要的积极作用。

20世纪80年代中后期，农民负担问题逐步突出，引起了中央的高度重视，先后于1990年下发了《关于切实减轻农民负担的通知》和《关于坚决制止乱收费乱罚款和各种摊派的决定》，于1991年下发了《农民承担费用和劳务管理条例》，于1996年下发了《关于切实做好减轻农民负担工作的决定》。但是，这些政策法规在实际操作中并没有起到很好的效果。

1998年10月，国务院农村税费改革工作小组成立，开始把减轻农民负担工作由治乱减负适时地转向税费改革。2000年3月，中共中央、国务院正式下发《关于进行农村税费改革试点工作的通知》，这份通知指出："农村税费改革试点的主要内容是：取消乡统筹费、农村教育集资等专门面向农民征收的行政事业性收费和政府性基金、集资；

 语录 "原定5年取消农业税的目标，3年就可以实现，从明年起，全国全部免征农业税。"

——温家宝

背景：中国的农业税起源于远古的夏代，确立于春秋，中国农民缴纳"皇粮国税"的历史已经有两千多年。"种地不用交税"这是历史上农民想都不敢想的事情。2005年3月5日，在第十届全国人民代表大会第三次会议上，温家宝总理在政府工作报告中，宣布了一个让9亿农民高兴的消息："原定5年取消农业税的目标，3年就可以实现，从明年起，全国全部免征农业税。"人民大会堂东大厅响起了热烈而持久的掌声。

中国政府从2006年1月开始取消农业税，并对农民种植粮食和购置农机具给以补贴，以促进粮食增产和农民增收。

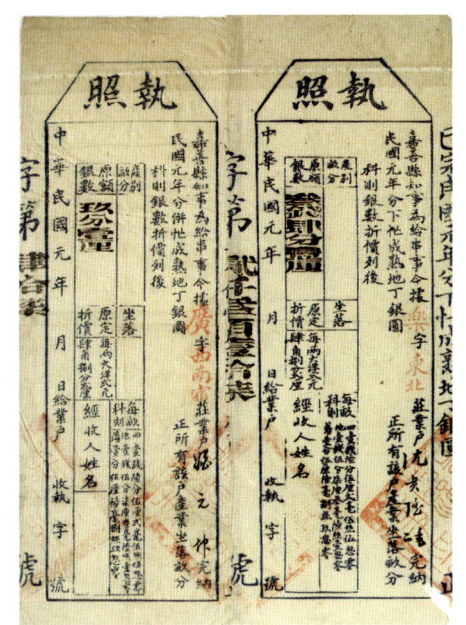

浙江省嘉善县1912年时的地丁执照（相当于农业税收据）。

取消屠宰税；取消统一规定的劳动积累工和义务工；调整农业税和农业特产税政策；改革村提留征收使用办法"。随后，在安徽全省进行了改革试点，农村税费改革由此正式启动。这一改革，使农民除了交纳7%的农业税和1.4%的农业税附加之外，不再承担其他任何收费。

2002年，农村税费改革试点范围扩大到了20个省区市。2003年，全国所有省市区全面推开农村税费改革试点工作。从2004年开始，农村税费改革进入新的阶段，中央明确提出了取消农业税的目标，温家宝总理于当年3月在政府工作报告中宣布中央将于五年内取消农业税的决定。由此，农村税费改革由"减轻、规范、稳定"的目标转向逐步降低直至最终取消农业税。国务院开始在全国降低农业税的税率，还选择了黑龙江、吉林两省进行全部免除农业税的试点，并取消除烟叶外的农业特产税。同时，其他省份进行了降低农业税税率试点，其中北京、天津、上海、浙江、福建、西藏六个省份自主决定免征了农业税。

按照中央改革精神，2005年有20个省份自主决定免征农业税，使免征农业税的省份达到了28个，河北、山东、云南也按中央要求将农业税税率降到2%以下。这些省份根据各自的实际情况，进行了免征农业税的实践，为取消农业税积累了经验。

2006年1月1日，《全国人大常委会关于废止<中华人民共和国农业税条例>的决定》正式生效，取消除烟叶以外的农业特产税、全部免征牧业税，国家不再针对农业单独征税，中国农民从此彻底告别了被称为"皇粮国税"的农业税，一个在中国存在2600多年的古老税种宣告终结。

中部崛起战略实施

2006年4月15日，中共中央、国务院印发了《关于促进中部地区崛起的若干意见》。《意见》指出："促进中部地区崛起，是继鼓励东部地区率先发展、实施西部大开发、振兴东北地区等老工业基地战略后，党中央、国务院从中国现代化建设全局出发作出的又一重大决策，是中国新阶段总体发展战略布局的重要组成部分，对于形成东中西互动、优势互补、相互促进、共同发展的新格局，对于贯彻落实科学发展观、构建社会主义和谐社会，具有重大的现实意义和深远的历史意义。"

《意见》从总体要求和原则、粮食生产与新农村建设、能源原材料、现代装备制造、高技术产业、交通运输、商贸流通、旅游业、县域经济、体制机制创新、社会事业、公共服务、资源节约、生态建设和环境保护以及中部崛起战略的组织领导等方面做了部署。

《意见》指出，中部地区（包括山西、安徽、江西、河南、湖北、湖南6省）在中国经济社会发展中具有重要地位。新中国成立以来，中部地区作为中国重要的农产品、能源、原材料和装备制造业基地，为全国经济发展做出了重要贡献．促进中部地区崛起，有利于提高中国粮食和能源保障能力，缓解资源约束；有利于深化改革开放，不断扩大内需，培育新的经济增长点；有利于实现国民经济和社会发展第十一个五年规划的宏伟目标，

湖南省长沙市举办的第七届中国中部投资贸易博览会。

观点

范恒山：中国中部地区正走出"塌陷"困境，已经步入加快发展的新阶段，进入了加速崛起、全面崛起的新轨道。

资料来源：《范恒山：2011年9月25日在第六次中部论坛上的讲话》，新华网。

促进城乡区域协调发展，构建良性互动的发展新格局。当前，中部地区的发展面临一些突出困难。主要是：稳定粮食生产的长效机制尚未形成，"三农"问题突出；工业结构调整的任务相当繁重，第三产业发展缓慢；城镇化水平低，人口、就业和生态环境压力大，对外开放程度不高，体制机制性障碍较多；自然灾害频发；抗灾能力较弱等。这些问题严重影响了中部地区的发展，也不利于中国新阶段区域发展总体战略的实施，为此，必须增强责任感和紧迫感，逐步解决中部地区发展面临的突出矛盾和问题，使中部地区在中国经济社会发展中发挥更大作用，使这一地区的广大人民群众能够更好地分享改革开放和现代化建设的成果。

促进中部地区崛起的原则是：坚持深化改革和扩大对内对外开放，推进体制机构创新，发挥市场配置资源的基础性作用；坚持依靠科技进步和自主创新，走新型工业化道路；坚持突出重点，充分发挥比较优势，巩固提高粮食、能源原材料、制造业等优势产业，稳步推进城市群的发展，增强对全国发展的支撑能力，坚持以人为本，统筹兼顾，努力扩大就业，逐步减少贫困人口，提高城乡经济与社会、人与自然和谐发展，坚持立足现有基础，自力更生，国家给予必要的支持，着力增强自我发展能力。

《意见》包括36条政策措施，提出要把中部地区建成全国重要的粮食生产基地、能源原材料基地、现代装备制造及高技术产业基地以及综合交通运输枢纽。2006年5月19日，国务院办公厅发出《关于落实中共中央国务院〈关于促进中部地区崛起若干意见〉有关政策措施的通知》，该通知提出了56条具体的政策措施。

天津滨海新区成为全国综合配套改革试验区

2006年5月26日，国务院发布了《关于推进天津滨海新区开发开放有关问题的意见》，正式批复天津滨海新区为全国综合配套改革试验区。天津滨海新区位于环渤海地区的中心位置，内陆腹地广阔，区位优势明显，产业基础雄厚，增长潜力巨大，是中国参与经济全球化和区域经济一体化的重要窗口。推进天津滨海新区的开发开放，促进这一地区加快发展，可以有效地提升京津冀和环渤海地区的对外开放水平，使这一地区更好地融入国际经济，释放潜能，增强竞争力。

《意见》强调：推进天津滨海新区开发开放，有利于实施全国区域协调发展总体战略。经过十多年的发展，天津滨海新区的综合实力不断增强，服务功能进一步完善，是继深圳经济特区、浦东新区之后，又一带动区域发展的新的经济增长极。天津滨海新区的开发开放，有利于促进中国东部地区率先实现现代化，从而带动中西部地区，特别是"三北"地区发展，形成东中西互动、优势互补、相互促进、共同发展的区域协调发展格局。推进天津滨海新区开发开放，有利于探索新时期区域发展的新模式。在经济全球化和区域经济一体化进程加快，中国全面建设小康社会和构建社会主义和谐社会的新形势下，把握国际国内形势的变化特点，用新的思路和发展模式推进天津滨海新区的开发开放，有利于全面落实科学发展观，实现人与自然和谐相处，走出一条区域创新发展的路子。

《意见》提出：天津滨海新区的功能定位是：依托京津冀、服务环渤海、辐射"三北"、面向东北亚，努力建设成为中国北方对外开放的门户、高水平的现代制造业和

建设中的天津滨海新区

回忆

邢春生： 1984年，天津开发区成为中国第一批国家级开发区之后，两年里吸引了几十家企业在这里办厂。1986年8月19日至21日，邓小平同志在天津视察，其中一个讲话在天津广为流传："你们在港口和城市之间有这么多荒地，这是个很大的优势，我看你们潜力很大，可以胆子大点，发展快点。"他还谈道，"对外开放还是要放，不放就不活，不存在收的问题。天津开发区很好嘛，已经创出了牌子，投资环境有所改善，外国人到这里投资就比较放心了。"

滨海新区的设想，大概形成在1993年底。当时市委市政府考虑到天津开发区已具有一定规模，而天津东部汉沽、塘沽和大港一带，本身就有一些民族工业基础，加上天津港和保税区的物流优势，所以最后在1994年，在上述六个地方，划出了350平方公里的土地，作为滨海新区开发用地，比浦东新区面积要小一些。滨海新区成立后，天津曾希望中央能让滨海新区也享受浦东新区的政策与待遇，无论是政府还是民间，呼声都比较高，但最终这个目标没有实现。1994年3月，天津市委、市政府正式做出了发展滨海新区的决定。它被定义为"将成为中国北方最有增长力的经济重心和高度开放的标志性区域"。

天津滨海新区能最终进入国家决策视野，与在津全国政协委员的多次提案，以及全国政协的重视分不开。2004年3月，出席全国政协十届二次会议的52名在津全国政协委员联名向大会递交了《关于请国务院批准天津滨海新区整体发展规划的建议》的提案。2004年4月，在全国政协人口资源环境委员会主任陈邦柱的带领下组成考察团，先后两次就天津滨海新区发展进行专题调研，最后形成《关于进一步发挥天津滨海新区在振兴环渤海区域经济中的作用》的报告。2004年11月，国务院总理温家宝在这份报告上批示："规划和建设好天津滨海新区，不仅关系天津的长远发展，而且对于振兴环渤海区域经济有着重要作用。"

资料来源：《天津滨海新区开发决策始末》，《瞭望东方周刊》，2006年6月9日。

研发转化基地、北方国际航运中心和国际物流中心，逐步成为经济繁荣、社会和谐、环境优美的宜居生态型新城区。

推进天津滨海新区开发开放的主要任务是：以建立综合配套改革试验区为契机，探索新的区域发展模式，为全国发展改革提供经验和示范。走新型工业化道路，把增强自主创新能力作为中心环节，进一步完善研发转化体系，提升整体技术水平和综合竞争力。充分发挥区位、资源、产业等综合优势，加快基础设施建设，积极发展高新技术产业和现代服务业，努力提高综合竞争力和区域服务能力，提高对区域经济的带动作用。统一规划，综合协调，建设若干特色鲜明的功能区，构建合理的空间布局，采取有力措施，节约用水、集约用地、降低能耗，努力提高单位面积的投资强度和产出效率。搞好环境综合整治，维护生态平衡，大力发展循环经济，实现人与自然、经济社会与生态环境相和谐。推进管理创新，建立统一、协调、精简、高效、廉洁的管理体制。

在《意见》发出后，天津市委随即对推进滨海新区开发开放做出全面部署，标志着天津滨海新区作为国家级经济新区正式进入了实施阶段。

全国农村综合改革工作会议召开

2006年9月1日至2日，国务院在北京召开全国农村综合改革工作会议。温家宝总理出席会议并发表重要讲话。他强调，农业税的取消，标志着中国农村改革开始进入综合改革的新阶段。要充分认识农村综合改革的重要性和艰巨性，按照巩固农村税费改革成果和完善社会主义市场经济体制的要求，推进乡镇机构、农村义务教育和县乡财政管理体制改革，建立精干高效的农村行政管理体制和运行机制、覆盖城乡的公共财政制度、政府保障的农村义务教育体制，促进农民减负增收和农村公益事业发展，全面推动社会主义新农村建设。

第一，推进乡镇机构改革，要以转变政府职能为重点，坚持政企分开，精简机构人员，提高行政效率，建立行为规范、运转协调、公正透明、廉洁高效的基层行政体制和运行机制。要积极稳妥地合理调整乡镇政府机构，改革和整合乡镇事业站所，精简富余人员。中央提出五年内乡镇机构编制只减不增是必须坚守的一条底线。上级部门要大力支持基层改革，不得以机构"上下对口"干预乡镇机构设置和人员配备。乡镇政府要重点强化三方面的职能：一是为农村经济发展创造环境；二是为农民提供更多公共服务；三是为农村构建和谐社会创造条件。同时，要把不应该由政府承担的经济活动和社会事务交给市场、中介组织和村民自治组织。

第二，要贯彻把义务教育工作的重点放在农村的方针，通过农村义务教育体制改革，保障办学经费，提高教育质量，促进教育公平，加快农村义务教育发展，实现让每一个农村孩子都有学上、都能上得起学的目标。今明两年将在全国免除农村义务教育阶段中小学生的学杂费，同时将农村义务教育全

人物：陈锡文

陈锡文，1950年生于上海，祖籍江苏丹阳。1968年从上海下乡到黑龙江生产建设兵团务农。1978年从黑龙江考入中国人民大学农业经济系学习。1982年毕业后先后在中国社会科学院农业经济研究所、国务院农村发展研究中心、国务院发展研究中心工作，曾任中央财经领导小组办公室副主任、中央农村工作领导小组副组长兼办公室主任。现任第十三届全国人民代表大会农业与农村委员会主任委员。

作为一名一直参与中国农村改革政策制定的"三农专家"，陈锡文的全部学术研究都在服务于中国的农村问题。从政策的研究者、建议者到制定者、决策者，他时刻都关注着中国最广大的农民群众的利益，参与起草了20世纪80年代中期以来大部分农业、农村政策的中央文件。从农村联产承包责任制的研究，到粮食流通体制改革的建议，再到新时期的新农村建设，他以国家长久发展战略和农民利益的保障为出发点进行研究和决策工作，致力于推进中国农业改革进程。

资料来源：《陈锡文专集》，人民网；杜博奇、唐寅，《中国高层经济智囊》，中信出版社。

语录　"我有一个梦，让每个中国人，首先是孩子，每天都能喝上一斤奶。"

——温家宝

背景：2006年，由伊利集团发起、北京数字100市场咨询公司调查、全国13家媒体全力推出的中国历史上第一份专业的乳制品消费报告——《2006年牛奶消费报告》显示：虽然中国人均牛奶消费量快速增长，但中国人均饮奶量远落后国际水平。2006年4月23日上午，温家宝在重庆江北区考察被称为"奶牛梦工厂"的光大奶牛科技园养殖基地时，在留言簿上写道："我有一个梦，让每个中国人，首先是孩子，每天都能喝上一斤奶。"他语重心长地对企业负责人说："希望你们能让我梦想成真。"

构建社会主义和谐社会

2006年10月8日至11日，中国共产党第十六届中央委员会第六次全体会议在北京举行。全会由中央政治局主持，胡锦涛总书记作了重要讲话。全会听取和讨论了胡锦涛受中央政治局委托作的工作报告，听取了吴邦国就《中共中央关于构建社会主义和谐社会若干重大问题的决定（讨论稿）》向全会作的说明。经过审议，全会通过了《中共中央关于构建社会主义和谐社会若干重大问题的决定》。

会议指出，社会和谐是中国特

面纳入公共财政保障范围，建立和完善政府投入办学、各级责任明确、财政分级负担、经费稳定增长的农村义务教育经费保障机制。教师工资必须列入财政预算，切实予以保证。今后要约法三章：不准减少本级政府对农村义务教育应承担的经费投入；不准挪用学校公用经费发放教师津贴；不准再乱收费加重学生的经济负担。要加快教育部门自身改革。深化教育人事制度改革，加强农村教师队伍建设；合理配置城乡教育资源，逐步缩小城乡之间义务教育发展差距；合理调整农村中小学布局，提高教育资源利用效率。

第三，要以增强基层财政保障能力为重点，推进县乡财政管理体制改革。不断增加对农业和农村的投入，财政新增教育、卫生、文化等事业经费主要用于农村，国家基本建设资金增量主要用于农村，政府征用土地收益用于农村的比例要有明显增加。进一步完善转移支付制度，增加一般性转移支付，规范专项补助。继续推进"省直管县"财政管理体制和"乡财县管乡用"财政管理方式改革试点。努力改善县乡财政困难状况，确保乡镇机构和村级组织正常运转，增强基层政府提供公共服务的能力。

吉林省长春市一居民社区的"交响乐之夜"。

色社会主义的本质属性，是国家富强、民族振兴、人民幸福的重要保证。会议提出到2020年，构建社会主义和谐社会的目标和主要任务：社会主义民主法制更加完善，依法治国基本方略得到全面落实，人民的权益得到切实尊重和保障；城乡、区域发展差距扩大的趋势逐步扭转，合理有序的收入分配格局基本形成，家庭财产普遍增加，人民过上更加富足的生活；社会就业比较充分，覆盖城乡居民的社会保障体系基本建立；基本公共服务体系更加完备，政府管理和服务水平有较大提高；全民族的思想道德素质、科学文化素质和健康素质明显提高，良好道德风尚、和谐人际关系进一步形成；全社会创造活力显著增强，创新型国家基本建成；社会管理体系更加完善，社会秩序良好；资源利用效率显著提高，生态环境明显好转；实现全面建设惠及十几亿人口的更高水平的小康社会的目标，努力形成全体人民各尽其能、各得其所而又和谐相处的局面。

《中共中央关于构建社会主义和谐社会若干重大问题的决定》在党的历史上第一次把"提高构建社会主义和谐社会的能力"作为党执政能力的一个重要方面明确提出。

"建设服务型政府"首次写入党的文件

随着改革开放和现代化建设的不断推进以及我国加入世贸组织，行政管理体制还存在与新形势不相适应的突出矛盾和问题。2003年爆发的非典疫情，充分暴露了多年来经济社会发展失衡的突出矛盾，尤其是政府公共服务职能薄弱的矛盾。非典疫情后，我国行政管理体制改革进入深化阶段，主要任务是推进服务型政府和法治政府建设。

经济转轨时期，政府在发展经济中的作用是十分重要的。但是，市场经济发展到一定阶段，随着社会不确定因素的逐步增多，政府就要强化其公共服务的职能。早在2002年，中共十六大就将政府职能概括为"经济调节、市场监管、社会管理和公共服务"四个方面。但是并未明确提出"建设服务型政府"。2003年非典疫情突然来袭，这是中国改革发展进入新阶段遇到的一次突发性公共事件。在非典疫情之初，政府出现应对机制不健全，某些地方和政府部门工作不力，反映了转轨进程中政府职能的现状，即经济建设的职能比较强，公共服务的职能相当薄弱，同时也反映出改革发展实践中的某些具体偏差，反映出政府在公共卫生，尤其是农村公共卫生等社会事业方面欠账太多。形成这一问题的主要原因在于，政府仍是一个经济建设型政府，远没有完成向公共服务型政府的转变。当年6月，以迟福林为首的中国（海南）改革发展研究院课题组明确提出了"从'经济建设型政府'转向'公共服务型政府'"的14条建议，在国内首次提出了建设公共服务型政府的概念，这一建议得到高层的认同。

2004年2月，温家宝总理在中央党校省部级主要领导干部"树立和落实科学发展观"专题研究班结业式上的讲话中首次提出了"努力建设服务型政府"的概念。

2005年3月，温家宝总理在十届人大三次会议的《政府工作报告》中再次强调："努力建设服务型政府。创新政府管理方式，寓管理于服务之中，更好地为基层、企业和社会公众服务。"

2006年10月，党的十六届六中全会强调要"建设服务型政府，强化社会管理和公共服务职能"。要着力转变职能、理顺关系、优化结构、提高效能，把政府主要职能转变到经济调节、市场监管、社会管理、公共服务上来，把公共服务和社会管理放在

流行志

> 网络歌曲

网络歌手杨臣刚演唱歌曲《老鼠爱大米》。

在这个信息时代，网络为一些热爱音乐、热爱创作的人提供了一个展现自我的平台。从2005年开始，网络歌曲以其内容直白、旋律简单、易学易唱的特点而走红，杨臣刚的《老鼠爱大米》，唐磊的《丁香花》都传唱一时。2006年，风格各异，曲风多元的网络歌曲引爆各大网站。《香水有毒》、《不要再来伤害我》、《一万个理由》、《秋天不回来》、《别说我的眼泪你无所谓》等歌曲响遍大街小巷。

> "房奴"

房价像坐上云霄飞车一样飙升，贷款利息一涨再涨，"房奴"这个闪现着智慧光芒，也透着辛酸的新词汇开始在坊间流传。2006年，新浪网房产频道的一项调查显示，有91.1%的人购房用了按揭。这群按揭族中，有31.75%的人，月供占到了其收入的50%以上。众多的房奴们在享受有房一族的心理安慰的同时，生活质量却大为下降，他们不敢轻易换工作，不敢娱乐、旅游，害怕银行涨息，担心生病、失业，更没时间好好享受生活。

专栏·中改院：从"经济建设型政府"转向"公共服务型政府"（14条建议）

一、从"经济建设型政府"转向"公共服务型政府"是新阶段我国改革发展的客观要求

1.从"经济建设型政府"转向"公共服务型政府"，是经济社会协调发展的迫切要求。

2.从"经济建设型政府"转向"公共服务型政府"，是我国市场化改革进程的必然选择。

3.从"经济建设型政府"转向"公共服务型政府"，是新阶段我国政府职能转变的基本目标。

二、实现"经济建设型政府"向"公共服务型政府"转变的主要任务

4.确立社会目标优先于经济目标的原则，加快完善政府的社会公共管理职能。

5.改革投资型财政体制，加快公共型财政体制建设。

6.适应开放社会和履行公共职能的要求，从封闭型的行政体制向公开、透明的行政体制转变。

7.从行政控制型体制向依法行政型体制转变，真正实现法治政府。

8.从条、块分割的行政体制向统一、协调的行政体制转变，真正建立高效政府。

三、实现从"经济建设型政府"向"公共服务型政府"转变的相关措施

9.在国家相关立法中进一步明确政府的公共服务职能。

10.完善和逐步加强人民代表大会对政府行使公共权力、履行公共职责的监督机制。

11.加快培育社会组织。

12.加快完善公共财政制度，为构建公共服务型政府奠定财务基础。

13.进一步加强政府行政管理体制和政府机构的改革与调整。

14.加强政务公开。政府公共服务的对象是社会、是老百姓。

资料来源：迟福林：《改革谏言录》，中国工人出版社，2016年。

 观点

魏礼群： 建设服务型政府，关键在于深化改革，创新体制机制，完善政策。要以改革创新为动力，以社会和公众需求为导向，建立中国特色的公共服务和社会管理模式。为此，必须从更新思想观念、转变政府职能、完善政策体系、健全公共财政制度、加强公务员队伍建设等方面，采取有力的措施。

（一）牢固树立以人为本的施政理念。这是建设服务型政府的根本要求。

（二）深化行政管理和社会管理体制改革。这是建设服务型政府的关键。

（三）健全公共服务和社会管理政策体系。这是建设服务型政府的基础性工作。

（四）完善公共财政体制和制度。这是建设服务型政府的重要保障。

（五）坚持依法行政和开展绩效评估。这是建设服务型政府的内在要求。

（六）加强政府公务员队伍建设。建设服务型政府，提高政府为人民服务的水平，关键在于提高政府工作人员特别是领导干部的素质。

资料来源：《大力建设服务型政府》，《求是》，2006年第21期。

更加重要的位置，努力为人民群众提供方便、快捷、优质、高效的公共服务。这是首次在党的文件中提出服务型政府建设的明确要求。此后，建设服务型政府已成为各级政府改革的重要目标。

人民币业务对外资银行全面开放

2006年11月11日，国务院总理温家宝签署第478号国务院令，公布了2006年11月8日国务院第155次常务会议通过的《中华人民共和国外资银行管理条例》。根据《中华人民共和国外资银行管理条例》的规定，中国将全面履行入世的基本承诺，面向外资银行全面开放人民币零售业务，一个基本的导向是鼓励外资银行在本地注册，注册后将获得完全的人民币零售业务资格，还将获得从事银行卡业务以及咨询服务的业务。

《中华人民共和国外资银行管理条例》指出："外商独资银行、中外合资银行按照国务院银行业监督管理机构批准的业务范围，可以经营下列部分或者全部外汇业务和人民币业务：（一）吸收公众存款；（二）发放短期、中期和长期贷款；（三）办理票据承兑与贴现；（四）买卖政府债券、金融债券，买卖股票以外的其他外币有价证券；（五）提供信用证服务及担保；（六）办理国内外结算；（七）买卖、代理买卖外汇；（八）代理保险；（九）从事同业拆借；（十）从事银行卡业务；（十一）提供保管箱服务；（十二）提供资信调查和咨询服务；（十三）经国务院银行业监督管理机构批准的其他业务。外商独资银行、中外合资银行经中国人民银行批准，可以经营结汇、售汇业务。""外国银行分行按照国务院银行业监督管理机构批准的业务范围，可以经营下列部分或者全部外汇业务以及对除中国境内公民以外客户的人民币业务：（一）吸收

公众存款；（二）发放短期、中期和长期贷款；（三）办理票据承兑与贴现；（四）买卖政府债券、金融债券，买卖股票以外的其他外币有价证券；（五）提供信用证服务及担保；（六）办理国内外结算；（七）买卖、代理买卖外汇；（八）代理保险；（九）从事同业拆借；（十）提供保管箱服务；（十一）提供资信调查和咨询服务；（十二）经国务院银行业监督管理机构批准的其他业务。外国银行分行可以吸收中国境内公民每笔不少于100万元人民币的定期存款。外国银行分行经中国人民银行批准，可以经营结汇、售汇业务。"

由此，人民币业务对外资银行全面开放。

2006年11月8日，北京金融博览会上的花旗银行展台前投资者在咨询投资问题。

环球大事

▶ 1月1日
欧盟开始实施新的普惠制。新普惠制旨在帮助发展中国家,免除或降低其出口到欧盟市场的商品关税。根据新的普惠制,大约7200种商品将可以享受优惠税率。

▶ 3月22日
联合国经济和社会理事会以协商一致的方式通过决议,决定于6月19日废除总部设在瑞士日内瓦的人权委员会,正式宣告已存在60多年的人权委员会的终结。经社理事会是根据第60届联大的建议通过这项决议的。

▶ 4月11日
欧洲航天局宣布,格林尼治时间8时07分(北京时间16时07分),飞抵金星附近的欧航局"金星快车"完成了减速过程,顺利地进入环金星椭圆形轨道。

▶ 5月11日
第四届欧盟-拉美国家首脑会议在奥地利首都维也纳举行。会议发表了《维也纳宣言》,作为共同目标,欧盟与拉美国家决定在未来5年内使两地区贸易和投资额翻一番。

▶ 6月21日
欧盟-美国首脑会议在维也纳举行,双方讨论了内容广泛的经济议题,并就加强能源合作达成共识。双方一致同意加强战略能源对话与合作,倡导以市场为基础的能源安全政策,在能源领域增加投资,并积极促进能源供应多元化。

▶ 8月22—30日
四年一次的国际数学家大会在西班牙首都马德里举行,有数学界诺贝尔奖之称的菲尔兹奖以及另外两项数学奖项内万林纳奖和高斯奖依次揭晓。与会多位数学家认为,困扰人类百年有余的庞加莱猜想已获证明。

流行语 "大学生应定位为普通劳动者。"
——教育部官员

背景:数十年来,国家在就业上给予大学毕业生的特殊待遇,以及"社会精英"、"天之骄子"之类的社会舆论使得不仅在大学生中,也在整个社会上造成了一种假像:大学生不同于一般的劳动者,是社会上的精英。但自从大学扩招以来,大学生越来越多,大学生的就业也越来越难。2006年5月,中国青年报记者采访教育部高校学生司有关负责人时,该负责人表示:"大众化时代的大学生不能再自诩为社会的精英,要怀着一个普通劳动者的心态和定位去参与就业选择和就业竞争。"

流行语 "民主是个好东西"
——俞可平

背景:2006年10月23日,《北京日报》发表了中央编译局副局长俞可平的一篇政论《民主是个好东西》。第二天,中央党校《学习时报》全文转载。紧接着,人民网、新华网等网站纷纷转载。这篇既涉及"敏感领域"、又得到官方媒介空前追捧的文章引起国内外媒体的高度关注。

三峡大坝泄洪时的壮观景象。

社会关注

三峡大坝全线建成

2006年5月20日14时整,三峡大坝最后一仓混凝土浇筑完毕。至此,长江三峡水利枢纽主体工程完工,世界最大水坝——三峡大坝全线建成。这标志着三峡工程防洪、发电、航运等综合效益开始全面发挥,为三峡工程全面竣工奠定了坚实基础,使得三峡工程步入收获季节。

三峡大坝位于西陵峡中段的湖北省宜昌市境内的三斗坪,距下游葛洲坝水利枢纽工程38公里,是三峡水利枢纽工程的核心,最后海拔高程为185米,长达2309米,总浇筑时间为3080天。三峡大坝是世界规模最大的混凝土大坝,一共用了1600多万立方米的水泥砂石料,大坝底部宽度一般为126米,坝顶宽15米,坝顶面积相当于80多个篮球场。三峡大坝泄流坝段长483米,水电站机组70万千瓦×26台,双线五级船闸加升船机,是世界上建筑规模最大的水利工程。

三峡大坝的全线建成,意味着三峡工程开始全面发挥防洪、发电、航运能力。蓄水至175米后,三峡

和平发展道路促进世界和平与繁荣》的演讲,他说:"截至今年2月,中国外汇储备已达到8536亿美元。"此前,根据日本财务省统计数据,截至2006年2月底,日本的外汇储备为8501亿美元。由此,中国的外汇储备首次超越日本,成为世界上最大外汇储备国。

据国际货币基金组织统计,截至2006年一季度末,全球外汇储备规模达4.35万亿美元,是1995年的3.13倍。其中,发展中国家储备增长远快于发达国家,占全球的比重从20世纪90年代初的1/3提高到2/3;亚洲经济体储备增长尤为显著,中国大陆、日本、中国台湾、韩国、印度、中国香港、新加坡和马来西亚在全球储备排名前10位中占据了8席。此外,俄罗斯等石油出口国近年来获取了可观的能源出口收入,外汇储备也显著增加。

水库的防洪库容将达到221.5亿立方米,相当于4个荆江分洪区的可蓄洪水量。三峡大坝的建成,充分展示了中国综合国力和现代化建设取得的伟大成就,也表明中国经济实力和工程技术水平跃上了一个新台阶,是中国不断繁荣富强的象征,也向世界展现了中华民族自强不息的精神。

中国成为世界上最大外汇储备国

改革开放以来,随着经济的快速发展,特别是对外贸易额的逐年攀升,中国外汇储备也得到了迅速的增长。2006年4月3日,国务院总理温家宝在澳大利亚发表了题为《坚持走

中国银行的一名银行职工在清点美元。

环球大事

9月3日
欧洲第一个月球探测器"智能1号"成功撞击月球,从而结束了它近3年的太空旅程。"智能1号"撞击月球后"撞"出了大量物质,将有助于科学家对撞击点进行进一步的研究。

10月13日
第61届联合国大会举行全体会议,与会的192个会员国代表以鼓掌的方式通过决议,正式任命韩国外交通商部长官潘基文为下一任联合国秘书长。潘基文将是联合国历史上的第八任秘书长,任期自2007年1月1日至2011年12月31日。

10月24日
欧盟委员会在法国斯特拉斯堡发表了题为《欧盟与中国:更紧密的伙伴、承担更多责任》的对华政策文件。文件指出,欧盟必须继续发展与中国的战略伙伴关系。

11月7日
世界贸易组织总理事会在日内瓦召开会议,正式批准了有关越南加入该组织的相关文件。在越南国会批准相关文件并将结果通知世贸组织后,越南将在30天后正式成为世贸组织的第150个成员。

11月9日
在日内瓦举行的世界卫生大会特别会议通过世界卫生组织执委会提名,选举中方候选人、原世卫组织助理总干事、香港特区前卫生署长陈冯富珍女士为世卫组织新任总干事。

世界卫生组织总干事陈冯富珍

12月14—14日
由联合国和非盟发起的第二届非洲大湖地区首脑会议在肯尼亚首都内罗毕举行。大湖地区11国领导人签署了《安全、稳定与发展公约》,其主要内容包括和平与安全、经济发展与地区一体化、社会与环境等领域内的具体行动计划。

12月27日
法国制造的COROT卫星从哈萨克斯坦境内的拜科努尔发射场升空,这是人类发射的首颗专门用于研究太阳系外行星的卫星。COROT重630千克,主要任务是寻找太阳系外与地球类似的行星。

> 重要文献

《关于促进中部地区崛起的若干意见》
(2006年4月15日)

2006年4月15日,中共中央、国务院发布《关于促进中部地区崛起的若干意见》,要求把中部地区建设成全国重要的粮食生产基地、能源原材料基地、现代装备制造及高技术产业基地和综合交通运输枢纽,使中部地区在发挥承东启西和产业发展优势中崛起。

目录:
- 一、加快建设全国重要粮食生产基地,扎实稳步推进社会主义新农村建设
- 二、加强能源原材料基地和现代装备制造及高技术产业基地建设,推进工业结构优化升级
- 三、提升交通运输枢纽地位,促进商贸流通旅游业发展
- 四、增强中心城市辐射功能,促进城市群和县域发展
- 五、扩大对内对外开放,加快体制机制创新
- 六、加快社会事业发展,提高公共服务水平
- 七、加强资源节约、生态建设和环境保护,实现可持续发展
- 八、加强领导,狠抓落

> 重要文献

《关于推进天津滨海新区开发开放有关问题的意见》
(2006年5月26日)

2006年5月26日,国家发布了《关于推进天津滨海新区开发开放有关问题的意见》,正式批复天津滨海新区为全国综合配套改革试验区。

节选:
批准天津滨海新区为全国综合配套改革试验区。要按照党中央、国务院的部署并从天津滨海新区的实际出发,先行试验一些重大的改革开放措施。……近期工作重点是:
——鼓励天津滨海新区进行金融改革和创新。……本着科学、审慎、风险可控的原则,可在产业投资基金、创业风险投资、金融业综合经营、多种所有制金融企业、外汇管理政策、离岸金融业务等方面进行改革试验。
——支持天津滨海新区进行土地管理改革。……开展农村集体建设用地流转及土地收益分配、增强政府对土地供应调控能力等方面的改革试验。
——推动天津滨海新区进一步扩大开放,设立天津东疆保税港区。……重点发展国际中转、国际配送、国际采购、国际转口贸易和出口加工等业务,积极探索海关特殊监管区域管理制度的创新,以点带面,推进区域整合。
——摘自《中华人民共和国国务院公报》2006年第21期,第40—41页,国务院办公厅编辑出版。

📖 重要文献

《关于解决农民工问题的若干意见》

(2006年3月27日)

2006年3月27日,国务院下发《关于解决农民工问题的若干意见》。指出:农民工问题事关我国经济和社会发展全局,维护农民工权益是需要解决的突出问题,解决农民工问题是建设中国特色社会主义的战略任务。

目录:

- 一、充分认识解决好农民工问题的重大意义
- 二、做好农民工工作的指导思想和基本原则
- 三、抓紧解决农民工工资偏低和拖欠问题
- 四、依法规范农民工劳动管理
- 五、搞好农民工就业服务和培训
- 六、积极稳妥地解决农民工社会保障问题
- 七、切实为农民工提供相关公共服务
- 八、健全维护农民工权益的保障机制
- 九、促进农村劳动力就地就近转移就业
- 十、加强和改进对农民工工作的领导

📖 重要文献

《中共中央关于构建社会主义和谐社会若干重大问题的决定》

(2006年10月11日)

2006年10月8日至11日,中国共产党第十六届中央委员会第六次全体会议在北京举行。全会通过了《中共中央关于构建社会主义和谐社会若干重大问题的决定》。提出了构建社会主义和谐社会的指导思想、目标任务和原则,强调要坚持协调发展,加强社会事业建设;加强制度建设,保障社会公平正义;建设和谐文化,巩固社会和谐的思想道德基础;完善社会管理,保持社会安定有序;激发社会活力,增进社会团结和谐;加强党对构建社会主义和谐社会的领导。

目录:

- 一、构建社会主义和谐社会的重要性和紧迫性
- 二、构建社会主义和谐社会的指导思想、目标任务和原则
- 三、坚持协调发展,加强社会事业建设
- 四、加强制度建设,保障社会公平正义
- 五、建设和谐文化,巩固社会和谐的思想道德基础
- 六、完善社会管理,保持社会安定有序
- 七、激发社会活力,增进社会团结和睦
- 八、加强党对构建社会主义和谐社会的领导

重要文献

《关于推进国有资本调整和国有企业重组的指导意见》

（2006年12月5日）

2006年12月5日，国务院办公厅转发国资委《关于推进国有资本调整和国有企业重组的指导意见》。

节选：

基本原则：一是坚持公有制为主体、多种所有制经济共同发展的基本经济制度。毫不动摇地巩固和发展公有制经济，增强国有经济的控制力、影响力、带动力，发挥国有经济的主导作用。毫不动摇地鼓励、支持和引导非公有制经济发展，鼓励和支持个体、私营等非公有制经济参与国有资本调整和国有企业重组。二是坚持政府引导和市场调节相结合，充分发挥市场配置资源的基础性作用。三是坚持加强国有资产监管，严格产权交易和股权转让程序，促进有序流动，防止国有资产流失，确保国有资产保值增值。四是坚持维护职工合法权益，保障职工对企业重组、改制等改革的知情权、参与权、监督权和有关事项的决定权，充分调动和保护广大职工参与国有企业改革重组的积极性。五是坚持加强领导，统筹规划，慎重决策，稳妥推进，维护企业正常的生产经营秩序，确保企业和社会稳定。

主要目标：进一步推进国有资本向关系国家安全和国民经济命脉的重要行业和关键领域（以下简称重要行业和关键领域）集中，加快形成一批拥有自主知识产权和知名品牌、国际竞争力较强的优势企业；加快国有大型企业股份制改革，完善公司法人治理结构，大力发展国有资本、集体资本和非公有资本等参股的混合所有制经济，实现投资主体多元化，使股份制成为公有制的主要实现形式；大多数国有中小企业放开搞活；到2008年，长期积累的一批资不抵债、扭亏无望的国有企业政策性关闭破产任务基本完成；到2010年，国资委履行出资人职责的企业（以下简称中央企业）调整和重组至80～100家。

推进国有资本向重要行业和关键领域集中，增强国有经济控制力，发挥主导作用。重要行业和关键领域主要包括：涉及国家安全的行业，重大基础设施和重要矿产资源，提供重要公共产品和服务的行业，以及支柱产业和高新技术产业中的重要骨干企业。……鼓励非公有制企业通过并购和控股、参股等多种形式，参与国有企业的改组改制改造。……

加快国有企业的股份制改革。除了涉及国家安全的企业、必须由国家垄断经营的企业和专门从事国有资产经营管理的公司外，国有大型企业都要逐步改制成为多元股东的公司。……

——摘自《中华人民共和国国务院公报》2007年第3期，第6—8页，国务院办公厅编辑出版。

大事记

1月1日
人事部开始实施《事业单位公开招聘人员暂行规定》，《规定》共七章35条，明确了事业单位公开招聘人员招聘范围、条件及程序；招聘计划、信息发布与资格审查；考试与考核；聘用；纪律与监督等内容。

1月4日
证监会、商务部、税务总局、工商总局、外汇管理局等五部委联合发布《外国投资者对上市公司战略投资管理办法》，宣布自1月31日起允许外国战略投资者购买A股。

1月8日
国务院发布《国家突发公共事件总体应急预案》，这标志中国应急预案框架体系初步形成。

1月9—11日
中共中央、国务院召开全国科学技术大会。部署实施《国家中长期科学和技术发展规划纲要（2006－2020年）》。胡锦涛、温家宝在会上讲话。26日，中共中央、国务院作出《关于实施科技规划纲要，增强自主创新能力的决定》。

1月12日
中共中央、国务院发出《关于深化文化体制改革的若干意见》。《意见》要求加强和改进文化领域宏观管理，加快转变政府职能，明确文化行政管理部门职责，理顺文化行政管理部门与所属文化企事业单位的关系。

1月12日
人民银行、财政部、劳动和社会保障部联合发布《关于改进和完善小额担保贷款政策的通知》，进一步扩大小额担保贷款对象范围，并完善贴息政策。

1月12日
国务院国资委表示，要加快国有经济布局和结构的战略性调整，推动国有资本向以下四大领域集中：一向关系国家安全和国民经济命脉的重要行业和关键领域集中；二向具有竞争优势的行业和未来可能形成主导产业的领域集中；三向具有较强国际竞争力的大公司、大企业集团集中；四向国有企业主业集中。

1月17日
国家发改委发布《政府制定价格成本监审办法》，明确凡是需要实行听证制定价格的商品和服务，都要进行成本监审。

1月18日
国务院常务会议审议并原则通过了《国务院关于解决农民工问题的若干意见》。会议指出，解决农民工问题，当前要着力做好以下几个方面工作：一是抓紧解决农民工工资偏低和拖欠问题；二是依法规范农民工劳动管理；三是搞好农民工就业服务和职业技能培训；四是积极稳妥地解决农民工社会保障问题；五是切实为农民工提供相关公共服务；六是健全维护农民工权益的保障机制；七是促进农村劳动力就地就近转移。

1月19日
劳动和社会保障部表示，2006年在总结东北三省做实个人养老金账户试点经验的基础上，试点将扩大到天津、上海、山西、山东、河南、湖北、湖南、新疆8个省区市。对做实个人账户后出现的当期养老金发放缺口，中央财政将给予部分补贴。

1月23日
国务院国资委发布《关于进一步规范国有企业改制工作的实施意见》。《意见》明确，今后国企改制要严格制订和审批企业改制方案。5月10日，国务院国资委又发布了《地方国有资产监管工作指导监督暂行办法》，进一步加大对地方国有资产监管力度。

2月8日
国务院常务会议审议并原则通过《国务院关于发展城市社区卫生服务的指导意见》。《意见》指出，到2010年，全国地级以上城市和有条件的县级市，基本建立起机构设置合理、服务功能健全、人员素质较高、运行机制科学、监督管理规范的城市社区卫生服务体系，居民在社区可以享受疾病预防控制等公共卫生服务和一般常见病、多发病的基本医疗服务。

2月9日
人民银行宣布推出人民币利率互换交易试点。同日，国家开发银行与中国光大银行完成首笔人民币利率互换交易。

2月14日
民航总局表示，民航票价的调整改革方向是放开票价的管制。现行机场收费改革的方向：一是主业的收费实行一定程度的管理，对非主业的收费逐步走向市场化；二是国际航线和国内航线的收费今后将逐步走向一致。

2月14日
国务院发布了《关于落实科学发展观加强环境保护的决定》。《决定》指出，中国推行有利于环境保护的经济政策，对不符合国家产业政策和环保标准的企业，不得审批用地，并停止信贷，不予办理工商登记或者依法取缔。

2月16日
2月16日渤海银行在天津开业，这是1996年以来获准设立的第一家全国性股份制商业银行，也是第一家总部设在天津的全国性股份制商业银行。

2月21日
中央发布一号文件《关于推进社会主义新农村建设的若干意见》。

2月24—25日
全国城市社区卫生工作会议召开。中央决定将发展社区卫生服务作为推进城市卫生综合改革和缓解群众看病难、看病贵的基础性工作，摆到重要位置，集中精力，积极推进，这是城市医疗卫生体制改革思路的一个重大转变。

3月5日
十届全国人大四次会议召开，温家宝在作《政府工作报告》时指出，改革开放是决定中国命运的重大决策。

3月6日
中共中央总书记胡锦涛在参加十届全国人大四次会议上海代表团审议时强调，要毫不动摇地坚持改革方向，进一步坚定改革的决心和信心。

3月14日
国务院总理温家宝在记者招待会上强调，要坚定不移地推进改革开放，走有中国特色社会主义道路。前进尽管有困难，但不能停顿，倒退没有出路。

3月16日
《中华人民共和国国民经济和社会发展第十一个五年规划纲要》，对"十一五"时期的经济体制改革作出部署。《纲要》第八篇专门部署"深化体制改革"的重点工作。

3月18日
《国务院关于解决农民工问题的若干意

见》出台。《意见》明确了做好农民工工作的指导思想、基本原则和政策措施，是解决农民工问题的重要指导性文件。

3月23—24日

全国经济体制改革工作会议在上海召开。国家发改委主任马凯在会上发表题为《坚定不移地深化改革完善落实科学发展观与构建和谐社会的体制保障》的重要讲话。会议提出近期改革着力点首要是推进政府行政管理体制改革。

3月26日

根据国务院下发的《国务院关于开征石油特别收益金的决定》、财政部下发的《石油特别收益金征收管理办法》的规定，从今天起，国家对石油开采企业销售国产原油因价格超过一定水平(每桶40美元)所获得的超额收入，将按比例征收石油特别收益金。

3月27日

国务院下发《关于解决农民工问题的若干意见》，提出，抓紧解决农民工工资偏低和拖欠问题；依法规范农民工劳动管理；搞好农民工就业服务和培训；积极稳妥地解决农民工社会保障问题；切实为农民工提供相关公共服务；健全维护农民工权益的保障机制；促进农村劳动力就地就近转移就业；加强和改进对农民工工作的领导等8项政策措施。

3月27日

国土资源部下发《关于坚持依法依规管理节约集约用地，支持社会主义新农村建设的通知》，提出稳步推进城镇建设用地增加和农村建设用地减少相挂钩试点、集体非农建设用地使用权流转试点；严格征地管理，维护被征地农民的合法权益。

3月31日

劳动和社会保障部等4部门印发《全面推进劳动合同制度实施三年行动计划》提出，从2006年至2008年，用3年时间实现各类企业与劳动者普遍依法签订劳动合同。劳动合同管理水平明显提高，劳动合同内容趋于规范，劳动合同得到较好履行，基本实现劳动合同管理的规范化、法制化。

4月12日

国务院常务会议审议并原则通过《国务院关于完善粮食流通体制改革政策措施的意见》。会议指出，随着粮食流通体制改革的推进，必须进一步加大改革力度，完善政策措施，健全体制机制，确保粮食流通体制改革的顺利推进。

4月13日

《关于调整经常项目外汇管理政策的通知》发布，对经常项目外汇账户、服务贸易售付汇及境内居民个人购汇等三项管理政策进行改革。

4月15日

中共中央、国务院发出《关于促进中部地区崛起的若干意见》。

4月26日

国务院常务会议研究了推进天津滨海新区开发开放的意见，决定批准滨海新区进行综合配套改革试点。

4月27日

十届全国人大常委会第十五次会议通过《中华人民共和国公务员法》。这是中国第一部干部人事管理的法律，是干部人事管理科学化、法制化的重要里程碑。

5月8日

《中央企业综合绩效评价管理暂行办法》开始实施。根据该办法，国资委今后将按照优、良、中、低、差五个等级对中央企业进行综合绩效评价，评价结果将成为央企负责人年度和任期考核的重要参考指标。

5月8日

《上市公司证券发行管理办法》开始施行。《办法》的颁布标志着股权分置改革以来处于暂停状态的上市公司再融资重新启动，并逐渐步入实质操作阶段。表明中国证券发行管理制度按照市场化的改革方向做出了重大调整。

5月8日

中共中央办公厅、国务院办公厅印发了《2006—2020年国家信息化发展战略》。

5月16日

银监会公布了最新修订的《国有商业银行公司治理及相关监管指引》，以加强国有商业银行公司治理改革，确保股份制改造真正取得实效。

5月16日

劳动和社会保障部发布《关于开展农民工参加医疗保险专项扩面行动的通知》。《通知》要求：要以省会城市和大中城市为重点，以农民工比较集中的加工制造业、建筑业、采掘业和服务业等行业为重点，以与城镇用人单位建立劳动关系的农民工为重点，统筹规划、

2006年，建设北京奥运会场馆的农民工。

分类指导、分步实施，全面推进农民工参加医疗保险工作，争取2006年底农民工参加医疗保险的人数突破2000万人。

5月17—18日

由国家发改委和世界银行联合举办的政府行政管理体制改革国际研讨会在北京召开。

5月26日

中央政治局召开会议研究改革收入分配制度和规范收入分配秩序问题。

5月26日

国务院发布《推进天津滨海新区开发开放有关问题的意见》。

5月30日

财政部发布《行政单位国有资产管理暂行办法》和《事业单位国有资产管理暂行办法》，《办法》自2006年7月1日起施行。《办法》明确了行政、事业单位国有资产的管理体制和各部门、各单位的管理职责，全面规范了资产配置、资产使用、资产处置等各个环节的管理，构建了行政、事业单位国有资产从形成、使用到处置全过程的有效监管体系。

5月31日—6月1日

全国粮食流通体制改革工作会议召开。会议指出，深化粮食流通体制改革的主要任务是：放开收购市场、直接补贴粮农、转换企业机制、维护市场秩序、加强宏观调控。

6月7日

国务院常务会议原则通过《中华人民共和国反垄断法(草案)》。草案从中国实际出发，借鉴国际有益经验，规定了禁止垄断协议、禁止滥用市场支配地位，以及对垄断行为的调查处理等内容。会议决定，《中华人民共和国反垄断法(草案)》经进一步修改后，由国务院提请全国人大常委会审议。

6月14日

国务院下发《公务员工资制度改革方案》决定，改革公务员现行工资制度，实行国家统一的职务与级别相结合的公务员工资制度，完善机关工人工资制度，形成科学合理的工资水平决定机制和正常增长机制，建立适应经济体制和干部管理体制要求的工资管理体制，实现工资分配的科学化、规范化和法制化。

6月15日

《国务院关于保险业改革发展的若干意见》颁布。《意见》提出，要建设市场体系完善、服务领域广泛、经营诚信规范、偿付能力充足、综合竞争力较强、发展速度、质量和效益相统一的现代保险业。

6月30日

国务院召开常务会议，部署了深化农村税费改革和推进农村综合改革工作。

7月1日

《深圳经济特区改革创新促进条例》施行。"免责"是《条例》的亮点之一。如果改革创新工作未达到预期效果，《条例》提出了三种免予追究有关人员责任的情形：一是改革创新方案制定和实施程序符合有关规定；二是个人和所在单位没有牟取私利；三是未与其他单位或者个人恶意串通，损害公共利益。

7月6日

党中央、国务院决定改革公务员工资制度。同时，改革和完善事业单位工作人员收入分配制度，合理调整机关事业单位离退休人员待遇，完善机关工人工资制度，适当提高企业离退休人员基本养老金标准、各类优抚对象抚恤补助标准、城市低保对象补助水平。

7月20日

中国国有林区林权制度改革试点工作启动。经国务院批准，国家林业局批复了黑龙江省伊春市林权制度改革试点实施方案。

7月24日

国务院办公厅下发通知，要求建立国家土地督察制度。通知规定，国务院授权国土资源部代表国务院对各省、自治区、直辖市，以及计划单列市人民政府土地利用和管理情况进行监督检查。在国土资源部设立国家土地总督察办公室。

7月24日

经国务院同意，建设部、商务部、发改委、人民银行、工商总局、外汇局联合发布了《关于规范房地产市场外资准入和管理的意见》。《意见》在坚持对外开放方针的基础上，针对当前房地产市场的新情况，借鉴国际上多数国家的惯例，按照统筹国内发展和对外开放的原则，进一步规范和完善了外资进入房地产市场的有关政策。

8月1日

国土资源部试行《招标拍卖挂牌出让国有土地使用权规范》和《协议出让国有土地使用权规范》。

8月2日

证券监督管理委员会正式发布新修订的《上市公司收购管理办法》，对上市公司收购制度作出重大调整。这一办法将规范上市公司的收购及相关股份权益变动活动，促进证券市场资源的优化配置。

8月4日

《"十一五"铁路投融资体制改革推进方案》出台。《方案》明确了改革的七方面重点工作：扩大合资建路规模、积极推进铁路企业股改上市、扩大铁路建设债券发行规模、研究建立铁路产业投资基金、扩大利用外资规模、研究探索铁路移动设备的融资租赁、合理使用银行贷款。

8月6日

财政部发布通知，要求进一步推进"乡财县管"工作，以加强乡镇财政管理，规范乡镇收支行为，防范和化解乡镇债务风险。"乡财县管"的规范包括：预算共编、账户统设、集中收付、采购统办、票据统管、县乡联网等六个方面。

8月7日

保监会公布了《保险公司设立境外保险类机构管理办法》和《非保险机构投资境外保险类企业管理办法》，对保险公司和非保险机构境外投资设立保险类企业的活动作了明确规范。

8月7日

建设部、商务部、发改委、人民银行、工商总局、外汇局联合发布《关于规范房地产市场外资准入和管理的意见》，明确了规范外商投资房地产市场准入、外商投资企业房地产开发经营管理、严格境外机构和个人购房管理等方面的具体措施。

8月8日

商务部等6部门公布《关于外国投资者并购境内企业的规定》，要求外国投资者并购境内企业应遵守中国的法律、行政法规和规章，遵循公平合理、等价有偿、诚实信用的原则，不得造成过度集中、排除或限制竞争，不得扰乱社会经济秩序和损害社会公共利益，不得导致国有资产流失。本规定自2006年9月8日起施行。

8月25日

证监会、人民银行联合发布《合格境外机构投资者境内证券投资管理办法》。这部法规较大幅度地放宽了合格境外机构投资者投资境内证券的门槛，以鼓励长期资金入市，促进中国资本市场的健康发展。新法规分7章，共37条，于2006年9月1日起实施。

8月27日

十届全国人大常委会第二十三次会议表决通过了《中华人民共和国企业破产法》。这是中国市场经济体制改革进程中一部具有标志性的法律。

8月31日

国务院发出《关于加强土地调控有关问题的通知》。指出：必须采取更严格的管理措施，切实加强土地调控，解决建设用地总量增长过快，低成本工业用地过度扩张，违法违规用地、滥占耕地等问题。

9月1—2日

全国农村综合改革工作会议在北京召开。会议指出，要充分认识农村综合改革的重要性和艰巨性，按照巩固农村税费改革成果和完善社会主义市场经济体制的要求，推进乡镇机构、农村义务教育和县乡财政管理体制改革，建立精干高效的农村行政管理体制和运行机制、覆盖城乡的公共财政制度、政府保障的农村义务教育体制，促进农民减负增收和农村公益事业发展，全面推动社会主义新农村建设。

9月8日

建设部副部长仇保兴在全国供热体制改革工作会议上称，中国城镇供热收费制度改革在今年冬季全面推开。改革的主要内容是：改革实行了几十年的供热收费由职工单位向供热企业统一交纳的福利制度；热费补贴由"暗补"变"明补"，将以专项补贴的形式按月发放，由使用者直接向供热企业交费。根据建设部的有关规划，各地要用两年左右时间，完成热费制度的改革，建立健全"谁用热、谁交费"的机制，实现供热的商品化、货币化。

9月9日

发改委有关负责人在天津滨海新区开发开放与金融改革创新高峰会议上表示，国家发改委将在滨海新区先行开展产业投资基金试点，同意天津市筹办渤海产业投资基金。天津滨海新区综合配套改革试点重点工作中，金融改革和创新被摆在首要位置。

9月13日

中共中央办公厅、国务院办公厅印发《国家"十一五"时期文化发展规划纲要》。《纲要》指出，要坚持以发展为主题，以改革为动力，以体制机制创新为重点，深化文化体制改革。

9月19日

经国务院批准，由国家11个有关部委组成的医疗体制改革协调小组9月成立，该小组专门协调统筹医疗改革各方利益。医改小组常设机构在国家发改委，由发改委主任马凯和卫生部部长高强担任双组长。在1998年撤消国务院医疗保险制度改革领导小组办公室8年之后，这个高规格的医改协调领导小组再次成立。

9月30日

国务院批复了财政部、国土资源部、国家发展改革委《关于深化煤炭资源有偿使用制度改革试点的实施方案》，试点范围包括山西、内蒙古、黑龙江、安徽、山东、河南、贵州、陕西等8个煤炭主产省（区）。

10月8日

国务院下发《关于做好农村综合改革工作有关问题的通知》。

10月8—11日

党的十六届六中全会在北京举行。

10月13日

国务院批转的《劳动和社会保障事业发展"十一五"规划纲要（2006年—2010年）》不仅规划了劳动和社会保障事业发展，也对深化劳动和社会保障体制改革作出部署。

10月15日

第100届中国出口商品交易会开幕。

10月23日

中共中央政治局进行第35次集体学习，胡锦涛强调，要坚持公共医疗卫生的公益性质，深化医疗卫生体制改革，强化政府责任，严格监督管理，建设覆盖城乡居民的基本卫生保健制度，为群众提供安全、有效、方便、价廉的公共卫生和基本医疗服务。

10月27日

中国工商银行股份有限公司股票在香港联交所、上海证券交易所挂牌交易。工行是首家实现内地A股和香港H股同步上市的企业，其以191亿美元的股票集资额创下全球最高纪录，并成为目前A股市场权重最大的上市公司。从2005年10月28日工行股份有限公司成立，到次年10月27日股票上市，工商银行在一年时间里完成的跨越，标志着中国商业银行改革已取得重要的阶段性成果。

10月31日

十届全国人大常委会第二十四次会议审议通过了《中华人民共和国农民专业合作社法》。《农民专业合作社法》的颁布，标志着中国农民专业合作社建设进入了依法发展的新阶段，农民专业合作社作为新型的农村生产经营组织正式以合作社法人资格参与市场竞争，在农业生产经营中可以享受税收优惠政策，在信贷、商标注册等方面具有平等的权利，农民专业合作社及其成员可以依法保护自己的权益。该法将于2007年7月1日起施行。

10月底

国务院批复原则同意《中国邮政集团公司组建方案》和《中国邮政集团公司章程》。这是在邮政政企分开、各地邮政管理局纷纷成立后，邮政体制改革迈出的新步伐。

10月底

天津滨海新区综合配套改革多项试点试验相继推出。一是国家外汇管理局已经批复滨海新区进行7方面外汇管理制度改革；二是总额度为200亿元的渤海产业投资基金也已经获得国家批准；三是国家已经同意设立天津东疆保税港区，并要求在体制机制创新等方面先行试验一些重大的改革开放措施，探索海关特殊监管区域管理制度创新。

国家邮政局和新组建的中国邮政集团公司举行揭牌典礼。两个机构的正式揭牌标志着中国邮政体制改革方案顺利实施。

11月1日

国务院常务会议审议并原则通过《关于"十一五"深化电力体制改革的实施意见》。会议指出，"十一五"期间深化电力体制改革的主要任务是：第一，抓紧处理厂网分开遗留问题，逐步推进电网企业主辅分离改革；第二，加快电力市场建设，着力构建符合国情的统一开放的电力市场体系，形成与市场经济相适应的电价机制，实行有利于节能环保的电价政策；第三，进一步转变政府职能，坚持政企分开，健全电力市场监管体制。

11月1日

上海市政府公布实施《上海市社会保险基金财务管理办法》，明确将基金纳入财政专户，实行收支两条线管理，专款专用；对基金预决算、基金筹集和支付、基金结余、银行开户管理、基金监督与检查等作出严格的规定；同时，根据上海实际情况，在养老、失业、医疗、生育、工伤等5项基本社会保险基金的基础上，将小城镇保险基金、外来从业人员综合保险基金纳入适用范围，农村养老保险基金、残疾人就业保障金等也参照这一办法执行。

11月8日

国务院颁布《中华人民共和国外资银行管理条例》。《条例》分七章73条，按照中国加入WTO所作出的承诺，中国将取消外资银行在中国经营人民币业务的地域限制和客户限制。而在全面开放之前，中国已经开放了25个城市，其中有5个是自主开放的，也就是提前实施开放的，另外20个城市是根据每年开放3—4个的承诺而安排的。《条例》于12月11日起施行。

11月16日

曾培炎副总理在深化煤炭资源有偿使用制度改革试点工作电视电话会议上强调，要以深化煤炭资源矿业权有偿取得和建立开发成本合理负担制度为核心，推进煤炭资源有偿使用制度改革。

11月16日

广东发展银行成功重组。美国花旗集团牵头组织的国内外投资者和广东发展银行正式签署战略投资与合作协议。根据协议，花旗集团与IBM信贷、中国人寿、国家电网、中信信托、普华投资等国内外投资者团队出资242.67亿人民币，认购重组后的广东发展银行85.59%股份。按照广发行与花旗集团签署的技术合作与协助协议，花旗集团将向广发银行提供风险管理、财务控制、信息技术、内部控制、公司治理、资产负债表管理、人力资源管理和金融创新等八个方面的支持与协助。

12月4日

商务部公布了《成品油市场管理办法》和《原油市场管理办法》，自2007年1月1日起施行。两个办法实施后，将打破国家统一配置原油资源和中石油、中石化两大集团集中批发成品油的格局，允许具备条件的企业在中国从事原油、成品油批发经营，中国石油市场将逐步形成国有大型石油公司、跨国石油公司和社会经营单位共同参与竞争的格局。

12月5日

国务院办公厅转发国资委《关于推进国有资本调整和国有企业重组指导意见》。《意见》明确了国有资本调整和国有企业重组的基本原则、主要目标和政策措施。

12月5—7日

中央召开经济工作会议，深入分析了当前的国内经济形势和国际经济环境，全面总结了今年的经济工作，部署了明年的经济工作。其中，明年经济工作的第六项任务是"坚持深化体制改革，加快形成落实科学发展观的体制机制保障"；第七项任务是"坚持互利共赢的开放战略，提高对外开放水平"。

12月7日

银监会发布《商业银行金融创新指引》。《指引》意在鼓励商业银行加快金融创新，防范金融创新风险，促进银行业金融创新持续健康发展。《指引》共七章四十八条，分为总则、金融创新的基本原则、金融创新的运行机制、金融创新的客户利益保护、金融创新的风险管理、金融创新的监督管理和附则等七个部分。

12月8日

国务院审议并原则通过《西部大开发"十一五"规划》。《规划》指出，"十一五"时期西部大开发的目标是：努力实现西部地区经济又好又快发展，人民生活水平持续稳定提高，基础设施和生态环境建设取得新突破，重点区域和重点产业的发展达到新水平，教育、卫生等基本公共服务均等化取得新成效，构建社会主义和谐社会迈出扎实步伐。

12月9—11日

全国发展改革工作会议召开，部署了明年要重点抓好六方面的工作，第五个方面是，进一步深化改革、扩大开放，加快建立健全落实科学发展观和构建社会主义和谐社会的体制保障。

12月11日

新颁布的《中华人民共和国外资银行管理条例》及其《实施细则》正式生效。根据该条例和实施细则的规定，从12月11日起，取消外资银行在中国境内经营人民币业务的地域和客户对象限制，在承诺和审慎监管的框架下，对外资银行实行国民待遇。

12月20日

银监会制定发布《关于调整放宽农村地区银行业金融机构准入政策更好支持社会主义新农村建设的若干意见》。《意见》提出了农村地区银行业金融机构准入政策调整的根本目的、适用范围、原则和步骤、具体内容及相应的监管措施。

12月22—23日

中央农村工作会议在北京举行。会议指出，统筹城乡经济社会发展，实行工业反哺农业、城市支持农村和多予少取放活的方针，巩固、完善、加强支农惠农政策，切实加大农业投入，积极推进现代农业建设，强化农村公共服务，深化农村综合改革，促进粮食稳定发展、农民持续增收、农村更加和谐，确保新农村建设取得新的进展，巩固和发展农业农村的好形势。

12月30日

《国务院关于修改〈中华人民共和国城镇土地使用税暂行条例〉的决定》发布。根据《决定》，从2007年1月1日起，中国城镇土地使用税在1988年规定的基础上提高两倍。同时，为体现公平税负的原则，外商投资企业和外国企业也要开始缴纳土地使用税。

12月31日

经国务院同意，银监会批准中国邮政储蓄银行开业，同意中国邮政集团公司以全资方式出资组建中国邮政储蓄银行有限责任公司，并核准该公司章程。

📊 数说发展

人口

总人口 **131448**
（单位：万人）

 城镇  乡村

| 57706 | 73742 |

 出生率 **12.09‰**
 死亡率 **6.81‰**
 自然增长率 **5.28‰**

GDP（国内生产总值）

GDP（国内生产总值）
209407 亿元
比上年增长 **10.7%**

- 第一产业 **24700** 亿元
- 第二产业 **102004** 亿元
- 第三产业 **82703** 亿元

税收收入 **37636** 亿元
（不包括关税、耕地占用税和契税）

财政收支

 收入 **38760.20** 亿元
 支出 **40422.73** 亿元
 收支差额 **−1662.53** 亿元

黄金和外汇储备

1929 万盎司　　**10663.40** 亿美元

黄金　　　　　　　外汇

工业

（单位：亿元）

工业增加值 **90351**

规模以上工业增加值 **79752**

实现利润增长 **31%**

- 重工业 **55438**
- 轻工业 **24314**

建筑业增加值 **11653**

农业

产量 （单位：万吨）

粮食	49746
棉花	673
油料	3062
糖料	10987
肉类	8100
水产品	5250

水利

新增有效灌溉面积 **108** 万公顷

新增节水灌溉面积 **128** 万公顷

对外经济

进出口贸易总额 **17607** 亿美元

比上年增长 **23.8%**

出口 **9691** 亿美元
进口 **7916** 亿美元

出口大于进口 **1775** 亿美元

利用外资

新设立外商直接投资企业 **41485** 家

实际使用外商直接投资金额 **694.7** 亿美元

对外经济合作

对外承包工程完成营业额 **300** 亿美元

对外劳务合作完成营业额 **54** 亿美元

国内商业

社会商品零售总额 **76410** 亿元

分城乡看

城市消费品 **51543** 亿元

县及县以下消费品 **24867** 亿元

分行业看

批发和零售业 **64326** 亿元

住宿和餐饮业 **10345** 亿元

其他行业 **1739** 亿元

固定资产投资

（单位：亿元）

固定资产投资 109870

93472 城镇

第一产业投资 1102
第二产业投资 39760
第三产业投资 52611

16397 农村

分地区看

东部地区 54546
中部地区 20905
西部地区 21916
东北地区 10520

人民生活

城镇新增就业人数 **1184** 万人
城镇居民人均可支配收入 **11759** 元
扣除物价因素
分别比上年实际增长 **10.4%** 和 **7.4%**

居民家庭恩格尔系数
城镇 **35.8%**　农村 **43%**

城乡人民储蓄存款 **166617** 亿元

文化

广播电台 **267** 座
电视台 **296** 座
教育台 **46** 个
有线电视用户 **13862** 万户
有线数字电视用户 **1262** 万户

国家颁布了首批 **518** 项
国家级非物质文化遗产名录

广播综合人口覆盖率 **95.0%**
电视综合人口覆盖率 **96.2%**

故事影片 **330** 部
科教、纪录、动画影片 **62** 部

出版报纸 **416** 亿份
期刊 **30** 亿册
图书 **62** 亿册（张）

艺术表演团体 2766 个
文化馆 2889 个
公共图书馆 2767 个
博物馆 1593 个
档案馆 3994 个
已开放各类档案 6355 万卷（件）

旅游

国内旅游　出游人数 **13.9** 亿人次
国内旅游总收入 **6230** 亿元

国际旅游
入境人数 **12494** 万人次
　其中，外国人 **2221** 万人次
　港、澳、台胞 **10273** 万人次
国际旅游外汇收入 **339.5** 亿美元
　国内出境人数 **3452** 万人次
　其中因私出境 **2880** 万人次

社会保障

各项社会保险基金总收入
8517 亿元
总支出 **6583** 亿元

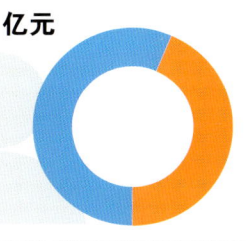

参加各类基本保险人数
城镇基本养老保险 **18649** 万人
城镇基本医疗保险 **15737** 万人
失业保险 **11187** 万人
工伤保险 **10235** 万人
（农民工 **2538** 万人）
生育保险 **6446** 万人

社会福利事业

各类收养性社会福利单位床位 **175** 万张，收养各类人员 **136** 万人
城镇建立各种社区服务设施 **12** 万个，其中综合性社区服务中心 **9817** 个
全年销售社会福利彩票 **496** 亿元，筹集社会福利资金 **174** 亿元，直接接收社会捐赠款 **35** 亿元

交通运输、仓储和邮电通信业

交通运输、仓储和邮电通信业增加值 12032 亿元

新建线路交付营业里程

 铁路 **1605** 公里

 铁路复线 **705** 公里

 电气化铁路 **3960** 公里

 公路 **93720** 公里
（其中，高速公路 **4325** 公里）

 港口万吨级码头吞吐能力 **35726** 万吨

港口完成货物吞吐量 45.6 亿吨

外贸货物 **15.7** 亿吨
集装箱 **9300** 万标箱

旅客周转量 19202.7 亿人公里
- 6622 亿人公里
- 10135.9 亿人公里
- 74.9 亿人公里
- 2369.9 亿人公里

 铁路　 公路　 水运　 民航

货物周转量 86921.2 亿吨公里
- 21954 亿吨公里
- 9647 亿吨公里
- 53907.8 亿吨公里
- 管道 1318.2 亿吨公里
- 94.3 亿吨公里

邮电业务总量 15321 亿元

- 邮政业务总量 **729** 亿元
- 电信业务总量 **14592** 亿元

全国固定及移动电话用户总数 82889 万户

电话普及率 **63** 部/百人

固定电话用户 **36781** 万户
城市电话用户 **25139** 万户
农村电话用户 **11642** 万户
移动电话用户 **46108** 万户

保险事业

保费收入 5641 亿元

寿险业务保费收入 **3593** 亿元
健康险和意外伤害险业务保费收入 **539** 亿元
财产险业务保费收入 **1509** 亿元

支付各类赔款及给付 1439 亿元

- 寿险业务给付 **465** 亿元
- 健康险和意外伤害险赔款及给付 **177** 亿元
- 财产险业务赔款 **796** 亿元

科学技术

研究与试验发展（R&D）经费支出 2943 亿元

其中基础研究经费 **148** 亿元

- 取得省部级以上科技成果 **3.3** 万项
- 授予专利权 **26.8** 万件　其中，国内授权 **22.4** 万件
- 授予发明专利权 **5.8** 万件　其中国内授权 **2.5** 万件
- 签订技术合同 **20.6** 万项　技术合同成交金额 **1818** 亿元

体育

获得世界冠军 **141** 个
11 人 **3** 队 **25** 次创 **21** 项世界纪录

第十五届多哈亚运会上

我国运动员共获得
- **165** 枚金牌
- **88** 枚银牌
- **63** 枚铜牌

第七次蝉联金牌第一榜

教育

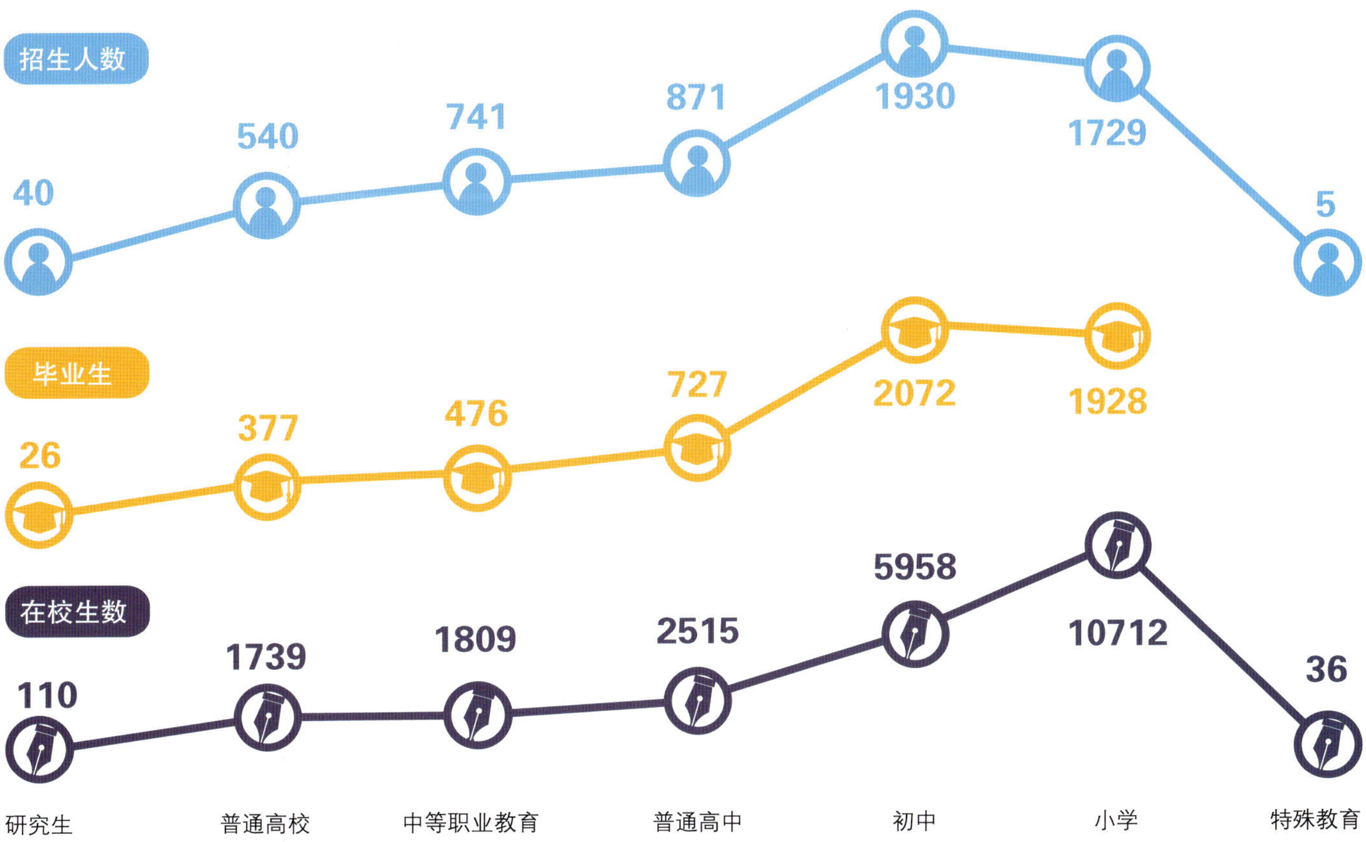

	研究生	普通高校	中等职业教育	普通高中	初中	小学	特殊教育
招生人数	40	540	741	871	1930	1729	5
毕业生	26	377	476	727	2072	1928	—
在校生数	110	1739	1809	2515	5958	10712	36

卫生

卫生技术人员 452.5 万人

执业医师和执业助理医师 197 万人

注册护士 138.6 万人

卫生机构 30 万个

① 医院、卫生院 5.9 万个
② 妇幼保健院（所、站）3006 个
③ 专科疾病防治院（所、站）1404 个
④ 疾病预防控制中心（防疫站）3587 个
⑤ 卫生监督检验机构 2256 个

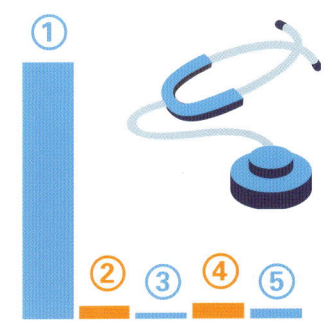

医院和卫生院床位 321.6 万张

乡镇卫生院 4 万个

床位 68 万张

卫生技术人员 85.7 万人

甲、乙类传染病发病人数 348.9 万例

报告死亡 10623 人

报告传染病发病率 266.84/10 万

死亡率 0.81/10 万

农村合作医疗 **1451** 个县（市、区）开展了新型农村合作医疗试点工作

4.1 亿农民参加了新型农村合作医疗

参合率 **80.5%**

中国改革开放全纪录
1978—2018

2007

- 《中华人民共和国物权法》施行
- 成都、重庆设立全国统筹城乡综合配套改革试验区
- 全国建立农村最低生活保障制度
- 《中华人民共和国反垄断法》施行
- 中国共产党第十七次全国代表大会召开
- 武汉城市群、长株潭城市群两型社会综合改革试验

焦点事件

《中华人民共和国物权法》施行

2007年3月16日，第十届全国人民代表大会第五次会议审议通过了《中华人民共和国物权法》，这是中国首次从法律上明确保护私人财产。《物权法》分为总则、所有权、用益物权、担保物权、占有等五编，共19章、247条。于2007年10月1日起施行。

《物权法》把坚持国家基本经济制度作为物权法的基本原则，明确规定国家在社会主义初级阶段，坚持公有制为主体、多种所有制经济共同发展的基本经济制度。国家巩固和发展公有制经济，鼓励、支持和引导非公有制经济的发展。这一基本原则作为物权法的核心，贯穿并体现在整部物权法的始终。

《物权法》明确指出："国家、集体、私人的物权和其他权利人的物权受法律保护，任何单位和个人不得侵犯。""国有财产包括：属于国家所有的自然资源，属于国家所有的基础设施，国家机关和国家举办的事业单位的财产等等""国家出资的企业，由国务院、地方人民政府依照法律、行政法规规定分别代表国家履行出资人职责，享有出资人权益"。

《物权法》规定"耕地、草地、林地的承包期届满，由土地承包经营权人按照国家有关规定继续承包"。"土地承包经营权人依照农村土地承包法的规定有权将土地承包经营权采取转包、互换、转让等方式流转。""集体所有的财产受法律保护，禁止任何单位和个人侵占、哄抢、私分、破坏。"

关于私有财产，《物权法》规定："私人对其合法的收入、房屋、生活用品、生产工具、原材料等不动

2007年3月16日，十届人大五次会议闭幕，《物权法草案》和《企业所得税法草案》在本次会议上获高票通过。

回忆

王建平： 有关《物权法》的起草，其实最早是在1993年。1995年以前，有关《物权法》方面的萌发主要是在观念上、在学术界碰撞比较多，当时社会上还没有显现。到2000年，中国草拟了民法典草案。但是，全国人大发现，民法典草案尚不能完全通过，因为它涉及三大块的问题不能解决，即在物权、侵权、人身权的方面还有很多问题不能解决。于是决定分步走，哪块条件成熟了，就先立哪块的法。

2002年，关于《物权法》的建议稿出来了。在随后《物权法》起草的过程中，社会对财富的心态，社会财富观开始启蒙。西方有句谚语："穷人的茅草屋，风可以进，皇帝不可以进"，这句话就向人们强调了规则与界限的问题。2005年8月，《物权法》三审稿公布出来，向社会征求意见。这时，北京大学巩献田教授向全国人大提交了一封公开信。这封公开信指出《物权法》三审稿需要解决三个问题，即穷人富人财富该不该平等、是否导致国有资产保护、是否违反宪法。这3个观点代表社会相当一部分学者、民众、立法者一些思想状态，巩献田这封信发表后引起了全国人大高度重视，全国人大专门约见巩献田征求意见，而截至当年年底，共有上万条的意见通过各种渠道汇集到全国人大。这封信也将有关《物权法》该解决什么问题的争论扩大化，理论界、学术界由此分为违宪派和没违宪派，来自民商学界的专家学者们是没违宪派的支持者。随后，相关讨论进入深入化。

从2005年8月到2006年年底，全国人大共完成了《物权法》第4稿、第5稿、第6稿、第7稿的审议。整个过程中，巩献田的一封公开信引发的讨论，最终解决了所有权的平等问题。在此之前，《物权法》草案的总则并非是所有权平等。在此后形成的《物权法》诸稿中才渐渐将总则中的所有权平等确定下来。

资料来源： 《四川大学教授讲述〈物权法〉起草内幕》，《成都晚报》，2007年3月20日。

一位上海居民依据《物权法》领取房屋补偿金。

产和动产享有所有权。私人合法的储蓄、投资及其收益受法律保护。国家依照法律规定保护私人的继承权及其他合法权益。私人的合法财产受法律保护，禁止任何单位和个人侵占、哄抢、破坏。"

关于征收补偿，《中华人民共和国物权法》明确规定："国家对耕地实行特殊保护，严格限制农用地转为建设用地，控制建设用地总量。""为了公共利益的需要，依照法律规定的权限和程序可以征收集体所有的土地和单位、个人的房屋及其他不动产。""征收集体所有的土地，应当支付土地补偿费、安置补助费、地上附着物和青苗的补偿费等费用，并足额安排被征地农民的社会保障费用，保障被征地农民的生活，维护被征地农民的合法权益。"

《物权法》的颁布和实施，是中国从法律上明确保护私人财产的一项重要举措，体现了宪法精神，体现了对不同物权主体实行平等保护的原则，既尊重了国有财产，也保障着城市富裕人群和农村贫困人口的利益，对于推动中国物权制度的构筑和完善、推进经济改革和建设法治国家都具有里程碑式的重大意义。

成都、重庆设立全国统筹城乡综合配套改革试验区

2007年6月7日，国务院发展和改革委员会发出《关于批准重庆市和成都市设立全国统筹城乡综合配套改革试验区的通知》。这份文件指出："重庆市和成都市要从两市实际出发，根据统筹城乡综合配套改革试验的要求，全面推进各个领域的体制改革，并在重点领域和关键环节率先突破，大胆创新，尽快形成统筹城乡发展的体制机制，促进两市城乡经济社会协调发展，也为推动全国深化改革，实现科学发展与和谐发展，发挥示范和带动作用。"

按照综合配套改革试验要求，重庆市重点在以下方面探索：第一，着眼于统筹城乡劳动就业，大力推动农村富余劳动力转移。第二，着眼于统筹进城务工经商农民向城镇居民转化，大力加强农民工就业安居扶持工作。第三，着眼于统筹城乡基本公共服务，逐步提高农民社会保障水平。第四，着眼于统筹国民收入分配，大力加强对"三农"发展的支持。第五，着眼于统筹城乡发展规划，大力推进生产力合理布局和区域协调发展。第六，着眼于统筹新农村建设，大力促进现代农业发展和农村基础设施改善。第七，着眼于统筹城镇体系建设，大力打造城镇群。重庆市还将在全市范围内有计划、分步骤、有重点地推进户籍制度、土地管理和使用制度、社会保障制度、公共财政制度、农村金融制度、行政体制等改革。

成都市重点在统筹城乡规划、建立城乡统一的行政管理体制、建立覆盖城乡的基础设施建设及其管理体制、建立城乡均等化的公共服务保障体制、建立覆盖城乡居民的社会保障体系、建立城乡统一的户籍制度、健全基层自治组织、统筹城乡产业发展等重点领域和关键环节率先突破，通过改革探索，加快经济社会快速健康协调发展。

由此，继广东深圳、上海浦东、天津滨海三大经济改革试验区被国务院批准为国家综合改革试验区之后，重庆市和成都市也成为全国统筹城乡综合配套改革试验区，这是国家首次批准在西部地区设立改革试验区。

全国建立农村最低生活保障制度

2007年1月9日，胡锦涛总书记作出重要指示，强调要抓紧建立农村低保制度。

5月23日，温家宝总理主持召开国务院常务会议，研究部署在全国建立农村最低生活保障制度工作。会议决定，2007年在全国建立农村最低生活保障制度，将符合条件的农村贫困人口纳入保障范围，重点保障病残、年老体弱、丧失劳动能力等生活常年困难的农村居民。建立农村最低生活保障制度以地方人民政府为主，实行属地管理，中央财政对财政困难地区给予适当补助。6月26日，国务院在北京召开全国建立农村最低生活保障制度工作会议，回良玉副总理明

新疆维吾尔自治区哈密市西河区大营门村，农民领到了最低生活保障金。

确提出要求:"今年要在全国农村全面建立低保制度,并确保在年内将最低生活保障金发放到户。"

7月11日,国务院发出《关于在全国建立农村最低生活保障制度的通知》,对农村低保的目标任务、原则要求、保障标准、对象范围、操作程序、资金筹集、组织机构等内容进行了规范。《通知》指出:"为贯彻落实党的十六届六中全会精神,切实解决农村贫困人口的生活困难,国务院决定,2007年在全国建立农村最低生活保障制度。"建立农村最低生活保障制度的目标是:"通过在全国范围建立农村最低生活保障制度,将符合条件的农村贫困人口全部纳入保障范围,稳定、持久、有效地解决全国农村贫困人口的温饱问题。""农村最低生活保障标准由县级以上地方人民政府按照能够维持当地农村居民全年基本生活所必需的吃饭、穿衣、用水、用电等费用确定,并报上一级地方人民政府备案后公布执行。农村最低生活保障标准要随着当地生活必需品价格变化和人民生活水平提高适时进行调整。农村最低生活保障对象是家庭年人均纯收入低于当地最低生活保障标准的农村居民,主要是因病残、年老体弱、丧失劳动能力以及生存条件恶劣等原因造成生活常年困难的农村居民。"

在全国范围内建立最低生活保障制度,是继全面取消农业税后的又一重大惠农政策,是对传统农村社会救济工作的改革和创新,是按照最低生活保障标准保障农村贫困群众基本生活的新型社会救助制度。

《中华人民共和国反垄断法》施行

2007年8月30日,《中华人民共和国反垄断法》在第十届全国人民代表大会常务委员会第二十九次会议上获得通过,自2008年8月1日起施

书店内销售的《中华人民共和国反垄断法》单行本。

行。《反垄断法》的出台,是中国市场经济法治建设暨中国经济法发展史上具有里程碑意义的大事,对促进社会主义市场经济健康发展意义深远。

第一,这部法律出台强调保护消费者选择权。反垄断法第一条开宗明义地规定:为了预防和制止垄断行为,保护市场公平竞争,提高经济运行效率,维护消费者利益和社会公共利益,促进社会主义市场经济健康发展,制定本法。

第二,这部法律规定行业协会组织经营者提高商品价格将涉嫌违法。反垄断法第十三条规定,禁止具有竞争关系的经营者达成包括固定或变更商品价格的垄断协议;第四十六条规定,行业协会不得组织本行业的经营者从事反垄断法第二章规定的禁止垄断协议的行为,如果违反了法律规定,反垄断执法机构就可以处以50万元以下的罚款,情节严重的,社会团体登记管理机关可以依法撤销登记。

第三,这部法律禁止大型国企滥用市场支配地位损害消费者权益。反垄断法规定,经营者违反本法规定滥用市场支配地位的,由反垄断执法机构责令停止违法行为,没收违法所得,并处以上年度销售额1%以上10%以下的罚款。

第四,这部法律禁止政府滥用行政权力影响消费者行为。反垄断法第三十二条明确规定:具有管理公共事务职能的组织不得滥用行政能力,限定单位或个人经营、购买、使用其指定的经营者提供的商品。

中国共产党第十七次全国代表大会召开

2007年10月15日至21日,中国共产党第十七次全国代表大会在北京召开。大会主题是:高举中国特色社会主义伟大旗帜,以邓小平理论和"三个代表"重要思想为指导,深入贯彻落实科学发展观,继续解放思想,坚持改革开放,推动科学发展,促进社会和谐,为夺取全面建设小康社会新胜利而奋斗。胡锦涛代表第十六届中央委员会向大会作了题为《高举中国特色社会主义伟大旗帜,

> **观点**
>
> **王一鸣:** 转变经济发展方式,是比转变经济增长方式内涵更加丰富,也是对实现全面建设小康社会奋斗目标的新要求更具有战略意义的历史课题。转变经济增长方式,在内涵上主要是指经济增长由粗放型向集约型、由外延增长向内涵增长转变,关键是提高要素投入产出效率和全要素生产率。转变经济发展方式,不仅要求转变经济增长方式,还要求实现经济结构优化升级,经济社会协调发展、人与自然和谐发展及人的全面发展。
>
> 资料来源:《60位知名专家解读十七大报告:重大战略部署和要求》,《人民论坛》,2007年第21期。

出席中国共产党第十七次全国代表大会的西藏代表抵达北京首都国际机场。

为夺取全面建设小康社会新胜利而奋斗》的报告。

胡锦涛指出，改革开放是党在新的时代条件下带领人民进行的新的伟大革命，目的就是要解放和发展社会生产力，实现国家现代化，让中国人民富裕起来，振兴伟大的中华民族；就是要推动中国社会主义制度自我完善和发展，赋予社会主义新的生机活力，建设和发展中国特色社会主义；就是要在引领当代中国发展进步中加强和改进党的建设，保持和发展党的先进性，确保党始终走在时代前列。

胡锦涛指出，新时期最鲜明的特点是改革开放。从农村到城市、从经济领域到其他各个领域，全面改革的进程势不可当地展开了；从沿海到沿江沿边，从东部到中西部，对外开放的大门毅然决然地打开了。这场历史上从未有过的大改革大开放，极大地调动了亿万人民的积极性，使中国成功实现了从高度集中的计划经济体制到充满活力的社会主义市场经济体制、从封闭半封闭到全方位开放的伟大历史转折。今天，一个面向现代化、面向世界、面向未来的社会主义中国巍然屹立在世界东方。

胡锦涛强调，改革开放作为一场新的伟大革命，不可能一帆风顺，也不可能一蹴而就。最根本的是，改革开放符合党心民心、顺应时代潮流，方向和道路是完全正确的，成效和功绩不容否定，停顿和倒退没有出路。

胡锦涛指出，深入贯彻落实科学发展观，要求我们继续深化改革开放。要把改革创新精神贯彻到治国理政各个环节，毫不动摇地坚持改革方向，提高改革决策的科学性，增强改革措施的协调性。要完善社会主义市场经济体制，推进各方面体制改革创新，加快重要领域和关键环节改革步伐，全面提高开放水平，着力构建充满活力、富有效率、更加开放、有利于科学发展的体制机制，为发展中国特色社会主义提供强大动力和体制保障。要坚持把改善人民生活作为正确处理改革发展稳定关系的结合点，使改革始终得到人民拥护和支持。

会议审议通过了胡锦涛代表中央委员会所作的工作报告，审议通过了《中国共产党章程（修正案）》，将科学发展观写入党章。

一列动车飞驰在京广铁路黄鹤楼脚下。

武汉城市群、长株潭城市群两型社会综合改革试验

2007年12月14日，国家发展和改革委员会报请国务院同意，下发《国家发展改革委关于批准武汉城市圈和长株潭城市群为全国资源节约型和环境友好型社会建设综合配套改革试验区的通知》。

武汉城市圈是指以武汉为圆心，由周边100公里范围内的黄石、鄂州、黄冈、孝感、咸宁、仙桃、潜江、天门等8个城市构成的区域经济联合体。面积不到全省三分之一的武汉城市圈，集中了湖北省一半的人口、六成以上的GDP总量，不仅是湖北经济发展的核心区域，也是中部崛起的重要战略支点。

长株潭城市群位于湖南省东北部，包括长沙、株洲、湘潭三市。面积2.8万平方公里，2006年人口1300万，经济总量2818亿元，是湖南省经济发展的核心增长极。长沙、株洲、湘潭三市沿湘江呈品字形分布，两两相距不足40公里。

《通知》指出，推进武汉城市圈和长株潭城市圈综合配套改革，要深入贯彻落实科学发展观，从各自实际出发，根据资源节约型和环境友好型社会建设的要求，全面推进各个领域的改革，在重点领域和关键环节率先突破，大胆创新，尽快形成有利于能源节约和生态环境保护的体制机制，加快转变经济发展方式，推进经济又好又快发展，促进经济社会发展与人口、资源、环境相协调，切实走出一条有别于传统模式的工业化、城市化发展新路，为推动全国体制改革、实现科学发展与社会和谐发挥示范和带动作用。

流行志

《士兵突击》
《士兵突击》是一部以军事动作、青春励志为题材的电视剧,讲述了一个农村出身的普通士兵许三多不抛弃不放弃,最终成为一名出色的侦察兵的成长历程。2007年8月1日,《士兵突击》在北京卫视播出后,掀起了收视高潮,创下该地区年度电视剧收视之最。《士兵突击》不仅仅是一部电视剧,它更像是一个人生哲学故事,每一位观众都能在许三多身上找到自己的一些影子。许三多的名言"不抛弃,不放弃",开始成为很多人的格言。

晒客
晒客,译自英文"share"(分享),是指热衷于用文字和照片将私人物件以及私人生活放在网上曝光的网友。中国的"晒客"们,开始多是晒工资单、晒福利待遇。随后,又流行晒股票、晒收藏、晒衣饰、晒孩子、晒厨艺,继而发展到晒经历、晒情感、晒隐私等,凡是能晒的,几乎都放在网络上了。这种分享,不为利益,不为炫耀,更多的只为展示生活,分享快乐。晒客正在成为网络族群中的一个团体。

红楼梦热
《红楼梦》作为文学经典,总有说不尽的话题。从2005年开始,著名作家刘心武在中央电视台《百家讲坛》开始了《红楼梦》的系列讲座,他从"金陵十二钗"中的秦可卿着手考证书中各人物的生活原型,复原了《红楼梦》诞生时的时代风貌。一时间,刘心武新解《红楼梦》成为一个被人们津津乐道的热门话题,在全国掀起了一股"红楼梦热"。2006年8月至2007年6月,北京电视台推出了一档为新版《红楼梦》电视剧选演员的大型选秀活动《红楼梦中人》,为"红楼梦热"又加了一把火。

《红楼梦中人》选秀活动。

环球大事

1月1日
罗马尼亚和保加利亚两国正式加入欧盟,欧盟成为一个拥有27个成员国、人口超过4.8亿的大型区域一体化组织。

1月10日
印度将首个无人返回式太空舱和3颗卫星用一枚极地卫星运载火箭送入太空,为实现载人航天计划迈出重要一步。22日,无人返回式太空舱成功返回地球。

社会关注

"嫦娥一号"探月卫星发射成功

2007年北京时间10月24日18时5分,中国在西昌卫星发射中心用长征三号甲运载火箭将中国自主研制的第一颗月球探测卫星——嫦娥一号卫星成功送入太空。

嫦娥一号月球探测卫星由中国空间技术研究院研制,以中国古代神话人物"嫦娥"命名,主要用于获取月球表面三维影像、分析月球表面有关物质元素的分布特点、探测月壤厚度、探测地月空间环境等。嫦娥一号平台以中国已成熟的东方红三号卫星平台为基础进行研制,并充分继承"中国资源二号卫星"、"中巴地球资源卫星"等卫星的现有成熟技术和产品,进行适应性改造。卫星平台利用东方红三号卫星平台技术研制,对结构、推进、电源、测控和数传等8个分系统进行了适应性修改。嫦娥一号星体为一个2米×1.72米×2.2米的长方体,两侧各有一个太阳能电池帆板,完全展开后最大跨度达18.1米,重2350千克。有效载荷包括CCD立体相机、成像光谱仪、太阳宇宙射线监测器和低能粒子探测器等科学探测仪器。

嫦娥一号月球探测卫星在成功发射后,于11月5日11时37分第一次成功实现近月制动,于11月7日正式进入工作轨道,于11月18日转为对月定向姿态,于11月20日开始传回探测数据。11月26日,中国国家航天局正式公布嫦娥一号卫星传回的第一幅月面图像。首次月球探测工程的实施,是继人造地球卫星、载人航天飞行取得成功之后中国航天事业发展

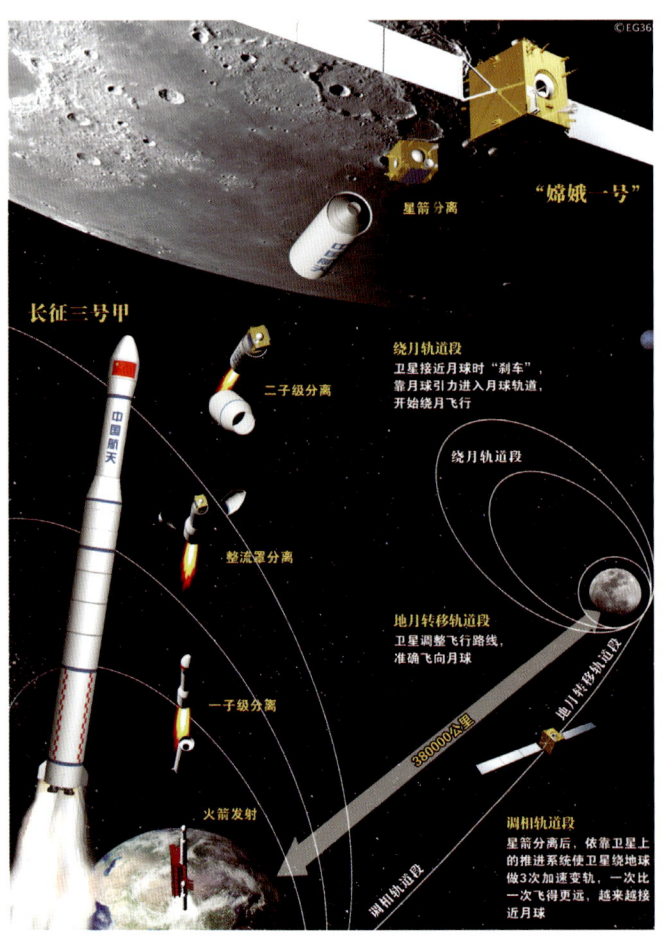

"嫦娥一号"探月卫星发射过程示意图

的又一座里程碑，使中国成为世界上第五个发射月球探测器的国家，实现了中华民族的千年奔月梦想，开启了中国人走向深空探索宇宙奥秘的时代，标志着中国已经进入世界具有深空探测能力的国家行列，标志着中国实施绕月探测工程迈出重要一步。首次月球探测工程的实施，进一步显示和提高了中国的经济实力、科技实力和民族凝聚力，极大地激发了全体中华儿女的爱国热情，进一步增强了全党全国各族人民全面建设小康社会、加快推进社会主义现代化的信心和决心。此后，嫦娥一号卫星于2009年3月1日16时13分在控制下成功撞击月球。由此，中国月球探测的一期工程画上了圆满句号。

《中国应对气候变化国家方案》颁布

2007年6月5日，国务院印发了《中国应对气候变化国家方案》。全面阐述了2010年前中国应对气候变化的对策，就中国气候变化的现状和应对气候变化的相关政策、措施、基本立场及国际合作需求展开了阐述，中国明确提出将采取一系列法律、经济、行政及技术等手段，减缓温室气体排放，并提高适应气候变化的能力。根据这部方案，中国将强化能源供应行业的相关政策措施，在保护生态基础上有序开发水电，把发展水电作为促进中国能源结构向清洁低碳化方向发展的重要措施。《中国应对气候变化国家方案》还把能源生产和转换、提高能源效率与节约能源、工业生产过程、农业、林业和城市废弃物等列为中国减缓温室气体排放的重点领域。根据这部方案，中国将强化能源供应行业的相关政策措施，在保护生态基础上有序开发水电，把发展水电作为促进中国能源结构向清洁低碳化方向发展的重要措施。

《中国应对气候变化国家方案》，是中国第一部应对气候变化的政策性文件、国家方案，也是发展中国家在该领域的第一部国家方案。

流行语 "让媒体说话天塌不下来。"
——公安部发言人武和平

背景：在信息时代，媒体成为最重要的传播力量，政府部门与媒体打交道不可避免。同时，媒体作为追求利润最大化的产业单位，在激烈的竞争中，受收视率、订阅率的驱动，在具体新闻事件的报道中，常常不择手段地挖掘内幕，因此，很多政府部门与媒体的关系颇为对抗。2007年4月20日，公安部发言人武和平在《中国青年报》上发表题为《让媒体说话天塌不下来》的文章公开撰文直言媒体价值，指出政府应与媒体建立起相互促进、共同发展的传播平台。

浙江嘉兴，一家光伏太阳能企业生产车间。

流行语 "群众利益无小事"
——公安部发言人武和平

安徽新宇强力煤矸石砖厂利用煤矸石和选煤厂的废渣，年产2.4亿块市场紧俏的煤矸石多孔烧结砖，解决了建筑市场的难题。

环球大事

▶ 2月27日
全球证券市场呈现多米诺骨牌效应，股市普遍暴跌。继亚太、欧洲、拉美和南非股市下挫之后，纽约股市当天出现"9·11"以来最大跌幅。

▶ 3月24—25日
欧洲联盟27国领导人聚会德国首都柏林，庆祝欧盟成立50周年。

▶ 4月16日
首届南美国家共同体能源首脑会议在委内瑞拉东北部玛格丽塔岛的波拉马尔市开幕。

▶ 4月24日
欧洲天文学家宣布，他们首次发现了一颗大小和表面温度与地球相似的太阳系外行星。

▶ 5月17日
朝鲜和韩国同时举行连接朝鲜半岛南北方的京义线铁路和东海线铁路通车试运行仪式。

▶ 5月25日
世界动物卫生组织第75届国际大会在巴黎以压倒多数通过决议，恢复中华人民共和国在该组织的合法权利。

▶ 6月11日
联合国秘书长潘基文宣布，根据联合国安理会相关决议，开始建立旨在调查黎巴嫩前总理哈里里遇害案的国际法庭。安理会5月30日通过第1757号决议，决定设立国际法庭以审理哈里里遇害案。

▶ 6月19日
联合国人权理事会第六届会议通过了关于人权理事会建章立制问题的一揽子方案，该方案确立了定期普遍审议机制、人权特别机制、专家咨询机制以及理事会议程和议事规则等。

▶ 7月4日
在危地马拉首都危地马拉城举行的国际奥委会第119次全会表决中，俄罗斯的索契战胜对手韩国的平昌，获得2014年冬季奥林匹克运动会的举办权。

▶ 7月23日
欧盟27国外交部长在布鲁塞尔举行例会，讨论欧盟新条约文本，以取代已经宣告失败的《欧盟宪法条约》。

▶ 8月8日
美国"奋进"号航天飞机载着7名宇航员从佛罗里达州肯尼迪航天中心升空，飞赴国际空间站。

▶ 9月8日
亚太经合组织第十五次领导人非正式会议在澳大利亚悉尼开幕，其主题是"加强大家庭建设，共创可持续未来"。

▶ 10月19日
欧盟非正式首脑会议在葡萄牙首都里斯本通过了欧盟新条约，即《里斯本条约》，以取代遭到否决的《欧盟宪法条约》。

▶ 11月20日
东盟10国领导人在新加坡举行的第13届首脑会议上签署了《东盟宪章》。

▶ 12月3—15日
2007年联合国气候变化大会在印度尼西亚的巴厘岛举行。大会通过了"巴厘岛路线图"，决定在2009年前就应对气候变化问题的新安排举行谈判，并为关键议题确立了明确议程。

> 重要文献

《中华人民共和国物权法》

（2007年3月16日）

2007年3月16日，第十届全国人民代表大会第五次会议通过《中华人民共和国物权法》，自2007年10月1日起施行。

节选：

本法所称物权，是指权利人依法对特定的物享有直接支配和排他的权利，包括所有权、用益物权和担保物权。

第六条 不动产物权的设立、变更、转让和消灭，应当依照法律规定登记。动产物权的设立和转让，应当依照法律规定交付。

第七条 物权的取得和行使，应当遵守法律，尊重社会公德，不得损害公共利益和他人合法权益。

第四十五条 法律规定属于国家所有的财产，属于国家所有即全民所有。

国有财产由国务院代表国家行使所有权；法律另有规定的，依照其规定。

第四十七条 城市的土地，属于国家所有。法律规定属于国家所有的农村和城市郊区的土地，属于国家所有。

第五十九条 农民集体所有的不动产和动产，属于本集体成员集体所有。

第六十四条 私人对其合法的收入、房屋、生活用品、生产工具、原材料等不动产和动产享有所有权。

第一百二十六条 耕地的承包期为三十年。草地的承包期为三十年至五十年。林地的承包期为三十年至七十年；特殊林木的林地承包期，经国务院林业行政主管部门批准可以延长。

前款规定的承包期届满，由土地承包经营权人按照国家有关规定继续承包。

第一百四十八条 建设用地使用权期间届满前，因公共利益需要提前收回该土地的，应当依照本法第四十二条的规定对该土地上的房屋及其他不动产给予补偿，并退还相应的出让金。

——摘自《中华人民共和国全国人民代表大会常委会公报》2007年3期，第291—309页，全国人大常委会办公厅编辑出版。

■ 重要文献

《中华人民共和国反垄断法》

（2007年8月30日）

2007年8月30日，第十届全国人民代表大会常务委员会第二十九次会议通过《中华人民共和国反垄断法》。

节选：

第二条 中华人民共和国境内经济活动中的垄断行为，适用本法；中华人民共和国境外的垄断行为，对境内市场竞争产生排除、限制影响的，适用本法。

第三条 本法规定的垄断行为包括：

（一）经营者达成垄断协议；

（二）经营者滥用市场支配地位；

（三）具有或者可能具有排除、限制竞争效果的经营者集中。

第九条 国务院设立反垄断委员会，负责组织、协调、指导反垄断工作……

第十三条 禁止具有竞争关系的经营者达成下列垄断协议：

（一）固定或者变更商品价格；

（二）限制商品的生产数量或者销售数量；

（三）分割销售市场或者原材料采购市场；

（四）限制购买新技术、新设备或者限制开发新技术、新产品；

（五）联合抵制交易；

（六）国务院反垄断执法机构认定的其他垄断协议。

——摘自《中华人民共和国全国人民代表大会常委会公报》2007年6期，第517—523页，全国人大常委会办公厅编辑出版。

> 重要文献

《高举中国特色社会主义伟大旗帜，为夺取全面建设小康社会新胜利而奋斗》
（胡锦涛，2007年10月15日）

2007年10月15日，中国共产党第十七次全国代表大会于在人民大会堂开幕。胡锦涛代表第十六届中央委员会向大会作了题为《高举中国特色社会主义伟大旗帜，为夺取全面建设小康社会新胜利而奋斗》的报告。报告回答了党在改革发展关键阶段举什么旗、走什么路、以什么样的精神状态、朝着什么样的发展目标继续前进等重大问题，总结了我国改革开放的伟大历史进程和宝贵经验，阐明了科学发展观的科学内涵、精神实质和根本要求，对继续推进改革开放和社会主义现代化建设、实现全面建设小康社会的宏伟目标作出了全面部署，对以改革创新精神全面推进党的建设新的伟大工程提出了明确要求。指出，改革开放以来我们取得一切成绩和进步的根本原因，归结起来就是：开辟了中国特色社会主义道路，形成了中国特色社会主义理论体系。高举中国特色社会主义伟大旗帜，最根本的就是要坚持这条道路和这个理论体系。中国特色社会主义理论体系，就是包括邓小平理论、"三个代表"重要思想以及科学发展观等重大战略思想在内的科学理论体系。科学发展观，第一要义是发展，核心是以人为本，基本要求是全面协调可持续，根本方法是统筹兼顾。深入贯彻落实科学发展观，要求我们始终坚持"一个中心、两个基本点"的基本路线，积极构建社会主义和谐社会，继续深化改革开放，切实加强和改进党的建设。

目录：
一、过去五年的工作
二、改革开放的伟大历史进程
三、深入贯彻落实科学发展观
四、实现全面建设小康社会奋斗目标的新要求
五、促进国民经济又好又快发展
六、坚定不移发展社会主义民主政治
七、推动社会主义文化大发展大繁荣
八、加快推进以改善民生为重点的社会建设
九、开创国防和军队现代化建设新局面
十、推进"一国两制"实践和祖国和平统一大业
十一、始终不渝走和平发展道路
十二、以改革创新精神全面推进党的建设新的伟大工程

重要文献

《关于试行国有资本经营预算的意见》
（2007年9月8日）

2007年9月8日，国务院发布《关于试行国有资本经营预算的意见》。

节选：

国有资本经营预算，是国家以所有者身份依法取得国有资本收益，并对所得收益进行分配而发生的各项收支预算，是政府预算的重要组成部分。建立国有资本经营预算制度，对增强政府的宏观调控能力，完善国有企业收入分配制度，推进国有经济布局和结构的战略性调整，集中解决国有企业发展中的体制性、机制性问题，具有重要意义。

试行国有资本经营预算，应坚持以下原则：

统筹兼顾，适度集中。统筹兼顾企业自身积累、自身发展和国有经济结构调整及国民经济宏观调控的需要，适度集中国有资本收益，合理确定预算收支规模。

相对独立，相互衔接。既保持国有资本经营预算的完整性和相对独立性，又保持与政府公共预算（指一般预算）的相互衔接。

分级编制，逐步实施。国有资本经营预算实行分级管理、分级编制，根据条件逐步实施。

国有资本经营预算的收入是指各级人民政府及其部门、机构履行出资人职责的企业（即一级企业，下同）上交的国有资本收益，主要包括：

1. 国有独资企业按规定上交国家的利润。
2. 国有控股、参股企业国有股权（股份）获得的股利、股息。
3. 企业国有产权（含国有股份）转让收入。
4. 国有独资企业清算收入（扣除清算费用），以及国有控股、参股企业国有股权（股份）分享的公司清算收入（扣除清算费用）。
5. 其他收入。

——摘自《国务院国有资产监督管理委员会公告》2007年第8期，第15—18页。

大事记

1月5—6日

全国税务工作会议在北京召开。在深化税收制度改革方面，谢旭人提出，认真总结东北地区部分行业增值税转型改革试点经验，推进中部地区部分城市增值税转型改革实施工作，进一步研究完善在全国全面实施的方案。搞好所得税"两法合并"改革，研究实行综合与分类相结合的个人所得税制度，加强收入分配调节。推进资源税改革，改进石油、天然气、煤炭资源税计税方法。实施新的城镇土地使用税暂行条例。认真贯彻车船税暂行条例及其实施细则。完善耕地占用税制度。

1月14日

中国与东盟10国正式签署中国—东盟自贸区《服务贸易协议》。《协议》规定了双方在中国—东盟自贸区框架下开展服务贸易的权利和义务，同时包括了中国与东盟10国开放服务贸易的第一批具体承诺减让表。

1月17日

温家宝主持召开国务院常务会议，审议并原则通过《中华人民共和国政府信息公开条例（草案）》，对政府信息公开的范围和主体、方式和程序、监督和保障等内容作出了具体规定。会议决定，草案经进一步修改后，由国务院公布施行。

1月19—20日

全国金融工作会议在北京召开，明确了当前和今后一个时期的金融改革发展任务，重点是：继续深化国有银行改革，加快建设现代银行制度；加快农村金融改革发展，完善农村金融体系；大力发展资本市场和保险市场，构建多层次金融市场体系；全面发挥金融的服务和调控功能，促进经济社会协调发展；积极稳妥推进金融业对外开放；提高金融监管能力，强化金融企业内部管理，保障金融稳定和安全。

1月20—21日

全国证券期货监管工作会议在北京召开。会议强调，今后一个时期，以解决市场体制性、机制性问题为着眼点，以加强基础性制度建设为支撑，以强化资本市场监管为保障，完善市场结构，进一步拓展市场广度和深度，发挥市场功能，不断提升市场运行效率和竞争力，努力构建保障资本市场持续健康发展、有效防范化解风险的长效机制，不断增强资本市场服务国民经济发展的能力。

1月22—23日

全国新型农村合作医疗工作会议在陕西省西安市召开。会议要求，2007年新型农村合作医疗制度覆盖全国80%以上县（市、区）。

1月23日

中共中央政治局召开会议，研究部署金融改革发展工作。胡锦涛主持会议。

1月29日

新华社受权全文播发《中共中央国务院关于积极发展现代农业扎实推进社会主义新农村建设的若干意见》，这是改革开放以来中央第九个一号文件。

1月30日

国务院批复国防科工委《深化国防科技工业投资体制改革的意见》，提出，改革的目标是进一步明确政府投资领域和投资重点，保证政府对国防科技工业的主导作用和对军工核心能力的有效控制；同时，发挥市场配置资源的基础性作用。

2月3日

教育部发布《民办高等学校办学管理若干规定》，要求教育行政部门应当将民办高等教育纳入教育事业发展规划。按照积极鼓励、大力支持、正确引导、依法管理的方针，引导民办高等教育健康发展。

2月4日

中国在非洲建立的第一个经济贸易合作区——赞比亚中国经济贸易合作区正式揭牌。

2月7日

财政部、国家税务总局下发《关于促进创业投资企业发展有关税收政策的通知》，提出，创业投资企业采取股权投资方式投资于未上市中小高新技术企业2年以上（含2年），凡符合条件的，可按其对中小高新技术企业投资额的70%抵扣该创业投资企业的应纳税所得额。

2月28日

教育部宣布全国1.5亿农村中小学生2007年起全免学杂费。

3月1日

四川仪陇惠民村镇银行有限责任公司正式挂牌营业，这是中国第一家设置在农村地区并全面服务于"三农"的具有独立法人资格的商业性银行。其注册资本为200万，其中南充市商业银行出资100万元，另外5家企业分别出资20万元。

3月5—16日

十届全国人大会第五次会议通过《中华人民共和国物权法》。本法自2007年10月1日起施行。十届全国人大第五次会议还通过了《企业所得税法》，实现了内外资企业所得税税制的统一。本法自2008年1月1日起施行。

3月9日

经中国银监会批准，全国首家全部由农民自愿入股组建的农村合作金融机构——吉林省梨树县闫家村百信农村资金互助社正式挂牌营业。它的成立标志着中国银监会调整放宽农村地区银行业金融机构准入政策试点工作取得了新的进展，标志着一类崭新的农村银行业金融机构在中国农村地区正式诞生。

3月11日

国防科工委发布中国《"十一五"空间科学发展规划》，首次公布中国政府未来空间科学发展蓝图。

4月2日

首批获准改制为中国本地法人银行的外资银行东亚银行（中国）有限公司、汇丰银行（中国）有限公司、花旗银行（中国）有限公司和渣打银行（中国）有限公司正式开业。在经过银行监管部门的验收之后，这4家外资法人银行将可以向中国内地提供全面的人民币及外汇服务，包括针对内地居民开展人民币业务。

4月4日

国务院常务会议决定，从今年开始，在有条件的省份选择一两个市，进行建立以大病统筹为主的城镇居民基本医疗保险制度的试点。试点地区凡未纳入城镇职工基本医疗保险制度覆盖范围的中小学生、少年儿童和其他非从业城镇居民，都可参加城镇居民基本医疗保险。

4月5日

国务院发布《中华人民共和国政府信息公开条例》，《条例》规定，行政机关应当及时、准确地公开政府信息。行政机关发现影响或者可能影响社会稳定、扰乱社会管理秩序的虚假或者不完整信息的，应当在其职责范围内发布准确的政府信息予以澄清。

4月15日

国务院办公厅下发《关于进一步清理取消和调整行政审批项目的通知》，对进一步深化行政审批制度改革作出了部署。

4月22日

国务院公布《行政机关公务员处分条例》，有利于加强行政机关公务员队伍建设，自2007年6月1日起施行。

4月26日

上海市十二届人大常委会第35次会议表决通过了《上海市人民代表大会常务委员会关于促进和保障浦东新区综合配套改革试点工作的决定》，为浦东新区综合配套改革试点提供法律支撑。

4月28日

劳动和保障部和国土资源部发布《关于切实做好被征地农民社会保障工作有关问题的通知》，要求各地要严格按国办发29号文件关于保障项目和标准的要求，尽快将被征地农民纳入社会保障体系，确保被征地农民原有生活水平不降低、长远生计有保障，并建立相应的调整机制。

5月13日

国务院办公厅发布《关于加快推进行业协会商会改革和发展的若干意见》，提出行业协会改革发展的总体要求。一是坚持市场化方向；二是坚持政会分开；三是坚持统筹协调；四是坚持依法监管。

5月17日

国防科工委、发展改革委、国资委下发《关于推进军工企业股份制改造的指导意见》，明确提出推进军工企业股份制改造的指导思想、目标和基本原则，要求分类推进军工企业股份制改造，加强对军工企业股份制改造的监督管理，加强相关政策法规和制度建设。

5月23日

温家宝主持召开国务院常务会议，决定，今年在全国建立农村最低生活保障制度。

5月30日

国务院召开常务会议，研究部署试行国有资本经营预算工作。会议强调，建立和实施国有资本经营预算制度，统筹用好国有资本收益，是完善社会主义市场经济体制的一项重要举措，对于深化国有企业收入分配制度改革、增强政府宏观调控能力、合理配置国有资本、促进企业技术进步、提高企业核心竞争力，都具有重要意义。

5月31日

党中央、国务院决定设立国家预防腐败局。根据中央的批复，国家预防腐败局的职责有三项：负责全国预防腐败工作的组织协调、综合规划、政策制定、检查指导；协调指导企业、事业单位、社会团体、中介机构和其他社会组织防治腐败工作；负责预防腐败的国际合作和国际援助。

6月4日

《中国应对气候变化国家方案》在北京正式发布，这是中国第一部应对气候变化的政策性文件，也是发展中国家在该领域的第一部国家方案。

6月7日

国家发改委下发《关于批准重庆市和成都市设立全国统筹城乡综合配套改革试验区的通知》。

6月12日

国务院振兴东北地区等老工业基地领导小组召开第四次全体会议，总结2006年工作，研究部署2007年任务，审议《东北地区振兴规划》。

6月19—20日

国务院在四川成都召开全国城市社区卫生工作会议。高强在会上提出，改革医疗卫生机构收支管理机制，改革的主要措施，一是增加政府投入，保证医疗卫生机构必要的开支，维持正常运行，使医疗卫生人员的主要精力转移到为群众提供良好服务上来；二是加强收入监管，实行收入上缴，与人员分配脱钩，以纠正盲目创收的倾向。

6月27日

国务院国资委印发《关于进一步规范中央企业投资管理的通知》，要求中央企业严格执行企业重大投资活动报告制度，加强企业投资风险管理与控制，对于违反投资管理有关规定的企业将严肃追究有关责任人的责任。

6月28日

国务院办公厅转发国家发改委《关于2007年深化经济体制改革工作的意见》，《意见》提出推进以下8个方面的改革：加快推进行政管理体制改革，切实转变政府职能；坚持和完善基本经济制度，探索公有制多种有效实现形式；深化农村经济体制改革，促进农村经济社会发展；加快发展要素市场，完善现代市场体系；深化金融财税投资体制改革，完善宏观调控体系；推进资源价格等相关改革，促进资源节约和环境保护；推进社会事业体制改革，维护群众切身利益；深化涉外经济体制改革，提高对外开放水平。

6月29日

十届全国人大会常委会第28次会议通过《中华人民共和国劳动合同法》，通过对劳动合同的订立、履行、解除、终止等作出符合社会主义市场经济要求和中国国情的规定，在尊重用人单位用工自主权的基础上，要求用人单位必须与劳动者订立书面劳动合同，规定用人单位必须全面履行劳动合同，引导用人单位合理约定劳动合同期限，规范用人单位解除和终止劳动合同行为，要求用人单位在解除和终止劳动合同时必须依法支付经济补偿，从而有效地保护劳动者的合法权益。本法自2008年1月1日起施行。

7月1日

庆祝香港回归祖国10周年大会暨香港特别行政区第三届政府就职典礼在香港会展中心隆重举行，胡锦涛出席，特别行政区第三任行政长官曾荫权和政府主要官员先后宣誓就职。

7月7日

监察部、国土资源部发出《关于进一步开展查处土地违法违规案件专项行动的通知》要求，地方各级监察机关和国土资源部门要对2006年10月以来开展查处土地违法违规案件专项行动的情况进行"回头看"检查。

2007年7月1日上午，庆祝香港回归祖国10周年大会暨香港特别行政区第三届政府就职典礼在香港会展中心隆重举行。图为由曾荫权监誓下的香港特区行政会议成员宣誓就职仪式。

7月9日

中国人民银行发布《同业拆借管理办法》，全面调整了同业拆借市场的准入管理、期限管理、限额管理、备案管理、透明度管理、监督管理权限等规定，是近10年最重要的同业拆借管理政策调整。

7月10日

为实现基本建立覆盖城乡全体居民的医疗保障体系的目标，国务院发布《关于开展城镇居民基本医疗保险试点的指导意见》，决定从今年起开展城镇居民基本医疗保险试点，2010年在全国全面推开。

7月11日

国务院颁布《关于在全国建立农村最低生活保障制度的通知》。

7月23—24日

全国城镇居民基本医疗保险试点工作会议在北京召开。温家宝与出席会议的部分代表进行座谈，听取他们对试点工作的意见和建议，并作重要讲话。温家宝指出，目前中国经济持续快速发展，财政收入增加较快，建立城镇居民基本医疗保险制度条件基本具备，时机已经成熟。国务院决定，从今年开始试点，用3年时间逐步在全国城镇全面推开。

8月2日

国务院批复国家发改委、国务院振兴东北办编制的《东北地区振兴规划》。《规划》要求东北地区，深化体制改革，建立和完善现代企业制度与产权制度，推进国有经济战略性调整，积极培育和发展非公有制经济，扩大对内对外开放，增强发展活力。

8月7日

国务院下发《关于解决城市低收入家庭住房困难的若干意见》，指出，要按照全面建设小康社会和构建社会主义和谐社会的目标要求，把解决城市（包括县城，下同）低收入家庭住房困难作为维护群众利益的重要工作和住房制度改革的重要内容，作为政府公共服务的一项重要职责，加快建立健全以廉租住房制度为重点、多渠道解决城市低收入家庭住房困难的政策体系。

8月8日

监察部等5部门发出《关于开展国有土地使用权出让情况专项清理工作的通知》指出，各地要对本辖区内2005年1月1日至2007年12月31日期间供应的所有建设用地逐宗进行清理。清理的重点包括是否将应当出让的土地作划拨处理、是否将应当招标拍卖挂牌出让的土地以协议方式出让、出让金的定价以及收支是否合法合规、以出让或者划拨方式取得土地使用权后有无违反规定改变用途等规划条件4个环节。

8月10日

海南省农村信用社联合社在海口市举行了挂牌仪式。这是全国最后一家挂牌开业的省级联社，标志着农村信用社新的管理体制框架已经全面建立。

8月13日

国家发展改革委等6部门印发《关于加强东西互动深入推进西部大开发的意见》，提出加强东西地区互动合作，深入推进西部大开发的指导原则、重点领域和政策措施。

8月14日

中国证监会公布《公司债券发行试点办法》，标志着中国公司债券发行工作的正式启动。

8月30日

十届全国人大常委会第29次会议通过《中华人民共和国反垄断法》和《中华人民共和国就业促进法》。

9月3日

海关总署发布《海关保税港区管理暂行办法》，明确对保税港区与境外之间进出的货物实行备案制管理，除特殊规定之外，对从境外进入保税港区的货物予以保税。

9月6日

温家宝出席首届夏季达沃斯论坛年会开幕式并回答了现场听众的提问。在回答有关"现阶段改革的特征"的提问时，温家宝指出，中国现阶段改革的主要特征是：在经济体制上，由传统的计划经济转变为社会主义市场经济，由封闭、半封闭经济转变为开放经济，解放和发展生产力，提高广大人民群众的物质文化生活水平；在政治体制上，扩大民主，完善法制，实现社会公平与正义，促进社会和谐。这两方面的改革是紧密联系、不可分割的。

9月8日

国务院发布《关于试行国有资本经营预算的意见》，指出，建立国有资本经营预算制度，对增强政府的宏观调控能力，完善国有企业收入分配制度，推进国有经济布局和结构的战略性调整，集中解决国有企业发展中的体制性、机制性问题，具有重要意义。

9月10日

卫生部、财政部、中医药管理局下发《关于完善新型农村合作医疗统筹补偿方案的指导意见》，要求各地要根据合作医疗基金收支情况，合理确定起付线、封顶线、补偿比例和补偿范围，省（区、市）内各县（市、区）之间的补偿水平差异不宜过大，经济社会发展水平相近和筹资水平相当的地区补偿水平应相对统一。

9月24日

国务院正式批复批准同意设立洋浦保税港区。这是中国继上海洋山保税港区、天津东疆保税港区和大连大窑湾保税港区之后，设立的第四个保税港区，也是中国在华南地区设立的首个保税港区。洋浦保税港区规划建设面积9.2063平方公里。

9月26日

国务院常务会议决定取消和调整186项行政审批项目。会议指出，要继续深化行政审批制度改革，依法对行政审批项目实行动态管理，加强对行政审批权的监督制约，不断规范审批行为，创新审批方式，完善配套制度，建设法治政府。

9月28日

国土资源部公布《招标拍卖挂牌出让国有建设用地使用权规定》，对国有建设用地使用权招拍挂出让范围、挂牌出让截止期限、缴纳出让价款和发放国有建设用地使用权证书等作出明确规定，本规定自2007年11月1日起施行。

9月29日

经国务院批准，中国投资有限责任公司成立。作为专门从事外汇资金投资业务的国有投资公司，其成立是中国外汇管理体制改革的标志性事件。公司注册资本金为2000亿美元。

9月30日

中国人民银行公布《应收账款质押登记办法》，明确规定应收账款可以担保融资，此举有望化解中小企业融资难问题。本法自2007年10月1日起施行。

10月10日

财政部印发《中央廉租住房保障专项补助资金实施办法》，对中央廉租住房保障专项补助资金的分配与计算、拨付与使用、监督管理等事项，作出具体规定。

10月12日

中国银监会宣布，经国务院同意，银监会决定扩大调整放宽农村地区银行业金融机构准入政策试点范围，将试点省份从现在的6个省(区)扩大到全国31个省(区、市)。

10月15—21日

中共第十七次全国代表大会在北京召开。胡锦涛代表第十六届中央委员会向大会作了题为《高举中国特色社会主义伟大旗帜，为夺取全面建设小康社会新胜利而奋斗》的报告。十七届一中全会产生中央领导机构。

10月23日

国家发改委等12部门印发《关于支持中小企业技术创新的若干政策》，为支持中小企业技术创新，在以下几个方面提出具体措施：激励企业自主创新、加强投融资对技术创新的支持、建立技术创新服务体系、健全保障措施。

10月28日

十届全国人大常委会第30次会议通过《中华人民共和国城乡规划法》，对加强城乡规划管理，协调城乡空间布局，改善人居环境，促进城乡经济社会全面协调可持续发展具有重要意义。本法自2008年1月1日起施行。

11月6日

人事部印发《公务员录用规定（试行）》，对公务员录用的原则、报考条件、招考程序和方法以及纪律与监督等作出了全面规定。

11月8日

建设部等9部门联合发布《廉租住房保障办法》，进一步明确了廉租住房的保障对象为城市低收入住房困难家庭，即城市和县人民政府所在地的镇范围内，家庭收入、住房状况等符合市、县人民政府规定条件的家庭。《办法》提出，廉租住房保障方式实行货币补贴和实物配租相结合。11月30日，建设部等7部门联合发布《经济适用住房管理办法》，指出，经济适用住房制度是解决城市低收入家庭住房困难政策体系的组成部分。经济适用住房供应对象要与廉租住房保障对象相衔接。经济适用住房的建设、供应、使用及监督管理，应当遵守本办法。

11月15日

国务院新闻办公室发表《中国的政党制度》白皮书。全面详细地介绍了中国政党制度的形成、主要特征、基本内涵，全面反映了中国政党制度的发展历程以及在中国经济社会发展中发挥的重要作用。

11月26日

财政部、教育部印发《关于调整完善农村义务教育经费保障机制改革有关政策的通知》，调整和完善农村义务教育经费保障机制改革。

11月27日

中共中央政治局召开会议。会议对2008年改革工作的主要部署是：要坚持改革开放，力争在完善体制机制上取得新突破，推动解决经济社会发展中的深层次矛盾。要加快教育、就业、社会保障、收入分配、卫生、住房保障等制度建设，加强公共文化服务体系建设，有计划、有步骤地解决涉及群众切身利益的热点难点问题。把深化改革放在更加突出的位置，协调推进重要领域和关键环节的改革，深化企业、财税、金融、价格、行政管理等方面的体制改革。会议提出，要坚持稳中求进，保持经济持续平稳较快协调发展，把防止经济增长由偏快转为过热、防止价格由结构性上涨演变为明显通货膨胀作为宏观调控的首要任务。

11月28日

国务院召开常务会议，研究部署促进资源型城市可持续发展工作。会议提出五项工作要求，其中涉及体制机制创新的主要有两项：一是，建立资源开发补偿机制和衰退产业援助机制。二是，加大政策支持力度，设立针对资源枯竭型城市的财力性转移支付。改革资源税制度，调整资源税负水平，增加资源开采地的财政收入。

11月29日

国家发改委发布《煤炭产业政策》，分别从发展目标、产业布局、产业准入、产业组织、产业技术、安全生产、贸易与运输、节约利用与环境保护、劳动保护、保障措施等方面，明确了鼓励性、限制性和禁止性政策，提出了煤炭工业发展目标和实现目标的保障措施。

12月2日

苏浙沪工商部门率先拆除行政藩篱，联合签署了《苏浙沪工商行政管理联席会议备忘录》，并首次发布三省市统一编号的文件——"长三角工商一号、二号文件"。这标志着长三角市场一体化工程正式启动。

12月5日

建设部等5部委联合发出《关于改善农民工居住条件的指导意见》，要求各地把改善农民工居住条件作为解决城市低收入家庭住房困难工作的一项重要内容，多渠道提供农民工居住场所。《意见》指出，用工单位可以采取无偿提供、廉价租赁等方式向农民工提供居住场所。农民工自行安排居住场所的，用工单位应当给予一定的住房租金补助。

12月11日

温家宝主持召开国务院常务会议，研究促进节约集约用地和依法严格管理农村集体建设用地。

12月13日

经中国银监会批准，国内第一家外资村镇银行——湖北随州曾都汇丰村镇银行有限责任公司成立。这是由汇丰（香港）银行全额出资设立的股份制商业银行，主要为当地"三农"发展提供金融支持。

12月14日

国务院公布《职工带薪年休假条例》，根据这一《条例》，机关、团体、企业、事业单位、民办非企业单位、有雇工的个体工商户等单位的职工，凡连续工作1年以上的，均可以享受带薪年休假。单位应当保证职工享受年休假。条例于2008年1月1日起施行。

12月14日

国家发改委下发《关于批准武汉城市圈和长株潭城市群为全国资源节约型和环境友好型社会建设综合配套改革试验区的通知》。

12月29日

十届全国人大常委会第31次会议审议通过了《全国人民代表大会常务委员会关于修改〈中华人民共和国个人所得税法〉的决定》，将《中华人民共和国个人所得税法》规定的工资、薪金所得减除费用标准由1600元/月提高到2000元/月。新修订的《个人所得税法》从2008年3月1日起施行。会议还通过了《全国人民代表大会常务委员会关于香港特别行政区2012年行政长官和立法会产生办法及有关普选问题的决定》。

12月31日

经国务院批准，中央汇金公司和国家开发银行在北京签署协议，确认即日起中央汇金公司向国家开发银行注资200亿美元。

数说发展

人口

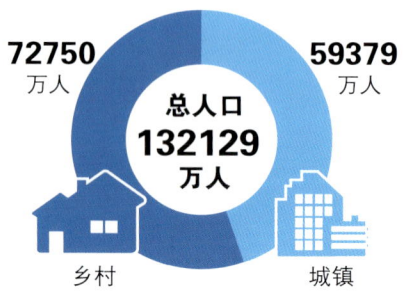

乡村 72750 万人
城镇 59379 万人
总人口 132129 万人

 出生率 12.10‰
 死亡率 6.93‰
 自然增长率 5.17‰

农业

产量 （单位：万吨）

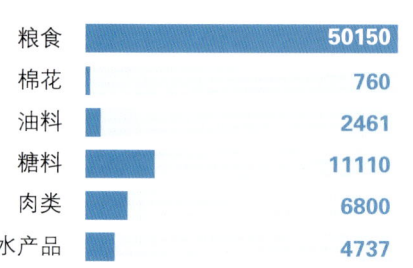

- 粮食 50150
- 棉花 760
- 油料 2461
- 糖料 11110
- 肉类 6800
- 水产品 4737

水利 （单位：万公顷）

- 107 新增有效灌溉面积
- 136 新增节水灌溉面积

工业

工业增加值 107367 亿元

规模以上工业利润总额 22951 亿元

建筑业增加值 14014 亿元

GDP（国内生产总值）

GDP（国内生产总值）246619 亿元

- 第一产业 28910 亿元
- 第二产业 121381 亿元
- 第三产业 96328 亿元

税收收入 49449 亿元（不包括关税、耕地占用税和契税）

财政收支 （单位：亿元）

收支差额 1540.43
收入 51321.78
支出 49781.35

黄金和外汇储备

 黄金 1929 万盎司
 外汇储备 15282.49 亿美元

对外经济

利用外资

 非金融领域新批外商直接投资企业 37871 家

 实际使用外商直接投资金额 748 亿美元

对外经济合作

 对外承包工程完成营业额 406 亿美元

 对外劳务合作完成营业额 68 亿美元

进出口贸易总额 21738 亿美元

从世界第 6 位上升到第 3 位

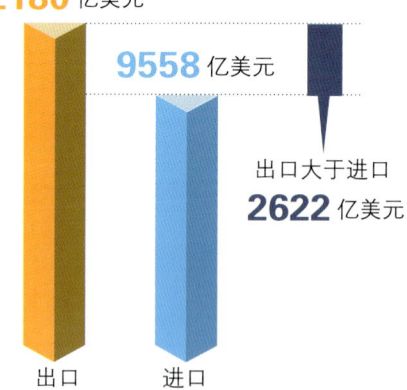

出口 12180 亿美元
进口 9558 亿美元
出口大于进口 2622 亿美元

国内商业 （单位：亿元）

社会商品零售总额 89210

分地域看
- 城市消费品 60411
- 县及县以下消费品 28799

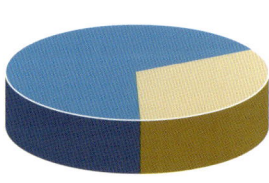

分行业看
- 批发和零售业 75040
- 住宿和餐饮业 12352
- 其他行业 1818

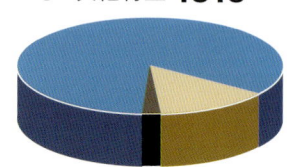

固定资产

（单位：亿元）

分地区看
- 东部地区 72314
- 中部地区 34283
- 西部地区 28194

固定资产投资 **137239**

分城乡看
- 城镇投资 117414
- 第一产业 1466
- 第二产业 51020
- 第三产业 64928
- 农村投资 19825

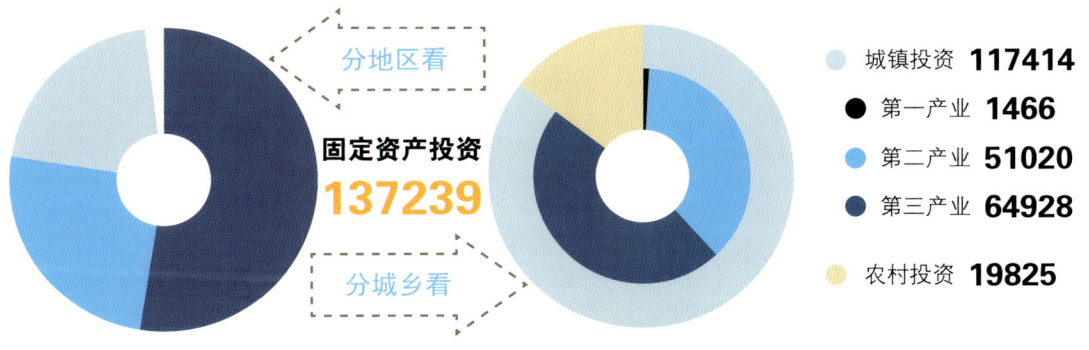

交通运输、仓储和邮政业

交通运输、仓储和邮政业增加值
13649 亿元

新建线路交付营业里程

 铁路 678 公里
铁路复线 480 公里

 电气化铁路 938 公里

 公路 143595 公里
其中，高速公路 8059 公里

 港口万吨级码头吞吐能力
43916 万吨

邮电业务总量 19361 亿元

 邮政业务总量 815 亿元

 电信业务总量 18545 亿元

 局用交换机总容量 5.1 亿门

 互联网上网人数 2.1 亿人
其中，宽带上网人数 1.63 亿人

全国固定及移动电话用户总数
91273 万户

电话普及率 **69** 部/百人

■ 固定电话用户 36545 万户
■ 城市电话用户 24859 万户
■ 农村电话用户 11686 万户

  移动电话用户 54729 万户

港口完成货物吞吐量 52.1 亿吨
其中：外贸货物 17.8 亿吨

 集装箱 11179 万标箱

旅客周转量 21530.3   （单位：亿人公里）

铁路	7216.3
公路	11445.0
水运	77.3
民航	2791.7

货物周转量 99180.5   （单位：亿吨公里）

铁路	23797.0
公路	11257.6
水运	62182.2
民航	116.4
管道	1827.3

人民生活

城乡居民收入

城镇 **13786** 元　　农村 **4140** 元

城乡人民储蓄存款
176213 亿元

居民家庭恩格尔系数
城镇 **36.3%**　　农村 **43.1%**

社会福利事业

收养性社会福利单位床位 **205** 万张
收养各类人员 **163** 万人

城镇建立各种社区服务设施 **12.8** 万个
综合性社区服务中心 **10299** 个

销售社会福利彩票 **632** 亿元
筹集社会福利资金 **217** 亿元
直接接收社会捐赠款 **42** 亿元

保险事业

保险保费收入 7036 亿元

寿险业务原保险保费收入 **4464** 亿元
财产险业务原保险保费收入 **1998** 亿元
健康险和意外伤害险业务原保险保费收入 **574** 亿元

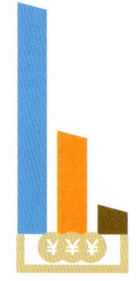

支付各类赔款及给付 2265 亿元

寿险业务给付 **1064** 亿元
财产险业务赔款 **1021** 亿元
健康险和意外伤害险赔款及给付 **180** 亿元

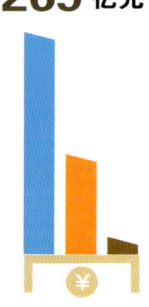

旅 游

国内旅游
出游人数 **16.1** 亿人次
国内旅游总收入 **7771** 亿元

国际旅游
入境旅游人数 **13187** 万人次
其中，外国人 **2611** 万人次
香港、澳门和台湾同胞 **10576** 万人次

国际旅游外汇收入 **419** 亿美元

国内居民出境人数 **4095** 万人次
其中，因私出境 **3492** 万人次

科学技术

研究与试验发展（R&D）经费支出
3664 亿元
其中，基础研究经费 **180** 亿元

授予专利权 **35.2** 万件
其中，国内授权 **30.2** 万件

授予发明专利权 **6.8** 万件
其中，国内授权 **3.2** 万件

签订技术合同 **21** 万项
技术合同成交金额 **2200** 亿元

成功发射卫星 **10** 次
嫦娥一号绕月探测卫星成功发射

社会保障

参加各类基本保险的人数　　（单位：万人）

生育保险	失业保险	工伤保险	城镇基本医疗保险	城镇基本养老保险
7755	11645	12155	22051	20107

农民工 **3966**

新型农村合作医疗

2448 个县（市、区）开展了新型农村合作医疗工作
参加人数 **7.3** 亿　　参合率 **85.7%**
基金累计支出总额：**220** 亿元　　累计受益 **2.6** 亿人次

教 育

- 招生人数
- 在校生数
- 毕业生

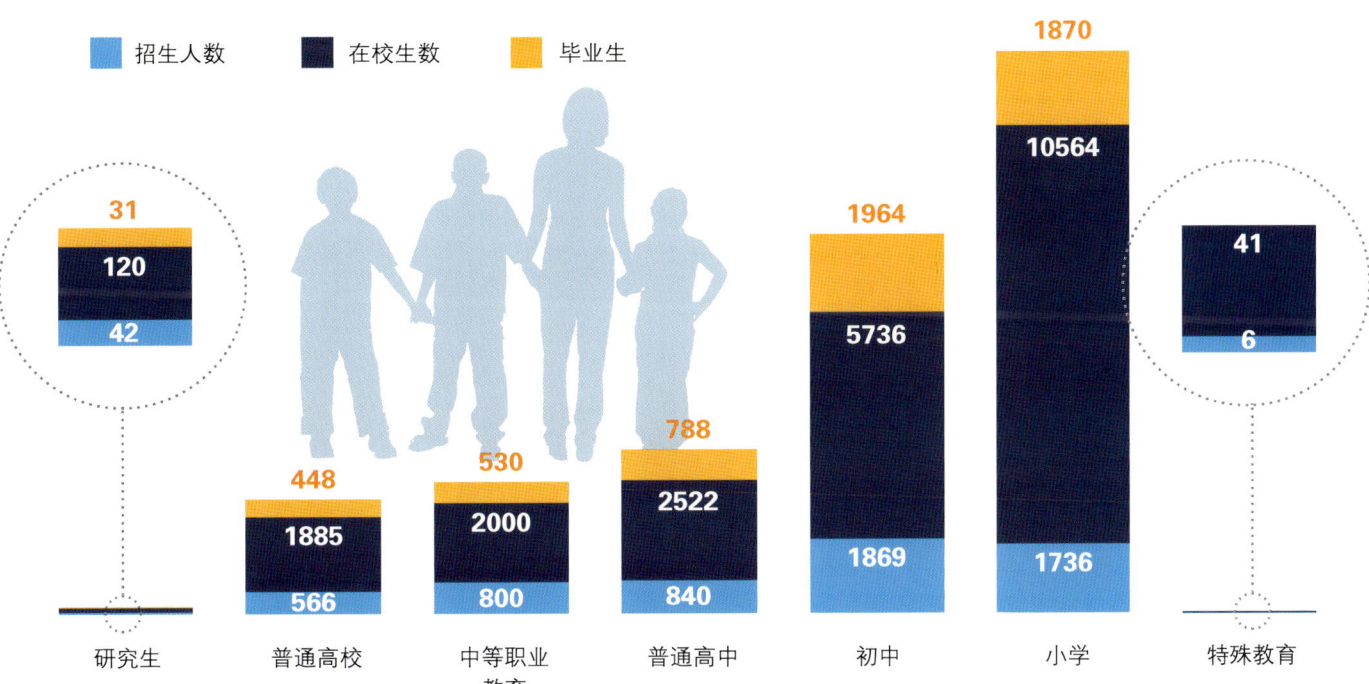

研究生	普通高校	中等职业教育	普通高中	初中	小学	特殊教育
31	448	530	788	1964	1870	
120	1885	2000	2522	5736	10564	41
42	566	800	840	1869	1736	6

卫 生

卫生机构 **31.5** 万个

医院、卫生院 **6.0** 万个
妇幼保健院（所、站）**3007** 个
专科疾病防治院（所、站）**1400** 个
疾病预防控制中心（防疫站）**3540** 个
卫生监督所（中心）**2590** 个

卫生技术人员 **468** 万人
其中
执业医师和执业助理医师 **204** 万人
注册护士 **147** 万人

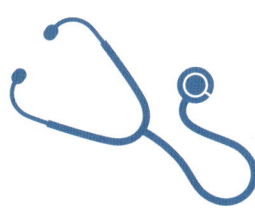

医院和卫生院床位 **327.9** 万张
社区卫生服务中心（站）**2.4** 万个
乡镇卫生院 **3.9** 万个
床位 **67.5** 万张
卫生技术人员 **86.3** 万人

文 化

广播综合人口覆盖率 **95.4%**

电视综合人口覆盖率 **96.6%**

广播电台 **263** 座
电视台 **287** 座
广播电视台 **1993** 座
教育台 **44** 个
有线电视用户 **15118** 万户
有线数字电视用户 **2616** 万户

艺术表演团体 **2856** 个
文化馆 **2921** 个
公共图书馆 **2791** 个
博物馆 **1634** 个
档案馆 **3952** 个
已开放各类档案 **6787** 万卷（件）

故事影片 **402** 部
科教、纪录、动画和特种影片 **58** 部

出版
报纸 **439** 亿份
期刊 **29** 亿册
图书 **66** 亿册（张）

体 育

获得世界冠军 **123** 个

8 人 **2** 队 **10** 次
创 **10** 项世界纪录

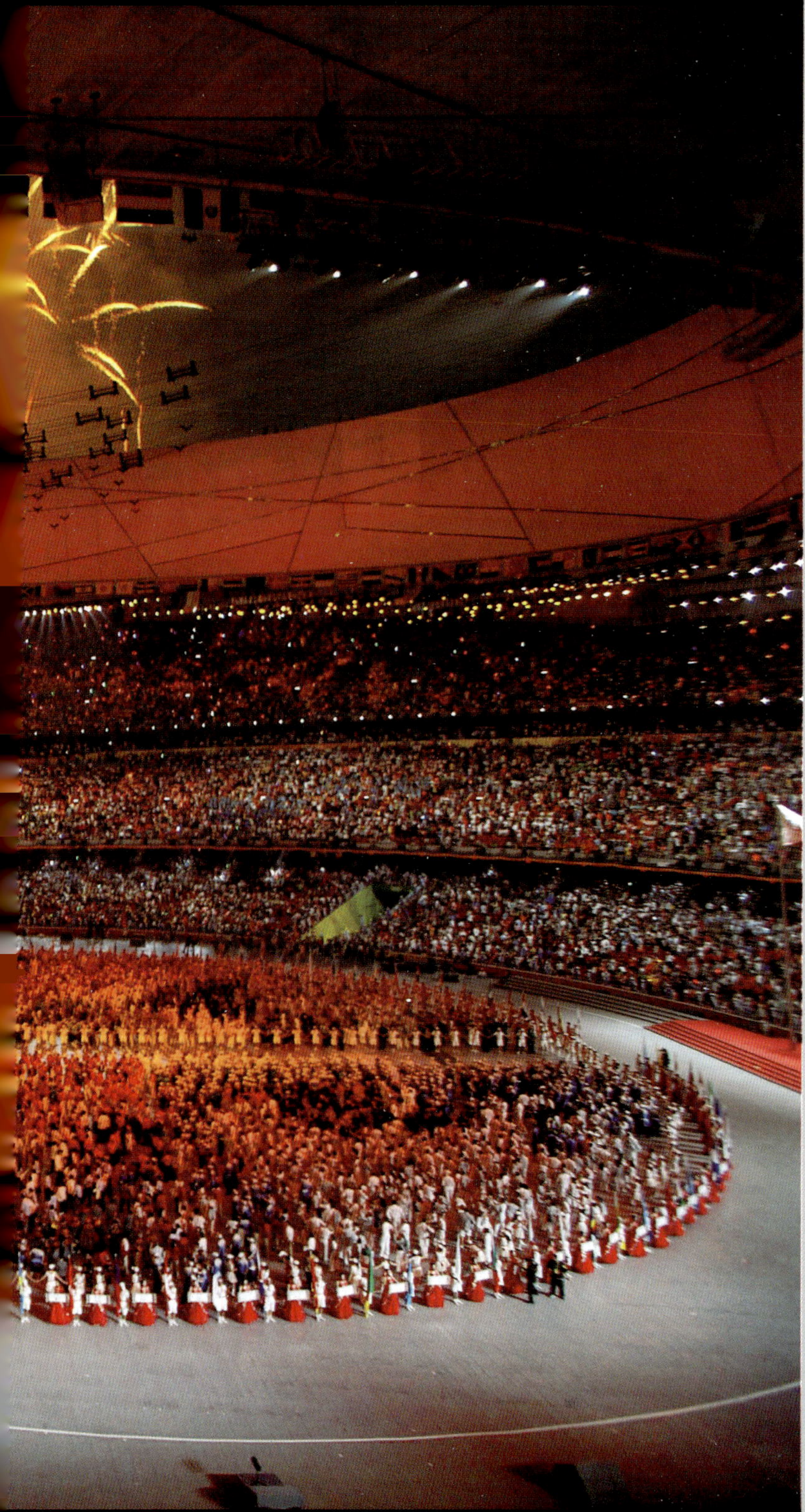

2008

- 《中华人民共和国劳动合同法》正式施行
- "大部门体制"改革
- 城乡义务教育学杂费全面免除
- 应对国际金融危机
- 纪念中共十一届三中全会召开30周年大会举行
- 中国第一条高铁京津城际铁路开通

焦点事件

《中华人民共和国劳动合同法》正式施行

2007年6月29日，国家主席胡锦涛签署主席令，公布了第十届全国人民代表大会常务委员会第二十八次会议通过的《中华人民共和国劳动合同法》，自2008年1月1日起施行。

《中华人民共和国劳动合同法》共8章、98条。《劳动合同法》规定："用人单位招用劳动者时，应当如实告知劳动者工作内容、工作条件、工作地点、职业危害、安全生产状况、劳动报酬，以及劳动者要求了解的其他情况；用人单位有权了解劳动者与劳动合同直接相关的基本情况，劳动者应当如实说明。""用人单位招用劳动者，不得扣押劳动者的居民身份证和其他证件，不得要求劳动者提供担保或者以其他名义向劳动者收取财物。""用人单位自用工之日起即与劳动者建立劳动关系。建立劳动关系，应当订立书面劳动合同。订立劳动合同，应当遵循合法、公平、平等自愿、协商一致、诚实信用的原则。已建立劳动关系，未同时订立书面劳动合同的，应当自用工之日起一个月内订立书面劳动合同。用人单位与劳动者在用工前订立劳动合同的，劳动关系自用工之日起建立。用人单位与劳动者协商一致，可以订立固定期限劳动合同、无固定期限劳动合同和以完成一定工作任务为期限的劳动合同。""劳动合同期限三个月以上不满一年的，试用期不得超过一个月；劳动合同期限一年以上不满三年的，试用期不得超过二个月；三年以上固定期限和无固定期限的劳动合同，试用期不得超过六个月。同一用人单位与同一劳动者只能约定一次试用期。以完成一定工作任务为期限的劳动合同或者劳动合同期限不满三个月的，不得约定试用期。试用期包含在劳动合同期限内。劳动合同仅约定试用期的，试用期不成立，该期限为劳动合同期限。"

《劳动合同法》还规定："用人单位在制定、修改或者决定有关劳动报酬、工作时间、休息休假、劳动安全卫生、保险福利、职工培训、劳动纪律以及劳动定额管理等直接涉及劳动者切身利益的规章制度或者重大事项时，应当经职工代表大会或者全体职工讨论，提出方案和意见，与工会或者职工代表平等协商确定。在规章制度和重大事项决定实施过程中，工会或者职工认为不适当的，有权向用人单位提出，通过协商予以修改完善。用人单位应当将直接涉及劳动者切身利益的规章制度和重大事项决定公示，或者告知劳动者。""用人单位应当严格执行劳动定额标准，不得强迫或者变相强迫劳动者加班。用人单位安排加班的，应当按照国家有关规定向劳动者支付加班费。劳动者拒绝用人单位管理人员违章指挥、强令冒险作业的，不视为违反劳动合同。"

《劳动合同法》是一部以保护劳动者合法权益为重点，也保护用人单位合法权益的劳动法规，在中国劳动法律体系中处于重要地位，是规范劳动关系的基础性法律。它的颁布和实施，有利于维护劳动者的合法权益，有利于减少劳动纠纷，对新时期调整劳动关系有着重要意义，是中国劳动力市场制度建设的重要里程碑。

"大部门体制"改革

2008年2月27日，中国共产党第十七届中央委员会第二次全体会议通过了《关于深化行政管理体制改革的意见》和《国务院机构改革方案》，同意把《国务院机构改革方案》提请十一届全国人大一次会议审议。《关于深化行政管理体制改革的意见》指出，深化行政管理体制改革要以政府职能转变为核心，要全面正确履行政府职能。各级政府要按照加快职能转变的要求，结合实际，突出管理和服务重点，要按照精简统一效能的原则和决策权、执行权、监督权既相互制

2007年7月14日，读者在书店里阅读《中华人民共和国劳动合同法》单行本。

> **观点**
>
> **许耀桐**：大部制改革的实质是一种权力结构的重组和再造，就在于它实行的是行政决策权、执行权和监督权的合理划分和相对分离。
>
> 资料来源：《如何把准大部制改革的实质》，《人民论坛》，2008年第7期。

人物：魏礼群

先后担任国务院研究室主任、国家行政学院党委书记、常务副院长等职。参加过党和国家许多重要文件的起草，包括党的十三大、十四大、十五大、十六大、十七大政治报告，以及十三大以来多次中央全会重要决定的起草工作。多次参加或负责起草《政府工作报告》。参加或负责1979-1994年全国国民经济和社会发展年度计划编制的起草，以及第六、第七、第八、第九、第十、第十一、第十二个五年计划（规划）文件的起草工作和有关重大课题研究。据统计，参加或负责起草、修改的各类重要文稿达2200多件。组织或主持过一系列重大课题的研究工作，包括：邓小平经济理论、树立和落实科学发展观、中国国情和现代化发展战略、社会主义市场经济体制、维护国家经济安全、防范金融风险、走新型工业化道路、转变经济增长方式、对外开放战略等的研究，取得了一大批有分量、有价值的重要研究成果。

资料来源：《中国百名经济学家理论贡献精要》（第三卷），中国时代经济出版社，2012年。

观点

魏礼群： 中国深化行政管理体制改革要着重研究解决六个问题。一是要进一步转变和正确履行政府职能。这仍然是深化行政管理体制改革的核心。二是要进一步简政放权和规范秩序。继续认真研究解决现实中仍然存在的一些政府不该管、管不了，也管不好的现象，以及一些政府该管而没有管或者没有管好的问题。三是进一步优化行政组织结构。关键是要实现政府组织结构及人员编制向科学化、规范化、法制化的根本转变。四是进一步推进制度创新和管理创新。主要是加快实现行政运行机制和政府管理方式向规范有序、公开透明、便民高效、权责一致的根本转变。五是进一步理顺政府职责关系。关键是要做到财政与事权相对应，权力与责任相统一。六是进一步加强公务员队伍建设。为改革开放和社会主义现代化建设提供强有力的人才保证和智力支持。

资料来源： 魏礼群在2008年12月1日召开的"全国深化行政管理体制改革研讨会"上所作主题报告。

约又相互协调的要求，紧紧围绕职能转变和理顺职责关系，进一步优化政府组织结构，规范机构设置，探索实行职能有机统一的大部门体制，完善行政运行机制。

2008年3月15日，第十一届全国人民代表大会第一次会议听取了国务委员兼国务院秘书长华建敏《关于国务院机构改革方案的说明》，审议了《国务院机构改革方案》，决定批准这个方案。这次国务院机构改革的主要任务是，围绕转变政府职能和理顺部门职责关系，探索实行职能有机统一的"大部门体制"。

第一，合理配置宏观调控部门职能。这次改革着力推动国家发展和改革委员会进一步转变职能，减少微观管理事务和具体审批事项，集中精力抓好宏观调控；财政部改革完善预算和税政管理，健全中央和地方财力与事权相匹配的体制，完善公共财政体系；中国人民银行进一步健全货币政策体系，加强与金融监管部门的统筹协调，维护国家金融安全。国家发展和改革委员会、财政部、中国人民银行等部门建立健全协调机制，形成更加完善的宏观调控体系。

第二，加强能源管理机构。设立高层次议事协调机构国家能源委员会。组建国家能源局，由国家发展和改革委员会管理。将国家发展和改革委员会的能源行业管理有关职责及机构，与国家能源领导小组办公室的职责、国防科学技术工业委员会的核电管理职责进行整合，划入该局。国家能源委员会办公室的工作由国家能源局承担。不再保留国家能源领导小组及其办事机构。

第三，组建工业和信息化部。将国家发展和改革委员会的工业行业管理有关职责，国防科学技术工业委员会核电管理以外的职责，信息产业部和国务院信息化工作办公室的职责，整合划入工业和信息化部。组建国家国防科技工业局，由工业和信息化部管理。国家烟草专卖局改由工业和信息化部管理。不再保留国防科学技术工业委员会、信息产业部、国务院信息化工作办公室。

第四，组建交通运输部。将交通部、中国民用航空总局的职责，建设部的指导城市客运职责，整合划入交通运输部。组建国家民用航空局，由交通运输部管理。国家邮电局改由交通运输部管理。保留铁道部，继续推进改革。不再保留交通部、中国民用航空总局。

第五，组建人力资源和社会保障部。将人事部、劳动和社会保障部的职责整合划入人力资源和社会保障部。组建国家公务员局，由人力资源和社会保障部管理。不再保留人事部、劳动和社会保障部。

第六，组建环境保护部。不再保留国家环境保护总局。

第七，组建住房和城乡建设部。不再保留建设部。

第八，国家食品药品监督管理局改由卫生部管理。明确卫生部承担食品安全综合协调、组织查处食品安全重大事故的责任。

经过以上调整，除国务院办公厅外，国务院设置组成部门27个，直属特设机构1个，直属机构15个，办事机构4个，部委管理的国家局16个，直属事业单位14个。国务院正部级机构减少4个。

城乡义务教育学杂费全面免除

2008年7月30日，国务院总理温家宝主持召开国务院常务会议，研究部署全面免除城市义务教育阶段学生学杂费工作。会议决定，从2008年秋季学期开始，在全国范围内全部免除城市义务教育阶段学生学杂费。

2008年8月12日，国务院发出《关于做好免除城市义务教育阶段学生学杂费工作的通知》。《通知》指出："为贯彻《中华人民共和国义务教育法》，落实科学发展观，促进教育公平，国务院决定，在全面实施农村义务教育经费保障机制改革的基础上，免除城市义务教育阶段学生学杂费，同时进一步强化政府对义务教育的保障责任。""从2008年秋季学期开始，全部免除城市义务教育阶段公办学校学生学杂费。在接受政府委托、承担义务教育任务的民办学校就读的学生，按照当地公办学校免除学杂费标准，享受补助。""对享受城市居民最低生活保障政策家庭的义务教育阶段学生，继续免费提供教科书，并对家庭经济困难的寄宿学生补助生活费。""进城务工人员随迁子女接受义务教育要以流入地为主、公办学校为主解决。地方各级人民政府要将进城务工人员随迁子女义务教育纳入公共教育体系，根据进城务工人员随迁子女流入的数量、分布和变化趋势等情况，合理规划学校布局和发展。""地方各级人民政府要在全部免除城市义务教育阶段学生学杂费基础上，统筹规划，加大投入，逐步完善城市义务教育经费保障机制，促进义务教育均衡发展。"

中国于2007年春免除全国农村义务教育学杂费。2007年秋，国家还实施了新的高校和中职学校家庭经济困难学生资助政策。随着《关于做好免除城市义务教育阶段学生学杂费工作的通知》的颁布，继全国农村全面取消义务教育学杂费之后，免除城市义务教育阶段学杂费将在全国范围内实施。

全面免除城乡义务教育学杂费，是国家贯彻落实《义务教育法》的必然要求，是国家积极推进政府职能转变、努力建设服务型政府的新进展，是国家推动义务教育均衡发展、促进教育公平的又一重大举措。全面免除城乡义务教育学杂费，也是中国教育事业深入贯彻落实科学发展观，

观点

中国（海南）改革发展研究院：建立惠及13亿人的基本公共服务体系

中国已开始进入从生存型社会向发展型社会过渡的新阶段。中国社会发展阶段实现历史性提升，社会矛盾也随之发生明显变化。在注重广大社会成员日益增长的物质文化需求同落后的社会生产之间这个主要矛盾的同时，更需要强调社会发展的阶段性特征。进入本世纪以来，全社会公共需求全面快速增长与公共服务不到位、基本公共产品短缺，成为中国新阶段的突出矛盾。

从新阶段中国人类发展的现实需求看，实现基本公共服务均等化，建立惠及13亿人的基本公共服务体系，不仅可以为经济持续发展创造良好的社会条件，还可以有效缓解城乡差距、区域差距和贫富差距，促进社会公平正义和社会和谐。

资料来源：中改院，《中国人类发展报告2007/08——惠及13亿人的基本公共服务》，中国对外翻译出版公司，2008年。

坚持以人为本办教育，着力保障和改善民生的一项重大成果，是中国教育史上又一座里程碑。

应对国际金融危机

2008年9月以来，由次贷抵押证券引起的新一轮金融风暴再次席卷了整个华尔街：在不到一个月的时间内，先后出现了美国政府接管"两房"（房利美、房地美）和AIG（美国国际集团）、雷曼兄弟申请破产保护、美林证券被收购、高盛和摩根士丹利转为银行控股公司等引人关注的事件，这是继2007年7月次贷危机全面爆发以来美国金融市场出现的最严重的动荡。

次贷危机的扩散效应逐步波

语录 "信心比黄金和货币更重要。"

——温家宝

背景：2008年，从美国房贷两巨头——房利美、房地美被政府接管，到雷曼兄弟公司破产，再到美林、AIG、高盛、摩根士丹利等大投资银行被收购、政府接管或转为银行控股公司，这场自上世纪30年代美国经济大萧条以来最严重的金融危机，在华尔街引发了"金融海啸"，并快速波及世界。2008年9月24日下午，在纽约出席联合国会议的温家宝总理特意安排一场与美国经济金融界知名人士的座谈会。会上，温家宝用斩钉截铁的声音说："在经济困难面前，信心比黄金和货币更重要。"

及到全球，带动全球经济的全面下滑。随着国际金融危机愈演愈烈，中国实体经济受到严重冲击。数据显示，2008年前三季度中国国内生产总值同比增长9.9%，增速比上年同期回落2.3个百分点，为2004年本轮经济增长以来的最低水平。11月份，中国出口形势骤冷，进出口总值7年来首现负增长。此外，一系列数据都显示中国经济增长出现放缓趋势：2008年1-11月份全国规模以上工业企业实现利润增幅比去年同期回落31.8个百分点；11月全国规模以上工业企业实现增加值增速创14年来的新低；11月份工业品出产价格（PPI）涨幅回落至2.0%。

为应对国际金融危机，遏制中国实体经济出现的颓势，2008年11月24日，国务院推出4万亿元经济刺激方案，这项计划持续到2010年底。发改委预计4万亿投资每年拉动经济增长约1个百分点。与此同时，出台进一步扩大内需的10项措施，涉及加快民生工程、基础设施、生态环境建设和灾后重建，提高城乡居民特别是低收入群体的收入水平，促进经济平稳较快增长。十大举措力度之大，出手之快，发出了保持经济平稳较快发展的强烈政策信号。这次的4万亿元投资包含多种投资渠道，首先是中央政府出一部分钱，依照"投资带动投资"的加速原理，政府投资的示范和带动效应会引出一连串的投资，其中有地方配套投资以及各种社会投资。

观点

蔡昉、王德文、曲玥：金融危机对中国产生的冲击，与各地区、产业乃至企业本身存在的结构问题是相关的，即在危机条件下,过时的增长方式、产业结构和技术选择最先遭到冲击。因此,摆脱危机并实现经济持续增长的关键在于重新塑造地区发展模式。在金融危机背景下以及大国假设下,东北和中部地区比沿海地区有更快的全要素生产率提高速度和贡献率。通过实现产业在东中西部三类地区的重新布局，即沿海地区的产业升级、转移与中西部地区的产业承接,可以在中西部地区回归其劳动力丰富比较优势的同时,保持劳动密集型产业在中国的延续。

资料来源：《经济研究》，2009年第9期。

纪念中共十一届三中全会召开30周年大会举行

2008年12月18日上午，纪念中共十一届三中全会召开30周年大会在北京人民大会堂举行。胡锦涛总书记在纪念大会上发表了重要讲话。

胡锦涛指出，1978年12月18日，也就是30年前的今天，党的十一届三中全会隆重召开。这次会议，实现了新中国成立以来我们党历史上具有深远意义的伟大转折，开启了中国改革开放历史新时期。

胡锦涛强调，新时期最鲜明的特点是改革开放。党带领人民进行改革开放，目的就是要解放和发展社会生产力，实现国家现代化，让中国人民富裕起来，振兴伟大的中华民族；就是要推动中国社会主义制度自我完善和发展，赋予社会主义新的生机活力，建设和发展中国特色社会主义；就是要在引领当代中国发展进步中加强和改进党的建设，保持和发展党的先进性，确保党始终走在时代前列。

胡锦涛强调，30年来，我们始终以改革开放为强大动力，推进各方面体制改革，成功实现了从高度集中的计划经济体制到充满活力的社会主义市场经济体制的伟大历史转折；不断扩大对外开放，成功实现了从封闭半封闭到全方位开放的伟大历史转折；坚持以经济建设为中心，综合国力迈上新台阶；着力保障和改善民生，人民生活总体上达到小康水平；大力发展社会主义民主政治，人民当家作主权利得到更好保障；大力发展社会主义先进文化，人民日益增长的精神文化需求得到更好满足；大力发展社会事业，社会和谐稳定得到巩固和发展；坚持党对军队绝对领导，国防和军队建设取得重大成就；成功实施"一国两制"基本方针，祖国和平统一大业迈出重大步伐；坚持奉行独立自主的和平外交政策，全方位外交取得重大成就；坚持党要管党、从严治党，党的领导水平和执政水平、拒腐防变和抵御风险能力明显提高。30年的伟大成就，为我们党、我们国家、我们人民继续前进奠定了坚实基础。

胡锦涛指出，改革开放以来我们取得一切成绩和进步的根本原因，归结起来就是：开辟了中国特色社会主义道路，形成了中国特色社会主义理论体系。在30年的创造性实践中，我们经过艰辛探索，积累了宝贵经验。未来将继续坚定不移地沿着党的十一届三中全会以来开辟的中国特

2008年12月18日，纪念中国共产党十一届三中全会30周年大会在北京召开。

色社会主义道路奋勇前进,继续解放思想,坚持改革开放,推动科学发展,促进社会和谐。

中国第一条高铁京津城际铁路开通

中国高速铁路的发展从无到有,如今建设规模与速度,走在世界前列,成为展示中国改革发展新成果的"国家名片"。

铁路是国家重要的基础设施、国民经济的大动脉和大众化的交通工具,是综合交通运输体系的骨干,在推动中国经济社会又好又快发展中发挥着重要作用。国家"十一五"规划纲要强调"加快发展铁路运输。重点建设客运专线、城际轨道交通、煤运通道,初步形成快速客运和煤炭运输网络"。国家"十二五"规划纲要明确"基本建成国家快速铁路网","加快铁路客运专线、区际干线、煤运通道建设,发展高速铁路,形成快速客运网,强化重载货运网"。2004年1月国务院审议通过了《中长期铁路网规划》。2007年国务院批复的《综合交通网中长期发展规划》,确定到2020年铁路网总规模达到12万公里以上。2008年2月26日,中国铁道部和科技部签署计划,共同研发运营时速380公里的新一代高速列车。8月1日,中国第一条具有完全自主知识产权、世界水平的时速350公里高速铁路京津城际铁路通车运营。

2008年10月国家批准《中长期铁路网规划(2008年调整)》,确定到2020年全国铁路营业里程达到12万公里以上,其中客运专线达到1.6万公里以上,复线率和电化率分别达到50%和60%以上。基本形成布局合理、结构清晰、功能完善、衔接顺畅的铁路网络,运输能力满足国民经济和社会发展需要,主要技术装备达到或接近国际先进水平。重点规划"四纵四横"等客运专线以及经济发达和人口稠密地区城际客运系统。"四纵"客运专线即:一是北京—上海客运专线,包括蚌埠—合肥、南京—杭州客运专线,贯通京津至长江三角洲东部沿海经济发达地区;二是北京—武汉—广州—深圳客运专线,连接华北和华南地区;三是北京—沈阳—哈尔滨(大连)客运专线,包括锦州—营口客运专线,连接东北和关内地区;四是上海—杭州—宁波—福州—深圳客运专线,连接长江、珠江三角洲和东南沿海地区。"四横"客运专线。一是徐州—郑州—兰州客运专线,连接西北和华东地区;二是杭州—南昌—长沙—贵阳—昆明客运专线,连接西南、华中和华东地区;三是青岛—石家庄—太原客运专线,连接华北和华东地区;四是南京—武汉—重庆—成都客运专线,连接西南和华东地区。同时,建设南昌—九江、柳州—南宁、绵阳—成都—乐山、哈尔滨—齐齐哈尔、哈尔滨—牡丹江、长春—吉林、沈阳—丹东等客运专线,扩大客运专线的覆盖面。在环渤海、长江三角洲、珠江三角洲、长株潭、成渝以及中原城市群、武汉城市圈、关中城镇群、海峡西岸城镇群等经济发达和人口稠密地区建设城际客运系统,覆盖区域内主要城镇。

流行志

"囧"

纸模型"囧"字

2008年,一个古老而陌生的汉字因互联网而重生,这个字就是"囧",读音为jiǒng,本意光明,但因其外观颇像一个人无奈、愁眉苦脸时的表情,网友赋予了它新的内涵:郁闷、悲伤、无奈、无语。"囧"是古老的文化和现代网络的完美对接,体现了中国式的智慧。从2008年开始,在中文地区的网络社群间,"囧"成为一种流行的表情符号,是网络聊天、论坛、博客中使用最频繁的字之一,被形容为"21世纪最风行的一个汉字"。

山寨

山寨一词源于广东方言,通俗说即盗版、仿制等,是一种由民间IT力量发起的产业现象,最初以"山寨手机"之名闯入了公众视野。2008年,"山寨"是中国最流行的词汇之一,一股山寨风刮遍全国,山寨家电、山寨明星、山寨建筑等衍生品层出不穷,山寨电影、山寨电视剧、山寨春晚等林林总总,一时间神州无处不山寨。"山寨"引起了很大争议,但这股风越刮越烈,由此可见普通民众对"山寨"还是有相当的认同。

《北京欢迎你》

由林夕作词,小柯作曲,海内外百名歌星激情演绎的《北京欢迎你》是北京奥运会倒计时100天主题歌。歌曲以北京普通人家的视角,采用民谣形式,用热情的音符表达了人们在北京奥运即将到来时的喜悦心情和对北京奥运客人的欢迎之意。在众多的北京奥运歌曲中,《北京欢迎你》是反响最强烈、最具传唱性的一首。在2008年山寨恶搞蔓延的背景下,搞笑版、校园版、城市版、相声版的《北京欢迎你》纷纷出炉。

海归潮

"海归"一词在中国已有多年历史。进入21世纪,在全球经济普遍不景气的情况下,中国经济一枝独秀,连续多年保持10%左右的高增长率。尤其是在中国加入WTO、申办2008年奥运会成功的背景下,人们对中国未来几年的经济形势普遍持乐观的态度。特别是自2008年底,中国政府颁布史上最大规模的引才计划"千人计划"以来,中国在外留学人员又掀起了新的一轮回国浪潮,热度一直不减。

社会关注

北京成功举办奥运会

2008年8月8日至24日,世界第29届奥林匹克夏季运动会在中国北京举行。这是第一次在发展中国家举行奥运会,被国际奥委会主席罗格称为"是一届真正的无与伦比的奥运会"。

北京奥运会共有来自204个国家及地区的11438名运动员参赛,共设28个大项、38个分项、302个项的比赛,共打破43项新世界纪录及132项新奥运纪录,共有87个国家在赛事中取得奖牌。

在北京奥运会上,中国体育健儿不畏强手,奋勇争先,取得了51枚金牌、21枚银牌和28枚铜牌的优异成绩,获得金牌总数第一,创造了中国体育代表团参加奥运会以来的最好成绩,实现了重大历史性突破,书写了中国体育事业发展的新篇章。

北京奥运会设置了三大理念:绿色奥运、科技奥运、人文奥运。主题口号是"同一个世界 同一个梦想(One World One Dream)",集中体现了奥林匹克精神的实质和普遍价值观——团结、友谊、进步、和谐、参与和梦想,表达了全世界在奥林匹克精神的感召下,追求人类美好未来的共同愿望。本届奥运会的吉祥物是五个可爱的福娃,造型融入了鱼、大熊猫、藏羚羊、燕子以及奥林匹克圣火的形象,分别名为"贝贝""晶晶""欢欢""迎迎"和"妮妮",意为"北京欢迎你"。

国际奥委会主席罗格在闭幕式上致辞说,这是一届真正的无与伦比的奥运会,16个光辉的日子将在我们心中永远珍藏。

中国人实现首次太空行走

2008年9月25日晚21时10分许,中国自行研制的第三艘载人飞船——神舟七号在酒泉卫星发射中心载人航天发射场由"长征二号F"运载火箭发射升空。执行此次载人航天任务的航天员是翟志刚、刘伯明、景海鹏。21时32分许,中国载人航天工程总指挥、"神七"任务总指挥部总指挥长常万全宣布:"神舟七号载人飞船已

2008年8月8日,北京奥运会开幕式隆重举行。

进入预定轨道，发射圆满成功。"

神舟七号载人飞船，是中国"神舟"号系列飞船之一，全长9.19米，重达12吨，由轨道舱、返回舱和推进舱构成，由中国航天科技集团公司所属中国空间技术研究院和上海航天技术研究院研制。神舟七号载人飞船主要任务是实施中国航天员首次空间出舱活动，同时开展卫星伴飞、卫星数据中继等空间科学和技术试验。

2008年9月27日16点39分许，在刘伯明、景海鹏的协助和配合下，中国神舟七号载人飞船航天员翟志刚顺利出舱，实施中国首次空间出舱活动。16时48分，翟志刚在太空迈出第一步。16时58分，北京航天飞控中心发出指令："神舟七号，返回到轨道舱。"16时59分许：翟志刚进入轨道舱，并完全关闭轨道舱舱门，完成太空行走。至此，中国人实现了首次太空行走，中国成为第三个有能力把航天员送上太空并进行太空行走的国家。

神舟七号飞船在太空预定轨道绕地球飞行46圈并顺利完成了空间出舱活动和一系列空间科学试验后，返回舱于9月28日17点37分成功着陆于中国内蒙古四子王旗。至此，神舟七号载人航天飞行获得圆满成功，中国成功突破了飞船气闸舱、舱外航天服、航天测控中继卫星、伴飞小卫星等一系列关键技术，胜利实现"准确入轨、正常运行、出舱活动圆满、安全健康返回"的目标，为下一步自主建设长期有人照料的空间站奠定了基础。

神舟七号载人航天飞行圆满成功，是中国载人航天工程继神舟五号和神舟六号载人航天飞行之后取得的又一重大跨越，标志中国已成为世界上第三个独立掌握空间出舱技术的国家。

中国海军舰艇赴亚丁湾、索马里海域护航

2008年12月26日下午，中国海军舰艇赴亚丁湾、索马里海域执行护航任务的第一批护航编队从海南省三亚启程。这是中国首次使用军事力量赴海外维护国家战略利益，是中国军队首次组织海上作战力量赴海外履行国际人道主义义务，也是中国海军首次在远海保护重要运输线安全。

中国第一批护航编队，包括南海舰队所属的"武汉"号、"海口"号导弹驱逐舰和"微山湖"号综合补给舰以及2架舰载直升机、数十名特战队员。这3艘舰艇都是中国自行设计制造、武器装备性能先进的现代化军

在亚丁湾执行护航任务的中国海军舰艇编队

舰，具备了长期执行远洋非战争军事任务的能力。中国第一批护航编队的主要任务是保护中国航经亚丁湾、索马里海域船舶、人员安全，保护世界粮食计划署等国际组织运送人道主义物资船舶安全。中国海军舰艇将严格遵守联合国安理会有关决议和相关国际法，忠实履行国际义务，并愿与有关国家的护航舰艇开展合作，必要时参与人道主义救援行动。

中国自2008年12月以后，先后派出10余批护航编队赴亚丁湾、索马里海域执行护航任务。中国海军舰艇编队赴亚丁湾、索马里海域执行护航任务，是中国政府按照联合国安理会有关决议和相关国际法承担的国际义务。护航行动对维护国际海上通道畅通和亚丁湾、索马里海域的安全具有重要意义。

环球大事

1月2日
国际原油期货价格首度突破每桶100美元大关。

1月21日
全球股市大幅下跌，经历"黑色星期一"，其中部分股市创下2001年"9·11"事件以来最大单日跌幅。

1月22日
美国联邦储备委员会紧急降息0.75个百分点，将联邦基金利率即商业银行间隔夜拆借利率从4.25%降至3.5%。1月30日，美联储再降息0.5个百分点。

1月28日
美国总统布什在国会发表2008年国情咨文。这是布什任内最后一次发表国情咨文。2008年美国总统预选1月初拉开了帷幕。

2月7日
美国国会参众两院通过了约1680亿美元的经济刺激法案，以刺激消费避免美国经济陷入衰退。美国总统布什2月13日签署了这一法案。

2月20日
欧洲议会批准《里斯本条约》。

3月29—30日
第20次阿拉伯国家联盟（阿盟）首脑会议在叙利亚首都大马士革举行。会议通过《大马士革宣言》。

3月31日
大湄公河次区域经济合作第三次领导人会议在老挝首都万象举行。

4月2日—4日
北约首脑会议在罗马尼亚举行。

4月6日
俄罗斯总统普京与美国总统布什在俄南部城市索契举行会谈。

4月8—9日
第一届印度－非洲论坛首脑会议在新德里举行。会议通过了《德里宣言》和《印度－非洲合作框架协议》两个纲领性文件。

5月3日
联合国历史上第一个旨在全面保护残疾人权利的公约《残疾人权利公约》正式生效。

5月5日
由于投资者担心原油供应紧张，国际油价盘中首次突破120美元，纽约市场油价一度上涨至120.36美元。

5月23日
南美洲国家联盟特别会议在巴西举行，12个成员国领导人签署了《南美洲国家联盟宪章》。

5月25日
美国"凤凰"号火星着陆探测器成功降落在火星北极附近区域。

6月3—5日
世界粮食安全高级别会议在意大利举行。

6月30日
美国总统布什签署了一项总额1620亿美元的战争拨款法案，该项拨款用于2009年1月布什政府任期结束前美在伊拉克和阿富汗的战争开支。

语录	"任何困难都难不倒英雄的中国人民！"

——胡锦涛

背景：2008年5月12日14时28分04秒，四川汶川猝然爆发8级强震。这是新中国成立以来破坏性最强、波及范围最大的一次地震。灾难发生后，全国各族人民自发地捐款捐物，通过多种方式表达对灾区人民的情谊。在巨大灾难面前，中国人民团结互助，众志成城，表现出了强大的凝聚力。5月18日，在四川省什邡市灾情最严重的蓥华镇救援现场，胡锦涛总书记用洪亮的声音坚定地喊道："任何困难都难不倒英雄的中国人民！"

救人的生命摆在第一位，84017名群众被从废墟中抢救出来，149万名被困群众得到解救，430多万名伤病员得到及时救治，其中1万多名重伤员被快速转送全国20个省区市375家医院进行救治。各界人士自发从天南地北赶赴灾区做志愿者；人民群众、特别是的青年学生自发前往遍布全国的献血点无偿献血；全国各族人民、港澳台同胞、海外华人华侨自发为灾区慷慨解囊，千万中国共产党党员自发向党组织交纳特殊党费。

地震发生后，国务院宣布5月19日至21日三天为全国哀悼日，全国降半旗致哀，停止公共娱乐活动。在5月19日14时28分，全国人民默哀3分钟，汽车、火车、舰船鸣笛，防空警报鸣响，成为中华人民共和国近60年历史上，首次为普通民众死难者降半旗。这次大地震，得到国际社会的大力支援。

汶川大地震

2008年5月12日14时28分，中国四川发生了里氏8.0级的地震。震中位于中国四川省阿坝藏族羌族自治州汶川县境内的映秀镇。这场大地震是新中国成立以来破坏性最强、波及范围最广、救灾难度最大的一次地震，震级达里氏8级，最大烈度达11度，余震3万多次，涉及四川、甘肃、陕西、重庆等10个省区市417个县（市、区）、4667个乡（镇）、48810个村庄。灾区总面积约50万平方公里、受灾群众4625万多人，造成69227名同胞遇难、17923名同胞失踪，直接经济损失8451亿多元，引发的崩塌、滑坡、泥石流、堰塞湖等次生灾害举世罕见。

地震发生后，中国出现了自和平时代以来最大规模的救援行动。国务院抗震救灾总指挥部立即成立。温家宝总理赶赴灾区。5月16日，中共中央总书记胡锦涛飞抵四川指导抗震救灾工作。迅速建立起上下贯通、军地协调、全民动员、区域协作的工作机制，并迅速组织各方救援力量赶赴灾区，紧急调集大批救灾物资运往灾区，精心部署受灾群众安置工作，及时推动灾后恢复重建，举全国之力抗震救灾。各级党组织和政府坚持把抢

2008年5月13日，四川省北川县，从废墟中被营救出来的3岁儿童郎铮向解放军敬礼致敬。

2008年12月26日15时,山东航空公司SC4085次航班载着168名旅客从青岛流亭国际机场起飞,首航中国台北。这标志着青岛至台湾空中客运直航包机正式开通。

"大三通"时代开启

"大三通"最早是由全国人大常委会在1979年元旦发表的《告台湾同胞书》中提出的。《告台湾同胞书》倡议海峡两岸应"尽快实现通航、通邮","以利双方同胞直接接触,互通讯息,探亲访友,旅游参观"。30年来,两岸人民为实现"三通"做出了不懈努力。两岸签署的四项协议,正式开启了两岸"大三通"时代,带动两岸关系发展进入新的里程。

两岸海空直航潜在的经济效益在于运输成本的降低和运输效率的提高。根据协议,两岸由周末包机扩大为平日包机,飞机航班由原来的36个航班增加为108个航班,并将根据市场需求增加班次;大陆地区空运航点将增加16个城市,航点达到21个。台湾方面则同意将已开放的桃园、高雄小港、台中清泉岗、台北松山、澎湖马公、花莲、金门、台东等8个航点作为客运包机航点。

而"建立两岸空中双向直达新航路和两岸空管部门直接交接程序",也意味着飞机将不必绕行香港飞航情报区,各界呼吁的"截弯取直"基本得以实现。今后,飞机直航台北到上海仅需1小时20分钟,比台北到高雄的1小时30分钟还要快,而从台北到北京也仅需2小时20分钟,两岸迈入"一日生活圈"。

在协议签订前,尽管两岸邮政业务的交流与合作在不断加深,两岸平信通信量每年都高达80万~100万封,但两岸邮件总包都需直封并经港澳转运,且互办业务种类很有限,无法全面通邮。协议的签订使两岸直接通邮将成为现实。"通邮就是通心。直接通邮后,邮资的下降和邮递时间的缩短,将拉近两岸民众之间的心理距离。"

"通商、通航、通邮"的"大三通"至此已经基本实现。这一天来之不易,"大三通"时代的来临,无疑对两岸和平稳定、和乐繁荣有十分积极的意义。

环球大事

▶ 7月7—9日
为期3天的八国峰会在日本举行。东道国日本邀请了14个非八国集团成员国领导人与会,是八国峰会历史上最多的一次。

▶ 7月29日
世界贸易组织小型部长级会议未能就多哈回合农业和非农产品市场准入等争议问题取得突破,多哈回合谈判关键一搏以失败告终。

▶ 8月17日
南部非洲发展共同体(南共体)自由贸易区正式启动。

▶ 9月15日
美国第四大投资银行雷曼兄弟公司宣布将申请破产保护。

美国纽约时代广场的雷曼兄弟大厦

▶ 10月3日
美国总统布什签署总额达7000亿美元的金融救援方案,授权政府购买银行及其他金融机构的不良资产。

▶ 10月22日
东非共同体、东南非共同市场和南部非洲发展共同体举行首届三方联合首脑会议,提出立即开始创建地区经济共同体的工作。

▶ 10月24日
石油输出国组织(欧佩克)决定,将原油日产量削减150万桶,以稳定大幅下跌的国际油价。此后在10月27日,纽约商品交易所12月交货的轻质原油期货价格收于每桶63.22美元。国际油价创近17个月最低收盘价。

▶ 10月24日
国际货币基金组织(IMF)宣布,向冰岛提供为期2年共21亿美元的紧急贷款,以帮助其应对金融危机。这是IMF自1976年以来首次向西方发达国家提供金融援助。

▶ 11月15日
为期一天的二十国集团领导人金融市场和世界经济峰会在美国华盛顿举行。中国国家主席胡锦涛出席。会议结束时发表了支持全球经济稳定和积极应对金融危机的宣言。

▶ 12月11—12日
欧盟峰会在比利时布鲁塞尔举行。

▶ 12月16日
美国联邦储备委员会将联邦基金利率即商业银行间隔夜拆借利率降到历史最低点,从1%下调到0~0.25%这个范围。

▶ 12月19日
纽约商品交易所1月份交货的轻质原油期货价格收于每桶33.87美元,处于近5年来的最低点。

重要文献

《在纪念党的十一届三中全会召开三十周年大会上的讲话》

（胡锦涛，2008年12月18日）

2008年12月18日，中共中央总书记、国家主席、中央军委主席胡锦涛在纪念党的十一届三中全会召开三十周年大会上发表重要讲话。讲话全面回顾和总结改革开放三十年来的伟大历程和辉煌成就，进一步阐述"十个结合"的宝贵经验。指出，三十年来，我们党的全部理论和全部实践，归结起来就是创造性地探索和回答了什么是马克思主义、怎样对待马克思主义，什么是社会主义、怎样建设社会主义，建设什么样的党、怎样建设党，实现什么样的发展、怎样发展等重大理论和实际问题。三十年的历史经验归结到一点，就是把马克思主义基本原理同中国具体实际相结合，走自己的路，建设中国特色社会主义。我们一定要坚持高举中国特色社会主义伟大旗帜，继续推进马克思主义中国化；一定要坚持改革开放的正确方向，着力构建充满活力、富有效率、更加开放、有利于科学发展的体制机制；一定要坚持抓好发展这个党执政兴国的第一要务，更好地做到发展成果由人民共享；一定要坚持戒骄戒躁、艰苦奋斗，不断开创改革开放和社会主义现代化事业新局面。

节选：

经过三十年的不懈奋斗，我们胜利实现了我们党提出的现代化建设"三步走"战略的前两步战略目标，正在向第三步战略目标阔步前进。三十年的伟大成就，为我们党、我们国家、我们人民继续前进奠定了坚实基础。实践充分证明，党的十一届三中全会以来我们党团结带领人民开辟的中国特色社会主义道路、形成的理论和路线方针政策是完全正确的。党的十一届三中全会的伟大意义和深远影响，已经、正在并将进一步在党和国家事业蓬勃发展的进程中充分显现出来。

我们的伟大目标是，到我们党成立一百年时建成惠及十几亿人口的更高水平的小康社会，到新中国成立一百年时基本实现现代化，建成富强民主文明和谐的社会主义现代化国家。只要我们不动摇、不懈怠、不折腾，坚定不移地推进改革开放，坚定不移地走中国特色社会主义道路，就一定能够胜利实现这一宏伟蓝图和奋斗目标。

党的十一届三中全会以来三十年的伟大历程和伟大成就深刻昭示我们：改革开放是决定当代中国命运的关键抉择，是发展中国特色社会主义、实现中华民族伟大复兴的必由之路；只有社会主义才能救中国，只有改革开放才能发展中国、发展社会主义、发展马克思主义；改革开放符合党心民心、顺应时代潮流，方向和道路是完全正确的，成效和功绩不容否定，停顿和倒退没有出路。

我们一定要坚持改革开放的正确方向，着力构建充满活力、富有效率、更加开放、有利于科学发展的体制机制。这三十年来，中国人民的面貌、社会主义中国的面貌、中国共产党的面貌之所以能够发生历史性变化，最根本的就是我们在党的基本路线指引下始终坚持改革开放的正确方向。中国未来的发展也必须靠改革开放。……

——摘自《十七大以来重要文献选编》（上），第795、810、812页，中央文献出版社，2009年。

> **重要文献**

《关于推进农村改革发展若干重大问题决定》

(2008年10月12日)

2008年10月9日至12日,中国共产党第十七届中央委员会第三次全体会议在北京召开,会议通过了《关于推进农村改革发展若干重大问题的决定》。《决定》阐明了新形势下推进农村改革发展的重大意义,提出了推进农村改革发展的指导思想、目标任务、重大原则。指出,要把建设社会主义新农村作为战略任务,把走中国特色农业现代化道路作为基本方向,把加快形成城乡经济社会发展一体化新格局作为根本要求,坚持工业反哺农业、城市支持农村和多予少取放活方针,创新体制机制,加强农业基础,增加农民收入,保障农民权益,促进农村和谐,充分调动广大农民的积极性、主动性、创造性,推动农村经济社会又好又快发展。

目录:

一、新形势下推进农村改革发展的重大意义
二、推进农村改革发展的指导思想、目标任务、重大原则
三、大力推进改革创新,加强农村制度建设
四、积极发展现代农业,提高农业综合生产能力
五、加快发展农村公共事业,促进农村社会全面进步
六、加强和改善党的领导,为推进农村改革发展提供坚强政治保证

■ 重要文献

《关于地方政府机构改革的意见》
（2008年8月20日）

2008年8月20日，中共中央、国务院作出《关于地方政府机构改革的意见》。

节选：

在中央的统一领导下，围绕深化行政管理体制改革的总体目标，结合各地实际，改革创新，积极探索。坚持分类指导，因地制宜，突出重点，循序渐进。

明确和强化责任。要把明确和强化责任作为地方政府机构改革的重要内容。按照权责一致、有权必有责的要求，通过定职责、定机构、定编制，在赋予部门职权的同时，明确相应承担的责任。……

规范机构设置。省、自治区政府机构限额为四十个左右，规模比较小的省份为三十个左右，直辖市为四十五个左右。大城市政府机构限额为四十个左右，中等城市为三十个左右，小城市为二十二个左右。县政府机构限额由各地根据经济社会发展情况和不同县情，按十四至二十二个左右掌握。在机构限额内，具体机构数额由本级政府报上一级政府确定。

地方政府机构设置要体现本级政府的功能特点，机构的具体设置形式、名称、排序等，可在中央规定的限额内，从实际出发因地制宜确定，不统一要求上下对口。有条件的地方可加大整合力度，允许一个部门对口上级几个部门。城市政府机构设置要充分体现城市管理特点。

部门内设机构要进一步综合设置，规格和名称要加以规范。清理和规范议事协调机构及部门管理机构，该撤销的要坚决撤销，确需设立的，要严格按规定程序审批。议事协调机构不设实体性办事机构。

完善管理体制。按照财力与事权相匹配的原则，科学配置地方各级政府的财力，增强市（地）、县（市）政府提供公共服务的能力。继续推进省直接管理县（市）的财政体制改革，有条件的地方可依法探索省直接管理县（市）的体制，进一步扩大县级政府社会管理和经济管理权限。

——摘自《十七大以来重要文献选编》（上），第520—523页，中央文献出版社，2009年。

■ 重要文献

《关于深化行政管理体制改革的意见》
（2008年3月3日）

2008年3月3日，中共中央、国务院印发《关于深化行政管理体制改革的意见》（以下简称《意见》）。《意见》指出，深化行政管理体制改革要以政府职能转变为核心；要进一步优化政府组织结构，探索实行职能有机统一的大部门体制，完善行政运行机制；加强依法行政和制度建设，加快建设法治政府。

节选：

……深化行政管理体制改革的总体目标是，到2020年建立起比较完善的中国特色社会主义行政管理体制。通过改革，实现政府职能向创造良好发展环境、提供优质公共服务、维护社会公平正义的根本转变，实现政府组织机构及人员编制向科学化、规范化、法制化的根本转变，实现行政运行机制和政府管理方式向规范有序、公开透明、便民高效的根本转变，建设人民满意的政府。今后5年，要加快政府职能转变，深化政府机构改革，加强依法行政和制度建设，为实现深化行政管理体制改革的总体目标打下坚实基础。

深化行政管理体制改革要以政府职能转变为核心。加快推进政企分开、政资分开、政事分开、政府与市场中介组织分开，把不该由政府管理的事项转移出去，把该由政府管理的事项切实管好……更好地发挥公民和社会组织在社会公共事务管理中的作用，更加有效地提供公共产品。……合理界定政府部门职能，明确部门责任，确保权责一致。理顺部门职责分工，坚持一件事情原则上由一个部门负责，确需多个部门管理的事项，要明确牵头部门，分清主次责任。健全部门间协调配合机制。

——摘自《十七大以来重要文献选编》（上），第269—271页，中央文献出版社，2009年。

大事记

1月9日
温家宝主持召开国务院常务会议，研究部署保持物价稳定工作，做出修改《价格违法行为行政处罚规定》的决定。修改后的《价格违法行为行政处罚规定》，加大了对价格违法行为的处罚力度，增加了对行业协会组织经营者相互串通、操纵市场价格等违法行为的处罚规定；并对重要商品和服务价格显著上涨或有可能显著上涨时，经营者报告价格变动理由的程序作出了规定。

1月9日
《国务院办公厅关于限制生产销售使用塑料购物袋的通知》规定，从2008年6月1日起，实行塑料购物袋有偿使用制度。

1月9日
中国首个黄金期货合约在上海期货交易所成功上市交易。

1月11日
国务院批复国家发改委《促进中部地区崛起工作部际联席会议制度》，《制度》明确了部际联席会议的主要职能、成员单位、工作规则和工作要求。

1月14—15日
全国林业厅局长会议在北京召开。贾治邦在会上宣布，2008年中国将全面推开集体林权制度改革，计划到2010年基本完成以"明晰产权、承包到户、落实经营主体"为核心的集体林权制度主体改革任务。

1月15日
国家发改委公布《关于对部分重要商品及服务实行临时价格干预措施的实施办法》，宣布根据《价格法》有关规定，从即日起启动临时价格干预措施。

1月16—17日
全国证券期货监管工作会议在北京召开。中国证监会提出，要加快推出创业板，积极发展公司债券市场，力争多层次市场体系建设取得突破。完善制度体系与配套规则，争取在今年上半年推出创业板。进一步提高公司债券审核效率，逐步丰富公司债券品种，加强债权人保护，促进交易所和银行间债券市场统一互联。总结中关村代办股份转让系统试点经验，逐步推动具备条件的高新技术园区有序进入该系统。研究探索非上市公众公司股票转让和场外交易市场的发展路径。

1月18日
中国人民银行、中国银监会发布《经济适用住房开发贷款管理办法》，在利率、期限、项目资本金方面做出特殊规定，以引导有关金融机构在风险可控的基础上支持政府主导的经济适用住房开发建设，进一步发挥金融机构在解决低收入家庭住房困难方面的作用。

1月30日
新华社受权全文播发《中共中央国务院关于切实加强农业基础建设进一步促进农业发展农民增收的若干意见》。《意见》要求，要加快构建强化农业基础的长效机制，着力强化农业科技和服务体系基本支撑，逐步提高农村基本公共服务水平，稳定完善农村基本经营制度和深化农村改革，扎实推进农村基层组织建设。

2月1日
国务院农改小组、财政部、农业部下发《关于开展村级公益事业建设一事一议财政奖补试点工作的通知》，对以下事项作出规定：村级公益事业建设责任划分和一事一议财政奖补范围；一事一议财政奖补工作程序；开展一事一议财政奖补试点的实施步骤；开展一事一议财政奖补试点的相关配套措施；切实加强对一事一议财政奖补试点工作的组织领导。

2月3日
民政部、财政部下发《关于进一步提高城乡低保补助水平妥善安排当前困难群众基本生活的通知》提出，进一步提高城乡低保对象补助水平。在执行原有政策基础上，从2008年1月1日起，按每人每月15元的标准提高城市低保对象补助水平，按每人每月10元的标准提高农村低保对象补助水平。

2月22日
中共中央政治局召开会议，中共中央总书记胡锦涛主持会议。会议讨论了《关于深化行政管理体制改革的意见》、《国务院机构改革方案（草案）》稿。会议认为，深化行政管理体制和机构改革，是发展社会主义市场经济和发展社会主义民主政治的必然要求，是中国全面改革的重要组成部分。

2月25日
东北中小企业信用再担保股份有限公司成立大会暨揭牌仪式在北京人民大会堂举行。这是国家发改委批准设立并由其监管的全国第一家区域性中小企业信用再担保机构试点。它是由辽宁、吉林、黑龙江、内蒙古4省区及大连市政府共同出资设立，为东北区域内各类中小企业信用担保机构提供增信和分险功能服务的政策性再担保机构。

2月25—27日
中共第十七届中央委员会第二次全体会议在北京举行。全会审议通过了《关于深化行政管理体制改革的意见》和《国务院机构改革方案》，同意把《国务院机构改革方案》提请第十一届全国人大一次会议审议。

2月26—27日
几内亚政府正式承认中国完全市场经济地位。至此，全世界已有77个国家承认中国完全市场经济地位。

2月28日
《中国的法治建设》白皮书发表。这是中国政府第一次以政府文告的形式全面介绍中国法律制度的形成、法治建设的状况等。这是中国社会主义民主法治建设中的一件大事，对于全面实施依法治国基本方略，加快建设社会主义法治国家必将起到积极的推动作用。

2月29日
温家宝主持召开国务院常务会议，研究部署事业单位工作人员养老保险制度改革试点工作。会议讨论并原则通过了《事业单位工作人员养老保险制度改革试点方案》，确定在山西、上海、浙江、广东、重庆5省市先期开展试点，与事业单位分类改革配套推进。

3月1日
上海市土地交易市场正式开业。今后，上海所有的经营性用地和工业用地等土地交易活动都将通过交易市场这一平台进行，统一计划管理、统一信息发布、统一交易规则、统一运作监管。

3月初
国务院正式批准设立宁波梅山保税港区。梅山保税港区规划面积7.7平方公里，叠加了保税区、出口加工区和保税物流园区的功能，是目前中国开放层次最高、政策最优惠、功能最齐全的特殊区域，是国家实施自由贸易区域战略的先行区。

3月5—18日
十一届全国人大第一次会议在北京召开。会议选举胡锦涛为中华人民共和国主席、中华人民共和国中央军事委员会主席，选举吴邦国为第十一届全国人民代表大会常务委员会委员长，选举习近平为中华人民共和国副主席。会议经过投票表决，决定温家宝为中华人民共和国国务院总理。会议根据温家宝的提名，决定李克强、回良玉、张德江、王岐山为国务院副总理。

3月10日

上海联合产权交易所、北京产权交易所、天津产权交易中心、重庆联合产权交易所4家产权交易机构在上海联合产权交易所正式签署合作协议，共同约定建设统一的交易制度体系。这标志着全国产权市场统一交易规则系统工程正式启动，中国统一产权大市场建设迈出历史性的一步。

3月11日

中国银监会下发《关于在从紧货币政策形势下进一步做好小企业金融服务工作的通知》，要求各银行业金融机构要在从紧的货币政策形势下，切实增强小企业授信服务工作的主动性和前瞻性，抓早、抓实、抓好小企业授信工作，确保全年的小企业贷款增幅不低于本机构今年全部贷款平均增长速度。

3月13日

国务院办公厅发布《关于加快发展服务业若干政策措施的实施意见》。《意见》在深化服务领域改革部分中提出：进一步放宽服务领域市场准入；加快推进国有服务企业改革；推进生产经营性事业单位转企改制和政府机关、事业单位后勤服务社会化改革。在提高服务领域对外开放水平部分中提出：稳步推进服务领域对外开放；积极支持服务企业"走出去"。

3月15日

十一届全国人大第一次会议批准国务院机构改革方案。

3月17日

国务院做出的《关于天津滨海新区综合配套改革试验总体方案的批复》要求，要综合推进滨海新区的体制机制创新和对外开放。用5至10年时间，在滨海新区率先基本建成完善的社会主义市场经济体制，推动新区不断提高综合实力、创新能力、服务能力和国际竞争力，使新区在带动天津发展、推进京津冀和环渤海区域经济振兴、促进东中西互动和全国经济协调发展中发挥更大的作用，为全国发展改革提供经验和示范。

3月19日

中国人民银行发布《2007年国际金融市场报告》，提出，将完善合格境外机构投资者（QFII）制度，引导和规范境外长期资金进入境内资本市场。

3月20日

中国证监会公布《证券投资基金管理公司公平交易制度指导意见》，对公平交易的范畴、公司投资决策的内部控制以及公司内部报告和外部信息披露等作了指导性规定。

3月26日

财政部公布《中央级事业单位国有资产管理暂行办法》，进一步明确财政部为中央级事业单位国有资产管理的职能部门，对中央级事业单位国有资产实施综合管理。对中央事业国有资产收益亦做出具体要求。中央级事业单位对外投资收益以及利用国有资产出租、出借等取得的收入，纳入单位预算，统一核算，统一管理；其国有资产处置收入，将按照政府非税收入管理和财政国库收缴管理的规定上缴中央财政，实行"收支两条线"。该办法从2008年3月15日起施行。

4月3日

中国银监会下发《关于银行业金融机构进一步加大支持力度促进农业和粮食生产发展的意见》，强调严格执行从紧货币政策，又要确保对农业和粮食生产的信贷投放。

4月7日

《中华人民共和国政府和新西兰政府自由贸易协定》在北京正式签署，这是中国与发达国家签署的第一个自由贸易协定。

4月7日

中国银监会宣布已与美国证监会交换了商业银行代客境外理财业务监管合作信函，达成监管合作协议，中国的商业银行将能够代客投资于美国的股票市场以及经美国证监会认可的公募基金。

4月8日

新华社消息，日前，国务院批准设立天津滨海新区综合保税区。这一综合保税区，位于滨海新区内天津港保税区的空港物流加工区，规划面积195.63公顷，实行封闭管理。

4月12日

博鳌亚洲论坛2008年年会在海南博鳌开幕。胡锦涛在开幕式上发表主旨演讲。胡锦涛强调，改革开放是决定当代中国命运的关键抉择，也是13亿中国人民的共同抉择。中国人民将坚定不移地沿着改革开放的伟大道路走下去，继续为全面建设小康社会、进而基本实现现代化而奋斗，继续为人类和平与发展的崇高事业而奋斗。

4月18日

湖南省政府公布《湖南省行政程序规定》，共10章，180条，内容涵盖了行政程序的原则、行政主体等政府工作的方方面面；建立了管辖、协助、回避、公开、听证、教示、说明理由、证据、时效、阅览卷宗等一系列制度。这是中国首部地方性行政程序规定。本规定于10月1日起正式实施。

4月18日

中国证监会发布《上市公司重大资产重组管理办法》，规定所有拟进行重大资产重组的上市公司，应当在第一时间披露重大资产重组预案，充分披露对投资者敏感的信息，确保信息披露的公平公正。

4月20日

中国证监会发布《上市公司解除限售存量股份转让指导意见》，对上市公司股东集中出售超过一定数量解除限售存量股份的行为进行规范。

4月26日

李克强在海南建省办经济特区20周年庆祝大会上讲话时指出，要进一步解放思想，勇于探索改革开放和经济社会发展的新思路新办法。

5月11日

中国商用飞机有限责任公司在上海成立，开启了中国自主研制大型客机的新篇章。

5月12日

四川省汶川县发生8.0级地震。截至7月12日12时，四川汶川地震已确认69197人遇难，失踪18340人。各级政府共投入抗震救灾资金590.43亿元。全国共接收国内外社会各界捐赠款物572.91亿元。5月18日，国务院发布公告，决定2008年5月19日—21日为全国哀悼日。

5月12日

中国人民银行宣布，决定自2008年5月20日起，上调存款类金融机构人民币存款准备金率0.5个百分点。

5月20日

中国律师张月姣宣誓就职，出任WTO的上诉机构大法官。

5月23日

2008年5月23日至24日，俄罗斯总统梅德韦杰夫对中国进行国事访问。双方签署了《中华人民共和国和俄罗斯联邦关于重大国际问题的联合声明》。

6月5日

2007年度中华人民共和国国际科学技术合作奖颁奖仪式在北京举行。国务委员刘延东代表中国政府向荣获此项殊荣的英国地球物理学专家李向阳博士、美国材料科学与工程专家刘锦川博士、德国生物学专家彼得·格鲁斯博士和国际水稻研究所代表罗伯特·齐格勒博士颁发奖章和获奖证书。

6月8日

中共中央、国务院发出《关于全面推进集体林权制度改革的意见》，提出用5年左右时间，基本完成明晰产权、承包到户的集体林权制度改革，实行集体林地家庭承包经营制；规定林地的承包期为70年，承包期届满可以按照国家有关规定继续承包。

6月8日

国务院发布《汶川地震灾后恢复重建条例》，自公布之日起施行。这是中国首个专门针对一个地方地震灾后恢复重建的条例，将灾后恢复重建工作纳入法制化轨道。8月27日，温家宝总理主持召开国务院常务会议，审议并原则通过《汶川地震灾后恢复重建总体规划》。

6月12日

海协会会长陈云林与海基会董事长江丙坤在京举行会谈。6月13日上午，陈云林和江丙坤在钓鱼台国宾馆签署了《海峡两岸包机会谈纪要》与《海峡两岸关于大陆居民赴台湾旅游协议》。

6月16日

中国个体工商户、个人独资企业和合伙企业个人所得税税前扣除标准，统一调整为2000元／月。新标准今年3月1日起执行。

6月22日

新华社受权发布了中共中央颁布的《建立健全惩治和预防腐败体系2008—2012年工作规划》，这是今后5年推进惩治和预防腐败体系建设的指导性文件。

7月16日

全国第一家经新闻出版总署批准的国家数字出版基地，在上海浦东张江高科技园区内挂牌成立。

7月18日

国务院新闻办公室发布《中国药品安全监管状况》白皮书，这是中国政府首次发布药品安全监管状况方面的白皮书。

7月30日

国务院常务会议决定，从2008年秋季学期开始，在全国范围内全部免除城市义务教育阶段学生学杂费。

8月1日

《中华人民共和国反垄断法》开始实施。

8月5日

修订后的《中华人民共和国外汇管理条例》开始施行。新条例取消了对境内机构的强制结汇规定。

8月8—24日

第二十九届奥林匹克运动会在北京举行。来自204个国家和地区的1万余名运动员，刷新了38项世界纪录和85项奥运会纪录，中国体育代表团取得了51枚金牌、100枚奖牌的优异成绩，第一次名列奥运会金牌榜首位。

9月1日

全国统一停止征收个体工商户管理费和集贸市场管理费。

9月15日

中国人民银行4年来首次下调贷款基准利率和中小金融机构存款准备金率。

9月19日

中国证券（股票）交易印花税征收方式由双边征税调整为单边征税。

10月6日

温家宝总理主持召开国务院常务会议，审议并原则通过《乳品质量安全监督管理条例（草案）》。

10月7日

中国第八个保税港区——青岛前湾保税港区正式获得国务院批复建设。

10月9—12日

党的十七届三中全会在京举行，全会由中央政治局主持，胡锦涛总书记作了重要讲话，全会听取和讨论了胡锦涛受中央政治局委托作的工作报告，审议通过了《中共中央关于推进农村改革发展若干重大问题的决定》。

10月14日

国家发展和改革委员会就《关于深化医药卫生体制改革的意见》公开征求意见。深化医药卫生体制改革的总体目标是：建立覆盖城乡居民的基本医疗卫生制度，为群众提供安全、有效、方便、价廉的医疗卫生服务。

10月21日

温家宝总理主持召开国务院常务会议，审议并原则通过《农业银行股份制改革实施总体方案》。

10月24—25日

第七届亚欧首脑会议在京举行。会议发表《可持续发展北京宣言》。中国作为会议东道主发表了《主席声明》，反映会议在各个议题上的共识。

10月28日

十一届全国人大常委会第五次会议通过了企业国有资产法和修订后的消防法。经过十五年立法历程，跨越三届全国人大，企业国有资产法"破茧而出"，使中国数十万亿国有资产的监管问题实现"有法可依"。

11月3—7日

海峡两岸关系协会会长陈云林率海协会

2008年10月24日，第七届亚欧首脑会议在北京人民大会堂开幕。

协商代表团访台。这是海协会领导人首次访问台湾，是海协会与海基会首次在台湾举行两会领导人会谈。

11月4日

村委会组织法颁行10周年。截至2007年12月全国共有村委会61.3万个，村民小组466.9万个，村委会成员241.1万名；民政部部长李学举表示，村民自治10年来取得三大显著成效，村委会组织法深入贯彻实施，村党组织领导的充满活力的村民自治机制进一步确立。

11月9日

国务院常务会议确定的扩大内需、促进经济增长10项措施公布。为落实这一重大举措，11月12日，国务院常务会议研究决定了4项实施措施。一是核准审批固定资产投资项目。二是提高部分产品出口退税率，调整部分产品出口关税。三是确定中央财政地震灾后恢复重建基金的具体安排方案。四是提出进一步加强支持林业生态恢复重建的政策措施。

11月13日

国务院新闻办公室发布中国首部国家粮食安全中长期规划纲要（2008—2020年）。纲要提出，中国粮食自给率要稳定在95%以上，2020年粮食综合生产能力达到5400亿公斤。

11月15日

胡锦涛出席在美国首都华盛顿举行的二十国集团领导人金融市场和世界经济峰会，发表《通力合作 共度时艰》的讲话。

11月16日

《中国人类发展报告2007/08》首发式在北京举行。报告主题为"惠及十三亿人的基本公共服务"，由联合国开发计划署资助、中国（海南）改革发展研究院撰写。

12月1日

发改委宣布解除对食品类商品的临时价格干预措施。根据《价格法》第32条规定，自12月1日起解除年初对成品粮及粮食制品、食用植物油、猪肉和牛羊肉及其制品、乳品、鸡蛋等食品类商品的临时价格干预措施，停止对相关商品的提价申报和调价备案工作，由经营者自主定价。

12月3日

工业和信息化部发出通知，取消手机短消息业务的网内网间差别定价。

12月8—10日

中央经济工作会议在北京举行。会议指出：受国际金融危机快速蔓延和世界经济增长明显减速的影响，加上中国经济生活中尚未解决的深层次矛盾和问题，目前中国经济运行中的困难增加，经济下行压力加大，企业经营困难增多，保持农业稳定发展、农民持续增收难度加大，金融领域潜在风险增加。必须把保持经济平稳较快发展作为2009年经济工作的首要任务。要着力在保增长上下功夫，把扩大内需作为保增长的根本途径，把加快发展方式转变和结构调整作为保增长的主攻方向，把深化重点领域和关键环节改革、提高对外开放水平作为保增长的强大动力，把改善民生作为保增长的出发点和落脚点。

12月10日

温家宝总理主持召开国务院常务会议。会议决定，2009年增加农机具购置补贴。补贴范围覆盖全国所有农牧业县（场），并向粮棉油种植大县、养殖大县和血吸虫病防疫区及汶川地震重灾区县倾斜，补贴对象包括农民、农场职工及直接从事农机作业的农业生产经营组织，允许农民以拟购买的农机具作为抵押物向金融机构贷款。

12月10日

新华社报道，国家海洋局出台政策措施，允许单位和个人按照规划开发利用无居民海岛。

12月15日

海峡两岸分别在北京、天津、上海、福州、深圳以及台北、高雄、基隆等城市同时举行海上直航、空中直航以及直接通邮的启动和庆祝仪式。加上早已实现了的通商，至此，历经近30年磋商与努力，两岸通邮、通商、通

2008年12月15日，厦门海天码头，四艘海峡两岸海运直航货轮缓缓驶离厦门港，启航驶往台湾的高雄、台中和基隆港。

航构想基本实现，两岸"三通"迈开历史性步伐。

12月18日

国务院印发《关于实施成品油价格和税费改革的通知》，决定自2009年1月1日起实施成品油税费改革。

12月18日

纪念党的十一届三中全会召开30周年大会在北京人民大会堂举行。

12月18日

重庆寸滩保税港区正式挂牌，这是中国内陆地区首个保税港区。

12月26日

中国人民解放军海军舰艇编队从海南三亚起航，赴亚丁湾、索马里海域执行护航任务。

12月31日

温家宝总理主持召开国务院常务会议，同意启动第三代移动通信牌照发放工作。

12月31日

胡锦涛在纪念《告台湾同胞书》发表30周年座谈会上发表讲话，强调要牢牢把握两岸关系和平发展的主题，积极推动两岸关系和平发展，实现全民族的团结、和谐、昌盛。

📊 数说发展

人口

总人口 **132802** 万人

城镇	乡村
60667 万人	**72135** 万人

 出生率 **12.14‰**

 死亡率 **7.06‰**

 自然增长率 **5.08‰**

工业

工业增加值 **129112** 亿元

规模以上工业利润总额 **24066** 亿元

建筑业增加值 **17071** 亿元

国内商业

社会商品零售总额 **108488** 亿元

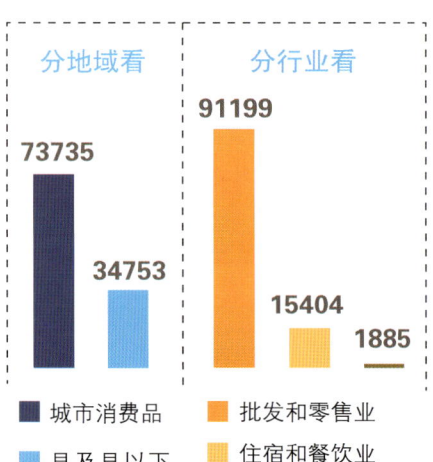

分地域看：城市消费品 73735；县及县以下消费品 34753

分行业看：批发和零售业 91199；住宿和餐饮业 15404；其他行业 1885

GDP（国内生产总值）

第一产业 **34000** 亿元
第二产业 **146183** 亿元
第三产业 **120487** 亿元

GDP（国内生产总值）**300670** 亿元

比上年增长 **9%**

 税收收入 **57862** 亿元
（不包括关税、耕地占用税和契税）

黄金和外汇储备

黄金 **1929** 万盎司

外汇 **19460.30** 亿美元

财政收支 （单位：亿元）

支出 **62592.66**

收入 **61330.35**

收支差额 **−1262.31**

农业

产量 （单位：万吨）

粮食	52850
棉花	750
油料	2950
糖料	13000
肉类	7269
水产品	4895

水利

新增有效灌溉面积 **117.9** 万公顷

新增节水灌溉面积 **139.0** 万公顷

对外经济

进出口贸易总额 **25616** 亿美元　增长 **17.8%**

进口 **11331** 亿美元

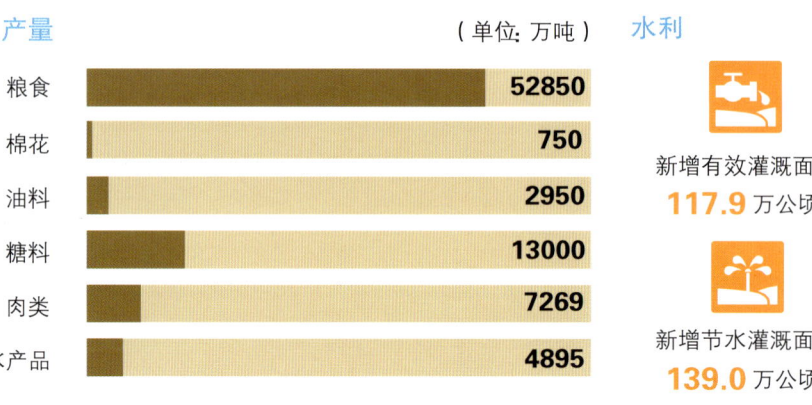

出口大于进口 **2955** 亿美元

出口 **14285** 亿美元

利用外资

 非金融领域新批外商直接投资企业 **27514** 家

 实际使用外商直接投资金额 **924** 亿美元

对外经济合作

 对外承包工程完成营业额 **566** 亿美元

 对外劳务合作完成营业额 **81** 亿美元

固定资产投资

固定资产投资 172291　（单位：亿元）

分地区看　　分城乡看

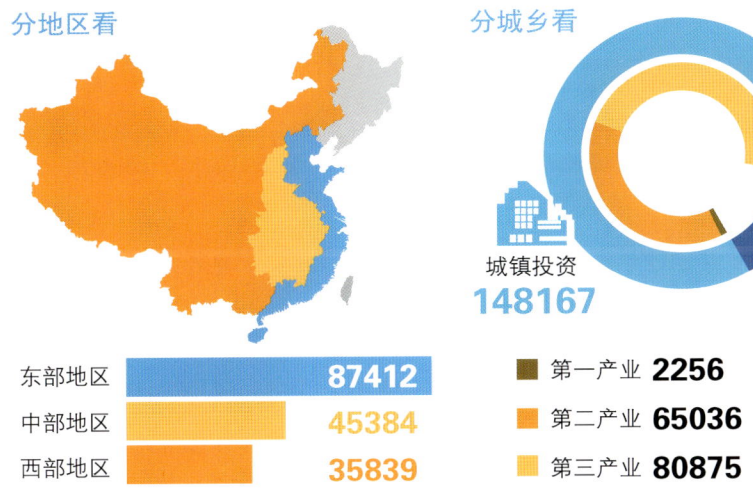

东部地区	87412
中部地区	45384
西部地区	35839

城镇投资 148167　　农村投资 24124

第一产业 2256
第二产业 65036
第三产业 80875

社会保障

参加各类基本保险人数　　（单位：万人）

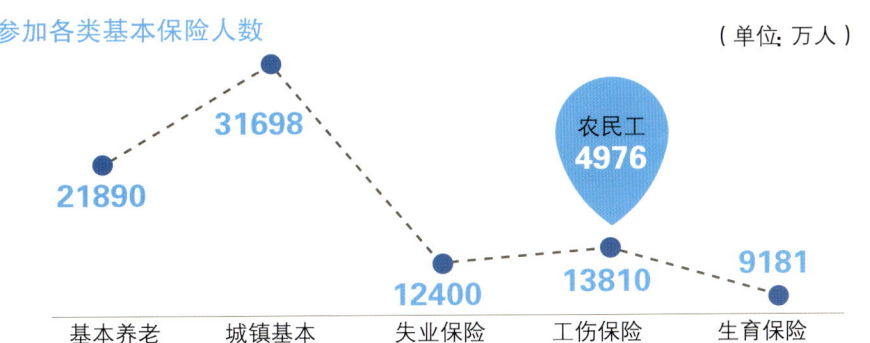

基本养老保险 21890
城镇基本医疗保险 31698
失业保险 12400
工伤保险 13810
生育保险 9181
农民工 4976

新型农村合作医疗

 2729 个县（市、区）开展了新型农村合作医疗工作　参合率 91.5%

 基金支出总额：429 亿元　累计受益 3.7 亿人次

保险事业

保险保费收入 9784 亿元

寿险业务原保险保费收入 6658 亿元
财产险业务原保险保费收入 2337 亿元
健康险和意外伤害险业务原保险保费收入 789 亿元

支付各类赔款及给付 2971 亿元

寿险业务给付 1315 亿元
财产险业务赔款 1418 亿元
健康险和意外伤害险赔款及给付 238 亿元

社会福利事业

收养性社会福利单位床位 235 万张
收养各类人员 189 万人

城镇建立各种社区服务设施 10.9 万个
社区服务中心 9871 个

销售社会福利彩票 604 亿元
筹集福利彩票公益金 211 亿元
直接接收社会捐赠款 482 亿元

人民生活

城镇新增就业人数 1113 万人

城乡居民收入

农村居民人均纯收入 4761 元　实际增长 8%
城镇居民人均可支配收入 15781 元　实际增长 8.4%

居民家庭恩格尔系数

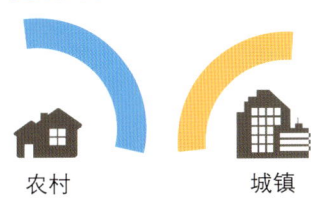

农村 43.7%　　城镇 37.9%

城乡人民储蓄存款 221503 亿元

交通运输、仓储和邮政业

交通运输、仓储和邮政业增加值 16590 亿元

新建线路交付营业里程

 铁路 **1719** 公里
铁路复线 **1935** 公里

 电气化铁路 **1955** 公里

 公路 **99851** 公里
其中，高速公路 **6433** 公里

 港口万吨级码头吞吐能力
33099 万吨

货物周转量 **105512.9**
（单位：亿吨公里）

铁路	25111.8
公路	12998.5
水运	65218.2
民航	119.6
管道	2064.7

旅客周转量 **2372.2**
（单位：亿人公里）

铁路	7778.6
公路	12636.0
水运	74.8
民航	2882.8

港口完成货物吞吐量 **58.7** 亿吨

其中：外贸货物 **19.2** 亿吨
集装箱 **12835** 万标箱

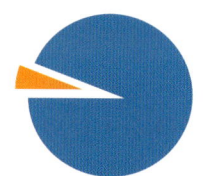

邮电业务总量 23841 亿元

邮政业务总量 **1402** 亿元
电信业务总量 **22440** 亿元

局用交换机总容量 **5.1** 亿门

互联网上网人数 **3.0** 亿人
其中，宽带上网人数 **2.7** 亿人

全国固定及移动电话用户总数 **98204** 万户

● 固定电话用户 **34081** 万户
● 城市电话用户 **23200** 万户
● 农村电话用户 **10881** 万户
● 移动电话用户 **64123** 万户

电话普及率 **74.3** 部/百人

旅游

国际旅游

入境旅游人数 13003 万人次

其中，外国人 **2433** 万人次
香港、澳门和台湾同胞 **10570** 万人次

国际旅游外汇收入 **408** 亿美元

国内居民出境人数 4584 万人次

其中，因私出境 **4013** 万人次

国内旅游

国内出游人数 17.1 亿人次
国内旅游收入 **8749** 亿元

体育

获得世界冠军 **120** 个
11 人 **2** 队 **16** 次
创 **16** 项世界纪录

在北京奥运会上

我国运动员共获得
● **51** 枚金牌
● **21** 枚银牌
● **28** 枚铜牌

位列奥运会 **金牌榜第一 奖牌榜第二**

奖牌总数 **100** 枚

教育

(单位：万人)

招生人数: 研究生 44.6, 普通高校 607.7, 中等职业教育 810.0, 普通高中 837.0, 初中 1856.2, 小学 1695.7, 特殊教育 6.2

在校生数: 研究生 128.3, 普通高校 2021.0, 中等职业教育 2056.3, 普通高中 2476.3, 初中 5574.2, 小学 10331.5, 特殊教育 41.7

毕业生: 研究生 34.5, 普通高校 512.0, 中等职业教育 570.6, 普通高中 836.1, 初中 1862.9, 小学 1865.0

文化

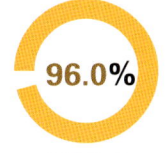 96.0% 广播节目综合人口覆盖率

 97.0% 电视节目综合人口覆盖率

有线电视用户 **16342** 万户
广播电台 **257** 座
电视台 **277** 座
教育台 **45** 个
广播电视台 **2069** 座
有线数字电视用户 **4503** 万户

艺术表演团体 **2575** 个
文化馆 **3171** 个
公共图书馆 **2825** 个
博物馆 **1798** 个
档案馆 **3987** 个
已开放各类档案 **7267** 万卷（件）

故事影片 **406** 部
科教、纪录、动画和特种影片 **73** 部

出版
期刊 30 亿册
图书 69 亿册（张）
报纸 445 亿份

科学技术

研究与试验发展（R&D）经费支出
4570 亿元
其中，基础研究经费 **200** 亿元

签订技术合同 **22.6** 万项
技术合同成交金额 **2665** 亿元

授予专利权 **41.2** 万件
其中，国内授权 **35.2** 万件

有效专利 **119.5** 万件
其中，国内有效专利 **92.5** 万件

授予发明专利权 **9.4** 万件
其中，国内授权 **4.7** 万件

有效发明专利 **33.7** 万件
其中，国内有效发明专利 **12.8** 万件

成功发射卫星 **11** 次

"神舟七号"载人航天飞行圆满成功

卫生

- 医院、卫生院 **6.0** 万个
- 妇幼保健院（所、站）**3020** 个
- 卫生监督所（中心）**2591** 个
- 专科疾病防治院（所、站）**1344** 个
- 疾病预防控制中心（防疫站）**3560** 个
- 社区卫生服务中心（站）**2.8** 万个

卫生机构 **30.0** 万个

卫生技术人员 **492** 万人
其中，执业医师和执业助理医师 **205** 万人，注册护士 **162** 万人

医院和卫生院床位 **369** 万张

乡镇卫生院 **3.9** 万个
床位 **82** 万张
卫生技术人员 **87.4** 万人

1978—2018
中国改革开放
全纪录

2009

- 十大产业振兴规划陆续出台
- 建立覆盖城乡居民的基本医疗卫生制度
- 开启中美战略与经济对话
- 推进省直接管理县财政改革
- 新型农村社会养老保险试点启动
- 哥本哈根"减排"承诺
- 区域规划密集出台

焦点事件

十大产业振兴规划陆续出台

为应对国际金融危机,国家于2009年初从缓解企业困难和增强发展后劲入手,相继制定出台了汽车、钢铁、电子信息、物流、纺织、装备制造、有色金属、轻工、石化、船舶等十大重点产业调整和振兴规划,分别提出了上百项政策措施和实施细则,对保持国民经济平稳较快发展起到了重要作用。

——汽车工业(1月14日)。一要培育汽车消费市场。二要推进汽车产业重组。三要支持企业自主创新和技术改造。四要实施新能源汽车战略。五要支持汽车生产企业发展自主品牌,加快汽车及零部件出口基地建设,发展现代汽车服务业,完善汽车消费信贷。

——钢铁工业(1月14日)。一要拉动国内钢材消费,实施适度灵活的出口税收政策,稳定国际市场份额。二要严格控制钢铁总量,淘汰落实产能,不得再上单纯扩大产能的钢铁项目。三要发挥大集团的带动作用,推进企业联合重组,培育具有国际竞争力的大型和特大型钢铁集团,优化产业布局,提高集中度。四要加

2009年,中信重工机械股份有限公司飞速发展,创造了装备制造业的"中信重工速度"。图为中信重工机械股份有限公司装配车间。

大技术改造、研发和引进力度,在中央预算内基建投资中列支专项资金,推动钢铁产业技术进步,调整品种结构,提升钢材质量。五要整顿铁矿石进口市场秩序,规范钢材销售制度,建立产销风险共担机制。

——纺织业(2月4日)。在新增中央投资中设立专项,重点支持纺纱织造、印染、化纤等行业技术进步,推进高新技术纤维产业化,提高纺织装备自主化水平,培育具有国际影响力的自主知名品牌。加快淘汰落后产能,优化区域布局,加大财税金

融支持。将纺织品服装出口退税率由14%提高至15%,对基本面较好但暂时出现经营和财务困难的企业给予信贷支持。中央、地方和企业都要加大棉花和厂丝收购力度。

——装备制造业(2月4日)。充分利用增值税转型政策,推动企业技术进步;在新增中央投资中安排产业振兴和技术改造专项;建立使用国产首台(套)装备风险补偿机制;增加出口信贷额度,支持装备产品出口;鼓励开展引进消化吸收再创新,对部分确有必要进口的关键部件及原材料,免征关税和进口环节增值税。

——船舶工业(2月11日)。鼓励金融机构加大船舶出口买方信贷资金投放;将现行内销远洋船财政金融支持政策延长到2012年;抓紧研究出台鼓励老旧船舶报废更新和单壳油轮强制淘汰政策;今后3年暂停现有船舶生产企业新上船坞、船台扩建项目;在新增中央投资中安排产业振兴和技术改造专项,支持高技术新型船舶、海洋工程装备及重点配套设备研发。

——电子信息(2月18日)。加大投入,集中力量实施集成电路升

2009年11月,江西九江维科印染针织有限公司的生产车间。

观点

李扬： 调整经济结构必须从调整投资结构入手。换言之，投资之所以这些年来一直被很多人所诟病，就是因为中国投资的方式太传统，很多结构不合理，因此，下一步当中国确认还需要依赖投资来维持经济稳定增长的时候，首要任务就是要调整投资结构，优化投资结构。首先，投资一定要以创造就业为第一要务。要投向中小企业，要投向中西部，要投向"草根"。第二，投资要有利于产业结构调整。第三，投资应该有利于区域的均衡发展。第四，要完善中国投资主体结构，要大规模转向民间，让民间资本非常积极地进入经济活动之中。

资料来源： "目前应通过优化投资结构优化经济结构"，新浪财经，2009年11月22日。

级、新型显示和彩电工业转型、第三代移动通信产业新跨越、数字电视推广、计算机提升和下一代互联网应用、软件及信息服务培育六大工程，鼓励引导社会资金投向电子信息产业。落实数字电视产业政策，推进"三网融合"。调整高新技术企业认定目录和标准。继续保持电子信息产品出口退税力度，进一步发挥出口信贷和信用保险的支持作用。

——轻工业（2月19日）。积极扩大城乡消费，增加国内有效供给。改善外贸服务，保持出口市场份额。重点推进装备自主化和关键技术产业化，加快造纸、家电、塑料等行业的技术改造。加强自主品牌建设，支持优势品牌企业跨地区兼并重组，提高产业集中度。

——石油化工（2月19日）。落实国家扩大内需、振兴重点产业和粮食增产等综合措施，拉动石化产品消费。加强进出口监管，完善能源产品价格形成机制。抓紧组织实施在建炼油、乙烯重大项目，增强产业发展后劲。推广资源综合利用和废弃物资源化技术，发展循环经济。停止审批单纯扩大产能的焦炭、电石等煤化工项目，坚决遏制煤化工盲目发展势头。抓紧落实成品油储备，完善税收政策，增加技改投入，加大对石化企业的信贷支持。

——有色金属产业（2月25日）。推进有色金属产业调整和振兴，要以控制总量、淘汰落后、技术改造、企业重组为重点，推动产业结构调整和优化升级。主要措施：一要稳定和扩大国内市场，改善出口环境。二要严格控制总量，加快淘汰落后产能。三要加大技术改造和研发力度，推动技术进步。四要促进企业重组，优化产业布局，加强企业管理和安全监管，提高产业竞争力。五要充分利用国内外两种资源，增强资源保障能力。六要加快建设覆盖全社会的有色金属再生利用体系，发展循环经济，提高资源综合利用水平。另外，国家安排贷款贴息支持企业技术改造，抓紧建立国家收储机制，调整产品出口退税率结构。

——物流业（2月25日）。加快发展现代物流，建立现代物流服务体系，以物流服务促进其他产业发展。主要措施：一要积极扩大物流市场需求，促进物流企业与生产、商贸企业互动发展，推进物流服务社会化和专业化。二要加快企业兼并重组，培育一批服务水平高、国际竞争力强的大型现代物流企业。三要推动能源、矿产、汽车、农产品、医药等重点领域物流发展，加快发展国际物流和保税物流。四要加强物流基础设施建设，提高物流标准化程度和信息化水平。

建立覆盖城乡居民的基本医疗卫生制度

2009年3月17日，中共中央、国务院发出《关于深化医药卫生体制改革的意见》。

《意见》提出了深化医药卫生体制改革的总体目标：建立健全覆盖城乡居民的基本医疗卫生制度，为群众提供安全、有效、方便、价廉的医疗卫生服务。到2011年，基本医疗保障制度全面覆盖城乡居民，基本药物制度初步建立，城乡基层医疗卫生服务体系进一步健全，基本公共卫生服务得到普及，公立医院改革试点取

2009年，厦门港货物吞吐量突破亿吨。这一年，中国的海运物流业务继续保持强劲增长势头。

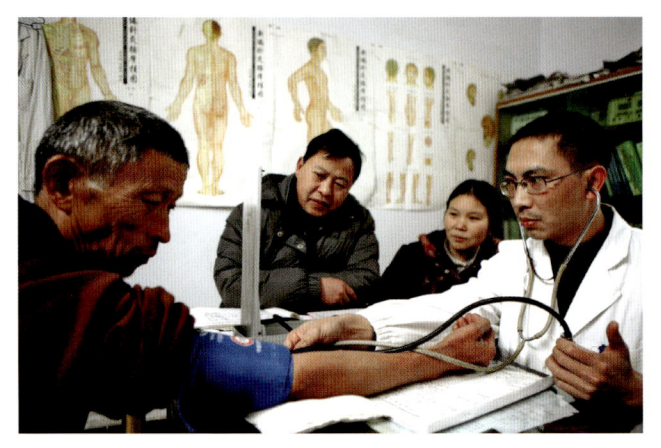

四川省华蓥市华龙街道社区居民陈元富老人,在家门口的社区医疗卫生服务站接受血压检测。

专栏
新医改

2003年:非典型性肺炎暴露出中国公共卫生体系的薄弱环节,学术界开始反思1997年的医疗卫生体制改革。

2005年:国务院发展研究中心报告称中国医疗卫生体制改革"从总体上讲是不成功的",引起强烈反响。

2006年6月,国务院筹划启动新一轮医改;9月,16个部委组成的医改协调小组成立;10月,胡锦涛总书记在中共中央政治局第三十五次集体学习时强调建设覆盖城乡居民的基本卫生保健制度,强化政府责任。

2007年:医改协调小组委托包括北京大学、世界卫生组织等在内的多家海内外机构提交、讨论医改方案。

2008年:温家宝总理在4月与9月两次主持召开深化医药卫生体制改革工作座谈会,向社会征求意见;10月,《关于深化医药卫生体制改革的意见(征求意见稿)》面向全社会征求意见,共收到反馈意见3.5万余条。

2009年:1月21日,国务院常务会议通过《关于深化医药卫生体制改革的意见》和《2009～2011年深化医药卫生体制改革实施方案》,新一轮医改方案正式出台。

资料来源:《瞭望》,2009年4月6日。

得突破,明显提高基本医疗卫生服务可及性,有效减轻居民就医费用负担,切实缓解"看病难、看病贵"问题。到2020年,覆盖城乡居民的基本医疗卫生制度基本建立。普遍建立比较完善的公共卫生服务体系和医疗服务体系,比较健全的医疗保障体系,比较规范的药品供应保障体系,比较科学的医疗卫生机构管理体制和运行机制,形成多元办医格局,人人享有基本医疗卫生服务,基本适应人民群众多层次的医疗卫生需求,人民群众健康水平进一步提高。

《意见》还提出要完善医药卫生四大体系,建立覆盖城乡居民的基本医疗卫生制度,即全面加强公共卫生服务体系建设,进一步完善医疗服务体系,加快建设医疗保障体系,建立健全药品供应保障体系。与此同时,完善体制机制,保障医药卫生体系有效规范运转,即建立协调统一的医药卫生管理体制、建立高效规范的医药卫生机构运行机制、建立政府主导的多元卫生投入机制、建立科学合理的医药价格形成机制、建立严格有效的医药卫生监管体制、建立可持续发展的医药卫生科技创新机制和人才保障机制、建立实用共享的医药卫生信息系统、建立健全医药卫生法律制度。

《意见》提出要着力抓好五项重点改革,力争近期取得明显成效,即加快推进基本医疗保障制度建设、初步建立国家基本药物制度、健全基层医疗卫生服务体系、促进基本公共卫生服务逐步均等化、推进公立医院改革试点。

《意见》是一部为了建立中国特色的医药卫生体制,逐步实现人人享有基本医疗卫生服务远大目标的纲领性文件。

开启中美战略与经济对话

中美战略与经济对话是中美双方就事关两国关系发展的战略性、长期性、全局性问题而进行的战略对话。

2009年4月1日,中国国家主席胡锦涛与美国总统奥巴马在伦敦参加二十国集团金融峰会期间举行首次会晤,双方一致同意建立中美战略与经济对话机制,并确定首轮中美战略与经济对话在华盛顿举行。

2009年7月27至28日,首轮中美战略与经济对话在华盛顿举行,双方深入交换了意见。中美两国政府在会后发布了《首轮中美战略与经济对话联合新闻稿》。中美双方均认为,中美关系保持了强劲、积极的发展势头,在这一基调下,今后中美两国的交流将在高层接触、军事、人文和人权等几个层次展开。作为当今世界最大发展中国家和最大发达国家之间进行的一项重要交流,本次对话在战略轨道上为中美之间多层次的双边关系搭建了框架。

本次对话的双方代表团级别之高,规模之大吸引了所有媒体的眼球。中国派出了150多人的代表团,对话的中方主持者是胡锦涛主席的特别代表、国务院副总理王岐山和国务委员戴秉国,而美国政府则将参与对话的官员由以往的部长级官员升格为了内阁级官员,美国政府中到会的部长级官员也多达12位,对话的美方主持者是奥巴马的特别代表、国务卿希拉里和财政部长盖特纳。

双方均认为,对话机制作为独特的论坛,有助于双方加深了解、扩大共识、减少分歧、增进互信、促进合作,有助于双方在解决全球金融危机、地区安全关切、全球可持续发展、气候变化等共同挑战方面进行合作。

推进省直接管理县财政改革

2009年6月22日,财政部发布了《关于推进省直接管理县财政改革的意见》。省直接管理县财政改革的总体目标:"2012年底前,力争全国除民族自治地区外全面推进省直接管理县财政改革,近期首先将粮食、油料、棉花、生猪生产大县全部纳入改革范围。民族自治地区按照有关法律法规,加强对基层财政的扶持和指导,促进经济社会发展。"

省直接管理县财政改革的主要内容:"实行省直接管理县财政改革,就是在政府间收支划分、转移支付、资金往来、预决算、年终结算等方面,省财政与市、县财政直接联系,开展相关业务工作。(一)收支划分。在进一步理顺省与市、县支出责任的基础上,确定市、县财政各自的支出范围,市、县不得要求对方分担应属自身事权范围内的支出责任。按照规范的办法,合理划分省与市、县的收入范围。(二)转移支付。转移支付、税收返还、所得税返还等由省直接核定并补助到市、县;专项拨款补助,由各市、县直接向省级财政等有关部门申请,由省级财政部门直接下达市、县。市级财政可通过省级财政继续对县给予转移支付。(三)财政预决算。市、县统一按照省级财政部门有关要求,各自编制本级财政收支预算和年终决算。市级财政部门要按规定汇总市本级、所属各区及有关县预算,并报市人大常委会备案。(四)资金往来。建立省与市、县之间的财政资金直接往来关系,取消市与县之间日常的资金往来关系。省级财政直接确定各市、县的资金留解比

语录 "我们把巨额资金借给美国,当然关心我们资产的安全。"

——温家宝

背景:2009年,受金融危机影响,美国的债务日益增多。作为美国最大的债权国,中国的资产安全问题成为人们关注的焦点。3月13日,十一届全国人大二次会议闭幕后的记者见面会上,当《华尔街日报》记者问道:"有些人认为,美国巨额的债务会导致美元贬值,您是否担心中国在美国的投资呢?"温家宝总理坦率地回答:"我们把巨额资金借给美国,当然关心我们资产的安全。说句老实话,我确实有些担心。因而我想通过你再次重申要求美国保持信用,信守承诺,保证中国资产的安全。"

观点

张占斌:从财政体制过渡到行政体制的省直管县,对城乡统筹、发展县域经济、提高行政绩效均有益处,应是中国地方政府层级改革的前进方向。改革的路径可考虑渐进式分类展开,并通过行政区划的改革配合,用约20年的时间调整到位。

资料来源:《政府层级改革与省直管县实现路径研究》,《经济与管理研究》,2007年第4期。

杨志勇:省直管县财政体制改革是深化财税体制改革的重要内容之一。财政的省直管县有利于促进县域经济的发展,增强基层政府公共服务能力,但不能期望仅此改革就能从根本上改变公共服务的基本状况。省直管县改革需要相应的行政管理体制改革与行政区划的调整。政府转型构成财政省直管县改革的持续动力。重构政府间财政关系,重建分税制财政体制亦需摆上议事日程。

资料来源:《省直管县财政体制改革研究——从财政的省直管县到重建政府间财政关系》,《财贸经济》,2009年第11期。

2009年7月28日,美国总统奥巴马在白宫会见正在华盛顿出席首轮中美战略与经济对话的中国国家主席胡锦涛特别代表、国务院副总理王岐山和国务委员戴秉国一行。图为奥巴马向王岐山赠送篮球。

安徽省蒙城县农民领到了新农保参保证。

例。各市、县金库按规定直接向省级金库报解财政库款。（五）财政结算。年终各类结算事项一律由省级财政与各市、县财政直接办理，市、县之间如有结算事项，必须通过省级财政办理。各市、县举借国际金融组织贷款、外国政府贷款、国债转贷资金等，直接向省级财政部门申请转贷及承诺偿还，未能按规定偿还的由省财政直接对市、县进行扣款。"

新型农村社会养老保险试点启动

2009年6月24日，国务院总理温家宝主持召开国务院常务会议，研究部署开展新型农村社会养老保险试点工作。会议指出，建立新型农村社会养老保险制度，是加快建立覆盖城乡居民的社会保障体系的重要组成部分，对确保农村居民基本生活，推动农村减贫和逐步缩小城乡差距，维护农村社会稳定意义重大，同时对改善心理预期，促进消费，拉动内需也具有重要意义。会议决定，2009年在全国10%的县（市、区）开展新型农村社会养老保险试点。

2009年9月1日，国务院印发《关于开展新型农村社会养老保险试点的指导意见》指出："根据党的十七大和十七届三中全会精神，国务院决定，从2009年起开展新型农村社会养老保险（简称新农保）试点。""新农保试点的基本原则是'保基本、广覆盖、有弹性、可持续'。一是从农村实际出发，低水平起步，筹资标准和待遇标准要与经济发展及各方面承受能力相适应；二是个人（家庭）、集体、政府合理分担责任，权利与义务相对应；三是政府主导和农民自愿相结合，引导农村居民普遍参保；四是中央确定基本原则和主要政策，地方制订具体办法，对参保居民实行属地管理。""探索建立个人缴费、集体补助、政府补贴相结合的新农保制度，实行社会统筹与个人账户相结合，与家庭养老、土地保障、社会救助等其他社会保障政策措施相配套，保障农村居民老年基本生活。2009年试点覆盖面为全国10%的县（市、区、旗），以后逐步扩大试点，在全国普遍实施，2020年之前基本实现对农村适龄居民的全覆盖。""年满16周岁（不含在校学生）、未参加城镇职工基本养老保险的农村居民，可以在户籍地自愿参加新农保。""新农保基金由个人缴费、集体补助、政府补贴构成。""养老金待遇由基础养老金和个人账户养老金组成，支付终身。中央确定的基础养老金标准为每人每月55元。地方政府可以根据实际情况提高基础养老金标准，对于长期缴费的农村居民，可适当加发基础养老金，提高和加发部分的资金由地方政府支出。""年满60周岁、未享受城镇职工基本养老保险待遇的农村有户籍的老年人，可以按月领取养老金。新农保制度实施时，已年满60周岁、未享受城镇职工基本养老保险待遇的，不用缴费，可以按月领取基础养老金，但其符合参保条件的子女应当参保缴费；距领取年龄不足15年的，应按年缴费，也允许补缴，累计缴费不超过15年；距领取年龄超过15年的，应按年缴费，累计缴费不少于15年。"

随后，新型农村社会养老保险试点工作正式启动，全国有27个省区市的320个新农保首批试点得到批复。在中国广大农村地区建立新型社会养老保险制度，是国家继免除农业税、实行农业直补政策、建立新型农村合作医疗制度后又一项重要的惠农政策。这也是深入贯彻落实科学发展观、加快建设覆盖城乡居民的社会保障体系的重大决策，是逐步缩小城乡差距、改变城乡二元结构、推进基本公共服务均等化的重要基础性工程。

哥本哈根"减排"承诺

2009年12月7日至18日，世界气候大会在哥本哈根举行。此次会议有190多个国家和地区的代表参加，其中仅国家、地区和国际组织领导人就超过100人，温家宝总理出席会议。哥本哈根会议引起了全球对地球气温升高和环保的关注。

中国政府在哥本哈根会议上承诺：到2020年中国单位国内生产

贵州省黔东南州台江县的苗族同胞在红阳万亩草场载歌载舞，庆祝风力发电厂项目开工。

专栏

《联合国气候变化框架公约》（UNFCCC）是联合国政府间谈判委员会就气候变化问题达成的公约，于1992年6月4日在巴西里约热内卢举行的地球首脑会议上通过。公约于1994年3月21日正式生效。目前，公约已拥有189个缔约国。公约第一次缔约方会议（COP）于1995年在德国柏林召开。此后，各方围绕应承担的责任和义务多次协商会谈。

资料来源：《瞭望》，2009年4月6日。

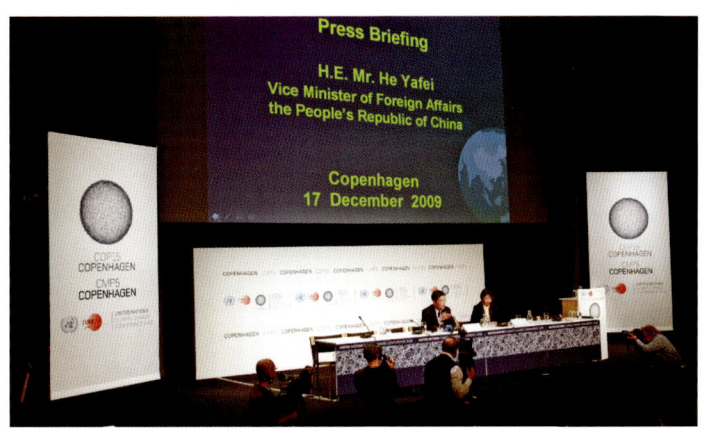

2009年12月17日，联合国哥本哈根气候变化会议进入倒数第二天。中国外交部副部长何亚非举行新闻发布会，向中外媒体通报了温家宝总理会见有关国家和国际组织领导人情况。

总值二氧化碳排放比2005年下降40%—45%，作为约束性指标纳入国民经济和社会发展中长期规划，并制定相应的国内统计、监测、考核办法。通过大力发展可再生能源、积极推进核电建设等行动，到2020年中国非化石能源占一次能源消费的比重达到15%左右；通过植树造林和加强森林管理，森林面积比2005年增加4000万公顷，森林蓄积量比2005年增加13亿立方米。

中国的减排目标，被国际社会评价为"认真而坚定"，该承诺标志着中国将进入低碳经济时代。

区域规划密集出台

如何合理实施区域经济发展战略布局，一直在国民经济建设中占据十分重要的地位。

2009年，区域发展规划密集出台，越来越多的区域发展规划上升为国家战略。这一年，国务院先后批复《珠江三角洲地区改革发展规划纲要》等12个国家战略性区域发展规划。其深层意义有两个方面。一是培育更多的区域经济增长极，从而保证

专栏：关于《联合国气候变化框架公约》

1995年	德国柏林	会议通过了《柏林授权书》等文件，同意立即开始谈判，就2000年后应该采取何种适当的行动来保护气候进行磋商。
1996年	瑞士日内瓦	会议就"柏林授权"所涉及的"议定书"起草问题进行讨论，未获一致意见。
1997年	日本京都	149个国家和地区的代表在大会上通过了《京都议定书》。
1998年	布宜诺斯艾利斯	大会上，发展中国家集团分化为3个集团，一是小岛国联盟，二是期待CDM的国家；三是中国和印度，坚持目前不承诺减排义务。
1999年	德国波恩	通过了《公约》附件一所列缔约方国家信息通报编制指南、温室气体清单技术审查指南、全球气候观测系统报告编写指南。
2000年	荷兰海牙	谈判形成欧盟－美国－发展中大国（中、印）的三足鼎立之势。美国等少数发达国家执意推销"抵消排放"等方案，并试图以此代替减排。
2001年	摩洛哥马拉喀什	通过了有关京都议定书履约问题的一揽子高级别政治决定，形成马拉喀什协议文件。
2002年	印度新德里	会议通过的《德里宣言》强调减少温室气体的排放与可持续发展仍然是各缔约国今后履约的重要任务。
2003年	意大利米兰	在美国退出《京都议定书》的情况下，俄罗斯不顾许多与会代表的劝说，仍然拒绝批准其议定书，致使该议定书不能生效。
2004年	布宜诺斯艾利斯	来自150多个国家的与会代表围绕《联合国气候变化框架公约》生效10周年来取得的成就和未来面临的挑战等重要问题进行了讨论。
2005年	加拿大蒙特利尔	2005年2月16日，《京都议定书》正式生效。同年11月，在加拿大蒙特利尔市举行的COP11达成了40多项重要决定。
2006年	肯尼亚内罗毕	大会取得了2项重要成果：一是达成包括"内罗毕工作计划"在内的几十项决定；二是在管理"适应基金"的问题上取得一致。
2007年	印尼巴厘岛	会议着重讨论《京都议定书》一期承诺在2012年到期后如何进一步降低温室气体的排放。通过了"巴厘岛路线图"。
2008年	波兰波兹南	八国集团领导人就温室气体长期减排目标达成一致，其他缔约国共同实现到2050年将全球温室气体排放量减少至少一半的长期目标。
2009年	丹麦哥本哈根	2009年12月7日起，192个国家的谈判代表将在哥本哈根召开COP15会议，商讨《京都议定书》一期承诺到期后的后续方案。

资料来源： 环球网，关于《联合国气候变化框架公约》：http://www.huanqiu.com/zhuanti/world/climate2009/

🌐 环球大事

1月5日
美国艾奥瓦州立大学发表新闻公报称，该校科学家与瑞士苏黎世大学、德国鲁尔大学科学家合作，首次绘制出银河系悬臂的完整图像。

1月28日
世界经济论坛2009年年会在瑞士达沃斯拉开帷幕。本次年会的主题是"构建危机后的世界"。

2月10日
美国财政部长盖特纳宣布了旨在稳定金融市场的新金融救援计划。

3月6日
美国"开普勒"太空望远镜在美国卡纳维拉尔角空军基地发射升空。这是世界上首个专门用于搜寻太阳系外类地行星的航天器。

开普勒望远镜拍摄的太阳系

4月1日
阿尔巴尼亚和克罗地亚加入北大西洋公约组织，从而使北约的势力扩大到西巴尔干地区，成员国增至28个。

4月2日
二十国集团领导人聚首伦敦，共同商讨应对全球金融危机的政策措施。峰会期间，与会领导人同意为国际货币基金组织和世界银行等多边金融机构提供总额1.1万亿美元资金，并就加强金融监管等议题达成多项共识。

6月7日
东南非共同市场关税同盟正式建立，掀开了地区经济一体化的新篇章。

6月17日
美国政府正式公布全面金融监管改革方案，从金融机构监管、金融市场监管、消费者权益保护、危机处置和国际合作5个方面构筑监管安全防线，期望以此恢复对美国金融体系的信心。

7月23日
北欧国家冰岛的代表正式向欧盟轮值主席国瑞典递交了加入欧盟的申请。

9月14日—15日
包括美国、欧盟、中国、巴西和印度等在内的主要世贸组织成员高官在日内瓦举行非正式会议，并就一项旨在推进多哈回合谈判取得进展的工作计划达成一致，已经"休眠"14个月之久的多哈回合谈判艰难重启。

9月22日—24日
联合国气候变化峰会、第64届联合国大会一般性辩论、安理会核不扩散与核裁军峰会在纽约联合国总部举行。会议分别就气候变化、核不扩散和核裁军等问题进行了讨论，通过了相关声明或决议。

2008年9月7日，第三届海峡西岸经济区论坛在厦门隆重开幕。

国民经济的稳定增长；二是从长期战略的角度来看，更是为了促进区域协调发展，改变区域发展失衡带来的消极影响，促进和谐社会建设。

这12个国家战略性区域发展规划是：

珠江三角洲地区：2009年1月8日，国务院发布《珠江三角洲地区改革发展规划纲要（2008—2020年）》。

海峡西岸经济区：2009年5月14日，国务院发布《关于支持福建省加快建设海峡西岸经济区的若干意见》。

关中—天水经济区：2009年6月25日，国务院发布《关中—天水经济区发展规划》。

横琴岛总体发展规：2009年6月24日，国务院常务会议原则通过了《横琴岛总体发展规划》。

辽宁沿海经济带：2009年7月1日国务院常务会议讨论并原则通过《辽宁沿海经济带发展规划》。

江苏沿海地区发展规划：2009年7月14日，国务院印发《关于江苏沿海地区发展规划的批复》。

图们江区域合作开发规划：2009年8月30日，国务院批复了《中国图们江区域合作开发规划纲要—以长吉图为开发开放先导区》。

促进中部地区崛起规划：2009年9月23日国务院常务会议原则通过《促进中部地区崛起规划》。

黄河三角洲高效生态经济区：2009年12月1日，国务院通过《黄河三角洲高效生态经济区发展规划》。

鄱阳湖生态经济区：2009年12月12日，国务院批复《鄱阳湖生态经济区规划》。

甘肃省循环经济总体规划：2009年12月24日，国务院批准实施《甘肃省循环经济总体规划》。

海南国际旅游岛建设：2009年12月31日，国务院印发了《关于推进海南国际旅游岛建设发展的若干意见》。

社会关注

南极内陆中国首个科学考察站昆仑站建立

2009年1月27日，中国在南极内陆冰穹A地区成功建立首个科学考察站——昆仑站。昆仑站位于南纬80度25分，东经77度06分，海拔4087米，是人类在南极地区建立的海拔最高的科考站，也是中国在南极建立的第三个科学考察站。

昆仑站主体建筑由11个工程舱拼接而成，主要采用模块化或集装箱式建筑构件组装而成，它包括宿舍、医务室、科学观测场所、厨房、浴室、厕所、污水处理场所、发电机房、锅炉房、制氧机房和库房等。为最大程度地保护环境，昆仑站的主体结构全部采用耐低温的不锈钢，外包复合加芯的保温板。

昆仑站建成后，中国将有计划地在南极内陆开展冰川学、天文学、地质学、地球物理学、大气科学、空间物理学等领域的科学研究，实施冰川深冰芯科学钻探计划、冰下山脉钻探、天文和地磁观测、卫星遥感数据接收、人体医学研究和医疗保障研究等科学考察和研究，从而为人类探索南极奥秘作出更重要的贡献。

昆仑站的建成，使中国实现了南极考察从南极大陆边缘地区向南极大陆腹地的历史性跨越，使中国成为继美、俄、日、法、意、德之后，在南极内陆建站的第7个国家，实现了中国极地科考事业"从大到强"的跨越。

此前，中国在南极地区建立了长城站和中山站。世界上共有28个国家在南极建立了53个科考站，多数站建在南极边缘地区。为了在南极内陆建站，中国南极考察工作者的于1996年至2008年先后进行了6次南极内陆考察工作，并逐步选定了在南极内陆建站的站址。2005年1月18日，中国第21次南极考察冰盖队在人类历史上首次成功到达了南极内陆冰盖的最高点——冰穹A地区，为中国在南极内陆建站奠定了坚实的基础。2008年1月12日，中国第24次南极考察冰盖队再次成功登顶，为内陆站建设开展选址工作。

- 南纬80度25分01秒，东经77度06分58秒
- 高程4087米
- 位于南极内陆冰盖最高点冰穹A西南方向约7.3公里
- 预计2009年1月底前完成建站任务

南极科考站位置示意图

流行志

《建国大业》

中华人民共和国成立60周年的献礼片——《建国大业》于2009年9月16日上映。该片以第一届全国政协会议的筹备为主线，讲述了从1945年抗日战争结束到1949年建国前夕过程中发生的一系列故事，反映了新中国成立前夕的那段风云岁月。该片邀请到众多著名影星来扮演历史人物，影片的时尚气息，引来不少"粉丝"的热烈追捧，找"明星脸"成了人们观影的一大乐趣。该片最终获得了4.3亿的票房，成为当年票房最高的国产电影。

谍战剧

自从2006年柳云龙自导自演的电视剧《暗算》热播以来，谍战剧以环环相扣的悬念设置、紧张刺激的情节安排吸引了大批观众，荧屏上掀起了悬疑谍战剧的热潮，两年多的时间里有20多部谍战剧接连上演，《敌营十八年》、《保密局的枪声》、《夜幕下的哈尔滨》等经典谍战剧陆续被翻拍，一时间，"间谍"无数，"特务"遍地。2009年电视剧《潜伏》的热映，更是让谍战剧的热潮达到顶峰，这一年被称为银幕荧屏上的谍战年。

蚁族

2009年9月，在总结了大学毕业生低收入聚居群体与蚂蚁的三个共同点后，对外经贸大学副教授廉思创造了"蚁族"这个崭新的汉语词汇。短短3个月，这个沉重、形象而饱含感情色彩的词汇，一跃成为年度十大热词。一个庞大的、难以统计的城市沉默群体，由此浮出水面——他们是人们眼中的天之骄子，却拿着远低于城市普通人群的月收入，聚居在大城市的边缘地区。他们比普通人有着更多堪忧的现状以及无法释怀的青春梦想。

低碳

所谓"低碳"，是指降低二氧化碳的排放。二氧化碳是全球气候变暖的罪魁祸首，影响到了人类社会的可持续发展。2009年11月，灾难片《2012》全球上映，逼真的特技效果在带给观众无比震撼的视觉体验的同时，也在提醒人们关注地球环境。同年12月，哥本哈根联合国气候变化大会在世界范围内又一次掀起了"低碳"浪潮。"低碳"经济、"低碳"科技、"低碳"城市、"低碳"生活，"低碳"浪潮滚滚而来。

2009年11月5日，中国内地首条海底隧道——厦门至翔安海底隧道全线贯通。

环球大事

▶ 10月3日
巴西里约热内卢获得2016年夏季奥运会举办权。

▶ 11月3日
捷克总统克劳斯正式签署《里斯本条约》。至此，《里斯本条约》获得欧盟全部27个成员国批准。欧盟各国领导人2007年签署的《里斯本条约》，被视为是"简版"的《欧盟宪法条约》。它对欧盟的决策方式和机构设置进行了大刀阔斧的革新，以便顺利推动欧洲一体化进程。

▶ 11月16－18日
世界粮食安全首脑会议在意大利首都罗马举行。包括60多名领导人在内的100多个国家和地区的代表再次承诺尽早消除饥饿和贫困现象，但会议发表的最后宣言未能就联合国粮农组织提出的在2025年全面消除饥饿的目标达成共识。

▶ 11月19日
欧盟27国领导人在布鲁塞尔召开特别峰会，一致选举比利时首相范龙佩为首位欧洲理事会常任主席，来自英国的欧盟贸易委员凯瑟琳·阿什顿当选为欧盟外交和安全政策高级代表。欧洲理事会常任主席和欧盟外交与安全政策高级代表是按照《里斯本条约》设立的职务，被形象地称为"欧盟总统"和"欧盟外长"。

▶ 11月30日
世界贸易组织第七届部长级会议在日内瓦举行，重点对世贸组织工作、多哈回合进行回顾和审议，但不会就多哈回合展开谈判。世界贸易组织总干事拉米呼吁各成员加强协调和对话，为在2010年结束多哈回合全球贸易谈判而"众志成城"，共同努力。

中国大陆第一条海底隧道——厦门至翔安海底隧道全线贯通

2009年11月5日，福建省厦门—翔安海底隧道全线贯通。这是中国大陆第一条海底隧道。

厦门—翔安海底隧道全长8.695千米，隧道最深在海平面下约70米，由两条行车主洞和一条服务中孔构成；主洞宽17.2米，高12米，可同时行驶3车。这座隧道是由中国自主设计和施工的，设计使用寿命100年，于2005年9月开始动工建设。

厦门—翔安海底隧道的建设解决了数项世界罕见难题——世界上覆盖层最浅的海底隧道，最薄处5.7米；行车主洞开挖断面面积达170.7平方米，在世界海底隧道建设史上尚属首例；软弱围岩（俗称烂泥巴）、富水砂层、风化槽群（囊）这些不良地质段规模之大也为世界罕见。建设者们依靠自主创新，攻克了技术难题，同时也使翔安海底隧道安全性得到了最大程度的保障，其抗腐蚀、抗渗水度均为最高等级，能抵抗8级地震，施工工艺达世界顶级水平。

厦门—翔安海底隧道贯通后，厦门岛与翔安区的车程将由1个半小时，缩短至8分钟，成为继厦门大桥、海沧大桥、集美大桥和杏林大桥后厦门岛连接大陆的第五条出岛通道，大大推动海峡西岸经济区的开发建设。此外，翔安隧道建成后，往北可连接安溪、永春、德化、三明，从而形成厦门经济的"扇面辐射"。它的贯通对于探索适合中国国情的海底隧道建造技术，为类似工程的动工兴建，也具有里程碑式的意义。

目前，全世界已建、在建的跨海隧道有20多条，主要分布在欧洲、日本、中国香港等地。

■ 重要文献

《在庆祝中华人民共和国成立六十周年大会上的讲话》
（胡锦涛，2009年10月1日）

2009年10月1日，胡锦涛在庆祝中华人民共和国成立60周年大会上发表讲话。指出，新中国六十年的发展进步充分证明，只有社会主义才能救中国，只有改革开放才能发展中国、发展社会主义、发展马克思主义。中国人民有信心、有能力建设好自己的国家，也有信心、有能力为世界作出自己应有的贡献。

节选：

60年前的今天，中国人民经过近代以来100多年的浴血奋战终于夺取了中国革命的伟大胜利，毛泽东主席在这里向世界庄严宣告了中华人民共和国的成立。中国人民从此站起来了，具有5000多年文明历史的中华民族从此进入了发展进步的历史新纪元。

60年来，在以毛泽东同志、邓小平同志、江泽民同志为核心的党的三代中央领导集体和党的十六大以来的党中央领导下，勤劳智慧的中国各族人民同心同德、艰苦奋斗，战胜各种艰难曲折和风险考验，取得了举世瞩目的伟大成就，谱写了自强不息的壮丽凯歌。今天，一个面向现代化、面向世界、面向未来的社会主义中国巍然屹立在世界东方。

新中国60年的发展进步，充分证明只有社会主义才能救中国，只有改革开放才能发展中国、发展社会主义、发展马克思主义。中国人民有信心、有能力建设好自己的国家，也有信心、有能力为世界做出自己应有的贡献。我们将坚定不移坚持中国特色社会主义道路，全面贯彻执行党的基本理论、基本路线、基本纲领、基本经验，继续解放思想，坚持改革开放，推动科学发展，促进社会和谐，推进全面建设小康社会进程，不断开创中国特色社会主义事业新局面，谱写人民美好生活新篇章。

我们将坚定不移坚持"和平统一、一国两制"的方针，保持香港、澳门长期繁荣稳定，推动海峡两岸关系和平发展，继续为实现祖国完全统一这一中华民族的共同心愿而奋斗！

我们将坚定不移坚持独立自主的和平外交政策，坚持和平发展道路，奉行互利共赢的开放战略，在和平共处五项原则基础上，同所有国家发展友好合作，继续同世界各国人民一道推进人类和平与发展的崇高事业，推动建设持久和平、共同繁荣的和谐世界。

——摘自《十七大以来重要文献选编》（中），第233—234页，中央文献出版社，2011年。

■ 重要文献

《关于深化医药卫生体制改革的意见》
（2009年3月17日）

2009年3月17日，中共中央、国务院发布《关于深化医药卫生体制改革的意见》。《意见》提出了深化医药卫生体制改革的指导思想、基本原则和总体目标，要求完善医药卫生四大体系，建立覆盖城乡居民的基本医疗卫生制度；完善体制机制，保障医药卫生体系有效规范运转；着力抓好五项重点改革，力争近期取得明显成效；积极稳妥推进医药卫生体制改革。

目录：

一、充分认识深化医药卫生体制改革的重要性、紧迫性和艰巨性
二、深化医药卫生体制改革的指导思想、基本原则和总体目标
三、完善医药卫生四大体系，建立覆盖城乡居民的基本医疗卫生制度
四、完善体制机制，保障医药卫生体系有效规范运转
五、着力抓好五项重点改革，力争近期取得明显成效
六、积极稳妥推进医药卫生体制改革

重要文献

《国务院关于推进海南国际旅游岛建设发展的若干意见》
（2009年12月31日）

2009年12月31日，《国务院关于推进海南国际旅游岛建设发展的若干意见》出台。

节选：

……充分发挥海南的区位和资源优势，建设海南国际旅游岛，打造有国际竞争力的旅游胜地，是海南加快发展现代服务业，实现经济社会又好又快发展的重大举措，对全国调整优化经济结构和转变发展方式具有重要示范作用。……

——中国旅游业改革创新的试验区。……
——世界一流的海岛休闲度假旅游目的地。……
——全国生态文明建设示范区。……
——国际经济合作和文化交流的重要平台。……
——南海资源开发和服务基地。……
——国家热带现代农业基地。……

严格实行生态环境保护制度。……实行更加严格的生态环保标准。完善生态环境保护责任制和问责制，把生态环境保护纳入经济社会发展综合评价体系和领导干部综合考核评价体系。……

建设富有海南特色的旅游产品体系。……积极稳妥推进开放开发西沙旅游，有序发展无居民岛屿旅游。积极发展邮轮产业，建设邮轮母港，允许境外邮轮公司在海南注册设立经营性机构，开展经批准的国际航线邮轮服务业务。研究完善游艇管理办法，创造条件适当扩大开放水域……

……在海南试办一些国际通行的旅游体育娱乐项目，探索发展竞猜型体育彩票和大型国际赛事即开彩票。……

……大力发展航运、中转等业务，促进国际物流和保税物流加快发展。实施国际航运相关业务支持政策，完善现代物流业发展的配套支持政策，打造面向东南亚、背靠华南腹地的航运枢纽、物流中心和出口加工基地。……在洋浦保税港区实施启运港退税政策。积极发展大型购物商场、专业商品市场、品牌折扣店和特色商业街区……逐步将海南建设成为国际购物中心。

……积极推动热带特色农业与旅游相结合，制定实施观光农业、休闲农业支持计划，建设示范基地，拓展农业发展和农民增收空间。

……充分发挥省直接管理县（市）体制的优势，加快发展特色县域经济，扶持重点小城镇发展，着力培育一批海南特色旅游城镇。

……在基础设施、生态建设、环境保护、扶贫开发和社会事业等方面安排中央预算内投资和其他有关中央专项投资时，赋予海南省西部大开发政策。支持符合条件的旅游企业发行企业债券。设立旅游产业投资基金。按照国际旅游岛的总体要求，研究将海南省增列为《中西部地区外商投资优势产业目录》执行省份。

——摘自《十七大以来重要文献选编》（中），第354—367页，中央文献出版社，2011年。

■ 重要文献

《关于加大统筹城乡发展力度，进一步夯实农业农村发展基础的若干意见》

（2009年12月31日）

2009年12月31日，中共中央、国务院颁布《关于加大统筹城乡发展力度，进一步夯实农业农村发展基础的若干意见》。

节选：

继续加大国家对农业农村的投入力度。按照总量持续增加、比例稳步提高的要求，不断增加"三农"投入。要确保财政支出优先支持农业农村发展，预算内固定资产投资优先投向农业基础设施和农村民生工程，土地出让收益优先用于农业土地开发和农村基础设施建设。各级财政对农业的投入增长幅度都要高于财政经常性收入增长幅度。

完善农业补贴制度和市场调控机制。坚持对种粮农民实行直接补贴。增加良种补贴，扩大马铃薯补贴范围，启动青稞良种补贴，实施花生良种补贴试点。进一步增加农机具购置补贴……落实小麦最低收购价政策，继续提高稻谷最低收购价。……保持农产品市场稳定和价格合理水平。

提高农村金融服务质量和水平。加强财税政策与农村金融政策的有效衔接，引导更多信贷资金投向"三农"，切实解决农村融资难问题。落实和完善涉农贷款税收优惠、定向费用补贴、增量奖励等政策。进一步完善县域内银行业金融机构新吸收存款主要用于当地发放贷款政策。加大政策性金融对农村改革发展重点领域和薄弱环节支持力度，拓展农业发展银行支农领域，大力开展农业开发和农村基础设施建设中长期政策性信贷业务。农业银行、农村信用社、邮政储蓄银行等银行业金融机构都要进一步增加涉农信贷投放。积极推广农村小额信用贷款。

积极引导社会资源投向农业农村。各部门各行业要主动服务"三农"，在制定规划、安排项目、增加资金时切实向农村倾斜。大中城市要发挥对农村的辐射带动作用。鼓励各种社会力量开展与乡村结对帮扶，参与农村产业发展和公共设施建设。

大力开拓农村市场。针对经济发展和农民生产生活需要，适时出台刺激农村消费需求的新办法新措施。加大家电、汽车、摩托车等下乡实施力度，大幅度提高家电下乡产品最高限价，对现行限价内的产品继续实行13%的补贴标准，超出限价的实行定额补贴。

——摘自《十七大以来重要文献选编》（中），第337—354页，中央文献出版社，2011年。

■ 重要文献

《关于进一步促进中小企业发展的若干意见》

（2009年9月19日）

2009年9月19日，国务院出台《关于进一步促进中小企业发展的若干意见》（以下简称《意见》）。《意见》指出，中小企业是中国国民经济和社会发展的重要力量，促进中小企业发展，是保持国民经济平稳较快发展的重要基础，是关系民生和社会稳定的重大战略任务。为应对国际金融危机影响，必须采取更加积极有效的政策措施，帮助中小企业克服困难，转变发展方式。

目录：
- 一、进一步营造有利于中小企业发展的良好环境
- 二、切实缓解中小企业融资困难
- 三、加大对中小企业的财税扶持力度
- 四、加快中小企业技术进步和结构调整
- 五、支持中小企业开拓市场
- 六、努力改进对中小企业的服务
- 七、提高中小企业经营管理水平
- 八、加强对中小企业工作的领导

大事记

1月1日
新华社受权全文播发中共、中央国务院《关于2009年促进农业稳定发展农民持续增收的若干意见》。《意见》指出，必须切实增强危机意识，充分估计困难，紧紧抓住机遇，果断采取措施，坚决防止粮食生产滑坡，坚决防止农民收入徘徊，确保农业稳定发展，确保农村社会安定。

1月1日
国务院决定实施成品油税费改革，取消原在成品油价外征收的公路养路费、航道养护费、公路运输管理费、公路客货运附加费、水路运输管理费、水运客货运附加费等六项收费，逐步有序取消政府还贷二级公路收费。

1月7日
中共中央办公厅转发《中央人才工作协调小组关于实施海外高层次人才引进计划的意见》，要求各地区各部门进一步解放思想，完善体制机制，健全政策措施，以更宽的眼界、更宽的思路和更宽的胸襟做好海外高层次人才引进工作。

1月13日
中共中央总书记胡锦涛在中国共产党第十七届中央纪律检查委员会第三次全体会议上发表重要讲话。首次系统提出树立和坚持正确的事业观、工作观、政绩观，并强调以反腐败斗争新成效取信于民。

1月14日
国务院总理温家宝主持召开国务院常务会议，审议并原则通过汽车产业和钢铁产业调整振兴规划，规定从2009年1月20日至12月31日，对1.6升及以下排量乘用车减按5%征收车辆购置税。

1月14日
中国国家统计局将2007年中国国内生产总值的现价总量修正为257306亿人民币，按平均汇率计算，中国超越德国成为世界第三大经济体。

1月16日
中国农业银行股份有限公司在北京召开成立大会，标志着农业银行股份制改革取得阶段性成果，也表明中国国有独资银行股份制改革进入"收官"阶段。

1月28日
人力资源和社会保障部指出，事业单位养老保险制度改革方案已正式下发，山西、上海、浙江、广东、重庆五省市将试点。

2月1日
正式公布的2009年中央一号文件再度锁定"三农"。这份名为《中共中央国务院关于2009年促进农业稳定发展农民持续增收的若干意见》的文件，是改革开放以来第11个以"三农"为主题的中央一号文件，也是首次连续6年发布关于"三农"工作的一号文件。

2月5日
国务院办公厅下发了《国务院关于推进重庆市统筹城乡改革和发展的若干意见》，要求重庆市加快统筹城乡改革和发展，为全国统筹城乡改革提供示范。

2月15日
国务院办公厅发出通知，要求各地区、各有关部门要把高校毕业生就业摆在当前就业工作的首位，采取切实有效措施，拓宽就业门路，鼓励高校毕业生到城乡基层、中西部地区和中小企业就业，鼓励自主创业，鼓励骨干企业和科研项目单位吸纳和稳定高校毕业生就业。

2月25日
国务院总理温家宝主持召开国务院常务会议，审议并原则通过有色金属产业和物流业调整振兴规划，研究部署发挥科技支撑作用，促进经济平稳较快发展。

2月28日
十一届全国人大常委会第七次会议表决通过了《中华人民共和国食品安全法》，国家主席胡锦涛签署第9号主席令予以公布，新华社受权全文播发这部法律。食品安全法分为十章共104条。这部食品安全法自2009年6月1日起施行。

3月5—13日
十一届全国人大二次会议召开，温家宝作政府工作报告，提出2009年政府工作的主要任务是以应对国际金融危机、促进经济平稳较快发展为主线，统筹兼顾，突出重点，全面实施促进经济平稳较快发展的一揽子计划。

3月13日
国务院下发《物流业调整和振兴规划》，要求各地区、各部门切实按照这部规划的要求，做好统筹协调、改革体制、完善政策、企业重组、优化布局、工程建设等各项工作，确保这部规划目标的实现，促进物流业健康发展。

3月16日
商务部发布《境外投资管理办法》。与现行规定相比，这个办法仅保留了商务部对少数重大境外投资的核准权限，同时，对外投资的核准程序也大大简化，绝大部分企业只需递交一张申请表，即可在3个工作日内获得《企业境外投资证书》。

3月17日
中共中央、国务院发布《关于深化医药卫生体制改革的意见》。

3月18日
商务部发出通报指出，可口可乐公司收购汇源公司案将对竞争产生不利影响，因此依法做出禁止此项收购的决定。这是自2008年8月中国反垄断法实施以来，首个未通过反垄断审查的案件。本案的裁决与中国外资政策无关。

3月27日
财政部、国家税务总局发布通知，明确从2009年4月1日起提高纺织品、服装、轻工、电子信息、钢铁、有色金属、石化等商品的出口退税率。

3月31日
中国证监会发布《首次公开发行股票并在创业板上市管理暂行办法》，办法自5月1日起实施。这意味着筹备10余年之久的创业板有望于5月1日起正式开启。

4月13日
国务院新闻办公室发布《国家人权行动计划（2009－2010年）》。这是中国第一次制定的以人权为主题的国家规划，行动计划明确了未来两年中国政府在促进和保护人权方面的工作目标和具体措施。

4月14日
国务院发出《关于推进上海加快发展现代服务业和先进制造业建设国际金融中心和国际航运中心的意见》，明确将上海建设成为国际金融中心、国际航运中心和现代国际大都市。

4月26日
海协会会长陈云林与台湾海基会董事长江丙坤在南京紫金山庄举行会谈。这是两会恢复协商后领导人第三次会谈。当天，双方签署了《海峡两岸金融合作协议》、《海峡两岸空运补充协议》、《海峡两岸共同打击犯罪及司法互助协议》等3项协议并就陆资赴台达成共识。随着这些协议和共识的落实，海峡两岸在隔绝60年后将真正全面实现直接"三通"。

5月1日

《首次公开发行股票并在创业板上市管理暂行办法》正式实施,这意味着创业板于5月1日正式开启。7月1日,证监会正式发布实施《创业板市场投资者适当性管理暂行规定》,投资者可在7月15日起办理创业板投资资格。9月29日,首批创业板公司中签号出炉。

5月4日

国务院总理温家宝主持召开国务院常务会议,讨论并原则通过《关于支持福建省加快建设海峡西岸经济区的若干意见》。

5月6日

国务院批准《深圳市综合配套改革总体方案》。根据方案,深圳将在深化行政管理体制改革、全面深化经济体制改革、积极推进社会领域改革等六个方面实现重点突破。

5月11日

羊城晚报报道,广东首吃"螃蟹":出现医改方案公布后首家转制医院。4月10日,广州越秀北路,一家名为"广州民生医院"的民营医院开始公开营业。这家民营医院的前身,是公立的"广东省建筑中心医院"。引人关注的是,这是4月6日新医改方案公布之后全国首家公立医院转制的医院。

5月22日

中共中央政治局召开会议,审议并通过《关于实行党政领导干部问责的暂行规定》、《中国共产党巡视工作条例(试行)》、《国有企业领导人员廉洁从业若干规定》。

5月26日

《深圳市综合配套改革总体方案》获国务院批准,深圳将在深化行政管理体制改革,全面深化经济体制改革,积极推进社会领域改革,完善自主创新体制机制,全面创新对外开放和区域合作的体制机制、创新外经贸发展方式,建立资源节约环境友好的体制机制等六个方面实现重点突破。

6月9日

国土资源部强调指出,"小产权房"实质是违法建筑,违反土地管理法律,违反城乡规划、建设管理的法律,违反相关政策,各地要严格依法查处大量存在的"小产权房"等违法用地、违法建筑行为。

6月10日

中国证监会正式公布《关于进一步改革和完善新股发行体制的指导意见》,并于6月11日起施行。这意味着已经通过发行审核的企业将随时可能拿到发行批文,新股发行启动在即。6月18日,桂林三金药业获得IPO(首次公开发行)批文,成为IPO重启后的第一家。

6月11日

经中央同意,中共中央办公厅、国务院办公厅印发《关于深入开展"小金库"治理工作的意见》,决定在全国范围内深入开展"小金库"治理工作。2009年首先在全国党政机关和事业单位开展专项治理,事业单位中要以财政全额拨款事业单位为重点,然后再逐步扩展到社会团体、国有及国有控股企业。

6月20日

为了适当增加财政收入,完善烟产品消费税,中国对烟产品消费税政策作出重大调整,除烟产品生产环节的消费税政策有了较大改变,调整了计税价格,提高了消费税税率外,卷烟批发环节还加征了一道从价税,税率为5%。

6月24日

国务院常务会议决定,2009年在全国10%的县(市、区)开展新型农村社会养老保险试点。会议还原则通过了《横琴总体发展规划》。珠海市横琴岛地处珠江口西岸,毗邻港澳,与澳门隔河相望。推进横琴开发,有利于推动粤港澳紧密合作、促进澳门经济适度多元化发展和维护港澳地区长期繁荣稳定。会议决定,将横琴岛纳入珠海经济特区范围,对口岸设置和通关制度实行分线管理。

6月25日

国务院新闻办举行发布会,正式发布了《关中——天水经济区发展规划》。关中——天水经济区是《国家西部大开发"十一五"规划》中确定的西部大开发三大重点经济区之一。

6月27日

《中华人民共和国农村土地承包经营纠纷调解仲裁法》经十一届全国人大常委会第九次会议表决通过,将于2010年1月1日起施行。这部法律将最大程度地方便农民解决农村土地承包经营纠纷。为切实把矛盾和纠纷解决在基层、化解在萌芽状态,这部法律明确了运用调解、仲裁"双渠道"化解纠纷的原则。

6月29日

中共中央政治局就积极推进党内民主建设问题进行第十四次集体学习。中共中央总书记胡锦涛在主持学习时强调,在新的历史条件下,我们必须高度重视和积极推进党内民主建设,最大限度凝聚全党智慧和力量,最大限度激发全党创造活力,最大限度巩固党的团结统一,更好地坚持科学执政、民主执政、依法执政,进一步形成全党全国各族人民齐心协力推进中国特色社会主义伟大事业的强大合力。

7月5日

财政部等五部委近日联合出台《关于完善政府卫生投入政策的意见》,贯彻落实医改意见和实施方案,完善政府卫生投入机制。意见由财政部、发展改革委、人力资源和社会保障部、民政部、卫生部联合出台,从政府卫生投入的基本原则、范围和方式、各级政府的投入责任以及管理监督等方面作出了具体规定。

7月9日

财政部发布《关于推进省直接管理县财政改革的意见》。

7月12日

新华社受权发布了由中共中央办公厅、国务院办公厅6月30日印发的《关于实行党政领导干部问责的暂行规定》,规定了问责的情形、问责方式、问责程序、党政领导干部被问责后如何使用等内容。

7月22日

国务院总理温家宝主持召开国务院常务会议,讨论并原则通过《文化产业振兴规划》。9月26日,新华社受权发布《文化产业振兴规划》。规划指出,金融危机仍未见底,对文化产业发展产生诸多影响,而文化产业有逆势而上的特点,为创新文化体制机制、做大做强文化产业带来了契机。

7月23日

国务院办公厅公布《医药卫生体制五项重点改革2009年工作安排》明确要求,各地要加快推进基本医疗保障制度建设,在2009年解决607万破产国有企业退休人员的参保问题。

7月26日

中国国民党举行党主席和党代表选举,马英九当选党主席,获得285354票,得票率为93.87%。马英九表示,在今年9月国民党第十八次代表大会上,将建议把国共两党达成的"两岸和平发展共同愿景"继续列入国民党的政纲。

7月26日

澳门特区第三任行政长官候任人崔世安会见媒体。26日,澳门特别行政区第三任行政长官选举上午10时在澳门东亚运动会体育馆国际会议中心举行。崔世安以282票当选为澳门特区第三任行政长官人选。

7月31日

深圳市正式启动了政府机构改革,并公布了《深圳市人民政府机构改革方案》。根据方案,深圳市政府直属机构除公安局、教育局、民政局、司法局、审计局、口岸办、台办共7个机构暂不作调整外，市政府其他工作部门、直属机构等都纳入了调整规范。机构改革调整后，市政府设置31个工作部门（个别机构暂缓调整），共减少机构15个，精简幅度约三分之一。

8月1日

从全国社会保障基金理事会获悉，境内国有股转持工作开展顺利，四川成渝高速公路股份有限公司5000万国有股已顺利划转至全国社保基金名下，意味着首例境内国有股划转社保基金完成。

8月4日

人力资源社会保障部和财政部联合下发《关于进一步加强基本医疗保险基金管理的指导意见》。《意见》要求，要增强医保基金的共济和保障能力。加大医保扩面和基金征缴力度。各地要按照3年内基本医保参保率达到90%以上的目标，进一步加大扩面力度。

8月4日

人力资源社会保障部、财政部、卫生部联合发布《关于开展城镇居民基本医疗保险门诊统筹的指导意见》，要求根据城镇居民基本医疗保险基金支付能力，在重点保障参保居民住院和门诊大病医疗支出的基础上，逐步将门诊小病医疗费用纳入基金支付范围。

8月6日

卫生部公布《关于建立农村居民健康档案的工作方案（征求意见稿）》，将为农村居民建立健康档案。2009年是建立农村居民健康档案工作的启动之年。征求意见稿要求，到2009年底，各地建立健康档案的农业人口数不低于本地区农业人口数的5%，到2011年建档率不低于30%。

8月13日

中国银监会颁布《消费金融公司试点管理办法》，启动消费金融公司试点审批工作。银监会将对此类机构采取先试点、后逐步放开的方式，在北京、天津、上海和成都四地各批准一家机构进行试点，成功后再进行推广。消费金融公司的设立，将为商业银行无法惠及的个人客户提供新的可供选择的金融服务。

8月14日

国务院副总理李克强主持召开医改领导小组第四次会议，审议了《关于2009年实施国家基本药物制度工作方案》和《关于公立医院改革试点的指导意见》，研究建立国家基本药物制度、推进公立医院改革试点等医改工作。

8月18日

国务院深化医药卫生体制改革领导小组办公室召开电视电话会议，正式启动和部署国家基本药物制度工作，以保障群众基本用药，减轻群众基本用药费用负担。《关于建立国家基本药物制度的实施意见》《国家基本药物目录管理办法（暂行）》和《国家基本药物目录（基层医疗卫生机构配备使用部分）》（2009版）同时发布。

8月18—19日

全国新型农村社会养老保险试点工作会议在北京召开。2009年试点范围为全国10%的县（市、区、旗），以后逐步扩大试点，到2020年前基本实现全覆盖。

8月19日

国务院总理温家宝主持召开国务院常务会议，研究部署促进中小企业发展的六大措施。包括：完善政策法律体系；切实缓解中小企业融资难；加大对中小企业的财税扶持；加快中小企业技术进步和结构调整；支持符合条件的中小企业参与家电、农机、汽车摩托车下乡；加强和改善对中小企业的服务等。

8月20日

中共中央办公厅、国务院办公厅最近印发了《关于开展工程建设领域突出问题专项治理工作的意见》。

8月25日

中共中央政治局委员、中央书记处书记、中组部部长李源潮到河南邓州农村调研。2005年，河南邓州市农村首创新的工作方法，即所有村重大事项的决策由村党支部在广泛征求党员和村民意见的基础上提议。他指出，要认真总结推广邓州的经验，发展和完善党领导的村级民主自治机制，使之成为建设社会主义新农村的重要动力、增强村级党组织凝聚力的重要举措、改进党员干部作风的重要抓手。

9月1日

审计署发布了54个中央部门2008年预算执行情况的审计报告，两个"首次"引人关注：一是首次披露部分中共中央直属机构预算执行情况审计结果，包括中共中央对外宣传办公室、中共中央国家机关工作委员会、中共中央直属机关事务管理局等；二是被披露的部门中首次有了审计署自己的名字。

9月2日

国务院总理温家宝主持召开国务院常务会议，决定在公共卫生与基层医疗卫生事业单位和其他事业单位实施绩效工资。

9月14日

海南航天发射场在海南省文昌市破土动工，标志着中国新建航天发射场已进入全面实施阶段。

9月15—18日

党的十七届四中全会在北京召开。会议审议通过了《中共中央关于加强和改进新形势下党的建设若干重大问题的决定》。

9月16日

面对公众对国企高管是否存在"天价薪酬"的持续质疑，人力资源和社会保障部等六部门联合出台《关于进一步规范中央企业负责人薪酬管理的指导意见》。这是中国政府首次对所有行业央企发出高管"限薪令"。

9月17日

中国证监会公布首批参加创业板发行审核的7家企业全部有条件通过，拿到了创业板的通行证。这意味着创业板的建设迈出了关键的一步。

9月19日

《国务院关于进一步促进中小企业发展的若干意见》发布。

9月23日

国务院总理温家宝主持召开国务院常务会议，讨论并原则通过《促进中部地区崛起规划》。

9月28日

中央政府在香港面向个人和机构投资者发行60亿元人民币国债。这是国债首次在内地以外地区发行。

10月1日

上午，首都各界庆祝中华人民共和国成立大会在北京天安门广场隆重举行，20万军民以盛大的阅兵仪式和群众游行欢庆伟大祖国的这一盛大节日。中共中央总书记、国家主席、中央军委主席胡锦涛检阅受阅部队，并发表重要讲话。

10月1日

邮政法、保险法、全民健身条例、规划环评条例等法律、行政法规正式实施。修订后的邮政法第一次在法律上明确了快递企业的法律地位。与现行保险法相比，新保险法的一大变化就是在规则完善和制度设计上更加注重对投保人、被保险人和受益人利益的保护。

10月12日

国务院法制办公布了《征信管理条例（征求意见稿）》，公开征求意见。其中首度提及"负面记录保留期"问题："征信机构不得披露、使用自不良信用行为或事件终止之日起已超过5年的个人不良信用记录，以及

2009年10月1日，首都各界庆祝中华人民共和国成立60周年大会。图为天安门两侧观礼台上的各国嘉宾。

自刑罚执行完毕之日起超过7年的个人犯罪记录。"

10月17日

中国国民党第十八次代表大会在台北县新庄体育馆举行，马英九宣誓就任国民党主席。

10月27日

农业部通过了《农业部关于加强新形势下农村改革试验工作的意见》。农业部决定在已有工作的基础上，重点建设一批农村改革试验区，充实完善试验内容，推进农村改革进程。

10月30日

创业板首批28家公司上市仪式在深圳举行。这标志着经过10年的酝酿和准备，"中国纳斯达克"正式进入实质交易阶段。

11月2日

2009中国互联网大会在北京开幕。本届中国互联网大会以"危机·转机·契机——金融危机下的中国互联网力量与信心"为主题，围绕互联网与服务、互联网与民生、互联网与先进文化等话题进行研讨与交流。

11月10日

中华全国总工会近日发出《关于坚决纠正在企业改革改制中撤销工会组织、合并工会工作机构问题的通知》。《通知》要求：所有国有企业，凡工会工作机构并入党群工作部的，要在2009年12月底前全部实现独立设置。

11月16日

国务院正式批复吉林省图们江区域开发规划纲要将建设长吉图开发开放先导区，标志着长吉图开发开放先导区建设已上升为国家战略，成为迄今唯一一个国家批准实施的沿边开发开放区域。

11月23日

中国林业产权交易所在北京揭牌运营，中国林业改革进程迈出重要一步，林权将可以进场交易。这是国内唯一从事全国林业要素与资源的综合性交易和服务机构。

11月25日

国务院总理温家宝主持召开国务院常务会议，讨论并原则通过《关于加快发展旅游业的意见》。

12月14日

国务院总理温家宝主持召开国务院常务会议，研究完善促进房地产市场健康发展的政策措施，全面启动城市和国有工矿棚户区改造工作。针对房地产市场，会议明确提出，加强市场监管，稳定市场预期，遏制部分城市房价过快上涨的势头。

12月18日

经中央批准，《2010－2020年深化干部人事制度改革规划纲要》正式印发。中共中央总书记、国家主席、中央军委主席胡锦涛做出重要指示强调，要抓住当前干部群众反映突出的重点难点问题，毫不动摇地推进干部人事制度改革，既要积极探索创新，又要稳妥有序推进。

12月20日

庆祝澳门回归祖国10周年大会暨澳门特别行政区第三届政府就职典礼在澳门东亚运动会体育馆隆重举行，中共中央总书记、国家主席、中央军委主席胡锦涛出席并发表重要讲话。澳门特别行政区第三任行政长官崔世安宣誓就职。

12月22日

国务院常务会议决定，从2010年1月1日起施行《城镇企业职工基本养老保险关系转移接续暂行办法》，包括农民工在内的参加城镇企业职工基本养老保险的所有人员，其基本养老保险关系可在跨省就业时随同转移接续。

12月26日

十一届全国人大常委会第十二次会议在北京闭会，会议表决通过了侵权责任法、海岛保护法和全国人大常委会关于修改可再生能源法的决定。

12月27—28日

中央农村工作会议在北京举行。会议要求，2010年要把改善农民民生作为调整国民收入分配格局的重要内容，把扩大农村需求作为拉动内需的关键举措。

12月31日

国务院发布《国务院关于推进海南国际旅游岛建设发展的若干意见》。

数说发展

人口

总人口 **133474** 万人

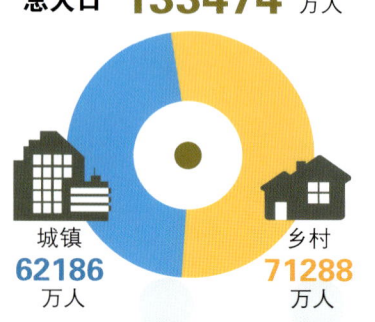

城镇 **62186** 万人　乡村 **71288** 万人

 出生率 **12.13‰**

 死亡率 **7.08‰**

 自然增长率 **5.05‰**

工业

工业增加值 **134625** 亿元

规模以上工业利润总额 **25891** 亿元

建筑业增加值 **22333** 亿元

GDP（国内生产总值）

GDP（国内生产总值） **335353** 亿元　比上年增长 **9.2%**

第一产业 35477 亿元

第二产业 156958 亿元

第三产业 142918 亿元

财政收入 **68477** 亿元　增长 **11.5%**

其中，税收收入 **59515** 亿元

外汇储备 **23992** 亿美元

对外经济

进出口贸易总额 **22072**　（单位：亿美元）

进出口差额 **1961**

出口 **12017**　进口 **10056**

利用外资

 非金融领域新批外商直接投资企业 **23435** 家

 实际使用外商直接投资金额 **900** 亿美元

对外经济合作

 对外承包工程业务完成营业额 **777** 亿美元

 对外劳务合作完成营业额 **89** 亿美元

农业

产量（单位：万吨）

- 棉花 640
- 油料 3100
- 糖料 12200
- 肉类 7642
- 水产品 5120

粮食 **53082** 万吨　实现连续 **6年** 增产

水利

 新增有效灌溉面积 **147.1** 万公顷

 新增节水灌溉面积 **197.5** 万公顷

国内商业　（单位：亿元）

城市消费品 **85133**　县及县以下消费品 **40210**

分地域看

社会商品零售总额 **125343**

分行业看

批发和零售业 **105413**　住宿和餐饮业 **17998**　其他行业 **1932**

交通运输、仓储和邮政业

交通运输、仓储和邮政业增加值 17058 亿元

新建线路交付营业里程

- 铁路复线 4129 公里
- 电气化铁路 8448 公里
- 铁路 5557 公里
- 公路 121013 公里
- 高速公路 4391 公里

港口万吨级码头吞吐能力 31318 万吨

旅客周转量 24773.6 （单位：亿人公里）

- 7878.9
- 13450.7
- 69.1
- 3374.9

货物周转量 121211.3 （单位：亿吨公里）

铁路	25239.2
公路	36383.5
水运	57439.9
民航	126.3
管道	2022.4

港口完成货物吞吐量 69.1 亿吨
其中：外贸货物 21.4 亿吨
集装箱 12082 万标箱

邮电业务总量 27313 亿元
邮政业务总量 1632 亿元
电信业务总量 25681 亿元

局用交换机总容量 49219 万门

移动电话交换机 142111 万户

人民生活

城镇新增就业人数 **1102** 万人

城乡居民收入

城镇居民人均可支配收入 17175 亿元　实际增长 **9.8%**

农村居民人均纯收入 5153 亿元　实际增长 **8.5%**

居民家庭恩格尔系数

农村 **41.0%**　城镇 **36.5%**

全国固定及移动电话用户总数 106107 万户
电话普及率 79.9 部/百人
固定电话用户 31369 万户
- 城市电话用户 21178 万户
- 农村电话用户 10191 万户
移动电话用户 74738 万户

互联网上网人数 **3.8 亿人**
其中：宽带上网人数 3.5 亿人
互联网普及率 **28.9%**

城乡人民储蓄存款 **264761 亿元**

固定资产投资 （单位：亿元）

城镇投资 **194139**
- 第一产业 **3373**
- 第二产业 **82277**
- 第三产业 **108489**

农村投资 **30707**

固定资产投资 **224846** 亿元

分城乡看 / 分地区看
- 东部地区 **95653**
- 中部地区 **49846**
- 西部地区 **49662**
- 东北地区 **23733**

社会福利事业

提供住宿的收养性社会服务机构 **3.9** 万个，床位 **275.4** 万张
收养各类人员 **208.8** 万人

不提供住宿的社区服务设施 **14.0** 万个

农村居民政府五保救济 **554.3** 万

销售社会福利彩票 **756** 亿元
直接接收社会捐赠款 **41** 亿元

获得政府最低生活保障的人数

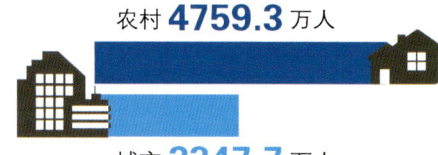

农村 **4759.3** 万人
城市 **2347.7** 万人

救助城市医疗困难群众 **417.2** 万人次
救助农村医疗困难群众 **688.4** 万人次

资助 **1047.8** 万城镇困难群众参加城镇医疗保险
资助 **3689.8** 万农村困难群众参加新型农村合作医疗

社会保障

- 基本养老保险 **23498** 万人
- 城镇基本医疗保险 **40061** 万人
- 失业保险 **12715** 万人
- 工伤保险 **14861** 万人
  - 其中：农民工 **5580** 万人
- 生育保险 **10860** 万人

城镇医疗保险的农民工 **4335** 万人

新型农村合作医疗

2716 个县（市、区）开展了新型农村合作医疗工作
参合率 **94.0%**

基金累计支出总额：**646** 亿元
累积受益 **4.9** 亿人次

保险事业 （单位：亿元）

保险保费收入 **11137**

- 寿险业务原保险保费收入
- 健康险和意外伤害险业务原保险保费收入
- 财产险业务原保险保费收入

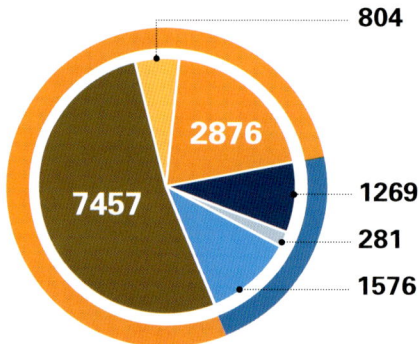

- 7457
- 2876
- 804
- 1269
- 281
- 1576

支付各类赔款及给付 **3125**
- 寿险业务给付
- 健康险和意外伤害险赔款及给付
- 财产险业务赔款

旅游

国际旅游

国内居民出境人数 **4766** 万人次

其中：因私出境 **4221** 万人次

入境旅游人数 **12648** 万人次
外国人 **2194** 万人次
港、澳、台胞 **10454** 万人次

国际旅游外汇收入 **397** 亿美元

国内旅游

国内出游人数 **19.0** 亿人次
国内旅游收入 **10184** 亿元

文 化

 广播节目综合人口覆盖率 **96.3%**

 电视节目综合人口覆盖率 **97.2%**

- 艺术表演团体 **2478** 个
- 博物馆 **1996** 个
- 公共图书馆 **2833** 个
- 文化馆 **3214** 个
- 档案馆 **4035** 个

已开放各类档案 **7991** 万卷（件）

广播电台 **251** 座
电视台 **272** 座
广播电视台 **2087** 座
教育电视台 **44** 个

有线电视用户 **17398** 万户
有线数字电视用户 **6200** 万户

生产故事影片 **456** 部
科教、纪录、动画和特种影片 **102** 部

出版　报纸 **437** 亿份
　　　期刊 **31** 亿册
　　　图书 **70** 亿册（张）

教 育 （单位：万人）

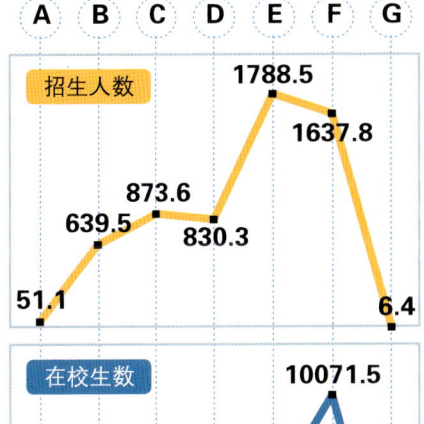

招生人数：A 51.1, B 639.5, C 873.6, D 830.3, E 1788.5, F 1637.8, G 6.4

在校生数：140.5, 2144.7, 2178.7, 2434.3, 10071.5, 5440.9, 42.8

毕业生：37.1, 531.1, 619.2, 823.7, 1797.7, 1805.2, —

A 研究生　　E 初中
B 普通高校　F 小学
C 中等职业教育　G 特殊教育
D 普通高中

科学技术

研究与试验发展（R&D）经费支出
5433 亿元
其中，基础研究经费 **272** 亿元

签订技术合同 **21.4** 万项
技术合同成交金额 **3039** 亿元

授予专利权 **58.2** 万件
其中，国内授权 **50.2** 万件
有效专利 **152.0** 万件
其中，国内有效专利 **119.3** 万件

授予发明专利权 **12.8** 万件
其中，国内授权 **6.5** 万件
有效发明专利 **43.8** 万件
其中，国内有效发明专利 **18.0** 万件

- 成功发射卫星 **6** 次
- 首台千万亿次超级计算机系统"天河一号"研制成功
- 嫦娥一号卫星成功受控撞月

体 育

获得世界冠军 **142** 个

11 人 **3** 队 **22** 次创 **22** 项世界纪录

卫 生

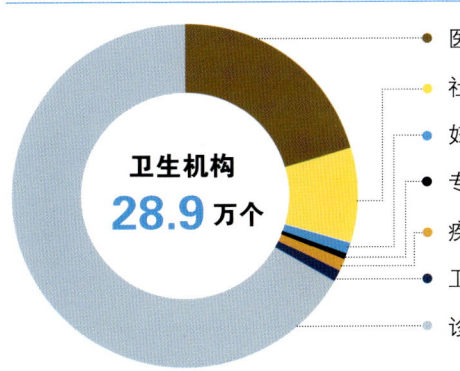

卫生机构 **28.9** 万个

- 医院、卫生院 **6.0** 万个
- 社区卫生服务中心（站）**2.6** 万个
- 妇幼保健院（所、站）**3013** 个
- 专科疾病防治院（所、站）**1315** 个
- 疾病预防控制中心（防疫站）**3543** 个
- 卫生监督所（中心）**2706** 个
- 诊所及其他 **19.3** 万个

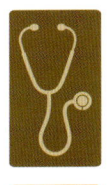
卫生技术人员 522 万人
执业医师和执业助理医师 **216** 万人
注册护士 **174** 万人

医院和卫生院床位 396 万张
乡镇卫生院 **3.9** 万个
床位 **91** 万张
卫生技术人员 **89.8** 万人

中国改革开放全纪录
1978-2018

2010

- 建设海南国际旅游岛
- 公立医院改革全面启动
- 城乡居民选举实现"同票同权"
- 沈阳经济区综合配套改革试验区获批
- 非公经济"新36条"出台
- "十二五"规划建议出台
- 山西省国家资源性经济转型综合配套改革试验区设立

焦点事件

建设海南国际旅游岛

2010年1月4日，国务院发布《关于推进海南国际旅游岛建设发展的若干意见》（以下简称《意见》）。国际旅游岛从概念提出到上升为国家战略经历了10余年。

在中国即将加入ＷＴＯ的背景下，区域开放优势减弱，产业开放优势增强，就如何将海南的资源环境优势转变为现实的经济竞争优势，2000年，中国（海南）改革发展研究院院长迟福林首提"国际旅游岛"概念；2001年12月，中国（海南）改革发展研究院提出《建立海南国际旅游岛框架建议》；2002年6月，中国（海南）改革发展研究院形成了《建立海南国际旅游岛可行性研究报告》。

2007年4月26日，加快国际旅游岛建设正式写进海南省第五次党代会报告中，标志着国际旅游岛上升为海南的地方发展战略。4月底，海南省政府首次向国务院行文申请设立海南国际旅游岛综合试验区。6月，由国家发改委、外交部、公安部、商务部、海关总署、国家旅游局等部门组成海南国际旅游岛综合试验区联合调研组来海南考察。

2008年3月5日，国务院办公厅以《关于支持海南省发展旅游业有关问题的函》函复海南省政府，原则同意海南进一步发挥经济特区优势，在旅游业对外开放和体制机制改革等方面积极探索，先行试验；要求国务院各有关部门对海南发展旅游业给予大力支持和帮助；批准在海口、三亚、琼海、万宁四市各开办一家市内免税店等更加开放的旅游政策。

2008年4月25日，海南省政府发布《海南国际旅游岛建设行动计划》；7月29日，全国政协和海南政协组织的海南国际旅游岛建设专题调研启动；9月20日，海南省政府出台《关于加快推进国际旅游岛建设的意见》，国际旅游岛建设进入实质运作阶段。

2009年12月31日，国务院办公厅下发了《国务院关于推进海南国际旅游岛建设发展的若干意见》，该《意见》于2010年1月4日正式对外公布。

在海南省分界洲岛旅游区，游客在海边享受阳光的温暖。

《意见》站在全局的高度，明确了建设国际旅游岛的六大战略定位，即成为中国旅游业改革创新的试验区、世界一流的海岛休闲度假旅游目的地、全国生态文明建设示范区、国际经济合作和文化交流的重要平台、南海资源开发服务基地、国家热带现代农业基地。

在海南三亚小东海潜水基地，一位潜水运动爱好者欣赏着海底世界的奇妙景致。

语录 "医药卫生事业是一个十分重大的民生问题。"
——胡锦涛

背景：经过多年的医疗体制改革，中国的医药卫生事业取得了明显的进步，但群众"看病难，看病贵"问题仍然十分尖锐。国家领导人十分重视医药卫生事业的发展，2009年5月28日，在中共中央政治局就世界医药卫生发展趋势和中国医药卫生体制改革问题进行第二十次集体学习时，中共中央总书记、国家主席胡锦涛强调："医药卫生事业关系亿万人民健康，关系千家万户幸福，关系经济发展和社会和谐，关系国家前途和民族未来，是一个十分重大的民生问题。"

2010年3月3日，卫生部部长陈竺回答记者关于医疗改革的问题。

 语录 "以改革开放推动经济发展方式转变。"
——习近平

背景：2010年9月25日至27日，中共中央政治局常委、中央书记处书记、国家副主席习近平在上海调研时强调，在新的形势和任务面前，上海要进一步弘扬敢闯敢试精神，深入抓好重点领域和关键环节的改革，不断提高对外开放水平，为加快转变经济发展方式、推动经济社会又好又快发展提供强大动力。

公立医院改革全面启动

自2009年《医药卫生体制改革近期重点实施方案（2009—2011年）》公布以来，作为新医改最核心的改革内容之一的公立医院改革执行细则和配套政策，一直为外界所关注。"看病难、看病贵"这个非常沉重的话题，引发的矛盾和问题主要集中在公立医院。公立医院改革被称为整个新医改中"最为复杂艰巨的任务"，改革试点的推进意味着中国备受关注的新医改开始进入攻坚阶段。

卫生部部长陈竺在2009年9月的国新办新闻发布会上表示，将在全国东、中、西部地区共选取12个中等城市进行公立医院的改革试点工作。公立医院改革主要体现两个基本的原则：一是突出公益性，公立医院改革要确保人民群众得到安全、有效、方便、价廉的基本医疗服务；二是要发挥医疗系统，特别是医疗机构队伍的积极性[1]。

2009年12月22日，国务院副总理李克强主持召开国务院医改领导小组的第五次会议，专门审议了公立医院改革试点的指导意见和试点城市的名单。

2010年2月2日，国务院总理温家宝主持召开国务院常务会议，讨论并原则通过《关于公立医院改革试点的指导意见》。2月21日，卫生部、中央编办、国家发改委、财政部、人力资源和社会保障部联合发出了《关于印发〈公立医院改革试点指导意见〉的通知》。国家联系的试点城市16个，除此之外，各个省市还确定了31个试点。由此，中国的公立医院改革试点正式启动。

公立医院改革的总体目标是：构建公益目标明确、布局合理、规模适当、结构优化、层次分明、功能完善、富有效率的公立医院服务体系，探索建立与基层医疗卫生服务体系的分工协作机制，加快形成多元化办医格局，形成比较科学规范的公立医院管理体制、补偿机制、运行机制和监管机制，加强公立医院内部管理，促使公立医院切实履行公共服务职能，为群众提供安全、有效、方便、价廉的医疗卫生服务。

[1]《我国将确定12个公立医院改革试点城市》，《上海证券报》，2009年9月9日。

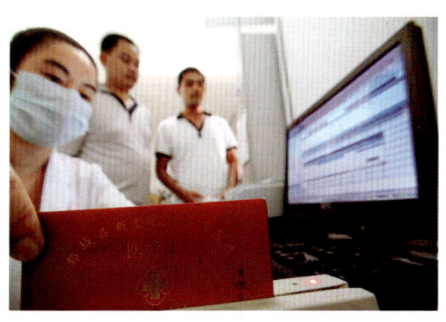
山东省临沂市郯城县郯城街道社区卫生服务中心的医务人员在为参加"新农合"的农民办理医疗证。

2010年3月8日上午,十一届全国人大三次会议在人民大会堂举行第二次全体会议。

观点

汪玉凯：今年人大会上修改的《选举法》,确定了城乡"同人同票""同票同权"的原则。这意味着弱势群体将拥有更大的话语权,人大等民意机构里会有更多的农民代表。以前有人说,农民没文化,参政议政水平低,但现在的很多农民都有文化了,并且参政议政意愿高涨。政府应该顺应民意,适时扩大农民的声音,他们是推动改革的一支重要力量,也是撼动既得利益集团利益格局的重要力量。

资料来源：《让利于民不仅仅是句口号》,《国际先驱导报》,2010年3月29日。

城乡居民选举实现"同票同权"

2007年10月,党的十七大报告明确提出："建议逐步实行城乡按相同人口比例选举人大代表。"为贯彻落实党的十七大要求,要在深入总结选举工作实践经验的基础上,对《选举法》及时进行适当修改,进一步增强人大代表选举的普遍性和平等性,保证城乡人民享有平等的选举权,更好地统筹城乡发展和促进社会和谐。

2010年3月5日至14日,第十一届全国人民代表大会第三次会议在北京举行。经过审议,第十一届全国人民代表大会第三次会议于3月14日上午表决通过了《全国人民代表大会关于修改〈中华人民共和国全国人民代表大会和地方各级人民代表大会选举法〉的决定》。由此,这部制定于1953年并于1979年重新修订的《中华人民共和国全国人民代表大会和地方各级人民代表大会选举法》,在历经1982年、1986年、1995年和2004年的4次修改后,完成了第5次修改。

新修改的《选举法》规定,全国人民代表大会代表名额,由全国人民代表大会常务委员会根据各省、自治区、直辖市的人口数,按照每一代表所代表的城乡人口数相同的原则,以及保证各地区、各民族、各方面都有适当数量代表的要求进行分配。自1953年以来,中国农村和城市每一名全国人大代表所代表的人口数比例经历了从8∶1到4∶1。有人将此形象地称为"四个农民等于一个城里人"。新修改的《选举法》则第一次将这一比例规定为1∶1。

至此,中国实现了城乡按相同人口比例选举人大代表,城乡居民选举首次实现了"同票同权"。①

---

①《吴邦国：选举法修改更好地体现了平等原则》,中国新闻网,2010年3月14日。

沈阳经济区综合配套改革试验区获批

辽宁沈阳经济区由沈阳、鞍山、抚顺、本溪、营口、阜新、辽阳、铁岭8个城市组成,区域面积7.5万平方公里,总人口2359万,城市化率达到65%,是全国城市化水平最高的地区之一。

从2003年开始,沈阳经济区内的城市就已经建立了高层协调机制,成立了协调合作机构,签署了50余项合作协议。2008年,辽宁省政府成立沈阳经济区工作领导机构,建立了长效工作机制。经过几年来的合作,区域内优势产业整合取得了明显进展,一体化发展得到了有力推进,区域内各城市间联系日益紧密。

2010年4月6日,国家发改委正式批准沈阳经济区成为国家新型工业化综合配套改革实验区。这标志着沈阳经济区成为继上海浦东、天津滨海新区、成都、重庆、武汉城市圈、长

沈阳经济区获批国家新型工业化综合配套改革试验区。

株潭城市群和深圳等七个地区后，国务院批准设立的第八个国家综合配套改革试验区，并且成为唯一以"新型工业化"为主题的综合配套改革试验区。

国务院批准沈阳经济区进行新型工业化综合配套改革试验，旨在使沈阳经济区在重点领域和环节的改革上，大胆探索，率先突破，走出一条中国特色新型工业化、城镇化道路，带动东北等老工业基地全面振兴，为全国范围内建立新型工业化发展模式、加快发展方式转变，发挥示范和带动作用。

沈阳经济区将依据新型工业化关于"科技含量高、经济效益好、资源消耗低、环境污染少、人力资源优势得到充分发挥"的要求，经过5至10年的努力，通过综合配套改革试验，将沈阳经济区建成国家新型产业基地重要增长区、老工业基地体制机制创新先导区、资源型城市经济转型示范区、新型工业化带动现代农业发展的先行区和节约资源、保护环境、和谐发展的生态文明区。到2020年，沈阳经济区将基本实现区域经济一体化，综合实力达到中等发达国家水平，成为东北亚地区重要的经济中心。

非公经济"新36条"出台

2005年2月29日，国务院颁布实施《国务院鼓励支持非公有制经济发展的若干意见》，即"非公36条"，这是中国国内第一个促进非公经济发展的系统性政策文件。

2010年5月7日，国务院再次颁布了《关于鼓励和引导民间投资健康发展的若干意见》，简称"新非公36条"。

《关于鼓励和引导民间投资健康发展的若干意见》从进一步拓宽民间投资的领域和范围，鼓励和引导民间资本进入基础产业和基础设施领域，鼓励和引导民间资本进入市政公用事业和政策性住房建设领域，鼓励和引导民间资本进入社会事业领域，鼓励和引导民间资本进入金融服务领域，鼓励和引导民间资本进入商贸流通领域，鼓励和引导民间资本进入国防科技工业领域，鼓励和引导民间资本重组联合和参与国有企业改革，推动民营企业加强自主创新和转型升级，鼓励和引导民营企业积极参与国际竞争，为民间投资创造良好环境，加强对民间投资的服务、指导和规范管理等十二个方面提出了鼓励和引导民间投资的36条政策措施。

观点

陈永杰：此次文件着重解决了行业准入的问题，把非公经济36条谈到的6大行业准入细化到18个行业，都对其进行了相应的规定，并对拓宽民间投资的渠道和领域作出了很多新的规定，有很多的亮点。比如规范设置投资准入门槛，创造公平竞争、平等准入的市场环境。市场准入标准和优惠扶持政策要公开透明，对各类投资主体同等对待，不得单对民间资本设置附加条件。

资料来源：《陈永杰：非公经济36条与新36条有何不同和变化》，《中华工商时报》，2010年5月18日。

专栏：中国GDP超越日本成为世界第二大经济体

据中国国家统计局数据显示，中国2010年国内生产总值（GDP）397983亿元，比上年增长10.3%。按照国际货币基金组织发布的数据显示，2010年世界GDP排名前10位的国家分别是：美国、中国、日本、德国、法国、英国、巴西、意大利、加拿大、印度。由此，中国GDP超越日本，取代日本正式成为世界第二大经济体。这也是1968年以来，日本经济首次退居世界第三。

改革开放以来，中国的GDP总量迅速扩大并且保持了较高的增长率，分别于1993年达到13.4%，1997年达到8.8%，2005年达到9.9%，2009年达到9.2%，2010年达到10.3%，平均每年都保持在8%以上。即使在全球金融危机时期，中国"十一五"（2006-2010年）期间的GDP平均增速也超过了10%。

随着中国经济的持续高速增长和经济总量的不断扩大，中国在承担国际责任方面采取了大量的措施：对非洲国家的援助金额与规模大幅增加，并更加重视民生，给相当多欠发达国家减免债务，并给予优惠的关税待遇、零关税的待遇。在2000到2010年的10年中，中国平均每年年度的进口将近6700亿美元，对外贸易占全球的份额从2006年的7.3%提高到2010年的10%左右。这在一定程度上也拉动了其他国家的经济发展，带动了这些国家大量的就业。

在中国经济总量迅速增长的同时，中国人均GDP也由2006年的1700美元，提高到2010年的超过4000美元左右。但是中国有13亿人口，人均GDP在世界排名中处于100名左右。中国发展中不平衡、不协调、不可持续问题还比较突出，仍然属于发展中国家，中国仍处于并将长期处于社会主义初级阶段的基本国情没有变。

——《统计局：2010年中国国内生产总值（GDP）397983亿元 约合6.04万亿美元》，《燕赵晚报》，2011年1月21日；《中国全年GDP首次超越日本 成为世界第二大经济体》，人民网，2011年2月15日。

流行志

微博

新浪微博页面

微博是2009的产物，但在2010年因为国内各大门户网站纷纷开设微博而大火特火。通过微博，你可以把看到的、听到的、想到的话语快速地写下来，篇幅通常不超过140个字。网民们亲昵地把写微博的过程称作"织围脖"。2010年两会期间，26家全国主流媒体不约而同都采用了通过微博征集两会话题、报道两会内容的全新模式，微博开辟了一个公民表达、参与和互动的新场域，"关注就是力量，'围观'改变中国"。通过微博"围观"，公民参与意识与参与效果正在大幅提升。

"非诚勿扰"

江苏卫视推出的"非诚勿扰"节目

2010年1月15日，由江苏卫视推出的一档大型婚恋交友真人秀节目"非诚勿扰"开播。"非诚勿扰"以其准确的市场定位、精心细致的节目包装、全新的婚恋交友模式而获得巨大成功。节目开播后不久就牢牢霸占了全国卫视所有上星节目每周收视第一的宝座，并引发了全国各地电视台争相推出相亲节目的热潮。"非诚勿扰"的走红也使当代年轻人情感婚恋和家庭生活价值观成了人们热议的话题。

网络团购

网络团购在国际上通称为B2T（Business To Team）。随着中国电子商务的发展，网络团购作为网上消费方式之一，近年逐渐在中国网民中流行起来，2010年入选中国网民十大网络行为。团购受到网民和商家热捧的原因是：一方面，网络团购对消费者而言具有方便、快捷的优点，尤其价格较之普通网络购物具有明显优势；另一方面，它一定程度上能促进商家知名度的推广，提高营收。如今网络团购已在全国各大城市铺开，成为一种现代、时尚的消费方式。

"十二五"规划建议出台

2010年10月15日至18日，中国共产党第十七届中央委员会第五次全体会议在北京举行。会议审议通过了《中共中央关于制定国民经济和社会发展第十二个五年规划的建议》（以下简称《建议》）。

《建议》强调，"十二五"时期（2011—2015年），是全面建设小康社会的关键时期，是深化改革开放、加快转变经济发展方式的攻坚时期。制定"十二五"规划，必须高举中国特色社会主义伟大旗帜，以邓小平理论和"三个代表"重要思想为指导，深入贯彻落实科学发展观，适应国内外形势新变化，顺应各族人民过上更好生活新期待，以科学发展为主题，以加快转变经济发展方式为主线，深化改革开放，保障和改善民生，巩固和扩大应对国际金融危机冲击成果，促进经济长期平稳较快发展和社会和谐稳定，为全面建成小康社会打下具有决定性意义的基础。

《建议》指出，以科学发展为主题，是时代的要求，关系改革开放和现代化建设全局。中国是拥有13亿人口的发展中大国，仍处于并将长期处于社会主义初级阶段，发展仍是解决中国所有问题的关键。在当代中国，坚持发展是硬道理的本质要求，就是坚持科学发展，更加注重以人为本，更加注重全面协调可持续发展，更加注重统筹兼顾，更加注重保障和改善民生，促进社会公平正义。

《建议》强调，以加快转变经济发展方式为主线，是推动科学发展的必由之路，符合中国基本国情和发展阶段性新特征。加快转变经济发展方式是中国经济社会领域的一场深刻变革，必须贯穿经济社会发展全过程和各领域，提高发展的全面性、协调性、可持续性，坚持在发展中促转变、在转变中谋发展，实现经济社会又好又快发展。

观点

中国（海南）改革发展研究院：
面对国际金融危机与国内发展阶段变化的双重压力，尽快转变发展方式已成为中国下一步改革发展的战略性任务。"十二五"改革的总体思路是，以转变发展方式为主线，深化经济社会体制改革，具体包括：（1）加快推进以经济增长方式转型为主线的经济体制改革，为进一步完善社会主义市场经济体制奠定坚实基础；（2）加快推进以适应社会公共需求转型为主线的社会体制改革，为实现公平正义、社会和谐提供制度保障；（3）加快推进以政府转型为主线的行政管理体制改革，为形成有中国特色的社会主义行政管理体制奠定重要基础。

资料来源：中国（海南）改革发展研究院课题组，《"十二五"改革规划研究》，2009年8月20日。

语录

"坚决扭转收入差距扩大的趋势。"

——温家宝

背景：近几年中国基尼系数持续上升，城乡间、行业间、人群间收入差距不断扩大，收入分配不公平问题越来越突出，收入分配改革已经成为理论界的热点问题。2010年3月5日，国务院总理温家宝在第十一届全国人民代表大会第三次会议上作政府工作报告时指出，要坚决扭转收入差距扩大的趋势。温家宝强调，中国不仅要通过发展经济，把社会财富这个"蛋糕"做大，也要通过合理的收入分配制度把"蛋糕"分好。

山西省国家资源性经济转型综合配套改革试验区设立

2010年12月1日，经国务院同意，国家发改委正式批复设立"山西省国家资源性经济转型综合配套改革试验区"，这是中国设立的第九个综合配套改革试验区，也是中国第一个全省域、全方位、系统性的国家级综合配套改革试验区。

山西省潞安屯留煤油循环经济园区

与此前发改委批复的8个国家级试验区相比，山西省国家资源性经济转型综合配套改革试验区不再是一个区域内围绕一个主题进行；而是在全省省域内，围绕产业优化升级、战略性新兴产业发展、对整个产业结构调整和资源型经济转型进行探索。

山西是中国重要的资源和能源基地。新中国成立以来，山西产煤120亿吨（截至2010年），其中3/4都贡献给了全国各地，为国家经济发展作出巨大贡献，同时也给自身经济社会发展造成了较大的压力：以煤炭资源为主的产业过于单一，煤、焦、冶、电四个产业占整个工业产值的80%以上。"大量开采、大量消耗、大量排放"的传统生产方式，已经超越了资源承载能力和环境净化能力。随着工业化、城镇化进程的加快和消费结构的逐步升级，资源需求将持续扩大，资源供需矛盾也越来越突出，还造成了环境污染和生态欠账。

山西作为中国典型的资源型地区，面临着巨大的资源、环境和生态压力，抓住建设国家资源型经济转型综合配套改革试验区和国家循环经济试点省的机遇，发展循环经济具有战略性、全局性、根本性意义，也为全国加快转变经济发展方式试水过河、提供经验。

🌐 环球大事

▶ 1月1日
中国—东盟自由贸易区正式启动。中国—东盟自由贸易区是世界上人口最多的自由贸易区，是全球第三大自由贸易区，也是由发展中国家组成的最大自由贸易区。

▶ 1月27日
为期5天的2010年世界经济论坛年会在瑞士山城达沃斯开幕，全球90多个国家的2500多位来自商业、政治、教育、文化等各界人士济济一堂，着重探讨金融危机之后的全球治理问题，力求提出解决问题的行动方案。

▶ 2月12日
第二十一届冬季奥林匹克运动会开幕式在加拿大温哥华哥伦比亚体育馆举行。

▶ 3月30日
欧洲核子研究中心的大型强子对撞机实施总能量达7万亿电子伏特的质子束流对撞，首次对撞取得成功。

▶ 4月25日
在华盛顿举行的世界银行发展委员会春季会议通过了发达国家向发展中国家转移投票权的改革方案，在提高发展中国家在世行投票权问题上"迈出历史性一步"。

▶ 6月17日
欧盟夏季峰会在布鲁塞尔举行。峰会通过了未来10年经济发展战略，即"欧洲2020战略"，旨在为欧盟推进结构性改革、实现可持续增长明确目标。此外，峰会还同意启动冰岛入盟谈判，同时决定从2011年1月1日起吸收爱沙尼亚为第十七个欧元区成员国。

▶ 7月25—27日
第15届非洲联盟（非盟）首脑会议在乌干达首都坎帕拉举行，会议的主题是"非洲母婴、儿童健康及发展"。会议通过了一份名为《非洲2015年母婴、儿童健康及发展行动纲要》的宣言，为非洲地区5年后的母婴及儿童健康勾勒出新蓝图。

▶ 8月11—12日
联合国日前举行仪式，宣布为期一年的"国际青年年"活动正式开始。"国际青年年"以"对话和相互了解"为主题，目标是促进和平理想、对人权的尊重以及不同文化、宗教和文明之间的团结。

环球大事

10月4—5日
第八届亚欧首脑会议在比利时首都布鲁塞尔举行。会议重点讨论了全球经济治理和金融改革、可持续发展以及全球和地区热点问题等。

11月11—12日

2010年11月12日，二十国集团（G20）领导人第五次峰会第一次全会在韩国首尔召开。

二十国集团首尔峰会在韩国首尔召开。会议通过了《二十国集团首尔峰会宣言》。与会各方就"首尔行动计划"达成共识，同意通过采取全面、合作和各自的政策行动，推动共同目标的实现。

11月13—14日
亚太经合组织第十八次领导人非正式会议在日本横滨举行。发表了《领导人宣言》、《建立亚太自由贸易区的可能途径》、《领导人关于茂物目标审评的政治声明》和《领导人增长战略》等文件。

12月11日
坎昆气候变化大会闭幕。会议通过了两项应对气候变化决议，推动气候谈判进程继续向前，向国际社会发出了积极信号。

12月21日
联合国安理会举行了一次别开生面的非正式会议，安理会15个理事国的大使和联合国秘书长潘基文在会上同150多名青少年对话。青少年就恐怖主义、气候变化、消除贫困和武装冲突等最为关切的话题表达了自己的观点，并向各国大使提问。这是安理会首次举办同青少年对话会议。这次互动式对话的主题为"你们的世界：新一代的声音"。

12月22日
美国参议院批准了美国与俄罗斯的新核裁军条约。新条约规定，7年内两国部署的战略核运载工具数量将削减到700件以下，此外各自可部署的核弹头将减至1550枚，削减幅度近三分之一。该条约正式生效还需得到俄罗斯国家杜马的批准。

社会关注

成功举办上海世界博览会

2010年4月30日晚，中国2010年上海世博会开幕式在上海隆重举行。胡锦涛、李长春、习近平、李克强、贺国强等党和国家领导人出席了开幕式。

本届世界博览会，是第41届世界博览会，主题是"城市，让生活更美好"。来自世界各地的参展方通过展示、论坛、表演等形式，共同探讨城市未来发展理念。这是中国继北京奥运会后举办的又一国际盛会，是中国第一次举办世界博览会，也是第一次在发展中国家举办的注册类世界博览会。

中国2010年上海世界博览会于5月1日正式开始，历时184天，于10月31日闭幕。国务院总理温家宝出席闭幕式。

本届世博会共有多项纪录入选世界纪录协会世界之最，它们分别是：第一，上海世博会的参展规模最大，共有190个国家、56个国际组织参展。第二，志愿者人数最多。园区共79965名，其中国内其他省区市1266名，境外204名。共分13批次向游客提供了129万班次1000万小时约4.6亿人次的服务。第三，正式参展方的自建馆，大约有40个国家和国

2010年10月5日，游客在上海世博园丹麦馆参观。

际组织报名建设，其数量为历届之最。第四，上海世博会主题馆屋面太阳能板面积达3万多平方米，是目前世界最大单体面积太阳能屋面。第五，主题馆墙面入选中国世界纪录协会世界上面积最大的生态绿墙，为5000平方米。第六，直接投资为286亿元，财政总预算将达到300亿—400亿元。第七，世界上保留园区内老建筑物最多的世博会园区。约有2万平方米历史建筑得以保留、保护。世博会博物馆与城市足迹馆都设在原江南造船厂的老建筑内。第八，截至10月16日21时，当日进园参观世博会的人数已达103.28万人，成为世博会史上单天参观人数之最。第九，参观人数最多，截至10月31日21时，累计参观人数超过了7308.44万。第十，首次同步推出网上世博会。第十一，世博会园区面积最大：园区在市中心占地5.29平方公里。第十三，上海世博会是第一次在发展中国家举办的世博会。

中国首款超百万亿次超级计算机曙光5000A在曙光天津产业基地正式下线。

中国首台实测性能超千万亿次计算机诞生

2010年6月1日，曙光"星云"高性能计算机系统在北京国家会议中心正式发布。这是中国首台实测性能超千万亿次的超级计算机，在德国时间2010年5月31日公布的35届全球超级计算机TOP500排行榜中排名第二。由此，中国生产、应用、维护高性能计算机的能力已达到世界领先水平。

曙光"星云"高性能计算机，是由曙光信息产业（北京）有限公司、国家超级计算深圳中心、中国科学院计算技术研究所共同研制的，由曙光集团天津产业基地制造，其每秒系统峰值达3千万亿次，每秒实测Linpack值达1271万亿次。这台计算机曙光是在国家"863"计划重大专项支持下完成的，是中国制造的拥有部分自主知识产权的超级计算机，于2010年11月16日在国家超级计算深圳中心正式全面开通运行。

此前，中国在高性能计算机领域一直处于缺席状态，经过一代代计算机工作者的努力，中国自行研制的高性能计算机系统在成功塑造品牌形象的同时，还在高性能计算市场上也逐渐取得了领先优势。2004年6月，每秒运算11万亿次的超级计算机曙光4000A研制成功，进入全球超级计算机前十名，从而使中国成为继美国和日本之后，第三个能研制10万亿次高性能计算机的国家。2008年，中国首款百万亿次超级计算机曙光5000A诞生，并在当年发布的全球高性能计算机TOP500排行榜上排名世界第十。在2009中国超级计算机TOP100排行榜中，曙光公司首次超过国外厂商，占据了市场份额第一的位置。

重要文献

《在深圳经济特区建立30周年庆祝大会上的讲话》
（胡锦涛，2010年9月6日）

2010年9月6日，中共中央总书记、国家主席胡锦涛在深圳经济特区建立30周年庆祝大会上发表讲话。讲话指出，兴办经济特区是党和国家为推进中国改革开放和社会主义现代化作出的一项重大决策。适应国内外形势新变化，经济特区不仅应该继续办下去，而且应该办得更好。中央将一如既往支持经济特区大胆探索、先行先试、发挥作用。

节选：

1980年8月，深圳经济特区正式建立。三十年来，在党中央、国务院坚强领导和全国大力支持下，深圳经济特区坚持锐意改革，敢闯敢试、敢为天下先，勇于突破传统经济体制束缚，率先进行市场取向的经济体制改革，在中国实现从高度集中的计划经济体制到充满活力的社会主义市场经济体制的历史进程中发挥了重要作用；坚持发展第一要务，大力解放和发展社会生产力，积极推进自主创新，提高经济发展质量和效益，改善人民生活，创造了"深圳速度"，探索和积累了实现快速发展、走向富裕的成功经验；坚持对外开放，有效实行"引进来"和"走出去"，积极利用国际国内两个市场、两种资源，成功运用国外境外资金、技术、人才和管理经验，为中国实现从封闭半封闭到全方位开放进行了开拓性探索；坚持服务国家发展大局，全国支持经济特区发展，经济特区回馈全国，促进东中西部协调发展，对全国发展起到重要辐射和带动作用；坚持"一国两制"方针，加强同香港、澳门、台湾地区的多领域交流合作，为推动香港、澳门回归祖国并保持繁荣稳定和促进祖国和平统一大业发挥了桥梁和纽带作用。经过30年的不懈努力，深圳迅速从一个边陲小镇发展成为一座现代化大城市，综合经济实力跃居全国大中城市前列，创造了世界工业化、现代化、城市化发展史上的奇迹。深圳经济特区广大干部群众以蓬勃的进取精神和创新实践，为中国改革开放和社会主义现代化建设作出了重要贡献。

在全面建设小康社会、加快推进社会主义现代化的进程中，经济特区不仅应该继续办下去，而且应该办得更好。中央将一如既往支持经济特区大胆探索、先行先试、发挥作用。经济特区要适应国内外形势新变化、按照国家发展新要求、顺应人民新期待，面向现代化、面向世界、面向未来，继续解放思想，坚持改革开放，努力当好推动科学发展、促进社会和谐的排头兵，在改革开放和社会主义现代化建设中取得新进展、实现新突破、迈上新台阶。

——摘自《十七大以来重要文献选编》（中），第926—928页，中央文献出版社，2011年。

重要文献

《国家中长期教育改革和发展规划纲要（2010—2020年）》
（2010年7月29日）

2010年7月29日，中共中央、国务院印发《国家中长期教育改革和发展规划纲要（2010—2020年）》。

节选：

战略目标。到2020年，基本实现教育现代化，基本形成学习型社会，进入人力资源强国行列。

实现更高水平的普及教育。基本普及学前教育；巩固提高九年义务教育水平；普及高中阶段教育，毛入学率达到90%；高等教育大众化水平进一步提高，毛入学率达到40%；扫除青壮年文盲。新增劳动力平均受教育年限从12.4年提高到13.5年；主要劳动年龄人口平均受教育年限从9.5年提高到11.2年，其中受过高等教育的比例达到20%，具有高等教育文化程度的人数比2009年翻一番。

形成惠及全民的公平教育。坚持教育的公益性和普惠性，保障公民依法享有接受良好教育的机会。建成覆盖城乡的基本公共教育服务体系，逐步实现基本公共教育服务均等化，缩小区域差距。努力办好每一所学校，教好每一个学生，不让一个学生因家庭经济困难而失学。切实解决进城务工人员子女平等接受义务教育问题。保障残疾人受教育权利。

提供更加丰富的优质教育。教育质量整体提升，教育现代化水平明显提高。优质教育资源总量不断扩大，更好满足人民群众接受高质量教育的需求。学生思想道德素质、科学文化素质和健康素质明显提高。各类人才服务国家、服务人民和参与国际竞争能力显著增强。

构建体系完备的终身教育。学历教育和非学历教育协调发展，职业教育和普通教育相互沟通，职前教育和职后教育有效衔接。继续教育参与率大幅提升，从业人员继续教育年参与率达到50%。现代国民教育体系更加完善，终身教育体系基本形成，促进全体人民学有所教、学有所成、学有所用。

——摘自《十七大以来重要文献选编》（中），第867—868页，中央文献出版社，2011年。

■ 重要文献

《关于发展社会事业和改善民生的几个问题》

（温家宝，2010年2月4日）

2010年2月4日，国务院总理温家宝在省部级主要领导干部深入贯彻落实科学发展观加快经济发展方式转变专题研讨班上发表讲话。讲话指出，必须统筹经济社会发展，加快解决经济社会发展"一条腿长、一条腿短"的问题。深刻认识加快发展社会事业和改善民生的重要意义。

节选：

努力促进教育公平。……一要把义务教育办好。教育公平首先就是人人都有上学的机会。要依法确保每个孩子免费接受九年义务教育，关爱农村留守儿童，防止辍学问题发生。二要逐步解决义务教育资源配置不均衡问题。这也是促进教育公平的重要方面。……三要进一步完善国家助学体系。确保每一个孩子接受教育的基本权利，无论哪个教育阶段，都不能因家庭经济困难导致孩子们辍学。

发展经济促进就业。解决就业问题，根本途径还是发展经济，通过扩大经济规模来扩大就业容量。近年来中央一直把中国经济增长预期目标确定在8%左右，从宏观调控上看，每年都有不同的考虑和要求，但是有一条始终没有变，这就是促进就业。从中国目前所处的发展阶段和劳动力供求状况看，经济增长只有保持在8%左右，才能保持就业的基本稳定，低了就会出问题。所以，今后相当长的时期内，我们都要把保持经济平稳较快发展作为重要的战略方针。

调整经济结构扩大就业。……重点把握好三个方面：一要大力发展服务业。服务业除了一部分技术和资本密集型行业用人较少之外，大量服务业包括许多现代服务业，都是劳动和知识密集型行业……还有面向农村农业、生产生活和个人多元化需求的服务业，在中国还比较落后，远远不能满足需求。加快发展教育、医疗、文化、旅游、健身、养老、物业、家政、社区服务等服务业，既可以创造大量就业岗位，也能更好地提高人民生活质量。二要大力发展劳动密集型产业。……特别支持那些技术先进、附加值较高、就业容量大的制造业和出口加工业发展，这是扩大就业的需要，也是发挥中国人力资源优势、保持国际竞争力的需要。……三要大力支持中小企业和非公有制经济发展。……还需要进一步深化改革，完善政策，加大落实力度，为中小企业发展创造一个好环境，更好地促进富余劳动力就地就近就业。

深化收入分配制度改革，理顺收入分配关系，要坚持正确的指导原则：一是坚持和完善按劳分配为主体、多种分配方式并存的分配制度，鼓励一部分人通过劳动和创造先富起来，切实保护公民合法收入和私人财产。二是坚持走共同富裕的道路，尽快扭转城乡、地区和不同社会成员之间收入差距扩大趋势，坚决防止两极分化。三是兼顾效率与公平，初次分配和再分配都要处理好效率与公平的关系，再分配要更加注重公平。四是逐步形成中等收入者占多数的"橄榄型"分配格局。……

——摘自《十七大以来重要文献选编》（中），第467、481—482、485页，中央文献出版社，2011年。

大事记

1月1日
开始实施《城镇企业职工基本养老保险关系转移接续暂行办法》。国家发改委鼓励地方政府与财政部门和人保部门一起研究制定规则，推动地方养老金投资股权、投资基金的试点。

1月1日
广东省近3000万流动人口开始正式告别暂住证迈入居住证时代。16—60岁的流动人员可免费申领居住证，可在当地参加社保，可在居住地申领驾照、办理港澳商务签注……持证人在一地缴纳社保5年，其子女入学将享受与常住人口同等对待，居住证持证人在一地缴纳社保7年，将可申请常住户口。

1月1日
国家新闻出版总署出台《关于进一步推动新闻出版产业发展的指导意见》。《指导意见》再次细化了非公有资本参与新闻出版产业的方式和渠道。

1月4日
中国政府网公布《国务院关于推进海南国际旅游岛建设发展的若干意见》。

1月7日
为有效遏制政府投资领域存在的一些不良现象，国务院法制办公布《政府投资条例（征求意见稿）》，公开征求社会各界意见。

1月7日
中国银监会正式批准北京银行、中国银行和成都银行作为主要出资人筹建消费金融公司。消费金融公司，是指不吸收公众存款，以小额、分散为原则，为境内居民个人提供以消费为目的的贷款的非银行金融机构。

1月20日
国务院总理温家宝主持召开国务院常务会议，研究部署加强淘汰落后产能工作。会议对电力、煤炭、焦炭、铁合金、电石、钢铁、有色金属、建材、轻工、纺织等重点行业近期淘汰落后产能提出了具体目标任务。

1月27日
中国政府网发布《国务院办公厅关于成立国家能源委员会的通知》。据第十一届全国人民代表大会第一次会议审议批准的国务院机构改革方案和《国务院关于议事协调机构设置的通知》精神，为加强能源战略决策和统筹协调，国务院决定成立国家能源委员会。

1月29—2月12日
国务院法制办在其网站上公布《国有土地上房屋征收与补偿条例（征求意见稿）》全文，向公众公开征求意见。

1月31日
新世纪以来指导"三农"工作的第7个中央一号文件由新华社受权发布。这个题为《中共中央、国务院关于加大统筹城乡发展力度，进一步夯实农业农村发展基础的若干意见》的文件推出了一系列强农惠农新政策，强力推动资源要素向农村配置是其最大亮点。

2月2日
国务院总理温家宝主持召开国务院常务会议，讨论并原则通过《关于公立医院改革试点的指导意见》，决定按照先行试点、逐步推开的原则，由各省（区、市）分别选择1至2个城市或城区开展公立医院改革试点。23日，卫生部、国家发改委等五部门联合发布《关于公立医院改革试点的指导意见》，标志着中国公立医院改革正式启动。

2月3日
中共中央总书记、国家主席、中央军委主席胡锦涛在省部级主要领导干部深入贯彻落实科学发展观加快经济发展方式转变专题研讨班开班式上强调，必须毫不动摇地加快经济发展方式转变。

2月9日
国务院设立食品安全委员会，作为国务院食品安全工作的高层次议事协调机构，督促落实食品安全监管责任，同日，国务院食品安全委员会召开第一次全体会议。

2月10日
由商务部、中宣部、财政部、文化部、人民银行、海关总署、税务总局、广电总局、新闻出版总署、外汇局十个部门近日联合出台《关于进一步推进国家文化出口重点企业和重点项目相关工作的指导意见》。《指导意见》明确了《文化产品和服务出口指导目录》和《国家文化出口重点企业和重点项目目录》的制定和调整程序，并从加大资金支持力度、实行税收优惠政策、提供金融支持、提高出口便利化水平等方面提出了保障措施。

2月23日
卫生部、国家发改委等五部门联合发布《关于公立医院改革试点的指导意见》。

2月23日
监察部、国家预防腐败局联合印发了《国家预防腐败局2010年工作要点》。其中指出，要以防止权力滥用、规范权力运行和防止利益冲突为重点，着力探索预防腐败的措施和办法。

2月28日
国家制定《国家中长期教育改革和发展规划纲要》，提出"到2020年，基本实现教育现代化，基本形成学习型社会，进入人力资源强国行列。"

3月5—14日
十一届全国人大三次会议在京举行。会议表决通过了《中华人民共和国全国人民代表大会和地方各级人民代表大会选举法》的决定。

3月23日
国务院召开第三次廉政工作会议。会议要求，2010年中央部门公用经费统一压缩5%。

3月26日
《关于金融支持文化产业振兴和发展繁荣的指导意见》发布，提出金融支持文化产业振兴和发展的具体措施。

3月31日
中共中央办公厅印发《党政领导干部选拔任用工作责任追究办法（试行）》，中央组织部还制定了《党政领导干部选拔任用工作有关事项报告办法（试行）》、《地方党委常委会向全委会报告干部选拔任用工作并接受民主评议办法（试行）》、《市县党委书记履行干部选拔任用工作职责离任检查办法（试行）》。这3个试行办法与《责任追究办法》配套衔接，共同构成事前要报告、事后要评议、离任要检查、违规失责要追究的干部选拔任用监督体系。

4月14日
青海省玉树藏族自治州玉树县发生7.1级地震。截至4月21日17时，地震已造成2183人遇难，失踪84人，受伤12135人，其中重伤1434人。胡锦涛总书记和温家宝总理分别作出全力救援的重要指示。4月15日晚，温家宝总理抵达灾区，指导救灾工作。国家主席胡锦涛在出席核安全峰会和金砖四国领导人第二次会晤并对巴西访问之后，推迟对委内瑞拉和智利的访问，提前回国，并于4月18日抵达灾区指导救灾工作，抗震救灾工作全面展开。4月

2010年4月19日，青海玉树地震灾区。

21日，全国举行哀悼活动，中国和驻外使领馆下半旗志哀，停止公共娱乐活动。

4月27日

胡锦涛主席在全国劳动模范和先进工作者表彰大会上强调，要切实发展和谐劳动关系，建立健全劳动关系协调机制，完善劳动保护机制，让广大劳动群众实现体面劳动。

4月29日

新华网报道：中国首次修改国家赔偿法力保公民"索赔"权利。15年前中国开始实施的国家赔偿法，第一次使公民有了依法取得国家赔偿的权利。然而，现实中存在的"赔偿难"问题越来越影响法律的落实。全国人大常委会29日表决通过关于修改国家赔偿法的决定，对法律进行了实施以来的首次修改，力保公民"索赔""获赔"的权利。

4月30日

2010年5月1日，上海世博会正式开园。上海世博会由246个国家和国际组织参展，是有史以来规模最大的一届世博会。本届世博会主题是"城市，让生活更美好"。

5月1—2日

温家宝总理在青海玉树主持召开会议研究灾后恢复重建工作。他强调，我们必须坚持人民利益高于一切，以更加顽强的精神、更加精心的组织、更加细致的工作，克服一切艰难险阻，科学依法统筹做好抗震救灾和恢复重建工作，让灾区人民满意，让全国人民放心。

5月10日

广东省富县强镇事权改革工作现场会日前召开。针对一些地区县镇经济发展、社会事务管理与行政设置不匹配、"小马拉大车"的问题，广东计划将部分经济社会管理权下放给县和镇。通过简政放权，广东力争用3—5年时间，让县镇经济社会管理体制得到根本优化，促进县镇经济与各项社会事务快速发展，转变经济发展方式，建设便民高效的政府。此次会议明确提出，要扩大镇级管理权限。

5月24日

国务院批准实施《长江三角洲地区区域规划》。这是贯彻落实《国务院关于进一步推进长江三角洲地区改革开放和经济社会发展的指导意见》、进一步提升长江三角洲地区整体实力和国际竞争力的重大决策部署，是深入实施区域发展总体战略、促进全国经济平稳较快发展的又一重要举措。

5月31日

《国务院批转发展改革委关于2010年深化经济体制改革重点工作意见的通知》公布，《通知》确立2010年十项重点改革任务。

6月2日

国务院批复，同意将深圳经济特区范围扩大到深圳全市，将宝安、龙岗两区纳入特区范围，特区外扩从今年7月1日起正式实施。这意味着中国最早设立的经济特区从原有的396平方公里扩大1953平方公里。

6月7日

广东省人民政府出台《关于开展农民工积分制入户城镇工作的指导意见（试行）》。根据意见，在广东省城镇务工的农村劳动力，凡已办理《广东省居住证》、纳入就业登记、缴纳社会保险的，均可申请纳入积分登记。符合积分入户条件的农民工，可选择在就业地镇（街）或产权房屋所在地镇（街）申请入户，其配偶和未成年子女可以随迁。

6月21日

中共中央政治局召开会议，审议并通过《国家中长期教育改革和发展规划纲要（2010—2020年）》。中共中央总书记胡锦涛主持会议。会议强调，今后十年中国教育改革发展要贯彻优先发展、育人为本、改革创新、促进公平、提高质量的方针。

6月25日

香港特别行政区立法会以46票赞成、12票反对，超过全体议员2/3的多数票赞成，表决通过了关于2012年香港特区立法会产生办法的修订议案。

6月29日

海峡两岸关系协会会长陈云林与台湾海峡交流基金会董事长江丙坤在重庆举行两会恢复协商以来的第五次领导人会谈。双方商谈并确认了两岸经济合作框架协议、两岸知识产权保护合作协议等两项协议，会谈结束后举行了签字仪式。

7月3日

中国人口学会年会在江苏南京召开，主题为"促进人口长期均衡发展"。国家人口计生委主任李斌在会上介绍，"十二五"（2011—2015年）时期，中国城镇人口将首次超过农村人口。

7月8日

国务院新闻办在北京召开西部大开发10周年新闻发布会，西部大开发战略实施10年来已经取得显著成效，西部地区的经济增长速度一改滞后的局面，年均增长速度达到

2010年6月29日，海协会与台湾海基会在重庆举行领导人第五次会谈，并正式签署两岸经济合作框架协议（ECFA）以及两岸知识产权保护合作协议。

11.9%，主要宏观经济指标10年间都翻了一番以上。

7月11日

中共中央办公厅、国务院办公厅印发《关于领导干部报告个人有关事项的规定》。《规定》指出，领导干部应当报告收入、房产、投资等事项。《规定》指出，领导干部报告个人有关事项，按照干部管理权限由相应的组织（人事）部门负责受理。

7月12日

中共中央总书记胡锦涛在钓鱼台国宾馆会见了中国国民党荣誉主席吴伯雄一行。胡锦涛强调，两岸经济合作框架协议是一份为民谋利、互利双赢、影响深远的好协议，符合两岸同胞共同利益，符合中华民族整体利益。

7月13日

国家发展和改革委员会公布《关于市场价格异常波动时期价格违法行为处罚的特别规定（征求意见稿）》指出：经营者捏造、散布涨价信息，扰乱市场价格秩序的，责令改正，没收违法所得，并处违法所得5倍以下的罚款；没有违法所得的，处20万元以上，200万元以下的罚款，罚款最高限额比现有法规允许的最高额增加了一倍。

7月15日

中共中央办公厅、国务院办公厅印发《关于进一步推进国有企业贯彻落实"三重一大"决策制度的意见》。《意见》规定按照中央关于凡属重大决策、重要人事任免、重大项目安排和大额度资金运作（简称"三重一大"）事项必须由领导班子集体作出决定。

7月22日

中共中央政治局召开会议，决定今年10月在北京召开中国共产党第十七届中央委员会第五次全体会议。主要议程是，中共中央政治局向中央委员会报告工作，研究关于制定国民经济和社会发展第十二个五年规划的建议。

7月23日

中共中央政治局就深化中国文化体制改革研究问题进行第二十二次集体学习。中共中央总书记、国家主席胡锦涛强调，顺应时代要求深化文化体制改革，推动社会主义文化大发展大繁荣。

7月29日

《国家中长期教育改革和发展规划纲要（2010—2020年）》公布。《纲要》提出了中国今后10年教育改革和发展的战略目标。根据《纲要》，中国将开展人才培养体制、考试招生制度、办学体制、管理体制等方面的改革。

8月3日

国务院国有资产监督管理委员会发布《国务院国资委2009年回顾》。这是国资委首次对外公开发布年度回顾，重点向社会披露中央企业履行社会责任的情况。

8月10日

中共中央政治局常务委员会召开会议，全面部署当前甘肃省甘南藏族自治州舟曲县特大山洪泥石流灾害抢险救援工作。

8月20日

中共中央政治局召开会议，审议并通过《关于党的基层组织实行党务公开的意见》。中共中央总书记胡锦涛主持会议。会议指出，党内民主是党的生命，党务公开是党内民主的重要内容。

8月31日

中国首家以应对气候变化、增加森林碳汇、帮助企业志愿减排为主题的全国性公募基金会——中国绿色碳汇基金会在北京成立。

9月6日

深圳经济特区建立30周年庆祝大会在深圳隆重举行。中共中央总书记、国家主席、中央军委主席胡锦涛出席庆祝大会并发表重要讲话，强调经济特区不仅应该继续办下去，而且应该办得更好。中央将一如既往支持经济特区大胆探索、先行先试、发挥作用。

9月8日

国务院总理温家宝主持召开国务院常务会议，审议并原则通过《国务院关于加快培育和发展战略性新兴产业的决定》。确定选择节能环保、新一代信息技术、生物、高端装备制造、新能源、新材料和新能源汽车七个产业，在重点领域集中力量，加快推进。

9月28日

中共中央政治局召开会议，讨论十七届四中全会以来中央政治局的工作，研究制定国民经济和社会发展第十二个五年规划的建议等问题。中共中央总书记胡锦涛主持会议。

10月10日

全国集体林权制度改革百县经验交流会在北京召开。国务院总理温家宝作出重要批示，强调集体林权制度改革极大地调动了农民的积极性，不仅推进了植树造林，而且促进了林下产业发展，使山地改变了面貌，农民增加了收入，实现了经济、社会和生态效益的统一，要认真总结经验，继续完善政策，把这件利国利民的大事办好。

10月15—18日

中国共产党第十七届中央委员会第五次全体会议在北京举行。全会由中央政治局主持。中共中央总书记胡锦涛作了重要讲话。全会听取和讨论了胡锦涛受中央政治局委托作的工作报告，审议通过了《中共中央关于制定国民经济和社会发展第十二个五年规划的建议》。

10月25日

全国人大常委会开始三审《村民委员会组织法修订草案》。修订草案提高了村民代表在村民代表会议中的比例。修订草案此前规定，村民代表应当占村民代表会议组成人员的三分之二以上。

11月6日

第四届世界中国学论坛在上海国际会议中心举办。中共中央宣传部副部长、国务院新闻办公室主任王晨在论坛上发表了题为《和合共生：中国与世界融合之道》的主旨演讲。王晨在演讲中表示，中国的发展正在走出一条以往大国崛起不同的、新的和平发展的道路。

11月9日

中共中央办公厅、国务院办公厅公布《关于加强和改进城市社区居民委员会建设工作的意见》，要求加快社区居委会组织的全覆盖，尤其是加快城乡接合部、城中村、工矿企业所在地、新建住宅区、流动人口聚居地的社区居委会组建工作。

11月16日

成都市政府新闻办公室布，成都将彻底破除城乡居民身份差异，推进户籍、居住一元化管理，充分保障城乡居民平等享受各项基本公共服务和参与社会管理的权利，到2012年实现全域成都城乡统一户籍。

11月18日

中共中央纪委、中共中央组织部印发《关于开展县委权力公开透明运行试点工作的意见》，并发出通知，要求各省、自治区、直辖市结合实际认真贯彻执行。县委一级担负着把党的路线方针政策贯彻落实到基层的重要职责。县委权力公开透明运行，是规范权力行使、强化权力监督、从源头上防治腐败的重要举措，对于发展党内民主、推进党务公开，在县一级建立健全决策权、执行权、监督权既相互制约又相互协调的权力结构和运行机制，具有重要意义。

12月1日

经国务院同意，国家发改委正式批复设立"山西省国家资源性经济转型综合配套改革试验区"。这是中国设立的第九个综合配套改革试验区，也是中国第一个全省域、全方位、系统性的国家级综合配套改革试验区。

12月10—12日

中央经济工作会议在北京举行。会议提出了明年经济工作的六项任务。

12月14日

国务院办公厅印发通知，对中央预算单位2011年至2012年政府集中采购目录及标准进行明确。《通知》强调，200万元以上的政府采购工程项目应采用公开招标方式。

12月16日

国家土地总督察徐绍史在北京约谈违法用地较为严重的5市（州）、7县（市、区）政府主要负责人；国土资源部、监察部、人力资源和社会保障部联合通报了2009年度全国土地卫片执法检查情况。公众期待已久的三部门全国土地管理"问责"正式启动。

12月21—22日

中央农村工作会议在北京举行。会议提出了"十二五"时期农业农村工作的指导思想，并重点研究加快水利改革发展问题，全面部署2011年农业农村工作。

12月29日

国务院新闻办公室发表了《中国的反腐败和廉政建设》白皮书。这是中国第一次比较全面、系统地向国内外介绍新中国成立后，特别是改革开放以来，中国共产党和中国政府坚决反对腐败，加强廉政建设的基本情况。

数说发展

人口

总人口 **134735** 万人

工业

工业增加值 **160030** 亿元

规模以上工业利润总额 **38828** 亿元

建筑业增加值 **26451** 亿元

对外经济

进出口贸易总额 **29728** 亿美元

出口 15779 亿美元
进口 13948 亿美元
贸易顺差 1831 亿美元

利用外资

 非金融领域新批外商直接投资企业 **27406** 家

 实际使用外商直接投资金额 **1057** 亿美元

对外经济合作

 对外承包工程业务完成营业额 **922** 亿美元

 对外劳务合作完成营业额 **89** 亿美元

GDP（国内生产总值）

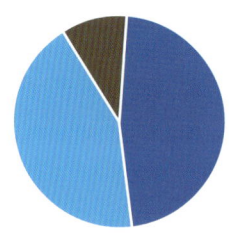

第一产业 **40497** 亿元
第二产业 **186481** 亿元
第三产业 **171005** 亿元

GDP（国内生产总值） **397983** 亿元

财政收入 **83080** 亿元

其中，税收收入 **73202** 亿元

外汇储备 **28473** 亿美元

农业

产量（单位：万吨）

粮食	54641
棉花	597
油料	3239
糖料	12045
肉类	7925
水产品	5366

水利

 新增有效灌溉面积 **163.4** 万公顷

 新增节水灌溉面积 **197.5** 万公顷

国内商业 （单位：亿元）

按经营地统计
城镇消费品 136123
乡村消费品 20875

社会商品零售总额 **156998**

按消费形态统计
商品零售额 139350
餐饮收入额 17648

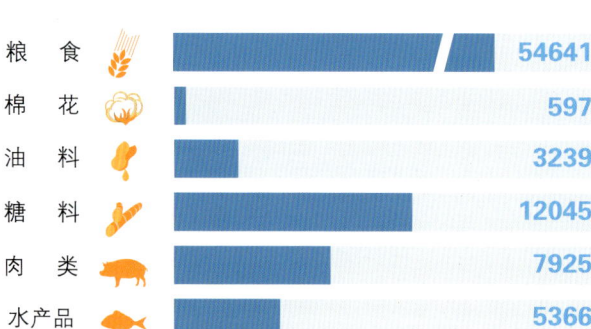

固定资产投资 （单位：亿元）

全社会固定资产投资 **278140**

东部地区 115970
中部地区 62894
西部地区 61875
东北地区 30726

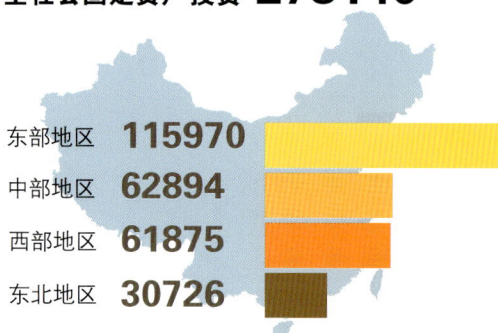

城镇投资 241415
　第一产业 3966
　第二产业 101048
　第三产业 136401

农村投资 36725

旅游

入境旅游人数 **13376** 万人次

- 外国游客 **2613** 万人次
- 港、澳、台胞 **10764** 万人次

国际旅游外汇收入 **458** 亿美元

国内居民出境人数 **5739** 万人次
其中：因私出境 **5151** 万人次

国内出游人数 **21.0** 亿人次
国内旅游收入 **12580** 亿元

交通运输和邮电通信业

邮电业务总量 **32940** 亿元
- 邮政业务总量 **1985** 亿元
- 电信业务总量 **30955** 亿元

互联网上网人数 **4.57** 亿人
其中：宽带上网人数 **4.50** 亿人
互联网普及率 **34.3%**

局用交换机总容量 **46559** 万门

移动电话交换机容量 **150518** 万户

固定电话用户 **29438** 万户
- 城市电话用户 **19662** 万户
- 农村电话用户 **9776** 万户

移动电话用户 **85900** 万户
其中：3G 移动电话用户 **4705** 万户

电话普及率 **86.5** 部/百人

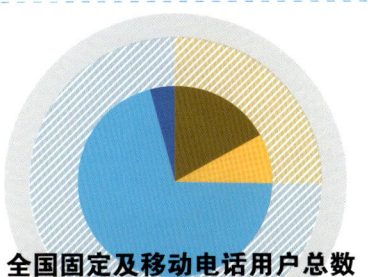
全国固定及移动电话用户总数 **115339** 万户

旅客周转量 **27779.2** （单位：亿人公里）

 铁路 **8762.2**
 公路 **14913.9**
水运 **71.5**
 民航 **4031.6**

新建线路交付营业里程

- 铁路 **4986** 公里
- 其中：高铁 **1554** 公里

- 电气化铁路 **5948** 公里
- 铁路复线 **3747** 公里

- 公路 **104457** 公里
- 其中：高速公路 **8258** 公里

- 港口万吨级码头吞吐能力 **27202** 万吨

人民生活

城乡居民收入

城镇 **19109** 元　　农村 **5919** 元

居民家庭恩格尔系数

城镇 **35.7%**　　农村 **41.1%**

城乡人民储蓄存款 **307166** 亿元

货物周转量 **137329**
（单位：亿吨公里）

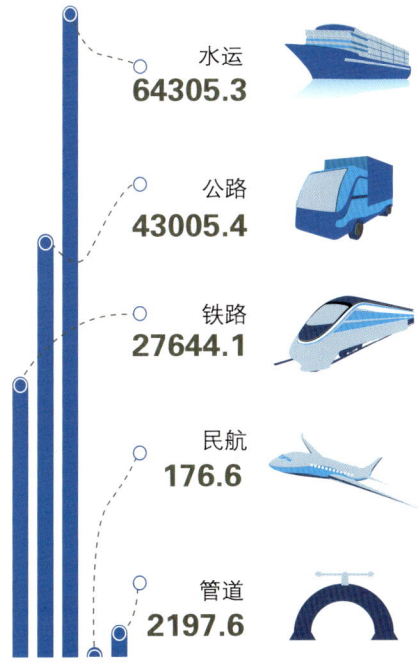
- 水运 **64305.3**
- 公路 **43005.4**
- 铁路 **27644.1**
- 民航 **176.6**
- 管道 **2197.6**

港口完成货物

吞吐量 **80.2** 亿吨
其中：外贸货物 **24.6** 亿吨
集装箱 **14500** 万标箱

社会福利事业

提供住宿的收养性社会服务机构
4.0 万个
床位 **312.3** 万张
收养人员 **236.5** 万人
社区服务设施 **18.0** 万个

救助城市医疗困难群众 **373.6** 万人次
救助农村医疗困难群众 **813.8** 万人次

资助 **1237.4** 万城镇困难群众
参加城镇医疗保险
资助 **4223.7** 万农村困难群众
参加新型农村合作医疗

社会保障 （单位：万人）

参加各类保险人数

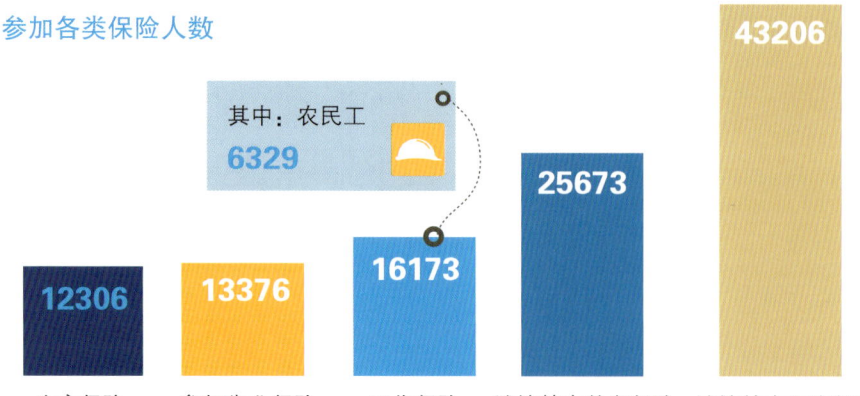

其中：农民工 **6329**

生育保险	参加失业保险	工伤保险	城镇基本养老保险	城镇基本医疗保险
12306	13376	16173	25673	43206

新型农村合作医疗

2678 个县（市、区）开展了新型农村合作医疗工作
参合率 **96.3%**

基金支出总额：**832** 亿元，累计受益 **7.0** 亿人次

列入国家新型农村社会养老保险试点地区参保人数
10277 万人

科 学

研究与试验发展（R&D）经费支出
6980 亿元
其中，基础研究经费 **328** 亿元

体 育

获得世界冠军 **108** 个
8 人 **5** 队 **15** 次创 **15** 项世界纪录

第十六届广州亚运会上，中国体育代表团
共获得 **199** 枚金牌、**119** 枚银牌、**98**
枚铜牌，奖牌总数 **416** 枚

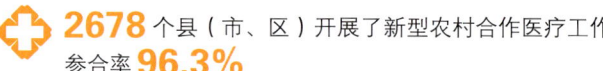

授予专利权 **81.5** 万件
其中，境内授权 **71.9** 万件
授予发明专利权 **13.5** 万件
其中，境内授权 **7.4** 万件

有效专利 **221.6** 万件
其中，境内有效专利 **173.2** 万件
有效发明专利 **56.5** 万件
其中，境内有效发明专利 **23.0** 万件

签订技术合同 **23.0** 万项
技术合同成交金额 **3906** 亿元

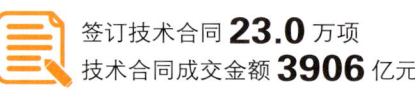

成功发射卫星 **15** 次
嫦娥二号卫星成功发射

保险事业 （单位：亿元）

保险保费收入 **14528**

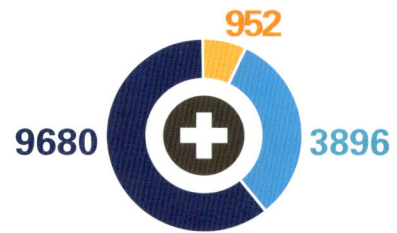

952
9680   3896

● 寿险业务原保险保费收入
● 健康险和意外伤害险业务原保险保费收入
● 财产险业务原保险保费收入

支付各类赔款及给付 **3200**

335
1109   1756

● 寿险业务给付
● 健康险和意外伤害险赔款及给付
● 财产险业务赔款

教 育

（单位：万人）

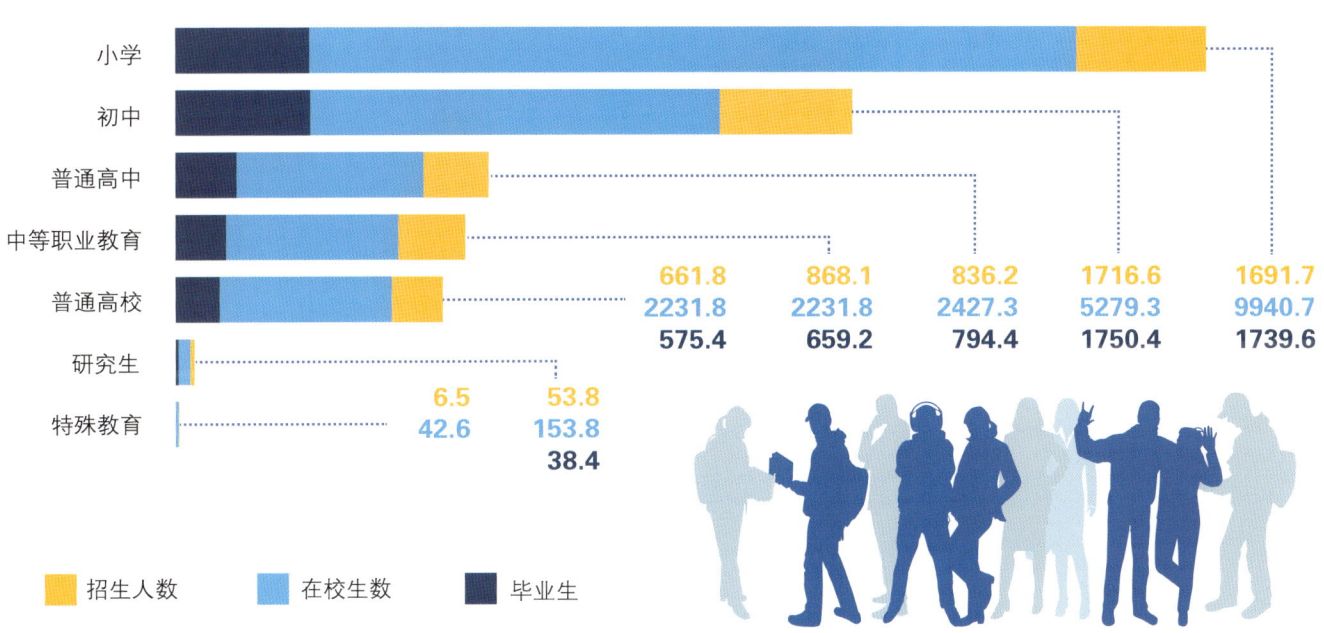

	招生人数	在校生数	毕业生
小学	1691.7	9940.7	1739.6
初中	1716.6	5279.3	1750.4
普通高中	836.2	2427.3	794.4
中等职业教育	868.1	2231.8	659.2
普通高校	661.8	2231.8	575.4
研究生	53.8	153.8	38.4
特殊教育	6.5	42.6	

文 化

 96.8% 广播节目综合人口覆盖率

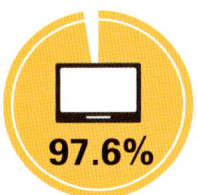 97.6% 电视节目综合人口覆盖率

① 艺术表演团体 **2515** 个
② 博物馆 **2141** 个
③ 公共图书馆 **2860** 个
④ 文化馆 **3258** 个
⑤ 档案馆 **4077** 个

已开放各类档案 **9035** 万卷（件）

广播电台 **227** 座
电视台 **247** 座
广播电视台 **2120** 座
教育电视台 **44** 个

有线电视用户 **18730** 万户
有线数字电视用户 **8798** 万户

电视剧 **436** 部 **14685** 集
动画电视 **221456** 分钟
故事影片 **526** 部
科教、纪录、动画和
特种影片 **95** 部

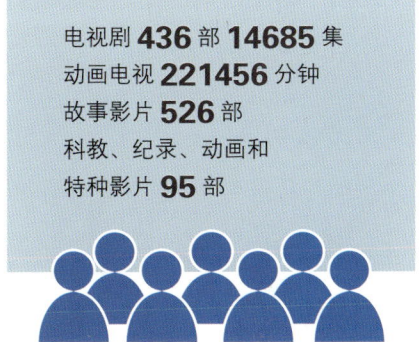

出版

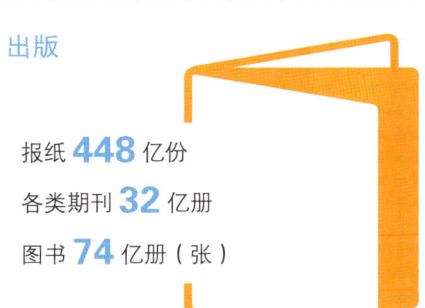

报纸 **448** 亿份
各类期刊 **32** 亿册
图书 **74** 亿册（张）

卫 生

卫生机构 **93.9** 万个

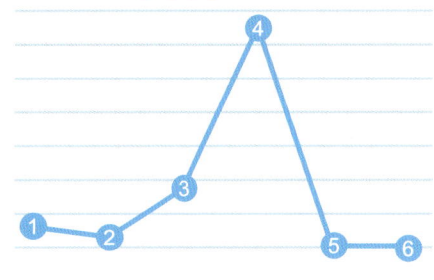

① 医院、卫生院 **6.0** 万个
② 社区卫生服务中心（站）**3.1** 万个
③ 诊所（卫生所、医务室）**17.4** 万个
④ 村卫生室 **65.1** 万个
⑤ 疾病预防控制中心 **3491** 个
⑥ 卫生监督所（中心）**2851** 个

卫生技术人员 **584** 万人

执业医师和执业助理医师 **237** 万人
注册护士 **205** 万人

医院和卫生院床位 **437** 万张

乡镇卫生院 **3.8** 万个
床位 **100** 万张
卫生技术人员 **96.4** 万人

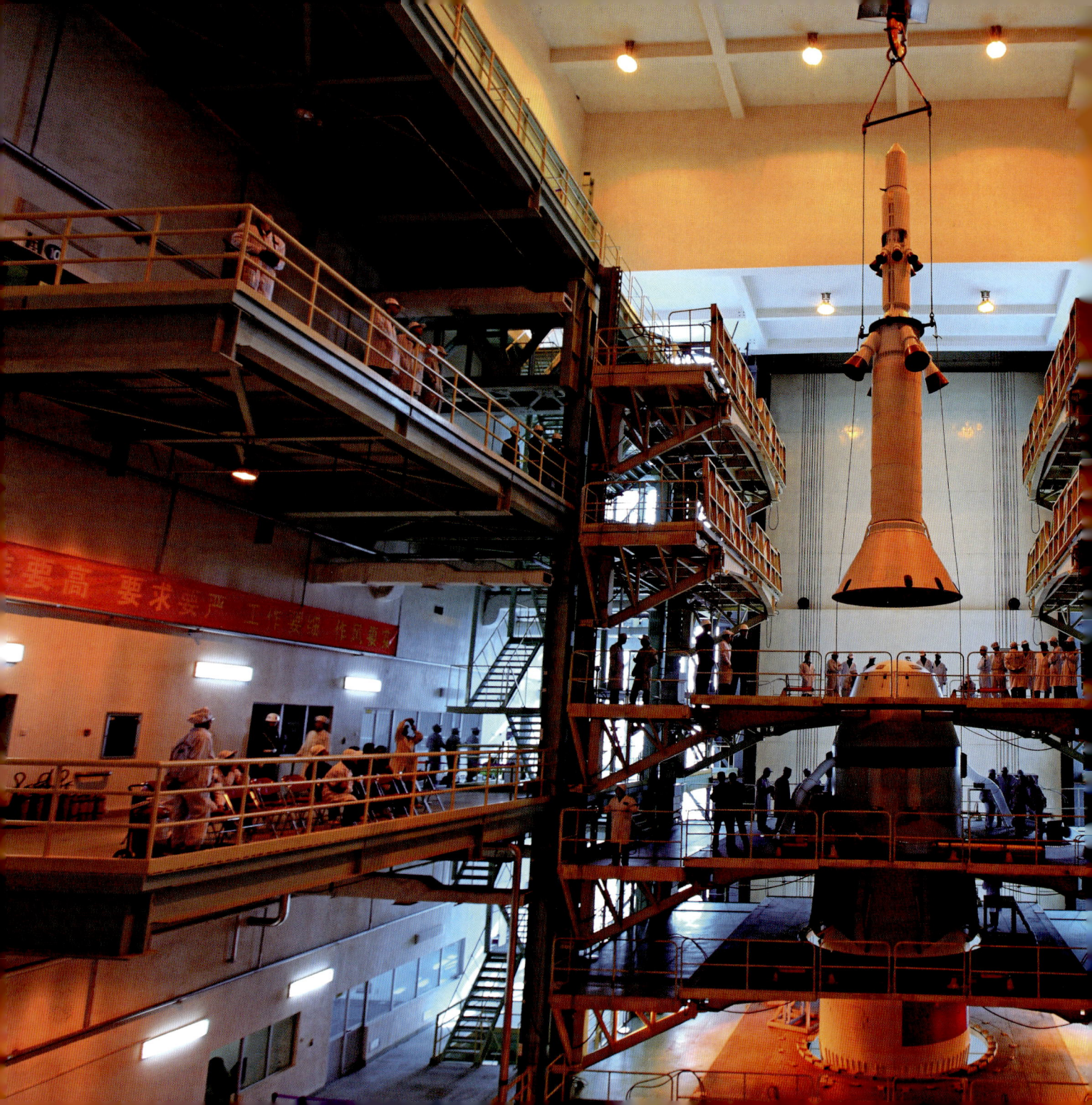

中国改革开放全纪录

1978-2018

2011

- 个人住房征收房产税改革试点启动
- 《关于分类推进事业单位改革的指导意见》出台
- 十七届六中全会：全面深化文化体制改革
- 地方政府自行发债试点启动
- 《营业税改征增值税试点方案》公布实施

焦点事件

个人住房征收房产税改革试点启动

改革开放以来，中国经济社会形势发生了巨大变化，住房制度改革不断深化，房地产市场日趋活跃，居民收入水平有了较大提高，房地产也成为个人财富的重要组成部分。

根据中共中央关于制定"十二五"规划的建议中提出的要求，国务院常务会议决定在部分城市进行对个人住房征收房产税改革试点，具体征收办法由试点省份人民政府制定。在此背景下，备受关注的上海、重庆房产税试点"浮出水面"。

1月28日，上海开征房产税。房产税征收对象是上海市居民家庭在上海新购且属于该居民家庭第二套及以上住房和非上海市居民家庭在上海新购的住房。合并计算的家庭全部建筑面积人均不超过60平方米的，其新购的住房暂免征收房产税；人均超过60平方米的，对属新购住房超出部分的面积，按规定计算征收房产税。房产税暂按应税住房市场交易价格的70%计算缴纳。适用税率暂定为0.4%到0.6%。

10月1日，重庆开征房产税，房产税征收对象为独栋商品住宅、个人新购的交易单价超过新建商品房均价两倍以上的高档住房，以及在重庆无户籍、无企业、无工作的"三无"对象个人购买的第二套及以上的普通住房，税率在0.5%到1.2%之间。

对个人住房征收房产税，一是有利于合理调节收入分配，促进社会公平。改革开放以来，中国人民生活水平有了大幅提高，但收入分配差距也在不断拉大。这种差距在住房方面也有一定程度的体现。房产税是调节收入和财富分配的重要手段之一。二是有利于引导居民合理住房消费，促进节约集约用地。中国人多地少，需要对居民住房消费进行正确引导。在保障居民基本住房需求的前提下，对个人住房征收房产税，通过增加住房持有成本，可以引导购房者理性地选择居住面积适当的住房，从而促进土地的节约集约利用。① 三是有利于增加存量房供给、弥补信贷政策调控投机需求的不足、稳定房地产市场预期。

①《中国有关部门负责人：房产税改革有利于合理调节收入分配促进社会公平》，新华社，2011年1月28日。

观点

贾康： 房产税改革是非常有必要的。一是有利于增加直接税，填补财产税收领域空白，是中国税制合理化的必要环节。二是房产税改革有利于地方税收体系建设、解决地方稳定财政收入来源。三是抑制房价，确保房地产业健康发展。四是优化收入分配结构，抑制两极分化。

资料来源：《重庆预计今年征收房产税可达1亿元》，《重庆晚报》，2011年12月27日。

刘尚希： 开征房地产税，不能陷入理论层面，不能就税论税，首先要明确定位。在减税呼声日渐高涨的当下，将房产税定位到'抓钱'上，只会加重公众'税收焦虑症'，应将其定位为个人住房调节税。一是让占有房产多的人交税，占有越多，交税越多；二是抑制在住房消费上的奢靡，为社会节约住房资源和土地资源。这实际上是对住房消费行为的一种调节，同时也具有对社会财富再分配的作用，还可抑制房地产投机。但如果现阶段将房产税打造为地方财政收入的主要来源，与提高居民收入占国民收入比重这一战略要求相违背。基于这一国情，中国将房产税定位为'个人住房调节税'。同时，现在房地产市场过分火热，实体经济空心化，征收房产税是为配合房地产调控，促进房地产市场健康发展。

资料来源：《重庆预计今年征收房产税可达1亿元》，《重庆晚报》，2011年12月27日。

2011年，上海秋季房展。

《关于分类推进事业单位改革的指导意见》出台

2011年3月23日，中共中央、国务院印发《关于分类推进事业单位改革的指导意见》（以下简称《意见》），这预示着，在中国，事业单位这个仅次于企业的第二大法人组织,正在迎来巨大变化。

中国社会事业发展相对滞后,一些事业单位功能定位不清,政事不分、事企不分,机制不活;公益服务供给总量不足,供给方式单一,资源配置不合理,质量和效率不高;支持公益服务的政策措施还不够完善,监督管理薄弱。这些问题影响了公益事业的健康发展,迫切需要通过分类推进事业单位改革加以解决。

《意见》明确了改革的总体目标和阶段性目标。到2020年,建立起功能明确、治理完善、运行高效、监管有力的管理体制和运行机制,形成基本服务优先、供给水平适度、布局结构合理、服务公平公正的中国特色公益服务体系。

今后5年,在清理规范基础上完成事业单位分类,承担行政职能事业单位和从事生产经营活动事业单位的改革基本完成,从事公益服务事业单位在人事管理、收入分配、社会保险、财税政策和机构编制等方面改革取得明显进展,管办分离、完善治理结构等改革取得较大突破,社会力量兴办公益事业的制度环境进一步优化,为实现改革的总体目标奠定坚实基础。

这一改革方案的出台,是新中国成立以来第一次对事业单位改革进行的顶层设计和系统谋划,是继农村改革、国企改革、政府机构改革之后,中央不断完善改革总体布局的又一重大决策,是中国社会又一次重大变革。

十七届六中全会:全面深化文化体制改革

2011年10月15日至18日,中国共产党第十七届六中全会在北京召开。本次会议主要研究了深化文化体制改革、推动社会主义文化大发展大繁荣等问题。经过审议,全会通过了《中共中央关于深化文化体制改革、推动社会主义文化大发展大繁荣若干重大问题的决定》(以下简称《决定》)。

湖北武汉,市民在书店浏览图书。

《决定》对深化文化体制改革、推动社会主义文化大发展大繁荣作了部署:充分认识推进文化改革发展的重要性和紧迫性,更加自觉、更加主动地推动社会主义文化大发展大繁荣;坚持中国特色社会主义文化发展道路,努力建设社会主义文化强国;推进社会主义核心价值体系建设,巩固全党全国各族人民团结奋斗的共同思想道德基础;全面贯彻"二为"方向和"双百"方针,为人民提供更好更多的精神食粮;大力发展公益性文化事业,保障人民基本文化权益;加快发展文化产业,推动文化产业成为国民经济支柱性产业;进一步深化改革开放,加快构建有利于文化繁荣发展的体制机制;建设宏大文化人才队伍,为社会主义文化大发展大繁荣提供有力人才支撑;加强和改进党对文化工作的领导,提高推进文化改革发展科学化水平。

《决定》全面总结了党领导文化建设的成就和经验,深刻分析了文化建设面临的新形势和新任务,阐明了中国特色社会主义文化发展道路,确立了建设社会主义文化强国的宏伟目标,提出了新形势下推进文化体制改革的指导思想、重要方针、目标任务和政策举措,是当前和今后一个时期推进中国文化改革和发展的行动纲领,具有长远的指导意义[1]。

[1]《〈中共中央关于深化文化体制改革、推动社会主义文化大发展大繁荣若干重大问题的决定〉亮点解读》,新华网,2011年10月27日。

中国电影年产量由2003年的不到100部上升到2010年的526部。中国已发展成为世界第三大电影生产国和第一大电视剧生产国。

2011年7月19日，南京市土地管理局举行建设用地使用权拍卖会。

观点

刘尚希：营业税是比较便于征收的税种，但存在重复征税现象，只要有流转环节就要征税，流转环节越多，重复征税现象越严重。增值税替代营业税，允许抵扣，将消除重复征税的弊端，有利于减轻企业税负。目前试点期间上海财政体制暂时不变，但未来增值税改革向全国推进将涉及中国财政体制改革问题，首要问题是增值税如何在中央与地方间分配。

杨志勇：从整体上来讲，此次改革有利于降低企业税负，但因为每个企业的经营状况、盈利能力不同，并不是每个企业在每个时期税负都会下降。目前试点只针对交通运输业和部分现代服务业，如果推广到其他行业不排除还要新增税率档次。此外，由于营业税改征增值税之后，地方政府面临税源减少的现实，需要全方位改革财政体制。
2011年11月17日，财政部、国家税务总局正式发布了《营业税改征增值税试点方案》及其相关政策，专家点评营业税改征增值税试点方案相关问题。
——资料来源：《专家点评营业税改征增值税试点方案相关问题》，中广网。

地方政府自行发债试点启动

为建立规范的地方政府举债融资机制，2011年10月17日，财政部下发《2011年地方政府自行发债试点办法》的通知。经国务院批准，2011年上海市、浙江省、广东省、深圳市开展地方政府自行发债试点。

《通知》指出，自行发债是指试点省（市）在国务院批准的发债规模限额内，自行组织发行本省（市）政府债券的发债机制。2011年试点省（市）政府债券由财政部代办还本付息。试点省（市）发行政府债券实行年度发行额管理，2011年度发债规模限额当年有效，不得结转下年。

试点省（市）应按照公开、公平、公正原则，组建本省（市）政府债券承销团。试点省（市）政府债券承销商应当是2009年至2011年记账式国债承销团成员，原则上不得超过20家。试点省（市）发行政府债券应以新发国债发行利率及市场利率为定价基准，采用单一利率发债定价机制确定债券发行利率。发债定价机制包括承销和招标，具体发债定价机制由试点省（市）确定。

试点省（市）应通过中国债券信息网和本省（市）财政厅（局、委）网站等媒体，及时披露本省（市）经济运行和财政收支状况等指标。试点省（市）在发债定价结束后应及时公布债券发行结果。

此次试点意味着地方政府将从之前的"代理发债"转化为"自行发债"。

《营业税改征增值税试点方案》公布实施

2011年11月16日，经国务院同意，财政部和国家税务总局发布

2011年11月17日，纳税人在山东省临沂市郯城县地方税务局办理纳税业务。

2011年12月27日,福建省晋江市市民在国税局办理业务。

 "实践证明,中国加入世界贸易组织,扩大对外开放,惠及13亿中国人民,也惠及各国人民。"

——胡锦涛

背景:从2001年加入世界贸易组织以来,中国坚持享受权利和履行义务相结合、实现自身发展和促进世界共同发展相结合,积极化挑战为机遇,在更大范围、更高水平上参与国际经济合作和竞争,大力发展开放型经济,既推动了中国社会生产力、综合国力、人民生活水平大幅度跃升,也为世界的和平与发展作出了积极的贡献。2011年12月11日,中国加入世界贸易组织10周年高层论坛在人民大会堂举行,国家主席胡锦涛出席并发表重要讲话,对中国加入世界贸易组织的意义作了如上肯定。

《营业税改征增值税试点方案》,同时印发了《交通运输业和部分现代服务业营业税改征增值税试点实施办法》、《交通运输业和部分现代服务业营业税改征增值税试点有关事项的规定》和《交通运输业和部分现代服务业营业税改征增值税试点过渡政策的规定》,明确从2012年1月1日起,在上海市交通运输业和部分现代服务业开展营业税改征增值税试点。

改革试点的主要内容是:在现行增值税17%和13%两档税率的基础上,新增设11%和6%两档低税率,交通运输业适用11%的税率,研发和技术服务、文化创意、物流辅助和鉴证咨询等现代服务业适用6%的税率;试点纳税人原享受的技术转让等营业税减免税政策,调整为增值税免税或即征即退;现行增值税一般纳税人向试点纳税人购买服务,可抵扣进项税额;试点纳税人原适用的营业税差额征税政策,试点期间可以延续;原归属试点地区的营业税收入,改征增值税后仍归属试点地区。

这次改革是继2009年全面实施增值税转型之后,货物劳务税收制度的又一次重大改革,也是一项重要的结构性减税措施①。

①《营业税改征增值税试点方案及上海试点政策发布》,中国网,2011年11月17日。

流行志

▶《喜羊羊与灰太狼》

《喜羊羊与灰太狼》自2005年开播以来,迄今已播出900多集,是目前中国集数最长的动画片之一。这部超强人气的长篇动画讲述了羊和狼两大族群间妙趣横生的斗争故事,以"童趣但不幼稚,启智却不教条"的鲜明特色,赢得众多粉丝。在中国的北京、上海、杭州等城市,《喜羊羊与灰太狼》最高收视率达17.3%,大大超过了同时段播出的境外动画片。此外,该片在中国香港、中国台湾、东南亚等国家和地区也受到热捧。

《喜羊羊与灰太狼》剧照

▶ 苹果手机

苹果手机也称为iphone,早在2007年,第一代iphone就开始发售了,直到2010年,第四代iphone推出,苹果手机才开始真正在中国流行起来。iphone系列手机以其精致的外形、超强的功能、超清晰的屏幕等一系列优势赢得了消费者的追捧。迷恋苹果手机的人也被称为"果粉",每逢iphone新一代上市,都有"果粉"通宵达旦的排队等着购买。

▶ 穿越剧

近几年来,穿越剧异军突起,在内地影视行业大放异彩,吸引了许多观众的眼球。2011年更是穿越剧的盛行之年,《宫锁心玉》的火热程度可以说是盛极一时,由此引发大量穿越剧争相上映,阿娇、蒲巴甲等主演的《灵珠》,刘诗诗、吴奇隆等主演的《步步惊心》也都引领一时风潮,穿越之作一部接一部,以势不可挡的发展速度"燎原"电视剧市场。但穿越剧也因混淆了人们特别是青少年的历史观而受到广泛诟病。

▶ "亲"

"亲"是"亲爱的"的简称。几年前,"亲"曾在某些群体的小范围中露面,随后进入亚洲最大的网络零售商——淘宝网的交易平台。2011年,随着网络商务广泛渗入日常生活,"亲,快来抢购哦!""亲,包邮哦!"于是"亲,×××"风行起来,人们称之为"淘宝体"。跟"亲爱的"相比较,"亲"显得简洁,也屏蔽了"爱"字的暧昧色彩,亲切感却有增无减。这一年,"亲"被网友评为"网络十大流行语"第一名。

环球大事

1月1日
爱沙尼亚加入欧元区。

1月30日
为期5天的达沃斯世界经济论坛年会落下帷幕。年会期间，全球政商界精英围绕"新形势下的共同准则"这一主题对全球经济形势和政经格局的变化，以及如何应对政治动荡和资源紧缺等全球性风险等进行了广泛的交流。

2月15日
纽约证券交易所与德国证券交易所正式宣布合并，组建世界最大的证券交易所集团。

3月1日
联合国大会以协商一致的方式通过决议，中止利比亚人权理事会成员国资格。这是联合国大会首次中止人权理事会某一成员国的资格。

3月11日
北京时间13时46分（当地时间14时46分），日本宫城县发生里氏9.0级(为世界观测史上最高震级)地震，引发的海啸影响太平洋大部分地区。造成重大人员伤亡和经济损失，东京有强烈震感。余震多次，并导致日本福岛第一核电站1号机组爆炸，3号机组起火，引发世界范围内的"核危机"。

日本福岛第一核电站发生核泄漏事故。

3月18日
美国水星探测卫星信使号预计进入水星轨道。

3月24—25日
欧盟成员国领导人举行的春季峰会，会上通过了一套应对欧元区主权债务危机的全面方案，包括欧元区永久性救助机制"欧洲稳定机制"。

4月8日
联合国气候变化谈判首轮会议在泰国首都曼谷闭幕。来自175个国家和地区的代表，就气候变化谈判的议程和工作安排达成了共识，同意按照"巴厘路线图"授权，在2010年底墨西哥坎昆大会所达成协议的基础上，进一步推动谈判进程。

5月9日
第六十一个"欧洲日"。庆祝活动在芬兰首都赫尔辛基举行。61年前，时任法国外长的罗伯特·舒曼公布了"舒曼计划"。该文件被视为欧盟的"出生证明"，由此成立的欧洲煤钢共同体为欧洲联盟打下了第一块基石。

6月21日
第六十五届联合国大会通过安理会对现任秘书长潘基文的连任推荐，其第二个5年任期自2012年1月1日起。

社会关注

大陆居民赴台个人游正式启动

2011年6月12日上午，第三届海峡论坛举行。国家旅游局局长邵琪伟宣布：6月28日正式启动大陆居民赴台个人游，第一批试点城市为北京市、上海市及福建省厦门市；两岸双方已同意开放福建居民赴金门、马祖、澎湖地区个人游，将尽快协商具体实施安排。当天，国务院台办主任王毅宣布，自6月12日起，计划在厦门暂住1个月以上的非闽籍居民也可在厦办理赴金门旅游；两岸双方商定大幅增加客运航班，使班次总量每周达到558班，一举增加50%以上。

2011年6月28日清晨6时20分，大陆赴台湾个人游北京首发仪式在北京首都机场出发大厅举行，北京第一批61名游客在这里等待登机前往台湾。8时45分，国航ＣＡ185航班搭载着这61名游客从首都国际机场起飞。由此，大陆居民赴台湾个人旅游正式启动。当天，来自北京、上海、厦门的290名游客当天分别乘坐10架航班和一艘游轮抵达台湾进行个人旅游。

大陆居民赴台团队旅游自2008

在中国台湾台东，大陆游客和热情洋溢的阿美族人共饮美酒。

年7月18日开始以来，总体呈现快速增长势头。2011年1至8月，大陆居民赴台团队游人数为77万人次，同比基本持平。其中8月为9.0599万人次，同比增长17.64%。

神舟八号与天宫一号实现交会对接

2011年北京时间9月29日21时16分3秒，中国第一个目标飞行器和空间实验室——天宫一号，在酒泉卫星发射中心发射。天宫一号全长10.4米，最大直径3.35米，由实验舱和资源舱构成。

11月1日5时58分10秒，中国"神舟"系列飞船的第八艘飞船——神舟八号无人飞船，在甘肃酒泉卫星发射中心由"长征二号F"遥八运载火箭顺利发射升空。

大陆居民赴台游首发团成员到达台北松山机场。

2011年9月29日下午16时许，北京航天飞行控制中心工作人员正在进行天宫一号发射前的准备工作。

11月3日凌晨1时36分，天宫一号目标飞行器与神舟八号飞船成功实现首次交会对接，这是中国载人航天的崭新高度。由此，中国在突破和掌握空间交会对接技术方面迈出了重要一步，标志着中国继美、俄之后，成为世界上第三个掌握空间飞行器交会对接能力的航天大国。此后，天宫一号与神舟八号于北京时间11月14日20时00分又进行了第二次交会对接，再次取得成功。2011年11月16日18时30分，神舟八号飞船与天宫一号目标飞行器成功分离，返回舱于11月17日19时许返回地面。

神舟八号与天宫一号实现交会对接的成功实现，使中国未来空间站的组装和建造成为可能，使空间站物资和人的运输成为可能。同时，交会对接的实现在诸如载人登月和深空探测任务等方面也具有较大价值。这是中国人独立自主、勤学苦研、合作奋斗、勇攀高峰的又一历史性成就。

"三公"经费公开

2011年3月在第十一届全国人民代表大会上，温家宝总理在政府工作报告中明确提出，要加快实行财政预算公开，让人民知道政府花了多少钱，办了什么事，并提出"三公"经费原则上零增长。所谓"三公"经费，是指中央行政单位（含参照公务员法管理的事业单位）、事业单位和其他单位用财政拨款开支的出国（境）费、车辆购置及运行费、公务接待费。

3月23日，国务院常务会议决定，今年6月向全国人大常委会报告中央财政决算时，将中央本级"三公"经费支出情况纳入报告内容，并向社会公开，接受社会监督。4月14日，科技部公布了2011年"三公"经费预算总数，这是第一家公布"三公"经费的中央部门。截至8月1日，已有90多家中央部门公布了2010年财政拨款开支的"三公"经费支出决算和2011年预算情况。

除了中央本级和中央各部门，地方政府"三公"经费公开也在国务院要求之列。7月，北京市政府在向市人大常委会作北京市2010年市级决算报告中，就公开了2010年北京市级"三公"消费。

截至8月1日，已有90多家中央部门公布了2010年财政拨款开支的"三公"经费支出决算和2011年预算情况。

环球大事

6月29日
国际货币基金组织宣布，法国经济、财政与工业部部长拉加德当选为新一任总裁，成为该组织自1944年成立以来第一位女性总裁。

8月1日
奥巴马发表声明，称已和共和党国会领导人达成历史性协议，双方同意妥协，同意未来十年削减赤字1万亿美元，并避免美国未来8至12个月再度面临债务危机。

8月5日
国际评级机构标普将美国长期主权信用评级由"AAA"降至"AA+"，评级展望负面，这是美国历史上首次失去AAA信用评级。

10月21日
俄罗斯"联盟"运载火箭携带的欧洲伽利略全球卫星定位系统首批两颗卫星从法属圭亚那航天发射中心发射升空。这标志着欧洲人向拥有自己的智能卫星定位系统又迈进了一步。

10月31日
零点前两分钟，地球上第70亿名公民降生。出生在菲律宾首都马尼拉乔斯法贝拉公立医院的女婴丹妮卡·卡马乔成为地球上第70亿位公民。

12月12日
加拿大宣布退出《京都议定书》。

12月16日
俄罗斯正式加入世界贸易组织。

12月21日
欧盟委员会宣布，尽管有包括美国在内的众多国家强烈反对，欧盟关于从2012年1月1日开始征收国际航空碳排放费（即所谓航空"碳税"）的政策将如期实施。

> **重要文献**

《中华人民共和国国民经济和社会发展第十二个五年规划纲要》
（2011年3月16日）

2011年3月14日，第十一届全国人民代表大会第四次会议表决通过了《中华人民共和国国民经济和社会发展第十二个五年规划纲要》，并于3月16日发布。

目录：

第一篇 转变方式 开创科学发展新局面
第二篇 强农惠农 加快社会主义新农村建设
第三篇 转型升级 提高产业核心竞争力
第四篇 营造环境 推动服务业大发展
第五篇 优化格局 促进区域协调发展和城镇化健康发展
第六篇 绿色发展 建设资源节约型、环境友好型社会
第七篇 创新驱动 实施科教兴国战略和人才强国战略
第八篇 改善民生 建立健全基本公共服务体系
第九篇 标本兼治 加强和创新社会管理
第十篇 传承创新 推动文化大发展大繁荣
第十一篇 改革攻坚 完善社会主义市场经济体制
第十二篇 互利共赢 提高对外开放水平
第十三篇 发展民主 推进社会主义政治文明建设
第十四篇 深化合作 建设中华民族共同家园
第十五篇 军民融合 加强国防和军队现代化建设
第十六篇 强化实施 实现宏伟发展蓝

重要文献

《在庆祝中国共产党成立90周年大会上的讲话》

(胡锦涛,2011年7月1日)

2011年7月1日,中共中央总书记、国家主席胡锦涛在庆祝中国共产党成立90周年大会上发表重要讲话。讲话回顾和总结中国共产党成立九十年来的奋斗历程和辉煌成就;科学阐述我们党开辟的中国特色社会主义道路、形成的中国特色社会主义理论体系、确立的中国特色社会主义制度的深刻内涵;精辟概括九十年来我们党保持和发展马克思主义政党先进性的历史经验;对新的历史条件下提高党的建设科学化水平和在新的历史起点上全面推进中国特色社会主义伟大事业作出战略部署。

节选:

总结90年的发展历程,我们党保持和发展马克思主义政党先进性的根本点是:坚持解放思想、实事求是、与时俱进,以科学态度对待马克思主义,用发展着的马克思主义指导新的实践,坚持真理、修正错误,坚定不移走自己的路,始终保持党开拓前进的精神动力;坚持为了人民、依靠人民,诚心诚意为人民谋利益,从人民群众中汲取智慧和力量,始终保持党同人民群众的血肉联系;坚持任人唯贤、广纳人才,以事业感召、培养、造就人才,不断增加新鲜血液,始终保持党的蓬勃活力;坚持党要管党、从严治党,正视并及时解决党内存在的突出问题,始终保持党的肌体健康。

90年来党的发展历程告诉我们,来自人民、植根人民、服务人民,是我们党永远立于不败之地的根本。以人为本、执政为民是我们党的性质和全心全意为人民服务根本宗旨的集中体现,是指引、评价、检验我们党一切执政活动的最高标准。……我们必须始终把人民利益放在第一位,把实现好、维护好、发展好最广大人民根本利益作为一切工作的出发点和落脚点,做到权为民所用、情为民所系、利为民所谋,使我们的工作获得最广泛最可靠最牢固的群众基础和力量源泉。

面向未来,全党同志必须牢记,中国过去30多年的快速发展靠的是改革开放,中国未来发展也必须坚定不移依靠改革开放。新时期最鲜明的特点是改革开放。改革开放是党在新的历史条件下领导人民进行的新的伟大革命,是决定当代中国命运的关键抉择,是坚持和发展中国特色社会主义、实现中华民族伟大复兴的必由之路。只有改革开放才能发展中国、发展社会主义、发展马克思主义。

——摘自《求是》2011年第13期,第3—13页。

> 重要文献

《在纪念辛亥革命100周年大会上的讲话》

（胡锦涛，2011年10月9日）

2011年10月9日，中共中央总书记、国家主席胡锦涛在纪念辛亥革命100周年大会上发表讲话。讲话高度评价辛亥革命的伟大功绩和孙中山先生等辛亥革命先驱的历史功勋，指出，孙中山先生振兴中华的深切夙愿，辛亥革命先驱的美好憧憬，今天已经或正在成为现实。实现中华民族伟大复兴，必须坚定不移高举中国特色社会主义伟大旗帜；必须坚定不移高举爱国主义伟大旗帜；必须坚定不移高举和平、发展、合作旗帜。

节选：

实现中华民族伟大复兴，必须坚定不移高举爱国主义伟大旗帜。辛亥革命100年来的历史表明，爱国主义是中华民族精神的核心，是动员和凝聚全民族为振兴中华而奋斗的强大精神力量。……在实现中华民族伟大复兴的征程上，我们一定要大力弘扬爱国主义精神，巩固和加强全国各族人民的大团结，巩固和加强海内外中华儿女的大团结，巩固和壮大最广泛的爱国统一战线，促进政党关系、民族关系、宗教关系、阶层关系、海内外同胞关系的和谐，广泛凝聚中华民族一切智慧和力量，团结一切可以团结的力量，万众一心为实现中华民族伟大复兴而奋斗。

实现中华民族伟大复兴，必须坚定不移高举和平、发展、合作旗帜。辛亥革命100年来的历史表明，实现中华民族发展进步，不仅需要安定团结的国内环境，而且需要和平的国际环境。……中国过去、现在、将来都是维护世界和平、促进共同发展的积极力量。在实现中华民族伟大复兴的征程上，我们一定要坚持独立自主的和平外交政策，坚持走和平发展道路，坚持实施互利共赢的开放战略，在和平共处五项原则的基础上同所有国家发展友好合作，推动国际政治经济秩序朝着更加公正合理的方向发展，同各国人民一道推动建设持久和平、共同繁荣的和谐世界，努力为人类作出新的更大的贡献。

孙中山先生和辛亥革命先驱振兴中华的宏愿，应该成为两岸同胞的共同追求。两岸同胞是血脉相连的命运共同体，大陆和台湾是两岸同胞的共同家园。当今时代，两岸中国人面临着共同繁荣发展、共谋中华民族伟大复兴的历史机遇，两岸关系和平发展已成为中华民族伟大复兴的重要组成部分。携手推动两岸关系和平发展、同心实现中华民族伟大复兴，应该成为两岸同胞共同努力的目标。

——摘自《求是》2011年第20期，第3—5页。

■ 重要文献

《中共中央关于深化文化体制改革、推动社会主义文化大发展大繁荣若干重大问题的决定》

（2011年10月18日）

2011年10月18日，中国共产党第十七届中央委员会第六次全体会议通过了《中共中央关于深化文化体制改革、推动社会主义文化大发展大繁荣若干重大问题的决定》。《决定》提出到2020年文化改革发展的奋斗目标和必须遵循的重要方针，指出，要坚持中国特色社会主义文化发展道路，努力建设社会主义文化强国；推进社会主义核心价值体系建设，巩固全党全国各族人民团结奋斗的共同思想道德基础；全面贯彻"二为"方向和"双百"方针，为人民提供更好更多的精神食粮；大力发展公益性文化事业，保障人民基本文化权益；加快发展文化产业，推动文化产业成为国民经济支柱性产业；进一步深化改革开放，加快构建有利于文化繁荣发展的体制机制；建设宏大文化人才队伍，为社会主义文化大发展大繁荣提供有力人才支撑；加强和改进党对文化工作的领导，提高推进文化改革发展科学化水平。

目录：

一、充分认识推进文化改革发展的重要性和紧迫性，更加自觉、更加主动地推动社会主义文化大发展大繁荣
二、坚持中国特色社会主义文化发展道路，努力建设社会主义文化强国
三、推进社会主义核心价值体系建设，巩固全党全国各族人民团结奋斗的共同思想道德基础
四、全面贯彻"二为"方向和"双百"方针，为人民提供更好更多的精神食粮
五、大力发展公益性文化事业，保障人民基本文化权益
六、加快发展文化产业，推动文化产业成为国民经济支柱性产业
七、进一步深化改革开放，加快构建有利于文化繁荣发展的体制机制
八、建设宏大文化人才队伍，为社会主义文化大发展大繁荣提供有力人才支撑
九、加强和改进党对文化工作的领导，提高推进文化改革发展科学化水平

■ 重要文献

《在改革开放进程中深入实施扩大内需战略》

（李克强，2011年12月15日）

2011年12月15日，中共中央政治局常委、国务院副总理李克强在北京出席全国发展和改革工作座谈会并作了题为《在改革开放进程中深入实施扩大内需战略》的讲话。

节选：

调整经济结构最重要的是扩大内需。扩大内需是我国经济社会发展的战略基点。……因此，必须坚定不移地实施扩大内需战略，总结经验做法，针对现实问题，建立健全扩大内需的长效机制，牢牢掌握发展的主动权。

扩大内需的最大潜力在于城镇化。促进城乡协调发展是内需的一大源泉。……我国正处于城镇化快速发展阶段，城镇化不仅可以扩大投资，而且能够促进消费，对扩大内需具有重要推动作用。国际上有经济学家曾经预言，中国的城镇化和美国的高科技是21世纪带动世界经济发展的"两大引擎"。

促进区域协调发展是扩大内需的又一源泉。要进一步实施区域发展总体战略和主体功能区战略，在推动东部地区转型发展的同时，更好地支持推进西部大开发、振兴东北地区等老工业基地、促进中部地区崛起，尤其是加大对老少边穷地区扶持力度。……

扩大内需的最大产业潜力在服务业。……无论是生产性服务业还是生活性服务业，在我国都有着旺盛的市场需求，发展潜力巨大。服务业绝大多数属于实体经济，同样能够创造社会财富和增强综合国力。服务业是最大的就业容纳器，是科技创新重要的驱动力量。……

消费需求是最终需求。无论是从应对当前挑战的实际需要看，还是从长远发展的根本目的看，都必须把扩大消费特别是居民消费放到扩大内需更加突出的位置。……为此，要深化收入分配制度改革，调整国民收入分配格局，逐步理顺收入分配关系，努力实现居民收入增长和经济发展同步、劳动报酬增长和劳动生产率提高同步，多渠道增加低收入者收入，提高中等收入者比重。在初次分配中，鼓励群众就业创业，合理提高劳动者报酬；同时，发挥好再分配的调节作用，健全养老、医疗、失业等保障制度，推进基本公共服务均等化，构筑社会保障安全网，为就业创业者解除后顾之忧。

——摘自《求是》2012年第4期，第3—10页。

大事记

1月1日

《2011年关税实施方案》实施。根据该方案，对配额外进口的一定数量棉花实施滑准税。对尿素、复合肥、磷酸氢二铵三种化肥的配额税率执行1％的税率。

1月4日

国务院正式批复《山东半岛蓝色经济区发展规划》，这标志着山东半岛蓝色经济区建设正式上升为国家战略，成为国家海洋发展战略和区域协调发展战略的重要组成部分。

1月4日

国家发改委发布《反价格垄断规定》和《反价格垄断行政执法程序规定》，对价格垄断协议、滥用市场支配地位和滥用行政权力等价格垄断行为的表现形式、法律责任作了具体规定。

1月6日

2011年全国能源工作会议召开。国家能源局局长张国宝介绍了"十二五"时期国家能源发展的思路：加快转变能源发展方式，合理控制能源消费总量，大力调整能源结构，推动能源生产和利用方式变革，构建安全稳定经济清洁的现代能源产业体系。

1月12日

国务院常务会议决定，2011年4月底前，将国有企业有伤残等级的老工伤人员和工亡职工供养亲属纳入工伤保险统筹管理。

1月19日

温家宝总理主持召开国务院常务会议，审议并原则通过《国有土地上房屋征收与补偿条例（草案）》。新《条例（草案）》规定，政府是房屋征收与拆迁的主体，取消行政强制拆迁，超期不搬迁的，由政府申请法院强制执行。

1月21日

国务院总理温家宝21日主持召开国务院常务会议，审议并原则通过《关于深化医药卫生体制改革的意见》和《2009—2011年深化医药卫生体制改革实施方案》。

1月26日

为进一步做好房地产市场调控，国务院常务会议确定8项政策措施，涉及进一步落实地方政府责任、强化差别化住房信贷政策等内容，被称作"国八条"。

1月29日

《中共中央、国务院关于加快水利改革发展的决定》发布。《决定》指出：加快水利改革发展，不仅事关农业农村发展，而且事关经济社会发展全局；不仅关系到防洪安全、供水安全、粮食安全，而且关系到经济安全、生态安全、国家安全。同日，新世纪以来中央指导"三农"工作的第八个中央"1号文件"由新华社发布。

2月10日

文化部、财政部出台文件明确，2011年底之前国家级、省级美术馆全部向公众免费开放；全国所有公共图书馆、文化馆（站）实现无障碍、零门槛进入，公共空间设施场地全部免费开放，所提供的基本服务项目全部免费。2012年底之前各级美术馆全部向公众免费开放。

2月12日

国务院办公厅印发了《关于建立外国投资者并购境内企业安全审查制度的通知》，发改委有关负责人指出，建立外资并购安全审查制度有利于规范和促进外资并购持续健康发展，鼓励外资以参股、并购等方式参与国内企业改组改造和兼并重组。

2月19—23日

中共中央在中央党校举行省部级主要领导干部社会管理及其创新专题研讨班。

2月22日

大陆海协会与台湾海基会在台湾桃园举行两岸经济合作委员会第一次例会。全面启动了两岸经济合作框架协议（ECFA）后续协商工作。

2月24日

交通运输部确定选择天津、重庆、深圳、厦门、杭州、南昌、贵阳、保定、武汉、无锡10个城市开展低碳交通运输体系建设试点工作。

3月1日

浙江海洋经济发展示范区规划获批升为国家战略。根据《规划》，浙江将挖掘浙江丰富的"海洋生产力"，把海洋经济作为未来经济转型升级的突破口，同时，打造"一核两翼三圈九区多岛"的空间布局，提升浙江海洋经济大平台。

3月3日

中国人民政治协商会议第十一届全国委员会第四次会议在北京人民大会堂开幕。

3月5日

第十一届全国人民代表大会第四次会议在人民大会堂开幕，听取国务院总理温家宝作政府工作报告，审查"十二五"规划纲要草案、年度计划报告和预算报告。

3月6日

《粤澳合作框架协议》在北京人民大会堂签署。这标志着粤澳合作迈向新的里程，开启了"一国两制"下区域合作新篇章。

3月9日

教育部和15个省(区、市)签署了义务教育均衡发展备忘录。

3月14日

第十一届全国人民代表大会第四次会议审查了国务院提出的《中华人民共和国国民经济和社会发展第十二个五年规划纲要（草案）》，会议决定批准这个规划纲要，并于3月16日发布。

3月20日

中共中央政治局常委、国务院副总理李克强出席第十二届中国发展高层论坛开幕式并致辞。他指出，中国将按照加快转变经济发展方式的要求，推动经济转型，创新发展模式，把各方面发展的积极性引导到保障和改善民生、调整经济结构、加强节能环保、深化改革开放上来，促进经济社会又好又快发展。

3月23日

中共中央、国务院印发《关于分类推进事业单位改革的指导意见》。

3月28日

中共中央政治局召开会议，讨论研究加强市、地、州、盟党政正职干部管理工作。中共中央总书记胡锦涛主持会议。会议认为，地市一级在党和国家工作全局中处于承上启下的重要位置，地市党政正职干部是党治国理政的重要骨干力量，在推进改革发展稳定中担负着重要责任、发挥着关键作用。

4月14日

金砖国家领导人第三次会晤在海南省三亚市举行，中国国家主席胡锦涛、巴西总统

罗塞夫、俄罗斯总统梅德韦杰夫、印度总理辛格、南非总统祖马出席。这次会晤的主题是"展望未来、共享繁荣"。

4月14—16日
博鳌亚洲论坛2011年年会在海南博鳌举行。15日，胡锦涛出席开幕式并发表演讲。

2011年4月15日，海南博鳌，博鳌亚洲论坛2011年年会会场。

4月20日
国务院总理温家宝主持召开国务院常务会议，研究部署2011年深化经济体制改革重点工作。一是推进转变经济发展方式的改革；二是深化社会领域改革，保障和改善民生；三是深化行政体制改革，加强廉政建设；四是深化农村改革，完善体制机制。

4月26日
中共中央政治局召开会议，研究当前扶贫开发工作面临的形势和任务，审议《中国农村扶贫开发纲要（2011—2020年）》。

4月28日
国家统计局公布第六次全国人口普查主要数据，全国总人口为1370536875人，其中普查登记的大陆31个省、自治区、直辖市和现役军人的人口共1339724852人。

5月4日
《涉及外商投资企业股权出资的管理办法（征求意见稿）》公布，并面向社会公开征求意见。该《办法》明确了外商投资股权出资的细项，有利于促进资本市场自由流转。

5月6日
国家发展改革委和浙江省人民政府在义乌市举办浙江省义乌市国际贸易综合改革试点动员大会，共同部署义乌国际贸易综合改革试点工作，拉开义乌作为全国首个由国务院批准的县级市综合改革试点的序幕。

5月11日
国务院总理温家宝主持召开国务院常务会议，讨论通过《中国残疾人事业"十二五"发展纲要》。

5月23日
西藏和平解放60周年座谈会在人民大会堂举行，中共中央政治局常委、全国政协主席贾庆林出席座谈会并讲话。1951年5月23日，中央人民政府代表和原西藏地方政府代表在北京签订了"十七条协议"，实现了西藏的和平解放。西藏的和平解放，彻底驱逐了帝国主义势力，捍卫了祖国主权和领土完整；沉重打击了各种分裂势力，维护了国家统一和民族团结；为改变西藏政教合一的封建农奴制创造了条件，开辟了百万农奴翻身解放的道路；开启了西藏繁荣进步的光明前程，极大地促进了西藏各项事业发展。

5月20—26日
应中共中央总书记、国家主席胡锦涛的邀请，朝鲜劳动党总书记、国防委员会委员长金正日对中国进行非正式访问，并在北京、黑龙江、吉林、江苏参观考察。

5月30日
中共中央政治局召开会议，研究加强和创新社会管理问题。中共中央总书记胡锦涛主持会议。

6月1日
国务院总理温家宝主持召开国务院常务会议，决定启动城镇居民社会养老保险试点，研究部署加强地质灾害防治工作。会议决定，自2011年7月1日起，启动城镇居民社会养老保险试点工作，2011年试点范围覆盖全国60%的地区，2012年基本实现全覆盖。

6月13日
中国石油天然气集团公司宣布，随着位于江西省遂川县的遂川江顶管隧道完成管道焊接，西气东输二线干线工程由此全线贯通，并计划于6月底实现干线工程全面建成投产。

6月23日
国家发改委下发了《关于整顿规范电价秩序的通知》，明确禁止地方自行出台优惠电价政策，要求地方严格执行国家上网电价政策，并严格落实燃煤发电机组脱硫电价政策。

6月30日
十一届全国人大常委会第二十一次会议表决通过了全国人大常委会关于修改个人所得税法的决定。根据决定，个税起征点将从现行的2000元提高到3500元。

7月1日
庆祝中国共产党成立90周年大会在北京人民大会堂隆重举行。中共中央总书记胡锦涛在会上发表重要讲话。

7月1日
《社会保险法》正式施行。社会保险法从法律上明确国家建立基本养老、基本医疗和工伤、失业、生育等社会保险制度，并对确立基本养老保险关系转移接续制度，提高基本养老保险基金统筹层次，建立新型农村社会养老保险制度、城镇居民养老保险制度等作出原则规定。这是中国最高国家立法机关首次就社保制度进行立法。

7月12日
国务院总理温家宝主持召开国务院常务会议，分析当前房地产市场形势，研究部署继续加强调控工作，会议提出了五项要求，被称为"新国5条"。

7月19日
中国互联网络信息中心（CNNIC）在北京发布了《第28次中国互联网络发展状况统计报告》，报告显示，截至2011年6月，中国网民规模达4.85亿，较2010年年底增加2770万人；互联网普及率攀升至36.2%，较2010年提高1.9个百分点。中国手机网民规模为3.18亿，较2010年年底增加了1494万人。手机网民在总体网民中的比例达65.5%，成为中国网民的重要组成部分。

8月1日
《医疗卫生服务单位信息公开管理办法(试行)》、《无居民海岛使用金征收使用管理办法》、《网络游戏管理暂行办法》、新修订的《中国人民解放军现役士兵服役条例》、《无居民海岛使用金征收使用管理办法》开始实施。

8月10日
国务院总理温家宝主持召开国务院常务会议，决定开展高速铁路及其在建项目安全大检查，适当降低新建高速铁路运营初期的速度，对拟建铁路项目重新组织安全评估。这是中国在过去几年连续6次铁路大提速及多次冲击高铁最高时速后的首次降速运行。

8月13日
《婚姻法》司法解释(三)正式实施。解释明确婚后一方父母出资为子女购买不动产且产权登记在自己子女名下的应认定为夫妻一方的个人财产。

8月15日
《关于鼓励和引导民营企业发展战略性新兴产业的实施意见》印发，要求加快清理相关领域的准入条件，引导民间资本设立创业投资和产业投资基金，改进对民营企业的融资服务等，以鼓励和引导民营企业发展战略性新兴产业。

9月6日

国务院新闻办公室发表《中国的和平发展》白皮书，全面阐释了中国和平发展道路的开辟、中国和平发展的总体目标、中国和平发展的对外方针政策、中国和平发展是历史的必然选择以及中国和平发展的世界意义等内容。

9月7日

第十五届中国国际投资贸易洽谈会在厦门国际会展中心举行开馆式。

9月14日

世界经济论坛2011年新领军者年会（第五届夏季达沃斯论坛）在大连开幕。为期3天的本届论坛以"关注增长质量，掌控经济格局"为主题。

9月15日

国家外汇管理局决定改革货物贸易外汇管理制度，优化升级出口收汇与出口退税信息共享机制，并自2011年12月1日起，在江苏、山东、湖北、浙江（不含宁波）、福建（不含厦门）、大连、青岛等省（市）进行试点。

9月21日

国务院召开常务会议，决定对《中华人民共和国资源税暂行条例》作出修改，在现有资源税从量定额计征基础上增加从价定率的计征办法，调整原油、天然气等品目资源税税率。

9月22日

工业和信息化部对外发布《"十二五"中小企业成长规划》，《规划》提出进一步拓宽中小企业融资渠道，继续壮大中小企业板市场，积极发展创业板市场；制订实施细则，引导民间资本进入垄断行业市场；出台系列财税支持措施降低中小企业营运成本。这是中国发布的首个中小企业发展的国家级专项规划。

9月23日

农业部公布了第一批76个国家农业产业化示范基地名单。

9月27日

国务院召开全国节能减排工作电视电话会议，全面动员和部署"十二五"节能减排工作。国务院总理温家宝作重要讲话，他强调，要从战略和全局高度认识节能减排的重大意义，全面落实节能减排综合性工作方案，下更大决心、花更大气力，打赢节能减排持久战和攻坚战，建设资源节约型、环境友好型社会。

9月

文化部、人力资源和社会保障部和中华全国总工会下发《关于进一步加强农民工文化工作的意见》。这是中国首次对农民工文化建设进行全面部署。

10月7日

国务院出台关于支持河南省加快建设中原经济区的指导意见。意见指出，积极探索不以牺牲农业和粮食、生态和环境为代价的工业化、城镇化、农业现代化协调发展的路子，是中原经济区建设的核心任务。

10月9日

纪念辛亥革命100周年大会在北京人民大会堂隆重举行。中共中央总书记、国家主席、中央军委主席胡锦涛出席大会并发表重要讲话。

10月12日

国务院总理温家宝主持召开国务院常务会议，研究确定支持小型和微型企业发展的金融、财税政策措施。

10月13日

国家食品安全风险评估中心在北京挂牌成立，填补了中国食品安全风险评估领域长期以来缺乏专业技术机构的空白。

10月14日

第110届中国进出口商品交易会（广交会）开幕式暨中国加入世界贸易组织10周年论坛在广州隆重举行。广交会是中国历史最悠久、规模最大、商品种类最全、到会客商最多、成交效果最好的综合性国际贸易展会，一年分两届举行，成交总额占中国一般贸易出口总额的四分之一。

10月15—18日

中共十七届六中全会在京举行，会议审议通过《中共中央关于深化文化体制改革、推动社会主义文化大发展大繁荣若干重大问题的决定》。

10月31日

中老缅泰湄公河流域执法安全合作会议在京举行。会议针对湄公河流域严峻的安全形势，研究建立中老缅泰四国在本流域的执法安全合作机制，并进一步协调各方立场。

11月9日

国务院总理温家宝主持召开国务院常务会议，讨论通过《"十二五"控制温室气体排放工作方案》。会议要求，各地区、各部门要按照"十二五"规划纲要提出的到2015年单位国内生产总值二氧化碳排放比2010年下降17%的目标要求。

11月16日

国务院总理温家宝主持召开国务院常务会议，决定建立青海三江源国家生态保护综合试验区。试验区包括玉树、果洛、黄南、海南4个藏族自治州21个县和格尔木市唐古拉山镇。

11月17日

财政部、国税总局公布《营业税改征增值税试点方案》及上海试点的相关政策，确定了增值税扩围的交通运输业和部分现代服务业增值税税率。根据方案，在现行增值税17%标准税率和13%低税率基础上，新增11%和6%两档低税率。

2011年10月9日上午，纪念辛亥革命100周年大会在北京人民大会堂举行。

中央扶贫开发工作会议现场。

11月28日

中国外商投资企业协会第五次会员代表大会在京召开。中国将坚定不移地深化改革、扩大开放,不断完善相关法律法规,加强组织制度创新,加大知识产权保护力度,切实维护外资企业合法权益,营造更加公平、公正、透明的投资环境。

11月29日

中央扶贫开发工作会议在北京召开。中央扶贫开发工作会议宣布,根据到2020年全面建设小康社会目标的要求,适应中国扶贫开发转入新阶段的形势,中央决定将农民人均纯收入2300元(2010年不变价)作为新的国家扶贫标准,这个标准比2009年1196元的标准提高了92%,对应的扶贫对象规模到今年年底约为1.28亿人,占农村户籍人口比例约为13.4%。

11月30日

中国首艘高速客滚轮"海峡号",搭载500多位游客,从福建平潭综合实验区澳前客滚码头缓缓起航。平潭至台中的海上航线当日正式开通,此航线亦是大陆首条对台高速客滚航线。

12月7日

在中国加入世界贸易组织10周年之际,国务院新闻办公室发表《中国的对外贸易》白皮书,对中国的对外贸易情况进行系统介绍。这是中国政府首次就对外贸易情况发布白皮书。白皮书指出,2001年12月11日,历经16年谈判,中国成为世界贸易组织第143个成员。

12月8日

财政部下发通知,决定在中央预算单位全面实施公务卡强制结算目录。

12月9日

中国老挝缅甸泰国湄公河联合巡逻执法联合指挥部在云南西双版纳关累港码头揭牌,标志着中老缅泰四国执法警务合作的新平台正式建立。

12月11日

中国加入世界贸易组织10周年高层论坛在人民大会堂举行。国家主席胡锦涛出席并发表重要讲话。

12月15日

中共中央政治局常委、国务院副总理李克强在北京出席全国发展和改革工作座谈会并作了题为《在改革开放进程中深入实施扩大内需战略》的讲话。

12月16日

人民币合格境外机构投资者(RQFII)正式启动。试点的200亿元人民币规模,其中八成资金即160亿元可投向固定收益证券、40亿元资金则可支持A股,但此前业界关注的投资银行间债市并未获得实质突破。

12月20日

经国务院批准,2011年上海市、浙江省、广东省、深圳市开展地方政府自行发债试点。专家指出,地方自行发债,除了举新债还旧债的短期作用外,更是建立了有效的融资机制,是中央推进地方政府阳光财政、阳光融资的重要措施。

12月22日

中共中央政治局常委、国务院副总理李克强在全国住房保障工作会上强调,要贯彻落实中央经济工作会议精神,扎实做好明年住房保障工作,在确保质量的前提下,统筹推进新开工和结转续建项目建设,完善配套设施,力争更多竣工,确保分配公平,促进民生改善和经济发展。

12月25日

深圳实现医保全覆盖。根据《深圳市医药卫生体制改革近期重点实施方案(2009—2011年)》,2011年深圳将实现常住人口医保全覆盖,所有持《深圳市居住证》并符合条件的非深圳市户籍常驻人员都将纳入医疗保险范围。

12月29日

国家发改委、商务部全文发布《外商投资产业指导目录(2011年修订)》,主要围绕两个方面:一是进一步扩大对外开放,放宽外资限制;二是引导外资投向调整,即鼓励外商投资高端制造业、战略性新兴产业、现代服务业,鼓励外资投向中西部地区。

数说发展

人口

总人口 **134735** 万人

城镇 **69079** 万人

乡村 **65656** 万人

 出生率 **11.93‰**

 死亡率 **7.14‰**

 自然增长率 **4.79‰**

GDP（国内生产总值）

第一产业 **47712** 亿元
第二产业 **220592** 亿元
第三产业 **203260** 亿元

GDP（国内生产总值）**471564** 亿元

比上年增长 **9.2%**

外汇储备 **31811** 亿美元

公共财政收入
- 公共财政收入 **103740** 亿元
- 其中：税收收入 **89720** 亿元

比上年增长 **24.8%**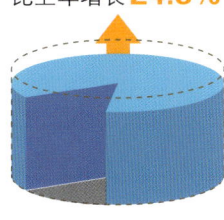

农业

产量（单位：万吨）

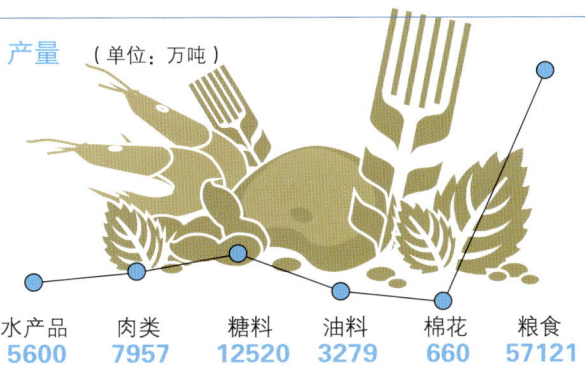

水产品	肉类	糖料	油料	棉花	粮食
5600	7957	12520	3279	660	57121

水利

 新增有效灌溉面积 **181** 万公顷

 新增节水灌溉面积 **221** 万公顷

工业

工业增加值 **188572** 亿元

规模以上工业利润总额 **54544** 亿元

建筑业增加值 **32020** 亿元

对外经济

进出口贸易总额 **36421** 亿美元

进出口差额 **1551** 亿美元
进口 **17435** 亿美元
出口 **18986** 亿美元

利用外资

 非金融领域新批外商直接投资企业 **27712** 家

 实际使用外商直接投资金额 **1160** 亿美元

对外经济合作

 对外承包工程业务完成营业额 **1034** 亿美元

 对外劳动合作派出各类劳务人员 **45.2** 万人

国内商业

社会商品零售总额 **183919** 亿元

按经营地统计

- 城镇消费品 **159552** 亿元
- 乡村消费品 **24367** 亿元

按消费形态统计

- 商品 **163284** 亿元
- 餐饮收入 **20635** 亿元

交通运输和邮电通信业

新建线路交付营业里程

- 铁路 **2167** 公里（高铁 **1421** 公里）
- 电气化铁路 **3398** 公里
- 铁路复线 **1889** 公里
- 公路 **55285** 公里（其中高速公路 **9124** 公里）
- 港口万吨级码头吞吐能力 **26639** 万吨

货物周转量 **159014.1** 亿吨公里

- 水运 **75196.2** 亿吨公里
- 公路 **51333.2** 亿吨公里
- 铁路 **29465.8** 亿吨公里
- 民航 **171.7** 亿吨公里
- 管道 **2847.2** 亿吨公里

旅客周转量 **30935.8** 亿人公里

- 铁路 **9312.3** 亿人公里
- 公路 **16732.6** 亿人公里
- 水运 **74.2** 亿人公里
- 民航 **4516.7** 亿人公里

港口完成货物吞吐量 **90.7** 亿吨

其中：外贸货物 **27.5** 亿吨

集装箱 **16231** 万标箱

邮电业务总量 **13379** 亿元

- 电信业务 **11772** 亿元
- 邮政业务 **1608** 亿元

全国固定及移动电话用户总数 **127137** 万户

电话普及率 **94.9** 部/百人

固定电话用户 **28512** 万户

其中：
- 城市 **19110** 万户
- 农村 **9402** 万户

移动电话用户 **98625** 万户

其中：
- 3G 移动电话用户 **12842** 万户

互联网上网人数 **5.13** 亿人

互联网普及率 **38.3%**

局用交换机总容量 **43467** 万门

移动电话交换机容量 **170691** 万户

固定资产投资

固定资产投资 311022 亿元

固定资产投资（不含农户）
301933 亿元

第一产业
6792 亿元

第二产业
132263 亿元

第三产业
162877 亿元

农户投资 **9089** 亿元

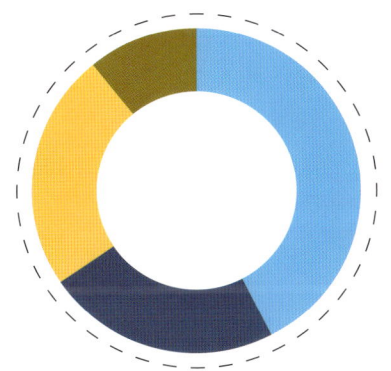

- 东部地区 **130319** 亿元
- 中部地区 **70783** 亿元
- 西部地区 **71849** 亿元
- 东北地区 **32687** 亿元

人民生活

城镇新增就业人数 **1221** 万人

城乡居民收入

- 城镇居民人均可支配收入 **21810** 元 增长 **8.4%**
- 农村居民人均纯收入 **6977** 元 增长 **11.4%**

居民家庭恩格尔系数

城市 **40.4%**　农村 **36.3%**

社会保障

参加各类基本保险人数

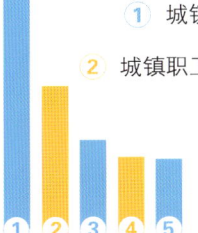

1. 城镇基本医疗保险 **47291** 万人
2. 城镇职工基本养老保险 **28392** 万人
3. 工伤保险 **17689** 万人
4. 失业保险 **14317** 万人
5. 生育保险 **13880** 万人

2646 个县（市、区）开展了新型农村合作医疗工作
参合率 **97.5%**

基金支出总额 **1114** 亿元　　受益 **8.4** 亿人次

全国列入国家新型农村社会养老保险试点地区参保人数 **32643** 万人

城乡人民储蓄存款
351957 亿元

保险事业

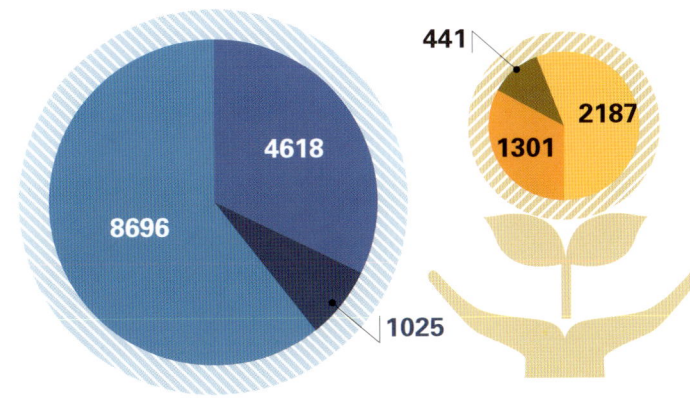

保险保费收入 **14339** 亿元
- 寿险业务原保险保费收入 **8696** 亿元
- 健康险和意外伤害险业务原保险保费收入 **1025** 亿元
- 财产险业务原保险保费收入 **4618** 亿元

支付各类赔款及给付 **3929** 亿元
- 寿险业务给付 **1301** 亿元
- 健康险和意外伤害险赔款及给付 **441** 亿元
- 财产险业务赔款 **2187** 亿元

社会福利事业

 提供住宿的社会服务机构 **4.5** 万个
床位 **367.2** 万张
收养救助各类人员 **279.6** 万人

社区服务设施 **14.8** 万个

得到政府五保救济的农村居民 **552.0** 万

得到政府最低生活保障数
城市 **2276.8** 万　农村 **5313.5** 万

救助城市医疗困难群众 **711.4** 万人次
救助农村医疗困难群众 **1558.1** 万人次

资助 **1276.5** 万城镇困难群众
参加城镇医疗保险
资助 **4544.3** 万农村困难群众
参加新型农村合作医疗

旅游

国内旅游

 国内居民出境人数 **7025** 万人次
其中因私出境 **6412** 万人次

国内出游人数 **26.4** 亿人次

国内旅游收入 **19306** 亿元

国际旅游

入境旅游人数 **13542** 万人次
其中：外国人 **2711** 万人次
香港、澳门和台湾同胞 **10831** 万人次

国际旅游外汇收入 **485** 亿美元

科学技术

 **研究与试验发展（R&D）**
经费支出 **8610** 亿元
其中：基础研究经费 **396** 亿元

授予专利权 **96.1** 万件
　其中，境内授权 **86.4** 万件

授予发明专利权 **17.2** 万件
　其中，境内授权 **10.6** 万件

有效专利 **274.0** 万件
　其中，境内有效专利 **220.2** 万件

有效发明专利 **69.7** 万件
　其中，境内有效发明专利 **31.8** 万件

- 成功发射卫星 **19** 次
- 天宫一号目标飞行器和神舟八号飞船成功发射并实现空中交会对接
- 载人深潜器"蛟龙"号成功完成 **5000** 米海试

签订技术合同 **25.6** 万项
技术合同成交金额 **4763.6** 亿元

文化

广播节目综合人口
覆盖率 **97.1%**

电视节目综合人口
覆盖率 **97.8%**

广播电台 **197** 座
电视台 **213** 座
广播电视台 **2153** 座
教育电视台 **44** 个
有线电视用户 **20152** 万户
有线数字电视用户 **11455** 万户

艺术表演团体	**2481** 个
博物馆	**2571** 个
公共图书馆	**2925** 个
文化馆	**3276** 个
档案馆	**4107** 个

已开放各类档案 **10376** 万卷（件）

电视剧 **469** 部 **14939** 集
动画电视 **261444** 分钟
故事影片 **558** 部
科教、纪录、动画和特种影片 **131** 部

出版
报纸 **467** 亿份
各类期刊 **33** 亿册
图书 **77** 亿册（张）

教 育

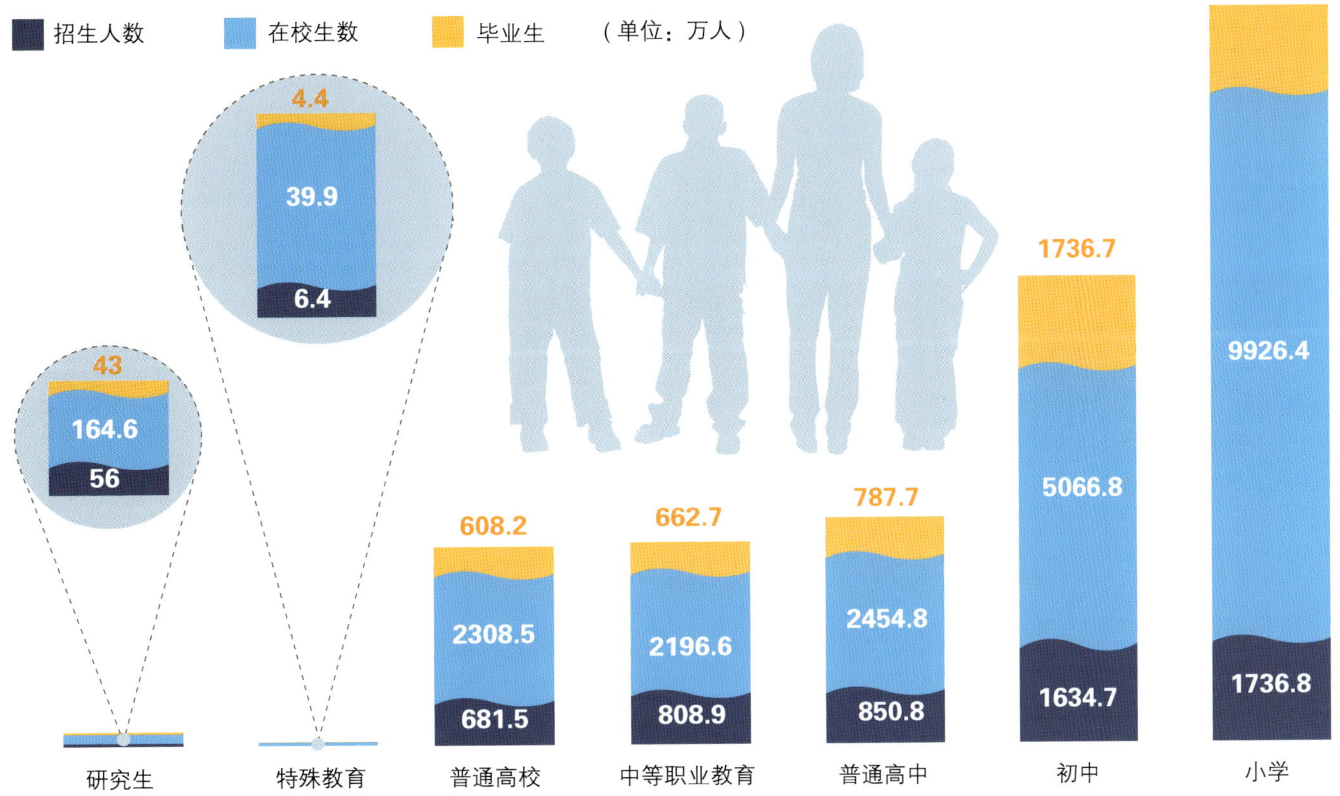

- 招生人数
- 在校生数
- 毕业生 （单位：万人）

研究生	特殊教育	普通高校	中等职业教育	普通高中	初中	小学
毕业生 43	4.4	608.2	662.7	787.7	1736.7	1662.8
在校生数 164.6	39.9	2308.5	2196.6	2454.8	5066.8	9926.4
招生人数 56	6.4	681.5	808.9	850.8	1634.7	1736.8

	招生人数	在校生数	毕业生
研究生	56	164.6	43
普通高校	681.5	2308.5	608.2
中等职业教育	808.9	2196.6	662.7
普通高中	850.8	2454.8	787.7
初中	1634.7	5066.8	1736.7
小学	1736.8	9926.4	1662.8
特殊教育	6.4	39.9	4.4

体 育

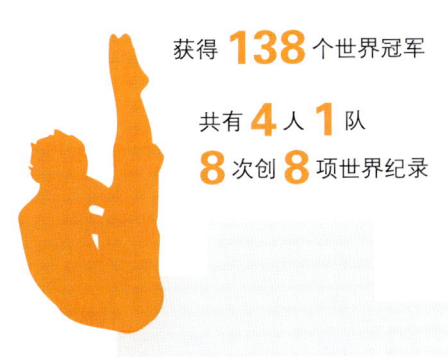

获得 **138** 个世界冠军

共有 **4** 人 **1** 队 **8** 次创 **8** 项世界纪录

卫 生

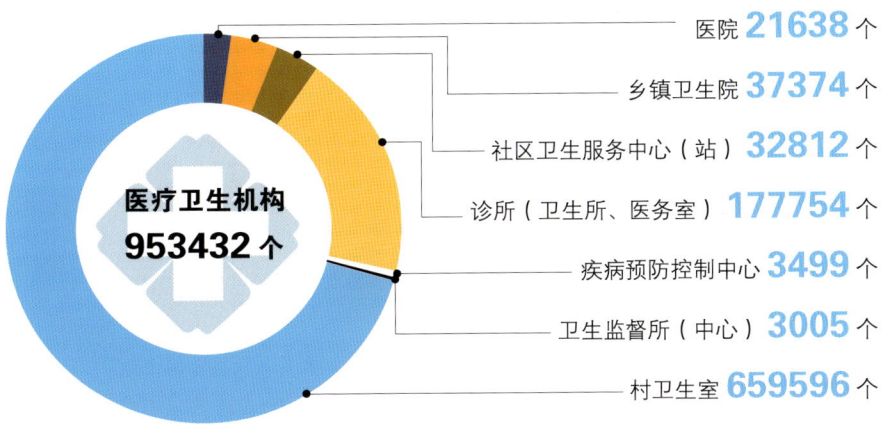

医疗卫生机构 **953432** 个

- 医院 **21638** 个
- 乡镇卫生院 **37374** 个
- 社区卫生服务中心（站）**32812** 个
- 诊所（卫生所、医务室）**177754** 个
- 疾病预防控制中心 **3499** 个
- 卫生监督所（中心）**3005** 个
- 村卫生室 **659596** 个

医疗卫生机构床位 **515** 万张

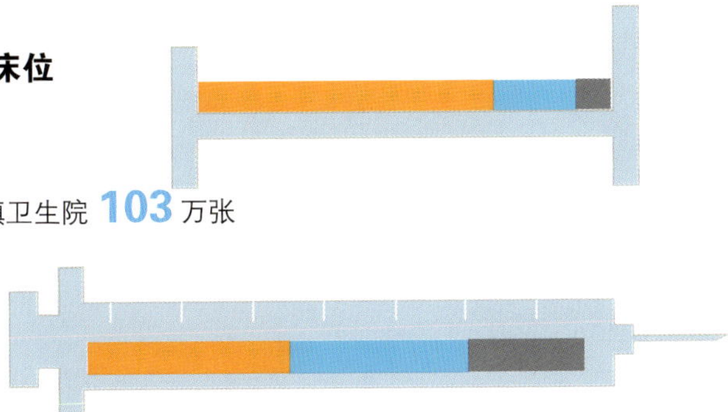

其中，医院 **368** 万张，乡镇卫生院 **103** 万张

卫生技术人员 **620** 万人

其中，执业医师和执业助理医师 **251** 万人，注册护士 **224** 万人

1978-2018
中国改革开放
全纪录

2012

- 中国共产党第十八次全国代表大会召开
- 城镇化成为全面建成小康社会的重要目标
- 新一轮医改开启
- 第六次行政审批制度改革启动
- 温州市金融综合改革实验区设立
- 提出并阐释中国梦

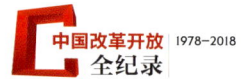

焦点事件

 语录　"改革不停顿，开放不止步。"

——习近平

中国共产党第十八次全国代表大会召开

2012年11月8日至14日，中国共产党第十八次全国代表大会在北京召开。会议选出新一届中央委员会、中央纪律检查委员会，审议并通过十七届中央委员会工作报告、中央纪律检查委员会工作报告，以及中国共产党党章修正案。会议确立科学发展观为党的指导思想，提出了夺取中国特色社会主义新胜利必须牢牢把握的基本要求，确定了全面建成小康社会和全面深化改革开放的目标。15日召开的十八届一中全会，选举产生25人组成的十八届中央政治局，选举习近平、李克强、张德江、俞正声、刘云山、王岐山、张高丽为中央政治局常委，选举习近平为中央委员会总书记。

为确保到2020年实现全面建成小康社会的目标，中国共产党第十八次代表大会报告提出"到2020年实现国内生产总值和城乡居民人均收入比2010年翻一番"，这是历次党的代表大会上，首次明确提出居民收入倍增目标。目标一经提出，立即在社会上引起热烈反响。

背景： 2012年12月7日至11日，中共中央总书记、中央军委主席习近平在广东省考察工作时讲话中提出，现在我国改革已经进入攻坚期和深水区，我们必须以更大的政治勇气和智慧，不失时机深化重要领域改革。深化改革开放，要坚定信心、凝聚共识、统筹谋划、协同推进。改革开放是决定当代中国命运的关键一招，也是决定实现"两个一百年"奋斗目标、实现中华民族伟大复兴的关键一招。实践发展永无止境，解放思想永无止境，改革开放也永无止境，停顿和倒退没有出路。我们要坚持改革开放正确方向，敢于啃硬骨头，敢于涉险滩，既勇于冲破思想观念的障碍，又勇于突破利益固化的藩篱。我们要尊重人民首创精神，在深入调查研究的基础上提出全面深化改革的顶层设计和总体规划，尊重实践、尊重创造，鼓励大胆探索、勇于开拓，聚合各项相关改革协调推进的正能量。

资料来源：《习近平在粤考察时强调：做到改革不停顿开放不止步》，新华网，2012年12月11日。

2012年11月15日，新当选的中共中央总书记习近平和中共中央政治局常委李克强、张德江、俞正声、刘云山、王岐山、张高丽在北京人民大会堂与中外记者见面。

人物：习近平

习近平，男，汉族，1953年6月生，陕西富平人，1969年1月参加工作，1974年1月加入中国共产党，清华大学人文社会学院马克思主义理论与思想政治教育专业毕业，在职研究生学历，法学博士学位。现任中国共产党中央委员会总书记，中共中央军事委员会主席，中华人民共和国主席，中华人民共和国中央军事委员会主席。

1969—1975年，陕西省延川县文安驿公社梁家河大队知青、党支部书记。

1975—1979年，清华大学化工系基本有机合成专业学习。

1979—1982年，国务院办公厅、中央军委办公厅秘书（现役）。

1982—1983年，河北省正定县委副书记。

1983—1985年，河北省正定县委书记，正定县武装部第一政委、党委第一书记。

1985—1988年，福建省厦门市委常委、副市长。

1988—1990年，福建省宁德地委书记，宁德军分区党委第一书记。

1990—1993年，福建省福州市委书记、市人大常委会主任，福州军分区党委第一书记。

1993—1995年，福建省委常委，福州市委书记、市人大常委会主任，福州军分区党委第一书记。

1995—1996年，福建省委副书记，福州市委书记、市人大常委会主任，福州军分区党委第一书记。1996—1999年 福建省委副书记，福建省高炮预备役师第一政委。

1999—2000年，福建省委副书记、代省长，南京军区国防动员委员会副主任，福建省国防动员委员会主任，福建省高炮预备役师第一政委。

2000—2002年，福建省委副书记、省长，南京军区国防动员委员会副主任，福建省国防动员委员会主任，福建省高炮预备役师第一政委。（1998—2002年清华大学人文社会学院马克思主义理论与思想政治教育专业在职研究生班学习，获法学博士学位）。

2002—2002年，浙江省委副书记、代省长，南京军区国防动员委员会副主任，浙江省国防动员委员会主任。

2002—2003年，浙江省委书记、代省长，浙江省军区党委第一书记，南京军区国防动员委员会副主任，浙江省国防动员委员会主任。

2003—2007年，浙江省委书记、省人大常委会主任，浙江省军区党委第一书记。

2007—2007年，上海市委书记，上海警备区党委第一书记。

2007—2008年，中央政治局常委、中央书记处书记，中央党校校长。

2008—2010年，中央政治局常委、中央书记处书记，中华人民共和国副主席，中央党校校长。

2010—2012年，中央政治局常委、中央书记处书记，中华人民共和国副主席，中共中央军事委员会副主席，中华人民共和国中央军事委员会副主席，中央党校校长。

2012—2013年，中央委员会总书记，中共中央军事委员会主席，中华人民共和国副主席，中华人民共和国中央军事委员会副主席。

2013年— 中央委员会总书记，中共中央军事委员会主席，中华人民共和国主席，中华人民共和国中央军事委员会主席。

中共第十五届中央候补委员，十六届、十七届、十八届、十九届中央委员，十七届中央政治局委员、常委、中央书记处书记，十八届、十九届中央政治局委员、常委、中央委员会总书记。第十一届全国人大第一次会议当选为中华人民共和国副主席。十七届五中全会增补为中共中央军事委员会副主席。第十一届全国人大常委会第十七次会议任命为中华人民共和国中央军事委员会副主席。十八届一中全会任中共中央军事委员会主席。第十二届全国人大第一次会议当选为中华人民共和国主席、中华人民共和国中央军事委员会主席。十九届一中全会任中共中央军事委员会主席。第十三届全国人大第一次会议当选为中华人民共和国主席、中华人民共和国中央军事委员会主席。

资料来源： 中国政府网，2018年3月17日。

人物：李克强

李克强，男，汉族，1955年7月生，安徽定远人，1974年3月参加工作，1976年5月加入中国共产党，北京大学法律系和经济学院经济学专业毕业，在职研究生学历，法学学士、经济学博士学位。现任中共十九届中央政治局常委、国务院总理、党组书记。

1974—1976年　安徽省凤阳县大庙公社东陵大队知青。

1976—1978年　安徽省凤阳县大庙公社大庙大队党支部书记。

1978—1982年　北京大学法律系学习，校学生会负责人。

1982—1983年　北京大学团委书记，共青团中央常委。

1983—1983年　共青团中央学校部部长兼全国学联秘书长。

1983—1985年　共青团中央书记处候补书记。

1985—1993年　共青团中央书记处书记兼全国青联副主席（其间：1991年9月至1991年11月中央党校省部级干部进修班学习）。

1993—1998年　共青团中央书记处第一书记兼中国青年政治学院院长。（1988—1994年北京大学经济学院经济学专业在职研究生学习，获经济学硕士、博士学位）。

1998—1999年　河南省委副书记、代省长。

1999—2002年　河南省委副书记、省长。

2002—2003年　河南省委书记、省长。

2003—2004年　河南省委书记、省人大常委会主任。

2004—2005年　辽宁省委书记。2005—2007年　辽宁省委书记、省人大常委会主任。

2007—2008年　中央政治局常委。

2008—2013年　中央政治局常委，国务院副总理、党组副书记。

2013—　中央政治局常委，国务院总理、党组书记。

第十五届、十六届、十七届、十八届、十九届中央委员，十七届、十八届、十九届中央政治局委员、常委。第八届全国人大常委会委员。

资料来源：中国政府网，2018年3月18日。

城镇化成为全面建成小康社会的重要目标

2012年，"城镇化"字眼密集出现在各种重要场合和政府文件中。

作为中国新时期纲领性文件的中共十八大报告中多次提及城镇化，"城镇化"首次出现在党代会报告的全面建设小康社会经济目标中，报告要求到2020年"城镇化质量明显提高"，要求"坚持走中国特色新型工业化、信息化、城镇化、农业现代化道路"，"促进工业化、信息化、城镇化、农业现代化同步发展"。

12月举行的中央经济工作会议提出"积极稳妥推进城镇化，着力提高城镇化质量"，进一步凸显出这一"中国发展的大战略"的重要性。会议指出，城镇化是现代化建设的历史任务，也是扩大内需的最大潜力所在。要围绕提高城镇化质量，因势利

语录　"改革是中国最大的红利。"
——李克强

背景：李克强在2012年11月21日全国综合配套改革试点工作座谈会的讲话中提出，党的十八大报告的一个突出特点，就是提出了"两个全面"、"两个加快"，把发展目标与改革目标一起规划、把市场化改革与转变发展方式一同部署。全面领会十八大精神，必须充分认识加快改革的重要性和紧迫性。中国30多年来取得的巨大成就，靠的是改革开放，甜头已经尝到。在新的起点上要全面建成小康社会，加快转变经济发展方式，让群众过上更好生活，依然要靠改革开放。这是中国发展的最大"红利"。

资料来源：《李克强：让改革红利落在老百姓头上》，央视网，2013年3月14日。

口述·忆述

李铁：城镇化真正进入中央政策的主渠道是在2012年，当年中央提出"通过新型城镇化拉动内需"。我们全程参与了推动新型城镇化发展的过程，例如城镇化规划的起草和编制，改革思路的提出以及后来的试点指导和相关的国际合作。作为长期从事改革，我从中央农村政策研究室和国务院农村发展研究中心以及短暂的国务院发展中心农村部，后来在国家体改委工作期间，在领导的支持下，从农村改革的各方面研究开始，逐渐开辟了从小城镇到城镇化的研究方向。现在我作为一个学者，还在继续着与城镇化有关的各方面的研究。我觉得在小城镇到城镇化这件事上坚持了25年，甚至还要从事一辈子，是非常值得欣慰的。

资料来源：中国（海南）改革发展研究院"口述改革历史"访谈。

正在建设中的黑龙江鹤山农场鹤园小区

🔼 观点

迟福林：我们说"改革红利是中国最大的红利"，关键在于，牢牢抓住"机遇、潜力、红利"这六个字，以改革的最大红利，抓住国内需求潜力的最大战略机遇，释放人口城镇化的最大潜力：第一，我国消费潜力释放与结构升级的空间巨大。到2020年消费需求有望达到40-50万亿，如果能够抓住国内需求潜力释放这一重要战略机遇，就有条件支撑10年7%-8%的经济增长。第二，消费潜力释放的重要载体是城镇化。我国城镇化正处于快速推进阶段，尤其是人口城镇化将真正发挥"城镇化创造需求"的作用，由此成为最大的潜力。第三，抓住机遇、释放潜力，取决于未来5-10年的体制机制改革与创新的进程，取决于改革红利的释放程度。

资料来源：迟福林主编：《改革红利》，中国经济出版社，2013年2月。

导、趋利避害，积极引导城镇化健康发展。

中共中央政治局常委、国务院副总理李克强在多个场合阐述"城镇化"。2月，李克强在《求是》杂志发表《在改革开放进程中深入实施扩大内需战略》一文中提到，扩大内需的最大潜力在城镇化；随即在《人民日报》发表文章，将城镇化作为未来经济增长的巨大动力；11月在会见世界银行行长金墉时指出，13亿人的现代化和近10亿人的城镇化，不仅造福中国人民，对世界也是贡献；在省部级领导干部推进城镇化建设研讨班学员座谈会上发表讲话时提到，城镇化是现代化的应有之义和基本之策，现代化的过程必然也是工业化、城镇化的过程。

地方也纷纷把推进新型城镇化作为未来经济社会发展的重大战略。例如，云南省提出，到2015年，力争城镇化水平达到45%左右，2030年达到65%左右；新疆提出到2020

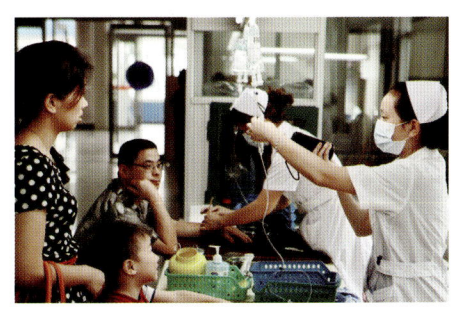

2012年06月28日，浙江省宁波市，宁波24家县级公立医院施行综合改革的第一天，所有药品零差价销售，增设一般诊查费，同时提高治疗费、手术费、护理费、床位费标准。图为奉化市中医院护士在给一位小患者输液。

流行志

▶ 甄嬛体

随着古装电视剧《后宫甄嬛传》的热播，剧中台词也因其饱含古诗风韵而被广大网友效仿，并被称为"甄嬛体"。许多网友纷纷效仿，形成一股全民大造句的热潮，如以"本宫"自居，用"极好"、"真真"等词描述事物，很快，"甄嬛体"红遍网络。

▶ "元芳，你怎么看？"

这是电视剧《神探狄仁杰》中的台词，却不经意间走俏中国。狄仁杰遇到案情难解之处，时常会问副手李元芳："元芳，你怎么看？"而李元芳的回答通常都是："大人，此事蹊跷，背后隐藏着一个惊天的阴谋。"该句式流行后，人们都在仿写这个句式，多将它缀于某个句子或语段的末尾，表达某种质疑、嘲讽或公开征询看法。

▶ 舌尖上的中国

因"舌尖上的中国"而爆红的广州老面馆。

2012年中央电视台播出美食类纪录片《舌尖上的中国》。该片展示了中国各地的美食生态和丰富多彩的饮食文化，引起社会广泛关注与讨论。此纪录片的走红，使"舌尖上"一词迅速流行，人们借此表达与饮食等相关的丰富意蕴。如"舌尖上的家乡"，即家乡的饮食文化；"舌尖上的春节"，指春节期间的饮食风俗；而"舌尖上的爱情"则可以理解为与饮食息息相关的爱情生活。

▶ 中国好声音

2012年中国电视娱乐的最强音莫过于浙江卫视的《中国好声音》。央视-索福瑞数据显示，7月13日，《中国好声音》第一期开播，在全国42个城市的收视率达到1.5，截至9月30日，更是创下6.109%的收视奇迹。这档由浙江卫视和灿星制作合作推出的选秀节目，相较于早几年的"超级女声"，在盲选阶段和导师制等方面有所创新，且制作更精良，更加注重塑造包括选手和导师的人物形象，戏剧性也更强。《中国好声音》由IPCN引进The Voice海外版权，灿星制作打造出"本土化"风格，浙江卫视作为播出平台——媒体版权经营公司和节目制作公司是内容提供商，电视台是播出终端。《中国好声音》也实现了中国电视行业的首次制播分离。

流行志

▶ 江南style

2012年全世界最红的神曲当属韩国音乐人PSY的《江南Style》，不仅登上韩国各大音乐榜首，还打入亚洲、欧美等市场，迅速成为风靡全球的娱乐盛宴。2012年12月21日UTC15:50左右，《江南style》成为互联网历史上第一个点击量超过10亿次的视频。从政客、明星到普通百姓，到处都在模仿《江南Style》MV中的骑马舞，掀起了一股狂热的模仿浪潮。

武汉凯德广场上一群年轻人现场表演"骑马舞"。

▶ "你幸福吗？"

2012年中秋、国庆双节前期，中央电视台推出了《走基层·百姓心声》特别调查节目"幸福是什么？"，深入基层对包括城市白领、乡村农民、科研专家、企业工人在内的几千名各行各业的工作者进行采访，记者的提问都是："你幸福吗？"一时间，"幸福"一词成为媒体热词，也引发了中国人对幸福的思考。"这个简单的问句背后蕴含着一个普通中国人对于所处时代的政治、经济、自然环境等方方面面的感受和体会。"随后，关于"幸福感"和"幸福指数"的调查和排名层出不穷。

年城镇化率达到58%；贵州省提出，2015年城镇化率达到41%左右，到2020年城镇化率达到50%左右。

新一届政府对城镇化高度关注，被广大学者赋予"扩大内需的战略性作用"的意义，并被认为是新一届政府推动经济改革的重要方向，同时也显示了新一届政府深化城镇化改革的决心。

新一轮医改开启

为进一步深化医疗卫生体制改革，2012年3月14日，国务院印发《"十二五"期间深化医药卫生体制改革规划暨实施方案》，进一步明确了2012年至2015年新一轮医改的规划和任务，并将医改的重心逐步从基层上移到公立医院，将更多涉及体制机制改革问题。4月17日，全国深化医药卫生体制改革工作会议召开。李克强副总理讲话强调，深化医改要抓住医保、医药、医疗3个重点环节，实行"三轮驱动"。

第六次行政审批制度改革启动

2012年8月22日召开的国务院常务会议决定取消和调整314项部门行政审批项目，批准广东省在行政审批制度改革方面先行先试。至此，国务院10年来分6批共取消和调整了2497项行政审批项目，占总数的69.3%。

会议依据行政许可法有关规定，批准广东省"十二五"时期在行政审批制度改革方面先行先试，对行政法规、国务院及部门文件设定的部分行政审批项目在本行政区域内停止实施或进行调整。会议指出，广东省处于改革开放前沿，市场发育程度较高，经济社会发展正全面进入转型期，深化行政审批制度改革、进一步转变政府职能的要求十分紧迫。在广东省进行改革试点，对于深化行政审批制度改革，推进行政管理体制改革，完善社会主义市场经济体制，具有重要示范意义。

会议指出，今后一个时期，要坚定不移地深化行政审批制度改革。一要按照应减必减、该放就放的原则，进一步取消和调整行政审批项目。凡公民、法人或者其他组织能够自主决定的，市场竞争机制能够有效调节的，行业组织或者中介机构能够自律管理的，政府都要退出。凡可以采用事后监管和间接管理方式的，一律不设前置审批。以部门规章、文件等形式违反行政许可法规定设定的行政许可，要限期改正。探索建立审批项目动态清理工作机制。二要积极推进行政审批规范化建设。新设审批项目，必须于法有据，并严格按照法定程序进行合法性、必要性、合理性审查论证。没有法律法规依据，任何部门不得以规章、文件等形式设定或变相设定行政审批项目。研究制定非行政许可审批项目设定和管理办法。三要加快推进事业单位改革和社会组织管理改革。把适合事业单位和社会组织承担的事务性工作和管理服务事项，通过委托、招标、

2012年12月28日，广东顺德行政服务中心。广东省佛山市顺德区政府对行政服务中心的管理架构及其职能作出了调整，务求通过加强改革、优化服务、提高效率，向企业、群众提供"规范、高效、便利"的政府公共服务。

浙江温州市区

合同外包等方式交给事业单位或社会组织承担。四要进一步健全行政审批服务体系。继续推进政务中心建设，健全省市县乡四级联动的政务服务体系，并逐步向村和社区延伸。五要加强政府监管。对取消和调整的行政审批事项，要明确监管责任，制定后续监管措施，强化工作衔接，避免出现监管真空。六要深入推进行政审批领域防治腐败工作。深化审批公开，推行"阳光审批"。

温州市金融综合改革实验区设立

2012年3月28日，国务院总理温家宝主持召开国务院常务会议，决定设立温州市金融综合改革试验区。会议批准实施《浙江省温州市金融综合改革试验区总体方案》，其内容包括温州市金融综合改革的十二项主要任务，如：规范发展民间融资，制定规范民间融资的管理办法，建立民间融资备案管理制度，建立健全民间融资监测体系；加快发展新型金融组织，鼓励和支持民间资金参与地方金融机构改革，依法发起设立或参股村镇银行、贷款公司、农村资金互助社等新型金融组织。符合条件的小额贷款公司可改制为村镇银行；发展专业资产管理机构，引导民间资金依法设立创业投资企业、股权投资企业及相关投资管理机构；研究开展个人境外直接投资试点，探索建立规范便捷的直接投资渠道；培育发展地方资本市场。依法合规开展非上市公司股份转让及技术、文化等产权交易等。

温州市民营经济发达，民间资金充裕，民间金融活跃。开展金融综合改革，切实解决温州经济发展存在的突出问题，引导民间融资规范发展，使民间资本能够顺畅破除在金融领域的"玻璃门"障碍，提升金融服务实体经济的能力，不仅对温州的健康发展至关重要，而且对全国的金融改革和经济发展具有重要的探索意义。

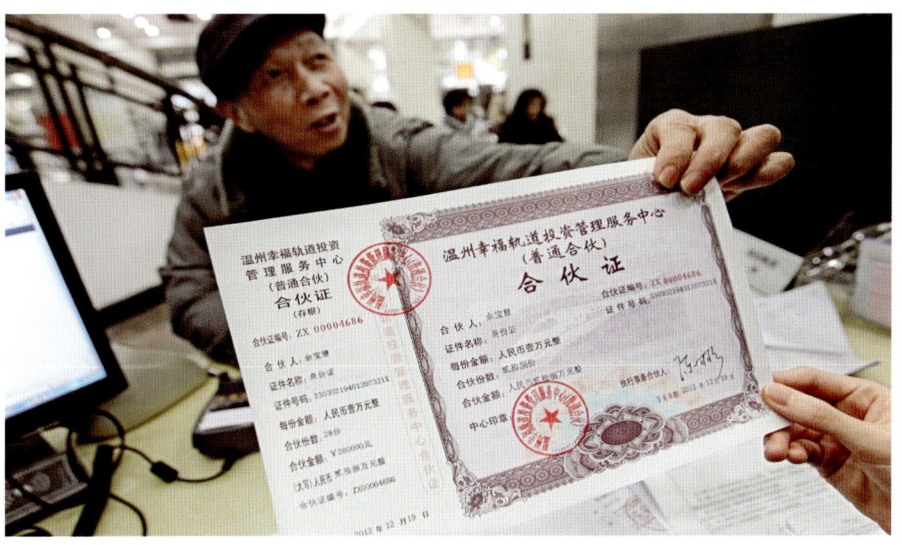

2012年12月19日，浙江温州，今年73岁的市民余宝慧用自己积蓄认购了28万元"幸福"股份，在他看来，这种投资有政府信用作保障，收益可观又安全。

提出并阐释中国梦

2012年11月29日，中共中央总书记习近平和其他中央领导同志来到国家博物馆，参观大型展览《复兴之路》并发表重要讲话，第一次阐释了"中国梦"的概念。实现中华民族伟大复兴，是中华民族近代以来最伟大的梦想。

习近平指出，每个人都有理想和追求，都有自己的梦想。现在，大家都在讨论中国梦，我以为，实现中华民族伟大复兴，就是中华民族近代以来最伟大的梦想。这个梦想，凝聚了几代中国人的夙愿，体现了中华民族和中国人民的整体利益，是每一个中华儿女的共同期盼。历史告诉我们，每个人的前途命运都与国家和民族的前途命运紧密相连。国家好，民族好，大家才会好。实现中华民族伟大复兴是一项光荣而艰巨的事业，需要一代又一代中国人共同为之努力。空谈误国，实干兴邦。我们这一代共产党人一定要承前启后、继往开来，把我们的党建设好，团结全体中华儿女把我们国家建设好，把我们民族发展好，继续朝着中华民族伟大复兴的目标奋勇前进。

习近平最后强调，我坚信，到中国共产党成立100年时全面建成小康社会的目标一定能实现，到新中国成立100年时建成富强民主文明和谐的社会主义现代化国家的目标一定能实现，中华民族伟大复兴的梦想一定能实现。

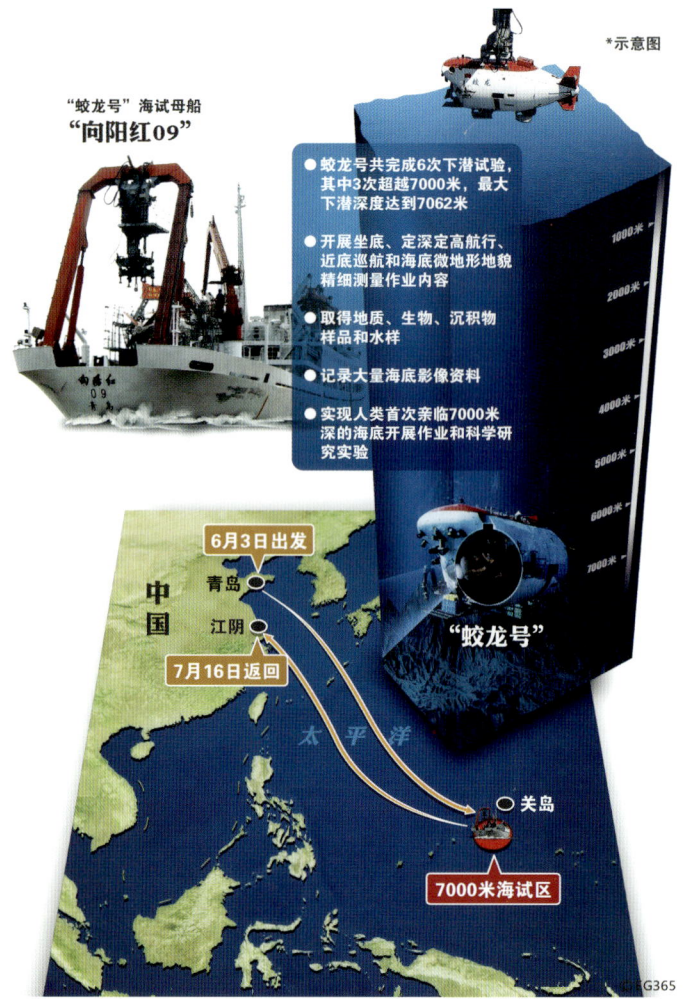

"蛟龙"号深潜器7000米级海试任务示意图

2012年12月31日，停靠在大连港的辽宁舰。

社会关注

薄熙来等被查处

2012年4月10日，中共中央决定对薄熙来严重违纪问题立案调查。9月28日，中共中央政治局会议决定给予薄熙来开除党籍、开除公职处分，对其涉嫌犯罪问题及犯罪问题线索移送司法机关依法处理。2012年，薄熙来、王立军、刘志军、李春城等一批高官受到党纪国法严处，昭示党和政府反腐败决心与力度加大。

保护南海东海海洋权益

针对有关国家侵害中国南海、东海海域权益的问题，中国展开了有理、有力、有节的斗争。3月3日，经国务院批准，国家海洋局、民政部公布了钓鱼岛及其部分附属岛屿的标准名称。4月以来，派出海监、渔政等政府公务船只、飞机对黄岩岛进行持续监管，并为中国的渔船、渔民提供管理和服务。6月21日，经国务院批准，民政部发布《关于国务院批准设立地级三沙市的公告》。9月，宣布钓鱼岛及其附属岛屿领海基线。海监、渔政船只、飞机连续数月来在钓鱼岛海域开展全方位例行维权巡航，实现巡航常态化。12月，中国向联合国提交东海部分海域200海里以外大陆架外部界限划界案，重申东海权利主张范围。在南海、东海问题上采取的一系列措施，昭示了中国维护国家领土主权与海洋权益的坚定信念。

"神九"飞天首次对接 "蛟龙"下海创新纪录

6月24日，飞天"神九"与下海"蛟龙"分别创下纪录：6月16日，载有景海鹏、刘旺、刘洋三位航天员的神舟九号载人飞船成功发射，18日和24日先后与天宫一号实现自动和手控交会对接。24日，蛟龙号载人潜水器在位于西太平洋马里亚纳海沟区域，成功下潜至7020米深度。27日，蛟龙号刷新纪录，下潜至7062米，实现了中国深海装备和深海技术的重大突破。

首艘航母正式交付海军

中国第一艘航母"辽宁舰"，在按计划完成建造和试验试航工作后，9月25日正式交付海军。"辽宁舰"交接入列，对提高中国军队的现代化水平，增强国防实力和综合国力，具有重大而深远的意义。"辽宁舰"交接入列后，中国自行设计研制的首型舰载多用途战斗机歼-15战机已顺利完成起降飞行训练。

莫言获得诺贝尔奖

莫言，原名管谟业，祖籍山东高密。其代表作有《红高粱家族》《丰乳肥臀》《酒国》《生死疲劳》《蛙》等。他的作品深受魔幻现实主义影响，描写了一出出发生在山东高密东北乡的"传奇"。2012年，莫言成为首位获得诺贝尔文学奖的中国籍作家。评委会给出的获奖理由是"莫言的魔幻现实主义作品融合了民间故事、历史和当代"。

当地时间2012年12月10日，诺贝尔颁奖典礼在瑞典斯德哥尔摩音乐厅举行，莫言获颁2012年诺贝尔文学奖。

环球大事

1月29—31日
以"促进非洲区内贸易"为主题的第十八届非洲联盟首脑会议在埃塞俄比亚首都亚的斯亚贝巴举行。

3月7日
俄罗斯中央选举委员会公布总统选举正式结果，普京当选俄新一届总统。

3月29日
金砖国家领导人第四次会晤在印度首都新德里举行。会议发表内容广泛的《德里宣言》，体现了中国、巴西、俄罗斯、印度和南非五国在金砖国家合作、全球经济治理、全球和地区形势等问题上达成的重要共识。

3月29日
阿拉伯国家联盟第23届首脑会议在伊拉克首都巴格达举行。这是阿拉伯世界自2011年初经历持续动荡后的首次最高级别会议，也是伊拉克自1990年以来首次承办阿盟峰会。会议最后发表了《巴格达宣言》。

4月3—4日
第20届东南亚国家联盟峰会在柬埔寨首都金边召开。会议通过了《金边宣言》《主席声明》及《金边议程》等一系列重要文件。

6月6—7日
上海合作组织成员国元首理事会第十二次会议在北京举行。与会领导人签署了《上海合作组织成员国元首关于构建持久和平、共同繁荣地区的宣言》及多项合作文件。

6月20—22日
联合国可持续发展大会（"里约+20"峰会）在巴西里约热内卢召开。包括100余位国家元首和政府首脑在内，193个国家的代表一致通过《我们憧憬的未来》成果文件，重申了对全球可持续发展的承诺。

8月22日
俄罗斯正式成为世界贸易组织第156个成员，世贸组织由此覆盖98%的国际贸易。

10月8日
欧元区财长会议在卢森堡举行，欧元区永久性救助基金——欧洲稳定机制(ESM)正式生效。

10月12—14日
国际货币基金组织和世界银行年会在东京举行。会议认为，世界经济整体减速，存在重大的"不确定性"和"下行风险"。

11月5—6日
以"和平挚友、繁荣伙伴"为主题的第九届亚欧首脑会议在老挝首都万象举行。会议接纳孟加拉国、挪威、瑞士为新成员。与会领导人在会后发表的主席声明中重申，为应对共同的挑战，亚欧国家应深化各领域对话与合作。

10月18—20日
东亚领导人系列会议在柬埔寨首都金边举行。在东盟峰会上，东盟10国领导人签署了历史性的《东盟人权宣言》；此次系列会议通过了《10+3互联互通领导人联合声明》；第七届东亚峰会通过了《金边发展宣言》；东盟10国与中日韩印澳新宣布启动"区域全面经济伙伴关系"谈判，为打造全球最大自贸区迈出了关键步伐。

11月26日—12月9日
联合国气候大会在卡塔尔首都多哈举行。

■ 重要文献

《坚定不移沿着中国特色社会主义道路前进，为全面建成小康社会而奋斗》

（胡锦涛，2012年11月8日）

2012年11月8日，中国共产党第十八次全国代表大会隆重举行。胡锦涛向大会作题为《坚定不移沿着中国特色社会主义道路前进 为全面建成小康社会而奋斗》的报告。报告高举中国特色社会主义伟大旗帜，以马克思列宁主义、毛泽东思想、邓小平理论、"三个代表"重要思想、科学发展观为指导，分析了国际国内形势的发展变化，回顾总结了过去五年的工作和党的十六大以来的奋斗历程及取得的历史性成就，确立了科学发展观的历史地位，提出了夺取中国特色社会主义新胜利的基本要求，确定了全面建成小康社会和全面深化改革开放的目标，对新的时代条件下推进中国特色社会主义事业作出了全面部署，对全面提高党的建设科学化水平提出了明确要求。报告描绘了全面建成小康社会、加快推进社会主义现代化的宏伟蓝图，提出了"两个一百年"的奋斗目标，为党和国家事业进一步发展指明了方向，是全党全国各族人民智慧的结晶，是我们党团结带领全国各族人民夺取中国特色社会主义新胜利的政治宣言和行动纲领，是马克思主义的纲领性文献。

目录：

一、过去五年的工作和十年的基本总结
二、夺取中国特色社会主义新胜利
三、全面建成小康社会和全面深化改革开放的目标
四、加快完善社会主义市场经济体制和加快转变经济发展方式
五、坚持走中国特色社会主义政治发展道路和推进政治体制改革
六、扎实推进社会主义文化强国建设
七、在改善民生和创新管理中加强社会建设
八、大力推进生态文明建设
九、加快推进国防和军队现代化
十、丰富"一国两制"实践和推进祖国统一
十一、继续促进人类和平与发展的崇高事业
十二、全面提高党的建设科学化水平

重要文献

《国务院关于进一步支持小型微型企业健康发展的意见》
（2012年4月19日）

2012年4月19日，国务院发布《关于进一步支持小型微型企业健康发展的意见》。《意见》指出要充分认识进一步支持小型微型企业健康发展的重要意义；进一步加大对小型微型企业的财税支持力度；努力缓解小型微型企业融资困难；进一步推动小型微型企业创新发展和结构调整；加大支持小型微型企业开拓市场的力度等。

节选：

……落实支持小型微型企业发展的各项税收优惠政策。提高增值税和营业税起征点；将小型微利企业减半征收企业所得税政策，延长到2015年底并扩大范围；将符合条件的国家中小企业公共服务示范平台中的技术类服务平台纳入现行科技开发用品进口税收优惠政策范围；自2011年11月1日至2014年10月31日，对金融机构与小型微型企业签订的借款合同免征印花税，将金融企业涉农贷款和中小企业贷款损失准备金税前扣除政策延长至2013年底，将符合条件的农村金融机构金融保险收入减按3%的税率征收营业税的政策延长至2015年底。加快推进营业税改征增值税试点，逐步解决服务业营业税重复征税问题。结合深化税收体制改革，完善结构性减税政策，研究进一步支持小型微型企业发展的税收制度。

规范对小型微型企业的融资服务。除银团贷款外，禁止金融机构对小型微型企业贷款收取承诺费、资金管理费。开展商业银行服务收费检查。严格限制金融机构向小型微型企业收取财务顾问费、咨询费等费用，清理纠正金融服务不合理收费。有效遏制民间借贷高利贷化倾向以及大型企业变相转贷现象，依法打击非法集资、金融传销等违法活动。严格禁止金融从业人员参与民间借贷。研究制定防止大企业长期拖欠小型微型企业资金的政策措施。

大力推进服务体系建设。到2015年，支持建立和完善4000个为小型微型企业服务的公共服务平台，重点培育认定500个国家中小企业公共服务示范平台，发挥示范带动作用。实施中小企业公共服务平台网络建设工程，支持各省（区、市）统筹建设资源共享、服务协同的公共服务平台网络，建立健全服务规范、服务评价和激励机制，调动和优化配置服务资源，增强政策咨询、创业创新、知识产权、投资融资、管理诊断、检验检测、人才培训、市场开拓、财务指导、信息化服务等各类服务功能，重点为小型微型企业提供质优价廉的服务。充分发挥行业协会（商会）的桥梁纽带作用，提高行业自律和组织水平。

——摘自《中华人民共和国国务院公报》2012年第13期，第11页、13页、15页。

重要文献

《"十二五"期间深化医药卫生体制改革规划暨实施方案》
（2012年3月14日）

2012年3月14日，国务院印发《"十二五"期间深化医药卫生体制改革规划暨实施方案》。《方案》明确提出2012-2015年医药卫生体制改革的阶段目标、改革重点和主要任务，是"十二五"时期深化医药卫生体制改革的指导性文件。

节选：

提高基本医疗保障水平。到2015年，城镇居民医保和新农合政府补助标准提高到每人每年360元以上，个人缴费水平相应提高，探索建立与经济发展水平相适应的筹资机制。职工医保、城镇居民医保、新农合政策范围内住院费用支付比例均达到75%左右，明显缩小与实际住院费用支付比例之间的差距；进一步提高最高支付限额。城镇居民医保和新农合门诊统筹覆盖所有统筹地区，支付比例提高到50%以上；稳步推进职工医保门诊统筹。

……加大医保支付方式改革力度，结合疾病临床路径实施，在全国范围内积极推行按病种付费、按人头付费、总额预付等，增强医保对医疗行为的激励约束作用。建立医保对统筹区域内医疗费用增长的制约机制，制定医保基金支出总体控制目标并分解到定点医疗机构，将医疗机构次均（病种）医疗费用增长控制和个人负担定额控制情况列入医保分级评价体系。积极推动建立医保经办机构与医疗机构、药品供应商的谈判机制和购买服务的付费机制。医保支付政策进一步向基层倾斜，鼓励使用中医药服务，引导群众小病到基层就诊，促进分级诊疗制度形成。

……坚持公立医院面向城乡居民提供基本医疗卫生服务的主导地位，进一步明确政府举办公立医院的目的和应履行的职责，扭转公立医院逐利行为。进一步落实政府对公立医院的基本建设和设备购置、重点学科发展、公共卫生服务、符合国家规定的离退休人员费用和政策性亏损补贴等投入政策。合理确定公立医院（含国有企业所办医院）数量和布局，严格控制建设标准、规模和设备配备。禁止公立医院举债建设。

——摘自《中华人民共和国国务院公报》，2012年，第10期，第7—8页、第10页。

> 重要文献

《关于大力实施促进中部地区崛起战略的若干意见》
（2012年8月27日）

国务院于2012年8月27日出台《关于大力实施促进中部地区崛起战略的若干意见》。《意见》进一步充实完善中部地区的战略定位，强化重点地区发展，丰富了体制创新和开放合作的内容，完善相关政策体系。

节选：

支持重点经济区发展。按照全国主体功能区规划要求，依托长江黄金水道和重大交通干线，加快构建沿陇海、沿京广、沿京九和沿长江经济带，引导人口和产业集聚发展，促进经济合理布局。重点推进太原城市群、皖江城市带、鄱阳湖生态经济区、中原经济区、武汉城市圈、环长株潭城市群等重点区域发展，形成带动中部地区崛起的核心地带和全国重要的经济增长极。推动晋中南、皖北、赣南、湘南地区开发开放，加快汉江流域综合开发，打造湘西、鄂西生态文化旅游圈和皖南国际文化旅游示范区，培育新的经济增长带。

健全社会保障体系。加快实现新型农村和城镇居民社会养老保险制度全覆盖，做好城镇职工基本养老保险关系转移接续工作，支持社会养老服务体系建设，推进城乡养老保险制度有效衔接。完善城乡最低生活保障制度，实现应保尽保，合理提高低保标准。完善社会救助和保障标准与物价上涨挂钩联动机制。提高新农合人均筹资标准和保障水平，支持有条件的地方探索建立城乡统筹的居民基本医疗保险制度。加快建立预防、补偿、康复三位一体的工伤保险制度。完善福利机构基础设施，逐步拓展社会福利保障范围，推动社会福利服务社会化。加强以公共租赁住房为重点的保障性安居工程建设，开展利用住房公积金贷款支持保障性住房建设试点。

……深化行政管理体制改革，加快转变政府职能，减少和规范行政审批事项，提高服务质量和办事效率，建设服务型政府。整顿和规范市场秩序，打破行政垄断和地区封锁，加快建设统一开放的市场体系，培育发展土地、资本、产权、技术和劳动力等市场。推动国有经济战略性调整，支持国有企业完善法人治理结构，加快建立现代企业制度，妥善解决国有企业历史遗留问题。认真落实促进非公有制经济和中小企业发展的各项政策措施，营造公平竞争的市场环境，引导中小企业改善经营管理、增强发展活力。支持民间资本进入资源开发、基础设施、公用事业和金融服务等领域。健全财力与事权相匹配的公共财政体制，探索建立符合区域主体功能定位的财政政策导向机制……

——摘自《中华人民共和国国务院公报》2012年，第25期，第23页、第25—26页。

> 重要文献

《关于深化科技体制改革加快国家创新体系建设的意见》
（2012年7月2日）

2012年7月2日，中共中央、国务院印发《关于深化科技体制改革加快国家创新体系建设的意见》。

节选：

……到2020年，基本建成适应社会主义市场经济体制、符合科技发展规律的中国特色国家创新体系；原始创新能力明显提高，集成创新、引进消化吸收再创新能力大幅增强，关键领域科学研究实现原创性重大突破，战略性高技术领域技术研发实现跨越式发展，若干领域创新成果进入世界前列；创新环境更加优化，创新效益大幅提高，创新人才竞相涌现，全民科学素质普遍提高，科技支撑引领经济社会发展的能力大幅提升，进入创新型国家行列。

……加快建立企业为主体、市场为导向、产学研用紧密结合的技术创新体系。充分发挥企业在技术创新决策、研发投入、科研组织和成果转化中的主体作用，吸纳企业参与国家科技项目的决策，产业目标明确的国家重大科技项目由有条件的企业牵头组织实施。引导和支持企业加强技术研发能力建设，"十二五"时期国家重点建设的工程技术类研究中心和实验室，优先在具备条件的行业骨干企业布局。科研院所和高等学校要更多地为企业技术创新提供支持和服务，促进技术、人才等创新要素向企业研发机构流动。支持行业骨干企业与科研院所、高等学校联合组建技术研发平台和产业技术创新战略联盟，合作开展核心关键技术研发和相关基础研究，联合培养人才，共享科研成果。鼓励科研院所和高等学校的科技人员创办科技型企业，促进研发成果转化。

……建立以科研能力和创新成果等为导向的科技人才评价标准，改变片面将论文数量、项目和经费数量、专利数量等与科研人员评价和晋升直接挂钩的做法。加快建设人才公共服务体系，健全科技人才流动机制，鼓励科研院所、高等学校和企业创新人才双向交流。探索实施科研关键岗位和重大科研项目负责人公开招聘制度。规范和完善专业技术职务聘任和岗位聘用制度，扩大用人单位自主权。探索有利于创新人才发挥作用的多种分配方式，完善科技人员收入分配政策，健全与岗位职责、工作业绩、实际贡献紧密联系和鼓励创新创造的分配激励机制。

——摘自《中华人民共和国国务院公报》，2012年，第28期，第5—6页、第9页。

大事记

1月6—7日

全国金融工作会议召开。温家宝总理讲话强调，要坚持金融服务实体经济的本质要求，坚持市场配置金融资源的改革导向，坚持创新与监管相协调的发展理念，坚持把防范化解风险作为金融工作生命线，坚持自主渐进安全共赢的开放方针。

1月12日

国务院印发《关于实行最严格水资源管理制度的意见》。

1月17日

国家统计局发布数据：2011年底中国大陆城镇人口为69079万，农村人口为65656万。城镇人口占总人口比重达到51.27%，首次超过农村。

1月18日

中国政府网发布《工业转型升级规划（2011~2015年）》，这是改革开放以来第一个把整个工业作为规划对象并且由国务院发布实施的中长期规划。

2月1日

新华社受权发布《关于加快推进农业科技创新持续增强农产品供给保障能力的若干意见》。

2月8日

新华社受权播发人力资源和社会保障部、发展改革委、教育部、工业和信息化部、财政部、农业部、商务部制定的《促进就业规划（2011—2015年）》。

2月20日

新华社报道，国务院正式批复《西部大开发"十二五"规划》。

3月3日以来

针对有关国家侵害中国南海、东海海域权益的问题，中国展开了有理、有力、有节的斗争。

3月5—14日

十一届全国人大五次会议举行。吴邦国作全国人大常委会工作报告。温家宝作政府工作报告。会议通过《关于修改〈中华人民共和国刑事诉讼法〉的决定》，将尊重和保障人权写入该法总则。

3月8日

中共中央办公厅印发《关于加强和改进非公有制企业党的建设工作的意见（试行）》、《关于在推进事业单位改革中加强和改进党的建设工作的意见》。

3月14日

十一届全国人大五次会议上批准政府工作报告，提出2012年中国经济增长的预期目标为7.5%。这是八年来第一次降低经济增速目标，目的是与"十二五"规划目标逐步衔接，引导各方面把工作着力点放到加快转变经济发展方式、切实提高经济发展质量和效益上来。

3月14日

国务院印发《"十二五"期间深化医药卫生体制改革规划暨实施方案》。

3月28日

国务院常务会议批准实施《浙江省温州市金融综合改革试验区总体方案》。

4月5日

温家宝总理签署国务院令，公布了《校车安全管理条例》。

4月19日

国务院印发《关于进一步支持小型微型企业健康发展的意见》。

5月23日

纪念毛泽东《在延安文艺座谈会上的讲话》发表70周年座谈会召开。

6月6—7日

上海合作组织成员国元首理事会第十二次会议在北京举行。成员国元首签署《关于构建持久和平、共同繁荣地区的宣言》等文件。

6月21日

《民政部关于国务院批准设立地级三沙市的公告》发布，经国务院批准，撤销海南省西沙群岛、南沙群岛、中沙群岛办事处，设立地级三沙市，管辖西沙群岛、中沙群岛、南沙群岛的岛礁及其海域。三沙市人民政府驻西沙永兴岛。7月24日，三沙市成立大会暨揭牌仪式举行。

6月29日

中央政府与香港特别行政区政府签署《〈内地与香港关于建立更紧密经贸关系的安排〉补充协议九》。

7月1日

胡锦涛主席出席庆祝香港回归祖国15周年大会暨香港特别行政区第四届政府就职典礼。

7月2日

中共中央、国务院印发《关于深化科技体制改革加快国家创新体系建设的意见》。

7月10日

国务院印发《关于促进红十字事业发展的意见》。

7月25日

国务院常务会议研究部署进一步实施促进中部地区崛起战略，并讨论通过了《关于大力实施促进中部地区崛起战略的若干意见》。

7月25日

由中国人民银行、国家发改委等八部委联合印发的《广东省建设珠三角金融改革创新综合实验区总体方案》（下称《方案》）在广州发布。

8月17日

中共中央组织部等11个部门联合发出通知，启动国家高层次人才特殊支持计划（简称"国家特支计划"或"万人计划"）。

8月20日

国务院印发《关于加强教师队伍建设的意见》。

8月22日

国务院常务会议决定取消和调整314项部门行政审批项目，批准广东省在行政审批制度改革方面先行先试。至此，国务院10年来分6批共取消和调整了2497项行政审批项目，占总数的69.3%。

8月28日

国务院以国函【2012】104号文件印发了《国务院关于同意设立兰州新区的批复》。

8月30日

国务院办公厅转发《关于做好进城务工人员随迁子女接受义务教育后在当地参加升学考试工作的意见》。

9月1日
国务院印发《关于进一步加强和改进最低生活保障工作的意见》、《关于促进企业技术改造的指导意见》。

9月6—9日
胡锦涛主席出席在俄罗斯符拉迪沃斯托克举行的亚太经济合作组织第二十次领导人非正式会议并发表讲话。

9月17日
国务院新闻办举行的新闻发布会透露，2011年，城乡居民参加职工医保、城镇居民医保、新农合人数超13亿，覆盖率达95％以上，中国建立起世界上最大的医疗保障网。

9月25日
中国第一艘航空母舰"辽宁舰"在中国船舶重工集团公司大连造船厂正式交付海军。胡锦涛总书记出席交接入列仪式并登舰视察，温家宝总理宣读中共中央、国务院、中央军委贺电。

9月28日
中央政治局召开会议，决定中国共产党第十七届中央委员会第七次全体会议于2012年11月1日在北京召开。中共中央政治局将向党的十七届七中全会建议，中国共产党第十八次全国代表大会于2012年11月8日在北京召开。会议审议并通过中共中央纪律检查委员会《关于薄熙来严重违纪案的审查报告》，决定给予薄熙来开除党籍、开除公职处分，对其涉嫌犯罪问题及犯罪问题线索移送司法机关依法处理。

10月11日
中国作家莫言获2012年诺贝尔文学奖。

10月22日
中央政治局召开会议，研究拟提请十七届七中全会讨论的十七届中央委员会向党的第十八次全国代表大会的报告稿和《中国共产党章程（修正案）》稿。

11月8—14日
中国共产党第十八次全国代表大会胜利召开。大会批准了胡锦涛代表第十七届中央委员会所作的报告，批准了中央纪律检查委员会工作报告，审议通过了《中国共产党章程(修正案)》，选举产生了新一届中央委员会和中央纪律检查委员会。15日召开的十八届一中全会，选举产生25人组成的十八届中央政治局，选举习近平、李克强、张德江、俞正声、刘云山、王岐山、张高丽为中央政治局常委，选举习近平为中央委员会总书记。

11月13日
人力资源和社会保障部发布消息，截至今年10月底，城乡居民社会养老保险参保人数达4.59亿，其中1.25亿城乡老年居民领取养老金。

11月28日
国务院总理温家宝主持召开国务院常务会议，听取农业和农村工作汇报。会议讨论通过了《中华人民共和国土地管理法修正案（草案）》对农民集体所有土地征收补偿制度作了修改，决定提请全国人大常委会审议。

12月1日
国家统计局2012年粮食产量数据公告显示，今年全国粮食总产量58957万吨(11791亿斤)，比2011年增加1836万吨(367亿斤)，增长3.2％，实现"九连增"。

12月3日
国家发改委正式发布了《中原经济区规划》，这是继国家出台指导意见后，推进中原经济区建设的又一重大举措。

12月4日
中共中央政治局召开会议，一致同意中央政治局关于改进工作作风、密切联系群众的八项规定，涉及改进调查研究、切实改进会风、切实改进文风、规范出访活动、改进警卫工作、改进新闻报道、严格文稿发表、厉行勤俭节约等。

12月4日
首都各界在人民大会堂集会，隆重纪念中华人民共和国宪法公布施行30周年。中共中央总书记、中央军委主席习近平在大会上发表重要讲话。

12月5日
环保部公布了中国第一部综合性大气污染防治规划——《重点区域大气污染防治"十二五"规划》。

12月7—11日
中共中央总书记、中央军委主席习近平在广东省考察工作。习近平在考察中强调，党的十八大向全党全国发出了深化改革开放新的宣言书、新的动员令，全党全国各族人民要坚定不移走改革开放的强国之路，更加注重改革的系统性、整体性、协同性，做到改革不停顿、开放不止步，为全面建成小康社会、加快推进社会主义现代化而团结奋斗。

12月15—16日
中央经济工作会议在北京举行。

12月21—22日
中央农村工作会议在北京举行。

12月25日
《福建省泉州市金融服务实体经济综合改革试验区总体方案》正式对外发布，该文件21日由国务院批复通过。

12月26日
世界运营里程最长高铁——（北）京广（州）高铁全线开通运营。

12月28日
《全国人民代表大会常务委员会关于加强网络信息保护的决定》通过。

2012年11月15日，民众关注新一届中共中央政治局常委亮相。

数说发展

人口

（单位：万人）

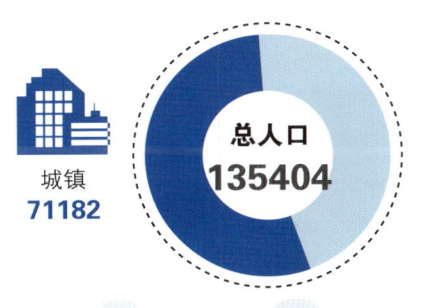

城镇 71182
总人口 135404

出生率 12.10‰
死亡率 7.15‰
自然增长率 4.95‰

GDP（国内生产总值）

第一产业增加值 52377 亿元
第二产业增加值 235319 亿元
第三产业增加值 231626 亿元

GDP（国内生产总值）519322 亿元
比上年增长 7.8%

第一产业增加值占国内生产总值的比重为 10.1%
第二产业增加值占国内生产总值的比重为 45.3%
第三产业增加值占国内生产总值的比重为 44.6%

外汇储备

年末外汇储备 33116 亿美元
比上年末增加 1304 亿美元

公共财政收入

公共财政收入 117210 亿元
比上年增长 12.8%
其中：税收收入 100601 亿元

工业

工业增加值 199860 亿元
比上年增长 7.9%
规模以上工业增加值增长 10.0%

农业

产量 （单位：万吨）

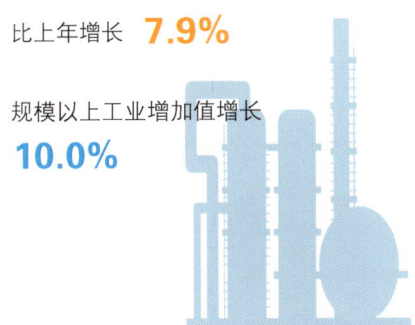

产量	数值
粮食	58957
棉花	684
油料	3476
糖料	13493
肉类	8384
海产品	5906

水利

新增有效灌溉面积 172 万公顷

新增节水灌溉面积 235 万公顷

对外经济

进出口贸易总额 38668 （单位：亿美元）

出口 20489
进口 18178
进出口差额 2311

利用外资

非金融领域新批外商直接投资企业 24925 家

实际使用外商直接投资金额 1117 亿美元

对外经济合作

对外承包工程业务完成营业额 1166 亿美元

对外劳动合作派出各类劳务人员 51.2 万人

国内商业

社会消费品零售总额 210307 亿元

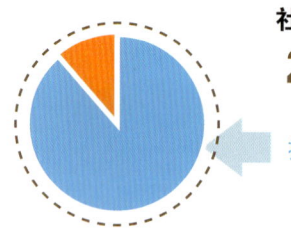

按消费形态统计　　按经营地统计

商品零售额 186859 亿元　　城镇消费品零售额 182414 亿元
餐饮收入额 23448 亿元　　乡村消费品零售额 27893 亿元

固定资产投资

固定资产投资 374676 亿元

固定资产投资（不含农户）
364835 亿元

第一产业投资 9004 亿元
第二产业投资 158672 亿元
第三产业投资 197159 亿元

农户投资 9841 亿元

东部地区投资 151742 亿元
中部地区投资 87909 亿元
西部地区投资 88749 亿元
东北地区投资 41243 亿元

社会福利事业

提供住宿的社会服务机构 4.7 万个
床位 429.8 万张
收养救助各类人员 296.7 万人

社区服务中心 1.6 万个
社区服务站心 7.2 万个

得到政府最低生活保障人数

5340.9 万人　2142.5 万人
城市　　农村

农村五保供养人数 545.9 万人

救助城市医疗困难群众 666.4 万人次
救助农村医疗困难群众 1908.4 万人次

资助 1158.9 万城镇困难群众
参加城镇医疗保险

资助 3915.1 万农村困难群众
参加新型农村合作医疗

人民生活

全年城镇新增就业 1266 万人

全国农民工总量 26261 万人

比上年增长 3.9%

其中
外出农民工 16336 万人
增长 3.0%
本地农民工 9925 万人
增长 5.4%

城乡居民收入

城镇居民人均可支配收入 24565 元
农村居民人均纯收入 7917 元

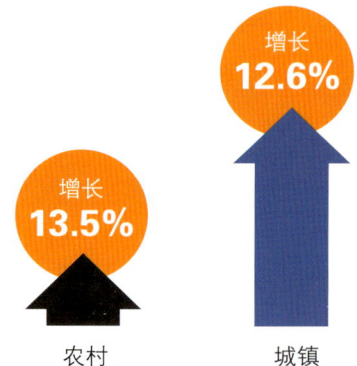

增长 12.6%　增长 13.5%
城镇　农村

居民家庭恩格尔系数

39.3%　　36.2%

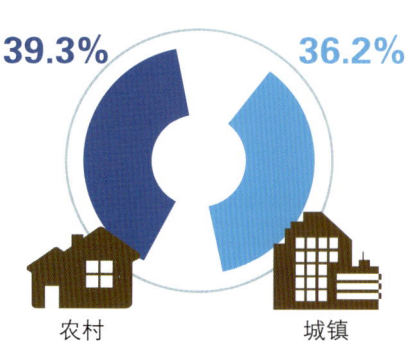

农村　　城镇

交通运输和邮电通信业

全年货物运输总量 412 亿吨

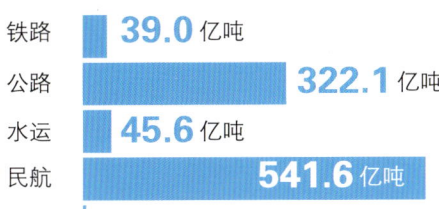
- 铁路 39.0 亿吨
- 公路 322.1 亿吨
- 水运 45.6 亿吨
- 民航 541.6 亿吨
- 管道 5.3 亿吨

港口完成货物吞吐量 97.4 亿吨

其中：外贸货物 97.4 亿吨

集装箱 17651 万标箱

货物运输周转量 173145.1 （单位：亿吨公里）

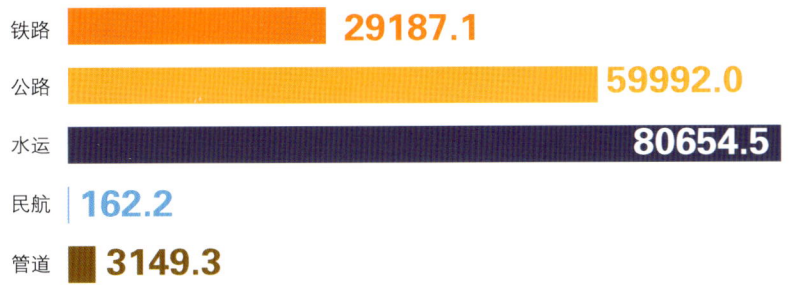
- 铁路 29187.1
- 公路 59992.0
- 水运 80654.5
- 民航 162.2
- 管道 3149.3

旅客运输周转量 33369 （单位：亿人公里）

- 9312.3 铁路
- 18468.4 公路
- 77.4 水运
- 5010.7 民航

全国固定及移动电话用户总数 139031 万户

电话普及率 103.2 部/百人

固定电话用户 27815 万户

其中：

- 城市 18893 万户
- 农村：8922 万户

移动电话用户 111216 万户

其中：

- 3G 移动电话用户 23280 万户

邮电业务总量 15022 亿元

- 邮政业务 2037 亿元
- 电信业务 12985 亿元

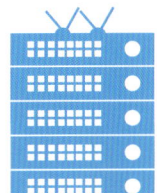

电信业全年局用交换机总容量 43906 万门

移动电话交换机容量 182870 万户

互联网上网人数 5.64 亿人

互联网普及率 42.1%

社会保障

参加各类基本保险人数

- 城镇基本医疗保险 53589 万人
- 城镇职工基本养老保险 30379 万人
- 工伤保险 18993 万人
- 失业保险 15225 万人
- 生育保险 15445 万人

新型农村合作医疗

2566 个县（市、区）开展了新型农村合作医疗工作

参合率 98.1%

1-9 月基金支出总额 1717 亿元

受益 11.5 亿人次

保险事业

原保险保费收入 15488 亿元

- 寿险业务原保险保费收入 8908 亿元
- 健康险和意外伤害险业务原保险保费收入 1249 亿元
- 财产险业务原保险保费收入 5331 亿元

支付各类赔款及给付 4716 亿元

- 寿险业务给付 1505 亿元
- 健康险和意外伤害险赔款及给付 395 亿元
- 财产险业务赔款 2816 亿元

中国改革开放 1978-2018 全纪录

科学技术

研究与试验发展（R&D）经费支出
10240 亿元

其中基础研究经费 **498** 亿元

授予专利权 **125.5** 万件
其中，境内授权 **114.4** 万件

授予发明专利权 **21.7** 万件
其中，境内授权 **13.7** 万件

有效专利 **350.9** 万件
其中，境内有效专利 **289.9** 万件

有效发明专利 **87.5** 万件
其中，境内有效发明专利 **43.5** 万件

神舟九号载人飞船与天宫一号目标飞行器顺利实现首次空间交会对接

成功发射卫星 **19** 次

北斗二号卫星导航系统完成区域组网并正式提供运行服务

"蛟龙"号载人深潜器海试成功突破 **7000** 米

签订技术合同 **28.2** 万项
技术合同成交金额 **6437.1** 亿元

旅游

国内旅游

入境旅游人数 **13241** 万人次

国际旅游外汇收入 **500** 亿美元

其中，外国人 **2719** 万人次
香港、澳门和台湾同胞 **10521** 万人次

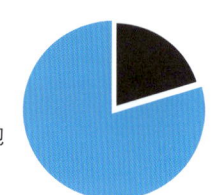

国内出游人数 **29.6** 亿人次

国内旅游收入 **22706** 亿元

文化

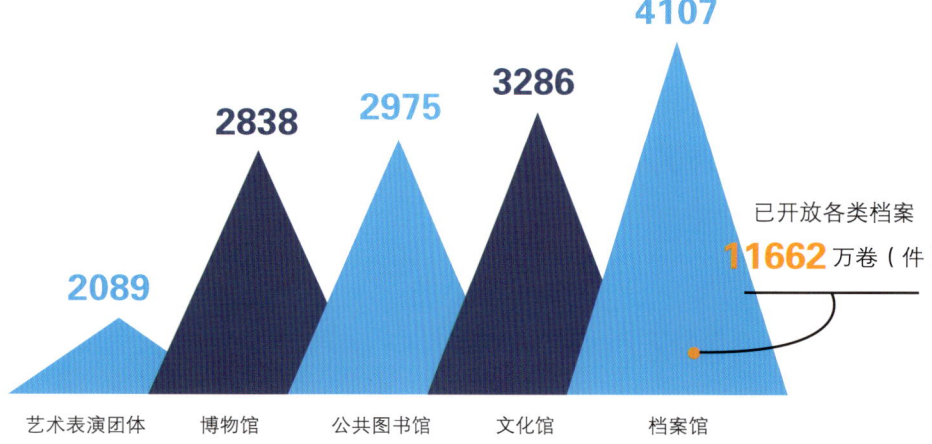

艺术表演团体 **2089**
博物馆 **2838**
公共图书馆 **2975**
文化馆 **3286**
档案馆 **4107**

已开放各类档案 **11662** 万卷（件）

国际旅游

国内居民出境人数 **8318** 万人次

其中，因私出境 **7706** 万人次

各类广播电视播出机构共 **2579** 座
有线电视用户 **2.14** 亿户
有线数字电视用户 **1.43** 亿户

广播节目综合人口覆盖率 **97.5%**
电视节目综合人口覆盖率 **98.2%**

电视剧 **506** 部 **17703** 集
动画电视片 **222838** 分钟
故事影片 **745** 部
科教、纪录、动画和特种影片 **148** 部

出版

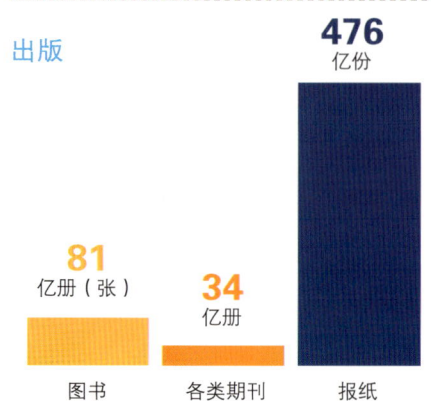

图书 **81** 亿册（张）
各类期刊 **34** 亿册
报纸 **476** 亿份

教 育

(单位：万人)

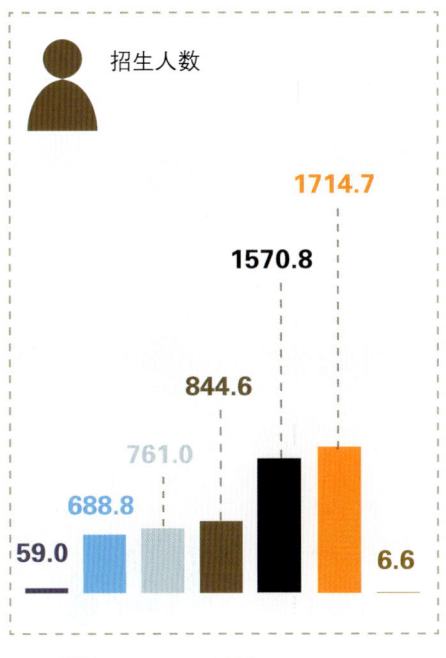
招生人数

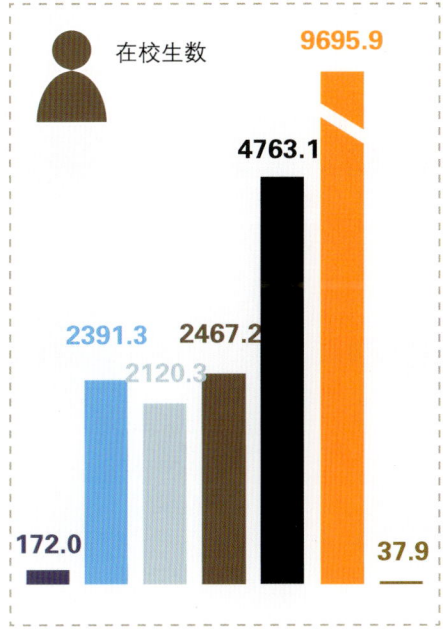
在校生数

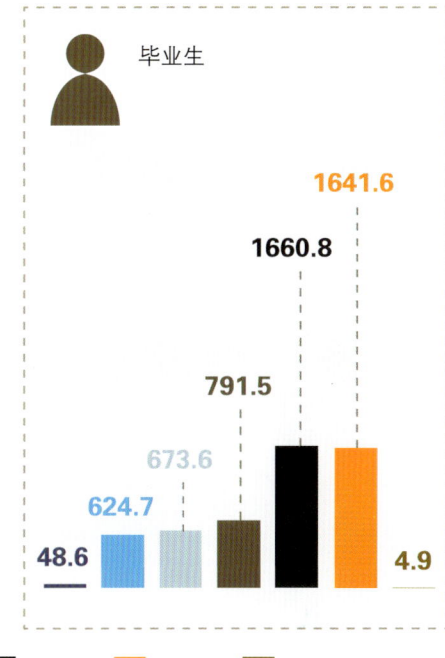
毕业生

■ 研究生　■ 普通高等教育本专科　■ 中等职业教育　■ 普通高中　■ 初中　■ 小学　■ 特殊教育

体 育

在 **24** 个运动大项中获 **107** 个世界冠军
共创 **14** 项世界纪录

在伦敦奥运会上
中国运动员共获得 **38** 枚金牌
奖牌总数 **88** 枚
位列奥运会金牌榜和奖牌榜 **第二位**

在伦敦残奥会上
中国运动员共获得 **95** 枚金牌
蝉联金牌榜和奖牌榜 **第一位**

卫 生

医疗卫生机构 961830 个

其中，医院 **23005** 个
乡镇卫生院 **37128** 个
社区卫生服务中心（站）**33646** 个
诊所（卫生所、医务室）**179644** 个
村卫生室 **663355** 个
疾病预防控制中心 **3506** 个
卫生监督所（中心）**3037** 个

卫生技术人员 650 万人

其中，执业医师和执业助理医师
252 万人
注册护士 **242** 万人

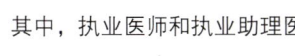

医疗卫生机构床位 557 万张

其中，医院 **403** 万张
乡镇卫生院 **106** 万张

1978-2018
中国改革开放 全纪录

2013

- 中共十八届三中全会：全面深化改革总体部署
- 全面深化改革领导小组成立
- 2013年中央"1号文件"发布
- "金融国十条"出台
- 《关于深化收入分配制度改革的若干意见》出台
- "单独二孩"政策实施
- 趋向大部门制的机构改革
- 中国（上海）自由贸易试验区成立
- 从《八项规定》到"反四风"

焦点事件

中共十八届三中全会：全面深化改革总体部署

2013年11月9日至12日，中共十八届三中全会在北京召开，这次全会是在我国改革开放新的重要关头召开的一次重要会议。会议审议通过了《中共中央关于全面深化改革若干重大问题的决定》（以下简称《决定》）。《决定》强调，"当前，我国发展进入新阶段，改革进入攻坚期和深水区。必须以强烈的历史使命感，最大限度集中全党全社会智慧，最大限度调动一切积极因素，敢于啃硬骨头，敢于涉险滩，以更大决心冲破思想观念的束缚、突破利益固化的藩篱，推动中国特色社会主义制度自我完善和发展。"

改革开放以来，历届三中全会研究什么议题、做出什么决定、采取什么举措、释放什么信号，是人们判断新一届中央领导集体施政方针和工作重点的重要依据，对做好未来5年乃至10年工作意义重大。党的十八大之后，中央即着手考虑十八届三中全会的议题。2013年4月，中央政治局经过深入思考和研究、广泛听取党内外各方面意见，决定党的十八届三中全会研究全面深化改革问题。4月20日，中央发出《关于对党的十八届三中全会研究全面深化改革问题征求意见的通知》。议题确定后，中央政治局决定成立文件起草组，由习近平总书记担任组长，刘云山、张高丽为副组长，相关部门负责同志、部分省市领导同志参加，在中央政治局常委会领导下进行全会决定起草工作。文件起草组广泛征求意见，开展专题论证，进行调查研究，反复讨论修改。7个月时间里，中央政治局常委会会议3次、中央政治局会议2次分别审议决定。文件起草过程中，各个地方、各个部门很踊跃，提出了上万条的改革建议。习近平总书记特别指出要集中解决制度性的问题，集中解决社会矛盾比较尖锐的问题，集中解决群众反映比较强烈的问题。

中共十八届三中全会审议通过了《决定》，习近平总书记就《决定(讨论稿)》向全会作了说明，说明中提出，全会决定起草，突出了5个方面的考虑。一是适应党和国家事业发展新要求，落实党的十八大提出的全面深化改革开放的战略任务；二是以改革为主线，突出全面深化改革新举措；三是抓住重点，围绕解决好人民群众反映强烈的问题，回应人民群众呼声和期待，突出重要领域和关键环节，突出经济体制改革牵引作用；四是坚持积极稳妥，设计改革措施胆子要大、步子要稳；五是时间设计到2020年，按这个时间段提出改革任务，到2020年在重要领域和关键环节改革上取得决定性成果。

《决定》深刻剖析了我国改革发展稳定面临的重大理论和实践问题，阐明了全面深化改革的重大意义和未来方向，提出了全面深化改革的指导思想、目标任务、重大原则，描绘了全面深化改革的新蓝图、新愿景、新目标，合理布局了深化改革的战略重点、优先顺序、主攻方向、工作机制、推进方式和时间表、路线图，决定紧紧围绕经济、政治、文化、社会、生态文明和党建六大改革主线，涉及15个领域、60个具体任务、330多项较大的改革措施。汇集了全面深化改革的新思想、新论断、新举措，形成了改革理论和政策的一系列重大突破，是我们党在新的历史起点上全面深化改革的科学指南和行动纲领。

《决定》提出，"全面深化改革的总目标是完善和发展中国特色社会主义制度，推进国家治理体系和治理能力现代化"。还强调"必须更加注重改革的系统性、整体性、协同性"，要"让发展成果更多更公平惠及全体人民"。《决定》提出全面深化改革的任务是"到2020年，在重要领域和关键环节改革上取得决定性成果，完成本决定提出的改革任务，形成系统完备、科学规范、运行有效的制度体系，使各方面制度更加成熟更加定型。"

2013年11月12日，中共十八届三中全会闭幕。

2013年11月9日至12日,中国共产党第十八届中央委员会第三次全体会议在京举行。图为习近平、李克强、张德江、俞正声、刘云山、王岐山、张高丽等在北京人民大会堂与中外记者见面。

《决定》提出坚持"六个紧紧围绕"开展全面深化改革,即"紧紧围绕使市场在资源配置中起决定性作用深化经济体制改革""紧紧围绕坚持党的领导、人民当家作主、依法治国有机统一深化政治体制改革""紧紧围绕建设社会主义核心价值体系、社会主义文化强国深化文化体制改革""紧紧围绕更好保障和改善民生、促进社会公平正义深化社会体制改革""紧紧围绕建设美丽中国深化生态文明体制改革""紧紧围绕提高科学执政、民主执政、依法执政水平深化党的建设制度改革"。

《决定》还提出"经济体制改革是全面深化改革的重点,核心是处理好政府和市场的关系"。明确提出经济体制改革要"使市场在资源配置中起决定性作用和更好发挥政府作用",这一提法是改革理论的重大突破,是坚定市场化改革方向的重要标志,为经济体制改革的历史性突破提供了重要依据。①

"六个紧紧围绕"和强调以经济体制改革为重点、发挥经济体制改革牵引作用,实际上就是全面深化改革的总体思路,也是全面深化改革的路线图,一方面明确了全面深化改革的主要内容,突出体现了改革的全面性;另一方面明确了改革的重点和主轴,使全面深化改革的顶层设计、优先顺序、重点领域、关键环节一目了然,有利于整体推进和重点突破相结合、相促进。

此外,《决定》以当前亟待解决的重大问题为提领,具体部署了全面深化改革的主要任务和重大举措:坚持和完善基本经济制度,加快完善现代市场体系,加快转变政府职能,深化财税体制改革,健全城乡发展一体化体制机制,构建开放型经济新体制,加强社会主义民主政治制度建设,推进法治中国建设,强化权力运行制约和监督体系,推进文化体制机制创新,推进社会事业改革创新,创新社会治理体制,加快生态文明制度建设,深化国防和军队改革。

全面深化改革领导小组成立

改革进入攻坚期和深水区,面对艰巨复杂的改革任务和巨大的改革压力,2013年11月12日,中共十八届三中全会通过《中国共产党第十八届中央委员会第三次全体会议公报》和《中共中央关于全面深化改革若干重大问题的决定》,提出"中央成立全面深化改革领导小组,负责改革总体设计、统筹协调、整体推进、督促落实"。

12月30日,中共中央政治局召开会议,决定成立由习近平任组长,李克强、刘云山、张高丽任副组长的中央全面深化改革领导小组。党和国家最高领导人亲自挂帅,成立全面深化改革领导小组,充分体现了中央对改革的高度重视和强烈决心。以前统筹各方面的改革主要由国家发改委来承担。国家发改委在制定发展战略、进行宏观管理上发挥了重大作用。但

口述·忆述

郑新立：2013年4月，中央政治局经过深入思考和研究、广泛听取党内外各方面意见，决定党的十八届三中全会研究全面深化改革问题并作出决定。2013年4月20日，中央发出《关于对党的十八届三中全会研究全面深化改革问题征求意见的通知》。各地区各部门一致认为，党的十八届三中全会重点研究全面深化改革问题，顺应了广大党员、干部、群众的愿望，抓住了全社会最关心的问题，普遍表示赞成。议题确定后，中央政治局决定成立文件起草组，由习近平总书记担任组长，刘云山、张高丽同志为副组长，相关部门负责同志、部分省市领导同志参加，在中央政治局常委会领导下进行全会《决定》起草工作。在开始起草《决定》的时候，习近平总书记要求我们一定要解放思想，要实事求是。起草文件的时候，王沪宁同志指出，我们这次起草文件，一定要尽量避免用"不准不准"这个词，要写就是"允许允许"。

此次《决定》的改革意识非常强，共16个部分，有60条，涉及的改革共300多项，仅经济方面就提出100多项改革，讲的全是"干货"，全会提出的全面深化改革开放实质上就是从培育市场主体、完善市场体系、发展商品经济做起，实行市场取向的改革。改革开放以来我国生产力的巨大进步应主要归因于市场经济的发展，十八届三中全会通过的《决定》涉及到的7项经济领域改革，将会对我国经济未来发展产生重要影响。

资料来源：中国（海南）改革发展研究院"口述改革历史"访谈。

口述·忆述

林兆木：我认为，提出"使市场在资源配置中起决定性作用和更好发挥政府作用"论断，是十八届三中全会《决定》的最大亮点之一。这个新表述抓住了新的历史条件下推动经济体制改革和经济发展的牛鼻子。《决定》根据完善社会主义市场经济体制和现阶段经济发展的客观要求，广泛考虑各方面意见，将使市场在资源配置中起"基础性作用"修改为"决定性作用"。虽然只有两字之差，但却提出了一个重大理论观点。"决定性作用"和"基础性作用"，这两种表述是一致和衔接的，前者是在后者基础上与时俱进的发展。"决定性作用"的表述在理论上更为明确、到位，对于现阶段经济体制改革的指导更有针对性，是我国改革理论和实践在新的历史条件下的重大发展。这个新表述有利于进一步在全党全社会树立关于政府和市场关系的正确观念，有利于进一步解放和发展生产力，进一步解放和增强社会活力。紧紧围绕使市场在资源配置中起决定性作用深化经济体制改革，将开创我国改革开放的崭新局面。

资料来源：中国（海南）改革发展研究院"口述改革历史"访谈。

观点

宋晓梧、迟福林：建立高层次的改革协调机构，着力改革顶层设计，其现实性、重要性不亚于20世纪80年代。

建立高层次改革协调机构的三个可选方案。从总的来看，新阶段改革顶层设计对建立改革协调机构提出三大要求：第一，具有较高的权威性；第二，利益相对超脱；第三，具有较强的专业性。考虑到这三大要求，可以考虑如下三个方案。

方案1：在中央设立改革领导小组。由中央的主要负责人直接领导，负责改革的顶层设计和顶层推进，制定重大改革的总体规划和相关领域的综合配套措施，统筹协调相关各方形成改革合力，以充分发挥中央总揽全局、协调各方的领导作用。建议借鉴中央机构编制委员会的体制安排，在国务院设立办事机构，负责具体组织落实中央改革领导小组的改革决策。

方案2：设立国务院改革领导小组。在国务院主要领导的直接领导下，下设精干的办公室，具体负责改革的顶层设计、统筹规划和协调指导。建议成立的改革协调机构不宜设置为一般的议事机构或部际协调机构，应定位为高层次的工作机构，以统筹各项改革的顶层设计，协调重大改革的具体实施，发挥中央、国务院领导全面改革的参谋助手作用。

方案3：成立中央或国家层面的改革决策咨询机构。下设精干的办公室，主要承担：第一，联系和服务于改革决策咨询机构的专家，组织进行重大改革的调查研究；第二，筹备组织定期和根据临时需要举行的改革决策咨询委员会议；第三，联系改革研究机构及其知名专家学者，建设全国性改革决策咨询网络；第四，组织相关研究机构参与重大改革专题研讨。

资料来源：宋晓梧、迟福林：《建立高层次改革协调机构》，人民网，2013年6月27日。

是由于改革的复杂性和紧迫性，以及加强各项改革统筹协调的必要性，国家发改委在一些方面尤其是政策的制定上受到局限。早在十八届三中全会文件起草期间，许多人提出，新一轮改革涉及的部门和领域更多、推进难度更大、触及利益更深，必须有一个更高层级、更强有力的领导"中枢"来加强顶层设计。全面深化改革领导小组的成立更具权威性，能够保证改革的设计、协调、推进和监督每一个环节的落实，有助于确保改革的系统性、整体性、协同性。

在以习近平同志为核心的党中央的坚强领导下，中央全面深化改革领导小组全面发力、多点突破、纵深推进，经济体制和生态文明体制改革、民主法治领域改革、文化体制改革、社会体制改革、党的建设制度改革、纪律检查体制改革6个专项小组改革部署全面展开。

2013年中央"1号文件"发布

2012年，我国连续九年的增长，给国家经济增长、经济发展提供了一个坚实的基础。2013年1月31日，2013年中央一号文件：《中共中央国务院关于加快发展现代农业进一步增强农村发展活力的若干意见》（以下简称《意见》）发布。这是党中央连续发布的第十个指导"三农"工作的"1号文件"。

《意见》指出，伴随我国工业化、城镇化深入推进，农业农村发展正在进入新的阶段，呈现出农业综合生产成本上升、农产品供求结构性矛盾突出、农村社会结构加速转型、城乡发展加快融合的态势。"人多地少水缺"的矛盾加剧，农产品需求总量刚性增长、消费结构快速升级，农业对外依存度明显提高，保障国家粮食安全和重要农产品有效供给任务艰巨；农村劳动力大量流动，农户兼业化、村庄空心化、人口老龄化趋势明显，农民利益诉求多元，加强和创新农村社会管理势在必行；国民经济与农村发展的关联度显著增强，农业资源要素流失加快，建立城乡要素平等交换机制的要求更为迫切，缩小城乡区域发展差距和居民收入分配差距任重道远。

《意见》提出，2013年农业农村工作的总体要求是全面贯彻党的十八大精神，以邓小平理论、"三个代表"重要思想、科学发展观为指导，落实"四化同步"的战略部署，按照保供增收惠民生、改革创新添活力的工作目标，加大农村改革力度、政策扶持力度、科技驱动力度，围绕现代农业建设，充分发挥农村基本经营制度的优越性，着力构建集约化、专业化、组织化、社会化相结合的新型农业经营体系，进一步解放和发展农村社会生产力，巩固和发展农业农村大好形势。

《意见》明确提出"保供增收惠民生、改革创新添活力"的目标，

专栏：习近平在中共十八届三中全会上关于《中共中央关于全面深化改革若干重大问题的决定》的说明

习近平：党的十八大以来，中央反复强调，改革开放是决定当代中国命运的关键一招，也是决定实现"两个一百年"奋斗目标、实现中华民族伟大复兴的关键一招，实践发展永无止境，解放思想永无止境，改革开放也永无止境，停顿和倒退没有出路，改革开放只有进行时、没有完成时。

......

党的十八大之后，中央即着手考虑十八届三中全会的议题。党的十八大统一提出了全面建成小康社会和全面深化改革开放的目标，强调必须以更大的政治勇气和智慧，不失时机深化重要领域改革，坚决破除一切妨碍科学发展的思想观念和体制机制弊端，构建系统完备、科学规范、运行有效的制度体系，使各方面制度更加成熟、更加定型。我们认为，要完成党的十八大提出的各项战略目标和工作部署，必须抓紧推进全面改革。

......

当前，国内外环境都在发生极为广泛而深刻的变化，我国发展面临一系列突出矛盾和挑战，前进道路上还有不少困难和问题。比如：发展中不平衡、不协调、不可持续问题依然突出，科技创新能力不强，产业结构不合理，发展方式依然粗放，城乡区域发展差距和居民收入分配差距依然较大，社会矛盾明显增多，教育、就业、社会保障、医疗、住房、生态环境、食品药品安全、安全生产、社会治安、执法司法等关系群众切身利益的问题较多，部分群众生活困难，形式主义、官僚主义、享乐主义和奢靡之风问题突出，一些领域消极腐败现象易发多发，反腐败斗争形势依然严峻，等等。解决这些问题，关键在于深化改革。

......

各方面一致认为，全会决定深刻剖析了我国改革发展稳定面临的重大理论和实践问题，阐明了全面深化改革的重大意义和未来走向，提出了全面深化改革的指导思想、目标任务、重大原则，描绘了全面深化改革的新蓝图、新愿景、新目标，汇集了全面深化改革的新思想、新论断、新举措，反映了社会呼声、社会诉求、社会期盼，凝聚了全党全社会关于全面深化改革的思想共识和行动智慧。各方面一致认为，全会决定合理布局了全面深化改革的战略重点、优先顺序、主攻方向、工作机制、推进方式和时间表、路线图，形成了改革理论和政策的一系列新的重大突破，是全面深化改革的又一次总部署、总动员，必将对推动中国特色社会主义事业发展产生重大而深远的影响。

——资料来源：习近平：《关于〈中共中央关于全面深化改革若干重大问题的决定〉的说明》，《人民日报》，2013年11月16日第1版。

观点

中国（海南）改革发展研究院课题组：我国改革正处于深水区和攻坚阶段。与以往相比，改革的深刻性、复杂性、艰巨性前所未有：转型与改革交织融合，经济转型、社会转型、治理转型都直接依赖于重大改革的突破；利益失衡的矛盾日益突出，改革需要在调整重大利益关系上取得进展；转型倒逼改革，改革的时间和空间约束全面增强。在这个特定背景下，改革与危机赛跑的特点突出，尽快形成"改革跑赢危机"的行动路线至关重要。

一、以化解风险和危机为导向的改革攻坚。我们的思路性建议是：客观把握全面转型的大趋势，抓住突出矛盾和问题，以化解风险和危机为导向，形成未来3—5年改革攻坚的行动路线。

二、以理顺政府与市场关系为重点的改革攻坚。我们的思路性建议是：抓住扩大内需的战略机遇，释放人口城镇化的最大潜力，关键在于以市场化改革为最大红利，形成以拉动消费支撑7%—8%中速增长的体制格局。

三、以协调利益关系为重点的改革攻坚。我们的思路性建议是：以民富优先为导向，以扩大中等收入群体为重点，以创新社会管理为关键，尽快形成常态化的利益诉求表达机制、利益协调机制、利益共享机制。

四、以着力解决体制机制性腐败为重点的改革攻坚。我们的思路性建议是：加快政府向市场和社会放权，以权力公开透明为重点推进政治体制改革。通过3—5年的努力，实现权力运行规范化、公开化，走出一条权力约束权力与社会监督权力有机结合、有效抑制腐败的新路子。

五、把握改革的主动权。我们的思路性建议是：在改革进入全面调整利益关系的背景下，实现改革突破，不仅需要顶层设计，更需要顶层协调，合理选择改革突破口，以把握改革的主动权。

资料来源：2013年6月中国（海南）改革发展研究院课题组提交的《改革跑赢危机的行动路线（30条建议）》，成为中共十八届三中全会《中共中央关于全面深化改革若干重大问题的决定》起草组的参阅件，中国改革论坛网。

江苏南通家庭农场引进先进机械，提高农业生产效率。

紧紧围绕现代农业建设，突出强调加大农村改革力度、创新农业经营体制，提出了一系列新观点、新政策、新举措，必将进一步解放和发展农村社会生产力，为"三农"工作再创新辉煌提供制度保障。《意见》主要内容包括七个部分，一是建立重要农产品供给保障机制；二是健全农业支持保护制度；三是创新农业生产经营体制；四是构建农业社会化服务新机制；五是改革农村集体产权制度；六是改进农村公共服务机制；七是完善乡村治理机制。

《意见》强调，坚持依法自愿有偿的原则，引导农村土地承包经营权有序流转，鼓励和支持承包土地向专业大户、家庭农场、农民合作社流转，发展多种形式的适度规模经营。同时又提出，土地流转不得搞强迫命令，确保不损害农民权益、不改变土地用途、不破坏农业综合生产能力。探索建立严格的工商企业租赁农户承包耕地（林地、草原）准入和监管制度。其中，"家庭农场"的概念是首次在中央一号文件中出现。

"金融国十条"出台

2013年6月19日，李克强总理主持召开国务院常务会议，研究部署金融支持经济结构调整和转型升级的政策措施。会议提出，金融和实体经济密不可分。金融对于稳增长、调结构、促转型都具有重要作用。与服务实体经济发展，推动经济结构调整和转型升级的要求相比，还需要金融机构更好地发挥对经济结构调整和转型升级的支持作用，优化金融资源配置，推动解决制约经济持续健康发展的结构性问题，真正提高金融服务实体经济的质量和水平。这是李克强总理继环渤海省份经济工作座谈会上提出"要通过激活货币信贷存量支持实体经济发展"后，再次提出要"优化金融资源配置，盘活存量、用好增量"，更有力地支持经济转型升级，更好地服务实体经济发展。

2013年7月5日，国务院制定出台了《国务院办公厅关于金融支持经济结构调整和转型升级的指导意见》（以下简称"国十条"）。银监会负责牵头起草新版"国十条"，在起草文件之初，"一行三会一局（国家外汇管理局）"结合各自的职能，先写出第一稿。随后初稿征询了党中央、国务院下属13个部门的意见，最后的定稿吸收了很多部门的意见。新版"国十条"亮点之一，便是要求各部门分工负责，协调落实，不同于以往的文件，该文件每一项政策后面都附了一个落实的部门。

"国十条"确立的货币政策总思路仍然是"继续执行稳健的货币政策"。"不因经济增速放缓转向宽松，也不因当前一时货币增长较快而转向紧缩"。这个指导意见的核心原则就是要统筹金融资源，支持经济结构的调整和转型升级。文件一共分为十部分，包括继续执行稳健的货币政策，合理保持货币信贷总量；引导、推动重点领域与行业转型和调整；整合金融资源支持小微企业发展；加大对"三农"领域的信贷支持力度；进一步发展消费金融促进消费升级；支持企业走出去；加快发展多层次资本市场；进一步发挥保险的保障作用；扩大民间资本进入金融业；严密防范金融风险。

《关于深化收入分配制度改革的若干意见》出台

中国改革开放初期的居民收入基尼系数不到0.3，到2001年攀升到0.45左右，至2007年进一步上升到0.48。房地产价格过快上涨造成的财产性收入差距急剧扩大，行业垄断造成行业收入差距扩大，[①] 城乡区域发展差距和居民收入分配差距依然较大，收入分配秩序不规范，隐性收入、非法收入问题比较突出，部分群众生活比较困难。收入分配领域突出问题亟待解决。

收入分配改革方案涉及经济社会体制、经济发展方式转变、经济结构调整。各方从达成共识，形成清晰思路，到明确各种可行性政策，都需要较长的时间。2004年收入分配体制改革总体方案的起草工作启动，由国家发改委具体负责，财政部、人社部、国资委等多个部委参与制订。从2007年至2009年，国家发改委曾就此前后举行过6次征求意见讨论会。各部委及各方专家围绕收入差距大小的判断、控制垄断行业薪酬、提高低收入群体收入等敏感议题不断进行讨论。2010年《政府工作报告》提出，"抓紧制定调整国民收入分配格局的政策措施，逐步提高居民收入在国民收入分配中的比重，提高劳动报酬在初次分配中的比重。"[②]

2013年2月5日，国务院批转了国家发展改革委、财政部、人力资源和社会保障部制定的《关于深化收入分配制度改革的若干意见》（以下简称《若干意见》）。《若干意见》明确收入分配制度改革的总的要求是"坚持以经济建设为中心，在发展中调整收入分配结构，着力创造公开公平公正的体制环境，坚持按劳分配为主体、多种分配方式并存，坚持初次分配和再分配调节并重，继续完善劳动、资本、技术、管理等要素按贡献参与分配的初次分配机制，加快健全以税收、社会保障、转移支付为主要手段的再分配调节机制，以增加城乡居民收入、缩小收入分配差距、规范收入分配秩序为重点，努力实现居民收入增长和经济发展同步，劳动报酬增长和劳动生产率提高同步，逐步形成合理有序的收入分配格局，促进经济持续健康发展和社会和谐稳定。"

专栏：发挥市场在资源配置中的决定性作用

中共十八届三中全会指出，使市场在资源配置中起决定性作用和更好地发挥政府作用，这一观点不仅明确了全面深化改革的重点所在，对于进一步明确改革的市场取向，对于更好地发挥市场作用、激发市场活力、提高资源配置效力，具有重大意义。

市场决定资源配置是市场经济的基本要求，回顾党的十一届三中全会召开以来的改革历史，我国对于政府与市场关系的认识，经历了一个不断深化的过程。例如1978年党的十一届三中全会提出，"应该坚决实行按经济规律办事，重视价值规律的作用"；1982年党的十二大提出，"发挥市场在资源配置中的辅助性作用"；1992年党的十四大提出，"要使市场在国家宏观调控下对资源配置起基础性作用"；2003年党的十六届三中全会提出，"要在更大程度上发挥市场在资源配置中的基础性作用"；2012年党的十八大提出，"要在更大程度、更广范围发挥市场在资源配置中的基础性作用"；党的十八届三中全会提出，"使市场在资源配置中起决定性作用和更好发挥政府作用"。这是对市场作用认识的又一次深化和飞跃，是对市场在资源配置中作用的进一步提升。[①]

经过三十多年的改革开放，虽然市场机制在资源配置中的作用越来越明显，但并没有起到决定性作用，地区封锁、部门分割、行业垄断比较严重，市场主体竞争不充分；生产要素市场如土地市场、资本市场、产权市场、企业家市场、资本市场不健全等，生产要素价格扭曲，不能准确地反映供求关系；政府直接配置资源的权限过多过大；等等。这些问题的存在严重地阻碍了市场活力的进一步发挥，阻碍了生产力发展。要建立完善的社会主义市场经济体制，提高资源配置效率，进一步释放经济活力，就需要让市场在资源配置中发挥决定性作用。[②]

十八届三中全会《决定》提出，使市场在资源配置中起决定性作用，是深化经济体制改革的主线。有了这条主线，经济体制改革涉及的诸如基本经济制度、市场体系、开放型经济体系、财税体制等经济领域的所有改革，就有了明确的路径，都应围绕这条主线来展开和推进。同时，经济体制改革作为全面深化改革的重点，对其他领域的改革有着牵引和带动作用，坚持市场在资源配置中起决定性作用保证了全面深化改革的系统性、整体性、协同性。[③]

① 王天义：《发挥市场在资源配置中的决定性作用》，《学习时报》，2013年11月18日第4版。
② 赵振华：《充分发挥市场在资源配置中的决定性作用》，《学习时报》，2013年12月2日第4版。
③ 编者注：根据权威公开资料整理。

观点

厉以宁：在现阶段的中国，要进行收入分配制度的改革，重点一定要放在初次分配上，因为这是导致社会收入差距连续扩大而且难以治理收入差距过大问题的重要原因。

把收入分配制度改革的重点放在收入初次分配方面，并不意味着二次分配不重要。二次分配无疑也是重要的。这是因为，如果收入的初次分配不到位，靠二次分配也能起到很大的作用。二次分配方面，当前在中国最需要做的，是尽快实现城乡社会保障一体化，在社会保障上，城乡居民同等待遇。如果这样做了，今后就不会出现"初次分配后有收入差距，二次分配反而进一步扩大了收入差距"的怪现象。

资料来源：《收入分配制度改革应以初次分配改革为重点》，《经济研究》，2013年第3期。

《若干意见》提出了收入分配制度改革的主要目标：一是城乡居民收入实现倍增。到2020年实现城乡居民人均实际收入比2010年翻一番，力争中低收入者收入增长更快一些，人民生活水平全面提高。

二是收入分配差距逐步缩小。城乡、区域和居民之间收入差距较大的问题得到有效缓解，扶贫对象大幅减少，中等收入群体持续扩大，"橄榄型"分配结构逐步形成。

三是收入分配秩序明显改善。合法收入得到有力保护，过高收入得到合理调节，隐性收入得到有效规范，非法收入予以坚决取缔。

四是收入分配格局趋于合理。居民收入在国民收入分配中的比重、劳动报酬在初次分配中的比重逐步提高，社会保障和就业等民生支出占财政支出比重明显提升。③

① 《专家称收入分配改革方案完成起草 预计12月出台》，东方网，2012年10月21日。
② 《分配改革酝酿8年仍难产 受3大既得利益群体阻碍》，北方网，2013年1月1日。
③ 《国务院批转发展改革委等部门〈关于深化收入分配制度改革的若干意见〉的通知》，中国政府网，2013年2月5日。

"单独二孩"政策实施

上世纪70年代，为控制人口过快增长，缓解人口与经济社会、资源环境的紧张关系，我国开始全面推行计划生育。从"只生一个好"到"单独两孩"，我国施行了多年的独生子女政策随着人口与经济社会发展形势不断变化。

1971年7月，国务院批转《关于做好计划生育工作的报告》，把控制人口增长的指标首次纳入国民经济发展计划。1980年9月，党中央发表《关于控制我国人口增长问题致全体共产党员、共青团员的公开信》，提倡一对夫妇只生育一个孩子。1982年9月，党的十二大把计划生育确定为基本国策，同年12月写入宪法。1991年5月，中共中央、国务院做出《关于加强计划生育工作严格控制人口增长的决定》，明确贯彻现行生育政策，严格控制人口增长。2002年9月，《中华人民共和国人口与计划生育法》施行。从1980年提倡一对夫妇只生一个孩子，到1984年提出在农村适当放宽生育两孩的条件，我国计划生育政策一直处于动态调整的"进行时"。

进入新世纪，我国人口发展呈现出重大转折性变化。我国生育率已有20多年低于实现世代交替所需的更替水平（即平均每对夫妇生育至少两个孩子），多年处于世界低生育水平国家行列。有研究认为，中国人口总量峰值应控制在15亿人左右，妇女总和生育率保持在1.8左右，过高或过低都不利于人口与经济社会的协调发展。①面对人口老龄化加速发展、劳动力长期供给呈现短缺趋势、出生性别比失衡等系列严峻问题，为了适应已经变化了的人口形势，促进人口长期均衡发展，国家在此背景下对计划生育政策做出了完善和调整。

2013年11月15日，中共十八届三中全会通过的《中共中央关于全面深化改革若干重大问题的决定》对外发布，其中提到"坚持计划生育的基本国策，启动实施一方是独生子女的夫妇可生育两个孩子的政策"。2013年12月，中共中央、国务院印发《关于调整完善生育政策的意见》。这标志着"单独二孩"政策正式实施，这一举措是对过去十几年以来对计划生育政策重大的、战略性的调整。

① 《一对夫妇可生育两个孩子 35年独生子女政策正式终结》，《京华时报》，2015年10月30日。

趋向大部门制的机构改革

2013年2月28日，中共十八届二中全会审议通过了《国务院机构改革和职能转变方案》。3月14日，十二届全国人大一次会议表决通过国务院机构改革和职能转变方案，打出了机构改革与职能转变同步进行的"组合拳"。这是改革开放以来我国的第七次机构改革。

这次改革，国务院正部级机构减少4个，其中组成部门减少2个。改革后，除国务院办公厅外，国务院设置组成部门25个，如取消铁道部，实行铁路

2013年3月14日晚10点，北京，几名成都铁路局的女职工来到铁道部门口合影。

刚刚满月的"米乐"和家人合影,她的到来改变了原来一家三口的模式。

政企分开,完善综合交通运输体系。

这次国务院机构改革和职能转变更具有时代特征和政府转型意义。改革的内容主要有两个:一是趋向于大部门制的机构整合。比如交通部与铁道部整合、卫生部与计生委整合,组建国家新闻出版广电总局,组建国家食品药品监督管理总局,以及重新组建国家海洋局和国家能源局等;二是国务院机构的职能转变。自1988年以来的历次改革都强调要把转变政府职能作为核心,但这一次的内容更实在、要求更全面、举措更具有操作性。一是通过减少审批、减少许可、简化登记、减少收费等管理行为,大幅度向企业让渡自主空间;二是通过改革社会组织登记制度、减少对社会组织的双重管理、促使权力与社会组织脱钩等措施,大幅度向社会让渡自主空间;三是通过下放投资审批权限、下放项目审批权限、下放转移支付支配权限等,向地方政府让渡自主空间。除此之外,还在改善宏观管理、改进社会管理和加强依法行政方面有新的内容。这些改革举措不仅与我国经济社会发展要求相吻合,从全球视角看,在一定程度上还体现出当代公共管理的一些趋势特征,这是本次改革的一个重大亮点。

① 马庆钰:《新一轮机构改革的新亮点》,《人民日报》,2013年3月26日。

中国(上海)自由贸易试验区成立

设立中国(上海)自由贸易试验区,是以习近平同志为核心的党中央在新形势下全面深化改革和扩大开放的战略举措。

2013年3月底,国务院总理李克强在上海考察调研浦东的外高桥保税区期间,表示鼓励支持上海积极探索研究如何试点先行在28平方公里内建立一个自由贸易试验区,进一步扩大开放,推动完善开放型经济体制机制。①

2013年8月,国务院正式批准设立中国(上海)自由贸易试验区。以上海外高桥保税区为核心,辅之以机场保税区和洋山港临港新城,成为中国经济新的试验田,实行政府职能转变、金融制度、贸易服务、外商投资和税收政策等多项改革措施,并将大力推动上海市转口、离岸业务的发展。2013年9月18日,国务院下达了《关于印发中国(上海)自由贸易试验区总体方案的通知》。该总体方案

口述·忆述

魏礼群:2013年初,新一届政府成立时,国务院及部门各类审批事项达1700多项,门槛多,手续繁杂。当时,提出把简政放权、放管结合作为"当头炮"和"先手棋",承诺5年内减少审批事项三分之一,实际上仅两年就实现了这个目标。2014年强化放管,又把优化服务放之其中,形成"放管服"三管齐下。"放管服"取得明显效果:一是激发了市场活力。五年多来,各类市场主体数量增加近80%,现已超过1亿户,其中个体工商户3100万户,实际上很多个体工商户也在朝着企业化方向发展;二是带动了创业、创新热潮,对城镇新增就业率贡献率超过三分之二;三是促进了贸易和投资便利化;四是人民有了更多的获得感;五是政府职能转变加快,推进政府治理现代化。

资料来源:中国(海南)改革发展研究院"口述改革历史"访谈。

就总体要求、主要任务和措施、营造相应的监管和税收制度环境、扎实做好组织实施等主要环节作出了明确的要求。2013年9月29日,中国首个自贸区——上海自由贸易试验区正式挂牌成立。首批入驻自贸区的包括25家企业和11家金融机构。

① 《二十八平方公里试验或将撬动中国新一轮改革开放》,人民网,2013年4月11日。

确保人人享有基本养老服务

我国已经进入人口老龄化快速发展阶段,2012年底我国60周岁以上老年人口已达1.94亿,2020年将达到2.43亿,2025年将突破3亿。积极应对人口老龄化,加快发展养老服务业,不断满足老年人持续增长的养老服务需求,是全面建成小康社会的一项紧迫任务。

2013年9月,国务院印发《关于

专栏：2013年国务院机构改革主要内容

改革事项	改革内容
实行铁路政企分开	1.将铁道部拟订铁路发展规划和政策的行政职责划入交通运输部。交通运输部统筹规划铁路、公路、水路、民航发展，加快推进综合交通运输体系建设。 2.组建国家铁路局，由交通运输部管理，承担铁道部的其他行政职责，负责拟订铁路技术标准，监督管理铁路安全生产、运输服务质量和铁路工程质量等。 3.组建中国铁路总公司，承担铁道部的企业职责，负责铁路运输统一调度指挥，经营铁路客货运输业务，承担专运、特运任务，负责铁路建设，承担铁路安全生产主体责任等。 4.不再保留铁道部。
组建国家卫生和计划生育委员会	1.组建国家卫生和计划生育委员会，将卫生部的职责、国家人口和计划生育委员会的计划生育管理和服务职责整合。主要职责是，统筹规划医疗卫生和计划生育服务资源配置，组织制定国家基本药物制度，拟订计划生育政策，监督管理公共卫生和医疗服务，负责计划生育管理和服务工作等。 2.将国家人口和计划生育委员会的研究拟订人口发展战略、规划及人口政策职责划入国家发展和改革委员会。 3.国家中医药管理局由国家卫生和计划生育委员会管理。 4.不再保留卫生部、国家人口和计划生育委员会。
组建国家食品药品监督管理总局	1.组建国家食品药品监督管理总局，将国务院食品安全委员会办公室的职责、国家食品药品监督管理局的职责、国家质量监督检验检疫总局的生产环节食品安全监督管理职责、国家工商行政管理总局的流通环节食品安全监督管理职责整合。将工商行政管理、质量技术监督部门相应的食品安全监督管理队伍和检验检测机构划转食品药品监督管理部门。 2.保留国务院食品安全委员会，具体工作由国家食品药品监督管理总局承担。国家食品药品监督管理总局加挂国务院食品安全委员会办公室牌子。 3.新组建的国家卫生和计划生育委员会负责食品安全风险评估和食品安全标准制定。 4.农业部负责农产品质量安全监督管理。将商务部的生猪定点屠宰监督管理职责划入农业部。 5.不再保留国家食品药品监督管理局和单设的国务院食品安全委员会办公室。
组建国家新闻出版广电总局	1.组建国家新闻出版广电总局，将国家新闻出版总署、国家广播电影电视总局的职责整合，主要职责是统筹规划新闻出版广播电影电视事业产业发展，监督管理新闻出版广播影视机构和业务以及出版物、广播影视节目的内容和质量，负责著作权管理等。国家新闻出版广电总局加挂国家版权局牌子。 2.不再保留国家广播电影电视总局、国家新闻出版总署。
重新组建国家能源局	1.重新组建国家能源局，将现国家能源局、国家电力监管委员会的职责整合，由国家发展和改革委员会管理。主要职责是，拟定并组织实施能源发展战略、规划和政策，研究提出能源体制改革建议，负责能源监督管理等。 2.不再保留国家电力监管委员会。

中国（上海）自由贸易试验区正式揭牌。

加快发展养老服务业的若干意见》。这是新一届政府统筹稳增长、调结构、促改革，采取的应对人口老龄化、满足老年人多样化多层次养老服务需求，同时填补服务业发展"短板"、拉动消费、扩大就业的一举多得之策。

《意见》提出，加快发展养老服务业，要充分发挥政府"保基本"的作用，通过简政放权，创新体制机制，激发社会活力，营造平等参与、公平竞争的市场环境，逐步使社会力量成为发展养老服务业的主体。到2020年，全面建成以居家为基础、社区为依托、机构为支撑，功能完善、规模适度、覆盖城乡的养老服务体系。养老服务产品更加丰富，市场机制不断完善，养老服务业持续健康发展。

《意见》以深化体制改革、坚持保障基本、注重统筹发展和完善市场机制为基本原则，明确了今后一段时期发展养老服务业的主要任务。一是统筹规划发展城市养老服务设施。各地在制定城市总体规划、控制性详细规划时，必须按照人均用地不少于0.1平方米的标准，分区分级规划设置养

专栏：2014—2017年上海自贸试验区发展概况

2014年6月28日，国务院批准了《中国（上海）自由贸易试验区进一步扩大开放的措施》。7月25日，上海市人大常委会第十四次会议高票通过《中国（上海）自由贸易试验区条例》。这是我国第一部关于自由贸易试验区的地方性法规。12月，上海自由贸易试验区由原先的28.78平方公里扩至120.72平方公里。①

2015年4月20日，国务院印发《进一步深化中国（上海）自由贸易试验区改革开放方案》。4月22日，人民银行上海总部发布《关于启动自由贸易账户外币服务功能的通知》，正式宣布上海市开展自贸试验区分账核算业务的金融机构可按相关要求向区内及境外主体提供本外币一体化的自由贸易账户金融服务，标志着自由贸易账户外币服务功能的正式启动。

2016年，中共中央总书记、国家主席、中央军委主席习近平对上海自贸试验区建设作出重要指示强调，建设上海自贸试验区是党中央、国务院在新形势下全面深化改革和扩大开放的一项战略举措。望在深入总结评估的基础上，坚持五大发展理念引领，把握基本定位，强化使命担当，继续解放思想、勇于突破、当好标杆，对照最高标准、查找短板弱项，研究明确下一阶段的重点目标任务，大胆试、大胆闯、自主改，力争取得更多可复制推广的制度创新成果，进一步彰显全面深化改革和扩大开放的试验田作用。②

2017年3月30日国务院印发《关于印发全面深化中国（上海）自由贸易试验区改革开放方案的通知》。截至2017年9月，上海自贸试验区新注册企业4.8万家，月均注册企业数量是挂牌前的5倍，新注册企业活跃度超过80%。在2013年之前，保税区域90%左右的企业集中在贸易、物流、加工制造三个行业，约7000多家。经过四年建设，这三个行业企业总数增加了1万家，但占比下降到58%。与此同时，新增的高附加值服务业占比达到35%，形成了商务服务、技术服务、文化服务的新三大行业。上海自贸区开放领域覆盖世界贸易组织划分的12个服务部门中的11个，覆盖率达91.7%，超过90%的外商投资企业通过备案方式设立，市场开放度和投资便利度大幅提升。上海自贸区目前累计开立6.8万个自由贸易账户，业务涉及110多个国家和地区、2.7万家境内外企业。四年来，上海自贸试验区的改革创新理念和制度创新成果已分领域、分层次在全国复制推广。上海自贸试验区的主动开放、自主改革，探索了新形势下推动全面深化改革和扩大开放的新路径，为全国自贸试验区建设提供了可借鉴的经验和模式。③

① 《上海市人民政府办公厅关于印发〈进一步深化中国（上海）自由贸易试验区和浦东新区事中事后监管体系建设总体方案〉的通知》，中国上海网，2016年8月5日。
② 《习近平对上海自贸试验区建设作重要指示：勇于突破大胆试大胆闯自主改》，新华社，2016年12月31日。
③ 《市政府新闻发布会介绍上海自由贸易试验区成立以来深化改革、创新发展的举措和成果》，上海市人民政府网，2017年9月13日。

老服务设施；二是大力发展居家养老服务网络。积极培育居家养老服务企业和机构，引入社会组织和家政、物业等企业，兴办或运营老年供餐、社区日间照料、老年活动中心等形式多样的养老服务项目；三是大力加强养老机构建设。支持社会力量举办养老机构。开展公办养老机构改制试点，支持民间资本通过委托管理等方式运营公有产权的养老服务设施；四是切实加强农村养老服务。各级政府用于养老服务的财政性资金重点向农村倾斜。支持乡镇五保供养机构改善设施条件并向社会开放；五是繁荣养老服务消费市场。积极开发老年产品用

口述·忆述

王新奎：2013年3月，李克强同志就任总理，当月就来了上海，他在外高桥保税区开了一个座谈会。开会前一天，市委通知我参加会议，并让我准备一份8分钟的发言，向总理汇报近期关于经济全球化发展趋势的研究成果。第二天开会，我简要地向总理汇报了当前经济全球化发展的三大新趋势，即：第一，全球主要经济体之持续扩大的巨额货物贸易逆差给全球经济造成了巨大的"再平衡"压力；第二，以数字经济为代表的创新全球化迅猛发展，但数字贸易市场却出现"碎片化"的现象；第三，全球价值链背景下跨境生产布局要求各国间就影响贸易、特别是影响服务贸易的境内措施进行谈判，以WTO为代表的多边贸易规则体系的重构势在必行。由此，中国在以往20年间享受的全球价值链革命的技术红利和WTO多边贸易体制的制度红利将逐步递减。因此，经济全球化发展趋势的这一重大变化要求我们必须树立对外开放的新思维。为此我建议，是否能够在上海建立自由贸易区，抓住全球贸易与投资体制重构的窗口期，通过在特殊监管区域内先行先试，加快推进我国的对外开放与对内改革。

资料来源：中国（海南）改革发展研究院"口述改革历史"访谈。

品，培育养老产业集群；六是积极推进医疗卫生与养老服务相结合。医疗机构要积极支持和发展养老服务。支持有条件的养老机构设置医疗机构。

《意见》要求，要完善养老服务准入、退出和监管制度，指导养老机构规范管理、改善服务质量，严肃查处侵犯老年人人身财产权益的违法行为和安全生产责任事故，促进养老服务业持续健康发展。

从《八项规定》到"反四风"

2012年11月15日，习近平总书记在中共十八大中外记者见面会上指出："打铁还需自身硬。我们的责任，就是同全党同志一道，坚持党要管党、从严治党，切实解决自身存在的突出问题，切实改进工作作风，密切联系群众，使我们党始终成为中国特色社会主义事业的坚强领导核心。"同年12月4日召开的中共中央政治局会议审议通过了《关于改进工作作风、密切联系群众的八项规定》。从此，中央开启了全国自上而下的风气变革。

《八项规定》从调查研究、会议活动、文件简报、出访活动、警卫工作、新闻报道、文稿发表、勤俭节约等8个方面对加强作风建设立下规矩，不搞四平八稳，不喊空洞口号，直面现实问题，提出具体要求。这是以习近平同志为核心的党中央深刻洞察党内存在的问题，抓全面从严治党的"第一刀"。

2013年6月，习近平总书记在党的群众路线教育实践活动工作会议上发表重要讲话，对全党开展教育实践活动进行部署。在这次会议上，习近平强调，"党内脱离群众的现象大量存在，集中表现在形式主义、官僚主义、享乐主义和奢靡之风这'四风'上。我们要对作风之弊、行为之垢来一次大排查、大检修、大扫除。"

2013年10月，《党政机关厉行节约反对浪费条例》印发施行。随后包括《党政机关国内公务接待管理规定》《关于严禁党政机关到风景名胜区开会的通知》《关于调整中央和国家机关差旅住宿费标准等有关问题的通知》等20多个配套制度，为贯彻落实中央八项规定精神、从源头上刹住奢侈浪费之风提供了一个可执行、可操作的顶层规范。

安徽阜阳，假期间开展明察暗访查公车。

专栏：2003—2013年中央惩治和预防腐败体系建设历程

2003年10月，党的十六届三中全会提出建立健全与社会主义市场经济体制相适应的教育、制度、监督并重的惩治和预防腐败体系。

2004年开始，中央纪委、监察部组织起草了《建立健全教育、制度、监督并重的惩治和预防腐败体系实施纲要》，2005年1月，中央正式颁布实施。纲要提出到2010年建成惩治和预防腐败体系基本框架，再经过一段时间的努力，建成完善的惩治和预防腐败体系。

2008年5月，中央办公厅颁布了《建立健全惩治和预防腐败体系2008—2012年工作规划》，这是我国颁布实施的首个反腐五年规划。规划颁布以来，我国惩治和预防腐败体系建设步伐明显加快，惩治腐败的力度也进一步加大。

2013年8月，中共中央政治局审议通过了《建立健全惩治和预防腐败体系2013—2017年工作规划》。

——**资料来源**：学者解读《建立健全惩治和预防腐败体系2013—2017年工作规划》，《中国社会科学报》，2013年9月14日。

流行志

▶ 微信

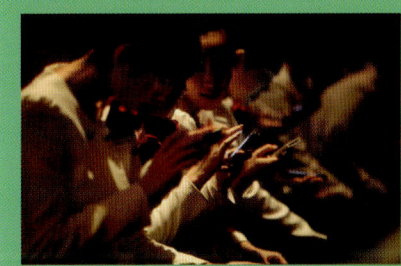

2013年10月，腾讯微信用户超过6亿，其中国内用户超过4亿，海外用户超过1亿。加上网易信、阿里来往等，以移动社交平台为代表的微应用迅速发展，标志着中国已经全面进入移动互联网"微"时代。

▶ 4G

2013年12月4日，工信部向三大运营商正式发放4G牌照，标志着中国大陆正式进入4G时代，数据通信与多媒体业务的发展，移动数据、移动计算及移动多媒体运作需要，第四代移动通信技术给人们带来更加美好的未来。第四代移动电话行动通信标准，指的是第四代移动通信技术，外语缩写：4G。

▶ 中国汉字听写大会

《中国汉字听写大会》是中央电视台、国家语委于2013年推出的大型原创文化类电视节目。随着电子技术的飞速发展，在"提笔忘字"现象越发严重的今天，该节目寓意唤醒更多的人对文字基本功的掌握和对汉字文化的学习。倡导从小做起、从现在做起、从提高中小学生的汉字书写能力做起的价值观，向全社会倡导书写汉字、保护汉字的意识，倡导爱汉字、爱汉语、爱中国文化的价值观，从而建立起一项意义深远的文化传承活动。

环球大事

▶ 1月20日

美国东部时间2013年1月20日中午,奥巴马在美国白宫蓝厅宣誓就职,正式开始第二个总统任期,仪式由最高法院首席大法官约翰·罗伯茨主持。

▶ 4月8日

2013年4月8日,英国前首相撒切尔夫人去世,享年87岁。撒切尔是英国历史上第一位女首相,四次访问中国,并于1984年在北京签署了《中英关于香港问题的联合声明》,为香港回归中国奠定了坚实的政治基础。

▶ 7月18日

当地时间2013年7月18日,美国底特律市向联邦法院申请破产保护,成为了美国历史上最大的申请破产保护的城市。

▶ 9月7日

国际奥委会全会在阿根廷首都布宜诺斯艾利斯投票选出2020年夏季奥运会的主办城市。日本东京最终击败西班牙马德里和土耳其伊斯坦布尔,获得2020年夏季奥运会举办权。

▶ 10月1日

当地时间2013年10月1日到来前数分钟,由于美国国会两党未就政府预算达成一致,导致美国联邦政府17年以来首次出现停摆,全美数以万计的公务员被迫放无薪假。

▶ 12月3日至7日

世界贸易组织第九届部长级会议在印度尼西亚巴厘岛举行。与会者达成多哈回合全球贸易谈判12年来首份全球协定。

▶ 12月5日

南非前总统曼德拉在约翰内斯堡住所去世,享年95岁。纳尔逊·曼德拉是首位黑人总统,被尊称为南非国父。

社会关注

互联网金融

互联网对经济的影响逐步渗透到传统金融行业,并且全面覆盖支付、结算、融资、货币、基金、证券、保险、理财,以及金融产品销售渠道等多个细分领域。互联网金融开始涌现出越来越多的创新业务形态。

大数据

从中共中央政治局常委集体学习大数据及信息技术影响,到国家统计局开始与互联网企业合作利用大数据开展调查统计,再到各类企业、商家纷纷推出的大数据服务,社会各界对大数据的关注持续升温。2013年亦被称为中国的"大数据元年"。

雾霾

2013年11月5日,中国社会科学院、中国气象局联合发布《气候变化绿皮书:应对气候变化报告(2013)》,报告指出,近50年来中国雾霾天气总体呈增加趋势。其中,雾日数呈明显减少,霾日数明显增加,且持续性霾过程增加显著。雾霾,是雾和霾的组合词。雾霾常见于城市。2013年,"雾霾"成为年度社会关注的关键词。这一年的1月,4次雾霾过程笼罩30个省(区、市),在北京,仅有5天不是雾霾天。2013年的总理记者会上,针对记者关于雾霾治理问题,李克强表示,一段时期以来,中国东部比较大范围出现雾霾天气,我和大家一样,心情都很沉重。对这一长期积累形成的问题,我们要下更大的决心,以更大的作为去进行治理。他表示,政府应当铁腕执法、铁面问责。

H7N9型禽流感

H7N9型禽流感是全球首次发现的新亚型流感病毒,2013年3月底在上海和安徽两地率先发现。4月3日,中国国家卫生和计划生育委员会印发人感染H7N9禽流感诊疗方案、防控方案及医院感染预防与控制技术指南。4月10日晚,再次发布人感染H7N9禽流感诊疗方案。10月26日,中国科学家宣布,已在全球率先研发成功人感染H7N9禽流感病毒疫苗株。

2013年1月31日,北京雾霾天气持续。

> 重要文献

《中共中央关于全面深化改革若干重大问题的决定》
（2013年11月12日）

2013年11月12日，中国共产党第十八届中央委员会第三次全体会议通过《中共中央关于全面深化改革若干重大问题的决定》。《决定》阐述了全面深化改革的重大意义、指导思想、总体思路，具体部署了全面深化改革的主要任务和重大举措。《决定》指出，全面深化改革的总目标是完善和发展中国特色社会主义制度，推进国家治理体系和治理能力现代化。经济体制改革是全面深化改革的重点，核心问题是处理好政府和市场的关系，使市场在资源配置中起决定性作用和更好发挥政府作用。到2020年，要在重要领域和关键环节改革上取得决定性成果，形成系统完备、科学规范、运行有效的制度体系，使各方面制度更加成熟更加定型。

目录：
- 一、全面深化改革的重大意义和指导思想
- 二、坚持和完善基本经济制度
- 三、加快完善现代市场体系
- 四、加快转变政府职能
- 五、深化财税体制改革
- 六、健全城乡发展一体化体制机制
- 七、构建开放型经济新体制
- 八、加强社会主义民主政治制度建设
- 九、推进法治中国建设
- 十、强化权力运行制约和监督体系
- 十一、推进文化体制机制创新
- 十二、推进社会事业改革创新
- 十三、创新社会治理体制
- 十四、加快生态文明制度建设
- 十五、深化国防和军队改革
- 十六、加强和改善党对全面深化改革的领导

> 重要文献

《国务院机构改革和职能转变方案》
（2013年3月14日）

2013年3月14日，十二届全国人大一次会议审议批准《国务院机构改革和职能转变方案》。《方案》指出现行行政体制仍存在许多不适应新形势新任务要求的地方，国务院部门在职能定位、机构设置、职责分工、运行机制等方面还存在不少问题。这些问题，需要通过深化体制改革、完善制度机制特别是职能转变加以解决。

节选：
这次国务院机构改革，重点围绕转变职能和理顺职责关系，稳步推进大部门制改革，实行铁路政企分开，整合加强卫生和计划生育、食品药品、新闻出版和广播电影电视、海洋、能源管理机构。

……

政府职能转变是深化行政体制改革的核心。转变国务院机构职能，必须处理好政府与市场、政府与社会、中央与地方的关系，深化行政审批制度改革，减少微观事务管理，该取消的取消、该下放的下放、该整合的整合，以充分发挥市场在资源配置中的基础性作用、更好发挥社会力量在管理社会事务中的作用、充分发挥中央和地方两个积极性，同时该加强的加强，改善和加强宏观管理，注重完善制度机制，加快形成权界清晰、分工合理、权责一致、运转高效、法治保障的国务院机构职能体系，真正做到该管的管住管好，不该管的不管不干预，切实提高政府管理科学化水平。

——摘自《国务院机构改革和职能转变方案》，新华网，2013年3月14日。

> 重要文献

《关于深化收入分配制度改革的若干意见》
（2013年2月3日）

  2013年2月3日，国务院发布批转发展改革委等部门《关于深化收入分配制度改革若干意见的通知》。《通知》指出改革开放以来，我国收入分配领域仍存在一些亟待解决的突出问题，城乡区域发展差距和居民收入分配差距依然较大，收入分配秩序不规范，隐性收入、非法收入问题比较突出，部分群众生活比较困难。深化收入分配制度改革具有重大意义。

节选：

1.总体要求。

  全面贯彻落实党的十八大精神，以邓小平理论、"三个代表"重要思想、科学发展观为指导，立足基本国情，坚持以经济建设为中心，在发展中调整收入分配结构，着力创造公开公平公正的体制环境，坚持按劳分配为主体、多种分配方式并存，坚持初次分配和再分配调节并重，继续完善劳动、资本、技术、管理等要素按贡献参与分配的初次分配机制，加快健全以税收、社会保障、转移支付为主要手段的再分配调节机制，以增加城乡居民收入、缩小收入分配差距、规范收入分配秩序为重点，努力实现居民收入增长和经济发展同步，劳动报酬增长和劳动生产率提高同步，逐步形成合理有序的收入分配格局，促进经济持续健康发展和社会和谐稳定。

2.主要目标。

  城乡居民收入实现倍增。到2020年实现城乡居民人均实际收入比2010年翻一番，力争中低收入者收入增长更快一些，人民生活水平全面提高。

  收入分配差距逐步缩小。城乡、区域和居民之间收入差距较大的问题得到有效缓解，扶贫对象大幅减少，中等收入群体持续扩大，"橄榄型"分配结构逐步形成。

  收入分配秩序明显改善。合法收入得到有力保护，过高收入得到合理调节，隐性收入得到有效规范，非法收入予以坚决取缔。

  收入分配格局趋于合理。居民收入在国民收入分配中的比重、劳动报酬在初次分配中的比重逐步提高，社会保障和就业等民生支出占财政支出比重明显提升。

——摘自《国务院批转发展改革委等部门关于深化收入分配制度改革若干意见的通知》，中国政府网，2013年2月4日。

> 重要文献

《关于调整完善生育政策的意见》
（2013年12月20日）

  2013年12月20日，新华社受权发布中共中央、国务院印发的《关于调整完善生育政策的意见》，中央决定启动实施一方是独生子女的夫妇可生育两个孩子的政策。

节选：

二、正确把握调整完善生育政策的总体思路

  （一）指导思想。以邓小平理论、"三个代表"重要思想、科学发展观为指导，全面贯彻党的十八大和十八届三中全会精神，坚持计划生育基本国策，贯彻实施人口与计划生育法，稳妥扎实有序调整完善生育政策，稳定适度低生育水平，保证人口总量控制在既定规划目标之内。

  （二）基本原则。一是总体稳定，确保政策实施过程风险可控，确保生育水平不出现大的波动。二是城乡统筹，在城乡同步调整完善生育政策，促进城乡一体化和区域协调发展。三是分类指导，在国家统一指导下，各地从实际出发作出安排。四是协调发展，统筹人口数量、素质、结构、分布的均衡发展，统筹人口与经济、社会、资源、环境的协调与可持续发展。

  （三）方法步骤。根据人口与计划生育法的规定，各省（自治区、直辖市）人民政府在全面评估当地人口形势、计划生育工作基础及政策实施风险的情况下，制定单独两孩政策实施方案，报国务院主管部门备案，由省级人民代表大会或其常委会修订地方性法规或作出规定，依法组织实施。

……

——摘自《国务院公报》2014年第1号。

大事记

1月10日

教育部、全国妇联等五部门联合下发《关于加强义务教育阶段农村留守儿童关爱和教育工作的意见》，明确了留守儿童在基础设施、营养改善和交通需求方面将享受"三个优先"待遇。

1月16日

全国中小企业股份转让系统在北京揭牌，这个系统是由国务院批准设立的全国证券交易场所，俗称"新三板"。

1月21—22日

十八届中央纪委二次全会举行。习近平强调要形成不敢腐的惩戒机制、不能腐的防范机制、不易腐的保障机制。

1月21日

国务院公布《征信业管理条例》、《国务院关于修改〈计算机软件保护条例〉的决定》，均自2013年3月15日起施行。

1月26日

我国自主研制的运–20大型运输机首次试飞成功。

1月31日

新华社播发《中共中央、国务院关于加快发展现代农业进一步增强农村发展活力的若干意见》。

2月3日

国务院批转了国家发改委等部门制定的《关于深化收入分配制度改革的若干意见》。

2月6日

国务院常务会议论通过《关于促进海洋渔业持续健康发展的若干意见》。

同日，国务院印发我国首部循环经济发展战略规划——《循环经济发展战略及近期行动计划》。

2月17日

中国政府网公布《国务院关于推进物联网有序健康发展的指导意见》。

2月18日

《国民旅游休闲纲要(2013–2020年)》正式发布。

2月20日

《国务院办公厅关于巩固完善基本药物制度和基层运行新机制的意见》印发。

2月23日

国务院印发《国家重大科技基础设施建设中长期规划（2012—2030年）》。

2月27日

我国第一部老龄事业发展蓝皮书《中国老龄事业发展报告》在京发布。蓝皮书指出，截至2012年底，我国老年人口数量达到1.94亿，比上年增加891万，占总人口的14.3%。

2月26—28日

十八届二中全会审议通过了《国务院机构改革和职能转变方案》。

3月1日

国务院办公厅发布《关于继续做好房地产市场调控工作的通知》。通知要求，继续严格执行商品住房限购措施。继续严格实施差别化住房代贷政策。

3月1日

中国政府网发布《国务院办公厅关于建立疾病应急救助制度的指导意见》。

3月14日

十二届全国人大一次会议以无记名投票方式，选举习近平为中华人民共和国主席、中华人民共和国中央军事委员会主席。

3月20日

国务院总理李克强主持召开新一届国务院第一次全体会议讨论通过了《国务院工作规则》。会议提出要坚决落实向社会承诺的"约法三章"，即本届任期内，政府性的楼堂馆所一律不得新建，财政供养的人员只减不增，"三公"经费只减不增。

3月26日

国家发改委公布完善后的国内成品油价格形成机制，成品油调价周期由22个工作日缩短至10个工作日；取消挂靠国际市场油种平均价格波动4%的调价幅度限制。

3月29日

中国银监会发布《关于深化小微企业金融服务的意见》。

4月3日

国务院总理李克强主持召开国务院常务会议，部署开展现代农业综合配套改革试验工作。会议确定黑龙江省先行开展现代农业综合配套改革试验。

2013年6月5日，"第五届中国云计算大会"在北京召开。

神舟十号航天员乘组聂海胜（中）张晓光（左）王亚平（右）在返回舱。

4月7—8日

博鳌亚洲论坛2013年年会在海南博鳌举行。国家主席习近平出席年会开幕式，并发表题为《共同创造亚洲和世界的美好未来》的主旨演讲。

4月10日

国务院总理李克强主持召开国务院常务会议，决定进一步扩大营业税改征增值税试点，并逐步在全国推行。

4月25日

中共中央政治局常务委员会召开会议，研究当前经济形势和经济工作。会议强调，要按照稳中求进的要求，坚持以提高经济发展质量和效益为中心。会议要求，加快转变经济发展方式，使质量和效益、就业和收入、环境保护和资源节约协调推进，稳中求好、稳中求优，促进经济持续健康发展。

5月9日

中共中央印发《关于在全党深入开展党的群众路线教育实践活动的意见》。

5月10日

我国海军正式组建首支舰载航空兵部队。

5月13日

国土资源部办公厅下发《关于严格管理防止违法违规征地的紧急通知》，要求进一步加强征地管理，防止违法违规征地，杜绝暴力征地行为。

5月15日

国务院总理李克强主持召开国务院常务会议，决定进一步提高重点高校招收农村学生比例。

5月16日

《国务院办公厅关于全国普通高等学校毕业生就业工作的通知》发布。

5月27日

经中共中央批准，《中国共产党党内法规制定条例》及《中国共产党党内法规和规范性文件备案规定》对外公布。

5月28日

中组部、中宣部、教育部联合印发《关于加强和改进高校青年教师思想政治工作的若干意见》。

6月10日

审计署2012年11月至2013年2月对36个地方政府本级2011年以来政府性债务情况进行了"抽查"，审计发现，2年来上述地方政府债务余额增长了12.94%。用于交通运输、保障性住房、土地收储和市政建设的债务支出增长较大。

6月14日

国务院总理李克强主持召开国务院常务会议，部署大气污染防治十条措施，研究促进光伏产业健康发展。

6月16—21日

第五届海峡论坛在厦门举行，大陆方面发布了31项对台惠民新政策措施。其中包括开放沈阳、郑州、武汉等13个城市作为第三批大陆居民赴台湾地区个人旅游试点城市。

6月11—26日

搭载着聂海胜、张晓光、王亚平3位航天员的"神舟十号"载人飞船成功发射并顺利返回着陆。

6月21日

海峡两岸关系协会与台湾海峡交流基金会在上海签署《海峡两岸服务贸易协议》。

6月28—29日

全国组织工作会议举行。习近平出席会议并明确提出信念坚定、为民服务、勤政务实、敢于担当、清正廉洁的新时期好干部标准。

6月29日

十二届全国人大常委会第三次会议通过《中华人民共和国特种设备安全法》。

7月1日

南京至杭州（宁杭）、杭州至宁波（杭甬）高速铁路正式开通运营，长三角城市群成为我国高铁运营里程最长、运行线路最多、停靠站点最密、运输量最大的地区。

7月3日

国务院总理李克强主持召开国务院常务会议，原则通过了《中国（上海）自由贸易试验区总体方案》。8月17日，国务院正式批准设立中国（上海）自由贸易试验区。

7月4日

国务院印发《关于加快棚户区改造工作的意见》，提出2013年至2017年改造各类棚户区1000万户。

7月5日

国务院办公厅发布《关于金融支持经济结构调整和转型升级的指导意见》。

7月6日

中国和瑞士在北京正式签署中国-瑞士自由贸易协定。这是中国与欧洲大陆国家签署的首个自贸协定。协定生效后，瑞方将对中方99.7%的出口立即实施零关税，中方将对瑞方84.2%的出口最终实施零关税。

7月12日

国务院公布《中华人民共和国外国人入境出境管理条例》，自2013年9月1日起施行。

7月14日

中共中央办公厅、国务院办公厅印发《关于党政机关停止新建楼堂馆所和清理办公用房的通知》。

7月15日

《国务院关于促进光伏产业健康发展的若干意见》发布。

7月20日

中国人民银行决定，除个人住房贷款利率浮动区间暂不调整外，金融机构贷款利率管制全面放开。

7月29日

中共中央印发《关于废止和宣布失效一批党内法规和规范性文件的决定》。

7月30日

中共中央政治局召开会议，分析研究上半年经济形势和下半年经济工作。会议提出，根据经济形势变化，适时适度进行预调和微调，稳中有为。

7月30日

中共中央政治局就建设海洋强国研究进行第八次集体学习。

8月14日

国务院印发《关于促进信息消费扩大内需的若干意见》。《意见》提出，到2015年，使信息消费规模超过3.2万亿元，年均增长20%以上。

8月16日

国务院总理李克强主持召开国务院常务会议，确定深化改革加快发展养老服务业的任务措施。会议要求，到2020年全面建成以居家为基础、社区为依托、机构为支撑的覆盖城乡的多样化养老服务体系。

8月17日

国务院发布《国务院关于印发"宽带中国"战略及实施方案的通知》。

8月17日

国务院公布《铁路安全管理条例》，自2014年1月1日起施行。

8月19—20日

全国宣传思想工作会议举行。习近平强调，宣传思想工作一定要围绕中心、服务大局作为基本职责；要巩固马克思主义在意识形态领域的指导地位，巩固全党全国人民团结奋斗的共同思想基础。

8月22—26日

山东省济南市中级人民法院一审公开开庭审理薄熙来受贿、贪污、滥用职权一案。

8月22日

中共中央政治局召开会议，审议通过了《建立健全惩治和预防腐败体系2013—2017年工作规划》《关于地方政府职能转变和机构改革的意见》。

9月2日

中共中央纪委监察部网站正式开通，并开设全国纪检监察机关12388举报窗口。

9月3日

中共中央纪委和中央党的群众路线教育实践活动领导小组印发《关于落实中央八项规定精神坚决刹住中秋国庆期间公款送礼等不正之风的通知》。

9月5日

习近平在二十国集团领导人峰会上发表《共同维护和发展开放型世界经济》的主旨讲话。

9月9日

《最高人民法院、最高人民检察院关于办理利用信息网络实施诽谤等刑事案件适用法律若干问题的解释》公布，9月10日起施行。

9月10日

国务院印发《大气污染防治行动计划》。

9月11日

国务院办公厅转发了教育部等7部门联合发布的《关于实施教育扶贫工程意见》。意见要求，到2020年使集中连片特殊困难地区基本公共教育服务水平接近全国平均水平。

9月11日

国务院食品安全委员会召开第一次全体会议，研究食品安全监管政策措施。

9月13日

国务院印发《关于加快发展养老服务业的若干意见》。

9月25日

中共中央、国务院印发《关于地方政府职能转变和机构改革的意见》。

9月28日

国务院印发《关于促进健康服务业发展的若干意见》。《意见》提出，力争到2020年，基本建立覆盖全生命周期、内涵丰富、结构合理的健康服务业体系，健康服务业总规模达到8万亿元以上。

9月30日
中共中央政治局以实施创新驱动发展战略为题举行第九次集体学习。习近平在主持学习时强调，紧紧抓住和用好新一轮科技革命和产业变革的机遇，把创新驱动发展作为面向未来的一项重大战略实施好。

10月2日
国务院公布《城镇排水与污水处理条例》，自2014年1月1日起施行。

10月3日
习近平在印度尼西亚国会发表演讲，提出共同建设"21世纪海上丝绸之路"的倡议。

10月6日
国务院印发《关于化解产能严重过剩矛盾的指导意见》。

10月19日
中共中央组织部印发《关于进一步规范党政领导干部在企业兼职（任职）问题的意见》。

10月22日
中共中央印发《关于印发〈科学发展观学习纲要〉的通知》。

10月24—25日
中共中央首次召开周边外交工作座谈会。

10月29日
中共中央政治局就加快推进住房保障体系和供应体系建设进行第十次集体学习。

11月9日
《国务院关于修改〈国际收支统计申报办法〉的决定》公布，自2014年1月1日起施行。

11月9—12日
中共十八届三中全会举行。全会审议通过《中共中央关于全面深化改革若干重大问题的决定》。

11月11日
国务院公布《畜禽规模养殖污染防治条例》，自2014年1月1日起施行。

11月15日
南水北调东线一期工程正式通水。

11月18日
中共中央、国务院印发《党政机关厉行节约反对浪费条例》。

11月23日
中国政府宣布划设东海防空识别区。

11月27日
《中央党内法规制定工作五年规划纲要（2013—2017年）》发布。

11月29日
国家统计局发布的《关于2013年粮食产量的公告》显示，2013年全国粮食总产量60193.5万吨，首次突破60000万吨大关，实现10年连续增产。

12月1日
《国务院关于开展优先股试点的指导意见》公布。

12月2日
国务院印发《国家级自然保护区调整管理规定》。

12月3日
国务院发布《全国资源型城市可持续发展规划（2013—2020年）》。

12月6日
经中共中央批准，中央组织部印发《关于改进地方党政领导班子和领导干部政绩考核工作的通知》，规定今后对地方党政领导班子和领导干部的各类考核考察，不能仅仅把地区生产总值及增长率作为政绩评价的主要指标，不能搞地区生产总值及增长率排名。

12月6日
住房城乡建设部、财政部、国家发展改革委对外公布《关于公共租赁住房和廉租住房并轨运行的通知》。

12月8日
中共中央办公厅、国务院办公厅印发《党政机关国内公务接待管理规定》。

12月11日
中共中央办公厅印发《关于培育和践行社会主义核心价值观的意见》。

12月10—13日
中央经济工作会议在北京举行。会议明确提出2014年经济工作要稳中求进、改革创新。

12月12—13日
中央城镇化工作会议举行。这是改革开放以来中央召开的第一次城镇化工作会议。

12月25日
中共中央办公厅、国务院办公厅印发《关于进一步把社会主义核心价值观融入法治建设的指导意见》。

12月21日
中共中央、国务院印发《关于调整完善生育政策的意见》，提出单独两孩的政策。

12月23—24日
中央农村工作会议举行。

12月28日
十二届全国人大常委会第六次会议通过《关于废止有关劳动教养法律规定的决定》。

数说发展

人口
（单位：万人）

总人口 136072
城镇 73111
乡村 62961

出生率 12.08‰
死亡率 7.16‰
自然增长率 4.92‰

工 业

工业增加值 210689 亿元
比上年增长 7.6%

规模以上工业增加值增长 9.7%

GDP（国内生产总值）

第一产业增加值 56957 亿元
第二产业增加值 249684 亿元
第三产业增加值 262204 亿元

GDP（国内生产总值） 568845 亿元
比上年增长 7.7%

第一产业增加值占国内生产总值的比重为 10.0%
第二产业增加值占国内生产总值的比重为 43.9%
第三产业增加值占国内生产总值的比重为 46.1%

外汇储备
年末外汇储备 38213.15 亿美元
比上年末增加 5097.26 亿美元

公共财政收入
公共财政收入 129143 亿元
比上年增长 10.1%
其中：税收收入 110497 亿元

农 业

产量（单位：万吨）

品类	产量
粮食	60194
棉花	631
油料	3531
糖料	13759
肉类	8536
水产品	6172

水利
新增有效灌溉面积 129 万公顷
新增节水灌溉面积 211 万公顷

对外经济

进出口贸易总额 41600（单位：亿美元）
出口 22096
进口 19504
进出口差额 2592

利用外资
非金融领域新批外商直接投资企业 22773 家
实际使用外商直接投资金额 1176 亿美元

对外经济合作
对外承包工程业务完成营业额 1371 亿美元
对外劳务合作派出各类劳务人员 52.7 万人

817

国内商业

社会消费品零售总额
237810亿元

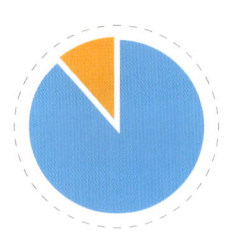 ← 按消费形态统计 按经营地统计 →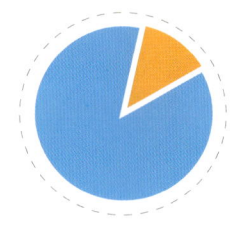

商品零售额 **212241** 亿元
餐饮收入额 **25569** 亿元

城镇消费品零售额 **205858** 亿元
乡村消费品零售额 **31952** 亿元

固定资产投资

固定资产投资 **447074** 亿元

固定资产投资（不含农户）
436528 亿元

第一产业投资
9241 亿元

第二产业投资
184804 亿元

第三产业投资
242482 亿元

农户投资 **10547** 亿元

东部地区投资 **179092** 亿元
中部地区投资 **105894** 亿元
西部地区投资 **109228** 亿元
东北地区投资 **47367** 亿元

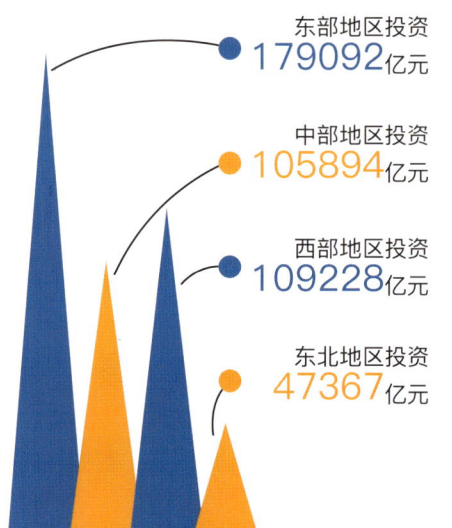

社会福利事业

提供住宿的社会服务机构 **4.7** 万个
床位 **509.4** 万张
收养救助各类人员 **310.0** 万人

社区服务中心 **1.9** 万个
社区服务站心 **10.3** 万个

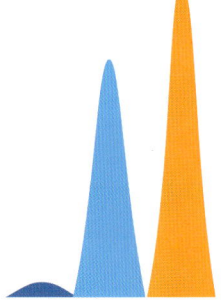

得到政府最低生活保障人数

城市 **2061.3** 万人
农村 **5382.1** 万人

农村五保供养人数 **538.2** 万人

直接医疗救助人数：**2126.4** 万人次

资助 **1229.3** 万城镇困难群众
参加城镇医疗保险

资助 **4132.5** 万农村困难群众
参加新型农村合作医疗

人民生活

全年城镇新增就业
1310 万人

全国农民工总量
26894 万人

 比上年增长 **2.4%**

其中

外出农民工 **16610** 万人
增长 **1.7%**

本地农民工 **10284** 万人
增长 **3.6%**

城乡居民收入

城镇居民人均可支配收入 **26955** 元
农村居民人均纯收入 **8896** 元

农村 增长 **9.3%**
城镇 增长 **7.0%**

居民家庭恩格尔系数

农村 **37.7%**
城镇 **35%**

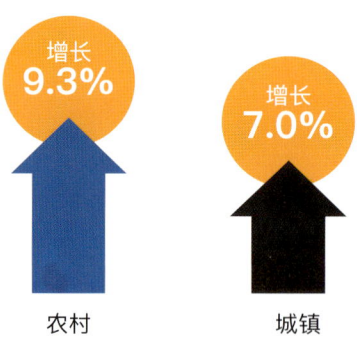

交通运输和邮电通信业

全年货物运输总量 451 亿吨

- 铁路 39.7 亿吨
- 公路 355 亿吨
- 水运 49.3 亿吨
- 民航 0.05576 亿吨
- 管道 6.6 亿吨

港口完成货物吞吐量 106.1 亿吨

其中：外贸货物 33.1 亿吨

集装箱 18878 万标箱

货物运输周转量 186478　　　　　　（单位：亿吨公里）

- 铁路 29173.9
- 公路 67114.5
- 水运 86520.6
- 民航 168.6
- 管道 3500.9

旅客运输周转量 36036　　　　　　（单位：亿人公里）

- 铁路 10595.6
- 公路 19705.6
- 水运 76.3
- 民航 5658.5

邮电业务总量 16679 亿元

邮政业务 2725 亿元

电信业务 13954 亿元

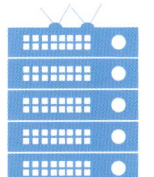

电信业全年局用交换机总容量 41052 万门

移动电话交换机容量 196545 万户

互联网上网人数 6.18 亿人

互联网普及率 45.8 %

全国固定及移动电话用户总数 149610 万户

电话普及 110.5 部/百人

固定电话用户 26699 万户

其中：
城市 18457 万户
农村 8241 万户

移动电话用户 122911 万户

其中：
3G 移动电话用户 40161 万户

社会保障

参加各类基本保险人数

城镇基本医疗保险 57322 万人
城镇职工基本养老保险 32212 万人
工伤保险 19897 万人
失业保险 16417 万人
生育保险 16397 万人

新型农村合作医疗

 2489 个县（市、区）开展了新型农村合作医疗工作 参合率 98.7%

 基金支出总额 2909.2 亿元

受益 19.41 亿人次

保险事业

原保险保费收入 17222 亿元

- 寿险业务原保险保费收入 9425 亿元
- 健康险和意外伤害险业务原保险保费收入 1585 亿元
- 财产险业务原保险保费收入 6212 亿元

支付各类赔款及给付 6213 亿元

- 寿险业务给付 2253 亿元
- 健康险和意外伤害险赔款及给付 521 亿元
- 财产险业务赔款 3439 亿元

科学技术

研究与试验发展（R&D）经费支出
11906亿元

其中基础研究经费 **569** 亿元

授予专利权 **131.3** 万件
其中，境内授权 **121.0** 万件

授予发明专利权 **20.8** 万件
其中，境内授权 **13.8** 万件

有效专利 **419.5** 万件
其中，境内有效专利 **352.5** 万件

有效发明专利 **103.4** 万件
其中，境内有效发明专利 **54.5** 万件

成功发射卫星 **14** 次

神舟十号载人飞船与天宫一号目标飞行器成功实施首次绕飞交会试验，嫦娥三号探测器顺利实现首次在地外天体软着陆和巡视勘查，"蛟龙号"载人潜水器实现从深潜海试到科学应用的跨越。

签订技术合同 **29.5** 万项
技术合同成交金额 **7469** 亿元

文化

- 艺术表演团体 2055
- 博物馆 2638
- 公共图书馆 3073
- 文化馆 3298
- 档案馆 4122

已开放各类档案 **12059** 万卷（件）

有线电视用户 **2.24** 亿户
有线数字电视用户 **1.69** 亿户

广播节目综合人口覆盖率 **97.8%**
电视节目综合人口覆盖率 **98.4%**

电视剧 **441** 部 **15783** 集
动画电视片 **199132** 分钟
故事影片 **638** 部
科教、纪录、动画和特种影片 **186** 部

旅游

国内旅游

国内居民出境人数 **9819** 万人次
其中，因私出境 **9197** 万人次

国内出游人数 **32.6** 亿人次

国内旅游收入 **26276** 亿元

国际旅游

国际旅游外汇收入 **517** 亿美元

入境旅游人数 **12908** 万人次

其中，外国人 **2629** 万人次

香港、澳门和台湾同胞 **10279** 万人次

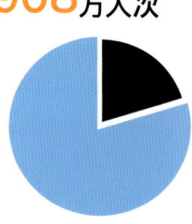

出版

- 图书 **83** 亿册（张）
- 各类期刊 **34** 亿册
- 报纸 **478** 亿份

教育

(单位：万人)

招生人数 　　在校生数 　　毕业生

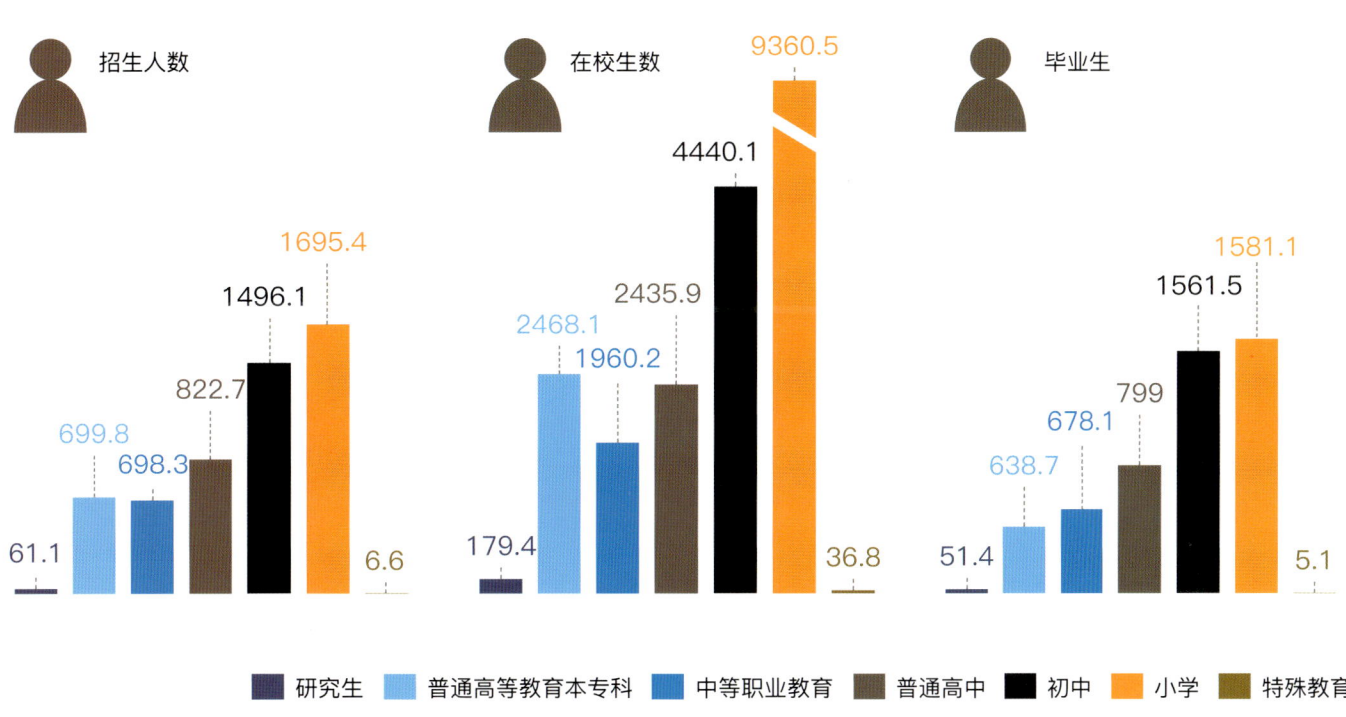

研究生　普通高等教育本专科　中等职业教育　普通高中　初中　小学　特殊教育

招生人数：研究生 61.1，普通高等教育本专科 699.8，中等职业教育 698.3，普通高中 822.7，初中 1496.1，小学 1695.4，特殊教育 6.6

在校生数：研究生 179.4，普通高等教育本专科 2468.1，中等职业教育 1960.2，普通高中 2435.9，初中 4440.1，小学 9360.5，特殊教育 36.8

毕业生：研究生 51.4，普通高等教育本专科 638.7，中等职业教育 678.1，普通高中 799，初中 1561.5，小学 1581.1，特殊教育 5.1

卫生

医疗卫生机构973597个

其中，医院24720个
乡镇卫生院36978个
社区卫生服务中心（站）33976个
诊所（卫生所、医务室）184058个
村卫生室649080个
疾病预防控制中心3519个
卫生监督所（中心）2994个

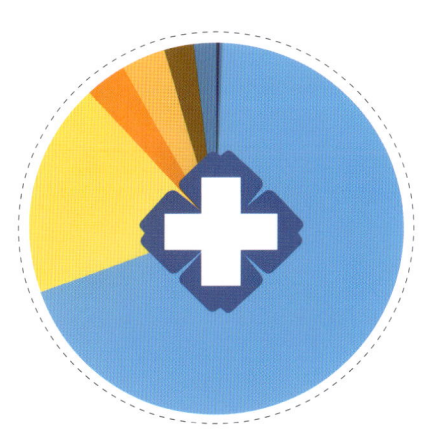

卫生技术人员718万人

其中，执业医师和执业助理医师279万人
注册护士278万人

医疗卫生机构床位618万张

其中，医院458万张
乡镇卫生院113万张

体育

在22个运动大项中获124个世界冠军
共创13项世界纪录

1978-2018

中国改革开放
全纪录

2014

- 中共十八届四中全会：全面推进依法治国
- "新常态"概念首次提出
- 建立健全反腐败体系
- 新一轮财税体制改革的进军号
- 以人为本的新型城镇化
- 建立全国统一的城乡居民基本养老制度
- 以"三证合一"为核心的商事制度改革全面实施
- 亚太经合组织第二十二次领导人非正式会议召开

焦点事件

> **语录** "全面推进依法治国，是着眼于实现中华民族伟大复兴中国梦、实现党和国家长治久安的长远考虑。"
> ——习近平

中共十八届四中全会：全面推进依法治国

改革开放以来，中国共产党高度重视法治。1978年12月，邓小平同志提出，要"做到有法可依，有法必依，执法必严，违法必究。"党的十五大提出依法治国、建设社会主义法治国家，强调依法治国是党领导人民治理国家的基本方略，是发展社会主义市场经济的客观需要，是社会文明进步的重要标志，是国家长治久安的重要保障。党的十六大提出，发展社会主义民主政治，最根本的是要把坚持党的领导、人民当家作主和依法治国有机统一起来。党的十七大提出，依法治国是社会主义民主政治的基本要求，强调要全面落实依法治国基本方略，加快建设社会主义法治国家。党的十八大提出，法治是治国理政的基本方式，要加快建设社会主义法治国家，全面推进依法治国。党的十八届三中全会进一步提出，建设法治中国，必须坚持依法治国、依法执政、依法行政共同推进，坚持法治国家、法治政府、法治社会一体建设。①

全面建成小康社会进入决定性阶段，改革进入攻坚期和深水区。依法治国在党和国家工作全局中的地位更加突出、作用更加重大。党的十八大提出了全面建成小康社会的奋斗目标，党的十八届三中全会对全面深化改革作出了顶层设计，实现这个奋斗目标，落实这个顶层设计，需要从法治上提供可靠保障。

党的十八届三中全会后，中央即着手研究和考虑党的十八届四中全会的议题。2014年1月，中央政治局决定，党的十八届四中全会重点研究全面推进依法治国问题。为此，成立由习近平任组长，张德江、王岐山任副组长的文件起草组。1月27日，党中央发出《关于对党的十八届四中全会研究全面推进依法治国问题征求意见的通知》。2月12日，文件起草组召开第一次全体会议，文件起草工作正式启动。2月18日至25日，文件起草组组成8个调研组分赴14个省区市进行调研。文件起草组在成立以来的8个多月时间里，深入调查研究，广泛征求意见，开展专题论证，反复讨论修改。其间，中央政治局常委会召开3次会议、中央政治局召开2次会议分别审议全会决定。

2014年10月20日至23日，中国共产党第十八届中央委员会第四次全体会议在北京举行，全会审议通过了《中共中央关于全面推进依法治国若干重大问题的决定》。习近平就《决定（讨论稿）》向全会作了说明。全会决定起草突出了5个方面的考虑。一是贯彻党的十八大和十八届三中全会精神，贯彻党的十八大以来党中央工作部署，体现全面建成小康社会、全面深化改革、全面推进依法治国这"三个全面"的逻辑联系；二是围绕中国特色社会主义事业总体布局，体现推进各领域改革发展对提高法治水平的要求，而不是就法治论法治；三是反映目前法治工作基本格局，从立法、执法、司法、守法4个方面作出工作部署；四是坚持改革方向、问题导向，适应推进国家治理体系和治理能力现代化要求，直面法治建设领域突出问题，回应人民群众期待，力争提出对依法治国具有重要意义的改革举措；五是立足我国国情，从实际出发，坚持走中国特色社会主义法治道路，既与时俱进、体现时代精神，又不照抄照搬别国模式。②

全面推进依法治国，总目标是建设中国特色社会主义法治体系，建设社会主义法治国家。实现这个总目标，必须坚持中国共产党的领导，坚持人民主体地位，坚持法律面前人人平等，坚持依法治国和以德治国相结合，坚持从中国实际出发。这个总目标，既明确了全面推进依法治国的性质和方向，又突出了全面推进依法治国的工作重点和总抓手。

全面推进依法治国的重大任务是：完善以宪法为核心的中国特色社会主义法律体系，加强宪法实施；深入推进依法行政，加快建设法治政府；保证公正司法，提高司法公信力；增强全民法治观念，推进法治社会建设；加强法治工作队伍建设；加强和改进党对全面推进依法治国的领导。

背景：2014年10月，中共十八届四中全会召开，集理论和实践之大成，专题研讨依法治国问题。全会通过的《中共中央关于全面推进依法治国若干重大问题的决定》也是党的历史上第一个关于加强法治建设的决定。2014年10月23日，在中共十八届四中全会第二次会议上，习近平总书记提出了"全面推进依法治国，是着眼于实现中华民族伟大复兴中国梦、实现党和国家长治久安的长远考虑。对全面推进依法治国作出部署，既是立足于解决我国改革发展稳定中的矛盾和问题的现实考量，也是着眼于长远的战略谋划"。把全面推进依法治国，放在"四个全面"战略布局中来把握。从这个战略布局看，做好全面依法治国各项工作意义十分重大。没有全面依法治国，就治不好国、理不好政，"四个全面"战略布局就会落空。习近平总书记特别强调，"要把全面依法治国放在'四个全面'的战略布局中来把握，深刻认识全面依法治国同其他三个'全面'的关系，努力做到'四个全面'相辅相成、相互促进、相得益彰"。在习近平总书记自中共十八大以来的历次公开讲话与文章中，据不完全统计，"全面依法治国"及全面推进依法治国等词提到超过200次。

资料来源：《让法治为中国梦护航（习近平治国理政关键词22）》，《人民日报（海外版）》，2016年4月1日。

---

① 《〈中共中央关于全面推进依法治国若干重大问题的决定〉起草情况说明》，江苏政府法制网，2014年10月29日。

② 《〈中共中央关于全面推进依法治国若干重大问题的决定〉起草情况说明》，江苏政府法制网，2014年10月29日。

观点

高尚全：2014年10月底召开的党的十八届四中全会，通过了《中共中央关于全面推进依法治国若干重大问题的决定》。这是中国共产党历史上，第一次专门研究法治建设的中央全会。党把自己的路线、方针、政策通过法定程序转化为国家意志，成为全国人民共同遵守的法律规范，实现党的主张和人民意志的有机统一。依法治国的庄严承诺和有效推进，体现了中国共产党已经从一个革命党真正成长成为一个执政党。

资料来源：《党领导改革四十年——访著名经济学家高尚全》，《中国领导科学》，2018年6月26日。

"新常态"概念首次提出

经济发展新常态，是党的十八大以来习近平总书记对近年来我国经济发展具有全局性转折意义新趋势作出的重大判断。这一重大判断，高度概括了新阶段我国经济发展深刻的趋势性特征，为我国新时期的经济发展提供了根本战略指导，是当代中国特色社会主义政治经济学的重要成果。

在2008年国际金融危机冲击的复杂影响下，我国经济发展长期积累的矛盾和问题开始呈现，出现了重大的趋势性新变化，最为明显的是，保持了30多年的高速经济增长出现了明显的持续回落。2014年一季度，中国经济增长速度为7.4%，创下24年来的最低点。中国人的海外消费却在上升，从奢侈品到普通生活用品，每年中国人有上万亿元人民币花在国外。

2014年5月，习近平总书记在考察河南时指出，解决中国经济的问题要有历史耐心。他指出："中国发展仍处于重要战略机遇期，我们要增强信心，从当前中国经济发展的阶段性特征出发，适应新常态，保持战略上的平常心态。"此次考察的新闻报道中，"新常态"一词在公众视野里第一次出现。2014年7月党外人士座谈会上，习近平总书记再次提出，要把思想和行动统一到中共中央决策部署上来，正确认识我国经济发展的阶段性特征，进一步增强信心，适应新常态，共同推动经济持续健康发展。

2014年11月，习近平主席在亚太经合组织（APEC）工商领导人峰会上发表题为《谋求持久发展 共筑亚太梦想》的主旨演讲，习主席在演讲中提出：中国经济呈现出新常态，有几个主要特点：一是从高速增长转为中高速增长；二是经济结构不断优化升级，第三产业消费需求逐步成为主体，城乡区域差距逐步缩小，居民收入占比上升，发展成果惠及更广大民众；三是从要素驱动、投资驱动转向创新驱动。新常态将给中国带来新的发展机遇。第一，新常态下，中国经济增速虽然放缓，实际增量依然可观。第二，新常态下，中国经济增长更趋平稳，增长动力更为多元。第三，新常态下，中国经济结构优化升级，发展前景更加稳定。第四，新常态下，中国政府大力简政放权，市场活力进一步释放。

速度、结构、动力，六个字，三个关键词，勾勒出"经济发展新常态"的基本内涵。"认识新常态、适应新常态、引领新常态，是当前和今后一个时期我国经济发展的大逻辑。"这是以习近平同志为核心的党中央综合分析世界经济长周期和我国发展阶段性特征及其相互作用做出的重大判断。

建立健全反腐败体系

党的十八大以后，党中央以"零容忍"态度严惩腐败。从巡视制度改革到网络监督拓展，从职能定位转变到内部机构调整等，一系列改革举措相继实施。

语录

"把权力关进制度的笼子里，首先要建好笼子。"
——习近平

背景：用制度约束权力，使权力正确规范地行使；在法治框架下查处腐败，使反腐败走向规范化、制度化，是我们党反对腐败、建设廉洁政治的根本方向。

习近平总书记2014年1月14日在十八届中央纪委第三次全会上发表讲话，提出"反腐败必须强化监督、管住权力。把权力关进制度的笼子里，首先要建好笼子。笼子太松了，或者笼子很好但门没关住，进出自由，那是起不了什么作用的。我们所采取的一系列措施，包括发挥纪检监察派驻机构的监督作用，加强和改进巡视工作，建立领导干部谈话制度，畅通人民群众举报和监督渠道，发挥舆论监督包括互联网监督作用，一个重要导向就在于建好笼子、强化监督。"此后的中共十八届四中全会成为反腐的节点，标志着今后的反腐败斗争，不再去追捧反腐案件数量的急剧增加，不再诧异于腐败官员级别的惊悚跳跃，而要在法治化、制度化上下力气来防治腐败。

资料来源：《习近平的法治观：依法改革依法反腐促进社会公平正义》，人民网，2014年10月21日。

2013年1月21日至22日，中国共产党第十八届中央纪委检查委员会第二次全体会议在北京举行。全会制定了《建立健全惩治和预防腐败体系2013至2017年工作规划》。

《工作规划》体现了惩治和预防腐败体系建设的重点领域、方向和未来的工作要点。突出制度反腐，从一定意义上说，《工作规划》是新时期反腐倡廉建设的"顶层设计"，其核心是把权力管好，构筑起反腐败无缝的、牢固的"防火墙"。

2014年6月30日，中共中央政治局召开会议，审议通过了《党的纪律检查体制改革实施方案》。《实施方案》指出，党的纪律检查体制改革是全面深化改革的重要组成部分，是党要管党、从严治党的必然要求。[①] 党中央将纪律检查体制改革作为中央全面深化改革6个专项小组之一单独设立，充分体现了对党风廉政建设和反腐败工作的高度重视。《实施方案》充分体现了问题导向、责任导向和执行导向。其改革重点有以下几点：

一是"两个责任一起扛"。明确落实党风廉政建设责任制，党委负主体责任，纪委负监督责任。要求"两个责任一起扛"，种好"责任田"；二是"两个'上'为主"。把纪委两项重要权力——查办案件的事权和干部提名的人权"上提"，推动党的纪律检查工作双重领导体制改革"落地"，强化上级纪委对下级纪委的领导，更好地支持和指导下级纪委聚焦主业、履行职责；三是"两个全覆盖"。第一，加快落实中央纪委向中央一级党和国家机关派驻纪检机构，实现全覆盖。第二，实现巡视工作全覆盖，做到对地方、部门、企事业单位全覆盖；四是"两个人群一起管"。加强对领导干部"本人"以及领导干部"家人"的监管。②

2014年1月14日，中央印发修订后的《党政领导干部选拔任用工作条例》。修订后的《条例》有以下几个显著特点：一是坚持党管干部原则；二是坚持好干部标准，树立科学发展、以德为先、注重基层的用人导向，把人岗相适、重视一贯表现等要求贯穿到干部选拔任用工作的全过程；三是坚持全面深化干部人事制度改革；四是坚持从严管理干部；五是坚持有效管用、简便易行，优化程序、删繁就简。

2014年11月27日，中共中央发布《中央党内法规制定工作五年规划纲要（2013—2017年）》，对今后5年中央党内法规制定工作进行了统筹安排。《纲要》提出，力争经过5年努力，基本形成涵盖党的建设和党的工作主要领域、适应管党治党需要的党内法规制度体系框架，使党内生活更加规范化、程序化，使党内民主制度体系更加完善，使权力运行受到更加有效的制约和监督，使党执政的制度基础更加巩固，为到建党100周年时全面建成内容科学、程序严密、配套完备、运行有效的党内法规制度体系打下坚实基础。这是党历史上第一次编制党内法规制定工作五年规划。标志着党的工作从简单规章到实施周延完善细则规章，使党的工作有规可循、违律必究。从纪律检查体制方面，到干部任用条例，再到党内法规制定规划，可以说，党的制度建设进入了前瞻性、科学化的新阶段。

---

①《〈党的纪律检查体制改革实施方案〉起草侧记》，中央纪委监察委网站，2014年7月7日。
②《专家解读〈党的纪律检查体制改革实施方案〉意义和亮点》，人民网，2014年7月14日。

新一轮财税体制改革的进军号

2014年6月6日，中央深改小组第三次会议审议《深化财税体制改革总体方案》，吹响了新一轮财税体制改革的进军号。新一轮财税体制改革着力建立现代财政制度。改革的基本思路围绕党的十八届三中全会决定明确的6句话、24个字展开：一是完善立法。树立法治理念，依法理财，将财政运行全面纳入法制化轨道；二是明确事权。合理调整并明确中央和地方的事权与支出责任，促进各级政府各司其职、各负其责、各尽其能；三是改革税制。优化税制结构，逐步提高直接税比重，完善地方税体系，坚持清费立税，强化税收筹集财政收入主渠道作用。改进税收征管体制；四是稳定税负。正确处理国家与企业、个人的分配关系，保持财政收入占国内生产总值比重基本稳定，合理控制税收负担；五是透明预算。逐步实施全面规范的预算公开制度，推进民主理财，建设阳光政府、法治政府；六是提高效率。推进科学理财和预算绩效管理，健全运行机制和监督制度，促进经济社会持续健康发展，不断提高人民群众生活水平。

深化预算管理制度改革。2014年，我国由一般公共财政、政府性基

海南三亚，游客在三亚免税店观光购物。

金预算、国有资本经营预算、社会保险基金预算组成的政府预算体系涉及财政资金近20万亿元。① 随着经济社会发展，现行预算管理制度暴露出一些不符合公共财政制度和现代国家治理要求的问题。"完善政府预算体系"成为预算改革的首要任务。2014年9月26日，国务院以国发〔2014〕45号印发《关于深化预算管理制度改革的决定》。《决定》要求明确现行政府预算体系中一般公共预算、政府性基金预算、国有资本经营预算、社会保险预算四项预算的收支范围，强调"政府的收入和支出全部纳入预算管理"；并提出加大政府

性基金预算、国有资本经营预算与一般公共预算的统筹力度。《决定》提出：预算公开要细化到底，既强调扩大公开范围，又对细化公开内容提出具体要求；明确要建立结转结余资金定期清理机制，提高结转结余资金使用效率；明确加强非税管理的改革举措，如继续清理规范行政事业性收费和政府性基金；加快建立健全国有资源、国有资产有偿使用制度和收益共享机制；完善非税收入征缴制度和监督体系，禁止通过违规调库、乱收费、乱罚款等手段虚增财政收入。

地方政府性债务管理框架基本建成。2014年10月2日，国务院印发《关于加强地方政府性债务管理的意见》，这是国务院首次发文全面规范地方政府性债务管理，也标志着我国地方政府性债务管理的完整制度框架基本建成。此次《意见》的一大亮点，是强调"疏堵结合"。《意见》提出建立"借、用、还"相统一的地方债务管理机制。从规范地方政府举债融资，控制地方举债规模，防范地方债务风险，完善配套制度以及妥善处理存量债务和在建项目后续融资等多方面作出部署。

---

① 《国务院公布深化预算管理改革具体方案——打响新一轮财税改革"当头炮"》，《经济日报》，2014年10月9日。

民营银行元年

中共十八届三中全会提出，"在加强监管的前提下，允许具备条件的民间资本依法发起设立中小型银行等金融机构。"允许民营资本发起设立民营银行，放宽对民营资本的准入，增加银行数量，符合中国金融业长远改革方向，对发展民营经济大有裨益。这是以服务实体经济为导向，推进金融领域供给侧结构性改革的重要举措。从2013年起，国家相继推出一系列政策法规，鼓励民间资本发起设立民营银行。

2014年是民营银行元年。2014年，首批5家民营银行分别在天津、

2015年6月25日,浙江网商银行各位股东和嘉宾见证网商银行的开业。

上海、浙江和广东开展试点,即深圳前海微众银行、上海华瑞银行、温州民商银行、天津金城银行、浙江网商银行。民营银行试点方案筛选标准主要有5条:一是有自担剩余风险的制度安排;二是有办好银行的股东资质条件和抗风险能力;三是有股东接受监管的具体条款;四是有差异化的市场定位和特定战略;五是有合法可行的风险处置和恢复计划,即"生前遗嘱"。

深化司法体制改革路线图、时间表

司法体制改革在我国全面深化改革、全面依法治国战略中居于重要地位,对于推进国家治理体系和治理能力现代化意义重大。2013年11月,十八届三中全会从确保依法独立公正行使审判权、检察权等3个方面,明确提出18项司法改革任务。

2014年2月,习近平总书记主持召开中央深改组第二次会议,审议通过《关于深化司法体制和社会体制改革的意见及贯彻实施分工方案》。①进一步明确了深化司法体制改革的目标、原则,制定了各项改革任务的路线图和时间表。

2014年6月,中央深改小组第三次会议审议通过了《关于司法体制改革试点若干问题的框架意见》,将顶层设计与实践探索相结合的要求,对改革试点的若干重点难点问题提出了政策意见或政策取向,为地方制订试点方案提供了依据。《意见》将司法责任制作为改革试点的重点内容之一,以完善主审法官责任制、合议庭办案责任制和检察官办案责任制为抓手,突出法官、检察官办案的主体地位,明确法官、检察官办案的权力和责任,对所办案件终身负责,严格错案责任追究,形成权责明晰、权责统

🌱 观点

尚福林:依法设立的商业银行,就要适用同等的国民待遇,接受相同的监管管理。在这个前提下,因为是试点,所以还是有一些个性的特点,这些特点主要表现在四个方面。

第一,突出市场机制的决定性作用。他们要建立完全由资本说话的公司治理机制,也就是说,这些银行要依法建立董事会、监事会、经营班子和开展业务,独立自主地去经营。

第二,突出特色化业务、差异化经营,重点是服务小微、服务社区功能等,以完善多层次的银行业的金融服务体系。

第三,突出风险和收益自担的商业原则,重点是要依法做好风险管控和损失承担的制度安排,也就是说要制定"生前遗嘱",防止银行经营失败后侵害消费者、存款人和纳税人的合法权益。

第四,突出股东行为监管。重点是要依据现行的法律和法规,监管银行和股东的关联交易,以及股东对银行的持续注资能力和它的风险承担能力,防止试点银行成为股东的融资工具。在这些方面,从整体上讲,我们还缺乏成功的经验,所以要试点,通过试点以后,再逐步推广。

资料来源:《尚福林:首批5家民营银行试点将有四大个性特点》,新华网,2014年3月11日。

一、管理有序的司法权力运行机制。② 6月，中央政法委在东、中、西部选择上海、湖北、青海等7个省市启动以完善司法责任制为核心的四项改革的首批试点。③

2014年10月，十八届四中全会提出保证公正司法、提高司法公信力的6个方面111项改革部署，绘就整个司法体制改革蓝图。

---

① 《深化司法改革 维护公平正义》，法制网，2017年10月10日。
② 《中央司改办负责人就司法体制改革试点工作答记者问》，新华网，2014年6月15日。
③ 《深化司法改革 维护公平正义》，法制网，2017年10月10日。

以人为本的新型城镇化

2014年3月，《国家新型城镇化规划(2014—2020年)》发布，这是我国推进新型城镇化健康发展的纲领性文件，《规划》明确新型城镇化的基本内涵为"以人为本、四化同步、优化布局、生态文明、文化传承"。

早在2012年12月15日至16日，习近平总书记在中央经济工作会议上首次明确提出"积极稳妥推进城镇化，着力提高城镇化质量"。2013年12月12日至13日，中央城镇化工作会议召开，习近平总书记在会上发表重要讲话，分析了城镇化发展形势，明确了推进城镇化的指导思想、主要目标、基本原则、重点任务。李克强总理在讲话中论述了当前城镇化工作的着力点，提出了推进城镇化的具体部署。会议提出推进城镇化六大任务，包括"推进农业转移人口市民化""提高城镇建设用地利用效率""建立多元可持续的资金保障机制""优化城镇化布局和形态""提高城镇建设水平"和"加强对城镇化的管理"。

《规划》提出，积极稳妥扎实有序推进城镇化，目标为常住人口城镇化率达到60%左右，户籍人口城镇化率达到45%左右，实现1亿左右农业转移人口和其他常住人口在城镇落户；要量力而行，严防城市"摊大饼"式扩张。

《规划》从"城镇化水平""基本公共服务""基础设施""资源环境"四个领域，给出了18项评价指标。这些指标既是未来新型城镇化发展的评价标准，也是中央试图调整城镇化发展方向的指挥棒。

《规划》突出的亮点是强调以人为本，推进以人为核心的城镇化，提出了保障随迁子女平等享有受教育权利、完善公共就业创业服务体系、扩大社会保障覆盖面、改善基本医疗卫生条件、拓宽住房保障渠道等一系列举措。

《规划》赋予了小城镇发展很大的创新空间，提出了小城镇发展的三种模式：一是大城市周边的重点镇要发展成为卫星城；二是具有特色资源、区位优势的小城镇要发展为专业特色镇；三是远离中心城市的小城镇和林场、农场等要发展成为服务农村、带动周边的综合性小城镇。

户改实际上是十八大以来，推进新型城镇化中最重要的一次改革，涉及到大概2.8亿的在城市打工的农民工。要解决他们的公共服务问题，使他们能把根扎在城市，又能解决城市的各种消费需求，来带动城市的发展。2014年我国全面放开建制镇和小城市落户限制。2014年6月，中央深改小组第三次会议审议《关于进一步推进户籍制度改革的意见》，要求全面放开建制镇和小城市落户限制，有序放开中等城市落户限制，合理确定大城市落户条件，严格控制特大城市人口规模，稳步推进城镇基本公共服务常住人口全覆盖。

建立全国统一的城乡居民基本养老制度

建立全国统一的城乡居民基本养老保险制度，对城乡发展产生着深刻的影响，是涉及我国每一个家庭的重大社会制度创新，在我国社会建设史上具有里程碑式的意义。

2014年2月7日，国务院总理李克强主持召开国务院常务会议，决定合并新型农村社会养老保险和城镇居民社会养老保险，建立全国统一的城乡居民基本养老保险制度。

2014年2月21日，国务院印发《关于建立统一的城乡居民基本养老保险制度的意见》，提出到"十二五"末，在全国基本实现新农保和城居保制度合并实施，并与职工基本养老保险制度相衔接；2020年前，全面建成公平、统一、规范的城乡居民养老保险制度。《意见》提出，在已基本实现新型农村社会养老保险、城镇居民社会养老保险全覆盖的基础上，依法将这两项制度合并实施，在全国范围内建立统一的城乡居民基本养老保险制度，并在制度模式、筹资方式、待遇支付等方面与合并前的新型农村社会养老保险和城镇居民社会养老保险保持基本一致。基金筹集采取个人缴、集体助、政府补的方式，中央财政按基础养老金标准，对中西部地区给予全额补助，对东部地区给予50%的补助。地方政府为重度残疾人等缴费困难群体代缴部分或全部最低标准的养老保险费，鼓励公益慈善等社会组织为参保人缴费提供资助。

建立统一的城乡居民基本养老保险制度，有利于节约资源、提高效率，有利于促进人口流动和城乡一体化发展。意味着我国将消除户籍和

2015年3月23日,山东省青岛市黄岛区行政综合服务中心,市民在办理"三证合一"营业执照。

"身份"所带来的养老保障差异,并通过顶层设计打通两个制度,对居民的基本养老需求进行"兜底"设计,有利于消除城乡二元结构,推动城镇化进程,也为将来建立统一的国民基本养老保险制度改革打下基础。①

① 《李克强主持召开国务院常务会议听取关于2013年全国人大代表建议和全国政协委员提案办理工作汇报 决定建立全国统一的城乡居民基本养老保险制度》,中国政府网,2013年2月7日。

以"三证合一"为核心的商事制度改革全面实施

商事制度改革是政府转变职能总体部署中的一项重要举措。以全面推行"三证合一"登记制度改革为重点的商事制度改革,是深化简政放权、便利市场准入、鼓励投资创业、激发市场活力的重要途径。

2014年3月,以"三证合一"为核心的商事制度改革全面实施。当时的改革叫"三证"合"一证"或者"一证三号",商事主体只需在工商登记窗口填一张表,由后台统一运转数据,就能拿到印有组织机构代码和税务登记号的工商营业执照,组织机构代码证和税务登记证不再单独存在。①

在此基础上,8月7日,国家工商总局、中央编办、国家发改委、国家税务总局、质检总局和国务院法制办联合下发《六部门关于贯彻落实〈国务院办公厅关于加快推进"三证合一"登记制度改革的意见〉的通知》,从2015年10月1日开始全面推行的"三证合一、一照一码"改革更进一步。首次整合优化了登记申请文书提交材料规范,取消了组织机构代码和税务登记号,由工商行政管理部门核发一个加载统一社会信用代码的营业执照,办理新版营业执照最快仅需数小时。2015年10月,为了深化商事制度改革,加强事中事后监管,国务院印发《关于"先照后证"改革后加强事中事后监管的意见》,引入了以信用监管为核心的监管制度,并探索监管方式创新,提出引入市场监管共治。

① 余颖:《10月1日起"三证合一、一照一码"将全面推行》,中国经济网,2015年9月25日。

亚太经合组织第二十二次领导人非正式会议召开

2014年11月11日,亚太经合组织第二十二次领导人非正式会议在北京举行。20位经济体领导人或代表前来参会。各成员领导人围绕"共建面向未来的亚太伙伴关系"主题深入交换意见,共商区域经济合作大计,

2014年11月11日，亚太经合组织第二十二次领导人非正式会议在北京雁栖湖国际会议中心举行，习近平发表题为《谋求持久发展 共筑亚太梦想》的主旨演讲。

达成广泛共识。中国国家主席习近平主持会议。

习近平主席在讲话中强调，面对新形势，亚太经济体应深入推进区域经济一体化，打造发展创新、增长联动、利益融合的开放型亚太经济格局，共建互信、包容、合作、共赢的亚太伙伴关系，为亚太和世界经济发展增添动力。

本次会议上，各经济体领导人围绕主题，就"推动区域经济一体化""促进经济创新发展、改革与增长""加强全方位基础设施与互联互通建设"3项重点议题展开讨论。

习近平主席对会议讨论情况进行总结时指出，与会各方回顾了亚太经合组织的历史成就和宝贵经验，展望了亚太长远发展愿景和方向，并就会议议题进行了热烈而富有成果的讨论，达成许多重要共识：大力加强亚太伙伴关系；推进区域经济一体化，启动亚太自由贸易区进程；批准全球价值链、供应链、能力建设等领域重要合作倡议；支持多边贸易体制，推动多哈回合谈判早日结束；加快创新和改革步伐；共同探索适合自身实际的发展道路和发展模式，加强交流互鉴；加强全方位基础设施和互联互通建设；拓展基础设施投融资领域务实合作；共同应对全球性挑战。

会议发表了《北京纲领：构建融合、创新、互联的亚太——亚太经合组织领导人宣言》和《共建面向未来的亚太伙伴关系——亚太经合组织成立25周年声明》。

《北京纲领》重申多边贸易体制在推动贸易扩大、经济增长、创造就业和可持续发展方面的价值及其中心和首要地位。《北京纲领》呼吁坚定地加强世界贸易组织所代表的，基于规则、透明、非歧视、开放和包容的多边贸易体制。

《声明》提出，全球和区域经济合作机制蓬勃发展，亚太经合组织必须不断探寻创新合作路径，实现本组织宗旨，继续紧跟世界经济潮流，发挥引领和协调作用。亚太经合组织亟需巩固和推进区域经济一体化进程，支持多边贸易体制，反对任何形式的贸易保护主义，防范碎片化风险。

流行志

▶ 创客

创客（Mak-er）"创"指创造，"客"指从事某种活动的人，"创客"本指勇于创新，努力将自己的创意变为现实的人。创客（Maker）以用户创新为核心理念，是面向知识社会的创新2.0模式在设计与制造领域的典型体现。在中国，"创客"与"大众创业，万众创新"联系在了一起，特指具有创新理念、自主创业的人。

▶《小苹果》

《小苹果》是筷子兄弟演唱的歌曲，由王太利创作词曲，《小苹果》传承了筷子兄弟亲民和接地气的特质。歌曲欢乐的气氛，简单的四四拍节奏，朗朗上口的歌词，洗脑的招牌舞蹈动作，让人耳目一新。2014年，该歌曲获得全美音乐奖"年度国际最佳流行音乐奖"。

▶ 冰桶挑战

2014年由美国波士顿学院（BOSTON COLLEGE）前棒球选手发起的ALS冰桶挑战(IceBucket Challenge)风靡全球。冰桶挑战赛要求参与者在网络上发布自己被冰水浇遍全身的视频内容，然后该参与者便可以要求其他人来参与这一活动。活动规定，被邀请者要么在24小时内接受挑战，要么就选择为对抗"肌肉萎缩性侧索硬化症"捐出100美元。2014年8月18日，冰桶挑战赛活动蔓延至中国互联网圈，多名科技界大佬被点名参与了这一活动。

李克强在深圳考察柴火创客空间，体验各位年轻"创客"的创意产品。

◉ 社会关注

中国成语大会

《中国成语大会》是继《中国汉字听写大会》之后，又一档重大影响力大型电视文化节目，成语所承载的人文内涵非常丰富和厚重，大量成语出自传统经典著作，表达着臧否人伦善恶、境界高下的中国价值观。《中国成语大会》在竞赛形式的基础上，融入了更多独特多元的创新构思，并力邀毕淑敏、蒙曼、郦波等多位重量级文化名人担任评判嘉宾，希望能够细致展现中国成语独有的语境之美。

"APEC蓝"

2014年的亚太经合组织（APEC）会议在雾霾污染严重的北京举办。2014年11月7日至2014年11月12日为APEC会期，2014年11月3日上午8点，北京市城六区PM2.5浓度为37微克每立方米，接近一级优水平，中国环境监测总站检测2014年11月12日9:00北京水立方附近天空的三基色数据：R=50、G=100、B=180。网络热议北京空气质量，将这样的蓝天称为"APEC蓝"。

🌐 环球大事

> **2月**

埃博拉病毒首先在几内亚爆发，尔后横扫利比里亚、塞拉利昂、尼日利亚和马里等西非国家，西班牙、美国等发达国家先后出现感染病例。

> **3月8日**

马航一架从吉隆坡飞往北京的波音777客机失踪，此后，航空史上最大规模、最昂贵搜救行动开始。

> **5月20日**

印度教民族主义领袖莫迪在大选中获胜，当选印度总理。

> **5月20—21日**

亚洲相互协作与信任措施会议第四次峰会在上海举行。

> **5月22日**

反欧盟政党在欧洲议会选举中取得胜利。英国独立党自从1906年来首次赢得26.6%选票；法国玛丽·勒庞领导的国民阵线取得40年来首次全国性大胜，获得25%选票。

> **6月**

中旬以来，国际油价一路下行跌破60美元/桶的关口，跌幅已逾45%。

> **7月15—16日**

金砖国家第六次领导人峰会在巴西举行，会上通过《福塔莱萨宣言》，宣布成立金砖国家开发银行和应急储备安排。

> **9月18日**

闹得沸沸扬扬的苏格兰独立公投最终以失败落下帷幕。

> **7月15—16日**

金砖国家第六次领导人峰会在巴西举行，会上通过《福塔莱萨宣言》，宣布成立金砖国家开发银行和应急储备安排。

> **9月18日**

闹得沸沸扬扬的苏格兰独立公投最终以失败落下帷幕。

> **11月5—11日**

2014年亚太经合组织（APEC）领导人会议在北京举行。

重要文献

《中共中央关于全面推进依法治国若干重大问题的决定》

（2014年10月23日）

2014年10月23日，中共十八届四中全会通过《中共中央关于全面推进依法治国若干重大问题的决定》。《决定》阐述了全面推进依法治国的指导思想、总目标、基本原则，提出了关于依法治国的一系列新观点新举措，回答了党的领导和依法治国的关系等一系列重大理论和实践问题，对科学立法、严格执法、公正司法、全民守法、法治队伍建设、加强和改进党对全面推进依法治国的领导作出了全面部署，是加快建设社会主义法治国家的纲领性文件。

目录：
一、坚持走中国特色社会主义法治道路，建设中国特色社会主义法治体系
二、完善以宪法为核心的中国特色社会主义法律体系，加强宪法实施
三、深入推进依法行政，加快建设法治政府
四、保证公正司法，提高司法公信力
五、增强全民法治观念，推进法治社会建设
六、加强法治工作队伍建设
七、加强和改进党对全面推进依法治国的领导

重要文献

《社会信用体系建设规划纲要（2014—2020年）》

（2014年6月14日）

2014年6月14日，国务院发布《社会信用体系建设规划纲要（2014—2020年）》，《规划纲要》明确了我国社会信用体系建设的指导思想、基本原则、主要目标、重点任务和保障措施，对当前和今后一段时期加快建设社会信用体系，构筑诚实守信的经济社会环境，具有重要的指导意义。

节选：

社会信用体系建设的主要目标是：到2020年，社会信用基础性法律法规和标准体系基本建立，以信用信息资源共享为基础的覆盖全社会的征信系统基本建成，信用监管体制基本健全，信用服务市场体系比较完善，守信激励和失信惩戒机制全面发挥作用。政务诚信、商务诚信、社会诚信和司法公信建设取得明显进展，市场和社会满意度大幅提高。全社会诚信意识普遍增强，经济社会发展信用环境明显改善，经济社会秩序显著好转。
……
（一）加快推进政务诚信建设。
政务诚信是社会信用体系建设的关键，各类政务行为主体的诚信水平，对其他社会主体诚信建设发挥着重要的表率和导向作用。坚持依法行政。将依法行政贯穿于决策、执行、监督和服务的全过程，
全面推进政务公开，在保护国家信息安全、商业秘密和个人隐私的前提下，依法公开在行政管理中掌握的信用信息，建立有效的信息共享机制。切实提高政府工作效率和服务水平，转变政府职能。健全权力运行制约和监督体系，确保决策权、执行权、监督权既相互制约又相互协调。完善政府决策机制和程序，提高决策透明度。进一步推广重大决策事项公示和听证制度，拓宽公众参与政府决策的渠道，加强对权力运行的社会监督和约束，提升政府公信力，树立政府公开、公平、清廉的诚信形象。
发挥政府诚信建设示范作用。各级人民政府首先要加强自身诚信建设，以政府的诚信施政，带动全社会诚信意识的树立和诚信水平的提高。在行政许可、政府采购、招标投标、劳动就业、社会保障、科研管理、干部选拔任用和管理监督、申请政府资金支持等领域，率先使用信用信息和信用产品，培育信用服务市场发展。
——摘自《社会信用体系建设规划纲要（2014—2020年）》，信用中国网。

◼ **重要文献**

《国家新型城镇化规划（2014—2020年）》
（2014年3月16日）

2014年3月16日，《国家新型城镇化规划（2014—2020年）》正式发布。这是今后一个时期指导全国城镇化健康发展的宏观性、战略性、基础性的规划，也是中央颁布实施的第一个城镇化规划。

节选：

第五章 发展目标

——城镇化水平和质量稳步提升。城镇化健康有序发展，常住人口城镇化率达到60%左右，户籍人口城镇化率达到45%左右，户籍人口城镇化率与常住人口城镇化率差距缩小2个百分点左右，努力实现1亿左右农业转移人口和其他常住人口在城镇落户。

——城镇化格局更加优化。"两横三纵"为主体的城镇化战略格局基本形成，城市群集聚经济、人口能力明显增强，东部地区城市群一体化水平和国际竞争力明显提高，中西部地区城市群成为推动区域协调发展的新的重要增长极。城市规模结构更加完善，中心城市辐射带动作用更加突出，中小城市数量增加，小城镇服务功能增强。

——城市发展模式科学合理。密度较高、功能混用和公交导向的集约紧凑型开发模式成为主导，人均城市建设用地严格控制在100平方米以内，建成区人口密度逐步提高。绿色生产、绿色消费成为城市经济生活的主流，节能节水产品、再生利用产品和绿色建筑比例大幅提高。城市地下管网覆盖率明显提高。

——城市生活和谐宜人。稳步推进义务教育、就业服务、基本养老、基本医疗卫生、保障性住房等城镇基本公共服务覆盖全部常住人口，基础设施和公共服务设施更加完善，消费环境更加便利，生态环境明显改善，空气质量逐步好转，饮用水安全得到保障。自然景观和文化特色得到有效保护，城市发展个性化、城市管理人性化、智能化。

——城镇化体制机制不断完善。户籍管理、土地管理、社会保障、财税金融、行政管理、生态环境等制度改革取得重大进展，阻碍城镇化健康发展的体制机制障碍基本消除。

——摘自《国家新型城镇化规划（2014—2020年）》，中国政府网，2014年3月16日。

◼ **重要文献**

《国务院关于进一步推进户籍制度改革的意见》
（2014年7月24日）

2014年7月24日，国务院正式印发《关于进一步推进户籍制度改革的意见》，这是当前和今后一个时期指导全国户籍制度改革的纲领性文件，标志着我国户籍制度改革开始进入全面实施阶段。《意见》明确进一步推进户籍制度改革的指导思想、目标任务、政策措施和实现路径，《意见》包括总体要求、进一步调整户口迁移政策、创新人口管理、切实保障农业转移人口及其他常住人口合法权益和切实加强组织领导等五个部分。

节选：

（二）基本原则。

——坚持积极稳妥、规范有序。立足基本国情，积极稳妥推进，优先解决存量，有序引导增量，合理引导农业转移人口落户城镇的预期和选择。

——坚持以人为本、尊重群众意愿。尊重城乡居民自主定居意愿，依法保障农业转移人口及其他常住人口合法权益，不得采取强迫做法办理落户。

——坚持因地制宜、区别对待。充分考虑当地经济社会发展水平、城市综合承载能力和提供基本公共服务的能力，实施差别化落户政策。

——坚持统筹配套、提供基本保障。统筹推进户籍制度改革和基本公共服务均等化，不断扩大教育、就业、医疗、养老、住房保障等城镇基本公共服务覆盖面。

（三）发展目标。进一步调整户口迁移政策，统一城乡户口登记制度，全面实施居住证制度，加快建设和共享国家人口基础信息库，稳步推进义务教育、就业服务、基本养老、基本医疗卫生、住房保障等城镇基本公共服务覆盖全部常住人口。到2020年，基本建立与全面建成小康社会相适应，有效支撑社会管理和公共服务，依法保障公民权利，以人为本、科学高效、规范有序的新型户籍制度，努力实现1亿左右农业转移人口和其他常住人口在城镇落户。

......

三、创新人口管理

（九）建立城乡统一的户口登记制度。取消农业户口与非农业户口性质区分和由此衍生的蓝印户口等户口类型，统一登记为居民户口，体现户籍制度的人口登记管理功能。建立与统一城乡户口登记制度相适应的教育、卫生计生、就业、社保、住房、土地及人口统计制度。

（十）建立居住证制度。公民离开常住户口所在地到其他设区的市级以上城市居住半年以上的，在居住地申领居住证。符合条件的居住证持有人，可以在居住地申请登记常住户口。以居住证为载体，建立健全与居住年限等条件相挂钩的基本公共服务提供机制。居住证持有人享有与当地户籍人口同等的劳动就业、基本公共教育、基本医疗卫生服务、计划生育服务、公共文化服务、证照办理服务等权利；以连续居住年限和参加社会保险年限等为条件，逐步享有与当地户籍人口同等的中等职业教育资助、就业扶持、住房保障、养老服务、社会福利、社会救助等权利，同时结合随迁子女在当地连续就学年限等情况，逐步享有随迁子女在当地参加中考和高考的资格。各地要积极创造条件，不断扩大向居住证持有人提供公共服务的范围。按照权责对等的原则，居住证持有人应当履行服兵役和参加民兵组织等国家和地方规定的公民义务。

——摘自《国务院关于进一步推进户籍制度改革的意见》，中国政府网，2014年7月30日。

重要文献

《关于全面深化农村改革加快推进农业现代化的若干意见》

（2014年1月19日）

2014年1月19日，《关于全面深化农村改革加快推进农业现代化的若干意见》发布。这份2014年中央一号文件要求，坚决破除体制机制弊端，坚持农业基础地位不动摇，加快推进农业现代化。

节选：

2. 完善粮食等重要农产品价格形成机制。继续坚持市场定价原则，探索推进农产品价格形成机制与政府补贴脱钩的改革，逐步建立农产品目标价格制度，在市场价格过高时补贴低收入消费者，在市场价格低于目标价格时按差价补贴生产者，切实保证农民收益。2014年，启动东北和内蒙古大豆、新疆棉花目标价格补贴试点，探索粮食、生猪等农产品目标价格保险试点，开展粮食生产规模经营主体营销贷款试点。继续执行稻谷、小麦最低收购价政策和玉米、油菜籽、食糖临时收储政策。

......

8. 加快建立利益补偿机制。加大对粮食主产区的财政转移支付力度，增加对商品粮生产大省和粮油猪生产大县的奖励补助，鼓励主销区通过多种方式到主产区投资建设粮食生产基地，更多地承担国家粮食储备任务，完善粮食主产区利益补偿机制。支持粮食主产区发展粮食加工业。降低或取消产粮大县直接用于粮食生产等建设项目资金配套。完善森林、草原、湿地、水土保持等生态补偿制度，继续执行公益林补偿、草原生态保护补助奖励政策，建立江河源头区、重要水源地、重要水生态修复治理区和蓄滞洪区生态补偿机制。支持地方开展耕地保护补偿。

......

17. 完善农村土地承包政策。稳定农村土地承包关系并保持长久不变，在坚持和完善最严格的耕地保护制度前提下，赋予农民对承包地占有、使用、收益、流转及承包经营权抵押、担保权能。在落实农村土地集体所有权的基础上，稳定农户承包权、放活土地经营权，允许承包土地的经营权向金融机构抵押融资。有关部门要抓紧研究提出规范的实施办法，建立配套的抵押资产处置机制，推动修订相关法律法规。切实加强组织领导，抓紧抓实农村土地承包经营权确权登记颁证工作，充分依靠农民群众自主协商解决工作中遇到的矛盾和问题，可以确权确地，也可以确权确股不确地，确权登记颁证工作经费纳入地方财政预算，中央财政给予补助。稳定和完善草原承包经营制度，2015年基本完成草原确权承包和基本草原划定工作。切实维护妇女的土地承包权益。加强农村经营管理体系建设。深化农村综合改革，完善集体林权制度改革，健全国有林区经营管理体制，继续推进国有农场办社会职能改革。

......

——摘自《关于全面深化农村改革加快推进农业现代化的若干意见》，中国政府网，2014年1月18日。

■ 重要文献

《关于引导农村土地经营权有序流转发展农业适度规模经营的意见》

（2014年11月20日）

2014年11月20日，《关于引导农村土地经营权有序流转发展农业适度规模经营的意见》公布。《意见》指出，引导农村土地经营所有权流转是深化农村改革的重要任务，是发展所需、大势所趋。中央以两办文件出台，列入2014年中央文件和党内法规制定计划，再经过国务院第62次常务会议、中央全面深化改革领导小组第五次会议和中央政治局常委会议三次审议，规格高、程序严，充分体现了中共中央、国务院科学决策、审慎决策精神。

节选：

（一）指导思想。全面理解、准确把握中央关于全面深化农村改革的精神，按照加快构建以农户家庭经营为基础、合作与联合为纽带、社会化服务为支撑的立体式复合型现代农业经营体系和走生产技术先进、经营规模适度、市场竞争力强、生态环境可持续的中国特色新型农业现代化道路的要求，以保障国家粮食安全、促进农业增效和农民增收为目标，坚持农村土地集体所有，实现所有权、承包权、经营权三权分置，引导土地经营权有序流转，坚持家庭经营的基础性地位，积极培育新型经营主体，发展多种形式的适度规模经营，巩固和完善农村基本经营制度。改革的方向要明，步子要稳，既要加大政策扶持力度，加强典型示范引导，鼓励创新农业经营体制机制，又要因地制宜、循序渐进，不能搞大跃进，不能搞强迫命令，不能搞行政瞎指挥，使农业适度规模经营发展与城镇化进程和农村劳动力转移规模相适应，与农业科技进步和生产手段改进程度相适应，与农业社会化服务水平提高相适应，让农民成为土地流转和规模经营的积极参与者和真正受益者，避免走弯路。

……

（五）鼓励创新土地流转形式。鼓励承包农户依法采取转包、出租、互换、转让及入股等方式流转承包地。鼓励有条件的地方制定扶持政策，引导农户长期流转承包地并促进其转移就业。鼓励农民在自愿前提下采取互换并地方式解决承包地细碎化问题。在同等条件下，本集体经济组织成员享有土地流转优先权。以转让方式流转承包地的，原则上应在本集体经济组织成员之间进行，且需经发包方同意。以其他形式流转的，应当依法报发包方备案。抓紧研究探索集体所有权、农户承包权、土地经营权在土地流转中的相互权利关系和具体实现形式。按照全国统一安排，稳步推进土地经营权抵押、担保试点，研究制定统一规范的实施办法，探索建立抵押资产处置机制。

——摘自《关于引导农村土地经营权有序流转发展农业适度规模经营的意见》，中国政府网，2014年11月20日。

大事记

1月6日
国务院发布《关于在中国（上海）自由贸易试验区内暂时调整有关行政法规和国务院文件规定的行政审批或者准入特别管理措施的决定》。

1月6日
发展改革委、民政部联合发出通知，在全国开展养老服务业综合改革试点工作。

1月9日
卫生计生委、中医药管理局联合印发《关于加快发展社会办医的若干意见》。

1月10日
国务院发布《关于同意设立陕西西咸新区的批复》。

1月15日
中共中央印发了《党政领导干部选拔任用工作条例》。

1月17日
国务院公布《中华人民共和国保守国家秘密法实施条例》，自2014年3月1日起施行。

1月19日
新华社播发《中共中央、国务院关于全面深化农村改革加快推进农业现代化的若干意见》。

1月22日
习近平主持召开中央全面深化改革领导小组第一次会议并发表重要讲话。会议审议通过了《中央全面深化改革领导小组工作规则》《中央全面深化改革领导小组专项小组工作规则》《中央全面深化改革领导小组办公室工作细则》和中央全面深化改革领导小组下设的6个专项小组名单；审议通过了《中央有关部门贯彻落实党的十八届三中全会〈决定〉重要举措分工方案》。

1月24日
中共中央政治局会议研究决定中央国家安全委员会设置。

1月25日
中共中央办公厅、国务院办公厅印发了《关于创新机制扎实推进农村扶贫开发工作的意见》。

2月7日
国务院印发《注册资本登记制度改革方案》，明确"实缴制"改为"认缴制"，企业年检制度改为年报公示制度。

2月7日
国务院常务会议决定，合并新型农村社会养老保险和城镇居民社会养老保险，建立全国统一的城乡居民基本养老保险制度。

2月11日
国务院台湾事务办公室与台湾大陆委员会负责人在江苏南京举行首次正式会面。

2月13日
水利部、发展改革委、工信部、财政部等十部门联合印发《实行最严格水资源管理制度考核工作实施方案》，全面启动最严格水资源管理制度考核工作。

2月18日
习近平会见中国国民党荣誉主席连战，希望两岸双方秉持"两岸一家亲"的理念，共圆中华民族伟大复兴的中国梦。

2月18日
国务院印发《国务院关于印发注册资本登记制度改革方案的通知》。

2月21日
国务院公布《社会救助暂行办法》，自2014年5月1日起施行。

2月25日
中共中央办公厅、国务院办公厅印发《关于创新群众工作方法解决信访突出问题的意见》。

2月26日
习近平听取京津冀协同发展专题汇报，强调实现京津冀协同发展是重大国家战略。

2月26日
国务院印发《关于建立统一的城乡居民基本养老保险制度的意见》，部署在全国范围内建立统一的城乡居民基本养老保险制度。

2月26日
国务院总理李克强主持召开国务院常务会议，审议通过《事业单位人事管理条例（草案）》。

2月27日
十二届全国人大常委会第七次会议通过决定，将9月3日，确定为中国人民抗日战争胜利纪念日，将12月13日，设立为南京大屠杀死难者国家公祭日。

2月27日
习近平主持召开中央网络安全和信息化领导小组第一次会议审议通过《中央网络安全和信息化领导小组工作规则》等文件。

2月28日
国务院总理李克强签署国务院令，公布《南水北调工程供用水管理条例》。

3月1日
商务部公布：根据世贸组织初步统计数据，2013年，中国货物进出口总额为4.16万亿美元，其中出口额2.21万亿美元，进口额1.95万亿美元，成为世界第一货物贸易大国。

3月9日
国家发改委、卫计委、人力资源和社会保障部发布《关于非公立医疗机构医疗服务实行市场调节价有关问题的通知》。

3月12日
国务院发布《关于改进加强中央财政科研项目和资金管理的若干意见》。

3月13日
银监会发布《金融租赁公司管理办法》。

3月15日
习近平主持召开中央军委深化国防和军队改革领导小组第一次全体会议并发表重要讲话。会议宣布了中央军委深化国防和军队改革领导小组人员组成和机构设置。

3月15日
中共中央决定对徐才厚涉嫌违纪问题进行组织调查。

3月16日
中共中央、国务院印发了《国家新型城镇化规划（2014~2020年）》。

3月17日
国务院发布《关于加快发展对外文化贸易的意见》。

3月18日
中共中央办公厅、国务院办公厅印发了《关于厉行节约反对食品浪费的意见》。

3月19日
中共中央办公厅、国务院办公厅印发《关于深化司法体制和社会体制改革的意见》。

2014年4月8日，博鳌亚洲论坛2014年年会开幕。

3月22日
福建获批建设全国首个生态文明先行示范区。

4月5日
国务院批准同意供销合作总社在河北、浙江、山东、广东4省开展试点。

4月8日
我国首部自贸区仲裁规则《中国（上海）自由贸易试验区仲裁规则》在上海颁布。

4月9日
发展改革委、卫生计生委、人力资源社会保障部联合公布《关于非公立医疗机构医疗服务实行市场调节价有关问题的通知》。

4月10日
中央军委印发《关于贯彻落实军委主席负责制建立和完善相关工作机制的意见》。

4月8—11日
博鳌亚洲论坛2014年年会举行。

4月15日
习近平主持召开中央国家安全委员会第一次会议并发表讲话强调。

4月18日
李克强主持召开新一届国家能源委员会首次会议，研究讨论能源发展中的相关战略问题和重大项目。

4月21日
发展改革委决定废止《食盐专营许可证管理办法》。

4月22日
国务院办公厅发布《关于金融服务"三农"发展的若干意见》。

4月22日
我国自主研制的首台4500米级深海遥控无人潜水器作业系统"海马号"，在南海完成海上试验并通过海上验收。

4月24日
十二届全国人大常委会第八次会议通过修订后的《中华人民共和国环境保护法》。

4月29日
国务院公布修订后的《中华人民共和国商标法实施条例》，自2014年5月1日起施行。

5月2日
国务院印发《关于加快发展现代职业教育的决定》。

5月9日
国务院印发《关于进一步促进资本市场健康发展的若干意见》。

5月9日
国家发展改革委、工业和信息化部联合发布通告，放开所有电信业务资费，电信企业可以自主制定具体资费结构、资费标准等。

5月9—10日
习近平在河南开封、郑州等地考察工作，首次提出"新常态"重要论断。

5月13日
国务院办公厅印发《深化医药卫生体制改革2014年重点工作任务》。

5月14日
国务院总理李克强主持召开国务院常务会议，部署加快生产性服务业重点和薄弱环节发展促进产业结构调整升级，讨论通过《中华人民共和国食品安全法（修订草案）》。

5月15日
国务院总理李克强签署第652号国务院令,公布《事业单位人事管理条例》。这是我国第一部系统规范事业单位人事管理的行政法规。

5月22日
中国(上海)自由贸易试验区自由贸易账户制度启动。

5月26日
国家发展改革委公布《政府核准投资项目管理办法》。

5月28日
中共中央办公厅印发《关于加强基层服务型党组织建设的意见》《中国共产党发展党员工作细则》。

5月29日
国务院办公厅印发《关于改善农村人居环境的指导意见》。

5月30日
国务院常务会议决定开展第一次大督查,对已出台政策措施落实情况进行全面督查和问责。

6月5日
中国－阿拉伯国家合作论坛第六届部长级会议在北京举行。

6月6日
中央全面深化改革领导小组第三次会议召开。会议审议了《深化财税体制改革总体方案》和《关于进一步推进户籍制度改革的意见》,通过了《关于司法体制改革试点若干问题的框架意见》《上海市司法改革试点工作方案》和《关于设立知识产权法院的方案》。

6月9—13日
中国科学院第十七次院士大会、中国工程院第十二次院士大会举行。习近平强调,要实施创新驱动发展战略。

6月10日
国务院新闻办发表《"一国两制"在香港特别行政区的实践》白皮书。这是中央政府第一次发表关于"一国两制"及香港问题的白皮书。

6月10日
中共中央办公厅印发《中国共产党发展党员工作细则》。

6月16日
教育部、国家发展改革委、财政部、人力资源社会保障部、农业部、国务院扶贫办印发《现代职业教育体系建设规划(2014—2020年)》。

6月27日
中央决定设立中央反腐败协调小组国际追逃追赃工作办公室。

6月27日
国务院印发《社会信用体系建设规划纲要(2014—2020年)》。这是我国首部国家级社会信用体系建设专项规划。

6月28日
和平共处五项原则发表60周年纪念大会在北京举行。

6月30日
中共中央政治局召开会议,审议通过《深化财税体制改革总体方案》《关于进一步推进户籍制度改革的意见》《党的纪律检查体制改革实施方案》。

7月15日
我国面积最大、政策最优的特殊监管区域——福建平潭综合实验区正式封关运作。

7月16日
中共中央办公厅、国务院办公厅印发《关于全面推进公务用车制度改革的指导意见》和《中央和国家机关公务用车制度改革方案》。

7月24日
国务院印发《关于进一步推进户籍制度改革的意见》,提出全面放开建制镇和小城市落户限制。

7月26日
海南省三沙市永兴(镇)工委、管委会在永兴岛揭牌成立,标志着三沙市西沙岛礁基层政权的建立。

7月29日
中共中央决定对周永康严重违纪问题立案审查。

8月6日
国务院印发《关于加快发展生产性服务业促进产业结构调整升级的指导意见》,这是国务院首次对生产性服务业发展做出的全面部署。

8月7日
国务院公布《企业信息公示暂行条例》。

8月13日
国务院印发《关于加快发展现代保险服务业的若干意见》。

8月18日
中央全面深化改革领导小组第四次会议召开。会议审议通过了《关于推动传统媒体和新兴媒体融合发展的指导意见》《党的十八届三中全会重要改革举措实施规划(2014—2020年)》《关于上半年全面深化改革工作进展情况的报告》等文件。

8月19日
国务院出台《关于近期支持东北振兴若干重大政策举措的意见》。

8月20日
中共中央举行纪念邓小平同志诞辰110周年座谈会。

8月21日
国务院印发《关于促进旅游业改革发展的若干意见》。

8月31日
十二届全国人大常委会第十次会议通过《关于香港特别行政区行政长官普选问题和2016年立法会产生办法的决定》。

9月4日
《国务院关于深化考试招生制度改革的实施意见》公布,标志新一轮考试招生制度改革全面启动。

9月5日
中共中央、全国人大常委会举行庆祝全国人民代表大会成立60周年大会。

9月12日
国务院印发《关于依托黄金水道推动长江经济带发展的指导意见》。

9月19日
中共中央办公厅、国务院办公厅印发《关于推动传统媒体和新兴媒体融合发展的指导意见》。

9月21日
中共中央、全国政协举行庆祝中国人民政治协商会议成立65周年大会。

2014年8月19日，中国美术馆，纪念邓小平同志诞辰110周年"春天的故事"版画精品展。

9月29日

习近平主持召开中央全面深化改革领导小组第五次会议。会议审议了《关于引导农村土地承包经营权有序流转发展农业适度规模经营的意见》《积极发展农民股份合作赋予集体资产股份权能改革试点方案》《关于深化中央财政科技计划（专项、基金等）管理改革的方案》，建议根据会议讨论情况进一步修改完善后按程序报批实施。

10月4日

国务院印发《物流业发展中长期规划（2014—2020年）》。

10月9日

最高人民法院通报《关于审理利用信息网络侵害人身权益民事纠纷案件适用法律若干问题的规定》，首次划定个人信息保护的范围。

10月9日

国务院出台《关于加快科技服务业发的若干意见》，要求重点发展知识产权等专业科技服务和综合科技服务。

10月12日

中共中央、国务院印发《关于加强和改进新形势下民族工作的意见》。

10月15日

习近平主持召开文艺工作座谈会。

10月17日

全国社会扶贫工作电视电话会议在京召开。我国将每年10月17日设立为"扶贫日。

10月20—23日

中共十八届四中全会举行。全会审议通过《中共中央关于全面推进依法治国若干重大问题的决定》。

10月27日

习近平主持召开中央全面深化改革领导小组第六次会议并发表重要讲话。会议审议了《关于加强社会主义协商民主建设的意见》《关于中国（上海）自由贸易试验区工作进展和可复制改革试点经验的推广意见》《关于加强中国特色新型智库建设的意见》，审议通过了《关于国家重大科研基础设施和大型科研仪器向社会开放的意见》。

11月4日

习近平主持召开中央财经领导小组第八次会议，研究丝绸之路经济带和21世纪海上丝绸之路规划、发起建立亚洲基础设施投资银行和设立丝路基金。

11月5日

中共中央、国务院印发《关于深化中央管理企业负责人薪酬制度改革的意见》。

11月6日

中共中央办公厅、国务院办公厅印发《关于引导农村土地经营权有序流转发展农业适度规模经营的意见》。

11月8日

加强互联互通伙伴关系对话会在北京举行。习近平主持并讲话，宣布中国出资400亿美元成立丝路基金，为"一带一路"项目建设提供投融资支持。

11月10日

正式启动沪港股票交易互联互通机制试点。

11月11日

亚太经合组织第二十二次领导人非正式会议在北京举行。会议决定启动亚太自由贸易区进程。

11月17日

上海与香港股票市场交易互联互通机制"沪港通"正式启动。

11月19—21日

首届世界互联网大会在浙江乌镇举行。习近平、李克强出席大会。

11月19日

国务院办公厅印发《能源发展战略行动计划（2014—2020年）》。

11月21日

中共中央办公厅、国务院办公厅印发了《关于引导农村土地经营权有序流转发展农业适度规模经营的意见》。

11月28日

财政部、国家发展改革委发出通知，为促进养老和健康服务业发展，自2015年1月1日起，对非营利性养老和医疗机构建设全额免征行政事业性收费，对营利性养老和医疗机构建设减半收取行政事业性收费。

12月1日

我国启动实施煤炭资源税改革，逐步扩大改革范围。

12月2日

中共中央、国务院印发《丝绸之路经济带和21世纪海上丝绸之路建设战略规划》。

12月2日

习近平主持召开中央全面深化改革领导小组第七次会议并发表重要讲话。会议审议了《关于农村土地征收、集体经营性建设用地入市、宅基地制度改革试点工作的意见》《关于加快构建现代公共文化服务体系的意见》《关于县以下机关建立公务员职务与职级并行制度的意见》《关于加强中央纪委派驻机构建设的意见》，审议通过了《最高人民法院设立巡回法庭试点方案》和《设立跨行政区划人民法院、人民检察院试点方案》，建议根据会议讨论情况进一步修改完善后按程序报批实施。

12月9—11日

中央经济工作会议举行。李克强对2015年经济社会发展重点工作作出具体部署并作总结讲话。会议强调,要坚持稳中求进工作总基调,坚持以提高经济发展质量和效益为中心,主动适应经济发展新常态。

12月13—14日

习近平在江苏南京、镇江调研,强调要主动把握和积极适应经济发展新常态,协调推进全面建成小康社会、全面深化改革、全面推进依法治国、全面从严治党,推动改革开放和社会主义现代化建设迈上新台阶。这是首次将"四个全面"并提。

12月18日

我国第一座钠冷快中子反应堆——中国实验快堆首次实现满功率稳定运行72小时。

12月19日

国务院印发了《关于促进慈善事业健康发展的指导意见》,这是我国慈善领域第一个以国务院名义出台的纲领性文件。

12月22—23日

中央农村工作会议在北京举行。

12月23日

中共中央、国务院印发《关于加强和改进新形势下民族工作的意见》。

12月24日

中共中央办公厅印发《2014—2018年全国党政领导班子建设规划纲要》。

12月26日

京津冀协同发展工作推进会议举行,研究京津冀协同发展规划。

12月30日

习近平主持召开中央全面深化改革领导小组第八次会议并发表重要讲话。

12月31日

中共中央办公厅印发《关于加强中央纪委派驻机构建设的意见》。

2014年11月20日,马云在浙江乌镇举办的首届世界互联网大会的分论坛上进行演讲。

数说发展

人口

（单位：万人）

总人口 136782

城镇 74916

乡村 61866

 出生率 12.37‰

 死亡率 7.16‰

 自然增长率 5.12‰

工业

工业增加值 227991 亿元

比上年增长 7.0%

规模以上工业增加值增长 8.3%

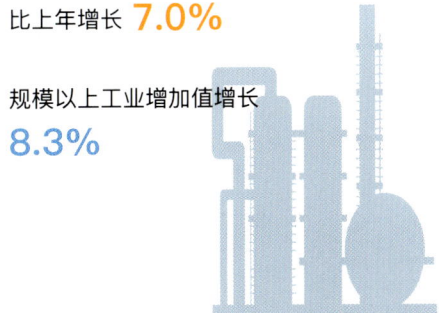

GDP（国内生产总值）

第一产业增加值 58332 亿元

第二产业增加值 271392 亿元

第三产业增加值 306739 亿元

GDP（国内生产总值） 636463 亿元

比上年增长 7.4%

第一产业增加值占国内生产总值的比重为 9.2%
第二产业增加值占国内生产总值的比重为 42.6%
第三产业增加值占国内生产总值的比重为 48.2%

外汇储备

年末外汇储备 38430 亿美元

比上年末增加 217 亿美元

公共财政收入

公共财政收入 140350 亿元

比上年增长 8.6%

其中：税收收入 119158 亿元

农业

产量 （单位：万吨）

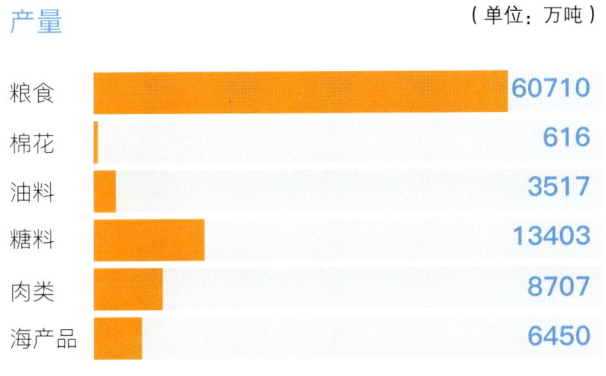

粮食 60710
棉花 616
油料 3517
糖料 13403
肉类 8707
海产品 6450

水利

 新增有效灌溉面积 132 万公顷

 新增节水灌溉面积 223 万公顷

对外经济

进出口贸易总额 43015.3 （单位：亿美元）

出口 23422.9

进口 19529.3

进出口差额 3830.6

利用外资

 非金融领域新批外商直接投资企业 23778 家

 实际使用外商直接投资金额 1196 亿美元

对外经济合作

 对外承包工程业务完成营业额 1424 亿美元

 对外劳动合作派出各类劳务人员 56.2 万人

国内商业

社会消费品零售总额
262394 亿元

← 按消费形态统计
按经营地统计 →

商品零售额 **234534** 亿元
餐饮收入额 **27860** 亿元

城镇消费品零售额 **226368** 亿元
乡村消费品零售额 **36027** 亿元

固定资产投资

固定资产投资 512761 亿元

固定资产投资（不含农户）
502005 亿元

第一产业投资
11983 亿元

第二产业投资
208107 亿元

第三产业投资
281915 亿元

农户投资 **10756** 亿元

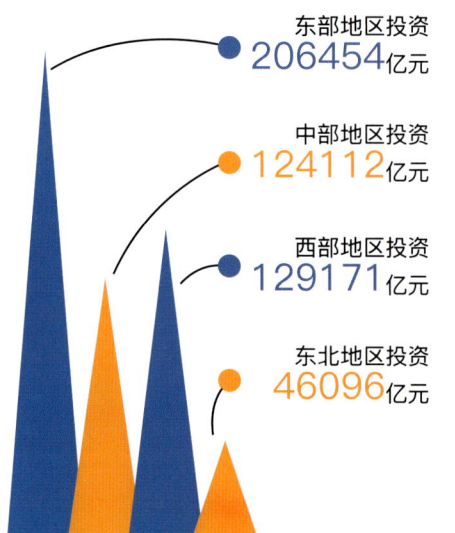

东部地区投资
206454 亿元

中部地区投资
124112 亿元

西部地区投资
129171 亿元

东北地区投资
46096 亿元

社会福利事业

提供住宿的社会服务机构 **3.8** 万个
床位 **586.5** 万张
收养救助各类人员 **304.6** 万人

社区服务中心 **2.2** 万个
社区服务站心 **11.4** 万个

得到政府最低生活保障人数

城市 **1880.2** 万人
农村 **5209.0** 万人

农村五保供养人数 529.5 万人

直接医疗救助人数：**2395.3** 万人次

资助 **1310.9** 万城镇困难群众
参加城镇医疗保险

资助 **4118.9** 万农村困难群众
参加新型农村合作医疗

人民生活

全年城镇新增就业
1322 万人

全国农民工总量
27395 万人

比上年增长
1.9%

其中

外出农民工 **16821** 万人
增长 **1.3%**

本地农民工 **10574** 万人
增长 **2.8%**

城乡居民收入

城镇居民人均可支配收入 **28844** 元
农村居民人均纯收入 **9892** 元

增长 **11.4%** 农村
增长 **6.8%** 城镇

居民家庭恩格尔系数

33.5%   30%

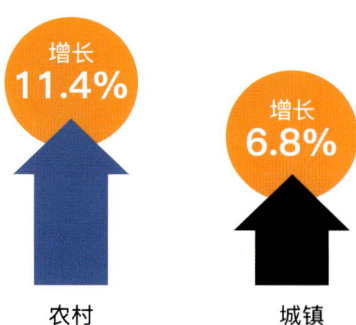

农村   城镇

交通运输和邮电通信业

全年货物运输总量 439 亿吨

- 铁路 38.1 亿吨
- 公路 334.3 亿吨
- 水运 59.6 亿吨
- 民航 0.05933 亿吨
- 管道 6.9 亿吨

港口完成货物吞吐量 111.6 亿吨

其中：外贸货物 35.2 亿吨

集装箱 20093 万标箱

货物运输周转量 184619 （单位：亿吨公里）

- 铁路 27630.2
- 公路 61139.1
- 水运 91881.1
- 民航 186.1
- 管道 3882.7

旅客运输周转量 29994 （单位：亿人公里）

- 铁路 11604.8
- 公路 11981.7
- 水运 74.4
- 民航 6333.3

邮电业务总量 21846 亿元

邮政业务 3696 亿元
电信业务 18150 亿元

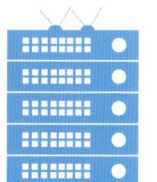

电信业全年局用交换机总容量 40517 万门
移动电话交换机容量 204537 万户
互联网上网人数 6.49 亿人
其中手机上网人数 5.57 亿人
互联网普及率 47.9 %

全国电话用户总数 153552 万户

电话普及率 112.26 部/百人

其中：

 固定电话用户 24943 万户

 移动电话用户 128609 万户

 固定互联网宽带接入用户 20048 万户

 移动宽带用户 58254 万户

社会保障

参加各类基本保险人数

- 城镇基本医疗保险 59774 万人
- 城镇职工基本养老保险 34115 万人
- 工伤保险 20621 万人
- 失业保险 17043 万人
- 生育保险 17035 万人

新型农村合作医疗

 2854 个县（市、区）开展了新型农村合作医疗工作 参合率 98.9%

 基金支出总额 2890.4 亿元
受益 16.52 亿人次

保险事业

原保险保费收入 20235 亿元

- 寿险业务原保险保费收入 10902 亿元
- 健康险和意外伤害险业务原保险保费收入 2130 亿元
- 财产险业务原保险保费收入 7203 亿元

支付各类赔款及给付 7216 亿元

- 寿险业务给付 2728 亿元
- 健康险和意外伤害险赔款及给付 700 亿元
- 财产险业务赔款 3788 亿元

科学技术

研究与试验发展（R&D）经费支出
13312亿元

其中基础研究经费 **626**亿元

授予专利权 **130.3**万件
其中，境内授权 **119.2**万件

授予发明专利权 **23.3**万件
其中，境内授权 **15.8**万件

有效专利 **464.3**万件
其中，境内有效专利 **391.8**万件

有效发明专利 **119.6**万件
其中，境内有效发明专利 **66.3**万件

成功发射卫星 **16**次

探月工程三期再入返回试验圆满完成。高分二号卫星成功发射。

签订技术合同 **29.7**万项
技术合同成交金额 **8577**亿元

文化

艺术表演团体 2008
博物馆 2760
公共图书馆 3110
文化馆 3311
档案馆 4246

已开放各类档案 **12835**万卷（件）

有线电视用户 **2.3458**亿户
有线数字电视用户 **1.9143**亿户
广播节目综合人口覆盖率 **98.0%**
电视节目综合人口覆盖率 **98.6%**

电视剧 **429**部 **15983**集
动画电视片 **138496**分钟
故事影片 **618**部
科教、纪录、动画和特种影片 **140**部

旅游

国内旅游

国内居民出境人数 **11659**万人次
其中，因私出境 **11003**万人次

国内出游人数 **36.1**亿人次

国内旅游收入 **30312**亿元

国际旅游

国际旅游外汇收入 **569**亿美元

入境旅游人数 **12849**万人次

其中，外国人 **2636**万人次

香港、澳门和台湾同胞 **10213**万人次

出版

图书 **84**亿册（张）
各类期刊 **32**亿册
报纸 **465**亿份

教育

(单位：万人)

招生人数　　在校生数　　毕业生

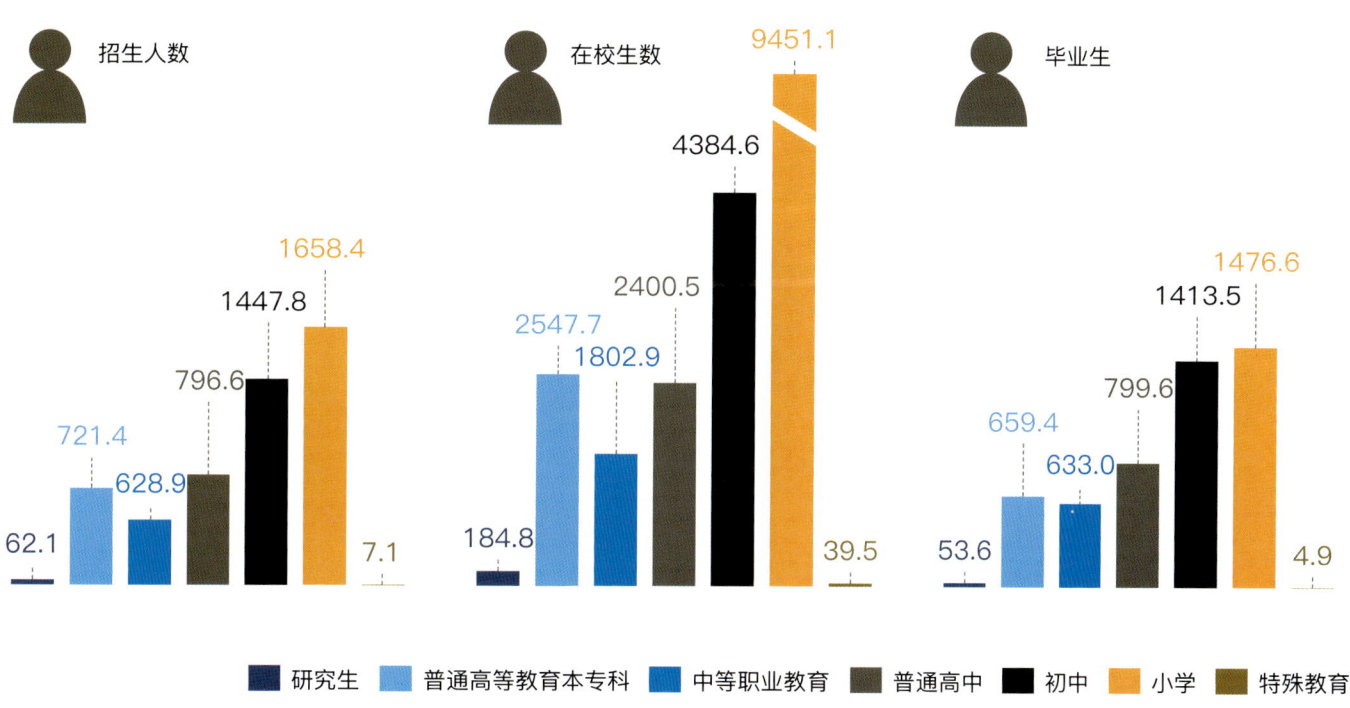

■ 研究生　　■ 普通高等教育本专科　　■ 中等职业教育　　■ 普通高中　　■ 初中　　■ 小学　　■ 特殊教育

卫生

医疗卫生机构982443个

其中，医院 25865个
乡镇卫生院 36899个
社区卫生服务中心（站）34264个
诊所（卫生所、医务室）188415个
村卫生室 646044个
疾病预防控制中心 3491个
卫生监督所（中心）2975个

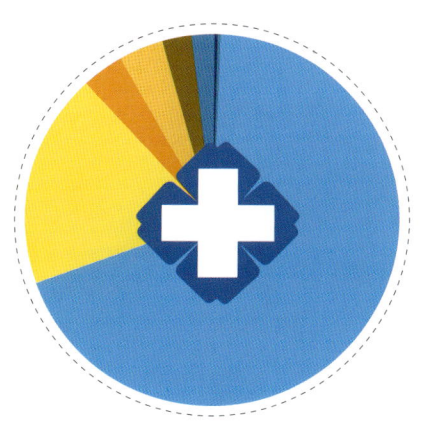

卫生技术人员739万人

其中，执业医师和执业助理医师 282万人
注册护士 292万人

医疗卫生机构床位652万张

其中，医院 484万张
乡镇卫生院 117万张

体育

在22个运动大项中获98个世界冠军
共创10项世界纪录

在索契冬奥会上

中国运动员共获得3枚金牌
奖牌总数9枚
位列冬奥会金牌榜和奖牌榜第12位

中国体育代表团在韩国仁川举行的第十七届亚运会上获得151枚金牌、108枚银牌、83枚铜牌

位列金牌榜和奖牌榜 **第一位**

中国改革开放全纪录 1978-2018

2015

- 首提供给侧结构性改革内涵
- 坚持党中央集中统一领导,实现巡视全覆盖
- 推进简政放权、放管结合职能转变
- 《中国制造2025》出台
- 破除养老金双轨制
- 打赢脱贫攻坚战
- "一带一路"倡议正式发布

焦点事件

首提供给侧结构性改革内涵

推进供给侧结构性改革,是党中央、国务院综合研判世界经济形势和我国经济发展新常态作出的重大决策。我国经济转型面临着工业领域产能过剩和服务业领域产品供给短缺的双重矛盾。解决这个结构性矛盾,需要加快供给侧结构性改革进程,实现供给结构与需求结构的动态平衡。

2015年11月10日,习近平总书记在中央财经领导小组第十一次会议上,首次提出"供给侧结构性改革",指出"在适度扩大总需求的同时,着力加强供给侧结构性改革,着力提高供给体系质量和效率,增强经济持续增长动力,推动我国社会生产力实现整体跃升"。"供给侧结构性改革",这是习近平总书记继"经济发展新常态"之后作出的又一重大理论创新。它回应了适应、引领经济发展新常态,应该"干什么"。11月18日,习近平总书记在APEC(亚太经济合作组织)会议上再提"供给侧结构性改革",指出要解决世界经济深层次问题,单纯靠货币刺激政策是不够的,必须下决心在推进经济结构性改革方面做更大努力,使供给体系更适应需求结构的变化。

供给侧结构性改革主要涉及产能过剩、楼市库存大、债务高企这三个方面,为解决好这一问题,中央提出推行以"三去一降一补"为重点的供给侧结构性改革,即去产能、去库存、去杠杆、降成本、补短板五大任务。

> **语录** "在适度扩大总需求的同时,着力加强供给侧结构性改革。"
> ——习近平

背景:认识新常态、适应新常态、引领新常态,是当前和今后一个时期我国经济发展的大逻辑,这是我们综合分析世界经济长周期和我国发展阶段性特征及其相互作用作出的重大判断,在此判断下,习近平总书记2015年11月10日在中央财经领导小组第十一次会议上指出,"在适度扩大总需求的同时,着力加强供给侧结构性改革,着力提高供给体系质量和效率,增强经济持续增长动力,推动我国社会生产力水平实现整体跃升"。首次提出"供给侧结构性改革"。

资料来源:《习近平主持召开中央财经领导小组第十一次会议》,新华网,2015年11月10日。

已经全面停产的济钢集团生产厂区,旧址将建钢铁主题公园。济钢集团成为钢铁企业"新旧产能转换"的典型。

分类型、多方式推动国企发展混合所有制经济

公有制为主体、多种所有制经济共同发展是我国的基本经济制度,也是社会主义市场经济体制的根基。中共十八届三中全会通过的《中共中央关于全面深化改革若干重大问题的决定》提出,"国有资本、集体资本、非公有资本等交叉持股、相互融合的混合所有制经济,是基本经济制度的重要实现形式,《决定》还提出"允许更多国有经济和其他所有制经济发展成为混合所有制经济"。

发展混合所有制经济有利于在更大范围内优化资源配置,实现各类所有制经济优势互补。回顾我国改革历程,80年代正是乡镇企业发展为国有企业提供了竞争压力和劳动力分流的条件,国企改革才得以

顺利推进。国有经济吸收民营经济入股，发展混合所有制经济，是国企改革进入新阶段的标志。①

2015年8月24日，《中共中央、国务院关于深化国有企业改革的指导意见》出台。《意见》出台后，关于国企分类、发展混合所有制经济、完善国资监管体制、加强党的领导、防止国有资产流失等多个配套文件相继出台，共同形成了国企改革的设计图、施工图。国企改革"1+N"体系就此搭建成型。

把国有企业打造成为独立的市场主体，充分激发和释放企业活力，提高市场竞争力和发展引领力，是贯穿深化国有企业改革的一条主线，也是深化国有企业改革的着眼点和落脚点。《意见》通篇体现这一改革取向，具体措施主要包括：依法落实企业自主权，转变政府职能，推进简政放权；推动企业完善市场化经营机制，推进公司制股份制改革，积极引入各类投资者；促进企业公平参与竞争，等等。

《意见》提出要分类型、多方式推动国企发展混合所有制经济。一方面，要鼓励非国有资本通过出资入股、收购股权、认购可转债、股权置换等多种方式，参与国有企业改制重组，参与国有控股上市公司增资控股，参与国有企业经营管理。另一方面，充分发挥国有资本投资、运营公司的资本运作平台作用，通过市场化方式，以公共服务、高新技术、生态环保和战略性产业为重点领域，对发展潜力大、成长性强的非国有企业进行股权投资。《意见》还提出，积极推进国有资本投资、运营公司试点；实行与社会主义市场经济相适应的企业薪酬分配制度。强化国企在经济转型升级中的示范引领作用。实施制造强国战略，推动经济转型升级和实体经济发展，必须充分发挥国有企业的重要作用。②

2015年9月24日，国务院印发《关于国有企业发展混合所有制经济的意见》，选择社会关注度高的领域，在电力、石油、天然气、铁路、民航、电信、军工等7大领域，开展放开竞争性业务、推进混合所有制改革试点示范。还提出在"建立健全现代企业制度，明晰产权，同股同权"的同时，明确将探索完善优先股和国家特殊管理股方式。

与此同时，在要求国有企业发展混合所有制经济的过程中，建立依法合规的操作规则，严格规范操作流程和审批程序。

2015年9月，中央深改小组第十六次会议审议通过《关于鼓励和规范国有企业投资项目引入非国有资本的指导意见》。拓宽国有企业投资项目引入非国有资本的领域，分类推进国有企业投资项目引入非国有资本工作。完善引资方式，规

> **观点**
>
> **连维良**：国有企业发展混合所有制要区分不同类型。一要区分"已经混合"和"适宜混合"的国有企业。对通过实行股份制、上市等途径已经实行混合所有制的国有企业，要着力在完善现代企业制度、提高资本运行效率上下功夫；对适宜继续推进混合所有制改革的国有企业，要充分发挥市场机制，适宜独资的就独资，适宜控股的就控股，适宜参股的就参股。
>
> 二要区分商业类和公益类国有企业。主业处于充分竞争行业和领域的商业类国有企业，充分运用整体上市等方式，积极引入其他国有资本或各类非国有资本实现股权多元化。国有资本可以绝对控股、相对控股，也可以参股。主业处于关系国家安全、国民经济命脉的重要行业和关键领域，主要承担重大专项任务的商业类国有企业，要保持国有资本控股地位，支持非国有资本参股。对自然垄断行业，实行以政企分开、政资分开、特许经营、政府监管为主要内容的改革。公益类国有企业，在水电气热、公共交通、公共设施等提供公共产品和服务的行业和领域，推进具备条件的企业实现投资主体多元化。三是区分集团公司和子公司、中央企业和地方企业等不同层级。集团公司层面，在国家有明确规定的特定领域，坚持国有资本控股；在其他领域，鼓励通过整体上市、并购重组、发行可转债等方式，逐步调整国有股权比例，积极引入各类投资者。
>
> 资料来源：《发改委副主任连维良谈国有企业发展混合所有制经济》，《现代国企研究》，2015年第19期。

> **观点**
>
> **邵宁**：《关于深化国有企业改革的指导意见》坚持了国有资产统一监管的原则。政企要分开，出资人职能一定要到位，包括经营者的选择、对企业的监督、本级资产的管理和处置等。混合所有制改革要从实际出发，不搞运动、不搞行政干预。管理层和业务骨干持股要设计好退出机制，保证激励对象都在企业内部，都在关键岗位。关于企业治理机构，《关于深化国有企业改革的指导意见》明确董事会的外部董事要占多数，这可以减少重大决策失误的可能性，对探索企业长期稳定发展的制度基础有重大意义。不论商业类国企还是公益类国企，通过市场化改革和科学监管，都可以和市场经济实现融合。
>
> 资料来源：《实现国有企业和市场经济的融合——学习〈关于深化国有企业改革的指导意见〉》，《紫光阁》，2015年第12期。

位于浙江省的天能循环经济产业园内，一块块智能云电池在机械臂的运作下有序产出。

范决策程序，防止暗箱操作和国有资产流失。

2015年10月，中央深改小组第十七次会议审议通过《关于国有企业功能界定与分类的指导意见》。根据主营业务和核心业务范围，将国有企业界定为商业类和公益类。商业类以增强国有经济活力、放大国有资本功能、实现保值增值为主要目标。公益类以保障民生，服务社会，提供公共产品和服务为主要目标。分类推进改革、分类促进发展、分类实施监管、分类定责考核。

2015年9月20日，中共中央办公厅印发了《关于在深化国有企业改革中坚持党的领导加强党的建设的若干意见》把加强党的领导和完善公司治理统一起来，明确国有企业党组织在公司法人治理结构中的法定地位；强化对国有企业领导人员特别是主要领导履职行权的监督；适应国有资本授权经营体制改革需要，加强对国有资本投资、运营公司的领导；把建立党的组织、开展党的工作，作为国有企业推进混合所有制改革的必要前提。

2015年11月10日，国务院办公厅印发《关于加强和改进企业国有资产监督防止国有资产流失的意见》。《意见》指出，要以国有资产保值增值、防止流失为目标，坚持问题导向，立足体制机制制度创新，加强和改进党对国有企业的领导，加快形成全面覆盖、分工明确、协同配合、制约有力的国有资产监督体系。《意见》提出五方面举措。一是着力强化企业内部监督；二是切实加强企业外部监督；三是实施信息公开加强社会监督；四是强化国有资产损失和监督工作责任追究；五是完善企业国有资产监督法律制度，加强监督队伍建设。

---

① 《中央经济工作会议指出进一步深化国有企业改革》，《人民日报》，2015年12月25日。
② 《做强做优做大国有企业——五部委解读〈关于深化国有企业改革的指导意见〉》，新华网，2015年9月15日。

坚持党中央集中统一领导，实现巡视全覆盖

党的十八大以来，坚持党的领导，特别是坚持党中央集中统一领导，从根本上保证了深化政治领域改革的正确方向。中央国家安全委员会、中央全面深化改革领导小组、中央网络安全和信息化领导小组、中央军委深化国防和军队改革领导小组相继成立，加强党中央对党和国家事业全局中重要工作的直接领导力度和统筹协调能力，提高了决策和执行机制的权威性和效能。

（1）实现党中央集中统一领导的制度安排。

从2015年起，每年1月，中共中央政治局常务委员会听取全国人大常委会、国务院、全国政协、最高人民法院、最高人民检察院党组工作汇报，听取中央书记处工作报告。这已成为实现党中央集中统一领导的制度安排。

此后，中央相继审议通过了《中国共产党党组工作条例(试行)》《中国共产党地方委员会工作条例》等，规范各级党政主要领导干部职责权限、党政部门及内设机构权力和职能等，为党发挥总揽全局、协调各方的领导核心作用提供了坚强的组织制度保障。

（2）推进领导干部能上能下。

2015年7月，中共中央办公厅近日印发《推进领导干部能上能下若干规定（试行）》（以下简称《规定》），集中规范了干部"下"的六种渠道，特别是对不适宜担任现职干部的十种情形作了清晰的规定。

党的十八大以来，中央先后制定和完善了干部选拔任用、干部教育培训、干部个人有关事项报告、干部问责、干部兼职、干部档案管理、"裸官"治理等方面制度，不断加强干部的监督管理，取得明显成效。此次出台的规定是从严管理干部的又一重要举措。

《规定》的出台和实施，意味着领导干部不做出实绩，就会面临下的危险，从而使其始终保持危机感。① 截至2016年底，全国运用《规定》已调整干部60845人，其中中管干部94人，厅局级干部1477人，县处级干部15656人，乡科级干部43648人。

（3）"巡视全覆盖"和纪律检查"硬杠杠"。

党的十八届三中全会要求，"全

《中国共产党巡视工作条例》

面落实中央纪委向中央一级党和国家机关派驻纪检机构，实行统一名称、统一管理"。党的十八大以后的中央巡视，在有效解决过去巡视任务宽泛、内容发散问题的基础上，不断聚焦管党治党的突出问题，深化政治巡视，实行一届任期内巡视全覆盖，探索推动中央和国家机关巡视、市县巡察。

经过几年的探索实践和两次修订修改，2015年8月14日《中国共产党巡视工作条例》出台，正式将这些理论和实践创新成果形成固化的制度。随着一届任期内中央巡视全覆盖的完成，市县创新巡察工作也稳步推进。此次改革，采取综合派驻和单独派驻相结合，实现对中央一级党和国家机关139家单位派驻全覆盖，使得发生在群众身边和扶贫领域的腐败问题得到有效遏制。

2015年10月12日，中共中央政治局召开会议，审议通过了《中国共产党廉洁自律准则》《中国共产党纪律处分条例》。《中国共产党廉洁自律准则》树立了道德高线，强调要把严守政治纪律和政治规矩永远排在首要位置，通过严肃政治纪律和政治规矩带动其他纪律严起来。《中国共产党纪律处分条例》开列"负面清单"，划出了党组织和党员不可触碰的硬杠杠，树立了纪律底线。

① 《破解能上不能下 治理为官不作为——专家解读〈推进领导干部能上能下若干规定（试行）〉》，新华网，2015年7月29日。

法治政府建设的总蓝图

（1）《法治政府建设实施纲要（2015-2020）》出台。

在法律框架下深化推进政治体制改革，一个极为重要的方向就是依法划定权力行使范围。党的十八届四中全会决定要求，加强备案审查制度和能力建设，把所有规范性文件纳入备案审查范围，依法撤销和纠正违宪违法的规范性文件，禁止地方制发带有立法性质的文件。2015年底，《法治政府建设实施纲要(2015—2020年)》出台。这是党中央、国务院首次就法治政府建设发文。在这张法治政府建设的总蓝图上，进一步明确通过大力推行权力清单、责任清单、负面清单制度等来依法全面履行政府职能，让权力更为有法可依。

（2）高票通过对《立法法》的修改。

日益完善的法律法规体系把权力关进制度的笼子里，正是全面依法治国的关键所在。在2014年中央深改组第二次会议上，习近平总书记第一次明确提出了"重大改革于法有据"的要求。注重运用法治思维和法治方式推进改革，实现立法和改革决策相衔接，立法主动适应改革，成为全面深化改革的鲜明品格。

2015年3月15日，十二届全国人大三次会议的最后一天，大会高票表决通过了对《立法法》的修改，提出将原立法法第一条修改为："为了规范立法活动，健全国家立法制度，提高立法质量，完善中国特色社会主义法律体系，发挥立法的引领和推动作用，保障和发展社会主义民主，全面推进依法治

 语录 "党纪国法不能成为'橡皮泥'、'稻草人'。"
——习近平

背景：2015年2月2日，省部级主要领导干部学习贯彻十八届四中全会精神全面推进依法治国专题研讨班在中央党校开班。习近平在开班式上发表重要讲话。他强调，党纪国法不能成为"橡皮泥"、"稻草人"，违纪违法都要受到追究。习近平在讲话中指出，领导干部要把对法治的尊崇、对法律的敬畏转化成思维方式和行为方式，做到在法治之下、而不是法治之外、更不是法治之上想问题、作决策、办事情。所谓"橡皮泥"，是软的、没有约束力的东西；所谓"稻草人"，则是纯用作摆设的、形式主义的东西。党纪国法不是摆设、不能没有约束力，它必须是有实效性的，习近平总书记用这两个比喻是要向领导干部强调有法必依，有法必行。

资料来源：《党纪国法不能成为"橡皮泥"、"稻草人"敲打了谁？》，人民网，2015年2月3日。

2015年3月15日，十二届全国人大三次会议通过立法法修正案。

国,建设社会主义法治国家,根据宪法,制定本法。"将第五条修改为:"立法应当体现人民的意志,发扬社会主义民主,坚持立法公开,保障人民通过多种途径参与立法活动。"将第六条修改为:"立法应当从实际出发,适应经济社会发展和全面深化改革的要求,科学合理地规定公民、法人和其他组织的权利与义务、国家机关的权力与责任。还明确"法律规范应当明确、具体,具有针对性和可执行性。"① 党的十八大以来,立法步伐不断加快。十二届全国人大及其常委会共通过法律、法律解释和有关法律问题的决定100件。

---

① "全国人民代表大会关于修改《中华人民共和国立法法》的决定",中国人大网站,2015年3月15日。

推进简政放权、放管结合职能转变

"放管服"改革思路的提出,不是一蹴而就的,而是一个随着政府改革的深入,逐步提出和完善的过程。

2014年政府工作报告提出"进一步简政放权,这是政府的自我革命"。

2015年政府工作报告扩展为"加大简政放权、放管结合改革力度"。5月12日,李克强总理在全国推进简政放权、放管结合职能转变工作电视电话会议上首次提出:"深化行政体制改革、转变政府职能总的要求是:简政放权、放管结合、优化服务协同推进,即'放管服'改革。"

从简政放权,到放管结合,再到优化服务,既是对政府职能转变的一个认识深化过程,也是政府改革走向成熟和体系化的过程,标志着政府改革从以前的"头痛医头、脚痛医脚"向"标本兼治"转变。"放管服"是政府职能转变的不同方面,相互促进、相辅相成,如果要想实现政府职能转变的整体功

2017年3月15日,国务院总理李克强在北京人民大会堂与中外记者见面,并回答记者提问。

🔍 观点

中国(海南)改革发展研究院课题组:纵深推进简政放权改革的相关建议

提了8条建议,主要是:

1. 明确"打通最后一公里"的具体目标。建议全面实施企业自主登记制度;适时取消企业一般投资项目备案制;尽可能少用或不用产业政策干预企业投资行为。

2. 把加快监管转型作为简政放权改革的重点。建议对现有市场监管体制进行总体设计;以专业化、技术化、标准化为重点创新监管方式;调动包括社会公众、媒体、法律等多方面的力量加强市场监管;适时调整市场监管机构,当务之急是建立国家金融监管总局。

3. 实现职能定位调整优化与规范部门权责清单有机结合。建议调整优化部门职能定位;调整优化部门内设机构;按照新的部门职能定位规范部门权责清单。

4. 调整优化行政权力结构与规范部门权责清单有机结合。建议调整综合性部门和专业部门之间的关系;调整专业部门之间的关系。

5. 在全国范围内推广普及行政审批标准化、信息化。建议以行政审批标准化、信息化规范约束政府行为;抓紧出台全国行政审批标准化、信息化的改革方案;建立全国统一的社会信用体系。

6. 加快清理"红顶中介",推行"一业多会"。建议自上而下清理与行政审批相关的中介服务事项;推行"一业多会"。

7. 建立中央与地方公共职责分工体制。建议按照中央、省、市(县)三级政府的框架梳理各级政府权责清单。

8. 加快简政放权改革的相关立法、修法。

资料来源:2015年,中国(海南)改革发展研究院完成的李克强总理亲自交办的行政权力结构调整研究课题;受国务院办公厅委托,中改院承担"推进简政放权、放管结合、优化服务"相关政策措施落实情况的第三方评估。

专栏：衢州市"最多跑一次"的改革

浙江省，群众和企业到政府办事"最多跑一次"的改革开始启动。它要打通的，就是改革的"最后一公里"。作为试点，衢州市行政中心先行破题。

2016年9月，衢州市在全省先行开展"一窗受理、集成服务"改革试点，依托浙江政务服务网，分离受理和审批，由行政服务中心组建综合窗口，打造"前台综合受理、后台分类审批、综合窗口出件"的全新工作模式。

全市30多个部门400余个事项的受理职能整合到行政服务中心的投资项目审批、企业注册登记、不动产交易登记、公安服务、公积金业务和其他综合事务等6个综合受理窗口。群众只要进一家门，到一个窗，就能办多家事。

"'一窗受理'彻底突破了传统审批模式。"衢州市行政服务中心主任田俊介绍，传统的行政服务中心，就是每个部门到大厅里开个窗口。依据"每个部门所负责的审批环节"设计操作流程，结果是群众还要分别到多个部门的窗口申请、填表、报件、领证。如今，由35名工作人员专职负责的"综合窗口"承担了原涉及各部门共100名工作人员的受理职责，实现"一窗受理、一表登记、一次告知、一网流转、一次办结"。

材料递进综合窗口后，行政服务中心全流程协调，分类、转交、办理由信息跑路，实现部门协办联合办，并借助快递等服务，让群众和企业真正实现"最多跑一次"。

——资料来源：《衢州：一个窗口办成事》，《浙江日报》，2017年6月11日。

语录　"我们必须进行自我革命，刀刃向内，我一直说要用壮士断腕的精神坚韧不拔地加以推进。"

——李克强

背景：2017年3月15日，国务院总理李克强在北京人民大会堂与中外记者见面，在面对人民日报记者关于如何向下推进简政放权工作时，李克强答道："简政放权核心是要转变政府职能，处理好政府和市场的关系，这不是一朝一夕之功。我们的确已经完成了本届政府成立之初确定的任务，但是在推进的过程中发现这里面的名堂多了，不仅是审批权，还有名目繁multi多的行政许可、资格认证、各种奇葩证明，让企业不堪重负的收费等等，这些都属于简政放权要继续推进的内容。我们就是要在推进过程中，让政府职能得到转变，把更多的精力放到该管的事情上来。政府确实管了一些不该管、也不应属于自己管的事情，它束缚了市场主体的手脚，降低了行政效率，甚至影响了政府的公信力。因此，我们必须进行自我革命，刀刃向内，我一直说要用壮士断腕的精神坚韧不拔地加以推进，不管遇到什么样的问题，甚至会有较大阻力，但是要相信我们有足够的韧性。"

资料来源：《李克强：必须自我革命，刀刃向内 坚韧不拔推进简政放权》，新华网，2017年3月15日。

效，就必须协调推进。

2015年3月24日，中共中央办公厅和国务院办公厅联合发布《关于推行地方各级政府工作部门权力清单制度的指导意见》，要求重点要推进权力清单、责任清单。要求将地方各级政府工作部门行使的各项行政职权及其依据、行使主体、运行流程、对应的责任等，以清单的形式明确列示出来，向社会公布，接受社会监督。通过建立权力清单和相应责任清单制度，进一步明确地方各级政府工作部门职责权限，大力推动简政放权，加快形成边界清晰、分工合理、权责一致、运转高效、依法保障的政府职能体系和科学有效的权力监督、制约、协调机制，全面推进依法行政。地方各级政府工作部门作为地方行政职权的主要实施机关，是这次推行权力清单制度的重点。①

2015年9月，中央深改小组第十六次会议审议通过《关于实行市场准入负面清单制度的意见》。做到负面清单以外的事项由市场主体依法决定，实现竞争性领域和环节价格基本放开，从维护全国统一市场和公平竞争的角度，对有关政策措施进行审查。

党的十八大以来，国务院各部门取消或下放行政审批事项618项；取消中央指定地方实施行政审批事项283项。中央政府层面核准的企业投资项目削减比例累计接近90%。工商登记前置审批事项中的87%，改为后置审批或取消。在市场体系建设中建立公平竞争审查制度。"简政放权、放管结合、优化服务"的改革得到了有效落实。

改革措施实施以来，各地普遍按照"清权、减权、制权、晒权"四个主要环节，对政府部门权力"大起底"。公布政府部门清单的，大都建立了较为详细的行政职权目录，有的地方还建立了"行政权力数据库"，确保权力行使有章可循、有规可依。在摸清底数的基础上，各地按照"职权法定"原则，对部门行政职权全面削减。有的省级部门行政职权削减5000项左右，减幅达一半。同时，一些资质资格认证、行政收费等权力事项大幅削减。

---

①《中共中央办公厅、国务院办公厅印发〈关于推行地方各级政府工作部门权力清单制度的指导意见〉》，新华网，2015年3月24日。

明确价格改革时间表路线图

价格机制是市场机制的核心，市场决定价格是市场在资源配置中起决定性作用的关键。

2015年10月15日，《中共中央国务院关于推进价格机制改革的若干意见》发布，明确到2017年，竞争性领域和环节价格基本放开，政府定价范围主要限定在重要公用事

2015年10月21日,北京市发改委召开北京市居民生活用气阶梯价格听证会。

业、公益性服务、网络型自然垄断环节。到2020年,市场决定价格机制基本完善,科学、规范、透明的价格监管制度和反垄断执法体系基本建立,价格调控机制基本健全。①明确了六大重点领域价格改革方向,包括完善农产品价格形成机制,加快推进能源价格市场化,完善环境服务价格政策,理顺医疗服务价格,健全交通运输价格机制,创新公用事业和公益性服务价格管理。

这次改革有两大亮点:一是对价格改革提出了明确的时间表;二是涉及改革的范围更加明确,包括石油、天然气等更加具体的领域,并且有明确的路线图,包括择机放开成品油价格,尽快全面理顺天然气价格,加快放开天然气气源和销售价格,有序放开上网电价和公益性以外的销售电价,建立主要由市场决定能源价格的机制。②

---

① 《中共中央国务院关于推进价格机制改革的若干意见》,新华网,2015年10月16日。
② 《我国明确六大领域价格改革方向》,新华网,2015年10月16日。

《中国制造2025》出台

2015年5月19日,国务院正式印发了《中国制造2025》。实施《中国制造2025》,推动制造业跨越发展,是实现"两个百年"奋斗目标和中华民族伟大复兴中国梦的战略需要,也是实现经济稳增长、调结构、提质增效的客观要求。改革开放以来,中国制造业对经济增长的贡献率基本保持在40%左右,工业制成品出口占全国货物出口总量的90%以上,制造业是拉动投资、带动消费的重要领域。我国经济发展进入新常态的背景下,要实现我国经济发展换挡但不失速,推动产业结构向中高端迈进,重点、难点和出路都在制造业的转型升级。

《中国制造2025》是中国实施制造强国战略第一个十年的行动纲领。核心是加快推进制造业创新发展、提质增效,实现从制造大国向制造强国转变。文件明确提出了建设制造强国的"三步走"战略,提出了九大战略任务、五项重点工程和若干重大政策举措,描绘了未来

上海发那科公司自动化生产线的机器人的工业机械臂

专栏：《关于积极推进"互联网+"行动的指导意见》提出了11个具体行动

一是"互联网+"创业创新，充分发挥互联网对创业创新的支撑作用，推动各类要素资源集聚、开放和共享，形成大众创业、万众创新的浓厚氛围。

二是"互联网+"协同制造，积极发展智能制造和大规模个性化定制，提升网络化协同制造水平，加速制造业服务化转型。

三是"互联网+"现代农业，构建依托互联网的新型农业生产经营体系，发展精准化生产方式，培育多样化网络化服务模式。

四是"互联网+"智慧能源，推进能源生产和消费智能化，建设分布式能源网络，发展基于电网的通信设施和新型业务。

五是"互联网+"普惠金融，探索推进互联网金融云服务平台建设，鼓励金融机构利用互联网拓宽服务覆盖面，拓展互联网金融服务创新的深度和广度。

六是"互联网+"益民服务，创新政府网络化管理和服务，大力发展线上线下新兴消费和基于互联网的医疗、健康、养老、教育、旅游、社会保障等新兴服务。

七是"互联网+"高效物流，构建物流信息共享互通体系，建设智能仓储系统，完善智能物流配送调配体系。

八是"互联网+"电子商务，大力发展农村电商、行业电商和跨境电商，推动电子商务应用创新。

九是"互联网+"便捷交通，提升交通基础设施、运输工具、运行信息的互联网化水平，创新便捷化交通运输服务。

十是"互联网+"绿色生态，推动互联网与生态文明建设深度融合，加强资源环境动态监测，实现生态环境数据互联互通和开放共享。

十一是"互联网+"人工智能，加快人工智能核心技术突破，培育发展人工智能新兴产业，推进智能产品创新，提升终端产品智能化水平。

——摘自《国务院关于积极推进"互联网+"行动的指导意见》，新华网，2015年7月4日。

语录 "加快形成以创新为主要引领和支撑的经济体系和发展模式。"
——习近平

背景：习近平总书记2014年8月18日在中央财经领导小组第七次会议上的讲话中强调，纵观人类发展历史，创新始终是推动一个国家、一个民族向前发展的重要力量，也是推动整个人类社会向前发展的重要力量。创新是多方面的，包括理论创新、体制创新、制度创新、人才创新等，但科技创新地位和作用十分显要。我国是一个发展中大国，目前正在大力推进经济发展方式转变和经济结构调整，正在为实现"两个一百年"奋斗目标而努力，必须把创新驱动发展战略实施好。这是一个重大战略，必须在贯彻落实党的十八大和十八届三中全会精神的过程中作为一项重大工作抓紧抓好。2015年5月27日，习近平总书记在浙江召开华东7省市党委主要负责同志座谈会上进一步提出，综合国力竞争说到底是创新的竞争。要深入实施创新驱动发展战略，推动科技创新、产业创新、企业创新、市场创新、产品创新、业态创新、管理创新等，加快形成以创新为主要引领和支撑的经济体系和发展模式。此后，习近平2015年10月29日在中共的十八届五中全会第二次全体会议上的讲话中指出，必须把创新作为引领发展的第一动力，把人才作为支撑发展的第一资源，把创新摆在国家发展全局的核心位置，不断推进理论创新、制度创新、科技创新、文化创新等各方面创新，让创新贯穿党和国家一切工作，让创新在全社会蔚然成风。

资料来源：《回顾十八大以来习近平关于科技创新的精彩话语》，中国共产党新闻网，2016年5月31日。

三十年建设制造强国的宏伟蓝图和梯次推进的路线图。文件还提出，到2020年掌握一批重点领域的关键核心技术，优势领域竞争力进一步增强，到2025年创新能力显著增强，在全球产业分工和价值链中的地位明显提升。

《关于积极推进"互联网+"行动的指导意见》部署了双创、协同制造、现代农业等11个重点领域实施"互联网+"行动计划的目标任务。

《深化农村改革综合性实施方案》出台

伴随着新型工业化、信息化、城镇化、农业现代化持续推进，农村经济社会深刻变革，农村改革涉及的利益关系更加复杂、目标更加多元、影响因素更加多样、任务更加艰巨，我国农村改革需要开展顶层设计应对复杂形势。

中共中央办公厅、国务院办公厅于2015年11月2日印发《深化农村改革综合性实施方案》。《深化农村改革综合性实施方案》明确了深化农村改革总的目标、大的原则、基本任务和重要路径，从提高农村改革的系统性、整体性、协同性出发，提出进一步推进深化农村改革的总体"施工图"。

《深化农村改革综合性实施方案》提出深化农村改革聚焦五大领域：农村集体产权制度、农业经营制度、农业支持保护制度、城乡发展一体化体制机制、农村社会治理制度。同时，指出发展多种形式的农业适度规模经营是农业现代化的必由之路，必须以提高土地产出率、资源利用率、劳动生产率为核心，加快培育家庭农场、专业大户、农民合作社、农业产业化龙头企业等新型农业经营主体，构建符合国情和发展阶段的以农户家庭经营为基础、合作与联合为纽带、社会化服务为支撑的立体式、复

2015年11月04日,国务院新闻办公室举行新闻发布会,中央农村工作领导小组副组长、办公室主任陈锡文,介绍《深化农村改革综合性实施方案》等方面情况。

> 专栏:2015年1月15日国务院召开全国机关事业单位养老保险制度改革工作电视电话会议,中共中央政治局委员、国务院副总理马凯出席会议并讲话
>
> 马凯指出,改革的基本原则是:坚持公平与效率相结合,权利与义务相对应,保障水平与经济发展水平相适应,改革前与改革后待遇水平相衔接,解决突出矛盾与保证可持续发展相促进。改革的基本思路是"一个统一、五个同步",即机关事业单位与企业等城镇从业人员统一实行社会统筹与个人账户相结合的基本养老保险制度;机关与事业单位同步改革,职业年金与基本养老保险制度同步建立,养老保险制度改革与完善工资制度同步推进,待遇调整机制与计发办法同步改革,改革在全国范围同步实施。改革的方法是实行"老人老办法、新人新制度、中人逐步过渡"。对改革前已退休的"老人",保持现有待遇并参加今后的待遇调整;对改革后参加工作的"新人",通过建立新机制,实现待遇的合理衔接;对改革前参加工作、改革后退休的"中人",通过将改革前的工作年限"视同缴费年限"和实行过渡性措施,保持待遇水平不降低。
>
> ——资料来源:马凯:《稳步推进机关事业单位养老保险制度改革》,中国政府网,2015年1月15日。

合型现代农业经营体系,提高农业经营集约化、规模化、组织化、社会化、产业化水平。

破除养老金"双轨制"

我国机关事业单位退休制度始建于1955年,60多年来,对保障退休人员基本生活、稳定干部队伍发挥了重要作用。随着社会主义市场经济体系的建立和发展,特别是企业职工养老保险制度的建立和发展,为改革机关事业单位养老保险制度创造了良好的条件。中共十八大和十八届三中全会明确提出要推进机关事业单位养老保险制度改革,社会保险法和国家"十二五"规划也作出了相应规定,一些地方还进行了试点和探索。

2015年1月14日,国务院印发《关于机关事业单位工作人员养老保险制度改革的决定》,该决定自2014年10月1日起实施。这意味着养老保险制度改革正式破冰,近4000万机关事业单位人员养老告别"免缴费"时代。破除了实行多年的养老金"双轨制",我国在机关、事业单位建立起与企业基本相同的养老保险制度。

《决定》中另一个引人瞩目的关键词是"职业年金"。机关事业单位在参加基本养老保险的基础上,应当为其工作人员建立职业年金。单位按本单位工资总额的8%缴费,个人按本人缴费工资的4%缴费。工作人员退休后,按月领取职业年金。职业年金实际上是一种补充养老保险,通过在机关事业单位中普遍建立职业年金,可使得这次基本养老制度改革前跟改革后的待遇水平不变或基本上不变,甚至是略有上升,在一定程度上解决公平性问题。

2015年4月6日,国务院办公厅印发《机关事业单位职业年金办法》,规定从2014年10月1日起实施机关事业单位工作人员职业年金制度。年金办法是机关事业单位养老保险制度改革的重要组成部分,牵涉到近4000万公务员和事业单位工作人员的补充养老办法,意味着我国养老"并轨"又向前推进了一步,有利于建立多层次、可持续养老保险制度,

广东公立医院推行新一轮医改,"以药养医"成历史。

保障机关事业单位工作人员退休后的生活，促进人力资源合理流动。

打赢脱贫攻坚战

党的十八大以来，全面建成小康社会进入决胜阶段，党中央对脱贫攻坚作出新的部署，吹响了打赢脱贫攻坚战的进军号。习近平总书记明确指出，"脱贫攻坚必须坚持问题导向，以改革为动力，以构建科学的体制机制为突破口，充分调动各方面积极因素，用心、用情、用力开展工作"。

2013年11月3日，习近平在湖南苗寨首次提出"精准扶贫"的方略。①

2015年11月27日至28日，中央扶贫工作会议召开，会议审议通过了《关于打赢脱贫攻坚战的决定》，向全国、全党发出了打赢脱贫攻坚战的总动员令，这是我国反贫困史上具有里程碑意义的会议。作为一个时期脱贫攻坚的纲要性文件，对打赢脱贫攻坚战提出了许多实举措、硬政策，其中包含六大要点：一是贫困县"摘帽不摘政策"；二是建档立卡②贫困户孩子上高中、中职免学杂费；三是贫困人口全部纳入重特大疾病救助范围；四是加大"互联网+"扶贫；五是加大财政扶贫投入力度；六是国开行、农发行设立扶贫金融事业部。③

国务院扶贫办22个省区市党政一把手向中央签署的《脱贫攻坚责任书》，脱贫目标第一次纳入五年规划的约束性指标。为严防数字脱贫、弄虚作假，中央建立了最严格的考核评估制度。

① 《将改革进行到底》纪录片，第一集解说词。
② 建档立卡，这项首创的中国式方法，是精准扶贫的工作起点。档案里每家每户的贫困原因写得清清楚楚。明白账在手，7000万人脱贫的路径实施图也清晰地描绘出来——到2020年，通过产业扶持，解决3000万人脱贫；通过转移就业，解决1000万人脱贫；通过易地搬迁，解决1000万人脱贫；还有2000多万完全或部分丧失劳动能力的贫困人口，全部纳入低保覆盖范围，实现社保政策兜底。
③ 《〈中共中央国务院关于打赢脱贫攻坚战的决定〉六大看点》，新华网，2015年12月7日。

"未来五年，我们将使中国现有标准下7000多万贫困人口全部脱贫。"
——习近平

背景：这是总书记2015年10月16日在2015减贫与发展高层论坛上的讲话。这比联合国确定的全球消除绝对贫困的目标，整整提前了10年。这是一场人类历史上前所未有的脱贫攻坚战。

2013年11月3日，习近平总书记在湖南湘西土家族苗族自治州花垣县十八洞村首次提出"精准扶贫"的方略。2017年2月18日，十八洞村宣布成功脱贫。

观点

徐绍史：推进"一带一路"建设，是习近平总书记提出的伟大战略构想，也是党中央主动应对全球形势深刻变化和我国发展面临的新形势、新任务、新要求，统筹国内国际两个大局，立足当下、谋划长远作出的重大战略决策，是构建我国开放型经济新体制的顶层设计，是参与和完善全球治理体系的主动作为，是助力实现"中国梦"的重大举措。加快"一带一路"建设，有利于促进沿线各国经济繁荣与区域经济合作，加强不同文明交流互鉴，促进世界和平发展，是一项造福世界各国人民的伟大事业。

"一带一路"是促进共同发展、实现共同繁荣的合作共赢之路，是增进理解信任、加强全方位交流的和平友谊之路。"一带一路"贯穿欧亚非大陆，一头是活跃的东亚经济圈，一头是发达的欧洲经济圈，中间广大腹地国家经济发展潜力巨大。"一带一路"建设，根本目的是为了促进经济要素有序自由流动、资源高效配置和市场深度融合，推动沿线各国实现经济政策协调，开展更大范围、更高水平、更深层次的区域合作，共同打造政治互信、经济融合、文化包容的利益共同体、命运共同体和责任共同体。

"一带一路"建设作为全方位开放的"先手棋"，涉及范围广、领域多，对构建开放型经济新体制提出了更高要求，必须加快建立适应全方位开放新要求的体制机制。

资料来源：《统筹国内国际两个大局的战略抉择——深入学习习近平总书记关于"一带一路"战略构想的重要论述》，《求是》，2015年第19期。

"一带一路"倡议正式发布

"一带一路"倡议的首次提出在2013年。当年9月7日，习近平主席在哈萨克斯坦纳扎尔巴耶夫大学发表演讲，提出共同建设"丝绸之路经济带"的畅想。

同年10月，习近平主席出访东盟，提出共同建设"21世纪海上丝绸之路"。两个倡议共同构成了"一带一路"倡议。"一带一路"这一经济战略构想的提出，得到了丝绸之路沿线国家的积极响应和国际社会的广泛关注。当年11月，"一带一路"被写入中共十八届三中全会决定，上升为国家战略。

2014年，习近平主席在国际国内不同重要场合强调"一带一路"倡议。6月5日，习近平主席在中阿合作论坛第六届部长级会议开幕式上提出，"一带一路"是互利共赢之路，将带动各国经济更加紧密结合起来。9月18日，习近平主席在印度世界事务委员会发表演讲，希望中国以"一带一路"为双翼，同南亚国家一道实现腾飞。11月9日，习近平主席在亚太经合组织工商领导人峰会开幕式上宣称，中国将出资400亿美元成立丝路基金，为"一带一路"沿线国家基础设施建设、资源开发、产业合作等有关项目提供投融资支持。12月5日，习近平总书记在中共中央政治局第十九次集体学习时强调积极同"一带一路"沿线国家和地区商建自由贸易区。2014年底中央经济工作会议召开，明确"一带一路"为中国区域发展的首要战略。

2015年3月28日，在博鳌亚洲论坛2015年年会期间中国正式发布《推动共建丝绸之路经济带和21世纪海上丝绸之路的愿景与行动》。自此，"一带一路"顶层规划设计完成。次日，习近平主席在论坛开幕式发表主

专栏：亚投行开业

亚洲基础设施投资银行（Asian Infrastructure Investment Bank，简称"亚投行"，AIIB）是一个政府间性质的亚洲区域多边开发机构，重点支持基础设施建设，成立宗旨为促进亚洲区域的建设互联互通化和经济一体化的进程，并且加强中国及其他亚洲国家和地区的合作。总部设在北京。亚投行法定资本1000亿美元。

2013年10月2日，习近平主席提出筹建倡议，2014年10月24日，包括中国、印度、新加坡等在内的21个首批意向创始成员国的财长和授权代表在北京签约，共同决定成立亚洲基础设施投资银行。2015年4月15日，亚投行意向创始成员国确定为57个，其中域内国家37个、域外国家20个。2015年6月29日，《亚洲基础设施投资银行协定》签署仪式在北京举行，亚投行57个意向创始成员国财长或授权代表出席了签署仪式。2015年12月25日，亚洲基础设施投资银行正式成立，全球迎来首个由中国倡议设立的多边金融机构。

2016年1月16—18日，亚投行开业仪式暨理事会和董事会成立大会在北京举行。[1]亚投行的治理结构分理事会、董事会、管理层三层。理事会是最高决策机构，每个成员在亚投行有正副理事各1名。董事会有12名董事，其中域内9名、域外3名。管理层由行长和5位副行长组成。[2]截至2017年底，亚投行成员总数达到84个。

[1] 《亚投行，迈出筹建最关键一步》，《新华日报》，2015年6月30日。
[2] 《亚投行任命5位副行长》，中国经济网，2016年2月5日。

被誉为"新欧大陆桥东端起点"、"一带一路"陆海交汇枢纽的江苏连云港港口。

旨演讲,他指出"一带一路"建设秉持的是共商、共建、共享原则,欢迎沿线国家和亚洲国家积极参与,也张开臂膀欢迎五大洲朋友共襄盛举。

"一带一路"倡议正式发布后,当年11月,全国31个省区市和新疆生产建设兵团"一带一路"建设对接方案全部出台。12月25日,由中国倡议、57国共同参与组建的新型多边金融机构——亚洲基础设施投资银行正式成立,这是首个由中国倡议设立的多边金融机构。

👁 观点

金立群:新的历史条件下中国如何能够发挥引领作用,赢得亚洲和其他地区、国家的信赖,以更好地共同推动社会经济事业发展,是一项非常宏大的工程。亚洲基础设施投资银行就是在这样的背景下诞生的。

一方面,中国日益增长的财力已经赢得很多国家的信任。另一方面,中国作为一个新兴市场必须认识到要处理跟现有国家的关系。中国方面认为,成立亚洲基础设施投资银行作为一个重要的切入点,能把各项能力转变为各国能接受的能量。

亚洲基础设施投资银行的创立也是机制的创新,其创新理念表现为,亚洲基础设施投资银行要创办成一个新型的、具有21世纪治理水平的国际多边机构。

资料来源:《金立群解读亚投行创新理念》,《清华金融评论》,2016年第1期。

生态文明体制改革顶层设计和建立环保督查、问责机制

（1）《生态文明体制改革总体方案》对外公布。

2015年9月22日，我国生态文明领域改革的顶层设计——《生态文明体制改革总体方案》，正式对社会公布。《方案》要求改革要遵循"六个坚持"，搭建好基础性制度框架，全面提高我国生态文明建设水平。为了解决过去改革任务过于碎片化和部门利益导向问题，《方案》当中提出了很多创新性、填补空白的基础性的制度安排，包括像自然资产的确权，包括自然资产的确权、空间（规划）体系等。

《方案》提出了要树立的六个重大理念，即树立尊重自然、顺应自然、保护自然的理念；树立发展和保护相统一的理念；树立绿水青山就是金山银山的理念；树立自然价值和自然资本的理念；树立空间均衡的理念；树立山水林田湖是一个生命共同体的理念。

《方案》明确生态文明体制改革总体目标，即到2020年构建起八项制度构成的产权清晰、多元参与、激励约束并重、系统完整的生态文明制度体系，推进生态文明领域国家治理体系和治理能力现代化，努力走向社会主义生态文明新时代。

方案提出生态文明制度改革主要目标是八项制度，包括自然资源资产产权制度、国土空间开发保护制度、空间规划体系、资源总量管理和全面节约制度、资源有偿使用和生态补偿制度、环境治理体系、环境治理和生态保护市场体系、生态文明绩效评价考核和责任追究制度。

方案认为生态文明体制改革要坚持正确方向，坚持自然资源资产的公有性质，坚持城乡环境治理体系统一，坚持激励和约束并举，坚持主动作为和国际合作相结合，坚持鼓励试点先行和整体协调推进相结合。

（2）史上最严环保法实施。

2015年1月1日，修订后的《中华人民共和国环境保护法》正式施行。

2014年4月24日，十二届全国人大常委会第八次会议表决通过了修订后的《中华人民共和国环境保护法》，修订后的环保法法律条文从原来47条增加到70条，增强了法律的可执行性和可操作性。有几大亮

中央第五环境保护督察组向河南省反馈督察情况。

点：一是首次将"保障公众健康"写入总则第一条；二是首次明确规定"保护优先"的原则；三是将每年6月5日定为环境日；四是专列第五章"信息公开和公众参与"，明确公民依法享有获取环境信息、参与和监督环境保护的权利；五是环境公益诉讼主体扩大到在设区的市级以上人民政府民政部门登记的相关社会组织；六是加大排污惩治力度。对于拒不改正的排污企业，罚款金额可以"按日连续处罚"，同时赋予环保部门查封扣押等权利；七是国家在重点生态功能区、生态环境敏感区和脆弱区等区域划定生态保护红线，实行严格保护；八是建立"黑名单"制度，将环境违法信息记入社会诚信档案，并将向社会公布违法者名单。①

（3）建立环保督察、问责机制。

中国正在以前所未有的速度构建起严格的生态环境法律制度。党的十八大以来，在生态文明建设领域，制定修改的法律就有十几部之多，其中新制定和修改幅度较大的法律有六部。

2015年7月1日，中央深改领导小组第十四次会议审议通过了《环境保护督察方案（试行）》。明确建立环保督察机制。以中央环境保护督察组的形式，对省区市党委和政府及其有关部门开展，并下沉至部分地市级党委政府部门。对于这份改革方案，习近平总书记要求将环境保护督察作为推进生态文明建设重要抓手，强化环境保护党政同责和一岗双责的要求。

会议还通过了《关于开展领导干部自然资源资产离任审计的试点方案》《党政领导干部生态环境损害责任追究办法(试行)》两份改革文件，使得领导离任审计、责任追究第一次进入到了生态领域。②

2015年底，中央环保督察巡视从河北省开始，不到两年覆盖全国23个省份。

---

① 《新环保法"史上最严"明年1月1日起实施 八大亮点突出》，《信息时报》，2014年4月25日。
② 《将改革进行到底》第六集《守住绿水青山》解说词。

社会关注

全面实施居住证制度

2015年2月15日，中央审议通过《关于全面深化公安改革若干重大问题的框架意见》。方案提出，扎实推进户籍制度改革，取消暂住证制度，全面实施居住证制度，建立健全与居住年限等条件相挂钩的基本公共服务提供机制。2015年12月12日，国务院发布《居住证暂行条例》。《条例》是对规划实施方案的制度化、具体化和细则化。这是中国政府推动新型城镇化，提高户籍城镇化率，促进农业转移人口市民化的又一重大举措。

新《食品安全法》实施

2015年5月29日在十八届中央政治局第二十三次集体学习中，习近平总书记指出，"要切实加强食品药品安全监管，用最严谨的标准、最严格的监管、最严厉的处罚、最严肃的问责，加快建立科学完善的食品药品安全治理体系，严把从农田到餐桌、从实验室到医院的每一道防线"。

2015年10月1日，新《食品安全法》实施，最严格的监管制度保障着"舌尖上的安全"。新《食品安全法》体现严惩重处原则，强化了食品安全刑事责任的追究。新《食品安全法》体现严惩重处原则，强化了食品安全刑事责任的追究。修改后的《食品安全法》对违法行为的查处上做了较大改革，首先要求执法部门判断违法行为是不是构成刑事犯罪，如果构成犯罪，就直接由公安部门进行侦查，追究刑事责任。如果不构成刑事犯罪的话，才由行政执法部门进行行政处罚。新的《食品安全法》还大幅度提高了行政罚款的额度，对重复的违法行为增设了处罚规定，对非法提供场所的行为也增设了处罚，强化了民事法律责任的追究。

《中华人民共和国食品安全法》读本

全面实施一对夫妇可生育两个孩子的政策

为适应我国人口发展出现的重大转折性变化，2015年10月29日，中共十八届五中全会公报宣布，中国将"全面实施一对夫妇可生育两个孩子的政策"，这是继2013年中共十八届三中全会决定启动实施"单独二孩"政策之后的又一次人口政策调整，标志着中国实施了35年的"独生子女政策"宣告终结。

贵阳，一个单独二孩家庭的幸福生活

大众创业、万众创新

早在2014年9月的夏季达沃斯论坛上，李克强总理就发出"大众创业、万众创新"的号召，提出要在960万平方公里的土地上掀起"大众创业""草根创业"的新浪潮，形成"万众创新""人人创新"的新态势。2015年3月11日，国务院办公厅印发《关于发展众创空间推进大众创新创业的指导意见》，将大众创新创业作为科技创新工作的重要内容和抓手。2015年《政府工作报告》中明确指出：推进大众创业、万众创新，打造发展新引擎，既可以扩大就业，增加居民收入，又有利于促进社会纵向流动和公平正义。

为落实国务院领导指示精神，国家发展改革委会同科技部、人力资源社会保障部、财政部等有关部门，共同研究起草了《关于大力推进大众创业万众创新若干政策措施的意见》（以下简称《意见》）并

安徽省合肥市滨湖康园菜市场。作为合肥市首家智慧农贸市场，合肥市康园菜市场引进了智能电子秤，购物电子小票，市民可通过微信、支付宝、银行卡等完成支付。

上报国务院审定。2015年6月4日，李克强总理主持召开的国务院第93次常务会议审议通过。

《意见》出台前，据有关部门统计，各部门、各省（区、市）已陆续出台支持创业、创新、就业的政策措施共1997条。其中，十八大以来，以部门名义出台的有119条，北京、上海、深圳、广州、武汉、成都、西安等7个创业创新相对活跃城市出台的有129条。据初步统计，我国共有1600多家科技企业孵化器，但创业增值服务严重不足，缺乏可持续发展能力。

为推动大众创业、万众创新，打造经济发展新引擎，必须立足全局、改革创新，充分发挥市场配置资源的决定性作用和更好发挥政府作用，尊重创业创新规律。为此，《意见》提出"一条主线""两个统筹"和"四个立足"。"一条主线"就是要确保政策措施具有系统性、可操作性和落地性，加快政策执行传导进程。"两个统筹"就是要统筹做好已出台与新出台政策措施的衔接和协同，统筹推进高端人才创业与"草根"创业。"四个立足"：一是立足改革创新，实现"放"与"扶"相结合；二是立足加强协同联动，形成政策合力；三是立足创业需求导向，推动创业、创新与就业协调互动发展；四是立足加强执行督导，确保政策落地生根。① 通过部门之间、部门与地方之间的协调联动，形成政策合力，实现资金链引导创业创新链、创业创新链支持产业链、产业链带动就业链。

① 《国务院关于大力推进大众创业万众创新若干政策措施的意见》，中国政府网，2015年6月16日。

互联网+

2015年3月5日十二届全国人大三次会议上，李克强总理在政府工作报告中首次提出"互联网+"行动计划。李克强在政府工作报告中提出，"制定'互联网+'行动计划，推动移动互联网、云计算、大数据、物联网等与现代制造业结合，促进电子商务、工业互联网和互联网金融健康发展，引导互联网企业拓展国际市场。"2015年7月4日，经李克强总理签批，国务院日前印发《关于积极推进"互联网+"行动的指导意见》。2015年12月16日，第二届世界互联网大会在浙江乌镇开幕。在举行"互联网+"的论坛上，中国互联网发展基金会联合百度、阿里巴巴、腾讯共同发起倡议，成立"中国互联网+联盟"。

流行志

》《战狼》

作为弘扬家国正义和传播主流价值的载体，国产军事题材电影曾成功演绎出一大批令人难以忘怀的"战斗故事"，塑造出众多耳熟能详的"战斗英雄"，成为中国电影史上一道独特的风景线。但是近年来，国产军事题材影片却逐渐淡出人们视野，一度在市场中成为"不可见的电影"。在这种背景下，动作明星吴京自编自导自演的《战狼》以黑马姿态杀出，有效实现了口碑和票房的双赢，有效实现了社会效益和经济效益的平衡和统一，为我国军事题材影片的类型拓展作出了有益尝试。

》网红

"网红"是指在现实或者网络生活中因为某个事件或者某个行为而被网民关注从而走红的人或长期持续输出专业知识而从红的人。他们的走红皆因为自身的某种特质在网络作用下被放大，与网民的审美、审丑、娱乐、刺激、偷窥、臆想、品味以及看客等心理相契合，有意或无意间受到网络世界的追捧，成为"网络红人"。

》世界那么大，我想去看看

2015年4月14日早晨，一封辞职信引发热评，辞职的理由仅有10个字："世界那么大，我想去看看"。网友评这是"史上最具情怀的辞职信，没有之一"。2016年5月31日，教育部、国家语委在京发布《中国语言生活状况报告（2016）》。"世界那么大，我想去看看"入选2015年度十大网络用语。

289名法官助理、检察官助理在上海接受任命。

司法便民利民改革

司法便民利民改革，与司法责任制改革、诉讼制度改革一起，构成了新一轮司法改革的"三驾马车"。

（1）立案登记制度改革。

立案难曾是群众反映强烈的"头号难题"。2015年5月1日，经中央全面深化改革领导小组第十一次会议审议通过的《关于人民法院推行立案登记制改革的意见》在全国法院正式实施。立案登记制，即不对起诉的要件进行实质性审查，而仅仅是对法律规定的形式要件进行一般性核对，凡是符合法律规定立案条件的，都要登记立案。这实际上就客观地扩大了受案的范围。

（2）公益诉讼制度改革。

2015年7月1日开始推进的检察机关提起公益诉讼制度改革让检察院多了一个新身份：公益诉讼人。有了这个新身份，检察机关发现行政机关违法行使职权或者不作为的，可以提起公益诉讼，追究其法律责任。

环球大事

> **1月8—9日**
中国-拉共体论坛首届部长级会议在北京举行,标志着该机制正式启动。

> **5月5日**
第69届联合国大会举行纪念反法西斯战争胜利70周年特别会议。

> **5月9日**
俄罗斯举行纪念卫国战争胜利70周年庆典,中国国家主席习近平和来自世界约20个国家和地区及国际组织的领导人出席。

> **6月29日**
《亚洲基础设施投资银行协定》签署仪式在北京举行,亚投行57个意向创始成员国财长或授权代表出席了签署仪式。

> **7月14日**
美国和古巴宣布正式建立外交关系,"冰封"半个多世纪的两国关系开启了正常化进程

> **7月14日**
2015年7月14日,伊朗和伊核问题六国突破12年的谈判僵局,达成《联合全面行动计划》,中东核危机暂时得到缓解。

> **9月3日**
中国举行纪念中国人民抗日战争暨世界反法西斯战争胜利70周年大会,65位外国领导人、政府高级别代表、联合国等国际组织负责人、前政要等应邀出席。9月,联合国成立70周年系列峰会在纽约举行,一个主要目的是重申对《联合国宪章》宗旨和原则的承诺,维护世界反法西斯战争胜利成果。

> **9月25日**
联合国发展峰会正式通过2030年可持续发展议程。国家主席习近平在出席宣布设立"南南合作援助基金"等对发展中国家最新援助举措。

> **10月5日**
美国主导的"跨太平洋伙伴关系协定"(TPP)达成基本协议。

环球大事

> **12月1日**
北京时间2015年12月1日,国际货币基金组织执董会批准中国人民币加入特别提款权货币篮子。

> **12月12日**
第21届联合国气候变化大会近200个缔约方一致通过《巴黎协定》,国际社会首次为应对气候变化达成普遍共识。

> **12月16日**
美联储宣布9年多来的首次加息决定,将联邦基金利率上调25个基点到0.25%至0.5%的区间。

> **2015年**
联合国的数据显示,2015年涌入欧洲的难民已超过百万,这场二战以来欧洲经历的最大难民潮已开始冲击欧洲原有的安全、社会、文化和经济秩序及一体化进程。

■ 重要文献

《中共中央关于制定国民经济和社会发展第十三个五年规划的建议》

（2015年10月29日）

2015年10月29日，中共十八届五中全会通过《中共中央关于制定国民经济和社会发展第十三个五年规划的建议》。《建议》明确提出"十三五"规划的指导思想、基本原则、目标要求、基本理念、重大举措，描绘了未来5年国家发展蓝图，是动员全党全国各族人民夺取全面建成小康社会伟大胜利的纲领性文件。

目录：
- 一、全面建成小康社会决胜阶段的形势和指导思想
- 二、"十三五"时期经济社会发展的主要目标和基本理念
- 三、坚持创新发展，着力提高发展质量和效益
- 四、坚持协调发展，着力形成平衡发展结构
- 五、坚持绿色发展，着力改善生态环境
- 六、坚持开放发展，着力实现合作共赢
- 七、坚持共享发展，着力增进人民福祉
- 八、加强和改善党的领导，为实现"十三五"规划提供坚强保证

重要文献

《关于加快发展服务贸易的若干意见》

（2015年2月14日）

2015年2月14日，国务院印发《关于加快发展服务贸易的若干意见》，这是国务院首次全面系统地提出服务贸易发展的战略目标和主要任务，并对加快发展服务贸易作出全面部署。

节选：

大力发展服务贸易，是扩大开放、拓展发展空间的重要着力点，有利于稳定和增加就业、调整经济结构、提高发展质量效率、培育新的增长点。

……

（三）发展目标。服务业开放水平进一步提高，服务业利用外资和对外投资范围逐步扩大、质量和水平逐步提升。服务贸易规模日益扩大，到2020年，服务进出口额超过1万亿美元，服务贸易占对外贸易的比重进一步提升，服务贸易的全球占比逐年提高。服务贸易结构日趋优化，新兴服务领域占比逐年提高，国际市场布局逐步均衡，"一带一路"沿线国家在我国服务出口中的占比稳步提升。

……

（六）规划建设服务贸易功能区。充分发挥现代服务业和服务贸易集聚作用，在有条件的地区开展服务贸易创新发展试点。依托现有各类开发区和自由贸易试验区规划建设一批特色服务出口基地。拓展海关特殊监管区域和保税监管场所的服务出口功能，扩充国际转口贸易、国际物流、中转服务、研发、国际结算、分销、仓储等功能。

（七）创新服务贸易发展模式。积极探索信息化背景下新的服务贸易发展模式，依托大数据、物联网、移动互联网、云计算等新技术推动服务贸易模式创新，打造服务贸易新型网络平台，促进制造业与服务业、各服务行业之间的融合发展。将承接服务外包作为提升我国服务水平和国际影响力的重要手段，扩大服务外包产业规模，增加高技术含量、高附加值外包业务比重，拓展服务外包业务领域，提升服务跨境交付能力。推动离岸、在岸服务外包协调发展，在积极承接国际服务外包的同时，逐步扩大在岸市场规模。

（八）培育服务贸易市场主体。打造一批主业突出、竞争力强的大型跨国服务业企业，培育若干具有较强国际影响力的服务品牌；支持有特色、善创新的中小企业发展，引导中小企业融入全球供应链。鼓励规模以上服务业企业走国际化发展道路，积极开拓海外市场，力争规模以上服务业企业都有进出口实绩。支持服务贸易企业加强自主创新能力建设，鼓励服务领域技术引进和消化吸收再创新。

（九）进一步扩大服务业开放。探索对外商投资实行准入前国民待遇加负面清单的管理模式，提高利用外资的质量和水平。推动服务业扩大开放，推进金融、教育、文化、医疗等服务业领域有序开放，逐步实现高水平对内对外开放；放开育幼养老、建筑设计、会计审计、商贸物流、电子商务等服务业领域外资准入限制。积极参与多边、区域服务贸易谈判和全球服务贸易规则制定。建立面向全球的高标准自由贸易区网络，依托自由贸易区战略实施，积极推动服务业双向互惠开放。基本实现内地与港澳服务贸易自由化。推动大陆与台湾服务业互利开放。

——摘自《国务院公报》，2015年第7号。

> 重要文献

《中共中央国务院关于构建开放型经济新体制的若干意见》
（2015年9月17日）

2015年9月17日，《中共中央国务院关于构建开放型经济新体制的若干意见》发布。《意见》指出，我国改革开放正站在新的起点上，面对新形势、新挑战、新任务，要统筹开放型经济顶层设计，加快构建开放型经济新体制。

节选：

（六）推进准入前国民待遇加负面清单的管理模式。完善外商投资市场准入制度，探索对外商投资实行准入前国民待遇加负面清单的管理模式。在做好风险评估的基础上，分层次、有重点放开服务业领域外资准入限制，推进金融、教育、文化、医疗等服务业领域有序开放，放开育幼养老、建筑设计、会计审计、商贸物流、电子商务等服务业领域外资准入限制，进一步放开一般制造业。在维护国家安全的前提下，对于交通、电信等基础设施以及矿业等相关领域逐步减少对外资的限制。

（十一）创新对外投资合作方式。允许企业和个人发挥自身优势到境外开展投资合作，允许自担风险到各国各地区承揽工程和劳务合作项目，允许创新方式走出去开展绿地投资、并购投资、证券投资、联合投资等。鼓励有实力的企业采取多种方式开展境外基础设施投资和能源资源合作。促进高铁、核电、航空、机械、电力、电信、冶金、建材、轻工、纺织等优势行业走出去，提升互联网信息服务等现代服务业国际化水平，推动电子商务走出去。……

（十四）提高贸易便利化水平。强化大通关协作机制，实现口岸管理相关部门信息互换、监管互认、执法互助。加快国际贸易"单一窗口"建设，全面推行口岸管理相关部门"联合查验、一次放行"等通关新模式。……

（二十九）坚持世界贸易体制规则。维护多边贸易体制在全球贸易投资自由化中的主渠道地位，坚持均衡、普惠、共赢原则，反对贸易投资保护主义。……

（三十）建立高标准自由贸易区网络。加快实施自由贸易区战略，坚持分类施策、精耕细作，逐步构筑起立足周边、辐射"一带一路"、面向全球的高标准自由贸易区网络，积极扩大服务业开放，加快推进环境保护、投资保护、政府采购、电子商务等新议题谈判，积极推进国际创新合作。积极落实中韩、中澳自由贸易区谈判成果，打造中国－东盟自由贸易区升级版，推进中国与有关国家自由贸易协定谈判和建设进程，稳步推进中欧自由贸易区和亚太自由贸易区建设，适时启动与其他经贸伙伴的自由贸易协定谈判。

（三十一）积极参与全球经济治理。推进全球经济治理体系改革，支持联合国、二十国集团等发挥全球经济治理主要平台作用，推动金砖国家合作机制发挥作用，共同提高新兴市场和发展中国家在全球经济治理领域的发言权和代表性。全面参与国际经济体系变革和规则制定，在全球性议题上，主动提出新主张、新倡议和新行动方案，增强我国在国际经贸规则和标准制定中的话语权。

——摘自《中共中央国务院关于构建开放型经济新体制的若干意见》，《人民日报》，2015年9月18日第1版。

> 重要文献

《生态文明体制改革总体方案》
（2015年9月11日）

2015年9月11日，中共中央政治局会议审议通过了《生态文明体制改革总体方案》。这个方案是生态文明领域改革的顶层设计和部署，改革要遵循"六个坚持"，搭建好基础性制度框架，全面提高我国生态文明建设水平。

节选：

（四）生态文明体制改革的目标

到2020年，构建起由自然资源资产产权制度、国土空间开发保护制度、空间规划体系、资源总量管理和全面节约制度、资源有偿使用和生态补偿制度、环境治理体系、环境治理和生态保护市场体系、生态文明绩效评价考核和责任追究制度等八项制度构成的产权清晰、多元参与、激励约束并重、系统完整的生态文明制度体系，推进生态文明领域国家治理体系和治理能力现代化，努力走向社会主义生态文明新时代。

……

九、完善生态文明绩效评价考核和责任追究制度

（四十八）建立资源环境承载能力监测预警机制。研究制定资源环境承载能力监测预警指标体系和技术方法，建立资源环境监测预警数据库和信息技术平台，定期编制资源环境承载能力监测预警报告，对资源消耗和环境容量超过或接近承载能力的地区，实行预警提醒和限制性措施。

（四十九）探索编制自然资源资产负债表。制定自然资源资产负债表编制指南，构建水资源、土地资源、森林资源等的资产和负债核算方法，建立实物量核算账户，明确分类标准和统计规范，定期评估自然资源资产变化状况。在市县层面开展自然资源资产负债表编制试点，核算主要自然资源实物量账户并公布核算结果。

（五十）对领导干部实行自然资源资产离任审计。在编制自然资源资产负债表和合理考虑客观自然因素基础上，积极探索领导干部自然资源资产离任审计的目标、内容、方法和评价指标体系。以领导干部任期内辖区自然资源资产变化状况为基础，通过审计，客观评价领导干部履行自然资源资产管理责任情况，依法界定领导干部应当承担的责任，加强审计结果运用。在内蒙古呼伦贝尔市、浙江湖州市、湖南娄底市、贵州赤水市、陕西延安市开展自然资源资产负债表编制试点和领导干部自然资源资产离任审计试点。

（五十一）建立生态环境损害责任终身追究制。实行地方党委和政府领导成员生态文明建设一岗双责制。以自然资源资产离任审计结果和生态环境损害情况为依据，明确对地方党委和政府领导班子主要负责人、有关领导人员、部门负责人的追责情形和认定程序。区分情节轻重，对造成生态环境损害的，予以诫勉、责令公开道歉、组织处理或党纪政纪处分，对构成犯罪的依法追究刑事责任。对领导干部离任后出现重大生态环境损害并认定其需要承担责任的，实行终身追责。建立国家环境保护督察制度。

——摘自《国务院公报》，2015年第28号。

> **重要文献**

《关于全面推开县级公立医院综合改革的实施意见》

（2015年4月23日）

2015年4月23日，国务院办公厅印发《关于全面推开县级公立医院综合改革的实施意见》。该《意见》分总体要求和主要目标、优化县域医疗资源配置、改革管理体制、建立县级公立医院运行新机制、完善药品供应保障制度、改革医保支付制度、建立符合行业特点的人事薪酬制度、提升县级公立医院服务能力、加强上下联动、强化服务监管、强化组织实施11部分36条。

节选：

（十一）破除以药补医机制。所有县级公立医院推进医药分开，积极探索多种有效方式改革以药补医机制，取消药品加成（中药饮片除外）。县级公立医院补偿由服务收费、药品加成收入和政府补助三个渠道改为服务收费和政府补助两个渠道。医院由此减少的合理收入，通过调整医疗技术服务价格和增加政府补助，以及医院加强核算、节约运行成本等多方共担。各省（区、市）制订具体的补偿办法，明确分担比例。中央财政给予补助，地方财政要调整支出结构，切实加大投入，增加的政府投入要纳入财政预算。将医院的药品贮藏、保管、损耗等费用列入医院运行成本予以补偿。

……

（二十七）推动医疗资源集约化配置。依托县级公立医院建立检查检验、病理诊断、医学影像等中心，有条件的地方可探索单独设立，降低医疗成本。推进县域内检查检验结果互认。

（二十八）建立上下联动的分工协作机制。加强县级公立医院对乡镇卫生院的支持指导，在县级公立医院设立全科医学科。以提升基层医疗卫生服务能力为导向，以业务、技术、管理、资产等为纽带，探索构建包括医疗联合体在内的各种分工协作模式，完善管理运行机制，引导开展有序竞争。探索建立县级公立医院和基层医疗卫生机构医务人员定期交流轮岗的工作机制，实行统一招聘、统一管理、统一使用、统一培养的人员管理体制。加强县级公立医院、基层医疗卫生机构等医疗机构的纵向协作，整体提升基层慢性病诊疗服务能力，提供便民惠民服务。

（二十九）推动建立分级诊疗制度。按照国家建立分级诊疗制度的政策要求，构建基层首诊、双向转诊、急慢分治、上下联动的分级诊疗模式。落实基层首诊，基层医疗卫生机构提供基本医疗和转诊服务，加强全科医生队伍建设，推进全科医生签约服务。建立县级公立医院与基层医疗卫生机构之间的便捷转诊通道，县级公立医院要为基层转诊患者提供优先就诊、优先检查、优先住院等便利。围绕县、乡、村医疗卫生机构功能定位和服务能力，确定各级医疗卫生机构诊疗的主要病种，明确出入院和转诊标准。对原则上基层医疗卫生机构能够诊疗的病种，综合考虑基层医疗卫生机构平均费用等因素，制定付费标准，实行按病种付费。医疗机构对确因病情原因需要上转的患者开具证明，作为办理上级医院入院手续和医保支付的凭证。

——摘自《国务院公报》，2015年第14号。

◼ 重要文献

《关于深化国有企业改革的指导意见》
（2015年8月24日）

2015年8月24日，中共中央、国务院印发《关于深化国有企业改革的指导意见》。《意见》指出，深化国有企业改革要坚持社会主义市场经济改革方向，适应市场化、现代化、国际化新形势，以解放和发展社会生产力为标准，以提高国有资本效率、增强国有企业活力为中心，完善产权清晰、权责明确、政企分开、管理科学的现代企业制度，完善国有资产监管体制，防止国有资产流失，全面推进依法治企，加强和改进党对国有企业的领导，做强做优做大国有企业，不断增强国有经济活力、控制力、影响力、抗风险能力。

目录：
  一、总体要求
  二、分类推进国有企业改革
  三、完善现代企业制度
  四、完善国有资产管理体制
  五、发展混合所有制经济
  六、强化监督防止国有资产流失
  七、加强和改进党对国有企业的领导
  八、为国有企业改革创造良好环境条件

◼ 重要文献

《推动共建丝绸之路经济带和21世纪海上丝绸之路的愿景与行动》
（2015年3月28日）

2015年3月28日，国家发展改革委、外交部、商务部经国务院授权，联合发布《推动共建丝绸之路经济带和21世纪海上丝绸之路的愿景与行动》。《愿景与行动》从时代背景、共建原则、框架思路、合作重点、合作机制等方面阐述了"一带一路"的主张与内涵，并提出了共建"一带一路"的方向和任务。

节选：
  （一）指导思想。全面理解、准确把握中央关于全面深化农村改革的精神，按照加快构建以农户家庭经营为基础、合作与联合共建"一带一路"致力于亚欧非大陆及附近海洋的互联互通，建立和加强沿线各国互联互通伙伴关系，构建全方位、多层次、复合型的互联互通网络，实现沿线各国多元、自主、平衡、可持续的发展。"一带一路"的互联互通项目将推动沿线各国发展战略的对接与耦合，发掘区域内市场的潜力，促进投资和消费，创造需求和就业，增进沿线各国人民的人文交流与文明互鉴，让各国人民相逢相知、互信互敬，共享和谐、安宁、富裕的生活。
  ……
  二、共建原则
  恪守联合国宪章的宗旨和原则。遵守和平共处五项原则，即尊重各国主权和领土完整、互不侵犯、互不干涉内政、和平共处、平等互利。
  坚持开放合作。"一带一路"相关的国家基于但不限于古代丝绸之路的范围，各国和国际、地区组织均可参与，让共建成果惠及更广泛的区域。
  坚持和谐包容。倡导文明宽容，尊重各国发展道路和模式的选择，加强不同文明之间的对话，求同存异、兼容并蓄、和平共处、共生共荣。
  坚持市场运作。遵循市场规律和国际通行规则，充分发挥市场在资源配置中的决定性作用和各类企业的主体作用，同时发挥好政府的作用。
  坚持互利共赢。兼顾各方利益和关切，寻求利益契合点和合作最大公约数，体现各方智慧和创意，各施所长，各尽所能，把各方优势和潜力充分发挥出来。
  ——摘自《推动共建丝绸之路经济带和21世纪海上丝绸之路的愿景与行动》，商务部网站，2015年3月30日。

> **重要文献**

《关于在部分区域系统推进全面创新改革试验的总体方案》

（2015年5月5日）

2015年5月5日，中央深改组第十二次会议审议通过《关于在部分区域系统推进全面创新改革试验的总体方案》。京津冀、上海、广东、安徽、四川、武汉、西安、沈阳等8个区域被确定为全面创新改革试验区。改革试验区力争通过3年努力，基本构建推进全面创新改革的长效机制，每年向全国范围复制推广一批改革举措和重大政策。

节选：

三、试验布局

（一）统筹部署

紧紧围绕国家区域发展战略的总体部署，选择若干创新成果多、体制基础好、转型走在前、短期能突破的区域，开展系统性、整体性、协同性的全面创新改革试验。改革试验主要以试验任务为依托，采取自上而下部署任务和自下而上提出需求相结合的方式，体现差异化。承担改革试验的区域需具备相应的基本条件：（1）创新资源和创新活动高度集聚、科技实力强、承担项目多，研发人员、发明专利、科技论文数量居前列；（2）经济发展步入创新驱动转型窗口期，劳动生产率、知识产权密集型产业比重、研发投入强度居前列；（3）已设有或纳入国家统筹的国家自主创新示范区、国家综合配套改革试验区、自由贸易试验区等各类国家级改革创新试验区；（4）体制机制改革走在前列，经验丰富，示范带动能力强；（5）对稳增长、调结构能发挥重要支柱作用；（6）重视保护知识产权工作，打击侵权假冒工作机制完善，机构健全等。

试验区域的选择要与现有国家自主创新示范区、国家综合配套改革试验区、自由贸易试验区、创新型试点省份、国家级新区、跨省区城市群、创新型试点城市、高新技术产业开发区、经济技术开发区、承接产业转移示范区、专利导航产业发展试验区、境外经贸合作区、高技术产业基地等相关工作做好衔接。充分发挥各相关部门的职能作用和优势，在全面创新改革试验总体部署下，由相关部门按照改革要求，继续牵头推进现有相关工作，并结合地方需求开展专项改革试验。

（二）有序推进

结合东部、中部、西部和东北等区域发展重点，围绕推动京津冀协同发展、加快长三角核心区域率先创新转型、深化粤港澳创新合作、促进产业承东启西转移和调整、加速军民深度融合发展、推进新型工业化进程，选择1个跨省级行政区域（京津冀）、4个省级行政区域（上海、广东、安徽、四川）和3个省级行政区域的核心区（武汉、西安、沈阳）进行系统部署，重点促进经济社会和科技等领域改革的相互衔接和协调，探索系统改革的有效机制、模式和经验。其中河北依托石家庄、保定、廊坊，广东依托珠江三角洲地区，安徽依托合（肥）芜（湖）蚌（埠）地区，四川依托成（都）德（阳）绵（阳）地区，开展先行先试。在相关地方提出改革试验方案的基础上，按照方案成熟程度，逐个报国务院审批后启动实施。

——摘自《国务院公报》，2015年第27号。

> 重要文献

《关于加强中国特色新型智库建设的意见》

（2015年1月20日）

2015年1月20日，中共中央办公厅、国务院办公厅印发《关于加强中国特色新型智库建设的意见》，《意见》明确了加强中国特色新型智库建设的指导思想、基本原则和总体目标。强调建设中国特色新型智库要坚持党的领导，把握正确导向；要坚持围绕大局，服务中心工作；要坚持科学精神，鼓励大胆探索；要坚持改革创新，规范有序发展。

节选：

（六）总体目标。到2020年，统筹推进党政部门、社科院、党校行政学院、高校、军队、科研院所和企业、社会智库协调发展，形成定位明晰、特色鲜明、规模适度、布局合理的中国特色新型智库体系，重点建设一批具有较大影响力和国际知名度的高端智库，造就一支坚持正确政治方向、德才兼备、富于创新精神的公共政策研究和决策咨询队伍，建立一套治理完善、充满活力、监管有力的智库管理体制和运行机制，充分发挥中国特色新型智库咨政建言、理论创新、舆论引导、社会服务、公共外交等重要功能。

中国特色新型智库是以战略问题和公共政策为主要研究对象、以服务党和政府科学民主依法决策为宗旨的非营利性研究咨询机构，应当具备以下基本标准：（1）遵守国家法律法规、相对稳定、运作规范的实体性研究机构；（2）特色鲜明、长期关注的决策咨询研究领域及其研究成果；（3）具有一定影响的专业代表性人物和专职研究人员；（4）有保障、可持续的资金来源；（5）多层次的学术交流平台和成果转化渠道；（6）功能完备的信息采集分析系统；（7）健全的治理结构及组织章程；（8）开展国际合作交流的良好条件等。

……

（十六）深化成果评价和应用转化机制改革。完善以质量创新和实际贡献为导向的评价办法，构建用户评价、同行评价、社会评价相结合的指标体系。建立智库成果报告制度，拓宽成果应用转化渠道，提高转化效率。对党委和政府委托研究课题和涉及国家安全、科技机密、商业秘密的智库成果，未经允许不得公开发布。加强智库成果知识产权创造、运用和管理，加大知识产权保护力度。

……

（二十一）建立政府购买决策咨询服务制度。探索建立政府主导、社会力量参与的决策咨询服务供给体系，稳步推进提供服务主体多元化和提供方式多样化，满足政府部门多层次、多方面的决策需求。研究制定政府向智库购买决策咨询服务的指导意见，明确购买方和服务方的责任和义务。凡属智库提供的咨询报告、政策方案、规划设计、调研数据等，均可纳入政府采购范围和政府购买服务指导性目录。建立按需购买、以事定费、公开择优、合同管理的购买机制，采用公开招标、邀请招标、竞争性谈判、单一来源等多种方式购买。

——摘自《关于加强中国特色新型智库建设的意见》，中国政府网，2015年1月20日。

大事记

1月1日

全国338个地级及以上城市统一按环境空气质量新标准开展监测。

1月3日

国务院印发《关于机关事业单位工作人员养老保险制度改革的决定》。

1月5日

中共中央印发《关于加强社会主义协商民主建设的意见》。

1月8—9日

中国－拉美和加勒比国家共同体论坛首届部长级会议在北京举行。会议通过《中拉论坛首届部长级会议北京宣言》《中国与拉美和加勒比国家合作规划（2015－2019）》等。

1月9日

证监会发布施行《股票期权交易试点管理办法》及《证券期货经营机构参与股票期权交易试点指引》。

1月12日

中共中央办公厅、国务院办公厅印发《关于加快构建现代公共文化服务体系的意见》。

1月13日

《海南省工商行政管理局关于"三证合一"的登记管理实施意见》出台。

1月14日

国务院发布《关于机关事业单位工作人员养老保险制度改革的决定》。

1月15日

中共中央办公厅、国务院办公厅印发《关于县以下机关建立公务员职务与职级并行制度的意见》。

1月16日

中共中央政治局常委会召开会议，专门听取全国人大常委会、国务院、全国政协、最高人民法院、最高人民检察院党组工作汇报。此后，这成为实现党中央集中统一领导的一项制度性安排。

1月20—22日

李克强出席在瑞士达沃斯举行的世界经济论坛，在年会上提出中国经济要实现"双中高"，必须开启"双引擎"。

1月23日

中共中央政治局会议审议通过《国家安全战略纲要》。

1月28日

国务院印发《关于加快发展服务贸易的若干意见》。

1月28日

最高人民法院第一巡回法庭在深圳成立。此后，陆续在沈阳、南京、郑州、重庆、西安设立巡回法庭。

1月30日

习近平主持召开中央全面深化改革领导小组第九次会议并发表重要讲话。会议审议通过了《关于贯彻落实党的十八届四中全会决定进一步深化司法体制和社会体制改革的实施方案》《省（自治区、直辖市）纪委书记、副书记提名考察办法（试行）》《中央纪委派驻纪检组组长、副组长提名考察办法（试行）》《中管企业纪委书记、副书记提名考察办法（试行）》。

2月1日

中共中央、国务院近日印发了《关于加大改革创新力度加快农业现代化建设的若干意见》。

2月2—6日

省部级主要领导干部学习贯彻十八届四中全会精神全面推进依法治国专题研讨班举行。习近平系统阐述全面建成小康社会、全面深化改革、全面依法治国、全面从严治党的战略布局。

2月8日

中共中央、国务院印发《国有林场改革方案》和《国有林区改革指导意见》。

2月21日

中央军委印发《关于新形势下深入推进依法治军从严治军的决定》。

2月27日

习近平主持召开中央全面深化改革领导小组第十次会议并发表重要讲话。会议审议通过了《中国足球改革总体方案》等文件。

3月5—15日

十二届全国人大三次会议举行。

3月7日

国务院批复同意设立中国（杭州）跨境电子商务综合试验区。

3月13日

中共中央、国务院印发《关于深化体制机制改革加快实施创新驱动发展战略的若干意见》。

3月24日

中共中央政治局召开会议，审议通过《关于加快推进生态文明建设的意见》，审议通过《广东、天津、福建自由贸易试验区总体方案》《进一步深化上海自由贸易试验区改革开放方案》。

3月26—29日

博鳌亚洲论坛2015年年会在海南博鳌举行。

3月31日

中共中央办公厅、国务院办公厅印发了《领导干部干预司法活动、插手具体案件处理的记录、通报和责任追究规定》。

4月1日

习近平主持召开中央全面深化改革领导小组第十一次会议并发表重要讲话。会议审议通过了《关于城市公立医院综合改革试点的指导意见》《人民陪审员制度改革试点方案》《关于人民法院推行立案登记制改革的意见》《党的十八届四中全会重要举措实施规划（2015~2020年）》等文件。

4月23日

国务院办公厅印发《关于全面推开县级公立医院综合改革的实施意见》。

4月24日

十二届全国人大常委会第十四次会议通过修订后的《中华人民共和国食品安全法》和《中华人民共和国广告法》。

5月4日

教育部印发《关于深入推进教育管办评分离促进政府职能转变的若干意见》。

5月5日

习近平主持召开中央全面深化改革领导小组第十二次会议并发表重要讲话。会议审议通过了《关于在部分区域系统推进全面创新改革试验的总体方案》《检察机关提起公益诉讼改革试点方案》《关于完善法律援助制度的意见》《深化科技体制改革实施方案》《中国科协所属学会有序承接政府转移职能扩大试点工作实施方案》。

5月5日

国务院办公厅转发文化部等部门《关于做好政府向社会力量购买公共文化服务工作意见的通知》。

5月5日

中共中央、国务院印发《关于加快推进生态文明建设的意见》,明确了加快推进生态文明建设的基本原则。

5月6日

国务院办公厅印发《关于城市公立医院综合改革试点的指导意见》。

5月7日

我国自主创新、拥有完整自主知识产权的三代核电技术"华龙一号"全球首堆示范工程开工建设。

5月7日

国务院印发《关于大力发展电子商务加快培育经济新动力的意见》。

5月8日

国务院印发《中国制造2025》,提出通过"三步走"实现制造强国的战略目标。

5月12日

国务院召开推进简政放权放管结合职能转变工作电视电话会议。李克强强调,必须坚持简政放权、放管结合、优化服务"三管齐下",深化行政体制改革,切实转变政府职能。

5月14日

国务院印发《关于取消非行政许可审批事项的决定》。

5月15日

国务院印发《2015年推进简政放权放管结合转变政府职能工作方案》。

5月20日

农业部、国家发展改革委、科技部、财政部、国土资源部、环境保护部、水利部、国家林业局印发《全国农业可持续发展规划(2015~2030年)》。

5月21日

国务院印发《关于北京市服务业扩大开放综合试点总体方案的批复》,同意在北京市开展服务业扩大开放综合试点,试点期为2015年5月5日起三年。

5月29日

中共中央政治局召开会议,审议通过《中国共产党党组工作条例(试行)》。

5月31日

中共中央办公厅、国务院办公厅印发了《关于深入推进农村社区建设试点工作的指导意见》。

6月3日

中共中央办公厅印发《事业单位领导人员管理暂行规定》。

6月5日

习近平主持召开中央全面深化改革领导小组第十三次会议并发表重要讲话。会议审议通过了《关于在深化国有企业改革中坚持党的领导加强党的建设的若干意见》《关于加强和改进企业国有资产监督防止国有资产流失的意见》《关于完善国家统一法律职业资格制度的意见》《关于招录人民法院法官助理、人民检察院检察官助理的意见》《关于进一步规范司法人员与当事人、律师、特殊关系人、中介组织接触交往行为的若干规定》。

6月12日

我国自主研发的"海底60米多用途钻机"在南海3109米海底海试成功。

6月15日

国务院办公厅印发《关于促进社会办医加快发展的若干政策措施》。

6月16日

《国务院关于大力推进大众创业万众创新若干政策措施的意见》发布。

6月17日

国务院批转《法人和其他组织统一社会信用代码制度建设总体方案》。

6月21日

《国务院办公厅关于支持农民工等人员返乡创业的意见》发布。

6月22日

中共中央转发全国人大常委会党组《关于加强县乡人大工作和建设的若干意见》。

6月24日

李克强主持召开国务院常务会议会议通过《中华人民共和国商业银行法修正案(草案)》。

6月26日

中共中央政治局召开会议,审议通过《中国共产党巡视工作条例(修订稿)》《关于推进领导干部能上能下的若干规定(试行)》。

7月1日

习近平主持召开中央全面深化改革领导小组第十四次会议并发表重要讲话。会议审议通过了《环境保护督察方案(试行)》《生态环境监测网络建设方案》《关于开展领导干部自然资源资产离任审计的试点方案》《党政领导干部生态环境损害责任追究办法(试行)》《关于推动国有文化企业把社会效益放在首位、实现社会效益和经济效益相统一的指导意见》。

7月1日

十二届全国人大常委会第十五次会议通过《中华人民共和国国家安全法》。

7月1日

教育部、外交部、财政部、公安部和人力资源社会保障部联合发布了《2015—2017年留学工作行动计划》。

7月3日

国务院批复同意《中国保险投资基金设立方案》。

7月8日

中共中央办公厅、国务院办公厅近日印发的《行业协会商会与行政机关脱钩总体方案》对外发布。

7月10日

国家发展改革委、财政部、国土资源部、银监会、国家铁路局联合发布《关于进一步鼓励和扩大社会资本投资建设铁路的实施意见》。

7月18日

中国人民银行、工业和信息化部、公安部、财政部、国家工商总局、国务院法制办、中国银行业监督管理委员会、中国证券监督管理委员会、中国保险监督管理委员会、国家互联网信息办公室联合发布《关于促进互联网金

融健康发展的指导意见》。

7月19日

中共中央办公厅印发《推进领导干部能上能下若干规定（试行）》。

7月22日

经国务院批准，人民银行会同国家发展改革委、科技部、财政部、知识产权局、银监会、证监会、保监会、外汇局等部门印发了《武汉城市圈科技金融改革创新专项方案》。这是国内首个区域科技金融改革创新专项方案，武汉城市圈成为国内首个科技金融改革创新试验区。

7月28日

中共中央办公厅印发了《推进领导干部能上能下若干规定（试行）》。

7月30日

中共中央政治局召开会议，研究进一步推进西藏经济社会发展和长治久安工作，决定设立中央统一战线工作领导小组。

8月3日

中共中央印发《中国共产党巡视工作条例》。

8月3日

国务院办公厅印发《关于推进城市地下综合管廊建设的指导意见》。

8月6日

国务院办公厅印发《关于同意在上海等9个城市开展国内贸易流通体制改革发展综合试点的复函》。

8月7日

国务院办公厅印发了《关于加快转变农业发展方式的意见》。

8月11日

中国人民银行决定改革完善人民币兑美元汇率中间价报价机制，明确中间价报价参考前一天收盘价。

8月13日

国务院印发《关于促进融资担保行业加快发展的意见》。

8月14日

国务院办公厅印发《整合建立统一的公共资源交易平台工作方案》。

8月17日

中共中央办公厅、国务院办公厅印发了《党政领导干部生态环境损害责任追究办法（试行）》。

8月18日

习近平主持召开中央全面深化改革领导小组第十五次会议并发表重要讲话。会议审议通过了《关于完善人民法院司法责任制的若干意见》等文件。

8月18日

中共中央办公厅、国务院办公厅印发了《党政领导干部生态环境损害责任追究办法（试行）》，并发出通知，要求各地区各部门遵照执行。

8月23日

中国政府网发布国务院关于印发《基本养老保险基金投资管理办法》的通知。

8月24日

中共中央、国务院印发《关于深化国有企业改革的指导意见》。

8月26日

国务院印发《关于开展农村承包土地的经营权和农民住房财产权抵押贷款试点的指导意见》。

8月28日

中共中央办公厅、国务院办公厅印发《关于在部分区域系统推进全面创新改革试验的总体方案》，京津冀、上海、广东、安徽、四川、武汉、西安、沈阳等8个区域被确定为全面创新改革试验区。

8月29日

十二届全国人大常委会第十六次会议通过《刑法修正案（九）》和修订后的《中华人民共和国大气污染防治法》。

8月30日

中共中央办公厅、国务院办公厅印发《环境保护督察方案（试行）》。

8月31日

证监会等四部门下发《关于鼓励上市公司兼并重组、现金分红及回购股份的通知》。

9月3日

纪念中国人民抗日战争暨世界反法西斯战争胜利70周年大会在北京天安门广场举行。

9月3日

国务院办公厅印发《"三网"融合推广方案》

9月7日

中共中央办公厅国务院办公厅印发了《关于在部分区域系统推进全面创新改革试验的总体方案》

9月7日

国家知识产权局财政部、人力资源社会保障部、中华全国总工会、共青团中央等5部门联合印发《关于进一步加强知识产权运用和保护助力创新创业的意见》。

9月11日

中共中央政治局召开会议，审议通过了《生态文明体制改革总体方案》《关于繁荣发展社会主义文艺的意见》。

9月13日

中共中央、国务院印发《关于深化国有企业改革的指导意见》。

9月15日

习近平主持召开中央全面深化改革领导小组第十六次会议并发表重要讲话。会议审议通过了《关于实行市场准入负面清单制度的意见》等文件。

9月17日

新华社受权播发《中共中央、国务院关于构建开放型经济新体制的若干意见》。

9月19日

中共中央办公厅印发《关于加强社会组织党的建设的意见（试行）》。

9月21日

中共中央办公厅印发了《关于在深化国有企业改革中坚持党的领导加强党的建设的若干意见》。

9月21日

中共中央、国务院印发《生态文明体制改革总体方案》。

9月23日

国务院决定压减《中央定价目录》，具体定价项目从约100项减至20项，并改进定价方法，规范定价行为，定期修订定价目录。

9月24日

中共中央办公厅、国务院办公厅印发了

2015年10月19日，首届"大众创业万众创新活动周"在北京中关村拉开帷幕。

《深化科技体制改革实施方案》。

9月24日
国务院印发《关于国有企业发展混合所有制经济的意见》。

10月1日
全国范围内实施企业工商营业执照、组织机构代码证和税务登记证"三证合一、一照一码"登记制度改革。

10月1日
新《食品安全法》实施。

10月2日
国务院办公厅发布《关于推进基层综合性文化服务中心建设的指导意见》。

10月5日
屠呦呦获2015年诺贝尔生理学或医学奖。李克强致信国家中医药管理局表示祝贺。

10月5日
国务院《关于推进价格机制改革的若干意见》发布。

10月13日
习近平主持召开中央全面深化改革领导小组第十七次会议并发表重要讲话。会议审议通过了《深化国税、地税征管体制改革方案》等文件。

10月16日
2015减贫与发展高层论坛在北京举行。习近平出席并发表《携手消除贫困，促进共同发展》的主旨演讲。

10月18日
中共中央印发《中国共产党廉洁自律准则》和《中国共产党纪律处分条例》。

10月19日
首届全国大众创业万众创新活动周启动。李克强出席活动周启动仪式并考察主题展区。

10月19日
国务院印发《关于实行市场准入负面清单制度的意见》。

10月19日
新华社全文播发《中共中央关于繁荣发展社会主义文艺的意见》。

10月21日
李克强主持召开国务院常务会议，通过《居住证暂行条例(草案)》，以法治助推新型城镇化。

10月19—23日
习近平对英国进行国事访问。21日，同英国首相卡梅伦会谈，决定共同构建中英面向21世纪全球全面战略伙伴关系，开启持久、开放、共赢的中英关系"黄金时代"。

10月26—29日
中共十八届五中全会举行。习近平代表中央政治局向全会报告工作。全会审议通过《中共中央关于制定国民经济和社会发展第十三个五年规划的建议》。

11月3日
中共中央办公厅、国务院办公厅印发《深化农村改革综合性实施方案》。

11月7日
习近平同台湾方面领导人马英九在新加坡会面，就进一步推进两岸关系和平发展交

换意见。这是1949年以来两岸领导人首次会面。

11月9日

习近平主持召开中央全面深化改革领导小组第十八次会议并发表重要讲话。会议审议通过了《关于加快实施自由贸易区战略的若干意见》等文件。

11月23日

中央军委印发《领导指挥体制改革实施方案》。

11月23日

中共中央政治局召开会议，审议通过《关于打赢脱贫攻坚战的决定》《关于加强和改进新形势下党校工作的意见》。

11月24—25日

第四次中国－中东欧国家领导人会晤在江苏苏州举行。李克强主持并讲话。会晤发表《中国－中东欧国家合作中期规划》和《中国－中东欧国家合作苏州纲要》。

11月24—26日

中央军委改革工作会议举行。习近平强调要全面实施改革强军战略，坚定不移走中国特色强军之路。

11月25日

国务院印发《关于进一步完善城乡义务教育经费保障机制的通知》。

11月27—28日

《〈内地与香港关于建立更紧密经贸关系的安排〉服务贸易协议》《〈内地与澳门关于建立更紧密经贸关系的安排〉服务贸易协议》分别签署，标志内地与香港、澳门服务贸易自由化基本实现。

11月28日

中央军委印发《关于深化国防和军队改革的意见》。

12月4日

习近平出席中非合作论坛约翰内斯堡峰会开幕式并发表主旨讲话，提出把中非关系提升为全面战略合作伙伴关系，宣布实施中非"十大合作计划"。

11月29日

中共中央、国务院印发《关于打赢脱贫攻坚战的决定》。

12月9日

习近平主持召开中央全面深化改革领导小组第十九次会议并发表重要讲话。会议审议通过了《国务院部门权力和责任清单编制试点方案》等文件。

12月14日

中共中央政治局召开会议，审议通过《中国共产党地方委员会工作条例》。

12月18—21日

中央经济工作会议举行。会议指出，推进供给侧结构性改革，是适应和引领经济发展新常态的重大创新。

12月21日

中共中央办公厅、国务院办公厅印发了《关于完善国家统一法律职业资格制度的意见》。

12月20—21日

中央城市工作会议举行。

12月24日

中共中央、国务院印发《关于深入推进城市执法体制改革改进城市管理工作的指导意见》。

12月24—25日

中央农村工作会议在北京召开。

12月25日

亚洲基础设施投资银行正式成立。

12月27日

十二届全国人大常委会第十八次会议通过《中华人民共和国反恐怖主义法》《中华人民共和国反家庭暴力法》。

12月28日

国务院办公厅印发《国务院部门权力和责任清单编制试点方案》，开展国务院部门权力和责任清单编制试点。此外，31个省区市到2017年均已公布省市县三级政府部门权力清单和责任清单。

12月28日

中共中央、国务院印发了《法治政府建设实施纲要（2015～2020年）》。

12月28日

中共中央办公厅，国务院办公厅印发的《关于全国性文艺评奖制度改革的意见》公开发布。

12月30日

中共中央政治局召开会议，审议通过《关于全面振兴东北地区等老工业基地的若干意见》。

12月31日

中国人民解放军陆军领导机构、中国人民解放军火箭军、中国人民解放军战略支援部队成立大会举行。

数说发展

人口

（单位：万人）

总人口 137462

城镇 77116
乡村 60346

 出生率 12.07‰
 死亡率 7.11‰
自然增长率 4.96‰

GDP（国内生产总值）

第一产业增加值 60863 亿元
第二产业增加值 274278 亿元
第三产业增加值 341567 亿元

GDP（国内生产总值）676708 亿元

比上年增长 6.9%

第一产业增加值占国内生产总值的比重为 9.0%
第二产业增加值占国内生产总值的比重为 40.5%
第三产业增加值占国内生产总值的比重为 50.5%

外汇储备

年末外汇储备 33304 亿美元

比上年末减少 5127 亿美元

公共财政收入

公共财政收入 152217 亿元

比上年增长 5.8%

其中：税收收入 124892 亿元

工 业

工业增加值 228974 亿元

比上年增长 5.9%

规模以上工业增加值增长 6.1%

农 业

产量 （单位：万吨）

粮食	62144
棉花	561
油料	3547
糖料	12529
肉类	8625
海产品	6690

水利

 新增有效灌溉面积 158 万公顷

 新增节水灌溉面积 254 万公顷

对外经济

（单位：亿美元）

进出口贸易总额 39530.3

出口 22734.7
进口 16795.6

进出口差额 5939

利用外资

 非金融领域新批外商直接投资企业 26575 家

 实际使用外商直接投资金额 1263 亿美元

对外经济合作

 对外承包工程业务完成营业额 1541 亿美元

 对外劳动合作派出各类劳务人员 53 万人

国内商业

社会消费品零售总额
300931 亿元

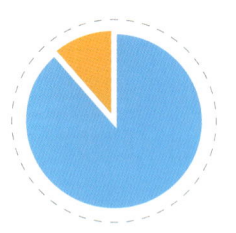 按消费形态统计
按经营地统计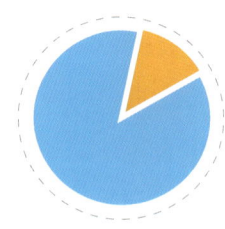

商品零售额 **268621** 亿元
餐饮收入额 **32310** 亿元

城镇消费品零售额 **258999** 亿元
乡村消费品零售额 **41932** 亿元

固定资产投资

固定资产投资 **562000** 亿元

固定资产投资（不含农户）
551590 亿元

第一产业投资
15561 亿元

第二产业投资
224090 亿元

第三产业投资
311939 亿元

农户投资 **10410** 亿元

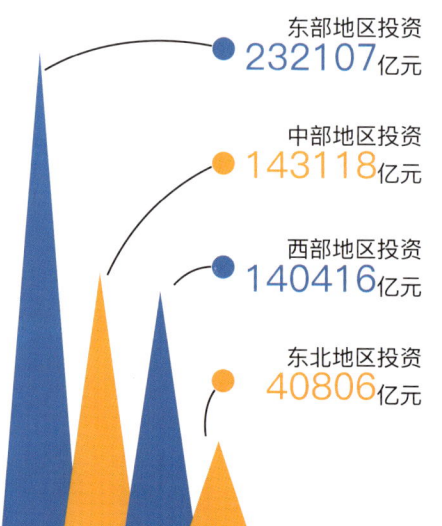

东部地区投资
232107 亿元

中部地区投资
143118 亿元

西部地区投资
140416 亿元

东北地区投资
40806 亿元

社会福利事业

提供住宿的社会服务机构 **3.1** 万个
床位 **676.3** 万张
收养救助各类人员 **231.6** 万人

社区服务中心 **2.4** 万个
社区服务站心 **12.5** 万个

得到政府最低生活保障人数

4903.2 万人
1708 万人
城市　　农村

农村五保供养人数 **517.5** 万人

直接医疗救助人数：**2515.9** 万人次

资助 **1666.1** 万城镇困难群众
参加城镇医疗保险
资助 **4546.9** 万农村困难群众
参加新型农村合作医疗

人民生活

全年城镇新增就业
1312 万人

全国农民工总量
27747 万人

比上年增长
1.3%

其中

外出农民工 **16884** 万人
增长 **0.4%**

本地农民工 **10863** 万人
增长 **2.7%**

城乡居民收入

城镇居民人均可支配收入 **31195** 元
农村居民人均纯收入 **10772** 元

增长 **6.6%** 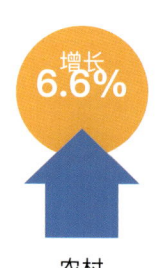　增长 **8.9%**
农村　　　　　　　　城镇

居民家庭恩格尔系数

33.0%　　　　**29.7%**

农村　　　　　　　　城镇

交通运输和邮电通信业

全年货物运输总量 417 亿吨

- 铁路 33.6 亿吨
- 公路 315 亿吨
- 水运 61.4 亿吨
- 民航 0.06253 亿吨
- 管道 7.1 亿吨

港口完成货物吞吐量 114.3 亿吨

其中：外贸货物 35.9 亿吨

集装箱 20959 万标箱

货物运输周转量 177400.7 （单位：亿吨公里）

- 铁路 23754.3
- 公路 59992.0
- 水运 80654.5
- 民航 162.2
- 管道 3149.3

旅客运输周转量 30047 （单位：亿人公里）

- 铁路 11960.6
- 公路 10742.7
- 水运 73.1
- 民航 7270.7

邮电业务总量 28220 亿元

邮政业务 5079 亿元
电信业务 23142 亿元

电信业全年局用交换机总容量 26446.5 万门
移动电话交换机容量 211066 万户

互联网上网人数 6.88 亿人
其中手机上网人数 6.20 亿人
互联网普及率 50.3 %

全国固定及移动电话用户总数 153673 万户

其中：
移动电话用户 130574 万户
移动电话普及率 95.5 部/百人

固定互联网宽带接入用户 21337 万户
移动宽带用户 78533 万户

社会保障

参加各类基本保险人数

- 城镇基本医疗保险 66570 万人
- 城镇职工基本养老保险 35361 万人
- 工伤保险 21404 万人
- 失业保险 17326 万人
- 生育保险 17769 万人

新型农村合作医疗

2850 个县（市、区）开展了新型农村合作医疗工作 参合率 98.8%

基金支出总额 2993.5 亿元
资助参加合作医疗人数 4546.9 万人次

保险事业

原保险保费收入 24283 亿元

- 寿险业务原保险保费收入 13242 亿元
- 健康险和意外伤害险业务原保险保费收入 3046 亿元
- 财产险业务原保险保费收入 7995 亿元

支付各类赔款及给付 8674 亿元

- 寿险业务给付 3536 亿元
- 健康险和意外伤害险赔款及给付 915 亿元
- 财产险业务赔款 4194 亿元

科学技术

研究与试验发展（R&D）经费支出 14220亿元

其中基础研究经费 671亿元

授予专利权 171.8万件
其中，境内授权 157.8万件

授予发明专利权 35.9万件
其中，境内授权 25.6万件

有效专利 547.8万件
其中，境内有效专利 467.4万件

有效发明专利 147.2万件
其中，境内有效发明专利 87.2万件

成功发射卫星 19次

全年成功完成19次宇航发射。长征六号、长征十一号新型运载火箭成功首飞；地球静止轨道分辨率最高的遥感卫星高分四号成功发射

完成4颗新一代北斗导航卫星发射，北斗卫星导航系统全球组网稳步推进

国产首架大飞机C919成功总装下线

签订技术合同 30.7万项
技术合同成交金额 9835亿元

文化

艺术表演团体 2052
博物馆 2956
公共图书馆 3136
文化馆 3315
档案馆 4196

已开放各类档案 13294万卷（件）

有线电视用户 2.39亿户
有线数字电视用户 2.02亿户

广播节目综合人口覆盖率 98.2%
电视节目综合人口覆盖率 98.8%

电视剧 395部 16560集
动画电视片 134011分钟
故事影片 686部
科教、纪录、动画和特种影片 202部

旅游

国内旅游

国内居民出境人数 12786万人次
其中，因私出境 12172万人次

国内出游人数 40亿人次

国内旅游收入 34195亿元

国际旅游

国际旅游外汇收入 113亿美元

入境旅游人数 13382万人次

其中，外国人 2599万人次

香港、澳门和台湾同胞 10783万人次

出版

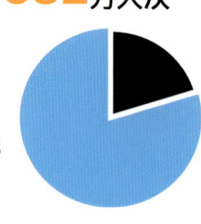

图书 81亿册（张）
各类期刊 30亿册
报纸 440亿份

教育

(单位:万人)

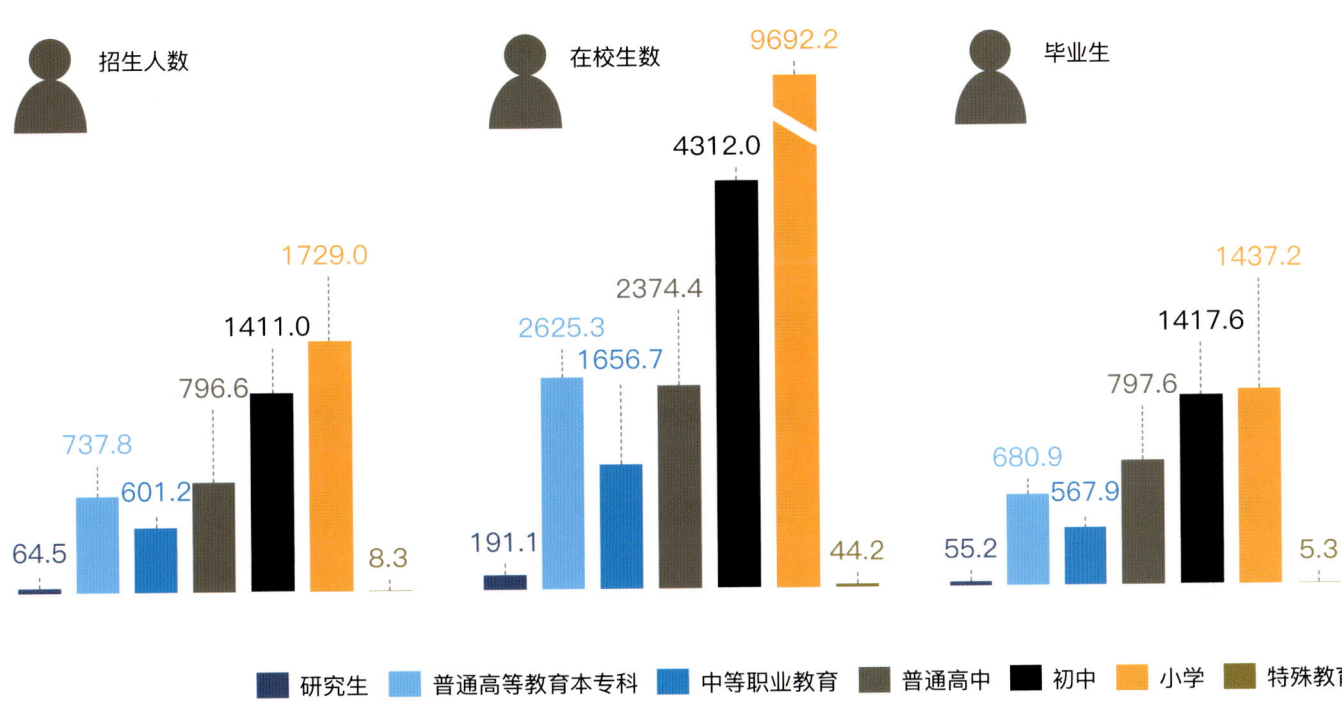

招生人数 / 在校生数 / 毕业生

研究生 | 普通高等教育本专科 | 中等职业教育 | 普通高中 | 初中 | 小学 | 特殊教育

招生人数:64.5 / 737.8 / 601.2 / 796.6 / 1411.0 / 1729.0 / 8.3
在校生数:191.1 / 2625.3 / 1656.7 / 2374.4 / 4312.0 / 9692.2 / 44.2
毕业生:55.2 / 680.9 / 567.9 / 797.6 / 1417.6 / 1437.2 / 5.3

卫生

医疗卫生机构990248个

其中,医院27215个
乡镇卫生院36869个
社区卫生服务中心(站)34588个
诊所(卫生所、医务室)195866个
村卫生室644751个
疾病预防控制中心3492个
卫生监督所(中心)3097个

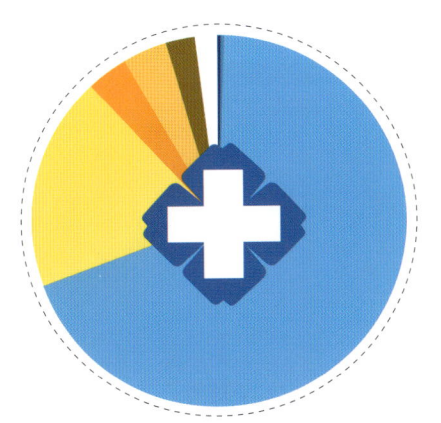

卫生技术人员803万人

其中,执业医师和执业助理医师300万人
注册护士328万人

医疗卫生机构床位708万张

其中,医院534万张
乡镇卫生院121万张

体育

在25个运动大项中获127个世界冠军
共创12项世界纪录

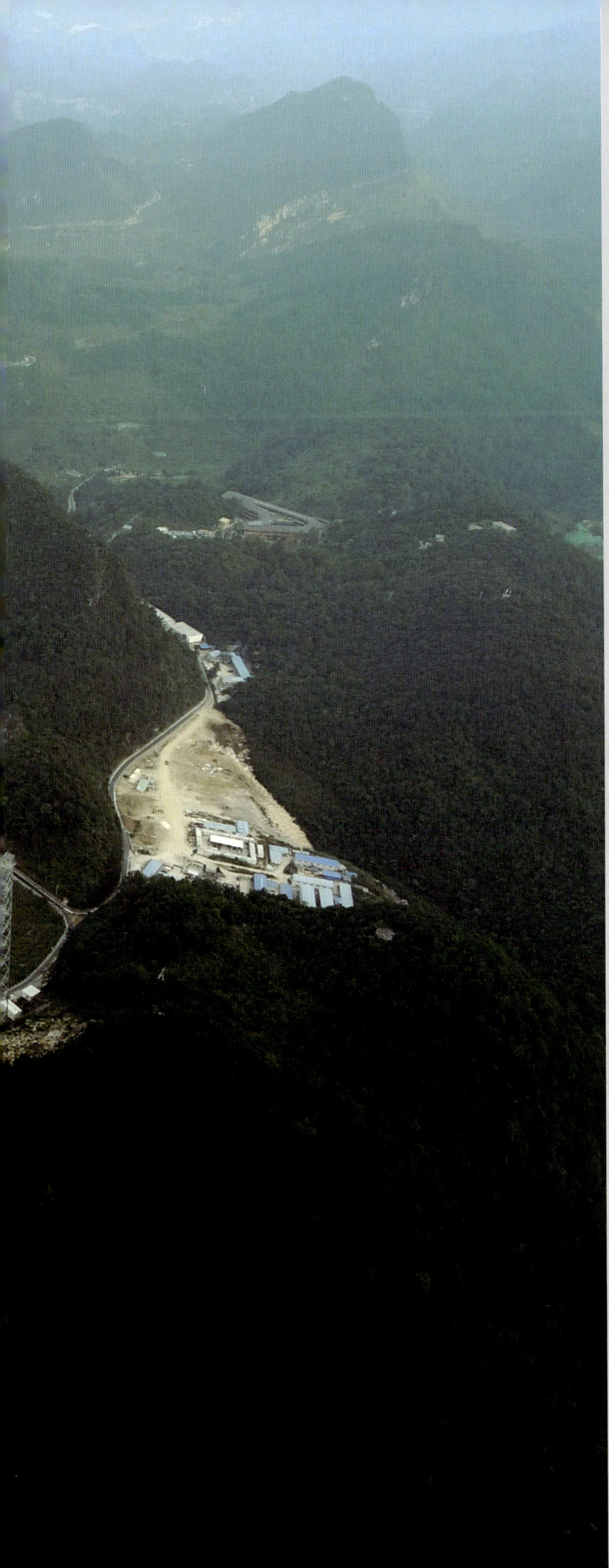

2016

- 中共十八届六中全会：全面从严治党
- 深化投融资体制改革
- 全面推进"营改增"和资源税改革
- 《国家创新驱动发展战略纲要》发布
- 国家监察体制改革试点
- 《长江经济带发展规划纲要》出台
- 建立统一的城乡居民基本医疗保险制度
- 建立面向全球的高标准自由贸易区网络

焦点事件

中共十八届六中全会：全面从严治党

2016年10月27日，党的十八届六中全会在京闭幕。全面从严治党，是这次全会的鲜明主题。会议系统总结了近年来特别是党的十八大以来全面从严治党的理论和实践，就新形势下加强党的建设作出新的重大部署。

会议明确了习近平总书记的核心地位，正式提出"以习近平同志为核心的党中央"，这对维护党中央权威、维护党的团结和集中统一领导，对全党全军全国各族人民更好凝聚力量抓住机遇、战胜挑战，对保证我们党和国家兴旺发达、长治久安，都具有十分重大而深远的意义。

全会高度评价全面从严治党取得的成就。全会总结了我们党开展党内政治生活的历史经验，分析了全面从严治党面临的形势和任务，认为办好中国的事情，关键在党，关键在党要管党、从严治党。①全会对全面从严治党作出新部署，巩固了"四个全面"战略布局治国理政总方略的地位。习近平总书记指出："几年来，党的十八届三中、四中、五中全会相继就全面深化改革、全面依法治国、全面建成小康社会进行了专题研究，这次六中全会再以制定修订两个文件稿为重点专题研究全面从严治党，'四个全面'战略布局就都分别通过一次中央全会进行了研究和部署。这是党中央根据'四个全面'战略布局对全会议题的一个整体设计。"②

全会同时制定《关于新形势下党内政治生活的若干准则》，修订《中国共产党党内监督条例》，两个党内法规的制定出台，是对党的十八大以来全面从严治党理论和实践的系统总结，是着眼解决新形势下党内突出问题而进行的重要顶层设计。

中共十八大以来，经过几年的努力，不敢腐的目标初步实现，不能腐的制度日益完善，不想腐的堤坝正在构筑，反腐败斗争压倒性态势已经形成，党内政治生活呈现新的气象。做到反腐无禁区、全覆盖、零容忍、追逃追赃。中共十八大以来，周永康、薄熙来、令计划等200多名中管领导干部因腐败问题被审查。截至2016年底，4年已累计查处全国违反中央八项规定精神问题15万多起，处理20多万人，给予党纪政纪处分10万多人。4年多来，全国纪检监察机关共立案100多万件，给予党纪政纪处分超过100万人。反腐败追逃追赃"国际天网"越织越密，"猎狐""天网"行动已从70多个国家和地区追回外逃人员2442人，追赃金额85.42亿元。一项调查显示，2016年有92.9%的群众对全面从严治党、反腐败工作成效表示很满意或比较满意，满意度比2012年提高了17.9个百分点。

① 《十八届六中全会公报》，新华网，2016年10月27日。
② 《〈关于新形势下党内政治生活的若干准则〉和〈中国共产党党内监督条例〉诞生记》，新华网，2016年11月3日。

2016年10月24日至27日，中共十八届六中全会举行，审议通过《关于新形势下党内政治生活的若干准则》和《中国共产党党内监督条例》。图为中宣部举行中国共产党十八届六中全会有关情况发布会。

专栏：全面从严治党

2012年11月15日，习近平总书记在中共十八大中外记者见面会上，开宗明义指出："打铁还需自身硬。我们的责任，就是同全党同志一道，坚持党要管党、从严治党，切实解决自身存在的突出问题，切实改进工作作风，密切联系群众，使我们党始终成为中国特色社会主义事业的坚强领导核心。"

2012年12月4日，习近平总书记主持召开中共中央政治局会议，审议通过了中央政治局关于改进工作作风、密切联系群众的八项规定。从此，中央开启了全国自上而下的风气变革。

2014年12月，习近平总书记在江苏调研时指出："全面从严治党是推进党的建设新的伟大工程的必然要求。""要协调推进全面建成小康社会、全面深化改革、全面推进依法治国、全面从严治党，推动改革开放和社会主义现代化迈上新台阶。"第一次提出"全面从严治党"，并将其列入"四个全面"战略布局来谋划。

2015年2月，习近平总书记在省部级主要领导干部学习贯彻十八届四中全会精神全面推进依法治国专题研讨班的讲话中，第一次提出全面建成小康社会、全面深化改革、全面依法治国、全面从严治党的"四个全面"战略布局。

深化投融资体制改革

2016年7月5日，中共中央、国务院出台《关于深化投融资体制改革的意见》，这是改革开放以来以中共中央文件的名义发布的第一个投融资体制改革方面的文件，意义重大，是我国当前和今后一个时期投融资领域推进供给侧结构性改革的顶层设计，是在新起点上纵深推进投融资体制改革的纲领性文件，是经济新常态下发挥投资作用的重要遵循。①

《意见》提出，确立企业投资主体地位，平等对待各类投资主体，放宽放活社会投资，完善政府和社会资本合作模式。进一步转变政府职能，深入推进简政放权、放管结合、优化服务改革，建立完善企业自主决策、融资渠道畅通、职能转变到位、政府行为规范、宏观调控有效、法治保障健全的新型投融资体制。

《意见》明确了深化投融资体制改革的重点工作：一是改善企业投资管理，充分激发社会投资动力和活力；二是完善政府投资体制，发挥好政府投资的引导和带动作用；三是创新融资机制，畅通投资项目融资渠道；四是切实转变政府职能，提升综合服务管理水平；五是强化保障措施，确保改革任务落实到位。②

同年1月15日，国务院印发《推进普惠金融发展规划（2016—2020年）》，首次从国家层面确立了普惠金融的实施战略。提升金融服务的覆盖率、可得性、满意度，特别是要让农民、小微企业、城镇低收入人群、贫困人群、残疾人和老年人等及时获取价格合理、便捷安全的金融服务。

① 《〈关于深化投融资体制改革的意见〉政策解读》，国务院新闻办公室网站，2016年7月27日。
② 《中央出台意见深化投融资体制改革》，新华网，2016年7月18日。

全面推进"营改增"和资源税改革

（1）全面推进"营改增"。

2016年5月1日，我国开始在全国范围内全面推开营业税改征增值税（简称"营改增"）试点，将建筑业、房地产业、金融业和生活服务业等全部营业税纳税人纳入试点范围，

2016年10月8日，金税三期优化版上线首日，市民们在江苏省宜兴市国税局办理相关纳税事宜。

并将所有企业新增不动产所含增值税纳入抵扣范围。这标志着全面推开"营改增"试点这场重大税制改革在全国范围内正式实施了，标志着中华人民共和国成立后已开征66年的营业税正式告别历史舞台。

同时考虑到税制改革未完全到位，推进中央与地方事权和支出责任划分改革还有一个过程，《深化财税体制改革总体方案》要求"保持现有财力格局不变"。"既要保障地方既有财力，不影响地方财政平稳运行，又要保持目前中央和地方财力大体'五五'格局"，"注重调动地方积极性；兼顾好东中西部利益关系"，"在加快地方税体系建设、推进中央与地方事权和支出责任划分改革过程中，做好过渡方案与下一步财税体制改革的衔接"。①国务院决定，制定全面推开"营改增"试点后调整中央与地方增值税收入划分的过渡方案。

（2）全面推进资源税改革。

我国90%以上的能源、80%以上的工业原料、70%以上的农业生产原料都来自矿产资源。但是，我国现行资源税范围偏窄，难以承担起全面促进资源节约保护的作用。资源税改革将进一步提高资源的使用效率，助力经济发展方式转变。2016年5月10日，财政部、国家税务总局联合印发《关于全面推进资源税改革的通知》，宣布自2016年7月1日起全面推进资源税改革，这是我国推出的又一重大税制改革。

资源税改革有两大核心任务：从价计征和扩大征收范围。一是对适宜从价计征的铁矿、金矿等21个税目由"从量"改为"从价"，计税依据按其销售额计税。从价计征构建了税收自动调节机制，既有利于促进资源合理开发、保障资源产地财政利益，又能自动反映资源市场价格的变化、保护采矿企业的合法利益，代表了当代资源税费制度改革的方向；二是扩大征税范围，由现行的仅限于与生产密切相关的矿产资源，进一步扩大到与生产、生活均密切相关的水、森林、草场、滩涂等生态资源；三是启动水资源费改税试点，这不仅意味着征税范围扩大到生态资源领域，也显示出清费立税的改革思路和特征。此次水资源的费改税试点在河北先行先试，

为下一步在全国实施探索经验。②

---

① 《国务院:营改增试点后中央地方增值税"五五分成"》,人民网,2016年4月30日。
② 《资源税改革7月起全面推开》,凤凰网财经,2016年6月28日。

🔅 观点

刘尚希：从结构性改革这个角度来看，"营改增"本身就是结构性改革非常重要的内容。结构性改革包括政府与市场、政府与社会、中央与地方三个关系的处理，实际上是三个维度，这三个维度构成了结构性改革的整体内容。具体到"营改增"，"营改增"对三个维度均产生辐射效应，但由于"营改增"实际上对进一步处理好政府与市场管理来说是非常重要的改革举措，因此更侧重于政府与市场这个维度。

资料来源：《营改增助力供给侧结构性改革——访中国财政科学研究院院长刘尚希》，《中国税务》2016年第11期。

《国家创新驱动发展战略纲要》发布

当今世界，一些重要的科学问题和关键核心技术，已经呈现出革命性突破的先兆。以创新之力撬动结构调整和转型升级，始终是党和国家关注的焦点。

2013年9月30日，中共中央政治局以实施创新驱动发展战略为题举行第九次集体学习。中共中央总书记习近平在主持学习时强调，实施创新驱动发展战略决定着中华民族前途命运。全党全社会都要充分认识科技创新的巨大作用，敏锐把握世界科技创新发展趋势，紧紧抓住和用好新一轮科技革命和产业变革的机遇，把创新驱动发展作为面向未来的一项重大战略实施好。2015年11月，党的十八届五中全会上，"创新"作为五大新发展理念之首，被摆在国家发展全局的核心位置。

2016年5月23日，国务院新闻办公室就近日印发的《国家创新驱动发展战略纲要》举行新闻发布会，邀请科技部部长万钢介绍纲要的有关情况，并答记者问。

2016年5月，《国家创新驱动发展战略纲要》发布。《纲要》是新时期推进创新工作的纲领性文件，是实施创新驱动发展战略、加快建设创新型国家的基本遵循和行动指南，对于指导新时期我国经济社会和科技事业发展都具有非常重大的现实意义和深远的历史意义。《纲要》明确了实施创新驱动发展战略的总体部署，强调

💬 语录

"创新是引领发展的第一动力。"

——习近平

资料来源：《习近平的两会时间（四）：创新是引领发展的第一动力》，新华网，2015年3月6日。

"如果说创新是中国发展的新引擎，那么改革就是必不可少的点火器。要采取更加有效的措施，把创新引擎全速发动起来。"

——习近平

资料来源：《习近平在亚太经合组织工商领导人峰会开幕式上的演讲》，中国共产党新闻网，2014年11月10日。

要"坚持双轮驱动、构建一个体系、推动六大转变"。

针对经济社会发展的现实需求和重大瓶颈制约问题，《纲要》提出要加快构建结构合理、先进管用、开放兼容、自主可控、具有国际竞争力的现代产业技术体系，以技术的群体性突破支撑引领新兴产业集群发展，促进经济转型升级。具体地说，就是在信息、智能制造、现代农业、现代能源、生态环保、海洋和空间、新型城镇化、人口健康、现代服务业等9个重点领域进行了部署，同时提出要发展引领产业变革的颠覆性技术，不断催生新产业、创造新就业。①

---

① 《科技部副部长解读〈国家创新驱动发展战略纲要〉》，中国政府网，2016年5月21日。

推进以审判为中心的诉讼制度改革

2014年10月，在党的十八届四中全会上，习近平总书记就《中共中央关于全面推进依法治国若干重大问题的决定》作出说明，明确提出推进以审判为中心的诉讼制度改革。

2016年6月27日，习近平总书记主持召开中央深改领导小组第二十五

次会议，审议通过了《关于推进以审判为中心的刑事诉讼制度改革的意见》，标志着以审判为中心的刑事诉讼制度改革全面启动。这项改革实质是要改变在刑事诉讼中长期存在的以侦查为中心、以笔录卷宗为中心的刑事诉讼制度，转而实现以司法审判标准为中心，充分发挥审判尤其是庭审在查明事实、认定证据、保护诉权、公正裁判中的作用，最终实现司法公正。这对于完善我国司法制度，切实维护司法公正，防止冤假错案具有重要意义。

《意见》给予了当事人的权利保障的全方位覆盖。一方面，知情权、陈述权、辩论辩护权、申请权、申诉权等诉讼权利得到了系统性列举；另一方面，通过逮捕后羁押必要性审查以及规范非羁押性强制措施适用等举措，被追诉人的人身权利亦受到关照。除了上述直接性的保障机制，疑罪从无的申明、繁简分流的设想，则分别从公正和效率的角度，间接维护了诉讼参与主体的基本人权。①

阳光是最好的防腐剂。司法公开成为了诉讼制度改革中又一个重大举措。2016年6月，公安部出台《公安机关现场执法视音频记录工作规定》，明确了公安民警6类执法现场应全程记录音视频，全国一线民警普遍配备了执法记录仪。

党的十八大以来，全国司法系统依法纠正重大冤假错案34件，涉及54名当事人。全国司法系统大力推进审判公开、检务公开、警务公开、狱务公开。截止到今年2月，中国裁判文书网访问量突破62亿人次，成为了全球最大的裁判文书网。

① 《专家学者解读〈关于推进以审判为中心的刑事诉讼制度改革的意见〉》，中国经济网，2016年10月12日。

2016年6月，公安部出台《公安机关现场执法视音频记录工作规定》，从7月1日起，警察使用执法记录仪有了新的规范。

最高人民法院设立巡回法庭

2014年12月，中央深改小组第七次会议审议通过了《最高人民法院设立巡回法庭试点方案》和《设立跨行政区划人民法院、人民检察院试点方案》。《方案》提出巡回法庭是最高人民法院的派出机构，主要由庭长、副庭长、廉政监察员、主审法官、审判辅助人员、综合行政人员组成，实行人员分类管理。每位主审法官配备一名法官助理、一名书记员组成审判团队，分别负责审判、审判辅助和审判事务性工作。巡回法庭实行扁平化管理，不设固定合议庭和固定审判长，综合行政、司法调研、后勤事务、政工监察工作统一由综合办公室负责，不单设机构。

2015年1月，最高人民法院在广东省深圳市设立第一巡回法庭，管辖广东、广西、海南三省区有关案件；在辽宁省沈阳市设立第二巡回法庭，管辖辽宁、吉林、黑龙江三省有关案件。2016年11月，中央深改小组第二十九次会议审议通过《关于最高人民法院增设巡回法庭的请示》，经中央批准，在重庆市、西安市、南

语录

"要懂得'100-1=0'的道理。一个错案的负面影响，足以摧毁九十九个公平裁判积累起来的良好形象。执法司法中万分之一的失误，对当事人就是百分之百的伤害。"

——习近平

背景：2014年中央政法工作会议7日至8日在北京召开。中共中央总书记、国家主席、中央军委主席习近平出席会议并发表重要讲话。他强调，要把维护社会大局稳定作为基本任务，把促进社会公平正义作为核心价值追求，把保障人民安居乐业作为根本目标，坚持严格执法公正司法，积极深化改革，加强和改进政法工作，维护人民群众切身利益，为实现"两个一百年"奋斗目标、实现中华民族伟大复兴的中国梦提供有力保障。习近平强调，司法体制改革是政治体制改革的重要组成部分，对推进国家治理体系和治理能力现代化具有十分重要的意义。要加强领导、协力推动、求求实效，加快建设公正高效权威的社会主义司法制度，更好坚持党的领导、更好发挥我国司法制度的特色、更好促进社会公平正义。

资料来源：《坚持严格执法公正司法 深化改革 促进社会公平正义 保障人民安居乐业》，《人民日报》，2014年1月9日第1版。

2015年1月28日,最高法院第一巡回法庭在深圳正式成立。

京市、郑州市增设四个巡回法庭。2016年12月28日至29日,最高人民法院第三、第四、第五、第六巡回法庭相继在江苏南京、河南郑州、重庆、陕西西安挂牌成立。至此,最高人民法院完成了巡回法庭在全国的总体布局,实现了巡回法庭管辖范围全覆盖。

最高人民法院设立巡回法庭,是中共十八届四中全会作出的重要决策,是人民法院推进司法体制改革的一件大事。与巡回法庭改革统筹推进的还有跨行政区划法院、检察院改革,也已处于改革方案的最后攻坚期。

国家监察体制改革试点

在全面深化改革、自上而下稳步推进党的建设的同时,构建党统一领导下的国家反腐败工作机构,实现对所有行使公权力的人员监督全覆盖,也被提上议事日程。这是具有中国特色的创新制度之举。

2016年11月7日,中共中央办公厅印发《关于在北京市、山西省、浙江省开展国家监察体制改革试点方案》(以下简称《方案》),部署在3省市设立各级监察委员会,从体制机制、制度建设上先行先试、探索实践,为在全国推开积累经验。

《方案》强调,国家监察体制改革是事关全局的重大政治改革,是国家监察制度的顶层设计。深化国家监察体制改革的目标,是建立党统一领导下的国家反腐败工作机构。实施组织和制度创新,整合反腐败资源力量,扩大监察范围,丰富监察手段,实现对行使公权力的公职人员监察全面覆盖,建立集中统一、权威高效的监察体系,履行反腐败职责,深入推进党风廉政建设和反腐败斗争,构建不敢腐、不能腐、不想腐的有效机制。

《方案》指出,党中央决定,在北京市、山西省、浙江省开展国家监察体制改革试点工作。由省(市)人民代表大会产生省(市)监察委员会,作为行使国家监察职能的专责机关。党的纪律检查委员会、监察委员会合署办公,建立健全监察委员会组织架构,明确监察委员会职能职责,建立监察委员会与司法机关的协调衔接机制,强化对监察委员会自身的监督制约。

《方案》要求,要加强对试点工作的统一领导。中央成立深化监察体制改革试点工作领导小组,对试点工作进行指导、协调和服务。试点地区党组织要担负起主体责任,对试点工作负总责,成立深化监察体制改革试点工作小组,由省(市)委书记担任组长。要把思想和行动统一到中央精神上来,牢固树立"四个意识",强化担当精神,密切联系实际,创

2016年5月3日,中央环境保护督察组向河北省反馈督察情况。

> **语录**
>
> "司法体制改革必须为了人民、依靠人民、造福人民，司法体制改革成效如何，说一千道一万，要由人民来评判。"
>
> ——习近平

背景：2015年3月25日，人们在电视上看到了这样一条消息，十八届中央政治局进行了第二十一次集体学习。习近平总书记在学习中提出，"司法体制改革必须为了人民、依靠人民、造福人民，司法体制改革成效如何，说一千道一万，要由人民来评判"。这是以习近平同志为核心的党中央针对司法改革"为谁改"和"往哪儿改"给出的定盘星。

资料来源：《将改革进行到底》第四集《维护社会公平正义》解说词。

造性开展工作，坚决把党中央决策部署落到实处。试点地区纪委要细致谋划、扎实推进，做好试点方案的组织实施和具体落实。试点地区要加强调查研究，审慎稳妥推进改革，整合资源、调整结构，实现内涵发展，使改革取得人民群众满意的实效。①

2017年年初，北京、山西、浙江作为试点率先设立省级监察委员会。试点监察委员会履行监督、调查、处置职责，行使必要的权限手段，确保人民赋予的权力真正用来为人民谋利益。

① 《中共中央办公厅印发〈关于在北京市、山西省、浙江省开展国家监察体制改革试点方案〉》，《中国纪检监察报》，2016年11月8日第1版。

《长江经济带发展规划纲要》出台

长江经济带覆盖上海、江苏、浙江、安徽、江西、湖北、湖南、重庆、四川、云南、贵州等11省市，面积约205万平方公里，占全国的21%，人口和经济总量均超过全国的40%，生态地位重要、综合实力较强、发展潜力巨大。长江是货运量位居全球内河第一的黄金水道，是我国国土空间开发最重要的东西轴线，在区域发展总体格局中具有重要战略地位。

2013年7月，习近平总书记在武汉调研时指出，长江流域要加强合作，发挥内河航运作用，把全流域打造成黄金水道。2016年1月，习近平总书记在重庆召开推动长江经济带发展座谈会并发表重要讲话，指出推动长江经济带发展必须从中华民族长远利益考虑，走生态优先、绿色发展之路。① 1月26日，习近平总书记主持召开中央财经领导小组第十二次会议，强调共同努力把长江经济带建成生态更优美、交通更顺畅、经济更协调、市场更统一、机制更科学的黄金经济带。

李克强总理多次强调，让长江经济带这条"巨龙"舞得更好，关乎当前和长远发展的全局，要将生态工程建设与航道建设、产业转移衔接起来，打造绿色生态廊道，下决心解决长江航运瓶颈问题，充分利用黄金水道航运能力，构筑综合立体交通走廊，带动中上游腹地发展，引导产业由东向西梯度转移，形成新的区域增长极，为中国经济持续健康发展提供有力支撑。

2016年9月，中共中央、国务院印发《长江经济带发展规划纲要》（以下简称《规划纲要》）。《规划纲要》围绕"生态优先、绿色发展"的基本思路，提出长江经济带的四大战略定位：生态文明建设的先行示范带、引领全国转型发展的创新驱动带、具有全球影响力的内河经济带、东中西互动合作的协调发展带。确立了长江经济带"一轴、两翼、三极、多点"的发展新格局，是推动长江经济带发展重大国家战略的纲领性文件。②

① 《习近平召开推动长江经济带发展座谈会》，经济参考网，2016年1月8日。
② 《政策解读：〈长江经济带发展规划纲要〉》，半月谈网谈天下，2016年9月13日。

建立统一的城乡居民基本医疗保险制度

随着经济社会快速发展，城镇居民基本医疗保险和新型农村合作医疗两项制度的施行，城乡二元医疗制度问题逐步显现。重复参保、重复投入、待遇不够等问题突出。在总结城镇居民医保和新农合运行情况以及地方探索实践经验的基础上，2016年1月12日，国务院印发《关于整合城乡居民基本医疗保险制度的意见》（以下简称《意见》），明确提出整合城镇居民医保和新农合两项制度，建立统一的城乡居民基本医疗保险制度。

《意见》提出城乡居民医保"六统一"要求，即统一覆盖范围、统一筹资政策、统一保障待遇、统一医保目录、统一定点管理、统一基金管理。

《意见》要求在整合城乡医保的同时，建立城乡居民大病保险制度，着力解决农村贫困人口因病致贫和返贫问题。并鼓励有条件的地区理顺医保管理体制，统一基本医保行政管理职能。整合城乡居民医保经办机构、人员和信息系统，提供一体化的经办服务。鼓励有条件的地区创新经办服务模式，以政府购买服务的方式委托具有资质的商业保险机构等社会力量参与基本医保的经办服务。

《意见》还明确，城乡居民医保制度原则上实行市（地）级统筹，鼓励有条件的地区实行省级统筹。

建立统一的城乡居民基本医疗保险制度，是推进医药卫生体制改革、实现城乡居民公平享有基本医疗保险权益、促进社会公平正义、增进人民福祉的重大举措，对促进城乡经济社会协调发展、全面建成小康社会具有重要意义。

专栏：历次行政审批制度改革回顾

2001年9月，国务院成立行政审批改革工作领导小组，积极、稳妥地推进行政审批制度改革，改革工作全面启动。

2002年11月1日，《国务院关于取消第一批行政审批项目的决定》（国发〔2002〕24号），取消行政审批项目789项。

2003年2月27日，《国务院关于取消第二批行政审批项目和改变一批行政审批项目管理方式的决定》（国发〔2003〕5号），取消行政审批项目406项，改变管理方式的行政审批项目82项。

2004年5月19日，《国务院关于第三批取消和调整行政审批项目的决定》（国发〔2004〕16号），取消和调整行政审批项目495项。其中，取消的行政审批项目409项；改变管理方式39项；下放管理层级的47项。7月1日，《中华人民共和国行政许可法》正式施行。

2007年10月9日，《国务院关于第四批取消和调整行政审批项目的决定》（国发〔2007〕33号），取消和调整行政审批项目186项。其中，取消的行政审批项目128项，调整的行政审批项目58项。

2010年7月4日，《国务院关于第五批取消和下放管理层级行政审批项目的决定》（国发〔2010〕21号），取消和下放管理层级行政审批项目184项。其中，取消的行政审批项目113项，下放管理层级的行政审批项目71项。

2012年9月23日，《国务院关于第六批取消和调整行政审批项目的决定》（国发〔2012〕52号），取消和调整行政审批项目314项。其中，取消行政审批项目171项，调整行政审批项目143项。

2013年6月，国务院行政审批制度改革牵头单位由监察部调整到中央编办，国务院行改办设在中央编办。取消和下放行政审批项目211项。

2014年，取消和下放行政审批项目174项。

2015年，取消和下放行政审批事项94项，取消非行政许可审批事项49项，将84项非行政许可审批事项调整为政府内部审批事项。

2016年，新修订的法律、全国人大法工委解释、国务院决定等公开取消国务院部门行政许可事项23项，另10个子项，增列行政许可事项3项，另1个子项；取消中央指定地方实施的行政许可事项2项。

2017年，截至3月1日，取消中央指定地方实施的行政许可共计66项。

——资料来源：《行政审批制度改革》，中国机构编制网。

全面推行政务公开

政务公开，是建设法治政府的必然要求。2016年中央深改领导小组第二十次会议上，习近平总书记强调，"政务公开是法治政府建设的一项重要制度，要以制度安排把政务公开贯穿政务运行全过程，权力运行到哪里，公开和监督就延伸到哪里。"就在这次会议上，审议通过了《关于全面推进政务公开工作的意见》。

《意见》提出全面推进政务公开的工作目标是：到2020年，政务公开工作总体迈上新台阶，依法积极稳妥实行政务公开负面清单制度，公开内容覆盖权力运行全流程、政务服务全过程，公开制度化、标准化、信息化水平显著提升，公众参与度高，用政府更加公开透明赢得人民群众更多理解、信任和支持。

《意见》要求推进政务阳光透明。一是推进决策公开，实行重大决策预公开制度，除依法应当保密的外，在决策前向社会公布决策草案、决策依据，并探索利益相关方、公众、专家、媒体等列席政府有关会议制度；二是推进执行公开，主动公开重点改革任务、重要政策、重大工程项目的执行情况；三是推进管理公开，全面推行权力清单、责任清单、负面清单公开工作，推行行政执法公示制度；四是推进服务公开，全面公开服务事项；五是推进结果公开，各级行政机关都要主动公开重大决策、重要政策落实情况，建立健全重大决策跟踪反馈和评估制度。

《意见》要求扩大政务开放参与。稳步推进政府数据共享开放。加强政策解读，将政策解读与政策制定工作同步考虑，同步安排。建立健全政务舆情收集、研判、处置和回应机制。发挥媒体作用，运用主要新闻媒体及时发布信息、解读政策，引领社会舆论。

① 《深化"放管服"改革激发市场活力——来自国务院第三次大督查的一线报告之二》，2016年10月17日，新华网。
② 《四大平台支撑"放管服"大飞跃》，《中国改革报》，2016年12月16日。

建立面向全球的高标准自由贸易区网络

当前，全球范围内自由贸易区的数量不断增加，自由贸易区谈判涵盖议题快速拓展。我国经济发展进入新常态，外贸发展机遇和挑战并存，"引进来""走出去"正面临新的发展形势。加快实施自由贸易区战略是我国适应经济全球化新趋势的客观要求，是全面深化改革、构建开放型经济新体制的必然选择。中共十八大提出加快实施自由贸易区战略，中共十八届三中、五中全会进一步要求以周边为基础加快实施自由贸易区战略，形成面向全球的高标准自由贸易区网络。

2015年11月，中央深改小组第十八次会议审议通过《关于加快实施自由贸易区战略的若干意见》（以下简称《意见》），《意见》提出，加快正在进行的自由贸易区谈判进程，在条件具备的情况下逐步提升已有自由贸易区的自由化水平，积极推动与我国周边大部分国家和地区建立自由贸易区，使我国与自由贸易伙伴的贸易额占我国对外贸易总额的比重达到或超过多数发达国家和新兴经济体水平；中长期，形成包括邻近国家和地区、涵盖"一带一路"沿线国家以及辐射五大洲重要国家的全球自由贸易区网络，使我国大部分对外贸易、双向投资实现自由化和便利化。

2016年3月5日，李克强总理在政府工作报告中明确提出"十三五"时期逐步构建高标准自由贸易区网络。

5月28日，在第四届中国（北京）国际服务贸易交易会上，商务部部长高虎城提出，我国以服务业为重点推进新一轮高水平对外开放，建立

语录 "我们就是要向全社会发出一个清晰的信号:用更有效的产权保护制度,增强各类市场主体的恒心信心!"

——李克强

背景:11月22日国务院常务会议研究的这项工作汇报,被李克强称之为"关乎战略全局至关重要的大事"。李克强说,"当前民间投资增速初步止跌回稳,但仍然低于全社会固定资产投资增速。进一步促进民间投资,一个重要的基础性工作就是夯实产权保护制度!"李克强指出,"必须坚持'两个毫不动摇',依法平等保护公有制和非公有制经济产权,加强企业自主经营权和合法财产所有权保护,给市场吃下一颗'定心丸'!"李克强要求,要按照《中共中央国务院关于完善产权保护制度依法保护产权的意见》要求,抓紧落实各项产权保护措施。尽快清理、修改和废止与《民法总则》等上位法相抵触、不利于产权保护的各种法规文件。

资料来源:《李克强:用更有效的产权保护制度增强各类市场主体的恒心信心》,中国政府网,2017年11月23日。

面向全球的高标准自由贸易区网络,推动服务贸易自由化和便利化,为中国与世界各国在服务贸易领域深化合作创造有利条件。①

2013—2015年期间,我国与其他国家的自贸区建设不断取得进展,逐步完成建立中国—冰岛自贸区、中国—瑞士自贸区、中国—韩国自贸区。

---

① 《商务部高虎城部长出席第四届京交会全球服务贸易峰会并致辞》,中华人民共和国商务部网,2016年5月28日。

产权保护的顶层设计

产权是中等收入群体对社会信心的主要来源,保护好产权,保障财富安全,才能让他们安心、有恒心,才能稳定他们的预期。党的十八大以来,党中央、国务院对加强产权保护提出了一系列新要求。十八届三中全会提出完善产权保护制度,保护各种所有制经济产权和合法利益;十八届四中全会提出健全以公平为核心原则的产权保护制度,加强对各种所有制经济组织和自然人财产权的保护;十八届五中全会提出推进产权保护法治化,依法保护各种所有制经济权益。

2016年11月27日,《中共中央国务院关于完善产权保护制度依法保护产权的意见》(以下简称《意见》)正式对外公布。这是我国首次以中央名义出台产权保护的顶层设计。《意见》提出,加强产权保护的根本之策是全面依法治国,进一步完善现代产权制度,推进产权保护法治化。《意见》强调要坚持五条原则,即坚持对不同所有制经济实行平等保护,公有制经济财产权不可侵犯,非公有制财产权同样不可侵犯;坚持全面保护;坚持依法保护;坚持共同参与,做到政府诚信与公众参与相结合;坚持标本兼治,着眼长远,着力当下。

《意见》提出健全以企业组织形式和出资人承担责任方式为主的市场主体法律制度,统筹研究清理、废止按照所有制不同类型制定的市场主体法律和行政法规,加大对非公有财产的刑法保护力度等举措。这些都是解决现行法律保护不平等问题的重要举措。它的实现,将为我国市场交易构建市场经济所必需的平等竞争环境迈出重要一步。①

《意见》公布之后,最高人民法院、最高人民检察院很快配套出台了具体意见,并抓紧甄别纠正一批社会反映强烈的产权纠纷申诉案件。2017年3月,在十二届全国人大五次会议上,《民法总则》审议通过,明确提出法律保护民事主体的财产权利。

---

① 吴敬琏:《完善产权保护制度的行动纲领》,《人民日报》,2016年11月29日。

流行志

▶ 共享单车

共享单车实质是一种新型的交通工具租赁业务——自行车租赁业务，其主要依靠载体为（单车）自行车。可以很充分利用城市因快速的经济发展而带来的自行车出行萎靡状况；最大化地利用了公共道路通过率。2016年底以来，国内共享单车突然就火爆了起来，当年一张手机截屏蹿红网络。在这张截图上，24个共享单车应用的图标霸满了整个手机屏幕，真的是"一图说明共享单车的激烈竞争"。而在街头，仿佛一夜之间，共享单车已经到了"泛滥"的地步，各大城市路边排满各种颜色的共享单车。

▶《王者荣耀》

《王者荣耀》是由腾讯游戏开发并运行的一款运营在Android、IOS平台上的MOBA类手机游戏。2016年11月，《王者荣耀》荣登2016中国泛娱乐指数盛典"中国IP价值榜－游戏榜top10"。

▶ 洪荒之力

源自于热播剧《花千骨》。洪荒之力是最厉害的法力，拥有洪荒之力之人便得天下。2016年8月8日，里约奥运女子100米仰泳半决赛，中国选手傅园慧接受采访时说"我已经用了洪荒之力"并配上搞怪的表情，快速走红网络，"控制不了体内的洪荒之力"也成为网友调侃的常用语。

▶ 阿尔法围棋

阿尔法围棋（AlphaGo）是第一个击败人类职业围棋选手、第一个战胜围棋世界冠军的人工智能程序。这款围棋人工智能程序其主要工作原理是"深度学习"。"深度学习"是指多层的人工神经网络和训练它的方法。2017年7月18日，教育部、国家语委在北京发布《中国语言生活状况报告(2017)》，阿尔法围棋入选2016年度中国媒体十大新词。

👁 社会关注

惩治"老赖"

2016年6月，习近平总书记主持召开中央深改领导小组第二十五次会议，审议通过了《关于加快推进失信被执行人信用监督、警示和惩戒机制建设的意见》。《意见》要求加快推进对失信被执行人跨部门协同监管和联合惩戒机制建设，构建"一处失信，处处受限"的信用监督、警示和惩戒工作体制机制。这一全方位的惩戒机制将使得"老赖"们评先受奖从业"处处受限"。

《意见》规定了11类37项惩戒措施，包括从事特定行业或项目限制、政府支持或补贴限制、任职资格限制、准入资格限制、荣誉和授信限制、特殊市场交易限制、限制高消费及有关消费、出境限制、加强日常监管检查、加大刑事惩戒力度等。要加大对失信被执行人名单和信用惩戒的宣传力度，依法将失信被执行人信息、受惩戒情况等公之于众，形成舆论压力，扩大失信被执行人名单制度的影响力和警示力。①

惩治"老赖"的37项措施一出台，就被评价为有史以来规格最高、范围最广、惩戒最严的整治"老赖"措施。截至2016年底，全国已累计公布失信被执行人589万例。一大批"老赖"被限制乘飞机、坐高铁、住星级酒店、担任公职等。迫于压力，老赖们纷纷主动履行义务，执行难得到了有效缓解。

---

① 《中办国办出台意见 失信被执行人评先受奖从业将"处处受限"》，《人民法院报》，2016年9月26日。

驾考改革

2016年4月1日起，《公安部关于修改〈机动车驾驶证申领和使用规定〉的决定》和《关于机动车驾驶证自学直考试点的公告》将正式实施。这标志着驾考改革如期落地，小汽车自学直考、自主约考、异地考试办证、放宽残疾人学车考证等措施正式施行。今后，南京、宁波、马鞍山、福州、吉安、青岛等16个地市的学员，在车辆条件、随车指导人员条件均满足的情况下，可在交管部门指定的时间、路线上自学驾驶技能。今后，驾驶人可通过"互联网交通安全综合服务管理平台"，进行网上报名、约考和缴费。驾考科目的预约顺序也较以往更加灵活。居民持身份证和居住证即可在居住地的车管所进行驾驶证的申领、补领、换领、审验，无需在居住地和原核发地之间来回奔波。新规进一步放宽上肢残疾人、单眼视障人员驾车条件，并将须每年体检并提交身体条件证明的驾驶人年龄由60周岁放宽到70周岁。

菲律宾南海仲裁案

2016年7月12日，菲律宾南海仲裁案仲裁庭作出所谓裁决，企图否定中国在南海的领土主权和海洋权益。中方随后发表了关于应菲律宾共和国请求建立的南海仲裁案仲裁庭所作裁决的声明、关于在南海的领土主权和海洋权益的声明和《中国坚持通过谈判解决中国与菲律宾在南海的有关争议》白皮书，表明了我国对仲裁庭所

南沙群岛的美济礁。

2016年9月4日，G20杭州峰会开幕。

谓裁决不接受、不承认的严正立场，并重申了中国在南海的领土主权和海洋权益。

G20峰会召开

2016年9月4日至5日，二十国集团(G20)领导人第十一次峰会在中国杭州举行，峰会主题为"构建创新、活力、联动、包容的世界经济"。习近平主席主持峰会欢迎仪式、开幕式、5个阶段会议、闭幕式等10多场活动，与各方一道共商世界经济合作大计，共襄全球发展盛举。这是中国首次举办G20峰会，也是近年来我国主办的级别最高、规模最大、影响最深远的国际峰会。各国领导人对杭州峰会取得的成果给予了高度评价。

环球大事

1月16日
亚洲基础设施投资银行（亚投行）开业。

9月4—5日
中国杭州主办G20峰会，这是中国首次举办G20峰会。以此次峰会为契机，中国提出创新全球经济治理的理念和倡议，引领与会国家和集团达成诸多共识，共签署28份具体成果文件。

6月26日
英国举行全民公投，投数据中同意脱欧的占51.9%，同意留欧的占48.1%，最终英国决定脱离欧盟。

8月5—21日

第31届夏季奥林匹克运动会在巴西里约热内卢举行，这也奥运会首次登陆南美大陆。巴西也由此成为了第一个承办奥运会的南美洲国家。

9月
继年初进行第四次核试验后，朝鲜又于9月进行了第五次核试验，这也是朝鲜迄今为止进行的最大规模的一次核试验。

10月1日
从这一天起，人民币正式纳入IMF（国际货币基金组织）特别提款权(SDR)货币篮子，人民币在SDR货币篮子的占比将达到10.92%，仅次于美元和欧元。

11月8日
美国大选结果出炉，共和党候选人唐纳德·特朗普赢得大选，成为第45任美国总统。

2016年
在"亚太再平衡"战略框架下，美国以航行自由之名，派遣航母、军舰、战机等到南海巡航，进行抵近侦察和炫耀武力。

> **重要文献**

《关于构建绿色金融体系的指导意见》
（2016年8月31日）

2016年8月31日，中国人民银行、财政部、国家发展改革委、环境保护部、银监会、证监会、保监会印发《关于构建绿色金融体系的指导意见》。《指导意见》强调，构建绿色金融体系的主要目的是动员和激励更多社会资本投入到绿色产业，同时更有效地抑制污染性投资。《指导意见》提出了支持和鼓励绿色投融资的一系列激励措施。《指导意见》明确了证券市场支持绿色投资的重要作用，要求统一绿色债券界定标准，积极支持符合条件的绿色企业上市融资和再融资，支持开发绿色债券指数、绿色股票指数以及相关产品，逐步建立和完善上市公司和发债企业强制性环境信息披露制度。

目录：
- 一、构建绿色金融体系的重要意义
- 二、大力发展绿色信贷
- 三、推动证券市场支持绿色投资
- 四、设立绿色发展基金，通过政府和社会资本合作（PPP）模式动员社会资本
- 五、发展绿色保险
- 六、完善环境权益交易市场、丰富融资工具
- 七、支持地方发展绿色金融
- 八、推动开展绿色金融国际合作
- 九、防范金融风险，强化组织落实

重要文献

《关于全面推行河长制的意见》

（2016年12月11日）

2016年12月，中共中央、国务院印发《关于全面推行河长制的意见》。《意见》体现了鲜明的问题导向，贯穿了绿色发展理念，明确了地方主体责任和河湖管理保护各项任务，具有坚实的实践基础，是水治理体制的重要创新，对于维护河湖健康生命、加强生态文明建设、实现经济社会可持续发展具有重要意义。

节选：

基本原则

——坚持生态优先、绿色发展。牢固树立尊重自然、顺应自然、保护自然的理念，处理好河湖管理保护与开发利用的关系，强化规划约束，促进河湖休养生息、维护河湖生态功能。

——坚持党政领导、部门联动。建立健全以党政领导负责制为核心的责任体系，明确各级河长职责，强化工作措施，协调各方力量，形成一级抓一级、层层抓落实的工作格局。

——坚持问题导向、因地制宜。立足不同地区不同河湖实际，统筹上下游、左右岸，实行一河一策、一湖一策，解决好河湖管理保护的突出问题。

——坚持强化监督、严格考核。依法治水管水，建立健全河湖管理保护监督考核和责任追究制度，拓展公众参与渠道，营造全社会共同关心和保护河湖的良好氛围。

组织形式。

全面建立省、市、县、乡四级河长体系。各省（自治区、直辖市）设立总河长，由党委或政府主要负责同志担任；各省（自治区、直辖市）行政区域内主要河湖设立河长，由省级负责同志担任；各河湖所在市、县、乡均分级分段设立河长，由同级负责同志担任。县级及以上河长设置相应的河长制办公室，具体组成由各地根据实际确定。

工作职责。

各级河长负责组织领导相应河湖的管理和保护工作，包括水资源保护、水域岸线管理、水污染防治、水环境治理等，牵头组织对侵占河道、围垦湖泊、超标排污、非法采砂、破坏航道、电毒炸鱼等突出问题依法进行清理整治，协调解决重大问题；对跨行政区域的河湖明晰管理责任，协调上下游、左右岸实行联防联控；对相关部门和下一级河长履职情况进行督导，对目标任务完成情况进行考核，强化激励问责。河长制办公室承担河长制组织实施具体工作，落实河长确定的事项。各有关部门和单位按照职责分工，协同推进各项工作。……

——摘自《中共中央办公厅 国务院办公厅印发〈关于全面推行河长制的意见〉》，新华社，2016年12月11日。

■ 重要文献

《关于健全生态保护补偿机制的意见》

（2016年4月28日）

2016年4月28日，国务院办公厅印发《关于健全生态保护补偿机制的意见》，《意见》的提出，旨在通过切实可行的机制建设，从顶层设计层面打通当前生态保护补偿面临的"中梗阻"，探索建立多元化生态保护补偿制度体系。它彰显了我国在生态文明建设中的科学和法制精神，其意义和影响都将是深远的。

节选：

权责统一、合理补偿。谁受益、谁补偿。科学界定保护者与受益者权利义务，推进生态保护补偿标准体系和沟通协调平台建设，加快形成受益者付费、保护者得到合理补偿的运行机制。……

目标任务。到2020年，实现森林、草原、湿地、荒漠、海洋、水流、耕地等重点领域和禁止开发区域、重点生态功能区等重要区域生态保护补偿全覆盖，补偿水平与经济社会发展状况相适应，跨地区、跨流域补偿试点示范取得明显进展，多元化补偿机制初步建立，基本建立符合我国国情的生态保护补偿制度体系，促进形成绿色生产方式和生活方式。……

推进横向生态保护补偿。研究制定以地方补偿为主、中央财政给予支持的横向生态保护补偿机制办法。鼓励受益地区与保护生态地区、流域下游与上游通过资金补偿、对口协作、产业转移、人才培训、共建园区等方式建立横向补偿关系。鼓励在具有重要生态功能、水资源供需矛盾突出、受各种污染危害或威胁严重的典型流域开展横向生态保护补偿试点。在长江、黄河等重要河流探索开展横向生态保护补偿试点。继续推进南水北调中线工程水源区对口支援、新安江水环境生态补偿试点，推动在京津冀水源涵养区、广西广东九洲江、福建广东汀江—韩江、江西广东东江、云南贵州广西广东西江等开展跨地区生态保护补偿试点。……

——摘自《国务院公报》，2016年第15号。

> **重要文献**

《关于深入推进农业供给侧结构性改革加快培育农业农村发展新动能的若干意见》

（2016年12月31日）

2016年12月31日，中共中央、国务院印发《关于深入推进农业供给侧结构性改革加快培育农业农村发展新动能的若干意见》。《意见》指出，推进农业供给侧结构性改革，要在确保国家粮食安全的基础上，紧紧围绕市场需求变化，以增加农民收入、保障有效供给为主要目标，以提高农业供给质量为主攻方向，以体制改革和机制创新为根本途径，优化农业产业体系、生产体系、经营体系，提高土地产出率、资源利用率、劳动生产率，促进农业农村发展由过度依赖资源消耗、主要满足量的需求，向追求绿色生态可持续、更加注重满足质的需求转变。

目录：
一、优化产品产业结构，着力推进农业提质增效
二、推行绿色生产方式，增强农业可持续发展能力
三、壮大新产业新业态，拓展农业产业链价值链
四、强化科技创新驱动，引领现代农业加快发展
五、补齐农业农村短板，夯实农村共享发展基础
六、加大农村改革力度，激活农业农村内生发展动力

■ 重要文献

《关于新形势下党内政治生活的若干准则》
（2016年10月27日）

2016年10月27日，中共十八届六中全会通过《关于新形势下党内政治生活的若干准则》。《准则》指出，新形势下加强和规范党内政治生活，必须以党章为根本遵循，坚持党的政治路线、思想路线、组织路线、群众路线，着力增强党内政治生活的政治性、时代性、原则性、战斗性，着力增强党自我净化、自我完善、自我革新、自我提高能力，着力提高党的领导水平和执政水平、增强拒腐防变和抵御风险能力，着力维护党中央权威、保证党的团结统一、保持党的先进性和纯洁性，努力在全党形成又有集中又有民主、又有纪律又有自由、又有统一意志又有个人心情舒畅生动活泼的政治局面。《准则》对新形势下党内政治生活作出系统规范。

目录：
一、坚定理想信念
二、坚持党的基本路线
三、坚决维护党中央权威
四、严明党的政治纪律
五、保持党同人民群众的血肉联系
六、坚持民主集中制原则
七、发扬党内民主和保障党员权利
八、坚持正确选人用人导向
九、严格党的组织生活制度
十、开展批评和自我批评
十一、加强对权力运行的制约和监督
十二、保持清正廉洁的政治本色

■ 重要文献

《"健康中国2030"规划纲要》

（2016年10月25日）

2016年10月25日，中共中央、国务院印发了《"健康中国2030"规划纲要》。《纲要》要求以普及健康生活、优化健康服务、完善健康保障、建设健康环境、发展健康产业为重点，把健康融入所有政策，加快转变健康领域发展方式，全方位、全周期维护和保障人民健康，大幅提高健康水平，显著改善健康公平，为实现"两个一百年"奋斗目标和中华民族伟大复兴的中国梦提供坚实健康基础。

节选：

推进健康中国建设，是全面建成小康社会、基本实现社会主义现代化的重要基础，是全面提升中华民族健康素质、实现人民健康与经济社会协调发展的国家战略，是积极参与全球健康治理、履行2030年可持续发展议程国际承诺的重大举措。未来15年，是推进健康中国建设的重要战略机遇期。经济保持中高速增长将为维护人民健康奠定坚实基础，消费结构升级将为发展健康服务创造广阔空间，科技创新将为提高健康水平提供有力支撑，各方面制度更加成熟更加定型将为健康领域可持续发展构建强大保障。

……

——健康优先。把健康摆在优先发展的战略地位，立足国情，将促进健康的理念融入公共政策制定实施的全过程，加快形成有利于健康的生活方式、生态环境和经济社会发展模式，实现健康与经济社会良性协调发展。

——改革创新。坚持政府主导，发挥市场机制作用，加快关键环节改革步伐，冲破思想观念束缚，破除利益固化藩篱，清除体制机制障碍，发挥科技创新和信息化的引领支撑作用，形成具有中国特色、促进全民健康的制度体系。

——科学发展。把握健康领域发展规律，坚持预防为主、防治结合、中西医并重，转变服务模式，构建整合型医疗卫生服务体系，推动健康服务从规模扩张的粗放型发展转变到质量效益提升的绿色集约式发展，推动中医药和西医药相互补充、协调发展，提升健康服务水平。

——公平公正。以农村和基层为重点，推动健康领域基本公共服务均等化，维护基本医疗卫生服务的公益性，逐步缩小城乡、地区、人群间基本健康服务和健康水平的差异，实现全民健康覆盖，促进社会公平。……

——摘自《"健康中国2030"规划纲要》，新华网，2016年10月25日。

> **重要文献**

《推动1亿非户籍人口在城市落户方案》

（2016年9月30日）

2016年9月30日，国务院办公厅印发《推动1亿非户籍人口在城市落户方案》。《方案》着眼于有效提高农业转移人口进城落户意愿、鼓励城市政府积极吸纳农业转移人口落户定居，从多个方面努力拓宽落户通道，提出了具体实施办法和配套政策。

节选：

指导思想。

全面贯彻党的十八大和十八届三中、四中、五中全会精神，落实党中央、国务院决策部署，按照"五位一体"总体布局和"四个全面"战略布局，牢固树立和贯彻落实创新、协调、绿色、开放、共享的发展理念，以人的城镇化为核心，以理念创新为先导，以体制机制改革为动力，紧紧围绕推动1亿非户籍人口在城市落户目标，深化户籍制度改革，加快完善财政、土地、社保等配套政策，为促进经济持续健康发展提供持久强劲动力，为维护社会公平正义与和谐稳定奠定坚实基础。

基本原则。

统筹设计，协同推进。统筹推进本地和外地非户籍人口在城市落户，实行相同的落户条件和标准。统筹户籍制度改革与相关配套制度改革创新，优化政策组合，形成工作合力，确保城市新老居民同城同待遇。

存量优先，带动增量。优先解决进城时间长、就业能力强、能够适应城市产业转型升级和市场竞争环境的非户籍人口落户，形成示范效应，逐步带动新增非户籍人口在城市落户。

因地制宜，分类施策。充分考虑城市综合承载能力，实施差别化落户政策，赋予地方更多操作空间，鼓励地方创造典型经验。充分尊重群众自主定居意愿，坚决打破"玻璃门"，严格防止"被落户"。

中央统筹，省负总责。中央政府层面统筹总体方案和制度安排，强化对地方的指导和监督考核。省级政府负总责，全面做好地方方案编制和组织实施等工作。

主要目标。

"十三五"期间，户籍人口城镇化率年均提高1个百分点以上，年均转户1300万人以上。到2020年，全国户籍人口城镇化率提高到45%，各地区户籍人口城镇化率与常住人口城镇化率差距比2013年缩小2个百分点以上。

——摘自《国办印发〈推动1亿非户籍人口在城市落户方案〉》，《新华每日电讯》，2016年10月12日第2版。

大事记

1月3日

国务院印发《关于整合城乡居民基本医疗保险制度的意见》。

1月5日

习近平在重庆召开推动长江经济带发展座谈会,指出推动长江经济带发展是国家一项重大区域发展战略,要把长江经济带建设成为我国生态文明建设的先行示范带、创新驱动带、协调发展带。

1月5日

《中共中央、国务院关于实施全面两孩政策改革完善计划生育服务管理的决定》公布。

1月6日

我国政府征用民航飞机对南沙群岛永暑礁新建机场成功进行校验和试飞。

1月11日

习近平接见调整组建后的军委机关各部门负责同志,这次军委机关调整,把原来的总参谋部、总政治部、总后勤部、总装备部4个总部改为15个职能部门。

1月11日

习近平主持召开中央全面深化改革领导小组第二十次会议并发表重要讲话。会议审议通过了《关于全面推进政务公开工作的意见》等文件。

1月12—14日

十八届中央纪委六次全会举行。习近平强调,反腐败斗争压倒性态势正在形成。

1月13日

中国政府发布首份《中国对阿拉伯国家政策文件》。

1月16日

亚洲基础设施投资银行(亚投行)开业。

2月1日

中共中央办公厅、国务院办公厅印发《关于加大脱贫攻坚力度支持革命老区开发建设的指导意见》。

2月1日

国务院分别印发《关于钢铁行业化解过剩产能实现脱困发展的意见》《关于煤炭行业化解过剩产能实现脱困发展的意见》。

2月6日

中共中央、国务院印发《关于全面振兴东北地区等老工业基地的若干意见》。

2月16日

中央军委印发《关于军队和武警部队全面停止有偿服务活动的通知》。

2月17日

中共中央办公厅、国务院办公厅印发《省级党委和政府扶贫开发工作成效考核办法》。

2月18日

国家发改委网站发布消息称,中央公车改革领导小组印发《中央事业单位公务用车制度改革实施意见》和《中央企业公务用车制度改革实施意见》。

2月18日

国务院印发《关于进一步健全特困人员救助供养制度的意见》。

2月19日

习近平主持召开党的新闻舆论工作座谈会。

2月22日

中共中央、国务院印发了《关于进一步加强城市规划建设管理工作的若干意见》。

2月23日

习近平主持召开中央全面深化改革领导小组第二十一次会议并发表重要讲话。

2月24日

中共中央办公厅印发《关于在全体党员中开展"学党章党规、学系列讲话,做合格党员"学习教育方案》。

2月26日

十二届全国人大常委会首次举行宪法宣誓仪式,张德江监誓。

2月26日

十二届全国人大常委会第十九次会议通过《中华人民共和国深海海底区域资源勘探开发法》。

2月27日

中共中央印发《关于深化人才发展体制机制改革的意见》。

2月27日

国务院印发《中医药发展战略规划纲要(2016~2030年)》。

3月5—16日

十二届全国人大四次会议举行。李克强作政府工作报告。张德江作全国人大常委会工作报告。会议批准《中华人民共和国国民经济和社会发展第十三个五年规划纲要》,通过《中华人民共和国慈善法》。

3月10日

国务院办公厅印发修订后的《国家自然灾害救助应急预案》。

3月18—27日

张德江出席在赞比亚卢萨卡举行的各国议会联盟第134届大会,这是中国全国人大常委会委员长首次出席议联大会。

3月22日

习近平主持召开中央全面深化改革领导小组第二十二次会议并发表重要讲话。会议审议通过了《关于健全生态保护补偿机制的意见》等文件。

3月23日

澜沧江-湄公河合作首次领导人会议在海南三亚举行。李克强主持会议并讲话。

3月25日

中共中央政治局召开会议,审议通过《关于经济建设和国防建设融合发展的意见》《长江经济带发展规划纲要》。

3月28日

中共中央办公厅印发了《科协系统深化改革实施方案》。

3月29日

《全国社会保障基金条例》公布。

4月1日

国务院办公厅印发《关于完善国家级经济技术开发区考核制度促进创新驱动发展的指导意见》。

4月14日

人力资源社会保障部、财政部印发《关于2016年调整退休人员基本养老金的通知》。

4月16日

国务院印发《上海系统推进全面创新改革试验加快建设具有全球影响力的科技中心方案》。

4月18日

习近平主持召开中央全面深化改革领导小组第二十三次会议并发表重要讲话。会议审议通过了《关于建立公平竞争审查制度的意见》等文件。

4月20日

国家统计局发布的《2015年全国1%人口抽样调查主要数据公报》显示，全国大陆31个省、自治区、直辖市和现役军人的人口为137349万人。

4月28日

国务院办公厅印发《关于健全生态保护补偿机制的意见》。

4月29日

中共中央办公厅、国务院办公厅印发了《关于做好新时期教育对外开放工作的若干意见》。

4月29日

中共中央办公厅、国务院办公厅印发了《关于建立贫困退出机制的意见》。

5月1日

中共中央、国务院、中央军委印发《关于经济建设和国防建设融合发展的意见》。

5月1日

我国全面实施营业税改征增值税试点，同步实行中央和地方增值税"五五分享"。

5月14日

国务院法制办就《志愿服务条例（征求意见稿）》公开征求意见。

5月16日

习近平主持召开中央财经领导小组第十三次会议，研究落实供给侧结构性改革、扩大中等收入群体工作。

5月17日

习近平主持召开哲学社会科学工作座谈会，强调加快构建中国特色哲学社会科学。

5月17日

国务院办公厅印发《关于加快培育和发展住房租赁市场的若干意见》，全面部署加快培育和发展住房租赁市场工作。

5月20日

中共中央台办、国务院台办负责人就当前两岸关系发表谈话，强调将继续坚持"九二共识"政治基础。

5月20日

习近平主持召开中央全面深化改革领导小组第二十四次会议并发表重要讲话。会议审议通过了《关于统筹推进城乡义务教育一体化改革发展的若干意见》等文件。

5月20日

中共中央、国务院印发《国家创新驱动发展战略纲要》。

5月20日

国务院印发《关于深化制造业与互联网融合发展的指导意见》。

5月30日

国务院印发《关于建立完善守信联合激励和失信联合惩戒制度加快推进社会诚信建设的指导意见》。

5月30日

中共中央、国务院印发《长江经济带发展规划纲要》。

6月1日

国务院印发《关于在市场体系建设中建立公平竞争审查制度的意见》，部署开展公平竞争审查工作。

6月10日

国务院办公厅印发《关于发挥品牌引领作用推动供需结构升级的意见》。

6月10日

国务院办公厅转发国家发展改革委《营造良好市场环境推动交通物流融合发展实施方案》。

6月13日

国务院印发《关于加强困境儿童保障工作的意见》。

6月14日

中共中央办公厅、国务院办公厅印发《关于深化律师制度改革的意见》。

6月15日

国务院印发《全民健身计划（2016～2020年）》。

6月21日

国务院办公厅印发《关于促进和规范健康医疗大数据应用发展的指导意见》

6月22日—8月12日

我国"探索一号"科考船在马里亚纳海域开展首次综合性万米深渊科考活动。

6月22日

国家卫生计生委等五部门联合印发《关于实施健康扶贫工程的指导意见》。

6月23日

英国举行全民公投，投数据中同意脱欧的占51.9%，同意留欧的占48.1%，最终英国决定脱离欧盟。

6月24日

国务院批复同意《京津冀系统推进全面创新改革试验方案》。

6月24日

国务院国资委、财政部联合公布《企业国有资产交易监督管理办法》。

6月25日

国务院印发《关于宣布失效一批国务院文件的决定》。

6月27日

习近平主持召开中央全面深化改革领导小组第二十五次会议并发表重要讲话。会议审议通过了《关于海南省域"多规合一"改革试点情况的报告》等文件。

6月27日

中共中央办公厅印发了《从律师和法学专家中公开选拔立法工作者、法官、检察官办法》。

6月27日

国务院办公厅印发《关于加强和改进行政应诉工作的意见》。

6月28日

中共中央政治局召开会议，审议通过《中国共产党问责条例》。

6月30日

国务院办公厅印发《关于加快推进"五

证合一、一照一码"登记制度改革的通知》。

7月1日

庆祝中国共产党成立95周年大会举行。

7月1日

国家发展改革委、国家卫生计生委、人力资源和社会保障部、财政部联合发布《关于印发推进医疗服务价格改革意见的通知》。

7月2日

国务院总理李克强日前签署第670号国务院令，公布《国务院关于修改〈中华人民共和国海关稽查条例〉的决定》，自2016年10月1日起施行。

7月2日

国务院印发《关于统筹推进县域内城乡义务教育一体化改革发展的若干意见》。

7月2日

十二届全国人大常委会第二十一次会议通过《中华人民共和国资产评估法》和修订后的《中华人民共和国野生动物保护法》。

7月4日

全国国有企业改革座谈会在北京召开。

7月4日

国务院办公厅发布《关于进一步做好民间投资有关工作的通知》。

7月12日

中央宣传部、中央文明办、民政部、教育部、财政部、全国总工会、共青团中央和全国妇联印发《关于支持和发展志愿服务组织的意见》。

7月12日

中国外交部受权发布《中华人民共和国政府关于在南海的领土主权和海洋权益的声明》。

7月13日

国务院新闻办发表《中国坚持通过谈判解决中国与菲律宾在南海的有关争议》白皮书。

7月17日

国务院办公厅印发《关于推动中央企业结构调整与重组的指导意见》。

7月20日

习近平在银川主持召开东西部扶贫协作座谈会并发表重要讲话。

7月20日

最高人民法院、最高人民检察院、公安部、国家安全部、司法部联合印发《关于推进以审判为中心的刑事诉讼制度改革的意见》。

7月22日

李克强在北京同世界银行、国际货币基金组织、世界贸易组织、国际劳工组织、经济合作与发展组织、金融稳定理事会等主要国际经济金融机构负责人举行首次"1+6"圆桌对话会。

7月22日

习近平主持召开中央全面深化改革领导小组第二十六次会议并发表重要讲话。会议审议通过了《关于建立法官、检察官惩戒制度的意见（试行）》等文件。

7月22日

中共中央、国务院、中央军委印发了《关于经济建设和国防建设融合发展的意见》。

7月26日

中共中央政治局召开会议，决定2017年10月在北京召开中国共产党第十八届中央委员会第六次全体会议。

7月26日

国务院办公厅印发《关于深化改革推进出租汽车行业健康发展的指导意见》。

7月27日

国务院印发《关于实施支持农业转移人口市民化若干财政政策的通知》。

7月28日

中共中央办公厅、国务院办公厅印发《国家信息化发展战略纲要》。

7月28日

国务院印发《"十三五"国家科技创新规划》。

7月30日

国务院办公厅印发《关于在政务公开工作中进一步做好政务舆情回应的通知》。

8月1日

中共中央办公厅、国务院办公厅印发《关于进一步完善中央财政科研项目资金管理等政策的若干意见》。

8月2日

国务院办公厅印发《关于建立国有企业违规经营投资责任追究制度的意见》。

8月5—21日

第31届夏季奥林匹克运动会在巴西里约热内卢举行，这也奥运会首次登陆南美大陆。巴西也由此成为了第一个承办奥运会的南美洲国家。

8月8日

国务院印发《降低实体经济企业成本工作方案》，对今后一个时期开展降低实体经济企业成本工作作出全面部署。

8月16日

国务院印发《关于推进中央与地方财政事权和支出责任划分改革的指导意见》。

8月16日

我国成功发射世界首颗量子科学实验卫星"墨子号"。

8月22日

中共中央办公厅、国务院办公厅印发了《关于改革社会组织管理制度促进社会组织健康有序发展的意见》。

8月22日

国家发展改革委网站公布消息称，《推进东北地区等老工业基地振兴三年滚动实施方案（2016~2018年）》已于近日印发。

8月23日

中共中央办公厅、国务院办公厅印发《关于设立统一规范的国家生态文明试验区的意见》及《国家生态文明试验区（福建）实施方案》。

8月24日

国务院常务会议审议通过《消费品标准和质量提升规划（2016~2020年）》。

8月26日

中共中央政治局召开会议，审议通过"健康中国2030"规划纲要。

8月30日

习近平主持召开中央全面深化改革领导小组第二十七次会议并发表重要讲话。会议审议通过了《关于构建绿色金融体系的指导意见》等文件。

9月

继年初进行第四次核试验后，朝鲜又于9月进行了第五次核试验，这也是朝鲜迄今为止进行的最大规模的一次核试验。

9月4—5日
二十国集团领导人第十一次峰会在浙江杭州举行。会议通过《二十国集团领导人杭州峰会公报》。

9月4—5日
中国杭州主办G20峰会,这是中国首次举办G20峰会。以此次峰会为契机,中国提出创新全球经济治理的理念和倡议,引领与会国家和集团达成诸多共识,共签署28份具体成果文件。

9月11日
国务院印发《北京加强全国科技创新中心建设总体方案》,明确了北京加强全国科技创新中心建设的总体思路、发展目标、重点任务和保障措施。

9月13日
国务院办公厅转发国家发展改革委《物流业降本增效专项行动方案(2016~2018年)》。

9月15日、10月17日
天宫二号空间实验室和搭载着景海鹏、陈冬两位航天员的神舟十一号载人飞船先后成功发射。

9月16日
国务院印发《关于促进创业投资持续健康发展的若干意见》。

9月17日
国务院办公厅转发民政部、国务院扶贫办、中央农办、财政部、国家统计局、中国残联《关于做好农村最低生活保障制度与扶贫开发政策有效衔接的指导意见》。

9月18日
国务院首次举行宪法宣誓仪式,李克强监誓。

9月20日
国家发展改革委印发《全国"十三五"易地扶贫搬迁规划》,计划5年内对近1000万建档立卡贫困人口实施易地扶贫搬迁。

9月22日
国务院印发《关于积极稳妥降低企业杠杆率的意见》,对积极稳妥降低企业杠杆率工作作出部署。

9月23日
中共中央办公厅、国务院办公厅印发《关于省以下环保机构监测监察执法垂直管理制度改革试点工作的指导意见》。

9月26日
中共中央办公厅、国务院办公厅印发《关于加快推进失信被执行人信用监督、警示和惩戒机制建设的意见》。

9月27日
中共中央政治局就二十国集团领导人峰会和全球治理体系变革进行第三十五次集体学习。

9月30日
国务院办公厅印发《推动1亿非户籍人口在城市落户方案》。

9月30日
国务院办公厅印发《贫困地区水电矿产资源开发资产收益扶贫改革试点方案》。

10月1日
从这一天起,人民币正式纳入IMF(国际货币基金组织)特别提款权(SDR)货币篮子,人民币在SDR货币篮子的占比将达到10.92%,仅次于美元和欧元。

10月5日
国务院办公厅印发《老年教育发展规划(2016~2020年)》。

10月9日
民政部、国家发展改革委等11个部委联合印发《关于支持整合改造闲置社会资源发展养老服务的通知》。

10月10日
国务院印发《关于激发重点群体活力带动城乡居民增收的实施意见》。

10月10—11日
全国国有企业党的建设工作会议举行。

10月11日
习近平主持召开中央全面深化改革领导小组第二十八次会议并发表重要讲话。会议审议通过了《关于全面推行河长制的意见》等文件。

10月13日
国务院办公厅发布《互联网金融风险专项整治工作实施方案》,对互联网金融风险专项整治工作进行了全面部署安排。

10月13—15日
"2016中国共产党与世界对话会"在重庆举行。

10月13—17日
习近平对柬埔寨、孟加拉国进行国事访问并出席在印度果阿举行的金砖国家领导人第八次会晤。

10月17日
国务院印发《全国农业现代化规划(2016~2020年)》。

10月18日
中共中央办公厅、国务院办公厅印发《脱贫攻坚责任制实施办法》。

10月21日
纪念红军长征胜利80周年大会举行。

10月23日
中共中央办公厅、国务院办公厅印发《关于建立健全国家"十三五"规划纲要实施机制的意见》,并发出通知,要求各地区各部门结合实际认真贯彻落实。

10月24—27日
中共十八届六中全会举行。全会审议通过《关于新形势下党内政治生活的若干准则》和《中国共产党党内监督条例》。全会明确习近平同志为党中央的核心、全党的核心。

10月24日
中共中央办公厅、国务院办公厅印发《信访工作责任制实施办法》。

10月27日
国务院印发《"十三五"控制温室气体排放工作方案》。

10月27日
国务院办公厅印发《地方政府性债务风险应急处置预案》。

10月28日
中共中央政治局召开会议,分析研究当前经济形势和经济工作。

10月31日
中共中央办公厅、国务院办公厅印发《关于完善农村土地所有权承包权经营权分置办法的意见》。

11月1日
习近平主持召开中央全面深化改革领导小组第二十九次会议并发表重要讲话。会议审议通过了《关于全面加强电子商务领域诚信建设的指导意见》等文件。

11月1日
国务院印发《关于深入推进实施新一轮东北振兴战略加快推动东北地区经济企稳向好若干重要举措的意见》。

11月4日
中共中央办公厅印发《关于在北京市、山西省、浙江省开展国家监察体制改革试点方案》。

11月7日
十二届全国人大常委会第二十四次会议通过《关于〈中华人民共和国香港特别行政区基本法〉第一百零四条的解释》，通过《中华人民共和国网络安全法》《中华人民共和国电影产业促进法》。

11月8日
中共中央办公厅、国务院办公厅印发了《关于实行以增加知识价值为导向分配政策的若干意见》。

11月8日
中共中央办公厅印发《关于在北京市、山西省、浙江省开展国家监察体制改革试点方案》。

11月8日
美国大选结果出炉，共和党候选人唐纳德·特朗普赢得大选，成为第45任美国总统。

11月9日
中共中央办公厅、国务院办公厅转发《国务院深化医药卫生体制改革领导小组关于进一步推广深化医药卫生体制改革经验的若干意见》。

11月10日
国务院印发《关于做好自由贸易试验区新一批改革试点经验复制推广工作的通知》。

11月11日
纪念孙中山先生诞辰150周年大会举行。

11月18日
国务院办公厅印发《关于支持返乡下乡人员创业创新促进农村一二三产业融合发展的意见》。

11月20日
国务院办公厅印发《关于进一步扩大旅游文化体育健康养老教育培训等领域消费的意见》。

11月24日
国务院印发《"十三五"生态环境保护规划》。

11月30日
中共中央政治局召开会议，审议通过规范党和国家领导人有关待遇等文件、《中国共产党工作机关条例（试行）》、《关于县以上党和国家机关党员领导干部民主生活会的若干规定》。

12月2日
《"十三五"脱贫攻坚规划》发布。

12月4日
中共中央、国务院印发《关于加强和改进新形势下高校思想政治工作的意见》。

12月5日
习近平主持召开中央全面深化改革领导小组第三十次会议并发表重要讲话。会议审议通过了《关于开展知识产权综合管理改革试点总体方案》等文件。

12月7日
国务院办公厅印发《关于全面放开养老服务市场提升养老服务质量的若干意见》。

12月8日
中共中央办公厅、国务院办公厅印发《关于进一步加强东西部扶贫协作工作的指导意见》。

12月9日
中共中央政治局召开会议，分析研究2017年经济工作，审议通过《关于加强国家安全工作的意见》。

12月9日
中共中央政治局就我国历史上的法治和德治进行第三十七次集体学习。

12月12日
中共中央办公厅、国务院办公厅印发了《关于全面推行河长制的意见》。

12月12日
国务院发布《政府核准的投资项目目录（2016年本）》，继2013年、2014年后第3次对《目录》作出修订。

12月13日
国务院发布《关于印发〈中国落实2030年可持续发展议程创新示范区建设方案〉的通知》。

12月14—16日
中央经济工作会议举行。会议强调，坚持以推进供给侧结构性改革为主线，适度扩大总需求，加强预期引导，深化创新驱动，全面做好稳增长、促改革、调结构、惠民生、防风险各项工作。

12月15日
中共中央办公厅、国务院办公厅印发了

2016年11月16日，第三届世界互联网大会在浙江乌镇开幕。

《党政主要负责人履行推进法治建设第一责任人职责规定》。

12月19日

国务院发布《"十三五"国家战略性新兴产业发展规划》。

12月19—20日

中央农村工作会议在北京召开。

12月20日

中共中央办公厅、国务院办公厅印发了《关于深入推进经济发达镇行政管理体制改革的指导意见》。

12月20日

国务院印发《"十三五"节能减排综合工作方案》。

12月20日

国务院办公厅印发《"互联网+政务服务"技术体系建设指南》。

12月23日

李克强主持召开会议,审议通过《西部大开发"十三五"规划》。

12月23日

中共中央办公厅、国务院办公厅印发了《生态文明建设目标评价考核办法》。

12月24日

国务院印发《"十三五"促进民族地区和人口较少民族发展规划》。

12月24—25日

全国党内法规工作会议举行。这是我们党历史上第一次召开全国党内法规工作会议。

12月25日

十二届全国人大常委会第二十五次会议通过《中华人民共和国中医药法》《中华人民共和国环境保护税法》。

12月25日

国务院办公厅印发《生产者责任延伸制度推行方案》。

12月26日

中共中央办公厅、国务院办公厅印发《关于进一步把社会主义核心价值观融入法治建设的指导意见》。

12月26日

国务院发布《"十三五"旅游业发展规划》。

12月26日

国务院办公厅印发《国家职业病防治规划(2016~2020年)》。

12月27日

国务院发布《"十三五"国家信息化规划》。

12月27日

国务院印发《"十三五"深化医药卫生体制改革规划》,部署加快建立符合国情的基本医疗卫生制度,推进医药卫生治理体系和治理能力现代化。

12月27日

国务院印发《"十三五"卫生与健康规划》。

12月28日

中共中央政治局召开会议,听取中央纪律检查委员会2016年工作汇报,研究部署2017年党风廉政建设和反腐败工作。

12月29日

国务院印发《关于鼓励社会力量兴办教育促进民办教育健康发展的若干意见》,对民办教育改革发展作出全面部署。

12月29日

国务院印发《关于全民所有自然资源资产有偿使用制度改革的指导意见》。

12月30日

国务院印发《国家人口发展规划(2016–2030年)》,提出到2030年,全国总人口达到14.5亿人左右,人口与经济社会、资源环境的协调程度进一步提高。

12月30日

习近平主持召开中央全面深化改革领导小组第三十一次会议并发表重要讲话。会议审议通过了《中央全面深化改革领导小组2016年工作总结报告》《中央全面深化改革领导小组2017年工作要点》《关于加快构建中国特色哲学社会科学的意见》等文件。

12月30日

国务院印发《国家人口发展规划(2016~2030年)》。

12月30日

国务院印发《"十三五"国家知识产权保护和运用规划》。

12月30日

国务院办公厅发布《关于加强个人诚信体系建设的指导意见》。

12月30日

国土资源部、财政部、农业部联合发布《关于加快推进农垦国有土地使用权确权登记发证工作的通知》。

12月31日

国土资源部、国家发展改革委、财政部、住建部等八部门联合印发《关于扩大国有土地有偿使用范围的意见》。

2016年

在"亚太再平衡"战略框架下,美国以航行自由之名,派遣航母、军舰、战机等到南海巡航,进行抵近侦察和炫耀武力。

数说发展

人口

（单位：万人）

总人口 138271

城镇 79298

乡村 58973

 出生率 **12.95%**
 死亡率 **7.09%**
 自然增长率 **5.86%**

GDP（国内生产总值）

第一产业增加值 63672.8 亿元
第二产业增加值 296547.7 亿元
第三产业增加值 383365.0 亿元

GDP（国内生产总值）**743585.5** 亿元
比上年增长 **6.7%**

第一产业增加值占国内生产总值的比重为 **8.6%**
第二产业增加值占国内生产总值的比重为 **39.9%**
第三产业增加值占国内生产总值的比重为 **51.6%**

外汇储备

年末外汇储备 **30105.17** 亿美元
比上年末减少 **3198.45** 亿美元

公共财政收入

公共财政收入 **159604.97** 亿元
比上年增长 **4.5%**
其中：税收收入 **130360.73** 亿元

工业

工业增加值 **247860** 亿元
比上年增长 **6.0%**
规模以上工业增加值增长 **6.0%**

农业

产量 （单位：万吨）

产品	产量
粮食	61625.05
棉花	529.9452
油料	3629.50
糖料	12340.65
肉类	8537.76
海产品	6901.25

水利

新增有效灌溉面积 **118** 万公顷

新增节水灌溉面积 **211** 万公顷

对外经济

进出口贸易总额 **296870** （单位：亿美元）

出口 156648
进口 140223
进出口差额 16426

利用外资

非金融领域新批外商直接投资企业 **27900** 家

实际使用外商直接投资金额 **1260** 亿美元

对外经济合作

对外承包工程业务完成营业额 **1594** 亿美元

对外劳动合作派出各类劳务人员 **49** 万人

国内商业

社会消费品零售总额
332316.3亿元

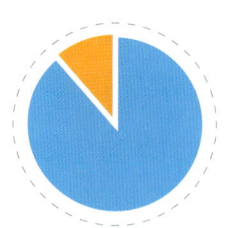 ← 按消费形态统计

按经营地统计 →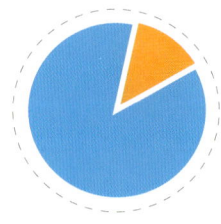

商品零售额 **296518** 亿元
餐饮收入额 **35799** 亿元

城镇消费品零售额 **285814** 亿元
乡村消费品零售额 **46503** 亿元

固定资产投资

固定资产投资 **606465.7** 亿元

固定资产投资（不含农户）
596501 亿元

第一产业投资
18838 亿元

第二产业投资
231826 亿元

第三产业投资
345837 亿元

农户投资 **9089** 亿元

东部地区投资 **249665** 亿元
中部地区投资 **156762** 亿元
西部地区投资 **154054** 亿元
东北地区投资 **30642** 亿元

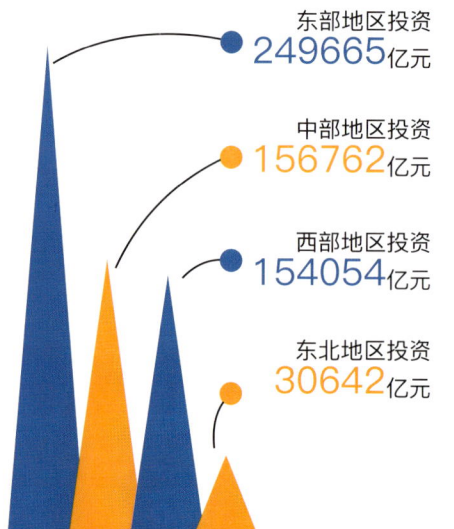

社会福利事业

提供住宿的社会服务机构 **3.1** 万个
床位 **716.6** 万张
收养救助各类人员 **279.6** 万人

社区服务中心 **2.4** 万个
社区服务站心 **13** 万个

得到政府最低生活保障人数

1479.9万人 城市
4576.5万人 农村

全国农村特困人员救助供养
496.9 万人

直接医疗救助人数：**2696.1** 万人次

直接医疗救助支出 **2327458.2** 万元

资助 **5560.4** 万人参加医疗保险
资助参加医疗保险支出 **633541.2** 万元

人民生活

全年城镇新增就业
1314 万人

全国农民工总量
28171 万人

比上年增长 **1.5%**

其中

外出农民工 **16934** 万人
增长 **0.3%**

本地农民工 **11237** 万人
增长 **3.4%**

城乡居民收入

城镇居民人均可支配收入 **33616.2** 元
农村居民人均纯收入 **12363.4** 元

增长 **11.4%** 农村
增长 **8.4%** 城镇

居民家庭恩格尔系数

32.2% 农村　　**29.3%** 城镇

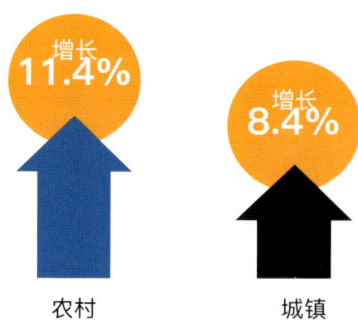

交通运输和邮电通信业

全年货物运输总量 440.4 亿吨

- 铁路 33.3 亿吨
- 公路 336.3 亿吨
- 水运 63.6 亿吨
- 民航 666.9 亿吨
- 管道 7.0 亿吨

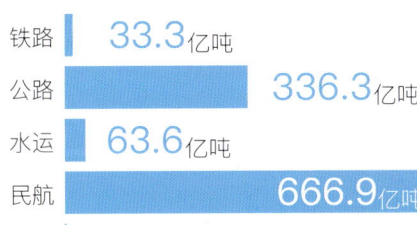

港口完成货物吞吐量 118.3 亿吨

其中：外贸货物 37.6 亿吨

集装箱 21798 万标箱

货物运输周转量 185294.9 （单位：亿吨公里）

- 铁路 23792.3
- 公路 61211.0
- 水运 95399.9
- 民航 221.1
- 管道 4670.6

旅客运输周转量 31305.7 （单位：亿人公里）

- 铁路 12579.3
- 公路 10294.8
- 水运 72.0
- 民航 8359.5

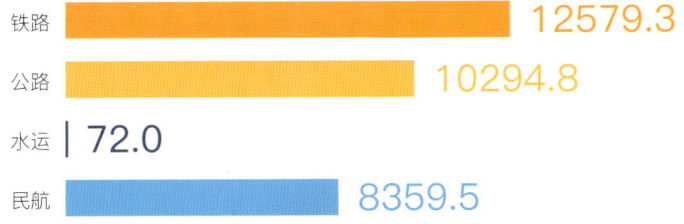

邮电业务总量 43344 亿元

邮政业务 7397 亿元

电信业务 35948 亿元

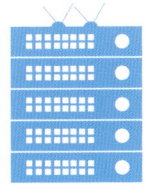

电信业全年局用交换机总容量 22441.6 万门

移动电话交换机容量 218384 万户

互联网上网人数 7.31 亿人

其中手机上网人数 6.95 亿人

互联网普及率 53.2%

全国固定及移动电话用户总数 152856 万户

电话普及率 110.55 部/百人

其中：

 固定电话用户 20662.4 万户

 移动电话用户 132193 万户

 固定互联网宽带接入用户 22766 万户

 移动宽带用户 94075 万户

社会保障

参加各类基本保险人数

- 城镇基本医疗保险 74839 万人
- 城镇职工基本养老保险 27826.3 万人
- 工伤保险 21889.3 万人
- 失业保险 18088 万人
- 生育保险 18451.0 万人

保险事业

原保险保费收入 30959 亿元

- 寿险业务原保险保费收入 17442 亿元
- 健康险和意外伤害险业务原保险保费收入 4792 亿元
- 财产险业务原保险保费收入 8725 亿元

支付各类赔款及给付 10513 亿元

- 寿险业务给付 4603 亿元
- 健康险和意外伤害险赔款及给付 1184 亿元
- 财产险业务赔款 4426 亿元

科学技术

研究与试验发展（R&D）经费支出 56.3938 亿元

其中基础研究经费 822.389 亿元

授予专利权 175.4 万件
其中，境内授权 161.2 万件

授予发明专利权 40.4 万件
其中，境内授权 29.5 万件

有效专利 628.5 万件
其中，境内有效专利 540.6 万件

有效发明专利 117.2 万件
其中，境内有效发明专利 110.3 万件

成功发射卫星 22 次

我国成功发射世界首颗量子科学实验卫星"墨子号"。2017年8月9日，"墨子号"卫星提前完成全部既定科学目标，在国际上首次成功实现千公里级卫星和地面之间的量子纠缠分发、量子密钥分发和量子隐形传态。我国最大推力新一代运载火箭长征五号首次发射成功。

我国"探索一号"科考船在马里亚纳海域开展首次综合性万米深渊科考活动。其中，"海斗号"无人潜水器最大潜深达 10767 米，我国成为第三个研制出万米级无人潜水器的国家

签订技术合同 32 万项
技术合同成交金额 11407 亿元

旅游

国内旅游

国内居民出境人数 13531 万人次
其中，因私出境 12850 万人次

国内出游人数 44 亿人次

国内旅游收入 39390 亿元

国际旅游

国际旅游外汇收入 1200 亿美元

入境旅游人数 13844 万人次
其中，外国人 2813 万人次
香港、澳门和台湾同胞 11031 万人次

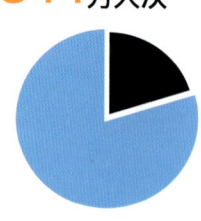

文化

艺术表演团体 2046
博物馆 3060
公共图书馆 3172
文化馆 3338
档案馆 3336

已开放各类档案 9707.9 万卷（件）

有线电视用户 2.23 亿户
有线数字电视用户 1.97 亿户

电视剧 330 部 14768 集
动画电视片 119895 分钟
故事影片 770 部
科教、纪录、动画和特种影片 172 部

广播节目综合人口覆盖率 98.4%
电视节目综合人口覆盖率 98.9%

出版

图书 86 亿册（张）
各类期刊 27 亿册
报纸 394 亿份

教育

(单位：万人)

招生人数　　在校生数　　毕业生

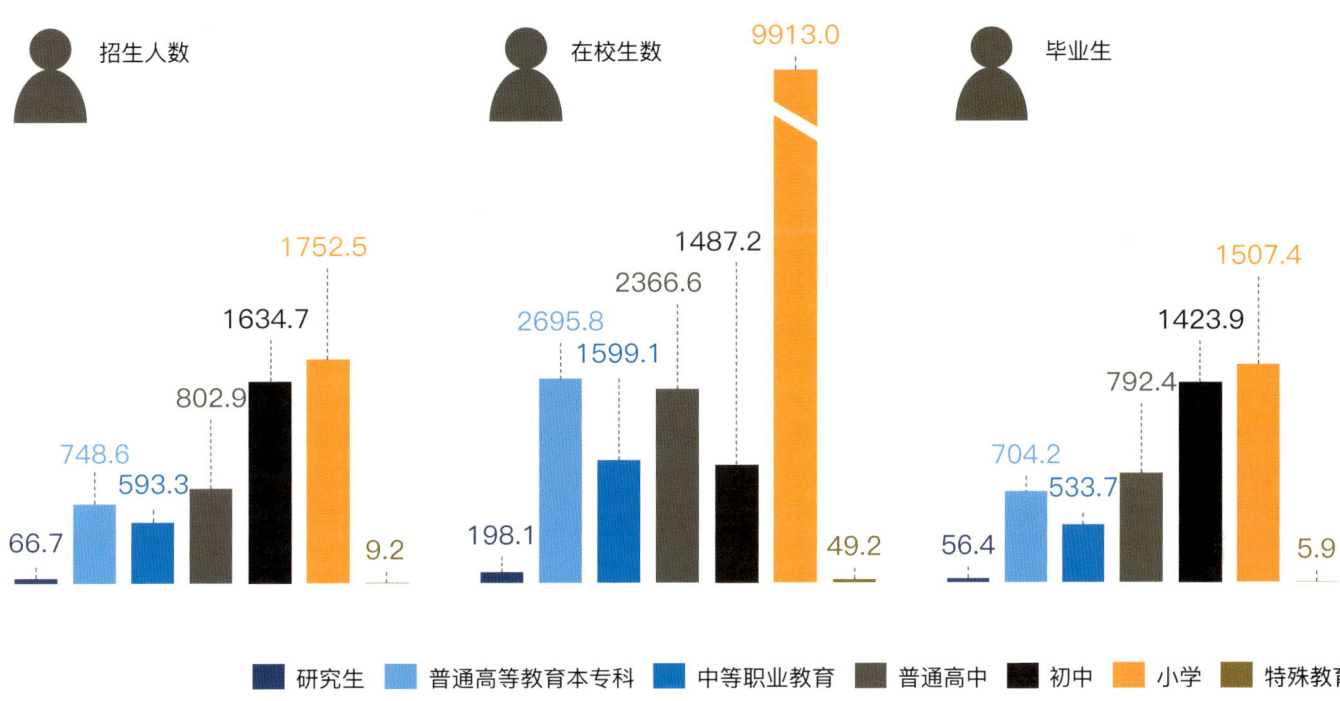

- 研究生
- 普通高等教育本专科
- 中等职业教育
- 普通高中
- 初中
- 小学
- 特殊教育

卫生

医疗卫生机构993000个

其中，医院29000个
乡镇卫生院37000个
社区卫生服务中心（站）35000个
诊所（卫生所、医务室）217000个
村卫生室642000个
疾病预防控制中心3484个
卫生监督所（中心）3138个

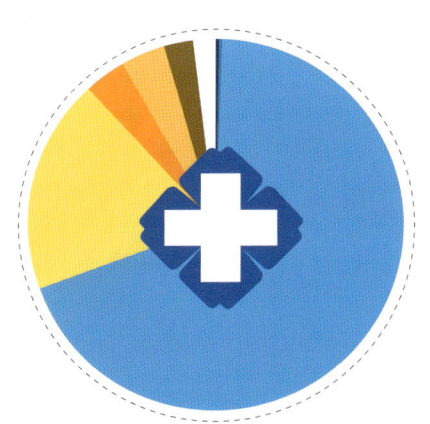

卫生技术人员844万人

其中，执业医师和执业助理医师317万人
注册护士350万人

医疗卫生机构床位747万张

其中，医院575万张
乡镇卫生院123万张

体育

在23个运动大项中获107个世界冠军
共创9项世界纪录

在里约热内卢奥运会上

中国运动员共获得26枚金牌
奖牌总数70枚
位列夏奥会金牌榜第3位和奖牌榜第2位

在里约热内卢残奥会上

中国运动员共获得107枚金牌
奖牌总数237枚
位列金牌榜和奖牌榜**第一位**

1978-2018

中国改革开放
全纪录

2017

- 中国共产党第十九次全国代表大会召开
- 设立雄安新区
- 《民法总则》审议通过
- 第十四个中央"1号文件"发布
- 《"十三五"推进基本公共服务均等化规划》出台
- 自由贸易试验区形成"1+3+7"的新格局
- "一带一路"国际合作高峰论坛举办
- 国企混合所有制改革新局面逐步形成
- 首部全国市场监管中长期规划发布

焦点事件

中国共产党第十九次全国代表大会召开

举世瞩目的中国共产党第十九次全国代表大会2017年10月18日在北京人民大会堂开幕。习近平代表第十八届中央委员会向大会作了题为《决胜全面建成小康社会 夺取新时代中国特色社会主义伟大胜利》的报告。

报告指出，中国共产党第十九次全国代表大会，是在全面建成小康社会决胜阶段、中国特色社会主义进入新时代的关键时期召开的一次十分重要的大会。大会的主题是：不忘初心，牢记使命，高举中国特色社会主义伟大旗帜，决胜全面建成小康社会，夺取新时代中国特色社会主义伟大胜利，为实现中华民族伟大复兴的中国梦不懈奋斗。

报告指出，经过长期努力，中国特色社会主义进入了新时代，这是我国发展新的历史方位。这标志着我国社会主要矛盾已经转化为人民日益增长的美好生活需要和不平衡不充分的发展之间的矛盾。我国社会主要矛盾的变化，没有改变我们对我国社会主义所处历史阶段的判断，我国仍处于并将长期处于社会主义初级阶段的基本国情没有变，我国是世界最大发展中国家的国际地位没有变。

大会通过《中国共产党章程（修正案）》，将习近平新时代中国特色社会主义思想写入党章，确立了习近平新时代中国特色社会主义思想作为全党重要的指导思想，这对在新的历史起点上把中国特色社会主义继续推向前进至关重要。

大会选举产生新一届中央委员会和中央纪律检查委员会，通过关于十八届中央委员会报告的决议、关于十八届中央纪律检查委员会工作报告的决议、关于《中国共产党章程（修正案）》的决议，10月24日上午，大会在人民大会堂胜利闭幕。

中国共产党第十九届中央委员会第一次全体会议，于2017年10月25日在北京举行。全会选举了中央政治局委员、中央政治局常务委员会委员、中央委员会总书记。习近平、李克强、栗战书、汪洋、王沪宁、赵乐际、韩正任中央政治局常委。习近平任中共中央总书记、中央军委主席。

设立雄安新区

2017年4月1日，中共中央、国务院印发通知，决定设立河北雄安新

2017年10月25日，在中共十九届一中全会上当选的中共中央总书记习近平和中央政治局常委李克强、栗战书、汪洋、王沪宁、赵乐际、韩正在北京人民大会堂同中外记者见面。

区。雄安新区规划范围涉及河北省雄县、容城、安新3县及周边部分区域，地处北京、天津、保定腹地。

建设雄安新区是以习近平同志为核心的党中央作出的一项重大的历史性战略选择，是继深圳经济特区和上海浦东新区之后又一具有全国意义的新区，是千年大计、国家大事。雄安新区的设立对于集中疏解北京非首都功能，探索人口经济密集地区优化开发新模式，调整优化京津冀城市布局和空间结构，培育创新驱动发展新引擎，具有重大现实意义和深远历史意义。

党的十八大以来，习近平总书记多次深入北京、天津、河北考察调研，多次主持召开中央政治局常委会会议、中央政治局会议，研究决定和部署实施京津冀协同发展战略。习近平明确指出，要重点打造北京非首都功能疏解集中承载地，在河北适合地段规划建设一座以新发展理念引领的现代新型城区。2017年2月23日，习近平专程到河北省安新县进行实地考察，主持召开河北雄安新区规划建设工作座谈会。会上习近平强调："建设雄安新区是一项历史性工程。""雄安新区将是我们留给子孙后代的历史遗产，必须坚持'世界眼光、国际标准、中国特色、高点定位'理念，努力打造贯彻新发展理念的创新发展示范区。""规划建设雄安新区要突出七个方面的重点任务：一是建设绿色智慧新城，建成国际一流、绿色、现代、智慧城市；二是打造优美生态环境，构建蓝绿交织、清新明亮、水城共融的生态城市；三是发展高端高新产业，积极吸纳和集聚创新要素资源，培育新动能；四是提供优质公共服务，建设优质公共设施，创建城市管理新样板；五是构建快捷高效交通网，打造绿色交通体系；六是推进体制机制改革，发挥市场在资源配置中的决定性作用和更好

建设中的雄安新区

发挥政府作用，激发市场活力；七是扩大全方位对外开放，打造扩大开放新高地和对外合作新平台。"①

2017年10月18日，习近平在十九大报告中指出，以疏解北京非首都功能为"牛鼻子"推动京津冀协同发展，高起点规划、高标准建设雄安新区。

2017年7月18日，中国雄安建设投资集团有限公司成立。2017年9月28日，河北雄安新区管委会发布消息，48家企业获批入驻雄安新区。2017年10月11日，首家总部型金融机构落户雄安新区。

---

① 《中共中央、国务院决定设立河北雄安新区》，新华网，2017年4月1日。

《民法总则》审议通过

2017年3月15日，十二届全国人大五次会议表决通过了《中华人民共和国民法总则》。《民法总则》的通过，是中国法治走向成熟的标志性事件，也是公民人身权利和财产权利得到精细化法律保护的里程碑事件，标志着中国民法典时代的正式开篇。①

中国曾多次启动民法制定工作。1954年第一次和1962年第二次

> **语录** "以疏解北京非首都功能为'牛鼻子'推动京津冀协同发展，高起点规划、高标准建设雄安新区。"
>
> ——习近平
>
> "我们将不断探索区域协调发展新机制新路径，大力推动京津冀协同发展、长江经济带发展，建设雄安新区、粤港澳大湾区，建设世界级城市群，打造新的经济增长极。"
>
> ——习近平
>
> 资料来源：《回顾一年来习近平的"雄安金句"》，人民网，2018年3月31日。

由于各种原因而未能取得实际成果。1979年第三次启动，由于条件还不具备，因此，按照"成熟一个通过一个"的工作思路，确定先制定民事单行法。现行的继承法、民法通则、担保法、合同法就是在这种背景下制定的。2001年九届全国人大常委会组织起草了《民法（草案）》，并于2002年进行了一次审议。2003年十

专栏：《中华人民共和国民法总则》（2017年3月15日）节选

第十六条 涉及遗产继承、接受赠与等胎儿利益保护的，胎儿视为具有民事权利能力。但是胎儿娩出时为死体的，其民事权利能力自始不存在。

第十九条 八周岁以上的未成年人为限制民事行为能力人，实施民事法律行为由其法定代理人代理或者经其法定代理人同意、追认，但是可以独立实施纯获利益的民事法律行为或者与其年龄、智力相适应的民事法律行为。

第三十三条 具有完全民事行为能力的成年人，可以与其近亲属、其他愿意担任监护人的个人或者组织事先协商，以书面形式确定自己的监护人。协商确定的监护人在该成年人丧失或者部分丧失民事行为能力时，履行监护职责。

第一百二十七条 法律对数据、网络虚拟财产的保护有规定的，依照其规定。

第一百八十四条 因自愿实施紧急救助行为造成受助人损害的，救助人不承担民事责任。

第一百八十八条 向人民法院请求保护民事权利的诉讼时效期间为三年。法律另有规定的，依照其规定。诉讼时效期间自权利人知道或者应当知道权利受到损害以及义务人之日起计算。法律另有规定的，依照其规定。但是自权利受到损害之日起超过二十年的，人民法院不予保护；有特殊情况的，人民法院可以根据权利人的申请决定延长。

——摘自《中华人民共和国民法总则（2017年3月15日第十二届全国人民代表大会第五次会议通过）》，中国人大网，2017年3月15日。

届全国人大以来，又先后制定了物权法、侵权责任法、涉外民事关系法律适用法等。这些民事单行立法在制定时没有考虑到体系化，导致立法碎片化，所以必须通过法律的编纂，解决分散立法导致的相互矛盾、缺乏一致性等问题。②

2014年，中共十八届四中全会作出了《中共中央关于全面推进依法治国若干重大问题的决定》，将编纂民法典作为重点领域立法中的重中之重，为民法典的诞生营造了良好政治环境。鉴于编纂民法典这项宏伟工程的艰巨性和持久性，最高立法机关最终确定了先出台民法总则、后编纂民法典各分编的"两步走"工作思路。

2016年10月、11月，全国人大常委会在北京、四川、宁夏和上海，分别召开4次座谈会，直接听取各方面对民法总则草案的意见。同时，印发草案稿征求各地各有关部门、部分院校和法学研究机构、部分全国人大代表的意见；草案全文3次上网向社会公开征求意见，共收到70227条意见。

新通过的《民法总则》共分基本规定、自然人、法人、非法人组织、民事权利、民事法律行为、代理、民事责任、诉讼时效、期间计算和附则11章、206条。《民法总则》贯彻全面依法治国要求，坚持人民主体地位，坚持从我国国情和实际出发，坚持社会主义核心价值观，弘扬中华优秀传统文化，总结继承我国民事法治经验，适应新形势新要求，全面系统地确定了我国民事活动的基本规定和一般性规则。

《民法总则》是民法典的开篇之作，在民法典中起统领性作用。下一步将编纂民法典各分编，拟于2018年整体提请全国人大常委会审议，经全国人大常委会分阶段审议后，争取于2020年将民法典各分编一并提请全国人民代表大会会议审议通过，从而形成统一的民法典。③

---

① 《将改革进行到底》第四集《维护社会公平正义》解说词。
② 《民法总则9大亮点影响你我生活》，《华商报》，2017年9月30日。
③ 《〈中华人民共和国民法总则〉全文发布 10月1日起施行》，新华网，2017年3月18日。

2017年3月15日，《民法总则》审议通过。

第十四个中央"1号文件"发布

2017年2月5日，《中共中央、国务院关于深入推进农业供给侧结构性改革加快培育农业农村发展新动能的若干意见》发布，这是新世纪以来党中央发出的第十四个指导"三农"工作的"1号文件"。

《意见》指出，一定要守住三条底线：确保粮食生产能力不降低、农民增收势头不逆转、农村稳定不出问题。

《意见》强调，要在确保国家粮食安全的基础上，紧紧围绕市场需求变化，以增加农民收入、保障有效供给为主要目标，以提高农业供给质量为主攻方向，以体制改革和机制创新为根本途径，优化农业产业体系、生产体系、经营体系，提高土地产出率、资源利用率、劳动生产率，促进农业农村发展由过度依赖资源消耗、主要满足"量"的需求，向追求绿色生态可持续、更加注重满足"质"的需求转变。

《意见》强调，深入推进农业供给侧结构性改革，是一个长期过程，必须处理好政府和市场的关系，协调好各方面的利益。要直面困难和挑战，坚定不移地推进改革，勇于承受改革阵痛，尽力降低改革成本，积极防范改革风险。调整政策、出台措施，要充分考虑各方面特别是农民的承受力，使强农惠农政策照顾到大多数普通农户。要充分尊重农民意愿，不搞强迫命令瞎指挥，不损害农民权益。①

① 《中共中央、国务院关于深入推进农业供给侧结构性改革加快培育农业农村发展新动能的若干意见》，新华网，2017年2月5日。

《"十三五"推进基本公共服务均等化规划》出台

2017年3月1日，国务院印发《"十三五"推进基本公共服务均等化规划》。《规划》明确了国家基本公共服务制度框架，建立了国家基本公共服务清单制。①

党的十八大提出要"加快形成政府主导、覆盖城乡、可持续的基本公共服务体系"，"到2020年基本公共服务均等化总体实现"。十八届三中全会提出要"推进城乡基本公共服务均等化""城镇基本公共服务常住人口全覆盖"等重大改革。十八届五中全会首次将"增加公共服务供给"纳入共享发展的开篇阐述。"十三五"规划《纲要》进一步明确要"加快健全国家基本公共服务制度""建立国家基本公共服务清单"。《规划》正是在这样的背景下编制出台。

《规划》明确了基本公共服务均等化的内涵，即指全体公民都能公平可及地获得大致均等的基本公共服务。其核心是促进机会均等，而不是简单地平均化。

《规划》提出力争到2020年，在学有所教、劳有所获、病有所医、老有所养、住有所居等方面持续取得新进展，基本公共服务均等化总体实现。具体包括以下四个方面：一是均等化水平稳步提高。城乡区域间基本公共服务大体均衡，贫困地区基本公共服务主要领域指标接近全国平均水平，广大群众享有基本公共服务的可及性显著提高；二是标准体系全面建立。国家基本公共服务清单基本建立，标准体系更加明确并实现动态调

语录

"深入推进农业供给侧结构性改革。"

——习近平

资料来源：2017年"中央1号"文件发布，继续锁定"三农"工作。文件提出"把深入推进农业供给侧结构性改革作为新的历史阶段农业农村工作主线"，同时明确了目标、方向、底线等重大问题。这些部署与习近平总书记对于农业供给侧结构性改革的重要思想一脉相承。2016年5月24日，习近平总书记在黑龙江考察，同当地干部群众交流推进农业供给侧结构性改革的探索。他认为："价格一头连着老百姓，要做好农业的精准补贴工作，把去库存、补短板有机结合起来。东北地区有条件发展规模化经营，农业合作社是发展方向，有助于农业现代化路子走得稳、步子迈得开。"2016年3月8日，习近平参加湖南代表团审议时表示："要推进农业供给侧结构性改革，提高农业综合效益和竞争力。要以科技为支撑走内涵式现代农业发展道路，实现藏粮于地、藏粮于技。"2016年12月20日，中央农村工作会议在京召开，习近平总书记对做好"三农"工作发表重要讲话。他提出："要始终重视'三农'工作，持续强化重农强农信号；要准确把握新形势下'三农'工作方向，深入推进农业供给侧结构性改革；要在确保国家粮食安全基础上，着力优化产业产品结构；要把发展农业适度规模经营同脱贫攻坚结合起来，与推进新型城镇化相适应，使富农惠农政策照顾到大多数普通农户；要协同发挥政府和市场'两只手'的作用，更好地引导农业生产、优化供给结构；要尊重基层创造，营造改革良好氛围。"

资料来源：《"平语"近人——农业供给侧结构性改革怎么做，习近平这样说》，新华网，2017年2月8日。

观点

陈锡文：推进农业供给侧结构性改革，就是要通过科技创新和体制创新，着力解决这两个问题。为此提出以下几点建议。

一、处理好政府与市场的关系，改革玉米等粮食价格形成机制和对农民的补贴政策。……必须实行"市场定价、价补分离"的改革。要把从价格中分离出来的补贴，以既符合国情又合乎世贸组织规则的其他方式支付给农民，这样才能既搞活粮食流通又保护种粮农民的积极性，守住习近平总书记提出的"保障国家粮食安全是农业结构性改革的基本底线"的要求。

二、加快农业科技创新。要以培育良种、节本降耗、绿色安全为着力点，加快农业科技进步。以大豆为例，我国大豆亩产常年在250斤上下徘徊，比目前世界平均水平低三分之一。如不尽快改变这种现象，国产大豆的市场份额就还会下降。

三、加快农业经营体系创新。我国人多地少，农业经营规模细小，导致土地密集型农产品缺乏国际竞争力。因此，发展规模经营是我国农业的必由之路。到去年底，农村流转土地面积已超过35%，流转出土地的农户已占30.8%，促进了土地规模经营的发展。但目前，经营50亩以上的新型主体只有350万个，经营总面积为3.5亿亩，平均每个新主体经营100亩，但这与新大陆国家那些动辄两三万亩耕地的家庭农场仍难以竞争。必须看到，改变我国农业分散经营的局面只能是渐进的过程，因此，除了转移农业人口、逐步扩大耕地经营规模外，还必须大力发展农业社会化服务体系，让更多小规模经营的农户通过购买服务，也能分享现代农业技术装备的高效率，以扩大服务规模的方式去弥补耕地经营规模的不足。

四、发展农村新产业、新业态，促进农村一、二、三产业融合发展。近年来，外出就业农民工数量增速明显下降，2015年、2016年分别只增长0.4%和0.3%，可见，我国人口城镇化的进程也面临着新的挑战。因此，在积极推进新型城镇化的同时，还必须在乡村创造更多的就业机会，才能减轻耕地的就业压力和促进农民增收。

资料来源：陈锡文：《深入推进农业供给侧结构性改革着力提升农业综合效益和农产品竞争力》，新华网，2017年3月9日。

整,各领域建设类、管理类、服务类标准基本完善并有效实施;三是保障机制巩固健全。基本公共服务供给保障措施更加完善,基层服务基础进一步夯实,人才队伍不断壮大,供给模式创新提效,可持续发展的长效机制基本形成;四是制度规范基本成型。各领域制度规范衔接配套、基本完备,服务提供和享有有规可循、有责可督,基本公共服务依法治理水平明显提升。

《规划》列出了涵盖公共教育、劳动就业创业、社会保险、医疗卫生、社会服务、住房保障、公共文化体育、残疾人服务等领域的基本公共服务清单,为保障全民基本生存发展需求作出了重要的制度性安排。②

---

① 《发展改革委就〈"十三五"推进基本公共服务均等化规划〉答记者问》,新华网,2017年3月3日。
② 《你的"生老病死",政府如何保障?——聚焦〈"十三五"推进基本公共服务均等化规划〉八大亮点》,新华网,2017年3月1日。

自由贸易试验区形"1+3+7"的新格局

2014年12月12日,国务院总理李克强主持召开国务院常务会议,部署推广上海自贸试验区试点经验,加快制定完善负面清单,推动更高水平对外开放。会议决定,依托现有新区、园区,在广东、天津、福建特定区域再设三个自由贸易园区,以上海自贸试验区试点内容为主体,结合地方特点,充实新的试点内容。自贸区扩围至4个。

2015年4月21日,广东自贸区在广州南沙新区挂牌成立。中国(广东)自由贸易试验区包括深圳前海蛇口片区、广州南沙新区片区和珠海横琴新区片区。毗邻港澳是广东自贸区的优势。广东自贸区总体方案提出,将依托港澳、服务内地、面向世界,将自贸区建设成为粤港澳深度合作示范区、21世纪海上丝绸之路重要枢纽

2015年4月21日,广州,中国(广东)自由贸易试验区广州南沙新区片区举行挂牌仪式。

和全国新一轮改革开放先行地。

2015年4月21日,福建自贸区在福州经济技术开发区正式挂牌。福建自贸区的最大特色:第一,探索闽台合作新模式,比如研发创新、打造品牌、参与制定标准等;第二,扩大对台服务贸易开放;第三,推动闽台货物贸易,创新监管模式,建立通关合作机制,提高贸易便利化水平等;第

四,推动两岸金融合作先行先试,加快两岸人民币跨境金融合作;第五,促进两岸往来更加便利,探索台湾专业人才在自贸区任职等。

天津自贸区是我国长江以北的第一个自贸区,2015年4月21日正式挂牌。试验区总面积为119.9平方公里,主要涵盖3个功能区,天津港片区、天津机场片区以及滨海新区中

口述·忆述

王新奎:2013年8月22日,国务院正式批准设立中国(上海)自由贸易试验区,这是我国大陆境内的第一个自贸区。2014年12月12日,国务院总理李克强主持召开国务院常务会议,部署推广上海自贸试验区试点经验,加快制定完善负面清单,推动更高水平对外开放。会议决定,依托现有新区、园区,在广东、天津、福建特定区域再设三个自由贸易园区,以上海自贸试验区试点内容为主体,结合地方特点,充实新的试点内容。此时,我国自贸区扩围至4个。同时,上海自由贸易试验区由原先的28.78平方公里扩至120.72平方公里。

资料来源:中国(海南)改革发展研究院"口述改革历史"访谈。

心商务片区。天津自贸区将充分依托自身实体经济、港口、国家战略等方面优势，服务于京津冀协同发展国家战略和"一带一路"重大倡议。

2017年3月31日，我国自贸试验区再迎新一轮扩围，国务院正式批复在辽宁、浙江、河南、湖北、重庆、四川、陕西等省市设立7个新的自贸试验区，并分别印发了总体方案。至此，我国自贸试验区建设形成"1+3+7"的新格局。

第三批自贸试验区围绕各自的定位和特点，各有侧重地进行试点：辽宁重点深化国资国企改革；浙江建设国际海事服务基地、国际油品储运基地；河南打造国际交通物流通道；重庆重点推进"一带一路"和长江经济带联动发展；陕西创新现代农业交流合作机制；四川推动内陆与沿海沿边沿江协同开发战略；湖北重点推动创新驱动发展和促进中部地区与长江经济带战略对接和有关产业升级……此轮自贸试验区的扩围，从"齐头并进"进入"雁行阵"模式。

中共十九大提出，赋予自由贸易试验区更大改革自主权，探索建设自由贸易港。新一轮自贸试验区在借鉴前两批经验的基础上设立，起点更高，推广复制经验的半径也更大，通过建设更多改革开放"试验田"，将进一步构建全方位对外开放的新格局。①

①《自贸试验区新增7个成员，释放什么信号》，新华网，2017年3月31日。

"一带一路"国际合作高峰论坛举办

2017年5月14日至15日，"一带一路"国际合作高峰论坛在北京举办。这次高峰论坛是"一带一路"框架下最高规格的国际活动。

高峰论坛取得了丰硕的成果：一是进一步明确了未来"一带一路"的合作方向。习近平主席在"一带一路"国际合作高峰论坛圆桌峰会上发表重要讲话，指出要牢牢坚持共商、共建、共享，让政策沟通、设施联通、贸易畅通、资金融通、民心相通成为共同努力的目标，将"一带一路"建成和平、繁荣、开放、创新、文明之路；二是规划了"一带一路"建设的具体路线图。论坛期间，中国同各国和区域组织进行的发展规划进一步对接协调，同与会国家和国际组织签署了几十份合作文件，确立了未来一段时间的重点领域和路径；三是确定了一批"一带一路"将实施的重点项目，共5大类、76大项、270多项。习近平主席宣布丝路基金新增资金1000亿元人民币，鼓励金融机构开展人民币海外基金业务，规模预计约3000亿元人民币等。

"一带一路"倡议提出以来，国内各部门、各地方积极践行创新、协调、绿色、开放、共享的发展理念，主动扩大对外开放水平，出台了很多实

口述·忆述

王义桅：原来我们设想"一带一路"提出5年以后，这个概念慢慢地能让大家知道是怎么回事就不错了，然后再慢慢开个会。没想到3年多的时间我们就开了这么一个大规模的盛会，是超过我们想象的。习近平总书记也在一次"一带一路"座谈会上讲到"一带一路"这3年多的进展和成果超过预期。"一带一路"国际合作高峰论坛时，我是正式参会代表，很早就到会场了，竟然没有位置。因为人太多，变成了谁先到谁先坐。很多外国的代表把秘书、随行人员等都带来了，搞得座位不够了。后来我没办法就去了电视台的演播室里。现在想想，我有代表证都没有位置坐，可见真是一座难求。

资料来源：中国（海南）改革发展研究院"口述改革历史"访谈。

观点

古特雷斯：这不只是发展物质的项目，还能凝聚民心。这不仅是为了发展，还有和平。这是"一带一路"倡议的伟大价值所在。

斯蒂格利茨：从来没有这么大的国家，进行市场化经济改革，所以中国必须创造自己的改革方式。虽然今后改革还有很多路要走，但在我看来，中国做出的这些抉择令人钦佩。

资料来源：《将改革进行到底》第二集《引领经济发展新常态》解说词》，新华网，2017年7月18日。

2017年5月14日，"一带一路"国际合作高峰论坛在北京举行，欢迎宴会前与会贵宾集体合影。

实在在的政策举措。企业、金融机构与"一带一路"沿线国家积极开展对接合作，推动一大批重大项目落地生根，造福沿线各国民众。凝聚成"一带一路"建设的强大动力，也为国内发展和全方位改革开放注入了新动能。更重要的是，"一带一路"建设正同长江经济带、京津冀协同发展等区域发展战略紧密结合起来，与沿海开放、东北振兴、中部崛起、沿边开发开放联动起来，形成全方位的开放格局和东中西联动发展的大好局面。

中国与世界经济的关联方式，正从最初的"三来一补"向"优进优出"转变；产业体系正从国际分工协作的局部，跃升至与整个全球价值链深度铆合的全流程再造；越来越多的中国企业不断壮大，开启全球布局，我国已从资本净流入国，成为资本净输出国；以上海自贸试验区为发端，至全国11个自贸试验区，一批与国际经贸规则相衔接的基本制度框架正在试验、复制、推广。①

---

① 《将改革进行到底》第二集《引领经济发展新常态》解说词》。

国企混合所有制改革新局面逐步形成

混合所有制改革是新时代深化国有企业改革的重头戏，牵一发而动全身。党的十九大报告对混合所有制改革提出新的改革目标："深化国有企业改革，发展混合所有制经济，培育具有全球竞争力的世界一流企业。"

2016年，前两批（19家）中央企业混合所有制改革试点的重点任务逐步落地。中国联通混改，首次将改革层级提高到集团层面，百度、阿里巴巴、腾讯、京东、苏宁等投资中国联通；东方航空则打响了民航领域混改的第一枪，东航集团不再对东航物流持绝对控股权，员工持股的比例上升到10%，前两批试点改革营造了良好的社会氛围。截至2016年底，中央企业集团及下属企业中混合所有制企业占比已达近7成，省级国资委所出资企业及各级子企业中混合所有制企业占比近5成。

2017年11月，国务院国企改革领导小组已经审议通过了第三批试点名单，第三批混改试点名单一共是31家，其中中央企业子企业是10家，地方国有企业21家，第三批试点名单中首次出现了地方国有企业。

三批混改试点加起来一共是50家，从2016年第一批混改试点到第三批混改试点名单正式获批，重点领域混合所有制改革试点正在逐步有序推进。试点企业通过混改，有三个"明显"成效：投资实力明显增强，杠杆率明显降低，经营状况明显改善。推动三批混改试点，加快形成可复制可推广的制度性经验，加强对地方混改的协调指导，有利于推动形成国有企业混合所有制改革新局面。①

---

① 《国有企业混合所有制改革第三批试点名单确定 国企混合所有制改革新局面逐步形成》，央广网，2017年11月20日。

首部全国市场监管中长期规划发布

2017年1月12日，国务院印发《"十三五"市场监管规划》（以下简称《规划》）。这是第一部全国市场监管中长期规划。《规划》是进一步深化商事制度改革、推动市场监管改革创新的行动纲领，标志着政府职能转变的重要方向。

按照国务院"十三五"规划编制工作部署，《规划》由工商总局牵头，会同有关部门推进编制起草，文件起草期间成立了《规划》编制领导小组和起草组、市场监管专家委员会，委托科研机构、社会组织、地方工商和市场监管部门，开展了几十项课题研究，面向社会广泛征求意见，听取民意、汇集民智、凝聚共识，最后促成《规划》顺利出台。①

《规划》的实施，对于落实简政放权放管结合优化服务改革部署，适应和引领经济发展新常态，积极推进市场监管改革与创新，更好地维护市场公平竞争，更好地规范市场秩序，更好地激发市场的活力和创造力，促进我国经济保持中高速增长、迈向中高端水平都具有重要意义。

《规划》强调了五个方面的改革创新。一是创新监管政策，首次系统阐述了竞争政策的重要地位，提出把竞争政策贯穿到经济发展的全过程，推动我国经济转型和体制完善；二是健全监管机制，提出健全企业信用监管机制，强调发挥信用在经济运行中的基础性作用，全面推行"双随机、一公开"监管；三是丰富监管手段，提出加强大数据监管，强调运用大数据推动"互联网+监管"，降低监管成本，提高监管效率，增强市场监管的智慧化、精准化水平，要求加强大数据广泛应用，加强大数据基础设施建设，发展大数据信用服务市场；四是改革监管体制，提出建立协调配合、运转高效的市场监管体制机制，强调理顺市场监管体制，推动形成大市场、大监管、大服务的新格局；五是强化法治保障，大力推动市场监管法治建设，强调依法依规监管，营造良好的法治环境，要求完善法律法规体系，规范执法行为，强化执法监督，加强行政执法与刑事司法衔接。②

---

① 《〈"十三五"市场监管规划〉发布会全文实录》，中国工商报网，2017年5月16日。
② 《国家工商总局就〈"十三五"市场监管规划〉情况举行发布会》，中国网，2017年2月16日。

国家生态文明试验区建设加速推进

2017年10月2日，中共中央办公厅、国务院办公厅印发了《国家生态文明试验区（江西）实施方案》和《国家生态文明试验区（贵州）实施

以"走向生态文明新时代：生态优先、绿色发展"为主题的生态文明贵阳国际论坛在贵阳开幕。

方案》。

《国家生态文明试验区（江西）实施方案》提出，要努力打造美丽中国"江西样板"，建成山水林田湖草综合治理样板区、中部地区绿色崛起先行区、生态环境保护管理制度创新区、生态扶贫共享发展示范区。

《国家生态文明试验区（贵州）实施方案》提出，要以建设"多彩贵州公园省"为总体目标，建成长江珠江上游绿色屏障建设示范区、西部地区绿色发展示范区、生态脱贫攻坚示范区、生态文明法治建设示范区、生态文明国际交流合作示范区。①

至此，福建、江西、贵州我国首批3个生态文明试验区实施方案全部获批，标志着试验区建设进入全面铺开和加速推进阶段。福建、江西、贵州3个试验区共将针对38项制度开展创新试验，充分体现了国家生态文明体制改革综合试验平台的定位和作用。此外，3个试验区还结合各自实际，提出自行开展的改革试验任务合计28项，比如，福建省完善环境资源司法保障机制、开展生态系统价值核算试点，江西省探索绿色生态农业推进机制、建立生态补偿扶贫机制，贵州省开发利用生态文明大数据、建立生态文明国际合作机制等，将极大地调动和发挥地方主动性和改革首创精神。①

---

① 《中办、国办印发〈国家生态文明试验区（江西）实施方案〉和〈国家生态文明试验区（贵州）实施方案〉》，央视网，2017年10月2日。

加强和维护党中央集中统一领导

2017年10月24日，中国共产党第十九次全国代表大会审议并一致通过十八届中央委员会提出的《中国共产党章程（修正案）》。

在党的十九大报告和新修改的党章中，着重突出了"全面从严治党"这项重要内容。新修改的党章吸收了习近平总书记全面从严治党思想和党的十八大以来党的建设实践创新成果，对总纲进行了适当修改，明确提出坚持党要管党、全面从严治党这一党的建设指导方针。党章修正案在党的建设基本要求第四项坚持民主集中制中，增写"牢固树立政治意识、大局意识、核心意识、看齐意识，坚定维护以习近平同志为核心的党中央权威和集中统一领导，加强和规范党内政治生活"等内容。党章修正案将总纲原第二十八自然段第一句修改为："中国共产党的领导是中国特色社会主义最本质的特征，是中国特色社会主义制度的最大优势。党政军民学，东西南北中，党是领导一切的。"更加明确了党在中国特色社会主义各项事业中的领导地位。

2017年10月27日，十九届中共中央政治局召开会议，研究部署学习宣传贯彻党的十九大精神，审议《中共中央政治局关于加强和维护党中央集中统一领导的若干规定》和《中共中央政治局贯彻落实中央八项规定的实施细则》。①会议强调，党中央集中统一领导是党的领导的最高原则，从根本上关乎党和国家前途命运、关乎人民根本利益。加强和维护党中央集中统一领导是全党共同的政治责任，首先是中央领导层的政治责任。中央政治局要带头树立政治意识、大局意识、核心意识、看齐意识，严格遵守党章和党内政治生活准则，全面落实党的十九大关于加强和维护党中央集中统一领导的各项要求，自觉在以习近平同志为核心的党中央集中统一领导下履行职责、开展工作，坚决维护习近平总书记作为党中央的核心、全党的核心的地位，凝聚全党意志，激发全国各族人民充满信心朝着实现"两个一百年"奋斗目标、建设社会主义现代化强国、实现中华民族伟大复兴中国梦的宏伟目标奋勇前进。

① 《党的十九大闭幕后，一系列重要文件和密集的重大政治活动，释放出强烈而清晰的政治信号——把党建设得更加坚强有力》，中国纪检监察报网，2017年11月8日。

完善司法责任制改革

（1）法官员额制改革全面完成。

2017年7月3日，最高人民法院院长周强率领366名法官举行了隆重的最高人民法院首批员额法官宣誓仪式。这标志着最高人民法院机关首批员额法官选任工作圆满完成，也标志着法官员额制改革在全国法院已经全面落实。①

截至2017年6月，全国法院共遴选产生12万余名员额法官（包括最高人民法院367名员额法官），实现了把最优秀的人才吸引到办案一线。各高级法院在坚持"以案定额"的基础上，综合考虑不同审级、不同地区法院案件类型和数量、人员配置以及辖区内经济社会发展状况、人口数量、辖区面积等因素，实行法官员额省内统一调配。②

通过法官员额制改革，人民法院的整体工作和队伍建设为之一新。2017年，全国法院员额法官人均办理案件达到189件。最高人民法院员额法官选任完成后，在2017年7月至12月的半年时间里，员额法官人均办理案件达到59.8件，相比改革前的2017年上半年，增长126.5%。③

（2）新型办案机制逐步形成。

2015年9月，最高人民法院出台《关于完善人民法院司法责任制的若干意见》。根据《意见》要求，各地法院普遍建立新型审判权运行机制，取消案件审批，确立法官、合议庭办案主体地位。改革后地方法院直接由独任法官、合议庭裁判的案件占案件总数的98%以上，提交审判委员会讨论案件数量普遍较改革前大幅下降。同时，各地法院根据自身工作实际，灵活组建审判团队，探索新型审判组织模式，促进扁平化管理和专业化审判相结合。

2017年4月，最高人民法院出台《关于落实司法责任制完善审判监督管理机制的意见（试行）》，指导各级法院通过制定权力职责清单、建立专业法官会议制度、完善信息化审判管理、加强司法标准化建设等方式加强审判监督和审判管理，确保放权不放任、监督不缺位。

（3）院庭长办案制度初步落实。

为充分发挥各级法院院庭长对审判工作的示范、引领和指导作用，根据中央政法委《关于严格执行法官、检察官遴选标准和程序的通知》要求，2017年4月，最高人民法院出台《关于加强各级人民法院院庭长办理案件工作的意见（试行）》，就院庭长的办案数量、建立保障院庭长办案的工作机制以及建立院庭长办案情况通报制度等进行了明确。《意见》下发后，各地法院普遍制定了落实院庭长办案制度的具体方案，实现院庭长办案常态化。例如北京法院院庭长2016年办案13.8万件，同比上升52%。广东法院入额院庭长2016年共办各类案件48.92万件。

（4）内设机构改革积极试点。

为适应司法责任制改革要求，建立以审判工作为中心的机构设置模式和人员配置方式，2016年8月，最高人民法院会同中央编办联合印发《省以下人民法院内设机构改革试点方案》，就科学设置审判业务机构，有效整合非审判业务机构，严格控制机构规模提出明确要求。截至2017年6月，全国219家试点法院正按照试点方案要求积极开展试点。

① 《最高法首批员额法官宣誓 司法责任制改革稳步推进》，央广网，2017年7月3日。
② 《全国法院推进司法责任制等四项基础性改革整体情况》，中国长安网，2017年7月3日。
③ 《最高法：深入推进法官员额制改革》，《新华每日电讯》，2018年3月17日。

环球大事

1月18日
习近平主席在联合国日内瓦总部发表题为《共同构建人类命运共同体》的主旨演讲。2月10日"人类命运共同体"理念在联合国社会发展委员会会议上首次被写入联合国决议。

1月20日
在美国首都华盛顿国会山，共和党人唐纳德·特朗普宣誓就任美国第45任总统。

3月10日
韩国宪法法院就朴槿惠总统弹劾案作出判决，宣告弹劾成立，朴槿惠被罢免。朴槿惠也因此成为韩国历史上首位遭到弹劾下台的总统。

5月7日
39岁的法国前经济部长、中间派候选人埃马纽埃尔·马克龙当选法国第八任总统，也是法国史上最年轻的总统。

6月5日
沙特、阿联酋、巴林和埃及以卡塔尔"支持恐怖主义"和"破坏地区安全"为由，宣布与卡塔尔断交，并对其实施制裁。随后，又有多国宣布与卡塔尔断交。

9月3日
朝鲜不顾国际社会强烈反对进行第六次核试验。

9月24日
德国举行联邦议院选举。总理默克尔领导的联盟党获胜。

10月1日
美国拉斯维加斯一露天音乐会发生枪击事件，致59死527伤，成为美国现代史上伤亡最惨重的枪击案。

11月19日和12月9日
叙利亚和伊拉克政府先后宣布收复极端组织"伊斯兰国"在叙绝大部分控制区和在伊所有控制区。

社会关注

不忘初心,牢记使命

"不忘初心,牢记使命,高举中国特色社会主义伟大旗帜,决胜全面建成小康社会,夺取新时代中国特色社会主义伟大胜利,为实现中华民族伟大复兴的中国梦不懈奋斗。"这是中国共产党第十九次全国代表大会的主题。不忘初心,方得始终。中国共产党人的初心和使命,就是为中国人民谋幸福,为中华民族谋复兴。这个初心和使命是激励中国共产党人不断前进的根本动力。

新零售

2016年10月的阿里云栖大会上,阿里巴巴马云在演讲中第一次提出了新零售,"未来的十年、二十年,没有电子商务这一说,只有新零售。"新零售,即企业以互联网为依托,通过运用大数据、人工智能等先进技术手段,对商品的生产、流通与销售过程进行升级改造,进而重塑业态结构与生态圈,并对线上服务、线下体验以及现代物流进行深度融合的零售新模式。2016年11月11日,国务院办公厅印发《关于推动实体零售创新转型的意见》(国办发〔2016〕78号),明确了推动我国实体零售创新转型的指导思想和基本原则。同时,在调整商业结构、创新发展方式、促进跨界融合、优化发展环境、强化政策支持等方面作出具体部署。

建军90周年阅兵

2017年7月30日上午9时,庆祝中国人民解放军建军90周年阅兵在朱日和训练基地举行。习近平主席首次在野战化条件下亲临沙场检阅部队,是我军首次以庆祝建军节为主题举行的专项阅兵,也是我军革命性整体性改革重塑后的全新亮相。阅兵以回顾建军历史、传承红色基因、坚定维护核心、彰显辉煌成就为主题,大力宣扬党领导下人民军队建设发展的光辉历程,宣扬人民军队积淀形成的光荣传统和优良作风,宣扬党的十八大以来军队以强军目标为引领聚焦打赢的矢志追求,反映深化国防和军队改革、部队战斗力建设取得的巨大成就。

2017年7月30日,庆祝中国人民解放军建军90周年阅兵在位于内蒙古的朱日和训练基地举行。

流行志

比特币

比特币(BitCoin)的概念最初由中本聪在2009年提出,根据中本聪的思路设计发布的开源软件以及建构其上的P2P网络。比特币是一种P2P形式的数字货币。点对点的传输意味着一个去中心化的支付系统。与大多数货币不同,比特币不依靠特定货币机构发行,它依据特定算法,通过大量的计算产生,比特币经济使用整个P2P网络中众多节点构成的分布式数据库来确认并记录所有的交易行为,并使用密码学的设计来确保货币流通各个环节安全性。P2P的去中心化特性与算法本身可以确保无法通过大量制造比特币来人为操控币值。基于密码学的设计可以使比特币只能被真实的拥有者转移或支付。这同样确保了货币所有权与流通交易的匿名性。

人工智能(AI)

人工智能(Artificial Intelligence),英文缩写为AI。它是研究、开发用于模拟、延伸和扩展人的智能的理论、方法、技术及应用系统的一门新的技术科学。2017年7月20日,国务院印发了《新一代人工智能发展规划》,提出了面向2030年我国新一代人工智能发展的指导思想、战略目标、重点任务和保障措施,为我国人工智能的进一步加速发展奠定了重要基础。2017年12月,人工智能入选"2017年度中国媒体十大流行语"。

撸起袖子加油干

"撸起袖子加油干"出自习近平2017年新年贺词。"撸起袖子加油干",是时代赋予我们这一代人的使命,更是我们向未来作出的承诺。伴随2017年元旦新闻联播里习近平新年贺词的发表,几乎是同时,"大家撸起袖子加油干"在社交媒体平台上呈现"刷屏"态势。2017年12月"撸起袖子加油干"入选"2017年度中国媒体十大流行语"。

> 重要文献

《决胜全面建成小康社会夺取新时代中国特色社会主义伟大胜利
——在中国共产党第十九次全国代表大会上的报告》

（习近平，2017年10月18日）

2018年10月18日，中国共产党第十九次全国代表大会召开，习近平代表第十八届中央委员会向大会作题为《决胜全面建成小康社会 夺取新时代中国特色社会主义伟大胜利》的报告。大会高举中国特色社会主义伟大旗帜，以马克思列宁主义、毛泽东思想、邓小平理论、"三个代表"重要思想、科学发展观、习近平新时代中国特色社会主义思想为指导，分析了国际国内形势发展变化，回顾和总结了过去5年的工作和历史性变革，作出了中国特色社会主义进入了新时代、我国社会主要矛盾已经转化为人民日益增长的美好生活需要和不平衡不充分的发展之间的矛盾等重大政治论断，深刻阐述了新时代中国共产党的历史使命，确立了习近平新时代中国特色社会主义思想的历史地位，提出了新时代坚持和发展中国特色社会主义的基本方略，确定了决胜全面建成小康社会、开启全面建设社会主义现代化国家新征程的目标，对新时代推进中国特色社会主义伟大事业和党的建设新的伟大工程作出了全面部署。

目录：

一、过去五年的工作和历史性变革
二、新时代中国共产党的历史使命
三、新时代中国特色社会主义思想和基本方略
四、决胜全面建成小康社会，开启全面建设社会主义现代化国家新征程
五、贯彻新发展理念，建设现代化经济体系
六、健全人民当家作主制度体系，发展社会主义民主政治
七、坚定文化自信，推动社会主义文化繁荣兴盛
八、提高保障和改善民生水平，加强和创新社会治理
九、加快生态文明体制改革，建设美丽中国
十、坚持走中国特色强军之路，全面推进国防和军队现代化
十一、坚持"一国两制"，推进祖国统一
十二、坚持和平发展道路，推动构建人类命运共同体
十三、坚定不移全面从严治党，不断提高党的执政能力和领导水平

📖 重要文献

《"十三五"国家老龄事业发展和养老体系建设规划》
（2017年2月28日）

2017年2月28日，国务院印发《"十三五"国家老龄事业发展和养老体系建设规划》，为提升我国新时期老龄事业发展水平、完善养老体系进行了顶层制度设计。《规划》突出了养老体系建设的内容，对提升老年人的参与感、获得感和幸福感，增进老年人福祉具有重要意义。

节选：

发展目标

到2020年，老龄事业发展整体水平明显提升，养老体系更加健全完善，及时应对、科学应对、综合应对人口老龄化的社会基础更加牢固。

多支柱、全覆盖、更加公平、更可持续的社会保障体系更加完善。城镇职工和城乡居民基本养老保险参保率达到90%，基本医疗保险参保率稳定在95%以上，社会保险、社会福利、社会救助等社会保障制度和公益慈善事业有效衔接，老年人的基本生活、基本医疗、基本照护等需求得到切实保障。

居家为基础、社区为依托、机构为补充、医养相结合的养老服务体系更加健全。养老服务供给能力大幅提高、质量明显改善、结构更加合理，多层次、多样化的养老服务更加方便可及，政府运营的养老床位数占当地养老床位总数的比例不超过50%，护理型床位占当地养老床位总数的比例不低于30%，65岁以上老年人健康管理率达到70%。

有利于政府和市场作用充分发挥的制度体系更加完备。老龄事业发展和养老体系建设的法治化、信息化、标准化、规范化程度明显提高。政府职能转变、"放管服"改革、行政效能提升成效显著。市场活力和社会创造力得到充分激发，养老服务和产品供给主体更加多元、内容更加丰富、质量更加优良，以信用为核心的新型市场监管机制建立完善。

支持老龄事业发展和养老体系建设的社会环境更加友好。全社会积极应对人口老龄化、自觉支持老龄事业发展和养老体系建设的意识意愿显著增强，敬老养老助老社会风尚更加浓厚，安全绿色便利舒适的老年宜居环境建设扎实推进，老年文化体育教育事业更加繁荣发展，老年人合法权益得到有效保护，老年人参与社会发展的条件持续改善。

——摘自《国务院公报》2017年第9号，中国政府网，2017年2月28日。

《关于划定并严守生态保护红线的若干意见》
（2017年2月7日）

2017年2月7日，中共中央办公厅、国务院办公厅印发的《关于划定并严守生态保护红线的若干意见》正式公布，这标志着全国生态保护红线划定与制度建设正式全面启动。

节选：

总体目标。2017年年底前，京津冀区域、长江经济带沿线各省（直辖市）划定生态保护红线；2018年年底前，其他省（自治区、直辖市）划定生态保护红线；2020年年底前，全面完成全国生态保护红线划定，勘界定标，基本建立生态保护红线制度，国土生态空间得到优化和有效保护，生态功能保持稳定，国家生态安全格局更加完善。到2030年，生态保护红线布局进一步优化，生态保护红线制度有效实施，生态功能显著提升，国家生态安全得到全面保障。

……

依托"两屏三带"为主体的陆地生态安全格局和"一带一链多点"的海洋生态安全格局，采取国家指导、地方组织，自上而下和自下而上相结合，科学划定生态保护红线。

创新激励约束机制，对生态保护红线保护成效突出的单位和个人予以奖励，并提出根据需要设置生态保护红线管护岗位，提高居民参与生态保护积极性。

实行严格管控。生态保护红线原则上按禁止开发区域的要求进行管理，严禁不符合主体功能定位的各类开发活动。

……

建设和完善生态保护红线综合监测网络体系，及时获取监测数据；建立国家监管平台，提高管理决策科学化水平，及时核查和处理违法行为。这将有助于实现生态监管由被动应对向主动发现、及时处理转变。

……

——摘自《国务院公报》2017年第7号，中国政府网，2017年2月7日。

> 重要文献

《深化"互联网+先进制造业"发展工业互联网的指导意见》

（2017年10月30日）

2017年10月30日，国务院常务会议审议通过了《深化"互联网+先进制造业"发展工业互联网的指导意见》，这是规范和指导我国工业互联网发展的指导性文件。《指导意见》与《中国制造2025》一脉相承，是《中国制造2025》的主攻方向之一，为推进"互联网+"行动、深化制造业与互联网融合发展提供实现路径，并与宽带中国战略以及物联网、云计算等新技术发展政策文件统筹衔接。

节选：

发展目标

立足国情，面向未来，打造与我国经济发展相适应的工业互联网生态体系，使我国工业互联网发展水平走在国际前列，争取实现并跑乃至领跑。

到2025年，基本形成具备国际竞争力的基础设施和产业体系。覆盖各地区、各行业的工业互联网网络基础设施基本建成。工业互联网标识解析体系不断健全并规模化推广。形成3-5个达到国际水准的工业互联网平台。产业体系较为健全，掌握关键核心技术，供给能力显著增强，形成一批具有国际竞争力的龙头企业。基本建立起较为完备可靠的工业互联网安全保障体系。新技术、新模式、新业态大规模推广应用，推动两化融合迈上新台阶。

其中，在2018-2020年三年起步阶段，初步建成低时延、高可靠、广覆盖的工业互联网网络基础设施，初步构建工业互联网标识解析体系，初步形成各有侧重、协同集聚发展的工业互联网平台体系，初步建立工业互联网安全保障体系。

到2035年，建成国际领先的工业互联网网络基础设施和平台，形成国际先进的技术与产业体系，工业互联网全面深度应用并在优势行业形成创新引领能力，安全保障能力全面提升，重点领域实现国际领先。

到本世纪中叶，工业互联网网络基础设施全面支撑经济社会发展，工业互联网创新发展能力、技术产业体系以及融合应用等全面达到国际先进水平，综合实力进入世界前列。

——摘自《国务院公报》2017年第34号，中国政府网，2017年11月19日。

重要文献

《关于全面深化价格机制改革的意见》

（2017年11月8日）

2017年11月8日，国家发展改革委出台《关于全面深化价格机制改革的意见》，这是国家发展改革委贯彻落实十九大精神的一项重要举措，明确了未来三年价格改革的行动方案。

节选：

主要目标。到2020年，市场决定价格机制基本完善，以"准许成本+合理收益"为核心的政府定价制度基本建立，促进绿色发展的价格政策体系基本确立，低收入群体价格保障机制更加健全，市场价格监管和反垄断执法体系更加完善，要素自由流动、价格反应灵活、竞争公平有序、企业优胜劣汰的市场价格环境基本形成。

三、进一步深化垄断行业价格改革

按照"管住中间、放开两头"的总体思路，深化垄断行业价格改革，能够放开的竞争性领域和环节价格，稳步放开由市场调节；保留政府定价的，建立健全成本监审规则和定价机制，推进科学定价。

四、加快完善公用事业和公共服务价格机制

区分竞争性与非竞争性环节、基本与非基本服务，稳步放开公用事业竞争性环节、非基本服务价格，建立健全科学反映成本、体现质量效率、灵活动态调整的政府定价机制，调动社会资本积极性，补好公用事业和公共服务短板，提高公共产品供给能力和质量。

……

五、创新和完善生态环保价格机制

坚持节约优先、保护优先、自然恢复为主的方针，创新和完善生态环保价格机制，推进环境损害成本内部化，促进资源节约和环境保护，推动形成绿色生产方式、消费方式。

六、稳步推进农业用水和农产品价格改革

围绕实施乡村振兴战略和推进农业供给侧结构性改革，扎实推进农业水价综合改革，积极稳妥改革完善粮食等重要农产品价格形成机制，有效反映市场供求关系，促进农业节水和发展方式转变。

……

七、着力清理规范涉企收费

积极服务实体经济发展，清理规范各类涉企收费，建立健全收费监管长效机制，减轻实体经济负担。

……

八、有效促进市场竞争公平有序

健全规则、强化执法、创新方式，持续加强市场价格监管和反垄断执法，维护市场价格秩序，积极营造公平竞争市场环境。

……

九、切实兜住民生底线

坚持以人民为中心的发展思想，按照兜底线、织密网、建机制的要求，注重长效，综合施策，保障低收入群体基本生活，不断增强人民群众获得感和幸福感。

——摘自《发展改革委关于全面深化价格机制改革的意见》，中国政府网，2017年11月11日。

> **重要文献**

《国务院关于扩大对外开放积极利用外资若干措施的通知》

（2017年1月17日）

2017年1月17日，国务院印发《关于扩大对外开放积极利用外资若干措施的通知》。《通知》对进一步做好利用外资工作作出部署。《通知》指出，利用外资是我国对外开放基本国策和开放型经济体制的重要组成部分，在经济发展和深化改革进程中发挥了积极作用。《通知》提出，以开放发展理念为指导，进一步积极利用外资，营造优良营商环境，继续深化简政放权、放管结合、优化服务改革，降低制度性交易成本，实现互利共赢。《通知》明确了当前和今后一段时期我国利用外资工作的政策导向，提出了20项具体措施。《通知》要求，各地区、各部门要高度重视，主动作为，强化责任，密切协作，有关部门要加强督促检查，确保各项政策措施落到实处。

节选：

一、进一步扩大对外开放

（一）以开放发展理念为指导，推动新一轮高水平对外开放。修订《外商投资产业指导目录》及相关政策法规，放宽服务业、制造业、采矿业等领域外资准入限制。支持外资参与创新驱动发展战略实施、制造业转型升级和海外人才在华创业发展。
……

（四）外商投资企业和内资企业同等适用"中国制造2025"战略政策措施。鼓励外商投资高端制造、智能制造、绿色制造等，以及工业设计和创意、工程咨询、现代物流、检验检测认证等生产性服务业，改造提升传统产业。
……

二、进一步创造公平竞争环境

（八）各部门制定外资政策，要按照《国务院关于在市场体系建设中建立公平竞争审查制度的意见》（国发〔2016〕34号）规定进行公平竞争审查，原则上应公开征求意见，重要事项要报请国务院批准。各地区各部门要严格贯彻执行国家政策法规，确保政策法规执行的一致性，不得擅自增加对外商投资企业的限制。

（九）除法律法规有明确规定或确需境外投资者提供信息外，有关部门要按照内外资企业统一标准、统一时限的原则，审核外商投资企业业务牌照和资质申请，促进内外资企业一视同仁、公平竞争。
……

三、进一步加强吸引外资工作

（十五）各地区要按照创新、协调、绿色、开放、共享的发展理念，结合地方实际，积极开展投资促进活动。允许地方政府在法定权限范围内制定出台招商引资优惠政策，支持对就业、经济发展、技术创新贡献大的项目，降低企业投资和运营成本，依法保护外商投资企业及其投资者权益，营造良好的投资环境。

——摘自《国务院关于扩大对外开放积极利用外资若干措施的通知》，中国政府网，2017年1月17日。

重要文献

《国务院关于进一步削减工商登记前置审批事项的决定》

（2017年5月7日）

2017年5月17日，国务院印发《关于进一步削减工商登记前置审批事项的决定》。本届政府成立之初，工商登记前置审批事项共有226项，2014年经过三批集中调整，保留34项。此次再削减工商登记前置审批事项5项。至此，工商登记前置审批事项87%改为后置审批或取消。

节选：

进一步削减工商登记前置审批事项，将以下5项工商登记前置审批事项改为后置审批：省级人民政府商务行政主管部门实施的设立典当行及分支机构审批；省级人民政府新闻出版广电行政主管部门实施的设立中外合资、合作印刷企业和外商独资包装装潢印刷企业审批，设立从事出版物印刷经营活动的企业审批；中国民用航空局实施的外航驻华常设机构设立审批、民用航空器（发动机、螺旋桨）生产许可。建议将1项依据有关法律设立的工商登记前置审批事项改为后置审批，国务院将依照法定程序提请全国人民代表大会常务委员会修订相关法律规定。

——摘自《国务院关于进一步削减工商登记前置审批事项的决定》，中国政府网，2017年5月11日。

重要文献

《国务院办公厅关于支持社会力量提供多层次多样化医疗服务的意见》

（2017年5月16日）

2017年5月16日，《国务院办公厅关于支持社会力量提供多层次多样化医疗服务的意见》出台。出台此《意见》，就是要在原有政策基础上，进一步采取有效措施，引导和支持社会力量提供多层次多样化医疗服务，优化社会办医发展环境，更好满足人民群众健康需要，同时也为经济稳增长、调结构、促消费注入新的动力。

节选：

（三）目标任务。到2020年，社会力量办医能力明显增强，医疗技术、服务品质、品牌美誉度显著提高，专业人才、健康保险、医药技术等支撑进一步夯实，行业发展环境全面优化。打造一大批有较强服务竞争力的社会办医疗机构，形成若干具有影响力的特色健康服务产业集聚区，服务供给基本满足国内需求，逐步形成多层次多样化医疗服务新格局。

……

（五）加快发展专业化服务。积极支持社会力量深入专科医疗等细分服务领域，扩大服务有效供给，培育专业化优势。在眼科、骨科、口腔、妇产、儿科、肿瘤、精神、医疗美容等专科以及康复、护理、体检等领域，加快打造一批具有竞争力的品牌服务机构。鼓励投资者建立品牌化专科医疗集团、举办有专科优势的大型综合医院。支持社会力量举办独立设置的医学检验、病理诊断、医学影像、消毒供应、血液净化、安宁疗护等专业机构，面向区域提供相关服务。

（九）推动发展多业态融合服务。促进医疗与养老融合，支持社会办医疗机构为老年人家庭提供签约医疗服务，建立健全与养老机构合作机制，兴办医养结合机构。促进医疗与旅游融合，发展健康旅游产业，以高端医疗、中医药服务、康复疗养、休闲养生为核心，丰富健康旅游产品，培育健康旅游消费市场。促进互联网与健康融合，发展智慧健康产业，促进云计算、大数据、移动互联网、物联网等信息技术与健康服务深度融合，大力发展远程医疗服务体系。促进体育与医疗融合，支持社会力量兴办以科学健身为核心的体医结合健康管理机构。

……

——摘自《国务院办公厅关于支持社会力量提供多层次多样化医疗服务的意见》，中国政府网，2017年5月16日。

> 重要文献

《国务院关于进一步扩大和升级信息消费持续释放内需潜力的指导意见》

（2017年8月13日）

2017年8月13日，国务院印发了《关于进一步扩大和升级信息消费持续释放内需潜力的指导意见》，以此进一步扩大和升级信息消费，充分释放内需潜力，壮大经济发展的内生动力。

节选：

（三）发展目标。

到2020年，信息消费规模预计达到6万亿元，年均增长11%以上；信息技术在消费领域的带动作用显著增强，信息产品边界深度拓展，信息服务能力明显提升，拉动相关领域产出达到15万亿元，信息消费惠及广大人民群众。信息基础设施达到世界领先水平，"宽带中国"战略目标全面实现，建成高速、移动、安全、泛在的新一代信息基础设施，网络提速降费取得明显成效。基于网络平台的新型消费快速成长，线上线下协同互动的消费新生态发展壮大。公共数据资源开放共享体系基本建立，面向企业和公民的一体化公共服务体系基本建成。网络空间法律法规体系日趋完善，高效便捷、安全可信、公平有序的信息消费环境基本形成。

（四）重点领域。

生活类信息消费。创新发展满足人民群众生活需求的各类便民惠民服务新业态，重点发展面向社区生活的线上线下融合服务、面向文化娱乐的数字创意内容和服务、面向便捷出行的交通旅游服务。

公共服务类信息消费。推广高效、均等的在线公共服务，重点发展面向居家护理的智慧健康服务、面向便捷就医的在线医疗服务、面向学习培训的在线教育服务、面向利企便民的"互联网+政务服务"。

行业类信息消费。培育支撑行业信息化的新兴信息技术服务，重点发展面向垂直领域的电子商务平台服务，面向信息消费全过程的网络支付、现代物流、供应链管理等支撑服务，面向信息技术应用的综合系统集成服务。

新型信息产品消费。升级智能化、高端化、融合化信息产品，重点发展面向消费升级的中高端移动通信终端、可穿戴设备、数字家庭产品等新型信息产品，以及虚拟现实、增强现实、智能网联汽车、智能服务机器人等前沿信息产品。

——摘自《国务院关于进一步扩大和升级信息消费持续释放内需潜力的指导意见》，中国政府网，2017年8月24日。

大事记

1月3日

国务院印发《全国国土规划纲要（2016—2030）年》。这是我国首个国土空间开发与保护的战略性、综合性、基础性规划。

1月6—8日

十八届中央纪委七次全会举行。习近平强调，不断增强全面从严治党的系统性、创造性、实效性。会议审议通过《中国共产党纪律检查机关监督执纪工作规则（试行）》。

1月9日

中共中央、国务院印发《关于加强耕地保护和改进占补平衡的意见》，提出到2020年，全国耕地保有量不少于18.65亿亩。

1月9日

中共中央办公厅、国务院办公厅近日印发了《关于深化职称制度改革的意见》。

1月10日

全国农村集体产权制度改革电视电话会议在北京召开。

1月10日

中共中央办公厅、国务院办公厅印发《省级空间规划试点方案》。

1月10日

国务院印发《国家教育事业发展"十三五"规划》。

1月12日

中共中央办公厅、国务院办公厅印发《关于创新型政府配置资源方式的指导意见》。

1月12日

国务院印发《"十三五"市场监管规划》，这是第一部全国市场监管中长期规划。

1月12日

国务院办公厅印发《安全生产"十三五"规划》。

1月12日

国务院印发《关于扩大对外开放积极利用外资若干措施的通知》。

1月13日

中共中央印发了《县以上党和国家机关党员领导干部民主生活会若干规定》。

1月13日

国务院办公厅印发《关于创新管理优化服务培育壮大经济发展新动能加快新旧动能接续转换的意见》。

1月15日

国务院办公厅印发《关于进一步加强疫苗流通和预防接种管理工作的意见》。

1月15—18日

中国国家主席习近平对瑞士进行国事访问、出席在瑞士达沃斯举行的世界经济论坛2017年年会并访问联合国日内瓦总部、世界卫生组织、国际奥委会。17日，在世界经济论坛年会开幕式上发表主旨演讲，强调要引导好经济全球化走向，推动实现经济全球化进程的再平衡，打造世界经济增长、合作、治理、发展新模式。18日，访问联合国日内瓦总部并出席"共商共筑人类命运共同体"高级别会议，强调要建设一个持久和平、普遍安全、共同繁荣、开放包容、绿色低碳的世界。此后，"构建人类命运共同体"理念被载入联合国多项决议。

1月16日

中共中央办公厅、国务院办公厅印发了《关于促进移动互联网健康有序发展的意见》。

1月18日

中国国家主席习近平在联合国日内瓦总部发表题为《共同构建人类命运共同体》的主旨演讲。2月10日，"人类命运共同体"理念在联合国社会发展委员会会议上首次被写入联合国决议。

1月19日

中共中央印发了《关于新形势下加强政法队伍建设的意见》。

1月19日

国务院办公厅印发《关于促进开发区改革和创新发展的若干意见》。

1月19日

国务院办公厅印发《推行行政执法公示制度执法全过程记录制度重大执法决定法制审核制度试点工作方案》。

1月19日

商务部等五部门联合印发《商贸物流发展"十三五"规划》。

1月20日

国务院办公厅印发《关于规范发展区域性股权市场的通知》。

1月20日

在美国首都华盛顿国会山，唐纳德·特朗普宣誓就任美国第45任总统。

1月21日

国务院发布《关于第三批取消中央指定地方实施行政许可事项的决定》。

1月22日

中共中央政治局就深入推进供给侧结构性改革进行第三十八次集体学习。

1月22日

国务院发布《关于第三批清理规范国务院部门行政审批中介服务事项的决定》。

1月22日

国务院办公厅印发《中国防治慢性病中长期规划（2017—2025年）》。

1月23日

国务院印发《"十三五"推进基本公共服务均等化规划》。

1月24日

国务院办公厅印发《关于进一步改革完善药品生产流通使用政策的若干意见》。

1月25日

中共中央办公厅、国务院办公厅印发了《关于进一步引导和鼓励高校毕业生到基层工作的意见》。

1月26日

国务院办公厅印发《关于加强困难群众基本生活保障有关工作的通知》。

1月26日

中共中央办公厅、国务院办公厅印发了《关于实施中华优秀传统文化传承发展工程的意见》。

1月26日
国务院印发《"十三五"促进就业规划》。

2月1日
国务院办公厅印发《"十三五"全国结核病防治规划》。

2月3日
国务院印发《"十三五"现代综合交通运输体系发展规划》。

2月6日
习近平主持召开中央全面深化改革领导小组第三十二次会议并发表重要讲话。会议审议通过了《新时期产业工人队伍建设改革方案》《关于社会智库健康发展的若干意见》等文件。

2月6日
国务院办公厅印发《关于创新农村基础设施投融资体制机制的指导意见》,部署创新农村基础设施投融资体制机制,加快农村基础设施建设步伐。

2月8日
2017年中央"1号文件"——《中共中央、国务院关于深入推进农业供给侧结构性改革加快培育农业农村发展新动能的若干意见》发布。

2月8日
中共中央办公厅、国务院办公厅印发了《关于划定并严守生态保护红线的若干意见》。

2月8日
国务院常务会议决定进一步清理和规范涉企收费,持续为实体经济减负。2013—2016年,已累计为企业减轻负担2万多亿元。2017年将力争减负1万亿元。

2月10日
推进"一带一路"建设工作会议在北京召开。

2月15日
国务院正式批复《北部湾城市群发展规划》。

2月21日
中共中央办公厅、国务院办公厅印发了《关于加强乡镇政府服务能力建设的意见》。

2月22日
国务院印发《"十三五"国家食品安全规划》和《"十三五"国家药品安全规划》。

2月24日
十二届全国人大常委会第二十六次会议通过修订后的《中华人民共和国红十字会法》。

2月28日
中共中央、国务院印发了《关于加强和改进新形势下高校思想政治工作的意见》。

2月28日
国务院印发《"十三五"国家老龄事业发展和养老体系建设规划》。

3月1日
中共中央印发《中国共产党工作机关条例(试行)》。

3月1日
经中央网络安全和信息化领导小组批准,外交部和国家互联网信息办公室共同发布《网络空间国际合作战略》。

3月5—15日
十二届全国人大五次会议举行。会议通过《中华人民共和国民法总则》。

3月7日
中共中央办公厅印发了《关于加强和改进人民政协民主监督工作的意见》。

3月7日
国务院办公厅印发了《东北地区与东部地区部分省市对口合作工作方案》。

3月9日
国务院印发《关于新形势下加强打击侵犯知识产权和制售假冒伪劣商品工作的意见》。

3月10日
韩国宪法法院就朴槿惠总统弹劾案作出判决,宣告弹劾成立,朴槿惠被罢免。朴槿惠也因此成为韩国历史上首位遭到弹劾下台的总统。

3月12日
国务院办公厅转发文化部、工业和信息化部、财政部共同印发的《中国传统工艺振兴计划》。

3月21日
中共中央办公厅印发《中国文联深化改革方案》。

3月24日
教育部、国家发展改革委、财政部和人力资源社会保障部印发《高中阶段教育普及攻坚计划(2017—2020年)》,提出到2020年,普及高中阶段教育,全国各省(区、市)毛入学率均达到90%以上。

3月24日
习近平主持召开中央全面深化改革领导小组第三十三次会议并发表重要讲话。会议审议通过《全面深化中国(上海)自由贸易试验区改革开放方案》《关于深化科技奖励制度改革的方案》。

3月29日
水利部日前对已实施10余年的《水功能区管理办法》进行了修订,更名为《水功能区监督管理办法》。

3月29日
中共中央办公厅印发了《关于推进"两学一做"学习教育常态化制度化的意见》。

3月30日
国务院印发《全面深化中国(上海)自由贸易试验区改革开放方案》。

3月31日
国务院印发《关于建立粮食生产功能区和重要农产品生产保护区的指导意见》。

4月1日
国务院分别印发《中国(辽宁)自由贸易试验区总体方案》《中国(浙江)自由贸易试验区总体方案》《中国(河南)自由贸易试验区总体方案》《中国(湖北)自由贸易试验区总体方案》《中国(重庆)自由贸易试验区总体方案》《中国(四川)自由贸易试验区总体方案》《中国(陕西)自由贸易试验区总体方案》。

4月1日
中共中央办公厅、国务院办公厅印发了《关于深化国有企业和国有资本审计监督的若干意见》。

4月5日
环保部印发《国家环境保护标准"十三五"发展规划》。

4月6日
京津冀协同发展工作推进会议在北京召开。

4月6日
经党中央批准,中央精神文明建设指导委员会印发了《关于深化群众性精神文化创建活动的指导意见》。

4月13日
国务院印发《矿产资源权益金制度改革方案》。

4月13日
国务院印发《关于做好当前和今后一段时期就业创业工作的意见》。

4月13日
国务院批转国家发展改革委《关于2017年深化经济体制改革重点工作的意见》。

4月14日
中共中央、国务院印发了《中长期青年发展规划(2016—2025年)》。

4月15日
民政部、财政部联合印发了《关于做好第一批中央财政支持开展居家和社区养老服务改革试点工作的通知》《中央财政支持开展居家和社区养老服务改革试点工作绩效考核办法》。

4月18日
习近平主持召开中央全面深化改革领导小组第三十四次会议并发表重要讲话。会议审议通过《关于加快构建政策体系、培育新型农业经营主体的意见》《关于进一步激发和保护企业家精神的意见》等文件。

4月20日
中共中央办公厅、国务院办公厅印发《领导干部报告个人有关事项规定》和《领导干部个人有关事项报告查核结果处理办法》。

4月23日
国务院办公厅印发《关于推进医疗联合体建设和发展的指导意见》。

4月24日
国务院办公厅印发《关于进一步完善国有企业法人治理结构的指导意见》。

4月25日
中共中央政治局召开会议,分析研究当前经济形势和经济工作,审议《关于巡视中央政法单位情况的专题报告》。

4月25日
国务院办公厅印发《深化医药卫生体制改革2017年重点工作任务》。

4月25日
国务院办公厅印发《关于加强中小学幼儿园安全风险防控体系建设的意见》。

4月27日
十二届全国人大常委会第二十七次会议通过修订后的《中华人民共和国测绘法》。

2017年4月26日,我国第二艘航空母舰下水仪式在大连举行。

5月3日
国务院办公厅印发《政务信息系统整合共享实施方案》。

5月4日
中国保监会发布《关于保险业支持实体经济发展的指导意见》。

5月7日
国务院印发《关于进一步削减工商登记前置审批事项的决定》。

5月7日
39岁的法国前经济部长、中间派候选人埃马纽埃尔·马克龙当选法国第八任总统,成为法国史上最年轻的总统。

5月8日
中央军委发布《军事立法工作条例》。

5月8日
中共中央办公厅、国务院办公厅印发了《国家"十三五"时期文化发展改革规划纲要》。

5月9日
国务院办公厅印发《开展基层政务公开标准化规范化试点工作方案》,确定在北京市、安徽省、陕西省等15个省份的100个县(市、区)试点工作。

5月11日
国务院办公厅印发《关于县域创新驱动发展的若干意见》。

5月14—15日
"一带一路"国际合作高峰论坛在北京举行。会议通过《"一带一路"国际合作高峰论坛圆桌峰会联合公报》,并发表"一带一路"国际合作高峰论坛成果清单。

5月16日
国务院办公厅印发《关于支持社会力量提供多层次多样化医疗服务的意见》。

5月17日
中共中央印发了《关于加快构建中国特色哲学社会科学的意见》。

5月18日
中共中央办公厅、国务院办公厅印发《关于实行国家机关"谁执法谁普法"普法责任制的意见》。

5月22日

中共中央、国务院印发了《关于深化石油天然气体制改革的若干意见》。

5月23日

习近平主持召开中央全面深化改革领导小组第三十五次会议并发表重要讲话。会议审议通过了《关于深化教育体制机制改革的意见》等文件。

5月24日

中共中央办公厅印发《关于进一步加强党委联系服务专家工作的意见》。

5月26日

中共中央政治局召开会议,审议《关于修改〈中国共产党巡视工作条例〉的决定》和《关于巡视中央意识形态单位情况的专题报告》。

5月28日

国务院办公厅印发《兴边富民行动"十三五"规划》。

5月31日

新华社受权播发《中共中央办公厅、国务院办公厅关于加快构建政策体系培育新型农业经营主体的意见》。

5月31日

国务院办公厅印发《关于深化科技奖励制度改革的方案》。

6月1日

中共中央办公厅、国务院办公厅印发《关于甘肃祁连山国家级自然保护区生态环境问题督查处理情况及其教训的通报》。

6月5日

沙特、阿联酋、巴林和埃及以卡塔尔"支持恐怖主义"和"破坏地区安全"为由,宣布与卡塔尔断交,并对其实施制裁。随后,又有多国宣布与卡塔尔断交。

6月6日

国务院办公厅印发《关于制定和实施老年人照顾服务项目的意见》。

6月8日

中国人民银行、银监会、证监会、保监会、国家标准委联合发布《金融业标准化体系建设发展规划(2016—2020年)》。

6月15日

国务院办公厅印发《关于建设第二批大众创业万众创新示范基地的实施意见》。

6月20日

中共中央、国务院印发了《新时期产业工人队伍建设改革方案》。

6月20日

国务院办公厅印发《关于进一步深化基本医疗保险支付方式改革的指导意见》。

6月21日

国家发展改革委和国家海洋局联合发布《"一带一路"建设海上合作设想》。

6月26日

习近平主持召开中央全面深化改革领导小组第三十六次会议并发表重要讲话。会议审议通过《地区生产总值统一核算改革方案》等文件。

6月26日

中共中央印发《关于加强党内法规制度建设的意见》。

6月27日

十二届全国人大常委会第二十八次会议通过《中华人民共和国国家情报法》。

6月28日

我国完全自主研制的新型万吨级驱逐舰首舰下水。

6月29日—7月1日

习近平出席庆祝香港回归祖国20周年大会暨香港特别行政区第五届政府就职典礼。

6月29日

国务院办公厅印发《关于加快发展商业养老保险的若干意见》,部署推动商业养老保险发展工作。

7月1日

全国海关通关一体化正式实施,企业可以在全国范围内任意一个海关完成相关海关手续。

7月1日

我国全面实施检察机关提起公益诉讼制度。

7月1日

国务院办公厅印发《全国深化简政放权放管结合优化服务改革电视电话会议重点任务分工方案》。

7月3日

国务院办公厅印发《关于深化医教协同进一步推进医学教育改革与发展的意见》。

7月3—9日

中国国家主席习近平对俄罗斯、德国进行国事访问并出席在汉堡举行的二十国集团领导人第十二次峰会。

7月7日

港珠澳大桥主体工程全线贯通。是世界最长的跨海大桥。

7月12日

李克强主持召开国务院常务会议,讨论通过《关于强化实施创新驱动发展战略进一步推进大众创业万众创新深入发展的意见》。

7月14—15日

全国金融工作会议在北京召开。

京新高速公路哈密段

7月15日

北京到新疆的京新高速公路全线贯通，总里程约2768公里，这是目前世界上穿越沙漠、戈壁里程最长的高速公路。

7月18日

住建部等9部门联合印发了《关于在人口净流入的大中城市加快发展住房租赁市场的通知》。广州、深圳、南京等12个城市成为首批试点。

7月19日

习近平主持召开中央全面深化改革领导小组第三十七次会议并发表重要讲话。会议审议通过《建立国家公园体制总体方案》等文件。

7月25日

国务院办公厅印发《关于建立现代医院管理制度的指导意见》。

7月26—27日

省部级主要领导干部"学习习近平总书记重要讲话精神，迎接党的十九大"专题研讨班举行。

7月26日

国务院办公厅印发《中央企业公司制改制工作实施方案》。

7月27日

国务院印发《关于强化实施创新驱动发展战略进一步推进大众创业万众创新深入发展的意见》。

7月28日

国资委、中央编办、教育部、财政部、人社部和国家卫计委六部门联合印发《关于国有企业办教育医疗机构深化改革的指导意见》。

8月1日

庆祝中国人民解放军建军90周年大会举行。

8月1日

国家发展改革委印发《社会领域产业专项债券发行指引》。

8月2日

国务院总理李克强签署国务院令，公布《融资担保公司监督管理条例》，自2017年10月1日起施行。

8月6日

国务院总理李克强签署国务院令，公布《无证无照经营查处办法》。

8月14日

财政部、民政部、人社部联合发布《关于运用政府和社会资本合作模式支持养老服务业发展的实施意见》。

8月16日

国务院印发《关于促进外资增长若干措施的通知》。

8月16日

发展改革委发布《关于全面推进跨省跨区和区域电网输电价格改革工作的通知》。

8月17日

国务院办公厅印发《关于进一步推进物流降本增效促进实体经济发展的意见》。

8月18日

全国首家互联网法院——杭州互联网法院正式揭牌成立。

8月23日

国家发展改革委印发《关于进一步加强垄断行业价格监管的意见》。

8月29日

习近平主持召开中央全面深化改革领导小组第三十八次会议并发表重要讲话。会议审议通过《关于探索建立涉农资金统筹整合长效机制的意见》等文件。

8月31日

国家医保异地结算系统与所有省份和新疆生产建设兵团以及医疗保险统筹地区连通。

9月1日

十二届全国人大常委会第二十九次会议通过《中华人民共和国核安全法》《中华人民共和国国歌法》和修订后的《中华人民共和国中小企业促进法》。

9月3日

朝鲜不顾国际社会强烈反对进行第六次核试验。

9月3—5日

金砖国家领导人第九次会晤在福建厦门举行。

9月6日

国务院总理李克强主持召开国务院常务会议，部署在更大范围推进"证照分离"改革试点。

9月8日

中宣部、文化部、中央机构编制委员会办公室、财政部、人力资源社会保障部、国家文物局、中国科学技术协会联合发布《关于深入推进公共文化机构法人治理结构改革的实施方案》。

9月8日

国务院办公厅发布《关于加快推进农业供给侧结构性改革大力发展粮食产业经济的意见》。

9月8日

中共中央国务院印发《关于营造企业家健康成长环境弘扬优秀企业家精神更好发挥企业家作用的意见》。

9月11日

我国首条民营资本控股高铁——杭绍台高铁PPP项目在浙江杭州签约。

9月12日

人力资源社会保障部公布《国家职业资格目录》。

9月14日

国务院办公厅发布《关于推广支持创新相关改革举措的通知》。

9月14日

住房城乡建设部印发《关于支持北京市、上海市开展共有产权住房试点的意见》。

9月22日

国家发展改革委、国家能源局等五部门联合印发《关于促进储能技术与产业发展的指导意见》。

9月24日

新华社受权播发《中共中央办公厅、国务院办公厅关于深化教育体制机制改革的意见》。

9月24日

德国举行联邦议院选举。总理默克尔领导的联盟党获胜。

9月26日

新华社受权播发《中共中央办公厅、国务院办公厅建立国家公园体制总体方案》。

9月28日

国务院印发《关于在更大范围推进"证照分离"改革试点工作的意见》。

9月30日

新华社受权播发《中共中央办公厅、国务院办公厅关于创新体制机制推进农业绿色发展的意见》。

10月1日

美国拉斯维加斯一露天音乐会发生枪击事件,致59死527伤,这成为美国现代史上伤亡最惨重的枪击案。

10月2日

中共中央办公厅、国务院办公厅发布《国家生态文明试验区(江西)实施方案》和《国家生态文明试验区(贵州)实施方案》。

10月8日

新华社受权播发《中共中央办公厅、国务院办公厅关于深化审评审批制度改革鼓励药品医疗器械创新的意见》。

10月10日

中共中央宣传部、最高人民法院、中国银行业监督管理委员会联合下发关于创建完善失信被执行人曝光平台的通知。

10月13日

新华社受权播发《国务院办公厅关于积极推进供应链创新与应用的指导意见》。

10月18—24日

中国共产党第十九次全国代表大会在北京召开。会议选举产生新一届中央委员会和中央纪律检查委员会,会议通过关于十八届中央委员会报告的决议、关于十八届中央纪律检查委员会工作报告的决议、关于《中国共产党章程(修正案)》的决议。

10月20日

教育部、人力资源和社会保障部联合印发《高校教师职称评审监管暂行办法》。

2017年10月19日,中国共产党第十九次全国代表大会新闻中心举行记者招待会。

10月23日

中共中央办公厅印发《关于在全国各地推开国家监察体制改革试点方案》。

10月27日

十九届中共中央政治局召开会议,审议《中共中央政治局关于加强和维护党中央集中统一领导的若干规定》和《中共中央政治局贯彻落实中央八项规定的实施细则》。

10月27日

工业和信息化部、发展改革委、科技部、财政部等16部门联合印发了《关于发挥民间投资作用推进实施制造强国战略的指导意见》。

10月30日

国务院总理李克强主持召开国务院常务会议,通过《深化"互联网+先进制造业"发展工业互联网的指导意见》。

10月31日

国家发展改革委等28个部门联合发布《关于加强对外经济合作领域信用体系建设的指导意见》。

11月7日

国家发展改革委发布《政府制定价格成本监审办法》,自2018年1月1日起施行。

11月8日

国家发展改革委公布《关于全面深化价格机制改革的意见》。

11月9日

国务院印发《划转部分国有资本充实社保基金实施方案》。

11月9日、12月9日

叙利亚和伊拉克政府先后宣布收复极端组织"伊斯兰国"在叙绝大部分控制区和在伊所有控制区。

11月15日

银监会发布《国家开发银行监督管理办法》、《中国进出口银行监督管理办法》和《中国农业发展银行监督管理办法》。

11月19日

国务院总理李克强签署国务院令,公布《国务院关于废止〈中华人民共和国营业税暂行条例〉和修改〈中华人民共和国增值税暂行条例〉的决定》,自公布之日起施行。

11月20日

国办印发《关于创建"中国制造2025"国家级示范区的通知》。

11月20日

习近平主持召开十九届中央全面深化改革领导小组第一次会议并发表重要讲话。会议审议通过了《关于改革完善全科医生培养与使用激励机制的意见》等文件。

11月24日

财政部、税务总局、水利部发布《扩大水资源税改革试点实施办法》。

11月27日

新华社受权播发《国务院关于深化"互联网+先进制造业"发展工业互联网的指导意见》。

12月4日

教育部印发《义务教育学校管理标准》。

12月5日

国务院办公厅印发《关于深化产教融合的若干意见》。

12月7日

国土资源部、国家发展改革委日前联合印发《关于深入推进农业供给侧结构性改革做好农村产业融合发展用地保障工作的通知》。

12月8日

国务院印发《关于探索建立涉农资金统筹整合长效机制的意见》。

12月11日

中共中央办公厅、国务院办公厅发布《党政机关办公用房管理办法》《党政机关公务用车管理办法》。

12月18—20日

中央经济工作会议在北京举行。

12月19日

国务院办公厅印发《关于推进公共资源配置领域政府信息公开的意见》。

12月22—23日

全国发展和改革工作会议在京召开。

12月30日

国务院总理李克强日前签署国务院令,公布《中华人民共和国环境保护税法实施条例》。

数说发展

人口

（单位：万人）

总人口 139008

城镇 81347
乡村 57661

 出生率 12.43‰
 死亡率 7.11‰
自然增长率 5.32‰

GDP（国内生产总值）

第一产业增加值 65468 亿元
第二产业增加值 334623 亿元
第三产业增加值 427032 亿元

GDP（国内生产总值） 827122 亿元
比上年增长 6.9%

第一产业增加值占国内生产总值的比重为 7.9%
第二产业增加值占国内生产总值的比重为 40.5%
第三产业增加值占国内生产总值的比重为 51.6%

外汇储备

年末外汇储备 31399 亿美元
比上年末增加 1294 亿美元

公共财政收入

公共财政收入 172567 亿元
比上年增长 7.4%
其中：税收收入 144360 亿元

工业

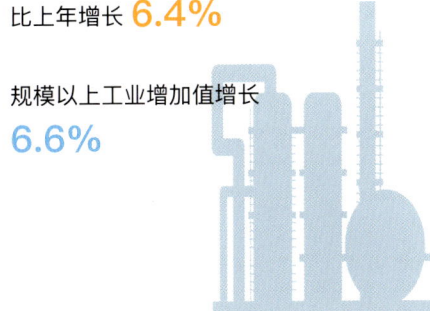

工业增加值 279997 亿元
比上年增长 6.4%
规模以上工业增加值增长 6.6%

农业

产量 （单位：万吨）

产量	
粮食	61791
棉花	549
油料	3732
糖料	12556
肉类	8431
水产品	6938

水利

新增耕地灌溉面积 109 万公顷

新增节水灌溉面积 144 万公顷

对外经济

（单位：亿美元）

进出口贸易总额 324914

出口 168728
进口 156186
进出口差额 12541

利用外资

非金融领域新批外商直接投资企业 35652 家

实际使用外商直接投资金额 1310 亿美元

对外经济合作

对外承包工程业务完成营业额 1686 亿美元

对外劳务合作派出各类劳务人员 52 万人

国内商业

社会消费品零售总额
366262亿元

按消费形态统计 ← → 按经营地统计

商品零售额 326618 亿元
餐饮收入额 39644 亿元

城镇消费品零售额 314290 亿元
乡村消费品零售额 51972 亿元

固定资产投资

固定资产投资 641238 亿元

固定资产投资（不含农户）
631684 亿元

第一产业投资
20892 亿元

第二产业投资
235751 亿元

第三产业投资
375040 亿元

农户投资 9554 亿元

东部地区投资
265837 亿元

中部地区投资
163400 亿元

西部地区投资
166571 亿元

东北地区投资
30655 亿元

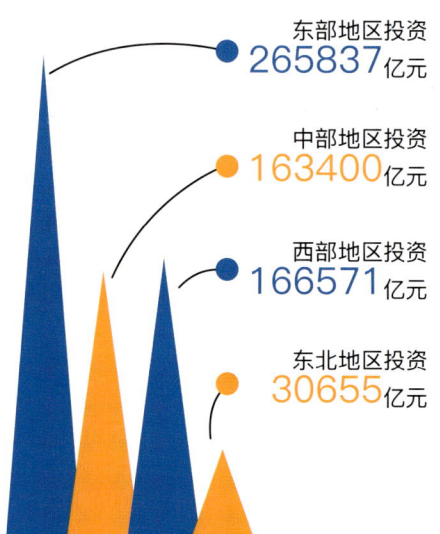

社会福利事业

提供住宿的社会服务机构 3.2 万个
床位 749.5 万张
收养救助各类人员 279.6 万人

社区服务中心 2.5 万个
社区服务站心 13.9 万个

得到政府最低生活保障人数

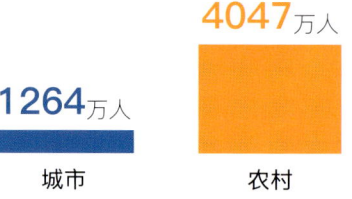

城市 1264 万人
农村 4047 万人

人民生活

全年城镇新增就业
1351 万人

全国农民工总量
28652 万人

比上年增长 1.7%

其中

外出农民工 17185 万人
增长 1.5%

本地农民工 11467 万人
增长 2.0%

城乡居民收入

城镇居民人均可支配收入 36396 元
农村居民人均纯收入 13432 元

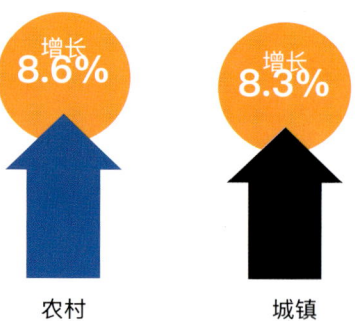

农村 增长 8.6%　　城镇 增长 8.3%

居民家庭恩格尔系数

31.2%　　　　28.6%

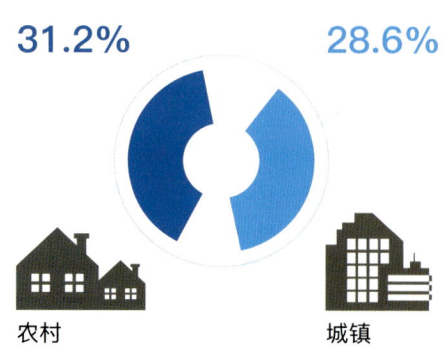

农村　　　　　城镇

交通运输和邮电通信业

全年货物运输总量 479 亿吨

- 铁路 36.9 亿吨
- 公路 368 亿吨
- 水运 66.6 亿吨
- 民航 705.8 万吨
- 管道 7.9 亿吨

港口完成货物吞吐量 126 亿吨

其中：外贸货物 40 亿吨

集装箱 23680 万标箱

货物运输周转量 196130.4 （单位：亿吨公里）

- 铁路 26962.2
- 公路 66712.5
- 水运 97455.0
- 民航 243.5
- 管道 4757.2

旅客运输周转量 32812.7 （单位：亿人公里）

- 铁路 13456.9
- 公路 9765.1
- 水运 77.9
- 民航 9512.8

邮电业务总量 37321 亿元

邮政业务 9764 亿元

电信业务 27557 亿元

电信业全年局用交换机总容量 18414 万门

移动电话交换机容量 242186 万户

互联网上网人数 7.72 亿人

其中手机上网人数 7.53 亿人

互联网普及率 55.8%

全国固定及移动电话用户总数 161125 万户

其中：

移动电话用户 141749 万户

移动电话普及率 102.5 部/百人

固定互联网宽带接入用户 34854 万户

移动宽带用户 113152 万户

社会保障

参加各类基本保险人数

城乡居民基本医疗保险 87343 万人

城镇职工基本养老保险 40199 万人

工伤保险 22726 万人

失业保险 18784 万人

生育保险 19240 万人

保险事业

原保险保费收入 36581 亿元

- 寿险业务原保险保费收入 21456 亿元
- 健康险和意外伤害险业务原保险保费收入 5291 亿元
- 财产险业务原保险保费收入 9835 亿元

支付各类赔款及给付 11181 亿元

- 寿险业务给付 4575 亿元
- 健康险和意外伤害险赔款及给付 1518 亿元
- 财产险业务赔款 5087 亿元

科学技术

研究与试验发展（R&D）经费支出
17500亿元

其中基础研究经费 **920亿元**

- 授予专利权 **183.6万件**
  其中，境内授权 **170.5万件**
- 授予发明专利权 **42.0万件**
  其中，境内授权 **32.0万件**
- 有效专利 **714.8万件**
  其中，境内有效专利 **620.4万件**
- 有效发明专利 **208.5万件**
  其中，境内有效发明专利 **135.6万件**

我国自主研制的首艘货运飞船天舟一号成功发射。在轨期间，先后顺利完成空间站货物补给、推进剂在轨补加、自主快速交会对接等多项拓展应用和相关试验。

成功发射卫星 **17次**

"蛟龙"号深海载人潜水器圆满完成为期5年的试验性应用航次全部下潜任务，其中 **11**个潜次作业水深超过 **6500**米，为下一阶段业务化运行奠定坚实基础。

签订技术合同 **36.8万项**
技术合同成交金额 **13424亿元**

文化

艺术表演团体 2054
博物馆 3217
公共图书馆 3162
文化馆 3327
档案馆 4237

已开放各类档案 **13806万卷（件）**

广播节目综合人口覆盖率 **98.7%**
电视节目综合人口覆盖率 **99.1%**

有线数字电视用户 **1.98亿户**

电视剧 **310**部 **13310**集
动画电视片 **83599**分钟
故事影片 **798**部
科教、纪录、动画和特种影片 **172**部

旅游

国内旅游

国内居民出境人数 **14273万人次**
其中，因私出境 **13582万人次**

国内出游人数 **50亿人次**
国内旅游收入 **45661亿元**

国际旅游

国际旅游外汇收入 **1234亿美元**

入境旅游人数 **13948万人次**

其中，外国人 **2917万人次**

香港、澳门和台湾同胞 **11032万人次**

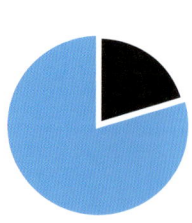

出版

图书 **90亿册（张）**
各类期刊 **26亿册**
报纸 **368亿份**

教育

(单位：万人)

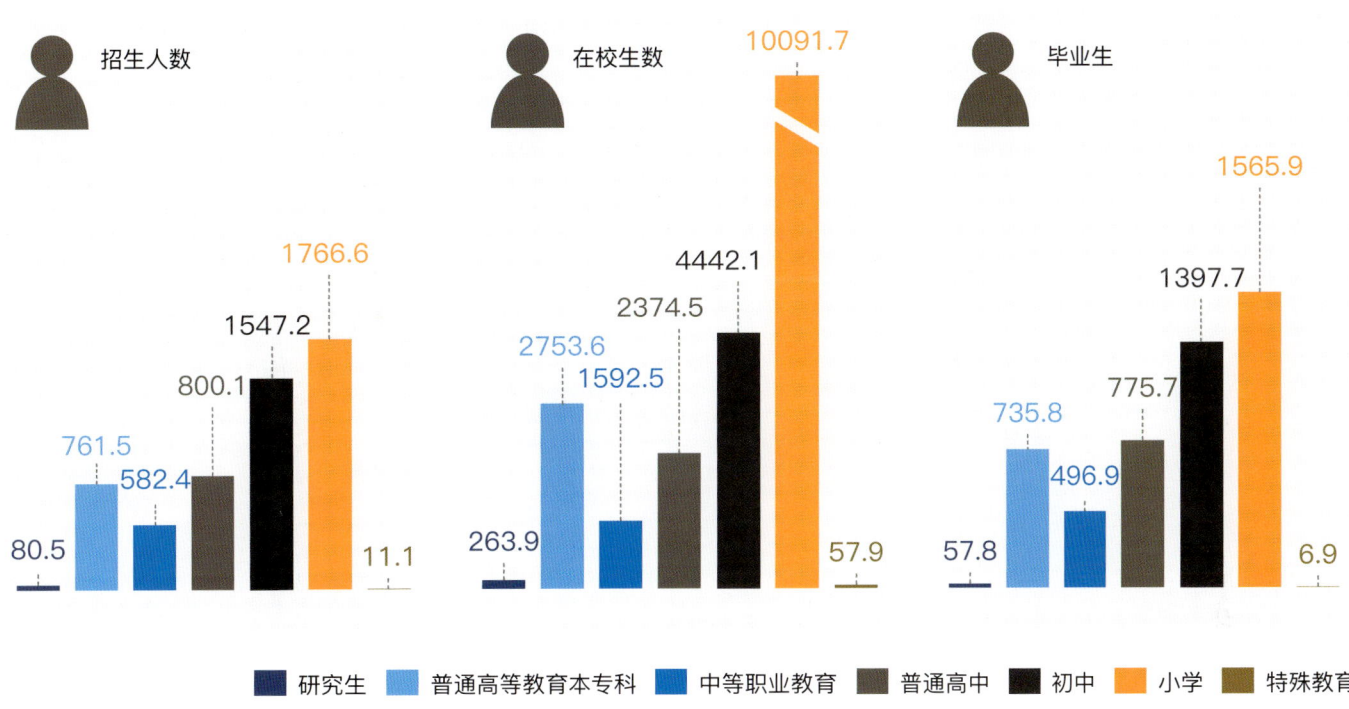

招生人数 / 在校生数 / 毕业生

- 研究生：80.5 / 263.9 / 57.8
- 普通高等教育本专科：761.5 / 2753.6 / 735.8
- 中等职业教育：582.4 / 1592.5 / 496.9
- 普通高中：800.1 / 2374.5 / 775.7
- 初中：1547.2 / 4442.1 / 1397.7
- 小学：1766.6 / 10091.7 / 1565.9
- 特殊教育：11.1 / 57.9 / 6.9

卫生

医疗卫生机构995000个

其中，医院30000个
乡镇卫生院37000个
社区卫生服务中心（站）35000个
诊所（卫生所、医务室）230000个
村卫生室638000个
疾病预防控制中心3482个
卫生监督所（中心）3133个

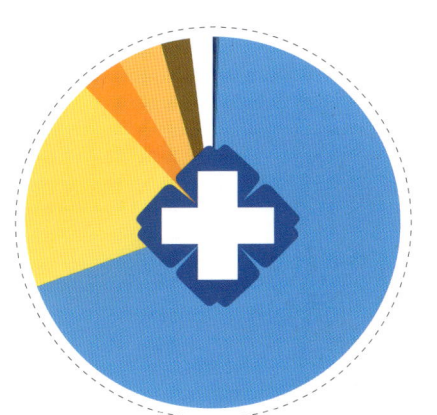

卫生技术人员891万人

其中，执业医师和执业助理医师335万人
注册护士379万人

医疗卫生机构床位785万张

其中，医院609万张
乡镇卫生院125万张

体育

在24个运动大项中获106个世界冠军
共创6项世界纪录

中国改革开放全纪录

1978-2018

2018

- 中共十九届三中全会：深化党和国家机构改革
- 中央全面深化改革委员会成立
- 博鳌亚洲论坛2018年年会召开
- 十三届全国人大一次会议通过新的宪法修正案和监察法
- 海南全岛建设自由贸易试验区、中国特色自由贸易港
- 毫不动摇地支持民营经济发展
- 首届中国国际进口博览会举办

焦点事件

中共十九届三中全会：深化党和国家机构改革

中共十九届三中全会于2018年2月26日至28日在北京举行。全会审议通过了《中共中央关于深化党和国家机构改革的决定》和《深化党和国家机构改革方案》，同意把《深化党和国家机构改革方案》的部分内容按照法定程序提交十三届全国人大一次会议审议。

全会强调，"在全面深化改革进程中，下决心解决党和国家机构职能体系中存在的障碍和弊端"。全会指出，"深化党和国家机构改革是推进国家治理体系和治理能力现代化的一场深刻变革。全会提出，深化党和国家机构改革的目标是，构建系统完备、科学规范、运行高效的党和国家机构职能体系，形成总揽全局、协调各方的党的领导体系，职责明确、依法行政的政府治理体系，中国特色、世界一流的武装力量体系，联系广泛、服务群众的群团工作体系。""全面提高国家治理能力和治理水平"。[1]

口述·忆述

魏礼群：2018年2月28日，党的十九届三中全会通过《中共中央关于深化党和国家机构改革的决定》，这个《决定》以习近平新时代中国特色社会主义思想为指导，着眼于推进国家治理体系和治理能力现代化，统筹推进党政军群机构改革，构建从中央到地方各级机构政令统一、运行顺畅、充满活力的工作体系。加强党的全面领导，在完善党中央机构职能和完善国务院机构职能方面，实施全面性改革。从行政体制改革方面看，主要内容是深入推进简政放权、提高资源配置效率和公平性，大幅降低制度性交易成本，营造良好的营商环境。重要举措是整合机构、推进大部门制，包括组建自然资源部、生态环境部、农业农村部、文化和旅游部、卫生健康委员会、应急管理部等，减少微观管理事务和具体审批事项，清理和规范各类行政许可。这一次机构改革，是一场系统性、整体性、重构性的变革，力度规模之大、涉及范围之广、触及利益之深前所未有，既有当下"改"的举措，又有长久"立"的设计，对于推进国家治理现代化建设有着重大的意义。

资料来源：中国（海南）改革发展研究院"口述改革历史"访谈。

2018年3月15日，不少人在银监会的牌子前拍照留念。根据公布的《国务院机构改革方案》，将组建中国银行保险监督管理委员会，不再保留银监会、保监会。

专栏：2018年深化党和国家机构改革方案（节选）

一、深化党中央机构改革

组建国家监察委员会。同中央纪律检查委员会合署办公。不再保留监察部、国家预防腐败局。

组建中央全面依法治国委员会。负责全面依法治国的顶层设计、总体布局、统筹协调、整体推进、督促落实，作为党中央决策议事协调机构。办公室设在司法部。

组建中央审计委员会。办公室设在审计署。

中央全面深化改革领导小组、中央网络安全和信息化领导小组、中央财经领导小组、中央外事工作领导小组改为委员会。加强党中央对涉及党和国家事业全局的重大工作的集中统一领导，强化决策和统筹协调职责，负责相关领域重大工作的顶层设计、总体布局、统筹协调、整体推进、督促落实。

组建中央教育工作领导小组。领导小组秘书组设在教育部。

组建中央和国家机关工作委员会。不再保留中央直属机关工作委员会、中央国家机关工作委员会。

组建新的中央党校（国家行政学院）。

组建中央党史和文献研究院。

中央组织部统一管理中央机构编制委员会办公室，统一管理公务员工作、统一管理新闻出版工作、统一管理电影工作。

中央统战部统一领导国家民族事务委员会、统一管理宗教工作、统一管理侨务工作。

优化中央网络安全和信息化委员会办公室职责。

不再设立中央维护海洋权益工作领导小组、不再设立中央社会治安综合治理委员会及其办公室、不再设立中央维护稳定工作领导小组及其办公室。

将中央防范和处理邪教问题领导小组及其办公室职责划归中央政法委员会、公安部。

二、深化全国人大机构改革

组建全国人大社会建设委员会。

全国人大内务司法委员会更名为全国人大监察和司法委员会。

全国人大法律委员会更名为全国人大宪法和法律委员会。

三、深化国务院机构改革

组建自然资源部。

组建生态环境部。

组建农业农村部。不再保留农业部。

组建文化和旅游部。

组建国家卫生健康委员会。不再保留国家卫生和计划生育委员会。不再设立国务院深化医药卫生体制改革领导小组办公室。

组建退役军人事务部。

组建应急管理部。

重新组建科学技术部。

重新组建司法部。

优化审计署职责。

组建国家市场监督管理总局。不再保留国家工商行政管理总局、国家质量监督检验检疫总局、国家食品药品监督管理总局。

组建国家广播电视总局。

组建中央广播电视总台。

组建中国银行保险监督管理委员会。不再保留中国银行业监督管理委员会、中国保险监督管理委员会。

组建国家国际发展合作署。商务部对外援助工作有关职责、外交部对外援助协调等职责整合，组建国家国际发展合作署，作为国务院直属机构。

组建国家医疗保障局。

组建国家粮食和物资储备局。

组建国家移民管理局。组建国家移民管理局，加挂中华人民共和国出入境管理局牌子，由公安部管理。

组建国家林业和草原局。不再保留国家林业局。

重新组建国家知识产权局。重新组建国家知识产权局，由国家市场监督管理总局管理。

国务院三峡工程建设委员会及其办公室、国务院南水北调工程建设委员会及其办公室并入水利部。

调整全国社会保障基金理事会隶属关系。

改革国税地税征管体制。

四、深化全国政协机构改革

组建全国政协农业和农村委员会；全国政协文史和学习委员会更名为全国政协文化文史和学习委员会；全国政协教科文卫委员会更名为全国政协教科卫体委员会。

五、深化行政执法体制改革

整合组建市场监管综合执法队伍、整合组建生态环境保护综合执法队伍、整合组建文化市场综合执法队伍、整合组建交通运输综合执法队伍、整合组建农业综合执法队伍。

——资料来源：《中共中央印发〈深化党和国家机构改革方案〉》，人民网，2018年4月28日。

全会提出,"深化党和国家机构改革的首要任务是,完善坚持党的全面领导的制度,加强党对各领域各方面工作领导,确保党的领导全覆盖,确保党的领导更加坚强有力。要建立健全党对重大工作的领导体制机制,统筹设置党政机构,推进党的纪律检查体制和国家监察体制改革"。深化党和国家机构改革总的考虑是,着眼于转变政府职能,坚决破除制约使市场在资源配置中起决定性作用、更好发挥政府作用的体制机制弊端,围绕推动高质量发展,建设现代化经济体系,加强和完善政府经济调节、市场监管、社会管理、公共服务、生态环境保护职能,结合新的时代条件和实践要求,着力推进重点领域和关键环节的机构职能优化和调整,构建起职责明确、依法行政的政府治理体系,提高政府执行力,建设人民满意的服务型政府。

2018年3月13日,方案提请十三届全国人大一次会议审议。根据该方案,改革后,国务院正部级机构减少8个,副部级机构减少7个,除国务院办公厅外,国务院设置组成部门26个。

① 《中国共产党第十九届中央委员会第三次全体会议公报》,新华社,2018年2月28日。

中央全面深化改革委员会成立

2018年3月,中共中央印发的《深化党和国家机构改革方案》提出,将中央全面深化改革领导小组改为中央全面深化改革委员会,负责改革领域重大工作的顶层设计、总体布局、统筹协调、整体推进、督促落实。

中共中央总书记、中央全面深化改革委员会主任习近平3月28日下午主持召开中央全面深化改革委员会第一次会议并发表重要讲话。他强调,深化党和国家机构改革全面启动,标志着全面深化改革进入了一个新阶段,改革将进一步触及深层次利益格局的调整和制度体系的变革,改革的复杂性、敏感性、艰巨性更加突出,要加强和改善党对全面深化改革统筹领导,紧密结合深化机构改革推动改革工作。

中央全面深化改革领导小组上升为中央全面深化改革委员会,是健全党对重大工作领导体制机制的一项重要举措,体现了党中央致力于全面深化改革的决心和力度,更加便于从顶层设计的体制机制上推进全面深化改革,确保改革决策和规划的战略性、科学性、整体性、协调性和有效性,切实推进各项改革措施和决策部署落细落实,也能最大限度地吸纳各个方面的改革力量参与到改革的决策、执行和监督上。

全面深化司法体制改革

中共十八大以来,中国司法体制改革受到外界极大关注。司法体制改革任务总计达131项,而在刚刚过去的近四年时间里,123项已出台了改革意见,6项正在深入研究制定改革方案,只有两项还在等待条件成熟择机推开。随着司法责任制改革的深入推进,完善员额管理制度、组建新型办案团队、推进内设机构改革、规范审判权力运行、建立新型权力监管机制、完善绩效考核制度等,这些与改革效果息息相关的难题怎么破?

2018年1月22日召开的中央政法工作会议给出了系列方案。会议提出,要按照党的十九大部署,以综合配套改革为抓手,全面深化司法体制改革,建设更高水平法治中国。

一是加快完善员额管理制度。健全员额退出、增补机制,入额领导干部要严格执行办案数量要求,带头办理重大复杂疑难案件,达不到要求的退出员额。二是加快建设新型办案团队。司法行政人员比例不超过15%,法官助理与法官的比例达到1:1以上。三是加快内设机构改革确定时间表,确保今年底前完成。四是加快构建新型司法监管机制。转变思路,从微观的个案审批、文书签发向宏观的全院、全员、全过程

2018年4月20日,原云南出入境检验检疫系统正式转隶昆明海关。

的案件质量效率监管转变。五是加快完善司法职业保障制度。各级法院检察院强化司法绩效考核结果运用，让考核优秀者优先晋升，让考核不合格者退出员额。六是深化刑事诉讼制度改革。完善刑事案件分流机制，推进认罪认罚从宽制度试点，构建中国特色轻罪诉讼制度体系，推进以审判为中心的刑事诉讼制度改革。七是深化与国家监察体制改革试点衔接工作。积极支持全面推开国家监察体制改革试点，配合做好机构调整、职能划转、人员转隶工作，以更大力度推进反腐败工作。八是深化民事诉讼制度改革。在民商事案件占法院案件总数85%的大背景下，进一步提高办案质量效率，向人民群众提供更优质的司法产品。九是深化市场化、社会化机制建设。深化执行制度改革，坚决打赢"用两到三年时间基本解决执行难"这场硬仗。

专栏：历届博鳌亚洲论坛主题

时间	主题
2002年4月12—13日	新世纪、新挑战、新亚洲——亚洲经济合作与发展
2003年11月2—3日	亚洲寻求共赢：合作促进发展
2004年4月24—25日	亚洲寻求共赢：一个向世界开放的亚洲
2005年4月22—24日	亚洲寻求共赢：亚洲的新角色
2006年4月21—23日	亚洲寻求共赢：亚洲的新机会
2007年4月20—22日	亚洲寻求共赢：亚洲制胜全球经济——创新和可持续发展
2008年4月11—13日	绿色亚洲：在变革中实现共赢
2009年4月17—19日	经济危机与亚洲：挑战与展望
2010年4月9—11日	绿色复苏：亚洲可持续发展的现实选择
2011年4月14—16日	包容性发展：共同议程和全新挑战
2012年4月1—3日	变革世界中的亚洲：迈向健康与可持续发展
2013年4月6—8日	革新、责任、合作：亚洲寻求共同发展
2014年4月8—11日	亚洲的新未来：寻找和释放新的发展动力
2015年3月26—29日	亚洲新未来：迈向命运共同体
2016年3月22—25日	亚洲新未来：新活力与新愿景
2017年3月23—26日	直面全球化与自由贸易的未来资料
2018年4月8—11日	开放创新的亚洲，繁荣发展的世界

——**资料来源**：《博鳌亚洲论坛历届年会主题》，新华网，2018年4月7日。

博鳌亚洲论坛2018年年会召开

博鳌亚洲论坛2018年年会于4月8日至11日在中国海南博鳌召开。主题为"开放创新的亚洲，繁荣发展的世界"，设置了"全球化与一带一路""开放的亚洲""创新"和"改革再出发"4个板块，共60多场正式讨论，来自全球政界、商界、学术界和媒体界的知名人士汇聚博鳌。

4月10日，在开幕式上，中国国家主席习近平发表《开放共创繁荣创新引领未来》主旨演讲。2018年正值中国改革开放四十周年，习近平主席的演讲首先高度评价中国改革开放40年取得的成绩，他指出，"40年来，中国人民始终敞开胸襟、拥抱世界，坚持对外开放基本国策，打开国门搞建设，成功实现从封闭半封闭到全方位开放的伟大转折，成为世界经济增长的主要稳定器和动力源，为人类和平与发展的崇高事业作出了中国贡献。"当习近平主席提到"改革开放改变中国，影响世界""中国改革开放必然成功"时，现场热烈的掌声一波未停，一波又起。

习近平主席宣布，中国决定在扩大开放方面采取一系列新的重大举措。第一，大幅度放宽市场准入。确保放宽银行、证券、保险行业外资股比限制，拓宽中外金融市场合作领域，尽快放宽汽车行业等制造业外资股比限制等等。第二，创造更有吸引力的投资环境。加强同国际经贸规则对接，全面落实准入前国民待遇加负面清单管理制度。第三，加强知识产权保护。重新组建国家知识产权局。第四，主动扩大进口。今年将相当幅度降低汽车进口关税，同时降低部分其他产品进口关税，加快加入世界贸易组织《政府采购协定》进程。

十三届全国人大一次会议通过新的宪法修正案和监察法

2018年1月，中国共产党第十九届中央委员会第二次全体会议在北京召开，全会审议通过了《中共中央关于修改宪法部分内容的建议》。3月11日，十三届全国人大一次会议第三次全体会议，表决通过了《中华人民共和国宪法修正案》，会议同时还通过了《中华人民共和国监察法》。

新的宪法修正案站在健全完善党和国家领导制度、推进国家治理体系和治理能力现代化的高度，做出了一系列重大制度设计，包括坚持党的领导、人大制度、统一战线制度、宪法宣誓制度、国家主席任期制度、国务院管理制度、地方立法制度、监察制度等等。这些重大修改建议，是保证党和国家长治久安的顶层设计和制度安排。新的宪

2018年6月3日，海南决定设立海口江东新区，作为建设自由贸易试验区集中展示区域。

法修正案做了多处重大调整，一是把"中国特色社会主义最本质的特征是中国共产党领导"载入宪法总纲，使党总揽全局、协调各方的领导核心地位在国家运行机制和各项制度中具有更强的制度约束力和更高的法律效力。二是在国家主席任职规定上作出调整，修改为："中华人民共和国主席、副主席每届任期同全国人民代表大会每届任期相同。"三是赋予监察委员会宪法地位，为建立集中统一、权威高效的国家监察体系奠定坚实基础。确立监察委员会作为国家监察机关列入国家机构的法律地位，是推动反腐败斗争向纵深发展的重大制度设计。四是增加设区的市制定地方性法规的条款。进一步完善了社会主义立法体制。

十三届全国人大一次会议还审议通过了监察法草案，为深化国家监察体制改革，构建集中统一、权威高效的中国特色国家监察体制提供了法律依据。监察法的制定出台，是贯彻落实党中央决策部署的重大举措，有利于使党的主张通过法定程序成为国家意志，以立法形式将实践证明是行之有效的做法和经验上升为法律，将改革的成果固定化、法治化，也为巩固反腐败成果提供制度保障。

海南全岛建设自由贸易试验区、中国特色自由贸易港

4月13日，中共中央总书记、国家主席、中央军委主席习近平在庆祝海南建省办经济特区30周年大会上宣布，党中央决定支持海南全岛建设自由贸易试验区，支持海南逐步探索、稳步推进中国特色自由贸易港建设，分步骤、分阶段建立自由贸易港政策和制度体系。习近平指出，"这是党中央着眼于国际国内发展大局，深入研究、统筹考虑、科学谋划作出的重大决策，是彰显我国扩大对外开放、积极推动

口述·忆述

迟福林：2018年4月13日，我们聆听了习近平总书记在海南建省办经济特区30周年纪念大会上的讲话。习总书记当场郑重宣布，"党中央决定支持海南全岛建设自由贸易试验区，支持海南逐步探索、稳步推进中国特色自由贸易港建设，分步骤、分阶段建立自由贸易港政策和制度体系。这是党中央着眼于国际国内发展大局，深入研究、统筹考虑、科学谋划作出的重大决策，是彰显我国扩大对外开放、积极推动经济全球化决心的重大举措。"在场的我，心潮澎湃。

从4月13日到现在，我将大部分的时间精力都投身于海南自由贸易试验区和自由贸易港建设的相关研究、调研、交流和思考。5月9日，海南省政府正式批复同意成立中国特色自由贸易港研究院，由中国(海南)改革发展研究院牵头，中国南海研究院、海南大学、海南师范大学等单位参与共建。自贸院定位为海南自贸试验区和自贸港的理论与政策研究，主要任务是服务海南自贸试验区和自贸港建设决策。6月27日，中国特色自由贸易港研究院成立大会暨揭牌仪式在中改院举行。

资料来源：中国(海南)改革发展研究院"口述改革历史"访谈。

经济全球化决心的重大举措。"

4月14日，中共中央、国务院印发《关于支持海南全面深化改革开放的指导意见》，提出全面贯彻党的十九大和十九届二中、三中全会精神，以习近平新时代中国特色社会主义思想为指导，坚持党的全面领导，坚持稳中求进工作总基调，坚持新发展理念，统筹推进"五位一体"总体布局和协调推进"四个全面"战略布局，以供给侧结构性改革为主线，赋予海南经济特区改革开放新使命，建设自由贸易试验区和中国特色自由贸易港，解放思想、大胆创新，着力在建设现代化经济体系、实现高水平对外开放、提升旅游消费水平、服务国家重大战略、加强社会治理、打造一流生态环境、完善人才发展制度等方面进行探索，在贯彻落实党的十九大的重大决策部署上走在前列，打造实践中国特色社会主义的生动范例，开创新时代中国特色社会主义新局面，为把我国建设成为富强民主文明和谐美丽的社会主义现代化强国作出更大贡献。

《指导意见》还赋予海南"三区一中心"的战略定位，即全面深化改革开放试验区、国家生态文明试验区、国际旅游消费中心、国家重大战略服务保障区。

全国试行生态环境损害赔偿制度

2015年，中央办公厅、国务院办公厅印发《生态环境损害赔偿制度改革试点方案》（中办发〔2015〕57号），在吉林等7个省市部署开展改革试点，取得明显成效。

2017年8月29日，中央全面深化改革领导小组第三十八次会议审议通过《生态环境损害赔偿制度改革方案》。《方案》提出，自2018年1月1日起，在全国试行生态环境损害赔偿制度。到2020年，力争在全国范围内初步构建责任明确、途径畅通、技术规范、保障有力、赔偿到位、修复有效的生态环境损害赔偿制度。

生态环境损害赔偿制度改革已从先行试点进入全国试行的阶段。通过全国试行，不断提高生态环境损害赔偿和修复的效率，来有效破解"企业污染、群众受害、政府买单"的困局。以前我国企业环境违法成本低、守法成本高，现有的法律制度体系内缺乏一套制度来解决生态环境损害赔偿问题。"生态环境损害赔偿"制度改革方案的试行，通过赋予省市两级政府作为辖区内生态环境、自然资源权利人的职能和职责，在生态环境损害发生时，代表辖区内的自然资源权利人去进行有关损害赔偿的磋商或诉讼，正式弥补了现有法律和制度上的一项空白。

《基本公共服务领域中央与地方共同财政事权和支出责任划分改革方案》出台

党的十九大报告要求"加快建立现代财政制度，建立权责清晰、财力协调、区域均衡的中央和地方财政关系。中央与地方财政事权和支出责任划分改革"。2016年8月，国务院印发了《国务院关于推进中央与地方财政事权和支出责任划分改革的指导意见》。1994年财税体制改革以来，随着国家财力的增加，我国逐步形成了中央制定政策、地方组织落实、中央和地方财政共同提供保障的具有中国特色的基本公共服务供给模式。随着新型工业化、城镇化深入推进，以及农业转移人口市民化进程加快，基本公共服务事项大量增加，原有基本公共服务提供和保障方式也出现了一些不相适应的情况。

2018年2月8日，国务院办公厅印发了《基本公共服务领域中央与地方共同财政事权和支出责任划分改革方案》。

《方案》中改革的主要内容包含以下几点：一是明确基本公共服务领域中央与地方共同财政事权范围。首先纳入中央与地方共同财政事权范围，包括义务教育、学生资助、基本就业服务、基本养老保险、基本医疗保障、基本卫生计

上海期货交易所交易大厅

生、基本生活救助、基本住房保障等八大类，共18个事项。二是制定基本公共服务保障国家基础标准。参照现行财政保障或中央补助标准，制定9项基本公共服务保障的国家基础标准。三是规范基本公共服务领域中央与地方共同财政事权的支出责任分担方式。四是调整完善转移支付制度。在一般性转移支付下设立共同财政事权分类分档转移支付，原则上将改革前一般性转移支付和专项转移支付安排的基本公共服务领域共同财政事权事项，统一纳入共同财政事权分类分档转移支付，完整反映和切实履行中央承担的基本公共服务领域共同财政事权的支出责任。五是推动省以下支出责任划分改革。

毫不动摇地支持民营经济发展

2018年9月25日至28日，中共中央总书记、国家主席、中央军委主席习近平在东北三省考察，实地了解东北振兴情况，主持召开深入推进东北振兴座谈会并发表重要讲话。他强调，要认真贯彻新时代中国特色社会主义思想和党的十九大精神，落实党中央关于东北振兴的一系列决策部署，坚持新发展理念，解放思想、锐意进取，瞄准方向、保持定力，深化改革、破解矛盾，扬长避短、发挥优势，以新气象新担当新作为推进东北振兴。

习近平为老工业基地振兴发展进一步指明了方向，作出了新的全面部署，并提出一系列新的要求。28日下午，习近平在沈阳主持召开深入推进东北振兴座谈会。他强调，东北地区是我国重要的工业和农业基地，维护国家国防安全、粮食安全、生态安全、能源安全、产业安全的战略地位十分重要，关乎国家发展大局。新时代东北振兴，是全面振兴、全方位振兴，要形成对国家重大战略的坚强支撑。习近平对深入推进东北振兴提出6个方面的要求。一是以优化营商环境为基础，全面深化改革；二是以培育壮大新动能为重点，激发创新驱动内生动力。尽快形成多点支撑、多业并举、多元发展的产业发展格局；三是科学统筹精准施策，构建协调发展新格局。要培育发展现代化都市圈，加强重点区域和重点领域合作，形成东北地区协同开放合力。要以东北地区与东部地区对口合作为依托，深入推进东北振兴与京津冀协同发展、长江经济带发展、粤港澳大湾区建设等国家重大战略的对接和交流合作，使南北互动起来；四是更好支持生态建设和粮食生产，巩固提升绿色发展优势；五是深度融入共建"一带一路"，建设开放合作高地。要加快落实辽宁自由贸易试验区重点任务。

习近平考察中还前往辽宁省当地一家民营企业——辽宁忠旺集团。在了解这家民营企业发展和转型升级等情况后，习近平强调，改革开放以来，党中央始终关心支持爱护民营企业。我们毫不动摇地发展公有制经济，毫不动摇地鼓励、支持、引导、保护民营经济发展。现在的很多改革举措都是围绕怎么进一步发展民营经济，对这一点民营企业要进一步增强信心。我们要为民营企业营造好的法治环境，进一步优化营商环境。党的路线方针政策是有益于、有利于民营企业发展的。民营企业也要进一步弘扬企业家精神、工匠精神，抓住主业，心无旁骛，力争做出更多的一流产品，发展一流的产业，为实现"两个一百年"目标作出新的贡献。

中美贸易摩擦

中国作为美国最大的贸易逆差来源国，一直是美国贸易摩擦的焦点。早在20世纪90年代，美国曾三次对中国进行"特别301调查"，分别是1991年、1994年和1996年。入世之后，2010年10月，美国贸易代表办公室宣布按照《美国贸易法》第301条款，对中国政府所制定的一系列新能源政策和措施展开调查。这是美国在中国加入WTO以来首次动用"301条款"对其他经济体贸易行为进行调查。

2018年伊始，中美贸易摩擦再次提起。1月，特朗普政府宣布"对进口大型洗衣机和光伏产品分别采取为期4年和3年的全球保障措施，并分别征收最高税率达30%和50%的关税"。此后2月、3月特朗普政府继续发布四项对华的惩罚性加征关税的声明。

2018年4月中美贸易冲突升级。3月22日，美国总统特朗普宣布"因知识产权侵权问题对中国商品征收500亿美元关税，并实施投资限制"。7个小时之后，中国开始采取反制措施，商务部宣布，拟对自美进口部分产品加征关税，涉及美对华约30亿美元出口产品。这标志着新一轮中美贸易摩擦的开启。4月4日，美国政府公布了加征关税的商品清单，将对我输美的1333项500亿美元的商品加征25%的关税。同日，中国国务院关税税则委员会4日发布《关于对原产于美国的部分进口商品加征关税的公告》，决定对原产于美国的大豆、汽车、化工品等14类106项商品加征25%的关税。而实施日期则将视美国政府对我商品加征关税实施情况，由国务院关税税则委员会另行公布。中国财政部同时表示，美方这一措施违反了世界贸易组织规则，严重侵犯我国合法权益，威胁我国家发展利益，中国对美方部分商品加征关税是捍卫自身合法权益、维护多边贸易体制的正义行为，是符合国际法基本原则的正当举措。

从开始的500亿加征关税，到1000亿、2000亿美元，2018年中美贸易冲突一直在升级。尽管在5月的中兴事件的小插曲后，5月19日，中美双方曾达成重要共识且发表了联合共识声明。然而在随后的5月29日晚美国白宫发表声明单方面撕毁共识。中国商务部新闻发言人迅速回应称，"既感到出乎意料，但也在意料之中，这显然有悖于不久前中美双方在华盛顿达成的共识。"

2018年12月二十国集团领导人第十三次峰会期间，中国国家主席习近平应邀同美国总统特朗普在布宜诺斯艾利斯共进晚餐并举行会晤。两国元首在坦诚、友好的气氛中，就中美关系和共同关心的国际问题深入交换意见，达成重要共识。双方同意，在互惠互利基础上拓展合作，在相互尊重基础上管控分歧，共同推进以协调、合作、稳定为基调的中美关系。

关于经贸问题，习近平强调，中美作为世界最大两个经济体，经贸往来十分密切，相互依赖。双方在经贸领域存在一些分歧是完全正常的，关键是要本着相互尊重、平等互利的精神妥善管控，并找到双方都能接受的解决办法。两国元首对中美经贸问题进行了积极、富有成果的讨论。两国元首达成共识，停止加征新的关税，并指示两国经济团队加紧磋商，朝着取消所有加征关税的方向，达成互利双赢的具体协议。中方表示，愿意根据中国新一轮改革开放的进程以及国内市场和人民的需要，开放市场，扩大进口，推动缓解中美经贸领域相关问题。双方达成互利双赢的具体协议是中方对美方采取相关积极行动的基础和前提。双方应共同努力，推动双边经贸关系尽快回到正常轨道，实现合作共赢。

专栏：2018年中美贸易摩擦过程

2018年1月，特朗普政府宣布"对进口大型洗衣机和光伏产品分别采取为期4年和3年的全球保障措施，并分别征收最高税率达30%和50%的关税"。

2018年2月，特朗普政府宣布"对进口中国的铸铁污水管道配件征收109.95%的反倾销关税"。

2018年2月27日，美国商务部宣布"对中国铝箔产品厂商征收48.64%至106.09%的反倾销税，以及17.14%至80.97%的反补贴税"。

2018年3月9日，特朗普正式签署关税发令，"对进口钢铁和铝分别征收25%和10%的关税"。

2018年3月22日，特朗普政府宣布"因知识产权侵权问题对中国商品征收500亿美元关税，并实施投资限制"。美国总统特朗普在白宫签署了对中国输美产品征收关税的总统备忘录。

2018年3月23日，中国商务部发布了针对美国进口钢铁和铝产品232措施的中止减让产品清单并征求公众意见，拟对自美进口部分产品加征关税，以平衡因美国对进口钢铁和铝产品加征关税给中方利益造成的损失。其中计划对价值30亿美元的美国产水果、猪肉、葡萄酒、无缝钢管和另外100多种商品征收关税。

2018年4月2日起，中国对原产于美国的7类128项进口商品中止关税减让义务，在现行适用关税税率基础上加征关税，对水果及制品等120项进口商品加征关税税率为15%，对猪肉及制品等8项进口商品加征关税税率为25%。

2018年4月3日下午，美国贸易代表办公室根据所谓301调查，建议加征关税的自中国进口产品清单，该清单包含大约1300个独立关税项目，价值约500亿美元，涉及航空航天、信息和通信技术、机器人和机械等行业。美国贸易代表办公室建议对清单上中国产品征收额外25%的关税。美国贸易代表办公室在公告中直接提及，对中国产品加征关税是为回应为实现"中国制造2025"计划对美国企业采取的"胁迫政策"。

2018年4月4日，中国发布对美国的关税反制措施。中国对原产于美国106项商品加征关税。国务院关税税则委员会决定，中国计划对美国的飞机进口加征25%关税，计划对美国的玉米和棉花加征关税、牛肉以及小麦和高粱加征关税。实施日期将视美国政府对我商品加征关税实施情况，另行公布。

2018年4月5日，中国就美国进口钢铁和铝产品232措施，在世贸组织争端解决机制项下向美方提出磋商请求，正式启动争端解决程序。

2018年4月20日，进口原产于美国、欧盟和新加坡的卤化丁基橡胶时，各公司倾销幅度（26.0%-66.5%）向中华人民共和国海关提供相应的保证金。

2018年5月18日，商务部公告2018年第44号，关于终止原产于美国的进口高粱反倾销反补贴的公告：调查机关发现近期国内猪肉价格持续下降，许多养殖户生计面临困难，在此情况下，对原产于美国的进口高粱采取反倾销反补贴措施不符合公共利益。终止原产于美国的进口高粱反倾销反补贴。

2018年5月29日美国白宫发表声明称，美方将于6月15日前公布总额约500亿美元的中国输美重大工业技术产品清单并将对其征收25%关税。

2018年5月29日，针对美国白宫发布的声明，商务部新闻发言人迅速回应表示，我们对白宫发布的策略性声明既感到出乎意料，但也在意料之中，这显然有悖于不久前中美双方在华盛顿达成的共识。无论美方出台什么举措，中方都有信心、有能力、有经验捍卫中国人民利益和国家核心利益。中方敦促美方按照联合声明精神相向而行。

2018年6月15日，根据《中华人民共和国对外贸易法》《中华人民共和国进出口关税条例》等法律法规和国际法基本原则，经国务院批准，国务院关税税则委员会发布公告决定，对原产于美国的659项约500亿美元进口商品加征25%的关税，其中对农产品、汽车、水产品等545项约340亿美元商品自2018年7月6日起实施加征关税，对其余商品加征关税的实施时间另行公告。

2018年6月19日，商务部新闻发言人就美国白宫2018年6月18日声明发表谈话，发言人说，美方在推出500亿美元征税清单之后，又变本加厉，威胁将制定2000亿美元征税清单。这种极限施压和讹诈的做法，背离双方多次磋商共识，也令国际社会十分失望。如果美方失去理性、出台清单，中方将不得不采取数量型和质量型相结合的综合措施，做出强有力反制。

2018年7月6日12:01，中国对美部分进口商品加征关税措施正式实施。

2018年7月11日美国政府宣布对从中国进口的约2000亿美元商品加征10%关税，8月2日又将加征税率提高至25%。

2018年8月3日，针对美方措施，中方被迫采取反制措施。根据《中华人民共和国对外贸易法》《中华人民共和国进出口关税条例》等法律法规和国际法基本原则，经国务院批准，国务院关税税则委员会决定对原产于美国的5207个税目约600亿美元商品，加征25%、20%、10%、5%不等的关税。如果美方一意孤行，将其加征关税措施付诸实施，中方将即行实施上述加征关税措施。

2018年8月23日23日12:01时，根据《国务院关税税则委员会关于对原产于美国约160亿美元进口商品加征关税的公告》，中方对美约160亿美元商品加征25%关税正式实施。

2018年9月18日，美国政府宣布实施对从中国进口的约2000亿美元商品加征关税的措施，自2018年9月24日起加征关税税率为10%，2019年1月1日起加征关税税率提高到25%。

2018年9月18日，国务院关税税则委员会决定对原产于美国的5207个税目、约600亿美元商品，加征10%或5%关税，自2018年9月24日12时01分起实施。

2018年9月24日，国务院新闻办公室发表《关于中美经贸摩擦的事实与中方立场》白皮书。

2018年12月二十国集团领导人第十三次峰会期间，中国国家主席习近平应邀同美国总统特朗普在布宜诺斯艾利斯共进晚餐并举行会晤。两国元首对中美经贸问题进行了积极、富有成果的讨论。两国元首达成共识，停止加征新的关税，并指示两国经济团队加紧磋商，朝着取消所有加征关税的方向，达成互利双赢的具体协议。

——**资料来源**：根据相关报道整理。

首届中国国际进口博览会举办

2018年11月5日至10日，首届中国国际进口博览会在国家会展中心（上海）举办。国家主席习近平出席开幕式并发表题为《共建创新包容的开放型世界经济》的主旨演讲。来自130多个国家的政要和有关国际组织负责人，全球商界领袖、知名专家学者以及国内各部委、各地方约1500名代表出席开幕式。

中国国际进口博览会，是迄今为止世界上第一个以进口为主题的国家级展会，是国际贸易发展史上一大创举。进博会展览面积30万平方米，参展企业3600多家，超过40万名境内外采购商；除中国外，有81个国家和世贸组织、联合国工业发展组织、国际贸易中心等参加国家贸易投资综合展，受邀国家遍及五大洲；有超过5000件展品在中国市场首秀，100多项新产品和新技术相继发布，创新活力四射。进博会已经成为开展国际贸易的开放型合作平台、推进经济全球化的重要公共产品。

正如习主席在开幕式主旨演讲中提到的，"中国经济是一片大海，而不是一个小池塘。"2017年中国服务进口比加入世界贸易组织时增长了11倍，全球占比从2.6%提升到9%，位列全球第二位。过去5年来，中国服务进口对全球服务进口增长的贡献率达25.8%，是推动全球服务进口增长的最大贡献者。中国服务进口将为全球增长提供新的"中国动力"，为世界繁荣带来新的"中国机遇"。博览会前，联合国贸发会议报告指出，2018年上半年中国吸收的外国直接投资逆势增长6%，总额超过700亿美元，成为全球最大的外国直接投资流入国。美国《华尔街日报》一文中列出一长串参展美国企业名单：谷歌、波音、卡特彼勒、脸书、通用汽车、霍尼韦尔、特斯拉、高通。文中提出"正如过去中国巨大的生产能力拉动世界经济，将来中国将以同样巨大的需求推动世界经济增长。"

在贸易史、经济史乃至人类发展史上，从没有哪一个国家独立举办过进口博览会。因为从贸易的角度出发，出口是为了更好地带动本国经济，而进口则要担当责任，要有能力、有市场、有巨大的消费需求。中国作为一个发展中国家，举办前所未有的进口博览会，是中国着眼于推动新一轮高水平对外开放作出的重大决策，是中国主动向世界开放市场的重大举措。这体现了中国支持多边贸易体制、推动发展自由贸易的一贯立场，是中国推动建设开放型世界经济、支持经济全球化的实际行动。①

---

① 魏建国：《进口博览会是伟大的世纪创举》，《环球时报》，2018年11月1日。

首届中国国际进口博览会现场

专栏：首届中国国际进口博览会倡议和筹备历程

2017年5月14日，北京，习近平主席在"一带一路"国际合作高峰论坛上宣布：中国将从2018年起举办中国国际进口博览会。

2017年11月11日，越南岘港，亚太经合组织领导人非正式会议，习近平主席提出：从明年起，我们将举办中国国际进口博览会，打造互利合作新平台。我相信，这将有利于各方更好分享中国发展红利。

2018年4月10日，海南，博鳌亚洲论坛年会，习近平主席指出：这不是一般性的会展，而是我们主动开放市场的重大政策宣示和行动。欢迎各国朋友来华参加。

6月10日，青岛，上合组织峰会，习近平主席表示：中国欢迎各方积极参与今年11月将在上海举办的首届中国国际进口博览会。

7月10日，北京，中阿合作论坛部长级会议，习近平主席说：中国欢迎阿拉伯国家参加今年11月在上海举办的首届中国国际进口博览会，将在今后5年实现阿拉伯国家参加博览会及贸易和投资综合展全覆盖。

7月25日，南非约翰内斯堡，金砖国家工商论坛，习近平主席强调：这是中方坚定支持贸易自由化、主动向世界开放市场的重大举措，将为各方进入中国市场搭建新的平台。

9月3日，北京，中非合作论坛峰会，习近平主席表示：中国决定扩大进口非洲商品特别是非资源类产品，支持非洲国家参加中国国际进口博览会。

……

从主持召开中央深改组会议审议通过《中国国际进口博览会总体方案》，到批准《中国国际进口博览会实施方案》，再到多次在中央政治局会议上强调，习近平主席明确指示"努力办成国际一流博览会"，推动相关部门精心筹办。

——**资料来源：** 人间正道 浩荡前行——习近平主席出席首届中国国际进口博览会纪实，中国日报中文网，2018年11月6日。

流行志

▶ 北京8分钟

韩国平昌当地时间2018年2月25日21时16分，国际奥委会主席巴赫将奥运会会旗交到北京市市长、北京冬奥组委执行主席陈吉宁手中。五环旗帜在空中飘扬，亿万中国人民邀请世界朋友2022相约北京！随后，上演历时8分钟的"2022，相约北京"。短短的8分钟精彩演出，不仅蕴含着丰富的中国文化，更集中展示了新时代的中国形象，可以说是一亮相就惊艳了世界。

▶ 5G网络

5G网络作为第五代移动通信网络，其峰值理论传输速度可达每秒数十Gb，这比4G网络的传输速度快数百倍，整部超高画质电影可在1秒之内下载完成。三大运营商已经披露了在全国几十个城市进行试点。2018年海南开展博鳌5G网络试点建设工作并争取海口5G试点建设，在博鳌年会核心区域建设5G试点基站，实现VR/AR、远程医疗、外场支援、物联网、智慧城市、智能家居、智能物流等连接量较大的应用在5G网络上承载，优先在博鳌地区推广5G商用。

▶ C位出道

作为网络语的该词，"c"是英文单词center的缩写形式，意思为中央、正中心的。"C位"则为中间位置、重要的位置的意思，"C位出道"源于综艺节目《偶像练习生》，该词尤其是在明星艺人当中尤为明显，在娱乐圈里，C位是大咖位，是对艺人实力的最好证明。后来泛指"夸人优秀"。

▶ 网络大电影

网络大电影是指组建团队拍摄，自己当导演，时长超过60分钟以上，拍摄时间（几个月到一年左右），规模投资（几百万元到几千万元），电影制作水准精良，具备完整电影的结构与容量，并且符合国家相关政策法规，以互联网为首发平台的电影，符合国家政策，也可以在电影院上映。2014年，爱奇艺首次提出网络大电影的概念和标准，2017年3月1日，《电影产业促进法》全面实施。2018年，作为国际电影制片人协会认定的国内唯一国际A类电影节举办了"2018年上海国际电影电视节互联网影视峰会"，这是上海国际电影电视节首次为网络电影设置奖项。2017年，1892部网

络大电影上线，市场规模达到20亿元。预计2018年，网络大电影市场规模将达到30亿元。

抖音

抖音是一款音乐创意短视频社交软件，是一个专注年轻人的15秒音乐短视频社区。用户可以通过这款软件选择歌曲，拍摄15秒的音乐短视频，形成自己的作品，分享你的生活，同时也可以在这里认识到更多朋友，了解各种奇闻趣事。数据显示，截至2017年底抖音用户数已经超过7亿，月活跃量超过1亿。截止8月底，抖音短视频日均播放量超过30亿。

区块链

区块链是分布式数据存储、点对点传输、共识机制、加密算法等计算机技术的新型应用模式，一种去中心化的分布式账本数据库，没有中心，数据存储的每个节点都会同步复制整个账本，信息透明难以篡改，简单地说就是："去中心化的信任机制"。我国的区块链产业全面进入高速发展阶段，特别是在金融领域，区块链技术加速落地，成了家喻户晓的新热词。今年5月，工信部信息中心发布了《2018中国区块链产业白皮书》中提到，截至2018年3月底，我国以区块链业务为主营业务的区块链公司数量已超过450家。

社会关注

中国首个国际化期货品种原油期货上市

中国首个国际化期货品种原油期货上市，标志着中国正式迈入世界原油期货时代，是中国谋求原油定价权迈出的关键一步，也是我国期货业国际化的里程碑式事件，对中国期货市场和石油行业具有重要意义和深远影响。

原油事关国家战略安全。目前，中国已成为世界第一大原油进口国，2017年我国原油进口量突破4亿吨，进口依存度接近67%。我国"富煤贫油少气"的能源结构、快速增长的原油消费以及复杂多变的国际能源形势都凸显了保障我国原油安全的紧迫性。我国自2004年开始建设国家石油储备以抵御石油供应中断带来的国家安全风险，但地缘政治等因素导致的原油价格剧烈波动依然时刻威胁着我国原油安全。因此，形成科学有效的原油价格风险对冲市场不仅关系行业的成本利润，更是出于保障国家原油安全的战略考量。

中国原油挂牌上市，开创以中国市场为核心的原油定价机制。我国原油期货合约具有明显的"中国特色"，有利于建立以中国市场为核心的定价机制，填补国际原油定价体系在亚太地区的空白。国内原油期货交易市场的建立，极大地提高了企业原油套期保值的便利性和有效性，将对国内石化企业实现稳定经营起到积极作用。此外，商品期货市场的国际化不仅是期货市场发展的内在要求也是中国从经济大国走向经济强国的必然要求。原油期货是中国首个国际化期货品种，其上市后不仅会连通境内外期货市场，也为监管机构提供了期货市场国际化运作的监管经验。

中国原油挂牌上市，表明中国以更加开放的姿态参与全球市场，提高原油消费、原油贸易等方面的国际话语权，构建更加公平公正的全球原油交易市场秩序，逐步提升国际竞争力，为我国原油企业提供了巨大发展机遇，提振了国内外投资者的信心。

《个税法》修订

2018年6月29日至7月28日个人所得税法修正案草案公开征求意见期间，全国人大网站已收到超过13万条意见。税收是公民权利的成本，也是国家力量的基石，修订税法成为多方利益的博弈空间，特别是个税的调整直接关涉老百姓的钱包，自然会成为社会关注的焦点。由此可见公众对个人所得税改革的高度关注。此次提请审议的个人所得税法修正案草案是我国个税模式的重大调整，迈出了综合与分类相结合改革的关键一步。2018年8月31日，备受社会关注的关于修改个人所得税法的决定经十三届全国人大常委会第五次会议表决通过，将于2019年1月1日起正式施行。虽然这次是《个税法》的第七次修订，但这次的修订力度空前，带来了众多利好：个税从分类计征转向综合计征；费用扣除标准从每月3500元提高到5000元；拓宽了3%等三档低税率适用的所得级距；加进了子女教育等5项专项附加扣除。《个税法》此次修订有着更开阔的目标，意在重新锚定新时代中个税的价值，完成从"少数人税法"向"全民税法"的转型，打造出有中国气象的个税法体系。

抗癌药品降价"组合拳"

2017年，我国抗肿瘤药市场规模已经超过1200亿元，其中一半左右依赖进口。2018年上映的影片《我不是药神》，讲述患病群体用药难题，引发舆论广泛关注讨论。"对癌症病人来说，时间就是生命！"党和国家对抗癌药降价关注空前，李克强总理明确要求这项工作要进一步"提速"。

抗癌药品降价改革成为2018年医疗卫生领域改革的重大事项。2018年为了让更多人用得上、用得起价格高昂的进口抗癌药，国家有关部门打出一系列政策"组合拳"。年初全国两会总理记者会上，李克强作出了"抗癌药品进口税率力争降到零税率"的承诺。4月12日，国务院常务会议决定从5月1日起，使我国实际进口的全部抗癌药实现零关税。同年6月，李克强再次主持召开国务院常务会议，指出："抗癌药是救命药，不能税降了价不降。""我们已经对抗癌药实施了零关税，下一步主要是要严防中间环节层层加价。" 两次国务院常务会议决定对进口抗癌药实施零关税并鼓励创新药进口，加快已在境外上市新药审批、落实抗癌药降价措施、强化短缺药供应保障。较大幅度降低抗癌药生产、进口环节增值税税负，采取政府集中采购、将进口创新药特别是急需的抗癌药及时纳入医保报销目录等方式，并研究利用跨境电商渠道，多措并举消除流通环节各种不合理加价，对创新化学药加强知识产权保护，强化质量监管。

7月12日，国务院决定对国务院深化医药卫生体制改革领导小组成员进行调整，而新一届国务院医改领导小组成立后，第一任务就是要切实把抗癌药价格降下来。8月28日，备受关注的抗癌药降价、短缺药供应等问题被列入国务院办公厅印发《深化医药卫生体制改革2018年下半年重点工作任务的通知》中。8月11日，国家医保局印发了《关于做好前期国家谈判抗癌药品医保支付标准和采购

安徽省含山县社会保障局，退休职工高兴地领到基本养老保险金发放存折。

价格调整的通知》。为进一步减轻癌症患者的经济负担，下调14种前期国家谈判抗癌药的支付标准和采购价格，并要求9月底前各省级药品集中采购平台都要按照调整后的新价格公开挂网采购。与此同时，国家医保局医疗组负责人已和10家外资企业和8家内资企业相关代表参加了抗癌药医保准入专项谈判会议。

数据显示，上海、河南、广西、江苏、辽宁、浙江、湖北、四川、北京等多地相继发布企业降价的信息，其中大部分为外资品种，包括诺华、默克、辉瑞、西安杨森等外资药企旗下品种药价进行了下调。截至目前，至少22省区市已发布相关文件推进抗癌药降价。

企业职工基本养老保险中央调剂

我国养老保险基金省级统筹制度已普遍建立。2017年，全国养老保险基金总收入3.3万亿元，总支出2.9万亿元，年末累计结余4.1万亿元，可支付17.4个月。养老保险制度总体运行平稳。但随着我国人口老龄化加快发展和就业多样化、以及经济发展不平衡等原因，地区间抚养比差距扩大，省际之间养老保险基金负担不平衡的问题越来越突出，靠省级统筹难以解决，需要进一步提高统筹层次，在全国范围对基金进行适度调剂。①

为此，党中央、国务院决定，先建立养老保险基金中央调剂制度，作为实现全国统筹的第一步。2018年5月11日，中央全面深化改革委员会第2次会议审议并原则通过《企业职工基本养老保险基金中央调剂制度方案》。2018年6月13日，国务院印发《关于建立企业职工基本养老保险基金中央调剂制度的通知》，决定建立养老保险基金中央调剂制度。

建立养老保险基金中央调剂制度的总体思路是，在不增加社会整体负担和不提高养老保险缴费比例的基础上，通过建立养老保险基金中央调剂制度，合理均衡地区间基金负担，实现基金安全可持续，实现财政负担可控，确保各地养老金按时足额发放。

建立养老保险基金中央调剂制度，坚持以下原则：一是促进公

平。通过实行部分养老保险基金中央统一调剂使用，合理均衡地区间基金负担，提高养老保险基金整体抗风险能力。二是明确责任。实行省级政府扩面征缴和确保发放责任制，中央政府通过转移支付和养老保险中央调剂基金进行补助，建立中央与省级政府责任明晰、分级负责的管理体制。三是统一政策。养老保险制度经过30多年的改革完善，已经实现全国统一基本养老保险制度，但在缴费比例、缴费基数核定办法、待遇计发和调整办法等方面地区之间仍有差异，通过基金中央调剂制度的实施，有利于逐步统一各地相关政策，最终实现养老保险各项政策全国统一。四是稳步推进。合理确定中央调剂基金筹集比例，2018年从3%起步，以后逐步提高。进一步统一经办规程，建立省级集中的信息系统，不断提高管理和信息化水平。

---

① 《养老保险基金7月起中央调剂 退休人员待遇不受影响》，人民网，2018年6月15日。

抢人大战

2017年由武汉、长沙、西安、成都、郑州、南京、杭州、重庆带头掀起的抢人大战，2018年愈演愈烈。到5月，抢人大战的队伍已经扩展到了20多座城市，涵盖一二三线城市。"抢人大战"现象的发生，一是由于我国新增劳动力供给下降，而经济增速相对较快，对劳动力的需求很大；二是因为我国正处在经济转型和动能转换时期，需要人才这个核心要素。城市间的"抢人大战"推动人才资源的合理配置，提升人才的利用效率、城市创新能力和综合竞争力，在进一步推动户籍制度的放开和公共服务均等化等方面也有促进作用。

环球大事

▶ 1月23—26日
第48届世界经济论坛年会在瑞士达沃斯召开，主题为"在破碎的世界中创造共同的未来"。

▶ 1月30—31日
美联储举办2018年首次FOMC会议，耶伦卸任美联储主席，鲍威尔接任。

▶ 2月25日
第二十三届冬季奥林匹克运动会在平昌奥林匹克体育场闭幕。中国作为下届冬奥会主办国，在闭幕式上奉献了《2022相约北京》8分钟文艺表演。中国国家主席习近平通过视频，向全世界发出诚挚邀请——2022年相约北京。

▶ 3月18日
2018年俄总统选举投票正式开始。最后普京的得票率为76.66%，赢得本次大选。

▶ 3月22日
美联储议息会议后，美联储主席鲍威尔举行新闻发布会，这是鲍威尔就任美联储主席后的首次新闻发布会。

▶ 3月30日
俄罗斯外交部发布公告，宣布俄方将以数量对等原则驱逐澳大利亚、德国和意大利等23国的驻俄外交人员。

▶ 4月4日
脸书隐私泄露人数升至8700万。扎克伯格先后在4月10日、11日两次参加听证会，接受国会质询。表示脸谱公司没有在用户数据保护方面做出足够努力，导致出现了"剑桥分析"滥用用户数据事件。

▶ 4月7日
叙利亚反对派武装控制的东古塔地区杜马市遭到疑似毒气袭击，导致70余人丧生。

▶ 4月27日
韩国总统文在寅与到访的朝鲜最高领导人金正恩在板门店举行历史性会晤，双方就朝鲜半岛无核化等核心议题进行讨论，签署并发表《为促进朝鲜半岛和平、繁荣、统一的板门店宣言》。

▶ 5月8日
美国总统特朗普在白宫宣布美国退出伊核协议。

▶ 5月14日
美国驻以使馆迁至耶路撒冷并举行开馆典礼。

▶ 6月3日
为期3天的第十七届亚洲安全会议暨香格里拉对话会在新加坡落下帷幕，共有来自40多个国家和地区的600多名代表参会。

▶ 6月12日
特朗普和金正恩在新加坡圣淘沙岛的嘉佩乐酒店，举行首场历史性会晤。

▶ 7月15日
"高卢雄鸡"法国队以4比2击败"格子军团"克罗地亚队获得世界杯冠军，这是自1998年之后法国队再次捧起大力神杯。

▶ 8月15日
据《纽约时报》报道，委内瑞拉的通货膨胀率已高达32714%。

▶ 9月18日
美国能源信息署（EIA）近日表示，8月份美国日均石油产量为1090万桶，这是美国自1999年以来首次超过俄罗斯，成为世界上最大的石油生产国。

▶ 9月20日
美国总统特朗普签署行政令，授权实施《通过制裁应对美国对手法案》中的某些制裁，对俄罗斯进行制裁。

▶ 9月27日
继A股成功"入摩"后，全球第二大指数公司富时罗素宣布，把中国内地A股正式纳入富时罗素指数体系内。

▶ 9月17日
欧洲司法委员会联盟以波兰司法改革破坏司法独立为由，宣布取消波兰的投票权，并将暂停波兰国家司法委员会的成员资格。这是继去年欧盟委员会建议对波兰启动《里斯本条约》第七条以来，欧盟对波兰司法改革作出的又一强硬反应。

▶ 9月19日、20日
欧盟领导人在奥地利西部城市萨尔斯堡举行峰会，商讨移民、内部安全和英国"脱欧"等重大议题。英国首相特雷莎·梅20日在峰会后的新闻发布会上表示，英国民众已投票支持"脱欧"，不会举行第二次公投。

▶ 9月27日
继A股成功"入摩"后，全球第二大指数公司富时罗素宣布，把中国内地A股正式纳入富时罗素指数体系内。

▶ 10月17—18日
欧盟峰会在比利时布鲁塞尔召开。

▶ 10月19日
国务院总理李克强在比利时首都布鲁塞尔出席第十二届亚欧首脑会议，并发表题为《共担全球责任 共迎全球挑战》的引导性讲话。

▶ 11月5日
第三十八届世界旅游交易会在英国伦敦开幕，中国文化和旅游部组织来自北京、广西、宁夏、青海等19个省区市的50多家单位集体参展。

■ 重要文献

《中共中央关于深化党和国家机构改革的决定》

（2018年2月28日）

2018年2月28日，中国共产党第十九届中央委员会第三次全体会议通过《中共中央关于深化党和国家机构改革的决定》。《决定》指出，深化党和国家机构改革，目标是构建系统完备、科学规范、运行高效的党和国家机构职能体系，形成总揽全局、协调各方的党的领导体系，职责明确、依法行政的政府治理体系，中国特色、世界一流的武装力量体系，联系广泛、服务群众的群团工作体系，推动人大、政府、政协、监察机关、审判机关、检察机关、人民团体、企事业单位、社会组织等在党的统一领导下协调行动、增强合力，全面提高国家治理能力和治理水平。

目录：
- 一、深化党和国家机构改革是推进国家治理体系和治理能力现代化的一场深刻变革
- 二、深化党和国家机构改革的指导思想、目标、原则
- 三、完善坚持党的全面领导的制度
- 四、优化政府机构设置和职能配置
- 五、统筹党政军群机构改革
- 六、合理设置地方机构
- 七、推进机构编制法定化
- 八、加强党对深化党和国家机构改革的领导

■ 重要文献

《乡村振兴战略规划（2018—2022年）》

（2018年9月26日）

2018年9月26日，中共中央、国务院印发《乡村振兴战略规划（2018—2022年）》，部署了一系列重大工程、重大计划、重大行动。这是我国出台的第一个全面推进乡村振兴战略的五年规划，是统筹谋划和科学推进乡村振兴战略这篇大文章的行动纲领。要求各地区各部门结合实际认真贯彻落实。

目录：
- 前言
- 第一篇　规划背景
- 第二篇　总体要求
- 第三篇　构建乡村振兴新格局
- 第四篇　加快农业现代化步伐
- 第五篇　发展壮大乡村产业
- 第六篇　建设生态宜居的美丽乡村
- 第七篇　繁荣发展乡村文化
- 第八篇　健全现代乡村治理体系
- 第九篇　保障和改善农村民生
- 第十篇　完善城乡融合发展政策体系
- 第十一篇　规划实施

重要文献

《中华人民共和国宪法修正案》

（2018年3月11日）

2018年3月11日，十三届全国人大一次会议表决通过了《中华人民共和国宪法修正案》。这是1982年宪法实施以来，最高立法机关第五次对国家根本法的修改，全国人大前4次作出修正，共通过31条宪法修正案，31条宪法修正案单独排序。其中，1988年修正案2条；1993年修正案9条；1999年修正案6条；2004年修正案14条；此次宪法修正案提出，对我国现行宪法作出21条修改，其中11条同设立监察委员会有关。具体修改内容包括：（一）确立科学发展观、习近平新时代中国特色社会主义思想在国家政治和社会生活中的指导地位。（二）调整充实中国特色社会主义事业总体布局和第二个百年奋斗目标的内容。（三）完善依法治国和宪法实施举措。（四）充实完善我国革命和建设发展历程的内容。（五）充实完善爱国统一战线和民族关系的内容。（六）充实和平外交政策方面的内容。（七）充实坚持和加强中国共产党全面领导的内容。（八）增加倡导社会主义核心价值观的内容。（九）修改国家主席任职方面的有关规定。（十）增加设区的市制定地方性法规的规定。（十一）增加有关监察委员会的各项规定。此次修宪把党的十九大确定的重大理论观点和重大方针政策，特别是习近平新时代中国特色社会主义思想载入国家根本法，体现党和国家事业发展的新成就、新经验、新要求，在总体保持宪法的连续性、稳定性、权威性的基础上推动宪法与时俱进，完善发展。

节选：

第三十二条 宪法序言第七自然段中"在马克思列宁主义、毛泽东思想、邓小平理论和'三个代表'重要思想指引下"修改为"在马克思列宁主义、毛泽东思想、邓小平理论、'三个代表'重要思想、科学发展观、习近平新时代中国特色社会主义思想指引下"。
……
第三十六条 宪法第一条第二款"社会主义制度是中华人民共和国的根本制度。"后增写一句，内容为："中国共产党领导是中国特色社会主义最本质的特征。"
……
宪法第七十条第一款中"全国人民代表大会设立民族委员会、法律委员会、财政经济委员会、教育科学文化卫生委员会、外事委员会、华侨委员会和其他需要设立的专门委员会。"修改为："全国人民代表大会设立民族委员会、宪法和法律委员会、财政经济委员会、教育科学文化卫生委员会、外事委员会、华侨委员会和其他需要设立的专门委员会。"
第四十五条 宪法第七十九条第三款"中华人民共和国主席、副主席每届任期同全国人民代表大会每届任期相同，连续任职不得超过两届。"修改为："中华人民共和国主席、副主席每届任期同全国人民代表大会每届任期相同。"

——摘自《中华人民共和国宪法修正案》，中国政府网，2018年3月11日。

重要文献

《中共中央国务院关于支持海南全面深化改革开放的指导意见》
（2018年4月11日）

2018年4月14日，新华社受权发布《中共中央国务院关于支持海南全面深化改革开放的指导意见》。《意见》决定支持海南全岛建设自由贸易试验区，支持海南逐步探索、稳步推进中国特色自由贸易港建设，分步骤、分阶段建立自由贸易港政策和制度体系。《意见》共分为十个部分，分别为：一、战略意义，二、总体要求，三、建设现代化经济体系，四、推动形成全面开放新格局，五、创新促进国际旅游消费中心建设的体制机制，六、服务和融入国家重大战略，七、加强和创新社会治理，八、加快生态文明体制改革，九、完善人才发展制度，十、保障措施。推进海南全面深化改革开放是党中央着眼于国际国内发展大局作出的重大决策，是彰显我国扩大对外开放、积极推动经济全球化决心的重大举措，为海南乃至世界的发展带来了新的重大历史机遇。

节选：

（二）战略定位

——全面深化改革开放试验区。大力弘扬敢闯敢试、敢为人先、埋头苦干的特区精神，在经济体制改革和社会治理创新等方面先行先试。适应经济全球化新形势，实行更加积极主动的开放战略，探索建立开放型经济新体制，把海南打造成为我国面向太平洋和印度洋的重要对外开放门户。

——国家生态文明试验区。牢固树立和践行绿水青山就是金山银山的理念，坚定不移走生产发展、生活富裕、生态良好的文明发展道路，推动形成人与自然和谐发展的现代化建设新格局，为推进全国生态文明建设探索新经验。

——国际旅游消费中心。大力推进旅游消费领域对外开放，积极培育旅游消费新热点，下大气力提升服务质量和国际化水平，打造业态丰富、品牌集聚、环境舒适、特色鲜明的国际旅游消费胜地。

——国家重大战略服务保障区。深度融入海洋强国、"一带一路"建设、军民融合发展等重大战略，全面加强支撑保障能力建设，切实履行好党中央赋予的重要使命，提升海南在国家战略格局中的地位和作用。

……

（十）探索建设中国特色自由贸易港。根据国家发展需要，逐步探索、稳步推进海南自由贸易港建设，分步骤、分阶段建立自由贸易港政策体系。海南自由贸易港建设要体现中国特色，符合海南发展定位，学习借鉴国际自由贸易港建设经验，不以转口贸易和加工制造为重点，而以发展旅游业、现代服务业和高新技术产业为主导，更加强调通过人的全面发展，充分激发发展活力和创造力，打造更高层次、更高水平的开放型经济。

——摘自《中共中央 国务院关于支持海南全面深化改革开放的指导意见》，中国政府网，2018年4月11日。

重要文献

《中共中央国务院关于全面加强生态环境保护 坚决打好污染防治攻坚战的意见》
（2018年6月16日）

2018年6月16日，《中共中央国务院关于全面加强生态环境保护坚决打好污染防治攻坚战的意见》正式发布。《意见》将"全面加强党对生态环境保护的领导"独立成章，为坚决打好污染防治攻坚战提供坚实的政治保障。《意见》还重点打好蓝天、碧水、净土三大保卫战。《意见》共分十个部分，第一部分是深刻认识生态环境保护面临的形势，第二部分是深入贯彻习近平生态文明思想，第三部分是全面加强党对生态环境保护的领导，第四部分是总体目标和基本原则，第五部分是推动形成绿色发展方式和生活方式，第六部分是坚决打赢蓝天保卫战，第七部分是着力打好碧水保卫战，第八部分是扎实推进净土保卫战，第九部分是加快生态保护与修复，第十部分是改革完善生态环境治理体系。

节选：

四、总体目标和基本原则

（一）总体目标。到2020年，生态环境质量总体改善，主要污染物排放总量大幅减少，环境风险得到有效管控，生态环境保护水平同全面建成小康社会目标相适应。

具体指标：全国细颗粒物（PM2.5）未达标地级及以上城市浓度比2015年下降18%以上，地级及以上城市空气质量优良天数比率达到80%以上；全国地表水Ⅰ-Ⅲ类水体比例达到70%以上，劣Ⅴ类水体比例控制在5%以内；近岸海域水质优良（一、二类）比例达到70%左右；二氧化硫、氮氧化物排放量比2015年减少15%以上，化学需氧量、氨氮排放量减少10%以上；受污染耕地安全利用率达到90%左右，污染地块安全利用率达到90%以上；生态保护红线面积占比达到25%左右；森林覆盖率达到23.04%以上。

通过加快构建生态文明体系，确保到2035年节约资源和保护生态环境的空间格局、产业结构、生产方式、生活方式总体形成，生态环境质量实现根本好转，美丽中国目标基本实现。到本世纪中叶，生态文明全面提升，实现生态环境领域国家治理体系和治理能力现代化。

——摘自《中共中央 国务院关于全面加强生态环境保护 坚决打好污染防治攻坚战的意见》，中国政府网，2018年6月16日。

重要文献

《关于推进国有资本投资、运营公司改革试点的实施意见》
（2018年7月30日）

2018年7月30日，《关于推进国有资本投资、运营公司改革试点的实施意见》发布。《意见》指出，改组组建国有资本投资、运营公司，是以管资本为主改革国有资本授权经营体制的重要举措。《意见》要求通过改组组建国有资本投资、运营公司，构建国有资本投资、运营主体，实行国有资本市场化运作。尽快形成可复制、可推广的经验和模式。《意见》分为五个部分，一是总体要求；二是试点内容；三是实施步骤；四是配套政策；五是组织实施。

节选：

（一）指导思想。

全面贯彻党的十九大和十九届二中、三中全会精神，以习近平新时代中国特色社会主义思想为指导，坚持社会主义市场经济改革方向，坚定不移加强党对国有企业的领导，着力创新体制机制，完善国有资产管理体制，深化国有企业改革，促进国有资产保值增值，推动国有资本做强做优做大，有效防止国有资产流失，切实发挥国有企业在深化供给侧结构性改革和推动经济高质量发展中的带动作用。

（二）试点目标。

通过改组组建国有资本投资、运营公司，构建国有资本投资、运营主体，改革国有资本授权经营体制，完善国有资产管理体制，实现国有资本所有权与企业经营权分离，实行国有资本市场化运作。发挥国有资本投资、运营公司平台作用，促进国有资本合理流动，优化国有资本投向，向重点行业、关键领域和优势企业集中，推动国有经济布局优化和结构调整，提高国有资本配置和运营效率，更好服务国家战略需要。试点先行，大胆探索，及时研究解决改革中的重点难点问题，尽快形成可复制、可推广的经验和模式。

——摘自《关于推进国有资本投资、运营公司改革试点的实施意见》，中国政府网，2018年7月30日。

■ 重要文献

《国务院办公厅关于聚焦企业关切进一步推动优化营商环境政策落实的通知》
（2018年11月8日）

2018年11月8日，国务院办公厅发布《关于聚焦企业关切进一步推动优化营商环境政策落实的通知》，通知指出，目前亟需以市场主体期待和需求为导向，围绕破解企业投资生产经营中的"堵点""痛点"，加快打造市场化、法治化、国际化营商环境，增强企业发展信心和竞争力。

目录：

一、坚决破除各种不合理门槛和限制，营造公平竞争市场环境
　（一）进一步减少社会资本市场准入限制。
　（二）推动缓解中小微企业融资难融资贵问题。
　（三）清理地方保护和行政垄断行为。
　（四）加强诚信政府建设。
二、推动外商投资和贸易便利化，提高对外开放水平
　（五）切实保障外商投资企业公平待遇。
　（六）进一步促进外商投资。
　（七）降低进出口环节合规成本和推进通关便利化。
　（八）完善出口退税政策，加快出口退税进度。
三、持续提升审批服务质量，提高办事效率
　（九）进一步简化企业投资审批。
　（十）深化商事制度改革。
　（十一）进一步压减行政许可等事项。
　（十二）加快制定政务服务事项清单和推进政务服务标准化。
四、进一步减轻企业税费负担，降低企业生产经营成本
　（十三）清理物流、认证、检验检测、公用事业等领域经营服务性收费。
　（十四）整治政府部门下属单位、行业协会商会、中介机构等乱收费行为。
　（十五）规范降低涉企保证金和社保费率，减轻企业负担。
五、大力保护产权，为创业创新营造良好环境
　（十六）加快知识产权保护体系建设。
　（十七）加快落实各项产权保护措施。
六、加强和规范事中事后监管，维护良好市场秩序
　（十八）加强事中事后监管。
　（十九）创新市场监管方式。
　（二十）坚决纠正"一刀切"式执法，规范自由裁量权。
七、强化组织领导，进一步明确工作责任
　（二十一）提高认识，进一步明确抓落实的责任。
　（二十二）落实地方政府责任。
　（二十三）组织开展营商环境评价。
　（二十四）增强政策制定实施的科学性和透明度。
　（二十五）强化政策宣传解读和舆论引导。
　（二十六）加强对政策落实的督促检查。

■ 重要文献

《共建创新包容的开放型世界经济——在首届中国国际进口博览会开幕式上的主旨演讲》

（习近平，2018年11月5日）

2018年11月5日，国家主席习近平出席首届中国国际进口博览会开幕式并发表题为《共建创新包容的开放型世界经济》的主旨演讲。演讲中提出，中国开放的大门不会关闭，只会越开越大，举办中国国际进口博览会，是中国着眼于推动新一轮高水平对外开放作出的重大决策，是中国主动向世界开放市场的重大举措。

节选：

世界上的有识之士都认识到，经济全球化是不可逆转的历史大势，为世界经济发展提供了强劲动力。说其是历史大势，就是其发展是不依人的意志为转移的。人类可以认识、顺应、运用历史规律，但无法阻止历史规律发生作用。

……

人类社会要持续进步，各国就应该坚持要开放不要封闭，要合作不要对抗，要共赢不要独占。在经济全球化深入发展的今天，弱肉强食、赢者通吃是一条越走越窄的死胡同，包容普惠、互利共赢才是越走越宽的人间正道。

……

中国开放的大门不会关闭，只会越开越大。中国推动更高水平开放的脚步不会停滞！中国推动建设开放型世界经济的脚步不会停滞！中国推动构建人类命运共同体的脚步不会停滞！

……

中国主动扩大进口，不是权宜之计，而是面向世界、面向未来、促进共同发展的长远考量。

……

中国有13亿多人口的大市场，中国真诚向各国开放市场，中国国际进口博览会不仅要年年办下去，而且要办出水平、办出成效、越办越好。

……

中国经济是一片大海，而不是一个小池塘。大海有风平浪静之时，也有风狂雨骤之时。没有风狂雨骤，那就不是大海了。狂风骤雨可以掀翻小池塘，但不能掀翻大海。经历了无数次狂风骤雨，大海依旧在那儿！经历了5000多年的艰难困苦，中国依旧在这儿！面向未来，中国将永远在这儿！

……

只要我们保持战略定力，全面深化改革开放，深化供给侧结构性改革，下大气力解决存在的突出矛盾和问题，中国经济就一定能加快转入高质量发展轨道，中国人民就一定能战胜前进道路上的一切困难挑战，中国就一定能迎来更加光明的发展前景。

——摘自《习近平：共建创新包容的开放型世界经济——在首届中国国际进口博览会开幕式上的主旨演讲》，《人民日报》，2018年11月6日。

大事记

1月3日
国务院总理李克强主持召开国务院常务会议，部署进一步优化营商环境等。

1月8日
国家科学技术奖励大会在北京人民大会堂隆重举行。

1月8日
中国保监会、财政部联合印发了《关于加强保险资金运用管理支持防范化解地方债务风险的指导意见》。

1月15日
中共中央政治局常务委员会召开，会议指出全党要把维护党中央权威和集中统一领导作为最高政治原则和根本政治规矩来执行。

1月22日
习近平致信全国个体劳动者第五次代表大会强调，弘扬企业家精神发挥企业家作用 坚守实体经济落实高质量发展。

1月23日
中央全面深化改革领导小组第二次会议审议通过了《中央有关部门贯彻实施党的十九大〈报告〉重要改革举措分工方案》《中央全面深化改革领导小组2018年工作要点》《中央全面深化改革领导小组2017年工作总结报告》等文件。

1月31日
国务院印发《关于全面加强基础科学研究的若干意见》，从五个方面提出了全面加强基础科学研究的20项重点任务。

2月7日
国务院总理李克强主持召开国务院常务会议，部署进一步采取市场化债转股等措施降低企业杠杆率，促进风险防控提高发展质量。

2月8日
国务院办公厅印发《基本公共服务领域中央与地方共同财政事权和支出责任划分改革方案》。

2月12日
习近平总书记在四川成都市主持召开打好精准扶贫攻坚战座谈会。

2月14日
中共中央、国务院在人民大会堂举行2018年春节团拜会。习近平总书记发表重要讲话强调，奋斗本身就是一种幸福；新时代是奋斗者的时代。

2月22日
中共中央政治局常务委员会召开会议听取河北雄安新区规划编制情况的汇报。

2月27日
中共中央办公厅、国务院办公厅印发了《关于加强知识产权审判领域改革创新若干问题的意见》。

3月2日
习近平主持召开十九届中央军民融合发展委员会第一次全体会议并发表重要讲话。

3月5日
国务院总理李克强代表国务院向十三届全国人大一次会议作政府工作报告。

3月11日
十三届全国人大一次会议表决通过了《中华人民共和国宪法修正案》。

3月17日
十三届全国人大一次会议，选举习近平为中华人民共和国主席、中华人民共和国中央军事委员会主席。

3月18日
根据国家主席习近平的提名，经过十三届全国人大一次会议投票表决，决定李克强为中华人民共和国国务院总理。

3月19日
中国人民银行发布了《中国人民银行公告〔2018〕第7号》，放开外商投资支付机构准入限制。

3月21日
中共中央印发了《深化党和国家机构改革方案》。

3月21日
国家发展改革委等24个部门签署《关于对公共资源交易领域严重失信主体开展联合惩戒的备忘录》。

3月21日
教育部印发通知，全面取消体育特长生、中学生学科奥林匹克竞赛、科技类竞赛、省级优秀学生、思想政治品德有突出事迹等全国性高考加分项目。

3月21日
中央政治局同志首次向党中央和习近平总书记书面述职。

3月23日
中华人民共和国国家监察委员会揭牌。

3月26日
我国首个国际化期货品种——原油期货正是在上海国际能源交易中心挂牌交易。

3月26日
国务院办公厅日前印发《跨省域补充耕地国家统筹管理办法》和《城乡建设用地增减挂钩节余指标跨省域管理办法》。

3月28日
习近平总书记主持召开中央全面深化改革委员会第一次会议，会议审议通过了《中央全面深化改革委员会工作规则》《中央全面深化改革委员会专项小组工作规则》《中央全面深化改革委员会办公室工作细则》等文件。

4月10日
国家主席习近平出席博鳌亚洲论坛2018年年会开幕式并发表题为《开放共创繁荣 创新引领未来》的主旨演讲。

4月12日
中央军委在南海海域隆重举行海上阅兵，中央军委主席习近平检阅部队并发表重要讲话。

4月12日
李克强主持召开国务院常务会议，决定对进口抗癌药实施零关税并鼓励创新药进口。

4月13日
习近平总书记出席庆祝海南建省办经济特区30周年大会并发表重要讲话。习近平宣布，党中央决定支持海南全岛建设自由贸易试验区，支持海南逐步探索、稳步推进中国特色自由贸易港建设，分步骤、分阶段建立自由贸易港政策和制度体系。

4月14日
《中共中央国务院关于支持海南全面深化改革开放的指导意见》正式发布。

4月15日
中央军委主席习近平日前签署命令,发布新修订的《中国人民解放军内务条令(试行)》《中国人民解放军纪律条令(试行)》《中国人民解放军队列条令(试行)》。

4月17日
习近平总书记主持召开十九届中央国家安全委员会第一次会议。

4月18日
国家移民管理局在通报,自今年5月1日起,在海南省实施59国人员入境旅游免签政策,免签入境时间停留为30天。

4月20—21日
全国网络安全和信息化工作会议在北京召开。

4月20日
4月20日起,企业在海关注册登记或备案后,将同时取得报关报检资质。

4月21日
中共中央、国务院日前批复了《河北雄安新区规划纲要》。

4月22—24日
以"信息化驱动现代化,加快建设数字中国"作为主题的首届数字中国建设峰会在福州举行。

4月23日
中共中央政治局召开会议,分析研究当前经济形势和经济工作。

4月24—28日
习近平总书记在湖北考察,并在武汉主持召开深入推动长江经济带发展座谈会。

4月27—28日
国家主席习近平同印度总理莫迪在湖北省武汉市举行非正式会晤。

4月27日
中国人民银行、中国银行保险监督管理委员会、中国证券监督管理委员会、国家外汇管理局联合印发了《关于规范金融机构资产管理业务的指导意见》。

5月1日
5月1日起,为深化增值税改革,我国推出将17%和11%两档增值税税率分别下调1个百分点、统一增值税小规模纳税人标准等三项措施。

5月4日
纪念马克思诞辰200周年大会在北京举行。

5月4日
中国银行保险监督管理委员会发布《商业银行大额风险暴露管理办法》。

5月7日
中共中央印发《社会主义核心价值观融入法治建设立法修法规划》。

5月7—8日
习近平总书记同朝鲜劳动党委员长、国务委员会委员长金正恩在大连举行会晤。

5月8日
经李克强总理签批,国务院印发《关于推行终身职业技能培训制度的意见》。

5月11日
习近平总书记主持召开中央全面深化改革委员会第二次会议。习近平强调,要周密组织地方机构改革,使中央和地方机构改革在工作部署组织实施上有机衔接,有序推进,确保深化党和国家机构改革取得全面胜利。

5月13日
国务院印发《关于改革国有企业工资决定机制的意见》。

5月14日
国务院办公厅印发《关于开展涉及产权保护的规章、规范性文件清理工作的通知》。

5月15日
习近平总书记主持召开中央外事工作委员会第一次会议。

5月16日
李克强总理主持召开国务院常务会议,部署推进政务服务一网通办和企业群众办事"只进一扇门""最多跑一次"。

5月18—19日
全国生态环境保护大会在北京召开。

5月19日
中美两国在华盛顿就双边经贸磋商发表联合声明。

5月20日
中共中央办公厅近日印发了《关于进一步激励广大干部新时代新担当新作为的意见》。

5月23日
中共中央总书记中央审计委员会主任习近平主持召开中央审计委员会第一次会议。

5月23日
中共中央办公厅、国务院办公厅印发《关于深入推进审批服务便民化的指导意见》。

5月24日
国务院印发《进一步深化中国(广东)自由贸易试验区改革开放方案》《进一步深化中国(天津)自由贸易试验区改革开放方案》《进一步深化中国(福建)自由贸易试验区改革开放方案》。

5月26日
国务委员兼外交部长王毅在北京同布基纳法索外长签署《中华人民共和国与布基纳法索关于恢复外交关系的联合公报》。

5月28日
中国科学院第十九次院士大会、中国工程院第十四次院士大会开幕,习近平总书记出席会议并发表重要讲话。

5月30日
中共中央办公厅、国务院办公厅近日印发了《关于进一步加强科研诚信建设的若干意见》。

5月31日
中共中央政治局召开会议,审议《乡村振兴战略规划(2018—2022年)》和《关于打赢脱贫攻坚战三年行动的指导意见》。

6月10日
上海合作组织成员国元首理事会第十八次会议在青岛举行。

6月12日
人民银行会同国家外汇管理局发布《中国人民银行国家外汇管理局关于人民币合格境外机构投资者境内证券投资管理有关问题的通知》。

6月13日
国务院印发《关于建立企业职工基本养老保险基金中央调剂制度的通知》。

6月13日
国务院总理李克强主持召开国务院常务会议,部署实施蓝天保卫战三年行动计划。

6月19日
审计署发布首份聚焦长江经济带生态环保的专项公告。

6月19日
十三届全国人大常委会第三次会议在京举行,初次审议个人所得税法修正案草案。

6月20日
国务院总理李克强主持召开国务院常务会议,部署进一步缓解小微企业融资难融资贵等措施。

6月21日
经党中央批准国务院批复，自2018年起我国将每年农历秋分设立为"中国农民丰收节"。

6月22日
国务院办公厅日前印发《进一步深化"互联网+政务服务"推进政务服务"一网，一门，一次"改革实施方案》。

6月22—23日
6月22日至23日，中央外事工作会议在北京召开。

6月24日
《中共中央国务院关于全面加强生态环境保护坚决打好污染防治攻坚战的意见》由新华社受权播发。

6月28日
国务院召开全国深化"放管服"改革转变政府职能电视电话会议。

6月28日
国务院新闻办公室发表《中国与世界贸易组织》白皮书。这是中国首次就这一问题发表白皮书。

6月28日
国家发展改革委、商务部发布《外商投资准入特别管理措施（负面清单）（2018年版）》。

6月29日
中共中央政治局召开会议，审议通过《关于适应新时代要求大力发现培养选拔优秀年轻干部的意见》。

6月29日
银保监会印发了《金融资产投资公司管理办法（试行）》。

7月3日
中共中央办公厅，国务院办公厅近日印发《关于深化项目评审、人才评价、机构评估改革的意见》。

7月6日
习近平总书记主持召开中央全面深化改革委员会第三次会议。

7月6日
中国对美关税反制措施正式实施海关总署关税征管有关负责人表示，中国对美部分进口商品加征关税措施已于北京时间6日12：01开始正式实施。

7月6日
生态环境部召开生态环境部全面深化改革领导小组全体会议。

7月10日
中国-阿拉伯国家合作论坛第八届部长级会议在北京举行。

7月13日
习近平总书记主持召开中央财经委员会第二次会议强调，必须切实提高我国关键核心技术创新能力。

7月13日
李克强总理主持召开国务院常务会议，决定新设一批跨境电子商务综合试验区。

7月16日
上半年中国经济同比增长6.8%国家统计局发布数据，初步核算，上半年国内生产总值418961亿元，同比增长6.8%。

7月16日
第二十次中国欧盟领导人会晤在北京举行。

7月20日
中办国办近日印发了《国税地税征管体制改革方案》。

7月26日
习近平在金砖国家领导人第十次会晤上发表重要讲话，强调金砖国家要深化战略伙伴关系，让第二个"金色十年"的美好愿景变为现实。

7月23日
习近平总书记对吉林长春长生生物疫苗案件作出重要指示，强调要一查到底，严肃问责。李克强总理作出批示，要求对所有疫苗生产销售等全流程全链条进行彻查。

7月23日
李克强总理主持召开国务院常务会议，部署更好发挥财政金融政策作用，支持扩内需调结构促进实体经济发展。

7月25日
国务院印发《关于加快推进全国一体化在线政务服务平台建设的指导意见》。

7月30日
国务院印发《关于推进国有资本投资、运营公司改革试点的实施意见》。

7月30日
李克强总理主持召开国务院常务会议，部署优化教育经费使用结构和落实义务教育教师工资待遇。

7月31日
中共中央政治局召开会议，分析研究当前经济形势，部署下半年经济工作。

7月31日
中共中央政治局下午就全面停止军队有偿服务举行第七次集体学习。

8月2日
退役军人事务部等军地12个部门日前联合印发《关于促进新时代退役军人就业创业工作的意见》。

8月2日
公安部交通管理局在全国公安交管"放管服"改革攻坚视频调度会上表示，开展20项公安交管"放管服"改革措施落实全面攻坚，确保9月1日在全国全面推行。

8月3日
国务院办公厅印发《关于改革完善医疗卫生行业综合监管制度的指导意见》。

8月13日
国务院办公厅印发《医疗卫生领域中央与地方财政事权和支出责任划分改革方案》。

8月14日
国务院办公厅发布《全国深化"放管服"改革转变政府职能电视电话会议重点任务分工方案》。

8月17日
国企改革"双百行动"动员部署视频会议在国资委召开。

8月21日
李克强主持召开国务院西部地区开发领导小组会议。

8月27日
全国医改工作电视电话会议在京召开。

8月28日
国务院办公厅印发《深化医药卫生体制改

革2018年下半年重点工作任务》。

8月31日
习近平主席签署了十三届全国人大常委会第五次会议表决通过的《关于修改〈中华人民共和国个人所得税法〉的决定》。

9月2日
我国与毛里求斯结束中毛自由贸易协定谈判，这一协定是我国与非洲国家商签的首个自贸协定。

9月3日
中非合作论坛北京峰会隆重开幕。中国国家主席习近平出席开幕式并发表题为《携手共命运 同心促发展》的主旨讲话，强调携手打造新时代更加紧密的中非命运共同体。

9月10日
全国教育大会在北京召开。中共中央总书记、国家主席、中央军委主席习近平出席会议并发表重要讲话。

9月13日
中共中央办公厅、国务院办公厅近日印发《关于加强国有企业资产负债约束的指导意见》。

9月18日
最高人民法院发布《关于在司法解释中全面贯彻社会主义核心价值观的工作规划(2018–2023)》，要求在司法解释中大力弘扬正义、友善、互助的社会主义核心价值和道德要求。鼓励正当防卫，保护见义勇为者的合法权益。

9月20日
中共中央总书记、国家主席、中央军委主席、中央全面深化改革委员会主任习近平主持召开中央全面深化改革委员会第四次会议并发表重要讲话，强调把改革重点放到解决实际问题上来。

9月24日
国务院新闻办公室发布《关于中美经贸摩擦的事实与中方立场》白皮书，旨在澄清中美经贸关系事实，阐明中国对中美经贸摩擦的政策立场，推动问题合理解决。

9月26日
中共中央、国务院印发《乡村振兴战略规划(2018–2022年)》。

9月30日
国务院关税税则委员会印发公告，自2018年11月1日起，降低部分商品的最惠国税率，关税总水平将降至7.5%。

10月1日
财政部、国家税务总局、商务部、海关总署联合发文明确，对跨境电子商务综合试验区电商出口企业出口未取得有效进货凭证的货物，符合条件的试行增值税、消费税免税政策。

10月9日
2018年全国大众创业万众创新活动周在四川成都拉开帷幕。

10月10日
国务院总理李克强日前签署国务院令，公布《行政区划管理条例》，自2019年1月1日起施行。

10月10日
国务院印发《关于在全国推开"证照分离"改革的通知》。

10月11日
国务院办公厅印发《完善促进消费体制机制实施方案(2018–2020年)》。

10月16日
国务院批复同意设立中国(海南)自由贸易试验区并印发《中国(海南)自由贸易试验区总体方案》。

10月17日
国务院扶贫办宣布，陕西延长县等85个贫困县(市、区)已达到脱贫标准，由相关省区人民政府宣布脱贫摘帽。这是我国打响脱贫攻坚战以来第四批宣布脱贫摘帽的贫困县，也是数量最多的一批。

10月20日
中共中央总书记、国家主席、中央军委主席习近平给"万企帮万村"行动中受表彰的民营企业家回信，对民营企业踊跃投身脱贫攻坚予以肯定，勉励广大民营企业家坚定发展信心，踏踏实实办好企业。

10月20日
国家医保局、财政部、国务院扶贫办日前印发《医疗保障扶贫三年行动实施方案(2018–2020年)》。

10月22日
中国工会第十七次全国代表大会在人民大会堂开幕。

10月22日
国务院总理李克强主持召开国务院常务会议，部署根据督查发现和企业关切的问题，进一步推动优化营商环境政策落实；决定设立民营企业债券融资支持工具，以市场化方式帮助缓解企业融资难；确定建设国家"互联网+监管"系统，促进政府监管规范化精准化智能化。

10月22—26日
十三届全国人大常委会第六次会议在北京人民大会堂举行。会议经表决，通过了关于修改刑事诉讼法的决定、新修订的人民法院组织法、新修订的人民检察院组织法等15部法律的决定。

10月23日
港珠澳大桥开通仪式在广东省珠海市举行。中共中央总书记、国家主席、中央军委主席习近平出席仪式，宣布大桥正式开通并巡览大桥。

10月24日
中共中央总书记、国家主席、中央军委主席习近平对自由贸易试验区建设作出重要指示，指出建设自由贸易试验区是党中央在新时代推进改革开放的一项战略举措，在我国改革开放进程中具有里程碑意义。

10月22—25日
习近平在中共中央政治局委员、广东省委书记李希和省长马兴瑞陪同下，先后来到珠海、清远、深圳、广州等地，深入企业、高校、乡村、社区，就贯彻落实党的十九大精神、深化改革开放、推动经济高质量发展等进行调研。

10月26日
在李克强和安倍晋三的共同见证下，海关总署署长倪岳峰与日本关税局局长中江元哉正式签署《中华人民共和国海关和日本国海关关于中国海关企业信用管理制度和日本海关"经认证的经营者"制度互认的安排》。

10月30日
中共中央办公厅印发《关于深化中央纪委国家监委派驻机构改革的意见》。

10月31日
国务院办公厅印发《关于保持基础设施领域补短板力度的指导意见》。

11月1日
民营企业座谈会在北京召开，中共中央总书记、国家主席、中央军委主席习近平主持会议并发表重要讲话。

11月5—10日
中国国际进口博览会在上海举办，习近平主席在首届中国国际进口博览会开幕式上发表主旨演讲。来自172个国家、地区和国际组织参会，五大洲的3600多家企业参展，其中世界500强和行业龙头企业200多家参加此次博览会。

📊 数说发展 (统计数据截止上半年)

工业

工业增加值
144656.4 亿元

农林牧渔业总产值
(2018年第一季度)

累计值 16366.5 亿元

(单位：亿元)

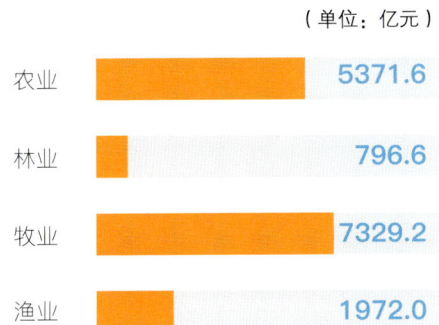

- 农业 5371.6
- 林业 796.6
- 牧业 7329.2
- 渔业 1972.0

GDP（国内生产总值）

第一产业增加值 22087 亿元
第二产业增加值 169298.5 亿元
第三产业增加值 227575.6 亿元

GDP（国内生产总值）418961.1 亿元
比上年增长 1.8%

第一产业增加值占国内生产总值的比重为 2.8%
第二产业增加值占国内生产总值的比重为 36.7%
第三产业增加值占国内生产总值的比重为 60.5%

外汇储备
31097.16 亿美元

公共财政收入
公共财政收入 132868 亿元
其中：税收收入 117217 亿元

对外经济

进出口贸易总额 20150.40 （单位：亿美元）

- 出口 16043.50
- 进口 14106.90
- 进出口差额 2003.7

利用外资

新设立外商直接投资企业
41331 家

实际使用外商直接投资金额
865.00 亿美元

对外经济合作

对外承包工程业务完成营业额
838.3 亿美元

对外劳动合作派出各类劳务人员
26.6 万人

国内商业

社会消费品零售总额
30841.6 亿元

人民生活

城镇新增就业 752 万人

城乡居民收入
城镇居民人均可支配收入 30551 元
农村居民人均纯收入 11368 元

增长 6.8% 农村

增长 5.8% 城镇

1978 1979 1980 1981 1982 1983 1984 1985 1986 1987 1988 1989 1990 1991 1992 1993 1994 1995 1996 1997 1998 1999 2000 2001 2002 2003 2004 2005 2006 2007 2008 2009 2010 2011 2012 2013 2014 2015 2016 2017 **2018**

交通运输和邮电通信业

货物运输总量 317.506 亿吨

- 铁路 22.9462 亿吨
- 公路 249.3215 亿吨
- 水运 44.8237 亿吨
- 民航 0.4146 亿吨

港口完成货物吞吐量 88.0726 亿吨

其中：外贸货物 27.7918 亿吨

集装箱 16412.33 万标箱

货物运输周转量 124622.6301 （单位：亿吨公里）

- 铁路 16301
- 公路 44544.2688
- 水运 63629.9613
- 民航 147.4

旅客运输周转量 20845.5959 （单位：亿人公里）

- 铁路 8345.96
- 公路 6277.3592
- 水运 52.7767
- 民航 6139.5

邮电业务总量 36805.1 亿元

邮政业务 5528.1 亿元
电信业务 31277 亿元

互联网宽带接入用户 38304 万户

其中：
xDSL用户万户 945 万户
FTTH/0用户 33457 万户
100M速率以上用户 21446 万户
城市宽带接入用户 27638 万户
农村宽带接入用户 10621 万户

移动互联网用户 137305 万户

IPTV用户 14484 万户

全国固定及移动电话用户总数 171138 万户

固定电话用户 18705 万户
固定电话普及率 13.5 部/百人
移动电话用户 152433 万户
移动电话普及率 109.7 部/百人

其中：
3G移动电话用户 12842 万户
4G移动电话用户 112644 万户

社会服务

社会福利支出：249.6 亿元
社会救助支出：1318.3 亿元

社会救济：
城市最低生活保障人数：1112.7 万人
农村最低生活保障人数：3640.4 万人
农村特困人员救助供养人数：457.5 万人

社会保障

参加各类基本保险人数

城乡居民基本医疗保险 51413 万人
城镇职工基本养老保险 41043 万人
医疗保险 120217 万人
工伤保险 23149 万人
失业保险 19190 万人
生育保险 198711 万人

保险事业

原保险保费收入 24670.23 亿元

- 寿险业务原保险保费收入 14380.20 亿元
- 健康险和意外伤害险业务原保险保费收入 4017.94 亿元
- 财产险业务原保险保费收入 6272.10 亿元

支付各类赔款及给付 6922.97 亿元

- 寿险业务给付 2768.32 亿元
- 健康险和意外伤害险赔款及给付 1030.99 亿元
- 财产险业务赔款 3123.66 亿元

科学技术

授予发明专利权 29.1099 万件
其中，境内授权 23.3334 万件

有效专利 227.1021 万件
其中，境内有效专利 158.0235 万件

卫生

医疗卫生机构 998000 个

其中，医院 32000 个
乡镇卫生院 37000 个
社区卫生服务中心（站）35000 个
诊所（卫生所、医务室）219000 个
村卫生室 633000 个
疾病预防控制中心 3464 个
卫生监督所（中心）3150 个

医疗卫生机构总诊疗人次 40.7 亿人次

医院 17.3 亿人次，其中：
公立医院 14.8 亿人次；
民营医院 2.5 亿人次；

基层医疗卫生机构 21.8 亿人次，其中：
社区卫生服务中心（站）3.7 亿人次；
乡镇卫生院 5.2 亿人次；
村卫生室诊疗人次 9.0 亿人次。

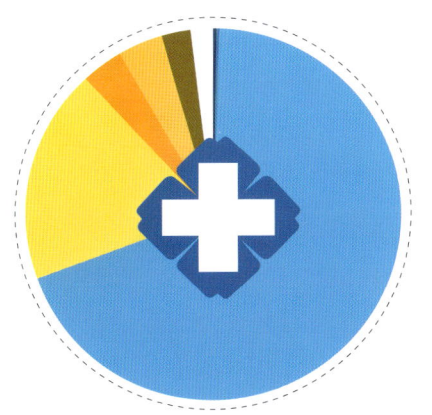

旅游

国内旅游

国内居民出境人数 7131 万人次

国内出游人数 28.26 亿人次
国内旅游收入 2.45 亿元

国际旅游

国际旅游外汇收入 618 亿美元

入境旅游人数 6923 万人次

其中，外国人
1482 万人次

香港、澳门和台湾同胞
5441 万人次

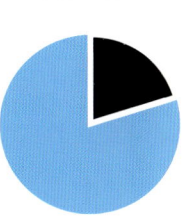

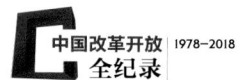

一、参考书目

[1] 中国经济体制改革研究会编写组. 中国改革开放大事记（1978~2008）[M]. 北京：中国财政经济出版社，2008.

[2] 李铁映主编，彭森、陈立等. 中国经济体制改革重大事件（上、下）[M]. 北京：中国人民大学出版社，2008.

[3] 新华月报. 中国改革开放30年大事记（上、下）[M]. 北京：人民出版社，2008.

[4] 新京报社. 日志中国——回望改革开放30年(一、二、三、四、五、六卷)[M]. 北京：中国民主法制出版社，2008.

[5] 李铁映. 改革 开放 探索（上册）[M]. 北京：中国人民大学出版社，2008.

[6] 陈锦华、江春泽等. 论社会主义与市场经济兼容[M]. 北京：人民出版社，2005.

[7] 李铁映主编，邹东涛等著. 中国经济体制改革基本经验[M]. 北京：中国人民大学出版社，2008.

[8] 中共中央文献研究室编. 改革开放三十年重要文献选编（上、下）[M]. 北京：中央文献出版社，2009.

[9] 中国经济体制改革研究会编. 改革与开放政策对话录[M]. 北京：经济科学出版社，1987.

[10] 于光远. 试论社会主义生产中的C、V、m[M]. 北京：人民出版社，1979.

[11]《习仲勋主政广东》编委会. 习仲勋主政广东[M]. 北京：中共党史出版社，2007.

[12] 涂俏. 袁庚传. 改革现场1978-1984[M]. 北京：作家出版社，2008.

[13] 谷牧. 谷牧回忆录[M]. 北京：中央文献出版社，2009.

[14] 杜润生. 杜润生自述：中国农村体制变革重大决策纪实[M]. 北京：人民出版社，2005.

[15] 于光远著. 中国社会主义初级阶段的经济[M]. 北京：中国财政经济出版社，1988.

[16] 田纪云. 改革开放的伟大实践——纪念改革开放三十周年[M]. 北京：新华出版社，2009.

[17] 马立诚. 大突破——新中国私营经济风云录[M]. 北京：中华工商联合出版社，2006.

[18] 责任到户的性质及其有关问题[A]. 中国农村发展问题研究组. 包产到户资料选（一）（内部资料）[M]. 1981.

[19] 王爱文等. 编织社会安全网——中国社会保障制度的昨天、今天和明天》[M]. 南宁：广西师范大学出版社，1998.

[20] 姜士林、鲁任、刘政等. 世界政府辞书[M]. 北京：中国法制出版社，1991.

[21] 中国（海南）改革发展研究院. 直谏中国改革：理论篇[M]. 北京：中国经济出版社，2011.

[22] 中国（海南）改革发展研究院. 直谏中国改革：咨询篇[M]. 北京：中国经济出版社，2011.

[23] 中国（海南）改革发展研究院. 直谏中国改革：建议篇[M]. 北京：中国经济出版社，2011.

[24] 魏礼群主编. 中国经济体制改革30年回顾与展望[M]. 北京：人民出版社，2008.

[25] 万里. 万里文选[M]. 北京：人民出版社，1995.

[26] 袁起、邹国良、文朝利. 60年语录1949—2009[M]. 北京：中国发展出版社，2009.

[27] 陈煜. 中国生活记忆——建国60年民生往事[M]. 北京：中国轻工业出版社，2010.

[28]《新周刊》主编. 嘴上风暴[M]. 桂林：漓江出版社：2008.

[29] 邓家荣. 登上世纪坛的学者：孙冶方[M]. 北京：中国金融出版社，2006.

[30] 张卓元、周叔莲、吕政、汪海波、宋灵恩等主编. 中国百名经济学家理论贡献精要（第一卷、第二卷、第三卷）[M]. 北京：中国时代经济出版社，2010.

[31] 高尚全. 改革历程：献给改革开放30年[M]. 北京：经济科学出版社，2008.

[32] 吴晓波. 激荡三十年[M]. 北京：中信出版社，2008.

[33] 李昌平. 我向总理说实话[M]. 北京：光明日报出版社，2002.

[34] 廖琪. 庄世平传[M]. 北京：中华工商联合出版社，1999.

[35] 马立诚. 交锋三十年：改革开放四次大争论亲历记[M]. 南京：江苏人民出版社，2008.

[36] 武文胜，艾琳. 中国民生60年[M]. 北京：五洲传播出版社，2009.

[37] 陆一. 闲不住的手：中国股市制度基因演化史[M]. 北京：中信出版社，2008.

[38] 徐庆全. 中国经验：改革开放30年高层决策回忆[M]. 济南：山东人民出版社，2008.

[39] 刘世英，冯治. 赢在华西[M]. 北京：中信出版社，2008.

[40] 柳红. 当代中国经济学家学术评传——吴敬琏[M]. 西安：陕西师范大学出版社，2002.

[41] 吴志菲，余玮. 中国高端访问1：影响中国高层决策的18人[M]. 上海：东方出版中心，2006.

[42] 柳红. 八十年代：中国经济学人的光荣与梦想[M]. 南宁：广西师范大学出版社，2010.

[43] 郑世英. 传奇学人林毅夫[M]. 北京：科学出版社，2012.

[44] 马胜利，高梦龄. 风雨马胜利[M]. 上海：东方出版中心，2000.

[45] 吴比. 奔腾入海：30年民企人物风云史[M]. 北京：中华工商联合出版社，2009.

[46] 于光远. 谈谈社会主义公有制和按劳分配问题. [M]. 北京：人民出版社，1978。

[47] 中国首富沉浮录[M]. 上海财经大学出版社，2011.

[48] 向明. 改革开放中的任仲夷[M]. 广州：广东教育出版社，2000.

[49] 吕雷，赵洪. 国运：南方记事[M]. 北京：人民文学出版社，2008.

[50] 中共广东省委党史研究室编.广东改革开放决策者访谈录[M]. 广州：广东人民出版社，2008.

[51]《中华人民共和国全国人民代表大会常委会公报》1978-2011年，全国人大常委会办公厅编辑出版。

[52] 邓力群主编. 中华人民共和国国史百科全书（1949-1999）[M]. 北京：中国大百科全书出版社，1999.

[53] 沈宝祥. 真理标准问题讨论始末[M]. 北京：中共党史出版社，2008.

[54] 武文胜，艾琳. 1995王海打假[A]. 中国民生60年[M]. 北京：五洲传播出版社，2009.

[55] 国务院办公厅. 中华人民共和国国务院公报(1978-2011年)[M].

[56] 江泽民. 江泽民文选（第一、二、三卷）[M]. 北京：人民出版社，2006.

[57] 李铁映主编，杨启先、石小敏等著. 中国经济体制改革基本理论[M]. 北京：中国人民大学出版社，2008.

[58] 陈述著. 改革开放重大事件和决策述实[M]. 北京：人民出版社，2008.

[59] 彭森、郑定铨主编. 构筑社会主义市场经济的蓝图. 中国改革20年规划总集[M]. 北京：改革出版社，1999.

[60] 国家经济体制改革委员会. 中国经济体制改革十年[M]. 北京：经济管理出版社，改革出版社，1988.

[61] 陈锡文、赵阳、陈剑波、罗丹著. 中国农村制度变迁60年[M]. 北京：人民出版社，2009.

[62] 中国（海南）改革发展研究院课题组，《十二五"改革规划研究》，2009年8月20日。

[63]《国务院国有资产监督管理委员会公告》，2007年。

[64]《海南省人民政府公报》，2009年第17期。

[65]《重庆市人民政府公报》，2009年。

[66]《江苏政报》，2004年第12期。

[67] 中共中央文献研究室. 改革开放三十年重要文献选编（上、下）[M]. 北京：中央文献出版社，2008.

[68] 国家统计局国民经济综合统计司编. 新中国60年统计资料汇编[M]. 北京：中国统计出版社，2010.

[69] 邓小平. 邓小平文选（第三卷）[M]. 北京：人民出版社，1993.

[70] 中共中央文献研究室编. 三中全会以来重要文献选编（上、下）[M]. 北京：人民出版社，1982.

[71] 中共中央文献研究室编. 十三大以来重要文献选编（上、中、下）[M]. 北京：人民出版社，1991.

[72] 中共中央文献研究室编. 十四大以来重要文献选编（上、中、下）[M]. 北京：中央文献出版社，2011.

[73] 中共中央文献研究室编. 十五大以来重要文献选编（上、中、下）[M]. 北京：中央文献出版社，2011.

[74] 中共中央文献研究室编. 十六大以来重要文献选编（上、中、下）[M]. 北京：中央文献出版社，2011.

[75] 中共中央文献研究室编. 十七大以来重要文献选编（上、下）[M]. 北京：中央文献出版社，2009.

[76] 全国人大常委会法制工作委员会审定. 中华人民共和国法律法规全书——第一、二、三、四册》[M]. 北京：中国方正出版社，2002.

[77] 中共中央文献研究室编. 中共中央文件选编[M]. 北京：中共中央党校出版社，1992.

[78] 苏台仁.《邓小平生平全纪录》（下卷）[M]. 北京：中央文献出版社，2009.

[79] 国家体改委办公厅. 十一届三中全会以来经济体制改革重要文件汇编（上、中、下）[M]. 北京：改革出版社，1990.

[80] 国务院办公厅法制局编. 中华人民共和国法规汇编1979年1月-12月[M]. 北京：法律出版社，1986.

[81] 国务院办公厅法制局编. 中华人民共和国法规汇编1980年1月-12月[M]. 北京：法律出版社，1986.

[82] 国务院办公厅法制局编. 中华人民共和国法规汇编1981年1月-12月[M]. 北京：法律出版社，1986.

[83] 国务院办公厅法制局编. 中华人民共和国法规汇编1982年1月-12月[M]. 北京：法律出版社，1986.

[84] 国务院办公厅法制局编. 中华人民共和国法规汇编1983年1月-12月[M]. 北京：法律出版社，1986.

[85] 国务院办公厅法制局编. 中华人民共和国法规汇编1984年1月-12月[M]. 北京：法律出版社，1986.

[86] 国务院办公厅法制局编. 中华人民共和国法规汇编1985年1月-12月[M]. 北京：法律出版社，1986.

[87] 国务院办公厅法制局编. 中华人民共和国法规汇编1986年1月-12月[M]. 北京：法律出版社，1987.

[88] 国务院办公厅法制局编. 中华人民共和国法规汇编1987年1月-12月[M]. 北京：法律出版社，1986.

[89] 国务院办公厅法制局编. 中华人民共和国法规汇编1988年1月-12月[M]. 北京：法律出版社，1990.

[90] 国务院办公厅法制局编. 中华人民共和国法规汇编1989年1月-12月[M]. 北京：法律出版社，1990.

[91] 国务院办公厅法制局编. 中华人民共和国法规汇编1990年1月-12月[M]. 北京：法律出版社，1986.

[92] 国务院办公厅法制局编. 中华人民共和国法规汇编1991年1月-12月[M]. 北京：法律出版社，1992.

[93] 国务院办公厅法制局编. 中华人民共和国法规汇编1992年1月-12月[M]. 北京：法律出版社，1993.

[94] 国家经济体制改革委员会办公室编. 经济体制改革文件汇编（一九七八--九八三）[M]. 北京：中国财政经济出版社，1984.

[95] 钟坚. 中国经济特区文献资料（第1辑）[M]. 北京：社会科学文献出版社，2010.

[96] 盛平. 胡耀邦思想年谱（1975—1989）[M]. 香港：香港泰德时代出版有限公司，2007.

[97] 中共中央文献研究室. 十二大以来重要文献选编（上、中、下）[M]. 北京：人民出版社，1986.

[98] 中共中央文献研究室. 十二大以来重要文献选编（上、中、下）[M]. 北京：中央文献出版社，2011.

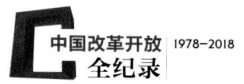

[99] 陈清泰. 重塑企业制度：30年企业制度变迁[M]. 北京：中国发展出版社，2008.

[100] 杜博奇，唐寅. 中国高层经济智囊[M]. 北京：中信出版社，2011.

[101] 高虹. 流行词语看中国（1978-2008）[M]. 四川文艺出版社，2008.

[102] 迟福林. 改革红利[M]. 中国经济出版社，2013.

[103] 中共中央党史研究室.中国共产党的九十年（新民主主义革命时期）[M].北京：中共党史出版社、党建读物出版社，2016.

[104] 中共中央党史研究室.中国共产党的九十年（社会主义革命和建设时期）[M].北京：中共党史出版社、党建读物出版社，2016.

[105] 中共中央党史研究室.中国共产党的九十年（改革开放和社会主义现代化建设新时期）[M].北京：中共党史出版社、党建读物出版社，2016.

[106] 中国统计年鉴2015［M］.北京:中国统计出版社，2015

[107] 中国统计年鉴2016［M］.北京:中国统计出版社，2016

[108] 中国统计年鉴2017［M］.北京:中国统计出版社，2017

[109] 习近平.习近平谈治国理政［M］.北京：外文出版社，2014.

[110] 习近平.习近平谈治国理政（第二卷）［M］.北京：外文出版社，2017.

[111] 张卓元等.新中国经济学史纲（1949—2011）［M］.北京：中国社会科学出版社，2015.

[112] 中央文献研究室.习近平扶贫论述摘编）［M］.北京：中央文献出版社，2018.

[113] 中央文献研究室. 十八大以来重要文献选编(上)[M].北京：中央文献出版社，2014.

[114] 中央文献研究室. 十八大以来重要文献选编(中)[M].北京：中央文献出版社，2016.

[115] 中央文献研究室. 十八大以来重要文献选编(下)[M].北京：中央文献出版社，2018.

[116] 中国企业创新能力评价报告2016［M］.北京:科学技术文献出版社，2016.

[117] 中国企业创新能力评价报告2017［M］.北京:科学技术文献出版社，2017.

[118] 2016年中国本科生就业报告［M］.北京:社会科学文献出版社，2016.

[119] 2017年中国本科生就业报告［M］.北京:社会科学文献出版社，2017.

二、参考期刊

[1] 论社会主义集体所有制[J]. 经济研究，1978(10).

[2] 中国改革开放30年经济百人榜之严俊昌等18位小岗村农民[J]. 中国经济周刊，2008(1).

[3] 邓聿文. "于光远：中国思想界长青树"[J]. 大地2007(13).

[4] 论社会主义经济中计划性与市场性相结合的几个理论问题[J]. 经济研究，1979(5).

[5] 关于我国社会主义所有制形式问题[J]. 经济研究，1979(1).

[6] 社会主义经济中计划与市场的关系[J]. 经济研究，1979(5).

[7] 任仲夷谈邓小平与广东的改革开放[J]. 炎黄春秋，2007.

[8] 包产到户问题应当重新研究[J]. 未定稿(增刊)，1979.

[9] 包产到户的由来和今后的发展——关于甘肃省包产到户问题的考察报告[J]. 未定稿，1980(30).

[10] 杜润生. 中国农村改革的推动者[J]. 中国合作经济，2008(9).

[11] 杜润生：农村改革的"总参谋长"[J]. 炎黄春秋，2012(7).

[12] 田纪云. 经济改革是怎样搞起来的？——为纪念改革开放30周年而作[J]. 炎黄春秋，2008(1).

[13] 农业生产责任制与农村经济体制改革[J]. 中共山西省委党校学报，1981(3).

[14] 关于调整物价和物价管理体制的改革[J]. 价格理论与实践，1981(1).

[15] 企业体制改革探讨[J]. 财贸经济，1981(1).

[16] 社会主义经济模式的选择与价格体制的改革[J]. 财贸经济，1981(6).

[17] 万里. 农村改革是怎么搞起来的？[J]. 百年潮，1998(3).

[18] 吴象. 农村第一步改革的曲折历程[J]. 百年潮，1998(3).

[19] 徐庆全. 童大林[J]. 财经，2010(16).

[20] 明廷华. 童大林[J]. 新世纪周刊，2010(29).

[21] 价格在国民经济中的地位和作用[J]. 价格理论与实践，1981(1).

[22] 笔谈"坚持计划经济为主市场调节为辅"[J]. 财贸经济，1982(6).

[23] 关于经济体制改革理论需要继续深入讨论的几个问题——1982年9月25日在经济体制改革理论问题讨论交流会上的发言[J]. 经济研究，1983(1).

[24] 提高企业素质与经济体制改革[J]. 经济体制改革，1983(3).

[25] 发挥中心城市作用与经济体制改革[J]. 经济体制改革，1983(1).

[26] 论社会主义的商品经济问题[J]. 江西社会科学，1984(6).

[27] 关于社会主义制度下我国商品经济的再探索[J]. 经济研究，1984(12).

[28] 厉以宁. 股份制是过去三十年中最成功的改革之一（上）[J]. 读书，2008(5).

[29] 吴敬琏. 关于计划经济与市场经济的论争[J]. 百年潮，1998(2).

[30] 论具有中国特色的价格改革道路[J]. 经济研究，1985(2).

[31] 从巴山轮会议看中国经济体制改革[J]. 当代世界社会主义问题，1986(1).

[32] 1986年7月31日万里在全国软科学研究工作座谈会上的讲话[J]. 中国软科学，1986(2).

[33] 柯言整理. 政治体制改革理论讨论观点综述[J]. 求实，1986(5).

[34] 效率优先、兼顾公平——通向繁荣的权衡[J]. 经济研究，1986(2).

[35] 所有制改革和股份制企业管理[J]. 中国经济体制改革，1986(12).

[36] 以改善宏观控制为目标，进行三个基本环节的配套改革[J].《经济发展与体制改革》特刊 经济形势与改革对策专辑，1986(2).

[37] 关于我国经济体制改革目标模式研究[J]. 中国经济体制改革，1986(11).

[38] 试论社会主义股份制[J]. 经济研究，1986(1)

[39] 经济运行模式的转换——试论中国进一步改革的问题和思路[J]. 经济研究，1986(2).

[40] 王小峰. 那时候, 他看上去很美[J]. 三联生活周刊, 2007(4).

[41] 我国经济体制现状与继续改革的方向[J]. 管理世界, 1987(1).

[42] 宋伟, 赵建荣. "管住货币、改革价格"——访经济学家吴敬琏[J]. 瞭望, 1988(29).

[43] 张正宪. 价格改革的难点在哪里——访经济学家吴敬琏[J]. 瞭望, 1988(15).

[44] 感受"价格闯关"时的"抢购潮"[J]. 中国经济周刊, 2009(38/39).

[45] 蒋硕杰. 由经济紧缩方案谈到今后稳定物价的途径[J]. 经济社会体制比较, 1989(2).

[46] 邹至庄谈中国经济改革[J]. 编译参考, 1989(3).

[47] 赵启正、龙永图对话: 南巡20年, 浦东再回首[J]. 浦东开发, 2012(4).

[48] 龚浩成, 谈佳隆. 上交所成立始末[J]. 中国经济周刊, 2009(38/39).

[49] 周瑞金. 一场"姓社与姓资"的交锋[J]. 世纪, 2008(6).

[50] 周瑞金. 上海皇甫平文章发表前后[J]. 炎黄春秋, 2003(9).

[51] 刘国光. 计划与市场问题的若干思考[J]. 改革, 1991(4).

[52] 郑刚. 寻访邓小平南巡中的目击者[J]. 紫荆, 2004(5).

[53] 王梦奎. 社会主义市场经济体制的第一个总体设计——十四届三中全会《决定》起草的回忆[J]. 中国发展观察, 2008(7).

[54] 认真理顺产权关系是深化国有企业改革的关键[J]. 改革, 1993(3).

[55] 社会主义市场经济需要强有力的宏观调控体系[J]. 行政法学研究, 1993(2).

[56] 由计划经济向市场经济转型问题的探讨[J]. 经济纵横, 1993(11).

[57] 张卓元, 王红茹. "市场经济"终于写入十四届三中全会文件[J]. 中国经济周刊, 2009(38/39).

[58] 对全面推进分税制财政体制改革的设想[J]. 经济师, 1993(10).

[59] 我国财税体制政策取向及近期改革建议[J]. 财政研究, 1993(5).

[60] 如何理解企业法人财产权[J]. 改革, 1994(1).

[61] 跳出旧体制的框架 创立新的企业制度[J]. 改革, 1991(1).

[62] 关于增强国营大中型企业活力问题的探讨[J]. 改革, 1991(4).

[63] 增强大中型企业活力要靠深化改革[J]. 改革, 1991(5).

[64] 国有企业改革的核心是创造竞争的环境[J]. 改革, 1995(3).

[65] 国有企业必须转变六大观念[J]. 经济管理, 1995(8).

[66] 中国经济转轨中的国有企业改革[J]. 经济学家, 1995(3).

[67] 陈光: 实践国企改革新思路[J]. 中华儿女(青联版), 2009(11).

[68] 陈清泰. 国企改革要触及深层次问题[J]. 经济研究参考, 1996(9).

[69] 论产权关系与内部人控制[J]. 经济学家, 1996(5).

[70] 我国外汇体制改革的进展——人民币实现从经常项目可兑换到资本项目可兑换[J]. 金融研究, 1997(1).

[71] 经济转轨时期劳动力产权的确立[J]. 探索与争鸣, 1996(11).

[72] 走出机构改革困境的政策建议[J]. 理论前沿, 1998(6).

[73] 蒲海清口述. 我所知道的重庆成立直辖市经过[J]. 百年潮, 2009(1).

[74] 进一步深化国有企业改革[J]. 经济管理, 1997(10).

[75] 正确认识和对待个体私营经济的地位和作用[J]. 瞭望周刊, 1999(13).

[76] 李金华掀动审计风暴[J]. 南方人物周刊, 2006(12).

[77] 关于国有企业债转股问题[J]. 经济理论与经济管理, 1999(6).

[78] 国有企业改革与资本市场发展[J]. 经济理论与经济管理, 1999(6).

[79] 债转股: 基于企业治理结构的理论与政策分析[J]. 经济研究, 2000(2).

[80] 债转股的流程机理与运行风险[J]. 经济研究, 2000(1).

[81] 陈锡文. 推进税费改革, 减轻农民负担[J]. 中国税务, 2000(6).

[82] 党国英. 农民负担问题该如何解决[J]. 中国经济快讯, 2000(45).

[83] 陈清泰、鲁志强、刘世锦、郭励弘等. 经济结构调整: 政府的职责与国资的动作[J]. 中国工业经济, 2000(10).

[84] 周叔莲. 按市场经济的要求改革国企[J]. 中国改革, 2001(5).

[85] 林毅夫, 刘培林. 以加入WTO为契机 推进国有企业改革[J]. 管理世界, 2001(2).

[86] 高尚全. 加快体制创新, 促进西部大开发和民营经济发展[J]. 中国改革, 2000(11).

[87] 刘诗白. 论全面大推动战略——西部大开发的经济学思考[J]. 经济学动态, 2000(7).

[88] 陈佳贵, 郭朝先. 西部大开发新思路初探[J]. 中国工业经济, 2000(3).

[89] 史美伦: 从香港打工皇后到中国证监会副主席[J]. 投资与合作, 2001(2).

[90] 李军鹏. "建立适应市场经济的公共审批制度"[J]. 上海社会科学院学术季刊, 2001(1).

[91] 毛寿龙. 行政审批 依法度量[J]. 中国新闻周刊, 2001(22).

[92] 吴敬琏. 把企业家摆在应有的位置上[J]. 领导决策信息, 2001(42).

[93] 樊纲. 入世归根结底是"政府入世"[J]. 领导决策信息, 2001(42).

[94] 迟福林. "入世": 中国的第二次改革[J]. 改革与开放, 2001(1).

[95] 刘世锦. 以大企业改制为重点, 以多种方式减持国有股[J]. 改革, 2001(1).

[96] 吴晓求. 国有股减持修正案的设计原则、定价机制和资金运作模式研究[J]. 金融研究, 2001(2).

[97] 费孝通. "非典"的城市社会反思[J]. 中国城市经济, 2003(6).

[98] 中国复关/入世谈判大事记[J]. 神州学人, 2001(11).

[99] "中国铁娘子"吴仪[J]. 半月选读, 2007(5).

[100] 迟福林. 危机给中国改革敲响警钟[J]. 改革与开放, 2003(8).

[101] 胡锦涛. 努力把贯彻落实科学发展观提高到新水平[J]. 求是, 2009(1).

[102] 刘世锦. 完善社会主义市场经济体制的目标和近期改革重点[J]. 改革, 2003(6).

[103] 张卓元. 以完善为主题推进市场经济体制建设[J]. 半月谈, 2003(20).

[104] 观点——真正政绩在于带动广大农民持续增收[J]. 中国改革(农村版), 2004(4).

[105] 起草中央一号文件"专业户"段应碧[J].中华儿女, 2007(6).

[106] 中央一号文件的诞生——访一号文件起草小组成员唐仁健、韩俊[J].

当代贵州, 2004(4).

[107] 建立统筹城乡发展的制度体系[J]. 经济与管理研究, 2006(11).

[108] 现代国家建构与农业财政的终结[J]. 华南师范大学学报, 2006(2).

[109] 当前的农村经济发展形势与任务[J]. 农业经济问题, 2006(1).

[110] 辛鸣. 60位知名专家解读十七大报告 中篇: 重大战略部署和要求[J]. 人民论坛, 2007(10B/11A).

[111] 如何把准大部制改革的实质[J]. 人民论坛, 2008(7).

[112] 新医改大事记[J]. 瞭望新闻周刊, 2009-4-6.

[113] 政府层级改革与省直管县实现路径研究[J]. 经济与管理研究, 2007(4).

[114] 省直管县财政体制改革研究——从财政的省直管县到重建政府间财政关系[J]. 财贸经济, 2009(11).

[115] 在庆祝中国共产党成立90周年大会上的讲话[J]. 求是, 2011(13).

[116] 国务院关于印发电力体制改革方案的通知[J]. 中国水利, 2003(10B).

[117] 世界知识[J]. 1978-1995年.

[118] 肖耀堂, 刘傅海, 林文强, 关山, 卢荻, 吴明良. 任仲夷口述 广东改革开放最初历程[J]. 源流, 2008(3).

[119] 胡耀邦与万里在农村改革中[J]. 炎黄春秋, 2001(7).

[120] 何立波. 项南: 福建改革开放的先锋[J]. 党史纵览, 2007(2)

[121] 杜润生中国农村改革的推动者[J]. 中国合作经济, 2008(9).

[122] 杜润生: 农村改革的"总参谋长"[J]. 炎黄春秋, 2012(7).

[123] 南焱: 五任证监会主席的关键时刻[J]. 人民文摘, 2011(3).

[124] 张量. 王梦奎,文武双全的国务院第一笔[J]. 新闻世界(社会生活), 2008(1).

[125] 苗棣. 向娱乐回归[J]. 新世纪周刊, 2012(52).

[126] 2012十大关键词[J]. 新周刊, 2012-12-15.

[127] 杜润生.农村改革的"总参谋长"［J］.炎黄春秋, 2012(7).

[128] 赵启正,龙永图.赵启正、龙永图对话: 南巡20年, 浦东再回首［J］.浦东开发, 2012(4).

[129] 胡锦涛.在庆祝中国共产党成立90周年大会上的讲话［J］.求是, 2011(13).

[130] 混合所有制经济是基本经济制度的重要实现形式——访中国社会科学院学部委员张卓元研究员［J］.新视野, 2014（1）.

[131] 发改委副主任连维良谈国有企业发展混合所有制经济［J］.现代国企研究.2015（19）.

[132] 实现国有企业和市场经济的融合——学习《关于深化国有企业改革的指导意见》［J］.紫光阁.2015（12）.

[133] 营改增助力供给侧结构性改革——访中国财政科学研究院院长刘尚希［J］.中国税务. 2016（11）.

[134] 收入分配制度改革应以初次分配改革为重点［J］.经济研究. 2013（3）.

[135] 人民币加入SDR货币篮子及其对金融改革的影响［J］.金融评论. 2016（1）.

三、参考报纸

[1] 马克思主义的一个最基本原则[N]. 人民日报, 1978-6-24(1).

[2] 迟浩田. 忆大转折中的几件事[N]. 解放军报, 2008-12-3(7).

[3] "历史见证 时代足音——访胡福明", 来源: 光明网-《光明日报》, 2011-06-16

[4] 经济特区是怎样"杀出一条血路来"的——吴南生同志访谈录（下）[N]. 南方日报, 2008-4-7(A04).

[5] 美前总统卡特: 命中注定当中国的朋友[N]. 文汇报, 2009-8-31.

[6] 孙冶方. 二十年翻两番不仅有政治保证而且有技术经济保证——兼论"基数大, 速度低"不是规律[N]. 人民日报, 1982-11-19.

[7] 本市第一家个体经营的悦宾饭馆今天开业[N]. 北京晚报, 1980-10-7.

[8] 刘纪鹏. "想念体改委"[N]. 中国经济时报, 2004 -7-2.

[9] 薄一波同志生平[N]. 人民日报, 2007-01-22(04).

[10] 任仲夷口述. 广东有今天 多亏了邓小平[N]. 南方日报, 2004-8-16.

[11] 政治问题可以讨论[N]. 人民日报, 1986-8-30.

[12] 抓横向经济联系, 促经济体制改革[N]. 人民日报, 1986-3-31.

[13] 冲破条块分割才能发展生产力——二论发展横向经济联系的重要意义[N]. 人民日报, 1986-4-18.

[14] 重要的是维护企业自主权——三论发展横向经济联系的重要意义[N]. 人民日报, 1986-5-2.

[15] 充分发挥大中型企业的骨干作用——四论发展横向经济联系的重要意义[N]. 人民日报, 1986-5-19.

[16] 我国所有制改革的设想[N]. 人民日报, 1986-9-26.

[17] 没有报社敢登的首部"破产法" [N]. 辽沈晚报, 2008-3-26.

[18] 把政治体制改革提到全党的日程上来 党的十三大代表小组发言选编（三）[N]. 人民日报, 1987-10-31.

[19] 高尚全. 有效地实现计划与市场内在的统一[N]. 人民日报, 1987-11-16.

[20] 社会主义商品经济也是一种市场经济[N]. 人民日报, 1988-7-14.

[21] 一件富有历史意义的大事——论沿海地区经济发展战略[N]. 人民日报, 1988-5-19.

[22] 刘国光. 经济体制改革策略选择的理论问题[N]. 人民日报, 1988-8-19.

[23] 郑良玉: 深圳证券市场, 从考验中走来[N]. 第一财经日报, 2008-9-24.

[24] "深圳8·10"事件冲击波[N]. 上海证券报, 2010-11-23.

[25] 江泽民李鹏会见土地使用制度改革会议代表, 土地必须由国家依法统一管理 各地要切实保护耕地, 培育土地市场, 深化土地制度改革[N]. 人民日报, 1994-9-2.

[26] 论"软着陆"[N]. 人民日报, 1997-1-7(9).

[27] 国家外汇管理局新闻发言人说 实行人民币经常项目可兑换意义重大[N]. 人民日报, 1996-12-3.

[28] 国际货币基金组织总裁发表声明 欢迎中国实行人民币经常项目下可兑换[N]. 人民日报, 1996-12-12.

[29] 王梦奎: "全面建设小康社会意义重大"[N]. 经济日报, 2002-11-12.

[30] 陈锡文. 耕地只应由农民使用[N]. 人民日报, 2012-5-3.

[31] 金融危机恰是改革机遇[N]. 东方早报, 2008-12-07.

[32] 推进以城镇化为主线的省直管县改革[N]. 上海证券报, 2010-6-3.

[33] 让利于民不仅仅是句口号[N]. 国际先驱导报, 2010-3-29.

[34] "非公经济新36条"期待具体政策突破[N]. 中国经济导报, 2010-7-8.

[35] 陈永杰: 非公经济36条与新36条有何不同和变化[N]. 中华工商时报, 2010-5-18.

[36] 重庆预计今年征收房产税可达1亿元[N]. 重庆晚报, 2011-12-27.

[37] 陈锦华: 中国改革不可或缺的亲历者和见证人[N]. 南方周末, 2005-7-28.

[38] 江泽民纪念彭真同志诞辰一百周年座谈会讲话[N]. 人民日报, 2002-10-12(1).

[39] 刘衷之. 我国社会主义法制的主要奠基人——彭真[N]. 人民日报, 1997-5-20.

[40] 邓瑾. 陈光: 国企产权改革先驱[N]. 南方周末, 2008-12-11(A10).

[41] 柳红. 吴敬琏: "吴市场"从贬词变成美誉[N]. 南方周末, 2008-12-11.

[42] 袁小兵, 胡琼之. 从牢狱里冲出的温州模式——温州"八大王"浮沉录[N]. 南方都市报, 2008-05-08.

[43] 改革八贤之任仲夷: 先驱的本色[N]. 南方周末, 2008-12-18.

[44] 赵凌. 杜润生: 中国农村改革之父[N]. 南方周末, 2008-12-11.

[45] 丁补之, 陈伊玮. 习仲勋: "杀出一条血路"[N]. 南方周末, 2008-12-18.

[46] 韩福东, 雷敏. "大包干"带头人严俊昌: 为了不饿死, 冒死"包产到户"[N]. 南方都市报, 2008-1-4.

[47] 专家解读7月1日开始实施的《中华人民共和国行政许可法》[N]. 文汇报, 2004-6-21.

[48] 厉以宁: 被耽搁的股份制[N]. 经济观察报, 2008-5-2.

[49] 吴晓波: 1979年"调整"与"改革"之争[N]. 经济参考报, 2010-1-20.

[50] 以"承包制"闻名的马胜利[N]. 文汇报, 2008-9-8.

[51] 尚晓阳. 薛暮桥: 市场经济拓荒者[N]. 中国证券报, 2005-07-30.

[52] 程冠军. 高尚全: 中国经济改革前驱者[N]. 大众日报, 2011-12-30.

[53] 石奇亭, 王凤起. 马胜利, 马失利——马胜利跨省承包菏泽造纸厂回望[N]. 大众日报, 2009-09-12.

[54] 习仲勋: 争到"尚方宝剑"办特区[N]. 南方日报, 2010-9-6(A12).

[55] 王晓晴. 袁庚: 中国改革开放的先锋[N]. 深圳特区报, 2010-08-13(A13).

[56] 朱文蔚, 蓝岸. 时间就是金钱 效率就是生命[N]. 深圳特区报, 2008-1-30(A12).

[57] 王尔德. 袁庚: "改革开放马前卒"[N]. 21世纪经济报道, 2008.

[58] 陈士平. 马洪: 为市场经济正名[N]. 北京日报, 2009-8-24.

[59] 薛小和. 经济学界泰斗薛暮桥[N]. 经济日报, 2005-8-1.

[60] 张然. 中国经济改革史上的薛暮桥印记[N]. 市场报, 2005-07-29.

[61] 王晓倩. 关广梅: 我愿为改革趟条路[N]. 辽沈晚报, 2008-12-18.

[62] 王笑梅. 忆起当年关广梅——一封信引发姓"社"姓"资"大讨论[N]. 辽宁日报, 2009-7-31.

[63] 沈莹. 关广梅: 引发"姓资姓社"大讨论[N]. 中国妇女报, 2009-10-21.

[64] 刘渐飞. 首位"洋厂长"与武柴沉浮[N]. 长江商报, 2012-03-31

[65] 周明丽, 欧亚. 格里希: 站在时代风口潮头的"洋厂长"[N]. 楚天都市报, 2008.

[66] 王孔瑞. 费孝通的温州三部曲[N]. 第一财经日报, 2005-4-27.

[67] 四方. 知识分子费孝通[N]. 竞报, 2005-04-27.

[68] 李富永. 姜维: 中国私营第一人[N]. 中华工商时报, 2008-05-08.

[69] 马晓华. 民营企业第一人姜维: 把"光彩事业"进行到底[N]. 第一财经日报, 2005.

[70] 步鑫生. 一个有独创精神的厂长[N]. 浙江日报, 2011-5-11.

[71] 1983年, "步鑫生旋风"很猛烈[N]. 钱江晚报, 2008.

[72] 黄还春. "八大王": "温州模式"先行者[N]. 温州日报, 2008-07-23.

[73] 人民日报社社论. 开滦煤矿实行按劳分配政策获得良好效果[N]. 人民日报, 1978-03-12.

[74] 王达人. 本市第一家个体经营的悦宾饭馆今天开业[N]. 北京晚报, 1980-10-07.

[75] 人民日报社社论. 在安定团结的基础上, 实现国民经济调整的巨大任务[N]. 人民日报, 1981-01-01.

[76] 朱森林. 广州放开菜价震动中南海[N]. 南方都市报, 2008-4-28(A12).

[77] 选择正确的长期发展战略——关于"国际大循环"经济发展战略的构想[N]. 经济日报, 1988-1-5.

[78] 李灏. 邓小平与特区建设[N]. 北京日报, 2008-9-29.

[79] 亲历分税制改革[N]. 中国财经报, 2008-8-15.

[80] 汇率并轨意味着什么? [N]. 人民日报, 1994-1-2.

[81] 积极推进城镇国有土地使用制度改革[N]. 人民日报, 1992-9-26.

[82] 国有股一波三折[N]. 中国证券报, 2008-11-17.

[83] 30年中央农村工作文件制定访谈: 保护农民利益——三十年中央农村工作文件制定访谈录[N]. 人民日报, 2008-10-8.

[84] 四川大学教授讲述《物权法》起草内幕[N]. 成都晚报, 2007-3-20.

[85] 2005年民营经济: 最重要政策成果是非公经济36条[N]. 中华工商时报, 2006-1-27.

[86] 汪玉凯谈大部制改革整体思路出现较大变化[N]. 中国证券报, 2008-3-13.

[87] 王岐山的新使命[N]. 21世纪经济报道, 2008-4-3.

[88] 2012国内十大新闻[N]. 人民日报，2012-12-28(02).

[89] 《舌尖上的中国》何以走红[N]. 人民日报，2012-05-21.

[90] "你幸福吗？"透视中国人的幸福观[N]. 光明日报，2012-10-14.

[91] 习近平：在纪念胡耀邦同志诞辰100周年座谈会上的讲话[N]. 人民日报，2015-11-21.

[92] 十三、绿水青山就是金山银山 [N] . 人民日报，2016-05-09.

[93] 郑必坚：全面深化改革的重大意义 [N] . 人民日报，2013-12-04.

[94] 让法治为中国梦护航 [N]. 人民日报海外版，2016-04-11.

[95] 十八届中央纪委一至六次全会反腐影响力回顾：惩腐肃纪，6次全会6次发力 [N]. 检查日报，2017-01-10

[96] 王天义：发挥市场在资源配置中的决定性作用 [N]. 学习时报，2013-11-18.

[97] 赵振华：充分发挥市场在资源配置中的决定性作用 [N]. 学习时报，2013-12-02.

[98] 黄世贤：发挥市场在资源配置中的决定性作用 [N]. 江西日报，2013-12-02.

[99] 李克强主持召开国务院常务会议 [N]. 人民日报，2017-04-06.

[100] 中央经济工作会议指出进一步深化国有企业改革 [N]. 人民日报，2015-12-25.

[101] 民营银行加速筹建银监会为股东持股行为设"负面清单" [N]. 证券日报，2017-01-10.

[102] 四大平台支撑"放管服"大飞跃 [N]. 中国改革报，2016-12-16.

[103] 马庆钰：新一轮机构改革的新亮点 [N]. 人民日报，2013-03-26.

[104] 以开放促改革促发展促创新建设开放型经济强国 [N]. 人民政协报，2015-09-18.

[105] 亚投行，迈出筹建最关键一步 [N]. 新华日报，2015-06-30.

[106] 迈向社会主义文化强国——十八大以来文化建设和文化体制改革综述 [N]. 光明日报，2016-01-05.

[107] 供给体系质量如何提高 [N]. 人民日报，2017-11-01.

[108] 我国核心关键技术对外依存度高达50% [N]. 经济参考报，2015-12-22.

[109] 2016年我国科技进步贡献率达56.2% [N]. 科技日报，2017-01-11.

四、参考网站

[1] 胡锦涛在纪念改革开放30周年大会讲话[OL]. 中国日报网，2008年12月18日。http://www.chinadaily.com.cn/hqzg/2008-12/18/content_7318929.htm.

[2] 王梦奎：西部大开发是长期的经济发展战略[OL].中国改革论坛网，2003年10月19日. http://www.chinareform.org.cn/people/w/wmk/media/200310/t20031009_19923.htm.

[3] "吴南生忆广东经济特区创立"[OL]. 国公网，来源南方网，2008年7月2日，http://www.21gwy.com/ms/gjzl/a/0393/420393.html.

[4] 洪崇恩. 厉以宁：经世济国不老心.[OL]. 文汇报，转引自人民网，http://theory.people.com.cn/GB/40552/4122028.html；

[5] 厉以宁：股份制改造第一人[OL]. 腾讯财经专题，http://finance.qq.com/zt2010/lynofstock20.

[6] 改革十大闯将之龙永图[OL]. 和讯网，http://news.hexun.com/2008/lyt/.

[7] 杨启先简历，新浪网 http://gov.finance.sina.com.cn/chanquan/2006-11-10/22379.html.

[8] 马洪：中国经济学杰出贡献奖颁奖辞[OL]. 新浪网专题，http://news.sina.com.cn/c/2005-03-24/17135455006s.shtml.

[9] 迟福林：对实行大部门体制的几点看法[OL]. 人民网理论频道，2007-12-24.

[10] 范恒山同志出席"中国中部发展论坛2011"并讲话[OL]. 国家发改委地区经济司网站，http://dqs.ndrc.gov.cn/gzdt/t20111104_443409.htm.

[11] 纪念中国改革开放30周年专题[OL]. 新华网，http://www.xinhuanet.com/politics/ggkf30zn/.

[12] 隆重庆祝中国共产党90华诞专题[OL] 新华网，http://www.xinhuanet.com/politics/jd90zn/.

[13] 隆重庆祝中华人民共和国成立60周年专题[OL] 新华网，http://www.xinhuanet.com/politics/60zn/

[14] 改革开放30周年大型专题报道[OL]. 人民网，http://30.people.com.cn/.

[15] 纪念改革开放30年[OL]. 中国共产党新闻网，http://theory.people.com.cn/GB/40557/114078/.

[16] 纪念中国改革开放30周年专题[OL]. 中国网，http://www.china.com.cn/economic/zhuanti/ggkf30/node_7043812.htm.

[17] 新中国60年60人[OL]. 中国网，http://www.china.com.cn/economic/zhuanti/xzgjjlsn/node_7072134.htm.

[18] 改革开放30年专题[OL]. 红网，http://gaige.rednet.cn/.

[19] 改革开放30年：那些人，那些事[OL]. 搜狐网，http://news.sohu.com/s2008/those/.

[20] 纪念中国改革开放30年[OL]. 腾讯网，http://finance.qq.com/30years/.

[21] 庆祝建国60周年专题[OL]. 和讯网，http://news.hexun.com/2009/jianguo60/

[22] 中国共产党成立90周年专题[OL]. 中国文明网，http://www.wenming.cn/xj_pd/jd90zn/.

[23] 中国共产党成立90周年专题[OL]. 中华网，http://news.china.com/focus/ccp90/

[24] 《亲历者说》之禹国刚访谈文字实录[OL]. 腾讯财经，

[25] 周瑞金回顾1991年思想交锋[OL].和讯网转自南方网,
http://news.hexun.com/2008-07-15/107444780_2.html.
[26] 中国加入世贸组织15年历程[OL].新华网,
http://news.xinhuanet.com/newscenter/2001-11/10/content_109535.htm.
[27] 改革开放先行者任仲夷：执掌广东 敢为天下先[OL].人民网时政频道改革开放30年专题,
http://politics.people.com.cn/GB/1025/8355273.html.
[28] 福建改革开放的开拓者项南：人称"项大胆"[OL].人民网时政频道改革开放30年专题,
http://politics.people.com.cn/GB/1025/8417275.html.
[29] 孙冶方生平[OL].孙冶方基金会官方网站.
[30] 刘国光：经济界的一代宗师[OL].中国网,
http://www.china.com.cn/economic/zhuanti/xzgjjlsn/2009-07-22/content_18185481.htm.
[31] 吴敬琏：中国经济学家的良心[OL].中国网,
http://www.china.com.cn/economic/zhuanti/xzgjjlsn/2009-07-22/content_18185454.htm.
[32] 薛暮桥：第一代经济学家的旗帜,中国网.
[33] 刘政.忠实记载改革开放历程——读田纪云新著《改革开放的伟大实践》[OL].新华网,
http://news.xinhuanet.com/book/2009-02/02/content_10751815.htm.
[34] 目前应通过优化投资结构优化经济结构[OL].新浪财经,2009-11-22.
[35] 习近平在粤考察时强调：做到改革不停顿开放不止步[OL].新华网,2012-12-11.
http://news.xinhuanet.com/politics/2012-12/11/c_113991112_2.htm
[36] 李克强：以改革为动力促进经济持续健康发展[OL].新华网,2012-11-22.
http://news.xinhuanet.com/2012-11/22/c_113770960.htm
[37] 2012年十大流行语[OL].《咬文嚼字》杂志官方博客,
http://blog.sina.com.cn/s/blog_4c0596f60101g1o5.html?tj=1
[38] 2012年国际大事回顾[OL].新华网,2012-02-02.
[39] 习近平简历[EB/OL].人民网中央领导机构资料库, http://cpc.people.com.cn/n1/2017/1025/c414940-29608803.html
[40] 李克强简历[EB/OL].人民网中央领导机构资料库, http://cpc.people.com.cn/n1/2017/1025/c414940-29608804.html
[41] 习近平.在纪念邓小平同志诞辰110周年座谈会上的讲话[EB/OL].新华网, http://www.xinhuanet.com/politics/2014-08/20/c_1112160001.htm.
[42] 习近平.在纪念陈云同志诞辰110周年座谈会上的讲话[EB/OL].新华网, http://www.xinhuanet.com/politics/2015-06/12/c_1115603689.htm.
[43] 国资委发布14条意见鼓励民间投资参与国企改制重组[EB/OL].新华网, http://news.xinhuanet.com/fortune/2012-05/25/c_112037911.htm.
[44] 中国共产党第十八届中央委员会第五次全体会议公报[EB/OL].新华网, http://news.xinhuanet.com/fortune/2015-10/29/c_1116983078.htm.

[45] 习近平：深刻认识建设现代化经济体系重要性 推动我国经济发展焕发新活力迈上新台阶[EB/OL].新华网, http://www.xinhuanet.com/politics/2018-01/31/c_1122349103.htm
[46] 谢春涛.专家解读中央成立全面深化改革领导小组意义[EB/OL].中新网, http://www.chinanews.com/gn/2013/11-12/5494558.shtml.
[47] 做强做优做大国有企业——五部委解读关于深化国有企业改革的指导意见[EB/OL].新华网, http://www.bj.xinhuanet.com/bjyw/2015-09/15/c_1116560668.htm.
[48] 国务院：营改增试点后中央地方增值税"五五分成"[EB/OL].人民网, http://politics.people.com.cn/n1/2016/0430/c1001-28317098.html.
[49] 崔文苑.资源税改革7月起全面推开[EB/OL].凤凰网, http://finance.ifeng.com/a/20160628/14533089_0.shtml.
[50] 中共中央国务院关于推进价格机制改革的若干意见[EB/OL].新华网, http://news.xinhuanet.com/energy/2015-10/16/c_128324252.htm.
[51] 张司南.我国明确六大领域价格改革方向[EB/OL].新华网, http://news.xinhuanet.com/fortune/2015-10/16/c_128324843.htm.
[52] 国务院印发《关于开展农村承包土地的经营权和农民住房财产权抵押贷款试点的指导意见》[EB/OL].新华网, http://news.xinhuanet.com/politics/2015-08/24/c_1116352137.htm.
[53] 黄晓芳.建设用地总量和供应强度要"双控"[EB/OL].中华人民共和国自然资源部网站, http://www.mlr.gov.cn/xwdt/mtsy/xinhuanet/201606/t20160608_1408254.htm.
[54] 中共中央办公厅国务院办公厅印发《关于完善农村土地所有权承包权经营权分置办法的意见》[EB/OL].新华网, http://news.xinhuanet.com/fortune/2016-10/30/c_1119815168.htm.
[55] 关于结合新型城镇化开展支持农民工等人员返乡创业试点工作的通知[EB/OL].中华人民共和国发展和改革委员会网站, http://www.sdpc.gov.cn/zcfb/zcfbtz/201512/t20151203_761429.html.
[56] 段飞龙."放管服"改革的内在逻辑[EB/OL].中国改革论坛网, http://www.chinareform.org.cn/Economy/industry/Practice/201604/t20160411_246617.htm.
[57] 改革跑赢危机的行动路线（30条建议）[EB/OL].中国改革论坛网, http://www.chinareform.org.cn/Explore/perspectives/201306/t20130617_169386.htm
[58] 宋晓梧,迟福林：建立高层次改革协调机构[EB/OL].人民网, http://theory.people.com.cn/n/2013/0627/c40531-21995361.html
[59] 中共中央国务院关于支持海南全面深化改革开放的指导意见[EB/OL].新华网, http://www.xinhuanet.com/politics/2018-04/14/c_1122682589.htm